བོད་རང་སྐྱོང་ལྗོངས་དབུ་བརྙེས་ནས་ལོ་ངོ་ལྔ་བཅུ་འཁོར་བ་དང་།
庆祝西藏自治区成立50周年
བོད་ལྗོངས་སྤྱི་ཚོགས་ཚན་རིག་ཁང་བཙུགས་ནས་ལོ་ངོ་སུམ་ཅུ་འཁོར་བར་རྟེན་འབྲེལ་ཞུ།
暨西藏社科院建院30周年

献礼丛书

༄༅། །བདེ་ཁང་བསོད་ནམས་ཆོས་རྒྱལ་གྱི་དཔྱད་རྩོམ་དང་བསྒྱུར་རྩོམ་ཕྱོགས་བསྒྲིགས།

索朗曲杰论文集

བོད་ལྗོངས་བོད་ཡིག་དཔེ་རྙིང་དཔེ་སྐྲུན་ཁང་།
西藏藏文古籍出版社

图书在版编目(CIP)数据

索朗曲杰论文集 ：藏文 / 索朗曲杰著. － 拉萨 :西藏藏文古籍出版社，2016.5

ISBN 978-7-80589-739-4

Ⅰ. ①索… Ⅱ. ①索… Ⅲ. ①文化史-西藏-文集-藏语 Ⅳ. ①K297.5-53

中国版本图书馆 CIP 数据核字(2016)第 087142 号

索朗曲杰论文集

作　　者	索朗曲杰
责　　编	索朗次旦　方晓玲
出版单位	西藏藏文古籍出版社
发行单位	西藏自治区新华书店
印　　刷	西藏新华印刷厂
开　　本	787×960　1/16
印　　张	40.125
字　　数	590 千
版　　次	2017 年 10 月第 1 版
印　　次	2017 年 10 月第 1 次印刷
印　　数	01-1,000
书　　号	ISBN 978-7-80589-739-4
定　　价	72.00 元

བོད་རང་སྐྱོང་ལྗོངས་དབུ་བརྙེས་ནས་ལོ་ངོ་༥༠དང་
བོད་ལྗོངས་སྤྱི་ཚོགས་ཚན་རིག་ཁང་བཙུགས་ནས་
ལོ་ངོ་༣༠འཁོར་བར་རྗེས་འབྲེལ་ཞུ་བའི་
ལེགས་སྐྱེས་དཔེ་ཚོགས།

སྤྱི་ཁྱབ་རྩོམ་སྒྲིག་པ།

པདྨ་རྣམ་རྒྱལ།

སྤྱི་ཁྱབ་རྩོམ་སྒྲིག་པ་གཞོན་པ།

ཁྲི་མིང་རྟོན། བསོད་ལྷུན།

རྩོམ་སྒྲིག་ཨུ་ཡོན།

འགྲོང་བུ་ཚེ་རིང་རྡོ་རྗེ། སྒྲོལ་མ་ལྷ་མོ། བུ་དུང་ལྕུ། དཔའ་སྒྲོ། ཕྲུའུ་ཅན། ཞུས་ཕུན་ཏྲ། ལན་ཀོ་ཏྲ། ཕང་ཁྲུན་རྟོན། ཚེ་རིང་ཕུན་ཚོགས། ཕང་ཐེ་ཡོན། མཚམས་གཙོད་སྒྲོལ་མ། མིག་དམར་ཚེ་རིང་། བུ་ཆུང་། བསོད་ནམས་ཆོས་རྒྱལ། སུན་ལིན་ལིན། སྟོབས་ཆེན། བསོད་ནམས་ཚེ་བརྟན།

རྩོམ་སྒྲིག་ཕུའི་ཀྲུའུ་རེན།

འགྲོང་བུ་ཚེ་རིང་རྡོ་རྗེ། དཔའ་སྒྲོ།

རྩོམ་སྒྲིག་ཕུའུ་ཀྲུའུ་རེན་གཞོན་པ།

ལན་ཀོ་ཏྲ། ཧོ་ཙུང་དབྱིང་། བསོད་ནམས་ཚེ་བརྟན།

རྩོམ་སྒྲིག་པ།

ལྷག་པ་ཚེ་རིང་། ལིའུ་ཧུང་ཅོན། ཧ་ཀང་། བུ་ཁྱུང་དབང་འདུས། དབང་དྲག་རྡོ་རྗེ། ཡང་ཡ་ཕོའོ། དབྱིན་ཧའེ་ཡན། ཕང་ཕྲུན་ལིང་། ཚེ་རིང་བདེ་སྐྱིད། ལིའི་ཡ་ཅོན།

庆祝西藏自治区成立50周年
暨西藏社科院建院30周年
献礼丛书

བདེ་ཁང་བསོད་ནམས་ཆོས་རྒྱལ་ ངོ་སྤྲོད་རགས་བསྡུས།

བདེ་ཁང་བསོད་ནམས་ཆོས་རྒྱལ་ནི་སྤྱི་ལོ་1963ལོར་བོད་དབུས་གཙང་ལྷོ་ཁ་གོང་དཀར་རྫོང་རྒྱལ་གྲུབ་གླིང་གྲོང་ཚོའི་བདེ་སྐྱིད་ཁང་གསར་ཞེས་པའི་ཁྱིམ་དུ་འཁྲུངས་ཤིང་དགུང་ལོ་བརྒྱད་དགུ་ཙམ་ནས་རིམ་བཞིན་རྒྱལ་གླིང་སློབ་ཆུང་དང་གོང་དཀར་སློབ་འབྲིང་འགྲིམས་གནང་ཞིང་། སྤྱི་ལོ་1980ལོར་བོད་ལྗོངས་སློབ་གྲྭ་ཆེན་མོའི་ཞོར་གཏོགས་སློབ་འབྲིང་དུ་སློབ་ཞུགས་མཛད། སྤྱི་ལོ་1982ལོར་ཀྲུང་དབྱང་མི་རིགས་སློབ་ཆེན་དུ་ཕེབས་ནས་བོད་ཡིག་གིས་གཙོས་པའི་ཤེས་བྱའི་གནས་ཁག་ལ་སྦྱངས་པ་མཛད། སྤྱི་ལོ་1986ལོར་སློབ་ཆེན་དེ་ཐོན་རྗེས་བོད་ལྗོངས་སྤྱི་ཚོགས་ཚན་རིག་ཁང་《བོད་ལྗོངས་ཞིབ་འཇུག》བོད་ཡིག་རྩོམ་སྒྲིག་ཁང་དུ་ཕྱག་ལས་གནང་བ་དང་། སྤྱི་ལོ་1995ལོ་ནས་རིམ་བཞིན་ནོར་ཝེ་རྒྱལ་ཁབ་ཨོ་སི་ལོ་སློབ་གྲྭ་ཆེན་མོ་དང་ཁེ་ན་ཌ་རྒྱལ་ཁབ་བེ་རི་ཐེ་ཞེ་ཀོ་ལོན་བི་ཡ་སློབ་གྲྭ་ཆེན་མོར་བསྐྱོད་དེ་ཆོས་ལུགས་དང་ལོ་རྒྱུས་རིག་པར་སློབ་གཉེར་ཟབ་སྦྱོང་མཛད་ཅིང་རིག་པ་དེ་གཉིས་ཀྱི་རབ་འབྱམས་སློབ་མའི་ལག་ཁྱེར་བཞེས་ནས་སླར་ཡང་བོད་ལྗོངས་སྤྱི་ཚོགས་ཚན་རིག་ཁང་《བོད་ལྗོངས་ཞིབ་འཇུག》རྩོམ་སྒྲིག་ཁང་དུ་ཕྱིར་ལོག་མཛད་ནས་རྩོམ་སྒྲིག་གི་ལས་དོན་བསྐྱངས། ད་ལྟ་ཞིབ་འཇུག་པ་ཆེན་མོ་བ་དང་ཟོའོ་ཀྲང་གཞོན་པའི་གོ་མིང་ཐོག་ནས་ཤིང་ཏ་ལའི་ལོ་མའི་དཔེ་ཆ་ཞིབ་འཇུག་ཁང་དུ་ཕྱག་ལས་གནང་བཞིན་ཡོད།

ཁོང་གིས་རང་འཁྲིའི་ལས་དོན་རྩོམ་སྒྲིག་གནང་ཞོར་དུ་མཁར་རྨེའུ་བསམ་གཏན་རྒྱལ་མཚན་གྱིས་དབྱིན་ཡིག་ཐོག་བརྩམས་གནང་མཛད་པའི་གྲགས་ཅན་དཔྱད་དེབ་

《མདའ་དང་འཕང་》བོད་ཡིག་ཏུ་བསྒྱུར་མཛད་པ་དང་། བོད་ཀྱི་ལོ་རྒྱུས་རིག་གནས་སོགས་ལ་ཞིབ་འཇུག་མཛད་ནས《བོད་སྐད་ཁྲིད་ཀྱི་གཡར་ཚིག་དང་དེ་དང་འབྲེལ་བའི་རིག་གནས་སྣང་ཚུལ་ལ་དཔྱད་པ་》དང་། 《རྣ་སྙེང་རིན་པོ་ཆེ་དང་རྣ་སྟག་དོན་རྐྱེན།》《བོད་ཀྱི་རིག་གནས་འཕོ་འགྱུར་ཁྲིད་ཀྱི་ཐོབ་ཤོར་སྐོར་གླེང་བ།》《ཁྱུང་སྤྱུལ་འཇིགས་མེད་ནམ་མཁའ་རྡོ་རྗེ་དང་ཁོང་གིས་ཕྱག་བཏབ་པའི་གུར་རྒྱམ་དགོན།》《དགེ་འདུན་ཆོས་འཕེལ་དང་ཞིང་ཏ་ལའི་ལོ་མའི་དཔེ་ཆ།》《ཀརྨ་པ་སྐྱུ་ཕྲེང་ལྔ་པ་དེ་བཞིན་གཤེགས་པ་དང་མིང་རྒྱལ་རབས་ཀྱི་གོང་མ་ཡུང་ལོ་》སོགས་བོད་རྒྱ་དབྱིན་ཡིག་གསུམ་ཐོག་ནས་བརྩམས་པའི་བོད་ཀྱི་སྐད་ཡིག་དང་། ལོ་རྒྱུས་མི་སྣ་ངོ་སྤྲོད། ཡུལ་སྲོལ་གོམས་གཤིས། བོན་ཆོས་སོགས་སྐོར་གྱི་བརྩམས་ཆོས་ཁག་བཅུ་ཕྲག་ཁ་ཤས་ལྷོངས་ཕྱི་ནང་གི་རིག་གཞུང་དུས་དེབ་ཐོག་སྤེལ་ཡོད་པར་མ་ཟད། ད་དུང་《བོད་ཀྱི་མིག་མངས་ལ་དཔྱད་པ་》ཞེས་པ་དང་། 《གངས་ལྗོངས་ཀྱི་མིག་མངས།》《བོད་ཀྱི་གནས་རི་གསོལ་བའི་སྲོལ་ལ་དཔྱད་པ།》《བོན་ལ་མཁས་པ་ཕེར་ཁེ་ལྷེནའི་བོན་ལ་ཞིབ་འཇུག་མཛད་པའི་དཔྱད་རྩོམ་ཁག་གསུམ།》《བོད་ཀྱི་ཡི་གེའི་འབྱུང་འཕེལ་གླེང་བ།》《ཞང་ཞུང་སྐད་ཡིག་དང་ཧི་མ་ལ་ཡའི་རི་རྒྱུད་ཀྱི་མི་རིགས་ཁག་གི་སྐད་ཡིག་རིག་གནས་ཀྱི་འབྲེལ་བར་དཔྱད་པ།》《ཉི་རོང་གི་དགོན་པ་ཞིག་ནང་དུ་ཉར་ཚགས་བྱས་པའི་བོད་ཀྱི་ཁ་བཏགས་ངོ་སྤྲོད།》《བོད་ཀྱི་གནའ་བོའི་ཆོས་ལུགས་བོན་དང་བན་བོན་གཉིས་དབར་དཔྱད་བསྡུར་བྱས་དོན་གླེང་བ།》《བསམ་སྡིངས་རྡོ་རྗེ་ཕག་མོ་སྐྱུ་ཕྲེང་རིམ་བྱོན་གྱི་ལོ་རྒྱུས་》སོགས་དབྱིན་ཡིག་དང་རྒྱ་ཡིག་ནས་བོད་ཡིག་ཐོག་ཕབ་སྒྱུར་དང་། བོད་ཡིག་ནས་རྒྱ་ཡིག་དང་དབྱིན་ཡིག་ཏུ་ཕབ་སྒྱུར་བྱས་པའི་དཔྱད་རྩོམ་གྲངས་བརྒྱར་ཉེ་བ་ལྗོངས་ཕྱི་ནང་གི་རིག་ལམ་དཔྱད་ཐབས་ཀྱི་དུས་དེབ་ཐོག་སྤེལ་གནང་ཡོད། གཞན་ཡང་བལ་ཡུལ་གྱི་གྲགས་ཅན་སྙན་ངག་པ་དེའུ་གོ་ཏའི་བྱུང་བརྗོད་སྙན་ངག་རིང་གྲས《 མུ་ན་དང་མུ་དན་》ཞེས་པ་དེ་ཡང་བོད་ཡིག་ཐོག་ཕབ་སྒྱུར་མཛད་ཡོད།

作者简介

德康·索朗曲杰,1963 年出生于西藏山南贡嘎县甲竹林村,1986 年从中央民族学院少语系藏文班毕业,先后在挪威王国奥斯陆大学和加拿大英属哥伦比亚大学深造,获得哲学博士学位,曾在西藏社会科学院主办的《西藏研究》编辑部工作,目前在西藏社会科学院贝叶经研究所工作,研究员。

༄༅། །སྤྱི་ཚོགས་ཚན་རིག་དང་བོད་རིག་པའི་བྱ་གཞག་འཕེལ་རྒྱས་ཀྱི་ལོ་རྒྱུས་ཕྱིར་དྲན་དང་ཉམས་མྱོང་ཕྱོགས་བསྡོམས།

– བོད་རང་སྐྱོང་ལྗོངས་སྤྱི་ཚོགས་ཚན་རིག་ཁང་དབུ་བརྙེས་ནས་ལོ་ངོ་30འཁོར་བའི་སྐབས་སུ་བྲིས་པ།

སྤྱི་བཤད།

པདྨ་རྣམ་རྒྱལ། ཁྲི་མིང་དོན།

ལྗོངས་ཡོངས་ཀྱི་མི་རིགས་ཁག་གི་མི་དམངས་ཚང་མས་བོད་རང་སྐྱོང་ལྗོངས་དབུ་བརྙེས་ནས་ལོ་ངོ་50འཁོར་བར་དགའ་སྟོན་རྟེན་འབྲེལ་ཞུ་བའི་སྐབས་འདིར། བོད་ལྗོངས་སྤྱི་ཚོགས་ཚན་རིག་ཁང་ལ་ཡང་ལས་ཁུངས་བཙུགས་ནས་ལོ་ངོ་30འཁོར་བའི་རྟེན་འབྲེལ་གྱི་དུས་བཟང་ཞིག་ཐུག་ཡོད། དེའི་ཕྱིར། བོད་ལྗོངས་སྤྱི་ཚོགས་ཚན་རིག་ཁང་གིས་རྩོམ་སྒྲིག་པ་སྒྲིག་འཛུགས་ནན་ཏན་བྱས་ཏེ"བོད་རང་སྐྱོང་ལྗོངས་དབུ་བརྙེས་ནས་ལོ་ངོ་50དང་བོད་ལྗོངས་སྤྱི་ཚོགས་ཚན་རིག་ཁང་བཙུགས་ནས་ལོ་ངོ་30འཁོར་བར་རྟེན་འབྲེལ་ཞུ་བའི་ལེགས་སྐྱེས་དཔེ་ཚོགས་"ཞེས་པ་འདི་དཔེ་སྐྲུན་ཞུས་ཡོད། ལེགས་སྐྱེས་དཔེ་ཚོགས་འདིའི་ནང་ཆེད་མཁས་རྩོམ་པ་པོ་སྣེར་གྱི་དཔྱད་རྩོམ་ཕྱོགས་བསྒྲིགས་བྱས་པ་ཡོད་ལ། ཞིབ་འཇུག་ཚན་པ་སོ་སོའི་དང་དེ་བཞིན་འབྲེལ་ཡོད་ཆེད་དོན་སྣར་གྱི་དཔྱད་རྩོམ་དང་དཔྱད་ཡིག་ཕྱོགས་བསྒྲིགས་བྱས་པ་ཡང་ཚུད་ཡོད། འདི་ནི་བོད་ལྗོངས་སྤྱི་ཚོགས་ཚན་རིག་ཁང་གི་ལོ་ངོ་སུམ་ཅུའི་རིང་དང་ལྷག་པར་དུ་ཉེ་བའི་ལོ་དུས་ནང་ཐོབ་པའི་རིག་གཞུང་གྲུབ་འབྲས་ཁག་གཅིག་ཕྱོགས་བསྡུས་ཀྱིས་འགྲེམ་སྟོན་བྱས་པ་ཞིག་ཡིན། སྐབས་འདི་དང་བསྟུན་ནས་ང་ཚོས་ཀྱང་

བོད་ལྗོངས་ལ་སྨན་འདུན་བཟང་པོ་དང་བོད་ཀྱི་མཚན་ཉིད་རིག་པ་དང་སྤྱི་ཚོགས་ཚན་རིག དེ་བཞིན་བོད་རིག་པ་བཅས་ཀྱི་བྱ་གཞག་ཁྱོན་ཡོངས་ལ་བཀྲ་ཤིས་སྨན་འདུན་བཟང་པོ་ཞུ་རྒྱུ་ཡིན། སྤྱི་ལོ1985ལོའི་ཟླ8པའི་ཚེས5ཉིན་བོད་ལྗོངས་སྤྱི་ཚོགས་ཚན་རིག་ཁང་དངོས་སུ་དབུ་བརྙེས་ཤིང་། ལོ་ངོ་སུམ་ཅུའི་རིང་། རང་སྐྱོང་ལྗོངས་ཏང་ཨུད་དང་སྲིད་གཞུང་གི་སྐྱབས་ལྷན་དབུ་ཁྲིད་དང་། སྤྱི་ཚོགས་ཚན་རིག་ཁང་གི་རིམ་བྱུང་འགོ་ཁྲིད་ཚོགས་པའི་ཐུན་མོང་གི་འབད་བརྩོན་དང་། རྒྱ་ཆེའི་ལས་བཟོ་བ་ཡོངས་ཀྱི་ཕྱོད་མེད་འབད་བརྩོན་བྱས་པ་བརྒྱུད། བོད་ལྗོངས་སྤྱི་ཚོགས་ཚན་རིག་ཁང་འདི་བཞིན་རྒྱལ་ཡོངས་དང་ཐ་ན་རྒྱལ་སྤྱིའི་ཐོག་ཤུགས་རྐྱེན་ཡོད་པའི་བོད་ཀྱི་མཚན་ཉིད་རིག་པ་དང་སྤྱི་ཚོགས་ཚན་རིག དེ་བཞིན་བོད་རིག་པ་བཅས་ཀྱི་སྐོར་ལ་ཞིབ་འཇུག་བྱེད་པའི་སྡེ་ཚན་ཞིག་ཏུ་འཕེལ་རྒྱས་ཕྱིན་ཡོད། ལོ་ངོ་སུམ་ཅུའི་རིང་། བོད་ལྗོངས་སྤྱི་ཚོགས་ཚན་རིག་ཁང་གི་མཚན་ཉིད་རིག་པ་དང་སྤྱི་ཚོགས་ཚན་རིག དེ་བཞིན་བོད་རིག་པ་བཅས་ཀྱི་ལས་སྒོ་ཁག་སྤྲ་གོན་གྱི་ལས་ཀ་ནས་ཁྱོན་ཡོངས་གོང་འཕེལ་དང་། རིག་ཚན་རྐྱང་པ་ནས་རིག་ཚན་སྣ་མང་དུ་སོང་བའི་བརྒྱུད་རིམ་ནང་ཞིབ་འཇུག་གི་དངོས་ཡོད་སྟོབས་ཤུགས་རྒྱུན་ཆད་མེད་པར་ཤུགས་ཆེར་ཕྱིན་པ་དང་། ཚན་ཞིབ་ཀྱི་ཚུ་ཚད་མཐོར་འདེགས་བྱུང་ནས་ཞིབ་འཇུག་གི་གྲུབ་འབྲས་སྣ་ཚོགས་གཅིག་མཇུག་གཉིས་མཐུད་ཀྱིས་ཐོན་ཡོད། དེས་བོད་ཀྱི་དཔལ་འབྱོར་སྤྱི་ཚོགས་གོང་འཕེལ་འགྲོ་བར་འབུལ་འོས་པའི་ལེགས་སྐྱེས་ཕུལ་ཡོད་ལ། བོད་ཀྱི་མཚན་ཉིད་རིག་པ་དང་སྤྱི་ཚོགས་ཚན་རིག དེ་བཞིན་བོད་རིག་པའི་ཞིབ་འཇུག་བྱ་གཞག་གྲ་རྒྱས་གོང་འཕེལ་འགྲོ་བར་མཚར་སྡུག་ལྡན་པའི་ཐོག་ལྡེ་ཞིག་བརྩམས་ཡོད།

གཅིག

བོད་ལྗོངས་སྤྱི་ཚོགས་ཚན་རིག་ཁང་ནི་སྤྱི་ལོ1978ལོའི་ཟླ6པར་གྲབས་འཛུགས་བྱས་པ་དང་། སྒྱུར་བཅོས་སྒོ་དབྱེའི་དཔྱིད་རླུང་ཁྲོད་སྨྱུ་གུ་འབུས་པ་ཞིག་ཡིན། གྲབས་འཛུགས་ནས་དངོས་སུ་དབུ་བརྙེས་པའི་བར་ལོ་ངོ་བདུན་འགོར་ཡོད། བོད་ལྗོངས་སྤྱི་ཚོགས་ཚན་རིག་ཁང་དབུ་བརྙེས་ནས་ད་བར་གྱི་ལོ་ངོ་སུམ་ཅུ་ནི། རྒྱལ་ཡོངས་ཁྱོན་དུ་སྒྱུར་བཅོས་སྒོ་དབྱེ་བྱེད་པ་དང་བསྟུན། འབད་བརྩོན་ཆེན་པོས་དུས་སྐབས་གསར་པའི་བོད་ཀྱི་ལས་དོན་སྐོར་གྱི་ཏང་གི་མཛད་ཕྱོགས་སྲིད་ཇུས་ལག་བསྟར་དོན་འཁྱོལ་དང་། འབད་

བརྩོན་ཆེན་པོས་བོད་ཀྱི་ལས་དོན་ཁྲོན་ཡོངས་དང་ལྷག་པར་དུ་རང་སྐྱོང་ལྗོངས་ཏང་སྲིད་ཀྱི་ལྟེ་བའི་ལས་ཀར་ཞབས་འདེགས་ཞུ་བའི་ལོ་སུམ་ཅུ་དང་། བོད་ཀྱི་དཔལ་འབྱོར་འཛུགས་སྐྲུན་དང་སྤྱི་ཚོགས་བརྟན་ལྷིང་། མི་རིགས་མཐུན་སྒྲིལ། མི་རིགས་ཁག་དབར་གྱི་འགྲོ་འོང་དང་སྤེལ་རེས། མཉམ་འབྲེལ་བཅས་ཀྱི་སྐོར་ལ་ཞིབ་འཇུག་དང་དྲིལ་བསྒྲགས་ཀྱི་བགྱི་བ་དོན་དུ་གཉེར་བའི་ཁྲོད་དུ་གོང་འཕེལ་ཟམ་མི་ཆད་པར་སོང་བའི་ལོ་སུམ་ཅུ་དང་། ཏ་ལའི་སྐྱེ་ཕྲེང་བཅུ་བཞི་པའི་རུ་ཚོགས་དང་ཁ་ཕྱལ་རིང་ལུགས་པའི་འདུ་ཤེས་བོད་ཀྱི་མཚན་ཉིད་རིག་པ་དང་སྤྱི་ཚོགས་ཚན་རིག དེ་བཞིན་བོད་རིག་པའི་ཁྱབ་ཁོངས་སུ་སེམ་འཛུལ་བྱེད་པར་མཐའ་གཅིག་ཏུ་བཀག་འགོག་དང་། ཁ་ཕྱལ་ལ་རྡོ་རྒོལ། མེས་རྒྱལ་གྲུང་དུ་གཅིག་གྱུར་དང་མི་རིགས་མཐུན་སྒྲིལ་ལ་སྲུང་སྐྱོང་རྒྱུན་འཁྱོངས་བྱས་པའི་ལོ་སུམ་ཅུ་བཅས་ཡིན། བོད་ལྗོངས་སྤྱི་ཚོགས་ཚན་རིག་ཁང་བཙུགས་པ་ནས་བཟུང་། ལས་ཁུངས་འདིས་ཐོག་མཐའ་བར་གསུམ་དུ་ཀྲུང་གོའི་ཁྱད་ཆོས་ལྡན་པའི་སྤྱི་ཚོགས་རིང་ལུགས་ཀྱི་རླབས་ཆེན་དར་ཆ་མཐོན་པོར་བསྒྲེངས་བ་དང་། མར་ཁེ་སི་ལེ་ཉིན་རིང་ལུགས་དང་མའོ་ཙེ་ཏུང་དགོངས་པ། ཀྲུང་གོའི་ཁྱད་ཆོས་ལྡན་པའི་སྤྱི་ཚོགས་རིང་ལུགས་ཀྱི་རིགས་པའི་གཞུང་ལུགས་བཅས་ཀྱིས་མཛུབ་སྟོན་བྱས་ཏེ། ཏང་ཀྲུང་དབྱང་དང་རྒྱལ་སྲིད་སྤྱི་ཁྱབ་ཁང་། རང་སྐྱོང་ལྗོངས་ཏང་སྲིད་ཀྱིས་བརྩོན་གནང་བའི་མཚན་ཉིད་རིག་པ་དང་སྤྱི་ཚོགས་ཚན་རིག་བྱ་གཞག་དར་རྒྱས་གོང་འཕེལ་གཏོང་དགོས་པའི་སྐོར་གྱི་བླང་བྱ་ལྟར། མཚན་ཉིད་རིག་པ་དང་སྤྱི་ཚོགས་ཚན་རིག དེ་བཞིན་བོད་རིག་པའི་ལས་དོན་གྱི་འགན་འཁྲི་ཁག་ནན་ཏན་གྱིས་ཕྲག་པར་ཁུར་བ་དང་། ཡང་དག་པའི་ཚན་ཞིབ་ཀྱི་ཁ་ཕྱོགས་རྒྱུན་འཁྱོངས་དང་། ཡང་དག་པའི་རིག་གཞུང་གི་ལངས་ཕྱོགས་བརྟན་སྲུང་བྱས་པ། དེ་བཞིན་རང་སྐྱོང་ལྗོངས་ཏང་སྲིད་ཀྱི་ལྟེ་བའི་ལས་ཀར་དམིགས་པ་དང་བོད་ཀྱི་འཕེལ་རྒྱས་དང་བརྟན་ལྷིང་གི་ཁོར་ཡུག་ཆེན་མོར་ཞབས་འདེགས་ཞུ་ཕྱིར། དགའ་སྤྲོད་ལས་སྤེལ་དང་། རྟོག་ཞིབ་ཕུར་ཐག བློ་རྩེ་གཅིག་གིས་ཚན་རིག་ཞིབ་འཇུག ལག་གདང་སྦྲེལ་ནས་མདུན་དུ་སྐྱོད་པར་སྐུལ་མ་གཏོང་བ་སོགས་བྱས་ཡོད། སྤྱི་ཚོགས་ཚན་རིག་ཁང་བཙུགས་ནས་ལོ་ངོ་སུམ་ཅུའི་རིང་། མཚན་ཉིད་རིག་པ་དང་སྤྱི་ཚོགས་ཚན་རིག དེ་བཞིན་བོད་རིག་པའི་ཞིབ་འཇུག་བྱ་བས་ཏང་ཀྲུང་དབྱང་དང་རང་སྐྱོང་ལྗོངས་ཏང་ཨུད་ཀྱི་བཀོད་སྒྲིག་གི་རྗེས་སུ་དམ་པོར་འབྲངས་ཏེ། ཚན་རིག་དང་རིགས་

པའི་གཞུང་ལུགས་ཀྱིས་དྲག་ཆས་སྤྲས་རྒྱུ་དང་། བོད་ཀྱི་དོན་དངོས་དང་ཟུང་འབྲེལ་བྱ་རྒྱུ་རྒྱུན་འཁྱོངས་མཐའ་གཅིག་ཏུ་བྱས་པར་བརྟེན། ཕྱལ་ཕྱུང་གི་གྲུབ་འབྲས་ཇི་སྙེད་ཅིག་ཐོན་ཡོད། ལོ་ངོ་སུམ་ཅུའི་རིང་། སྤྱི་ཚོགས་ཚན་རིག་ཁང་གིས་སྤྱ་ཕྱིར་རིག་གཞུང་ཆེད་རྩོམ་དཔེ་དེབ200ལྷག་ཙམ་དང་། རྩོམ་སྒྲིག་བྱས་པའི་དཔེ་དེབ300ལྷག་ཙམ། སྒྱུར་དེབ160ལྷག་ཙམ་དཔེ་སྐྲུན་འགྲེམ་སྤེལ་བྱས་ཡོད་ལ། རྒྱལ་ཡོངས་ཀྱི་རིག་གཞུང་དུས་དེབ་འདྲ་མིན་གྱི་ཐོག་ཏུ་རིག་གཞུང་དཔྱད་རྩོམ4000ལྷག་ཙམ་སྤེལ་ཡོད་པ་དང་། བརྟག་དཔྱད་སྙན་ཞུ500ལྷག་ཙམ་དང་རྒྱལ་ཁབ་སྤྱི་ཚོགས་ཚན་རིག་ཐེབས་རྩའི་ལས་གཞི42བཅས་ལེགས་སྒྲུབ་བྱས་ཡོད། དེ་དག་གི་ཁྲོད་ཀྱི་ཆེད་རྩོམ་དང་དཔྱད་རྩོམ་མི་ཉུང་བ་ཞིག་ལ"ལེགས་པོ་གཅིག་བྱས་པ་ལྔའི་ལས་གཞིའི"བྱ་དགའ་དང་། རྒྱལ་ཁབ་ཀྱི་དཔེ་དེབ་བྱ་དགའ། ཀྲུང་གོའི་བོད་རིག་པ་ཞིབ་འཇུག་གི་ཇོ་མོ་གླང་མའི་བྱ་དགའ་བཅས་ཐོབ་ཡོད་པ་དང་། ད་དུང་གྲུབ་འབྲས་གལ་ཆེན་ཁག་གཅིག་ལ་ཀྲུང་དབྱང་དང་རང་སྐྱོང་ལྗོངས་ཏང་སྲིད་དབུ་ཁྲིད་ཀྱི་གལ་ཆེའི་མཆན་འགོད་མཛུབ་སྟོན་ཐོབ་སྟེ་བོད་ཀྱི་བྱ་གཞག་ཁག་གོང་འཕེལ་ཡར་ཐོན་ཡོང་བར་རིག་གཞུང་ཐོག་ནས་གསལ་འགྲེལ་དང་རིགས་པའི་གཞུང་ལུགས་ཐོག་ནས་ཕྱོགས་བསྡོམས་བྱས་ཡོད།

བོད་ལྗོངས་སྤྱི་ཚོགས་ཚན་རིག་ཁང་གི་ལོ་ངོ་གསུམ་ཅུའི་ཡི་འཕེལ་རྒྱས་ལོ་རྒྱུས་ལ་ཕྱིར་མིག་བལྟས་ཚེ། ལས་ཁུངས་འདི་དབུ་བཙུགས་པ་ནས་ད་བར་ནང་ཁུལ་གྱི་ཚན་པ་ཁག་ལ་བཅོས་སྒྲིག་ཐེངས་འགའ་ཞིག་བྱས་པ་བརྒྱུད། ད་ལྟ་ལས་ཁུངས་འདིར་གཞུང་ལས་ཁང་དང་། སྲིད་དོན་མི་དོན་ཁྲུའུ། ཚན་ཞིབ་དོ་དམ་ཁྲུའུ་བཅས་འགན་ཁུར་ཚན་པ་གསུམ་དང་། མར་ཁེ་སི་རིང་ལུགས་རིགས་པའི་གཞུང་ལུགས་ཞིབ་འཇུག་ཟུར་ཁང་། མི་རིགས་ཞིབ་འཇུག་ཟུར་ཁང་། ཆོས་ལུགས་ཞིབ་འཇུག་ཟུར་ཁང་། གྲོང་གསེབ་དཔལ་འབྱོར་ཞིབ་འཇུག་ཟུར་ཁང་། དེང་རབས་བོད་ལྗོངས་ཞིབ་འཇུག་ཟུར་ཁང་། དཔལ་འབྱོར་འཐབ་རྩལ་ཞིབ་འཇུག་ཟུར་ཁང་། ཏ་ལའི་ལོ་མའི་དཔེ་ཆ་ཞིབ་འཇུག་ཟུར་ཁང་བཅས་ཚན་རིག་ཞིབ་འཇུག་གི་ཚན་པ་བདུན། བོད་ལྗོངས་བོད་ཡིག་དཔེ་སྙིང་དཔེ་སྐྲུན་ཁང་དང་། 《བོད་ལྗོངས་ཞིབ་འཇུག》དུས་དེབ་རྩོམ་སྒྲིག་ཁང་། དཔྱད་ཡིག་ཆ་འཕྲིན་དོ་དམ་ཁྲུའུ་(དཔེ་མཛོད་ཁང་)བཅས་ཚན་ཞིབ་ཞོར་འདེགས་ཚན་པ་གསུམ་བཅས་བཙུགས་ཡོད། ཕྱོགས་མཚུངས་ད་དུང་བོད་ལྗོངས་སྤྱི་ཚོགས་

ཚན་རིག་ཁང་ནི་“བོད་ལྗོངས་བོད་རིག་པའི་ཞིབ་འཇུག་ལྟེ་གནས”དང་། “བོད་ལྗོངས་དཔལ་འབྱོར་སྤྱི་ཚོགས་འཕེལ་རྒྱས་ཞིབ་འཇུག་ལྟེ་གནས” “བོད་ལྗོངས《གླིང་སྒྲུང་》ཞིབ་འཇུག་ལྟེ་གནས”བཅས་གཅིག་ལྡོགས་ཡིན་པ་མ་ཟད། རང་སྐྱོང་ལྗོངས་བོད་ཡིག་དཔེ་རྙིང་ལས་དོན་འགོ་ཁྲིད་ཚོགས་ཆུང་གི་གཞུང་ལས་ཁང་དང་། 《གླིང་སྒྲུང་》སྒྲུར་སྒྲིག་གཞུང་ལས་ཁང་། ཞིང་ཆེན་དང་ལྗོངས་གྲོང་ཁྱེར་དྲུག་གི་བོད་ཡིག་དཔེ་རྙིང་ལས་དོན་གྱི་མཐུན་སྦྱོར་འགོ་ཁྲིད་ཚོགས་ཆུང་གི་གཞུང་ལས་ཁང་བཅས་ཀྱང་བོད་ལྗོངས་སྤྱི་ཚོགས་ཚན་རིག་ཁང་ནང་བཙུགས་ཡོད། ད་ལྟ་ལས་ཁུངས་འདིར་མཐོ་རིམ་ཆེད་ལས་མི་སྣ37དང་འབྲིང་རིམ་ཆེད་ལས་མི་སྣ21 དམའ་རིམ་ཆེད་ལས་མི་སྣ13 དམིགས་བསལ་གདན་ཞུས་ཞིབ་འཇུག་པ18བཅས་ཡོད། ལོ་ངོ་སུམ་ཅུ་ལྷག་ཙམ་གྱི་འཕེལ་རྒྱས་བརྒྱུད། མིག་སྔར་བོད་ལྗོངས་སྤྱི་ཚོགས་ཚན་རིག་ཁང་ནི་རྩ་བའི་ཆ་ནས་མར་ཁེ་སི་རིང་ལུགས་རིགས་པའི་གཞུང་ལུགས་དང་ཀྲུང་གོའི་ཁྱད་ཆོས་ལྡན་པའི་སྤྱི་ཚོགས་རིང་ལུགས་ཀྱི་རིགས་པའི་གཞུང་ལུགས། དེང་རབས་སྤྱི་ཚོགས་གོང་འཕེལ་དང་བརྟན་ལྷིང་། དཔལ་འབྱོར་འཐབ་རྩུས། གྲོང་གསེབ་དཔལ་འབྱོར་དང་དམངས་འཚོ། ཁྲིམ་རའི་དཔལ་འབྱོར་རིག་པ། ཁྲིམས་ལུགས་རིག་པ། བོད་བརྒྱུད་ནང་བསྟན། ལོ་རྒྱུས་རིག་པ། མི་རིགས་རྗེས་རིག སྐད་བརྡ་རིག་པ། ཆབ་སྲིད་རིག་པ། སྐྱེ་ཁམས་ཁོར་ཡུག་རིག་པ། མིའི་རིགས་རིག་པ། ཨེ་ཤེ་ཡ་ལྷོ་མའི་ས་མཐའི་འཐབ་རྩུས། 《གླིང་སྒྲུང་》སྒྲུར་སྒྲིག། བོད་སྨན་ཨམ་བན་གྱི་ཆེད་དོན་ཞིབ་འཇུག་སོགས་དོན་དངོས་དང་སྲོལ་རྒྱུན་གྱི་ལས་ཀ་མཉམ་སྒྲུབ་དང་། མང་གཞི་དང་དངོས་སྤྱོད་ཀྱི་ལས་ཀ་མཉམ་འགྲོས། རིགས་པའི་གཞུང་ལུགས་དང་གྲོས་འདྲིའི་ལས་ཀ་ཟུང་འབྲེལ་བཅས་བྱེད་པའི་ཚན་ཞིབ་སྡེ་ཚན་ཞིག་ཏུ་འགྱུར་ཡོད། གོང་ཞུས་མི་སྣ་དག་དང་རིག་ཚན་སྣ་མང་ལ་ཞིབ་འཇུག་བྱེད་པའི་ལས་སྣེ་ཁག་གིས་བོད་ཀྱི་ཁྱད་ཆོས་ལྡན་པའི་“བློ་མཛོད”གསར་པ་ཞིག་འཛུགས་རྒྱུར་མཚན་ཉིད་རིག་པ་དང་སྤྱི་ཚོགས་ཚན་རིག དེ་བཞིན་བོད་རིག་པའི་ཐད་ནས་རིག་སྟོབས་ཀྱི་རྒྱབ་སྐྱོར་བྱས་ཡོད།

གཉིས།

བོད་ལྗོངས་སྤྱི་ཚོགས་ཚན་རིག་ཁང་གིས་ལོ་ངོ་སུམ་ཅུའི་འཕེལ་རྒྱས་ནང་། ཐོག་

མཐའ་བར་གསུམ་དུ་ཡང་དག་པའི་ཚན་ཞིབ་ཀྱི་ཁ་ཕྱོགས་དང་རིག་གཞུང་གི་ལངས་ཕྱོགས་བརྟན་སྲུང་མཐའ་གཅིག་ཏུ་བྱས་པ་དང་། ཐོག་མཐའ་བར་གསུམ་དུ་མར་ཁེ་སི་རིང་ལུགས་ཀྱིས་མཛུབ་ཁྲིད་བྱེད་རྒྱུ་རྒྱུན་འཁྱོངས་བྱས་ཏེ། རང་སྐུལ་ངང་ནས་མར་ཁེ་སི་རིང་ལུགས་ཀྱི་ལངས་ཕྱོགས་དང་ལྟ་བ། ཐབས་ཤེས་བཅས་མཚན་ཉིད་རིག་པ་དང་སྤྱི་ཚོགས་ཚན་རིག དེ་བཞིན་བོད་རིག་པའི་ཞིབ་འཇུག་གི་ལས་ཀའི་ཐོག་ལག་བསྟར་བྱས་ཡོད། དེ་ཡང་ཡིན་ཏེ། ལས་ཁུངས་འདིའི་རིམ་བྱུང་ཏང་ཨུད་དང་འགོ་ཁྲིད་ཚོགས་པས་དུས་དང་རྣམ་པ་ཀུན་ཏུ་ཚན་ཞིབ་ཀྱི་ལས་དོན་སྤེལ་སྐབས་ངེས་པར་དུ་མར་ཁེ་སི་རིང་ལུགས་ཀྱི་ལྟ་བ་དང་ཐབས་ཤེས་ནི་ཡིན་མིན་དབྱེ་འབྱེད་ཀྱི་ཚད་གཞིར་འཛིན་རྒྱུ་རྒྱུན་འཁྱོངས་བྱས་པ་དང་། མི་རིགས་ཁག་གི་མི་དམངས་རྣམས་ཐུན་མོང་ཐོག་མཐུན་སྒྲིལ་ཡར་བརྩོན་དང་ཐུན་མོང་ཐོག་དར་རྒྱས་གོང་འཕེལ་འགྲོ་བའི་བསམ་བློའི་རྨང་གཞི་སྲ་བརྟན་གཏོང་རྒྱུ་རྩ་བའི་ཁ་ཕྱོགས་སུ་བཟུང་བས་ཡིན། བྱ་ཐབས་དེ་ནི་དེང་རབས་ཀྱི་གལ་ཆེའི་དངོས་ཡོད་གནད་དོན་སྐོར་ལ་ཞིབ་འཇུག་བྱེད་པའི་རིག་ཚན་ཁག་ལ་དམིགས་པ་མ་ཟད། སྲོལ་རྒྱུན་རིག་གནས་སྐོར་གྱི་རིག་ཚན་ཁག་ལའང་དེ་ལྟར་ཡིན། དཔེར་ན། ཆབ་སྲིད་ཚེ་བརྟན་ཕུན་ཚོགས་མཆོག་ནས་རྩོམ་འབྲི་གཙོ་སྐྱོང་གནང་བའི་ལོ་རྒྱུས་དེབ་ཐེར་《བོད་ཀྱི་ལོ་རྒྱུས་རགས་རིམ་གཡུ་ཡི་ཕྲེང་བ་》ཞེས་པ་ནི་མར་ཁེ་སི་རིང་ལུགས་ཀྱིས་མཛུབ་ཁྲིད་བྱས་པ་དང་། རྩོད་སྒྲུབ་དངོས་གཙོ་རིང་ལུགས་དང་ལོ་རྒྱུས་དངོས་གཙོ་རིང་ལུགས་ཀྱི་ལྟ་བ་བེད་སྤྱོད་བྱས་པའི་གསུང་རྩོམ་དཔེ་མཚོན་ཅན་ཞིག་ཡིན་པ་ལྟ་བུའོ། སྤྱི་ལོ1989ལོར་《བོད་ཀྱི་ལོ་རྒྱུས་རགས་རིམ་གཡུ་ཡི་ཕྲེང་བ་》བོད་ཡིག་དཔར་མའི་སྟོད་ཆ་དཔར་སྐྲུན་འགྲེམ་སྤེལ་བྱས་པའི་མཛད་སྒོ་ཐོག་མར་ཚོགས་པ་དང་། མཛད་སྒོའི་ཐོག་བོད་རང་སྐྱོང་ལྗོངས་ཀྱི་ཏང་ཨུད་ཧྲུའུ་ཅི་ཧུའུ་ཅིན་ཐའོ་སྐུ་ངོ་མ་ཕེབས་ནས་བཀྲ་ཤིས་བདེ་ལེགས་ཞུས་པ་དང་སྦྲགས། གལ་ཆེའི་གསུང་བཤད་གནང་ཡོད། 《བོད་ཀྱི་ལོ་རྒྱུས་རགས་རིམ་གཡུ་ཡི་ཕྲེང་བ་》དཔར་སྐྲུན་འགྲེམ་སྤེལ་བྱས་མ་ཐག་རྒྱལ་ཡོངས་ཀྱི་ལོ་རྒྱུས་རིག་པ་དང་བོད་རིག་པ། དཔེ་སྐྲུན་ཚན་པ་བཅས་ཀྱི་ཁྱབ་ཁོངས་སུ་ཚད་མཐོའི་མཐོང་ཆེན་ཐོབ་པ་དང་ཚུར་སྣང་ལན་ཆ་ཆེན་པོ་བྱུང་བ་མ་ཟད། སྤྱི་ལོ1993ལོར་རང་རྒྱལ་གྱི་དཔེ་སྐྲུན་ཁྱབ་ཁོངས་ཀྱི་བྱ་དགའ་མཐོ་ཏེ། ཤོས་རྒྱལ་ཁབ་དཔེ་དེབ་བྱ་དགའ་ཐོབ་ཡོད།

མར་ཁེ་སི་རིང་ལུགས་ཀྱི་མཇུབ་ཁྲིད་གནས་བབས་ལ་ཤུགས་སྣོན་བརྒྱབ་པ་དེས། ལས་ཁུངས་འདིས་རང་འགྱུལ་ངང་ནས་མར་ཁེ་སི་རིང་ལུགས་ལ་ཞིབ་འཇུག་དང་དྲིལ་བསྒྲགས་བྱེད་པའི་གལ་ཆེའི་འགན་འཁྲི་འཁུར་རྒྱུར་སྐུལ་འདེད་བཏང་ཡོད། དེ་ཡང་སྤྱི་ལོ2008ལོའི་ཟླ7པའི་ཚེས24ཉིན། མར་ཁེ་སི་རིང་ལུགས་རིགས་པའི་གཞུང་ལུགས་ཞིབ་འཇུག་ཟུར་འཚོའི་ཡི་སྒོ་ཕྱེ་བཀའ་བ་དང་སྨྲགས་དངོས་སུ་དབུ་བརྙེས་པ་དང་། དེ་ནས་བཟུང་བོད་ལྗོངས་སྤྱི་ཚོགས་ཚན་རིག་ཁང་གིས་ཆེད་ལས་ཀྱི་དམིགས་བསལ་དགེ་མཚན་དང་མི་སྣའི་ཁྱད་ཆོས་འདོན་སྤེལ་གང་ལེགས་བྱས་ཏེ། ཀྲུང་གོའི་ཁྱད་ཆོས་ལྡན་པའི་སྤྱི་ཚོགས་རིང་ལུགས་ཀྱི་ལམ་བུ་འདི་བཞིན་བོད་དུ་ལག་ལེན་ལེགས་འགྲུབ་བྱུང་བར་འཆད་འགྲེལ་ཤུགས་ཆེ་བྱས་པ་དང་། མར་ཁེ་སི་རིང་ལུགས་ཀྱི་མེས་རྒྱལ་ལྟ་ཚུལ་དང་། མི་རིགས་ལྟ་ཚུལ། ཆོས་ལུགས་ལྟ་ཚུལ། རིག་གནས་ལྟ་ཚུལ། དེ་བཞིན་དངོས་གཙོ་སྨྲ་བ་དང་ལྷ་མེད་སྨྲ་བ་སོགས་ཀྱི་སྐོར་ལ་ཞིབ་འཇུག་བྱེད་རྒྱུར་ཤུགས་སྣོན་བརྒྱབ་པ། བསམ་བློའི་སྐོར་གྱི་རིགས་པའི་གཞུང་ལུགས་ཀྱི་གནད་དོན་གལ་ཆེན་དང་དངོས་ཡོད་ཀྱི་གནད་དོན་གལ་ཆེན། ལག་ལེན་ཐོག་གི་ཉམས་མྱོང་གལ་ཆེན་སོགས་འཚོལ་ཞིབ་བྱེད་རྒྱུར་ཤུགས་སྣོན་བརྒྱབ་པ། དེ་བཞིན་ཏ་ལའི་སྐྱེ་ཕྲེང་བཅུ་བཞིའི་ར་ཚོགས་ཀྱི་ལོག་སྤྱོད་ངོ་བོར་ཐེར་འདོན་དགག་རྒྱག་གཏིང་ཟབ་བྱས་ཏེ། མི་རིགས་ཁག་གི་ལས་བྱེད་མང་ཚོགས་ཚང་མས་རང་འགུལ་ངང་ནས་ཁ་སྲུལ་ལ་ངོ་རྒོལ་དང་། མེས་རྒྱལ་གཅིག་གྱུར་དང་མི་རིགས་མཐུན་སྒྲིལ་ལ་མཐའ་གཅིག་ཏུ་སྲུང་སྐྱོང་བྱེད་པར་སྣེ་སྟོན་གྱི་ནུས་པ་འདོན་སྤེལ་བྱས་པ་སོགས། བོད་ལྗོངས་སྤྱི་ཚོགས་ཚན་རིག་ཁང་འདི་བཞིན་རང་རྒྱལ་གྱི་མཐའ་མཚམས་མི་རིགས་ས་ཁུལ་དུ་མར་ཁེ་སི་རིང་ལུགས་རྒྱུན་འཛུགས་དང་གོང་འཕེལ་གཏོང་བའི་འཐབ་ས་གལ་ཆེན་ཞིག་ཏུ་འགྱུར་ཡོད། དུས་མཚུངས་དུས་རབས་ལ་སྣེ་ཁྲིད་ཀྱི་ནུས་པ་ལྡན་པ་དང་ལོ་རྒྱུས་ཀྱི་ཚོད་འགམ་ཐེག་ཐུབ་པའི་ཞིབ་འཇུག་གི་གྲུབ་འབྲས་ཀྱང་འབོར་ཆེན་ཞིག་ཐོན་ཡོད་པ་དཔེར་ན། 《ཀྲུང་གོའི་ཞུགས་འདུན་མངོན་འགྱུར་ཡོང་བར་ངེས་པར་དུ་ཀྲུང་ཧྭ་མི་རིགས་ཁག་གི་མཐུན་སྒྲིལ་ཆེན་མོའི་སྟོབས་ཤུགས་གཅིག་ཏུ་སྒྲིལ་དགོས》ཞེས་པ་དང་། 《བོད་ཀྱི་མི་རིགས་ཁག་གི་མི་དམངས་ཀྱིས་རྒྱུན་ཆད་མེད་པར་ཀྲུང་གོའི་ཞུགས་འདུན་འཚོལ་སྙེག་བྱེད་པ་》ཞེས་པ་ལྟ་བུ་ནི་ཀྲུང་དབྱང་དྲིལ་བསྒྲགས་པུའུ་ཡི་མར་ཁེ་སི་རིང་ལུགས་ཀྱི་ཞིབ་འཇུག་ལས་གཞི་ཞིག་ཡིན་པའི་ཆ་ནས

འོད་ཟེར་ཉིན་རེའི་ཚགས་པར་གྱི་འགོ་བརྗོད་དཔར་མའི་ཐོག་དང་བོད་ལྗོངས་ཉིན་རེའི་ཚགས་པར་གྱི་གལ་ཆེའི་རིགས་གཞུང་དཔར་མའི་ཐོག་བཀོད་པས། རྒྱལ་ཡོངས་དང་ལྗོངས་ཡོངས་སུ་བག་ཆགས་བཟང་པོ་བཞག་ཡོད་པ་དང་། དེ་བཞིན་《སྔོན་ཆད་དང་། ད་ལྟ། མ་འོངས་པ་བཅས་ཀྱི་བོད་ལྗོངས་》ཞེས་པའི་དེབ་དེ་ནི་བོད་རྒྱ་ཡིག་རིགས་གཉིས་ཐོག་ནས་བྲིས་ཤིང་། དཔར་རིས་མང་པོ་བཀོད་ཡོད་པ་ཞིག་ཡིན། དེའི་ནང་དོན་ཐད་གོ་བདེ་རང་བཞིན་དང་ཤེས་བྱའི་རང་བཞིན། རྩེད་མཚར་རང་བཞིན་བཅས་ཤུགས་ཆེ་ཙམ་ལྡན་པས། ལྗོངས་ཡོངས་ཀྱི་ཀློག་པ་པོའི་དགའ་བསུ་དང་གདེང་འཇོག་ཡག་པོ་ཐོབ་ཡོད་པ་མ་ཟད། རྒྱལ་ཁབ་གསར་འགྱུར་དཔེ་སྐྲུན་སྤྱི་ཁྱབ་ཏུའུ་ཡིས་ཀྱང་གོ་གུང་ཁྲན་ཏང་དབུ་བརྙེས་ནས་ལོ་ངོ་90དང་ལྕགས་ཕག་ལོའི་གསར་བརྗེ་བྱས་ནས་ལོ་ངོ་100འཁོར་བར་དྲན་གསོ་ཞུ་བའི་གཙོ་གནད་དཔེ་དེབ་བརྒྱ་དམ་པའི་གྲས་སུ་བཙུག་ཡོད། མདོར་ན། མར་ཁེ་སི་རིང་ལུགས་སྐོར་གྱི་ཞིབ་འཇུག་གྲུབ་འབྲས་ཇི་སྙེད་ཅིག་ཐོན་པ་དེར། དུས་སྐབས་གསར་པའི་ནང་རང་ལྗོངས་སུ་མར་ཁེ་སི་རིང་ལུགས་ཀྱི་རིགས་པའི་གཞུང་ལུགས་ཁྱབ་གདལ་གཏོང་བར་དོན་སྙིང་ཆེན་པོ་ལྡན་ཡོད།

གསུམ།

སྤྱི་ཚོགས་ཚན་རིག་ཁང་དབུ་བརྙེས་ནས་ལོ་ངོ་སུམ་ཅུའི་ནང་། ཐོག་མཐའ་བར་གསུམ་དུ་ལྟེ་བར་དམིགས་པ་དང་ཁྱོན་ཡོངས་ལ་ཞབས་འདེགས་ཞུ་རྒྱུ་རྒྱུན་འཁྱོངས་མཐའ་གཅིག་ཏུ་བྱས་ཏེ། "བློ་མཐོང་" དང་"ཞབས་ཞུ་ཁང་"གི་གལ་ཆེའི་ནུས་པ་འདོན་སྤེལ་གང་ལེགས་བྱས་ཡོད། དེ་ཡང་རང་སྐྱོང་ལྗོངས་ཏང་ཨུད་ཀྱི་ལྟེ་བའི་ལས་ཀར་དམ་པོར་དམིགས་པ་དང་བོད་ཀྱི་འཕེལ་རྒྱས་བརྟན་ལྷིང་གི་ལས་དོན་ཁྱོན་ཡོངས་ལ་ཞབས་འདེགས་ཞུ་རྒྱུ་དེ་ནི་བོད་ལྗོངས་སྤྱི་ཚོགས་ཚན་རིག་ཁང་གི་ཆང་པ་འཛུགས་པའི་གཞི་རྟེན་ལྟ་བུ་ཡིན། ལོ་ངོ་སུམ་ཅུའི་རིང་། སྤྱི་ཚོགས་ཚན་རིག་ཁང་གི་རྒྱ་ཆེའི་ཚན་ཞིབ་མི་སྣས་འབད་པ་ཆེར་བསྐྱེད་ཀྱིས་ལྗོངས་ཡོངས་ཀྱི་སྒྱུར་བཅོས་དང་། འཕེལ་རྒྱས། བརྟན་ལྷིང་བཅས་ཀྱི་རླབས་ཆེན་བྱ་གཞག་ནང་ཞུགས་ཏེ། སྤྱི་ཚོགས་ཚན་རིག་མི་སྣའི་ཆབ་སྲིད་ཐད་ཀྱི་ཚོར་བ་སྐྱེན་པ་དང་ཕུགས་བསམ་ཐད་ཀྱི་དད་སེམས་བརྟན་པ། རིག་གཞུང་ཐད་ཀྱི་ཤེས་བྱ་འཛོམས་པའི་ཆ་ནས་བོད་ལྗོངས་ལ་ཞབས་འདེགས་ཞུས་པ་དང་བོད་ལྗོངས་འཛུགས་སྐྲུན་བྱས་པས།

ཁོང་ཚོའི་ཚན་ཞིབ་གྲུབ་འབྲས་ཀྱིས་གྲོས་འདྲི་དང་རྗེས་འདོན་གྱི་ནུས་པ་གང་ལེགས་འདོན་སྤེལ་ཐུབ་པ་བྱུང་ཡོད་ལ། བོད་ཀྱི་སྤྱི་ཚོགས་དཔལ་འབྱོར་དང་རིག་གནས་དར་རྒྱས་གོང་འཕེལ་འགྲོ་བར་འབུལ་འོས་པའི་ལེགས་སྐྱེས་ཕུལ་ཡོད། སྤྱི་ཚོགས་ཚན་རིག་ཁང་གི་ཚན་ཞིབ་མི་སྣ་ཚང་མས་བོད་ཀྱི་དཔལ་འབྱོར་རྒྱུན་མཐུད་བདེ་ཐང་དང་ནས་གོང་འཕེལ་དང་སྤྱི་ཚོགས་ཧྲིལ་པོ་བརྟན་ལྷིང་བཅས་ཡོང་རྒྱུར་སྐུལ་འདེད་གཏོང་བར་ཞབས་འདེགས་ཞུ་རྒྱུ་དེ་རྩ་བའི་ཁ་ཕྱོགས་སུ་བཟུང་བས། ཞིབ་འཇུག་གི་ཁྱབ་ཁོངས་ཁག་ནང་གྲུབ་འབྲས་གཡུར་དུ་ཟ་བ་ཐོབ་ཡོད། དེ་ཡང་དཔལ་འབྱོར་འཛུགས་སྐྲུན་བྱ་རྒྱུ་འཐབ་ས་གཙོ་བོར་འཛིན་པ་དང་། འབྱོར་འབྲིང་བོད་ལྗོངས་འཛུགས་སྐྲུན་བྱ་རྒྱུར་ཞབས་འདེགས་ཞུ་བ། དཔལ་འབྱོར་འཛུགས་སྐྲུན་གོང་འཕེལ་གྱི་གོམ་སྟབས་མགྱོགས་སུ་གཏོང་བ་སོགས་ཀྱི་སྐོར་ལ། 《བོད་ཀྱི་དེང་རབས་ཅན་འཕེལ་རྒྱས་ཀྱི་འགྲོ་ལམ་སྐོར་ཞིབ་འཇུག》ཅེས་པ་དང་། 《བོད་ལྗོངས་འཕྱུར་མཆོང་ལྟ་བུའི་གོང་འཕེལ་གཏོང་བའི་སྐོར་ཞིབ་འཇུག》ཅེས་པ། 《སྤྱི་ཚོགས་རིང་ལུགས་ཀྱི་གྲོང་གསེབ་གསར་པ་འཛུགས་སྐྲུན་བྱེད་པར་སྐུལ་འདེད་གཏོང་བའི་སྐོར་ཞིབ་འཇུག》ཅེས་པ། 《ཀྲུང་གོའི་བོད་ལྗོངས་འཕེལ་རྒྱས་ཀྱི་སྙན་ཞུ》ཞེས་པའི་ལོ་འབྲེལ་དེབ་ཐེར་སྟོན་པོ་དང་། 《བོད་ལྗོངས་གྲོང་གསེབ་འཕེལ་རྒྱས་ཀྱི་སྙན་ཞུ》ཞེས་པའི་ལོ་འབྲེལ་དེབ་ཐེར་ལྷུང་གུ་སོགས་གྲུབ་འབྲས་འབོར་ཆེན་ཞིག་ཐོན་ཡོད་ཅིང་། དེ་བཞིན་སྤྱི་ཚོགས་དོ་དམ་སྐོར་གྱི་ཞིབ་འཇུག་བྱ་བ་དོན་དུ་གཉེར་ཏེ། ཞི་བདེའི་བོད་ལྗོངས་འཛུགས་སྐྲུན་གྱི་ལས་དོན་ལ་ཞབས་འདེགས་དང་། བོད་ལྗོངས་འདི་བཞིན་རྩ་བའི་ཆ་ནས་བརྟན་ལྷིང་དང་། ཡུན་རིང་བརྟན་ལྷིང་། ཁྱོན་ཡོངས་ནས་བརྟན་ལྷིང་ཡོང་བར་སྐུལ་འདེད་གཏོང་བ་སོགས་ཀྱི་སྐོར་ལ། 《བོད་ཀྱི་སྤྱི་ཚོགས་བརྟན་ལྷིང་ལ་སྐུལ་འདེད་གཏོང་བའི་བྱ་ཐབས་ཞིབ་འཇུག》ཅེས་པ་དང་། 《ལྷ་སའི་ཁྲིམས་སྐྱོང་བྱ་གཞག་འཕེལ་རྒྱས་ཀྱི་སྙན་ཞུ》(སྤྱི་ལོ2013དང2014)ཞེས་པ། 《བོད་ཀྱི་ཆོས་ལུགས་དང་སྤྱི་ཚོགས་གོང་འཕེལ་དབར་གྱི་འབྲེལ་བ་ཞིབ་འཇུག》ཅེས་པ་སོགས་གལ་འགངས་ཆེ་བའི་གྲུབ་འབྲས་ཐོན་ཡོད་པ། བོད་ཀྱི་རང་བྱུང་ཁོར་ཡུག་སྲུང་སྐྱོང་འཛུགས་སྐྲུན་བྱེད་པའི་ཐད་ཀྱི་ཞིབ་འཇུག་ལས་ཀར་ཤུགས་སྣོན་བརྒྱབ་སྟེ། མཛེས་པའི་བོད་ལྗོངས་འཛུགས་སྐྲུན་བྱེད་པའི་སྐོར་ལ། 《སྐྱེ་ཁམས་ཀྱི་བོད་ལྗོངས་དང་ཞི་མཐུན་གྱི་ས་མཐོ》ཞེས་པ་དང་། 《བོད་རང་སྐྱོང་ལྗོངས་ཀྱི་རང་བྱུང་

སྲུང་སྐྱོང་ཁྲུལ་སྤྱི་བཤད་》ཅེས་པ། 《བོད་ཀྱི་སྐྱེ་ཁམས་སྐྱོང་བྱུན་གསབ་སྲོད་ཀྱི་མ་ལག་ཞིབ་འཇུག་》ཅེས་པ་སོགས་ཆེད་རྩོམ་དང་བརྟག་དཔྱད་སྙན་ཞུ་འདོན་སྤེལ་བྱས་ཡོད་པ། དེ་མིན་ཧུར་བརྩོན་ཆེན་པོས་སྤྱི་ཚོགས་གོང་འཕེལ་འགྲོ་བའི་ཆོས་ཉིད་འཚོལ་སྙེག་དང་མི་དམངས་ཀྱི་ཆེད་དུ་སྲིད་སྐྱོང་བར་ཞབས་འདེགས་ཞུ་བའི་སྐོར་ལ། 《རྒྱ་མའི་འཕོ་འགྱུར་》ཞེས་པ་དང་། 《མོན་ཏ་དབང་ཁྲུལ་གྱི་ལོ་རྒྱུས་དང་ད་ལྟའི་གནས་ཚུལ་》ཞེས་པ། 《བོད་ཀྱི་གྲོང་གསེབ་སྤྱི་ཚོགས་ཀྱི་ཁག་ཐེག་ལམ་ལུགས་ཞིབ་འཇུག་》ཅེས་པ་སོགས་ཆེད་རྩོམ་དང་གལ་ཆེའི་གྲུབ་འབྲས་ཐོན་ཡོད།

བོད་ལྗོངས་སྤྱི་ཚོགས་ཚན་རིག་ཁང་གིས་གཙོ་གཉེར་བྱས་པའི་《འཆར་འཕྲིན་གལ་ཆེན་》ཞེས་པའི་དཔྱད་གཞིའི་ཡིག་རིགས་དེ་ནི2007ལོར་གསར་དུ་བཏོན་པ་ཞིག་ཡིན་པ་དང་། དེ་ནི་ལས་ཁུངས་འདིས་ཀྲུང་དབྱང་གི་འབྲེལ་ཡོད་ལས་ཁུངས་དང་རང་སྐྱོང་ལྗོངས་ཏང་སྲིད་དབུ་ཁྲིད་ལ་དུས་ཐག་གཅོད་རྒྱུར་ཞབས་ཞུ་མཁོ་འདོན་བྱེད་པའི་གལ་ཆེའི་དཔྱད་གཞིའི་ཡིག་རིགས་ཤིག་ཡིན། 《འཆར་འཕྲིན་གལ་ཆེན་》གྱིས་ཀྲུང་དབྱང་གི་བོད་སྐྱོང་དུས་གཞིར་དམ་དུ་བསྟུན་པ་དང་། རང་སྐྱོང་ལྗོངས་ཏང་སྲིད་ཀྱི་ལྟེ་བའི་ལས་ཀར་ནན་དུ་དམིགས་པ། བོད་འབྲེལ་གནད་དོན་སྐོར་གྱི་གལ་ཆེའི་རིགས་པའི་གཞུང་ལུགས་དང་དངོས་ཡོད་གནད་དོན་ལ་དོ་སྣང་ཆེན་པོ་བྱས་པ། མི་དམངས་མང་ཚོགས་ཀྱིས་དོ་སྣང་བྱེད་པའི་སྤྱི་ཚོགས་གནད་དོན་དང་དཀའ་གནད་ལ་འཚོལ་ཞིབ་མཁས་པོ་བྱས་ཏེ། སྤུ་ཕྱིར་རིན་ཐང་ལྡན་པའི་ཞིབ་འཇུག་གྲུབ་འབྲས་མང་པོ་ཞིག་འདོན་སྤེལ་བྱས་ཡོད། དེ་དག་གི་ཁྲོད་ལས་གྲུབ་འབྲས་ཁག་གཅིག་ནི་འབྲེལ་ཡོད་ཚན་པའི་དུས་ཐག་གཅོད་རྒྱུར་སྨན་པའི་དུས་འདྲི་དང་དཔྱད་གཞི་གལ་ཆེན་ཞིག་ཏུ་འགྱུར་ཡོད། ད་ལྟའི་བར《འཆར་འཕྲིན་གལ་ཆེན་》འདོན་ཐེངས200ལྷག་ཙམ་ཟིན་པ་དེའི་ནང་གི་ཞིབ་འཇུག་སྙན་ཞུ30ལྷག་ཙམ་ལ་ཀྲུང་དབྱང་དབུ་ཁྲིད་དང་ཀྲུང་དབྱང་གི་འབྲེལ་ཡོད་པུའུ་ཨུད་ཚན་པ། དེ་བཞིན་རང་སྐྱོང་ལྗོངས་འབྲེལ་ཡོད་དབུ་ཁྲིད་བཅས་ཀྱིན་དབུ་ཁྲིད་བརྒྱ་ལྷག་ཙམ་གྱིས་མཆན་བཀོད་མཇུབ་སྟོན་གནང་ཡོད། 《འཆར་འཕྲིན་གལ་ཆེན་》གྱིས་བོད་ཀྱི་དོན་དངོས་དང་དམ་དུ་སྦྲེལ་བ་དང་། དེའི་དམིགས་སའི་རང་བཞིན་ཤུགས་ཆེ་བ། ལྷག་པར་དུ་དེའི་ནང་བཏོན་པའི་ལྟ་བ་དང་། སྲིད་ཇུས་སྐོར་གྱི་བསམ་འཆར་དག་ནི་དོན་དངོས་དང་མཐུན་པ། དཔྱད་གཞིའི་

རིན་ཐང་ལྡན་པ། ལག་ལེན་བྱེད་བདེ་བ་དང་ཆབས་ཅིག་རིགས་པའི་གཞུང་ལུགས་ཀྱི་ཚད་ངེས་ཅན་ཞིག་ཏུ་སླེབས་ཡོད་པར་བརྟེན། ཀྲུང་དབྱང་དབུ་ཁྲིད་དང་འབྲེལ་ཡོད་ཚན་པ། དེ་བཞིན་རང་སྐྱོང་ལྗོངས་དབུ་ཁྲིད་ཀྱིས་ཚད་མཐོའི་མཐོང་ཆེན་གནང་ཡོད།

དུས་མཚུངས། བོད་ལྗོངས་སྤྱི་ཚོགས་རིག་ཁང་གིས་ད་དུང་ཀྲུང་གོའི་བོད་རིག་པའི་ཞིབ་འཇུག་ལྟེ་གནས་སོགས་འབྲེལ་ཡོད་ཚན་པ་དང་མཉམ་འབྲེལ་གྱིས་རྒྱལ་ཁབ་རིམ་པ་དང་ལྗོངས་རིམ་པའི་སྲོལ་རྒྱུན་སྐོར་གྱི་ཞིབ་འཇུག་རྣམ་གྲངས་མང་པོ་ཞིག་གཉེར་ཡོད་པ་དཔེར་ན། བོད་ཀྱི་བཀས་བཀོད་རྒྱུད་འཛིན་ཞིང་བྲན་ལམ་ལུགས་ཀྱི་སྤྱི་ཚོགས་གནས་སྟངས་སྐོར་དང་། བོད་ཀྱི་གནའ་དེང་འགྲིམ་འགྲུལ་ལོ་རྒྱུས་སྐོར། རྫོང་ཁག་གི་གནས་ཚུལ་བརྟག་ཞིབ། བོད་ཀྱི་གནའ་རྫས་རྟོག་ཞིབ་དང་གནའ་རབས་ལོ་རྒྱུས་ཞིབ་འཇུག བོད་ཡིག་དཔེ་རྙིང་དང་བོད་ཀྱི་རིག་དངོས་འཚོལ་བསྡུ་དང་ལེགས་སྒྲིག ཞིབ་འཇུག་སྐོར། 《གླིང་སྒྲུང་》མུར་སྐྱོབ་དང་ཞིབ་འཇུག ལེགས་སྦྱར་གྱི་དཔེ་རྙིང་（ཤིང་ཏ་ལའི་ལོ་མའི་དཔེ་ཆ）ལེགས་སྒྲིག་དང་ཡིག་སྒྱུར། ཞིབ་འཇུག་སྐོར། བོད་ཀྱི་མི་རིགས་རྩོམ་རིག་སྒྱུ་རྩལ་གྱི་ལེགས་བསྡུས་ཆེན་མོ་བཅུའི་སྐོར། དེ་བཞིན་བོད་ཀྱི་དགོན་སྡེར་བརྟག་ཞིབ་དང་བོད་ཀྱི་ཆོས་འབྱུང་དང་གྲུབ་མཐའི་ཞིབ་འཇུག བོད་བརྒྱུད་ནང་བསྟན་གྱི་ལོ་རྒྱུས་དང་ད་ལྟའི་གནས་བབས། བོད་ཀྱི་བླ་སྤྲུལ་གྱི་ཡང་སྲིད་ལམ་ལུགས་སྐོར་སོགས་ལྟ་བུ་ཡིན། སྤྱི་ཕྱིར་རྣམ་གྲངས་དེ་དག་ལས་རིག་གཞུང་ཆེད་རྩོམ་དང་དེ་མིན་གྱི་གྲུབ་འབྲས་འབོར་ཆེན་ཞིག་དཔེ་སྐྲུན་བྱས་ཡོད་པ་དེ་དག་གིས་བོད་ཀྱི་སྲོལ་རྒྱུན་རིག་གནས་གོང་འཕེལ་མུར་སྐྱོང་དང་། བཀས་བཀོད་རྒྱུད་འཛིན་ཞིང་བྲན་ལམ་ལུགས་ཀྱི་སྡུག་རྩུབ་འཕྱེར་འདོན་བྱེད་རྒྱུར་གལ་ཆེའི་ནུས་པ་ཐོན་ཡོད། ཉེ་བའི་ལོའི་ནང་། བོད་ལྗོངས་སྤྱི་ཚོགས་ཚན་རིག་ཁང་གིས་ཆོས་ལུགས་དང་སྤྱི་ཚོགས་རིང་ལུགས་ཀྱི་སྤྱི་ཚོགས་ཕན་ཚུན་མཐུན་ཐབས་ཡོང་གཞིར་དམིགས་ཏེ། སྤྱི་ཕྱིར་《བོད་ཀྱི་ཆོས་ལུགས་ཀྱི་དོན་དངོས་ལ་གཞིགས་ནས་ལམ་བུ་གསར་པ་འཚོལ་ཞིབ་བྱེད་པ་》ཞེས་པ་དང་། 《བོད་ཀྱི་སྲོལ་རྒྱུན་རིག་གནས་དང་དེང་རབས་ཀྱི་སྲུང་སྐྱོབ་བྱེད་ཐབས་》ཞེས་པ། 《བོད་བརྒྱུད་ནང་བསྟན་གྱིས་བོད་ཀྱི་སྤྱི་ཚོགས་དང་མཐུན་ཐབས་ཇི་ལྟར་བྱེད་དགོས་པའི་གནད་དོན་སྐོར་》ཞེས་པ། 《བོད་བརྒྱུད་ནང་བསྟན་བླ་སྤྲུལ་གྱི་ཡང་སྲིད་ལམ་ལུགས་ལ་ཞིབ་འཇུག་བྱས་པའི་དཔྱད་ཡིག་ཕྱོགས་བསྒྲིགས་》ཞེས་པ། 《པཎ་ཆེན་སྐུ་ཕྲེང་

རིམ་བྱོན་གྱི་རྣམ་ཐར་》ཞེས་པ་སོགས་གལ་ཆེའི་གྲུབ་འབྲས་ཁག་གཅིག་བཏོན་ཡོད། དེ་དག་གིས་སྤྱི་ཚོགས་ཐོག་ཕན་འབྲས་བཟང་པོ་ཐོན་ཡོད་པ་མ་ཟད། སླད་ཕྱིན་སློལ་རྒྱུན་རིག་ཚན་གྱི་ལེགས་ཆ་འདོན་སྤེལ་དང་། སྤྱི་ཚོགས་བརྟན་ལྷིང་དང་སྤྱི་ཚོགས་དོ་དམ་གྱི་ལས་ཀར་ཞབས་འདེགས་ཞུ་རྒྱུར་ཉམས་མྱོང་གསོག་འཇོག་བྱས་ཡོད།

བཞི།

བོད་ལྗོངས་འདི་བཞིན་བོད་རིག་པའི་ཕ་ཡུལ་ཡིན་པའི་ལེགས་ཆ་མངོན་གསལ་དོད་དུ་བཏང་བ་དང་། བོད་རིག་པས་ལོ་རྒྱུས་ཀྱི་ཤེས་རིག་རྒྱུན་འཛིན་དང་དངོས་ཡོད་ལ་ཞབས་འདེགས་ཞུ་རྒྱུ་རྒྱུན་འཁྱོངས། དེ་བཞིན་ཕུན་སུམ་ཚོགས་པའི་ལོ་རྒྱུས་དཔྱད་གཞིའི་ཡིག་རིགས་དང་ལུང་ཁུངས་བཙན་པའི་རིག་གཞུང་དཔྱད་གཞིའི་རྒྱུ་ཆས་དེང་རབས་ཀྱི་མཚན་ཉིད་རིག་པ་དང་སྤྱི་ཚོགས་ཚན་རིག དེ་བཞིན་བོད་རིག་པའི་བྱ་གཞག་ཁག་གོང་འཕེལ་འགྲོ་བར་རམ་འདེགས་བྱས་ཡོད། བོད་ལྗོངས་སྤྱི་ཚོགས་ཚན་རིག་ཁང་དབུ་བརྙེས་པའི་ཐོག་མའི་དུས་སུ། བོད་རིག་པའི་ཞིབ་འཇུག་དང་དེ་ཉིད་གོང་འཕེལ་གཏོང་ཕྱོགས་ཐད་དོ་སྣང་ཤུགས་ཆེ་ཙམ་བྱས་ཏེ། དེང་རབས་བོད་རིག་པའི་རིག་ཚན་གསར་འཛུགས་དང་། བོད་རིག་པའི་ཚད་ལྡན་ཡིག་ཆ་ལེགས་སྒྲིག་དང་ཞིབ་འཇུག བོད་རིག་པའི་ཆེད་གཉེར་དཔེ་སྐྲུན་ལས་ཁུངས་འཛུགས་སྐྲུན་སོགས་ཀྱི་ཐད་ལས་ཀ་འབོར་ཆེན་བསྒྲུབས་ཡོད། ལས་ཁུངས་འདི་ཉིད་གྲབས་འཛུགས་ཀྱི་ཐོག་མའི་དུས་སུ་གསར་འཛུགས་བྱས་པའི་མི་རིགས་ལོ་རྒྱུས་ཞིབ་འཇུག་ཟུར་ཚན་དང་། ཆོས་ལུགས་མཚན་ཉིད་རིག་པ་ཞིབ་འཇུག་ཟུར་ཚན། སྐད་ཡིག་རྩོམ་རིག་ཞིབ་འཇུག་ཟུར་ཚན། བོད་རིག་པའི་དཔྱད་ཡིག་ལྟེ་གནས་བཅས་ཞིབ་འཇུག་ཚན་ཁག་བཞི་པོ་དེ་རྣམས་རྩ་བའི་ཆ་ནས་བོད་རིག་པའི་ཁྱབ་ཁོངས་སུ་གཏོགས་ཞིང་། གསར་དུ་བཏོད་པ་དང་ཡོངས་གྲགས་སུ་དཔེ་སྐྲུན་བྱས་པའི་བོད་རིག་པའི་རིག་གཞུང་ཆེད་དེབ་ཨང་དང་པོ《བོད་ལྗོངས་ཞིབ་འཇུག》དང་བོད་རིག་པའི་ཞིབ་འཇུག་དཔེ་སྐྲུན་ཁང་ཨང་དང་པོ་བོད་ལྗོངས་བོད་ཡིག་དཔེ་སྙིང་དཔེ་སྐྲུན་ཁང་གཉིས་ཀྱི་ལས་ཀ་ཡང་གཙོ་བོ་བོད་རིག་པའི་ཞིབ་འཇུག་བྱ་བ་ལ་ཞབས་ཞུ་བསྒྲུབ་རྒྱུ་དེ་ཡིན་གཤིས། སྒྲིག་གཞི་དེ་དག་གིས་དེ་སྔོན་ཀྲུང་གོའི་བོད་རིག་པའི་རིག་ཚན་གཟེངས་སུ་ཐོན་ཐུབ་པར་སྐུལ་འདེད་ཀྱི་ནུས་པ་ཐོན་ཡོད་པ་མ་ཟད། ཀྲུང་གོའི་བོད་རིག་པའི་ཞིབ་འཇུག་གི་རྨང་གཞི་འདིང་རྒྱུ་དང་གཏན་ཁེལ་ཡོང་རྒྱུར

འབུལ་དགོས་ངེས་ཀྱི་ལེགས་སྐྱེས་ཕུལ་ཡོད།

བོད་འབྲེལ་གནད་དོན་ཞིབ་འཇུག་སྐོར་གྱི་བོད་རིག་པའི་དཔྱད་ཡིག་དང་། དཔེ་ཉིང་ཡིག་ཆ་བཅས་བསྡུ་རུབ་དང་ལེགས་སྒྲིག་བྱེད་པའི་ལས་ཀར་གཡུར་ཟའི་གྲུབ་འབྲས་ཐོབ་ཡོད། དེ་ཡང་རྒྱ་ཡིག་གི་ཚད་ལྡན་ཡིག་ཆ་བསྡུ་རུབ་དང་། ལེགས་སྒྲིག ཞིབ་འཇུག་བཅས་བྱེད་པའི་བརྒྱུད་རིམ་ནང་མར་ཁེ་སི་རིང་ལུགས་ཀྱི་ལོ་རྒྱུས་ལྟ་བ་དང་། ཀྲུང་དབྱང་སྲིད་གཞུང་རིམ་བྱོན་ནས་བོད་ལ་དོ་དམ་བྱས་པའི་སྐོར་གྱི་ལོ་རྒྱུས་ཚད་ལྡན་ཡིག་ཆ་དང་། དེ་བཞིན་བོད་ས་གནས་སྲིད་གཞུང་དང་ཀྲུང་དབྱང་སྲིད་གཞུང་དབར་གྱི་ཕན་ཚུན་འབྲེལ་གཏུགས་ཀྱི་ལོ་རྒྱུས་ཟིན་ཐོ་རྣམས་ཁུངས་བཙན་རྒྱབ་རྟེན་དུ་བཟི་རྒྱུ་རྒྱུན་འཁྱོངས་བྱས་པ་དང་། ལོ་རྒྱུས་ཐོག་གི་མི་རིགས་ཁག་དབར་ཕན་ཚུན་འགྲོ་འོང་དང་། བརྗེ་རེས། མཉམ་འདྲེས་སྐོར་གྱི་ལོ་རྒྱུས་ཡིག་ཆ་རྣམས་ལེགས་སྒྲིག་དང་ཞིབ་འཇུག་གི་ནང་དོན་གཙོ་བོར་འཛུག་རྒྱུ་རྒྱུན་འཁྱོངས་བཅས་བྱས་ཡོད། རྩ་དོན་དེ་དག་གི་སྟེ་ཁྲིད་འོག བོད་ལྗོངས་སྤྱི་ཚོགས་ཚན་རིག་ཁང་གི་ཚད་ལྡན་ཡིག་ཆ་ལེགས་སྒྲིག་ཞིབ་འཇུག་ཚན་པས་སྔ་རྗེས་སུ་རྒྱལ་ཁབ་ཀྱི་ལོ་རྒྱུས་ཡིག་ཚགས་ཁང་ཨང་དང་པོ་དང་གཉིས་པ། རྒྱལ་ཁབ་དཔེ་མཛོད་ཁང་། ཀྲུང་དབྱང་མི་རིགས་སློབ་གྲྭ་ཆེན་མོའི་དཔེ་མཛོད་ཁང་། བོད་ལྗོངས་ཡིག་ཚགས་ལས་ཁུངས་སོགས་ཡིག་ཚགས་ཚན་པ་ཁག་བརྒྱུད་ནས་དབང་གྲགས་ཅན་གྱི་ལོ་རྒྱུས་དཔེ་ཉིང་གི་མ་དཔེ་འབོར་ཆེན་ཞིག་ལ་ལེགས་སྒྲིག་དང་དཔར་རྒྱག་གིས《བོད་ལྗོངས་ཞིབ་འཇུག་གི་དུས་དེབ་དཔེ་ཚོགས》ཞེས་པ་དང་། 《བོད་ལྗོངས་རིག་པའི་རྒྱ་ཡིག་དཔྱད་ཡིག་དཔེ་ཚོགས》ཞེས་པ། 《བོད་ལྗོངས་རིག་པའི་རྒྱ་ཡིག་དཔྱད་ཡིག་དཔར་མ་ཐོགས་བསྒྲིགས》ཞེས་པ། 《བོད་ལྗོངས་རིག་པའི་དཔྱད་ཡིག་དཔེ་ཚོགས་ཟུར་བསྒྲིགས》ཞེས་པ། 《བོད་ལྗོངས་རིག་པའི་དཔྱད་གཞིའི་དཔེ་ཚོགས》ཞེས་པ་སོགས་བོད་རིག་པའི་སྐོར་གྱི་རྒྱ་ཡིག་དཔྱད་ཡིག་དཔེ་ཚོགས་རབ་དང་རིམ་པ་རྩོམ་སྒྲིག་དང་དཔེ་སྐྲུན་བྱས་ཡོད། དེའི་སྐབས་དུང《ཆིང་རྒྱལ་རབས་ཀྱི་དངོས་དོན་འཁོད་པའི་ཁྲིད་ཀྱི་བོད་ཀྱི་ལོ་རྒྱུས་ཡིག་རིགས》ཞེས་པ་དང་། 《མིང་རྒྱལ་རབས་ཀྱི་དངོས་དོན་འཁོད་པའི་ཁྲིད་ཀྱི་བོད་ཀྱི་ལོ་རྒྱུས་ཡིག་རིགས》《ཏྲུན་གར་ཞི་འཛུགས་སུ་གཏོང་བའི་ཐབས་ཇུས》《ཚ་བ་རོང་ཞི་འཛུགས་སུ་གཏོང་བའི་ཐབས་ཇུས》《ཚ་བ་རོང་གཉིས་ཞི་འཛུགས་སུ་གཏོང་བའི་ཐབས་ཇུས》《དྲག་གནོན་དང་

རིགས་སྐྱོར་གྱི་ལས་དོན་སྒྲུབ་སྟངས་》《བོད་སྲོད་ཨམ་བན་གྱི་སྙན་ཞུ་》《ཆིང་རྒྱལ་རབས་སྐབས་ཀྱི་བོད་དོན་སྙན་ཞུ་》《དབུས་གཙང་གི་ལོ་རྒྱུས་》《བལ་པོའི་གནད་དོན་སྐོར་གྱི་གཏན་འབེབས་ཡིག་ཆ་ཕྱོགས་བསྡུས》《གོར་ཁའི་གནད་དོན་སྐོར་གྱི་གཏན་འབེབས་ཡིག་ཆ་ཕྱོགས་བསྡུས་》《ཚ་བ་རོང་གི་གྲོད་གཞི་》《ཚ་བ་རོང་གི་ཚོ་དྲུག་》《བོད་ཀྱི་ལོ་རྒྱུས་མདོར་བསྟན་》《གོང་མའི་རྒྱལ་རབས་ལས་བྱུང་བའི་བོད་དོན་གྱི་ཡིག་ཆ་ཕྱོགས་བསྡུས་》《ཏའོ་མོའོ་ཞི་འཛུགས་སུ་གཏོང་བའི་ཐབས་ཇུས་》《བོད་ལྗོངས་ཡུལ་སྐོར་ཡིག་ཆ་བྲིས་》《ཁམས་ཀྱི་ཡུལ་སྐོར་ཡིག་ཆ་》《བོད་བསྐྱོད་ཡིག་ཆ་》《ལྷ་སའི་མཐོང་ཐོས་ཡིག་ཆ་》《བོད་ལྗོངས་རགས་བཤད་》《བོད་ཀྱི་བྱུང་བརྗོད། དབུས་གཙང་བྱུང་བརྗོད་རགས་བསྡུས་》《བོད་ཀྱི་ཆོས་འབྱུང་། བོད་ཀྱི་གྲྭ་བཙུན་གྱི་བྱུང་རབས་ཞིབ་འཇུག་》《མཐོ་སྟོད་ལོ་རྒྱུས་དཔྱད་ཡིག་ཀུན་གསལ་མེ་ལོང་》《བོད་ཀྱི་རི་མོ་དང་ཤི་ཀྲའོ་རི་མོ་》《ནུབ་བསྐྱོད་ཡིག་ཆ་》《མིག་ཆུ་དང་ཁྲག་གི་ཡིག་ཆ་》《ཀྲུང་ཡེའི་གྲོད་གཞི་》《ཆིང་རྒྱལ་རབས་ཀྱི་བོད་དོན་དཔྱད་ཡིག་བདམས་བསྒྲིགས་》《མིན་གོའི་ལོ་དང་པོའི་སྐབས་ཀྱི་བོད་དོན་གློག་འཕྲིན་》《དེང་རབས་ཁམས་བོད་ཀྱི་གལ་ཆེའི་དོན་ཆེན་སྐོར་གྱི་ལོ་རྒྱུས་དཔྱད་གཞིའི་རྒྱུ་ཆ་བདམས་བསྒྲིགས་》སོགས་གནའ་རབས་དང་དེང་རབས་ཀྱི་བོད་རིག་པའི་སྐོར་གྱི་རྒྱ་ཡིག་དེབ་ཐེར་རིགས་མི་འདྲ་བ་བརྒྱ་ལ་ཉེ་བ་དང་དེབ་གྲངས་ཁྲི་ལ་ཉེ་བ་དཔེ་སྐྲུན་བྱས་ཡོད། གཞི་རྒྱ་ཆེ་བའི་བོད་རིག་པའི་སྐོར་གྱི་རྒྱ་ཡིག་དཔྱད་གཞིའི་ཡིག་ཆ་ལེགས་སྒྲིག་དང་སྒྱུར་སྐྱོབ་ཀྱི་ལས་གྲྭ་དེའི་ནང་། དཔྱང་སྐྱེ་བཅོ་བརྒྱད་པའི་ཤེས་ཡོན་ཅན་ཀན་གྲུས་ཁྲིན་ཙུ་ཅིན་གྱིས་རྒྱལ་ཁབ་དང་མི་རིགས་ལ་ལྷག་བསམ་རྣམ་དག་གིས་འགན་འཁུར་གནང་སྟེ། འབད་བརྩོན་ཆེར་བསྐྱེད་དང་ནུས་ཤུགས་ཡོད་རྒུས་རང་ཉིད་ཀྱི་ལུས་སྟོབས་དང་བློ་རིག་ཐམས་ཅད་བོད་རིག་པའི་ཞིབ་འཇུག་བྱ་གཞག་ལ་འབུལ་གནང་ཡོད་ཅིང་། ཁོང་གིས་སྔ་ཁྲིད་གནང་བའི་རྒྱ་ཡིག་དཔྱད་ཡིག་སྒྱུར་སྐྱོབ་ལེགས་སྒྲིག་ཁང་གིས་སྔ་རྗེས་སུ་ལེགས་སྒྲིག་དཔེ་སྐྲུན་བྱས་པའི་ཀྲུང་དབྱང་སྲིད་གཞུང་རིམ་བྱོན་ནས་བོད་ལ་དོ་དམ་བྱས་པའི་སྐོར་གྱི་ཁྲིམས་སྲོལ་ལམ་ལུགས་དང་རྗོ་བཀོས་ཡི་གེ དངོས་བཅར་ཡིག་ཆ། དེ་བཞིན་རྩ་མེད་དུ་འགྲོ་ལ་ཉེ་བའི་དཔེ་རྒྱུན་དཀོན་རིགས་དང་གནའ་དཔེ་རྩ་ཆེན་སོགས་ནི་དུས་དེང་སང་ཡང་བོད་རིག་པའི་ཞིབ་འཇུག་ལ་མི་ཐབས་མེད་པའི་རྩ་ཆེའི་ཡིག་ཆ་འབའ་ཞིག་ཡིན། དེར་ཏང་དང་རྒྱལ་

ཁབ་ཀྱི་དབུ་ཁྲིད་ཅང་ཅོ་མིན་དང་། ཧུའུ་ཅིན་ཐའོ། ལིའི་རུས་ཧོན། ཁྲིན་ཁོན་ཡོན་བཅས་ཀྱི་ག་སྙིགས་མཐོང་ཆེན་པོ་དང་ཁས་ལེན་གང་ལེགས་ཐོབ་ཡོད། བོད་རིག་པའི་ཞིབ་འཇུག་སྐོར་གྱི་དཔྱད་གཞིའི་ཡིག་རིགས་མྱུར་སྐྱོབ་དང་ལེགས་སྒྲིག་བྱེད་པའི་ལས་གྲྭའི་ནང་། བོད་ཡིག་གི་དཔྱད་གཞིའི་ཡིག་རིགས་མྱུར་སྐྱོབ་དང་ལེགས་སྒྲིག་གི་ལས་དོན་ལའང་གཡུར་ཟའི་གྲུབ་འབྲས་ཐོབ་ཡོད་དེ། སྤྱི་རྗེས་སུ་བསྡུ་རུབ་དང་ལེགས་སྒྲིག་དཔེ་དེབ200ཙམ་བྱས་པར་ཡིག་འབྲུ་ཁྲི་སྟོང་ལ་ཉེ་བ་དང་། དེའི་ནང་གི་མི་ཤུང་བ་ཞིག་ནི་དཔེ་རྒྱུན་དཀོན་རིགས་དང་གནའ་དཔེ་རྩ་ཆེན་འབའ་ཞིག་ཡིན་ལ། ལ་ལ་ནི་ལག་བྲིས་མ་ཡིན། ལེགས་སྒྲིག་དང་དཔེ་སྐྲུན་བྱས་ཟིན་པའི་ཁོངས་སུ《རླངས་ཀྱི་པོ་ཏི་སེ་རུ་རྒྱས་པ་》དང་། 《བསྟན་རྩིས་ཀུན་གསལ་ཉིན་བྱེད་》《སྡོམ་གསུམ་རབ་དབྱེ་》《སྐད་དག་མེ་ལོང་གི་མཆན་འགྲེལ་》《ལྡེའུ་ཆོས་འབྱུང་》《ཚད་མ་རིག་པའི་གནད་བསྡུས་》《མྱང་ཆོས་འབྱུང་》《འཛམ་གླིང་སྤྱི་བཤད་དང་རྒྱས་བཤད་》《བྱང་ཆུབ་ལམ་རིམ་ཆེན་མོའི་དོན་རྒྱ་ཆེར་བཤད་པ་མན་ངག་རིན་ཆེན་བང་མཛོད་》སོགས་དེབ་རིགས་མི་འདྲ་བ75ཡོད་པར། ཁྱོན་དཔར་གྲངས་ཁྲི50ལྷག་ཙམ་ཟིན་གྱི་ཡོད།

བོད་རིག་པའི་ཞིབ་འཇུག་བྱ་གཞག་གི་འཕེལ་རྒྱས་ལ་འགག་སྒྲོལ་རང་བཞིན་གྱི་གྲུབ་འབྲས་ཐོབ་ཡོད་པ་ནི། ལོ་རྒྱུས་ཀྱི་བྱུང་བ་བརྗོད་པའི་སྐད་ངག《གེ་སར་》སྒྲུང་གི་མྱུར་སྐྱོབ་དང་ལེགས་སྒྲིག སྒྲུང་སྐྱོབ་བཅས་ཀྱི་ལས་ཀའི་ཐད་ནས་བརྗོད་ན། སྤྱི་རྗེས་སུ་སྒྲུང་མཁན་གྱིས་འཆད་གྱེར་གནང་བའི་སྒྲུང་དཔེ་བརྒྱ་ལྷག་ཙམ་སྒྲ་ཕབ་དང་སྒྲུང་དེབ60ལྷག་ཙམ་ལེགས་སྒྲིག་བྱས་ཡོད་པ་མ་ཟད། དཔར་མ་རྙིང་པ་དང་ལག་བྲིས་དཔར་མ74ཙམ་ཡང་འཚོལ་བསྡུ་བྱས་ཡོད། 《སྒྲུང་མཁན་བསམ་གྲུབ་ཀྱིས་འཆད་གྱེར་གནང་བའི་གླིང་སྒྲུང་》དཔེ་ཚོགས་ཀྱིས་འཛམ་གླིང་ཐོག་བྱུང་བརྗོད་སྐད་ངག་རིང་ཤོས་ཀྱི་ཟིན་ཐོ་བཏོད་ཅིང་། དཔེ་ཚོགས་དེར་བསྡོམས་པས་སྒྲུང་སྣ45ལ་དཔེ་གྲངས48ཡོད་པ་ལས། མིག་སྔར་སྒྲུང་དེབ་གྲངས43ལེགས་སྒྲིག་དཔེ་སྐྲུན་ཟིན་པ་མ་ཟད། དཔེ་ཚོགས་དེ་ཉིད་རྒྱ་ཡིག་ལ་བསྒྱུར་རྒྱུའི་ལས་འགོ་ཡང་ཚུགས་ཟིན་ཡོད། དེ་བཞིན་མི་རིགས་རིག་གནས་དང་ལོ་རྒྱུས་ཀྱི་ལས་ཀའི་ངོས་ནས་བརྗོད་ན། སྤྱི་རྗེས་སུ《ཀརྨ་པ་རིམ་བྱོན་གྱི་མཛད་རྣམ་》དང་། 《བོད་ཀྱི་བཙན་པོ་བཅུ་》《སྲུ་རྒྱལ་བོད་ཀྱི་རྗེ་བཀོས་ཡི་གེ་དག་བཤེར་དང་མཆན་འགྲེལ་》

《ལོ་རྒྱུས་ལས་གྲུབ་པའི་གོང་བུ་གཅིག་གྱུར་》(བོད་ཡིག་དང་རྒྱ་ཡིག་)བཅས་དང་། ལྷག་པར་དུ《བོད་ལྗོངས་ཀྱི་ལོ་བརྒྱའི་ལོ་རྒྱུས་ཞིབ་འཇུག་》དང་། 《བོད་ལྗོངས་ཀྱི་ལོ་བརྒྱའི་ལོ་རྒྱུས་དཔྱད་གཞིའི་ཡིག་རིགས་བདམས་བསྒྲིགས་》《ཆུ་གླང་ལོའི་(སྤྱི་ལོ1793)བོད་ཀྱི་བཀའ་ཤག་ཚོང་ལམ་ནས་བསྡུས་པའི་གཞུང་ཡིག་འགྱུར་མ་བདམས་བསྒྲིགས་》སོགས་གལ་ཆེའི་ཆེད་རྩོམ(བསྒྱུར་བ་དང་རྩོམ་འབྲི་བྱས་པ་ཚུད་)འབོར་ཆེན་ཞིག་ལེགས་འགྲུབ་བྱུང་ཡོད་པ། བོད་ཀྱི་སྐད་ཡིག་དང་རྩོམ་རིག་གི་སྐོར་ནས་བརྗོད་ན། སྔ་རྗེས་སུ《སྙན་ངག་རིག་པ་སྤྱི་བཤད་》དང་《བོད་རིགས་ཀྱི་སྒྲ་དབྱངས་རིག་པ་སྤྱི་བཤད་》སོགས་བརྩམས་དེབ10ལྷག་ཙམ་ལེགས་འགྲུབ་བྱུང་ཡོད་པ། ཆོས་ལུགས་ཞིབ་འཇུག་གི་ཐད་ལ། སྔ་རྗེས་སུ《བོན་ཆོས་རིག་གནས་ཚིག་མཛོད་ཆེན་མོ་》དང་། 《འབྲས་སྤུངས་དཀར་ཆག་》《ལྷ་སའི་དགོན་ཐོ་》《རྙིང་མ་བའི་གྲུབ་མཐའ་སྤྱི་བཤད་》《བཀའ་བརྒྱུད་པའི་གྲུབ་མཐའ་སྤྱི་བཤད་》《ས་སྐྱ་པའི་གྲུབ་མཐའ་སྤྱི་བཤད་》《གནས་ཆུང་དགོན་》《ཁྲ་འབྲུག་དགོན་པའི་དཀར་ཆག་》སོགས་བརྩམས་དེབ20ལྷག་ཙམ་ལེགས་འགྲུབ་བྱུང་ཡོད་པ། དེ་མིན་དམངས་སྲོལ་རིག་པ་དང་མིའི་རིགས་རིག་པ། རང་ལྗོངས་ཀྱི་མི་འབོར་ཉུང་ཉུང་བའི་མི་རིགས་སོགས་ཀྱི་སྐོར་ལ་ཞིབ་འཇུག་བྱས་པའི་ལས་ཀར་ཡང་གྲུབ་འབྲས་གྱ་ནོམ་པ་ཐོབ་ཡོད་པ། དེ་བཞིན་རང་ལྗོངས་ཀྱི་ཏ་ལའི་ལོ་མའི་དཔེ་ཆ་ཞིབ་འཇུག་དང་སྲུང་སྐྱོབ་ཀྱི་ལས་དོན་ལ་ཡང་འགག་སྒྲོལ་རང་བཞིན་གྱི་འཕེལ་རྒྱས་བྱུང་ཡོད་དེ། ལོ་ངོ་དྲུག་ཙམ་གྱི་འབད་བརྩོན་བརྒྱུད། རང་ལྗོངས་ཀྱི་ཏ་ལའི་ལོ་མའི་དཔེ་ཆ་བྲིས་མ་སྲུང་སྐྱོབ་དང་། བསྡུ་རུབ། ལེགས་སྒྲིག དཀར་ཆག་བཟོ་བ། དཔར་ལེན་པ་སོགས་ཀྱི་ལས་དོན་སྣ་ཀུན་ནས་སྤེལ་ཏེ། རྩ་བའི་ཆ་ནས་རང་ལྗོངས་ཀྱི་ཏ་ལའི་ལོ་མའི་དཔེ་ཆ་བྲིས་མའི་ད་ལྟའི་གནས་ཚུལ་ཤེས་རྟོགས་བྱུང་ཡོད་ལ། དེ་ཉིད་ཇི་ལྟར་སྲུང་སྐྱོབ་བྱེད་དགོས་པའི་སྲོལ་ཡིག་གཏན་འབེབས་བྱས་པ་དང་། 《བོད་རང་སྐྱོང་ལྗོངས་ཀྱིས་གཅེས་ཉར་བྱས་པའི་ཏ་ལའི་ལོ་མའི་དཔེ་ཆ་སྤྱིའི་དཀར་ཆག་》ཅེས་དང《བོད་རང་སྐྱོང་ལྗོངས་ཀྱིས་གཅེས་ཉར་བྱས་པའི་ཏ་ལའི་ལོ་མའི་དཔེ་ཆའི་དཔར་མ་ཀུན་འདུས》ཞེས་པ་རྩོམ་འབྲི་བྱས་ཡོད། རྒྱང་གཞིའི་དེའི་སྟེང་རྒྱལ་ཡོངས་སུ་ཐོག་མར་ཡིན་པའི་ཏ་ལའི་ལོ་མའི་དཔེ་ཆ་ཞིབ་འཇུག་ཟོཚོ་ཞེས་པའི་ལས་ཁུངས་གསར་དུ་བཙུགས་ཏེ། རྒྱལ་ཡོངས་ཁྱོན་དུ་ཐོག་མར་ཡིན་པའི་ཏ་ལའི་ལོ་མའི་དཔེ་ཆ་ཞིབ་འཇུག་སྐོར་གྱི་ཆེད་འདོན་

དུས་དེབ་《བོད་ཀྱི་ཏ་ལའི་ལོ་མའི་དཔེ་ཆ་ཞིབ་འཇུག》(རྒྱ་ཡིག བོད་ཡིག་དཔར་མ་)ཅེས་པ་དཔེ་སྐྲུན་བྱས་ཡོད།

དེ་ཙམ་མ་ཟད། ད་དུང་སྤྱི་ཚོགས་ཚན་རིག་ཁང་ལ་ཀྲུང་གོའི་དེང་རབས་བོད་རིག་པའི་ཞིབ་འཇུག་གི་འཕེལ་རྒྱས་ཐད་ལ་ཡང་གྲུབ་འབྲས་གསར་པ་ཐོབ་ཡོད་པ་དཔེར་ན། ཆབ་སྲིད་ཚེ་བརྟན་ཕུན་ཚོགས་དང་དུང་དཀར་བློ་བཟང་འཕྲིན་ལས་རྣམ་གཉིས་ཀྱིས་གཙོས་རིམ་བྱོན་མཁས་དབང་ཚོས་མར་ཁེ་སི་རིང་ལུགས་མཛུབ་ཁྲིད་དུ་བྱེད་རྒྱུ་རྒྱུན་འཁྱོངས་དང་། རྗོད་སྒྲུབ་དངོས་གཙོ་རིང་ལུགས་དང་ལོ་རྒྱུས་དངོས་གཙོ་རིང་ལུགས་ཀྱི་ཞིབ་འཇུག་བྱ་ཐབས་ལག་ལེན་དུ་བསྟར་བ། དེང་རབས་ཚན་རིག་ལག་རྩལ་ལ་བརྟེན་པ་སོགས་ཀྱིས་བོད་རིག་པའི་ཞིབ་འཇུག་བྱ་བ་འདི་བཞིན་སྤར་བས་ཚན་རིག་གི་རང་བཞིན་དང་། གཏན་ཚིགས་ཀྱི་རང་བཞིན། གཟབ་ནན་གྱི་རང་བཞིན་ལྡན་པར་འགྱུར་ཡོད། དེས་བོད་ལྗོངས་འདི་ཉིད་བོད་རིག་པའི་ཕ་ཡུལ་ཡིན་པའི་གནས་བབས་གཏན་ཁེལ་དང་། ཁ་བྲལ་ལ་ངོ་རྒོལ་དང་མེས་རྒྱལ་གོང་བུ་གཅིག་གྱུར་ལ་སྲུང་སྐྱོང་བཅས་བྱེད་རྒྱུར་ལེགས་སྐྱེས་ཕུལ་ཡོད།

༢།

སྔ་མོ་ཕྱི་ནས་སྤྱི་ཚོགས་ཚན་རིག་ཁང་གཉེར་རྒྱུ་རྒྱུན་འཁྱོངས་བྱས་པ་དང་། མི་རིགས་ཁག་དབར་རིག་གཞུང་སྤེལ་རེས་བྱེད་པའི་ལས་ཀར་ཤུགས་སྣོན་བརྒྱབ་པ། རྒྱལ་སྤྱིའི་ཐོག་བོད་རིག་པའི་རིག་གཞུང་གི་སྐད་ཆ་ཤོད་དབང་རག་ཐབས་ཀྱི་ལས་ཀར་འབད་བརྩོན་བྱས་པ་བཅས་ཀྱིས། རྒྱལ་ནང་དང་རྒྱལ་སྤྱིའི་ཐོག་རིག་གཞུང་གི་ཤུགས་རྐྱེན་རྒྱུན་ཆད་མེད་པར་ཤུགས་ཆེར་སོང་ཡོད། སྤྱི་ཚོགས་ཚན་རིག་ཁང་དབུ་བརྙེས་རྗེས་ཀྱི་ཐོག་མའི་དུས་སུ། རྒྱལ་ཡོངས་ཀྱི་རིག་གཞུང་ཞིབ་འཇུག་ཚན་པ་ཁག་གི་ཤུགས་ཆེའི་རྒྱབ་སྐྱོར་དང་རོགས་རམ་ཐོབ་ཡོད་པ་དཔེར་ན། བོད་ལྗོངས་སྤྱི་ཚོགས་ཚན་རིག་ཁང་ནང་ད་ལྟའི་བར་ཉར་ཚགས་བྱས་ཡོད་པའི་དཔེ་ཆ་དང་དེང་རབས་ཚན་རིག་ཞིབ་འཇུག་སྐོར་གྱི་དཔྱད་གཞིའི་རྒྱུ་ཆ་འབོར་ཆེན་དེ་དག་ནང་ནས་མང་པོ་ཞིག་ནི་རྒྱལ་ཡོངས་ཀྱི་འབྲེལ་ཡོད་རིག་གཞུང་ཚན་པའི་རྒྱབ་སྐྱོར་ལ་བརྟེན་ནས་བྱུང་བ་དང་། རིག་གཞུང་ཞིབ་འཇུག་གི་ཉམས་མྱོང་ཁག་གཅིག་ཀྱང་རྒྱལ་ཡོངས་ཀྱི་འབྲེལ་ཡོད་རིག་གཞུང་ཚན་པ་དང་ཚན་ཞིབ་མི་སྣའི་བརྒྱུད་སྤྲོད་དང་རོགས་རམ་ལས་བྱུང་བ་ཞིག་ཡིན། དེ་བཞིན་སྤྱི་ཚོགས་ཚན་རིག་ཁང་

འཕེལ་རྒྱས་འགྲོ་བའི་བརྒྱུད་རིམ་ནང་ཀྲུང་གོ་སྤྱི་ཚོགས་ཚན་རིག་ཁང་དང་། ཀྲུང་གོ་བོད་རིག་པའི་ཞིབ་འཇུག་ལྟེ་གནས། རྒྱལ་ཁབ་ཡིག་ཚགས་ཁང་། རྒྱལ་ཁབ་དཔེ་མཛོད་ཁང་། ཀྲུང་དབྱང་མི་རིགས་སློབ་གྲྭ་ཆེན་མོ། རྒྱལ་ཁབ་མི་རིགས་ཆོས་དོན་ཨུ་ལྷན་གྱི་ཚན་ཞིབ་ལས་ཁུངས་སོགས་ཀྱིས་ངེད་བོད་ལྗོངས་སྤྱི་ཚོགས་ཚན་རིག་ཁང་འཕེལ་རྒྱས་འགྲོ་བར་ཚད་གཞི་མི་འདྲ་བའི་རྒྱབ་སྐྱོར་དང་རོགས་རམ་བྱས་ཡོད་པ་དང་། འབྲེལ་ཡོད་ཞིང་ཆེན་དང་ལྗོངས་གྲོང་ཁྱེར། ལས་རིགས་གཅིག་པའི་སྤྱི་ཚོགས་ཚན་རིག་ཁང་སོགས་ཀྱིས་རྒྱ་ཁྱབ་ངང་ནས་ང་ཚོ་དང་ལས་དོན་སྤེལ་རེས་དང་མཉམ་ལས་བྱས་ཡོད། དེ་དག་ཐམས་ཅད་ཀྱིས་བོད་ལྗོངས་སྤྱི་ཚོགས་ཚན་རིག་ཁང་གཉེར་སྐྱོང་གི་ཆུ་ཚད་མཐོར་འདེགས་ཡོང་བར་སྐུལ་འདེད་བཏང་ཡོད་པ་ལྟ་བུའོ། ལྗོངས་ནང་ཁུལ་དུ། ང་ཚོས་ཕྱིར་བསྐྱོད་རྒྱུ་དང་སྤྱི་ཚོགས་ཀྱི་ལག་ལེན་དངོས་ནང་ཞུགས་རྒྱུའི་བསམ་བློ་རྒྱུན་འཁྱོངས་དང་། སྤྱི་ཚོགས་དང་དཔལ་འབྱོར་གྱི་ལག་ལེན་དངོས་ཀྱི་ཁྱབ་ཁོངས་དང་འབྲེལ་བ་རྒྱ་ཁྱབ་ཏུ་སྤེལ་རྒྱུ་རྒྱུན་འཁྱོངས་བྱས་ཡོད། མིག་སྔར། ང་ཚོས་ལྗོངས་ཡོངས་ཀྱི་དཔེ་སྟོན་དུ་རུང་བའི་གྲོང་གསེབ་ལྟ་ཞིབ་ས་ཚིགས་གསར་འཛུགས་བྱས་ཟིན་པ་དང་ཕྱོགས་མཚུངས། ཚན་པ་ཁག་དབར་མཉམ་ལས་བྱེད་ཤུགས་ཆེར་གཏོང་རྒྱུ་གནད་དུ་བཟུང་སྟེ། ལྗོངས་ཐད་གཏོགས་ཚན་པ་དང་ལྗོངས་ཡོངས་ཀྱི་གྲོང་ཁྱེར་དང་ས་གནས། རྫོང་བཅས་རིམ་ཁག་སྲིད་གཞུང་། ཁེ་ལས་བཅས་ལ་ཐབས་ཇུས་བློ་འདྲི་མཁོ་འདོན་བྱེད་པའི་ཆ་ནས་ལས་ཁུངས་མི་འདྲ་བ་དང་ཚན་པ་མི་འདྲ་བའི་དབར་གྱི་མཉམ་ལས་འགག་སྒྲོལ་གྱི་ལས་ཀར་ཤུགས་སྟོན་བརྒྱབ་པ་དང་ལས་ཁུངས་མི་འདྲ་བའི་དབར་གཞལ་ཆེའི་ཆེད་དོན་ཞིབ་འཇུག་གི་ལས་གཞི་སྤེལ་ཡོད། དེས་བོད་ལྗོངས་སྤྱི་ཚོགས་ཚན་རིག་ཁང་གི་རིག་གཞུང་ཞིབ་འཇུག་དང་བློ་འདྲིའི་སྟེགས་བུ་རྒྱ་ཆེར་འགྲོ་བར་སྐུལ་འདེད་བཏང་ཡོད་པ་མ་ཟད། ལྗོངས་ནང་ཁུལ་དུ་བོད་ལྗོངས་སྤྱི་ཚོགས་ཚན་རིག་ཁང་གི་བག་ཆགས་གཏིང་ཟབ་ཏུ་ཕྱིན་ཡོད། མཉམ་གཉེར་མཉམ་སྒྲུབ་ཀྱི་ལས་ཀར་སྐུལ་སྤེལ་གཏོང་རྒྱུ་དེ་ལས་ཀའི་སྙེ་མོར་བཟུང་སྟེ། སྤྱི་ཚོགས་ཚན་རིག་ཞིབ་འཇུག་ལས་ཁུངས་ཁག་དབར་ཕན་ཚུན་ཉམས་མྱོང་སྤེལ་རེས་དང་མཉམ་ལས་བྱེད་ཤུགས་ཆེ་རུ་བཏང་བས། སྒོ་མོ་ཕྱེ་ནས་སྤྱི་ཚོགས་ཚན་རིག་ཁང་གཉེར་བའི་རྣམ་པ་དང་ནང་དོན་ཕུན་སུམ་ཚོགས་སུ་སོང་བ་དང་། བོད་ལྗོངས་སྤྱི་ཚོགས་ཚན་རིག་ཁང་དང་ལྗོངས་ཕྱི་ནང་གི་སྤྱི་ཚོགས་ཚན་རིག་ཞིབ་འཇུག་ལས་ཁུངས། དེ་

བཞིན་སློབ་གྲྭ་ཆེ་ཁག་དབར་འབྲེལ་གཏུགས་མཉམ་ལས་བྱེད་པར་ཤུགས་སྐྱོན་ཐེབས་པ་མ་ཟད། བོད་ལྗོངས་སྨྱི་ཚོགས་ཚན་རིག་ཁང་གི་ཞིབ་འཇུག་ཚུ་ཚད་མཐོར་འདེགས་སུ་སོང་བ་དང་རིག་གཞུང་གི་ཤུགས་རྐྱེན་ཡང་ཆེ་རུ་སོང་ཡོད། དཔེར་ན། བོད་ལྗོངས་སྤྱི་ཚོགས་ཚན་རིག་ཁང་གིས་འགན་ཁུར་ནས་རྩོམ་འབྲི་བྱས་པའི་རྒྱལ་ཁབ་སྤྱི་ཚོགས་ཚན་རིག་གི་ཐེབས་རྩའི་ལས་གཞི་གལ་ཆེན《བོད་ལྗོངས་ཀྱི་ལོ་བརྒྱའི་ལོ་རྒྱུས་ཞིབ་འཇུག》(སྟོད་ཆ། བར་ཆ། སྨད་ཆ་གསུམ་ལ་བསྡོམས་པས་ཡིག་འབྲུ་ཁྲི140ཙམ་ཡོད་)ཅེས་པ་དེ་ནི་སྔོ་སོ་ཕྱི་ནས་སྤྱི་ཚོགས་ཚན་རིག་ཁང་གཉེར་བའི་གྲུབ་འབྲས་ཀྱི་ཉིང་བཅུད་ཅིག་ཡིན་ཞིང་། དེ་ནི་ཀྲུང་གོ་སྤྱི་ཚོགས་ཚན་རིག་ཁང་ཚན་ཞིབ་དོ་དམ་ཅུད"ནུབ་རྒྱུད་རྣམ་གྲངས་གཞུང་ལས་ཁང"གིས་ཕུལ་བྱུང་གྲུབ་འབྲས་ཤིག་ཡིན་པའི་ཆོད་སྡོམ་བཞག་ཡོད། བོད་ལྗོངས་སྤྱི་ཚོགས་ཚན་རིག་ཁང་གིས་རྒྱལ་ནང་གི་རིགས་གཅིག་མཁས་དབང་ཚོ་དང་མཉམ་དུ་ཞིབ་འཇུག་གི་ལས་ཀ་སྤེལ་བ་མ་ཟད། ད་དུང་འཛམ་གླིང་ཐོག་གི་གྲགས་ཅན་བོད་རིག་པའི་ཞིབ་འཇུག་ཚན་པ་དང་བོད་རིག་པའི་མཁས་དབང་རྣམ་པ་དང་དུས་ཡུན་རིང་པོའི་མཉམ་ལས་ཀྱང་བྱས་ཡོད། ལོ་ངོ30ལྷག་ཙམ་གྱི་རིང་ལ། བོད་ལྗོངས་སྤྱི་ཚོགས་ཚན་རིག་ཁང་གིས་རྒྱལ་ཁབ་དང་ས་ཁུལ20ལྷག་ཙམ་གྱི་རིག་གཞུང་ཚན་པའི་དབར་དཔེ་དེབ་བརྗེ་རེས་ཀྱི་འབྲེལ་བ་བཙུགས་ཡོད་པ་མ་ཟད། ཧ་རྦྲུ་སློབ་ཆེན་དང་། ཕུ་ཅེ་ཉི་ཡ་སློབ་ཆེན། ཧ་ཧྲེང་ཏུན་སློབ་ཆེན། ཉེའུ་ཅིང་སློབ་ཆེན། ཙན་ཆའོ་སློབ་ཆེན། པའོ་གླིང་མཐོ་རིམ་ཞིབ་འཇུག་གླིང་། ཨའོ་ཏི་ལི་སྤྱི་ཚོགས་ཚན་རིག་ཁང་སོགས་ཕྱི་རྒྱལ་གྱི་གྲགས་ཅན་སློབ་ཆེན་དང་ཞིབ་འཇུག་ཚན་པ་ཁག་དབར་མཉམ་འབྲེལ་ཐོག་ནས་རིག་གཞུང་ཞིབ་འཇུག་གི་ལས་ཀ་གཉེར་ཡོད། རྒྱལ་སྤྱིའི་ཐོག་ཏུ་མཉམ་ལས་ཀྱི་ཁྱབ་ཁོངས་རྒྱུན་ཆད་མེད་པར་གཞི་རྒྱ་ཆེ་རུ་སོང་བ་དང་། ནང་དོན་ཉིན་བཞིན་ཕུན་སུམ་ཚོགས་སུ་སོང་བ། ཕན་འབྲས་སྤྱར་བས་མངོན་གསལ་དོད་དུ་སོང་བ་བཅས་ཀྱིས་རང་རེའི་ཕུལ་བྱུང་གི་མི་སྣ་དང་ཕུལ་བྱུང་གི་གྲུབ་འབྲས་རྣམས་འཛམ་གླིང་གར་སྟེགས་ཀྱི་སྟེང་དུ་བསྐྱོད་རྒྱུར་སྐུལ་འདེད་བཏང་ཡོད། རིགས་གཅིག་མཁས་དབང་སྐོར་ཞིག་དང་ཕྱི་རྒྱལ་གྱི་བོད་རིག་པའི་མཁས་པས་མཉམ་དུ་གལ་ཆེའི་རིག་གཞུང་ཆེད་རྩོམ་དང་དཔྱད་རྩོམ་མི་ཉུང་བ་ཞིག་རྩོམ་འབྲི་གནང་ཡོད་པ་དེས། རྒྱལ་སྤྱིའི་ཐོག་བོད་ལྗོངས་སྤྱི་ཚོགས་ཚན་རིག་ཁང་གི་མིང་གྲགས་ཤུགས་ཆེར་སོང་ནས་རྒྱལ་ཁབ་ཀྱི་བོད་དོན་ཕྱི་ཕྱོགས་སུ

དྲིལ་བསྒྲགས་བྱེད་པའི་ལས་དོན་ལ་གལ་ཆེའི་ལེགས་སྐྱེས་ཕུལ་ཡོད། ལོ་ངོ་སུམ་ཅུའི་རིང་། བོད་ལྗོངས་སྤྱི་ཚོགས་ཚན་རིག་ཁང་གི་མཁས་དབང་དང་ཞིབ་འཇུག་པ་བཅས་མི་ཐེངས200ལྷག་ཙམ་གྱིས་ཕྱི་རྒྱལ་དུ་བསྐྱོད་ནས་འཚམས་འདྲི་དང་། སློབ་ཁྲིད། སློབ་སྦྱོང་བཅས་བྱས་པ་མ་ཟད། རྒྱལ་སྤྱིའི་བོད་རིག་པའི་རིག་གཞུང་བགྲོ་གླེང་ཚོགས་འདུ་ཅི་རིགས་ཀྱི་ནང་ཐེ་ཞུགས་བྱས་ཡོད། བོད་ལྗོངས་སྤྱི་ཚོགས་ཚན་རིག་ཁང་གི་མཁས་དབང་དང་ཞིབ་འཇུག་པ་ཚོས་སྐབས་དྲུག་པ་ནས་བཅུ་གསུམ་བར་གྱི་རྒྱལ་སྤྱིའི་བོད་རིག་པའི་བགྲོ་གླེང་ཚོགས་འདུ་དང་དེ་མིན་གྱི་རྒྱལ་སྤྱིའི་རིག་གཞུང་བགྲོ་གླེང་ཚོགས་འདུ་ཆེ་གྲས་ཅི་རིགས་ཀྱི་ཐོག་ཏུ་ཕུལ་བའི་རིག་གཞུང་དཔྱད་རྩོམ་བརྒྱ་ལ་ཉེ་བ་ཕལ་ཆེར་ཚོགས་འདུའི་དཔྱད་རྩོམ་ཕྱོགས་བསྒྲིགས་ནང་བསྡུས་ཡོད། བོད་ལྗོངས་སྤྱི་ཚོགས་ཚན་རིག་ཁང་བཙུགས་པ་ནས་བཟུང་། ལས་ཁུངས་འདིས་འབྲེལ་ཡོད་བོད་ཀྱི་ལོ་རྒྱུས་དང་། སྐད་ཡིག རྩོམ་རིག མི་རིགས། ཆོས་ལུགས། མཚན་ཉིད་རིག་པ་སོགས་རིག་ཚན་རྐྱང་མ་ངམ་ཡང་ན་རིག་ཚན་མང་བའི་རིག་གཞུང་བགྲོ་གླེང་དང་། དེ་བཞིན་རྒྱལ་ཡོངས་རང་བཞིན་དང་རྒྱལ་སྤྱི་རང་བཞིན་གྱི་རིག་གཞུང་བགྲོ་གླེང་ཚོགས་འདུ་ཆེ་འབྲིང་ཆུང་གསུམ་བཅས་ཐེངས་གྲངས50ལྷག་ཙམ་གཉེར་སྐྱོང་ངམ་རམ་འདེགས་གཉེར་སྐྱོང་བྱས་ཡོད།

དྲུག

ཏང་གི་འགོ་ཁྲིད་རྒྱུན་འཁྱོངས་ལྷོད་མེད་དང་། མཚན་ཉིད་རིག་པ་དང་སྤྱི་ཚོགས་ཚན་རིག དེ་བཞིན་བོད་རིག་པའི་བྱ་གཞག་བཅས་ཀྱི་ཏང་གཤིས་ཀྱི་རྩ་དོན་དང་ཆབ་སྲིད་ཀྱི་ངོ་བོ་རྒྱུན་འཁྱོངས་ལྷོད་མེད་བྱས་ཡོད། ཏང་གིས་སྤྱི་ཚོགས་ཚན་རིག་དང་བོད་རིག་པའི་ལས་དོན་ལ་འགོ་ཁྲིད་བྱ་རྒྱུ་དེ་ནི། མཚན་ཉིད་རིག་པ་དང་སྤྱི་ཚོགས་ཚན་རིག་གི་བྱ་གཞག་དར་རྒྱས་གོང་འཕེལ་འགྲོ་བར་སྐུལ་འདེད་གཏོང་བའི་ཆབ་སྲིད་ཀྱི་འགན་ལེན་དང་རྩ་འཛུགས་ཀྱི་འགན་ལེན་ཞིག་ཡིན། རང་སྐྱོང་ལྗོངས་སྤྱི་ཚོགས་ཚན་རིག་ཁང་བཙུགས་ནས་ལོ་ངོ་སུམ་ཅུའི་རིང་། དུས་གཏན་དུ་རང་སྐྱོང་ལྗོངས་ཏང་ཨུད་ཀྱི་སྟོབས་ལྡན་འགོ་ཁྲིད་འོག་ལས་དོན་ཁག་སྤེལ་བ་དང་། དུས་གཏན་དུ་མཚན་ཉིད་རིག་པ་དང་སྤྱི་ཚོགས་ཚན་རིག་གི་ནུས་མེད་ཏང་ཡིན་པ་དང་། ཏང་དང་མི་དམངས་ཀྱི་བྱ་གཞག་ལ་ཞབས་འདེགས་ཞུ་བའི་ཏང་གཤིས་རྩ་དོན་བཅས་རྒྱུན་འཁྱོངས་བྱས་ཡོད། ཚན་རིག་ཞིབ་འཇུག་བྱེད་པའི་བརྒྱུད་རིམ་ནང་ཏང་གཤིས

དང་མི་དམངས་ཀྱི་རང་བཞིན་ཚོད་མཐོའི་གཅིག་གྱུར་ཡོང་རྒྱུ་རྒྱུན་འཁྱོངས་བྱས་ཏེ། ཏང་གི་ལམ་ཕྱོགས་དང་མཛད་ཕྱོགས། སྲིད་ཇུས་རྣམས་མཚན་ཉིད་རིག་པ་དང་སྤྱི་ཚོགས་ཚན་རིག དེ་བཞིན་བོད་རིག་པའི་ཞིབ་འཇུག་གི་ལས་ཀའི་ཁྲིད་ལག་ལེན་བསྟར་བ་དང་། ཏང་གི་འདུན་པ་དང་མི་དམངས་ཀྱི་དགོས་མཁོ་ཚན་ཞིབ་ཀྱི་འབྲས་བུར་འགྱུར་ནས། སྐབས་ཡང་ཏང་དང་མི་དམངས་ཀྱི་བྱ་གཞག་ལ་རིག་སྟོབས་ཀྱི་རྒྱབ་སྐྱོར་བྱས་ཡོད། བོད་ལྗོངས་སྤྱི་ཚོགས་ཚན་རིག་ཁང་གྲབས་འཛུགས་དང་དངོས་སུ་བཙུགས་པ་ནས་ད་བར། རང་སྐྱོང་ལྗོངས་ཀྱི་རིམ་བྱུང་ཏང་ཨུད་དང་སྲིད་གཞུང་ནས་མཚན་ཉིད་རིག་པ་དང་སྤྱི་ཚོགས་ཚན་རིག དེ་བཞིན་བོད་རིག་པའི་བྱ་གཞག་འཕེལ་རྒྱས་ཐད་ལ་ཚད་མཐོའི་མཐོང་ཆེན་དང་། སྤྱི་ཚོགས་ཚན་རིག་དང་བོད་རིག་པའི་ཁྱབ་ཁོངས་ཀྱི་གཏིང་ཟབ་ཏུ་གནས་པའི་གནད་དོན་ལ་མཐོང་ཆེན་གནང་ཡོད། དཔེར་ན་རང་སྐྱོང་ལྗོངས་ཏང་སྲིད་ཀྱི་དབུ་ཁྲིད་གཙོ་བོས་སྤྱི་ཚོགས་ཚན་རིག་དང་བོད་རིག་པའི་ཞིབ་འཇུག་ལས་དོན་སྐོར་ལ་རྟག་ཏུ་བཀའ་འདྲི་གནང་བ་དང་། རང་སྐྱོང་ལྗོངས་ཏང་ཨུད་ཀྱི་རིམ་བྱོན་ཧུའུ་ཅི་དབྱིན་ཧྲ་ཐང་དང་། ཝུ་ཅིན་ཧྭ། ཧུའུ་ཅིན་ཐའོ། ཁྲིན་ཀུད་ཡོན། ཀོ་ཅིན་ལུང་། ཡང་ཁྲིན་ཐང་། ཀྲང་ཆིང་ལི། ཁྲིན་ཆོན་གོ་བཅས་ཀྱིས་ཡང་ན་སྤྱི་ཚོགས་ཚན་རིག་ཁང་དུ་ཇོ་ཕེབས་ཀྱིས་ལས་དོན་ལ་མཛུབ་ཁྲིད་དང་། ཡང་ན་སྤྱི་ཚོགས་ཚན་རིག་ཁང་གི་ཤེས་ཡོན་ཅན་ལ་ཇོ་ཕེབས་འཚམས་འདྲི། ཡང་ན་སྤྱི་ཚོགས་ཚན་རིག་དང་བོད་རིག་པའི་ཁྱབ་ཁོངས་ནང་འཕྲད་པའི་གནད་དོན་ལ་གལ་ཆེའི་མཆན་འགོད་མཛུབ་སྟོན་བཅས་གནང་ཡོད་པ་ལྟ་བུ་ཡིན། སྤྱི་ལོ2012ལོའི་ཟླ8པར། རང་སྐྱོང་ལྗོངས་ཏང་ཨུད་ཀྱི་ཐུགས་ཁུར་དང་རྒྱབ་སྐྱོར་ཆེ་བཞེས་འོག སྤྱི་ཚོགས་ཚན་རིག་ཁང་གི་རྨང་གཞིའི་སྟེང་བོད་རང་སྐྱོང་ལྗོངས་མཚན་ཉིད་རིག་པ་དང་སྤྱི་ཚོགས་ཚན་རིག་ལས་རིགས་ལྷན་ཚོགས་ཞེས་པའི་ལས་ཁུངས་ཀྱི་སྒོ་བྱང་བཀལ་བ་དང་སྒྲིགས་དབུ་བརྙེས་པ་རེད། དེས་ལྗོངས་ཡོངས་ཀྱི་མཚན་ཉིད་རིག་པ་དང་སྤྱི་ཚོགས་ཚན་རིག་གི་སྟོབས་ཤུགས་གཅིག་སྒྲིལ་དང་། སྒྲིག་འཛུགས། སྙོམས་སྒྲིག་བཅས་བྱེད་པའི་ལས་ཀའི་ཐད་རྩ་འཛུགས་ཀྱི་འགན་ལེན་མཁོ་འདོན་བྱས་ཡོད། གང་ལྟར་རང་སྐྱོང་ལྗོངས་ཏང་ཨུད་ཀྱི་སྟོབས་ལྡན་འགྱུར་མེད་ཀྱི་དབུ་ཁྲིད་གནང་བ་དེས། མཚན་ཉིད་རིག་པ་དང་སྤྱི་ཚོགས་ཚན་རིག དེ་བཞིན་བོད་རིག་པའི་བྱ་གཞག་གི་འཕེལ་རྒྱས་ཁ་ཕྱོགས་འགན་ལེན་བྱུང་ཡོད།

རང་སྐྱོང་ལྗོངས་ཧང་ཀྲུད་ཀྱི་དབུ་ཁྲིད་འོག བོད་ལྗོངས་སྤྱི་ཚོགས་ཚན་རིག་ཁང་གི་རིམ་བྱུང་ཧང་ཀྲུད་ཀྱིས་ཧང་གི་འཛུགས་སྐྲུན་དང་ཧང་སྲོལ་སྲིད་གཙང་འཛུགས་སྐྲུན་གྱི་ལས་ཀར་ཚད་མཐོའི་མཐོང་ཆེན་བྱས་ཏེ་རིམ་ཁག་འགོ་ཁྲིད་ལས་བྱེད་པ་དང་ཚན་ཞིབ་མི་སྣའི་བསམ་བློའི་ཆུ་ཚད་དང་ཆབ་སྲིད་ཀྱི་བྱུང་ཚད་ཟམ་མི་ཆད་པར་མཐོར་འདེགས་བཏང་བ་དང་། སྤྱི་ཚོགས་ཚན་རིག་ཁང་འཕེལ་རྒྱས་འགྲོ་བའི་སྣེ་ཁྲིད་ཀྱི་ནུས་པ་དང་སྒྲུལ་ཤུགས་ཀྱི་ནུས་པར་ཤུགས་སྣོན། ཚན་རིག་གི་ཐབས་ཇུས་དང་དམངས་འཚོའི་ཐབས་ཇུས། ལམ་ལུགས་ཅན་གྱི་འཛུགས་སྐྲུན་བཅས་ཀྱི་ནུས་པར་ཤུགས་སྣོན། གཅིག་གྱུར་གྱི་མཐུན་སྒྲིར་དང་བརྟན་ལྷིང་སྲུང་སྐྱོང་གི་ནུས་པར་ཤུགས་སྣོན། དཔྱད་ཁག་སྣེ་ཁྲིད་ལེགས་པོ་དང་རིག་གཞུང་ལྟ་བ་གསོ་སྐྱོང་བྱ་རྒྱུའི་ནུས་པར་ཤུགས་སྣོན་བཅས་བསྒྲུབ་ཡོད་ཅིང་། དེ་བཞིན་ཧང་ཡོན་དཔྱད་ཁག་གི་བསམ་བློ་འཛུགས་སྐྱོང་དང་རྩ་འཛུགས་འཛུགས་སྐྱོང་། སྒྲིག་སྲོལ་འཛུགས་སྐྱོང་བཅས་ཀྱི་ཐད་ལ་དམ་འཛིན་ནན་ཏན་དང་། ཚན་ཞིབ་མི་སྣའི་དཔྱད་ཁག་འཛུགས་སྐྲུན་ཐད་ལ་དམ་འཛིན་ནན་ཏན་བཅས་བྱས་ཏེ། དུས་བབ་གསར་པའི་ཧང་འཛུགས་ལས་དོན་གྱིས་མཚན་ཉིད་རིག་པ་དང་སྤྱི་ཚོགས་ཚན་རིག་ཞིབ་འཇུག་གི་སྒྲིག་གཞིའི་ཟུངས་ནུས་ལ་སྣེ་ཁྲིད་བྱ་རྒྱུ་ཟམ་མི་ཆད་པར་འཚོལ་ཞིབ་དང་། ཚན་ཞིབ་ལས་དོན་ཁྲིད་ཧང་གྲི་པུའུ་ཡི་དམག་འཐབ་མཁར་རྫོང་གི་ནུས་པ་འདོན་སྤེལ་བྱེད་པའི་སྒྲིག་གཞི་བཙུགས་པ་དང་འཕྲུས་ཚང་དུ་བཏང་ཡོད། ཧང་འཛུགས་སྐྱོང་གི་ལས་ཀར་དམ་འཛིན་བྱས་པ་དང་དུས་མཚུངས་ལས་ཁུངས་ཀྱི་ལམ་ལུགས་འཛུགས་བཟོའི་ལས་ཀར་ཡང་ཤུགས་སྣོན་ཟམ་མི་ཆད་པར་བསྒྲུབ་ཡོད། དེ་ཡང་ཚན་ཞིབ་ལས་དོན་ཁྲིད་ཐོན་པའི་གནས་ཚུལ་གསར་པ་དང་ཁྱད་ཆོས་གསར་པར་གཞིགས་ཏེ། ཚན་ཞིབ་སྒྲིག་འཛུགས་ཀྱི་དོ་དམ། མི་དོན་དང་ཤེས་ལྡན་མི་སྣའི་དོ་དམ། ནོར་དོན་དོ་དམ། དེ་བཞིན་ཚན་ཞིབ་རམ་འདེགས་ཀྱི་ལས་དོན། རྒྱབ་ཕྱོགས་ཞབས་འདེགས་ཀྱི་ལས་དོན་སོགས་ཀྱི་ལམ་ལུགས་རྒྱུན་ཆད་མེད་པར་འཕྲུས་ཚང་དུ་བཏང་བས། ལམ་ལུགས་ཀྱིས་མི་དང་། དབང་ཆ། གྲོན་དངུལ། ལས་དོན་བཅས་ལ་དོ་དམ་བྱེད་པའི་རྣམ་པ་བཟང་པོ་ཞིག་ཆགས་ཡོད། ལྗོངས་ཡོངས་སུ་དམངས་བརྟན་དམངས་ཕན་གྱི་ལས་དོན་སྤེལ་སྐབས་སྤྱི་ཚོགས་ཚན་རིག་ཁང་གི་གྲོང་ཚོར་བཅའ་སྡོད་ཀྱི་ལས་དོན་ཐད་ལའང་ཡོན་ཧང་ཀྲུད་ཀྱི་སྣེ་ཁྲིད་འོག་གཡུར་ཟའི་གྲུབ་འབྲས་

ཐོབ་ཡོད་ལ། གྲོང་ཚོར་བཅའ་སྡོད་ཀྱི་ལས་དོན་དུ་ཁག་དང་མི་སྣེར་ལ་གཟེངས་བསྟོད་མི་འདྲ་བ་མང་པོ་ཐོབ་ཡོད་པ་དང་། ས་གནས་དེ་གའི་རྩ་འཛུགས་དང་མང་ཚོགས་ཀྱི་དགའ་བསུ་ཐོབ་ཡོད།

དེ་དང་ཕྱོགས་མཚུངས། བོད་ལྗོངས་སྤྱི་ཚོགས་ཚན་རིག་ཁང་གི་ཐང་གཞིའི་སྒྲིག་བཀོད་འཛུགས་སྐྲུན་ཡང་འཕྲུས་སྐྱོ་ཧེ་ཚང་དུ་སོང་ཡོད་དེ། དེ་ཡང་ལས་ཁུངས་འདི་ཐོག་མར་འཛུགས་སྐབས་ས་རྐོད་འདམ་རྫབ་ཐོག་ཏུ་སྟབས་བདེའི་ལས་ཤག་བསྐྲུན་པ་ནས་འགོ་བཙམས་ཏེ་ད་ལྟ་ཚན་ཞིབ་ཐོག་བརྩེགས་ཁང་དང་ཕྱོགས་བསྡུས་ཐོག་བརྩེགས་ཁང་། ཆེད་ལས་མཁས་པའི་ཐོག་བརྩེགས་ཁང་། ལས་མིའི་སྡོད་ཁང་བཅས་རིགས་འདྲ་མིན་གྱི་ཐང་གཞིའི་སྒྲིག་བཀོད་ཆ་ཚང་ཡོད་པས། མཁྲིགས་ཆས་ཀྱི་སྒྲིག་བཀོད་ཀྱི་རྣམ་པར་འཕེལ་རྒྱས་ཆེན་པོ་བྱུང་ཡོད། “ལོ་ཚན་བཅུ་གཉིས་པའི་” རིང་བསྐྲུན་པའི་“བོད་ལྗོངས་སྤྱི་ཚོགས་ཚན་རིག་ཁང་གི་ནུས་པ་མང་བའི་དཔེ་མཛོད་ཁང་ཆེན་” དེ་ཉིད་ནི་དེང་རབས་ཚན་རྩལ་དང་རིག་གཞུང་ཆ་འཕྲིན། གློག་རྡུལ་ཅན་གྱི་ཚན་རིག་ལག་རྩལ་མཐོ་བའི་སྟེགས་བུ་དང་རིག་གཞུང་གནས་འཕྲིན་ལྷ་གློག་དང་བསྡུ་རུབ། དེང་རབས་ཅན་གྱི་དཔེ་དེབ་ཉར་ཚགས་དང་ལྷ་གློག རིག་གཞུང་དཔྱད་ཡིག་དཔར་སྐྲོག རྒྱལ་ཁབ་ཕྱི་ནང་དཔར་རིག་གཞུང་སྤེལ་རེས་དང་ཞིབ་འཇུག་བྱེད་པའི་གཞི་རྒྱ་ཆེ་བའི་རིག་གཞུང་དཔྱད་ཡིག་དང་གནས་འཕྲིན་ཆ་འཕྲིན། ལྷ་གློག་ཞིབ་འཇུག སྤེལ་རེས་བཅས་བྱེད་པའི་ཕྱོགས་བསྡུས་ལྟེ་གནས་ཤིག་ཡིན། དཔེ་མཛོད་ཁང་ཆེན་བསྐྲུན་ཟིན་རྗེས་དེར་དཔེ་དེབ་ཁྲི་བརྒྱ་ལྷག་ཙམ་ཉར་ཚགས་ཐུབ་རྒྱུ་དང་། གློག་རྡུལ་དཔེ་དེབ་དང་གློག་རྡུལ་ཡིག་ཆ་ཁག་ཁྲི་སྟོང་ལ་ཉེ་བ་སྐྱོན་མེད་ངང་ཉར་ཚགས་ཐུབ་རྒྱུ་ཡིན་པས། དེས་དེང་རབས་ཅན་གྱི་དཔེ་དེབ་རིགས་འདྲ་མིན་ཉར་ཚགས་བྱེད་པའི་དགོས་མཁོ་སྐོང་ཐུབ། དཔེ་མཛོད་ཁང་ཆེན་དེ་ཉིད་སྤྱི་ཚོགས་ཚན་རིག་གི་ཡིག་ཚགས་གཞི་འཛིན་གྲངས་མཛོད་དང་། བོད་རིག་པའི་ཡིག་ཚགས་གཞི་འཛིན་གྲངས་མཛོད། སྤྱི་ཚོགས་ཚན་རིག་གི་ཞིབ་འཇུག་གྲུབ་འབྲས་ཀྱི་གཞི་འཛིན་གྲངས་མཛོད། སྤྱི་ཚོགས་ཚན་རིག་གི་རིགས་གཅིག་མཁས་པའི་གཞི་འཛིན་གྲངས་མཛོད། མཛོད་ཉར་དཔྱད་གཞིའི་གཞི་འཛིན་གྲངས་མཛོད། སྤྱི་ཚོགས་ཚན་རིག་གི་(མི་ཚུལ་) དུས་དེབ་ཀྱི་གཞི་འཛིན་གྲངས་མཛོད་སོགས་ཆ་ཚང་བའི་དེང་རབས་ཚན་ཞིབ་ཀྱི་རིག་གཞུང་སྤེལ་རེས་དང་

སྤྱོད་སྒོ་ཆེ་བའི་མ་ལག་ཅིག་ཏུ་འགྱུར་རྒྱུ་དང་ཚན་ཞིབ་ལས་དོན་ལ་ཞབས་འདེགས་ཞུ་བའི་ནུས་ལྡན་གྱི་དེང་རབས་རིག་གཞུང་དང་ཚན་རྩལ་ཐོན་ཁུངས་ཀྱི་མཛོད་ཁང་ཞིག་ཏུ་འགྱུར་རྒྱུ་རེད།

བདུན།

མཚན་ཉིད་རིག་པ་དང་སྤྱི་ཚོགས་ཚན་རིག དེ་བཞིན་བོད་རིག་པའི་བྱ་གཞག་འཕེལ་རྒྱས་སོང་བ་དེ་ནི་བོད་རང་སྐྱོང་ལྗོངས་བཙུགས་ནས་ལོ་ངོ་50འཁོར་ཚུན་གྱི་བོད་ཀྱི་སྤྱི་ཚོགས་ཡར་རྒྱས་དང་བྱ་གཞག་ཁག་འཕེལ་རྒྱས་བྱུང་བའི་བསྡུས་རིས་ལྟ་བུ་ཞིག་ཡིན། ང་ཚོར་ཐོབ་པའི་གྲུབ་འབྲས་མཐའ་དག་ནི་ཏང་ཀྲུང་དབྱང་གི་བྱམས་བརྩེའི་ཐུགས་ཁུར་དང་། བོད་རང་སྐྱོང་ལྗོངས་ཏང་སྲིད་ཀྱི་བློ་བརྟན་འགྱུར་མེད་ཀྱི་འགོ་ཁྲིད་དང་ཚད་མཐོའི་མཐོང་ཆེན། ཀྲུང་གོ་སྤྱི་ཚོགས་ཚན་རིག་ཁང་གི་སྒེར་སེམས་མེད་པའི་རོགས་སྐྱོར། དེ་བཞིན་ལས་ཁུངས་འདིའི་ལས་བྱེད་ལས་བཟོ་དང་རྒྱ་ཆེའི་ཚན་ཞིབ་ལས་དོན་པ་ཡོངས་ཀྱི་གསར་གཏོད་ཡར་བརྩོན་དང་སྒེར་སེམས་མེད་པའི་ལེགས་སྐྱེས་བཅས་ལས་བྱུང་བ་ཞིག་ཡིན། ལོ་ངོ་སུམ་ཅུའི་རིང་གི་འཕེལ་རྒྱས་ཀྱི་བརྒྱུད་རིམ་དང་ཐོབ་པའི་གྲུབ་འབྲས་ཁག་ལ་ཕྱོགས་བསྡོམས་བྱས་ན། དེའི་ནང་ལོ་རྒྱུས་ཀྱི་བསླབ་བྱ་ཡོད་ལ། དེ་བས་མི་རབས་རྗེས་མས་མིག་སྔོན་སུ་འོས་པའི་ལོ་རྒྱུས་ཀྱི་ཉམས་མྱོང་ཡང་ཡོད།

གཅིག ངེས་པར་དུ་མར་ཁེ་སི་རིང་ལུགས་ཀྱི་མཛུབ་ཁྲིད་གནས་བབས་རྒྱུན་འཁྱོངས་བྱེད་དགོས། མར་ཁེ་སི་རིང་ལུགས་ཀྱིས་མཛུབ་ཁྲིད་བྱ་རྒྱུ་ནི་རང་རེའི་མཚན་ཉིད་རིག་པ་དང་སྤྱི་ཚོགས་ཚན་རིག དེ་བཞིན་བོད་རིག་པའི་ཞིབ་འཇུག་ཐད་ཆེས་མངོན་གསལ་དོད་པའི་ཁྱད་ཆོས་ཤིག་ཡིན། མཚན་ཉིད་རིག་པ་དང་སྤྱི་ཚོགས་ཚན་རིག དེ་བཞིན་བོད་རིག་པའི་ཁྲོད་ཀྱི་རིག་ཚན་ཁག་མང་པོར་འདུ་ཤེས་འཛིན་སྟངས་ཀྱི་ངོ་བོ་དང་ཆབ་སྲིད་ཀྱི་ངོ་བོ། དོན་དངོས་ཀྱི་ངོ་བོ་བཅས་ཤུགས་ཆེར་ལྡན་ཡོད་ཅིང་། ང་ཚོས་མར་ཁེ་སི་རིང་ལུགས་དང་མའོ་ཙེ་ཏུང་དགོངས་པ། ཏེང་ཞའོ་ཕིང་གི་རིགས་པའི་གཞུང་ལུགས། "མཚོན་བྱེད་གསུམ"ཀྱི་གལ་ཆེའི་དགོངས་པ་དང་ཚན་རིག་གི་འཕེལ་རྒྱས་ལྟ་བ་བཅས་ནི་སྲོག་ཤིང་གི་ལྟ་བ་དང་མཛུབ་ཁྲིད་ཀྱི་བསམ་བློར་འཛིན་རྒྱུ་རྒྱུན་འཁྱོངས་བྱེད་པ་དང་ཆབས་ཅིག མར་ཁེ་སི་རིང་ལུགས་ཀྱིས་ཚན་ཞིབ་ལ་མཛུབ་ཁྲིད་བྱེད་པའི་ནུས་པ་ཟམ་མི་ཆད་པར་མཐོར་

འདིགས་ཀྱིས་ཏང་དང་བོད་ཀྱི་མི་རིགས་ཁག་གི་མི་དམངས་ཀྱི་ལངས་ཕྱོགས་ཐོག་ལངས་ནས་བོད་ཀྱི་མི་རིགས་ཁག་གི་མི་དམངས་ཀྱི་ཁེ་ཕན་ཆེད་དུ་"འཕོད་སྐྱུལ་"བྱེད་པ་དང་། ཀྲུང་གོའི་ཁྱད་ཆོས་དང་བོད་ཀྱི་དམིགས་བསལ་ཁྱད་ཆོས་ལྡན་པའི་འཕེལ་རྒྱས་ཀྱི་ལམ་བུར་སྐྱོད་ཆེད་རིགས་པའི་གཞུང་ལུགས་ཀྱི་རྒྱབ་སྐྱོར་མཐོ་འདོན་བྱེད་དགོས། མར་ཁེ་སི་རིང་ལུགས་ཀྱི་མཇུབ་ཁྲིད་གནས་བབས་སྲ་བརྟན་དུ་གཏོང་རྒྱུ་དེ་ཡང་དེའི་ཚིག་གྲུབ་དང་ཚིག་སྔ་རེ་གཉིས་སྦྱད་ནས་ད་ལྟའི་གསོན་པོའི་འཚོ་བར་འགྲེལ་བརྗོད་བྱེད་པ་ཞིག་མིན་ལ། མར་ཁེ་སི་རིང་ལུགས་དེ་ཉིད་རྟགས་ཐམ་ཞིག་ཏུ་འཛིན་པར་བྱེད་པ་ཡང་མིན་པར། བོད་ཀྱི་དོན་དངོས་དང་ཟུང་འབྲེལ་གྱིས་དེའི་ཚན་རིག་གི་འཇིག་རྟེན་ལྟ་བ་དང་བྱ་ཐབས་རྒྱུས་ལོན་བྱས་ཐོག དེ་ཉིད་མཚན་ཉིད་རིག་པ་དང་སྤྱི་ཚོགས་ཚན་རིག དེ་བཞིན་བོད་རིག་པའི་ཞིབ་འཇུག་གི་མཇུབ་ཁྲིད་དུ་འཛིན་པ་དང་། ཚན་རིག་དང་མཐུན་པའི་རིགས་པའི་གཞུང་ལུགས་ཀྱིས་བསམ་བློར་དྲག་ཆས་སྤྲས་པ་དང་ལག་ལེན་ལ་ཞིབ་བཤེར་བྱེད་པ་མ་ཟད། དེ་དག་ཚན་ཞིབ་ཀྱི་གྲུབ་འབྲས་སུ་འགྱུར་བ་བྱས་ནས་བོད་ཀྱི་འཕེལ་རྒྱས་དང་བརྟན་ལྷིང་ལ་ཞབས་འདེགས་དེ་བས་ལེགས་པ་ཞུ་རྒྱུ་དེ་ཡིན།

གཉིས། ངེས་པར་དུ་དུས་རབས་ཀྱི་རྗེས་སུ་སླེག་པ་དང་ལག་ལེན་དངོས་ནང་རྩ་བ་ཚུགས་པ་བྱེད་དགོས། མིག་སྔར་བོད་ལྗོངས་འདི་བཞིན་"དྲག་ལྡན་བོད་ལྗོངས་"འཛུགས་སྐྲུན་བྱ་རྒྱུར་སྐུལ་འདེད་གཏོང་བའི་སྐབས་དང་། ཕྱོན་ཡོངས་ནས་འབྱོར་འབྲིང་སྤྱི་ཚོགས་འཛུགས་སྐྲུན་བྱེད་ཆེད་འབད་འཐབ་བྱེད་པའི་འགག་རྩའི་དུས་སྐབས་ཤིག་ཡིན་གཤིས། སྤྱི་ཚོགས་ཚན་རིག་ཞིབ་འཇུག་གིས་ངེས་པར་དུ་ཀྲུང་གོའི་ཁྱད་ཆོས་དང་བོད་ཀྱི་དམིགས་བསལ་ཁྱད་ཆོས་ལྡན་པའི་འཕེལ་རྒྱས་ཀྱི་ལམ་བུར་བསྐྱོད་རྒྱུར་ཞབས་འདེགས་ཞུ་དགོས་ཤིང་། བོད་ཀྱི་འཕེལ་རྒྱས་དང་བརྟན་ལྷིང་ཁྲོད་ཀྱི་ཕྱོན་ཡོངས་རང་བཞིན་གྱི་གལ་ཆེའི་གནད་དོན་ལ་དོ་སྣང་དང་ཞིབ་འཇུག་བྱེད་པ་དང་། རང་ལྗོངས་ཀྱི་དཔལ་འབྱོར་འཛུགས་སྐྲུན་དང་ཆབ་སྲིད་འཛུགས་སྐྲུན། རིག་གནས་འཛུགས་སྐྲུན། སྤྱི་ཚོགས་འཛུགས་སྐྲུན་དང་དེ་བཞིན་འབྱུང་ཁམས་ཤེས་དཔལ་འཛུགས་སྐྲུན་ཁྲོད་ཀྱི་རིགས་པའི་གཞུང་ལུགས་དང་ལག་ལེན་གྱི་གནད་དོན་ལ་དོ་སྣང་དང་ཞིབ་འཇུག་བྱེད་པ། དཔལ་འབྱོར་སྤྱི་ཚོགས་འཕེལ་རྒྱས་ཁྲོད་ད་དུང་ཐག་གཅོད་ཐུབ་མེད་པའི་ཀུན་གྱིས་དོ་འཁུར་བྱེད་པའི་གནད་དོན་དང་དཀའ་

གནད་སོགས་ལ་དོ་སྣང་དང་ཞིབ་འཇུག་བྱེད་དགོས། ཀྲུང་གོའི་ཁྱད་ཆོས་ལྡན་པའི་སྤྱི་ཚོགས་རིང་ལུགས་ཀྱི་རླབས་ཆེན་ལག་ལེན་གྱིས་མཚན་ཉིད་རིག་པ་དང་སྤྱི་ཚོགས་ཚན་རིག་དེ་བཞིན་བོད་རིག་པ་བཅས་ལ་མདུན་ལམ་ཆེན་པོ་མངའ་བའི་རྒྱ་ཆེའི་གར་སྟེགས་ཤིག་མཁོ་འདོན་བྱས་ཡོད་ལ། མཚན་ཉིད་རིག་པ་དང་སྤྱི་ཚོགས་ཚན་རིག་ཞིབ་འཇུག་གི་བྱ་གཞག་ལ་བསམ་དངོས་གཉིས་ཐད་ཀྱི་ཆུ་རྒྱུན་དང་རྒྱུ་ཆ་ཛོགས་མཐའ་མེད་པ་མཁོ་འདོན་བྱས་ཡོད་པས། སྤྱི་ཚོགས་ཚན་རིག་ཁོང་གི་ཚན་ཞིབ་ལས་དོན་པས་ཚད་མཐོའི་རང་འགུལ་དང་སྤྲོ་སེམས་འཕོལ་པོས་འཚོ་བ་དང་ལག་ལེན་དངོས་ནང་ཟབ་ཞུགས་བྱས་ནས་དུས་རབས་འཕེལ་རྒྱས་ཀྱི་གོམ་སྟབས་ཀྱི་རྗེས་སྙེག་ཐུབ་པ་བྱེད་དགོས།

གསུམ། ངེས་པར་དུ་ལྟེ་བར་དམིགས་པ་དང་ཁྲོན་ཡོངས་ལ་ཞབས་འདེགས་ཞུ་བ། རིགས་པའི་གཞུང་ལུགས་དང་དངོས་ཡོད་ཀྱི་གནད་དོན་ཆེ་ཁག་ཚན་རིག་ཞིབ་འཇུག་བྱ་ཡུལ་གཙོ་བོར་འཛིན་རྒྱུ་བཅས་ནམ་ཡང་རྒྱུན་འཁྱོངས་བྱེད་དགོས། འཛམ་གླིང་གི་གནས་ཚུལ་དང་རྒྱལ་ཁབ་ཀྱི་གནས་ཚུལ། ཧྲང་གི་གནས་ཚུལ། རང་ལྗོངས་ཀྱི་གནས་ཚུལ་བཅས་ལ་རྒྱུས་ལོན་གནད་དུ་འཕིགས་པ་ཡོང་བ་བྱེད་དགོས་པ་དང་། མར་ཁེ་སི་རིང་ལུགས་ཀྱི་འཇིག་རྟེན་ལྟ་བ་དང་བྱ་ཐབས་སྤྱད་ནས་ཀྲུང་དབྱང་གི་གལ་ཆེའི་ཐབས་ཇུས་བཀོད་སྒྲིག་དང་ལྷག་པར་དུ་སྤྱི་ཁྱབ་ཧྲུའུ་ཅི་ཞིས་ཅིང་ཕིང་གི་གལ་ཆེའི་གསུང་བཤད་རབ་དང་རིམ་པའི་དགོངས་དོན་ལག་བསྟར་དོན་འཁྱོལ་བྱ་རྒྱུར་དམ་དུ་དམིགས་པ་དང་། "རྒྱལ་ཁབ་སྐྱོང་དགོས་ན་ངེས་པར་དུ་མཐའ་མཚམས་སྐྱོང་དགོས་པ་དང་། མཐའ་མཚམས་སྐྱོང་དགོས་ན་སྔོན་ལ་བོད་ལྗོངས་བརྟན་ལྷིང་དགོས" པའི་གལ་ཆེའི་འཐབ་ཇུས་དགོངས་དོན་ལ་དམ་དུ་དམིགས་པ། ཁྲོན་ཡོངས་ནས་སྒྱུར་བཅོས་གཏིང་ཟབ་དང་། ཁྲོན་ཡོངས་ནས་འབྱོར་འབྲིང་སྤྱི་ཚོགས་འཛུགས་སྐྲུན། ཁྲོན་ཡོངས་ནས་ཁྲིམས་ལ་བརྟེན་ནས་རྒྱལ་ཁབ་སྐྱོང་བ་དང་ཁྲིམས་ལ་བརྟེན་ནས་བོད་ལྗོངས་སྐྱོང་བའི་གལ་ཆེའི་ལས་འགན་ཁག་ལ་དམ་དུ་དམིགས་ཏེ། བོད་ཀྱི་འཕེལ་རྒྱས་དང་བརྟན་ལྷིང་ཁྲིད་འཕྲུལ་དུ་ཕན་འདེབས་དགོས་པ་དང་འཕྲུལ་དུ་ཐག་གཅོད་དགོས་པའི་གལ་ཆེའི་རིགས་པའི་གཞུང་ལུགས་དང་དོན་དངོས་ཀྱི་གནད་དོན་ལ་ཞིབ་འཇུག་གཏིང་ཟབ་བྱེད་དགོས། མིག་སྔར་ཀྲུང་དབྱང་ཆབ་སྲིད་ཚུད་ཀྱི་ཚོགས་འདུའི་ནང་དོན་ཏེ། "གོམ་གང་མདུན་སྤོས་ཀྱིས་བོད་ཀྱི་སྤྱི་ཚོགས་འཕེལ་རྒྱས་དང་

ཡུན་རིང་བདེ་འཁོད་ཀྱི་ལས་ཀ་གཉེར་དགོས”པའི་སྙིང་དོན་ལག་བསྟར་དོན་འཁྱོལ་གཏིང་ཟབ་བྱས་ནས་རིག་གཞུང་གི་ཐོག་ནས་བོད་ཀྱི་དཔལ་འབྱོར་སྤྱི་ཚོགས་འཕེལ་རྒྱས་ཁྲིད་ཀྱི་ཡོངས་ཁྱབ་རང་བཞིན་དང་། སྔ་བལྟས་ཕྱི་བསམ་གྱི་རང་བཞིན། འཐབ་རྩལ་རང་བཞིན། ཕྱོགས་བསྡུས་རང་བཞིན་བཅས་ཀྱི་གནད་དོན་ལ་ཞིབ་འཇུག་དང་། རྒྱལ་ཁབ་ཕྱི་ནང་དང་ལྗོངས་ཕྱི་ནང་དུ་ཡོངས་ཁྱབ་ཀྱིས་དོ་སྣང་བྱེད་པའི་གནད་དོན་དང་དཀའ་གནད་ཁག་ལ་ཞིབ་འཇུག་བྱེད་དགོས།

བཞི། ངེས་པར་དུ་རིག་ཚན་གྱི་འཛུགས་སྐྲུན་ལ་ཚད་མཐོའི་མཐོང་ཆེན་བྱེད་དགོས། རིག་ཚན་འཛུགས་སྐྲུན་བྱ་རྒྱུ་ནི་མཚན་ཉིད་རིག་པ་དང་སྤྱི་ཚོགས་ཚན་རིག དེ་བཞིན་བོད་རིག་པའི་བྱ་གཞག་འཕེལ་རྒྱས་འགྲོ་བའི་རྨང་གཞི་དང་འགག་ཤུགས་ཤིག་ཡིན་ཞིང་། རྨང་གཞིའི་རིག་ཚན་འཛུགས་སྐྲུན་དང་རྨང་གཞིའི་རིགས་པའི་གཞུང་ལུགས་ཀྱི་ཞིབ་འཇུག་ལས་གར་ཤུགས་སྣོན་བརྒྱབ་སྟེ། དེ་ཉིད་“ཚད་མཐོའི་རིག་མཛོད”ལ་མེད་དུ་མི་རུང་བའི་རམ་འདེགས་ཀྱི་ཆ་རྐྱེན་ཞིག་ཏུ་འཛིན་དགོས་པ་དང་། ངེས་པར་དུ་རྨང་གཞིའི་རིག་ཚན་དང་དངོས་སྤྱོད་རིག་ཚན་གཉིས་པོ་གལ་ཆེ་མཉམ་བརྩི་དང་། རྨང་གཞིའི་རིགས་པའི་གཞུང་ལུགས་ཀྱི་ཞིབ་འཇུག་དང་དངོས་སྤྱོད་ཐབས་རྩལ་གྱི་ཞིབ་འཇུག་གཉིས་ཟུང་དུ་སྦྲེལ་བའི་བྱེད་ཐབས་རྒྱུན་འཁྱོངས་བྱེད་དགོས་ལ། འབད་བརྩོན་ཆེན་པོས་འཛམ་གླིང་རིག་གཞུང་འཕེལ་རྒྱས་ཀྱི་མདུན་སར་ལྟ་བ་དང་དེང་རབས་ཀྲུང་གོའི་རིག་གཞུང་གི་དོན་དངོས་སྟེང་དུ་རྐང་པ་འཛུགས་དགོས་པ། དེ་བཞིན་རིག་ཚན་གསར་པ་དང་བོད་ཀྱི་དངོས་ཡོད་རིག་ཚན་གལ་ཆེན་གྱི་འཛུགས་སྐྲུན་ལ་ཤུགས་སྣོན་ཆེན་པོ་རྒྱག་པ་དང་། བོད་རིག་པ་དང་ལྷོ་ཨེ་ཤི་ཡའི་གཙོ་བོའི་རིག་ཚན་གྱི་འཛུགས་སྐྲུན་ལ་ཤུགས་སྣོན་ཆེན་པོ་རྒྱག་པ་བཅས་བྱས་ཏེ། རམ་འདེགས་ཀྱི་ནུས་པ་ལྡན་ཞིང་མཐའ་མཚམས་མི་རིགས་ས་ཁུལ་དང་མཚོ་བོད་མཐོ་སྒང་གི་ཁྱད་ཆོས་དང་མཐུན་པ། ད་ཡོད་ཀྱི་དོན་སྙིང་དང་འཕེལ་རྒྱས་ཀྱི་མདུན་ལམ་བཟང་པོ་ལྡན་པའི་གསར་དར་རིག་ཚན་དང་མཉམ་འདྲེས་རིག་ཚན། ཁྱད་པར་རིག་གནས་ཀྱི་རིན་ཐང་ཆེན་པོ་ལྡན་པའི་“དར་རྒྱུན་ཆད་པའི་རིག་ཚན”དང་ཆད་ལ་ཉེ་བའི་རིག་ཚན་བཅས་ཚང་བའི་རྣམ་པ་ཆགས་པ་བྱེད་དགོས་ཤིང་། འབད་བརྩོན་ཆེན་པོས་རྒྱལ་ནང་དང་རྒྱལ་སྤྱིའི་རིག་གཞུང་གི་གཙོ་གནད་མངོན་ཐུབ་པ་དང་། རིག་གཞུང་གི་འཕེལ་རྒྱས་ཆོས་ཉིད་དང་

མཐུན་པ། བོད་ཀྱི་དཔལ་འབྱོར་འཕེལ་རྒྱས་ལ་མཁོ་བ་བཅས་ཀྱི་རིག་ཚན་མ་ལག་ཅིག་ཆགས་པ་བྱེད་དགོས།

ལྔ། ངེས་པར་དུ་ཚན་ཞིབ་ཤེས་ལྡན་མི་སྣ་དང་ངོ་དམ་མི་སྣའི་དཔུང་ཁག་གི་འཛུགས་སྐྲུན་ལ་ཚད་མཐོའི་མཐོང་ཆེན་བྱེད་དགོས། དེ་ཡང་ཆབ་སྲིད་ཐོག་བློ་རྩེ་བརྟན་པ་དང་རིག་གཞུང་གི་བྱུང་ཚད་མཐོ་ཞིང་ཤེས་རྒྱ་ཆེ་བ། རིག་གཞུང་གི་སྦྱོང་ལམ་བཟང་བ། དེང་རབས་ཚན་ཞིབ་ངོ་དམ་གྱི་ཆུ་ཚད་དང་ཞབས་ཞུའི་འཇོན་ཐང་ལྡན་པའི་ཚན་ཞིབ་ཤེས་ལྡན་མི་སྣའི་དཔུང་ཁག་དང་ངོ་དམ་མི་སྣའི་དཔུང་ཁག་ཅིག་འཛུགས་སྐྲུན་བྱེད་དགོས་དང་། འབད་བརྩོན་ཆེན་པོས་མར་ཁེ་སི་རིང་ལུགས་ཀྱི་རྩ་བའི་རིགས་པའི་གཞུང་ལུགས་ཀྱི་རྨང་གཞི་བརྟན་ཞིང་འཛམ་གླིང་གི་གནས་ཚུལ་དང་། རྒྱལ་ཁབ་ཀྱི་གནས་ཚུལ། ཏང་གི་གནས་ཚུལ། རང་ལྗོངས་ཀྱི་གནས་ཚུལ་བཅས་ལ་རྒྱུས་མངའ་ཐུབ་ཅིང་རིགས་པའི་གཞུང་ལུགས་ཀྱི་གསར་གཏོད་ནུས་པ་ལྡན་པའི་རིགས་པའི་གཞུང་ལུགས་མཁས་ཅན་དང་རིག་གཞུང་གི་རྩེར་སོན་ཤེས་ལྡན་མི་སྣ་འབོར་ཆེན་ཞིག་གསོ་སྐྱོང་བྱས་ཏེ། གནའ་དེང་གི་རིག་གཞུང་ལ་བྱང་ཆ་ཆེ་ཞིང་ཀྲུང་ཕྱིའི་རིག་གནས་ལ་རྒྱུས་མངའ་ཆེ་བ། རིག་ཚན་ལས་བརྒལ་བའི་ཞིབ་འཇུག་ལ་མཁས་པའི་སྣ་འདུས་ཅན་གྱི་མི་སྣ་གསར་དུ་ཐོན་པ་བྱེད་དགོས་པ་དང་། མར་ཁེ་སི་རིང་ལུགས་ཀྱི་ལངས་ཕྱོགས་དང་ལྟ་ཚུལ། བྱ་ཐབས་བཅས་སྤྱད་ནས་བོད་ཀྱི་འཕེལ་རྒྱས་བརྟན་སྲིང་ཁྲིད་ཀྱི་གལ་ཆེའི་རིགས་པའི་གཞུང་ལུགས་དང་དངོས་ཡོད་གནད་དོན་གྱི་ཁ་གཏད་འཇལ་ཐབས་ལ་དཔྱེ་ཞིབ་དང་ལན་འདེབས་ཐུབ་མཁན་གྱི་ཞིབ་འཇུག་མི་སྣ་གསོ་སྐྱོང་དང་། མཐོང་རྒྱ་ཆེ་ཞིང་མིག་རྒྱང་རིང་བ། རྒྱལ་སྤྱིའི་རིག་གཞུང་སྤེལ་རེས་ཁྲིད་ཐད་ཀར་སྐད་ཆ་ཤོད་རེས་ཐུབ་པ་དང་སྐད་ཆ་ཤོད་དབང་བརྩོན་ལེན་ཐུབ་མཁན་གྱི་རིག་གཞུང་ཤེས་ལྡན་མི་སྣ་གསོ་སྐྱོང་། ངོ་དམ་བྱེད་མཁས་ཤིང་འགན་འཁྲིའི་བསམ་པ་དང་ཞབས་ཞུའི་བསམ་པ་ལྡན་པའི་ངོ་དམ་མི་སྣ་གསོ་སྐྱོང་བཅས་བྱེད་དགོས།

དྲུག བློ་བརྟན་འགྱུར་མེད་ཀྱི་སྒོ་ནས་ཁ་བྲལ་ལ་ངོ་རྒོལ་དང་བོད་རིག་པའི་ཞིབ་འཇུག་གི་མ་སྐྱུལ་དང་ལེན་གྱི་དབང་ཆ་དམ་པོར་བཟུང་ནས་རྒྱལ་སྤྱིའི་ཀྲུང་གོར་ངོ་རྒོར་བྱེད་མཁན་གྱི་སྟོབས་ཤུགས་དང་ཏཱ་ལའི་སྐྱེ་ཕྲེང་བཅུ་བཞི་པའི་རུ་ཚོགས་ཀྱིས་མཚན་ཉིད་རིག་པ་དང་སྤྱི་ཚོགས་ཚན་རིག དེ་བཞིན་བོད་རིག་པའི་ཁྱབ་ཁོངས་ལ་སེམ་འཛུལ་བྱ་རྒྱུར་ངེས་

པར་དུ་དོགས་ཟློན་བྱེད་དགོས། ཡོ་མང་རིང་མཚན་ཉིད་རིག་པ་དང་སྤྱི་ཚོགས་ཚན་རིག་དེ་བཞིན་བོད་རིག་པའི་ཁྱབ་ཁོངས་ནི་ག་དུས་ཡིན་ཡང་ང་ཚོ་དང་ཟླ་ལའི་སྐྱེ་ཕྲེང་བཅུ་བཞི་པའི་དུ་ཚོགས་དབར་འཐབ་རྩོད་བྱེད་པའི་གལ་ཆེའི་འཐབ་ས་ཞིག་ཡིན་པ་དང་། ལྷག་པར་དུ་བོད་རིག་པའི་ཁྱབ་ཁོངས་ཀྱི་འགྲན་རྩོད་ནི་ཧ་ཅང་རྣོ་ངར་ཆེ་བ་ཞིག་ཡིན། དུས་ཡུན་རིང་པོའི་ནང་ཟླ་ལའི་སྐྱེ་ཕྲེང་བཅུ་བཞི་པའི་དུ་ཚོགས་ཀྱིས་ནུས་ཤུགས་ཡོད་རྒྱ་རྩལ་སྤྲུགས་ཀྱིས་“བོད་ཀྱི་རིག་གནས་རྩ་མེད་དུ་སོང་བར་སྨྲ་བ་” དང་“ཆོས་ལུགས་རྩ་མེད་སུ་སོང་བར་སྨྲ་བ་” གང་སར་ཁྱབ་བསྒྲགས་བྱེད་ཅིང་། རྒྱལ་སྤྱིའི་ཀྲུང་གོར་ངོ་རྒོལ་བྱེད་པའི་སྟོབས་ཤུགས་ཀྱིས་ཟླ་ལའི་སྐྱེ་ཕྲེང་བཅུ་བཞི་པའི་དུ་ཚོགས་ཀྱི་གཏམ་འཆལ་དང་མགོ་སྐོར་སླུ་བྲིད་ལ་ཉན་འཇོག་བྱེད་པ་ཕུད། ད་དུང་གང་ཐུབ་ཅི་ཐུབ་ཀྱིས་བོད་རིག་པའི་ཞིབ་འཇུག་གི་ཁྱབ་ཁོངས་ཕུ་དཀྲུག་མདའ་དཀྲུག་བཟོ་བ་དང་། དེ་དག་གི་“སྒྲུབ་བྱེད་” མང་དག་ཅིག་ནི་བོད་རིག་པའི་ཞིབ་འཇུག་གི་གྲུབ་འབྲས་སུ་གྲགས་པ་དེ་དག་ལས་བྱུང་བ་ཞིག་ཡིན། རྒྱལ་ཁབ་ཕྱི་ཡི་བོད་རིག་པའི་ཞིབ་འཇུག་པ་འགའ་རེས་ཆེད་མངགས་རྒྱལ་སྤྱིའི་དགྲ་འཛིན་སྟོབས་ཤུགས་ཀྱིས་རང་རྒྱལ་གྱི་ནང་སྲིད་ལ་ཐེ་ཇུས་བྱེད་པར་བོད་རིག་པའི་ཞིབ་འཇུག་ལས་བྱུང་བར་གྲགས་པའི་སྒྲུབ་བྱེད་མཁོ་འདོན་བྱས་ཏེ་འཛམ་གླིང་ཐོག་གི་བོད་ལ་ཤེས་རྟོགས་མེད་པའི་མི་རྣམས་མགོ་འཐོམས་སུ་བཅུག་ནས་རང་རྒྱལ་གྱི་རྒྱལ་སྤྱིའི་ཐོག་གི་སྣང་བརྙན་ལ་གནོད་འཚེ་གཏོང་གི་ཡོད། དེར་བརྟེན། ང་ཚོས་གཡོ་འགྲུལ་སྒྱུ་ཙམ་མེད་པའི་སྒོ་ནས་ཁ་བྲལ་ལ་ངོ་རྒོལ་བྱ་རྒྱུ་རྒྱུན་འཁྱོངས་དང་། བོད་རིག་པའི་ཞིབ་འཇུག་གི་མ་སྐུལ་དང་ལེན་གྱི་དབང་ཆ་རང་ཉིས་ཀྱི་ལག་ཏུ་དམ་པོར་བཟུང་ནས་རང་རྒྱལ་གྱི་ཕྱི་འབྲེལ་དང་ཕྱི་བསྒྲགས་ཀྱི་ལས་དོན་ལ་རྒྱབ་སྐྱོར་བྱེད་དགོས།

བདུན། སྒོ་སོ་ཕྱི་ནས་ལས་ཁུངས་གཉེར་བའི་རྩ་དོན་ལ་མཐུད་ནས་རྒྱུན་འཁྱོངས་བྱས་ཏེ་ཞིང་ཆེན་དང་རང་སྐྱོང་ལྗོངས། གྲོང་ཁྱེར། མི་རིགས་ཁག་དབར་གྱི་རིག་གཞུང་མཉམ་ལས་དང་སྤེལ་རེས་ཀྱི་ལས་ཀར་ངེས་པར་དུ་ཤུགས་སྣོན་རྒྱག་དགོས། དེ་ཡང་ལས་དོན་སོགས་སྤེལ་རེས་བྱེད་པའི་སྒྲིག་གཞིའི་ཟུངས་ནུས་གསར་གཏོད་དང་བསམ་བློར་བཅིངས་འགྲོལ། འདུ་ཤེས་གསར་བརྗེས། དེ་བཞིན་སྒོ་བཀག་གི་འདུ་ཤེས་དང་ས་ཁོངས་ཀྱི་འདུ་ཤེས་དོར་ནས་“ཕྱི་ལ་སྐྱོད་པ་” དང་“གདན་འདྲེན་ཞུ་བའི་” རྣམ་པའི་ཐོག་ནས

རིག་གཞུང་སློབ་རིམ་དང་རིག་གཞུང་ལས་དོན་པའི་དབར་འགྲོ་འོང་འབྲེལ་གཏུགས་བྱེད་དགོས་པ་དང་། ཁེངས་སྐྱུང་གི་རྣམ་འགྱུར་དང་གཟབ་ནན་གྱི་སློབ་སྦྱོང་ཐོག་ནས་ལྗོངས་ཕྱི་ནང་དང་རྒྱལ་ཁབ་ཕྱི་ནང་གི་རིག་གཞུང་ཞིབ་འཇུག་གི་ཉམས་མྱོང་ལེགས་པོ་དང་གྲུབ་འབྲས་ལེགས་པོ་ཁག་ལ་སློབ་སྦྱོང་བྱས་ཏེ་སྤྱི་ཚོགས་ཚན་རིག་ཁང་གི་བྱ་གཞག་འཕེལ་རྒྱས་དང་ཚན་ཞིབ་ཀྱི་ཆུ་ཚད་མཐོར་འདེགས་གཏོང་དགོས། “ཕྱོགས་བཞི་མཚམས་བརྒྱད་” ནས་ཤེས་ལྡན་མི་སྣ་འདེམ་སྒྲུག་བྱེད་པའི་རྩ་དོན་རྒྱུན་འཁྱོངས་བྱས་ནས་ད་ཡོད་ཀྱི་ཤེས་ལྡན་མི་སྣ་བེད་སྤྱོད་ལེགས་པོ་བྱེད་པ་དང་ཕྱོགས་མཚུངས། ཁེངས་སྐྱུང་གི་སྒོ་ནས་ལྗོངས་ཕྱིའི་རིགས་འདྲ་མིན་གྱི་ཤེས་ལྡན་མི་སྣ་སྐྱོང་འདྲེན་བྱེད་པ་དང་། འཛམ་རྩུབ་ཟུང་འབྲེལ་ངང་ཤེས་ལྡན་མི་སྣ་སྐྱོང་འདྲེན་བྱེད་པའི་བྱ་ཐབས་སྤྱད་དེ་མཚན་ཉིད་རིག་པ་དང་སྤྱི་ཚོགས་ཚན་རིག དེ་བཞིན་བོད་རིག་པའི་བྱ་གཞག་ལ་ལེགས་སྐྱེས་འབུལ་ཐུབ་མཁན་དང་། རིག་ཚན་སྣེ་ཁྲིད་ཀྱི་མི་སྣའི་འགན་འཁྲི་འཁུར་ཐུབ་མཁན་གྱི་རིག་ཚན་ཁག་གི་ཤེས་ལྡན་མི་སྣ་ཡིན་ཚོ། ས་ཁོངས་དང་མི་རིགས། ཆེད་ལས་བཅས་ཀྱི་ཚོད་འགག་མེད་པར་ང་ཚོས་ཁོག་ཡངས་དཀྱིལ་ཆེ་དང་ལྷག་བསམ་ཟོལ་མེད། སྤྲོ་སེམས་འཁོལ་པོའི་སྒོ་ནས་བསུ་བ་ཞུ་དགོས།

བརྒྱད། ཏང་གིས་མཚན་ཉིད་རིག་པ་དང་སྤྱི་ཚོགས་ཚན་རིག དེ་བཞིན་བོད་རིག་པའི་ལས་དོན་ལ་འགོ་ཁྲིད་བྱ་རྒྱུ་ངེས་པར་དུ་རྒྱུན་འཁྱོངས་བྱེད་དགོས། ཀྲུང་གོ་གུང་ཁྲན་ཏང་མེད་ན་ཀྲུང་གོ་གསར་པ་མེད་པ་དང་ཀྲུང་གོ་གུང་ཁྲན་ཏང་མེད་ན་སྤྱི་ཚོགས་རིང་ལུགས་ཀྱི་བོད་ལྗོངས་གསར་པ་ཡང་མེད། དེ་ནི་བོད་མི་དམངས་ཚུད་པའི་ཀྲུང་གོའི་མི་དམངས་ཁྱོན་ཡོངས་ཀྱིས་ལོ་ངོ་བརྒྱ་ཕྲག་རིང་གི་ལག་ལེན་ཁྲོད་ནས་ཐོབ་པའི་ཚན་རིག་གི་ཚོད་སྟོམ་ཞིག་ཡིན། ཏང་གིས་མཚན་ཉིད་རིག་པ་དང་སྤྱི་ཚོགས་ཚན་རིག དེ་བཞིན་བོད་རིག་པའི་ལས་དོན་ལ་འགོ་ཁྲིད་བྱ་རྒྱུ་རྒྱུན་འཁྱོངས་བྱེད་པ་ནི་སེམས་ཐག་གཙང་བཅད་ཀྱིས་ཞིས་ཅིང་ཕིང་གིས་སྤྱི་ཁྱབ་ཐུའུ་ཅི་གནང་བའི་ཏང་ཀྲུང་དབྱང་དང་ཚད་མཐོའི་གཅིག་གྱུར་བྱེད་པ་ཞིག་ཡིན་པ་དང་། སེམས་ཐག་གཙང་བཅད་ཀྱིས་རང་སྐྱོང་ལྗོངས་ཏང་ཨུད་ཀྱི་མཛུབ་ཁྲིད་དང་བཀོད་སྒྲིག་ལ་ཉན་འཛིན་བྱས་ཏེ་གལ་ཆེའི་ཆབ་སྲིད་རྩ་དོན་དང་གལ་ཆེའི་ལས་ཕྱོགས་རང་བཞིན་གྱི་གནད་དོན་ཁག་དུས་ཐོག་ཏུ་རང་སྐྱོང་ལྗོངས་ཏང་ཨུད་ལ་སྙན་སེང་ཞུ་རྒྱུ་དེ་ཡིན། དེར་བརྟེན་ཏང་ཀྲུང་དབྱང་དང་རང་སྐྱོང་ལྗོངས་ཏང་ཨུད་ཀྱི་འབྲེལ་ཡོད་

དགོངས་དོན་ཁག་སྤྱི་ཚོགས་ཚན་རིག་ཁང་གི་ཚན་ཞིབ་གྲུབ་འབྲས་སུ་འགྱུར་ཏེ་ཏང་གི་ལྟེ་བའི་ལས་དོན་དང་ཏང་གི་བྱ་གཞག་ལ་ཞབས་འདེགས་ཞུ་དགོས། ཡོན་ཏང་ཨུད་ཀྱིས་མཚན་ཉིད་རིག་པ་དང་སྤྱི་ཚོགས་ཚན་རིག དེ་བཞིན་བོད་རིག་པའི་ལས་དོན་ལ་འགོ་ཁྲིད་བྱེད་པའི་འགན་འཁྲི་ཐུག་ཏུ་ཁུར་ཏེ་ཚད་མཐོའི་འགན་འཁུར་གྱི་སྙིང་སྟོབས་བཅངས་ཏེ་རང་སྐྱོང་ལྗོངས་ཏང་ཨུད་ཀྱི་སེམས་ཁྲལ་སེལ་རོགས་དང་འགན་འཁྲི་འཁུར་རོགས་བྱས་ནས་ཏང་གི་ལམ་ཕྱོགས་དང་བྱེད་ཕྱོགས། སྲིད་ཇུས་ཁག་དང་། ལྷག་པར་དུ་དུས་རབས་གསར་པའི་ཏང་གི་བོད་ཀྱི་ལས་དོན་སྐོར་གྱི་མཛད་ཕྱོགས་སྲིད་ཇུས་ཆེ་ཁག་རྣམས་མཚན་ཉིད་རིག་པ་དང་སྤྱི་ཚོགས་ཚན་རིག དེ་བཞིན་བོད་རིག་པའི་ཞིབ་འཇུག་གི་ལས་དོན་ཁྲིད་ལག་བསྟར་དོན་འཁྱོལ་ཡོང་བར་འགན་ལེན་བྱས་ཏེ་སྤྱི་ཚོགས་ཚན་རིག་ཁང་གི་མཚན་ཉིད་རིག་པ་དང་སྤྱི་ཚོགས་ཚན་རིག དེ་བཞིན་བོད་རིག་པའི་བྱ་གཞག་དེ་བཞིན་ནམ་ཡང་ཏང་གི་གཟིགས་སྐྱོང་ཐུགས་ཁུར་དང་དབུ་ཁྲིད་འོག་གྲ་རྒྱས་གོང་འཕེལ་ཡོང་བ་བྱེད་དགོས།

སྔར་སོང་ལ་ཕྱིར་མིག་བལྟས་ན་མི་སེམས་འགུལ་བ་དང་ཕྱིན་འབྱུང་ལ་རྒྱང་ལྟ་བྱས་ན་ཡིད་ཆེས་ཀྱིས་ཁེངས་ཡོད། ཀྲུང་དབྱང་ཆབ་སྲིད་ཙུད་ཀྱིས་བོད་ཀྱི་ལས་དོན་སྐོར་ལ་ཞིབ་འཇུག་བྱེད་པའི་ཚོགས་འདུ་སྐོར་འཚོགས་བྱས་པ་དང་བསྟུན། བོད་ལྗོངས་འདི་བཞིན་ལོ་རྒྱུས་འཕེལ་རྒྱས་ཀྱི་དུས་རིམ་གསར་པ་ཞིག་ཏུ་བསྐྱོད་རྒྱུ་ཡིན་པ་དང་། མཚན་ཉིད་རིག་པ་དང་སྤྱི་ཚོགས་ཚན་རིག དེ་བཞིན་བོད་རིག་པའི་བྱ་གཞག་ལའང་རྣམ་པ་གསར་པ་དེའི་འོག་ཏུ་འཕེལ་རྒྱས་ཀྱི་གོ་སྐབས་གསར་པ་ཞིག་ཐོབ་ངེས་ཡིན། ང་ཚོས་ཕྱོགས་ཡོངས་ནས་ཀྲུང་དབྱང་དང་བོད་རང་སྐྱོང་ལྗོངས་ཏང་ཨུད་ཀྱི་དགོངས་དོན་རབ་དང་རིམ་པ་ལག་བསྟར་དོན་འཁྱོལ་དང་། ཀྲུང་གོའི་ཁྱད་ཆོས་ལྡན་པའི་རྣམ་པ་གསར་པའི་རིག་མཛོད་འཛུགས་སྐྲུན་ལ་ཤུགས་སྣོན་རྒྱག་དགོས་སྐོར་གྱི་ཀྲུང་དབྱང་གི་དགོངས་འཆར་དང་རང་སྐྱོང་ལྗོངས་ཏང་ཨུད་ཀྱི་ལག་བསྟར་བསམ་འཆར་བཅས་ལག་བསྟར་དོན་འཁྱོལ་བྱེད་པ་དང་། ཏུར་བརྩོན་ཆེན་པོས་ཀྲུང་གོའི་ཁྱད་ཆོས་དང་བོད་ཀྱི་དམིགས་བསལ་ཁྱད་ཆོས་ལྡན་པའི་རྣམ་པ་གསར་པའི་རིག་མཛོད་འཛུགས་སྐྲུན་གྱི་ལམ་བུ་འཚོལ་ཞིབ་ཀྱིས་འབྱོར་ཕྱུག་དང་ཞི་མཐུན། བདེ་སྐྱིད། ཁྲིམས་སྐྱོང་། ཤེས་དཔལ། མཛེས་སྡུག་བཅས་ལྡན་པའི་སྤྱི་ཚོགས་རིང་ལུགས་ཀྱི་བོད་ལྗོངས་གསར་པ་འཛུགས་སྐྲུན་བྱ་ཆེད་རིག་སྟོབས་ཀྱི་འདེགས་སྐྱོར་མགོ་

འདོན་ཕུར་ཐག་བྱེད་དགོས་པ་དང་། རང་ལྗོངས་ཀྱི་མཚན་ཉིད་རིག་པ་དང་སྤྱི་ཚོགས་ཚན་རིག དེ་བཞིན་བོད་རིག་པའི་ཞིབ་འཇུག་བྱ་གཞག་གྲ་རྒྱས་གོང་འཕེལ་ཡོང་རྒྱུར་ལེགས་སྐྱེས་སྟེར་བས་ཆེ་བ་འབུལ་དགོས། །

2015. 8. 15

社会科学和藏学发展的历史回顾与经验总结

——写在西藏自治区社会科学院成立30周年之际

（总序）

白玛朗杰　车明怀

在全区各族人民喜庆西藏自治区成立50周年之际，自治区社会科学院也迎来了建院30周年庆典。为此，我院精心组织编辑出版了这套“庆祝西藏自治区成立50周年暨西藏社科院建院30周年献礼丛书”。其中既有专家学者的个人学术文集，也有各研究所及相关专题的论文和资料汇编，是对我院30年来特别是近年来学术成果的一次集中展示，藉此也表达我们对西藏的美好祝福和西藏哲学社会科学与藏学事业的美好祝愿。1985年8月5日，西藏自治区社会科学院正式成立。30年来，在自治区党委政府的坚强领导下，经过历届院领导班子的共同努力，通过全院上下的不懈奋斗，西藏社科院已经发展成为全国乃至国际上有影响的哲学社会科学和藏学研究机构。30年来，我院的哲学社会科学和藏学事业从筹建到全面发展、从学科单一到多学科并举，研究实力不断增强，科研水平大幅提高，各类成果陆续问世，为西藏经济社会发展作出了应有的贡献，书写了西藏哲学社会科学和藏学研究事业繁荣发展的瑰丽篇章。

一

西藏社科院最早筹组于1978年6月，孕育于改革开放的春风之中，从筹备到成立经历了7年时间。西藏社科院成立的30年是伴随着全国改革开放、积极贯彻落实党在新时期关于西藏工作大政方针、积极服务于西藏工作大局特别是自治区党委政府中心工作的30年;是致力于西藏经济建设、社会稳定、民族团结、各民族交往交流交融的研究及宣传而不断发展进步的30年;是坚决抵制十四世达赖集团及其分裂主义意识向哲学社会科学和藏学领域里渗透、坚持反对分裂、维护祖国统一和民族团结的30年。自建院以来,西藏社科院始终不渝地高举中国特色社会主义伟大旗帜,以马克思列宁主义、毛泽东思想和中国特色社会主义理论为指导,坚决按照党中央国务院、自治区党委政府关于繁荣发展哲学社会科学的要求,认真履行哲学社会科学和藏学工作的各项职责,坚持正确的科研方向,牢牢把握正确的学术导向,围绕自治区党委政府中心工作,服务西藏发展稳定大局,艰苦创业、积极探索、潜心科学研究、携手砥砺前行。建院30年来,哲学社会科学和藏学研究紧跟党中央、西藏自治区党委的部署,坚持科学理论的武装,坚持与西藏的实际相结合,涌现出一批批优秀成果。30年来,全院共完成学术专著200余部、编著300余部、译著160余部;在全国各类学术期刊上发表学术论文4000余篇,研究报告500余篇,立项国家社科基金项目42项。一批专著和论文获得“五个一”工程、国家图书奖、藏学研究珠峰奖;一批重大成果得到了中央领导和自治区党委政府领导的重要批示,为西藏各项事业的发展进步提供学术诠释和理论总结。

回眸西藏社会科学院30年的发展历程,从建院到现在,各研究部门经过几次改革、撤建,形成了院办公室、政工人事处和科研管理处3个职能部门;马克思主义理论研究所、民族研究所、宗教研究所、农村经济研究所、当代西藏研究所、经济战略研究所、贝叶经研究所等7个科学研究所;西藏藏文古籍出版社、院刊编辑部、文献信息管理处(图书馆)等3个科研辅助部门。此外还赋予了西藏社科院“西藏藏学研究中心”、“西藏经济社会发展研究中心”、“西藏《格萨尔》研究中心”,自治区藏文古籍工作领导小组办公室、《格萨尔》抢救办公室、六省区市藏文古籍工作协作领导小组办公室的职能。现在全院共有高级专业技术人员37名、中级专业技术人员21名、初级以下专业技术人员13名,院特聘研究员、特邀研究员18名。经过30多年的发展,西藏社科院基本上形成了马克思主义理论和中国特色社会主义理论、当代社会发展与稳定、经济战略、农村经济与民生、市场经济学、法学、藏传佛教、历史学、民族文学、语言学、政治学、生态环境学、人类学、南亚地缘战略、《格萨尔》抢救、驻藏大臣专题研究等现实与传统并举、基础与应用同步、理论与咨询结合的学科架构，这些人才和多学科研究为建立具有西藏特点的新型智库提供来自哲学社会科学和藏学的支持。

二

西藏社会科学院发展的30年，始终不渝地坚持正确科研方向和学术导向，始终坚持以马克思主义为指导，自觉将马克思主义的立场、观点、方法贯穿到哲学社会科学和藏学研究工作中。我院历届党委及院领导班子一直坚持科研工作必须以马克思主义的立场、观点作为判断是非的标准，以筑牢各族人民共同团结奋斗、共同繁荣发展的思想基础为发展方向。这一要求不仅针对当代重大现实问题学科，而且涵盖了传统学科。恰白·次旦平措先生主持撰写的历史著作《西藏通史——松石宝串》就是以马克思主义为指导，运用辩证唯物主义和历史唯物主义的范例。1989年，该书藏文版第一册举行首发式，时任西藏自治区党委书记的胡锦涛亲临首发式，表示祝贺并发表了重要讲话。此书一经面世就在全国史学界、藏学界、出版界引起了巨大的反响，并于1993年荣获我国出版界最高奖——国家图书奖。

加强马克思主义的指导地位，推动了我院自觉地担负起研究和传播马克思主义的重要责任。2008年7月24日，马克思主义理论研究所正式挂牌成立。自此，我院充分发挥专业特长和人才优势，不断加强对中国特色社会主义道路在西藏成功实践的阐释，加强对马克思主义祖国观、民族观、宗教观、文化观和唯物论、无神论研究，加强对重大思想理论问题、重大现实问题、重大实践经验的探讨，深入揭批十四世达赖集团的反动本质，引导各族干部群众自觉反对分裂、坚决维护祖国统一和民族团结，成为在我国边疆民族地区坚持和发展马克思主义的重要阵地。推出了一批对时代有引领作用、经得起历史检验的研究成果。《实现中国梦必须凝聚中华各民族大团结的力量》《西藏各族人民对中国梦的不懈追求》作为中央宣传部马克思主义研究工程，以光明日报头版通栏标题和西藏日报重要理论版面予以刊载，在全国、全区产生了重要的影响；《西藏的昨天、今天、明天》一书采用藏汉文两种文字并附有大量插图，由于其较强的通俗性、知识性和趣味性，受到全区广大读者的欢迎和好评，并被国家新闻出版总署列为纪念中国共产党成立90周年、辛亥革命100周年百种重点图书。一批批马克思主义研究成果的问世，对于新时期在我区传播和弘扬马克思主义理论具有非常重要的意义。

三

社科院成立30年来，始终不渝地坚持围绕中心和服务大局，充分发挥“思想库、服务部”的重要作用。紧紧围绕自治区党委的中心工作和服务西藏发展稳定的大局，是西藏社科院的立根之本。30年来，我院广大科研人员积极投身全区改革发展稳定的伟大事业中，以社科人的政治敏锐性、理想信念的坚定性和丰厚的学术积累服务西藏、建设西藏。使科研成果发挥了应有的咨询、参谋作用，为西藏社会经济文化的繁荣发展作出了应有的贡献。全院科研人员把服务于促进经济持续健康发展和社会大局稳定作为主攻方向，在各个研究领域取得了突出的成就。聚焦经济建设主战场，服务小康西藏建设，加快经济建设发展步伐。推出《西藏现代化发展道路研究》《西藏跨越式发展研究》《推进社会主义新农村建设研究》《中国西藏发展报告》蓝皮书系列和《西藏农村发展报告》绿皮书系列等一大批成果。开展社会管理研究，服务和谐西藏建设，推进西藏基本稳定、长期稳定、全面稳定。推出《推进西藏地区社会稳定对策研究》《拉萨法治发展报告》(2013、2014)《西藏宗教与社会发展关系研究》等重要成果。加强西藏自然环境保护建设研究，服务美丽西藏建设。推出《生态西藏和谐高原》《西藏自治区自然保护区概况》《西藏生态补偿机制研究》等专著和调研报告。积极探索社会发展规律，服务执政为民，推出《甲玛沟的变迁》《门达旺地区历史与现状》和《西藏农村社会保障制度研究》等专著和重大成果。

由西藏社科院主办的《要情》始创于2007年，是我院为中央有关部门及自治区党委政府决策提供服务的成果要报。《要情》紧贴中央治藏方略，紧紧围绕自治区党委政府中心工作，密切关注涉藏的重大理论和现实问题，善于捕捉人民群众关心的社会热点和难点，先后推出了一批有分量的研究成果，有的已转化为有关部门所采纳的决策咨询和重要借鉴。截至目前，社科院《要情》共刊发200余期，其中有30多篇研究报告得到中央领导、中央有关部委和自治区有关领导等100多人次批示。因为《要情》紧密结合西藏实际，针对性强，提出的观点和政策建议具有现实性、参考性、可操作性，同时又有一定的理论深度，得到了中央领导、有关部门和自治区领导的高度重视。

与此同时，社会科学院还与中国藏学研究中心等有关单位合作，承担了许多国家级和自治区级传统研究课题，如西藏封建农奴制度社会形态，西藏古近代交通史，西藏县情调查，西藏考古与西藏古代史研究，藏文古籍和西藏文物的收集、整理及研究，《格萨尔》的抢救及研究，梵文古籍(贝叶经)整理、翻译及研究，西藏民族文艺十大集成，西藏寺院调查，西藏宗教源流与教派研究，西藏佛教的沿革与现状，西藏活佛转世制度，等等，陆续出版了大量的学术专著和成果，这些项目对西藏传统文化的发展与抢救、对揭露封建农奴制度起到了重要作用。近年来，我院出于引导宗教与社会主义社会相适应的考虑，陆续推出了《立足西藏宗教的实际寻找新的出路》《藏族传统文化与现代保护》《藏传佛教如何与西藏的社会相适应问题》《藏传佛教活佛转世制度研究资料汇编》《历辈班禅大师传记》等一批重大成果，取得了良好的社会效益，为今后发挥传统学科的优势、服务于社会稳定和社会管理提供了经验。

四

突出西藏作为藏学故乡的优势地位，坚持藏学传承历史文明和服务于现实，以丰富的历史典籍和科学有据的学术资料支撑当代哲学社会科学和藏学事业的发展。西藏社科院成立之初，就曾一度侧重于藏学的研究与发展，在中国当代藏学学科构建、藏学文献资料整理与研究、藏学专门出版机构建设等方面做了大量的工作。筹备之初所设立的4个研究部门，即民族历史研究所、宗教哲学研究所、语言文学研究所和藏学资料中心基本上属于藏学的范畴，所创办的第一个公开出版的藏学学术专刊《西藏研究》、第一个藏学研究出版社——西藏藏文古籍出版社也是主要为藏学研究服务的。这些设置曾推动了中国藏学学科脱颖而出，为中国藏学研究的奠基和确立作出了应有的贡献。

涉藏研究的藏学典籍及古籍资料收集整理获得了丰硕成果。在汉文文献收集整理研究中，坚持马克思主义历史观，坚持以历代中央政府管理西藏的历史文献及西藏地方政府与中央政府互动的历史记录为权威科学依据；坚持历史上各民族的交往交流交融的历史典籍为主要整理研究内容。在这些原则的主导下，我院文献整理研究部门先后从国家第一、二历史档案馆、国家图书馆、中央民族大学图书馆、西藏档案馆等馆藏部门整理、印制了大量的权威原典历史古籍，编撰出版了《西藏研究丛刊》《西藏学汉文文献丛书》《西藏学汉文文献汇刻》《西藏学文献丛书别辑》《西藏学参考丛书》等一系列藏学汉文文献丛书。包括：《清实录藏族史料》《明实录藏族史料》《平定准噶尔方略》《平定金川方略》《平定两金川方略》《镇抚事宜》《驻藏大臣奏疏》《清代藏事奏牍》《卫藏通志》《钦定巴勒布纪略》《钦定廓尔喀纪略》《金川案》《金川六种》《西藏史大纲》《皇朝藩部要略》《亲征平定朔漠方略》《西藏纪游》《康輶纪行》《使藏纪程》《拉萨见闻记》《西藏纪要》《西藏志、卫藏通志》《西藏宗教源流考、番僧源流考》《通鉴吐蕃史料》《西藏图考、西招图考》《西征纪略》《泣血辑存》《钟颖疑案》《清代藏事辑要》《民元藏事电稿》《近代康藏重大事件史料选编》等数百种古代和近代藏学汉文典籍，数万册图书。在这一浩大的藏学汉文文献整理、抢救工程中，老十八军知识分子陈家琎以对国家和民族高度负责的精神，宵旰忧劳、殚精竭虑，把自己的全部精力和智慧贡献给藏学研究事业，他带领一批学人抢救、整理的汉文文献所陆续收集出版的包括历代中央政府管理藏事的典章文牍、金石文字、实录方略及濒于失传的孤本和善本等至今仍是藏学研究不可或缺的珍贵文献，曾得到了党和国家领导人江泽民、胡锦涛、李瑞环、陈奎元的高度重视与充分肯定。在藏学研究文献的抢救与整理工程中，藏文文献也取得了重大成就，先后共收集整理书籍 200 部、数千万字，其中不少属于珍本、孤本和善本，有的还是手抄本。已经整理出版的有《朗氏家族史》《历算论典月轮》《三律仪论说自注》《诗镜注释妙音戏海》《弟吴宗教源流》《因明学汇集》《显密经库正文及其要义》《娘氏宗教源流》《世界广论及总论》《佛历年鉴及五明论略述》等 75 种 50 万印册。

藏学研究事业的发展取得了突破性进展。在《格萨尔》史诗的抢救、整理和保护上，先后录制艺人说唱本百余部，整理 60 多部，收集旧版本、手抄本 74 部。创造了世界上最长史诗的诗行记录——《<格萨尔>艺人桑珠说唱本》丛书，该丛书共计 45 部 48 册，目前已经整理出版了 43 册，并已经启动该丛书的藏译汉工程。在民族文化和历史方面，先后完成《历代噶玛巴传》《吐蕃十赞普》《吐蕃碑铭校注》《历史造就的统一体》（藏汉），特别是《西藏百年史研究》《西藏百年史史料选辑》《水牛年(乾隆五十八年)西藏噶厦商上所收公文译辑》等一大批重要专(译、编)著。在藏语言文学方面,先后完成《诗学概论》《藏族声韵学概论》等10余部著述。在宗教研究方面,完成《苯教文化大词典》《哲蚌寺志》《拉萨市辖寺庙简志》《宁玛派综论》《噶举派综论》《萨迦派综论》《乃琼寺》《昌珠寺志》等20余部著述。此外在民俗学、人类学和西藏人口较少民族方面也取得了一批丰硕的成果。我区的贝叶经研究保护工作也取得突破性进展。经过6年多的努力,全面开展了我区境内贝叶经写本的保护、收集、整理、编目和影印工作,基本摸清了西藏贝叶经写本现状,制定了保护章程,编写了《西藏自治区珍藏贝叶经总目录》《西藏自治区珍藏贝叶经影印大全》,并在此工作基础上成立了全国首家贝叶经研究所,出版了全国首家专门的贝叶经研究杂志《西藏贝叶经研究》(藏、汉文版)。

不仅如此,我院在中国当代藏学研究的发展上也取得了新的成就。以恰白·次旦平措和东噶·洛桑赤列为代表的几代学人,坚持以马克思主义为指导,运用辩证唯物主义和历史唯物主义的研究方法,借助现代科学技术手段,使得藏学研究更具有科学性、逻辑性和严谨性,为确立西藏作为藏学故乡的地位,为反对分裂、维护祖国统一作出了贡献。

五

坚持开放办院,加强与各民族的学术交往交流,积极致力于赢得国际藏学学术话语权的工作,国内国际学术影响力不断增强。社科院建院之初,就得到了全国各学术研究机构的大力支持和帮助,至今西藏社科院的大量藏书和现代科研资料,很大一部分得益于全国有关学术机构的支援,一些学术研究的经验得益于全国有关学术机构及科研人员的传授和帮助,在社科院发展过程里,中国社科院、中国藏学研究中心、国家档案馆、国家图书馆、中央民族大学、国家民委科研机构等对我院的发展都给予了不同程度的支持和帮助,有关省区市和兄弟社科院与我们广泛开展交流与合作,促进了我们的办院水平的提高。在区内,我们坚持走出去、投身到社会实践中的理念,与社会、经济实践领域广泛联系。目前,我院已经建立了能够示范全区的农村观察点。同时我们以强化部门联合为切入点,通过为区直单位、全区市地县各级政府和企业提供决策咨询,来加强不同单位、不同部门的合作攻关,实施跨单位重大专项研究,进而推动拓展西藏社科院学术研究和咨询平台,强化了我院在区内的影响力。以推进协同联合为突破口，大力加强社科研究机构之间的交流与合作，拓展了开放办院的形式和内涵，加强了西藏社科院与区内外社会科学研究机构和高校的联系和交流，提升了自身的研究水平，扩大了学术影响。如我院承担的国家社科基金重大委托项目《西藏百年史研究》（上、中、下，共140万字），就是开门办院的成果结晶，该项重大课题被中国社科院科研局“西部项目办”鉴定为优秀成果。我院不仅与国内专家学者共同开展课题研究，同时还与世界知名藏学研究机构和藏学家进行了长期的交流合作。30年来，我院与20多个国家和地区的学术机构建有图书交换关系，并与哈佛大学、弗吉尼亚大学、华盛顿大学、牛津大学、剑桥大学、柏林高级研究院、奥地利科学院等国外一些著名大学、科研机构合作进行学术研究。国际交流的范围不断扩大、内容日益丰富、成效更加显著，推动了优秀人才和优秀成果走向世界。一批专家与国外藏学家共同合作完成了一批重要的学术著作和论文，提高了西藏社科院的国际知名度，为国家的涉藏外宣工作作出了重要贡献。30年来，西藏社科院专家学者近200多人次出国访问、讲学、学习，参加各种国际藏学学术会议。在第六届至第十三届国际藏学会和其他各种国际大型学术会议上，西藏社科院的专家学者提交的近百篇学术论文均被收入会议的论文集中。建院以来，西藏社科院举办和参与举办有关西藏历史、语言、文学、民族、宗教、哲学等单学科或多学科的学术讨论会，以及全国性、国际性的其他大、中型学术会议50多次。

六

始终不渝地坚持党的领导，坚持哲学社会科学和藏学事业的党性原则和政治属性。党对社会科学和藏学工作的领导，是推进哲学社会科学事业发展、繁荣的政治保障和组织保障。自治区社科院成立30年来，始终在自治区党委的坚强领导下开展工作，始终坚持哲学社会科学姓党、为党和人民的事业服务的党性原则，在科学研究中坚持党性和人民性的高度统一，把党的路线、方针、政策贯彻到哲学社会科学和藏学研究中，把党的意志、人民的需要化作科研成果，转过来为党和人民的事业提供智力支持。从筹备建院至今，自治区历届党委政府高度重视哲学社会科学和藏学事业的发展，重视社科及藏学领域的深层次问题，自治区党委政府主要领导经常过问社会科学和藏学研究工作，自治区历届党委书记阴法唐、伍精华、胡锦涛、陈奎元、郭金龙、杨传堂、张庆黎、陈全国或莅临社科院指导工作，或亲自看望社科院的知识分子，或对社科、藏学领域遇到的问题作出重要批示。2012 年 8 月，在自治区党委的关心和支持下，在社科院的基础上挂牌成立了自治区哲学社会科学界联合会，为凝聚、组织、协调全区哲学社会科学力量提供了组织保障。自治区党委的坚强领导，保证了哲学社会科学和藏学事业的发展方向。

在自治区党委的领导下，历届院党委高度重视党的建设和党风廉政建设，不断提升各级领导干部和科研人员的思想水平和政治素质，增强引领社科院发展的能力和动力，增强科学决策、民主决策和制度化建设的能力，增强统筹协调、维护稳定的能力，增强带好队伍、培育学术精神的能力。切实抓好党员队伍的思想建设、组织建设和作风建设，切实抓好科学研究的人才队伍的建设，不断探索新时期党建工作引领哲学社会科学研究的体制机制，建立健全党支部在科研工作中发挥战斗堡垒作用的机制。在抓好党的建设的同时，我院制度建设不断加强。面对科研工作的新情况、新特点，科研组织管理、人事人才管理、财务管理、科辅工作、后勤服务等主要方面的制度不断完善，形成了以制度管人、管权、管钱、管事的良好局面。在全区强基础惠民生工作中，我院驻村工作在院党委的带领下取得了优异的成就，驻村工作队及个人获得多项表彰，受到了当地组织和群众的欢迎。

与此同时，西藏社科院的基础设施建设也不断完善。从建院时期在荒沼泽地上搭建的简易楼房开始，到现在科研楼、综合楼、专家楼和家属区各种基础设施齐备，硬件设施建设得到了快速发展。“十二五”期间上马建设的“西藏社科藏学多功能图书楼”将建成集现代科技、学术信息、电子化高科技平台、学术情报调阅与搜集；现代化图书收藏、调阅、学术资料复制；国内外学术交流、研究的大型学术资料、情报、信息、阅研、交流中心。建成后的图书楼能够藏书上百万册，无害保存电子图书、文件上千万件，可满足现代化的各类藏书条件，形成社科文献数据库、藏学文献数据库、社科成果数据库、社科专家数据库、馆藏资料数据库、社科（人文）期刊数据库等支撑的现代科研的学术交流和应用系统，形成服务科研工作强有力的现代学术、科技资源库。

七

哲学社会科学和藏学事业的发展是西藏自治区成立 50 年来社会进步和

各项事业发展的一个缩影；我们取得的所有成绩，应归功于党中央的深切关怀，归功于自治区党委政府的坚强领导和高度重视，归功于中国社科院的无私援助，归功于全院干部职工和广大科研工作者的开拓进取、无私奉献。总结30年的发展历程和点滴成绩，既有一些历史教训，更有供后人借鉴的历史经验。

（一）必须坚持马克思主义的指导地位。马克思主义指导是我院哲学社会科学和藏学研究最鲜明的特色。哲学社会科学和藏学中的许多学科带有强烈的意识形态属性、政治属性和现实属性。我们坚持把马克思主义、毛泽东思想、邓小平理论、“三个代表”重要思想和科学发展观作为核心理念和指导思想，并不断提高运用马克思主义指导科研的能力，站在党和西藏各族人民的立场上，为西藏各族人民利益“鼓与呼”，为走中国特色西藏特点的发展路子提供理论支持。坚定马克思主义的指导地位，并不是要照本宣科、生搬硬套一些词句来剪裁活生生的现实，也不是把马克思主义当作标签，而是结合西藏实际掌握其科学的世界观和方法论，作为哲学社会科学和藏学研究的指南，以科学的理论武装头脑、检验实践，并将其转化为科研成果，更好地为西藏的发展和稳定服务。

（二）必须紧跟时代、植根实践。当前西藏正处于推进“六个西藏”建设，为全面建成小康社会而奋斗的关键时期，社会科学研究必须服务于走中国特色西藏特点的发展路子；关注和研究西藏发展和稳定中具有全局性的重大问题；关注和研究我区经济建设、政治建设、文化建设、社会建设以及生态文明建设中的理论与实践问题；关注和研究经济社会发展中亟待解决的热点难点问题等。中国特色社会主义的伟大实践，为哲学社会科学和藏学提供了大有作为的广阔舞台，为哲学社会科学研究提供了取之不竭的精神和物质源泉及素材。我院科研工作者要以高度的自觉和真挚的热情去拥抱生活、拥抱实践，以跟上时代发展的脚步。

（三）必须始终坚持围绕中心、服务大局，以重大理论和现实问题为科研主攻方向。要准确把握世情、国情、党情、区情，运用马克思主义世界观、方法论，紧紧围绕贯彻落实中央重大决策部署特别是习近平总书记系列重要讲话精神；围绕“治国必治边、治边先稳藏”的重大战略思想；围绕全面深化改革、全面建成小康社会、全面推进依法治国、依法治藏的重大任务，深入研究西藏发展和稳定中亟待回答和解决的重大理论和现实问题，当前要深入贯彻落实中央政治局会议关于“进一步推进西藏经济社会发展和长治久安工作”的精神，从学术的角度研究西藏经济社会发展中的全局性、前瞻性、战略性、综合性问题，国内外、区内外普遍关注的热点难点问题。

（四）必须高度重视学科建设。学科建设是哲学社会科学和藏学事业发展的基础和动力，要加强基础学科建设和基础理论研究，将其作为高端智库不可或缺的支撑条件。必须坚持基础学科与应用学科并重、基础理论研究与应用对策研究并举方针，努力瞄准世界学术发展前沿，立足当代中国学术实际，大力加强新型学科和西藏重大现实学科建设，大力加强藏学、南亚前沿学科建设，形成具有支撑作用和符合边疆民族地区、青藏高原特点、具有重要现实意义和良好发展前景的新兴学科、交叉学科，具有重要文化价值的“绝学”和濒危学科，努力构建展现国内、国际学术前沿、符合学术发展规律、适应西藏经济社会发展需要的学科体系。

（五）必须高度重视科研人才和管理队伍建设。要建设一支政治上坚定、学术造诣精湛、学术学养功底深厚、学术品行端正、具有现代科研管理水平和服务能力的科研人才队伍和管理队伍，努力造就一批马克思主义基本理论功底扎实，熟悉世情、国情、党情、区情，具有理论创新能力的理论家和高端学术人才，推出一批博古通今、学贯中西、善于开展跨学科研究的复合型人才，培养一批能够运用马克思主义立场、观点、方法分析解答西藏发展稳定中重大理论和现实问题的对策性研究人才，培育一批具有国际视野和世界眼光、能够在国际交流中直接对话、有实力争取话语权的学术英才；培养一批善于管理、具有责任意识和服务意识的管理人才。

（六）必须坚定不移地反对分裂，牢牢掌握藏学研究的主动权，警惕国际反华势力和十四世达赖集团向哲学社会科学和藏学领域的渗透。多年来，哲学社会科学和藏学领域一直是我们与十四世达赖集团斗争的重要领域，特别是藏学领域的博弈非常激烈。长期以来，十四世达赖集团拼命宣扬“西藏文化毁灭论”、“ 宗教毁灭论”，而国际反华势力除偏听十四世达赖集团的造谣和蛊惑外，也极力在藏学领域兴风作浪，许多的“凭信”是来自于一些所谓的藏学研究的成果。有些境外藏学研究者专门为国际敌对势力干涉我国内政寻找所谓藏学研究根据，借以迷惑世界上对西藏不了解的人，进而损害我国在国际上的形象。所以，我们要毫不动摇地坚持反对分裂，把藏学研究主动权牢牢地掌握在我们手中，为我国外交、外宣工作提供支持。

（七）必须继续秉持开门办院的原则，加强与各省区市、各民族的学术合作与交流。要创新交流体制机制，解放思想，更新观念，破除封闭意识和地域观念，采取“走出去”、“请进来”的学术交流、学者交往形式，以谦虚的态度、严谨的学风学习区内外、国内外学术研究的好经验、好成果，推进我院的事业发展 ，提升我院的科研水平。要坚持“五湖四海”选拔人才的原则，在使用好现有人才的同时虚心引进区外各类人才，采取柔性引进和刚性引进相结合的办法，凡是对哲学社会科学和藏学事业有建树，能够担起学科带头人责任的各学科人才，将不限地域、不限民族、不限专业，我们都将以宽广的胸怀和真挚的诚意予以热情欢迎。

（八）必须坚持党对哲学社会科学和藏学工作的领导。没有共产党就没有新中国，没有中国共产党也就没有社会主义新西藏，这是包括西藏人民在内的全中国人民从几十年的实践中得出的科学结论。坚持党对哲学社会科学和藏学工作的领导，就是要坚决同以习近平为总书记的党中央保持高度一致，就是要坚决听从自治区党委的指挥和安排，重大政治原则和重大方向性问题要及时向自治区党委汇报。要把党中央、自治区党委的有关精神转化为社科院的科研成果，服务于党的中心工作和党的事业。院党委要切实担负起对哲学社会科学和藏学工作的领导责任，以高度负责的精神为自治区党委分忧担责，保证党的路线、方针、政策特别是新时期党的西藏工作大政方针贯彻于哲学社会科学和藏学研究的工作中，使我院哲学社会科学和藏学事业永远在党的关怀、关心、领导下繁荣发展。

回顾过去心潮澎湃，展望未来信心百倍。随着中央政治局研究西藏工作会议的召开，西藏将进入一个新的历史发展时期，哲学社会科学和藏学研究事业也将在这一大好形势下迎来新的发展机遇。我们将全面贯彻落实中央及自治区党委的一系列精神，贯彻落实中央关于加强中国特色新型智库建设的意见和自治区党委的实施意见，积极探索中国特色西藏特点新型智库建设之路，努力为建设富裕和谐幸福法治文明美丽的社会主义新西藏提供广泛的智力支撑，为繁荣发展我区哲学社会科学和藏学研究事业作出新的更大的贡献。

2015.8.15

སྔོན་འགྲོའི་གཏམ།

དེ་ཡང་བོད་རང་སྐྱོང་ལྗོངས་དབུ་བརྙེས་ནས་ལོ་ངོ་ལྔ་བཅུ་འཁོར་བ་དང་བོད་ལྗོངས་སྤྱི་ཚོགས་ཚན་རིག་ཁང་བཙུགས་ནས་ལོ་ངོ་སུམ་ཅུ་ཟིན་པའི་བཀྲ་ཤིས་པའི་དུས་ཆེན་གྱི་མཚམས་འདིར་བོད་ལྗོངས་སྤྱི་ཚོགས་ཚན་རིག་ཁང་ནས་འདི་གའི་ཞིབ་འཇུག་པ་རྒན་གྲས་རྣམས་དང་དེ་བཞིན་རིག་ལམ་དཔྱད་ཐབས་ཀྱི་བྱ་གཞག་ནང་ཕྱུག་རྗེས་མི་དམན་པ་འཛོག་པར་མཛད་མཁན་རྣམས་ལ་རང་སོ་སོས་ལོ་མང་རིང་འབད་པ་དུ་མས་བརྩམས་པའི་རིག་ལམ་དཔྱད་ཐབས་ཀྱི་རིན་ཐང་ལྡན་པའི་དཔྱད་རྩོམ་དག་ཕྱོགས་བསྒྲིགས་ཀྱིས་དུས་སྟོན་ཆེ་ཆུང་གཉིས་ལ་ལེགས་སྐྱེས་སུ་འབུལ་རྒྱུའི་གོ་སྐབས་གནང་ཡོད། ཁོ་བོ་རང་ཉིད་ཀྱི་ངོས་ནས་བརྗོད་ན། འདི་ལྟའི་གོ་སྐབས་ཐོབ་པ་ནི་གཅིག་ནས་རང་ཉིད་ཀྱིས་བོད་རིག་པའི་བྱ་གཞག་ནང་དུ་ཕན་བསྒྲུབས་པའི་ལས་དོན་ལ་ཕྱིར་བལྟས་ཞིག་དང་། ཕྱོགས་བསྡོམས། མདོ་བསམ་ཞིག་བཅས་བྱས་ནས་སྔར་བའི་མཐོ་བའི་རིག་ལམ་དཔྱད་ཐབས་ཀྱི་བྱ་བའི་ཡང་རྩེར་འཛེགས་པར་འབད་བརྩོན་བྱ་རྒྱུར་སྐུལ་འདེད་ཅིག་དང་། གཉིས་ནས་རང་ངོས་ནས་དེ་སྔོན་བརྩམས་པའམ་བསྒྱུར་ནས་འགྲེམས་སྤེལ་བྱས་པའི་དཔྱད་རྩོམ་རྣམས་ལས་བོད་རིག་པའི་བྱ་གཞག་ལ་མུ་མཐུད་སྨན་པའི་རིན་ཐང་ལྡན་ཞིང་། གཞོན་སྐྱེས་རྣམས་ལ་བློ་སྒོ་ཕྱེ་བའི་ནུས་པ་ལྡན་པ། འབྲེལ་ཡོད་དཔྱད་གཞིའི་ཡིག་ཆ་དེ་བས་མགྱོགས་མྱུར་སླ་འཚོལ་ཐུབ་རྒྱུ་སོགས་དགེ་མཚན་དུ་མ་ལྡན་པ་བཅས་རྒྱུ་མཚན་ལ་བརྟེན་ད་ལམ་སྤྲོ་སེམས་ཆེན་པོས་རང་ཉིད་ཀྱི་བོད་རིག་པའི་སྐོར་གྱི་དཔྱད་རྩོམ་ཁག་གཅིག་དང་དབྱིན་རྒྱ་ཡིག་རིགས་གཉིས་ནས་བོད་ཡིག་ཐོག་ཕབ་སྒྱུར་འགྲེམས་སྤེལ་བྱས་པའི་རྩོམ་ཡིག་ཁག་གཅིག་བདམས་ནས་ཕྱོགས་བསྒྲིགས་ཞུས་ཡོད།

དཔྱད་རྩོམ་དང་བསྒྱུར་རྩོམ་འདི་དག་ནི་དུས་ཡུན་ལོ་ངོ་སུམ་ཅུའི་ནང་དུ་ཁོ་བོས་རིམ་བཞིན《བོད་ལྗོངས་ཞིབ་འཇུག》དུས་དེབ་ཀྱི་གི་རྩོམ་སྒྲིག་པ་བྱེད་རིང་དང་། ནོར་གླིང་དང་ཀེ་ན་ཏ་སོགས་ཕྱི་ཡི་རྒྱལ་ཁབ་ཁག་ཏུ་སློབ་གཉེར་བྱེད་རིང་། དེ་བཞིན་ལས་ཀའི་ཞར་དང་ཞོར་ལ་དུས་ཚོད་དམ་འཛིན་བྱས་ནས་བྲིས་པ་དང་བསྒྱུར་བ་ཞེ་གཅིག་ལགས། དཔྱད་རྩོམ་

རྣམས་ཕྱོགས་བསྒྲིགས་བྱེད་སྐབས་རྒྱ་བོད་ཡིག་རིགས་གཉིས་ལས་བཙམས་པ་དང་བསྒྱུར་བའི་དཔྱད་རྩོམ་དང་ད་དུང་དབྱིན་ཡིག་ཐོག་ནས་བརྩམས་པའི་དཔྱད་རྩོམ་སོགས་མང་པོ་ཡོད་ནའང་དེབ་ཀྱི་ཤོག་གྲངས་ཚད་བཀག་གི་རྒྱུ་ལས་བརྒལ་བར་དོགས་ནས་ཐེངས་འདིར་ཙུང་ཟད་རིན་ཐང་ལྡན་པའི་རྩོམ་ཡིག་རྣམས་ཕྱོགས་བསྒྲིགས་ཞུས་ཡོད།

ལར་ཕོ་བོས་ཏ་ལམ་མི་ཚེ་ཕྱེད་ཀ་ཙམ་རིང་རྩོམ་སྒྲིག་གི་བགྱི་བ་དང་དུ་བླངས་ནས་བོད་རིག་པའི་ཞིབ་འཇུག་གི་བྱ་གཞག་ལ་སྒྲི་ཞུ་བསྒྲུབ་ཡོད་ནའང་། ཞར་ཞོར་དུ་རང་ཉིད་ཀྱི་དོ་སྣང་བྱ་ཡུལ་དང་སྤྲོ་སེམས་ཤར་ཡུལ་ཧེ་བོན་ཆོས་ཀྱི་གཙོས་པའི་གནའ་བོའི་བོད་ཀྱི་ཤེས་རིག་དང་། ཆོས་ལུགས་དད་མོས། ཡུལ་སྲོལ་གོམས་གཤིས་ཙམ་མ་ཟད་བན་བོན་ཆོས་ལུགས་ཟུང་དང་འབྲེལ་བའི་རིག་གནས་ལོ་རྒྱུས་སོགས་ལ་སློབ་གཉེར་རམ་ཉམས་ཞིབ་ཕྲན་བུ་བྱས་མཐར་དེ་དག་གི་ནང་དོན་དང་། རྣམ་པ། མདོན་ཚུལ། དར་སྲོལ། རྒྱུན་འཛིན། འཕོ་འགྱུར་བཅས་མདོར་ན་ད་ལྟ་བོད་རིག་པ་ཞེས་འཛམ་གླིང་ཀུན་ཏུ་གྲགས་པའི་ཤེས་རིག་གམ་རིག་པ་དེ་ལ་ཤེས་རྟོགས་ཙུང་ཟད་ཐུབ་པ་དང་སྲུགས་གནའ་བོའི་རྗེ་རིང་དང་དྲིལ་བུའི་ཁ་བྱང་གི་ཡིག་རྙིང་ལ་གསར་དུ་འགྲེལ་བཤད་དང་། བོན་ལུགས་ཀྱི་བྱུང་འཕེལ་ལོ་རྒྱུས་ལ་རྟོག་ཞིབ། ཞང་ཞུང་གི་སྐད་ཡིག་དང་རིག་གནས་ལ་ཞིབ་འཇུག དེ་བཞིན་བོད་ཀྱི་གནའ་བོའི་ཡུལ་སྲོལ་གོམས་གཤིས་དང་ལྷ་ཚུལ། བོད་ཀྱི་མིག་མངས་རིག་གནས། བོད་ཀྱི་གནའ་བོའི་རྒྱན་གོས་ཆ་ལུགས། བོད་སྐད་ཁྲིད་ཀྱི་གཡར་ཚིག་ལ་སོགས་པའི་ནང་དོན་དང་འབྲེལ་བའི་གནད་ལ་ཞིབ་འཇུག་བྱས་པའི་དཔྱད་རྩོམ་རྣམས《བོད་ལྗོངས་ཞིབ་འཇུག》དང་《ཀྲུང་གོའི་བོད་རིག་པ》སོགས་ལྗོངས་ཕྱི་ནང་གི་དུས་དེབ་ཐོག་སྤེལ་ནས་བོད་རིག་པའི་བྱ་གཞག་གི་ཆུ་ཚད་གོང་མཐོར་གཏོང་བར་སྐུལ་སློང་དང་། རིག་ལམ་དཔྱད་ཐབས་ཀྱི་ཁོར་ཡུག་འཁྲུག་ཆ་དོད་དུ་གཏོང་བར་ཞབས་འདེགས་ཞུ་རྒྱུ་བཅས་ཀྱི་ཐད་རང་ཉིད་ཀྱི་ལེགས་སྐྱེས་ཕྲན་བུ་ཕུལ་ཡོད།

འདིར་ངེས་པར་དུ་བརྗོད་དགོས་པ་ཞིག་ནི། ཀྲུང་གོ་ནི་བོད་རིག་པའི་ཕ་ཡུལ་དང་བོད་ནི་བོད་རིག་པའི་འབྱུང་ཁུངས་སམ་གཤིན་ས་ཞིག་ཏུ་ངོས་འཛིན་བྱ་བ་ཡིན་ནའང་དེང་རབས་ཀྱི་བོད་རིག་པའི་སྙིངས་ཆའམ་དོ་ན་བརྩོན་ལེན་བྱེད་པའི་འགྲན་རྩོད་ཀྱི་ཚ་རླབས་ཤིག་ད་ཆ་འཛམ་གླིང་གི་ས་ཕྱོགས་ཁག་ཏུ་འཕྱུར་བཞིན་ཡོད་པས། རྒྱལ་ཕྱིའི་བོད་རིག་པ་

བའི་ཞིབ་འཇུག་གི་བྱ་ཐབས་དང་གྲུབ་འབྲས་ལ་རང་རེས་ཤེས་རྟོགས་དང་རྒྱུས་ཡོད་བྱ་རྒྱུ་ག་ཅིག་ཆེར་འཛིན་ནས་དབྱིན་ཡིག་ལ་སོགས་པ་ཕྱི་རྒྱལ་གྱི་སྐད་ཡིག་ཐོག་ནས་བྲིས་པའི་བོད་རིག་པའི་སྐོར་གྱི་དཔྱད་རྩོམ་ཕུལ་བྱུང་རྣམས་རང་རེའི་སྐད་དུ་ཕབ་བསྒྱུར་བྱས་ནས་ངོ་སྤྲོད་བྱ་རྒྱུ་ནི་ཤིན་ཏུ་ནས་གལ་ཆེར་མཐོང་། དེ་ཡང་ཚན་རིག་དང་མཐུན་པའི་ཞིབ་འཇུག་གི་ཐབས་ལམ་བེད་སྤྱོད་དང་། ཡིག་ཚགས་དང་རྒྱུ་ཆ་ཐོག་མ་ལ་བརྟེ་མཐོང་གིས་རྟོག་ཞིབ་བྱེད་པ། ཁུངས་དང་ལྡན་པའི་དཔྱད་གཞིའི་ཡིག་ཆ་ལུང་འདྲེན་བྱེད་པ་དང་སྦྲགས་སྟོན་གྱི་མཁས་པའི་བཞེད་པ་དང་དཔྱད་རྩོམ་སྣེ་དཔྱད་ཡིག་གཉིས་པ་ཞེས་པ་དེ་ལའང་གཞི་བཅོལ་བ་དང་དེ་དག་ཞིབ་འཇུག་གི་རྨང་གཞིར་བྱེད་པ་སོགས་ཡང་དག་པའི་ཞིབ་འཇུག་གི་ལྟ་སྤྱོད་དར་སྤེལ་དང་དོད་བྱེད་ཚུལ་དེ་ནི་ནུབ་ཕྱོགས་བོད་རིག་པའི་ཞིབ་འཇུག་པ་སྤྱི་ལ་མངའ་བའི་ཁྱད་ཆོས་ཤིག་རེད་འདུག ཕོ་བོའི་དཔྱད་རྩོམ་ཕྱོགས་བསྒྲིགས་ནང་དུ་འཁོད་པའི་ཕྱི་རྒྱལ་གྱི་བོད་རིག་པ་ཞིབ་འཇུག་པ་རྣམས་ཀྱི་དཔྱད་རྩོམ་གྱི་ནང་དོན་སྐོར་བརྗོད་ན། བོན་ཆོས་དང་། གནའ་བོའི་རྗེ་རིང་ཡི་གེ། བོད་ཀྱི་བཙན་པོའི་དུས་ཀྱི་ལོ་རྒྱུས། གནའ་བོའི་ས་མིང་། ཡུལ་སྲོལ་གོམས་གཤིས། ཆོས་ལུགས་ཚོ་ག བན་བོན་གྱི་འབྲེལ་བ། གནའ་བོའི་དཔེ་ཆ། སྒྱུ་རྩལ། གཉེན་སྲོལ། འཛུགས་སྐྲུན། དགོན་པའི་ལོ་རྒྱུས། རི་དང་མཚོ། གནའ་བོའི་ལོ་རྒྱུས་མི་སྣ། རྩོམ་རིག བློན་གར། བོད་ཀྱི་བླ་རབས་དང་གདུང་རྒྱུད། ཤིང་ཏ་ལའི་ལོ་མའི་དཔེ་ཆ། འཆམ་དང་གར། གསོ་རིག་སྐར་རྩིས་དང་གེ་སར་གྱི་སྒྲུང་སོགས་སྐོར་ལ་དཔྱད་ཞིབ་བྱས་པའི་ངོ་མཚར་འབྲས་བུ་ཡིན་པ་དེ་དག་ཟེ་ནུབ་ཕྱོགས་བོད་རིག་པའི་ཁྲོད་དུ་བག་ཆགས་བཟང་པོ་ཡོད་ལ་རིག་ལམ་དཔྱད་ཐབས་ཀྱི་རིན་ཐང་ཡང་ཆེན་པོ་ལྡན་པ་ཞེ་ཅིག་ལགས་པས་ན་དཔྱད་རྩོམ་དེ་དག་ཕོ་བོས་རིམ་བཞིན་བོད་ཡིག་ཐོག་བསྒྱུར་ནས《བོད་ལྗོངས་ཞིབ་འཇུག》དང《བོད་ཀྱི་སྒྱུ་རྩལ་ཞིབ་འཇུག》《བོད་ལྗོངས་སློབ་གྲྭ་ཆེན་མོའི་རིག་དེབ》སོགས་སུ་བཀོད་རྗེས་དེ་མ་ཐག་ཏུ་རྒྱལ་ནང་གི་བོད་རིག་པའི་ཞིབ་འཇུག་པ་རྣམས་ཀྱི་དོ་སྣང་བྱ་ཡུལ་དུ་གྱུར་བ་དང་། དཔྱད་རྩོམ་དེ་དག་ནང་མཆིས་པའི་བཞེད་པ་དང་དཔྱད་ཡིག་རྣམས་དེ་མུར་རང་རེའི་ཞིབ་འཇུག་པ་རྣམས་ཀྱི་དཔྱད་གཞི་དང་ལུང་འདྲེན་བྱ་ཡུལ་དུ་གྱུར་ཡོད། ལྷག་པར་དུ་དེ་སྔ་དབྱིན་ཡིག་ནས་བོད་ཡིག་ཐོག་བསྒྱུར་བའི་ནང་དོན་ཕུན་སུམ་ཚོགས་ལ་དཔྱད་ཞིབ་ཀྱི་དྲི་ངད་ལྡང་ཞིང་ད་ལྟ་བོད་རིག་པའི་ཕྱི་རྩོམ་བོད་

འགྱུར་གྱི་དཔེ་མཚོན་ལྷ་བུར་གྱུར་བའི་མཁས་དབང་མཁར་རྫེའུ་བསམ་གཏན་རྒྱལ་མཚན་མཆོག་གི་དཔྱད་རྩོམ་ཕྱོགས་བསྒྲིགས《མདའ་དང་འཕང་》ནི་ད་ལྟ་བོད་རིག་པའི་ཞིབ་འཇུག་པ་རྣམས་ལ་ཕན་ནུས་ཆེ་བའི་དཔྱད་གཞིའི་ཡིག་ཆ་གལ་ཆེན་ཞིག་ཏུ་གྱུར་ཡོད་ལ། བོད་རིག་པའི་ཚན་ཁག་ཡོད་པའི་སློབ་ཆེན་འགའ་ཞིག་ཏུ《མདའ་དང་འཕང་》ཞེས་པ་དེ་སློབ་མ་ཚོས་ངེས་པར་བལྟ་ཀློག་བྱ་རྒྱུའི་དཔེ་དེབ་ཅིག་ཏུའང་གཏན་འཁེལ་བྱས་ཡོད་སྐད། མདོར་ན་ཡིག་བསྒྱུར་ནི་བོད་རིག་པའི་ཞིབ་འཇུག་གི་གལ་ཆེའི་ཆ་ཤས་ཤིག་ལགས་ཤིང་། ཡིག་བསྒྱུར་གྱི་བྱ་བ་བརྒྱུད་གཞི་ནས་ཕྱི་ནང་གི་མཁས་པ་ཕན་ཚུན་ངོ་ཤེས་ཐུབ་པ་དང་། ལྟ་བ་དང་ཉམས་མྱོང་སྤེལ་རེས་བྱེད་ཐུབ་པ། ཕན་ཚུན་སློབ་སྦྱོང་བཅས་བྱེད་ཐུབ་ཀྱི་ཡོད་ལ། ཡིག་སྒྱུར་བརྒྱུད་གཞི་ནས་ཐུན་མོང་ཐོག་ཡར་རྒྱས་འགྲོ་བ་མ་ཟད། ལྷག་པར་དུ་རིག་ཚན་གསར་པ་དང་། གཞུང་ལུགས་གསར་པ། དཔྱད་ཐབས་གསར་པ་ཟེར་བ་དེ་དག་ཀྱང་ཡིག་བསྒྱུར་ཕོ་ནར་བརྟེན་ནས"སྡོན་ཐོན་ཅན"ཞེས་ཟེར་བའི་མི་རིགས་སམ་ས་ཁུལ་ནས"རྗེས་ལུས་ཅན"དུ་འདོད་པའི་ས་ཁུལ་དུ་ནང་འདྲེན་དང་དར་སྤེལ་བྱེད་པ་ཡིན་འདུག་ན། ཕྱིན་ཆད་དེ་བས་མང་བའི་སྐྱོབས་རང་ཉིད་ཀྱིས་ཞིབ་འཇུག་གཏིང་ཟབ་བྱེད་པ་དང་སྤྲགས་ཕྱི་རྒྱལ་གྱི་མཁས་པས་བརྩམས་པའི་བོད་རིག་པ་ལ་སོགས་པའི་དཔེ་དེབ་དང་དཔྱད་རྩོམ་དག་ལ་ལྟ་ཀློག་དང་དེ་དག་རང་རེའི་སྐད་ཡིག་ཏུ་མང་ཙམ་ཕབ་སྒྱུར་བྱེད་ཐུབ་ན། སྤྱིར་བོད་ཀྱི་རིག་གནས་ཕུན་སུམ་ཇེ་ཚོགས་སུ་གཏོང་ཐུབ་པ་དང་། ཡང་སྒོས་བོད་རིག་པའི་བྱ་གཞག་གོང་འཕེལ་གཏོང་རྒྱུར་སྐུལ་འདེད་དང་རོགས་འདེགས་ཀྱི་ནུས་པ་ཐོན་ཐུབ་པར་ངེས་སོ། །

2015.10.15

前言

为了庆祝西藏自治区成立50周年暨西藏社科院建院30周年，西藏社科院组织各研究所及部分专家学者的学术论文选集。本人有幸成为其中的一员，汇编了这本藏、汉文合璧的学术论文选集。

此书是本人在西藏社科院主办的学术刊物《西藏研究》藏文编辑部从事编辑工作期间利用业余时间撰写的学术论文和翻译文章之汇集，是以马列主义、毛泽东思想为指导，坚持辩证唯物主义和历史唯物主义，学习领会习近平总书记关于哲学社会科学的重要论述，运用马克思主义的立场、观点和方法，去研究西藏传统文化与现实问题的系列作品。虽然我多年从事编辑工作，但是我始终没有放弃在自己感兴趣的研究领域耕耘一片小小天地，对自己感兴趣的学术问题诸如藏族古代碑文、苯教寺院与历史人物、藏传佛教史、藏族语言文学和民俗等方面进行研究，先后发表了不少学术文章，其中，10篇收录于此论文集中。

本书收录的文章内容涵盖西藏历史、文学、语言、宗教信仰、民俗、艺术等诸多学科。每一篇论文命题新颖、资料详实、旁征博引、论据充足、观点鲜明，具备比较高的学术价值和参考价值。这些文章曾在区内外各种学术刊物上发表之后引起了较大反响，不少文章已经成为区内外藏学研究部门和有关高校的重要参考资料。在社会效益方面，党和政府历来高度重视民族优秀传统文化的继承与发展，我的学术论文和译文的公开发表，不但对活跃我国藏学研究的学术氛围、加强对外学术交流、丰富学术信息渠道，而且让更多的国人认识自己民族的历史，了解中华民族优秀传统文化，并对推进民族优秀传统文化的发展等方面起到了积极作用。同时，也充分彰显西藏文化走向现代化的过程和中国藏学研究事业的新面貌，有力回击鼓吹中国政府毁灭西藏文化及其语言文字的谬论。

这是一部由31篇学术文章组成的论文集。有探讨藏族文化变迁问题的《试论藏族文化变迁的得与失》和《从传统观念和习俗看西藏社会》，主要观点是，藏族文化也和世界上的任何文化一样，是经历过和正在经历着不断变化、融合和发展的文化，因此，只有不断更新、与时俱进才有生命力，否则，被历史发展的车轮所碾碎；有《第五世热振活佛传略》一文，主要介绍第五世热振活佛的生平事迹，试析了“热达事件”的背后因素，澄清了这一事件的性质，从而缅怀热振活佛的爱国情怀，肯定他的爱国爱教立场；有藏学界填补空白性的文章《谈藏语中的借词与相关的文化问题》一文，此篇是首次关注藏语中的外来语的文章，分析和总结了不同历史时期出现的借词现象，既探讨其背后深层的历史、文化和政治原因，也评价了外来语在藏语中产生的作用与现今的地位等。苯教作为西藏古老宗教，至今仍有一定影响。作为传播和传承苯教的中心－苯教寺院，一段时期很少引起关注。我的《西藏阿里苯教寺院古儒嘉木的建立与管理》和《苯教高僧晋美南卡多吉及其印度之旅》分别对苯教寺院的建筑设计、建设过程，建立学经制度、祭祀仪轨、经济来源和寺庙管理制度，以及苯教高僧的生平事迹等进行了全面的梳理和介绍。《考证藏文的起源》《象雄语与喜马拉雅周边地区语言文化比较研究》《古代藏族石碑及7世纪装饰艺术》《介绍三种苯教宗教舞蹈》是涉及西藏古代历史、文字、语言和艺术的学术论文，分别对藏文的起源和演变、古代象雄语特点及古代藏族石刻艺术和碑文进行了深入考述。文章发表后在学界引起了一定的反响。《根敦群培与西藏贝叶经研究》是一篇近期发表的文章，主要介绍根敦群培先生在印度学习梵文、翻译印度古代文学作品的情况，并对他曾编纂《梵文宝藏》一书的过程以及他在梵文贝叶经研究方面作出的贡献进行了综评。《印度学者罗睺罗与西藏梵文贝叶经写本》也是一篇近期发表在《西藏贝叶经研究》上的学术文章，主要介绍罗睺罗在藏族学者根敦群培的帮助下在西藏萨迦寺、夏鲁寺、桑耶寺、拉萨市林周等地考察贝叶经写本的情况。文中对罗睺罗编写的英文版《西藏珍藏梵文贝叶经写本目录》作了介绍。

西藏有悠久的翻译历史，翻译对形成独特的藏族文化方面产生过巨大影响。西藏和平解放以来，党和政府高度重视西藏的翻译事业，培养了一大批从事汉藏翻译人才，翻译了大量汉文书籍，把先进的科学技术、思想文化、研究方法和教育理念传播到西藏，极大地丰富和发展了西藏文化。藏文翻译同样作为学术研究的一部分，历来受到中外学者的重视。翻译国内外藏学专家的研究成果对推动我国哲学社会科学和藏学研究事业发挥着积极作用。

本论文集中收录的编译文是我在过去十几年内在区内外学术刊物上发表的50余篇英译学术论文中精选的。这些文章一问世，受到了广大藏学研究者的极大欢迎。不少译文被学术杂志转载或作为重要参考资料所引用。其中包括介绍苯教信仰的产生、雍仲苯教的创始人、教义教规、佛苯两大教派之间相互影响与融合的过程以及古老的佛苯两教在形成藏传佛教中所产生的影响，乃至佛苯两教对整体藏文化的进程中所产生的巨大影响等大家广泛关注的藏学研究课题进行了分析和梳理的文章《论西藏的苯教与佛苯两教的关系》；有对五世达赖喇嘛罗桑嘉措的生平、施政和设立宗教教礼教轨问题，以及绘制在布达拉红宫里的壁画年代与内容，绘制目的和画中人物识别等方面作了研究的《略考布达拉红宫里的壁画》；有介绍14世纪西藏著名伏藏师多杰林巴在不丹的掘经，发现法器并在此建立佛教胜迹和传法的历史，以及他在今天不丹人的宗教信仰和社会生活方面的重要影响方面进行研究的文章《伏藏师多杰林巴与藏传佛教在不丹的传播》；有探究西藏古老的棋类之一围棋的历史，介绍藏族围棋的发展与现状的文章《探藏族围棋》和《围棋在世界屋脊》；有介绍至今仍然流行于喜马拉雅山区藏族社区的山神祭拜、头领选任、农牧生产和日常生活以及各种节假日里举行的盛大宗教仪式的文章《山神、祖先的姓氏及神圣的武器》。此文分析了流行于珠峰一带的一年一度的宗教祭祀的源流、规模及其与生产生活的关系等问题。有介绍西藏霍尔三十九族部落的历史、社会制度、宗教信仰、民俗以及历代中央政府和西藏地方政府如何管理这一地区的文章《羌塘霍尔三十九族历史文化沿革》;还有介绍国外学者萨法热撰写的英译文《意大利所藏杜齐梵文贝叶经写本图片分类与编目工程》和奥地利樊学家斯坦可内尔写的译文章《如何保护和利用西藏珍藏梵文贝叶经写本》,这两篇文章分别介绍和讨论了意大利藏学家杜齐在上世纪 40 年代在藏考察贝叶经写本,对杜齐留下的大量来自西藏的贝叶经写本图片进行分类和编目的情况和从一位资深梵文学者角度谈如何保护目前收藏于西藏自治区境内的梵文贝叶经写本和怎样利用好不久前印制的梵文贝叶经影印版等亟待解决的问题。

西藏经过半个多世纪的革命和建设,已经发生了翻天覆地的巨变。现在的西藏,社会事业、人民生活水平发展程度令世人瞩目。哲学社会科学和藏学研究者作为西藏发展与稳定的推动者和参与者,肩负着重要的历史使命。以自己研究成果,服务于西藏经济长足发展和社会的长治久安是应尽的责任。

愿这部书出版后能够引起专家学者的关注,并对推动我区哲学社会科学和藏学研究事业发展起到积极作用。

西藏自治区社会科学院贝叶经研究所
德康·索朗曲杰
2015.10.15

དཀར་ཆག

目 录

བོད་ཀྱི་གནའ་བོའི་རྡོ་རིང་གི་ཡི་གེ་དང་རྡོ་བརྐོས་ཡི་གེ་དྲིལ་བུའི་ཁ་བྱང་བཅས་ཀྱི་གསར་འགྲེལ་བཞུགས་སོ། །吐蕃时期石碑铭文新解 …………（1）

གནའ་བོའི་བོད་ཀྱི་བང་སོ་དང་དུས་རབས་བརྒྱད་པ་དང་དགུ་པའི་སྐབས་ཀྱི་བོད་ཀྱི་རྒྱན་རིས་སྒྱུ་རྩལ་སྐོར་གླེང་བ།

古代西藏石碑及七世纪装饰艺术 ……………………………（19）

བོད་སྐད་ནང་འདྲེས་པའི་ཕྱི་སྐད་མིང་ཚིག་སྐོར་དང་དེ་དག་དང་འབྲེལ་བའི་རིག་གནས་སྣང་ཚུལ་སོགས་ལ་དཔྱད་པ།

谈藏语中的介词与相关的文化问题 …………………………（45）

བོད་ཀྱི་ཡུལ་སྲོལ་གོམས་གཤིས་དང་བོད་མིའི་སྲོལ་རྒྱུན་ལྟ་སྤྱོད་ཀྱི་དཔྱད་གཏམ་ཏིག་ཏའི་རིལ་བུ།

从传统观念和习俗看西藏传统社会 …………………………（66）

ར་སྒྲེང་ཧོ་ཐོག་ཐུ་འཇམ་དཔལ་ཡེ་ཤེས་བསྟན་པའི་རྒྱལ་མཚན་མཆོག་གི་མཛད་རྣམ་ཐོར་བུ།

第五世热振活佛江白益西单巴坚赞转略 ……………………（90）

བོད་ཀྱི་ཡི་གེའི་འབྱུང་ཁུངས་དང་འཕེལ་རྒྱས་སྐོར་གླེང་བ།

考述藏文的起源 ………………………………………………（103）

ཙན་ལྷ་ཞེས་པའི་དཔེ་རྙིང་ལས་འཕྲོས་པའི་བོད་ཀྱི་རྒྱལ་པོ་གཉའ་ཁྲི་བཙན་པོའི་འབྱུང་ཁུངས་དང་འབྲེལ་བའི་གཏམ་རྒྱུད་སྐོར་ལ་དཔྱད་པ།

论述苯教古老文献五部史册 …………………………………（115）

ཞང་ཞུང་གི་རིག་གནས་སྐད་རིགས་དང་དེ་དང་འབྲེལ་བའི་ཧི་མ་ལ་ཡའི་རི་རྒྱུད་ཀྱི་མི་རིགས་ཁག་གི་རིག་གནས་དང་སྐད་ལ་དཔྱད་པ།

象雄语与喜马拉雅周边地区语言文化比较研究 ……………（153）

བོད་ཀྱི་གནའ་བོའི་ཆོས་ལུགས་བོན་དང་བན་བོན་གཉིས་བར་དཔྱད་བསྡུར་བྱས་དོན་
སྐོར་རགས་ཙམ་གླེང་བ།
论西藏的苯教与佛苯两教的关系问题 …………………… (178)
བོད་ཀྱི་མིག་མངས་ལ་དཔྱད་པ།
西藏围棋考述 ………………………………………… (199)
བླ་དང་བླ་གཡུའི་སྐོར་དང་བོད་དུ་དར་བའི་བླ་བླུ་ཞེས་པའི་ཆོ་གའི་སྐོར་ལ་དཔྱད་པ།

试论西藏宗教中的灵魂概念与相关的宗教祭祀 …………… (218)
བོད་བཙན་པོའི་སྐབས་ཀྱི་ཆོས་ལུགས་རིག་གནས་དར་སྤེལ་བྱུང་ཚུལ་སྐོར་མདོར་
གླེང་།
论吐蕃时期宗教文化传播 ……………………………… (252)
བོན་གྱི་ལོ་རྒྱུས་དང་འབྲེལ་བའི་ཁྱིམ་རྒྱུད་དང་ལོ་རྒྱུས་མི་སྣ་འགའ་ཞིག་སྐོར་རོབ་
ཙམ་གླེང་བ།
略述与教史有关的几大苯教家族和历史人物 ……………… (275)
ཀོང་པོ་བོན་རིའི་སྐོར་དང་དེ་རྒྱུད་ཀྱི་གནའ་བོའི་ས་མིང་ལ་དཔྱད་པ།
工布本日山及其周边的古代地名考 ……………………… (298)
དབྱི་ཏ་ལིའི་བོད་རིག་པ་མཁས་ཅན་ཏུ་ཆེས་བོད་དུ་ཏ་ལའི་ལོ་མའི་དཔེ་ཆ་འཚོལ་
བསྡུ་དང་ཤོང་གི་རྒྱ་དཔེའི་མིང་ཐོ་རྣམས་དཀར་ཆག་ཏུ་བསྒྲིགས་ཚུལ་སྐོར་
ངོ་སྤྲོད་རགས་ཙམ་ཞུ་བ།
意大利所藏杜齐梵文贝叶经写本图片分类与编目工程介绍
……………………………………………………… (318)
རྩེ་པོ་ཏ་ལའི་ཕོ་བྲང་དམར་པོའི་ནང་བཞེངས་པའི་ལྡེབས་རིས་ལ་རགས་ཙམ་དཔྱད་
པ།
略考布达拉红宫里的壁画 ……………………………… (337)
ཉི་ཧོང་གི་མམ་ཕུ་ཁུ་ཅི་དགོན་དུ་ཉར་ཚགས་བྱས་པའི་གནའ་བོའི་ཁ་བཏགས་སྐོར་གྱི་
ཐོག་མའི་ངོ་སྤྲོད།

介绍收藏于日本国万寿寺的古老西藏哈达 ……………… (348)
བོད་ཀྱི་ཐུབ་པའི་ཆོས་ལུགས་ཀྱི་ཐང་གའི་ཁྲིད་ལས་བླ་བརྒྱུད་ཀྱི་ཞལ་ཐང་བཞེངས་ཚུལ་
དང་དེའི་སྒྲིག་གཞིའི་སྐོར་གླེང་བ།
论西藏唐卡画之上师传承画的内涵和风格 ……………… (358)
གཏེར་སྟོན་རྡོ་རྗེ་གླིང་པ་དང་ཁོང་གིས་འབྲུག་ཡུལ་ནས་གཏེར་ནས་བཞེས་པའི་གསེར་
ཐུར་སྐོར་གླེང་བ།
伏藏师坚林巴于藏传佛教在不丹的传播 ………………… (399)
བོན་ལུགས་ཀྱི་འཆམ་གསུམ་སྐོར་རགས་ཙམ་གླེང་བ།
介绍三种苯教宗教舞蹈 …………………………………… (425)
བོད་རང་སྐྱོང་ལྗོངས་སུ་ཉར་ཚགས་བྱས་པའི་ལེགས་སྦྱར་དཔེ་རྙིང་ལ་དོ་དམ་བྱ་ཐབས་
དང་དེར་རིག་ལམ་དཔྱད་ཐབས་ཀྱི་དཔྱད་ཞིབ་བྱ་ཚུལ་སྐོར་གླེང་བ།
谈如何保护和利用西藏珍藏梵文贝叶经写本的问题 ……… (435)
试论西藏社会文化变迁的得与失 ………………………… (456)
山神、祖先的姓氏及神圣的武器
——评位于中尼边境上的宗教圣地及其社会特征 …… (467)
桑顶·多杰帕姆活佛本生传记历代转世及桑顶寺简史 …… (479)
苯教高僧琼追·晋美南卡多杰及其在印度朝圣 …………… (492)
根敦群培与梵文贝叶经研究 ……………………………… (503)
论收藏于西藏布达拉宫的梵文贝叶经写本 ……………… (514)
罗睺罗与西藏梵文贝叶经写本 …………………………… (523)
挪威藏学家派尔克瓦那苯教研究的三篇新作 …………… (547)
围棋在世界屋脊 ………………………………………… (556)
蓝色布谷鸟的吟诵
——介绍九部苯教神话传说和祭祀仪轨文献 ……… (564)
མཇུག་བྱང་། ………………………………………… (575)
后记 …………………………………………………… (576)

༄༅། །བོད་ཀྱི་གནའ་བོའི་རྡོ་རིང་གི་ཡི་གེ་དང་རྡོ་བརྐོས་ཡི་གེ་ དྲིལ་བུའི་ཁ་བྱང་བཅས་ཀྱི་གསར་འགྲེལ་བཞུགས་སོ། །

吐蕃时期石碑铭文新解

[བརྡ་ཚད་གཙོ་བོ།] བཙན་པོའི་རྒྱལ་རབས། རྡོ་རིང་། རྡོ་བརྐོས་ཡི་གེ། དྲིལ་བུའི་ཁ་བྱང་།

[ནང་དོན་གནད་བསྡུས།] རྩོམ་ཡིག་འདིའི་ནང་དུ་བོད་བཙན་པོའི་སྐབས་སུ་བོད་དབུས་གཙང་གི་ཡུལ་དུ་བཞེངས་པའི་རྡོ་རིང་གི་ཡི་གེ་དང་། རྡོ་བརྐོས་ཡི་གེ། དྲིལ་བུའི་ཁ་བྱང་སོགས་ཀྱི་གནའ་ཡིག་ལ་དེང་སྐབས་ཀྱི་བོད་སྐད་དང་མཐུན་པའི་འགྲེལ་པ་བརྒྱབ་ཡོད།

【关键词】 吐蕃王朝;碑文;石刻文;铭文;藏文文献

【摘要】 吐蕃碑刻铭文等作为西藏古代政治、经济、文化、宗教、历史、艺术等研究的十分珍贵的实物资料,历来受到藏学界的关注和重视。文章对吐蕃王朝时期立于西藏拉萨等地的碑、石刻文铭文进行解读,并用现代藏语对其进行新的解释,为从事古代藏文和西藏历史的研究人员查阅和理解古老而深奥的藏文文献提供便利。

བོད་ལྗོངས་ས་ལའི་དབུས་སུ་བཞུགས་པའི་རྡོ་རིང་གི་ཡི་གེ་དང་། བྲག་བརྐོས་ཡི་གེ། དེ་བཞིན་དྲིལ་བུ་དང་ཅོང་བུའི་ཁ་བྱང་བཅས་ནི་བོད་བཙན་པོའི་རྒྱལ་རབས་སྐབས་ཏེ་དུས་རབས་བརྒྱད་པ་ནས་དགུ་པའི་བར་སྔ་རྗེས་སུ་བཞེངས་བརྐོས་བྱས་པ་ཞིག་ཡིན་ཞིང་། དེ་དག་ནི་སྐབས་དེའི་བོད་ཀྱི་བཙན་པོའི་རྒྱལ་རབས་ཀྱི་སྲིད་དབང་དང་། སྤྱི་ཚོགས་ཀྱི་གནས་སྟངས། ཆབ་སྲིད་དཔལ་འབྱོར། དམག་དོན། ཁྲིམས་ལུགས། ཐོན་སྐྱེད་ནུས་ཤུགས། རིག་གནས་དར་ཚུལ། དེ་བཞིན་བོད་ཀྱི་ཡུལ་གོམས་གཤིས་ལུགས་ལ་སོགས་ཕྱོགས་གང་ཅིར་ཞིབ་འཇུག་བྱ་རྒྱུར་ཉེ་ཞིང་མཁོ་བའི་དཔྱད་གཞི་རིན་ཐང་བྲལ་བ་འབའ་ཞིག་ཡིན་པ་ནི་ད་ལྟ་ཀུན་གྱི་མཁྱེན་ཚོད་ལགས། གཞན་ཡང་། རྡོ་རིང་གི་ཡི་གེ་དང་། དྲིལ་བུའི་ཁ་བྱང་། བྲག་བརྐོས་ཡི་གེ་དེ་རིགས་ནི་གནའ་རབས་ཀྱི་བོད་མིའི་སྐད་ལུགས་དང་ཡིག་སྲོལ་བཅས་ཀྱི་ལམ་ནས་བྲིས་པ་ཞིག་ཡིན་པས་ན། ཕྱི་རབས་ཀྱི་ཞིབ་འཇུག་པ་རྣམས་ཀྱིས་དེ་དག་ལ་ལྟ་

སློག་གནང་རྒྱུ་དང་། ལྷག་པར་དུ་དེའི་གོ་དོན་དག་འགལ་འཛོལ་མེད་པར་ཇི་བཞིན་རྟོགས་པར་བྱེད་པ་ལ་ངལ་བ་མི་ཉུང་བ་ཞིག་ཕྲད་དང་འཕྲད་བཞིན་ཡོད་པ་གོར་མ་ཆག དེ་ལ་དམིགས་ནས་ཕོ་བོས་གཤམ་དུ་རང་གི་ཤེས་བྱ་རིག་པའི་རྩལ་གྱིས་གང་དཔོག་གིས་རྗོ་རིང་ལ་སོགས་པའི་གནའ་ཡིག་ལ་འགྲེལ་ཚུལ་གསར་དུ་བྱས་ཡོད་པ་འདི་ལ་ནོངས་འགལ་གྱི་སྐྱོན་ཆ་ཅི་ཡང་མཆིས་སྲིད་ན་ཞིབ་འཇུག་ལ་སྤྲོ་བའི་གཟུར་གནས་སྐྱེ་བོ་རྣམས་ནས་སྐྱོན་བརྗོད་ཡོ་བསྲང་གནང་བའི་རེ་བ་ཡོད། འདིར་ཡིག་རྗོབས་ལ་འཇིགས་ནས་རྗོ་རིང་དང་དྲིལ་བུ་ལ་སོགས་པར་བཀོས་པའི་མ་ཡིག་དངོས་དྲངས་མེད་དོ། །

དང་པོ། ལྷ་ས་གཙུག་ལག་ཁང་མདུན་གྱི་རྗོ་རིང་གི་ཡི་གེའི་འགྲེལ་པ།

༡. བོད་ཀྱི་རྒྱལ་པོ་ཆེན་པོ་སྤྲུལ་པའི་ལྷ་བཙན་པོ་དང་། རྒྱའི་རྒྱལ་པོ་ཆེན་པོ་རྒྱ་རྗེ་ཧྭང་ཏེ་དབོན་ཞང་གཉིས་ནས་རྒྱ་བོད་གཉིས་ཁྲིམས་གཞི་གཅིག་ལྟར་ཞི་བདེ་མཉམ་གནས་བྱ་རྒྱུའི་དགོངས་དོན་གཅིག་ཏུ་མོལ་ནས་འདུམ་སྒྲིག་གི་གནའ་ཆིངས་བཞག་པ་འདི་བཞིན་ནམ་ཡང་འགྱུར་བ་མེད་པར་ལྷ་མི་ཀུན་ནས་དཔང་པོ་བྱེད་དགོས་པ་དང་། མི་རབས་ནས་མི་རབས་བར་དེ་དོན་ར་འཕྲོད་བྱ་རྒྱུ་ཡོད་པའི་ཕྱིར། མཐུན་འདུམ་ཐོག་བཞག་པའི་མནའ་ཚིག་རྣམས་རྗོ་རིང་ལ་བྲིས་པའོ། །

སྤྲུལ་པའི་ལྷ་བཙན་པོ་ཁྲི་གཙུག་ལྡེ་བཙན་དང་རྒྱ་རྗེ་ཝན་ཝུ་ཧེའུ་ཏིག་ཧྭང་ཏེ་དབོན་ཞང་གཉིས་ཀྱིས་དགོངས་པ་གཟབ་བཞེས་དང་བློ་རྒྱ་ཡངས་པོའི་ཐོག་ནས་རང་སོ་སོའི་ཡུལ་གྱི་གནས་སྐབས་དང་ཡུན་ཕུགས་ཀྱི་བཟང་ངན་ཇི་ཡོད་ཕོ་ནར་མི་ལྟོས་པར་ཐུགས་རྗེ་ཆེན་པོས་ཕྱི་ནང་དབྱེར་མེད་ཀྱི་སྐྱེ་བོ་ཀུན་ལ་བདེ་སྐྱིད་ཐོབ་པར་མཛད་རྒྱུའི་དགོངས་པ་གཅིག་ཏུ་མཐུན་ཞིང་། ཡུན་རིང་པོར་ཕན་པའི་དོན་ཆེན་ལ་བཀའ་གྲོས་མཐུན་ཏེ། གཉེན་སྙིང་པའི་སྐབས་ཀྱི་ཕན་ཚུན་བཀུར་སྟི་བྱེད་ཚུལ་དང་དེ་སྔའི་ཁྲིམས་མཚེས་ལྟར་མཛའ་ཞིང་མཐུན་པའི་ཚུལ་ཡང་སླར་གསོ་གནང་རྒྱུའི་དགོངས་པ་མོལ་ནས་མཐུན་འདུམ་མཛད་པ་དང་། བོད་རྒྱ་གཉིས་ཀས་ད་ཡོད་སོ་སོར་མངའ་བའི་ཡུལ་དང་མཐའ་མཚམས་བསྲུང་དགོས་པ་དང་། དེའི་ཤར་ཕྱོགས་ཞེས་པ་ཤར་སློ་ཏུའི་(སྐབས་དེར་དེ་ལ་ཡང་རྗོ་རིང་གཅིག་བཙུགས་སྐད།) ཤར་ཕྱོགས་ཕན་ཆད་རྒྱ་ཆེན་པོའི་མངའ་འོག་ཏུ་གཏོགས་པ་དང་། དེའི་ནུབ་ཕྱོགས་ཀྱི་ས་ཆ

རྣམས་ནི་བོད་ཆེན་པོའི་མངའ་ཐང་དུ་གཏོགས་པ་ཡིན། རྒྱ་བོད་གཉིས་ཀས་དེའི་མཚམས་ལས་བརྒལ་ཏེ་དམག་མི་འདྲེན་ལ་དྲག་འཐབ་བྱེད་རྒྱུ་མེད་པ་དང་། གལ་ཏེ་ཕན་ཚུལ་གཉིས་ཀའི་ཡུལ་མི་དེ་དོན་མི་ཤེས་པར་མཐའ་མཚམས་བརྒལ་བཞིན་འགྲོ་འོང་བྱེད་མཁན་ཡོད་ཚེ། མི་དེ་ཉིད་བཟུང་ཞིང་འདྲི་རྩད་བྱས་རྗེས་གཞི་ནས་སློད་བཀྲོལ་གཏོང་དགོས་པ་ཡིན། ད་ལྟ་དགོངས་གཞི་གཅིག་ཏུ་མཐུན་ཅིང་འདུམ་སྒྲིག་ཆེན་པོ་འདི་ལྟར་མཛད་པ་དང་། དབོན་ཞང་མཐུན་ཅིང་དགྱེས་པའི་གཏམ་འཕྲིན་ཡུལ་གྲུ་ཀུན་དུ་བསྒྲགས་དགོས། ཕན་ཚུན་པོ་ཉ་གཏོང་བའི་ཚུལ་ཡང་སྔར་གྱི་ལམ་སྲོལ་ལྟར་བྱེད་ལ། བོད་རྒྱ་གཉིས་ཀྱི་པོ་ཉས་ཅང་ཀུན་ཡུས་ཞེས་པའི་ས་ཆར་བསྙོན་ཧ་བརྗེ་རེས་བྱེད་རྒྱུ་དང་། རྩེ་ཁྲུང་ཆེན་ཞེས་པའི་རྒྱའི་ས་མཚམས་མན་ཆད་དུ་དབོན་རིགས་པོ་ཉ་ལོགས་སར་རྒྱ་ཕྱོགས་ནས་སྣེ་ལེན་ཞུ་དགོས་པ་དང་། ཆེན་ཧྥུའི་ཞན་ཞེས་པའི་བོད་ཀྱི་ས་མཚམས་ཡན་ཆད་དུ་བོད་ཕྱོགས་ནས་སྣེ་ལེན་ཞུ་རྒྱུ་བྱས། དབོན་ཞང་ཉེ་ཞིང་གཉེན་པའི་སྲོལ་བཞིན་བསྙེན་བཀུར་གུས་ཞབས་བྱེད་པའི་ལུགས་བཟང་སྔར་ཡང་གསོས་ཤིང་འཕེལ་བར་བྱས་པ་བཅས་ཕྱིན་ཆད་བོད་རྒྱ་ཡུལ་གཉིས་ཀྱི་དབར་ལ་འཁྲུག་ཟིང་མི་ཡོང་བ་དང་། སློ་བུར་དུ་བཙན་འཛུལ་བྱེད་པ་དང་དགྲའི་མིང་ཞེས་པ་དེ་ཡང་ཕན་ཚུན་གྲགས་རྒྱུ་མེད་པ་བྱས་ཐོག་ས་མཚམས་སྲུང་བའི་ཕན་ཚུན་གྱི་སྐྱེ་བོ་ཐམས་ཅད་དོགས་ཟོན་དང་འཇིགས་སྣང་དང་བྲལ་བར་རང་ས་རང་གནས་ཐོག་བློ་བདེ་བག་ཕེབས་སུ་འཚོད་ཅིང་། སྐྱིད་པའི་བཀའ་དྲིན་ནི་མི་རབས་ནས་མི་རབས་བར་ཐོབ་པར་སྨོན། སྙན་པའི་གྲགས་པ་ཉི་ཟླས་སླེབས་སོ་ཅོག་ཚང་མར་ཁྱབ་ཏེ། བོད་འབངས་བོད་ཡུལ་ན་སྐྱིད་ཅིང་རྒྱ་འབངས་རྒྱ་ཡུལ་ན་སྐྱིད་པའི་དགོངས་པ་ཟབ་མོས་བརྒྱན་ནས་བཞེངས་པའི་རྗེ་རིང་གི་མནའ་ཆིངས་འདི་བཞིན་ནམ་ཡང་མི་འགྱུར་བར་དཀོན་མཆོག་གསུམ་དང་། འཕགས་པ་རྣམས། དེ་བཞིན་ཉི་ཟླ་གཟའ་སྐར་དང་བཅས་པ་ཡང་དཔང་དུ་བཙུགས་ཏེ་ཆིངས་ཡིག་ལ་མཐའ་མའི་གསལ་བསྒྲགས་བྱས་པ་དང་། སྲོག་ཆགས་བསད་དེ་མནའ་ཡང་བོར་ནས་མནའ་མཐུན་གྱི་ཆིངས་ཡིག་འདི་བཞག་པའོ། །

བོད་རྒྱ་གཉིས་ལས་སུས་ཐོག་མར་ཆིངས་ཡིག་ལག་བསྟར་མི་བྱ་བར་གཏོར་བཤིག་བཏང་ན་ཅིག་ཤོས་དེས་དེ་ལ་རྟུང་རྩིག་དང་འཁོན་ལན་ཇི་ལྟར་སྤྲད་ཀྱང་དེ་ནི་མནའ་ཆིངས་བཤིག་པའི་དོན་ལ་མི་བརྩིའོ། །འདི་ལྟར་བོད་རྒྱ་གཉིས་ཀའི་རྗེ་བློན་རྣམས་ནས་མནའ་སྐྱལ་

དམ་བཅས་གནང་བའི་མནའ་ཚིག་རྣམས་ཞིབ་མོའི་ཡི་གེར་བཀོས་བྲིས་ཀྱིས་རྒྱལ་པོ་ཆེན་པོ་གཉིས་ཀྱི་ཕྱག་རྒྱས་བཏབ། བློན་པོ་མནའ་ཚིངས་འཛོག་མཁན་གྱི་ཁོངས་ལ་གཏོགས་པ་རྣམས་ཀྱིས་སོ་སོའི་མཚན་རྟགས་བཀོད་ཅིང་། མནའ་འབྲེལ་ཚིངས་ཡིག་འདིའི་མ་ཡིག་རེ་རེ་ཡང་ཕྱོགས་སོ་སོའི་བང་མཛོད་དུ་བཞག་གོ།

༢. སྤྲུལ་པའི་ལྷ་བཙན་པོ་ཁྲི་གཙུག་ལྡེ་བཙན་དང་རྒྱ་ཡི་རྒྱལ་པོ་ལྷུན་ལྷུ་རྗེའུ་ཏིག་ཧྭང་ཏི་རྣམ་གཉིས་ཆབ་སྲིད་ཀྱི་དགོངས་གཞི་གཅིག་ཏུ་མཐུན་ནས་འདུམ་སྒྲིག་བྱས་རྗེས་ཀྱི་རྣམ་པ་དང་འབྲེལ་བའི་ཚུལ་ཇི་ལྟ་ཡིན་པ་དང་། མཇལ་འདུམ་མཛད་པའི་མནའ་ཚིག་སྙིང་པོ་རྫོ་རིང་ལ་བཀོས་པ།

སྤྲུལ་པའི་ལྷ་བཙན་པོ་འོ་ལྡེ་སྤུ་རྒྱལ་ལམ་གཉའ་ཁྲི་བཙན་པོ་ཞེས་པ་དེས་ཡུལ་ཐམས་ཅད་དབང་དུ་བསྡུས་ཤིང་ས་ཡི་བདག་པོའི་ངོས་ནས་བོད་མིའི་རྗེ་བོ་སྟེ་བོད་ཆེན་པོའི་རྒྱལ་པོ་ཆེན་པོ་མཛད་པ་དེ་ཡང་། ཐོག་མ་གནམ་གྱི་ལྷ་ལས། གངས་རི་མཐོ་པོའི་དབུས་སུ་གནས་པ་དང་། ཆུ་བོ་ཐམས་ཅད་ཀྱི་ཆུ་འགོ ཡུལ་མཐོ་ཞིང་ས་གཙང་བའི་ཁྲོད་དུ་གནས་ཤིང་འཚོ་བའི་བོད་མིའི་རྗེ་བོར་གཤེགས་ཏེ་ཤེས་སྟོབས་ཆེན་པོས་མངའ་ཐང་ཡུན་རིང་བརྟན་པའི་སྲིད་དབང་བཙུགས་པ་དང་། ཆོས་ཁྲིམས་བཟང་པོས་ནི་སྲིད་དབང་ཚུལ་བཞིན་བསྐྱངས། བྱམས་བརྩེའི་བཀའ་དྲིན་གྱིས་མངའ་འབངས་ལེགས་པར་བསྐྱངས། དམག་རྩུས་ལ་མཁས་པས་ཕྱི་དགྲ་བཏུལ་ཏེ་མངའ་ཐང་སྲིད་དབང་དེ་བས་དར་ཞིང་བསྐྱེད། སྐུ་དབང་ཐུར་བས་བཙན་པ་ནམ་ཡང་མི་འགྱུར་ཞིང་། གཟི་བྱིན་རབ་ཏུ་འབར་བའི་རྟག་བརྟན་རྒྱལ་པོ་ཆེན་པོ་ཡིན་པས་ན། ལྷོ་ཕྱོགས་ཀྱི་མོན་དང་། རྒྱ་གར། ནུབ་ཕྱོགས་ཀྱི་སྟག་གཟིག བྱང་ཕྱོགས་ཀྱི་གྲུ་གུ་དང་ནེ་སྨེལ་ལ་སོགས་པར་རྒྱལ་པོ་འདི་པས་བཀའ་ཁྲིམས་ཕབ་ན་ར་བྱ་བ་ཞེས་སྐད་སྙིང་མཁྲེགས་བཟུང་བྱ་མཁན་ཇི་འདྲ་ཞིག་ཡིན་ནའང་། སྤྲུལ་པའི་ལྷ་བཙན་པོའི་དྲག་ཤུགས་དང་ངར་ཤེད་ལ་གུས་བཀུར་མི་བྱ་མཁན་མེད་ལ། ཕན་ཚུན་མཐུན་ཞིང་བཀའ་གསུང་ཅི་སྒྲུབ་ཞུ་བ་ཡིན། ཤར་ཕྱོགས་ནི་རྒྱ་ཡི་ཡུལ་ཡིན་ཞིང་དེའི་རྒྱལ་པོ་དང་ཁབ་ནི་ཤར་རྒྱ་མཚོ་ཆེན་པོའི་ནང་ཉི་མ་ཤར་སའི་ཉེ་མཚམས་ན་ཡོད་པ་དང་། དེ་ནི་ལྷོ་བལ་ལ་སོགས་པའི་རྒྱལ་ཕྲན་གཞན་དང་མི་འདྲ་བར་ཆོས་སྲིད་དར་ཞིང་རྒྱས། ཤེས་རིག་ཀྱང་དར་གསོ་ཆེ་བས་བོད་ཀྱི་དོ་ཟླར་འགྲན་ནུས་པ་ཡིན། དེ་ཏུ་དང་པོ་རྒྱ་རྗེ་ཏུས་མིང་ལི་ཞེས་པ

རྒྱལ་སར་བཞུགས་པ་དེས་ཐང་རྒྱལ་རབས་ཀྱི་སྲིད་དབང་ལོ་ཉི་ཤུ་རྩ་གསུམ་བསྐྱངས། རྒྱལ་རབས་གཅིག་གི་འོག་ཏུ་ཞེས་རྒྱལ་པོ་འདི་པའི་སྐབས་སུ་སྤྲུལ་པའི་ལྷ་བཙན་པོ་སྲོང་བཙན་སྒམ་པོ་དང་། རྒྱ་རྗེ་ཐའི་ཙུང་ལྷུན་ལྷུ་ཞེས་པའི་ཧྭང་ཏེ་རྣམ་གཉིས་དགོངས་གཞི་གཅིག་ཏུ་མོལ་ནས་ཀྲེན་ཀོན་གྱི་ལོ་ལ་ཝུན་ཤིང་ཀོང་ཇོ་བཙན་པོ་སྲོང་བཙན་སྒམ་པོའི་བཙུན་མོར་བསུས་པ་དང་། དེ་ཕྱིས་སུ་སྤྲུལ་པའི་ལྷ་བཙན་པོ་ཁྲི་ལྡེ་གཙུག་བཙན་དང་རྒྱ་རྗེ་སམ་ལང་ཁའི་འགྭན་ཤིང་ལྷུན་ཤིན་ལྷུ་ཧྭ་ཏེ་རྣམ་གཉིས་གཉེན་ཐོག་གཉེན་བརྗེགས་གནང་རྒྱུའི་དགོངས་པ་གཅིག་ཏུ་མོལ་ཏེ་ཀེང་ལུང་ཞེས་པའི་ལོ་ལ་ཀྱིམ་ཤིང་ཀོང་ཇོ་བཙན་པོ་ཁྲི་ལྡེ་གཙུག་བཙན་གྱི་བཙུན་མོར་བསུས་པས་རྒྱ་བོད་ཀྱི་རྒྱལ་པོ་གཉིས་དབོན་ཞང་དུ་གྱུར་ཞིང་མཐུན་པར་བྱུང་། བར་སྐབས་ཤིག་ཕན་ཚུན་གཉིས་ཀའི་བློན་པོས་གནོད་འཚེ་འབྲུག་རྐྱེན་སྣེ་སློང་ཇི་ལྟར་བྱས་ཡོད་ནའང་། གཉེན་པའི་དབོན་ཞང་གཉིས་ལས་སུ་ཞིག་ཇ་དྲག་གི་གནས་ཚུལ་དང་ཐུག་ཚེ། གཅིག་ཤོས་དེས་དམག་གཏོང་རོགས་ཕན་བྱེད་པ་དང་། ཕན་ཚུན་ཐུགས་དགོངས་མ་དག་པ་ཅི་རིགས་བྱུང་ནའང་དཀའ་མཐུན་གྱི་སྲོལ་རྒྱུན་མ་ཆད་པར་སྐྱེད་བསྲིང་བྱས་པ་བཅས་རྒྱ་བོད་དབར་འདི་ལྟའི་ཉེ་ཞིང་གཉེན་པ་ཡིན་བཞིན་འགྱུར་མེད་དུ་ན། དབོན་ཞང་གི་འབྲེལ་བའི་ཚུལ་དེ་ཁོ་ན་འཛིན་རྒྱུའི་དགོངས་པ་ཐུགས་ལ་གཡུང་དྲུང་དུ་འཁྲུངས། བཙན་པོ་ཡབ་ལྷའི་སྤྲུལ་པ་ཁྲི་ལྡེ་སྲོང་བཙན་གྱི་ཞལ་སྔ་ནས། བློ་རྒྱ་ཡངས་ཤིང་ཟབ་མོས་ཆོས་སྲིད་གཉིས་མཁས་ཤིང་གསལ་བའི་ངང་བསྐྱངས་པ་དང་། བྱམས་པའི་བཀའ་དྲིན་ནི་ཕྱི་ནང་དབྱེ་བ་མེད་པར་ཕྱོགས་བཞི་མཚམས་བརྒྱད་དུ་ཁྱབ་པར་མཛད། མཐའ་བཞིའི་རྒྱལ་པོ་ཀུན་དང་མཇལ་ཞིང་འདུམ་པར་མཛད་པ་ན་རྒྱ་དང་ནི་ལྷ་ཅི་སྨོས། རྒྱ་དང་ནི་གཉེན་ཐོག་གཉེན་བརྗེགས་དང་ཡུལ་ཁྱིམ་མཚེས་ཀྱང་ཡིན་པས་དེ་བས་དགོངས་གྲོས་གཅིག་ཏུ་མཐུན། དེ་ནས་དབོན་ཞང་ཕན་ཚུན་དགོངས་གཞི་མཐུན་ནས་བཙན་པོ་ཁྲི་ལྡེ་སྲོང་བཙན་དང་རྒྱ་རྗེ་ཞིང་ཤིན་ལྷུན་ལྷུ་ཧྭང་ཏེ་རྣམ་གཉིས་མཇལ་འདུམ་གནང་སྟེ་སྔོན་གྱི་འཁོན་འཛིན་འཆང་མེད་ཁར་སླར་ཡང་མཛའ་མཐུན་གསར་པ་བཙུགས་ནས་སྔར་སྲོལ་རྒྱུན་མཐུད་གནང་ངོ་། །

བཙན་པོ་དབོན་གྱི་སྐུ་ཚེ་གཅིག་དང་རྒྱ་རྗེ་ཞང་པོ་གདུང་རབས་གསུམ་གྱི་བར་དུ་རྒྱ་བོད་གཉིས་འཁོན་པའི་སྐད་ཀ་ནི་མ་བྱུང་། ཕན་ཚུན་དགེས་པའི་སྲི་ཞུ་ནི་སྨྲ། ཕན་ཚུན་

གཉིས་ཀས་ཕོ་ཉར་བརྫི་མཐོང་དང་གཅེས་པར་འཛིན་པ་ལས་བཀའ་འཕྲིན་སྐྱེལ་བ་དང་འབུལ་ནོར་བཟང་པོ་འབུལ་རེས་ཀྱིས་ཕན་ཚུན་འགྲོ་འོང་བྱེད་པ་ཡིན་ཡང་། འདི་ལྟའི་མཛལ་ཞིང་འདུམ་སྒྲིག་ཆེན་པོ་མཛད་ནས་མཐའ་ཚིག་རྡོ་རིང་ལ་བཞེངས་པ་ལྟ་བུ་བྱུང་མྱོང་མེད་ལ། དཔོན་ཞང་གཉིས་མཐུན་ནས་ཡུན་རིང་མ་སོང་བར་ཐུགས་དགོངས་འཁྲུགས་ཤིང་། ཕན་ཚུན་དབར་སྦྱར་གྱི་འཁོན་རྙིང་པ་འགའ་ཞིག་གི་རྡོགས་པའི་རྐྱེན་དང་། ཕན་ཚུན་ཕྲག་དོག་བྱས་པ་བཅས་ལས་སྤྱི་ལ་སྨན་པའི་སྐུ་དོན་མང་དག་ཅིག་ནར་འགྱངས་ཤ་སྟག་ཏུ་གྱུར་བ་དང་། ཕན་ཚུན་གཉིས་དགྲར་ལངས་ནས་དམག་ཤུགས་དྲག་པོའི་འཐབ་ལས་མ་བྱེད་ཐབས་མེད་བྱུང་བ་ལས་བོད་རྒྱ་གཉིས་སྔོན་གཉེན་ཉེ་ཡིན་པ་དགྲ་བོའི་ཚུལ་དུ་འགྱུར་ཉེན་ཡོད་ནའང་། སླར་ཡང་ཉེ་ཞིང་གཉེན་པ་བྱེད་ཕྱིར་སྤྲུལ་པའི་ལྷ་བཙན་པོ་ཁྲི་གཙུག་ལྡེ་བཙན་མཆོག་མཁྱེན་རྒྱ་ཡངས་ཤིང་མཛངས་པ་དང་། སྐུ་ཡི་སྤྱོད་པ་ནི་ཡ་རབས་ལྷ་ཡི་ཚུལ་དང་ལྡན་པ། བཀྲ་ཤིས་ཆེན་པོས་ཕྱི་ནང་གཉིས་ཀའི་མངའ་འབངས་རྣམས་བཏང་སྙོམས་སུ་སྐྱོང་བ། དབུ་འཕང་མཐོ་ལ་བཀའ་ལུང་བཙན་པ་དེ་དང་རྒྱ་རྗེ་ཤྲུན་ཤྲུ་ཧེའུ་ཏིག་ཧྭང་ཏེ་དཔོན་ཞང་ལྷན་གཉིས་མཛངས་པའི་དགོངས་པ་མཐུན་པར་བྱེད་པ་ལ་མོལ་ཞིང་། བོད་རྒྱ་གཉིས་ཀའི་བསམ་འདུན་དང་ཁེ་ཕན་ནི་གཉིས་སུ་མེད་པ་སྟེ། རབས་ཁྲིར་བདེ་ཞིང་སྐྱིད་པ་ཡོང་ཕྱིར་འདུམ་འགྲིག་ཆེན་པོ་མཛད་ཅིང་། རྒྱ་ཡི་ཡུལ་དུ་ཡུལ་མིང་ཀོང་ཤི་ཞེས་པའི་ནུབ་ངོས་ཤིག་སང་སིའི་ཞེས་པའི་འདབས་སུ་བོད་ཆེན་པོའི་ལོའི་མིང་སྐྱིད་རྟག་ལོ་བདུན་པ་དང་། རྒྱ་ཆེན་པོའི་ལོའི་མིང་ཅང་ཀེང་ལོ་དང་པོ་ལྕགས་མོ་གླང་གི་ལོའི་དཔྱིད་ཟླ་ར་བའི་ཚེས་བཅུའི་ཉིན་མོར་མཐའ་སྟེགས་སུ་འཛོགས་ནས་རྒྱ་ཡིས་གཙོ་བྱས་ནས་མཐའ་ཆིངས་བཞག་པ་དང་། བོད་ཀྱི་ཡུལ་དུ་ནི་ལྷ་སའི་ཤར་ཕྱོགས་ཀྱི་གནས་སྦྲ་སྟོད་ཚལ་ཞེས་སུ་བོད་ཆེན་པོའི་ལོའི་མིང་སྐྱིད་རྟག་ལོ་བརྒྱད་པ་དང་། རྒྱ་ཆེན་པོའི་ལོའི་མིང་ཅང་ཀེང་ལོ་གཉིས་པའི་ཆུ་ཕོ་སྟག་གི་ལོའི་དབྱར་ཟླ་འབྲིང་པོའི་ཚེས་དྲུག་གི་ཉིན་མོར་བོད་ཀྱིས་གཙོ་བྱས་ནས་མཐའ་ཆིངས་བཞག་གོ། གནའ་ཆིངས་ཀྱི་རྩ་དོན་རྣམས་རྡོ་རིང་ཐོག་བྲིས་པའི་དུས་ཚོད་ནི་ཆུ་མོ་ཡོས་ཀྱི་ལོའི་དཔྱིད་ཟླ་འབྲིང་པོའི་ཚེས་བཅུ་བཞིའི་ཉིན་མོར་ཡིན་ནོ། །རྡོ་རིང་འདིའི་སྲུང་བྱའམ་འགྲེལ་བཤད་བྱེད་མཁན་ཡང་རྒྱའི་ཕོ་ཉ་འཇུ་ཤིའུ་ཞང་ཤིན་ཞེས་པའི་གོ་གནས་ཡོད་པ་དོ་ཅེའི་དང་། ཅན་ཤན་དེ་ཤུ་ཞེས་པའི་གོ་གནས་ཡོད་པ་ཀུ་ལ་སོགས་པས་བྱས་སོ། །གནའ་

ཚིངས་ཀྱི་དོན་ཚན་རྣམས་བཀོས་པའི་རྫོ་རིང་འདི་འདྲ་བ་གཅིག་རྒྱའི་ཡུལ་ཀོང་ཤིར་ཡང་བརྩུགས་སོ། །

གཉིས་པ། ཞོལ་རྫོ་རིང་ཕྱི་མའི་ཡི་གེའི་འགྲེལ་པ།

སློབ་པོ་སྟག་སྒྲ་ཀླུ་ཁོང་ལ་བཙན་པོས་མནའ་བཞེས་ནས་ཞལ་བཞེས་གནང་བའི་ཡི་གེ་རྫོ་རིང་ལ་བྲིས་པ། བཙན་པོ་ཁྲི་སྲོང་ལྡེ་བཙན་གྱི་ཞལ་སྔ་ནས་སློབ་སྟག་སྒྲ་ཀླུ་ཁོང་གི་ཕ་ཚ་བུ་རྒྱུད་ལ་དངུལ་གྱི་ཡི་གེ་ཆེན་མོའི་གོ་གནས་ནམ་ཡང་མི་དབབ་པར་གནང་བའི་ཞལ་བཞེས་གནང་བ་དང་། བཙན་པོ་སྲས་དཔོན་དང་བཅས་པ་སྐུ་ཚེ་རེ་རེའི་ནང་བློ་གོང་གི་ཕ་ཚ་བུ་རྒྱུད་ཀྱི་ཚོགས་ནས་ནུང་བ་གཅིག་བཙན་པོའི་ཞབས་འབྲིང་གི་གྲས་ལས་ནང་འཁོར་གྱི་ཐོབ་ཐང་གོ་གནས་ཡན་ཆད་སྤྲད་ནས་བཙན་པོ་གང་དེ་གར་བཞུགས་ཀྱི་གནས་སུ་འགྲོ་འོང་བྱེད་ཆོག་པའི་བཀའ་ཡང་གནང་། བློ་གོང་གི་ཕ་ཚ་བུ་རྒྱུད་ཆོས་རྒྱལ་སྲིད་ལ་ཕན་ཇི་ཙམ་སྣན་པ་དེ་ཙམ་དུ་བཀས་བསྐུལ་ཞིང་བསྟོད་པ་ཡང་གནང་ངོ་། བློ་གོང་གི་ཕ་ཚ་བུ་རྒྱུད་ཀྱིས་བཙན་པོར་རྒྱབ་གཏོད་ངོ་ལོག་མ་བྱས་ན། ཉེས་པ་གཞན་ཅི་བསགས་ཀྱང་སྲོག་གཅོད་པའི་ཁྲིམས་ལ་མི་སྦྱོར་བར་ཉེས་པ་ཅན་དེ་ཉིད་གནས་དབྱུང་བཏང་རྗེས་བློ་གོང་གི་ཕ་ཚ་བུ་རྒྱུད་ཡིན་པ་ཞིག་དེའི་ཚབ་ཏུ་བཏོན་ནས་མུ་མཐུད་ཞབས་ཕྱི་ཞུ་དགོས་པའི་ཞལ་བཞེས་གནང་ངོ་། །བློ་གོང་གི་ཕ་ཚ་བུ་རྒྱུད་ལས་ལ་ལ་ཞིག་གི་རྒྱུད་པ་ཆད་ན་དེ་ལ་དབང་བའི་མངའ་ཐང་དང་། ནོར་ཕྱུགས་དང་བཅས་པ་གོང་ནས་མི་པཞེས་པར་ཕུ་ནུ་གང་ཉེ་བ་དེ་ཉིད་ལ་གནང་བའི་ཞལ་བཞེས་གནང་། སློབ་པོ་སྟག་སྒྲ་ཀླུ་ཁོང་གི་ཕ་ཚ་བུ་རྒྱུད་ཀྱི་གྲས་སུ་བཙན་པོས་ཞལ་བཞེས་གནང་བའི་ཡི་གེ་འཆང་བ་ཞིག་གི་ནུས་རྒྱུད་ཆད་པ་དང་ཡང་ན་བཀའ་ཁྲིམས་ཞོག་པ་བཅས་ནོངས་སྐྱོན་ཅི་རིགས་བྱུང་ནའང་དངུལ་གྱི་ཡི་གེ་གོང་དུ་མི་བཞེས་པར་དེ་སློབ་སྟག་སྒྲ་ཀླུ་ཁོང་དང་བློ་གོང་གི་བུ་ཚ་རྒྱུད་འཕེལ་གང་ཉེ་བ་གཅིག་ལ་གནང་བའི་ཞལ་བཞེས་གནང་། སློབ་སྟག་སྒྲ་ཀླུ་ཁོང་གི་ཕ་བློ་གོང་གི་ཕ་ཚ་བུ་རྒྱུད་རྣམས་ལ་ཞང་བློན་ཡི་གེ་པའི་ཐོབ་ཐང་གོ་གནས་འཛིན་ཆོག་པ་དང་། ཁྲིམ་དམག་སུམ་བརྒྱ་སྐོར་ཤར་སྒྲིག་བྱ་ཆོག་པའི་ཞལ་བཞེས་ཀྱང་གནང་། འཕན་ཡུལ་གྱི་སྐུ་སྲུང་དམག་གི་སྟོང་དཔོན་གྱི་གོ་གནས་ནི་གཞན་སུ་ཡང་མི་བསྐོ་བར་སློབ་སྟག་སྒྲ་ཀླུ་ཁོང་གི་མེས་པོ་གསས་སླེབས་ཀྱི་བུ་ཚ་རྒྱུད་འཕེལ་གྱི་གྲས་ལས་གང་འཛིན་

ཐང་ཆེ་བ་དང་དམངས་ཀྱི་འགོ་འདྲེན་ནུས་མཁན་ཞིག་འཛོག་པའི་ཞལ་བཞེས་ཡུན་དུ་གནང་ངོ་། །ངན་ལམ་གསས་སླེབས་ཀྱི་བུ་ཚ་རྒྱུད་འཕེལ་རྣམས་ཀྱང་སྡེའི་སྐུ་སྲུངས་སུ་བསྐོ་བཞག་གནང་བ་དང་སྤྲགས་སྡེ་དེ་པའི་མི་སེར་ནོར་ཕྱུགས་ལ་སོགས་པའང་ནམ་ཡང་མི་འགྱུར་བར་དབང་བའི་ཞལ་བཞེས་གནང་། ཟླ་གོང་གི་ཕ་ཚ་བུ་རྒྱུད་ཚོར་དབང་བའི་བྲན་གཡོག་དང་། ས་ཞིང་། འབྲོག་ར། ནགས་ཚལ། ནོར་ཕྱུགས་ལ་སོགས་གཞུང་བཞེས་མི་གཏོང་ལ། ཉུང་འཕྲི་མི་བྱ་བ། གཞན་གྱིས་ཧམ་འཕྲོག་བྱ་མི་ཆོག་པ། གལ་ཏེ་ཕོ་ཚོ་རང་ནས་བདག་གཉེར་བྱ་མི་ལོ་བའི་ས་ཞིང་ལ་སོགས་པ་ཡོད་ན་ཉེ་རིང་བཟང་ངན་ལ་མ་ལྟོས་པར་བརྗེ་པོ་སློག་ཆོག་པའི་ཞལ་བཞེས་གནང་བ་ཡིན། མི་ལ་ལ་ཞིག་གིས་སྔོན་གྱི་ཤ་འཁོན་ལེན་ཕྱིར་ཟླ་གོང་གི་ཕ་ཚ་བུ་རྒྱུད་ཀྱི་སྲོག་དང་དབང་ཐང་རྒྱུ་ནོར་བཅས་ལ་གནོད་འཚེ་བྱ་བའི་ཚེ་དེ་ལ་ཀློལ་པའི་རྒྱབ་རྟ་གོང་ས་བཙན་པོས་གནང་རྒྱུ་དང་། ཟླ་གོང་གི་བུ་ཚ་རྒྱུད་འཕེལ་རྣམས་ཀྱིས་བཙན་པོར་རྒྱབ་གཏོད་ངོ་ཀློལ་མ་བྱས་ན། གཞན་གྱིས་ཕྲ་མ་ཅི་བརྩུག་པ་གསན་པར་མི་བྱ་ཞིང་། དེ་ལ་ཀླན་ཀ་འཚོལ་བ་དང་བཀའ་བཀྱོན་མི་གནང་བའི་ཞལ་བཞེས་མཛད། ཟླ་གོང་གི་ཕ་ཚ་བུ་རྒྱུད་ཀྱི་གྲས་ལས་ལ་ལ་ཞིག་གིས་བཙན་པོར་རྒྱབ་གཏོད་ངོ་ཀློལ་བྱས་པ་བདེན་པར་བསྒྲུབ་ན་གང་དེའི་ཉེས་པ་ལ་གཞིགས་ནས་བཀའ་ཆད་གཅོད་པ་ལས། ཕུ་ནུ་གཞན་ལ་ཁྲིམས་ཆད་མི་གཅོད་ལ། ཁོང་ཚོའི་སྲོག་དང་མངའ་ཐང་སོགས་ལའང་གྱོང་གུན་མི་གཏོང་བའི་ཞལ་བཞེས་མཛད།

མདོར་ན་བློན་སྟག་སྒྲ་ཀླུ་ཁོང་གི་ཕ་ཟླ་གོང་གི་བུ་ཚ་རྒྱུད་འཕེལ་གྱི་སྲོག་དང་དབང་ཐང་གི་བདེ་འཇགས་ཕྱིར་ཐུགས་དགོངས་ཟབ་བཞེས་མཛད་དེ་བློན་སྟག་སྒྲ་ཀླུ་ཁོང་ལ་བཙན་པོས་ནང་བློན་ཆེན་མོ་དང་དམག་སྤྱི་ཆེན་མོའི་གོ་གནས་གནང་རྗེས། ཁོང་གིས་བཙན་པོས་བཀའ་འབེབས་གནང་བའི་བྱ་བ་ཅི་རིགས་ལ་དཀའ་ཀྲུ་ཕྲག་ཏུ་བསྣམས་བཞིན་ལེགས་སྒྲུབ་མཛད་པ་ལས་བོད་བཙན་པོའི་ཕྱི་ནང་ཆབ་སྲིད་འཕེལ་བ་དང་། མཐོ་དམན་ཀུན་ལ་དྲང་ཞིང་སྙོམས་པར་འཛིན་པ་བཅས་མགོ་ནག་བོད་མིའི་ཆབ་སྲིད་ལ་ཕན་པའི་བྱ་བ་ཡོད་དོ་ཅོག་ལེགས་པར་བསྒྲུབས་སོ། །

བཙན་པོ་ཁྲི་ལྡེ་གཙུག་བཙན་གྱི་སྐུ་རིང་ལ། བློན་པོ་ངན་ལམ་ཀླུ་ཁོང་གིས་ནི་ཁ་ཞེ་གཉིས་སུ་མེད་པར་རྗེ་ལས་སྲིད་དོན་རྣམས་བསྒྲུབས། འབལ་ལྟོང་ཙབ་དང་། ལང་མྱེས་

གཟིགས་གཉིས་ནས་སྔོན་ཆེན་པོ་བྱེད་རིང་སྐྱིག་ཏུ་སློ་བ་རིངས་ཞེས་སློ་ཡོག་ནས་བཙན་པོ་ཁྲི་སྲོང་ལྡེ་བཙན་གྱི་ཡབ་ཁྲི་ལྡེ་གཙུག་བཙན་གྱི་སྐུ་ལ་འཆོས་ནས་དགྲོངས་པ་དང་། བཙན་པོ་དེ་ཉིད་ཀྱི་སྲས་ཁྲི་སྲོང་ལྡེ་བཙན་གྱི་སྐུ་ལའང་གནོད་ནས་དགྲོང་རྩིས་བྱས་པ་དང་། བོད་མགོ་ནག་མིའི་བདེ་སྐྱིད་ཀྱང་འཁྲུག་ལ་ཉེ་བའི་མཚམས་ན་སྔོན་ངན་ལམ་ཀླུ་ཁོང་གིས་འབལ་སློང་ཙབ་དང་། ཡང་མེས་གཟིགས་གཉིས་ནས་བཙན་པོར་རྒྱབ་གཏོད་ངོ་ལོག་བྱས་པའི་ཁུངས་བཙན་དཔང་རྟགས་རྣམས་བཙན་པོ་ཁྲི་སྲོང་ལྡེ་བཙན་གྱི་སྔན་དུ་དྲངས་པ་དང་། བཙན་པོས་ཀྱང་འབལ་དང་ཡང་གཉིས་ངོ་ལོག་ཐག་ཆོད་ཡིན་པ་དངོས་བདེན་དུ་མཁྱེན་ནས་ཕོ་པ་གཉིས་ལ་ཁྲིམས་ཆད་བཏང་བའི་གནས་ཚུལ་ལས་ཀླུ་ཁོང་ནི་བཙན་པོར་ལྷག་བསམ་དཀར་བའོ། །བཙན་པོ་ཁྲི་སྲོང་ལྡེ་བཙན་གྱི་སྐུ་རིང་དུ། ངན་ལམ་ཀླུ་ཁོང་ནི་བཙན་པོར་ལྷག་བསམ་རྣམ་དག་བྱེད་མཁན་དང་། རྩིས་འདོན་ལ་མཁས་པ། ཐུགས་རྩ་བརྟན་པ་ཞིག་ཡིན་པའི་རྐྱེན་ལས་ཁོང་ནང་སྔོན་བཀའ་ལ་གཏོགས་པ་ཞེས་སྲིད་དོན་རྩིས་གཞི་འདྲི་ཡུལ་གྱི་སྔོན་པོའི་ཁོངས་སུ་བཙུག་པ་དང་། ཁོང་ནི་རྒྱའི་དམག་སྲིད་ལ་སོགས་པར་ཡང་ཉམས་ཆོད་ཡོན་ཐུབ་མཁན་ཞིག་ཀྱང་ཡིན་པས་ན། ཁོང་ལ་མཐའ་མཚམས་མཁར་རྫོང་གི་དམག་དཔུའི་འགོ་འདྲེན་དཔོན་གྱི་གོ་ས་ཡང་གནང་། ཁོང་དམག་རྩིས་ལ་མཛངས་པས་རྩིས་བཀོད་རྣམས་ལམ་དུ་སོང་སྟེ། ཐོག་མར་རྒྱའི་ཁོངས་སུ་གཏོགས་པའི་ཡུལ་འ་ཞ་བླངས། དེ་ནས་རྒྱ་ལས་ནངས་ཕལ་ས་ཆ་བཅས་པས་ཞེས་རྒྱ་ཡིས་འཛིན་པའི་བོད་ས་རྣམས་ཕྱིར་སྲིད་དགོས་པའི་ཐ་ཚིག་བསྒྲིགས་པར། རྒྱ་རྣམས་དཔའ་ཞུམ་སྟེ། རྒྱའི་ཁོངས་སུ་གཏོགས་པའི་དབྱར་མོ་ཐང་ × × × ན་དང་། ཙོང་ཀ་སྤྱུགས་ × × × དང་ནས་ལས་སོགས་ × × × ཐོག་མར་ཕུལ་བ་དང་། ཀླུ་ཁོང་གིས་ × × × འཁྲུགས་པའི་དགྲ་ × × × ཆབ་སྲིད་ཆེན་པོ་མཛད་ × × × བཀའ་གྲོས་ཆེན་པོ་གསོལ། × × × ལྷག་བསམ་དག་ཅིང་ཆབ་སྲིད་ལ་ཕན་པའི་སེམས་ནུས་བཏོན་ནོ། །བཙན་པོ་ཁྲི་སྲོང་ལྡེ་བཙན་ནི་ཐུགས་སྒམ་ལ་དགོངས་པ་རྒྱ་ཆེ་བས་སྲིད་དོན་གནང་ངོ་ཚོག་ལེགས་པར་འགྲུབས་པ་དང་། རྒྱའི་ཁམས་སུ་གཏོགས་པའི་ཡུལ་དང་མཁར་མང་པོ་བཙོམ་སྟེ་རང་ཁོངས་སུ་བསྡུས། དེ་ལ་རྒྱ་རྗེ་ཧེའུ་འགི་ཤང་ཧེ་རྗེ་སྔོན་རྣམས་སྐྲག་པ་དང་། ལོ་རེར་དཔྱ་ཁྲལ་དུ་དར་གོས་ཡུག་ལྔ་ཁྲི་ཆད་མེད་འཇལ་དུ་བཙུག་གོ། དེ་རྗེས་རྒྱ་རྗེ་ཡབ་ཧེའུ་འགི་ཤང་དེ་གྲོངས་ནས་དེའི་སྲས་ཤང་སེང་ཤང་

གིས་རྒྱལ་པོ་བྱེད་སྐབས། དེས་བོད་ལ་དཔྱ་ཁྲལ་མ་འཇལ་བས་བཙན་པོ་ཁྲི་སྲོང་ལྡེ་བཙན་ཐུགས་ཐག་ཆོད་པ་དང་ངན་ལམ་སྟག་སྒྲ་ཀླུ་ཁོང་གིས་རྒྱལ་ཡུལ་གྱི་ལྟེ་བ་རྒྱ་རྗེའི་ཕོ་བྲང་ཀེང་ཤིར་དམག་འདྲེན་རྒྱུའི་ཧུས་གཞི་བཏིང་རྗེས་བཙན་པོས་ཀེང་ཤིར་འདྲེན་པའི་དམག་དཔོན་ཆེན་པོར་ཞང་མཆིམས་རྒྱལ་ཟིགས་ཤུ་ཐེང་དང་། བློན་སྟག་སྒྲ་ཀླུ་ཁོང་གཉིས་བསྐོ་བཞག་མཛད། དེ་གཉིས་ཀྱིས་ཀེང་ཤིའི་ཕྱོགས་སུ་དམག་དྲངས་པ་ཅིའུ་ཅིར་ཞེས་པའི་ངོགས་སུ་རྒྱ་དང་འཐབ་མོ་དྲག་པོ་སྤྲད་དེ་ཐང་དམག་འཁོར་ཆེན་བསད་ནས་གཡུལ་ལས་རྒྱལ་བས། རྒྱ་རྗེ་ཀྭང་པེང་ཞང་ཡང་ཕོ་བྲང་ཀེང་ཤི་ནས་ཕྱུང་སྟེ་སེམ་ཤ་ཅེ་ཀུར་བྲོས། བཙན་པོའི་དམག་གིས་ཀེང་ཤི་ཕབ་སྟེ་རྒྱ་རྗེའི་ནང་བློན་འགྱེའུ་× × ×ན་ཀེ་ལ་སོགས་པ་ངོང་ཀན་དང་པོ་ཀན་ཡ་× × ×བཙན་པོའི་འབངས། × × ×བོད་× × ×གང་དང་ཁྲ་× × × ×སྟེ། འིམ་ཤིང་ཀོང་ཇོའི་མིང་པོ་× × × ×འཁྲུས་ཤིང་× × × ×བློན་པོ་× × × ×རྒྱལ་པོ་ཆེ་ཚུང་× × × ×ཆབ་སྲིད་ཀྱི་ཐུགས་བརྟན་པ་དང་གཏམ་སྙན་གྲགས་ཀུན་ཏུ་ཁྱབ་པར་བྱས་པ་བཅས་བློན་པོ་སྟག་སྒྲ་ཀླུ་ཁོང་གིས་ལྷག་བསམ་དག་པོས་བཙན་པོའི་ཆབ་སྲིད་ལ་སྙན་པའི་ལས་བཟང་མང་དག་ཅིག་མཛད་ཡོད་དོ། །

གསུམ་པ། ཞྭ་ལྷ་ཁང་རྡོ་རིང་གི་ཡི་གེའི་འགྲེལ་པ།

གནམ་འོག་ཡོངས་ཀྱི་རྒྱལ་པོ་དང་། སྤྲུལ་པའི་ལྷ་བཙན་པོ་ཁྲི་ལྡེ་སྲོང་བཙན་གྱི་ཞལ་ནས་བན་དེ་ཏིང་ངེ་འཛིན་ལ་ཞལ་བཞེས་ཀྱི་ཡི་གེ་ཡུན་དུ་གནང་བ། བན་དེ་ཏིང་ངེ་འཛིན་གྱི་འཕྲིས་ལས་ནི་སྨོས་ཅི་དགོས། ཁོང་ནི་ཐོག་མཐའ་བར་གསུམ་དུ་བཙན་པོར་ལྷག་བསམ་དཀར་ཞིང་། ཁོང་ནས་རང་ལོ་ན་ཕྲ་བའི་སྐབས་ནས་སྲིད་ཁྲིར་མ་འཁོད་པའི་བར་དུ་ཡབ་ཡུམ་གཉིས་ལ་ཕན་འདོགས་པར་གནང་ཞིང་ལེགས་པའི་བྱ་བ་ཀུན་ཀྱང་ཧུར་བརྩོན་གྱིས་བསྒྲུབས་པ་དང་། ཁོང་ཞང་བློན་གྱི་གོ་གནས་འཛིན་པའི་རིང་ལ་བཙས་ཞེས་བཙན་པོ་ཉིད་སྐུ་འཁྲུངས་པའི་དོན་དང་། ཁོང་གིས་ཡབ་སྲས་གཅེན་གཅུང་དང་དཔོན་རིགས་མངའ་འབངས་བཅས་པ་ཀུན་མཛའ་ཞིང་མཐུན་པར་གནང་བ་དང་། སྤྱི་ལ་ཕན་པའི་བྱ་གཞིའི་ཕྱིར་ཐབས་ཧུས་རྒྱལ་པོར་ཞུས་བཞིན་ཕྱག་ལེན་གནང་བ་བཅས་ཕན་པའི་ལས་སྒྲུབ་པ་དང་བཙན་པོར་ལྷག་བསམ་རྣམ་དག་གནང་ངོ་། །ཕྱིས་སུ་ཡབ་དང་གཅེན་པོ་གཉིས་བསྟུད་མར་

འཇིག་རྟེན་ཕ་རོལ་ཏུ་གཤེགས་པ་དང་། ངས་ཆབ་སྲིད་ཀྱི་འགན་མ་བླངས་པའི་བར་དུ། ཁ་ཅིག་ནི་ཕན་པའི་བྱ་ལས་སྒྲུབ་བཞིན་ཡོད་ནའང་། ཁ་ཅིག་ནི་མ་རུང་ཕོག་བརྡུག་གི་ལས་ངན་ལ་བྲེལ་བཞིན་ཡོད་པ་དེ་ཡང་བན་དེ་ཏིང་ངེ་འཛིན་གྱིས་མཁྱེན་ཅིང་དེ་དག་ཚར་གཅོད་པའི་ཐབས་ཡང་རྒྱལ་པོར་གསོལ་བས་ནང་འཁྲུག་འཇགས། ལེགས་པའི་བྱ་བ་བྱེད་རྒྱུ་ཡོད་ཪྙ་ཅོག་གི་གཞི་བཟུང་ནས་ངའི་ཆབ་སྲིད་ལ་སོགས་སྤྱི་ལ་ཕན་པའི་ལས་བྱས་པ་དང་། ངའི་མདུན་ན་ཐབས་རྟུས་འདོན་པ་དང་བློན་གཅིག་སེམས་གཅིག་བྱས། མཐོ་དམན་ཡོངས་ཀྱི་སྙིག་ཤིང་ལྟ་བུ་བྱས་ནས་ཕྱོགས་མཐར་འཁྲུག་རྩོད་མེད་པར་བདེ་བར་གནས་པར་བྱས། ཆབ་སྲིད་ཀྱི་བློན་པོའི་གོ་གནས་འཛིན་པའི་སྐབས་སུའང་སྤྱིའི་ཁྲལ་ཡུན་གཉིས་ཀར་ཕན་པའི་ལས་འབའ་ཞིག་བསྒྲུབས་སོ། །འདི་དེ་སྔོན་དང་ད་ལྟ་གཉིས་ཀར་གང་བས་ཀྱང་ལྷག་པར་སྙིང་ཉེ་ཞིང་བྱས་རྗེས་ཆེན་པོ་ལྡན་པའི་བན་དེ་ཏིང་ངེ་འཛིན་ལ་ཡང་བླ་གོང་གི་ཕ་ཚ་བུ་རྒྱུད་ལ་སྔོན་ཐོན་བཙན་པོས་འཇལ་བའི་བཀའ་དྲིན་ལྟར་འཇལ་བར་དགོངས་ཀྱང་། བན་དེ་ཏིང་ངེ་འཛིན་གྱི་རང་ཉིད་རྒྱལ་པོའི་བྲན་འབངས་ཀྱི་རྣམ་པ་འཛིན་པ་དང་ཕོང་དགེ་སློང་གི་གཙང་སྤྱོད་ལྡན་པ་ཞིག་ཡིན་པའི་ངོས་ནས་རྒྱལ་པོར་བཀའ་དྲིན་ཉིད་མི་ཕྲོག་པའི་ཚུལ་ཞུས། འོན་ཀྱང་། བྱས་རྗེས་ཀྱི་ལན་དུ་གཟིགས་བཟོས་གནང་བ་དེ་ནི་ལུགས་དང་མཐུན་པ་ཡིན་པས། ངས་བན་དེ་ཏིང་ངེ་འཛིན་ལ་ཁས་བླངས་ཀྱི་ཡི་གེ་བཙན་པོ་ཞིག་ཇི་སྲིད་བར་འཇགས་པར་(བྱས་པ་ཡིན) དེ་དོན་ཡུན་དུ་བརྟན་ཅིང་བདེ་བ་ཐོབ་པ་དང་། ཀུན་གྱིས་ཤེས་པར་བྱ་བའི་ཕྱིར། དཀོན་མཆོག་གི་སྐུ་གསུང་ཐུགས་རྟེན་བཞུགས་པའི་གཙུག་ལག་ཁང་འདིར་ཞལ་བཞེས་ཡི་གེ་བཞག་པའི་ཁང་པ་བརྩིགས་པ་དང་རྡོ་རིང་བཙུགས་ནས་ཞལ་བཞེས་ཡི་གེའི་དོན་ཚན་རྣམས་རྡོ་རིང་ཐོག་མངོན་གསལ་དུ་བརྐོས་རྗེས་མཐའ་མ་ཕྱག་རྒྱས་བཏབ་ནས་བཞག་པ་ཡིན་གྱིས། ཕྱིན་ཆད་རྒྱལ་སར་བཞུགས་པའི་སྲས་དཔོན་རྣམས་དང་། ཆབ་སྲིད་ཀྱི་བློན་པོ་ཆེན་པོའི་དབང་འཛིན་པ་སོགས་པས་ཀྱང་ཞལ་བཞེས་ཀྱི་ཡི་གེའི་ནང་འཁོད་པ་དང་། རྡོ་རིང་ལ་བརྐོས་པའི་དོན་ཚན་རྣམས་ཞུང་དུ་མི་གཏོང་བ་དང་། བཟོ་བཅོས་མི་བྱ་བ། མི་བསྒྱུར་བར་གྱིས་ཤིག དུས་གཏན་དུ་བཙན་པོའི་གདུང་རབས་རྣམས་ཀྱིས་བན་དེ་ཏིང་ངེ་འཛིན་གྱི་མེས་པོ་བློན་སྣང་བཟང་འདུས་ཀོང་གི་བུ་ཚ་རྒྱུད་འཕེལ་རྣམས་ལ་སྐྱོན་གྱིས་བརྩེ་ཞིང་འོས་པ་རྣམས་ཞབས་འབྲིང་དུ་བསྐོས་ནས་དེ་དག་གིས་ཅི་ཙམ་ནུས་པ

ལ་བསྐུལ་བ་དང་གཟིངས་བསྐྱོད་བྱ་དགོས། དེ་ལ་གཞན་གྱིས་གནོད་འཚེ་བྱེད་པ་ལ་རྒྱབ་རྩ་གོང་ས་བཙན་པོས་གནང་རྒྱུ་དང་། གལ་ཏེ་ཉེས་པ་དངོས་བདེན་དུ་བསགས་མེད་ན་ཕྲ་མ་མི་གསན་པ་དང་། སྣང་བཟང་འདུས་ཀོང་གི་བུ་ཚ་རྒྱུད་འཕེལ་གྲས་ལས་ལ་ལ་ཞིག་གིས་བཙན་པོའི་སྐུ་དང་ཆབ་སྲིད་ལ་གནོད་པའི་བྱ་སྤྱོད་སྤེལ་བ་དང་། དེ་བཞིན་ཉེས་པ་གཞན་པ་ཇི་ལྟར་སྤེལ་ཡོད་ནའང་། ཉེས་ཅན་དེ་རང་གི་མགོར་ཁྲིམས་ཆད་གཅོད་པ་ལས། ཕུ་ནུ་གཞན་རྣམས་ལ་ཉེས་འགེལ་ཁྲིམས་ཆད་མི་གཅོད་པ་དང་། ཁག་འདོགས་མི་བྱེད་པ། བཀའ་བཀྱོན་མི་གནང་བའི་ཞལ་བཞེས་གནང་། སྣང་བཟང་འདུས་ཀོང་བུ་ཚ་རྒྱུད་འཕེལ་གྲས་ལས་སུ་ལ་ཉེས་སྤྱོད་ཡོད་པ་དེ་ཉིད་བཙན་པོའི་ཞབས་འབྲིང་ནས་དབྱུང་བ་ལས། ཞལ་བཞེས་ཀྱི་ཡི་གེའི་མིང་མི་བརླག་པར་ཡུན་དུ་གནང་བ་དང་། ལས་སྣེ་ཆེན་པོ་སྣེ་རང་གཞན་ཀུན་ལ་བདེ་བ་ཡུན་རིང་ཐོབ་ཆེད། སྔ་དཔོན་གྱི་གོ་གནས་དེ་སྣང་བཟང་འདུས་ཀོང་གི་བུ་ཚ་རྒྱུད་འཕེལ་གྱིས་ནམ་ཡང་འཛིན་ཆོག་པ་དང་། སྣང་བཟང་འདུས་ཀོང་གི་ཕ་ཚ་བུ་རྒྱུད་ཆད་པའམ་ཡང་ན་བཀའ་ཁྲིམས་ཐོག་པ་སོགས་ཅི་བྱུང་ཡང་། ཁོང་ཚོར་མངའ་བའི་བྲན་གཡོག་དང་། ས་ཞིང་། འབྲོག་ཕྱུགས། ནགས་ཚལ་ལ་སོགས་པ་རྣམས་མ་ཡུམ་ནས་གོང་དུ་མ་ཕུལ་སྔོན་དུ་ཐབས་ཤེས་གང་ཡོད་སྤྱད་ནས་འཕྲོག་པ་དང་གཞུང་བཞེས་མི་གནང་བར་མཛད་པ་སོགས་སློན་སྣང་བཟང་འདུས་ཀོང་གི་ཕ་ཚ་བུ་རྒྱུད་ཀྱི་ཁྱིམ་གཞི་ནམ་ཡང་བདེ་ཞིང་བརྟན་པོ་ཡོང་བའི་ཞལ་བཞེས་ཡི་གེ་གནང་བ་འདི་ནམ་ཡང་བསྒྱུར་བཅོས་མི་བྱེད་རྒྱུར་ངའི་ངོས་ནས་ཁས་བླངས་པ་ཡིན་ལ། དེ་བཞིན་ཕུ་བོ་མུ་རུག་བཙན་དང་། བཙུན་མོ་རྣམ་གཉིས། རྒྱལ་པོ་ཆུང་གྲས་རྣམས་དང་ཆབ་སྲིད་ཀྱི་བློན་པོ་མན་ཆད། ཞང་བློན་ཆེ་ཆུང་ཀུན་གྱང་མཐའ་བོར་དུ་བཙུག་ནས་ཞལ་བཞེས་ཀྱི་ཡི་གེ་ཡུན་དུ་གནང་ངོ་། །བན་དེ་གཏིང་ངེ་འཛིན་གྱིས་སྙིང་ཉེ་ཞིང་བྱས་རྗེས་ཇི་ལྟར་ཕུལ་ཚུལ་དང་། ཕན་པའི་ལས་ཅི་བྱས་པ། ཞལ་བཞེས་ཀྱི་ཡི་གེ་ཅི་གནང་བ་ཞིབ་མོ་ནི་མཐའ་ཡིག་ཐོག་བྲིས་ནས་བང་མཛོད་དུ་བཞག་པ་དང་། དེའི་འདྲ་བཤུས་ཤིག་ཕྱག་རྒྱས་བཏབ་སྟེ་མཐའ་ཡིག་འཛོག་སའི་ཁང་ཆུང་འདིའི་ནང་བཞག དཔེ་གཅིག་ནི་རྒྱལ་པོའི་ཐམ་ག་བཏབ་ནས་ཕྱིན་ཆད་ཀྱི་དཔེ་མཚོན་དུ་འཆང་དུ་བཙུག་གོ །བན་དེ་ཏིང་ངེ་འཛིན་གྱི་མེས་པོའི་གྲས་ཨ་ཞུ་དབྱི་གོང་གི་ཕ་ཚ་བུ་རྒྱུད་རྣམས་ལའང་ཞལ་བཞེས་ཀྱི་ཡི་གེ་གནང་བ་ཡིན། སྔོན་དུས་མྱང་རུས་དང་དབས་རུས་གཉིས་

བཙན་པོར་བློ་ཉེ་ཞིང་བྱས་རྗེས་བཞག་པའང་འདྲ་མཉམ་ཡིན་ཡང་། སྤྱང་ཏུས་ལ་གནང་བའི་གཟིགས་བཟོས་རྣམས་དབས་ཏུས་ལ་གནང་བའི་གཟིགས་བཟོས་ཀྱི་ཚད་དང་བསྡུར་ན་ཆུང་དྲགས་པར་དགོངས་ནས་སྤྱང་ཏུས་ལ་ཞལ་བཞེས་ཡི་གེ་སྔོན་མ་ཞིག་ཟུར་དུ་བཏོན་ནས་སྲིད་པ་ཡིན། ཞལ་བཞེས་ཀྱི་ཡི་གེ་བཞག་པའི་ཁང་ཆུང་འདི་བཞིན་ནམ་ཞིག་ཁ་འབྱེད་དགོས་བྱུང་ན། སྲུས་དཔོན་ཆབ་སྲིད་ཀྱི་དབང་མཛད་པ་གང་དེས་སྔོན་གྱི་ལུགས་སྲོལ་མཁྱེན་པ་དང་ཞལ་བཞེས་ཡི་གེ་རྣམས་བདག་ཉར་བྱ་མཁན་བཅས་མི་དྲང་པོ་གསུམ་མན་ཆད་བསྐོས་ཐོག་ལག་པ་མཉམ་འབྲེལ་ཞིས་ཐུབ་མོང་གིས་ཁ་ཕྱེ་དགོས་པ་དང་། དེ་བཞིན་ཕྱིར་འཛོག་དུས་ཀྱང་སྔར་བཞིན་བཙན་པོའི་བཀའ་ཐམ་རྒྱག་དགོས་པ་བཅས། སྔར་གྱི་ལུགས་ལྟར་བྱས་ནས་འཛོག་དགོས་པའི་བཀའ་གནང་ངོ་། །

མིའི་རྒྱལ་པོ་ལྷ་ཡིས་མཛད་པ། སྤྲུལ་པའི་ལྷ་བཙན་པོ་ཁྲི་ལྡེ་སྲོང་བཙན་གྱི་བཀས་བན་དེ་ཏིང་ངེ་འཛིན་ལ་ཞལ་བཞེས་ཀྱི་ཡི་གེ་མུ་མཐུད་དུ་གནང་དོན། བན་དེ་ཏིང་ངེ་འཛིན་གྱིས་ངའི་མདུན་དུ་ཆབ་སྲིད་ཀྱི་རྟུས་གཞི་བཏོན་པ་དང་། བྱས་རྗེས་ཆེན་པོ་ཕུལ་ཡོད་པ་དེ་ལ་ཞལ་བཞེས་ཀྱི་ཡི་གེ་སྔ་མ་ཞིག་སྲིད་ཡོད་པ་དེ་བཞིན་ཟླ་གོང་གི་ཕ་ཚ་བུ་རྒྱུད་ལ་སྲིད་པ་བཞིན་དང་། བྱས་རྗེས་ལ་དཔག་པའི་གཟིགས་བཟོས་འོས་པ་ཙམ་དུ་སྲིད་ཡོད་ནའང་། བན་དེ་ཏིང་ངེ་འཛིན་ཕྱོགས་ནས་གཟིགས་བཟོས་མི་ཁྱུག་ཙེས་ཞུས་ཡོད་ནའང་། བྱས་རྗེས་ལ་དཔག་པའི་གཟིགས་བཟོས་འཚམ་པོ་ཞིག་སྲོད་ཐུབ་མེད་པ་དེ་ནི་ཤིན་ཏུ་ནས་ཕམ་པའི་གནས་སུ་གྱུར། བན་དེ་ཏིང་ངེ་འཛིན་གྱིས་ངའི་མདུན་དུ་ཆབ་སྲིད་ཀྱི་ལས་དོན་བསྒྲུབས་པ་དང་། ངས་སྲིད་དབང་འཛིན་པའི་རིང་གི་ཆབ་སྲིད་ལ་སོགས་ཐལ་ཕྱུགས་གཉིས་ཀར་ཕན་པའི་བཀའ་གྲོས་བྱས་པ་དང་། སྤྱི་ལ་སྨན་པའི་ལས་དོན་བསྒྲུབས་པ། གོང་འོག་དང་ཕྱོགས་མཚམས་ཀུན་བདེ་བར་བྱས་པ། ཕན་པའི་ལས་ཀྱི་སྙིང་པོ་ཡོད་རྒྱུ་བྱས་པ་དང་བཙན་པོར་ལྷག་བསམ་རྣམ་དག་བྱས་པ་བཅས་བྱས་རྗེས་ཤིན་ཏུ་ཆེན་པོ་བཞག་ཡོད་པར་བརྟེན། དེ་སྔོན་སྲིད་ཟིན་པའི་ཞལ་བཞེས་ཡི་གེའི་ཐོག་ཁ་སྔོན་བྱེད་རྒྱུ་ངའི་བློ་ལ་འཁྲུངས་པ་དེ་ལ་བན་དེ་ཏིང་ངེ་འཛིན་གྱིས་སྔར་གནང་བ་དེ་ལས་ལྷག་པ་མི་གནང་བར་ཞུ་ཞེས་གསོལ་ནའང་། བྱས་རྗེས་ཀྱི་དོད་ལན་དུ་གཟིགས་བཟོས་སྲོད་རྒྱུ་དེ་ནི་འགྲིག་པ་ཡིན་པར་རྗེ་བློན་མོལ་ནས་ཞལ་བཞེས་ཀྱི་ཡི་གེ་སྔར་སྲིད་པ་དེ་བཞིན་སྲིད་པའི་སྟེང་དུ། བན་དེ་ཏིང་ངེ་འཛིན་བློ་

དཀར་ཞིང་བྱས་རྗེས་ཆེན་པོ་ཕུལ་བའི་ཕྱིར། འབྲུག་གི་ལོ་ཕྱི་མར་བཙན་པོ་འོན་ཙང་དོ་ན་བཞུགས་པའི་ཚེ། ཞལ་བཞེས་ཡི་གེ་སྤར་བས་རྒྱས་པ་ཞིག་གནང་ངོ་། །བློན་སྣང་བཟང་འདུས་ཀོང་གི་ཕ་ཚ་རྒྱུད་རྣམས་ཀྱིས་ཀྱང་གཙང་དང་ལ་སྟོད་ལ་སོགས་པ་མཐའ་མཚམས་བདེ་འཇགས་དང་བསྲུང་བས་དེ་དག་ལའང་ཞང་བློན་ཡི་གེ་པའི་གོ་གནས་གནང་བ་དང་། གལ་ཏེ་མ་ཉེས་པར་སྲོག་སྲིད་གཉིས་ལ་གནོད་འཕྲོག་བྱེད་མཁན་ཡོད་ཚེ་སུ་ཡིན་རུང་དེ་ཉིད་གནོད་འཚེ་བྱ་མཁན་དུ་བརྩི་བ་ཡིན་ལ། ཕ་བུའི་ངོ་ལ་མ་ལྟོས་པར་ཉེས་གཞིགས་ཁྲིམས་ཆད་གཏོང་རྒྱུ་དང་། ཁོང་རྣམས་ཀྱི་རྒྱུ་ནོར་ལས་རེ་འགའ་དགོན་སྡེ་ལ་ཕུལ་བའི་གནས་ཚུལ་སོགས་ཅི་བྱུང་ཡང་གོང་འོག་གཞན་གྱིས་ཐེ་ཧུས་བྱ་རྒྱ་མེད་པར་དེ་རང་བྱས་ཚོག་པའི་ཞལ་བཞེས་གནང་བ་བཅས་ཞལ་བཞེས་ཀྱི་ཡི་གེ་སྔ་མ་གནང་བའི་སྟེང་དུ་ཞལ་བཞེས་ཡི་གེ་ཕྱི་མ་ཞིག་ཁ་སྣོན་གྱི་ཚུལ་དུ་སྦྲད་པ་ཡིན། ངའི་བློ་མོས་བྱུང་བའི་ཐོག བཙུན་མོ་ལྷ་ལྷུམ་གཉིས་དང་། རྒྱལ་ཕྲན་དང་ཆབ་སྲིད་ཀྱི་བློན་པོ་རྣམས། དེ་བཞིན་ཞང་བློན་ཆུང་གྲས་ཐམས་ཅད་འཛོམས་ཐོག་མནའ་པོར་ནས་ཞལ་བཞེས་ཀྱི་ཡི་གེ་འཕར་མ་ཞིག་སྦྲད་རྒྱུར་མོལ་ནས་སྦྲད་པ་དེ་ཉིད་ཡུན་དུ་བརྟན་ཞིང་མངོན་གསལ་ཡོང་བའི་ཕྱིར། དོན་ཚན་རྣམས་རྗེ་རིང་ལ་བཀོས་ནས་མཐའ་མ་ཕྱག་ཐམ་བརྒྱབ་ནས་གཙུག་ལག་ཁང་དང་། ཞལ་བཞེས་ཡི་གེ་འཇོག་སའི་ཁང་བུའི་དྲུང་དུ་བཙུགས་པ་ཡིན། དེས་ན་ཕྱི་རབས་སྲིད་དབང་འཛིན་མཁན་གྱི་རྗེ་བློན་རྣམས་ནས་ཀྱང་ནམ་ཡང་ཞལ་བཞེས་ཀྱི་ཡི་གེ་རང་ཐོག་ཏུ་འཁོད་པ་དང་། རྗེ་རིང་ལ་བཀོས་པའི་ཞལ་བཞེས་ཡི་གེ་རྣམ་གཉིས་ལ་འཁོད་པ་ལས་ཉུང་དུ་མི་གཏོང་བ་དང་། བསྒྱུར་བཅོས་མི་གཏོང་བར་གྱིས་ཤིག ཞལ་བཞེས་སྔ་མའི་སྟེང་དུ་ད་དུང་ཁ་སྣོན་ཞལ་བཞེས་གནང་བའི་དོན་ཚན་ཞིབ་མོ་ནི་ཞལ་བཞེས་ཡི་གེའི་ནང་བཀོད་ནས་བང་མཛོད་ནང་དུ་བཞག་པ་དང་། དཔེ་གཅིག་ཞལ་བཞེས་ཡི་གེ་སྔ་མ་དེ་དང་མཉམ་དུ་ཞལ་བཞེས་ཡི་གེ་འཇོག་སའི་ཁང་བུ་འདིར་བཞག དེ་བཞིན་མ་དཔེ་གཅིག་ནི་ཕྱིན་ཆད་ཀྱི་འཛིན་དཔེར་འཆང་དུ་བཙུག་གོ།

བཞི་པ། ཀོང་པོ་དེ་མོ་ཁྲུལ་གྱི་བྲག་བཀོས་ཀྱི་ཡི་གེའི་འགྲེལ་པ།

ལྷ་ཡི་བཙན་པོ་ཁྲི་སྲོང་ལྡེ་བཙན་དང་ཁྲི་ལྡེ་སྲོང་བཙན་ཡབ་སྲས་ཀྱི་སྐབས་སུ་ཀོང་

དཀར་པོ་མང་པོ་རྗེ་དང་། བློན་པོ་གྱི་རུང་རྗེས་གསོལ་བ། ཐོག་མ་ལྷ་ཆེན་ཡབ་བླ་བདག་དྲུག་གི་སྲས་ཡིན་པ་ལས་དེ་ནས་འཇིག་རྟེན་མི་ཡི་ཡུལ་དུ་ཕེབས་ནས་མཚན་གཉའ་ཁྲི་བཙན་པོར་གསོལ་ཏེ་མི་རྗེ་མཛད་པ་ཡིན། དེ་ཉིད་ལྷ་རི་གྱང་དོར་ཕེབས་པ་ཚུན་ཆད་དང་གྲི་གུམ་བཙན་པོའི་སྐུ་དུས་ཕན་ཆད་ཀྱི་གདུང་རབས་བདུན་གྱི་བར་དུ་བཙན་པོ་རྣམས་ཕྱིང་བ་སྟག་རྩེ་ན་བཞུགས། གྲི་གུམ་བཙན་པོའི་སྲས་ཆེ་བ་ཉ་ཁྲི་དང་ཆུང་བ་ཤ་ཁྲི་གཉིས་ལས་གཅུང་པོས་ནི་བོད་ཀྱི་བཙན་པོ་མཛད། གཅེན་ཉ་ཁྲིས་ནི་ཀོང་དཀར་པོའི་རྗེ་བོ་མཛད། གཅེན་གཅུང་གཉིས་ཐོག་མ་ཡུལ་ཡར་ལུང་གི་ཕྱོགས་ནས་སྐུ་ཐོན་མཛད་སྐབས་གཉན་པོ་གསང་བ་གསོལ་ཞིང་། དེ་ནས་སྐུ་བླ་དེ་མོ་གསོལ་ཞིང་ཕྱག་མཆོད་མཛད་པ་ཡིན། ཡབ་བླ་བདག་དྲུག་གིས་ཀྱང་ལྷ་སྲས་ཀྱི་དོན་དུ་སྐུ་ཉིད་ཀྱི་སྲོག་ཉེན་ལ་མི་འཛེམས་པར་རིམ་འགྲོའི་ཆོ་ག་རྒྱ་ཆེར་སྤེལ་གནང་བ་བཅས་ལས་ལྷ་སྲས་སྐུ་སྲོག་ལ་ཆག་སྒོ་མ་བྱུང་ཁར་ཆབ་སྲིད་མངའ་ཐང་ནི་དར་ཞིང་། སྐུ་དབང་ནི་ཤིན་ཏུ་བཙན། ད་དུང་ལྷ་སྲས་གནམ་དང་འདྲ་བ་ཞེས་ཉེ་རིང་མེད་པར་བཀའ་དྲིན་ཁྱོན་ལ་ཁྱབ་པར་མཛད་ལ། མནམ་བཀོད་ཀྱི་མངའ་འབངས་གྲངས་ལས་འདས་པ་ཞིག་མཆིས་ན་བདག་ཅག་ནི་ལྷ་ཙེ། ཐོག་མ་ལྷ་སྲས་གཅེན་གཅུང་གཉིས་ཞལ་འགྲེས་པ་དང་དེ་ནས་ཕ་མེས་གྲི་གུམ་བཙན་པོའི་ལྷ་སྐས་ལ་འཛེགས་པའི་ཡུ་ཐག་མ་ཆད་པ་ཚུན་ཆད་ལ་བདེ་ཞིང་སྐྱིད། ཐུགས་དགོངས་བརྟན་པོས་ཐུགས་ཁུར་ཆེ་བཞེས་མཛད་ཀྱི་ཡོད་ཡང་། དུས་དེང་སང་གི་སྐྱེ་བོ་འགའ་ཞིག་ནས་ཁྲིམ་ཐབ་དཔོན་འགོར་རྩོད་པ་དང་། ཁྲལ་རིགས་སྣ་ཚོགས་རང་འདོད་ཀྱིས་བསྐུལ་ནས་གཙེས་ཤིང་མཆིས་ན། ནམ་ཡང་བདེ་བ་ཐོབ་པའི་ཕྱིར་དགོངས་པ་ཆེ་བཞེས་དང་ཀོང་དཀར་པོའི་གོ་གནས་འགྱུར་མེད་གཏན་འཇགས་ཡོང་བའི་རེ་བ་ཞུས་པ་བཞིན་བཙན་པོས་ཀྱང་ཞལ་བཞེས་གནང་དོན་འཐྲ་མེན་གྱི་སྙིང་དུ་བྲིས་པ་འདི་ལྟར།

བཙན་པོ་ལྷ་སྲས་ཁྲི་སྲོང་ལྡེ་བཙན་གྱི་སྐུ་དུས་སུ། ཀོང་དཀར་པོའི་རྗེ་བོར་ཞལ་བཞེས་ཀྱི་ཡི་གེ་རྡོ་མ་དེ་ལས་རྒྱས་པ་ཞིག་གནང་བ་སྟེ། རྗེ་སྲིད་བར་དུ་ཀོང་དཀར་པོའི་རྒྱལ་པོ་དེ་མི་གཞན་སུ་ཞིག་གིས་ཀྱང་བྱེད་དུ་མི་འཇུག་པར་ཀོང་དཀར་པོའི་ཕ་ཚ་བུ་རྒྱུད་ནས་བྱེད་པའི་དབང་གནང་ངོ་། །ཀར་པོ་མང་པོ་རྗེའི་རྒྱུད་ལས་ཕ་ལ་གྲས་ཤིའི་ཆག་སྒོ་སོགས་བྱུང་ན་དེའི་བུ་རྒྱུད་ལས་གཅེན་པོ་ཉིད་རྒྱལ་པོར་བསྐོ་རྒྱུ་དང་། ཀོང་དཀར་པོའི་མིང་རུས་

ཀྱང་འཐོབ་རྒྱུན་མི་ཆད་ཕྱིར་ཕྱིན་ཆད་ཀྱི་རྒྱལ་པོ་ཡང་ཀོང་དཀར་པོའི་རིགས་རྒྱུད་ལས་བསྐོ་དགོས། གལ་ཏེ་ཀོང་དཀར་པོའི་རིགས་རྒྱུད་ཆད་ན། ཀོང་དཀར་པོའི་ཉེ་སྨུན་གྱི་ཁྲིད་ལས་ཞལ་ཆེམས་ནང་དུ་སུ་འཕོད་པ་དེ་རྣམས་བློ་འཇལ་འཐབ་རྩོད་བྱེད་དུ་བཙུག་རྗེས་རྩེར་སོན་པ་གང་ཉིད་རྒྱལ་པོར་བཀོད་རྒྱུའི་བཀའ་གནང་ངོ་། །ཀོང་དཀར་པོ་རྗེའི་བྲན་གཡོག་དང་། ས་ཞིང་། འབྲོག་ཐོག་བཅས་སྣད་ཕྱིན་ཞུང་འཕྲི་མི་བྱ་ཞིང་། ཞབས་ཁྲལ་དང་དཔྱ་ཁྲལ། འབུལ་རྟེན་མི་འགེལ་རྒྱུ། རྩང་ར་ཁྱབ་ནས་དང་། འབྲས་གང་འབུལ་རུང་། འབུལ་སྐྱེལ་གྱི་གཏན་འབེབས་ས་ཚིགས་ཙམ་དུ་ལས་རིང་དུ་མི་གཏོང་རྒྱུ་བཅས་ལྷ་སྲས་ཡབ་ཁྲི་སྲོང་ལྡེ་བཙན་གྱིས་བཀའ་འཁྲོལ་བཀའ་དྲིན་གྱིས་བསྐྱངས་པ་བཞིན་དུ་ལྷ་སྲས་ཁྲི་ལྡེ་སྲོང་བཙན་གྱི་སྐུ་དུས་སུ་རྗེ་བློན་གྲོས་མོལ་གནང་རྗེས་ཞལ་བཞེས་གནང་བ་ཡིན་ནོ།

ལྔ་པ། རྒྱལ་སྡེ་དཀར་ཆུང་ལྷ་ཁང་གི་རྡོ་རིང་གི་ཡི་གེའི་འགྲེལ་པ།

སྤྲུལ་པའི་ལྷ་བཙན་པོ་ཁྲི་ལྡེ་སྲོང་བཙན་གྱི་རིང་ལ་དམ་པའི་ཆོས་དུས་ཡུན་དུ་བརྟན་པར་གནས་ཆེད་མནའ་ཡིག་རྡོ་རིང་ཐོག་བཀོས་པ།

སྤྲུལ་པའི་ལྷ་བཙན་པོ། མེས་ཁྲི་སྲོང་བཙན་གྱི་རིང་ལ་ཐུབ་པའི་ཆོས་ལུགས་ལ་དད་དེ་ར་ས་གཙུག་ལག་ཁང་སོགས་བརྩིགས་ཤིང་། དཀོན་མཆོག་གསུམ་གྱི་རྟེན་བཙུགས་པ་དང་། མེས་པོ་ཁྲི་འདུས་སྲོང་གི་རིང་ལ་གླིང་གི་ཁྲི་རྩེ་སོགས་གཙུག་ལག་ཁང་བརྩིགས། དཀོན་མཆོག་གསུམ་གྱི་རྟེན་བཞེངས། མེས་པོ་ཁྲི་ལྡེ་གཙུག་བཙན་གྱི་སྐུ་རིང་ལ། བྲག་དམར་གྱི་ཀ་ཆུ་དང་མཆིན་ཕུ་གཉིས་སུ་གཙུག་ལག་ཁང་བརྩིགས་ཤིང་དཀོན་མཆོག་གསུམ་གྱི་རྟེན་བཞེངས། ཡབ་ཁྲི་སྲོང་ལྡེ་བཙན་གྱི་སྐུ་རིང་ལ་བྲག་དམར་གྱི་བསམ་ཡས་ལ་སོགས་ཡུལ་དབུས་སུ་གཙུག་ལག་ཁང་བརྩིགས་ཏེ་དཀོན་མཆོག་གསུམ་གྱི་རྟེན་བཞེངས་པ་དང་། ལྷ་བཙན་པོ་ཁྲི་ལྡེ་སྲོང་བཙན་གྱི་སྐུ་རིང་ལའང་། སྐར་ཆུང་གཙུག་ལག་ཁང་བརྩིགས་ཏེ་དཀོན་མཆོག་གྱི་རྟེན་བཞེངས་པ་སོགས་བཙན་པོ་གདུང་རབས་རིམ་བྱོན་རྣམས་ཀྱིས་འདི་ལྟར་ཐུབ་པའི་ཆོས་ལུགས་དར་སྤེལ་མཛད་པའི་རྒྱུན་ནམ་ཡང་མ་ཆད་པ་དང་། ལོག་ལྟར་མ་སོང་བ་བྱས་ན་དགེ་མཚན་དཔག་མེད་མངོན་པར་གོར་མ་ཆག དེ་ལ་ལོག་ལྟ་དང་། རྒྱུན་དག་ཆད་ནས་མེད་པར་གྱུར་ན་ནི་སྡིག་པ་གྲངས་མེད་དུ་འོང་བས། ད་ཕྱིན་ཆད་སྤྲུལ་པའི་

ལྷ་བཙན་པོ། ཡབ་ཁྲི་སྲོང་ལྡེ་བཙན་གྱི་རིང་གི་དཀོན་མཆོག་གི་རྟེན་རྣམས་དང་། ཐུབ་པའི་ཆོས་ལུགས་མཛད་པའི་ཕྱག་རྒྱུན་མ་ཆད་བར་གདུང་རབས་ཕྱི་མ་རྣམས་ཀྱི་དད་རྟེན་དུ་འཛོག་དགོས་ཞེས་བྱུང་བ་དང་། བཙན་པོ་ཡབ་སྲས་དང་། རྗེ་བློན་ཀུན་དགོངས་པ་མཐུན་རྗེས་དབུ་མཐའ་བོར་དེ་མཐའ་ཡིག་ཐོག་བྲིས་པ་ཇི་བཞིན་དང་རྡོ་རིང་ཐོག་བརྐོས་པ་བཞིན་དུ་ལག་ལེན་མཛད་པ་ཡིན་ནོ། །འདི་ལྟར་ཡབ་མེས་གདུང་རྒྱུད་རྣམས་ཀྱིས་བཞེངས་པའི་དཀོན་མཆོག་གི་རྟེན་རྣམས་དང་། ཐུབ་པའི་ཆོས་ལུགས་མཛད་པའི་ཕྱག་རྗེས་བཅས་རྣམས་གཅེས་སུ་འཛིན་འོས་པ་ལས། མོ་བཏབ་པ་དང་རྨི་ལྟས་ཅི་རིགས་ཀྱི་ནང་ཆོས་ལ་སྨྲེག་གོ་ཞེས་དང་། ཆོས་མ་ལེགས་སོ་ཞེས་པའི་རྒྱུ་མཚན་ཅི་རིགས་ཐོས་ནའང་ཐུབ་པའི་ཆོས་ལུགས་ཉིད་མ་ཐོར་བ་དང་། སྤང་བར་མི་བྱའོ། །གལ་སྲིད་དེ་ལྟར་བརྗོད་མཁན་ཆེ་ཆུང་སུ་ཡོད་ཀྱང་མི་གསན་ལ་མི་མཛད་དོ། །བཙན་པོ་དབོན་སྲས་རྣམས་ལས་སྐུ་ན་ཆུང་ངུར་བཞུགས་པ་དང་ཆབ་སྲིད་ཀྱི་འགན་བཞེས་པ་ཚང་མས་དགེ་སློང་གི་སྡོམ་པ་བླངས་བཞིན་དགེ་བའི་བཤེས་གཉེན་བསྟེན་ནས་ཆོས་ཐུགས་སུ་ཆུད་པར་བསླབ་དགོས་པ་དང་། བོད་འབངས་ཡོངས་ཀྱིས་ཀྱང་ཆོས་སློབ་ཅིང་ཉམས་ལེན་བྱེད་པའི་སྒོ་མི་འགོག་པར་ནམ་ཡང་གོང་འོག་ཚང་མ་ཚུད་པའི་བོད་འབངས་རྣམས་ཐར་པར་འགྲོལ་བའི་སྒོ་མི་འགོག་པར་དད་ལྡན་རྣམས་ཐར་ལམ་ཆོས་སྒོར་འཇུག་པ་དང་། དེའི་ནང་ནས་ཆོས་ཁྲིམས་སྲུང་ཐུབ་མཁན་རྣམས་རབ་བྱུང་གི་སྡོམ་པ་ཞུ་རུ་བཅུག་ནས་ཆོས་རང་ཞུགས་སུ་འཇུག་དགོས་པ། བཅོམ་ལྡན་འདས་ཀྱི་རིང་ལུགས་འཛིན་པའི་དགེ་སློང་རྣམས་ཆོས་ལུགས་ཀྱི་ཚོ་ག་བྱེད་རྒྱུ་ཡོད་དོ་ཅོག་སྒྲུབ་རྒྱུའི་བཀའ་ཕབ་པ་དང་། ཆོས་ལུགས་ཀྱི་ལས་དོན་དང་འབྲེལ་བའི་ལས་དོན་ཐག་གཅོད་བྱ་ཆོག་པའི་དབང་ཆ་གནང་བ་དང་བཙན་པོའི་དགེ་བའི་བཤེས་གཉེན་ལ་བསྐོ་བའོ། །རབ་ཏུ་བྱུང་བ་རྣམས་ངེད་ཡབ་སྲས་ཀྱིས་མཆོད་གནས་སུ་བཀུར་བ་བཞིན་མུ་མཐུད་བྱེད་རྒྱུ་དང་། བཙན་པོའི་ཕོ་བྲང་ནང་དཀོན་མཆོག་གསུམ་གྱི་རྟེན་བཞེངས་ནས་མཆོད་བཞིན་ཡོད་པ་དེ་ཡང་ནམ་ཡང་མི་སྤང་བ་དང་མི་བསྒྱུར་བ་དེ་བཞིན་མཆོད་པའི་གནས་སུ་བགྱིའོ།

མདོར་ན་བཙན་པོའི་ཕོ་བྲང་ནང་དང་བོད་ཁམས་ན་དཀོན་མཆོག་གསུམ་མེད་པར་འགྱུར་བ་དང་སྤང་བར་བྱ་བའི་ཐབས་ཅི་ཡང་མཛད་རྒྱུ་མེད་ལ། བཙན་པོ་དབོན་སྲས་གང་

གི་རིང་ལའང་དཀོན་མཆོག་གསུམ་གྱིས་གཙོས་པའི་ཆོས་རྣམས་མ་ཉམས་མ་ཞིག་པར་རྒྱལ་པོའི་ཁྲིམ་ཡིག་གི་མགོར་བཀོད་པ་བཞིན་དམ་འཛིན་མཛད་དགོས། ད་ཕྱིན་ཆད་གདུང་རབས་རིམ་བྱོན་ཚང་མས་འདི་བཞིན་དཀོན་མཆོག་གསུམ་གྱིས་གཙོས་པའི་ཆོས་རྣམས་ཡི་དམ(ཐུགས་)ལ་བཅའོ། །

གོང་གསལ་གྱི་གནའ་ཡིག་ལས་འགལ་བའི་རིགས་གཏན་ནས་མི་བྱེད་ཆེད་འཛིག་རྟེན་ལས་འདས་པ་དང་མ་འདས་པའི་ལྷ་དང་། མི་མ་ཡིན་པ་ཐམས་ཅད་ཀྱང་དཔང་དུ་གསོལ་ཏེ་བཙན་པོ་རྗེ་སློན་ཀུན་ཐུགས་མཐུན་ནས་མནའ་བོར་རོ། །མནའ་ཡིག་བསྐྱར་དུ་གནང་བའི་ཡི་གེ་ཞིབ་མོ་ནི་ཡབ་ཀྱི་རིང་ལ་གནང་བའི་ཞལ་བཞེས་ཀྱི་ཡི་གེ་དང་མཉམ་དུ་བཞག་གོ།

དྲུག་པ། ཟག་ཡེར་པ་དགོན་པའི་དྲིལ་བུའི་ཁ་བྱང་གི་འགྲེལ་པ།

སངས་རྒྱས་ཀྱི་བཀའ་དམ་པའི་ཆོས་རྣམས་འཛིན་ཅིང་། བྱང་ཆུབ་སྤྱོད་པའི་མཛད་པ་ཀུན་དུ་སྣང་བར་བྱེད། བཟང་པོའི་སྤྱོད་པ་དངོས་སུ་ཉམས་ལེན་བྱེད་བཞིན་པ་འདི་ཡང་མ་འོངས་པའི་བསྐལ་བ་ཀུན་དུ་བྱེད་པར་བགྱིའོ། །

བདུན་པ། ཁྲ་འབྲུག་དགོན་པའི་དྲིལ་བུའི་ཁ་བྱང་གི་འགྲེལ་པ།

ལྷའི་ཇོ་སྲས་བར་སྣང་ལ་གྲགས་པའི་ཚུལ་ལྟར་རང་གི་སྐུའི་བཀོད་པ་གཏམ་སྤྱོད་དང་སེམས་ཅན་ཐམས་ཅད་དགེ་བ་ལ་སྐྱུལ་བའི་ཕྱིར་ཡོན་བདག་ཇོ་མོ་བྱང་ཆུབ་ཀྱིས་གནང་ནས་མཁྱེན་པའི་བདག་པོ་དགེ་སློང་རིན་ཆེན་གྱིས་ལུགས་སུ་བླུགས་སོ། །

(《ཀྲུང་གོའི་བོད་ཀྱི་ཤེས་རིག》1991ལོའི་དུས་དེབ་གསུམ་པར་འཀོད།)

༣༣། །གནའ་བོའི་བོད་ཀྱི་བང་སོ་དང་དུས་རབས་བདུན་པ་དང་དགུ་པའི་སྐབས་ཀྱི་བོད་ཀྱི་རྒྱན་རིས་སྒྱུ་རྩལ་སྐོར་གླེང་བ།

古代西藏石碑及七世纪装饰艺术

[བརྡ་ཚད་གཙོ་བོ།] འཕྱོངས་རྒྱས། བཙན་པོའི་བང་སོ། འཛུགས་སྐྲུན་སྒྱུ་རྩལ། རྒྱན་རིས།

[ནང་དོན་གནད་བསྡུས།] འདིར་བོད་ལྗོངས་འཕྱོངས་རྒྱས་ཞེས་པའི་ཡུལ་དུ་བཞེངས་པའི་བོད་བཙན་པོ་རིམ་བྱོན་གྱི་བང་སོ་རེ་རེ་བཞིན་ངོ་སྤྲོད་བྱས་པ་དང་སྤྱགས་བང་སོའི་འཛུགས་སྐྲུན་སྒྱུ་རྩལ་དང་དེ་བཞིན་དེ་དང་འབྲེལ་བའི་བོད་བཙན་པོའི་རྒྱལ་རབས་སྐབས་ཀྱི་རྒྱན་རིས་སྒྱུ་རྩལ་སྤྱི་དང་དེའི་ཁྱད་ཆོས་སྐོར་དཔྱད་པ་བྱས་ཡོད།

【关键词】 吐蕃赞普;琼结;赞普墓;建筑特色;装饰;艺术风格

【摘要】 此篇对位于西藏山南琼结县境内的吐蕃赞普墓的墓主进行认定和研究;对今存每一座的赞普墓的外形与建筑结构进行分析,从而窥探吐蕃时期西藏的建筑结构和装饰艺术风格。

ད་ལྟའི་བོད་ལྗོངས་ལྷོ་ཁ་ས་ཁུལ་འཕྱོངས་རྒྱས་རྫོང་ཁོངས་སུ་མཆིས་པའི་བོད་ཀྱི་བཙན་པོ་རིམ་བྱོན་སྐབས་བཞེངས་པའི་བང་སོའི་ཚོགས་རྣམས་ནི་དུས་རབས་བདུན་པ་དགུ་པའི་ནང་བཞེངས་པའི་རིག་དངོས་ཀྱི་གྲས་ཤིག་ཡིན། ལར་འཕྱོངས་རྒྱས་སུ་མཆིས་པའི་བཙན་པོའི་བང་སོའི་ཚོགས་ནི་བོད་ཀྱི་གནའ་རབས་ལོ་རྒྱུས་ཙམ་མ་ཟད་ཆོས་ལུགས་དང་མོས་དང་འཛུགས་སྐྲུན་རིག་གནས་སོགས་བོད་རིག་པའི་གནད་མང་ལ་ཞིབ་འཇུག་བྱ་རྒྱུར་མཁོ་བའི་དཔྱད་གཞི་རིན་ཐང་བྲལ་བ་ཞིག་ཡིན་ནའང་། ཆ་རྐྱེན་དང་རྒྱུ་མཚན་ཅི་རིགས་ཀྱི་དབང་གིས་ཀྲུང་གོའི་བོད་རིག་པའི་ཁྱབ་ཁོངས་ནང་དུ་ད་བར་འཕྱོངས་རྒྱས་བང་སོའི་ཚོགས་ལ་མ་ལག་ལྡན་པའི་ཞིབ་འཇུག་བྱེད་རྒྱུ་ལྟ་ཞོག དེའི་སྐོར་གྱི་དཔྱད་རྩོམ་ཐུང་ངུའང་

ཉིན་མོའི་སྐར་ཟླའི་དཔེ་ཟླར་སོང་མོད། འོན་ཀྱང་ཕྱི་རྒྱལ་གྱི་བོད་རིག་པ་བ་ཁག་གཅིག་གིས་བཙན་པོའི་བང་སོའི་ཚོགས་ལ་དོ་སྣང་ཉམས་ཞིབ་བྱས་འདུག་པ་མ་ཟད། དེའི་སྐོར་གྱི་དཔྱད་རྩོམ་ཡང་འགྲེམས་སྤེལ་བྱས་འདུག རང་རེའི་ལོ་རྒྱུས་རིག་གནས་ཀྱི་གནའ་ཤུལ་ལ་དོ་སྣང་དང་དེ་བས་མང་བའི་སྐྱེ་བོས་གནད་དེར་ཞིབ་འཇུག་མཛད་རྒྱུར་སྤྲོ་བ་འཕེལ་ཕྱིར་ཕོ་བོས་ཕྱི་རྒྱལ་གྱི་མཁས་པ་ཁག་གཅིག་གིས་འཕྱོངས་རྒྱས་བང་སོ་དང་དེ་དང་འབྲེལ་བའི་བཙན་པོའི་རྒྱལ་རབས་སྐབས་ཀྱི་རྒྱན་རིས་སྒྱུ་རྩལ་སྐོར་ཞིབ་འཇུག་བྱས་པའི་གནས་ཚུལ་འགའ་ཞིག་ངོ་སྤྲོད་བྱ་རྒྱུ་ཡིན།

དེ་ཡང་ཧྥ་རན་སིའི་བོད་རིག་པ་མཁས་ཅན་ཁེ་ཧྲུན་འོར་ད་ནི་འཕྱོངས་རྒྱས་བང་སོའི་ཚོགས་ལ་ཐུགས་སྣང་མཛད་མཁན་ཕྱི་རྒྱལ་བ་ཐོག་མའི་གྲས་ཤིག་ཡིན། ཁོང་གིས་ཚིག་དགུ་ཉེར་གཉིས་ལོར་ས་ཆ་དེ་རྒྱུད་དུ་ཕེབས་ཡོད་ནའང་། ཁོང་གིས་སྐབས་དེ་ཤེད་དུ་རང་གི་སྤྱན་ལམ་དུ་འཆར་བའི་བང་སོ་དེ་དག་ལ་དོ་སྣང་ཆེར་གནང་མེད། བང་སོ་དེ་རིགས་ཐོག་མར་ཉུབ་ཕྱོགས་པའི་འདྲེན་བྱེད་ཀྱི་ཡུལ་དུ་བཤམས་པར་མཛད་པོ་ནི་དབྱི་ཏ་ལིའི་བོད་རིག་པ་མཁས་ཅན་ཀོ་སེ་པེ་ཏུ་ཆི་ཞེས་པ་དེ་ཡིན་ལ། ཁོང་གིས་ཚིག་དགུ་ལྔ་བཅུའི་ལོར་བང་སོ་དེ་དག་ངོ་སྤྲོད་མཛད་པའི་བཀའ་རྩོམ《བོད་ཀྱི་བཙན་པོའི་བང་སོ་ངོ་སྤྲོད་》ཅེས་པ་པར་བསྐྲུན་མཛད་ཡོད། དེ་རྗེས་སུ་པར་སྐྲུན་བྱས་པའི་བཙན་པོའི་བང་སོའི་སྐོར་གྱི་དཔྱད་རྩོམ་ནི་ཧོ་ཧྥ་མན་གྱིས་མཛད་པའི《འཕྱོངས་རྒྱས་སུ་མཆིས་པའི་བོད་ཀྱི་བཙན་པོའི་བང་སོ་ངོ་སྤྲོད་》ཅེས་པ་དེ་ཡིན། གོང་གསལ་རིག་ལམ་དཔྱད་ཐབས་ཀྱི་བཀའ་རྩོམ་དེ་གཉིས་ཀའི་ཁྲོད་རིན་ཐང་ལྡན་པའི་དཔྱད་འཕྲིན་མི་ཉུང་བ་ཞིག་བཀོད་གནང་ཡོད་ཀྱང་། ཏུ་ཆི་ཡིས་བང་སོའི་ཕྱི་དབྱིབས་དང་འབྲེལ་ཡོད་ལྟ་ཚུལ་སྐོར་ཕྲན་ཙམ་ལས་གསུངས་མེད་ལ། ཧོ་ཧྥ་མན་གྱིས་ཀྱང་བང་སོའི་ཕྱི་དབྱིབས་དང་དེ་དག་གནས་སའི་ས་བབ་སྐོར་འབའ་ཞིག་ལས་དེ་མིན་གྱི་གནས་ཚུལ་གང་ཡང་གསུངས་མི་འདུག དེར་བརྟེན། ད་ཐེངས་འདིར་བོད་བཙན་པོའི་བང་སོའི་སྐོར་ཤེས་རྟོགས་སྔར་ལས་གསལ་ཙམ་ཞིག་ཡོང་ཕྱིར་དེའི་སྐོར་རགས་ཙམ་གླེང་བར་བྱའོ།

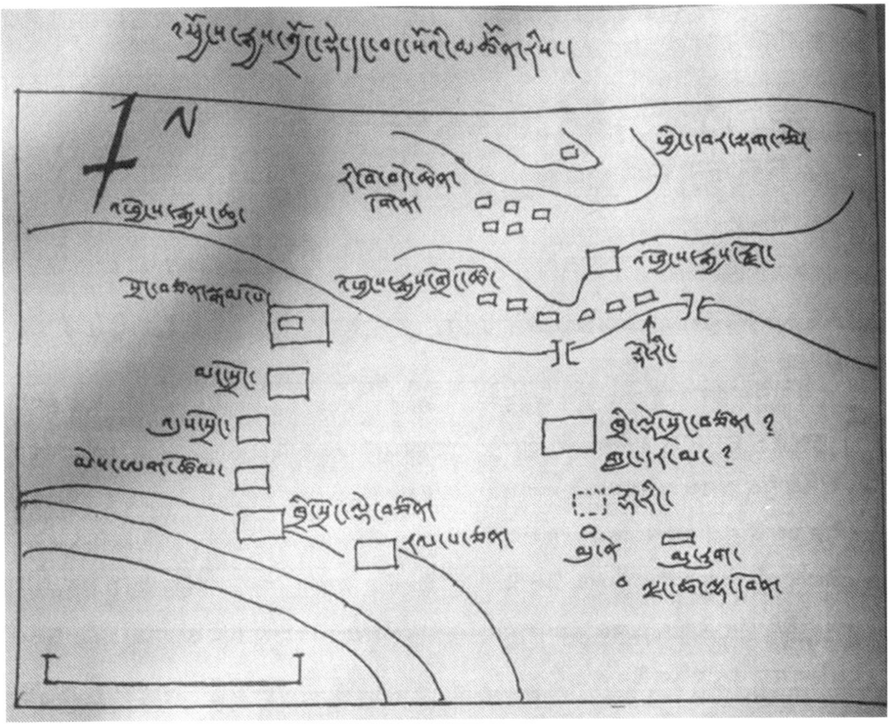

ཧོ་རྫོ་མན་གྱི་བཀའ་ཆོས་ནང་མཆིས་པའི་“ འཕྱོངས་རྒྱས་” ཞེས་པའི་ས་མིང་དེ་ནི་ཁོང་གིས་མཁྱེན་བརྩེ་རིན་པོ་ཆེས་དུས་རབས་བཅུ་དགུ་ པའི་ ནང་ ཆོས་ སྒྲིག་ མཛད་ པའི་ གནས་ཡིག་ ནང་ ནས་ འདྲེན་ སྦྱོད་ མཛད་ པ་ཞིག་ཡིན་ ལ། ཐ་སྙད་ དེ་ ནི་ བོད་ ས་ གནས་སྲིད་གཞུང་གིས་ གཏན་ འཁེལ་ བེད་ སྤྱོད་ བྱས་ པའི་ རྫོང་ མིང་ ཞིག་ ཀྱང་ ཡིན། འོན་ ཀྱང་ གནའ་བོའི་ལོ་རྒྱུས་ཀྱི་དཔྱད་ཡིག་《 པད་མ་བཀའ་ཐང་》 དང་། 《 དེབ་ཐེར་སྔོན་པོ》། དཔའ་བོ་གཙུག་ལག་ཕྲེང་བས་མཛད་པའི་《 མཁས་པའི་དགའ་སྟོན་》 དང་། དེ་བཞིན་རྒྱལ་དབང་སྐུ་ཕྲེང་ལྔ་པས་མཛད་པའི་《 དཔྱིད་ཀྱི་རྒྱལ་མོའི་གླུ་དབྱངས་》 བཅས་ནང་དུ།

ཕྱོང་དམ་འཕྱོངས་པོ་ཞེས་པ་བེད་སྤྱོད་གནང་ཡོད། འཕྱོངས་རྒྱས་ནི་ལྷ་ས་ནས་སྤྱི་ལེ་ཉིས་བརྒྱ་འདས་པའི་སར་ཆགས་ཤིང་། དེ་ནི་ཤམས་ཆུ་ཞེས་པའི་གཙང་པོའི་ནུབ་རྒྱུད་དུ་གནས་ཡོད། ས་དེར་བོད་བཙན་པོའི་བང་སོའི་ཚོགས་བཞུགས་ཡོད་པ་དེ་དག་ནི་དུས་ད་ལྟའི་བར་སྐྱ་བོའི་འདྲེན་བྱེད་ཀྱི་ལམ་དུ་ཇམས་བརྗིད་དང་སྒྲུགས་གསལ་ལེར་མཇལ་རྒྱུ་ཡོད་དོ།

བང་སོའི་ཚོགས་ཡོད་ས་ནས་ནུབ་བྱང་མཚམས་ཀྱི་རི་འདབས་སུ་འཕྱོངས་རྒྱས་རྫོང་ཆགས་ཡོད་ལ། རྫོང་གི་ཡར་སྟེང་གི་རི་གཤོངས་དེར་དགེ་ལུགས་པའི་དགོན་སྡེ་རི་བོ་བདེ་ཆེན་ཞེས་པ་དེ་ཆགས་ཡོད། སྔར་གྱི་འཕྱོངས་རྒྱས་རྫོང་ཆགས་སའི་ཉེ་འདབས་ཀྱི་གྲོང་རོ་དེ་དག་ནི་བོད་བཙན་པོའི་དབང་ཐང་ཆེར་འགྱེད་སྐབས་བསྐྱུན་པའི་ཕོ་བྲང་ཕྱིང་བ་སྟག་རྩེའི་རྗེས་ཤུལ་ཡིན་སྐད། ཕོ་བྲང་དེ་ཉིད་ཐོག་མར་བཙན་པོ་སུའི་སྐབས་བཞེངས་སྐོར་བཞེད་ཚུལ་མི་འདྲ་བ་ཡོད་པ་དཔེར་ན། 《རྒྱ་བོད་ཡིག་ཚང་》ནང་ཕོ་བྲང་འཕྱིངས་བ་སྟག་རྩེ་སྤྲུ་ལྡེ་གུང་རྒྱལ་སྐབས་བཞེངས་ཞེས་འཁོད་ཡོད་པ་དང་། དུས་རབས་དགུ་པའི་སྐབས་བཞེངས་བཀོས་བྱས་པའི་ཀོང་པོའི་བྲག་བཀོས་ཡིག་ཆའི་ནང་དུ་ཕོ་བྲང་དེ་ནི་བོད་བཙན་པོའི་གདུང་རབས་བདུན་པ་ནས་གྲི་གུམ་བཙན་པོ་(དྲི་གུམ་བཙན་པོ་ཕན་ཆད་གདུང་རབས་བདུན་གྱི་བར་དུ།)བར་གྱི་བཙན་པོ་རྣམས་ཀྱི་བཞུགས་གནས་ཕོ་བྲང་ཡིན་པར་བསྟན་ཡོད། ཡར་སྲོལ་རྒྱུན་གྱི་ལྟ་ཚུལ་ལྟར་ན་བཙན་པོ་ལྷ་ཐོ་ཐོ་རི་གཉན་བཙན་གྱིས། (དེ་སྲོང་བཙན་ལས་གདུང་རབས་ལྔས་སྔ་བ།) ཡུམ་བུ་བླ་མཁར་དུ་ཕོ་བྲང་གསར་པ་ཞིག་བཞེངས་ཟེར་ནའང་། ཏུན་ཧོང་ནས་ཐོན་པའི་བོད་བཙན་པོའི་སྐབས་ཀྱི་ལོ་རྒྱུས་ཡིག་ཆའི་ནང་དུ་ནི། ཕྱིང་བ་སྟག་རྩེ་ནི་སྲོང་བཙན་སྒམ་པོའི་ཡབ་མེས་སྟག་རི་གཉན་གཟིགས་བཞུགས་སའི་ཕོ་བྲང་ཡིན་པ་འཁོད་ཡོད་པར་མ་ཟད། སྲོང་བཙན་སྒམ་པོ་དེ་ཉིད་ཀྱང་ཁྲུང་པོ་སྤུང་ཟད་ཟུ་ཙེ་ཞེས་པ་དེ་ཕམ་འཇིགས་སུ་འགྲོ་བའི་སྐབས་ས་ཆ་དེ་རང་དུ་བཞུགས་གནས་མཛད་ཚུལ་བཅས་འཁོད་ཡོད། དེར་བརྟེན། བོད་ཀྱི་བཙན་པོ་རྣམས་ཀྱིས་དུས་རབས་བདུན་པ་ནས་བཟུང་རང་ཉིད་ཀྱི་མངའ་ཐང་རྒྱ་བསྐྱེད་དང་། བཙན་པོའི་སྲིད་དབང་ཕྱིར་བས་སྲ་བརྟན་ཡོང་ཆེད། རྒྱ་བསྐྱེད་ཀྱི་འཕེལ་རིམ་ཁྲིད་བཙན་པོ་དང་དེའི་འཁོར་གཡོག་

རྣམས་གང་ཕེབས་ཀྱི་སར་བཞུགས་གནས་ཕོ་བྲང་བསྐྲུན་བཞེངས་མཛད་པ་དང་། མཐའ་མ་གཅིག་གྱུར་དང་རྒྱལ་ས་གཏན་འཁེལ་བྱུང་རྗེས། ཕྱིང་བ་ཞེས་པའི་ས་ཆ་དེ་བཞིན་རིམ་བཞིན་བཙན་པོའི་བཞུགས་གནས་ཕོ་བྲང་ཞིག་ནས་བཙན་པོའི་བང་སོ་བརྩིགས་ཡུལ་ཞིག་ཏུ་འཕོ་འགྱུར་བྱུང་ཡོད། ཕྱིང་བར་བརྩིགས་པའི་བཙན་པོའི་བང་སོ་སྔ་ཤོས་དེ་ནི་གྲི་གུམ་བཙན་པོའི་བང་སོ་དེ་ལགས། 《དཔྱིད་ཀྱི་རྒྱལ་མོའི་གླུ་དབྱངས》དང་《རྒྱལ་རབས་གསལ་བའི་མེ་ལོང་》སོགས་ལོ་རྒྱུས་དེབ་ཐེར་ནང་དུ། བོད་ཀྱི་བཙན་པོའི་བང་སོའི་ཐོག་མ་གྲི་གུམ་བཙན་པོའི་བང་སོ་ཕྱིང་ཡུལ་དུ་བཏབ་ཅེས་འཁོད་ཡོད། ལར་གྲི་གུམ་བཙན་པོའི་བང་སོ་དང་དེ་གནས་སའི་ས་ཆ་དེའི་སྐོར་གྱི་གཏམ་རྒྱུད་དང་། དེ་བཞིན་དེ་རྗེས་ཀྱི་བཙན་པོའི་གདུང་རབས་བཅུ་དྲུག་རིང་། བཙན་པོའི་བང་སོ"ཟ་སྒང་གི་བར་དུ"དང་། "ཆུ་བོའི་དབུས་སུའམ་གངས་རིའི་ཁྲོད་དུ"བརྩིགས་ཞེས་པ་སོགས་ངོ་མཚར་ཅན་གྱི་བཤད་སྲོལ་ཧ་མང་ཞིག་མཆིས་ནའང་། ལོ་རྒྱུས་དངོས་ལས་ར་སྤྲོད་ཐུབ་དོན་ནི་འདི་ལྟར་སྟེ། ལྷ་ཐོ་ཐོ་རི་གཉན་བཙན་གྱི་སྐབས་ནས་འགོ་ཚུགས་ཏེ་ཕྱིང་ཡུལ་ཞེས་པའི་ས་ཆ་དེ་བཙན་པོའི་བང་སོ་བརྩིགས་ཡུལ་ཞིག་ཏུ་གྱུར་བ་ཡིན་ནོ།

ཏུན་ཧོང་ནས་ཐོན་པའི་ལོ་རྒྱུས་ཀྱི་དཔྱད་གཞིའི་ཡིག་ཆའི་ནང་དུ། བཙན་པོའི་ཕོ་བྲང་དང་བཙན་པོའི་བང་སོ་བཞེངས་ཡུལ་གྱི་ས་ཆ་དེའི་མིང་གི་འབྲི་ཚུལ་ཐད"ཕྱིང་བ"ཞེས་མངོན་ཞིང་། དེ་དང་གཅིག་མཚུངས་ཀྱི་འབྲི་ཚུལ་ནི་གོང་པོའི་བྲག་བརྐོས་ཡི་གེའི་ཁྲོད་དུའང་མཐོང་ཐུབ་པོ། འོན་ཀྱང་ལོ་རྗེས་བྲིས་པའི་ལོ་རྒྱུས་ཀྱི་དཔེ་ཆའི་ནང་དུ"འཕྱིང་བ"ཞེས་འཁོད་ཡོད། གོང་གསལ་ཡུལ་མིང་དེའི་བྲིས་ཚུལ་ཐད་ཅུང་ཟད་མི་འདྲ་བ་མངོན་པ་དེ་དག་ནི་སྐབས་དེ་ཤེད་ཀྱི་གནས་ཚུལ་ལ་བརྟག་སྐབས་ཧང་སང་དགོས་དོན་ཅི་ཡང་མེད་སྙམ། འོན་ཀྱང་པེ་ཁ་ཐ་ཞེས་པའི་ནུབ་ཕྱོགས་པའི་ཞིབ་འཇུག་པ་ཞིག་གི་བཀའ་རྩོམ་ནང་དུ་འཕྱོངས་རྒྱས་སྐོར་གླེང་སྐབས"ཕྱིན་པའི་རིན་ཁང"ཞེས་པའི་མིང་ཚིག་འདྲེན་སྤྱོད་གནང་འདུག་ནའང་། དཔྱད་གཞི་གང་ཡིན་སྐོར་ཚིག་འབྲུ་གཅིག་ཀྱང་གསུངས་མེད་སྟབས་གནད་དོན་དེའི་སྐོར་ཞིབ་འཇུག་བྱེད་པར་སྤྲོ་བའི་སྐྱེ་བོ་གཞན་རྣམས་རེ་ཞིག་འཁྲུལ་སྣང་གི་གནས་

སུ་གྱུར་བ་ལས་གཞན་ཅི། དེ་བཞིན་ཁོང་གིས་རང་ཉིད་ཀྱི་བཀའ་རྩོམ་གྱི་བསྡུས་འདྲེན་(Index)ནང་དུ“ཕྱིང་ཁང་=འཕྱིང་ཁང་”ཞེས་བཀོད་གནང་མཛད་པ་ལས་མིང་ཚིག“འཕྱིང་ཁང་”ཞེས་པ་དེ་ཉིད་དང་འབྲེལ་བའི་ཡིག་ཆའི་སྐོར་གསུངས་མེད་ལ། ཁོང་གི་དེབ་ཐེར་གྱི་མཇུག་ཏུ་འཁོད་པའི་མིང་ཚིག“ཕྱིང་བར་”ཞེས་པ་དེ་ནི་ཞུར་འབུལ་གྱི་དོན་ཡིན་ནོ་ཞེས་འགྲེལ་བརྗོད་མཛད་ཡོད། ཁོང་གིས་དེ་ལྟར་གསུངས་པ་ནི་དེ་བས་ཐེ་ཚོམ་དང་དྲི་རྩད་བྱ་ཡུལ་ཞིག་ཏུ་གྱུར་དོན་ནི་ད་བར་བོད་ཀྱི་བཙན་པོ་གཤེགས་རྗེས་སྐུ་ཕུང་རྣམས་ཞུགས་འབུལ་བྱས་པའི་ལོ་རྒྱུས་ཀྱི་དཔྱད་གཞིའི་ཡིག་ཆ་མེད་པའི་ཕྱིར་རོ། །དབྱི་ཏ་ལིའི་བོད་རིག་པ་མཁས་ཅན་ཏུ་ཆེ་ཡང་བེ་ཁ་ཐའི་ཤུགས་རྐྱེན་ཐེབས་རྗེས་ཁོང་གིས་རང་སོའི་བཀའ་རྩོམ《བོད་ཀྱི་བཙན་པོའི་བང་སོ་》ཞེས་པའི་ནང་དུ། “ཕུང་པོ་ཞུགས་འབུལ་མ་བྱས་གོང་དེ་སྐབས་ཐལ་གྱི་ཁང་པ་ཞིག་གམ་ཡང་ན་ལྷ་ཁང་ཞིག་ནང་འཇོག་པ་ཡིན་”ཞེས་དང་། ཁོང་གིས“འཕྱིང་བའི་རིང་ཁང་”ཞེས་པའི་འཕྱིང་ཡིག་གི་སྟོན་འཇུག་འ་དེ་ཡིག་ནོར་ཡིན་པར་གསུངས་པ་ལས་དེ་ལས་རྒྱས་པའི་འགྲེལ་བརྗོད་ཅི་ཡང་གནང་མེད།

དོན་གནད་དེའི་སྐོར་ཐད་ཀར་ཉེ་བའི་ལོ་ཤས་ནང་ཞིབ་འཇུག་བྱས་པའི་(ཏུན་ཧོང་ཡིག་རྙིང་ཤོག་གྲངས13)ལོ་རྒྱུས་ཀྱི་དཔྱད་གཞིའི་ཡིག་ཆ་དེར་བལྟས་ན་ངེས་ཤེས་རགས་ཙམ་བྱུང་སྟེ། “བཙན་པོ་མྱེས་ཁྲི་སྲོང་བཙན་གྱི་སྤུར་ཕྱིང་པའི་རིང་ཁང་ན་རིང་མཁྱུད་ཆེང་བཞུགས་སྟེ་……དང་དེ་རྗེས་ཀྱི་ལོ་ཟླའི་ནང་བཙན་པོ་ཉེན་ཁར་ན་བཞུགས་ཤིང་། འཕྱིང་བར། བཙན་པོ་མྱེས་ཁྲི་སྲོང་བཙན་གྱི་མདད་བཏང་བ་ལོ་གཅིག”ཅེས་པའི་དོན་ནི་ཕུང་པོ་ལོ་གཅིག་རིང་འཕྱིང་བའི་རིང་ཁང་དུ་ཉར་ཚགས་བྱས་པ་དང་། ལོ་ཕྱི་མར་ཕུང་པོ་དངོས་སུ་འཕྱིང་བར་ཞུགས་འབུལ་བྱས་པའི་དོན་དང་། །དེ་རྗེས། བོད་ཀྱི་བཙན་པོ་འདུས་སྲོང་འདས་རྗེས། བཤད་སྲོལ་ལྟར་ན་བཙན་པོ་དེ་པའི་ཕུང་པོ་མེར་ཀེ་རིང་ཁང་དུ་ཉར་ཅེས་དང་། ཕལ་ཆེར་ལོ་གཅིག་གི་རྗེས་སུ(706དགུན)གཞི་ནས་ཕུང་པོ་འཕྱིང་བར་(ཕྱིང་བར་བཙན་པོ་ཡབ་ཀྱི་མདད་བཏང་། ཏུན་ཧོང་19)ཞུགས་འབུལ་བྱས་པའོ། །དེ་ལྟའི་ཕུང་པོ་ཞུགས་འབུལ་བྱེད་སྲོལ་ཡང་བཙུན་མོ་ཁྲི་མ་ལོད713ལོར་འདས་རྗེས་ཀྱང་སྤྱད་པར་

གྲགས།

དེ་ཡང་སྐྱེ་བོ་ག་གེ་མོས་"ཕྱིང་བ་"ཞེས་པའི་མིང་ཚིག་འདི་ནི་"འཕྱིང་"ཞེས་པ་ཕུང་པོ་ཞུགས་འབུལ་ཞེས་པའི་དོན་སྟོན་པའི་ཚིག་དེ་ལས་མཆེད་པར་བཞེད་ཀྱང་དེ་ལ་དཔང་རྟགས་ཁུངས་བཙན་བསྟན་རྒྱུ་མེད་སྙམ། བེ་ཁོ་ཏ་ཡིས་དཔྱད་གཞིའི་ཡིག་ཆར་གོ་བ་ལོག་སྐྱུབ་གནང་རྗེས། "འཕྱིན་པ་"ཞེས་པའི་དོན་ནི་ཕྱིར་བཏོན་པའི་དོན་ཡིན་པ་དང་། དེ་ཡང་ཕུང་པོའི་རྒྱུ་སྣོད་དག་ཕྱིར་བཏོན་པའི་དོན་ཡིན་ཤས་ཆེ་ཞེས་དགོངས་ཡོད། ལར་ཁོང་གིས་གསུངས་པ་ལྟར་ཡིན་ཤས་ཆེ་ཡང་། ཕྱིང་བའམ་འཕྱིང་བ་ཞེས་པའི་མིང་ཚིག་གཉིས་པོ་དེ་ཐོག་མར་ལོ་རྒྱུས་ཀྱི་ཡིག་ཆའི་ནང་ས་མིང་ཞིག་ཡིན་པར་མངོན་ཞིང་། "ཕྱིང་བའི་རིང་ཁང་"ཞེས་པ་ནི་ཕྱིས་སུ་ཕྱིང་བ་ཞེས་པར་རིང་ཁང་ཞེས་པའི་ཚིག་གཉིས་པོ་སྦྱར་བ་ཞིག་ཡིན་པས། རིང་ཁང་ཞེས་པའི་ཚིག་དོན་ནི་ཕུང་པོ་འཇོག་སའི་གནས་ལ་གོ་བ་ཡིན་ནོ།

དཔྱད་རྩོམ་འདིའི་ནང་འཁོད་པའི་བང་སོའི་གསལ་བཤད་དང་བང་སོ་ཆགས་སའི་གནས་རྣམས་འཁོད་པའི་པར་རིས་ལས་འགའ་ཞིག་ཏུ་ཆེས་བརྩམས་པའི་《བོད་བཙན་པོའི་བང་སོ》ནང་དུ་འཁོད་པ་དང་གཅིག་མཚུངས་མ་ཡིན། ཏུ་ཆེ་དང་ཧོ་ཧྥ་མན་གཉིས་ཀྱི་བང་སོའི་སྐོར་གྱི་འདྲ་རིས་གཉིས་བསྡུར་དཔྱད་བྱས་རྗེས་ཤེས་དོན། ཏུ་ཆེས་བང་སོ་ལྔ་ལས་མེད་ཚུལ་གསུངས་གནང་ཡང་དོན་དངོས་སུ་ས་དེར་བང་སོ་བཅུ་མཆིས་པ་དང་། ཁོང་གིས་སྲོང་བཙན་སྒམ་པོའི་བང་སོའི་དབྱིབས་ནི་ཟླུམ་པོའོ་ཞེས་ནོར་འཁྲུལ་གྱི་སྨོས་ཚིག་བཞག་གནང་འདུག དེ་ནི་ཁོང་གིས་མུ་ཏིག་བཙན་པོའི་བང་སོ་དང་སྲོང་བཙན་སྒམ་པོའི་བང་སོ་གཉིས་ཕྱིན་ཅི་ལོག་ནས་འགྲེལ་བརྗོད་གནང་བའི་མཇུག་འབྲས་ཤིག་རེད་སྙམ། ཧོ་ཧྥ་མན་གྱིས་དཔྱད་གཞི་གནང་ཡུལ་གཙོ་བོ་ནི་བོད་ཀྱི་རྩོམ་རིག་ཡིག་ཆ་ཡིན་པ་དང་། ཁོང་གིས་བྲིས་གནང་མཛད་པའི་བང་སོའི་ཆགས་ཁུལ་གྱི་འདྲ་རིས་ནི་འདིར་འཁོད་བང་སོ་ཆགས་ཡུལ་སྐོར་གྱི་འདྲ་རིས་དང་ཧ་ལམ་གཅིག་མཚུངས་ལགས་ནའང་། མི་འདྲ་བའི་ཆ་ཡང་ཅུང་ཟད་མཆིས། ཏུ་ཆེས་བང་སོ་རྣམས་རང་བྱུང་གི་རི་བོག་སྟེང་དུ་ཆགས་ཞེས་གསུངས་ནའང་། བང་སོ་དེ་དག་ནི་མིས་བཟོས་འཛུགས་སྐྲུན་ཞིག་ཡིན་པ་དེ་ནི《ཐང་ཡིག》ནང་དུ་འང་།

“ བང་སོ་རྣམས་ནི་ཕུང་པོ་ཞུགས་འབུལ་བྱ་སའི་ཁང་སྟེང་དུ་ཡང་ཡང་བརྩེགས་པ་ལས་གྲུབ་” ཅེས་པ་ལས་ར་སྒྲོད་གསལ་པོ་ཐུབ། དུ་ཚེའི་དགོངས་པར་བང་སོ་རྣམས་རང་བྱུང་གི་རི་བོག་ཐོག་ཆགས་པར་གསུངས་པའི་རྒྱེན་ཡང་བང་སོ་རྣམས་འབངས་གྱེན་ལོག་གི་སྐབས་སམ་དེ་རྗེས་ཀྱི་ལོ་རྒྱུས་ནང་སྔོག་གཏོར་（བཤིག་）བྱས་པས་སོ། བང་སོ་སྔོག་བཤིག་བྱས་ཐེངས་གཉིས་ཡིན་ཏེ། གཅིག་ནི་དུས་རབས་དགུ་པའི་དུས་མཇུག་ཏུ་ཡིན་པ་དང་། ཅིག་ཤོས་ནི་དུས་རབས་བཅོ་བརྒྱད་པའི་སྐབས་སོག་པོ་ཇུན་གར་བའི་དམག་གིས་སྔོག་བཤིག་རྒྱ་འཁྱེར་བྱས་པ་དེའོ།

དཔྱད་རྩོམ་འདིའི་ནང་བྲིས་པའི་བང་སོའི་དཔེ་རིས་ཐོག་འཁོད་པའི་བང་སོ་དང་དེ་དག་བཙན་པོ་གང་གི་ཡིན་མིན་ཐད་གཙོ་བོ་བོད་ཡིག་གི་དཔྱད་གཞིའི་ཡིག་ཆར་ཁུངས་བཙལ་བ་དང་སྦྲགས། འཕྲུངས་རྒྱས་རི་པོ་བདེ་ཆེན་དགོན་གྱི་དགེ་འདུན་དང་སྲོང་བཙན་བང་སོའི་བདག་གཉེར་གཅིག་ལྟོགས་ཡིན་པ་དེའི་གསུངས་ཚུལ་ལ་གཞིགས་ནས་བཟོས་པ་ཡིན། ཞེང་ཚད་ལ་ཁྲི་ཅེ200དང་། མཐོ་ཚད་ལ་ཁྲི་ཅེ50དང་། སྲོང་བཙན་སྒམ་པོའི་བང་སོར་གྲགས་པ་དེའི་སྟེང་དུ་ལྷ་ཁང་ཆུང་ཆུང་ཞིག་བསྐྲུན་འདུག་པ་དང་། ཡུལ་མི་རྣམས་ཀྱིས་བང་སོ་དེར་སྲོང་བཙན་བང་སོའམ་བང་སོ་དམར་པོ་ཞེས་བརྗོད་པ་ཡིན། དེ་ལྟའི་སྲོལ་རྒྱུན་གྱི་བརྗོད་སྲོལ་དེ་ལ་དོགས་པ་སྐྱེ་དགོས་དོན་ཅང་མ་མཆིས་སོ། སྲོང་བཙན་སྒམ་པོའི་བང་སོ་ནས་འགོ་བཙུགས་ཏེ་བསྐོར་ན་བཙན་པོ་གཞན་རྣམས་ཀྱི་བང་སོ་རིམ་བཞིན་མིག་ལམ་དུ་མངོན་པ་དང་། ཏུ་ཆེས་བྲིས་མཛད་པའི་བང་སོའི་པར་རིས་ཀྱི་སྟེང་དུ་འཁོད་པའི་གུང་སྲོང་གི་བང་སོ་ནི་ས་ཆ་དེར་དངོས་སུ་མཇལ་རྒྱུ་མི་འདུག འོན་ཀྱང་ཏོ་རྡོ་མན་གྱིས་པར་རིས་ནང་བང་སོ་དེ་སྲོང་བཙན་སྒམ་པོའི་བང་སོའི་ནུབ་ངོས་ཀྱི་རྒྱབ་ཕྱོགས་སུ་ཡོད་ཚུལ་བཀོད་གནང་འདུག

སྲོང་བཙན་སྒམ་པོའི་བང་སོ་ནི་ཁོང་གི་ཡབ་མེས་ཀྱི་བང་སོའི་གཡོན་ངོས་སུ་བརྩེགས་ནས་ཡོད་པ་དང་། འདུས་སྲོང་མང་པོ་རྗེའི་བང་སོ་ནི་སྲོང་བཙན་གྱི་བང་སོའི་གཡོན་ངོས་སུ་བརྩེགས་པ་དང་དེའི་གཡོན་ངོས་སུ་ཡང་མེས་ཨག་ཚོམས（ཁྲི་ལྡེ་གཙུག་བརྟན་）ཀྱི་བང་

སོ་བརྟེགས་ཡོད་པ་བཅས་ནི་ཡིད་རྟོན་རུང་བ་ཞིག་ལགས། གཞན་ཡང་མེས་ཨག་ཚོམས་ཀྱི་བང་སོའི་མདུན་ངོས་སུ་ལྷུང་ཚ་ལྷ་དཔོན་གྱི་བང་སོ་བརྟེགས་ཡོད་པ་དེ་ནི《རྒྱ་བོད་ཡིག་ཚང་》ནང་དུའང་ལྷུང་ཚ་ལྷ་བོན་གྱི་བང་སོ་ནི་ཁོང་གི་ཡབ་མེས་ཨག་ཚོམས་ཀྱི་མདུན་དུ་བརྟེགས་ཡོད་པ་ལས་ཁོང་གི་ཡབ་མེས་འདུས་སྲོང་བཙན་པོའི་གམ་དུ་མ་ཡིན་ནོ་ཞེས་གསུངས་པ་ལས་ཀྱང་ར་སྤྲོད་བྱེད་ཐུབ་པོ།

བཙན་པོ་ཁྲི་སྲོང་ལྡེ་བཙན་གྱི་བང་སོ་ནི་ཁོང་གི་ཡབ་ཀྱི་བང་སོའི་རྒྱབ་ངོས་ཀྱི་གཡས་ཕྱོགས་དང་། མུ་ནེ་བཙན་པོའི་བང་སོའི་གཡོན་ངོས། མེས་ཨག་ཚོམས་ཀྱི་བང་སོའི་མདུན་ངོས་བཅས་སུ་གནས་ཡོད། མུ་རུབ་(མུ་རུག་) བཙན་པོའི་བང་སོ་ནི་ཏ་ལམ་འདུས་སྲོང་མང་པོ་རྗེའི་བང་སོའི་མདུན་ངོས་དང་གཙུང་པོ་སད་ན་ལེགས་ཀྱི་བང་སོའི་འགྲམ་དུ་བཏབ་ཡོད། བང་སོ་འདི་བཙན་པོ་སུའི་བང་སོ་ཡིན་སྐོར་ཚོག་ཐག་བཅད་ནས་གཏན་ལ་ཕབ་མི་ཐུབ་པའི་རྒྱུ་མཚན་ནི། བོད་ཀྱི་ལོ་རྒྱུས་མཁན་པོ་མི་ཉུང་བ་ཞིག་གིས་སད་ན་ལེགས་དང་། ཁྲི་ལྡེ་སྲོང་བཙན། མུ་ཏིག་བཙན་པོ་གསུམ་ནི་མིང་གི་རྣམ་གྲངས་ལས་དོན་དུ་བཙན་པོ་གཅིག་རང་དུ་དགོངས་པ་ལས་སོ། དེ་ཡང་གཙྭ་པ་རང་བྱུང་རྡོ་རྗེས་བརྩམས་པའི་གནས་བཤད་ནང་དུ་སད་ན་ལེགས་ཀྱི་བང་སོ་དང་ཁྲི་ལྡེ་སྲོང་བཙན་གྱི་བང་སོ་ཞེས་བང་སོ་ཁག

གཉིས་སུ་དབྱེ་གནང་མཛད་ཡོད་པར་མ་ཟད། ལོ་རྒྱུས་ཀྱི་དཔྱད་གཞིའི་ཡིག་རིགས་གཞན་དུའང་དེ་ལྟའི་མ་དག་རྒྱུན་འབྱམས་ཀྱི་གནས་ཚུལ་ཐོན་ཡོད། 《རང་བྱུང་རྡོར་རྗེའི་གནས་ཡིག》ནང་དུ་བཙན་པོ་ཁྲི་ལྡེ་སྲོང་བཙན་(སད་ན་ལེགས། མུ་ཏིག་བཙན་པོ་) གྱི་བང་སོའི་གནས་ཡུལ་སྐོར་གླེང་སྐབས། བང་སོ་དེའི་མདུན་དུ་བཙན་པོ་དེ་པ་སྲིད་ཐོག་ཏུ་བཞུགས་སྐབས་ཀྱི་དོན་འགྱུར་གནས་ཚུལ་ཁག་བཀོས་བྲིས་བྱས་པའི་རྡོ་རིང་ཞིག་བཞེངས་ཡོད་ཅེས་གསུངས། རང་བྱུང་རྡོ་རྗེའི་གནས་ཡིག་ནང་གསུངས་པའི་རྡོ་རིང་དེ་ནི་ཕྱིད་ས་

འོག་ཏུ་ཚུད་ནས་ཞིང་སའི་ཐོག་ད་བར་གནས་ཡོད།

དེ་བང་སོའི་ཚོགས་ཡོད་ས་ནས་ཅུང་ཟད་ཐག་རིང་བའི་སར་མཆིས་པ་དེ་ནི་སྲོལ་རྒྱུན་ལྟར་ནའང་སད་ན་ལེགས་(ཁྲི་ལྡེ་སྲོང་བཙན་) ཀྱི་ཡིན་པར་གྲགས། རྗོ་རིང་དེ་བཞིན་བང་སོ་ཡོད་སའི་ས་ནས་རྒྱང་ཐག་དེ་ལྟར་ཆོད་ནས་གནས་ཡོད་པ་དེ་ནི་མི་རྣམས་ཀྱི་བསམ་ཡུལ་ལས་འདས་པའི་སྣང་ཚུལ་ཞིག་ལགས་པ་དང་། རྗོ་རིང་དེ་བཞིན་བང་སོའི་ཚོགས་ནས་རྒྱང་ཐག་དེ་ལྟར་ཆོད་ནས་གནས་ཡོད་པ་དེ་ཡང་ཕལ་ཆེར་རྗོ་རིང་དང་འབྲེལ་བའི་བང་སོ་དེ་ཉིད་ཐོག་མ་ནས་ས་དེར་བརྩིགས་ནས་ཡོད་ན་ཡང་ཕྱིས་སུ་བང་སོ་མེད་པར་ཆགས་ཀྱང་རྗོ་རིང་དེ་སྔར་བཞིན་དེ་གར་གནས་ཐུབ་པ་ཡིན་ཤས་ཆེ།

གོང་གསལ་རྗོ་རིང་ཡོད་སའི་ཞིང་ཁ་ནི་འདིར་འགོད་པར་རིས་གཉིས་པའི་ཐོག་ནས་མཐོང་ཐུབ་ལ། རྗོ་རིང་དེ་ཡང་བང་སོ་ཆགས་ཚུལ་བྲིས་པའི་རི་མོའི་ཐོག་ཐིག་ཚགས་ལས་མཚོན་པར་བྱས་ཡོད། གལ་ཏེ་བཙན་པོ་ཁྲི་ལྡེ་སྲོང་བཙན་གྱི་བང་སོ་ཉིད་མེད་པར་ཆགས་པའི་དབང་དུ་བཏང་ན། ད་ལྟ་ཁྲི་ལྡེ་སྲོང་བཙན་གྱི་བང་སོར་གྲགས་པའི་བང་སོ་དེ་རྒྱལ་པོ་གཞན་ཞིག་གི་བང་སོ་ཡིན་པར་ངོས་འཛིན་དགོས། འོན་ཀྱང་ང་ཚོས་སྔོན་ལ་བང་སོ་དེ་ཡང་སྙིང་སྟོད་དར་མའམ་བཙན་པོ་གཞན་སུའི་ཡིན་མིན་མ་བརྗོད་གོང་། མེས་ཨག་ཚོམ་གི་བང་སོའི་གཡོན་ངོས་སུ་ཡོད་པའི་བཙན་པོ་རལ་པ་ཅན་གྱི་བང་སོའི་སྐོར་སྙིང་ཙམ་བྱས་ན་ད་གཟོད་ད་ལྟ་བར་གནས་ཤིང་མཆིས་པའི་བང་སོ་ཡོངས་ལ་ངེས་ཤེས་ཏོག་ཙམ་སྐྱེད་ཐུབ།

བོད་ཀྱི་བཙན་པོ་སྟོད་དར་མའི་བང་སོའི་སྐོར་ལ། 《རྒྱ་བོད་ཡིག་ཚང་》དང་རྒྱལ་བ་སྐུ་ཕྲེང་ལྔ་པའི་《དཔྱིད་ཀྱི་རྒྱལ་མོའི་གླུ་དབྱངས་》གཉིས་ཀའི་ནང་དུ། སྟོད་དར་གྱི་བང་སོ་འཕྱོངས་རྒྱས་ཀྱི་བཙན་པོའི་བང་སོའི་ཁྲིད་དུ་བཏབ་ཡོད་ཅིང་། དེ་ཡང་བཙན་པོ་འདུས་སྲོང་དང་ཁྲི་ལྡེ་སྲོང་བཙན་གཉིས་ཀྱི་བང་སོའི་བར་དུ་ཡོད་ཅེས་གསུངས་ཡོད། འོན་ཀྱང་། བང་སོ་སྲུང་མཁན་ལ་སྟོད་དར་མའི་བང་སོ་དེ་ཁུལ་དུ་ཡོད་མེད་བརྗོད་རྒྱུ་མི་འདུག་ལ། ཕྱིར་བཏང་བོད་པ་སྤྱི་ཡོངས་ཀྱི་སྲོལ་རྒྱུན་ལྟ་ཚུལ་ལྟར་ནའང་། སྟོད་དར་མ་ལྟ་བུའི་ནང་ཆོས་ལ་མི་དགའ་བའི་རྒྱལ་པོ་དག་ཁོང་གི་མེས་པོ་ཆོས་རྒྱལ་རྣམས་ཀྱི་བང་སོའི་ཁྲིད་དུ་བཏབ་

ཡོད་ཅེས་པའི་གཏམ་ནི་ཡིད་རྟོན་རུང་ཡུལ་ཞིག་མ་ཡིན། དོན་དངོས་ཐོག་སྣང་དར་མའི་བང་སོ་གར་བརྩིགས་ཀྱི་སྐོར་སྲོལ་རྒྱུན་གྱི་བཤད་ཚུལ་འདི་ལྟར་ཞིག་ཡོད་དེ། སྣང་དར་གྱི་བང་སོ་ནི་ལྷ་ས་ནས་མེ་ལེ་གསུམ་ཙམ་གྱི་བར་ཐག་ལས་མེད་པའི་ར་མ་སྒང་གི་རི་འདབས་སུ་ཡོད་ཚུལ་དང་། ད་ལྟ་ས་ཆ་དེ་རང་དུ་ད་དུང་གྱང་རོ་དང་མི་བཟོས་འཇུགས་སྐྱུན་སོགས་ཀྱི་ཤུལ་དངོས་སྣ་ཚོགས་མཐོང་རྒྱུ་ཡོད། ད་དུང་དེའི་སྐོར་དགོད་བྲོ་བའི་བཤད་ཚུལ་གཞན་ཞིག་ཡོད་པ་སྟེ། རྒྱལ་པོ་སྣང་དར་གྱི་བང་སོ་ར་མ་སྒང་གི་རི་འདབས་སུ་བཏབ་པས་རི་དེ་ཉིན་བཞིན་མ་བསྙོད་པར་ལྷ་ས་གྲོང་ཁྱེར་དང་བར་ཐག་ཉེ་རུ་སོང་བར་བརྟེན། མཐའ་མ་ཆོས་ཕྱོགས་ཀྱི་རིམ་འགྲོ་ཆོ་ག་སྣ་ཚོགས་ལྷུ་འབྲེལ་ནས་བྱས་པ་ལས་རྗེས་སུ་ལྷ་ས་སྨོན་ལམ་ཆེན་པོ་ཞེས་པ་དེ་བྱུང་བར་བརྗོད། (ལོ་ལྟར་ལྷ་ས་སྨོན་ལམ་ཆེན་མོའི་སྐབས་ལྷ་ས་གྲོང་ཁྱེར་གྱི་ལྷོ་ཕྱོགས་ཀྱི་རི་ལ་མེ་སྒྲོགས་རྒྱག་སྲོལ་ཡོད་) གོང་གསལ་ལྟ་བུའི་ལྟ་ཚུལ་དང་བཤད་སྲོལ་མི་འདྲ་བ་མང་དུ་མཆིས་ཀྱང་། དོན་དངོས་ཐོག་སྣང་དར་མའི་བང་སོ་འཕྱོངས་རྒྱས་རང་དུ་ཡོད་པ་ནི་བང་སོ་བརྩིགས་སྐབས་གནའ་བོའི་བོན་ལུགས་ཀྱི་ཆོ་ག་བྱེད་ཚུལ་དང་། བང་སོའི་གནས་བཤད་དང་《རང་བྱུང་རྡོ་རྗེའི་གནས་བཤད》ཡི་ནང་དུ་འཁོད་པའི་ནང་དོན་དང་། དེ་བཞིན་ལོ་རྒྱུས་མཁས་པ་གཞན་རྣམས་ཀྱི་བཞེད་ཚུལ་སོགས་ལས་ར་སྤྲོད་གསལ་པོ་ཐུབ་པོ། །གཞན་ཡང་བོད་བཙན་པོའི་རྗེས་རབས་པ་འོད་སྲུངས་ཀྱི་བང་སོ་ཡང་ཕྱོང་གི་མེས་པོ་ལྟར་ས་དེ་རང་དུ་བཏབ་ཡོད་པར་གྲགས་པ་དང་། འོད་སྲུངས་ནས་བཟུང་བང་སོ་བརྩིགས་པའི་སྲོལ་སྟོངས་ཞེས《རང་བྱུང་རྡོ་རྗེའི་གནས་བཤད》ནང་གསལ། ལར་འོད་སྲུངས་ཀྱི་བང་སོ་བཙན་པོ་འཕྲུལ་རྒྱལ(འདུས་སྲོང)གྱི་བང་སོའི་རྒྱབ་ངོས་སུ་ཡོད་པར་གྲགས་ཀྱང་དངོས་སུ་འདི་ཡིན་ཞེས་མཛུབ་མོ་འཛུགས་ཐབས་མེད་པར་ཆགས། དེ་ཡང་ཕྱོང་གི་བང་སོ་བརྩིགས་དུས་ནི་བོད་ཀྱི་བཙན་པོ་སྣང་དར་མ་བཀྲོངས་རྗེས་བོད་སིལ་བུར་ཐོར་བ་དང་འོད་སྲུང་གི་བང་སོ་བཞེངས་སྐབས་ཕྱོང་གི་ཡབ་མེས་ལྟར་རྒྱུ་དངོས་ཀྱི་འགྲོ་སོང་གཏོང་ཐབས་བྲལ་བ་བཅས་ཀྱི་རྐྱེན་ལས་ཡིན་པ་གོར་མ་ཆག

བཙན་པོ་ཁྲི་སྲོང་ལྡེ་བཙན་གྱི་བང་སོ་ནི་ཁྲི་རལ་པ་ཅན་གྱི་བང་སོའི་ཉེ་འགྲམ་དུ་བཏབ་ཡོད།

བང་སོ་དེ་ཐོག་མར་ཁྲི་སྲོང་ལྡེ་བཙན་གྱི་བང་སོ་ཡིན་པར་ངོས་འཛིན་གནང་མཁན་ནི་འབྲས་ལྗོངས་བ་བསོད་ནམས་སྟོབས་རྒྱལ་ཡིན། བང་སོ་དེ་ནི་བང་སོ་གཞན་རྣམས་དང་མི་འདྲ་བར་འཕྱོར་སྐྱོན་ཆེ་ཙམ་བྱུང་བ་ཞིག་ཡིན་འདུག དཔྱད་གཞིའི་ཡིག་ཆའི་ནང་འཁོད་པ་ལྟར་ན། དེའི་འགྲམ་དུ་རྡོ་རིང་ཞིག་བཞེངས་པར་གྲགས། འོན་ཀྱང་། ད་ཐན་ང་ཚོའི་འདྲེན་བྱེད་ཀྱི་ལམ་དུ་མངོན་རྒྱུ་ཡོད་པའི་བང་སོའི་ཚོགས་ཀྱི་རྡོ་རིང་གཅིག་པུ་དེ་ནི་ཁྲི་ལྡེ་སྲོང་བཙན་གྱི་མཛད་རྗེས་བཀོད་པའི་རྡོ་རིང་དེ་རང་ལགས། འོན་ཀྱང་། འཕྱོངས་རྒྱས་གྲོང་ཚོའི་ཉེ་འཁོར་དང་བང་སོའི་ཚོགས་ནས་ཅུང་ཟད་

བར་ཐག་ཆོད་པའི་སའི་ཆར་རྡོ་རིང་ཞིག་ཡོད་ལ། དེ་ནི་ཁྲི་སྲོང་ལྡེ་བཙན་གྱི་རྡོ་རིང་ཡིན་པ་ནི་བཙན་པོ་ཁྲི་སྲོང་ལྡེ་བཙན་གྱི་མཚན་བཀོས་ཡོད་པ་ལས་ཤེས། རྡོ་རིང་འདི་བཞིན་ས་བབས་ཁོད་སྙོམས་ཀྱི་སྟེང་དུ་གནས་ཡོད་པ་དེའི་སྐྱབ་བྱེད་ཅི་ཡང་བརྗེད་རྒྱུ་མེད་ལ། དེ་ལྟའི་གལ་ཆེའི་བང་སོ་ཞིག་བཙན་པོའི་བང་སོའི་ཚོགས་ནས་བར་ཐག་ཆོད་པའི་སར་བཞེངས་དགོས་པའི་རྒྱུ་མཚན་ཀྱང་མ་མཐོང་། གཅིག་ན་རྡོ་རིང་དེ་ཕྱིས་སུ་བང་སོའི་མདུན་ནས་ད་ལྟ་གནས་ཡུལ་གྱི་སར་སྤྱོས་ཤས་ཆེ། ཡང་ན་རྡོ་རིང་འདི་བཞིན་ཐོག་མ་ཉིད་ནས་དྲན་རྟེན་གྱི་དོན་དུ་ས་དེ་རང་དུ་བཞེངས་པར་སྙམ། རྡོ་རིང་ཐོག་བརྐོས་པའི་ཡི་གེ་ལས་ང་ཚོས་ཡང་སླེབ་རྡོ་རིང་དེ་ས་ཆ་གང་དུ་ཐོག་མར་བཞེངས་ཡོད་ཚུལ་ཤེས་རྒྱུར་ཕན་པ་ཆེར་མི་ལྡན། དེའི་ཐོག་འཁོད་པའི་ནང་དོན་ནི་བཙན་པོ་དེ་པས་ཆོས་ལ་དད་པ་མཛད་པ་

དང་འབྲེལ་བའི་འཕྲིན་ལས་གསོར་བཞག་ཐོག་བཙན་པོའི་མཛད་རྗེས་གཞན་ཡང་བཀོས།

བཙན་པོ་སྲོང་བཙན་སྒམ་པོའི་ཡབ་དང་། ཡབ་མེས་རྣམས་ཀྱི་བང་སོའི་སྐོར་ལའང་། ཧོ་རྫོ་མན་གྱིས་དཔྱད་གཞིའི་ཡིག་ཆར་བལྟ་ཞིབ་མཛད་རྗེས། བང་སོ་དེ་རྣམས་ཀུང་སྲོང་གི་བང་སོ་དང་འབྲེལ་ནས་ཡོད་ཚུལ་འགྲེལ་བརྗོད་གནང་ཡོད། ཁོང་གི་བཞེད་ཚུལ་ལྟར་ན། སྲོང་བཙན་གྱི་ཡབ་མེས་རྣམས་ཀྱི་བང་སོ་ནི་སྲོང་བཙན་བང་སོ་དང་ཐིག་ངོས་གཅིག་རང་གི་ཐོག་མེད་པར་དེ་རྣམས་སྲོང་བཙན་བང་སོའི་ནུབ་ངོས་སུ་ཡོད་པ་དང་། སྲོང་བཙན་གྱི་བང་སོའི་ཤར་ངོས་ཀྱི་སར་ནི་སྲོང་བཙན་སྒམ་པོའི་རྗེས་ཀྱི་བཙན་པོ་རྣམས་ཀྱི་བང་སོ་བཞེངས་ཡོད། འོན་ཀྱང་། སྲོང་བཙན་སྒམ་པོའི་བང་སོའི་ནུབ་ངོས་སུ་ནི་བང་སོ་བརྩིགས་པའི་ཤུལ་རྗེས་མཐོང་རྒྱུ་མེད་པས་མུ་མཐུད་དཔྱད་པ་བྱ་ཡུལ་ཞིག་ལགས། དཔྱད་ཞིབ་འདིའི་ནང་དུ་འཁོད་པའི་པར་རིས་ཐོག་བང་སོ་ཁག་གཅིག་གི་དབྱིབས་གཟུགས་ཆུང་ཆུང་དང་། འགའ་ཞིག་གི་གཟུགས་དབྱིབས་ཆེན་པོ་མཐོང་རྒྱུ་ཡོད། དེའི་ཁྲོད་ལས་བང་སོ་ཆུང་ཆུང་རྣམས་ལས་ཁ་ཅིག་ནི་ལྷུང་ཚེ་ལྷ་དཔོན་དང་། མུ་རུག མུ་ནེ་བཙན་པོའི་བང་སོ་ཡིན་པར་གྲགས། ལྷུང་ཚེ་ལྷ་དཔོན་དང་མུ་རུག་བཙན་པོ་གཉིས་ནི་དངོས་སུ་སྲིད་ཁྲིར་འཁོད་མྱོང་མེད་ཅིང་། འདིར་མུ་ནེ་བཙན་པོའི་བང་སོ་དེ་ཡང་གཞན་དང་བསྡུར་ན་ཅུང་ཟད་ཆུང་བ་ཡོད་ཅེས་པའི་རྒྱུ་མཚན་ཡང་། སྤྱིར་བཙན་པོ་དེར་མུ་ནེ་འམ་ཁྲི་མུ་ནེ་ཞེས་པོད་སྲོལ་ཡོད་ཀྱང་། དོན་དངོས་ཐོག་མུ་ནེ་ནི་སྲིད་ཁྲིར་དངོས་སུ་འཁོད་མྱོང་མེད་པའི་རྒྱལ་སྲས་ཞིག་ཡིན། བང་སོ་ཆུང་ཆུང་རྣམས་ནི་འབྱུང་བའི་གནོད་འཚེ་དང་མིའི་གཏོར་སྐྱོན་ལས་རིམ་བཞིན་ཆགས་པ་ཞིག་རེད། འདུས་སྲོང་གི་བང་སོས་གསོས་པའི་བང་སོ་ཁག་གཅིག་ཕུད། ཁྲི་ལྡེ་སྲོང་བཙན་གྱི་བང་སོ་ནི་ཐད་དེ་རྩ་མེད་དུ་སོང་ཡོད། བླ་མ་འཆི་མེད་རིག་འཛིན་གྱི་གསུངས་ཚུལ་ལྟར་ན། བང་སོ་རྙིང་པ་རྣམས་ཕལ་ཆེར་ལོ་བརྒྱའི་སྔོན་གྱི་ཤ་འོད་ནང་དུ་འཛིགས་སོ་ཞེས་གསུངས། དེ་ལྟ་བུའི་གསུངས་ཚུལ་ནི་འདུས་སྲོང་གི་བང་སོའི་དབྱིབས་ལ་བལྟས་ནས་བརྗོད་ན་ཅུང་ཟད་འཐུས་པར་སྣང་ཡང་། དེ་མིན་གྱི་བང་སོར་དེ་ལྟར་བརྗོད་ན་མི་འཐད་སྙམ། དེ་ཡང་ཆུ་ལོག་ཆེན་པོས་ཐང་ཤོངས་སྟེང་བཞེངས་པའི་བང་སོ་ཆེ་གོ་མོ་དེ་དག་ལ་སྐྱོན་ཆག་ཅི་ཡང་མ་བྱུང་བར་དེ་ཚོའི་བར་དུ་ཤུར་ཁ་བྱེས་ནས་རྒྱུགས་པ་ཅི་ལ་སྲིད།

སྲོང་བཙན་སྒམ་པོས་བོད་གཅིག་གྱུར་མ་མཛད་གོང་གི་ཡར་ཀླུང་བཙན་པོའི་བང་སོ་རྣམས་ནི་སྲོང་བཙན་སྒམ་པོའི་བང་སོ་དང་དེ་རྗེས་ཀྱི་བཙན་པོ་རིམ་བྱུང་གི་བང་སོ་ལས་ཆུང་བ་ཡོད་པ་ནི་ཨ་ཙང་ལགས། ཏུན་ཧོང་ཡིག་རྙིང་ནང་དུ་རྒྱལ་པོའི་བཙུན་མོ་འགའ་ཞིག་གྲོངས་རྗེས་རྗེས་འཇུག་ཚོ་ག་བྱས་པ་གཤམ་གསལ་ལྟར། སྤྱི་ལོ683ལོར་རྒྱ་ཡི་བཙན་མོ་མུན་ཅན་དང་། 707ལོར་རྨོ་པོ་མང་སངས། 708བཙུན་མོ་ག་ཏུན། 713རྨོ་པོ་ཁྲི་མ་ལོད། 723རྒྱལ་ཡུམ་བཙན་མ་ཐག 732ལོར་ལྷས་སངས། 741ལོར་རྒྱ་ཡི་བཙུན་མོ་གྱིམ་ཤིང་དང་རྒྱལ་སྲས་ལྷང་ཚ་ལྷ་དབོན། 745ལོར་ཁྲི་བཙུན། གོང་གསལ་བཙུན་མོ་རྣམས་དང་རྒྱལ་སྲས་འདས་རྗེས་རྗེས་མཇུག་ཚོ་ག་བྱས་པ་ལས། ཁྲི་མ་ལོད་དང་། གྱིམ་ཤིང་ཀོང་ཇོ་དང་ལྷང་ཚ་ལྷ་དབོན་བཅས་ཀྱི་བང་སོ་འཕྱིངས་བར་བཏབ་ཡོད། སྤྱིར་བཙུན་མོ་རྣམས་ཀྱི་བང་སོའི་གཟུགས་དབྱིབས་དག་སྲོང་བཙན་སྒམ་པོ་དང་དེ་རྗེས་ཀྱི་བཙན་པོ་རིམ་བྱོན་རྣམས་ཀྱི་བང་སོ་ལས་ཕལ་ཆེར་ཆུང་བ་ཡོད། འོན་ཀྱང་འཕྱོངས་རྒྱས་སུ་མཆིས་པའི་བཙན་པོའི་བང་སོའི་ཁྲོད་དུ་དེ་ནི་བཙུན་མོ་འདི་ཡི་བང་སོ་ཡིན་ཞེས་བརྗོད་ཐབས་བྲལ། འཕྱོངས་རྒྱས་སུ་ཆགས་པའི་བཙན་པོའི་བང་སོའི་གཡས་གཡོན་གྱི་སའི་ཆར་ཞིབ་ཏུ་བལྟས་ན་བང་སོ་བཏབ་ཡོད་པའི་རྣམ་པ་དང་ཁྱད་ཆོས་དུ་མ་མངོན་ཞིང་། ང་ཚོས་ཞིབ་འཇུག་ཞིབ་ཚགས་ཞིག་བྱས་ན་ས་ཆ་དེ་རང་གི་རྒྱུད་ནས་དེ་བས་མང་བའི་བང་སོ་རྙེད་སྲིད་ཐུབ་ངེས་ཡིན།

བང་སོ་གནས་ཁུལ་དུ་རྡོགས་གཉེར་བྱས་རྗེས་ཐོན་པའི་རིག་དངོས་དཔྱད་གཞི་ནི་གནད་དེར་ཞིབ་འཇུག་དཔྱིས་ཕྱིན་པ་ཞིག་བྱེད་རྒྱུའི་ཐབས་ལམ་ཉག་ཅིག་ཡིན། མིག་སྔར་ང་ཚོའི་ལག་ཏུ་ཡོད་པའི་འབྲེལ་ཡོད་ཡིག་ཆ་ནི་བོད་ཀྱི་བཙན་པོས་ཐུབ་པའི་ཆོས་ལུགས་ལ་དད་རྗེས་བསྒྲུབས་པའི་དཔྱད་གཞི་ཡིན། དེར་བརྟེན་སྲོང་བཙན་སྔོན་དུ་ཕུང་པོ་དུར་འཇུག་བྱེད་པའི་ཚོ་ག་ཁག་གཅིག་དམིགས་ཡུལ་ཡོད་པའི་སྒོ་ནས་མེད་པར་བཟོས་ཤས་ཆེ། དེ་ཡང་དཔེར་ན། སྲོང་བཙན་སྒམ་པོའི་ཡབ་ཀྱི་སྐབས་སུ་བོད་དུ་ནང་པ་སངས་རྒྱས་ཀྱི་ཆོས་ལུགས་མེད་པ་དང་། དེའི་སྐབས་སུ་རྒྱལ་པོ་གྲོངས་རྗེས་མི་གསོན་པོར་རྒྱལ་པོའི་བང་སོའི་ནང་འཇུག་སྲོལ་མཆིས་ཞེས་ཟེར་ནའང་། དེའི་སྐོར་ཕྱིས་ཀྱི་བོད་ཀྱི་ལོ་རྒྱུས་ཡིག་ཆའི་ནང་ཅང་མ་མཆིས། འོན་ཀྱང་ཐང་ཡིག་ནང་དུ། བོད་ཀྱི་བཙན་པོ་འདས་རྗེས་འཁོར་འབངས

འགའ་ཞིག་འདམས་པ་དེ་དག་རང་ཤི་རྒྱབ་རྗེས་རྒྱལ་པོའི་ཕུང་པོ་དང་མཉམ་དུ་དུར་སྦས་བྱ་ཞེས་དང་། 《ཀྲའོ་ནུབ་མའི་ལོ་རྒྱུས》ཞེས་པའི་དེབ་ཐེར་ནང་དུ། ཕལ་ཆེར་ལོ་800གཡས་གཡོན་དུ། སྐབས་དེའི་བོད་བཙན་པོའི་གསོས་ཕྲུག་མིང་དུ་ཆའི་ལི་ཙན་(སྤྲི་བསྒྱུར་)ཞེས་པ་དེ་ཕོ་པའི་འདས་གྲོངས་བྱུན་པའི་བདག་པོ་དང་མཉམ་དུ་དུར་སྦས་བྱ་བར་གཡོལ་ཕྱིར་བྲོས་ནས་རྒྱ་ལ་མགོ་བཏགས་པ་ཡིན་ཅེས་འཁོད་ཡོད་དོ།

གོང་གསལ་གི་སྲོལ་ལུགས་ལྟ་བུ་ད་ཡོད་ཀྱི་བང་སོའི་ཁྲོད་དུ་སྦས་པའི་ཚུལ་གྱི་གནས་ཡོད་ཤས་ཆེ་བ་ཙམ་ལས་གནས་ལུགས་རྒྱུ་མཚན་རེ་ཞིག་འདྲེན་ཐབས་བྲལ། འོན་ཀྱང་། ཆོས་རྒྱལ་སྐབས་ནས་ད་བར་མི་འཇིག་ཡུན་དུ་གནས་པའི་རིན་ཐང་ཤིན་ཏུ་ཆེ་བའི་རིག་དངོས་གཅིག་པུ་དེ་ནི། བཙན་པོ་རལ་པ་ཅན་གྱི་བང་སོར་གྲགས་པ་དེའི་སྟེང་དུ་བཙུགས་པའི་རྡོ་སེང་དེ་ཡིན།

བང་སོ་དེ་(རལ་པ་ཅན་གྱི་བང་སོ་ཡིན་ཞེས་བརྗོད་དོན་ཡང་གཅིག་ནས་བང་སོ་སྲུང་མཁན་གྱིས་དེ་ལྟར་ངོས་འཛིན་གནང་བ་མ་ཟད། ལོ་རྒྱུས་ཀྱི་དཔྱད་གཞིའི་ཡིག་ཆའི་ནང་དུ་རྒྱལ་པོ་ཁྲི་རལ་པ་ཅན་གྱི་བང་སོ་དོན་མཁར་མདའི་གཡོན་ངོས་སུ་བརྩེགས་ཅེས་པ་དང་ཡང་སྤྱིར་བཏང་མཐུན་པས་སོ། དོན་མཁར་མདོ་ནི་སྨུ་ར་རི་ཡིན་ལ། དེའི་སྟེང་དུ་མེས་ཨག་ཚོམས་དང་། ཁྲི་སྲོང་ལྡེ་བཙན། སྨུ་ནེ་བཙན་པོ་བཅས་ཀྱི་བང་སོ་བརྩེགས་ཡོད། ཏུ་ཆེ་དང་ཧྲེ་སྦྲ་མན་གཉིས་ཀས《རྒྱལ་རབས་གསལ་བའི་མེ་ལོང་》ནང་གི“འདུས་སྲོང་(འཕྲུལ་རྒྱལ་)བཙན་པོའི་བང་སོ་ནི་སེང་གེ་བརྩེགས”ཅེས་པའི་ཚིག་དུམ་དེ་རང་སོ་སོའི་དཔྱད་རྩོམ་ནང་བེད་སྤྱོད་གནང་ཡོད། འདུས་སྲོང་གི་བང་སོ་ནི་ད་ལྟའི་སེང་གེ་(རྡོ་)ཡོད་ས་ནས་བྱང་ཕྱོགས་སུ་ཡོད་ཅིང་། བང་སོ་གཅིག་པོ་ནར་མ་ཡིན་པར་གཞན་དག་ལའང་རྡོ་སེང་གིས་བརྒྱན་པ་ནི་ཧ་ལམ་མི་སྲིད་པའི་སྣང་ཚུལ་ཞིག་ཡིན།

ཡིག་ཐོག་ཏུ་འཁོད་པའི་བང་སོའི་སྐོར་གྱི་ནང་དོན་དཔྱད་ཡིག་རྣམས་ནི་འཕྲོངས་རྒྱུས་འདི་བཞིན་བང་སོ་བརྩིགས་ཡུལ་མ་ཡིན་པར་ཆགས་རྗེས་དང་། ད་ལམ་དེ་སྔོན་གྱི་ལོ་རྒྱུས་ཐོག་བྱུང་བའི་རྒྱལ་པོའི་མཚན་ལའང་དོགས་གཞི་ཡོད་པའི་གནས་ཚུལ་འགའ་བྲིས་པ་འབའ་ཞིག་ཡིན།

ཁྲི་རལ་པ་ཅན་གྱི་བང་སོར་གྲགས་པ་དེའི་སྟེང་དུ་བཙུགས་པའི་རྡོ་སེང་དེ་ནི་བང་སོ་སྤྱི་ཡི་སྔ་རོས་ཀྱི་རི་འདབས་སུ་ཡོད། བོད་དུ་མི་ཉུང་ཤས་ཤིག་གིས་རལ་པ་ཅན་གྱི་བང་སོ་མཇལ་སྐྱོང་ཞིང་བང་སོའི་ཐོག་ཏུ་གོམ་བགྲོད་ཀྱང་སྤྲོ་སྐྱོང་བ་ཐུད། མི་མང་ཆེ་བར་རྡོ་སེང་དེ་ཉིད་མཐོང་སྐྱོང་བ་ལྟ་ཞོག རྣ་བའི་གོ་ཐོས་ལའང་མེད། དེ་ལྟར་རྡོ་ཡི་སེང་གེ་དེ་བཞིན་ཁུ་སིམ་ཡིན་ཞིང་། གྲོང་ཚོ་ནས་རྒྱང་ཐག་གིས་ཚོད་ཅིང་ཞུར་རྡོའི་འཛིག་པ་སོགས་དང་བྲལ་ནས་ད་བར་གནས་ནུས་ཡིན་ནོ། འོན་ཀྱང་། རྡོ་སེང་དེའི་ལག་གཡས་པ་དེ་ཉམས་ཆག་ཏུ་སོང་ཡོད། དེ་ནི་བང་སོ་གཏོར་བཅོམ་བྱེད་མཁན་གྱིས་གཏོར་བ་ཡིན་ཤས་ཆེ། ད་ལྟའི་སེང་གེ་ཡོད་ས་དེའི་འགྲམ་གྱི་སིལ་རྡོར་བརྟག་སྐབས། སྔོན་མ་དེ་ཁུལ་དུ་སེང་གེ་གཅིག་ཙམ་མ་ཡིན་པར་འགའ་ཤས་ཡོད་ཤས་ཆེ་བས་དཔྱད་པར་འཚལ།

རྡོ་ཡི་སེང་གེ་དེ་བཞིན་བོད་ཀྱི་བཙན་པོ་ཁྲི་རལ་པ་ཅན་གྱི་བང་སོ་རྩིག་སྐབས་དང་དུས་གཅིག་ཏུ་བསྐྲུན་པར་ཐེ་ཚོམ་དོགས་པ་བྱ་དོན་མེད། རྡོ་སེང་དེའི་སྐུ་རྩལ་བཟོ་སྐྲུན་གྱི་ཁྱད་ཆོས་ཐད་འདི་ཡིན་འདི་མིན་གྱི་འགྲེལ་པ་རྒྱག་ཐབས་མེད་ནའང་། དེའི་བཟོ་དབྱིབས་བསྐྲུན་བཞེངས་བྱ་སྟངས་ཐད་རྒྱ་དཀར་ནག་གཉིས་ཀྱི་ཤན་བཞུགས་མེད་དམ་སྙམ།

བཟོ་དབྱིབས་ལྷུམ་པོའི་ཐོག་འབུར་བཀོས་བྱེད་སྲོལ་ཡོད་པ་དེ་ནི་བོད་ཀྱི་ལོ་རྒྱུས་དུས་རིམ་ཕྱི་མ་ཚང་མའི་ནང་ཐ་ཐོར་དུ་ཐོང་རྒྱུ་ཡོད་པ་ལས། དཔྱད་ཡིག་རྙིང་མའི་ནང་དུ་སྔོན་ཆད་བོད་དུ་རྡོ་བཀོས་ཀྱི་སྲོལ་དར་པོ་མེད་ཅེས་འཁོད་ཡོད། ཐང་ཡིག་ལྟར་ན། སྲོང་བཙན་

སྣམ་པོའི་རྡོ་བཀོས་བཟོ་དབྱིབས་དེ་རྒྱལ་པོ་ཐའི་ཙུང་གི་བང་སོའི་མདུན་ན་བཙུགས་ཡོད་པར་གྲགས། འོན་ཀྱང་། མཁྱེན་བརྩེའི་《དབུས་གཙང་གི་གནས་བཤད》ཅེས་པའི་ནང་དུ། སྲོང་བཙན་སྒམ་པོའི་རྡོ་བཀོས་(གཟུགས་བརྙན་)བཟོ་དབྱིབས་ནི་བཙན་པོ་དེ་རང་གི་བང་སོའི་འགྲམ་དུ་བཞེངས་པ་ཡིན་ཟེར། གཞན་ཡང་རྡོ་ལས་བཞེངས་པའི་ལྷ་སྐུ་དཔེར་ན་ལྷ་སར་ཡོད་པའི་རིགས་གསུམ་མགོན་པོའི་སྣང་བརྙན་དང་། ཁྲ་འབྲུག་གཙུག་ལག་ཁང་ནང་གི་རྒྱལ་བ་རིགས་ལྔའི་(མཁྱེན་བརྩེས་དེ་སྲོང་བཙན་སྒམ་པོའི་སྣང་བརྙན་དུ་ངེས་གནང་མཛད་པ་)སྣང་བརྙན། དེ་བཞིན་ལྷ་སར་ཡོད་པའི་དཔལ་ལྡན་ལྷ་མོའི་སྣང་བརྙན་བཅས་ནི་རྡོ་བཀོས་ཡིན་པར་གྲགས།

ཕ་བོང་མཁར་ཡོད་པའི་དབུ་གསུམ་ཅན་གྱི་རིགས་གསུམ་མགོན་པོའི་རྡོ་སྐུ་དེ་ནི་བཙན་པོ་སྲོང་བཙན་སྒམ་པོའི་འདྲ་སྐུ་ཡིན་པར་གྲགས། ལར་བོད་དུ་རྡོ་བཀོས་ཀྱི་འདྲ་སྐུ་ནམ་ཞིག་ལ་དར་ཚུལ་སྐོར་གསལ་པོ་མི་ཤེས་ཀྱང་། སྲོག་ཆགས་ཀྱི་འདྲ་རིས་བཟོས་པའི་དངོས་རྫས་(རྡོ་བཀོས་)བཟོ་སྲོལ་ནི་གནའ་སྔ་མོ་ནས་དར་ཡོད། དེ་ཡང་སྲོང་བཙན་སྒམ་པོས་ཐང་རྒྱལ་རབས་ཀྱི་གོང་མ་ཐའི་ཙུང་ལ་གསེར་གྱི་བྱ་ངང་པའི་དབྱིབས་ཀྱི་ཆང་སྣོད་གཅིག་དང་དེ་རྗེས་སུ་སླར་ཡང་གསེར་གྱི་སེང་གེ་དང་། གླང་ཆེན་སོགས་སྲོག་ཆགས་ཀྱི་གཟུགས་བརྙན་བཀོས་པའི་གྲོང་ཁྱེར་ཆུང་ཆུང་ཞིག་གི་བཟོ་དབྱིབས་རྡོ་བཀོས་ཅན་ཡང་ཕུལ་ཡོད་པ་བཅས་ལས་ཤེས་ལ། གཞན་ཡང་བཙན་པོ་ཁྲི་རལ་པ་ཅན་གྱི་བཞུགས་ཁང་དུ་གསེར་ལས་གྲུབ་པའི་འབྲུག་དང་། སྟག གཟིག་བཅས་ཀྱི་གཟུགས་བརྙན་སྒྲིག་གཤོམ་བྱས་ཡོད་པ་ལྟར་རོ།

ལྷ་ས་གཙུག་ལག་ཁང་ནང་དུ་ཡོད་པའི་བཙན་པོ་ཁྲི་སྲོང་ལྡེ་བཙན་གྱི་སྐུ་བརྙན་གྱི་འགྲམ་དུ་དངུལ་ལས་གྲུབ་པའི་ཆང་སྣོད་དབྱིབས་སྒོར་ཞིང་སྐྱོབས་ཆེ་བ། མགྲིན་པ་རིང་ལ་དེའི་རྩེ་མོ་ཅང་ཤེས་རྟ་ཕོའི་མགོས་བརྒྱན་པ་ཞིག་ཡོད། དེ་ནི་བོད་ཀྱི་བཙན་པོའི་སྐབས་ནས་བཟུང་གཙུག་ལག་ཁང་དེའི་ནང་དུ་ཡོད་པར་གྲགས། དེར་བརྟེན། བོད་དུ་གནའ་སྔ་མོའི་དུས་ནས་རྡོ་བཀོས་བཟོ་རྩལ་དང་རྡོར་སྲོག་ཆགས་ཀྱི་གཟུགས་བརྙན་བཀོ་བའི་སྲོལ་དར་

ཡོད། དེ་བཞིན་སྐབས་དེའི་བོད་ཀྱི་བཟོ་བཀོས་སྒྱུ་རྩལ་ལ་བལ་པོའི་ལུགས་བཟོའི་སྒྱུ་རྩལ་གྱི་ཤུགས་རྐྱེན་ཐེབས་ཡོད་པའི་སྐོར་ཀྱང་ཀོའི་ཞིབ་འཇུག་པས་ར་སྤྲོད་བྱས་ཡོད། བོད་ཀྱི་ཐང་གའི་རི་མོའི་སྒྱུ་རྩལ་དེ་ཡང་བལ་པོའི་རི་མོའི་སྒྱུ་རྩལ་སློབ་སྦྱོང་དང་དར་སྤེལ་བཏང་བ་ལས་བྱུང་ཞིང་། ལོ་རྒྱུས་ཐོག་བལ་པོའི་བཟོ་བཀོས་སྒྱུ་རྩལ་མཁས་ཅན་མང་པོ་ཞིག་བོད་དུ་དུས་རབས་གཉིས་གསུམ་རིང་བཞུགས་པ་དང་། ཁོང་རྣམས་ཀྱིས་གསེར་དངུལ་ཟངས་ལུགས་ལ་རྒྱན་བཀོས་དང་ཤིང་ཆས་ལ་འབུར་བཀོས་བྱ་སྣང་ས་སོགས་ཀྱི་ལག་ཤེས་སྒྱུ་རྩལ་བོད་མིར་བཞག་གནང་མཛད་ཡོད། དེ་བཞིན་བོད་ཀྱི་ལྷ་སྐུའི་བཟོ་རྩལ་གྱི་ཐད་ལའང་བལ་པོའི་སྒྱུ་རྩལ་གྱི་ཤུགས་རྐྱེན་ཐེབས་ཡོད་པ་ནི་དེ་བས་གསལ་པོ་རེད། འོན་ཀྱང་རྒྱ་ཡིག་གི་དཔྱད་གཞིའི་ཡིག་ཆའི་ནང་དུ། གནའ་རབས་ཀྱི་བོད་པ་རྣམས་ནི་ལུགས་རིགས་ཀྱི་བཟོ་རྩལ་ལ་མཁས་ལ། ལྷག་པར་དུ་ལུགས་དང་གསེར་གྱི་ཁྲབ་བཟོ་བར་ཤིན་ཏུ་མཁས་ཞེས་གསལ། དཔྱད་གཞི་དེའི་ནང་འཁོད་པའི་ནང་དོན་ནི་བཙན་པོས་དུས་རབས་བདུན་པའི་འགོར་བལ་ཡུལ་དབང་དུ་མ་བསྡུས་པའི་གོང་གི་གནས་ཚུལ་ལགས། གོང་གསལ་ལྷ་ས་སོགས་སུ་མཆིས་པའི་རྡོ་བཀོས་གཟུགས་བརྙན་གྱི་བཟོ་སྐྲུན་སྒྱུ་རྩལ་ཐད་བལ་པོ་ལ་སོགས་པའི་སྒྱུ་རྩལ་གྱི་ཤུགས་རྐྱེན་ཐེབས་ཡོད་ནའང་། འཕྱོངས་རྒྱས་བཙན་པོའི་བང་སོའི་ཁྲིད་དུ་མཆིས་པའི་རྡོ་སེང་དེ་ནི་ཐུན་མོང་མ་ཡིན་པའི་ཁྱད་ཆོས་ཀྱིས་ཕྱུག་པའི་རིག་དངོས་རྩ་ཆེན་ཞིག་ཡིན་པར་མ་ཟད། དེ་ལ་བལ་པོ་ལ་སོགས་པའི་བཟོ་བཀོས་སྒྱུ་རྩལ་གྱི་ཤན་ཞུགས་མེད་པར་སྣམ།

འཕྱོངས་རྒྱས་སུ་མཆིས་པའི་བཙན་པོ་ཁྲི་སྲོང་ལྡེ་བཙན་གྱི་རྡོ་རིང་གི་སྟེ་ངོས་ཀྱི་ལྡེབས་ན་སེང་གེའི་ཕྱི་དབྱིབས་གཏིང་ཟབ་ཏུ་བཀོས་བྲིས་བྱས་ཡོད། སེང་གེའི་ཕྱི་དབྱིབས་དེ་བཞིན་ད་ཆ་གསལ་ལ་མ་གསལ་ཆགས་པས་ན། པར་རིས་ཐོག་ཏུ་གསལ་པོ་མངོན་མ་ཐུབ། དེ་ཡང་རྡོ་རིང་དངོས་ལ་བལྟས་ན་གཞི་ནས་སེང་གེའི་མགོ་བོ་ནི་རྡོ་རིང་གི་རྩེ་མོའི་གཡོན་ངོས་ཀྱི་ཟུར་དུ་ཕྱོགས་པ་དང་། མདུན་གྱི་རྐང་པ་གཉིས་ནི་གཤམ་ཙམ་ན་ཡོད་པ་མཐོང་ཐུབ་ལ། དེའི་འོག་ཏུ་མཇུག་མགོ་བྲིས་ལྷ་བུའི་འབྲུག་རིས་བཀོས་ཡོད་པ་དེ་ནི་ཀྲུང་གོའི་འབྲུག་གི་ཁྱད་ཆོས་ལྡན་པ་ཞིག་ཡིན། རང་མོས་བྲིས་བཀོས་ཀྱི་ཁྱད་ཆོས་ལྡན་པའི་སེང་གེ་དེ་དང་

འཁྱིངས་ཉམས་ངོད་པའི་འབྲུག་གཉིས་པོ་ནི་ཤིན་ཏུ་ངོ་མཚར་ཆེ་ཞིང་ཕྱོགས་ཡོངས་ནས་མཐུན་ཐབས་མེད་པའི་སྲོག་ཆགས་གཉིས་མཉམ་དུ་སྒྲིག་བཀོད་བྱས་པའི་སྒྱུ་རྩལ་སྣང་ཚུལ་

ཞིག་གོ། རྡོ་རིང་དེ་དང་དཔྱད་རྩོམ་འདིའི་ནང་བཀོད་པའི་དཔར་རིས་ཐོག་གི་རྡོ་རིང་ཁག་དང་དཔྱད་བསྡུར་བྱ་སྐབས། ལྷག་པར་དུ་དེ་དང་ཁྲི་ལྡེ་སྲོང་བཙན་གྱི་རྡོ་རིང་དང་བསྡུར་ན། ཁྲི་སྲོང་ལྡེ་བཙན་གྱི་རྡོ་རིང་དེར་ཉམས་ཆག་ཆེ་ཙམ་ཐོག་ཡོད་པར་སྣང་། ཁྲི་ལྡེ་སྲོང་བཙན་གྱི་རྡོ་རིང་ནི་མེ་ཏོག་པད་མའི་འདབ་མས་བརྒྱན་པ་ལྟར་བཟོ་སྐྲུན་བྱས་ཡོད་ལ། དེ་ལྟ་བུའི་ རྒྱན་ རིས་ མཛེས་ ཆའམ་ ཡང་ ན་ ནོར་ བུ་ མེ་ འབར་ དཔེ་བས་ཀྱིས་བརྒྱན་པའི་རྡོ་རིང་སོགས་ཀྱང་མཐོང་རྒྱུ་ཡོད། གཞན་ཡང་རྡོ་རིང་ཁག་གཅིག་ནི་གོང་གསལ་ལྟར་མ་ཡིན་པར་རང་བྱུང་ཁམས་ཀྱི་དངོས་པོ་ཉི་ཟླ་གཉིས་དང་དེའི་འོད་ཟེར་གྱིས་བརྒྱན་ཡོད།

དེ་ལྟ་བུའི་རྡོ་རིང་ལ་རྒྱན་སྤྲོད་བྱེད་པའི་སྲོལ་ནི་བལ་ཡུལ་དུའང་བྱུང་སྲོང་བ་ནི་ཏུ་ཆེས་བརྩམས་པའི་《བལ་ཡུལ་དུ་རྟོག་ཞིབ་བྱས་པའི་སྙན་ཞུ》ཞེས་པའི་ནང་དུ། བལ་པོར་ཡོད་པའི་རྡོ་རིང་ཐོག་ཏུ་ཉི་ཟླའི་གཟུགས་དཔེབས་བཀོས་བྲིས་བྱས་ཡོད་ཅེས་པ་ལས་ར་སྤྲོད་ཐུབ་ཅིང་། བོད་དུ་ཡང་ཐང་ག་འབྲི་སྐབས་ཐང་གའི་མགོ་སྟོད་ཀྱི་གཡས་གཡོན་གྱི་ཟུར་གཉིས་ན་ཉི་ཟླ་བྲིས་སྲོལ་ཡོད་པ་མ་ཉམས་སོར་གནས་ཐུབ་པ་བྱུང་ཡོད། དེ་བཞིན་རྡོ་རིང་གི་ཞབས་སྟན་དེ་ཡང་རྩེ་ཤིང་གི་ལོ་མའི་དཔེབས་ལྟར་སྤུས་དག་གིས་བཟོ་བཀོད་བྱས་ཡོད་ལ་དེའི་བཟོ་སྐྲུན་གྱི་སྒྱུ་རྩལ་ཁྱད་ཆོས་ལས་ཨེ་ཤེ་ཡ་དཀྱིལ་མའི་ས་ཁུལ་གྱི་བཟོ་བཀོད་སྒྱུ་རྩལ་སྤྱིའི་རྣམ་པ་མངོན་པ་ཡིན། དེ་བཞིན་གནའ་བོའི་བོད་ཀྱི་རྡོ་རིང་ཚང་མའི་ཐོག་ཏུ་རྒྱན་རིས་སྣ་ཚོགས་བཀོད་སྲོལ་འདུག ལྷ་སའི་ཞོལ་རྡོ་རིང་(764)ནི་ཆེས་སྔ་ཤོས་རིང་ཤོས་ཤིག་ལགས། རྡོ་རིང་དེའི་དབུ་གདུགས་ཀྱི་སྟེང་དུ་རྒྱ་གར་གྱི་ལུགས་སྲོལ་ལྟར་ནོར་བུ་མེ་འབར་སྒྲོན་ཡོད། དཔེ་མཚོན་གཞན་ཞིག་ནི། ད་ལྟ་ཆ་ཚང་མཐོང་རྒྱུ་མེད་པའི་ཚུར་ཕུ་དགོན་པའི་སྒོ་རུའི་ནང་གི་རྡོ་རིང་དེའི་ཐོག་བོད་བཙན་པོའི་སྐབས་བཞེངས་པའི་ལྕང་བུ་ལྷ་ཁང་

(830) གི་སྐོར་ཡི་གེར་བཀོས་ཡོད་པ་དང་། རྡོ་རིང་དེའི་ཞབས་སྟན་བཞེངས་སྟངས་ལ་རྒྱ་རིགས་ཀྱི་བཟོ་བཀོས་སྒྱུ་རྩལ་གྱི་ཤུགས་རྐྱེན་ཐོག་ཡོད་པར་མ་ཟད། ཤིན་ཏུ་ནས་ཐོན་པའི་གནའ་བོའི་ནང་པ་སངས་རྒྱས་ཀྱི་སྒྱུ་རྩལ་གྱི་ཁྱད་ཆོས་ཀྱང་མངོན་བཞིན་ཡོད། གཞན་ཡང་བཟོ་བཀོས་སྒྱུ་རྩལ་སྐོར་ཁུངས་གཞན་གང་ལའང་གཏུགས་ཐབས་མེད་པའི་རང་མོས་བཟོ་སྐྲུན་གྱི་ཁྱད་ཆོས་ལྡན་པའི་རྡོ་རིང་ཡང་མི་ཉུང་བ་ཞིག་ཡོད། ལྷ་སའི་གཙུག་ལག་ཁང་མདུན་གྱི་ཆིངས་འགྲིག་རྡོ་རིང་དེའི་རྩེ་མོའང་རིན་ཆེན་ནོར་བུའི་དབྱིབས་གཟུགས་ཀྱིས་བརྒྱན་ནས་ད་དུང་ད་ལྟའི་བར་གནས་སོ།

རྡོ་རིང་གི་ཞབས་སྟན་དག་རིན་ཆེན་དངོས་པོའམ་རྩེ་ཤིང་གི་ལོ་མ་དབྱིབས་ཀྱིས་བརྒྱན་པའི་སྲོལ་དར་ཡོད་ནའང་། བསམ་ཡས་སུ་ཡོད་པའི་བཙན་པོའི་སྐབས་ཀྱི་རྡོ་རིང་དང་སྐར་ཆུང་རྡོ་རིང་གཉིས་ལ་ཐུན་མོང་མ་ཡིན་པའི་ཁྱད་ཆོས་ལྡན་ཡོད། དཔེར་ན་བསམ་ཡས་ཀྱི་རྡོ་རིང་ལ་མཚོན་ན། དེ་ནི་སྒོ་ངའི་དབྱིབས་ཅན་གྱི་ཞབས་སྟན་ཐོག་བཞེངས་པ་ཞིག་ཡིན། སངས་རྒྱས་སོགས་ཀྱི་འཛམ་སྐྱུ་ལྟར་མེ་ཏོག་པད་མའི་དབྱིབས་ཀྱིས་དེའི་ཞབས་འོག་རྡོ་གདན་ཉིད་བརྒྱན་ཡོད། རྡོ་རིང་ཡོད་དོ་ཙོག་དམར་བཞེངས་བྱས་ཡོད་ལ། ཁག་གཅིག་གི་དབུ་གདུགས་སྟེང་ན་གཞུང་དབྱིབས་ཅན་གྱི་ཟླ་བ་དང་། ཉི་མ་གཉིས་བང་རིམ་ལྟར་སྒྲིག་པའི་སྟེང་དུ་དབྱིབས་སྒོར་མོའི་ཏོག་ཆུང་ཆུང་གི་བརྒྱན་ཡོད། དེ་ལྟའི་རྡོ་རིང་གི་རྒྱན་ཆ་ལྟ་

བུར་བཀོད་པའི་ཉི་ཟླ་སོགས་གཟུགས་དབྱིབས་དག་ནི་ཐོ་རྗེས་སུ་གསར་བརྗེས་བྱས་ཡོད་པ་ནི་དེ་རྣམས་ཀྱི་རྒྱུ་མྱུས་གསར་རྙིང་ལ་བརྟག་ན་ཤེས་སླའོ། ལྷ་སའི་ཉེ་འཁོར་དུ་ཡོད་པའི་ཧུ་ཤང་ངམ་ཝུ་ཤང་རྡོ་ཞེས་པའི་རྡོ་རིང་དེ་ནི་ཕལ་ཆེར་དུས་རབས་དགུ་པའི་སྐབས་བཞེངས་པའི་རྡོ་རིང་ཞིག་ཡིན་ལ། ལར་རྡོ་རིང་དེའི་ཐོག་ཡི་གེ་བཀོས་མེད་ཀྱང་། དེ་གོང་གསལ་གྱི་རྡོ་རིང་རྣམས་དང་འདྲ་བར། དབུ་གདུགས་སྟེང་གཞུ་དབྱིབས་ཅན་གྱི་ཟླ་བའི་གཟུགས་དང་། ཉི་མ། སྐར་མ་བཅས་ཀྱི་བརྒྱན་ཡོད། དེ་ལྟ་བུའི་ཉི་ཟླ་སྐར་གསུམ་གཟུགས་བྱིབས་བཀོས་པའི་སྲོལ་ནི་བོད་དུ་མཆོད་རྟེན་བཞེངས་སྐབས

དེ་བས་མངོན་གསལ་དོད་ལ་དར་ཁྱབ་ཤིན་ཏུ་ཆེ་བ་ཞིག་ཡིན། དེ་དག་གི་མཚོན་བྱེད་ཀྱང་ བླུང་དང་ རྡུལ་ཕྲ་རབ་ཡིན་པར་བཤད་དོ། །སྐར་ཆུང་རྡོ་རིང་གི་ཏོག་ནི་འགྲོན་བུའི་ དབྱིབས་ལྟར་མཐོང་ཡང་། དེར་གནས་སྐྱེ་བོ་རྣམས་ཀྱིས་ནི་དེ་རིན་ཆེན་ནོར་བུའི་རིགས་ཀྱི་ དབྱིབས་ཡིན་པ་རང་སྨྲ། རྡོ་རིང་དེའི་དབུ་གདུགས་ནི་སྒྱུ་རྩལ་ཁྱད་ཆོས་སོགས་གང་ཅིའི་ ཐད་ནས་ སྤུས་ལེགས་ཞིག་རེད་ལ། རྡོ་རིང་གི་ཞབས་སྟན་རྡོ་སྟེང་དུ་བཀོས་པའི་རིས་མོ་ནི་ རི་བོའི་རྣམ་པ་ལྟ་བུ་ཞིག་ཏུ་མངོན་པ་དེ་ཡང་རྒྱ་རིགས་ཀྱི་འབུར་བཀོས་སྒྱུ་རྩལ་གྱི་སྲོལ་དེ་ བོད་དུ་དར་བ་ཡིན་པར་ཁུངས།

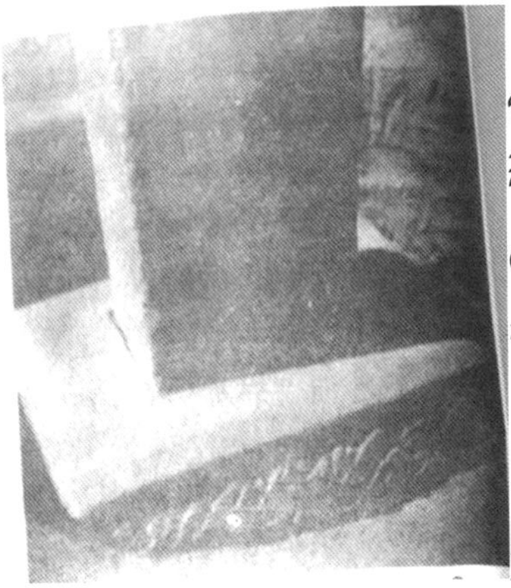

805ནས་812བར་ཙམ་ན་བཞེངས་པའི་ཞ་ལྷ་ཁང་གི་རྡོ་རིང་དེ་ལ་དབུ་གདུགས་འབའ་ཞིག་ལས་ དེའི་ཐོག་ཏུ་རྒྱན་རིས་གང་ཡང་མེད་ཀྱང་། དེའི་ ཞབས་སྟན་ཐོག་གཡུང་དྲུང་དང་རྡོ་རྗེའི་གཟུགས་ དབྱིབས་བཀོས་བྲིས་བྱས་ཡོད།

དུས་རབས་བརྒྱད་པ་ནས་དགུ་པའི་བར་ན་ བཞེངས་བཀོས་བྱས་པའི་རྡོ་རིང་དང་། དེའི་ཐོག་ བྲིས་བཀོས་བྱས་པའི་ཡི་གེ་དང་སྲོག་ཆགས་ཀྱི་ གཟུགས་དབྱིབས་སོགས་ལས་སྐབས་དེ་དུས་ནས་བོད་དུ འབུར་བཀོས་ཀྱི་ལག་ཤེས་དར་འཕེལ་བྱུང་ཡོད་པ་མ་ཟད། རང་སྐྱེ་འཕེར་བའི་རྣམ་གྲངས་མི་འདྲ་བ་ཡང་མི་ཉུང་བ་ཞིག་

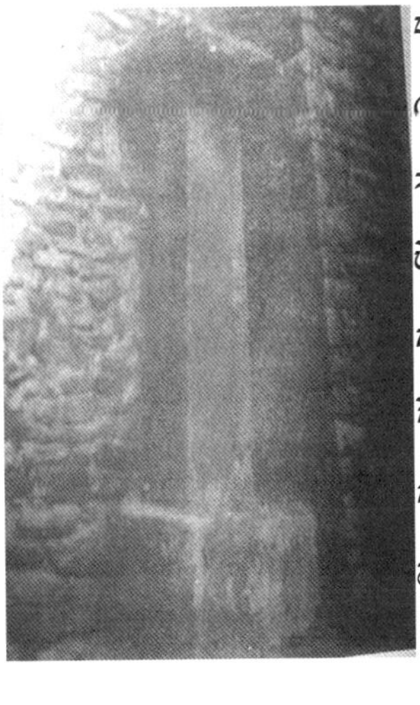

ཡོད་ཚུལ་མཚོན་ཐུབ་པ་ཡིན། དེ་ཡང་ཞོལ་རྡོ་རིང་ཆེན་མོ་ དང་། བསམ་ཡས་ཀྱི་རྡོ་རིང་། ཁྲི་ལྡེ་སྲོང་བཙན་གྱི་བང་ སོའི་རྡོ་རིང་། སྐར་ཅུང་རྡོ་རིང་སོགས་ཀྱི་གཟུགས་དབྱིབས་ དང་བཞེངས་བཀོས་སྒྱུ་རྩལ་གྱི་ཁྱད་ཆོས་ལ་གཟིགས་ན་ མཁྱེན་པས་ན་འདིར་རྒྱས་བཤད་མི་བྱའོ།

གནའ་བོའི་བོད་ཀྱི་བྲིས་འབུར་སྒྱུ་རྩལ་སྐོར་ཏུན་ཧོང་ ཡིག་རྙིང་ནང་དུའང་ཙུང་ཟད་འཁོད་ཡོད། དེ་ཡང་ཏུན་ཧོང་ཡིག་ཆ་འགའ་ཞིག་གི་ཤོག་

ལྡེའི་ཐོག་གི་ཐམ་གའི་སྟེང་གི་རི་མོར་རྟ་བཞོན་པའི་མི་ཡི་གཟུགས་དང་། སེང་གེ་གཞོག་ལྡན་མ། བྱ་རྒོད་སོགས་ཀྱི་གཟུགས་དབྱིབས་བྲིས་བརྐོས་བྱས་ཡོད། དེ་བཞིན་ཕྱིས་སུ་རྟ་

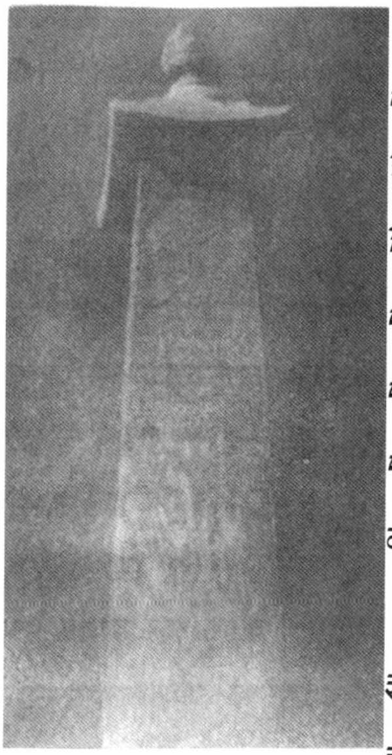

ཐན(ཤིན་ཅང་)དང་ཏུན་ཧོང་ས་ཆ་ནས་རྙེད་སོན་བྱུང་བའི་དངོས་རྫས་རྗེ་བཟོས་ཐམ་ག་ལྷ་བུའི་ཐོག་ཏུའང་གོང་སྨོས་སྲོག་ཆགས་རྣམས་ཀྱི་གཟུགས་རིས་བྲིས་བརྐོས་བྱས་ཡོད། གོང་གསལ་དུས་རབས་མི་གཅིག་པ་གཉིས་སོ་སོར་བྲིས་བརྐོས་བྱས་པའི་ཐམ་ག་དེ་དག་ལས་ཕྱི་མ་དེར་བཞེངས་བརྐོས་སྐུ་རྩལ་གྱི་ཆ་ནས་བརྗོད་ན་ཅུང་ཟད་ཡར་རྒྱས་ཕྱིན་པའི་ཁྱད་ཆོས་ཙམ་ལས། དེ་མིན་གྱི་ཁྱད་ཆོས་ནི་གཅིག་མཚུངས་ཡིན་ནོ།

གནའ་བོའི་བོད་ཀྱི་བཙན་པོའི་བང་སོའི་རྒྱན་རིས་སྐུ་རྩལ་སྐོར་གླེང་སྐབས། བང་སོ་དེ་དག་གི་བཞེངས་བརྐོས་སྐུ་རྩལ་གྱི་ཁྱད་ཆོས་ལ་བལྟ་ཞིབ་བྱེད་པ་ཙམ་མ་ཟད། བཙན་པོ་དངོས་སམ་རྒྱལ་པོ་ཚང་གི་ཁོངས་མི་གཞན་རྣམས་ཀྱི་བང་སོར་དཔྱད་ཞིབ་བྱེད་པའི་ཞར་དུ་རྒྱལ་པོ་ཚང་དང་འབྲེལ་བ་མེད་པའི་བང་སོའི་ཚོགས་ལ་ཞིབ་འཇུག་བྱེད་རྒྱུ་གལ་ཆེར་མཐོང་

ངོ་། ཐང་ཡིག་ནང་དུ་འཁོད་དོན་ལྟར་ན། རྨ་ཆུའི་ལྷོ་ནུབ་ཕྱོགས་ཀྱི་ས་རྣམས་ནི་གཡུལ་དུ་གཤེགས་པའི་སྐུ་དྲག་དང་དམག་དཔོན་ཚོའི་བང་སོས་གང་ནས་ཡོད་པ་དང་། དེ་དག་ནི་རྩེ་ཤིང་སྣ་མང་སྐྱེ་བའི་རི་བོ་ཆུང་ཆུང་གི་སྟེང་དུ་བཏབ་ནས་ཡོད་ཅིང་དེའི་གཡས་གཡོན་དུ་ཁང་པ་བརྩིགས་ཡོད། ཁང་བརྩིགས་དེ་དག་ནི་ཙག་དམར་པོ་བྱུག་པའི་ཐོག་སྟག་རིས་དཀར་པོ་བྲིས་པ་ཞེ་གཅིག་ལགས། དེ་ནི་གནའ་བོའི་བོད་ཀྱི་བང་སོ་བརྩིགས་སྲོལ་དེ་བཞིན་འབྱོངས་རྒྱས་སོགས་ས་ཁུལ་འགའ་ཞིག་ཙམ་ལ་མ་ཡིན་པར་བོད་རིགས་སྡོད་གནས་བྱ་ཡུལ་གྱི་ས་ཆ་ཡོངས་སུ་མཆིས་པ་ར་སྤྲོད་ཐུབ་བྱེད་ཀྱི་

དཔང་རྟགས་ཤིག་གོ །

སྤྱིར་བཏང་འཕྲོངས་རྒྱས་སུ་མཆིས་པའི་བཙན་པོའི་བང་སོའི་སྐོར་བོད་རིགས་ཚང་མས་གོ་ཐོས་ཡོད་མོད། འོན་ཀྱང་དེ་མིན་བོད་དུ་ཡོད་པའི་གནའ་བོའི་བང་སོའི་སྐོར་ཡིག་རྫོངས་སྐྱེ་བོས་ལྟ་ཞོག ཐ་ན་སློབ་གསོའི་གོ་སྐབས་ཐོབ་པའི་སྐྱེ་བོ་མི་ཉུང་བ་ཞིག་ཀྱང་དེའི་སྐོར་འགྲེལ་ཐབས་བྲལ་བའི་གནས་སུ་གྱུར་ཡོད། དེ་ཡང་ལྷ་ས་ནས་མེ་ལེ་བརྒྱད་ཀྱིས་ཆོད་པའི་ནུབ་ཕྱོགས་ཀྱི་སར་སྟག་བྲག་དགོན་(སྟག་ལུང་བྲག་)གྱི་ཉེ་འདབས་སུ་བང་སོ་ཞིག་ཡོད། དགོན་པ་དེའི་ནང་དུ་གནའ་རྫ་མོ་ནས་བཞེངས་པའི་བཙན་ཁང་ཞིག་ཡོད་པ་དེར་ཕྱིས་སུ་ཡིད་བཞིན་མགོན་པོ་ཞེས་འབོད་པ་དེ་ནི་བཙན་པོ་སྲོང་བཙན་སྒམ་པོས་བོད་དུ་མཐའ་འདུལ་ཡང་འདུལ་གྱི་གཙུག་ལག་ཁང་རྣམས་བཞེངས་སྐབས་ཆབས་ཅིག་ཏུ་བསྐྲུན་པར་གྲགས། བཤད་སྲོལ་ལྟར་ན་བཙན་ཁང་དེའི་ནང་ལས་འབྱུངས་པའི་སྲོང་བཙན་སྒམ་པོའི་འདྲ་སྐུ་གསུམ་པོ་དེ་དག་ཚང་མ་སྟག་བྲག་རིན་པོ་ཆེའི་བཞུགས་ཁང་དུ་བཞུགས་པ་དང་། འདྲ་སྐུ་དེ་རྣམས་འཛམ་སྐུ་ཡིན་པའི་ཐོག་གསེར་ཆུ་ལན་མང་སྦྲོན་པས་དེ་རྣམས་ཀྱི་དཀྱུང་ཚད་སྐོར་བརྗོད་ཐབས་བྲལ། སྟག་ལུང་དགོན་པའི་ཁ་སྦྲོད་ཀྱི་ཏུང་ཟད་མཐོ་བའི་གྲོག་རོང་དེའི་རྒྱུད་དུ་བང་སོ་ཁ་གྲངས་བདུན་མཆིས་པ་དེ་དག་ནི་འཕྲོངས་རྒྱས་ན་ཡོད་པའི་བཙན་པོའི་བང་སོ་རྣམས་དང་འདྲ་བ་ཡིན། འོན་ཀྱང་ཆེ་ཆུང་གི་ཚད་ནི་མང་ཆེ་བ་འཕྲོངས་རྒྱས་ཀྱི་བཙན་པོའི་བང་སོ་ལས་ཆུང་བ་ཡོད།

ས་ཆ་དེ་རྒྱུད་ཀྱི་མི་དེ་རྣམས་ཀྱིས་བང་སོ་ཡིན་པར་ངོས་འཛིན་མི་བྱེད་ཞིང་། ཁོང་ཚོས་དེ་ནི་རྒྱལ་པོ་གླང་དར་མའི་ཕོ་བྲང་གི་རྗེས་ཤུལ་ཡིན་པར་འདོད་ཅིང་མིང་དུ་ཁང་ཡངས་ཅེས་འབོད་པ་ཡིན། སྟག་བྲག་དགོན་པའི་བཙུན་པས་ཁོ་བོར་བརྗོད་དོན། ས་ཆ་དེ་ཡོངས་ལ་གླང་སོ་ཞེས་འབོད་ཟེར། དེ་ཡང་ཕལ་ཆེར་གླང་སོ་ཞེས་པའི་ཚིག་ཟུར་ལས་དེ་ནི་གླང་དར་མ་དང་བང་སོ་ཞེས་པའི་ཚིག་གཉིས་པོ་འདི་བསྡུས་པ་ལས་བྱུང་བ་ཡིན་ཤས་ཆེ། ས་དེར་བསྐྱོད་སྐབས་གནའ་བོའི་འཇུགས་སྐྲུན་གྱི་རྗེས་ཤུལ་མཐོང་རྒྱུ་མེད་ནའང་ལོ་ངོ་བཞི་བཅུའི་སྔོན་རོལ་ན་སྟོད་ལུང་ཆུ་བོའི་ཐོག་ཟམ་པ་འཇུགས་སྐབས། ས་རྗེ་མང་པོ་གོང་སློས་ཀྱི་ས་ཁུལ་དེ་ནས་སྟོག་འདོན་བྱེད་སྐབས་གསེར་ཆུ་བསྦྲོན་པའི་འཛམ་སྐུ་སོགས་རིག་གནས་དངོས་རྫས་ཇི་མང་ཞིག་རྙེད་པ་དེ་དག་སྐོར་ཡང་ས་ཆ་དེ་རང་དུ་ཐོས་སྐད།

སྟག་བྲག་ཅེས་པའི་ས་ཆར་བཏབ་ཡོད་པའི་བང་སོ་དེ་རྣམས་ཁ་གྲངས་མང་ལ་ས་ཁྱ་ཡང་ཆེ་བར་ཁྱབ་པས་ན། བང་སོའི་ཚོགས་དེ་ནི་མི་སྣ་གལ་ཆེན་རིགས་ཀྱི་བང་སོ་ཡིན་ངེས་ལགས། སྟག་བྲག་ཁུལ་དུ་མཆིས་པའི་བང་སོ་རྣམས་ནི་འཁྲུངས་རྒྱུས་སུ་ཡོད་པའི་བཙན་པོ་ལྡེང་ཚེ་ལྷ་དཔོན་དང་། སུ་རུག་བཙན་པོའི་བང་སོ་ལས་ཆེ་བ་ཡོད་པ་དེ་དག་ནི་གནའ་རབས་བོད་ཀྱི་སྐད་གྲགས་ཅན་གྱི་ཁྱིམ་རྒྱུད་ཆོ་པ་ཞིག་གི་བང་སོ་གཉམ་དུ་བཏབ་པའི་བང་སོའི་ཚོགས་ཀྱང་ཡིན་པར་སེམས་པས་དཔྱད་པར་འཚལ། གལ་ཏེ་སྟག་བྲག་ཁུལ་གྱི་བང་སོ་དེ་རིགས་གྲགས་ཅན་ཁྱིམ་རྒྱུད་ཀྱི་བང་སོ་ཡིན་པའི་དབང་དུ་བཏང་ན། བང་སོ་དེ་རྣམས་གནས་སའི་ཁུལ་དེ་གནའ་རབས་ཀྱི་དབུས་པའི་གྲགས་ཅན་ཁྱིམ་རྒྱུད་ཀྱིས་དབང་བསྒྱུར་བྱས་ཁུལ་ཞིག་ཡིན་པས་ན། བང་སོ་དེ་དག་ཀྱང་ཁྱིམ་རྒྱུད་དེ་རིགས་ཀྱི་མི་སྣའི་བང་སོ་ཡིན་པར་ཁུངས་སོ། །སྟག་བྲག་ཅེས་པའི་ཁུལ་དེར་གནའ་བོའི་བོད་ཀྱི་ཁྱིམ་རྒྱུད་ཆེན་པོ་བྲན་ཁ་ཡི་ཤུགས་རྐྱེན་ཤོག་ཡོད་པ་གསལ་པོ་ཡིན་སྟེ། བང་སོ་ཡོད་ཁུལ་ནས་ཐག་རིང་པོ་མེད་པའི་གྲོང་ཆུང་དེའི་མིང་དུ་བྲན་ཕུ་ཞེས་འབོད་པ་དང་། སྟོད་ལུང་ཆུ་བོ་དང་ལྷ་ས་སྐྱིད་ཆུ་གཉིས་སྦྲེལ་མཚམས་ཀྱི་ཉེ་བའི་སར་དགོན་ཆུང་དང་སྒྲོག་པའི་གྲོང་སྡེ་རྙིང་པ་ཞིག་ཡོད་པ་དེ་མིང་དུའང་བྲན་ཁ་ར་མོ་ཆེ་ཞེས་འབོད་པ་ཡིན། དགོན་ཆུང་ངམ་གཙུག་ལག་ཁང་དེ་ནི་བཀའ་གདམས་པའི་གྲུབ་མཐའ་བོད་དུ་དར་སྐབས་བསྐྲུན་པ་ཡིན་ཞིང་། དེའི་རྟེན་གཙོ་རྗེ་བོ་ཤཱཀྱ་མུ་ནེའི་སྐུ་བརྙན་ཡིན་པ་དེའི་ཞལ་ཡང་ལྷ་སའི་གཙུག་ལག་ཁང་གི་ཇོ་བོར་གཏད་ནས་བཞེངས་ཡོད་པ་དེ་ནི་ཇོ་བོ་རྣམ་གཉིས་གླེང་མོལ་གནང་བཞིན་ཡོད་པ་ཡིན་སྐད།

བོད་ཀྱི་གནའ་བོའི་ལོ་རྒྱུས་ཐོག་གི་ཁྱིམ་རྒྱུད་བྲན་ཁ་ལས་བོད་བཙན་པོའི་རྒྱལ་རབས་སྐབས་ཀྱི་བློན་ཆེན་བྲན་ཁ་དཔལ་ཆེན་པོ་ཡོན་ཏན་ཞེས་པ་དེ་ཉིད་རང་ལས་གཞན་སྐད་གྲགས་ཅན་གྱི་མི་སྣ་ཐོན་མྱོང་མེད་ལ། དེ་མིན་གྱི་ཁྱིམ་ཚང་དེ་དང་དེའི་མི་སྣས་མཛད་པའི་འཕྲིན་ལས་ཀྱང་ལོ་རྒྱུས་ཀྱི་ཡིག་ཚང་དུ་ཅང་མ་འཁོད། དེས་ན་གཞི་རྒྱ་ཆེ་བའི་སྟག་བྲག་བང་སོའི་ཚོགས་ལས་ཁག་གཅིག་བྲན་ཁ་ཁྱིམ་རྒྱུད་ཀྱི་མི་སྣའི་བང་སོ་མ་ཡིན་པ་ནི་ཁྱིམ་ཚང་དེའི་ལོ་རྒྱུས་ཐོག་གི་བྱས་རྗེས་ནི་དེ་ཙམ་མངོན་གསལ་མིན་པས་སོ། །གནའ་རབས་ས་དེ་ཙམ་མ་ཟད་ལྷ་ས་ཡོངས་དབང་བསྒྱུར་བྱེད་མཁན་གྱི་གྲགས་ཅན་ཁྱིམ་རྒྱུད་གྲས་སུ་མིང་དུ་ངན་ལམ་ཞེས་པའི་ཁྱིམ་ཚང་ཞིག་ཡོད། ཁྱིམ་ཚང་དེའི་སྔོར་ང་ཚོས་ངལ་ལམ་སྟག་སྒྲ་ཀླུ་གོང་

དང་ཁོང་གི་མཛད་རྗེས་རྣམས་ཡི་གེར་བཀོས་པའི་ཞོལ་རྡོ་རིང་བཅས་ལས་དེ་མིན་གྱི་གནས་ཚུལ་མང་པོ་མ་ཤེས་སོ།

ལྷ་ས་གྲོང་ཁྱེར་ནས་མེ་ལི་སུམ་ཅུས་ཆོད་པའི་ལྷུན་གྲུབ་རྫོང་འཕན་པོ་ཆུ་བོའི་འགྲམ་དུ་ཡང་བང་སོའི་ཚོགས་ཤིག་མཆིས། བང་སོ་དེ་དག་ནི་རྩ་ཐང་གི་སྙེང་ན་སྦས་པའི་ཚུལ་གྱི་གནས་ཤིང་། དེའི་གཞི་རྒྱ་དང་གྲངས་འབོར་བཅས་གང་ཅིའི་ཐད་འཕྱོངས་རྒྱས་དང་སྟག་བྲག་གི་ཁུལ་ན་ཡོད་པའི་བང་སོའི་ཚོགས་ལས་ཆུང་བ་དང་ཞུང་བ་ཡོད། བོད་ཀྱི་འཕན་ཡུལ་དུ་མཆིས་པའི་བང་སོའི་སྐོར་ཤེས་མཁན་དང་དེ་དག་ལ་བརྟག་ཞིབ་བྱ་མཁན་ནི་ཉིན་མོའི་སྐར་མའི་བླ་དང་མཚུངས། འཕན་པོའི་ཁུལ་ནི་བོད་བཙན་པོའི་སྐབས་གལ་ཆེའི་ས་ཆ་ཞིག་ཡིན་ལ། ས་ཆ་དེ་ཁུལ་འཛིན་སྐྱོང་བྱ་སྤྱོད་བའི་ཡུལ་གྱི་རྒྱལ་པོ་ཟིང་པོ་རྗེ་ཁྲི་པངས་སུམ་ནས་བཟུང་འཕན་ཡུལ་དེ་བཞིན་བོད་བཙན་པོའི་མངའ་ཁོངས་བསྐྱོན་མེད་ཅིག་ཏུ་གྱུར་ཡོད། གཞན་ཡང་བོད་ཀྱི་གནའ་བོའི་ཁྲིམས་རྒྱུད་དཔབས་ཞེས་པས་ཀྱང་ས་ཆ་དེར་དབང་བསྒྱུར་བྱས་ཞེས་ཤོད་སྲོལ་ཡོད་དོ།

ད་དུང་ལྷ་ས་ནས་མེ་ལི་དོན་ལྔས་ཆོད་པའི་འདམ་གཞུང་རྫོང་ཐུ་སྨུ་ལི་ཞེས་པའི་ཁུལ་དུ་ས་ཆ་ཆུང་ཆུང་ཞིག་ཡོད། ས་ཆ་དེའི་མིང་དུ་ལ་རྐན་མདོ་ཞེས་འབོད། དེ་ན་སོག་པོའི་དམག་བོད་དུ་ལྷགས་སྐབས་ཁག་གཅིག་ཁ་བ་བུ་ཡུག་ཁྲིད་ཤི་རྗེས་དེ་དག་གི་ཕུང་པོ་འདུར་སྦས་བྱས་པའི་བང་སོ་ཆགས་ཡོད། དེ་སྔོན་བོད་དུ་ལོ་ལྟར་སྤེལ་བའི་དམག་སྒྲིག་མཛད་སྒོའི་ཐོག་བེད་སྤྱོད་བྱེད་པའི་"ཁྲབ་གཞི་ཆིབ་ཤག"ནི་ལ་རྐན་མདོ་ནས་རྙེད་སོན་བྱུང་བར་གྲགས་ཤིང་། ཁྲབ་རྨོག་དེ་ཚོའི་ཐོག་ཨ་རབ་ཀྱི་ཡི་གེ་ཡང་བཀོས་ཡོད་པ་དང་། ས་ཆ་དེ་ནས་བརྙེད་པའི་སོག་དམག་གི་དམག་སྤྱིའི་ཡིན་ཟེར་བའི་གསེར་གྱི་གུར་རྒྱུག་ཞིག་ཀྱང་ལྷ་ས་གཙུག་ལག་ཁང་གི་བང་མཛོད་ནང་ཉར་ཚགས་བྱས་ཡོད་པར་གྲགས་སོ། ལར་གོང་སྨོས་ཀྱི་ལོ་རྒྱུས་གནས་ཚུལ་དེ་དག་དུས་ནམ་ཞིག་ཏུ་བྱུང་ཡོད་མེད་སྐོར་དཔྱད་གཞིའི་ཡིག་ཆས་དབེན་པའི་རྐྱེན་གྱིས་ཁ་ཚོན་གཅོད་ཐབས་བྲལ། འདམ་གཞུང་ཞེས་པའི་ས་ཆ་དེ་བོད་ཀྱི་རྒྱལ་པོ་གུ་ཤྲི་ཏན་ནས་བཟུང་བོད་སྟོད་སོག་པོའི་རྒྱལ་པོ་རྣམས་ཀྱི་དབྱར་གནས་དང་རྟོན་ས་བཟང་པོ་ཞིག་ཏུ་གྱུར་བའི་དུས་ཆོད་ནི་དུས་རབས་བཅོ་བརྒྱད་པའི་ནང་དུ་ཡིན། ས་ཆ་དེ་བཞིན་སོག་པོས་འཛིན་ཉར་མ་བྱས་པའི་སྔོན་རོལ་ན་ཅོག་རོ་ཁྲིམས་རྒྱུད་ཀྱི་འདུག་གནས་བྱ

ཡུལ་ཡིན་ལ། ས་ཆ་དེ་ནས་མི་རིང་བའི་སར་ཐང་ཡིག་ནང་དུ་འཁོད་པ་ལྟར། བོད་ཀྱི་བཙན་པོ་རྣམས་ཀྱིས་མཆོད་ཅིང་བཀུར་བའི་སྲིད་པའི་ལྷ་(གཉན་ཆེན་ཐང་ལྷ་)ཡོད་དོ།

མདོར་ན། གནའ་བོའི་བང་སོའི་ཚོགས་ནི་བོད་ཀྱི་ས་ཆ་གང་སར་ཆགས་ཡོད་ལ། དེ་རྣམས་སྟོག་བཤེར་བྱས་ནས་ཞིབ་འཇུག་དཔྱིས་ཕྱིན་པ་ཞིག་བྱེད་རྒྱུ་ནི་གནད་ཀྱི་དམ་པའོ། །

གསལ་བཤད། རི་ཙ་སོན་དང་། ཧུ་ཅེ། ཧོ་ཧྥ་མན་སོགས་ཀྱི་དཔྱད་རྩོམ་ལ་གཞིགས་ནས་རྩོམ་སྒྲུར་བྱས་པའོ། །

(《བོད་ལྗོངས་སྒྱུ་རྩལ་ཞིབ་འཇུག་》2000ལོའི་དུས་དེབ་དང་པོའི་ཐོག་འཀོད།)

༧༧། །བོད་སྐད་ནང་འདྲེས་པའི་ཕྱི་སྐད་མིང་ཚིག་སྐོར་དང་ དེ་དག་དང་འབྲེལ་བའི་རིག་གནས་སྣང་ཚུལ་ སོགས་ལ་དཔྱད་པ།

谈藏语中的介词与相关的文化问题

[བརྡ་ཆད་གཙོ་བོ།] བོད་སྐད། གཡར་ཚིག ཆོས་ལུགས། རིག་གནས་འབྲེལ་བ།

[ནང་དོན་གནད་བསྡུས།] དཔྱད་རྩོམ་འདིའི་ནང་བོད་རིགས་དང་རྒྱ་དཀར་ནག་སོག་པོ་དང་བཅས་པའི་དབར་ལོ་རྒྱུས་ཐོག་རིག་གནས་དང་། ཆོས་ལུགས། ཆབ་སྲིད། དཔལ་འབྱོར་ཐད་འབྲེལ་བ་བྱུང་བའི་བརྒྱུད་རིམ་ཁྲིད་བོད་སྐད་ནང་དུ་མི་རིགས་དེ་དག་གི་སྐད་ལས་འཕྲོས་པའི་ཐ་སྙད་མིང་ཚིག་མི་ཉུང་བ་ཞིག་འདྲེས་ཡོད་པའི་སྐོར་ལ་རང་གི་འདོད་ཚུལ་དང་སྦྲགས་ཏེ་དཔྱད་བརྗོད་བགྱིས་ཡོད།

【关键词】 语言;借词;文化交流;

【摘要】 随着汉、藏、满、蒙等民族间在政治、经济、文化、方面的交往与交流,藏语中出现了大量外来语,并且这些外来语早已成为藏族语言的重要组成部分。作者对藏语中出现大量借词和各种背景和因素作了深入探索,提出藏文中之所以出现大量借词与中央政府和西藏地方政府之间的密切关系有着直接关联。

དེ་ཡང་དཔལ་འབྱོར་དང་། སྤྱི་ཚོགས། རིག་གནས་སོགས་གང་ཅིའི་ཐད་སྟོས་བཅས་ཀྱི་འཕེལ་རྒྱས་ཕྱིན་པའི་རྒྱལ་ཁབ་བམ། མི་རིགས། ས་གནས་བཅས་ཀྱི་སྐད་ཡིག་ཁྲོད་དུ་གཡར་ཚིག་བེད་སྤྱོད་བྱེད་པ་དེ་ནི་རྒྱུན་ལྡན་གྱི་རིག་གནས་སྣང་ཚུལ་ཞིག་ཡིན། སྣང་ཚུལ་དང་འབྲེལ་བ་དེ་རིགས་ནི་ལོ་རྒྱུས་ཐོག་གམ་དངོས་ཡོད་ཀྱི་སྤྱི་ཚོགས་ནང་མི་རིགས་མི་འདྲ་བ་ཁག་དབར་ཕན་ཚུན་ཡུན་རིང་གི་རིག་གནས་འབྲེལ་ལམ་ཆགས་པ་དང་། རིག་གནས་སྤེལ་རེས། རིགས་མི་འདྲ་བའི་རིག་གནས་རྒྱུ་ཆ་མཉམ་འདྲེས་བཅས་ཀྱི་འབྲས་བུ་ཞིག་ཡིན་པ་གོར་མ་ཆག དེ་དག་ལས་ང་ཚོས་ལོ་རྒྱུས་ཐོག་མི་རིགས་ཁག་གི་རིག་གནས་ཕན་ཚུན་ཤུགས་རྐྱེན་ཐེབས་ཚུལ་ཤེས་རྟོགས་ཐུབ་ལ། འདས་པའི་ལོ་ཟླའི་ནང་མི་རིགས་ཁག

དབར་ཆབ་སྲིད་དང་། དཔལ་འབྱོར། ཆོས་ལུགས། དམག་དོན། སློབ་གསོ་སོགས་འབྲེལ་ལམ་ཁྲོད་དུ་མཇའ་གྲོགས་སམ་མཇའ་གྲོགས་མ་ཡིན་པའི་འགྲོ་འོང་དང་། ཤེས་རིག་ཐད་ཕན་ཚུན་སེམ་འཛུལ་བྱས་རྗེས་ཐོན་པའི་རིག་གནས་འབྲེལ་བར་ཡང་ངེས་ཤེས་ཤིག་སྐྱེ་ཐུབ།

རང་རྒྱལ་གྱི་མི་རིགས་མང་ཆེ་བའི་སྐད་ཡིག་ནང་མང་ཉུང་ལ་མ་བསྙོས་པར་གཡར་ཚིག་བེད་སྤྱོད་བྱས་དང་བྱེད་བཞིན་ཡོད་ལ། འཛམ་གླིང་གི་ཁྱོན་ནས་བརྗོད་ན་འང་། དཔེར་ན། དབྱིན་སྐད་དང་། ཧྥ་རན་སིའི་སྐད། ཨུ་རུ་སུའི་སྐད་སོགས་རིགས་མི་གཅིག་པའི་སྐད་ཡིག་དེ་དག་ཚང་མའི་ནང་གཡར་ཚིག་བེད་སྤྱོད་བྱེད་བཞིན་ཡོད། སྣང་ཚུལ་དེ་དག་དང་མི་རིགས་ཁག་སོ་སོའི་རིག་གནས་དབར་འབྲེལ་བ་ངེས་ཅན་ཡོད་པ་ནི་སྨོས་མེད་ཡིན་ལ། བོད་སྐད་ཡིག་གི་ཁྲོད་དུའང་མི་རིགས་གཞན་གྱི་སྐད་ལས་འཕྲོས་པའི་གཡར་ཚིག་མི་ཉུང་བ་ཞིག་མཆིས་ཤིང་། དེའི་བེད་སྤྱོད་བྱེད་ཚད་ནི་མི་རིགས་གཞན་གྱི་གཡར་ཚིག་བེད་སྤྱོད་བྱེད་ཚད་དང་བསྡུར་ན། ནང་དོན་ཁྱབ་ཆེ་ཆུང་དང་གྲངས་འབོར་ཅི་རིགས་ནས་བརྗོད་ན་འང་འགྲན་ཐབས་བྲལ་བ་ཞིག་གོ།

ལོ་རྒྱུས་ཐོག་བོད་མི་རིགས་དང་ནང་སའི་མི་རིགས་ཁག་དང་། ལྷོ་ནུབ་ཨེ་ཤེ་ཡའི་མི་རིགས་ཁག་དང་རྒྱལ་ཁབ་བཅས་དབར་རིག་གནས་དང་། ཆབ་སྲིད། ཆོས་ལུགས། དཔལ་འབྱོར། ཚོང་ལས་དང་སྐད་ཡིག་སོགས་ཕྱོགས་གང་ཅིའི་ཐད་གཏིང་གཟབ་པའི་འབྲེལ་ལམ་ཞིག་ཆགས་པར་བརྟེན་གཡར་ཚིག་གི་གྲངས་འབོར་དང་ཁྱབ་རྒྱ་རིམ་བཞིན་མང་འཕེལ་རྒྱ་ཆེར་སོང་ཡོད་ལ། འདས་དང་ད་ལྟའི་ལོ་རྒྱུས་ཀྱི་དུས་རིམ་ནང་། གཡར་ཚིག་དེ་རིགས་གཅིག་ཏུ་ན་རང་རེའི་མི་རིགས་སྐད་ཡིག་ཁྲོད་དུ་མེད་ན་མེད་ཐབས་མེད་པའི་གལ་ཆེའི་ཆ་ཤས་ཤིག་ཏུ་གྱུར་ཟིན་པ་དང་། གཉིས་སུ་ན་རང་མི་རིགས་སམ་ཕྱིའི་སྐད་ཡིག་ཐད་སྦྱོང་ཐོས་ཀྱི་ཤེས་བྱ་རྒྱུད་དམན་པའི་སྐྱེ་བོ་རྣམས་ཀྱི་བློ་ངོར་དེ་དག་ནི་ས་སྐྱེས་རྫ་སྐྱེས་ཀྱི་མིང་ཚིག་ཅིག་ཏུ་སེམས་ཤིང་། དེ་དག་ནི་མེད་ཐབས་མེད་པའི་བརྡ་སྤྲོད་ཀྱི་ཐབས་ལམ་ཞིག་ཏུ་མངོན་གྱི་ཡོད།

ང་ཚོས་གཡར་ཚིག་སྐོར་ཞིབ་འཇུག་བྱས་པ་བརྒྱད། གཡར་ཚིག་དེ་དག་སྐད་ཡིག་ཁོ་ནའི་ཁྲོད་དུ་ཐོན་དང་ཐོན་བཞིན་ཡོད་པའི་ནུས་པ་ཙམ་མ་ཡིན་པར། དེ་ལས་མི་རིགས་ཁག་

དང་ལྷག་པར་དུ་བོད་དང་རྒྱ་གར་དབར་གྱི་རིག་གནས་དང་ཆོས་ལུགས་ཀྱི་འབྲེལ་བ་དང་། བོད་ས་གནས་དང་ཀྲུང་དབྱང་སྲིད་གཞུང་དབར་གྱི་སྣོན་དུ་མེད་པའི་ཆབ་སྲིད་དང་དཔལ་འབྱོར་འབྲེལ་བའི་གནས་སྟངས་ཉིད་ཤེས་རྟོགས་ཐུབ་པ་ཡིན།

ལོ་རྒྱུས་ཐོག་མི་རིགས་ཁག་དབར་ཕན་ཚུན་འབྲེལ་ལམ་ཆགས་པ་བརྒྱུད། གཡར་ཚིག་བེད་སྤྱོད་དང་ཁྱབ་སྤེལ་གཏོང་རྒྱུ་དེ་ཇེ་དར་ཇེ་རྒྱལ་སུ་སོང་བ་ལས། མི་རིགས་ཁག་དབར་གྱི་མཐུན་སྒྲིལ་ལ་ཤུགས་སྣོན་ཐེབས་ཡོད་པ་དང་། རིག་གནས་ཐད་ཕན་ཚུན་ཤེས་རྟོགས་བྱ་རྒྱུར་ནུས་པ་ཐོན་ཡོད། གལ་ཏེ་བོད་ཡིག་ཁྲིད་དུ་ད་བར་བེད་སྤྱོད་བྱེད་བཞིན་པའི་གཡར་ཚིག་དེ་དག་མེད་ན། མ་མཐར་ཡང་བོད་ཀྱི་སྐད་ཡིག་བེད་སྤྱོད་བྱེད་པའི་བརྒྱུད་རིམ་ནང་དཀའ་གནད་འཕྲད་རྒྱུ་ཡིན་པ་ནི་རྒྱ་སྐད་དང་དབྱིན་སྐད་སོགས་ནང་“གཡག”དང་། “རྩམ་པ་”“ཐུ་བོད་”སོགས་བོད་ཀྱི་སྐད་ལས་འཕྲོས་པའི་གཡར་ཚིག་རྣམས་མེད་ན་གཏམ་གླེང་གི་ཁྲིད་དུ་བརྡ་སྤྲོད་བྱ་ཐབས་མེད་པ་ལྟ་བུ་ཡིན།

དེས་ན་གཡར་ཚིག་བེད་སྤྱོད་བྱེད་པའི་རིག་གནས་སྣང་ཚུལ་དེ་ནི་མི་རིགས་རང་ཉིད་ཀྱི་སྐད་ཡིག་ཕུན་སུམ་ཇེ་ཚོགས་དང་སྐད་ཡིག་གི་མ་ལག་ཆ་ཚང་བར་འཕེལ་རྒྱས་གཏོང་བའི་ཐབས་ལམ་བཟང་པོ་ཞིག་ཡིན་ལ། སྣང་ཚུལ་དེ་ནི་སྐད་ཡིག་དང་རིག་གནས་སོགས་གང་ཅིའི་ཐད་འཕེལ་རྒྱས་ཀྱི་ཚུ་ཚད་ངེས་ཅན་ལྡན་པའི་མི་རིགས་སྐད་ཡིག་ནང་ཡོད་པའི་ཐུན་མོང་གི་ཁྱད་ཆོས་ཤིག་ཡིན།

གཉམ་དུ་ཁོ་བོས་བོད་རིགས་དང་རྒྱ་དཀར་ནག་སོག་པོ་དང་བཅས་པའི་དབར་ལོ་རྒྱུས་ཐོག་གི་རིག་གནས་དང་། ཆོས་ལུགས། ཆབ་སྲིད། དཔལ་འབྱོར་ཐད་བྱུང་བའི་འབྲེལ་ལམ་གྱི་བརྒྱུད་རིམ་ནང་མི་རིགས་དེ་ཚོ་ནས་བྱུང་བའི་གཡར་ཚིག་སྐོར་དབྱེ་ཞིབ་རགས་ཙམ་བྱས་ཁུལ་ལ། དེ་ཡང་།

དང་པོ། བོད་སྐད་ཁྲོད་ཀྱི་ལེགས་སྦྱར་གཡར་ཚིག

རྒྱ་གར་ནི་བོད་དང་ཆོས་ལུགས་རིག་གནས་ཐད་འབྲེལ་བ་འབྱུང་ སྔ་ཤོས་ཀྱི་རྒྱལ་ཁབ་ཀྱི་གྲས་ཤིག་ཡིན། དུས་རབས་བདུན་པའི་གཡས་གཡོན་ཙམ་དང་། དེ་རྗེས་ཀྱི་དུས་སྐབས་ནང་རྒྱ་གར་ནས་བོད་དུ་ཐུབ་པའི་ཆོས་ལུགས་དང་འབྲེལ་བའི་རིག་གནས་དར་ཞིང་ཁྱབ་

སྤེལ་བྱུང་བ་དེས་ཐུབ་པའི་ཆོས་ལུགས་ཀྱི་འཛིག་རྟེན་ལྟ་ཚུལ་དང་། རིག་གནས་རིན་ཐང་སོགས་བོད་མི་རིགས་ཀྱི་སེམས་ཁམས་སུ་ཟུག་པའི་འགོ་བཙམས་ཤིང་། བོན་དང་བོན་འབྲེལ་གྱི་རིག་གནས་ཉམས་འགོ་ཚུགས་ནས་ཐུབ་པའི་ཆོས་ལུགས་ཀྱི་རིག་གནས་བོད་དུ་དར་བ་དང་། དེ་རྩ་བ་བརྟན་པོ་ཚུགས་པའི་རིག་གནས་ལོ་རྒྱུས་ཀྱི་འཕོ་འགྱུར་ཁྲོད་དུ་སྐད་ཡིག་གིས་ཕོ་ཉ་ལྟ་བུའི་ནུས་པ་ཐོན་ཡོད། མི་རིགས་དང་རིག་གནས་མི་འདྲ་བའི་མི་དང་མིའི་དབར་དང་སྤྱི་ཚོགས་དབར་ཐོག་མར་འབྲེལ་ལམ་ཆགས་པ་དེ་དང་ཡིག་བསྒྱུར་ལས་དོན་གཉིས་ཁ་འབྲལ་ཐབས་མེད་པ་དང་། ཡིག་བསྒྱུར་བྱེད་སྐབས་གཡར་ཚིག་བེད་སྤྱོད་བྱེད་པའི་སྣང་ཚུལ་དེ་ནི་ཡུལ་དུས་གང་ལའང་གཡོལ་ཐབས་མེད་པ་ཞིག་རེད།

བོད་ཀྱི་དུས་རབས་སོ་སོའི་ལོ་ཙཱ་བ་རྣམས་ཀྱིས་བསྒྱུར་བའི་ནང་བསྟན་ཆོས་ལུགས་ཀྱི་བསྟན་བཅོས་ཁྲོད་དུའང་གཡར་ཚིག་མི་ཉུང་བ་ཞིག་སྤྱད་ཡོད་པར་"སྒྲ་སྒྱུར་"ཞེས་ཟེར་ཏེ། དེ་ནི་བཀས་བཅས་གཉིས་པའི་སྐབས་སུ་བསྟན་བཅོས་བསྒྱུར་བའི་བྱེད་ཐབས་བཞིའི་ཡ་གྱལ་ཞིག་ཡིན། སྒྲ་སྒྱུར་རམ་གཡར་ཚིག་ལ་བསྒྱུར་ཚུལ་མི་འདྲ་བ་གསུམ་ཙམ་མཆིས་པ་ལས་གཉིས་ནི་རྒྱ་གར་གྱི་སྐད་སོར་འཇོག་བྱས་པ་དང་། གསང་སྔགས་ཀྱི་གཞུང་བོད་དུ་བསྒྱུར་ན་བསྒྱུར་དུ་གཏུབ་ཀྱང་ཕྱིན་ཅི་ལོག་ཏུ་སྤྱོད་པའི་མིང་ཡང་འབྱུང་སྲིད་པས་སྒྲ་སྒྱུར་ཏེ་སྐད་སོར་བཞག་བྱས་པ་སོགས་མང་དུ་མཆིས་པ་དེ་དག་གིས་ཐུབ་པའི་ཆོས་ལུགས་ཉིད་བོད་ལ་དར་ཞིང་རྒྱས་པར་ཕན་ནུས་ཆེན་པོ་ཐོན་ཡོད། དེས་ན་གཡར་ཚིག་ནི་མི་རིགས་མི་འདྲ་བའི་དབར་རིག་གནས་སྤེལ་རེས་བྱ་རྒྱུར་མེད་དུ་མི་རུང་བའི་ཡོ་བྱད་ཅིག་རེད།

བོད་དང་རྒྱ་གར་དབར་དངོས་སུ་འབྲེལ་བ་ཆགས་པའི་རྩ་བའི་རྒྱུ་རྐྱེན་ནི་ཐུབ་པའི་ཆོས་ལུགས་ལ་རག་ལས་ཡོད། ཐུབ་པའི་ཆོས་ལུགས་བོད་དུ་མ་དར་གོང་བོད་དང་རྒྱ་གར་དབར་འབྲེལ་བ་བྱུང་མྱོང་ཡོད་ཀྱང་། ཐུབ་པའི་ཆོས་ལུགས་བོད་དུ་དར་རྗེས་ཀྱི་འབྲེལ་བ་ལྟ་བུ་དམ་ཟབ་མེད་པས་ཡིག་བསྒྱུར་དང་གཡར་ཚིག་སྐོར་གྱི་གནད་དོན་དེ་ཉིད་ཐུབ་པའི་ཆོས་ལུགས་བོད་དུ་དར་རྗེས་ནས་འགོ་བཙུགས་ནས་དཔྱད་གླེང་བྱས་ན་མི་འཚམས་པ་མེད་སྙམ།

བོད་ཀྱི་ལོ་རྒྱུས་ལྟར་ན། བཙན་པོའི་རྒྱལ་རབས་སྐབས་སུ། ཐོན་མིས་རྒྱ་གར་མཁས་པ་རྣམས་ཀྱིས་བརྩམས་པའི་ཐུབ་པའི་ཆོས་ལུགས་དང་འབྲེལ་བའི་བསྟན་བཅོས་མི་ཉུང་བ་ཞིག་བོད་ཡིག་ཏུ་ཕབ་བསྒྱུར་གནང་ཚུལ་དང་། གཡར་ཚིག་དང་འབྲེལ་བའི་ཡིག་བསྒྱུར་བྱ་

གཞག་གིས་བོད་དུ་ཐུབ་པའི་ཆོས་ལུགས་སྲུང་སྐྱོད་སྤེལ་གསུམ་བྱེད་པའི་བྱ་གཞག་ནང་ནུས་པ་ཆེན་པོ་ཐོན་ཡོད་ཀྱང་། མིག་སྔར་ཐོན་མིས་སྲོང་བཙན་སྒམ་པོར་ཡིག་ཕུད་ཕུལ་བར་གྲགས་པའི་རྗོ་བཀོསམ་ཏེ་ཡིག་དྲུག་ཅིག་མཐོང་རྒྱུ་ཡོད་པ་དེ་ནི་བོད་དུ་ལེགས་སྦྱར་སྐད་ཀྱི་གཡར་ཚིག་ཆེས་སྔ་ཤོས་དེ་ཡིན་ཞེས་བརྗོད་ན་མི་འཐད་པ་མེད། དེ་མིན་ལེགས་སྦྱར་སྐད་ལས་བྱུང་བའི་ཆོས་རྫས་ཀྱི་མིང་དང་། སྔགས་ཡིག བསྟོད་ཚིག་སོགས་ཆོས་ལུགས་ཀྱི་ནང་དོན་དང་འབྲེལ་བའི་མིང་ཚིག་གཡར་ནས་བེད་སྤྱོད་བྱེད་ཚུལ་ནི་བསམ་ཡུལ་ལས་འདས་པ་ཞིག་མཆིས་སོ།

གལ་ཏེ་ང་ཚོས་རྒྱུན་དུ་བོད་སྐད་ཁྲོད་ཀྱི་རྒྱ་ནག་གི་སྐད་ལས་གཡར་བའི་མིང་ཚིག་རྣམས་ལས་གཙོ་བོ་ཆབ་སྲིད་དཔལ་འབྱོར་གྱི་ཁྱབ་ཁོངས་ཀྱི་ནང་དོན་དང་འབྲེལ་ཡོད་པར་ངོས་འཛིན་བྱེད་པ་ཡིན་ན་ལེགས་སྦྱར་སྐད་ལས་གཡར་བའི་མིང་ཚིག་རྣམས་ལས་མང་ཆེ་བ་ནི་ཆོས་ལུགས་རིག་གནས་དང་འབྲེལ་ཡོད་པར་ངོས་འཛིན་བྱས་ཆོག་པ་ཡིན། མི་རིགས་གཞན་གྱི་མིང་ཚིག་བོད་སྐད་ནང་གཡར་ཞིང་བེད་སྤྱོད་བྱེད་ཚུལ་ནི་བོད་ཀྱི་རིག་གནས་འཕེལ་རིམ་ཁག་ནང་སྤྱིར་བཏང་རྒྱ་ཁྱབ་ཏུ་གནས་པའི་རིག་གནས་སྣང་ཚུལ་ཞིག་ཡིན་ལ། གཡར་ཚིག་གི་ངོ་བོ་དང་། ཁྱབ་ཁོངས། གོ་དོན། གྲངས་འབོར་སོགས་ཀྱང་ལོ་རྒྱུས་ཀྱི་དུས་རིམ་མི་འདྲ་བའི་ནང་མི་རིགས་དང་། ས་གནས། རྒྱལ་ཁབ་བཅས་བར་ཕན་ཚུན་རིག་གནས་དང་། ཆོས་ལུགས། དཔལ་འབྱོར་སོགས་སྤེལ་རེས་བྱས་པའི་ནང་དོན་དང་ཁྱད་ཆོས་ལ་བསྟུན་ནས་ཐོན་ཅིང་གནས་ཡོད། བོད་གངས་ཅན་གྱི་ལྗོངས་སུ་ཐུབ་པའི་ཆོས་ལུགས་རིག་གནས་དར་སྤེལ་ཤུགས་ཆེན་བྱུང་ཡོད་པ་དེས། བོད་ཀྱི་སྐད་ནང་ཆོས་ལུགས་ནང་དོན་མཚོན་པའི་མིང་ཚིག་དུ་མ་གཡར་ནས་བེད་སྤྱོད་བྱེད་སྲོལ་ཡོད་ཀྱང་། དེ་མིན་དཔལ་འབྱོར་དང་། འཕྲུལ་ཆས། ཟས་གོས། རྒྱན་ཆ་སོགས་ནང་དོན་དང་འབྲེལ་བའི་གཡར་ཚིག་ནི་ལྟོས་བཅས་ཀྱིས་ཉུང་བ་ཡོད་པ་དེ་ཡང་གཙོ་བོ་ལོ་རྒྱུས་ཐོག་ཙམ་མ་ཟད་དེང་དུས་ཀྱི་བོད་དང་རྒྱ་གར་དབར་གྱི་འབྲེལ་བའི་ངོ་བོ་དང་ཁྱབ་ཁོངས་རང་གིས་ཐག་གཅོད་བྱས་པ་ཞིག་གོ

སྤྱིར་ན་བོད་སྐད་ནང་ཐུབ་པའི་ཆོས་ལུགས་ཀྱི་ནང་དོན་དང་འབྲེལ་བའི་གཡར་ཚིག་དུ་མ་ཡོད་ཀྱང་། གཡར་ཚིག་དེ་རིགས་ལས་ཆེས་མང་ཤས་ཤིག་ནི་ཆོས་གཞུང་ལ་སྦྱང་བརྩོན

གནང་སྤྱོད་པའི་སྤྲུལ་སྐུ་དང་། སྐུ་དྲག་ཤེས་ཡོན་ཅན། གྲྭ་པ་རྣམས་ཀྱིས་མཁྱེན་ཅིང་པེད་
སྤྱོད་གནང་དང་གནང་བཞིན་ཡོད་པ་ཙམ་ལས། ཤེས་རིག་གིས་དབུལ་བའི་སྐྱེ་བོའི་བློ་ངོར་
ནི་དེ་དག་གོ་རྒྱུ་དང་ཚོར་རྒྱུ་ཅི་ཡང་མེད། ཚོད་དཔག་བྱས་ན་བོད་ཡིག་ཁྲིད་དུ་ལེགས་སྦྱར་
གཡར་ཚིག་གིས་གཡར་ཚིག་སྤྱིའི་གྲངས་འབོར་གྱི་བརྒྱ་ཆ་དྲུག་ཅུ་ཡན་ཟིན། འདིར་དཔེ་
མཚོན་ཙམ་དྲངས་ན་དཔེར་ན། ཀརྨ། འཕྲིན་ལས། པཎྜི་ཏ། རིག་པའི་གནས་བཅུ་ལ་
མཁས་པའི་མི། ཤུ་མ། ལྷ་དབང་ཕྱུག་ཆེན་པོའི་བཙུན་མོ། ཨ་མྲི་ཏ། འཆི་བ་མེད་པའམ་
བདུད་རྩི། ཨ་ཏི་ཤ། ཕུལ་བྱུང་ངམ་རབ་ཏུ་ཞི་བ། ཀ་ཤི་ཀ། མདོ་ལས་བྱུང་བའི་འཛམ་
གླིང་གི་མིང་། ཀུ་ས་ལི། དགེ་བ་ཅན་དང་མཁས་པ་ལའང་། ཀོ་ཏ་མ། བླ་མའི་རིགས།
ཀོ་ཤི་ཀ། ལྷའི་དབང་པོ་བརྒྱ་སྦྱིན། ཀུ་ཤ། རྩྭ་མཆོག ཀོ་ས་ལ། མཛོད་མཛོན། ཏ་རི།
སེང་གེ་འམ་འཕྲོག་བྱེད། ཛ་ཡ། རྒྱལ་བའི་མིང་། ཛམ་བྷ་ལ། ནོར་གྱི་བདག་པོ། ཙན་
དན། ཤིང་ཞིག་གི་མིང་། ཙན་དྲ། ཟླ་བའི་མིང་། ཏ་མ་ཏྲ། ཆོས་བྱེད་ཡོ་བྱད། པདྨ་རཱ་
ག ། ནོར་རྡོ་ཞིག ན་ག ། ཀླུ་ཏི་སེ། གངས་རི། ཀ་མ་ཏྲུ། རྡོ་ཞིག ཀེ་ཏ་ཀ། ནོར་
བུའི་མིང་། ཀེ་ལ་ཤ། གངས་རིའི་མིང་། སུ་མ་ར་ཛ། རྩ་ཞིག་གི་མིང་། ཧི་མ་ལ་ཡ། རི་
བོ་གངས་ཅན་སོགས་ལེགས་སྦྱར་གཡར་ཚིག་ཤིན་ཏུ་མང་པོ་མཆིས་པ་དེ་དག་ལས་མང་ཆེ་བ་
ཞིག་ནི་ཆོས་ལུགས་ཀྱི་ནང་དོན་དང་འབྲེལ་ཞིང་། དེ་དག་བོད་ཡིག་ཁྲིད་བྱུང་བ་ཡང་ཐུབ་
པའི་ཆོས་ལུགས་བོད་དུ་དར་བའི་སྐབས་རྒྱ་གར་གྱི་གཏམ་རྒྱུད་དང་། རྩོམ་རིག་ཡུལ་སྒྲོལ་
གོམས་གཉིས་སོགས་ཆོས་ལུགས་དང་འབྲེལ་བའི་བསྟན་བཅོས་སམ་གཞུང་ལུགས་བོད་དུ་
དར་ཁྱབ་འབྱུང་རིམ་ནང་ཐོན་པ་ཞིག་ཡིན། དེས་ན་བོད་སྐད་ནང་ལེགས་སྦྱར་སྐད་ལས་
ཆོས་ལུགས་འབའ་ཞིག་གི་ནང་དོན་དང་འབྲེལ་བའི་གཡར་ཚིག་ཡོད་པ་ཙམ་མ་ཡིན་པར་དེ་
མིན་ཡུལ་མིང་། མི་མིང་། ནོར་བུའི་མིང་། རྩི་ཤིང་གི་མིང་། ས་དང་ཆུའི་མིང་། ཤིང་
འབྲས་ཀྱི་མིང་། ཡོ་བྱད་ཀྱི་མིང་། འཕྲུལ་འཁོར་གྱི་མིང་། སྨན་གྱི་མིང་། སྲོག་ཆགས་ཀྱི་
མིང་། རང་བྱུང་ཁམས་ཀྱི་དངོས་པོ་གཞན་གྱི་མིང་བཅས་ཀྱང་མང་པོ་ཡོད་པ་གོང་གསལ་
དཔེ་མཚོན་ལས་མཚོན་ཐུབ། ལེགས་སྦྱར་གྱི་གཡར་ཚིག་དེ་དག་ཕྱོགས་ཡོངས་ནས་བསྡུ་
རུབ་དང་། དབྱེ་ཞིབ་བྱེད་རྒྱུ་དེ་ནི་དཀའ་ཚེགས་ཆེ་བའི་ལས་ག་ཞིག་ཡིན་ཞིང་། དེང་གི་སྤྱི་
ཚོགས་དང་། རིག་གནས་ཁོར་ཡུག རྒྱུན་གཏན་གྱི་དཔལ་འབྱོར་འཚོ་བ་སོགས་ཀྱི་ཁྲིད་དུ་

དོན་དངོས་ཐོག་ལེགས་སྒྱུར་གཡར་ཚིག་བེད་སྤྱོད་བྱེད་རྒྱུའི་ཁོར་ཡུག་དང་གྲངས་འབོར་ཇེ་ཉུང་དུ་འགྲོ་བཞིན་ཡོད་པ་དང་། བོད་ཀྱི་དེང་རབས་སྐད་ཡིག་ཁྲིད་ཀྱི་ནུས་པ་དང་གནས་བབ་ཀྱང་དགུན་གྱི་མཚེའུ་བཞིན་དུ་འབྲི་བཞིན་ཡོད།

གཉིས་པ། བོད་སྐད་ཁྲིད་ཀྱི་སོག་སྐད་ཀྱི་གཡར་ཚིག

བོད་རིགས་དང་སོག་རིགས་གཉིས་ནི་ལོ་རྒྱུས་ཐོག་མི་རིགས་ཀྱི་འབྱུང་ཁུངས་དང་རིག་གནས་ཀྱི་ཁྱད་ཆོས་སོགས་གང་ཅིའི་ཐད་འབྲེལ་བ་དམ་ཟབ་ལྡན་པའི་མི་རིགས་གཉིས་ཡིན། དེ་གཉིས་ཀྱི་ལོ་རྒྱུས་འཕེལ་རིམ་དང་རིག་གནས་ནང་དོན་སྐོར་ལའང་ཤིན་ཏུ་ཆ་འདྲ་བའི་གནད་མང་པོ་ཡོད།

བོད་ཡ་ཐོག་དང་དེ་རྗེས་ཀྱི་ཐུ་བོད་རྒྱལ་རབས་ (སོག་པོའི་མི་རིགས་འབྱུང་བའི་གསང་གཏམ་ཞེས་པའི་དེབ་ཐེར་ནང་ཁོང་ཚོའི་མེས་པོ་ནི་བོད་ནས་ཡིན་ཚུལ་བསྟན་ཡོད་སྐད་) ཀྱི་དུས་ནས་བོད་རིགས་དང་སོག་རིགས་གཉིས་དབར་ཆོས་ལུགས་དང་། རིག་གནས། ཆབ་སྲིད་དཔལ་འབྱོར་སོགས་གང་ཅིའི་ཐད་འབྲེལ་ལམ་ཆགས་ཚུལ་སྐོར་ད་ཕན་དཔྱད་གཞི་ཡིད་རྟོན་རུང་བ་འབྱོར་དཀའ་བས་གནའ་རབས་ཀྱི་སྐད་ཡིག་ལོ་རྒྱུས་ཐོག་བྱུང་བའི་སོག་སྐད་གཡར་ཚིག་འདི་ཡིན་བྱ་བ་སྟོན་རྒྱུ་ཡང་དཀའ་ན་འདིར་མི་བརྗོད།

ལོ་རྒྱུས་ཡིག་རིགས་ནང་དངོས་སུ་གསལ་བའི་སོག་བོད་ཀྱི་འབྲེལ་བ་ནི་ཡོན་རྒྱལ་རབས་ནས་བྱུང་ཞིང་། དེ་ནས་བཟུང་སོག་པོད་མི་རིགས་གཉིས་དབར་ཆབ་སྲིད་དང་། དཔལ་འབྱོར། རིག་གནས། ཆོས་ལུགས་སོགས་ཁྱབ་ཁོངས་ནང་འབྲེལ་བ་དམ་ཟབ་ཆགས་ཡོད། དེ་ཡང་ཡོན་རྒྱལ་རབས་ཀྱི་སྐབས་བོད་ལྗོངས་འདི་ཉིད་གྲུང་གོའི་མངའ་ཁོངས་སུ་གྱུར་རྗེས་བོད་ལྗོངས་ས་ཁུལ་གྱི་ཆབ་སྲིད་དུས་བབ་བརྟན་ལྷིང་བྱུང་བ་དང་། སོག་རིགས་ཀྱི་ཁྱད་ཆོས་ལྡན་པའི་རིག་གནས་དངོས་རྫས་དང་། ཡུལ་གོམས་གཤིས་ལུགས་ཀྱང་བོད་ནང་དུ་སིམ་འཛུལ་བྱས་པ་ལས་བོད་ཀྱི་སྔར་ཡོད་རིག་གནས་ཕུན་སུམ་ཚོགས་སུ་ཕྱིན་པ། མི་རིགས་གཉིས་དབར་རིག་གནས་སྤེལ་རེས་བྱུང་བ། བོད་ཀྱི་ཆབ་སྲིད་དཔལ་འབྱོར་གྱི་བྱ་གཞག་འཕྲུག་ཆ་དོད་པོ་བྱུང་བ་བཅས་ཀྱིས་སོག་བོད་གཉིས་དབར་གཡར་ཚིག་བེད་སྤྱོད་བྱེད་རེས་དང་། བོད་མི་རིགས་ཀྱི་ཁྲོད་དུ་སོག་སྐད་གཡར་ཚིག་མི་ཉུང་བ་ཞིག་ཐོན་ཡོད།

ཡོན་རྒྱལ་རབས་ནས་བཟུང་བོད་རིགས་ཀྱིས་དངོས་སུ་རང་རྟོགས་སམ་རང་རྟོགས་མ་ཡིན་པའི་སྒོ་ནས་སོག་པོའི་ཤེས་རིག་དང་རིག་གནས་ཤེས་རྟོགས་དང་དང་ལེན་བྱས་ཡོད་ལ། དེ་དག་རང་མི་རིགས་ཀྱི་ཤེས་རིག་གི་གྲུབ་ཆ་ཞིག་ཏུ་འགྱུར་གང་ཐུབ་བྱས་ཡོད་པ་དེས་གངས་ལྗོངས་ས་མཐོའི་རིག་གནས་སྣེ་མང་ཅན་དང་ཕུན་སུམ་ཚོགས་པར་འགྱུར་བའི་ཐད་དགེ་མཚན་ལྡན་པའི་ནུས་པ་ཐོན་ཡོད།

བོད་ཡིག་ལོ་རྒྱུས་ཡིག་ཆ་དང་། ད་ཕན་ཁོ་བོས་མཐོང་བའི་དཔྱད་གཞིའ་ཁྲིད་ནས་མངོན་པ་ལྟར་ན། བོད་སྐད་ནང་དུ་སོག་སྐད་ཀྱི་གཡར་ཚིག་མི་ཉུང་བ་ཞིག་མཆིས་པ་ལས། “ཁ་བཏགས” ཞེས་པ་དེ་ནི་བོད་ཀྱི་སྐད་ནང་བྱུང་བའི་ཚེས་སྔ་ཤོས་ཀྱི་སོག་སྐད་གཡར་ཚིག་ཅིག་ཡིན་པར་གྲགས། “ཁ་བཏགས” ཞེས་པའི་གཡར་ཚིག་བོད་སྐད་ནང་དུ་ཐོན་པའི་སྣང་ཚུལ་དེ་ཡང་ཆབ་སྲིད་དང་། ཆོས་ལུགས། རིག་གནས་སོགས་ཀྱི་དྲ་རྒྱ་ལས་མ་འདས་པ་སྟེ། “ཁ་བཏགས” ཞེས་པ་དེ་བོད་སྐད་ནང་དུ་ཐོག་མར་ཐོན་པའི་དུས་སྐབས་ནི་འགྲོ་མགོན་ཆོས་རྒྱལ་འཕགས་པའི་སྐབས་ནས་ཡིན་ཞིང་། དེ་ཡང་འགྲོ་མགོན་འཕགས་པ་ཉིད་ཡོན་གོང་མ་གོ་པེ་ལེའི་དབུ་བླར་གདན་འདྲེན་ཞུས་པ་དང་། ཕྱིང་ཡོན་རྒྱལ་རབས་སྲིད་གཞུང་ནང་བཞུགས་རིང་ཆབ་སྲིད་དང་ཆོས་ཕྱོགས་གང་ཅིའི་འཕྲིན་ལས་དབྱར་མཚོ་ལྟར་རྒྱས་རྗེས་གངས་ལྗོངས་སུ་སླར་ཡང་ཆིབས་བསྒྱུར་མཛད་པའི་སྐབས་སུ་ཡོན་གོང་མར་“ཁ་བཏགས” གསོལ་རས་གནང་རེ་ཞུས་པ་དོན་དུ་སྨིན་པ་དང་། ཕྱིང་བོད་དུ་ཕེབས་རྗེས་གངས་ལྗོངས་སུ་ད་གཟོད་“ཁ་བཏགས” སྤྲོན་པའི་སྲོལ་ལུགས་དེ་དར་བ་ཡིན་པར་སེམས་པས་སླར་ཡང་དཔྱད་པར་མཛོད། “ཁ་བཏགས” ཞེས་པའི་གཡར་ཚིག་བོད་སྐད་ནང་དུ་ཐོན་པའི་སྣང་ཚུལ་ལས། ང་ཚོས་གཡར་ཚིག་ཅེས་པ་དེ་ཡང་མི་རིགས་སམ་ས་གནས་ཁག་དབར་ཕན་ཚུན་ཆབ་སྲིད་དང་། རིག་གནས། ཆོས་ལུགས། དཔལ་འབྱོར་སོགས་གང་ཅིའི་ཐད་འབྲེལ་བ་ཆགས་རྗེས་ད་གཟོད་ཐོན་གྱིན་ཡོད་པའི་ཆོས་ཉིད་ལ་ངེས་ཤེས་གསལ་པོ་ཐུབ་ཀྱི་ཡོད། བོད་སྐད་ནང་དུ་ད་དུང་ཡོན་རྒྱལ་རབས་ཀྱིས་བོད་དུ་དབང་བསྒྱུར་བྱས་པའི་དུས་རིམ་ནང་རིམ་བཞིན་ཐོན་པའི་ཆབ་སྲིད་དང་དཔལ་འབྱོར་འབྲེལ་བའི་ནང་དོན་དང་ལྡན་པའི་གཡར་ཚིག་མི་ཉུང་བ་ཞིག་ཐོན་ཡོད་པ་འདིར་དཔེ་མཚོན་ཙམ་དྲངས་ན་གཤམ་གསལ་ལྟར་རོ།

ཏྭ་ལའི། རྒྱ་མཚོ། **ཐའི་ཧྲེ།** སྨན་གནས་ཤིག **ཐུན་ཐི།** དར་གོས་ཤིག **ཐེར་ཀེ།** རྟ་འཐེན་འཁོར་ལོ། **ཐོ་སོ།** མར། ད་ར་ཁ་ཆེ། དབང་ཐང་དང་ལྡན་པ། **དར་ཏན་ཐི།** དབང་ཆེན། ཀ་མ་ལ། གོ་གནས་ཤིག **ཁྲ་ཐུ་ཆི།** གཡོག་པོ། **ཀུ་ཐྲི།** ཤེས་ཡོན་ཅན། **ཀུ་ཤི་ཏན།** མཁས་པ་ཆེན་པོ། **སོ་ཐུག** འབྲོག་པའི་སྡོད་གནས། **ཛ་ཐའི།** གོ་གནས་ཤིག **ཛ་སག** གོ་གནས་ཤིག **ཨ་ཆེར།** གདོང་ཕྱིས་རས། **ཤེམ་ཆི།** སྨན་པ། **ཆེ་གེ།** ཕྱུར་བ། **ཁུ་ལག** དཔྱ་ཁྲལ། **ཏམ་ཆི།** གོ་གནས་ཤིག **སེ་ཛ་ཧྲེ།** མགུལ་རྒྱན། **ཇོ་ཡོན།** དཔོན་པོ། **ཐེབ་ཅི།** གོས་ཀྱི་ཨམ་ཕྲག་སོགས་འཛུམ་བྱེད་ཀྱི་སྒྲོག་བུ། **ཞེ་ག** མི་གཉིས་ཕན་ཚུན་དབྱུག་རེས་རྡབ་རེས་བྱེད་པའི་ལུས་རྩལ་ཞིག (རྒྱ་གར་གྱི་སྐད་དུའང་འདོད་པས་དཔྱད་པར་འཚལ་) **ཀུ་སྟུ་སུ།** ཁང་པའི་ཤུབས། **སོ་ཐིག** འབྲོག་མོ། **ཧྥ་ཐོག་ཐུ།** ལྷ་སྤྲུལ། འཕགས་པ། **ཤེར་ཏེ་ནི།** ནོར་བུ་སོགས་ཆབ་སྲིད་དང་། དཔལ་འབྱོར། ཡུལ་གོམས་གཤིས་ལུགས། གྱོན་ཆས་དང་ཐོན་དངོས་བཅས་སྐོར་གྱི་གཡར་ཚིག་མང་པོ་ཡོད། འོན་ཀྱང་སོག་སྐད་ལས་བྱུང་བའི་གཡར་ཚིག་དེ་དག་རྒྱ་གར་གྱི་སྐད་དང་རྒྱ་རིགས་ཀྱི་སྐད་ལས་བྱུང་བའི་གཡར་ཚིག་དང་བསྡུར་ན། ནང་དོན་རྒྱ་ཆེ་ཆུང་དང་གྲངས་འབོར་སོགས་གང་ཅི་ནས་འགྲན་ཐབས་བྲལ་བ་ཞིག་ཡིན། ཉེ་རབས་ཀྱི་ལོ་རྒྱུས་ཐོག་སོག་རིགས་ཀྱི་དབང་སྒྱུར་ཉམས་དམས་སུ་སོང་བ་དང་སྦྲགས་སོག་བོད་ཀྱི་འབྲེལ་བ་ཡང་དམངས་ཁྲོད་འགྲོ་འོང་ཙམ་དུ་གནས་པས་བོད་སྐད་ནང་སོག་སྐད་གཡར་ཚིག་བེད་སྤྱོད་བྱ་རྒྱུ་ཧེ་ཉུང་དུ་སོང་བ་རེད། དེ་ལས་ལྡོག་སྟེ། སོག་བོད་འབྲེལ་བའི་ཁྲིད་བོད་བརྒྱུད་ཐུབ་པའི་ཆོས་ལུགས་སོག་ཡུལ་དུ་དར་བས་སོག་རིགས་ཀྱི་སྐད་ཡིག་ནང་བོད་སྐད་ཀྱི་གཡར་ཚིག་ཀྱང་མི་ཉུང་བ་ཞིག་བེད་སྤྱོད་ད་ལྟའི་བར་བྱེད་དང་བྱེད་བཞིན་ཡོད་དོ།

གསུམ་པ། བོད་སྐད་ཁྲོད་ཀྱི་རྒྱ་སྐད་གཡར་ཚིག

ཀྲུང་གོ་ནི་འཛམ་གླིང་ཐོག་གནའ་རབས་ཤེས་རིག་ལྡན་པའི་རྒྱལ་ཁབ་ལྔའི་གྲས་ཤིག་ཡིན་ལ། རིག་གནས་ཀྱི་ལོ་རྒྱུས་ཡུན་རིང་ལྡན་པའི་སྟོབས་ཆེན་གྱི་རྒྱལ་ཁབ་ཅིག་ཀྱང་ཡིན། རྒྱ་མི་རིགས་ནི་བོད་རིགས་དང་ཆབ་སྲིད་དང་། དཔལ་འབྱོར། རིག་གནས། ཆོས་ལུགས་སོགས་ཐད་འབྲེལ་ལམ་ཆགས་སྔ་ཤོས་ཀྱི་མི་རིགས་ཀྱི་གྲས་ཤིག་ཡིན། སྔར་བཙན་པོའི་རྒྱལ་

རབས་ནས་བཟུང་དངོས་སུ་ཆབ་སྲིད་དང་། རིག་གནས་ཐད་ཕན་ཚུན་ཤེས་རྟོགས་དང་སྤེལ་རེས་བྱས་པ་ལས། དེ་རྗེས་ཀྱི་ལོ་བརྒྱའི་ནང་རིམ་བཞིན་མི་རིགས་གཉིས་ཀྱི་ཤེས་རིག་ཁྲོད་དུ་ཐུན་མོང་གི་ཁྱད་ཆོས་མི་ཉུང་བ་ཞིག་ཆགས་ཡོད།

ཚང་མས་མཁྱེན་གསལ་ལྟར། དུས་རབས་བདུན་པའི་སྐབས་དང་དེ་རྗེས་ཀྱི་རིམ་ཐོན་བཙན་པོའི་སྐབས་སུ་ཐང་རྒྱལ་རབས་དང་བཙན་པོའི་རྒྱལ་རབས་གཉིས་དབར་གྱི་དམག་དོན་སྟོབས་ཤུགས་ཐད་ཏ་ལམ་འདྲ་མཉམ་ལྟ་བུའི་གནས་བབ་བཟུང་ཡོད་ནའང་སྐབས་དེའི་བོད་བཙན་པོའི་རྒྱལ་རབས་ཀྱི་སྤྱི་ཚོགས་དཔལ་འབྱོར་གྱི་ཆུ་ཚད་དང་། བཟོ་རྩལ་གྱི་ཆུ་ཚད་གཉིས་ཐད་ཐང་རྒྱལ་རབས་དང་བསྡུར་ན་རྗེས་ལུས་ཀྱི་གནས་སུ་གྱུར་ཡོད། གནས་བབ་དེ་འདྲའི་འོག་ཐང་བོད་དབར་གཉེན་འབྲེལ་གྱི་གཙོས་པའི་འབྲེལ་བ་ཇི་སྙེད་ཅིག་བྱུང་བའི་ནང་རྒྱ་སྐད་ལས་བྱུང་བའི་གཡར་ཚིག་ཀྱང་ཇི་སྙེད་ཅིག་འབྱུང་སྲིད་པ་ནི་གོར་མ་ཆག།

ང་ཚོས་གོང་དུ་བརྗོད་པ་ལྟར། ལེགས་སྦྱར་སྐད་ལས་བྱུང་བའི་གཡར་ཚིག་དག་གཙོ་བོ་ཆོས་ལུགས་རིག་གནས་དང་འབྲེལ་ནས་བྱུང་བའི་རིག་གནས་སྣང་ཚུལ་ཞིག་ཏུ་ངོས་འཛིན་བྱེད་ན། རྒྱ་སྐད་ལས་བྱུང་བའི་གཡར་ཚིག་དག་ནི་གཙོ་བོ་ཆབ་སྲིད་དཔལ་འབྱོར་དང་འབྲེལ་ནས་བྱུང་བའི་རིག་གནས་ཀྱི་སྣང་ཚུལ་ཞིག་ཡིན་ཞེས་སྨོམ་ཚིག་ཅིག་འཇོག་ཐུབ།

ང་ཚོས་ཆབ་སྲིད་དཔལ་འབྱོར་སོགས་ཀྱི་ནང་དོན་དང་འབྲེལ་བའི་རྒྱ་སྐད་གཡར་ཚིག་དེ་དག་ལ་དཔྱེ་ཞིབ་བྱས་པ་བརྒྱུད། བོད་དང་རྒྱ་མི་རིགས་དབར་ལོ་རྒྱུས་ཐོག་ཆགས་པའི་ཆབ་སྲིད་དང་དཔལ་འབྱོར་གཙོ་བོར་བྱས་པའི་ཁྱབ་ཁོངས་ནང་གི་འབྲེལ་བའི་བྱུང་འཕེལ་ཉིད་གསར་པོར་རྟོགས་ཐུབ་པ་དང་། ལྷག་པར་དུ་རྒྱ་མི་རིགས་ཀྱི་རིག་གནས་ཀྱིས་ཆབ་སྲིད་དང་མངའ་ཐང་སྐྱོང་བའི་མིང་རྒྱལ་རབས་དང་ཆིང་རྒྱལ་རབས་གཉིས་ཀྱི་སྐབས་ནི་བོད་ཡིག་ཁྲོད་དུ་གཡར་ཚིག་ཐོན་མང་ཤོས་ཀྱི་དུས་སྐབས་ཤིག་ཡིན་པ་དང་། རྒྱུ་མཚན་དེ་དག་ལས་ང་ཚོས་ལོ་རྒྱུས་ཀྱི་དུས་རིམ་མི་འདྲ་བའི་ནང་དུ་བོད་མི་རིགས་ཀྱི་ཞིང་ལས་རིག་གནས་དང་། བཟོ་ལས་རིག་གནས་སོགས་མི་རང་གི་འཚོ་གནས་སྐོར་གྱི་རིག་གནས་ཀྱི་སྤྱང་ཚད་དང་ཆུ་ཚད་ནི་རྒྱ་མི་རིགས་ཀྱིས་གཙོས་པའི་ནང་སའི་མི་རིགས་ཁག་གཅིག་ལས་ཞན་པ་ཡོད་པའི་དོན་དངོས་ཉིད་ཀྱང་ཤེས་རྟོགས་ཐུབ་ཀྱི་ཡོད།

མིང་ཚིང་རྒྱལ་རབས་གཉིས་པོའི་སྐབས་སུ་བོད་འདི་བཞིན་སྔར་བཞིན་ཀྲུང་གོའི་མངའ་ཁོངས་ཤིག་ཡིན་པ་ཙམ་མ་ཟད། ཀྲུང་དབྱང་སྲིད་གཞུང་གིས་བོད་དབང་བསྒྱུར་བྱེད་རྒྱུའི་ཆབ་སྲིད་མ་ལག་དེ་བས་འཕྲུས་སྒྲི་ཚང་དུ་བཏང་ཡོད་པ་བཅས་ཆབ་སྲིད་དང་ལོ་རྒྱུས་ཀྱི་རྒྱབ་ལྗོངས་དེ་ལྟའི་འོག་ཏུ་རྒྱ་མི་རིགས་དང་། མན་ཇུ་རིགས་སོགས་རྒྱལ་ནང་གི་མི་རིགས་ཁག་དབར་སྔར་བས་རྒྱ་ཆེ་གཏིང་ཟབ་ཀྱི་རིག་གནས་སྤྱེལ་རེས་ཀྱི་བྱེད་སྒོ་སྤེལ་བ་དང་། རྒྱལ་ནང་གི་བཟོ་ལས་ལག་རྩལ་ལས་ཐོན་པའི་དངོས་རྫས་དང་། ཡུལ་ཁོངས་ཀྱི་ཁྱད་ཆོས་ལྡན་པའི་དངོས་ཟོག ཡུལ་གོམས་གཤིས་ལུགས་ཀྱི་མཚོན་བྱེད་ཟས་གོས་རྒྱན་གསུམ་སྐོར་གྱི་དངོས་རྫས་བོད་དུ་འདྲེན་སྤེལ་བཅས་བྱས་པ་ལས། བོད་ཀྱི་ཁྲིམ་རའི་དངོས་རྫས་སྔར་བས་ཕུན་སུམ་ཚོགས་སུ་ཕྱིན་པ་དང་། བོད་ཀྱི་རིག་གནས་ཀྱི་གྲུབ་ཆར་ཁ་སྣོན་ལྷ་བུའི་ནུས་པ་ཐོན་པ་དང་ཆབས་ཅིག་རྒྱ་སྐད་ཀྱི་གཡར་ཚིག་ཀྱང་མི་ཉུང་བ་ཞིག་ཐོན་ཡོད།

ཚིང་རྒྱལ་རབས་སྐབས་བོད་དུ"བོད་བཞུགས་ཨམ་བན་ཁང་" གཏན་སྡོད་བྱས་པ་དང་། བོད་དུ་མཐའ་མཚམས་དོ་དམ་མི་སྣ་མངགས་གཏོང་བྱས་པ། དེ་བཞིན་རྒྱ་རིགས་སོགས་ནང་སའི་ཚོང་པ་དང་ཞབས་ཞུའི་མི་སྣ་བཏང་བ་སོགས་ཀྱིས་བོད་སྐད་ནང་དུ་རྒྱ་སྐད་ཀྱི་གཡར་ཚིག་དུ་མ་ཐོན་པའི་སྤྱི་ཚོགས་དང་རིག་གནས་ཀྱི་ཆ་རྐྱེན་བསྐྲུན་ཡོད།

གོང་གསལ་ཆབ་སྲིད་དང་དཔལ་འབྱོར་གཉིས་ཐད་ཀྱི་ཤུགས་རྐྱེན་དང་ཁོར་ཡུག་དེ་གཉིས་ནི་བོད་སྐད་ཁྲོད་དུ་རྒྱ་སྐད་གཡར་ཚིག་མང་པོ་ཞིག་ཐོན་པའི་ཕྱི་རོལ་ཡུལ་གྱི་རྒྱུ་རྐྱེན་ཡིན་ཞིང་། རྒྱུ་རྐྱེན་དེ་དག་མེད་ན་བོད་ཡིག་དང་བོད་སྐད་ནང་རྒྱ་སྐད་ལ་སོགས་པའི་གཡར་ཚིག་དེ་དག་འབྱུང་མི་སྲིད། རྒྱུ་མཚན་དེ་ལས་མི་རིགས་ག་གེ་མོ་ཞིག་གི་སྐད་དང་ཡི་གེའི་ནང་མི་རིགས་གཞན་གྱི་སྐད་ལས་འཁྲུངས་པའི་མིང་ཚིག་ཐོན་པ་ལ། ཐོག་མར་རིག་གནས་སམ། དཔལ་འབྱོར། ཡང་ན་ཆབ་སྲིད་བཅས་ཀྱི་འབྲེལ་བ་ངེས་ཅན་ཞིག་རང་བཞིན་ནམ་རང་བཞིན་མ་ཡིན་པའི་སྒོ་ནས་ཆགས་དགོས་ཀྱི་ཡོད་པ་ང་ཚོས་གསལ་རྟོགས་ཐུབ་པ་ཡིན། རིགས་མི་འདྲ་བའི་གཡར་ཚིག་དེ་དག་གི་ནང་དོན་དང་ངོ་བོའི་ཐབས་ལམ་ནས་ང་ཚོས་ལོ་རྒྱུས་ཐོག་མི་རིགས་ཁག་དབར་གྲུབ་པའི་ཆབ་སྲིད་དང་། དཔལ་འབྱོར། རིག་གནས་བར་གྱི་འབྲེལ་བའི་ཆགས་ཚུལ་དང་། ངོ་བོ། གནས་བབ། རྣམ་པ་བཅས་ཀྱང་ཤེས་རྟོགས་ཐུབ་ཅིང་། ལྷག་པར་དུ་མི་རིགས་ཁག་དབར་རིག་གནས་དང་ཆབ་སྲིད་དབང་

ཆ་འདྲ་མཉམ་མེད་པ་དང་དཔལ་འབྱོར་སོགས་གང་ཅིའི་ཐད་རྗེས་ལུས་ཡིན་པའི་བཀས་བཀོད་རྒྱུད་འཛིན་གྱི་སྤྱི་ཚོགས་ནང་། གྲངས་ཉུང་མི་རིགས་ཀྱི་ཆབ་སྲིད་ཐོབ་ཐང་དང་། དཔལ་འབྱོར་འཕེལ་རྒྱས། རིག་གནས་སྐྱོང་སྐྱོད་སྤེལ་གསུམ་བྱེད་རྒྱུ་བཅས་ཀྱི་ཐད་ལ་འདྲ་མཉམ་མེད་པ་དང་། གཉའ་གནོན་དང་། རྫུང་རྫིག་ཐོག་པ། རིག་གནས་ལ་མཆོག་དམན་གྱི་ལྟ་སྤྱོད་བརྩམས་པ་སོགས་ཀྱི་གནས་ཚུལ་སྐོར་ཞིབ་འཇུག་མཛད་སྐབས་ཀྱང་གཡར་ཚིག་དེ་དག་དང་འབྲེལ་བ་གནང་དགོས་པའང་གལ་ཆེའི་གནད་དོན་ཞིག་ཡིན་པར་འཁྲུམས། ཁོ་བོས་སེམས་ན། གཡར་ཚིག་ཅེས་པ་དེ་ནི་རིག་གནས་ནང་དོན་མི་གཅིག་པ་འགའ་མཉམ་འཕྲད་བྱས་རྗེས་ཐོན་པའི་རིག་གནས་སྣང་ཚུལ་ཞིག་དང་། རིག་གནས་འཕེལ་རིམ་གྱི་ཆོས་ཉིད་ཅིག མི་རིགས་ཁག་བར་འབྲེལ་བ་ཆགས་རྗེས་འབྱུས་པའི་ལྡོག་མེད་ཀྱི་འབྲས་བུ་ཞིག་ཏུ་ངོས་འཛིན་བྱེད་དགོས་པ་ལས། དེ་སྔོ་བུར་དུ་བྱུང་བའམ་རྒྱུ་མེད་རྐྱེན་མེད་དུ་བྱུང་བའམ། ཡང་ན་སྐྱེ་བོ་ག་གེ་མོ་ཞིག་གི་འབད་སྒྲུབ་བྱས་པའི་ཐོན་དངོས་ཤིག་ཡིན་པར་ངོས་འཛིན་བྱེད་མི་ཉན་སྙམ།

བོད་ཡིག་ཁྲིད་དུ་རྒྱ་སྐད་ལས་བྱུང་བའི་གཡར་ཚིག་དག་གི་གནས་བབ་དང་རིན་ཐང་ནི་ཧ་ཅང་མངོན་གསལ་དོད་པོ་ཡིན་ཞིང་། ལྷག་པར་དུ་ཆབ་སྲིད་དང་དཔལ་འབྱོར་ཁྱབ་ཁོངས་ནང་སྤྱོད་པའི་གཡར་ཚིག་གི་སྤྱོད་སྒོའི་ཐད་གཡར་ཚིག་གཞན་གྱིས་འགྲན་ཐབས་བྲལ་བའི་ནུས་པ་ཐོན་གྱི་ཡོད། བོད་ཡིག་ཁྲིད་དུ་རྒྱ་སྐད་གཡར་ཚིག་སྤུད་པའི་གཡར་ཚིག་གཞན་ཕལ་མོ་ཆེའི་ཚབ་བོད་སྐད་རང་གི་མིང་ཚིག་ཏུ་སྒྱུར་ཐུབ་ལ་བེད་སྤྱོད་སྤེལ་གསུམ་བྱེད་མཁན་ཀྱང་མི་ཉུང་བ་ཞིག་ཡོད། འོན་ཀྱང་། མིག་སྔར་བོད་སྐད་ནང་མཆིས་པའི་རྒྱ་སྐད་ལས་བྱུང་བའི་གཡར་ཚིག་མི་ཉུང་བ་ཞིག་ནི་བོད་རང་གི་སྐད་ལ་ཕབ་བསྒྱུར་ཐུབ་ཀྱི་ཡོད་ཀྱང་དེའི་ནུས་པ་ཇི་བཞིན་བརྟོན་ཐུབ་རྒྱུ་དང་། མི་རྣམས་ཀྱིས་བེད་སྤྱོད་བྱས་ནས་རིམ་བཞིན་གོམས་བྱར་འགྱུར་ཐུབ་པ་བྱེད་རྒྱུ་བཅས་ནི་དཀའ་གནད་ཅིག་ཡིན། འོ་ན་དེ་ལྟར་ཡིན་པའི་རྒྱུ་མཚན་ཅི་ཡིན་ཞེ་ན། དེ་ཡང་རིག་གནས་ཀྱི་ཁྱབ་ཁྱ་དང་། ཁོར་ཡུག་གནས་བབ་བཅས་ལ་རག་ལུས་པ་ཡིན་ཏེ། ཚང་མས་མཁྱེན་གསལ་ལྟར། རྒྱ་མི་རིགས་ཀྱི་རིག་གནས་ནི་ལོ་རྒྱུས་ཀྱི་དུས་ཡུན་རིང་བ་དང་། འཛམ་གླིང་མི་འབོར་གྱི་བརྒྱ་ཆ་ཉེ་ཤུས་རིག་གནས་དེ་ལ་སྐྱོང་སྐྱོད་སྤེལ་གསུམ་བྱེད་བཞིན་ཡོད་ལ། ད་ལྟ་འཛམ་གླིང་ཡུལ་གྲུ་ཁག་དང་མི་རིགས་ཁག་ནང་

དར་ཁྱབ་འགྲོ་བཞིན་ཡོད།

རྒྱ་མི་རིགས་ཀྱི་རིག་གནས་ཀྱི་ཤུགས་རྐྱེན་འོག　བོད་ས་གནས་སུ་ལོ་རྒྱུས་ཐོག་ཐོན་པ་ཕུད། ད་དུང་མུ་མཐུད་རྒྱ་སྐད་ཀྱི་གཡར་ཚིག་སྣང་ཚུལ་ཇེ་མང་དུ་འགྲོ་བཞིན་ཡོད་པ་དེར་ཡ་མཚན་སྐྱེ་དོན་གང་ཡང་མེད། དེང་སྐབས་བོད་འདི་བཞིན་བཅིངས་བཀྲོལ་མ་བཏང་གོང་གི་རིག་གནས་རྐྱང་པའི་གནས་སྟངས་ལས་གྲོལ་ཏེ་སྣེ་མང་ཅན་དང་། ཕུན་སུམ་ཚོགས་པའི་རིག་གནས་ཁོར་ཡུག་གསར་པ་ཞིག་ཏུ་མདུན་མཆོང་བྱས་དང་བྱེད་བཞིན་ཡོད་པ་དང་། རྒྱ་རིགས་བློ་མཐུན་དང་གཉིས་འདྲིས་བྱེད་རྒྱུ་མང་བས་རྣམ་ཀུན་གྱི་འཚོ་བའི་ཁྱབ་ཁོངས་ནང་རྒྱ་སྐད་ཀྱི་མིང་ཚིག་མང་པོ་ཞིག་ཐད་ཀར་བེད་སྤྱོད་བྱེད་རྒྱུ་གོམས་གཤིས་སུ་གྱུར་པར་བརྟེན་བོད་སྐད་ནང་རྒྱ་སྐད་ཀྱི་གཡར་ཚིག་གསར་པ་ཐོན་རྒྱུ་ནི་ཐོག་ཏུ་མེད་པ་ཞིག་ཡིན་ཞིང་དེས་བོད་ཀྱི་སྐད་ཡིག་ལ་མཐོང་ཆེན་གྱིས་སྲུང་སྐྱོང་སྤེལ་གསུམ་བྱ་རྒྱུར་འགོག་རྐྱེན་ངེས་ཅན་ཐེབས་ཀྱི་ཡོད། འོན་ཀྱང་ཕྱོགས་གཞན་ཞིག་ནས་བལྟས་ན། གནས་ཚུལ་དེས་བོད་མི་རིགས་ཀྱི་གཞི་རྩའི་སྤྱི་ཚོགས་ཀྱི་རིག་གནས་ལ་སྐུལ་སྤེལ་གྱི་ནུས་པ་ཐོན་པ་དང་། བརྩོན་ལེན་གྱི་ངར་ཤུགས་ཤིག་ཀྱང་སྦྱིན་གྱི་ཡོད་པ་དེ་ནི་ཕན་བསྐྱེད་ཆེས་བཟང་པོ་ཞིག་ཡིན་ལ། བོད་སྐད་ནང་གཡར་ཚིག་དེ་དག་བེད་སྤྱོད་བྱས་པ་དེས་མི་རིགས་གཉིས་བར་ཕན་ཚུན་རིག་གནས་ཐད་ཤེས་རྟོགས་དང་། རང་སོའི་སྐད་ཡིག་མིང་ཚིག་ཕུན་སུམ་ཇེ་ཚོགས་སུ་འགྲོ་རྒྱུར་ཧུར་བརྩོན་གྱི་ནུས་པ་འདོན་སྤེལ་བྱེད་བཞིན་ཡོད་པ་དེར་གདེང་འཇོག་མ་ནོར་བ་བྱེད་དགོས་སོ། ལོ་རྒྱུས་ཀྱི་དཔྱད་གཞིར་གཞིགས་ན། བོད་སྐད་ནང་རྒྱ་སྐད་གཡར་ཚིག་ཐོན་པའི་ཆེས་སྔ་མ་ནི“ཀོང་ཇོ”(公主)ཞེས་པ་དེ་ཡིན་ལ། དེ་རྗེས་ཀྱི་རྒྱ་བོད་མཛའ་འབྲེལ་གྱི་ལོ་རྒྱུས་དུས་རིམ་ནང་དེ་འབྲེལ་གྱི་རྒྱ་སྐད་གཡར་ཚིག་མི་ཉུང་བ་ཞིག་ཡོད་ངེས་ཀྱང་འདིར་རེ་རེ་བཞིན་འདྲེན་པའི་ངལ་བ་མ་བགྱིས་སོ། འོན་ཀྱང་ཡོན་རྒྱལ་རབས་ནས་བཟུང་ཀྲུང་དབྱང་སྲིད་གཞུང་དང་བོད་ས་གནས་དབར་ཆབ་སྲིད་མུ་གཅིག་གི་འབྲེལ་བ་བྱུང་རྗེས་དང་། ལྷག་པར་དུ་མིང་ཆིང་རྒྱལ་རབས་གཉིས་ཀྱི་སྐབས་སུ་ཀྲུང་གོ་གཅིག་གྱུར་གྱི་ཆབ་སྲིད་མ་ལག་དང་སྒྲིག་གཞི་ལས་ཐོན་པའི་ཆབ་སྲིད་ནང་དོན་དང་། དཔལ་འབྱོར། རིག་གནས་འཕྲོད་བསྟེན། ལུས་རྩལ་གསར་འགྱུར། སློབ་གསོ། ཡུལ་གོམས་གཤིས་ལུགས་ཀྱི་ནང་དོན་དང་འབྲེལ་བའི་རྒྱ་སྐད་གཡར་ཚིག་ཕྱོགས་ཡོངས་ནས་ཐོན་འགོ་ཚུགས་པ་དང་། རིམ་བཞིན་ཇེ་མང་དུ་འཕེལ་བ་ལས། བོད་སྐད་ནང་རྒྱ་སྐད་ལས་གཡར་བའི་མིང་ཚིག་གི་ཁྱབ་རྒྱ་དང་གྲངས་འབོར་ནི་མི་རྣམས་ཧ་ལས

དགོས་པ་ཞིག་བྱུང་ཡོད། དེ་ལྟ་བུའི་གསར་ཚིག་བེད་སྤྱོད་བྱེད་པའི་སྣང་ཚུལ་ནི་སྐད་ཡིག་མ་ལག་འདྲ་མཚུངས་ཀྱི་འཛམ་གླིང་མི་རིགས་གཞན་གྱི་སྐད་ཡིག་ནང་དུ་མཆིས་པ་ལས། རྒྱ་སྐད་དང་བོད་སྐད་ལྟ་བུ་སྐད་ཡིག་གི་མ་ལག་མི་འདྲ་བའི་སྐད་ནང་ཐོན་པ་ཧ་ཅང་དཀོན་པ་ཡིན། རྒྱ་སྐད་ལས་གསར་པའི་མིང་ཚིག་དེ་དག་གིས་བོད་རིགས་ཀྱི་ཆབ་སྲིད་འཚོ་བ་དང་། རྒྱུན་སྤྱོད་སྤྱི་ཚོགས་འཚོ་བ་དང་། རིག་གནས་འཚོ་བ་བཅས་ནང་ནུས་པ་ཅུང་ཟད་ཆེན་པོ་འདོན་གྱི་ཡོད། གཤམ་དུ་ཁོ་བོས་རྒྱ་སྐད་ལས་གསར་པའི་མིང་ཚིག་སྐོར་ནང་གསེས་སུ་ཕྱེ་བའི་སྒོ་ནས་འབྱུང་རྐྱེན་དང་སྦྲགས་ཅུང་ཟད་འདྲེན་པར་བྱ་བ་དེ་ཡང་།

1. ཡོན་རྒྱལ་རབས་སྐབས་ཐོག་མར་ཡོན་རྒྱལ་རབས་ཀྱི་སྲིད་འཛིན་སྒྲིག་གཞིའི་མ་ལག་ཏུ་གཏོགས་པའི་བོད་སྐྱོང་ཆབ་སྲིད་དམ་སྲིད་དབང་སྒྲིག་འཛུགས་བཙུགས་འགོ་ཚུགས་པ་ལས། དེ་སྔོན་བོད་ནང་ཁུལ་དུ་ཆོས་ལུགས་གྲུབ་མཐའ་ཁག་བར་ཆོས་གཞིས་འཁྲུག་རྩོད་བྱེད་པའི་སྡེ་གཟར་རིམ་བྱུང་དག་རེ་ཞིག་མཇུག་བསྡུས་པ་དང་། བོད་ཀྱི་ཆབ་སྲིད་དང་སྤྱི་ཚོགས་ཀྱི་དུས་བབ་ལྷིང་འཇགས་སོང་ཡོད། མིང་ཆིང་རྒྱལ་རབས་གཉིས་པོའི་སྐབས་སུ་ཆབ་སྲིད་ཀྱི་སྒྲིག་གཞི་སྔར་བས་ཆ་ཚང་བ་དང་བརྟན་འཇགས་བྱུང་སྟེ་རྒྱ་མི་རིགས་ཀྱི་སྐད་ཡིག་རིག་གནས་བོད་དུ་དར་རྒྱུར་རྒྱབ་རྐྱེན་གྱི་ནུས་པ་ཐོན་པའི་ཆ་རྐྱེན་དང་ཁོར་ཡུག་དེ་འདྲའི་འོག བོད་སྐད་ཀྱི་ཁྲིད་དུ་དཔོན་རིགས་རྣམས་ཀྱི་གོ་གནས་དང་། གུས་ཞབས་མཚོན་པའི་རྒྱ་སྐད་གསར་ཚིག་དང་། དེ་བཞིན་སྐབས་དེ་ཉིད་བོད་དུ་བཙུགས་པའི་སྲིད་འཛིན་ལས་ཁུངས་དང་དེའི་སྒྲིག་གཞི་ཁག་རྣམས་ཀྱིས་མཚོན་པའི་གསར་ཚིག་ཁག་ཅིག་ཐོན་པ་དཔེར་ན།

ཀོང་ཇོ། 公主 **ཧོང་ཏི།** 皇帝 **གུ་ཤྲི།** 国师 **ཏའི་སི་ཏུ།** 大司徒 **ཏི་ཤྲི།** 帝师 **ཐུ་སི།** 土司 **གུང་།** 公爵 **བཀའི་ཕྱིང་སང་།** 丞相 **ཏཱ་མིང་།** 大明朝 **ཡ་མེན།** 衙门 སོགས་ལྟ་བུ་དང་།

དེ་བཞིན་བོད་ལྗོངས་ཞི་བའི་བཅིངས་འགྲོལ་ཐོབ་པ་དང་། ལྷག་པར་དམངས་གཙོའི་བཅོས་སྒྱུར་བྱས་རྗེས་རྒྱ་སྐད་ཀྱི་གསར་ཚིག་དེ་བས་མང་བ་ཞིག་བོད་སྐད་ནང་ཐོན་རྒྱུར་ཆབ་སྲིད་ཀྱི་ཆ་རྐྱེན་ནམ་རིག་གནས་ཁོར་ཡུག་ཅིག་བྱུང་བའི་འོག་བོད་སྐད་ནང་རྒྱ་སྐད་ཀྱི་གསར་ཚིག་གྲངས་ལས་འདས་པ་ཞིག་ཐོན་ཡོད་པ་ལས་འདིར་དཔེ་མཚོན་ཉུང་བཏུས་ཙམ་དྲངས་ན་འདི་ལྟ་སྟེ།

ཀུང་ཁྲན་ཏང་། 共产党 ཀྲུའུ་ཞི། 主席 ཀྲུའུ་རིན། 主任 ཙུའུ་། 组 ཐོན་ཡོན། 团员 ཝུ་ཡོན། 委员 སི་ལིང་ཡོན། 司令员 ཏང་། 党 ཧྲུའུ་ཅི། 书记 ཏང་ཀྲི་ཕུ། 党支部 ཐུང་སི། 通司（翻译员） ཏང་ཡོན། 党员 སོགས་ལྟ་བུ་རེད། དེ་དག་ནི་སྤྱི་ཚོགས་ཀྱི་ཆབ་སྲིད་གནས་བབ་དང་འབྲེལ་བ་ལྡན་པ་ཞིག་སྟེ། གལ་ཏེ་ཀྲུང་དབྱང་སྲིད་གཞུང་དང་བོད་ས་གནས་བར་ཁ་བྲལ་ཐབས་མེད་པའི་ཆབ་སྲིད་བདག་དབང་གི་འབྲེལ་བའི་ལོ་རྒྱུས་ཀྱི་གོམ་སྟབས་ཤིག་མེད་ན་གོང་གསལ་ཆབ་སྲིད་དབང་བསྒྱུར་གྱི་འབྲེལ་དོན་ལས་ཐོན་པའི་གཡར་ཚིག་དེ་རིགས་སྤྱིར་བཏང་འབྱུང་མི་སྲིད་ལ། ད་ལྟའི་བར་གསོན་ཉམས་ལྡན་པའི་ངང་གནས་ཐབས་ནི་དེ་བས་མེད་དོ།

2. བོད་ས་གནས་ཀྲུང་གོའི་མངའ་ཁོངས་སུ་གཏོགས་པ་དང་། བོད་ས་གནས་ཀྱི་ཆབ་སྲིད་སྒྲིག་གཞིར་འགྱུར་ལྡོག་གམ་ལེགས་འཕེལ་བྱུང་བ་བཅས་ལས། ཀྲུང་གོའི་ནང་སའི་རྒྱ་རིགས་ཀྱིས་གཙོས་པའི་མི་རིགས་དབར་རིག་གནས་སྤེལ་རེས་སྔར་བས་གཏིང་ཟབ་ཅིག་བྱུང་ཡོད་པ་དང་། ལྷག་པར་དུ་ནང་སའི་ས་ཁུལ་ཁག་དང་བོད་ས་གནས་བར་ཚོང་ཟོག་ཉོ་ཚོང་གི་བྱ་གཞག་སྔར་བས་འཁྲུག་ཆ་དོད་པོ་བྱུང་བས། ནང་སའི་མི་རིགས་ཁག་གི་ཚན་རིག་ལག་རྩལ་ལས་ཐོན་པའི་བོད་དུ་མེད་པའི་དངོས་ཟས་དང་། ཡུལ་ཁོངས་རང་བཞིན་གྱི་ཐོན་སྐྱེད་དངོས་ཟོག་དག་རིམ་བཞིན་བོད་ཁུལ་དུ་འདྲེན་ཁྱབ་བྱུང་བ་རྣམས་ལ་ཐ་སྙད་གསར་བཟོའི་དགོས་པ་ཆེར་མེད་པར་མཐོང་བའམ་ཡང་ན་དེའི་ཐ་སྙད་བོད་སྐད་ཐོག་ནས་བཏགས་ཀྱང་ཁྱབ་སྤེལ་མ་བྱུང་བར་སྟབས་བདེར་རྒྱ་སྐད་སོར་བཞག་བྱས་པ་དེ་དག་མི་རབས་ཁ་ཤས་རིང་བེད་སྤྱོད་བྱས་པ་བརྒྱུད་ད་ལྟ་མི་རྣམས་ཀྱི་ཁ་རྒྱུན་གོམས་བྱུར་གྱུར་ནས་དུས་ད་ལྟའི་བར་རྒྱ་སྐད་མིང་ཚིག་དེ་རང་སྤྱོད་བཞིན་པ་ཤིན་ཏུ་མང་བ་ལས་འདིར་དཔེ་མཚོན་འགའ་ཞིག་དྲངས་པ་དཔེར་ན།

ལ་ཕུག 萝卜 ཟོན་པན། 算盘 འང་བན། 案板 ཡི་ཙི། 胰子 གཡང་ཏི། 羊脂 གཡུ། 玉 ལྷུང་ཙི། 笼子 ལི་ཙི། 梨子 ལུ་ཧྭང་། 硫磺 ཧྭ་ཤིག 滑石 ཧུ་ཆིན། 胡琴 ཧྭང་ལེན། 黄连 པད་ཚལ། 白菜 ཧྲུའུ་ཡན་ཚལ། 水腌菜 ཧྭང་ལ། 黄蜡 ཧྲུར་ཙི། 靴子 ཇེམ་ཙེ། 剪子 ཡང་ཆིན། 洋琴 ཡ་ཙེ། 鸭子 གཡའ་པེན། 鸦片 ཀ་ཡོལ། 膏药 ཀོག་མན། 挂面 ཛུ་གང་། 竹黄 ཛུས་ཙེ། 嘴子 ཅོང་། 钟 ཇ་མའོ་ཙན། 毛尖茶 ཞིན་གཟན། 衬衫 ཀྲུང་དབན། 中碗 ཁེ་འཇང། 坎肩 ཁྲེའུ་ཙི།

绸子 **ཁྲེ་ཐིལ།** 抽屉 **ཆེང་ཤང་།** 车箱 **ཡིའུ་ཤང་།** 油箱 སོགས་ཤིན་ཏུ་མང་ངོ།

དེ་མིན་འཚོ་བའི་ཡོ་བྱད་དང་། རྒྱན་ཆ། གྱོན་ཆས། ཐོན་སྐྱེད་ཡོ་བྱད་དང་འཕྲུལ་འཁོར། འཚོ་བའི་བཟའ་བཅས་དང་སྣོད་ཆས། རྩེ་ཆོལ་སོགས་དུས་ད་ལྟའི་བར་བོད་རིགས་ཀྱི་སྤྱི་ཚོགས་འཚོ་བའི་སྐད་ཡིག་ཁྲོད་དུ་ཉེ་བར་མཁོ་ཞིང་མེད་ཐབས་མེད་པའི་གཡར་ཚིག་དུ་མ་བེད་སྤྱོད་བྱེད་བཞིན་ཡོད་པ་མ་ཟད། དེ་དག་ནི་དུས་རབས་མི་གཅིག་པའི་ནང་དུ་རིམ་བཞིན་བོད་སྐད་ནང་ཁྱབ་སྤེལ་བྱུང་བ་དང་ད་ལྟའི་གནས་སྐབས་སུའང་མུ་མཐུད་ཐོན་བཞིན་ཡོད། མདོར་ན་རྒྱ་སྐད་ལས་བྱུང་བའི་གཡར་ཚིག་ཀ་ལམ་བོད་རིག་པའི་ཁྱབ་ཁོངས་ཡོངས་ཀྱི་དབུས་སུ་མཐོང་རྒྱུ་ཡོད་ལ། དེ་དག་གི་བོད་ཀྱི་སྐད་ཡིག་ཁྲོད་དུ་ཐོན་པའི་ནུས་པ་དང་རིན་ཐང་ནི་ཆེན་པོ་ལྡན་ཡོད་དོ།

བཞི་པ། བོད་སྐད་ཁྲོད་ཀྱི་དབྱིན་སྐད་གཡར་ཚིག

དུས་རབས་བཅོ་བརྒྱད་པའི་ནང་དུ་དབྱིན་ཇི་བཙན་རྒྱལ་རིང་ལུགས་ཀྱིས་རྒྱ་གར་རྒྱལ་ཁབ་དེ་ཁོང་ཚོའི་མི་སེར་སྤེལ་ཡུལ་ས་ཁོངས་སུ་བསྒྱུར་ནས་དབང་བསྒྱུར་བྱས་པ་དང་། དེ་རྗེས་ཁོ་ཚོའི་བཙན་འཛུལ་དང་ཧམ་འཕྲོག་གི་སྙེར་མ་ནག་པོ་དངས་ཤིང་གཙང་བའི་གངས་དཀར་གྱི་ལྗོངས་འདིར་བརྐྱངས་པས་བོད་དུ་མི་ཤི་ཡུལ་འཁྲུག་གི་གནོད་འཚེ་ཚབས་ཆེན་བཟོས་ཡོད། ཚང་མས་མཁྱེན་གསལ་ལྟར། དབྱིན་དམག་བོད་དུ་དྲངས་པའི་དགོས་པའང་དབང་བསྒྱུར་བྱེད་རྒྱུ་གཅིག་པུ་མ་ཡིན་པར། ཁོ་ཚོའི་ཤེས་རིག་དང་རིག་གནས། ཆོས་ལུགས་ཀྱི་ལྟ་བ་སོགས་བོད་དུ་འདྲེན་སྤེལ་བྱེད་རྒྱུ་དེ་རེད། དེ་ནི་བོད་སྐད་ནང་དབྱིན་སྐད་ཀྱི་གཡར་ཚིག་ཐོན་པའི་ལོ་རྒྱུས་དང་། ཆབ་སྲིད། རིག་གནས་བཅས་ཀྱི་ཆ་རྐྱེན་གཙོ་བོ་དེ་ཡིན་ཞིང་གསལ་པོར་བཤད་ན་གཡར་ཚིག་དེ་དག་ཐོན་པར་ནང་རྐྱེན་དང་ཡང་འབྲེལ་བ་ཡོད། དེ་ཡང་ལོ་རྒྱུས་ཀྱི་གནས་སྐབས་དེ་འདྲའི་འོག་བོད་མི་རྣམས་ཕྱི་ཕྱོགས་དང་འབྲེལ་གཏུགས་བྱེད་རྒྱུ་ཙུང་ཟད་མང་དུ་ཕྱིན་པ་དང་། ཕྱི་ཕྱོགས་ཀྱི་ཤེས་རིག་དང་ལེན་བྱེད་རྒྱུའི་བློ་སྒོ་ཡང་ཙུང་ཟད་ཡངས་པོར་སོང་ཞིང་། སྔ་རྗེས་སུ་སྐུ་དྲག་གི་བུ་ཕྲུག་ཁག་ཅིག་དབྱིན་ཇི་སོགས་ནུབ་ཕྱོགས་ཀྱི་རྒྱལ་ཁབ་ཏུ་སློབ་སྦྱོང་བྱེད་པར་མངགས་ཏེ་དབྱིན་ཇིའི་སྐད་ཡིག་སོགས་སྦྱངས་ཤིང་། ཁོང་ཚོ་ཕྱིས་སུ་བོད་ཡུལ་དུ་ལོག་རྗེས་དང་། བོད་དུ་ཡོད་པའི་དབྱིན་

ཇེ་སོགས་ནུབ་ཕྱོགས་རྒྱལ་ཁབ་ཁག་ནས་ཐོན་པའི་དངོས་རྫས་ཇེ་སྙེད་ཅིག་བོད་དུ་འགྱོར་བ་རྣམས་བོད་སྐད་ལ་མ་བསྒྱུར་བར་ཐད་ཀར་དབྱིན་སྐད་ས་ནས་འབོད་པ་ལས་རིམ་བཞིན་སྤྱི་ཚོགས་ཐོག་ཁྱབ་སྤེལ་བྱུང་བ། སྐབས་དེར་དབྱིན་ཇིའི་མི་སེར་སྤེལ་ཡུལ་རྒྱ་གར་གྱི་ཚོང་པ་དང་དབྱིན་ཇིའི་ཤེས་ལྡན་མི་སྣ་དང་བོད་ཀྱི་ཚོང་པ་དང་ཤེས་ཡོན་ཅན་འགའ་ཞིག་བར་ཚོང་དོན་དང་རིག་གནས་ཀྱི་འབྲེལ་ལམ་ཆགས་པ་བཅས་ལ་བརྟེན་ནས་ཕན་ཚུན་མིང་ཚིག་ཐད་བརྗོད་བྱེད་པའི་སྣང་ཚུལ་ཞིག་རང་ཤུགས་སུ་ཐོན་ནས་བོད་སྐད་ནང་དུ་དབྱིན་སྐད་གཡར་ཚིག་སྤྱོད་སྲོལ་བྱུང་བ་མ་ཟད། རྒྱལ་གར་དང་བལ་ཡོའི་མིང་ཚིག་ཁག་གཅིག་ཀྱང་དེ་དང་ཆབས་ཅིག་ཏུ་གསར་དར་བྱུང་ཡོད།

བོད་དུ་དབྱིན་ཇིའི་དམག་དོན་དང་ཆབ་སྲིད་ཀྱི་གཞི་རྩ་ཚུགས་མ་ཐུབ་པའི་རྐྱེན་གྱིས་ཆབ་སྲིད་སོགས་འགག་གནད་ཅན་གྱི་སྤྱི་ཚོགས་དང་ཆོས་ལུགས་སྒྲིག་གཞིར་ཐེ་ཇུས་དང་བཀོད་གཏོང་བྱ་རྒྱུའི་གོ་སྐབས་མ་བྱུང་བར་བརྟེན། སྤྱིར་བཏང་འཚོ་བའི་ཁྲོད་ཀྱི་མིང་ཚིག་འགའ་ཞིག་ལས། ཆབ་སྲིད་དང་འབྲེལ་བའི་དབྱིན་སྐད་ཀྱི་གཡར་ཚིག་ཏ་ལམ་མཐོང་རྒྱུ་མེད་ལ་ཆོས་ལུགས་ནང་དོན་དང་འབྲེལ་བའི་གཡར་ཚིག་ནི་དེ་བས་མེད་དོ། མདོར་ན། བོད་སྐད་ནང་དུ་དབྱིན་སྐད་ཀྱི་གཡར་ཚིག་ཁྱབ་ཁོངས་ཁག་གསུམ་ལས་མ་འདས་པ་སྟེ། གཅིག་ནི། བོད་དམག་ལ་དབྱིན་ཇིའི་དམག་དཔུང་གི་སྦྱོང་བརྡར་བྱེད་སྟངས་བསླབ་པ་སོགས་དམག་དོན་དང་འབྲེལ་བའི་གཡར་ཚིག་འགའ་ཞིག་དང་། གཉིས་ནི་ནུབ་ཕྱོགས་རྒྱལ་ཁབ་ཏུ་བསྐྱོད་པའི་བོད་པ་རྣམས་ཀྱིས་ཤེས་ཤིང་རྩེ་བའི་ལུས་རྩལ་གྱི་ནང་དོན་དང་འབྲེལ་བའི་གཡར་ཚིག་འགའ་ཞིག གསུམ་ནི་དེ་མིན་ཟ་བཏུང་རིགས་དང་དངོས་རྫས་ཀྱི་ནང་དོན་དང་འབྲེལ་བའི་དབྱིན་སྐད་གཡར་ཚིག་བཅས་གསུམ་ཡིན། དེ་ལྟར་བོད་དུ་དབྱིན་ཇིའི་རིག་གནས་སོགས་ཀྱི་ཤུགས་རྐྱེན་ཐེབས་རྒྱུའི་དུས་ཡུན་ཤིན་ཏུ་ཐུང་བས་བོད་སྐད་ཁྲོད་དུ་དབྱིན་སྐད་གཡར་ཚིག་ཏ་ཅང་ཉུང་ཉུང་ཡིན་པ་དེ་དག་ལས་འདིར་དཔེ་མཚོན་ཙམ་དྲངས་ན།

པོ་ལི་སི།Police 警察 མོག།Mug 铁碗 གེ་ལ་སི།Glass 玻璃杯 མོ་ཊ།Motor 汽车 ཊོ་མ་ཊ།Tomato 西红柿 ཀོ་ཕི།Coffee 咖啡 ར་ཌི་ཡོ།Radio 收音机 པི་སིན།Pencil 铅笔 སིག་རས།Cigarette 香烟 བེ་རག་ཁེ།Brake 刹车 རེ་ལི།Railway 火车 ཊིག་སིན།Taxi 计程车 བོ་ཊར།Bottle

酒瓶 ལི་ཧྲ་Lighter 打火机 སོགས་ཡིན།

བོད་ལྗོངས་བཅིངས་བཀྲོལ་ཐོབ་རྗེས་དང་། ལྷག་པར་དུ་རིག་གནས་གསར་བརྗེའི་རྗེས་སུ་དབྱིན་སྐད་ལས་བྱུང་བའི་གཡར་ཚིག་རྣམས་རེ་ཞིག་མི་རྣམས་ཀྱི་བློ་ཡུལ་ནས་གཏིང་བརྗེད་སོང་བ་ལྟ་བུར་གྱུར་ཡོད། ཕྱིས་སུ་ཕྱི་ཕྱོགས་ལ་སྒོ་མོ་ཕྱེ་བའི་སྲིད་ཇུས་ལག་བསྟར་བྱས་རྗེས། བོད་ས་གནས་ཀྱང་འཛམ་གླིང་སྤྱི་འཚམ་པའི་ཡིད་དབང་འཕྲོག་པའི་མཛེས་ལྗོངས་སུ་གྱུར་ཏེ་བོད་དུ་ཡུལ་སྐོར་སྤྲོ་འཚམ་དུ་ཡོང་མཁན་གྲོགས་པོ་ཕྱི་རྒྱལ་བ་ཉིན་རེ་བཞིན་མང་དུ་འགྲོ་བ་དང་། གྲོང་ཁྱེར་ཆེ་གྲས་ནང་དབྱིན་ཇིའི་སྐད་ཡིག་སྦྱོང་བའི་མཐོ་རླབས་ཤིག་འཕྱུར་བ་ལས། སྔོན་བོད་སྐད་ནང་སྤྱོད་པའི་དབྱིན་སྐད་གཡར་ཚིག་རྣམས་སླར་ཡང་མི་རྣམས་ཀྱི་ངག་སྒོར་ཐོན་པ་དང་། ཡོངས་ཁྱབ་ཏུ་བེད་སྤྱོད་བྱེད་པའི་སྲོལ་ཞིག་དར་བ་མ་ཟད། གཡར་ཚིག་གསར་པ་འགའ་ཞིག་ཀྱང་ཁ་སྣོན་དང་དར་ཁྱབ་འགྲོ་བཞིན་ཡོད། གོང་གསལ་སྣང་ཚུལ་ནི་རིག་གནས་སྤེལ་རེས་བྱེད་པའི་ཁོར་ཡུག་ཁྲོད་ངེས་པར་དུ་ཐོན་སྲིད་པའི་ཐོན་དངོས་ཤིག་ཡིན་ལ། དེ་ནི་རང་སྐྱུར་གཞན་ལེན་དང་། དང་དོད་ལངས་པའམ་སྤྱོབས་ཉམས་ཀྱི་རྣམ་འགྱུར་མཚོན་བྱེད་འབའ་ཞིག་ཡིན་པར་ངོས་འཛིན་བྱེད་མི་རུང་ངོ་།

བོད་ཀྱི་སྐད་ཡིག་ནང་དུ་གོང་གསལ་ལེགས་སྦྱར་སྐད་དང་། སོག་སྐད། རྒྱ་སྐད། དབྱིན་སྐད་རྣམས་ལས་གཡར་བའི་གཡར་ཚིག་དག་ཕུད། ད་དུང་གནའ་བོའི་སྟག་ཟིག་དང་། མན་ཇུ། ཨ་ལ་པོའི་སྐད་རིགས་མི་འདྲ་བ་ཁག་བཅས་ལས་བྱུང་བའི་གཡར་ཚིག་རེ་གཉིས་ཀྱང་མཐོང་རྒྱུ་ཡོད། ལར་སྐད་ཡིག་རྒྱུང་པའི་ཐོབ་ཐང་སྐོར་ནས་དེར་དབྱེ་ཞིབ་དང་ནང་གསེས་སོགས་དབྱེ་བའི་དགོས་པ་མེད་ཀྱང་། དེ་ལས་དུས་རབས་མི་གཅིག་པའི་བོད་ཀྱི་ལོ་རྒྱུས་ཐོག་བོད་དང་མི་རིགས་སམ་རྒྱལ་ཁབ་དེ་དག་བར་ཕྱོགས་ག་གེ་མོའི་འབྲེལ་བ་བྱུང་སྒྲོང་བའི་སྣང་ཚུལ་མངོན་ཐུབ་ལ། དེས་སྐད་ཡིག་ཞིབ་འཇུག་པ་ཁོ་ན་ཙམ་དུ་མ་ཟད། བོད་རིག་པའི་ཞིབ་འཇུག་གནང་མཁན་ཀུན་ལ་དཔྱད་ཡིག་ལྟ་བུའི་ནུས་པ་ཐབ་བུ་འདོན་ཐུབ་ངེས་ཡིན་ན་གནད་དེར་དོ་སྣང་གནང་རྒྱུ་གལ་ཆེར་སེམས་སོ།

ལྔ་པ། མཇུག་བསྡུའི་གཏམ།

གཡར་ཚིག་གི་རིག་གནས་སྣང་ཚུལ་དེ་ལ་ང་ཚོས་ཤེས་རྟོགས་ཐུབ་པའི་གནད་དོན་

གཞན་ཞིག་ནི། ད་ལྟའི་བོད་རིག་པའི་ཞིབ་འཇུག་པ་ལས་པ་ཁ་ཅིག་གིས་བོད་ཀྱི་རིག་གནས་ནི་ཀུ་དོག་ཅན་གྱི་རིག་གནས་ཤིག་དང་། དེ་ནི་ཕ་རོལ་ཡུལ་དང་མི་རིགས་གཞན་གྱི་རིག་གནས་དང་ཤེས་རིག་དང་ལེན་བྱེད་རྒྱུར་སྤྲོ་སེམས་མི་ལྡན་པའི་རིག་གནས་མ་ལག་ཅིག་ཡིན་ཞེས་པའི་འདོད་ཚུལ་ནི་ཡོངས་སུ་མ་དག་པ་ཞིག་ཡིན་པར་མཐོང་བ་དང་། དེ་ལས་ལྡོག་སྟེ། བོད་ཀྱི་དུས་སྐབས་མི་འདྲ་བའི་ལོ་རྒྱུས་འཕེལ་རིམ་ཁྲོད་དུ། བོད་ཀྱི་གདོད་མའི་རིག་གནས་ནང་དོན་དང་མཚུངས་ཐབས་མེད་པའི་ཐུབ་པའི་ཆོས་ལུགས་རིག་གནས་དང་དུ་བླངས་ནས་སྤྱོད་སྤྱོད་སྤེལ་གསུམ་གྱི་ལས་ལ་ཞུགས་ཡོད་པ་དང་། ནང་སའི་མི་རིགས་ཁག་གི་རིག་གནས་ཤེས་བྱ་དང་། ཐོན་སྐྱེད་རྒྱུ་ཆ། ཡུལ་གོམས་གཤིས་ལུགས་སོགས་གང་ཅིའི་ཤེས་བྱ་བོད་རང་གི་རིག་གནས་མ་ལག་ནང་དུ་བསྡུ་རུབ་བྱས་ནས་ད་གཟོད་རང་མི་རིགས་རིག་གནས་ཀྱི་གྲུབ་ཆར་ཡང་གྱུར་ཟིན། དེ་བཞིན་བོད་རིགས་ཀྱི་ཁ་རྒྱུན་དུ་སྡུག་ཐང་སྤྱོད་པའི་མུ་སེ་ལེམ་ཆོས་ལུགས་རིག་གནས་དེ་ཡང་བོད་དུ་གང་འཚམས་ཀྱིས་སྤེལ་ཚོག་པའི་གོ་སྐབས་སྲིད་ཡོད་པ་དང་། རིག་གནས་དེ་ཉིད་ལས་འཕྲོས་པའི་ཁོང་ཚོའི་ཡུལ་གོམས་གཤིས་ལུགས་ཀྱང་རང་དབང་གི་བརྒྱུད་སྤེལ་བྱེད་ཆོག་པ་དང་། དུས་ད་ལྟའི་བར་ཁོང་ཚོ་དང་བོད་རིགས་གཉིས་རིག་གནས་རིན་ཐང་དང་ལྟ་བ་སོགས་སྐོར་ཤིན་ཏུ་ནས་མི་འདྲ་ནའང་མཆམ་མཐུན་མཉམ་གནས་ཀྱི་སྤྱི་ཚོགས་འཚོ་བར་རོལ་བཞིན་པ་བཅས་མདོར་ན་བོད་ཀྱི་རིག་གནས་ནི་གང་དེའི་འཕེལ་རྒྱུས་ཀྱི་བགྲོད་ལམ་དང་། ནང་དོན། ཁྱད་ཆོས་སོགས་གང་ཅིའི་ཐད་ནས་བརྗོད་ནའང་། དེ་ནི་རང་ཚུགས་བརྟན་པོ་ཟིན་པའི་རྨང་གཞིའི་ཐོག་སྙིང་རྗེ་དང་བཟོད་སྒོམ་གཞིར་བྱས་ཕྱི་ནང་གཉིས་ཀར་ཁ་ཕྱོགས་པའི་རང་བཞིན་མངའ་བའི་རིག་གནས་ཀྱི་གཞི་མ་ཞིག་ཡིན་ཞེས་ཐེ་ཚོམ་དང་བྲལ་བའི་བརྗོད་སྤོབས་ཡོད་དོ།

དེས་ན་གཡར་ཚིག་ཅེས་པ་དེ་ནི་སྐད་རིགས་མི་གཅིག་པའི་མི་རིགས་ཆེ་ཆུང་ཕན་ཚུན་འབྲེལ་ལམ་ཆགས་རིམ་བཞིན་ཐོན་པའི་རིག་གནས་ཐོན་རྫས་ཤིག་ཏུ་རྩི་ཆོག་ལ། གནད་དོན་དེར་ཞིབ་འཇུག་བྱེད་བྱེད་རྒྱུ་དེ་ནི་སྤྱི་ཚོགས་ཚན་རིག་ལ་ཞིབ་འཇུག་གནང་མཁན་ཚོས་ཀྱང་དོ་སྣང་གནང་དགོས་པའི་ཡུལ་ཞིག་ལགས།

མདོར་བསྡུས་ནས་ཞུས་ན། མི་རིགས་གཞན་གྱི་སྐད་ལས་བྱུང་བའི་གཡར་ཚིག་རྣམས་ཀྱིས་ངེད་ཅག་ཁ་བ་རི་པའི་སྐད་ཡིག་ཉིད་འཕྱུས་སྒོ་རྗེ་ཚང་དང་ཕུན་སུམ་རྗེ་ཚོགས་སུ

འགྲོ་བའི་སྐད་ཡིག་འཕེལ་རིམ་གྱི་ལོ་རྒྱུས་ཁྲིད་དུ་ཁ་སྐོན་དང་། སྔེ་མང་ཅན་དུ་གྱུར་བའི་དགེ་ནུས་ཐོན་ཡོད། ང་ཚོས་བོད་སྐད་ནང་གི་གཡར་ཚིག་དེ་དག་ལ་ཞིབ་འཇུག་བྱས་པ་བརྒྱུད། ལོ་རྒྱུས་ཀྱི་དུས་སྐབས་མི་འདྲ་བའི་ནང་བོད་དང་མི་རིགས་གཞན་དག་དབར་ཆབ་སྲིད་དང་། རིག་གནས། དཔལ་འབྱོར། ཆོས་ལུགས་སོགས་ཕྱོགས་གང་ཅིའི་འབྲེལ་བ་ཆགས་ཚུལ་དང་། འཕེལ་རིམ། ནང་དོན། ངོ་བོ་བཅས་ཀྱི་དོན་དངོས་ཤེས་རྟོགས་ཐུབ་པ། ཁྱེན་ཆད་རང་རེས་བོད་དང་མི་རིགས་དེ་དག་དབར་ལོ་རྒྱུས་ཐོག་གི་འབྲེལ་བའི་ཆགས་ཚུལ་གྱི་ནང་དོན་ཐད་ལ་ཞིབ་འཇུག་བྱ་རྒྱུར་ཡང་རང་ཚུགས་ཀྱི་ལྟ་བའི་གདེང་ཚོད་ཅིག་ཡོང་ཐུབ། དེ་ཡང་སྐད་ཡིག་འབྲེལ་བའི་རིག་གནས་ཀྱི་སྣང་ཚུལ་དེ་བརྒྱུད་ང་ཚོས་བོད་དང་རྒྱ་གར་དབར་གྱི་མ་བུ་ལྟ་བུའི་ཆོས་ལུགས་རིག་གནས་ཀྱི་འབྲེལ་བའི་གནས་ཚུལ་རྟོགས་ཐུབ་ལ། དེ་བས་གསོན་ཉམས་ལྡན་པའི་སྒོ་ནས་བོད་ས་གནས་དང་གྲུང་དབྱུང་སྲིད་གཞུང་དབར་ཆབ་སྲིད་ཐད་ཀྱི་ཁ་བྲལ་ཐབས་མེད་པའི་འབྲེལ་བའི་གནས་ཚུལ་དེ་གསལ་རྟོགས་བྱེད་ཐུབ་པ། དབྱིན་ཇིའི་སྐད་ལས་བྱུང་བའི་གཡར་ཚིག་ལས་ཀྱང་ལོ་རྒྱུས་ཐོག་བོད་དང་དབྱིན་ཇིའི་དབར་གྱི་རིག་གནས་དང་ཚོང་དོན་གྱི་འབྲེལ་བའི་གནས་ཚུལ་གསལ་བཤད་བྱ་ཐུབ་པ་བཅས་མདོར་ན་དེས་འདས་ཟིན་པའི་ལོ་ཟླའི་ནང་བྱུང་བའི་ཆབ་སྲིད། རིག་གནས། དཔལ་འབྱོར་སོགས་སྐོར་གྱི་གནས་ཚུལ་མང་པོ་ཞིག་ཤེས་རྟོགས་བྱེད་རྒྱུའི་ཐད་རམ་འདེགས་ཀྱི་ནུས་པ་འདོན་ཐུབ་ངེས་རེད། ད་ལྟ་གཡར་ཚིག་དེ་དག་བོད་རང་ཉིད་ཀྱི་སྐད་ཡིག་གི་གྲུབ་ཆ་ཞིག་གམ་རིག་གནས་ཀྱི་ཆ་ཤས་ཤིག་ཏུ་གྱུར་ཡོད། ད་ལྟ་དང་མ་འོངས་པའི་དུས་སུ་མི་རིགས་ཁག་དབར་རིག་གནས་དང་དཔལ་འབྱོར་སོགས་གང་ཅིའི་འབྲེལ་བ་ སྤར་བས་རྒྱ་ཆེ་གཏིང་ཟབ་ཀྱི་ཕྱོགས་སུ་འཕེལ་རྒྱས་འགྲོ་མུས་ཡིན་ན། གཡར་ཚིག་གི་སྣང་ཚུལ་ཡང་མུ་མཐུད་ཐོན་ངེས་ཡིན་པ་གདོན་མི་ཟ། ད་ལྟའི་དུས་སུ་སྤར་བས་མང་བའི་གཡར་ཚིག་ཐོན་བཞིན་འདུག་ལ། ཐ་ན་སྐད་ར་མ་ལུག་ཀྱང་གཡར་ཚིག་ཏུ་ངོམས་ནས་བེད་སྤྱོད་བྱས་དང་བྱེད་བཞིན་འདུག་པ་མ་ཟད་ཞིབ་འཇུག་ཀྱང་བྱ་ཁྱུལ་བྱེད་པ་བཅས་ཀྱི་གནས་ལ་ལེགས་ཉེས་ཀྱི་དར་ཤ་གཅོད་སྤྱོབས་མ་མཆིས་པས་རེ་ཞིག་བཏང་སྙོམས་སུ་བཞག་པ་ཡིན། འོན་ཀྱང་། གཡར་ཚིག་བེད་སྤྱོད་བྱེད་དང་མི་བྱེད། སྣང་ཚུལ་དེར་དོ་སྣང་དང་དབྱེ་ཞིབ་བྱས་ནས་དགེ་སྐྱོན་གྱི་ཆ་ལ་སྤྱི་སྡོམ་ཞིག་གནང་དགོས་པ་ནི་དོན་གྱི་དམ་པ་ཡིན་ནོ། །

དཔྱད་གཞིའི་ཡིག་ཆ།

①《དགེ་འདུན་ཆོས་འཕེལ་གྱི་གསུང་རྩོམ་ཕྱོགས་བསྒྲིགས།》ཟེ་ཁྲོན་མི་རིགས་དཔེ་སྐྲུན་ཁང་གིས་པར་དུ་བསྐྲུན་པ།

②《བཀའ་ཐང་སྡེ་ལྔ་》པེ་ཅིན་མི་རིགས་དཔེ་སྐྲུན་ཁང་གིས་བསྐྲུན་པ།

③《ཐང་ཡིག་གསར་རྙིང་ལས་བྱུང་བའི་བོད་ཆེན་པོའི་སྲིད་ལུགས་》མི་རིགས་དཔེ་སྐྲུན་ཁང་གིས་བསྐྲུན།

④《བོད་རྒྱ་ཚིག་མཛོད་ཆེན་མོ་》མི་རིགས་དཔེ་སྐྲུན་ཁང་གིས་པར་བསྐྲུན་བྱས་པ།

⑤《དགེ་བཤེས་ཆོས་གྲགས་ཀྱིས་བརྩམས་པའི་བརྡ་དག་མིང་ཚིག་གསལ་བ་བཞུགས་སོ་》མི་རིགས་དཔེ་སྐྲུན་ཁང་གིས་པར་དུ་བསྐྲུན་པ།

⑥《ཚིག་མཛོད་བརྡ་དག་ཀུན་གསལ་མེ་ལོང་》བོད་ལྗོངས་མི་དམངས་དཔེ་སྐྲུན་ཁང་གིས་པར་བསྐྲུན་བྱས་པ།

⑦ཞུའི་སུའུ་མིང་གི《རིག་གནས་མཚན་ཉིད་རིག་པ་》ཧྲང་ཧེའི་མི་དམངས་དཔེ་སྐྲུན་ཁང་གིས་བསྐྲུན་པ།

⑧ཀྲང་ལིད་འོན་སོགས་ཀྱིས་རྩོམ་སྒྲིག་མཛད་པའི་《སྲོལ་རྒྱུན་རིག་གནས་དང་དེང་རབས་ཅན་》ཀྲུང་གོ་མི་དམངས་སློབ་གྲྭ་ཆེན་མོའི་དཔེ་སྐྲུན་ཁང་གིས་བསྐྲུན་པ།

⑨ཨ་རིའི་བོད་རིག་པའི་ཞིབ་འཇུག་པ་གའུ་སི་ཏིང་གིས་བརྩམས་པའི་《དེང་རབས་བོད་སྐད་ཚིག་མཛོད་ཆེན་མོ་》

⑩དགྲ་ལྷ་བློ་བ་བཟང་པོས་བརྩམས་པའི་《བོད་ཀྱི་རིག་གནས་འཕེལ་རིམ་ནང་གི་འཛམ་གླིང་རང་བཞིན་ལ་དཔྱད་པ་》1993ལོའི་《བོད་ལྗོངས་ཞིབ་འཇུག་》འདོན་ཐེངས་གསུམ་པ།

⑪བོད་ལྗོངས་སྲིད་གྲོས་ནས་རྩོམ་སྒྲིག་བྱས་པའི་《བོད་ཀྱི་ལོ་རྒྱུས་རིག་གནས་དཔྱད་གཞིའི་རྒྱུ་ཆ་བདམས་བསྒྲིགས་》

⑫ལྷ་ས་གཙུག་ལག་ཁང་གི་མདུན་དུ་བཞེངས་པའི་《ཐང་བོད་ཆིངས་སྒྲིག་རྡོ་རིང་ཡི་གེ》

⑬བཀྲ་ཤིས་ཚེ་རིང་གིས་སྒྲིག་པའི་《བོད་དབྱིན་ཤན་སྦྱར་ཚིག་མཛོད》

⑭《དཔྱིད་ཀྱི་རྒྱལ་མོའི་གླུ་དབྱངས་》ཏཱ་ལའི་བླ་མ་སྐུ་ཕྲེང་ལྔ་པ་ངག་དབང་བློ་བཟང་རྒྱ་མཚོ།

(《བོད་ལྗོངས་ཞིབ་འཇུག》1994ལོའི་དུས་དེབ་བཞི་པའི་ཐོག་འཀོད།)

༧༢། །བོད་ཀྱི་ཡུལ་སྲོལ་གོམས་གཤིས་དང་བོད་མིའི་སྲོལ་རྒྱུན་ལྟ་སྤྱོད་ཀྱི་དཔྱད་གཏམ་ཉིག་ཏའི་རིལ་བུ།

从传统观念和习俗看西藏传统社会

[**བརྡ་ཆད་གཙོ་བོ།**] ཡུལ་སྲོལ་གོམས་གཤིས། ལྟ་སྤྱོད། སྲོལ་རྒྱུན། བོད་རིགས། རིག་གནས།

[**ནང་དོན་གནད་བསྡུས།**] དཔྱད་རྩོམ་འདིའི་ནང་དུ་ཡུལ་སྲོལ་གོམས་གཤིས་དང་སྲོལ་རྒྱུན་གྱི་རང་བཞིན་ལྡན་པའི་ལྟ་སྤྱོད་གཉིས་ནི་མི་རིགས་ཤིགས་གམ་སྤྱི་ཚོགས་ཤིག་གི་འཕེལ་རྒྱས་དང་། མི་རྣམས་ཀྱི་བསམ་བློའི་འཕོ་འགྱུར། རིག་གནས་དཔལ་ཡོན་དར་རྒྱས་ཕྱིན་པའི་བསྡུས་རིས་ཤིག་ཡིན་ཚུལ་བརྗོད་ནས་མདོ་དོན་བོད་ཀྱི་ཡུལ་སྲོལ་གོམས་གཤིས་དང་སྲོལ་རྒྱུན་གྱི་ལྟ་སྤྱོད་ལ་དུས་དང་མཚམས་པའི་འགྱུར་ལྡོག་ཅིག་ངེས་པར་གཏོང་དགོས་ཚུལ་གླེང་ཡོད།

【**关键词**】 习俗;传统观念;藏族文化;改革;进步

【**摘要**】 风俗习惯和传统观念是长期的社会发展、宗教传播、思想变化和文化融合中逐步形成的社会文化现象。作者对至今仍然在西藏存在的一些愚昧落后的习俗和旧的观念进行尖锐的批评,与此同时提出了藏民族及其文化只有与时俱进、不断适应新的社会文化环境,才能不断前进和发展,并最终能够屹立于世界民族之林。

དེ་ཡང་མི་རིགས་ཤིག་གམ་སྤྱི་ཚོགས་ག་གེ་མོ་ཞིག་གི་གནས་སྟངས་དང་། རྣམ་པ། ངོ་བོ་བཅས་ནི་མི་རིགས་དེའམ་སྤྱི་ཚོགས་དེ་རང་ལ་མངའ་བའི་ཡུལ་གོམས་གཤིས་ལུགས་དང་། སྐྱེ་བོ་རྣམས་ཀྱི་ལྟ་སྤྱོད་སོགས་ལས་ཀྱང་གྲུབ་པ་ཞིག་གོ། མི་རྣམས་ཀྱིས་ཡུལ་སྲོལ་གོམས་གཤིས་དང་ལྟ་སྤྱོད་དེ་དང་བསྟུན་ནས་སྤྱི་ཚོགས་ཐོག་འཚོ་ཞིང་གནས་པ་དང་། ཐོན་སྐྱེད་གཉེར་བ། ཁྱིམ་གཞི་བཙུགས་ཤིང་རིགས་རྒྱུད་སྤེལ་བ། མི་དང་མིའི་བར་འབྲེལ་ལམ་འཛུགས་པ། དེ་བཞིན་ལྟ་སྤྱོད་དེ་ཉིད་བླང་དོར་བདེན་རྫུན་གཉིས་ཤན་འབྱེད་པའི་ཚད་གཞིར་བཟུང་ནས་སློབ་གསོའི་ལས་འགུལ་སོགས་སྤེལ་བ་ཡིན། དེ་དང་ཆབས་ཅིག་ཡུལ་

སྲོལ་གོམས་གཤིས་དང་ལྷ་སྲུང་དེ་གཉིས་ཀྱིས་སྤྱི་ཚོགས་དེ་ལ་ཤུགས་རྐྱེན་བཟོ་བ་དང་། སྤྱི་ཚོགས་དེའི་ཐོག་འཚོ་ཞིང་གནས་པའི་སྐྱེ་བོ་རྣམས་ཀྱི་བསམ་བློ་དང་བྱ་སྤྱོད་སོགས་ཕྱོགས་གང་ཅིའི་ཐད་བཀག་རྫོའི་རང་བཞིན་གྱི་ནུས་པ་ལྡན་པ། ཁོང་ཚོའི་ལྷ་སྲུང་གི་འཁོར་རྒྱ་ཚོད་འཛིན་བྱེད་པའི་ནུས་པའང་ཤུགས་ཆེ་ལྡན་ཡོད།

ཡུལ་སྲོལ་གོམས་གཤིས་དང་སྲོལ་རྒྱུན་རང་བཞིན་ལྡན་པའི་ལྷ་སྲུང་གཉིས་ནི་མི་རིགས་དེའམ་སྤྱི་ཚོགས་གང་དེའི་སྤྱི་ཚོགས་འཕེལ་རྒྱས་དང་། བསམ་བློའི་འཕོ་འགྱུར། ལོ་རྒྱུས་ཀྱི་འཕེལ་ཚད། དེ་བཞིན་མི་རིགས་དེའི་ཤེས་དཔལ་དར་རྒྱས་སུ་ཕྱིན་པའི་བསྡུས་རིས་ཤིག་ཡིན་པ་མ་ཟད། དེ་ནི་མི་རིགས་དེའི་འཕེལ་རིམ་དང་། སྤྱི་ཚོགས་ཀྱི་ངོ་བོ་དང་རྣམ་པ། རིག་གནས་འཕེལ་རྒྱས་ཀྱི་ལོ་རྒྱུས། ཡུལ་ཁམས་གཤིས་ལུགས་སོགས་ཕྱོགས་གང་ཅིའི་ཐད་ཞིབ་འཇུག་བྱ་རྒྱུར་མཁོ་ཞིང་ཉེ་བའི་དཔྱད་གཞི་ལེགས་པོ་ཞིག་ཀྱང་ཡིན་ནོ།

དེང་གི་སྐབས་འདིར་རྒྱལ་ཕྱི་རྒྱལ་ནང་གི་སྐྱེ་བོ་ཕལ་པའམ་ཡང་ན་ཞིབ་འཇུག་པ་མི་ཉུང་བ་ཞིག་གི་མིག་ལམ་དུ་བོད་ལྗོངས་འདི་བཞིན་གསང་བ་སྨྱག་འགྱུར་གྱི་ཡུལ་ཞིག་ཏུ་མཐོང་ཞིང་། ཁ་གསལ་གཏིང་ཟབ་ཀྱིས་དཔྱད་པ་མ་བྱས་པར་བློ་ཐུང་སླ་བཅོས་ཀྱི་ཟུར་ལས་འབྲངས་པའི་འཆལ་གཏམ་ཡ་མཚན་ཅན་ཅི་རིགས་སྤེལ་དང་སྤེལ་བཞིན་ཡོད་པ་ནི་ཀུན་གྱི་མཐོང་ཆོས་ལགས། དོན་དངོས་དང་མི་མཐུན་པའི་སྣང་ཚུལ་དེ་དག་ཐོན་པའི་རྒྱུ་རྐྱེན་གཙོ་བོ་ནི་ཁོང་ཚོས་བོད་མི་རིགས་ཀྱི་ཡུལ་སྲོལ་གོམས་གཤིས་དང་སྲོལ་རྒྱུན་གྱི་ལྷ་སྲུང་གཉིས་ལ་མཐིལ་ཕྱིན་པའི་སྒོ་ནས་ཞིབ་འཇུག་དང་དབྱེ་ཞིབ་བྱ་མི་ཐུབ་པའི་རྐྱེན་ལས་མ་འདས་སོ། དེས་ན་བོད་རིགས་ཀྱི་ཡུལ་གོམས་གཤིས་ལུགས་དང་སྲོལ་རྒྱུན་གྱི་ལྷ་སྲུང་སྐོར་ལ་ཞིབ་འཇུག་ནན་ཏན་བྱེད་རྒྱུ་དེ་ནི་ཤིན་ཏུ་ནས་གལ་ཆེ་བའི་གནད་དོན་ཞིག་ཡིན་པ་རེད། གལ་ཏེ་དེ་ལྟར་བྱ་ཐུབ་ན། གཅིག་ནས་བོད་མི་རིགས་དང་བོད་རིགས་འཚོ་སྡོད་བྱ་ཡུལ་གྱི་སྤྱི་ཚོགས་དེ་ཉིད་ལ་ངོས་འཛིན་གསལ་པོ་ཞིག་བྱ་ཐུབ་ལ། གཉིས་ནས་ཕྱི་ནང་སྐྱེ་བོ་ཀུན་གྱི་བློ་མགུ་ཐུབ་པའི་བསྒོམས་ཚིག་བཤའ་མ་ཞིག་ཀྱང་འཛོག་ཐུབ་ངེས་རེད། གལ་སྲིད་དེ་ལས་ལྡོག་ཏེ། ཁུངས་លུང་ལ་མི་བསྟུན་

པར་ཕྱི་ཚུལ་གྱི་རྣམ་པ་ཕོན་དང་། ར་མགོ་ལུག་འགེབས། དེ་བས་“ སྤྲེའུ་རྣམས་ཀྱིས་མི་བཟུང་ནས། མདུག་མ་མེད་ཅེས་བཞད་གད་བྱེད་” ཅེས་པ་ལྟ་བུའི་བརྟུལ་བཞུགས་འཛིན་ན། མཐར་རང་གཞན་སྐྱེ་བོ་ཀུན་སྨོངས་པའི་རྒྱུ་འབའ་ཞིག་ཏུ་སོང་རྒྱུ་ལས་འབྲས་བུ་གཞན་ཅི་ཡང་ཐོན་པར་མི་གྱུར་ཏོ།

ཡང་སྔོས་ཕོ་བོས་བོད་ཀྱི་སྤྱི་ཚོགས་ཀྱི་རྣམ་པ་དང་། བོད་མི་རིགས་འདི་ཉིད་གྲུབ་ཅིང་གནས་པ། བོད་ཀྱི་སྤྱི་ཚོགས་ཀྱི་ཐུན་མོང་མ་ཡིན་པའི་རྣམ་པ་ཁྱད་ཆོས་དག་མངོན་དུ་འཕགས་པར་བྱེད་པའི་བྱེད་པོ་གཙོ་བོ་ཡུལ་གོམས་གཤིས་ལུགས་དང་། སྲོལ་རྒྱུན་གྱི་ལྟ་སྤྱོད་གཉིས་ཀྱི་འབྱུང་ཁུངས་དང་། དེའི་འཕེལ་རིམ། དེ་བས་སྲོལ་རྒྱུན་ལྟ་སྤྱོད་ལ་སོགས་པས་བོད་ཀྱི་ལོ་རྒྱུས་དང་། སྤྱི་ཚོགས་ལ་ཤུགས་རྐྱེན་ཇི་ལྟར་ཐེབས་ཚུལ་སོགས་ལ་ཞིབ་འཇུག་གང་དཔོག་བྱས་རྗེས་མཐར་སྐྱིགས་རིགས་རྣམས་དོར་དགོས་པ་དང་། ལེགས་གྲས་དག་རྒྱུན་བསྐྱངས་དགོས་པའི་འདོད་ཚུལ་དང་འཆར་སྣང་འདྲོང་པོའི་ཀ་སྟེང་ནས་འཕེན་པའི་ཚིག་ཕྲེང་མདའ་མོ་ཉིད་དོན་སྙིང་འབེན་ལ་ཕོག་པའི་དཔའ་སྤོབས་མ་མཆིས་ཀྱང་ཡང་དག་བསམ་འཆར་འདྲེན་པའི་ཆེད་རང་གི་སྣང་འཆར་སྔོན་ལ་བཤད་ཅེས་པའི་ཚུལ་ལྟར། མཁྱེན་ཅན་རྣམས་ནས་དགོངས་འཆར་ལྷུག་སྩོལ་ཡོང་བའི་རེ་བ་ཞུ།

དང་པོ། བོད་ཡ་ཐོག་གི་ཡུལ་སྲོལ་གོམས་གཤིས་དང་སྦྲག་པའི་ དོན་འགག་ཆེ་ཤོང་ཙམ་བརྗོད་པ།

དེ་ཡང་ཆུ་འགོ་གངས་ལ་བཏུགས་པ་དང་། བུ་སྨྱུག་མ་ལ་བཏུགས་པའི་དཔེ་ལྟར་ཡ་ཐོག་གི་བོད་མིའི་འཇིག་རྟེན་ལྟ་བ་དང་། འཚོ་བར་འཛིན་པའི་རྣམ་འགྱུར། དེ་བཞིན་ཡུལ་གོམས་གཤིས་ལུགས་སོགས་དར་ཚུལ་ཇི་ལྟར་ཡིན་ཅེ་ན། ཐུབ་པའི་ཆོས་ལུགས་དེ་བོད་དུ་མ་དར་བའི་ཡུན་རིང་གི་དུས་རབས་ནང་བོད་ཀྱི་ཡུལ་ལུང་གི་རྣམ་པ་ཙམ་མ་ཟད། བོད་མིའི་མཛེས་ཆོས་ཀྱི་ལྟ་བ་དང་། མི་དང་མིའི་དབར་གྱི་འབྲེལ་བ། འཚོ་བར་འཛིན་པའི་ལྟ་སྟངས། དེ་བཞིན་བོད་ཀྱི་ཡུལ་གོམས་གཤིས་ལུགས་སོགས་ནི་ཐུབ་པའི་ཆོས་ལུགས་བོད་དུ་དར་རྗེས་དང་། དེ་རྗེས་ཀྱི་དུས་ཡུན་རིང་པོའི་ནང་ཐོན་ཅིང་དར་པའི་བོད་ཀྱི་ཡུལ་སྲོལ་

གོམས་གཤིས་ལ་སོགས་པ་དང་བསྟུར་ནས་དཔྱད་ན། དེ་གཉིས་བར་རྣམ་པ་དང་ངོ་བོ་ཅི་རིགས་ཐོག་ནས་ཀྱང་ཁྱད་པར་ཆེན་པོ་ཡོད་པ་ཞིག་གོ། དེ་ཡང་ལོ་རྒྱུས་ཀྱི་ཡིག་ཚང་《ཐང་ཡིག་སྙིང་མ་》ལས“དེའི་སྲོལ་ལ་མི་དཔའ་སྟོབས་ཅན་ལ་བཙན་དང་། གྲོན་པ་ཕྱིང་པར་བྱེད། གདོང་པ་ཆོས་བྱུག་པ་དགའ་མོར་བྱེད། ཤིང་གི་སྡོད་མཐིལ་དུ་ཀོ་བ་གཡོག་པ་ཞིག་ཏུ་ཟས་ཟ། སྟེར་མའི་དོད་དུ་ཕྱིང་བ་བཏིང་ནས་བྱེད། ཆང་འཁྱོར་བས་ཁྱུགས་ནས་འཐུང་། མི་ཤི་ཚེ་རོ་དུར་དུ་སྦ། བང་སོར་ཚོན་སྣ་བྱུག གསོལ་སྟོན་དུ་མགྲོན་མང་ལ་ཅིས་ཀྱང་གཡག་ཅིག་ཁྲིད་འོང་པ་དེ་མགྲོན་པོས་མདས་བཀུམ་ནས་ཤ་འཁྱེད་གཏོང་། ལུགས་ལ་འདྲེ་དང་མོ་ལ་གསོགས་སུ་ཆེ། རི་དྭགས་གཉན་ནི་ལྷ་རུ་བཀུར། སྲིད་ཀྱི་ཁྲིས་ཐག་བན་དེས་གཅོད། མི་རྣམས་མདའ་གཞུ་ཆུ་གྲི་ཐོག ཆང་བཏུང་ཚེ་ཟི་སློང་མི་རུང་། སྐྱེས་མ་སྲིད་ཀྱི་ལས་ལ་མིན། གུས་སྲོལ་མཆོག་དམན་ནི་མ་ཡི་བུ་ལ་བརྩི། བུ་ཡིས་ཕ་ལ་བཀུར། ལམ་ལ་འགྲོ་ཚེ་སྔོན་ལ་གཞོན་ལ་རྒན་པ་རྗེས་སུ་བྱེད། དམག་ཏུ་ཤི་བ་མཆོག་ཏུ་འཛིན། སྟར་མའི་མགོ་ལ་ཕྱ་ཡི་གཞུ་གུ་བཏགས་ཏེ་མོད་ལ། མིའི་གྲས་སུ་ཡང་མི་རྩི། ལག་པ་ས་ལ་བཙུགས་ནས་ཁྱི་ཡི་ལད་མོ་བྱེད། ཕ་མ་ཤི་ཚེ་སྐྲ་བྲེག གདོང་ལ་ཆོས་ནག་པོ་བྱུག གྲོན་པ་ནག་པོ་གྱོན། དུར་སྦས་ཟིན་ན་འདུན་ཀྱང་གྲོལ་བ་ཡིན། དམག་ཁྲིམས་ཤིན་ཏུ་ཞིབ། རྩེད་མོར་ཤོ་དང་མིག་མངས་རྩེ། རོལ་མོ་ནི་དུང་བུད། ཇ་བཏུང་། རྗེ་དཔོན་རྣམས་མནའ་མཆེད་སྒྲིག རྗེ་པོ་བཀྲོངས་ཚེ་དེ་རྣམས་ཀྱང་སྲོག་བཅད་དེ་རྗེ་དང་དུར་ཁུང་དུ་སྦ། བཙན་པོའི་གནམས་པ་དང་། རྩེད་ཆས། ཆིབས་རྟ་སོགས་གཅེས་ནོར་རྣམས་དུར་དུ་འཇུག བང་སོ་ཆེ་རུ་བརྩིགས་ལ་ཤིང་སྡོང་བཙུགས་ཏེ་མཆོད་བྱེད། དེ་དུས་ལུག་ཁྱི་སྤྲེལ་གསུམ་དམར་མཆོད་བྱེད།……”ཅེས་གསལ། གོང་གསལ་གྱི་དཔྱད་གཞི་དེ་དག་ལས་ང་ཚོས་མཐོང་ཐུབ་པར་ཐུབ་པའི་ཆོས་ལུགས་བོད་དུ་མ་དར་བའི་ཡུན་རིང་གི་དུས་རབས་ནང་བོད་མི་རིགས་འཚོ་ཞིང་གནས་པའི་རང་བྱུང་ཁོར་ཡུག་དང་། སྤྱི་ཚོགས་ཁོར་ཡུག དེ་བཞིན་ཡུན་རིང་གི་འཚོ་བའི་ཉམས་མྱོང་དང་སྤྱད་ཞིང་གྲུབ་པའི་བློ་རིག་ལས་འབྱུངས་པའི་རང་བཞིན་ལྡན་སྐྱེས་ལྷ་བུའི་རིག་གནས་མ་ལག་ཅིག་གྲུབ་ཅིང་གནས་ཡོད་པ་མཚོན་ལ་སྐབས་དེ་ཤེད་དུ་བོད་ཀྱི་སྤྱི་ཚོགས་ནང་སྐྱེ་བོ་རྣམས་ཀྱིས་སྐྱེ་བོ་དཔའ་སྟོབས་ཀྱི་བརྒྱུད་པ་རྣམས་རང་གི་དད་ཡུལ་ལམ་

རྒྱལ་པོའི་འོས་སུ་བརྩི་བ་དང་། སུ་ཞིག་སྟོབས་རྩལ་ལྡན་པ་དང་། གཡུལ་འཐབ་ལ་མཁས་པ། གང་ཅིར་རྩེར་སོན་པ་དེ་ཉིད་རྒྱལ་པོར་བསྐོ་བ་ཡིན། བོད་མི་སྤྱིའི་གཤིས་རྒྱུད་ཀྱང་གཅིག་ལས་གཅིག་དཔའ་རྩལ་ཆེ་བ་དང་། སྤྱང་གྲུང་དོད་པའི་མི་ཚོགས་ཤིག་རེད་འདུག དུས་རྒྱུན་དུ་མི་རྣམས་ཀྱི་ལུས་ལ་མདའ་གཞུ་ཆུ་གྲི་ཐོག་(དུས་ད་ལྟའི་བར་འབྲོག་རོང་ཁུལ་དུ་སྐྱེས་ཕོ་སྤྱི་བཏང་ཚང་མས་ཆུ་གྲི་ལུས་ལ་ཐོགས་པ་ཡིན་) ཅིང་། ཡུལ་བཙོམ་ནས་དམག་རྒྱག་བསླབ་པ། སྣར་མའི་རིགས་ཞེས་བློ་སྟོབས་ཆུང་ལ་གཡོ་སྒྱུ་ཅན་རྣམས་མིའི་གྲས་སུ་མི་རྩི་བ་སོགས་དམག་འཐབ་ཀྱི་ལས་ལ་སྤྲོ་བ། མཛེས་ཆོས་ཀྱི་ལྟ་བའི་སྐོར། བུད་མེད་ཀྱིས་གདོང་པར་ཆོས་ཐུག་ན་མཛེས་(རོང་འབྲོང་ཁུལ་གྱི་བུད་མེད་ཆོས་ད་ལྟའང་གདོང་ལ་ཆོས་ཐུག་པའི་ལུགས་སྲོལ་མཆིས་) པ་མཐོང་བ་དང་། སྐྲ་ཉིད་མཛམ་ཞིང་དེ་ཉིད་རིང་དུ་འཛོག་པ། བུད་མེད་ཀྱི་ཡོན་ཏན་མཛེས་ཆོས་སུ་བརྩི་བ་ཡིན། དེ་བཞིན་ཟ་དང་དུང་སོགས་རོལ་མོའི་རམ་འདེགས་འོག་སླུ་གཏོང་བ་དང་གར་འཁྲབ་ནས་དགའ་སྟོན་རྟེན་འབྲེལ་མཚོན་པར་བྱེད་པ་ཡིན། གུས་ཞབས་མཆོག་དམན་མཚོན་ཚུལ་ནི་མ་ཡིས་བུ་ལ་བྱམས་ཞིང་བརྩེ་བ་དང་། བུ་ཡིས་ཕ་ལ་བཀུར་བ། ལམ་དུ་འགྲོ་ཆེ་སྟོན་ལ་གཞོན་དང་རྒན་པ་རྗེས་སུ་བྱེད། ལག་པ་གཉིས་ས་ལ་བཙུགས་ཏེ་ཁྱི་ཡི་ལད་མོས་གུས་ཕྱག་འཚལ་(ད་ལྟ་དད་ཅན་རྣམས་ཀྱིས་ཕྱག་འཚལ་བའི་གདོད་མའི་དཔེ་གཞི་མ་ཡིན་ནམ་) བ་དང་། ཁྱིམ་ཚང་ལ་མི་ཤི་ཆག་སྔོ་ཡོང་སྐབས་གདོང་ལ་ཆོས་ནག་པོ་ཐུག་པ་དང་། གྱོན་པ་ནག་པོ་གྱོན་ནས་མྱ་ངན་སྐྱོ་སྣང་མཚོན་པར་བྱེད་པ། དེ་བཞིན་ཆང་འཐུང་བའི་སྲོལ་དེ་ཡང་བོད་དུ་དར་ཡུན་ཤིན་ཏུ་རིང་ལ་ཆང་བཏུང་རྗེས་ཟིང་སློང་མི་རུང་བའི་ཁ་བརྡ་བསླབ་བྱ་བྱེད་སྲོལ་ཡོད་པ་སོགས་ལས་གནའ་རབས་ཀྱི་བོད་མི་རྣམས་ནི་ཡ་རབས་ཚུལ་དང་ལྡན་ཅིང་། སྤྱི་ཚོགས་དེ་ནི་ཤེས་རིག་ཀུན་སྤྱོད་ཅུང་ཟད་རྒྱས་པའི་སྤྱི་ཚོགས་ཤིག་ཏུ་འཕེལ་རྒྱས་ཕྱིན་ཡོད། མདོར་ན་ཐུབ་པའི་ཆོས་ལུགས་མ་དར་བའི་སྔོན་རོལ་དུ་བོད་དུ་ཐུན་མོང་དང་ཐུན་མོང་མ་ཡིན་པའི་ངོ་མཚར་རིག་གནས་ཁྱད་ཆོས་དུ་མ་ལྡན་ཡོད།

ད་ལྟང་ཆོས་བཙན་པོའི་རྒྱལ་རབས་ཀྱི་སྔོན་ནམ་ཐུབ་པའི་ཆོས་ལུགས་བོད་དུ་དངོས་སུ་མ་དར་བའི་སྔོན་གྱི་བོད་ཀྱི་སྤྱི་ཚོགས་ལ་དབྱེ་ཞིབ་རགས་ཙམ་བྱས་ན། སྲོང་བཙན་སྒམ་པོའི་གོང་དུ

བོད་ལ་གཅིག་གྱུར་གྱི་རྒྱལ་རབས་ཤིག་མ་བྱུང་བས་བོད་སྤྱི་ལ་དབང་བའི་རྒྱལ་པོ་ཞིག་དེ་བས་ག་ན་ཡོད། གཉའ་ཁྲི་བཙན་པོས་གཅིག་གྱུར་མཛད་ཅེས་གྲགས་ཀྱང་ཡིད་རྟོན་རུང་བའི་ཁུངས་བཙུན་དཔང་རྟགས་ཤིག་ད་བར་མ་མཐོང་། དེར་བརྟེན་བཙན་པོའི་སྔོན་གྱི་(སྲོང་བཙན་སྒམ་པོའི་བར་དུ་)བོད་ཀྱི་སྤྱི་ཚོགས་ནི་སིལ་པོར་གནས་ཞིང་། དེ་ནི་རྒྱལ་ཕྲན་དུ་མ་ལྡན་པའི་ཚོ་པ་རང་བཞིན་དུ་གནས་པའི་ཡུལ་ཁམས་ཤིག་ལགས། སྐབས་དེ་ཤེད་དུ་རྒྱལ་ཕྲན་ཁག་གི་བཙན་པོ་བསྐོ་ཚུལ་ནི་འདི་ལྟར་ཏེ་སྐྱེ་བོ་དཔའ་རྩལ་ལྡན་པ་རྣམས་རུབ་འཛོམས་དེའི་དབུས་ལས་ཆེས་དཔའ་རྩལ་ལྡན་ཅིང་། རིག་པ་རྣོ་བའི་སྐྱེ་བོ་གང་ཉིད་བཙན་པོའམ་རྒྱལ་ཕྲན་དེའི་རྒྱལ་པོར་བསྐོ་བ་དང་། རྒྱལ་པོ་དེ་ཉིད་དང་བློ་མཐུན་པ་རྣམས་མནའ་མཆེད་བསྒྲིགས་ཞེས་པུ་ནུ་ལྷ་བུའི་དམ་ཚིག་བཞག་རྗེས་པན་ཚུན་བློ་མི་ལོག་པའི་གཡུང་དྲུང་དམ་བཅའ་འཛུགས་པའི་སྲོལ་མཆིས། དཔེར་ན་བོད་ཀྱི“རྒྱལ་པོའི་ཐོག་མ”གཉའ་ཁྲི་བཙན་པོ་གང་ཉིད་ཀྱང་དཔའ་རྩལ་ཤིན་དུ་ཆེ་ཞིང་། དོ་རླ་བྲལ་བ། དེ་བཞིན་བློ་དང་མཐུན་པའི་སྐྱེ་བོ་སྤྱིར་བཏང་བ་མ་ཡིན་པ་འགའ་ཞིག་མནའ་མཆེད་བསྒྲིགས་རྗེས་བརྩེ་མཐོང་གི་ཚུལ་དུ་གཉའ་ལ་བཏེགས་ནས་ཡར་ཀླུང་ཚོ་པའི་རྒྱལ་ཕྲན་གྱི་རྒྱལ་སར་བཏོན་པར་སེམས་པས་དཔྱད་པར་མཛོད་ཅིག བཙན་པོའི་སྔོན་གྱི་བོད་ཀྱི་སྤྱི་ཚོགས་ནང་ཁྲིམས་ཚད་གཏོང་སྲོལ་ནི་ཉེས་པ་ཆུང་དུ་ལའང་མིག་འདོན་པ་དང་རྐང་པ་འབྲེག་པ། རྟ་ལྕུག་གཞུ་བ། ཁྲིམས་དེ་རིགས་གཏོང་སྐབས་དཔོན་གྱི་འདོད་མོས་བཞིན་བགྱིས་པ་ལས་ངེས་གཏན་མེད་པ་དང་། བཙོན་ར་ནི་འདོམ་བརྒྱའི་དོང་རིང་དྲུས་ཏེ་བྱེད་པ་དང་། བཙོན་པ་རྣམས་ལོ་གཉིས་སམ་གསུམ་སོང་རྗེས་ད་གཟོད་སློད་བཀྲོལ་གཏོང་བ་ཡིན། དེས་ན་བཙན་པོའི་སྔོན་གྱི་བོད་ཀྱི་སྤྱི་ཚོགས་ན་ཐུན་མོང་ཐོག་དད་པའི་ཆོས་ལུགས་སམ་བསམ་བློ་ཞིག་དང་། དེ་བཞིན་སྤྱི་ལ་དབང་བའི་རྒྱལ་པོ་ཞིག་མེད་པས་གཅིག་གྱུར་དང་གཏན་འཇགས་ཡོང་ཐབས་བྲལ་ལ་ཆབ་སྲིད་དང་ཁྲིམས་ལུགས་སྐྱོང་ཚུལ་ཀྱང་རྒྱལ་ཕྲན་དེའི་དཔོན་གྱི་འདོད་མོས་བཞིན་བགྱིས་པ་ལས་ཆོས་དང་འཇིག་རྟེན་ལ་སོགས་དཔེར་བླངས་ནས་བྱེད་པའི་སྲོལ་ནི་མ་མཆིས་སོ།

གཉིས་པ། ཐུབ་པའི་ཆོས་ལུགས་བོད་དུ་དར་བ་དང་བོད་མི་རིགས་ཀྱི་འཕོ་འགྱུར་སྐོར་གླེང་བ།

ཐུབ་པའི་ཆོས་ལུགས་ནི་རྒྱལ་པོ་ལྷ་ཐོ་ཐོ་རི་གཉན་བཙན་གྱི་དུས་ནས་བོད་དུ་དར་

འགོ་ཚུགས་པའི་ཆོས་ལུགས་ཤིག་ཡིན། དེ་ཡང་ལོ་རྒྱུས་ཀྱི་ཡིག་ཚང་ནང་གསལ་བ་ལྟར་རྒྱལ་པོའི་ཕོ་བྲང་གི་དཀོར་ཁང་དུ་མིང་གསང་བ་གཉན་པོར་བཏགས་ནས་བག་ལ་གཟིམས་ནས་བསྟད་པ་ཞིག་མ་ཡིན། གང་ལྟར་ཆོས་གཞུང་ཆོས་རྫས་ལ་སོགས་པ་མཁའ་ལས་བབས་པ་དང་། རྒྱལ་པོའི་དགུང་ལོ་སྙར་དར་ལ་སོག་པའི་གཏམ་རྒྱུད་ངོ་མཚར་ཅན་ཇི་ལྟ་བུ་བཅོས་ཡོད་ནའང་། དོན་དངོས་ལ་འགྱུར་བ་གཏོང་མི་ཐུབ་པ་སྟེ། བོད་ཀྱི་རིག་ལྡན་སྐྱེ་བོས་རྒྱ་གར་འཕགས་པའི་ཡུལ་དུ་གཤེགས་ཤིང་ཐུབ་པའི་ཆོས་ལུགས་ཀྱི་དཔེ་རྫས་གངས་རིའི་ལྗོངས་སུ་ཕྱིར་བསྣམས་ནས་རྒྱལ་པོར་ཕུལ་ཅིང་། རྒྱལ་པོ་དེ་བས་ཀྱང་དེ་ལ་མཆོད་པ་གནང་ལ་རྒྱལ་པོས་མཆོད་ན་ཕྱིར་བཏང་འབངས་ཀྱིས་ཀྱང་མཆོད་པ་ནི་འཇིག་རྟེན་གཏན་ཚིག་གོ། ལྷག་པར་དུ་ཉེལ་པཎྜི་ཏས་ཀྱང་ནམ་མཁའ་ལས་འབབས་པར་མི་འཐད་པར་དགོངས་པའི་དགོངས་པར་གོ་བ་ལེན་རྒྱུ་ཞིག་མི་འདུག་གོ། དེའི་སྐོར་ལ་ལོ་རྒྱུས་དེབ་ཐེར《དཔྱིད་ཀྱི་རྒྱལ་མོའི་གླུ་དབྱངས》ལས། "པོ་ཏ་ལའི་རི་རྩེ་ལ་ཕོ་བྲང་བཏབ་ནས་བཞུགས་ན་མཐའ་བཞིའི་གུས་ལྡན་གྱི་རྒྱལ་པོ་ཐམས་ཅད་ཀྱིས་རང་དབང་མེད་པར་གུས་པས་འདུད་པའི་དབང་ཕྱུག་བརྒྱད་ཀྱི་ཡོན་ཏན་མཐའ་དག་ལྡན་གྱིས་གྲུབ་པར་དགོངས་ནས་ཞལ་དུ་བཞུགས་ཏེ་གེ་རེའི་འཕྲེད་དུ་ཕེབས་པ་ན་ཡིག་དྲུག་རང་བྱོན་ཞལ་གཟིགས་ནས་སྐུ་ཁྲུས་གསོལ་ཞིང་གསོལ་བ་བཏབ་པས་དེ་ལས་དབང་པོའི་གཞུ་ལྟར་བཀྲ་བའི་ཁ་དོག་སྣ་ལྔ་འཕྲོས་པ་ཕ་རི་བྲག་ལ་སྤྱན་རས་གཟིགས་དང་། སྒྲོལ་མ། ཧ་མགྲིན་གྱི་སྐུ་སྣང་བརྙན་རང་བྱོན་དུ་ཤར་བ་སོགས་……དེ་ནས་བལ་པོའི་ལྷ་བཟོ་དག་གིས་སོར་མོའི་སྒྱུར་རྩལ་གྱིས་སྐུ་དང་གསུང་གི་རྟེན་རྣམས་ཇི་ལྟར་བྱོན་པ་བཞིན་གསལ་བར་བཀོས" ཞེས་པ་དེ་ལས་གཅིག་ནས་སྲོང་བཙན་གྱི་སྔོན་རོལ་དུ་བོད་དུ་ཐུབ་པའི་ཆོས་ལུགས་ཀྱི་ནང་དོན་དང་འབྲེལ་བའི་སྒྱུ་རྩལ་སྣང་བརྙན་བསྐྲུན་སྲོལ་ཡོད་པ་དང་། གཉིས་ནས་སྲོང་བཙན་སྔོན་དུ་བོད་དུ་ཐུབ་པའི་ཆོས་ལུགས་ཅུང་ཟད་དར་ཡོད་པ་མཚོན་ནུས་སོ། མདོར་ན་རྒྱ་མཚོན་ཆུ་ཡི་ཐིགས་པས་གསོག་ཅེས་པ་ལྟར་ཆུང་བ་ནས་ཆེར་འཕེལ་བ་དང་། རྒྱ་ཆེ་གཏིང་ཟབ་ཏུ་འགྲོ་བ་དེ་ནི་བྱ་དངོས་འཕེལ་རྒྱས་སུ་འགྲོ་བའི་ཆོས་ཉིད་ཡིན་གྱིས། རྒྱལ་པོ་ག་གེ་མོ་ཞིག་གི་དུས་སུ་སྐྱེས་དབང་དུ་བྱུང་བ་ཞིག་ག་ལ་ཡིན། དེས་ན་གངས་ཅན་ལྗོངས་སུ་དམ་ཆོས་དར་བའི་ཚུལ་དེ་ལ་ཡང་རིག་པ་དེ་ལྟར་བཏང་

ན་ནོངས་འགལ་མེད་དོ།

སྲོང་བཙན་སྒམ་པོའི་དུས་སྐབས་དང་། དེ་རྗེས་ཀྱི་རྒྱལ་རབས་ནང་བོད་དུ་ཐུབ་པའི་ཆོས་ལུགས་སྤྱར་བས་ཤུགས་ཆེར་དར་བ་དང་། དེ་ཉིད་བོད་ཀྱི་སྤྱི་ཚོགས་དང་བོད་མིའི་འཚོ་བའི་ཁྲོད་དུ་ཆེས་སྟོབས་ཆེའི་སྟོབས་ཤུགས་ཤིག་ཏུ་གྱུར་བ་མ་ཟད། བོད་ཀྱི་བཙན་པོའི་ཆབ་སྲིད་ཀྱི་མདུན་ལམ་དང་། མངའ་ཐང་བདག་འཛིན་བྱེད་རྒྱུ་སོགས་ལ་སྨན་པའི་རྒྱབ་བརྟེན་བཙན་པོ་ཞིག་ཏུའང་གྱུར་ཡོད། རྒྱལ་པོ་སྲོང་བཙན་སྒམ་པོས་མི་ཆོས་གཙང་མ་བཅུ་དྲུག་དང་། ལྷ་ཆོས་དགེ་བ་བཅུའི་ཁྲིམས་ལུགས་གསར་གཏོད་མཛད་པའི་དགོས་པ་རྒྱུ་མཚན་ཀྱང་གཅིག་ནས་ཐུབ་པའི་ཆོས་ལུགས་བོད་གངས་ཅན་གྱི་ལྗོངས་སུ་མི་འགྱུར་རྡོ་རྗེའི་ངང་ཚུལ་བཞིན་ཇི་སྲིད་བསྐལ་བརྒྱར་གནས་ཤིང་དར་ཆེད་དང་། གཉིས་ནས་བཙན་པོའི་དབང་བསྒྱུར་ཐབས་ལམ་དང་། ཆོས་སྲིད་ཟུང་འཇུག་གི་ཆབ་སྲིད་མ་ལག་སྒྲིག་གཞི་འཐུས་ཚང་དུ་བཏང་བའི་ཐབས་ཤིག་ཡིན། དེ་རྗེས་ཀྱི་རྒྱལ་པོ་ཁྲི་སྲོང་ལྡེ་བཙན་དང་། ཁྲི་རལ་པ་སོགས་ཀྱིས་ཐུབ་པའི་ཆོས་ལུགས་རྩ་བའི་རྩེར་བཀུར་ཅིང་ཆོས་དང་འབྲེལ་བའི་ཁྲིམས་སྲོལ་བཟོས་པ་རིམ་བྱོན་སྐྱེ་ཆེན་མང་པོས་དམ་ཆོས་རྒྱ་ཆེར་སྤེལ་བ་བཅས་ལས་བོད་མིའི་སྙིང་གི་བཀོད་པར་ཤུགས་རྐྱེན་དྲག་པོ་ཐེབས་རྗེས་ཁོང་ཚོའི་དད་པའི་ཡུལ་ལ་འཕོ་འགྱུར་བྱུང་བ་དང་། དེ་ནས་རིམ་བཞིན་དྲག་འཐབ་ཀྱི་ལམ་ལས་བཟློལ་བ། འཇིག་རྟེན་འཚོ་བར་ཆགས་པའི་སྤྲོ་སེམས་ཉམས་ཏེ་ཕྱུགས་བསམ་སྔ་མ་སྔ་མ་ཕྱི་མ་ཕྱི་མར་བཙོལ་བ། ཐུབ་པའི་ཆོས་ལུགས་ཀྱི་གཞུང་ལུགས་ཁྲོད་ལས་ཕ་མེས་ཡབ་མེས་སྐབས་ཀྱི་མཐུད་པའི་མདོ་བསམ་གྱི་ལན་ཚིག་བརྟེད་པ་སོགས་མདོར་ན་དེ་ནི་བོད་ཀྱི་སྤྱི་ཚོགས་ཙམ་མ་ཟད། བོད་མིའི་བསམ་བློར་ཕོག་པའི་གསར་བརྗེ་གཤའ་མ་ཞིག་རེད་ལ། དུས་དེ་ནས་བཟུང་བོད་རིགས་རྣམས་ཀྱིས་སྤྱར་བས་དད་ཞེན་ཇེ་ཆེན་དང་། སྤྱར་བས་སྙིང་སྟོབས་ཆེན་པོས་“སྐྱེ་བ་སྔ་ཕྱིའི་”འགྲུལ་ལམ་དུ་བསྐྱོད་འགོ་ཚུགས་པ་དང་། གངས་ལྗོངས་སྨན་རིའི་ལྗོངས་སུ་“ལས་རྒྱུ་འབྲས་”ཀྱི་མི་རྟོག་བཤད་འགོ་ཚུགས་པ་དང་ཆབས་ཅིག་བོད་བཙན་པོའི་ཆབ་སྲིད་ཀྱི་སྒྲིག་གཞི་དང་། སྤྱི་ཚོགས་ལམ་ལུགས། མཛེས་ཆོས་ཀྱི་ལྟ་བ། ཡུལ་གོམས་གཤིས་ལུགས་སོགས་ཕྱོགས་གང་ཅིའི་ཐད་བོད་རང་གི་གདོད་མའི་བགྲོད་ཤུལ་ལས་ལྡོག་ཏེ་དེ་བས་སྔ་མང་ཕུན་སུམ་ཚོགས་པ་

དང་། སྤྱི་ཚོགས་དེའི་ནང་གནས་ཤིང་འཚོ་བའི་སྐྱེ་བོ་རྣམས་ཀྱི་འདོད་བློ་དང་ཡང་དག་མཚུངས་པའི་ཤེས་རིག་ཅིག་བསྐྲུན་པའི་ལག་ལེན་ཐོག་བསྐྱོད་འགོ་ཚུགས་པའོ།

ལར་སྲོང་བཙན་སྒམ་པོ་ནས་རྒྱལ་པོ་གླང་དར་སྐབས་ཀྱི་དུས་རིམ་དེ་ནི་བོད་མི་རིགས་དེ་གནས་ངེས་མེད་དང་སིལ་བུར་གནས་པའི་ཚུལ་ལས་ལྡོག་ཏེ་རིམ་བཞིན་གཅིག་གྱུར་དང་སྟེར་བས་རྒྱ་ཆེ་བའི་ཨར་པོའི་ལམ་ལ་བཞུགས་ནས་ནུབ་སྟོད་བྱས་པ་དང་། ཆོས་ལུགས་ཀྱི་ཤུགས་རྐྱེན་དྲག་པོ་ཐོག་པའི་བརྒྱུད་རིམ་ནང་མི་རྣམས་ཀྱི་བློ་རྒྱ་དང་འགྲུལ་རྒྱ་སྤྲོས་བཅས་ཀྱི་གུ་དོག་ཏུ་སོང་ཡོད་ནའང་བོད་མི་རིགས་དང་དེའི་མཐའ་འཁོར་ཏུ་གནས་པའི་རྒྱལ་ཁབ་དང་མི་རིགས་དབར་རིག་གནས་དང་། དཔལ་འབྱོར། ཆབ་སྲིད་སོགས་ཕྱོགས་གང་ཅིའི་ཐད་འབྲེལ་གཏུགས་བྱེད་རྒྱུ་ཇེ་མང་དུ་སོང་ཡོད་ལ་རང་མི་རིགས་ཀྱི་ཤེས་རིག་གི་རྨང་གཞིའི་ཐོག་གཞན་པའི་ཕྱུལ་བྱུང་རིག་གནས་བསྡུ་ལེན་དང་འཕེལ་རྒྱས་བཏང་རྗེས་བོད་ཀྱི་སྤྱི་ཚོགས་དང་རིག་གནས་འཕྱུས་ཚང་ཡར་རྒྱས་བཏང་ཡོད། དེ་ནི་བོད་ཀྱི་ལོ་རྒྱུས་ཙམ་མ་ཟད། བོད་ཀྱི་ཤེས་རིག་འཕེལ་རྒྱས་ཕྱིན་པའི་དུས་མཚམས་གསར་པ་ཞིག་ཏུ་སླེབས་པའི་རྟགས་མཚན་ཞིག་ཀྱང་ངོ་། སྲོང་བཙན་ནས་ཁྲི་རལ་པ་ཅན་གྱི་དུས་རིམ་དེ་ནི། སྤྱིར་ན་ཐུབ་པའི་ཆོས་ལུགས་དེ་ཉིད་རྒྱལ་ཁ་ནས་རྒྱལ་ཁའི་ཕྱོགས་སུ་འཕེལ་བའི་བརྒྱུད་རིམ་ཞིག་ཡིན་མོད་ཀྱང་བོད་རང་ཉིད་ཀྱི་ཤེས་རིག་རིག་གནས་དང་། ཐུབ་པའི་ཆོས་ལུགས་དབར་གྱི་འགལ་ཟླ་ནི་སྟེར་བཞིན་རྙོ་ངར་ཆེ་ཆུང་ལ་མ་བལྟོས་པར་གནས་ཞིང་འགྲུལ་སྐྱོད་བྱ་བཞིན་ཡོད།ང་ཆོས་ཕྱི་ཚུལ་གྱི་སྤྱི་ཚོགས་རྣམ་པ་དང་། ཆབ་སྲིད་ཀྱི་སྒྲིག་གཞི། ཆོས་སྲིད་སྐྱོང་ཚུལ་འབའ་ཞིག་ངོས་ནས་བལྟས་ན་བཙན་པོའི་སྐབས་སུ་སྤྱི་ཚོགས་དེ་ཉིད་ནང་པའི་ཆོས་ལུགས་ཀྱིས་བཏུམས་བཞིན་གནས་ཡོད་པ་ལྟ་བུ་ཞིག་ཏུ་སྣང་ཡང་བོད་ལྗོངས་ཀྱི་མཐའ་གྲུའི་རྒྱུད་དུ་བོད་རང་ཉིད་ཀྱི་སྐྱེ་བོའི་བློ་གྲོས་ཀྱི་རྩལ་ལས་བྱུང་བའི་ཤེས་རིག་སྣ་ཚོགས་སྟེར་བཞིན་སྲུང་ཉར་ལག་ལེན་བྱེད་པའི་སྟོབས་ཤུགས་ངེས་ཅན་ཞིག་མཆིས་པ་ལོ་རྒྱུས་ཀྱི་ཡིག་ཚང་ལས་མཐོང་ལ་ཕྱིས་སུ་རྒྱལ་པོ་གླང་དར་མས་ཐུབ་པའི་ཆོས་ལུགས་བསྣུབས་རྗེས་བོད་རང་ཉིད་ཀྱི་ཤེས་རིག་ཉིད་སླར་ཡང་ལོ་རྒྱུས་ཀྱི་གར་སྟེགས་ཐོག་འཛོགས་རྒྱུའི་གོ་སྐབས་རག་པ་དང་། གཅིག་གྱུར་གྱི་བོད་ཀྱི་ཤེས་རིག་ཆགས་གྲུབ་བྱེད་པའི་བརྒྱུད་རིམ་ནང་བོད་རང་ཉིད་ཀྱི་ཤེས་རིག་གྲུབ་ཆ

ཇེ་མང་བསྡུས་ཡོད་པ་ལས་ཀྱང་རང་འཕྲོད་ཐུབ་པོ།

གསུམ་པ། བན་བོན་དང་འབྲེལ་བའི་བོད་ཀྱི་ཡུལ་སྲོལ་འགའི་སྐོར་ཆེ་ལོང་ཙམ་བརྗོད་པ།

ཐུབ་པའི་ཆོས་ལུགས་ཀྱི་ནང་དོན་དང་འབྲེལ་བའི་ཡུལ་སྲོལ་འགའ་བོད་དུ་རྒྱ་ཁྱབ་ཏུ་དར་ཡོད་ནའང་ཐུབ་པའི་ཆོས་ལུགས་མ་དར་གོང་གི་བོད་ཀྱི་ཡུལ་སྲོལ་གོམས་གཤིས་མི་ཉུང་བ་ཞིག་སྔར་བཞིན་གནས་ཡོད། དེ་ཡང་དཔེར་ན་བོད་དུ་ལོ་གསར་གཏོང་སྐབས་གྲོ་སོ་ཕྱེ་མར་དང་། ལུག་མགོ་སོགས་ཀྱི་མཆོད་པ་བཤམས་པ་དང་། ལྷ་དང་གླུ་གསོལ་བ། ཉ་སྲིན་སོགས་ཆུ་ནང་དུ་འཚོ་བའི་སྲོག་ཆགས་རྣམས་ཀླུ་ཡི་མཚོན་བྱེད་དུ་ངེས་ཤིང་དེ་རིགས་ཀྱི་ཤ་མི་ཟ་བ། གསེར་དངུལ་གཡུ་བྱུར་ལས་གྲུབ་པའི་རྒྱན་ཆར་དང་དོད་ཤིན་ཏུ་ཆེ་བ་སོགས་སྔར་གྱི་སྲོལ་རྒྱུན་ཇེ་མང་ཡོད། ད་ལྟ་ཕོ་བོས་བོན་ཆོས་དང་འབྲེལ་བའི་ཆོ་ག"དམར་མཆོད"སྐོར་དང་། ཕྱུག་འཚོལ་ཚུལ། གཉེན་པོ་དུར་སྣས་བྱེད་སྲོལ་སོགས་ཀྱི་སྐོར་རགས་ཙམ་གླེང་བར་བྱ་སྟེ། དེ་ཡང་ཐུབ་པའི་ཆོས་ལུགས་མ་དར་གོང་དང་། བཙན་པོའི་སྐབས་ཀྱི་དུས་རབས་ནང་བོད་དུ"དམར་མཆོད"ཅེས་པའི་ལུགས་སྲོལ་ཡ་མཚན་ཅན་ཞིག་མཆིས།

དམར་མཆོད་ཅེས་པའི་ལུགས་སྲོལ་དེ་སྟག་གཟིག་གི་ཡུལ་ལས་བོད་དུ་མཆེད་པ་ཞིག་ཡིན་ལས་ཆེ། གང་ལྟར་ལུགས་སྲོལ་དེ་ནི་བོད་གངས་ཅན་ལྗོངས་སུ་དར་ཤིན་ཏུ་ཆེ། སྐབས་དེ་ཉིད་དུ་བོད་པ་རྣམས་ཀྱིས་ལུག་དང་། ཁྱི། སྤྲེལ། མི། རྟ། གཡག བོང་བུ་སོགས་བསད་ནས་དམར་མཆོད་ཅེས་ཤ་ཁྲག་གི་མཆོད་པ་འབུལ་བ་ཡིན། དེ་ཡང་《ཐང་ཡིག་སྙིང་མ》ལས། "རྗེ་བོ་བཀྲོངས་ཚེ་དེ་རྣམས་ཀྱང་རང་སྲོག་བཅད་དེ་རྗེ་དང་དུར་ཁུང་གཅིག་ཏུ་སྦས། བཙན་པོའི་མནབས་ལྷ་རྟེན་ཆས་དང་། ཆིབས་རྟ་སོགས་གཅེས་ནོར་རྣམས་ཀྱང་དུར་དུ་འཇུག བང་སོ་ཆེ་ཏུ་བརྩིགས་ལ་ཤིང་སྡོང་བཙུགས་ཏེ་མཆོད་པ་བྱེད། རྗེ་བློན་རྣམས་ཀྱིས་ལོ་རེར་འདུན་མ་ཆུང་ངུ་རེ་བསྡུ། དེ་དུས་ལུག་ཁྱི་སྤྲེལ་གསུམ་དམར་མཆོད་བྱེད། ལོ་གསུམ་ན་འདུན་མ་ཆེ་རེ་བསྡུ། མཚན་དཀྱུང་ལ་མཆོད་དངོས་རྣམས་སྟེགས་སུ་བཤམས་ཏེ་མི་རྟ་གཡག་གསུམ་དང་། བོང་བུ་སོགས་དམར་མཆོད་དུ་འབུལ། སྲོག་ཆགས་དེ་དག་གི

ཀཱང་ལག་འབྲེག དོན་སྙོད་རྣམས་མདུན་དུ་སྤུངས་སྟེ་བརྡེ་ཞིག་གིས‘ གལ་ཏེ་འདུན་མ་དང་འགལ་ན་སྲོག་ཆགས་འདི་རྣམས་བཞིན་དུ་མི་འགྱེད་རེ་’ ཞེས་མནའ་འབོར་བ་ཡིན།” དེ་ཡང་བཙན་པོས་བློན་པོའི་འདུ་ཚོགས་འཚོགས་ཤིང་དེའི་ཐོག་བློན་པོ་རྣམས་ཀྱི་བཙན་པོར་བློ་མི་ལོག་པའི་དམ་བཅའ་འཇོག་པ་དང་། མི་དང་། རྟ། ལུག གཡག་སོགས་བསད་ནས་ཀཱང་ལག་འབྲེག་ཏེ་“ གལ་ཏེ་བློ་ལོག་ན་སྲོག་ཆགས་དེ་རྣམས་བཞིན་མི་འགྱེད་རེ་” ཞེས་རྒྱལ་པོའི་མདུན་དུ་མནའ་བོར་བ། དེ་ལོ་གསུམ་རེའི་ནང་སྲོག་ཆགས་བསད་རྗེས་བཙན་པོ་དེ་པའི་དགོངས་པ་ལས་ལོག་པའི་ལས་སྣེ་མི་བྱེད་པའི་དམ་བཅའ་འཇོག་པ་བཅས་རྒྱལ་པོའི་དབང་ཐང་གཏན་པར་འཇགས་པའི་བྱེད་སྒོ་དེ་ལྟར་སྤེལ་བ་ཡིན། སྲོལ་དེ་ལྟར་ནི་བོད་བཙན་པོའི་སྔོན་གྱི་སྤྱི་ཚོགས་ནང་དར་བ་མ་ཟད། སྲོང་བཙན་སྒམ་པོའི་རྗེས་ཀྱི་རྒྱལ་རབས་ནང་དུའང་སྔར་བཞིན་བྱེད་སྲོལ་ཡོད་པ་ནི་རྒྱ་བོད་ཆིངས་སྒྲིག་ཇོ་རིང་བཞེངས་སྐབས་ཀྱི་མཛད་སྒོའི་སྐབས་ཀྱི་གནས་ཚུལ་ལས་མཁྱེན་གྱིས་འདིར་ཚོགས་རྟོག་ལ་དོགས་པས་ཞུ་བར་མི་བྱའོ།

འོན་ཀྱང་འདིར་ངེས་པར་དག་བཅོས་ཞུ་དགོས་པའི་གནད་ཅིག་མཆིས་སྟེ། དེ་ཡང་སྐྱེ་བོ་འགའ་ཞིག་གིས་བོད་དུ་དམར་མཆོད་བྱ་སྲོལ་ཞིག་མཆིས་ཞེས་ཧ་ལམ་སྐབས་དེ་ཤེད་ཀྱི་གངས་ཅན་པ་རྣམས་ཀྱིས་དུས་ཚོགས་ངེས་མེད་དགོས་དབང་གིས་མ་ཡིན་པར་རྟག་ཏུ་སྲོག་ཆགས་བསད་ནས་དམར་མཆོད་འབུལ་བ་ཡིན་ཅེས་གོ་བ་ལོག་གྲུབ་བྱེད་པ་དང་། ལྷག་པར་དུ་ལྷ་ཚུལ་དགོད་བྲོ་ཞིག་ཏེ་བོད་ཀྱི་བཙན་པོ་གླང་དར་བསྒྲོངས་པའི་རྒྱུ་རྐྱེན་གཞན་ཞིག་ནི་གླང་དར་མས་དམར་མཆོད་བྱས་པ་དེ་ལས་སྐབས་དེ་ཤེད་ཀྱི་བོད་ཀྱི་འབྲོག་ལས་ཐོན་སྐྱེད་འཕེལ་རྒྱས་གཏོང་རྒྱུར་ཚབས་ཆེའི་འགོག་རྐྱེན་བཟོས་པས་སོ་ཞེས་པ་སོགས་ལྷ་ཚུལ་དེ་རིགས་ལ་ཡིད་རྟོན་རུང་བའི་ཆ་སྒྲུ་ཙམ་ཡང་མེད་དོ།

ཕྱག་མཆོད་འབུལ་བྱེད་པའི་སྲོལ་དེ་ནི་སྤྱིར་ཐུབ་པའི་ཆོས་ལུགས་ཀྱི་ནང་དོན་དང་འབྲེལ་བའི་ཆ་ཚུལ་ཞིག་ཡིན་ཀྱང་དེ་ནི་བོད་མི་རང་གི་གནའ་བོའི་གུས་སྲོལ་གྱི་ཆ་ལས་ཕྱིས་སུ་འཕྲུལ་ཚང་ཅན་དུ་འགྱུར་བ་ཞིག་ཡིན་པར་སེམས། དེ་ཡང་ཐང་ཡིག་གསར་རྙིང་ནང་དུ་བོད་ཀྱིས་ཕྱིའི་ལྷ་མོས་གུས་སྲོལ་མཚོན་པར་བྱེད་པ་ལས་ཤེས་ལ་དེ་བཞིན་ད་ལྟའི་ཕྱག

འཚལ་ཚུལ་ཀྱང་བོད་རང་དུ་མ་གཏོགས་གཞན་ཐུབ་པའི་ཆོས་ལུགས་དར་ཁྱབ་ཆེ་བའི་རྒྱ་གར་སོགས་ཨེ་ཤེ་ཡ་ཤར་ལྷོའི་རྒྱུད་དུ་རིག་རྒྱུ་མེད་པ་ལས་མཚོན་ནོ། །དེ་བཞིན་ད་ལྟའི་བོད་ལྗོངས་སུ་མཆིས་པའི་ཡུལ་སྲོལ་གོམ་གཤིས་དང་ལྟ་སྤྱོད་མང་དག་ཅིག་ནི་བསྟན་པ་ཕྱི་དར་སྐབས་སམ་དེ་རྗེས་ཀྱི་ལོ་ཟླའི་ནང་གཞི་ནས་ཆ་ཚང་བར་གྲུབ་པ་ཞིག་ཡིན་པ་གོར་མ་ཆག ཁོ་བོས་ལྟར་ན་བསྟན་པ་ཕྱི་དར་སྔོན་ལ་བོད་དུ་ཕུང་པོ་དུར་སྦྲས་བྱ་བའི་སྲོལ་དར་ཡོད་པ་དང་། བསྟན་པ་ཕྱི་དར་གྱི་སྐབས་ནས་བཟུང་རིམ་བཞིན་ཕུང་པོ་དུར་སྦྲས་བྱ་སྲོལ་དེ་ཉམས་ནས་ཕུང་པོ་བྱ་གཏོར་ཆུ་གཏོར་བྱེད་པའི་སྲོལ་དེ་དར་བ་ཡིན། ཕུང་པོ་བྱ་གཏོར་བྱེད་པའི་སྲོལ་དེ་ཡང་རྒྱ་གར་འཕགས་པའི་ཡུལ་གྱི་སྲོལ་དེ་ཉིད་བོད་དུ་དར་བ་རེད། གཞི་རྐྱང་ད་ལྟའི་རྒྱ་གར་གྱི་ཡུལ་དུ་ཕུང་པོ་བྱ་གཏོར་བྱེད་པའི་སྲོལ་མ་མཆིས་ཀྱང་བོད་ཀྱི་སྔོ་བོའི་ངག་རྒྱུན་དང་། དུར་ཁྲོད་ཀྱི་བྱུང་བའི་སྐོར། དེ་བཞིན་རྒྱ་གར་གྱི་མཁས་པ་དཔལ་མགོན་འཕགས་པ་ཀླུ་སྒྲུབ་ཀྱིས་བརྩམས་པའི་《རོ་སྲུང་》ཞེས་པའི་ནང་དུ་དུར་ཁྲོད་ཡོད་ཚུལ་དང་། ཕུང་པོ་དུར་ཁྲོད་དུ་སྐྱེལ་བའི་སྲོལ་འདུག་བཅས་ལས་བྱ་གཏོར་བྱེད་སྲོལ་ཐོག་མར་རྒྱ་གར་གྱི་ཡུལ་དུ་དར་བ་དང་། རྗེས་སུ་གངས་ཅན་གྱི་ལྗོངས་སུ་དར་བ་ཡིན་པའི་རྟགས་མཚན་བསྟན་པ་ཡིན། དེ་བཞིན་བོད་པའི་ཤོད་སྲོལ་ལ་སེ་ར་ཤར་གྱི་ཕ་བོང་སྟེང་གི་དུར་ཁྲོད་དང་། བསམ་ཡས་ཆིམས་ཕུའི་དུར་ཁྲོད་ནི་རྒྱ་གར་གྱི་ཡུལ་ནས་འཕུར་ཡོང་བ་ཡིན་ཅེས་པ་དང་། ཡང་རྒྱ་གར་གྱི་ཡུལ་ལས་འཕུར་ཡོང་བ་ཡིན་ཅེས་པའི་ལྷུགས་ཟམ་ཆུ་བོ་རི་ཡི་སྟེང་དུའང་དུར་ཁྲོད་བརྒྱ་དང་བརྒྱད་བཅས་ཡོད་པའི་བརྗོད་སྲོལ་དེ་ལས་ཀྱང་ཕུང་པོ་བྱ་གཏོར་བྱེད་སྲོལ་དེ་ནི་རྒྱ་གར་གྱི་ཡུལ་སྲོལ་ཞིག་ཡིན་པའི་མངོན་རྟགས་མཚོན་གྱི་ཡོད། བོད་དུ་བྱ་གཏོར་ཆུ་གཏོར་བྱེད་པའི་སྲོལ་དར་བ་དེ་ཡང་ཐུབ་པའི་ཆོས་ལུགས་ཀྱི་བསམ་བློའི་དྲ་རྒྱ་ལས་མ་འདས། དེ་ཡང་སངས་རྒྱས་ཆོས་ལུགས་ཀྱི་དགོངས་དོན་སྟེ་ལུས་ངག་ཡིད་གསུམ་གྱི་སྦྱིན་པ་ལས་ལུས་ཀྱི་སྦྱིན་པའི་ཁོངས་སུ་གཏོགས་སོ། །དེ་བཞིན་བླ་མ་ཆེ་ཁག་གི་སྐུ་ཕུང་མེད་བསྲེགས་ནས་མཆོད་རྟེན་བཞེངས་པའི་སྲོལ་དེ་ཡང་རྒྱ་གར་གྱི་ཡུལ་ལས་དར་བ་ཞིག་ཡིན་པ་ནི་དེ་བས་མངོན་གསལ་དོད་དོ།

བཙན་པོའི་དུས་སྟ་ཕྱིའི་གངས་ཅན་པ་རྣམས་ནི་སྙིང་སྟོབས་ཆེ་ལ་འཇིག་རྟེན་གྱི་འཚོ་

བར་སྤྲོ་སེམས་འཁོལ་མཁན་འབབ་ཞིག་ཡིན། སྐབས་དེ་དུས་ནས་བཟུང་བོད་དུ་རྩེད་མོའི་རིགས་སྣ་ཚོགས་མཆིས་པ་དང་། མི་ཆོས་ལས་ཞོར་དང་དམག་ཞོར་དུ་རྩེད་མོའི་རིགས་སྣ་ཚོགས་རྩེ་བ་ཡིན། དེའི་ནང་ནས་ཀྱང་ཤོ་དང་མིག་མངས་ནི་མི་རྣམས་ཀྱིས་དགའ་ཤོས་བྱེད་པ་དང་ཡོངས་ཁྱབ་ཏུ་རྩེ་བའི་རྩེད་མོ་ཞིག་གོ། དེ་ཡང་ཐང་ཡིག་གསར་རྙིང་དུ"ཁོ་ཆོས་རྩེད་མོར་ཤོ་དང་མིག་མངས་རྩེ"ཞེས་འཁོད་པ་ལས་མཐྱེན་ནོ། ཤོ་དང་མིག་མངས་གཉིས་ནི་རྩེད་མོ་འབབ་ཞིག་རྩེ་བའི་ཡོ་བྱད་ཞིག་མ་ཡིན་པར་དེ་གཉིས་ནི་སྐྱེ་བོ་ཕན་ཚུལ་བློ་རིག་འགྲན་པ་དང་། ཐབས་ཇུས་བསྟུར་བ། དོན་ཆེན་ཐག་གཅོད་བྱེད་པ། བྲང་བདེན་དབྱེ་བ་འབྱེད་པའི་དོན་བྱེད་ནུས་པ་ལྡན་པའི་ཡོ་བྱད་ཅིག་ཀྱང་ཡིན་ཞིང་། ཤོ་དང་མིག་མངས་རྩེ་བའི་ལུགས་སྲོལ་དེ་ནི་བཙན་པོའི་སྔོན་གྱི་བོད་ཀྱི་སྤྱི་ཚོགས་ནང་ཆབ་སྲིད་སྐྱོང་བའི་མ་ལག་སྒྲུང་ལྡེའུ་བོན་གསུམ་ཅེས་པ་ལས་ལྡེའུའི་ནང་གསེས་ཤིག་ཡིན་པར་སེམས་པས་དཔྱད་པར་མཛོད་ཅིག

བཞི་པ། བོད་མི་རིགས་ཀྱི་ལྟ་སྤྱོད་འཕེལ་རིམ་དང་གནས་བབ་སྐོར་རྙེང་བ།

མི་རིགས་སུ་འདྲ་ཞིག་ཡིན་ཀྱང་རང་མི་རིགས་ཀྱི་བསམ་བློའི་འབྱུང་ཁུངས་དང་། དེ་ལས་འཕྲོས་པའི་རིག་གནས་དང་སྤྱི་ཚོགས་ལ་ཞིབ་འཇུག་བྱེད་རྒྱུ་དེ་ནི་གལ་ཆེའི་ཞིབ་འཇུག་གི་གནད་དོན་ཞིག་གོ། སྤྱིར་ན་བོད་མིའི་ལྟར་སྤྱོད་དང་དེའི་སྤྱི་ཚོགས་ཀྱི་ནུས་པའི་སྐོར་ཞིབ་འཇུག་བྱེད་རྒྱུ་དེ་དགའ་གནད་ཆེན་པོ་ཞིག་རེད་འདུག་ཀྱང་དེ་ལ་ཞིབ་འཇུག་བྱས་ནས་སྔོམ་ཚིག་ཅིག་བཞག་རྒྱུ་དེ་ནི་ངེས་པར་དོ་སྣང་བྱེད་དགོས་རྒྱུའི་གནད་དོན་ཞིག་རེད་ལ། ཞིབ་འཇུག་བྱས་པ་བརྒྱུད་ཉམས་མྱོང་ཕྱོགས་བསྡོམས་བྱས་ནས་སྤྱི་ཚོགས་རིང་ལུགས་ཀྱི་བོད་གསར་འཛུགས་སྐྱུན་བྱེད་རྒྱུའི་བྱ་གཞག་ལ་བསམ་བློའི་ལེགས་སྐྱེས་འབུལ་དགོས།

འདིར་ཁོ་བོས་གཙོ་བོ་ཐུབ་པའི་ཆོས་ལུགས་བོད་དུ་དར་རྗེས་བོད་ཀྱི་སྤྱི་ཚོགས་དང་བོད་རིགས་ཀྱི་ལྟ་སྤྱོད་ལ་འཕོ་འགྱུར་ཇི་ལྟར་ཕྱིན་ཚུལ་གཙོ་བོར་གླེང་བར་བྱ་སྟེ། དེ་ཡང་ཐུབ་པའི་ཆོས་ལུགས་བོད་དུ་དར་རྗེས་དང་དེ་རྗེས་ཀྱི་ལོ་ བརྒྱ་མང་པོའི་ནང་དུ་བོད་པ་རྣམས

ཀྱིས་བཙན་པོ་ནི་སྤྱན་རས་གཟིགས་སོགས་ལྷ་ཡི་གཟུགས་མིར་འཕོས་པར་བརྩིས་ནས་གང་དེ་བོད་ཀྱི་བཙན་པོ་འམ་རྒྱལ་པོར་འོས་པ་ནི་རང་བྱུང་ལྷན་སྐྱེས་ཀྱི་དབང་ལས་བྱུང་བ་ཞིག་ཡིན་པས་ན། གང་དེར་ལོག་ལྟ་བྱེད་པ་དང་། མི་འདོད་མི་བརྩི་བའི་རྣམ་པ་དང་བྱ་སྤྱོད་སྤེལ་བ་ནི་ཤིན་ཏུ་མི་རིག་པར་བརྩི་ལ། བཀའ་གསུང་ཅི་སྒྲུབ་བྱ་དགོས་པའི་ལྟ་སྤྱོད་ལས་བྲན་གཡོག་གི་རྣམ་པ་ཐོན་པ་ཡིན། དེ་ལྟའི་ཚུལ་ནི་རྒྱ་གར་གྱི་དབང་བསྒྱུར་གྲལ་རིམ་གྱིས་ཁོང་ཚོའི་མངའ་ཁོངས་སུ་གཏོགས་པའི་འབངས་མི་སེར་རྣམས་ལ་གཡོ་རྒྱུའི་དབང་བསྒྱུར་བྱས་པའི་ཐབས་ཤེས་རྙིང་རུལ་དེ་ཉིད་བོད་ཀྱི་ལྗོངས་སུ་ལྷགས་པའི་རྟགས་མཚན་ཞིག་ཡིན་པ་ལས་ཐུབ་པའི་ཆོས་ལུགས་ཀྱི་ནང་དོན་དང་འབྲེལ་བ་མེད། དེ་ཡང་རྒྱས་བཤད་ཙམ་བྱས་ན་སྔོན་རྒྱ་གར་གྱི་ལུགས་ལ་རྗེ་དཔོན་དང་འབངས་མི་སེར་དབར་རིགས་རུས་མཐོ་དམན་གྱི་དབྱེ་བ་ཡོད་དེ། བྲམ་ཟེའི་རིགས་ཞེས་རིགས་རུས་མཐོ་ཤོས་སམ་ལེགས་ཤོས་སུ་བརྩི་བ་དང་། རྒྱལ་པོའི་རིགས་ཞེས་དེ་ལས་དམན་པར་བརྩི་བ། དེ་བཞིན་དམངས་རིགས་དང་དོལ་པའི་རིགས་ཞེས་སྔ་མ་སྔ་མ་ཕྱི་མ་ཕྱི་མ་ལས་མཐོ་བར་བརྩི་བ་ཡིན། ཐུབ་པའི་ཆོས་ལུགས་བོད་དུ་དར་བས་རིགས་རུས་ཆེ་འབྲང་དབྱེ་བའི་ལྟ་ངན་དེ་ཡང་བོད་དུ་དར་བའི་རྐྱེན་ལས་བོད་དུ་རྒྱལ་པོ་ནི་མི་ནག་གི་དཔོན་པོ་ཡིན་པ་མ་ཟད། སྤྱན་རས་གཟིགས་ཀྱི་སྤྲུལ་སྐུར་ངོས་འཛིན་བྱེད་པ་སོགས་མདོར་ན་བོད་ཀྱི་བཙན་པོ་ནི་ཆོས་དང་འཇིག་རྟེན་ཟུང་འཇུག་གི་དབང་པོ་ཞིག་གི་གཟུགས་སུ་སྒྲུབ་ཡོད་ལ་བཙན་པོའི་རྒྱུད་པས་གངས་ལྗོངས་ས་མཐོའི་པང་པོར་དབང་བསྒྱུར་བྱས་ཡུན་རིང་པོ་དེ་ལྟར་མཆིས་པའི་ནུས་མཐུའང་གོང་གསལ་ལྟ་མི་གཅིག་ཕྱོགས་ཀྱི་གོ་གནས་བཟུང་བའི་རྐྱེན་གྱིས་ཡིན་པར་སེམས། ཁྱིམ་རྒྱུད་གཅིག་ལས་མཆེད་པའི་སྐྱེ་བོས་རྒྱལ་ཁབ་ཅིག་ལ་དབང་བསྒྱུར་ལོ་ངོ་བཞི་བརྒྱ་ཉེ་བ་བྱས་པའི་ཟིན་ཐོ་ནི་བོད་ཙམ་ལས་འཛམ་གླིང་གི་ཡུལ་གྲུ་གཞན་ན་ཤིན་ཏུ་མཐོང་དཀོན།

བོད་དུ་ཐུབ་པའི་ཆོས་ལུགས་དར་རྗེས་བོད་ཀྱི་ཆབ་སྲིད་སྒྲིག་གཞི་དང་། སྤྱི་ཚོགས་ལམ་ལུགས། དེ་བཞིན་ཡུལ་གོམས་གཤིས་ལུགས་དང་ལྟ་སྤྱོད་སོགས་ལ་སྔར་བྱུང་མྱོང་མེད་པའི་འགྱུར་ལྡོག་ཆེན་པོ་ཕྱིན་ཡོད་ནའང་མི་རིགས་དེ་རང་ལ་མངའ་བའི་སྲོལ་རྒྱུན་གྱི་ལྟ་བ་དང་། ཤེས་རིག་དེ་དག་ལ་མཚམས་རེ་སྐྱེ་བོའི་བློས་དཔོག་མི་ཐུབ་པའི་ནུས་མཐུ་ལྡན་པ་

ཡིན། དེ་ཡང་ཐུབ་པའི་ཆོས་ལུགས་དེ་ཉིད་བོད་ཀྱི་ཡུལ་དབུས་ཀྱི་རྒྱུད་དུ་དར་རྒྱས་ཕྱིན་ཡོད་ནའང་བོད་ལྗོངས་ཀྱི་མཐའ་མཚམས་ཡུལ་གྲུར་རྒྱ་ཁྱབ་གཏིང་ཟབ་ཏུ་དར་དཀའ་ཞིང་། དེ་ལས་ལྡོག་ཏེ་དེས་བོད་ཀྱི་དབུས་རྒྱུད་ས་ཁུལ་ལམ་ཐུབ་པའི་ཆོས་ལུགས་དར་ཁྱབ་ཕྱིན་པའི་ཁུལ་དུ་འགལ་རྐྱེན་བཟོ་བ་ཡིན། བན་བོན་གཉིས་འགལ་ཟླར་ལངས་པ་དང་། བོད་ཀྱི་ཡུལ་གྲུ་སོ་སོར་ཐུབ་པའི་ཆོས་ལུགས་ཀྱི་ཤུགས་རྐྱེན་མི་འདྲ་བར་བརྟེན་བོད་རིགས་ཁྲོད་དུ་གཤིས་རྒྱུད་ལས་དབང་མི་གཅིག་པའི་མི་ཚོགས་འགའ་ཞིག་མཆིས་སོ། དེ་ཡང་བོད་གངས་ཅན་གྱི་ཡུལ་དེ་ཡང་སྟོད་མངའ་རིས་སྐོར་གསུམ་དང་། བར་དབུས་གཙང་རུ་བཞི། སྨད་མདོ་ཁམས་སྨང་དྲུག་བཅས་ཁག་གསུམ་དུ་དབྱེ་སྲོལ་ཡོད། ཐུབ་པའི་ཆོས་ལུགས་བོད་དུ་མ་དར་གོང་གི་བོད་རིགས་རྣམས་ནི་བློ་སྟོབས་ཆེ་ལ་དཔའ་ཉམས་ལྡན་པ། བསམ་ཕོད་བཤད་ཕོད་ཅན་འབའ་ཞིག་ཡིན་པ་མ་ཟད། གནའ་དུས་བོད་མིའི་གཏམ་དཔེ་ལ་ཁྱུང་དར་མའི་ལོ་ལ་ནམ་འཕངས་གཅོད། ཕོ་གཞོན་པའི་དུས་སུ་འཛིག་རྟེན་འགྲིམས་ཞེས་དཀའ་ཚོགས་ལ་མི་སྐྲག་པར་བློའི་ཡུལ་ལུས་པོས་བསྒྲིགས་པར་བྱེད་པའི་སྙིང་རུས་ལྡན་པ་ཡིན། དེ་ནི་སྐབས་དེ་ཤེད་ཀྱི་བོད་མིའི་སྤྱིའི་ཁྱད་ཆོས་སོ། དེང་དུས་ཀྱི་སྐྱེ་བོའི་གྲིབ་གཟུགས་ལས་ཀྱང་གནའ་རབས་བོད་མིའི་ཡུལ་གོམས་གཤིས་ལུགས་དང་ལྷ་སྤྱོད་གཉིས་མངོན་རྗེན་དུ་གསལ་ཡོང་བ་ཡིན། དེ་ཡང་སྨད་མདོ་ཁམས་སྨང་དྲུག་གི་མི་རྣམས་ལ་ཆ་མཚོན་ན་ཁོང་ཚོ་ནི་ཕ་མེས་ཀྱི་ཡབ་མེས་རྣམས་ནི་སྔོན་བཙན་པོའི་གཡས་གཡོན་གྱི་དུས་རབས་ནང་རིམ་བཞིན་མདོ་ཁམས་ཀྱི་རྒྱུད་དུ་གནས་སྤོས་བྱས་པ་ཞིག་ཡིན་ལ་མི་ཉུང་བ་ཞིག་ནི་དབུས་གཙང་གི་ཁུལ་ལས་མཐའ་མཚམས་སུ་གཡུལ་འགྱེད་པར་སོང་རྗེས་ཕྱིས་སུ་ས་དེར་གཞིས་ཆགས་སོ། སྨད་མདོ་ཁམས་སྨང་དྲུག་གི་སྐྱེ་བོ་རྣམས་ནི་གཟུགས་སྟོབས་ཆེ་ལ་དྲག་འཐབ་ལ་དད་ཅིང་དཔའ་བློ་ཁོག་ཆེ་བ། སྙིང་རྗེ་ཅུང་ཟད་ཕྲ་ཞིང་གཞན་སེམས་འཚོལ་བའི་གོམས་གཤིས་མི་ལྡན། ཕ་བསད་པའི་དགྲ་ཤ་བུས་ལེན་པའི་གོམས་གཤིས་དེ་རྒྱ་ཁྱབ་གཏིང་ཟབ་ཏུ་གནས་ཡོད། གཟུགས་བརྙན་དེ་ལྟ་བུ་ནི་བཙན་པོའི་སྐབས་ཀྱི་བོད་མིའི་ཁྱད་ཆོས་སམ་གཤིས་རྒྱུད་མ་ཉམས་པར་གནས་པའི་ཚུལ་དང་། གཞན་ཡང་བོད་ཀྱི་མཐའ་མཚམས་ཡུལ་གྲུར་རིགས་རུས་ཚོ་འབྲང་དབྱེ་བའི་སྲོལ་ཆེར་མི་ལྡན་པར་དཔའ་དང་རིག་པས་བརྒྱན་པ་རྣམས་བསྔགས་པའི་ཡུལ་དུ་

རྩེ་བ་དང་། གླད་མེད་གཡུ་སྒྲུར་བཅིང་པ་རྣམས་སྟུག་རབས་སུ་འཇོག་པ་ཡིན། ཕོང་ཚོའི་ཕྱིའི་རྣམ་འགྱུར་རྩུབ་ཅིང་ཀྱོང་པོའི་ཚུལ་དུ་སྣང་ནའང་གཞུང་དྲང་སྙིང་དྭངས་ཆེ་ཞིང་ཁས་བླངས་པའི་བྱ་ལས་ཀྱི་ཐུགས་འགྲོལ་བར་བྱེད་པ་དེ་ནི་ཕོང་ཚོའི་ཐུན་མོང་བའི་ཁྱད་ཆོས་སུ་མཆིས། ཐུགས་གསོ་བ་དང་ཉོ་ཚོང་གི་ལས་བརྩིགས་ཆེར་འཛིན་ཅིང་། ཞིབ་ཚགས་ལག་རྩལ་གྱི་ལས་རིགས་ལ་དོ་སྣང་ཆེར་མི་བྱེད་པ་བཅས་སོ།

བོད་དབུས་གཙང་གི་བོད་མི་རྣམས་ལ་བཙན་པོའི་དུས་སྔ་ཕྱིའི་བོད་མིའི་ཁྱད་ཆོས་སྲིར་བཏང་མི་ལྡན་ཞིང་། ཕོང་ཚོའི་བློ་རྒྱ་དང་། མཛེས་ཆོས་ཀྱི་ལྟ་བ། འཚོ་བའི་རྣམ་པ་སོགས་ནི་གནའ་རབས་བོད་མིའི་གཟུགས་བརྙན་ཅུང་མངོན་གསལ་དོད་པོ་ལྡན་པའི་བོད་ཀྱི་མཐའ་གྲུའི་སྐྱེ་བོ་རྣམས་དང་ཁྱད་པར་ཆེན་པོ་མཆིས། དེ་ལྟ་བུའི་ཁྱད་པར་ལྡན་པའི་རྒྱུ་རྐྱེན་ནི་བོད་ལྗོངས་དབུས་གཙང་ཁུལ་དེ་ནི་ཐུབ་པའི་ཆོས་ལུགས་དར་སྤེ་ཤོས་ཀྱི་ས་ཁུལ་ཞིག་ཡིན་པ་དང་། བོད་བཙན་པོའི་རྒྱལ་རབས་ཀྱི་ལྟེ་གནས། ཆོས་ལུགས་ཀྱི་བྱེད་སྒོ་སྤེལ་མང་ཤོས་ཀྱི་གནས་མཆོག་ཅིག་ཡིན་པ། གནས་དེ་ནི་གནའ་རབས་བོད་ཀྱི་ཤེས་རིག་གི་ཆ་ཤས་དང་། ཡུལ་སྲོལ་གོམས་གཤིས། སྐྱེ་བོའི་ལྟ་སྤྱོད་སོགས་ཐོར་ཞིག་ཏུ་འགྲོ་སྟ་ཤོས་ཀྱི་ས་ཁུལ་ཞིག་ཀྱང་ཡིན་ལ་མིའི་བསམ་བློ་དང་སྤྱི་ཚོགས་ཀྱི་འཚོ་བར་རྩ་བ་ནས་འཕོ་འགྱུར་ཕྱིན་ཡོད་དོ། དེ་ཡང་ཐུབ་པའི་ཆོས་ལུགས་བོད་དུ་དར་བའི་རྗེས་སུ་སྟར་བཙན་པོའི་སྟོན་གྱི་ཁྱད་ཆོས་ལྡན་པའི་ཡུལ་སྲོལ་ལམ་ཚོ་ག་དམར་མཆོད་ཅེས་སེམས་ཅན་གྱི་ཤ་ཁྲག་གི་མཆོད་པ་འབུལ་བའི་སྲོལ་དེ་མེད་པར་བཅོས་ནས་དེའི་དོད་དུ་འཇམ་བཟོ་འམ་རི་མོ་བྱེད་པ་དེ་ནི་བོད་ཀྱི་སྐྱེ་བོའི་ལྟ་སྤྱོད་ལ་འགྱུར་ལྡོག་གཏིང་ཟབ་ཤོས་དང་། མངོན་གསལ་དོད་ཤོས་ཐེབས་པའི་སྣང་ཚུལ་ཞིག་ཡིན་ལ་བོད་མི་རྣམས་བོན་ལ་དད་པ་ལོག་ནས་ཐུབ་པའི་ཆོས་ལུགས་ཀྱི་སྒོར་འཛུལ་བའི་རྣམ་པའི་དཔང་རྟགས་འཁྲུལ་མེད་ཅིག་ཀྱང་ངོ་།

ཐུབ་པའི་ཆོས་ལུགས་བོད་དུ་ཤུགས་ཆེ་གཏིང་ཟབ་ཏུ་དར་ཡོད་ནའང་ཐུབ་པའི་ཆོས་ལུགས་མ་དར་གོང་གི་ཡུལ་སྲོལ་གོམས་གཤིས་ནི་སྔར་བཞིན་ཉམས་མད་དུ་མ་སོང་བར་གནས་ཡོད་པ་སྟེ། དཔེར་ན་བོད་ཡུལ་དུ་དུས་ད་ལྟའི་བར་གནའ་རབས་བོད་མིའི་སྲོལ་བཞིན་ལྷ་དང་ཀླུ་གསོལ་བའི་སྲོལ་ཡོད་པ་དང་། རི་བོ་དང་། ཆུ་བོ། གནས་གྲགས་ཅན་

རྣམས་གནས་མཆོག་ཏུ་བརྩི་བཞིན་ངལ་དུབ་ལ་མ་འཛེམས་པར་དད་མཇལ་དུ་འགྲོ་བ་དང་། སྐྱེ་བོ་མང་ཆེ་བས་རི་དྭགས་གཅན་གཟན་རྣམས་བཀུམ་མི་ཉན་པར་བརྩི་བ། གསེར་དངུལ་གཡུ་བྱུར་དང་དེ་དག་ལས་བཙོས་པའི་རྒྱན་ཆ་དང་དོད་ཤིན་ཏུ་ཆེན་པོ་བྱེད་པ། ཆང་འཐུང་བ་དང་གཞས་ཞབས་བྲོའི་སྟོན་མོར་དགའ་པོ་བྱེད་པའི་སྲོལ་ཡོད།

བསྟན་པ་ཕྱི་དར་གྱི་སྐབས་སུ་ཐུབ་པའི་ཆོས་ལུགས་ཀྱི་ཤུལ་མེ་སླར་ཡང་མདོ་ཁམས་དང་མངའ་རིས་སོགས་མཐའ་ཁུལ་ནས་བོད་དབུས་རྒྱུད་ཀྱི་ས་ཆ་རྣམས་སུ་མཆེད་པ་དང་། བོད་མིའི་ཡུལ་སྲོལ་གོམས་གཤིས་དང་ལྷ་སྲུང་རྣམས་སྤྱིར་བཏང་ཐུན་མོང་བའི་ཕྱོགས་སུ་བསྐྱོད་འགོ་ཙུགས་པ། བན་བོན་དབར་གྱི་འཐབ་རྩོད་འགལ་ཟླར་ལངས་པའི་གནས་སྟངས་མཇུག་འགྲིལ་ནས་བོད་མི་སྤྱིའི་དད་ཡུལ་དེ་ཐུབ་པའི་ཆོས་ལུགས་ལ་བཅོལ་བ་ཡིན། དེ་རྗེས་རིམ་བཞིན་བོད་མི་རིགས་རང་ཉིད་ཀྱི་ཤེས་རིག་གིས་སྐྱུད་པའི་ཐུབ་པའི་ཆོས་ལུགས་ཀྱི་སྟོང་པར་བོད་མིའི་བློ་གྲོས་ཀྱི་འབྲས་བུ་འཁྱུངས་པ་དང་། བོད་དུ་སྐྱེས་ཆེན་དམ་པ་མང་པོ་རིམ་བཞིན་བྱོན་ནས་བོད་ཀྱི་ཤེས་རིག་གཞུང་ལུགས་མང་དག་ཅིག་ཐོན་ཡོད་ལ་བོད་མིའི་བསམ་པའི་དཔལ་ཡོན་ཡང་རྒྱས་ཡོད། འོན་ཀྱང་ཕྱོགས་གཞན་ཞིག་ནས་གླེང་ན་བོད་དུ་ཐུབ་པའི་ཆོས་ལུགས་དར་བ་དང་། དེའི་ཤུགས་རྐྱེན་བོད་མིའི་སྤྱི་ཚོགས་འཚོ་བ་དང་། སྐྱེ་བོའི་ཀུན་སྤྱོད་ལྟ་བ་སོགས་གང་ཅིང་ཐེབས་ཡོད་ནའང་ཐུབ་པའི་ཆོས་ལུགས་ཀྱི་ཆེས་མངོན་གསལ་དོད་པའི་ལྟ་བ་སྐྱེ་བ་ཕྱི་ཁས་ལེན་པ་དང་། ལས་རྒྱུ་འབྲས་རྩི་བའི་བསམ་བློའི་བག་ཆགས་མི་རྣམས་ཀྱི་བསམ་བློར་བཞག་ཡོད་པ་ལས་དེ་ལས་འཕྲོས་པའི་དོན་གཞན་རྣམས་མཁྱེན་མཁན་ནི་ཤིན་ཏུ་ནས་ཉུང་ངོ་། ཁ་ཅིག་གིས་ཐ་ན་བོད་རང་གི་ཡུལ་ལས་ཐོན་པའི་ཡུལ་སྲོལ་གོམས་གཤིས་དང་། ལྟ་ཚུལ། དེ་བཞིན་རང་རིགས་ཀྱི་མེས་པོའི་བློ་གྲོས་ལས་འཁྱུངས་པའི་དགོངས་དོན་འགའ་ཞིག་ཀྱང་ཐུབ་པའི་ཆོས་ལུགས་སམ་མི་རིགས་གཞན་པའི་ཤེས་རིག་ཡིན་པར་བསམ་མཁན་ནི་ལོ་རྒྱུས་ཐོག་ཏུ་ཐོན་འདུག་ལ་དུས་ད་ལྟའི་འཚོ་བཞུགས་བོད་པ་རྣམས་ཀྱི་གྲས་སུའང་མེད་པ་ནི་གཏན་ནས་མ་ཡིན་ནོ།

ཐུབ་པའི་ཆོས་ལུགས་ལས་ཀྱང་། རང་ཉིད་ཤེས་བྱར་འཛུགས་པ་དང་། ཐར་པ་འདོད་ན་རང་རང་གི་འབད་པས་སྒྲུབ་དགོས་པ་ལས་འཇིག་རྟེན་དང་འཇིག་རྟེན་ལས་

འདས་པའི་སྟོབས་ཤིག་གིས་ཁྱེད་ནམ་ཡང་སྐྱོབ་མི་ཐུབ་ཅེས་གསུངས་ཡོད། འོན་ཀྱང་མ་ཆི་ཁ་ན་ན་སྐྱོར་བཞིན་གཞན་ལ་དམའ་འབེབས་དང་། ཕྲུག་ཐོད་པ་སྐྲང་སྐྲང་འཚོལ་བཞིན་རང་དོན་རྗོ་སྒྲུག་སྒྲུག་བྱེད་པ། དངུལ་ནོར་ཆུ་རྒྱུག་རྒྱུག་འབུལ་བཞིན་གཞན་ནོར་གཡོ་སྒྱུས་བཅོམ་མཁན་སྐྱེ་བོ་དེ་རིགས་ཀྱིས་དེའི་དོན་མ་ཤེས་པར་རང་གཞན་གཉིས་རྫོངས་པའི་ཀློང་དུ་སྐྱེལ་བའི་སྤྱོད་ཚུལ་སྐྱོང་བཞིན་གདའ། ལོ་ངོ་སྟོང་ཕྲག་གི་སྔོན་དུ་བོད་དུ་ཐུབ་པའི་ཆོས་ལུགས་དར་ཡོད་པ་དེ་ནི་དོན་དངོས་ཤིག་རང་རེད། དེའི་རྐྱེན་ལས་སྐྱེ་བོ་མི་ཉུང་བ་ཞིག་གིས་གངས་རིའི་ལྗོངས་སུ་ཆོས་ཀྱི་ཉི་མ་ཤར་བ་ཡིན་ཞེས་བརྗོད་དང་རྗོད་མུས་རེད་ནའང་ཕོ་བོས་ལྟར་ན་གངས་ལྗོངས་སྐྱེ་བོ་ཕལ་མོ་ཆེའི་བློ་ཡུལ་སྨག་རུམ་མུན་པའི་ཁྲོད་དུ་ཐུབ་པའི་ཆོས་ལུགས་ཧ་བདུན་དབང་པོའི་ཞབས་སོར་འཁོད་མི་འདུག་ལ། རང་རིགས་སམ་གཞན་རིགས་ཚུད་པའི་སྐྱེ་བོ་མང་པོས་བོད་རིགས་ནི་ཆོས་ལ་དད་ཅིང་ལས་ལ་བརྩོན་པའི་མི་རིགས་ཤིག་རེད་ཅེས་བརྗོད་སྐབས་ཕོ་བོས་མགོ་བོ་གཡས་གཡོན་གཉིས་སུ་ཡུག་ཡུག་བྱེད་བཞིན་དེ་འདྲ་ཨེ་ཡིན་ཅེས་པའི་དྲི་བ་ཞིག་རྒྱུན་དུ་བཏོན་གྱི་ཡོད། བོད་རིགས་ལས་ལ་བརྩོན་མ་བརྩོན་གྱི་གནས་ཚུལ་དེ་ཕོ་བོས་འདིར་ཞུ་རྒྱུ་མིན། གལ་ཏེ་བོད་མི་ཆོས་ལ་དད་མ་དད་སྐོར་གླེང་ན་ཏག་ཏག་བོད་མི་ཆོས་ལ་དད། བོད་མིའི་རྣམ་སྤྱོད་ལས་ཆོས་ཀྱི་ཟེར་མ་འགྲོ། འོན་ཀྱང་བོད་མིས་ཆོས་ལ་བྱེད་ཤེས་བྱེད་རྫོངས་ལྟ་བུའི་དད་པ་བྱས་འདུག དེ་ཡང་སྐྱེ་བོ་མང་ཆེ་བས་ཆོས་མ་ཤེས་པར་ཤེས་མདོག་བྱེད་པ་དང་། ཆོས་དང་རང་སྤྱོད་གཉིས་འགལ་ཟླར་ལངས་པ་མ་ཤེས་པ། ལོ་རབས་དུ་མའི་ནང་རོ་རྗེར་འགྱུར་ཟིན་ཅིང་། ཆོས་དང་མི་མཐུན་ལ་ཚན་རིག་དང་ནི་དེ་བས་མཐུན་ཐབས་མེད་པའི་ལྟ་བ་མཁྲེགས་འཛིན་བྱས་ནས་ཆོས་རང་དོན་དུ་ངོམས་པ་དང་འཛིན་པ། ལམ་ཁའི་གཡས་གཡོན་སམ། རི་གླང་གི་ཁྲུལ་ནས་བརྗེད་པའི་རྗེ་རིལ་ཡ་མཚན་ཅན་དེ་རིགས་ལ་བསང་གསོལ་དང་ཕྱག་མཆོད་འབུལ་བྱེད་པ། ཤེས་རབ་ཀྱི་གསོག་རྩལ་ཟུང་རྒྱས་པར་བྱེད་པའི་རིག་གནས་ཡོན་ཏན་གྱིས་དབུལ་བ། བླང་དོར་སྤང་བླངས་བྱེད་ཡུལ་དང་། རང་ཉིད་ཤེས་རབ་དང་ལྡན་པར་བྱེད་ཅིང་ཐར་པར་བགྲོད་པའི་ཐེམ་སྐས་ལྟ་བུའི་འཇིག་རྟེན་མ་ཡུམ་དེ་སྡུག་བསྔལ་གྱི་འབྱུང་ས་ཁོ་ནར་རྫོངས་འཛིན་གྱིས་དེ་ལས་འགྲོལ་ཐབས་བྱེད་པའི་བརྟུལ་ཞུགས་འཛིན་མཁན་དེ་དག་ནི་རང་གིས་སོ་སོའི་རྐང་

གཉིས་བཅད་ནས་གོམ་སྟབས་སྤྱོས་པར་རྩོམ་པོའི་ལྷུག་པའི་ངང་ཚུལ་མ་ཡིན་ནམ།

ཡང་རང་སོ་སོའི་རེ་བ་དང་དམིགས་པའི་ཡུལ་སྔ་མ་སྔ་མ་ཕྱི་མ་ཕྱི་མར་བརྩོལ་བ་དེ་ལས་མི་རྣམས་ལ་ལེ་ལོའི་སྤྱོད་ཚུལ་ཞིག་སྐྱེ་བ་དང་། ནམ་རྒྱུན་འཚོ་བའི་ཁྲོད་དུའང་སྐྱེ་བོ་མང་པོས“སྐྱིད་པོ་རང་གིས་མ་བྱུས་ན། སྡུག་པོ་མིས་སྟེར་ཡོང་”ཞེས་ཟེར་བ་དང་། “མི་ཚེ་ཞི་མིའི་ཨ་སྔོང་རེད་” ཅེས་རང་ཉིད་ཀྱི་དལ་འབྱོར་རིན་ཐང་བྲལ་བའི་ཚེ་སྲོག་དེ་ཉིད་དོན་དམ་པའི་ཐོག་སྤྱོད་པའི་བསམ་བློ་མེད་པའི་རྣམ་སྤྱོད་དེ་ནི་ཆོས་བཤའ་མ་མི་ཤེས་པའི་རྟགས་མཚན་མིན་ན་ཅི་ཡིན།

བོད་མིས་རང་ཉིད་ཀྱི་ཡོད་ཚད་ཆོས་ལ་འབུལ་བ་དང་། འཇིག་རྟེན་བསམ་གཞིག་བསྐྱུར་བའི་སྤྱོད་ཚུལ་དེ་ཡང་བསྟན་པ་ཕྱི་དར་གྱི་སྐབས་ནས་བཟུང་དར་ཤས་ཆེ། གང་ཡིན་ཞེ་ན། བོད་ཀྱི་བཙན་པོ་གླང་དར་མས་ཆོས་ཀྱི་གཞུང་ལུགས་དང་། དགོན་སྡེ། བཙུན་པ་སོགས་བསྣུབས་རྗེས་ཀྱི་ལོ་ངོ་སུམ་བརྒྱར་ཉེ་བའི་དུས་ཡུན་ནང་བོད་ཀྱི་དཔལ་འབྱོར་སོགས་སྤྱིར་བཏང་འཕེལ་མེད་རང་སོར་གནས་ཤིང་། སྤྱི་ཚོགས་ལ་བཀོད་འདོམས་བྱེད་པོ་ཆབ་སྲིད་ཀྱི་སྒྲིག་གཞི་ཧྲིལ་པོ་ཞིག་མེད། དེ་རྗེས་བསྟན་པའི་ཤུལ་མེ་མདོ་ཁམས་དང་མངའ་རིས་སོགས་བོད་ཀྱི་མཐའ་ཁུལ་གྱི་རྒྱུད་ནས་སླར་ཡང་བོད་ཀྱི་ནང་དབུས་ས་ཁུལ་དུ་མཆེད་ཅིང་དར་བའི་སྐབས་དེར་སྤྱི་ཚོགས་དེའི་ནང་ཐོག་མར་སྟོན་གླང་དར་སྐབས་སུ་རྨིག་མེད་དུ་བརྩམ་པའི་གཞུང་ལུགས་རྣམས་སྐྱར་གསོ་དང་། དགོན་སྡེ་མཆོད་ཁང་སོགས་ཞིག་གསོ། བཙུན་པ་ཆོས་གྲྭར་བཞུགས་ནས་བསྟན་པ་འཛིན་ཅིང་སྤེལ་བར་བྱེད་དགོས་པར་བརྟེན་ཆོས་ལ་དད་པ་དང་ཆོས་དད་ཀྱི་སྙོམ་འདོད་ཀྱིས་མནར་བའི་འབངས་མི་སེར་རྣམས་ཀྱིས་རང་ཉིད་ཀྱི་རྒྱུ་ནོར་ཟས་རིགས་ལ་སོགས་པ་དགོན་པ་བཞེངས་རྒྱུའི་ཞལ་འདེབས་སུ་ཕུལ་བ་དང་། སྐབས་དེ་དུས་དགོན་སྡེ་སྐྱར་གསོ་བྱེད་པོ་ཆོས་ཀྱང་དམངས་ཀྱི་རོགས་རམ་ཡོང་ཆེད་དངོས་པོ་དང་བྱ་ལས་འདི་བྱས་ན་དགེ་བ་བསོད་ནམས་ཇི་ལྟར་བསགས་པ་ཡིན་པ་དང་། དེ་ཕུལ་ན་རང་ཉིད་ལ་ཕན་ཡོན་ཇི་ལྟར་ཡོང་བ་སོགས་དཔལ་འབྱོར་གྱི་རོགས་རམ་ཐོབ་ཆེད་དེ་ལྟའི་ཐབས་བརྗོད་པ་ཞིག་གོ། བསྟན་པ་ཕྱི་དར་གྱི་རྗེས་སུ་ཆོས་ལུགས་གྲུབ་མཐའ་དུ་མ་དར་བ་དང་རང་སོ་སོའི་གྲུབ་མཐའ་གདངས་སྤྱོངས་ས་མཐོའི་སྟེང་བརྟན་ཅིང་ཟབ་པའི་ངང་དར་

སྤྲེལ་གདོང་ཆེད་གྲུབ་མཐའ་འཛིན་པ་རྣམས་ཀྱི་ལྟ་སྤྱོད་གཉིས་ཆོས་ལུགས་བྱེད་སྒོ་ཁོ་ནའི་དྲ་རྒྱ་ལས་བརྒལ་ཏེ་ཆབ་སྲིད་ཀྱི་ཐོབ་ཐང་རྩོད་པའི་ལས་ལ་ཞུགས་པ་དང་། གྲུབ་མཐའ་ཕན་ཚུན་དབར་དཔལ་འབྱོར་སྟོབས་ཤུགས་འགྲན་པ་དང་། ཆབ་སྲིད་ཀྱི་གོ་གནས་རྩོད་ལེན་བྱེད་པའི་ལས་འགུལ་ཞིག་ཚུགས་སྐབས་རྒྱུ་ཡོད་ཀྱི་ཁྱིམ་ཚང་དང་། ཡུལ་སྡེ་སོ་སོའི་དབང་ཐང་མིང་གྲགས་ལྡན་པའི་དཔོན་རིགས་མཐོ་དམན་ལ་མ་ལྟོས་པར་ཁོང་ཚོའི་སྦྱིན་བདག་ཏུ་གྱུར་བ་དང་། ལོ་རྒྱུས་ཀྱི་འཕེལ་རིམ་དེ་ལྟ་བུ་ཞིག་ནང་དུ་བོད་དུ་སྐྱ་འགྱེད་ཐུལ་བའི་སྲོལ་ལུགས་དེ་ཆེ་ཆེར་དར་བར་སེམས་པས་དཔྱད་པར་མཛོད་ཅིག

བོད་པས་ཐུབ་པའི་ཆོས་ལུགས་ཀྱི་གཞུང་དོན་སྐྱེ་བ་སྔ་ཕྱི་ཡོད་པ་ཁས་ལེན་པ་དང་། ལས་རྒྱུ་འབྲས་ཀྱི་འབྲེལ་བ་ཁས་ལེན་པའི་ལྟ་སྤྱོད་དེ་ལས་བོད་པ་སྤྱིའི་གསར་གཏོད་ནུས་པའི་རང་བཞིན་དང་རང་རྟོགས་ཀྱིས་འཇིག་རྟེན་ཆོས་ཉིད་འཚོལ་བའི་བློ་མིག་འགག་པ་མ་ཟད། བོད་ཀྱི་ལོ་རྒྱུས་ཐོག་བོད་རིགས་མང་ཆེ་བས་རྒྱ་དཀར་ནག་གི་གོང་མ་ནི་འཛམ་དཔལ་དབྱངས་ཀྱི་སྤྲུལ་སྐུར་རྩི་བ་དང་། རྒྱ་བལ་གྱི་ཡུལ་ནས་བླངས་པའི་རྒྱལ་པོའི་བཙུན་མོ་ཇོ་བཙུན་སྒྲོལ་མའི་རྣམ་སྤྲུལ་དུ་རྩི་བ། བོད་ལྗོངས་སྤྱན་རས་གཟིགས་ཀྱི་འདུལ་བའི་ཞིང་ཁམས། འདིར་མཆིས་པའི་མི་རྣམས་ནི་སྤྲེང་མཆོག་ལྷ་ཡི་རྒྱུད་པ་ཡིན་པར་ངོམས་པའི་ལྟ་སྤྱོད་དེ་རིགས་ནི་བཤད་གད་ཀྱི་རྒྱུ་འབའ་ཞིག་ལགས་པ་དང་། དེ་ལྟའི་ལྐུག་པ་ཨུ་ཚུགས་ཅན་གྱི་བརྟུལ་བཞུགས་འཛིན་པ་དེ་ནི་ཧི་འདྲའི་སྙིང་རྗེ་བ་ལགས། ཁོ་བོས་ལྟས་ན་ཐུབ་པའི་ཆོས་ལུགས་འདི་བཞིན་བོད་ཁ་བའི་ལྗོངས་སུ་དར་རྗེས་བཙན་པོས་མཐོ་བོད་ས་མཐོ་དེ་ཉིད་གོང་བུ་གཅིག་ཏུ་འགྱུར་རྒྱུར་དགེ་མཚན་རང་བཞིན་གྱི་ནུས་པ་ཐོན་ཡོད་ལ་སྐྱེ་བོ་བློ་དང་ལྡན་པ་དུ་མའི་བཀྲིན་ལས་ད་ལྟ་བོད་ཀྱི་རིག་གནས་ཞེས་སྙན་གྲགས་ཀྱི་བ་དན་འཛམ་གླིང་གི་སྟེང་ན་ལྷབ་ལྷུབ་ཏུ་གཡོ་བ་དེ་བྱུང་ངོ་། འོན་ཀྱང་མེས་པོ་བཀྲིན་ཅན་རྣམས་ཀྱི་ཕྱག་རྗེས་ང་ཚོས་ངོམས་ནས་སྡོད་པ་དང་། རྒྱུ་མཚན་དེ་ལྟར་འཁྱེར་ནས་རང་རིགས་ནི་སྔར་བཞིན་སྤྱང་གྲུང་ངོད་པ་དང་། གསར་གཏོད་ཀྱི་ནུས་པ་ནི་གཞན་འདྲེན་མི་དགོས་པ་ཡོད་མཁན་ཞིག་ཏུ་ནི་སྒྲུབ་ཐབས་མེད་དོ།

བོད་དུ་ཐུབ་པའི་ཆོས་ལུགས་དར་བ་དང་གཅིག་ཅར་དུ་འཕགས་པའི་ཡུལ་གྱི་སྤྱི

ཚོགས་འཕེལ་རྒྱས་འགྲོ་རྒྱུར་བཀག་རྫོའི་རང་བཞིན་མཚིས་པའི་བསམ་སྤྱོད་ཁག་ཀྱང་དར་བར་བརྟེན་བོད་ཀྱི་སྤྱི་ཚོགས་ཀྱི་ལམ་ལུགས་དང་། ཐོན་སྐྱེད་ཀྱི་གནས་སྟངས་དེ་དག་ལོ་འདབ་འབྲུལ་ཅིང་རྟེང་པོར་གྱུར་པའི་སྟོང་པོ་ལྟ་བུར་འགྱུར་ཡོད། བོད་ཀྱི་སྤྱི་ཚོགས་ལམ་ལུགས་ལ་བསྒྱུར་བཀོད་མ་ཐེབས་པ་དང་། ཐོན་སྐྱེད་ནུས་ཤུགས་འཕེལ་མེད་རང་སོར་གནས་པ། དེ་བཞིན་རང་བྱུང་ཁམས་ཀྱི་ཆ་རྐྱེན་དང་ཕོར་ཡུག་གི་རྣམ་པ་བཅས་ལ་རྩ་བའི་ཆནས་འགྱུར་ལྡོག་གཏོང་མ་ཐུབ་པ་དེ་ནི་མིའི་གསར་གཏོད་ཀྱི་རང་བཞིན་ཆེས་སྐྱོ་བའི་རྐྱེན་ལས་སོ། དེ་ཡང་ང་ཚོ་བོད་མི་རིགས་ལ་གདོད་མ་ནས་གསར་གཏོད་ཀྱི་བློ་ནུས་མི་མངའ་བའི་རྐྱེན་ལས་མ་ཡིན། འོ་ན་བོད་མིའི་གསར་གཏོད་ཀྱི་ནུས་པ་དེ་ཉིད་ཅིར་སོང་ཞེས་དྲི་བ་བཏོན་ན་དེ་ནི་བོད་མིའི་མགོ་ཐོག་ཏུ་གནས་པའི་གནམ་བསྐོས་ཀྱི་ལས་དབང་དང་། འཇིག་རྟེན་འདི་ཉིད་རང་ཉིད་སྐྱོང་བའི་མ་མ་ཡིན་པར་བསམ་བཞིན་དེ་ལ་བརྩེ་བས་མ་བཅིངས་པའི་རྒྱུ་ལས་སོ། བོད་ཀྱི་སྤྱི་ཚོགས་ནང་དུ་ཁག་གཅིག་ནི་རང་བཞིན་ལྷན་སྐྱེས་ཀྱི་མི་དཔོན་ཡིན་ཤག་ཤག་དང་། ཁ་ཅིག་ནི་ལས་དབང་གིས་རྐྱེན་པས་བྲན་གཡོག་ཡིན་ཤག་ཤག་བྱེད་པའི་ལྟ་སྤྱོད་སྐྱོང་བ་དེ་ལས་བོད་གནའ་རབས་ཀྱི་ཆབ་སྲིད་སྒྲིག་གཞི་དང་། སྤྱི་ཚོགས་ལམ་ལུགས་གཉིས་བསྒྱུར་བཅོས་འགྲོ་དཀའ་ཞིང་། ཐོན་སྐྱེད་ནུས་ཤུགས་སོགས་གོང་སྤེལ་གཏོང་བྱེད་ཀྱི་རྩ་བའི་གསོན་ཤུགས་ལག་རྩལ་བཟོ་ལས་སོགས་བྱེད་རྒྱུའི་བྱ་གཞག་ནི་སྐྱེ་བོ་ཐ་ཤལ་“ རྡུས་པ་ནག་པོ་ཅན” གྱིས་བགྱིས་པའི་བྱ་ལས་ཞིག་ལ་ངོས་འཛིན་བྱེད་བཞིན་དེ་དག་ལས་རྒྱུའི་ཐད་སྟང་མེད་མཐོང་ཚུང་གི་ལྟ་སྤྱོད་འཛིན་པ་དང་། ཐ་ན་ལས་རིགས་དེ་དག་བྱེད་མཁན་རྣམས་མིའི་གྲས་ནས་ཕྱིར་འབུད་བྱེད་པ། རང་བྱུང་ཁམས་ཀྱི་ཐོན་ཁུངས་ཆུ་བོ་དང་། གཏེར་རིགས་སོགས་སྟོག་འདོན་བེད་སྤྱོད་བྱས་ཐོག་ཐོན་སྐྱེད་སྐྱུལ་སྤེལ་གཏོང་རྒྱུའི་བསམ་བློ་མེད་ཁར་དེ་ལས་ལྡོག་ཏེ་ཆུ་ཡུར་བུར་འདྲེན་ན་ཀླུ་རྣམས་ཁྲོ། རི་རྫོ་ཐང་དུ་ཕབ་ན་ལྷ་ཁྲོས་ཤིང་ཀླུང་ཏ་ཆག གཏེར་རྫས་ས་འོག་ནས་བཏོན་ན་ཡུལ་གྱི་ས་བཅུད་ཉམས་ཤིང་བྱིན་རླབས་སྟོང་། འགྲུལ་ཉོ་ཚོང་གི་ལས་བྱས་ན་སྡིག་པ་ཆེ། བློ་མེད་རང་དགར་རྒྱུ་མཁན་རྣམས་ཡ་རབ་ཚུལ་ལྡན་ཅན་དུ་འཇོག་པ་སོགས་སྤྱི་ཚོགས་འཕེལ་རྒྱས་འགྲོ་རྒྱུར་མི་སྨན་པའི་ལྟ་སྤྱོད་དེ་རིགས་ནི་བོད་མིའི་གསར་གཏོད་བློ་རིག་སྟོང་པའི་རྒྱུ་རྐྱེན་གཙོ་བོ་ཡིན་ནོ། མཁས་པའི་

དབང་པོ་དགེ་འདུན་ཆོས་འཕེལ་མཆོག་གིས།

སྙིང་པ་ཐམས་ཅད་ལྷ་ཡི་སྲོལ་དུ་བསྒྲགས།

གསར་པ་ཐམས་ཅད་བདུད་ཀྱི་འཕྲུལ་དུ་སེམས།

ཆོས་ཀྱི་རྒྱལ་ཁམས་ཧི་སྣོ་ར་ཡི་སྲོལ།

འདི་ནི་ད་ལྟའི་བར་དུ་རང་རེའི་སྲོལ།

ཞེས་བོད་མིའི་ལྟ་སྤྱོད་དེ་ཉིད་ལ་ཚོད་བསྡོམས་གནང་ཡོད་པ་དེ་ནི་དོན་དང་ལྡན་པ་ཞིག་ལགས། དེ་ཡང་བོད་རང་ཉིད་ཀྱི་ལྟ་སྤྱོད་རྙིང་པའི་རིགས་དང་། ཡུལ་གོམས་གཤིས་ལུགས་བཅས་ལ་སྙིགས་དོར་བཅུད་ལེན་མི་བྱེད་པར་མཐའ་ཅིག་ཏུ་ཡང་དག་པར་འཛིན་པ་དང་། རྒྱ་གར་སོགས་ཡུལ་རིགས་གཞན་རྣམས་ཀྱི་སྐྱེ་བོའི་ལྟ་སྤྱོད་སོགས་ལ་ལེགས་ཉེས་ཀྱི་ཤན་མི་འབྱེད་པར་ཉར་འཛིན་བྱེད། ཐ་ན་རི་བོ་དང་། ཕ་བོང་། སྐུ་རྟེན་ལ་སོགས་པ་འགའ་རེ་ཡང་རྒྱ་གར་འཕགས་པའི་ཡུལ་ནས་འཕུར་ཡོང་བའམ་གདན་དྲངས་པ་ཡིན་ཅེས་རྩ་བའི་རྩེ་ལ་འཛིན་པ། རང་རིགས་ཀྱི་མེས་པོ་བློ་གྲོས་ཅན་རྣམས་ཀྱི་ཕྱག་རྗེས་མི་ཤུང་བ་ཞིག་ག་སྒོས་ཆེར་མི་འཛིན་ལ་ཁོང་རྣམས་ལ་རྒྱ་གར་འཕགས་པའི་སྐྱེ་བོ་རྣམས་ཀྱི་གོ་གནས་ཐོབ་ཐང་ལྟ་བུ་ནི་དེ་བས་ཡོད་པ་མ་ཡིན། དེ་བཞིན་རྒྱ་གར་སོགས་ཡུལ་གྲུ་གཞན་ལས་ཐོན་པའི་དངོས་རྫས་དང་། སྐྱེ་བོའི་བློ་གྲོས་ལས་བྱུང་བའི་དགོངས་པ་ཡིན་ན་རིན་ཐང་ལྡན་པར་བརྩི་བ་དང་། དེ་ལས་ལྡོག་ཏེ་བོད་རང་གི་ཁོངས་ལས་ཐོན་པ་ཞིག་ཡིན་ཕྱིན་ཆད་ཁྱུངས་མེད་ཕལ་པའི་གྲས་སུ་འཇོག་པའི་ལྟ་སྤྱོད་དེ་རིགས་ནི་རང་རིགས་རང་ལ་ཡིད་མི་ཆེས་པ་དང་། སྐྱེ་བོ་ཕལ་མོ་ཆེའི་གསར་གཏོད་ཀྱི་རིག་པ་སྟོང་པའི་རྒྱུ་རྐྱེན་ཡང་ཡིན་ནོ།

མདོར་ན་གོང་གསལ་ཁོ་བོས་དྲངས་པའི་བོད་མིའི་ལྟ་སྤྱོད་དང་། ཡུལ་སྲོལ་གོམས་གཤིས་རྣམས་ནི་མེད་པ་ནས་ཡོད་པའི་གནས་སུ་འཕེལ་བ་དང་། ཡོད་པ་ནས་འཕེལ་རྒྱས་ཀྱི་ཕྱོགས་སུ་བགྲོད་པའི་ཆོས་ཉིད་ཅིག་ཡིན་པ་དེ་ནི་ཀུན་གྱིས་གྲུབ་པ་དང་། འགྱུར་བ་གཏོང་མི་ཐུབ་པ་ཞིག་གཏན་ནས་མ་ཡིན། ཁོ་བོས་ལྟར་ན་བོད་ཀྱི་སྤྱི་ཚོགས་ཡར་རྒྱས་གོང་འཕེལ་སུ་གཏོང་འདོད་ན། ཐོག་མར་བོད་མི་རང་གི་ལྟ་སྤྱོད་དང་། ཡུལ་སྲོལ་གོམས་གཤིས་བཅས་ལ་བཅོས་བསྒྱུར་རམ་ལེགས་བཅོས་གཏོང་དགོས་གལ་ཆེ། བློ་མཐུན་མའོ་རྩེ་ཏུང་གིས་གསུངས་པ་ལྟར་“སྙིགས་དོར་

བཅུད་ཡིན་”ཞིག་ངེས་པར་བྱེད་དགོས་ལ། བོད་མི་བློ་དང་ལྡན་པ་ཚང་མས་ལོ་རྒྱུས་ཀྱི་བགྲོད་ཤུལ་ལ་ཕྱིར་མིག་ཅིག་བལྟས་རྗེས་རང་གི་མི་རིགས་དང་། སྤྱི་ཚོགས་ལ་ཚོད་བསྡོམས་ཚད་མ་ཞིག་འཇོག་དགོས་པ་དང་། ཉམས་མྱོང་བསྡུས་བྱ་ཞིག་ཡིན་ཐོག་བོད་ཀྱི་སྤྱི་ཚོགས་ལ་ཞབས་འདེགས་ཞུ་དགོས། གང་ལགས་ཤེ་ན། བོད་དུ་ཕྱི་དངོས་པོའི་འཕེལ་རྒྱས་ཤིན་ཏུ་འགྲོ་འགོར་ཞིང་། དེའི་རྐྱེན་ལས་རིག་གནས་འཕེལ་རྒྱས་གཏོང་རྒྱུར་འགོག་རྐྱེན་འཕྲད་པ་དང་། དེ་བཞིན་བོད་མིར་གསར་གཏོད་དང་རང་ཚུགས་ཀྱི་བློ་སྟོབས་ཤིག་སྐྱེ་མི་ཐུབ་པ་སོགས་ནི་བོད་མིའི་ལྟ་སྤྱོད་དང་ཡུལ་གོམས་གཤིས་ལུགས་གཉིས་སྤྱི་ཚོགས་འཕེལ་རྒྱས་འགྲོ་བའི་གོམ་སྟབས་དང་མི་མཚུངས་པས་སོ། དེ་ལྟའི་སྣང་ཚུལ་ནི་ཉིན་བཞིན་ཇེ་གསལ་དུ་འགྲོ་བ་དང་། བློ་དང་ལྡན་པའི་སྐྱེ་བོ་མང་པོའི་དོ་སྣང་བྱ་ཡུལ་ཞིག་གོ།

མཇུག་ཏུ་ཁོ་བོས་དེང་སྐབས་བོད་ཀྱི་སྤྱི་ཚོགས་ནང་མཆིས་པའི་དཔེ་མཚོན་རང་བཞིན་ལྡན་པའི་ལུགས་སྲོལ་“མཆོད་ཆང་སྦྲང་རྩིའི་ཉིང་ཁུ”ཡི་སྐོར་རགས་ཙམ་ཞུ་རྒྱུ་སྟེ། ཆང་ཞེས་པའི་འབྱུང་བྱ་དེ་ལ་སྐོམ་སེལ་གྱི་ནུས་པ་ལྡན་ལ། དགའ་སྟོན་རྟེན་འབྲེལ་མཚོན་པའི་ནུས་པའང་ལྡན་པ་ཡིན། དེ་ཉིད་འབྱུང་ཤེས་ན་ཤ་ཁྲག་གསོ་བའི་ནུས་པ་ངེས་ཅན་ཞིག་ལྡན་ལ། སྤྲོ་ཉམས་དོད་པའི་རྣམ་པའི་ཚོར་བ་ཞིག་ཀྱང་སྟེར་བ་ལགས། འོན་ཀྱང་དེང་དུས་ཀྱི་བོད་ཀྱི་སྤྱི་ཚོགས་ནང་དུ་ཆང་གི་ངོ་བོ་ཉིད་ཐད་དེ་འགྱུར་ཏེ་ཆང་མེད་ན་ཏ་ལམ་ལས་དོན་ཅི་ཡང་ལེགས་པར་སྒྲུབ་ཐབས་མེད་པ་དང་། ཆང་མེད་ན་འཚོ་བར་སྙིང་པོ་མི་ལྡན་པ། ཆང་མེད་ན་སྐྱེ་བོའི་སྤྲོ་སེམས་འཕེལ་མི་ཐུབ་པ་སོགས་ཀྱི་སྣང་ཚུལ་ཐབས་སྡུག་ཅིག་ལྷགས་ནས་འདུག ཨ་མེ་རི་ཁའི་མིའི་རིགས་ཀྱི་རིག་པ་མཁས་ཅན་ཞིག་གིས་ཨ་མེ་རི་ཁའི་གླིང་དུ་སྡོད་པའི་དབྱིན་ཏི་ཨན་ཞེས་པའི་མི་རིགས་ཀྱི་ལྟ་སྤྱོད་དང་། ཁོང་ཚོའི་ཡུལ་སྲོལ་གོམས་གཤིས་ལ་བརྟག་དཔྱད་གནང་རྗེས་མཐའ་མ་སྡོམ་ཚིག་འདི་འདྲ་ཞིག་བཞག་ཡོད་པ་སྟེ། “མི་རིགས་དེ་ནི་ཆང་གིས་ཕུངས་པར་བྱ། འོན་ཀྱང་ཁོང་ཚོར་ཆང་མེད་ན་འཚོ་ཐབས་མེད་”ཅེས་པ་དེའོ། ཁོ་བོས་ལྟས་ན། ཁོང་གིས་དབྱིན་ཏི་ཨན་མི་རིགས་ལ་བཞག་པའི་སྡོམ་ཚིག་དེ་བཞིན་བོད་རིགས་འགའ་ཞིག་དང་། བོད་ཀྱི་ས་ཆ་འགའ་ཞིག་ལ་བེད་སྤྱོད་བཏང་ན་མི་འཚམས་པ་མི་འདུག་བསམ།

བོད་དུ་མི་རྣམས་ཀྱིས་ཆང་ཚོད་མེད་རང་དགར་འཐུང་བའི་གནས་ཚུལ་དེ་ནི་སྤྱི་ཚོགས་འདི་ལ་དགེ་མཚན་ཐེགས་པ་ཙམ་ཡང་མེད་པའི་སྤྱི་ཚོགས་རང་བཞིན་གྱི་གནད་དོན་ཞིག་ཆགས་ཡོང་བ་ཡིན། འོ་ན་བོད་རིགས་ཀྱིས་ཆང་དེ་ལྟར་འཐུང་བའི་རྒྱུ་མཚན་ཅི་ལ་ཐུག་ཅེ་ན། ཕོ་བོས་ལྟས་ན་རྒྱུ་མཚན་གཙོ་བོ་ནི་བཏུང་བ་པོ་དེ་ཉིད་སྨྲ་ཤེས་དོན་གོ་ཅན་གྱི་སེམས་ཅན་གྲོད་ལུག་ཅིག་ཡིན་པ་གང་ཞིག་ལ་ཤེས་བྱ་ཡོན་ཏན་ལ་བརྟེན་ནས་རང་སེམས་རང་གིས་གཅུན་པའི་བློ་རིག་མི་ལྡན་པ་དང་། རང་ཉིད་ཀྱི་མི་ཚེའི་རིན་ཐང་སྟོང་ཟད་དུ་གཏོང་བར་ཐེ་ཚོམ་མེད་པ། གཞན་ཡང་སྤྱི་ཚོགས་ཀྱི་ངོས་ནས་མི་རྣམས་ལ་རིག་གནས་སློབ་སྦྱོང་བྱེད་པའི་ཁོར་ཡུག་དང་། སྒྲིག་ཆས་མི་འཛུགས་པར་དེ་ལས་ལྡོག་ཏེ་ཆང་རག་ཅི་དགར་སྤྱོད་པའི་ཆ་རྐྱེན་འཛོམས་པོ་ཞིག་བསྐྲུན་པས་སོ། དེ་ཡང་དཔྱར་ཟླ་གསུམ་ཧྲིལ་ཧྲིལ་གླིང་ག་བཏང་ནས་སྡོད་པ་མ་ཟད། ད་དུང་སྟོན་ལྷག་ཧུར་ཧུར་དུ་ལྷང་བའི་དུས་ཚིགས་ནང་དུའང་ཆང་རྒལ་པར་ཁྱུར། ཆང་ཕོར་ལག་ཏུ་འཁྱེར་ནས་དེ་རིང་མ་འཐུང་ག་དུས་འཐུང་ཞེས་པའི་ངར་ཤུགས་དང་སྒྲོག་ནས་གླིང་གའི་གསེབ་ཏུ་སྤྲོ་སྐྱིད་ཆང་གི་སྟོན་མོར་རོལ་བ་དང་། དེ་རིང་ངའི་སྐྱེས་སྐར་རྟེན་འབྲེལ། སང་ཉིན་བུ་མོའི་ཆང་ས། གནངས་ཉིན་བུའི་ཁང་གསོལ་སོགས་སྤྱི་ཚོགས་ཆང་གིས་ཚོས་པ་ལྟ་བུ་དང་། ཁང་ཟུར་ཡོད་ཚད་ལས་ཆང་གི་གློང་བརྡོལ་བ་ལྟ་བུའི་སྣང་ཚུལ་ཞིག་ཐོན་པ་དང་། ད་དུང་ང་ལས་ཁྱེད་སྟོན་ལ་བཟེ། ཁྱེད་ལས་ང་བཏུང་ཤེད་ཆེ་ཟེར་བ་སོགས་འུར་ཤོབ་ཀྱི་སྐད་སྒྲ་ནམ་མཁའ་ཁེངས་པ་ལྟ་བུའི་རྣམ་པ་དེ་ཡིན། དེ་བཞིན་རྒྱལ་ཁབ་ཀྱི་ལས་ཁུངས་ཁག་ཏུའང་དེ་རིང་ཛ་སྟོན་(དོན་དུ་ཆང་གིས་ཚབ་བྱེད་) སང་ཉིན་ཕེབས་སྐྱེལ། གནངས་ཉིན་དགོང་ཚོགས། བཞེས་ཉིན་དྲན་རྟེན་ཚོགས་འདུ་སོགས་ཁ་གཡར་འདྲ་མིན་སྣ་ཚོགས་སྤྱོད་པ་ལས་དོན་དུ་ཆང་ལ་བརྫམས་པ་སོགས་མདོར་ན་མི་རྣམས་སྒྲིད་ལུག་ཤེས་རྫོངས་ཀྱི་གནས་ལ་སྐྱེལ་བ་སོགས་མདོར་ན། སྤྱི་ཚོགས་ལྷིང་འཇགས་ཡོང་རྒྱུ་དང་། དཔལ་ཡོན་གཉིས་དར་རྒྱུར་མི་ཕན་པའི་ལུགས་སྲོལ་ཆང་ལ་རོལ་བ་དེ་ནི་ཅི་ནས་ཀྱང་དོར་དགོས་པའི་གནས་སོ། །

(《སྦྲང་རྒྱན་མེ་ཏོག》1990ལོའི་དུས་དེབ་གསུམ་པར་འཀོད།)

༧༧། །ར་སྒྲེང་ཧོ་ཐོག་ཐུ་འཇམ་དཔལ་ཡེ་ཤེས་བསྟན་པའི་རྒྱལ་མཚན་མཆོག་གི་མཛད་རྣམ་ཐོར་བུ།

第五世热振活佛江白益西单巴坚赞转略

[བརྗོད་ཚད་གཙོ་བོ།] ར་སྒྲེང་སྐུ་ཕྲེང་ལྔ་པ། ཡང་སྲིད། དྭགས་པོའི་ཡུལ། ར་སྟག་དོན་རྐྱེན། ཆོས་སྲིད་ལུགས་ཟུང་།

[ནང་དོན་གནད་བསྡུས།] རྩོམ་ཡིག་འདིའི་ནང་ར་སྒྲེང་སྐུ་ཕྲེང་ལྔ་པ་མཆོག་ནི་བོད་རབ་བྱུང་བཅོ་ལྔ་པའི་ཆུ་བྱི་(སྤྱི་ལོ་༡༩༡༢)ལོར་དྭགས་པོའི་ཏྭ་སྨད་དུ་སྐུ་བལྟམས་པ་དང་ར་སྒྲེང་སྐུ་ཕྲེང་བཞི་པའི་ཡང་སྲིད་དུ་ངོས་འཛིན་ཞུས་པའི་སྐོར་དང་། ཆོས་སྲིད་ལུགས་ཟུང་གི་གསེར་ཁྲིར་བཞུགས་ཏེ་མེས་རྒྱལ་གོང་བུ་གཅིག་གྱུར་ཐད་ཤུགས་སྣོན་བཀྱོན་པ་དང་མི་དམངས་བདེ་ལ་འཁོད་པ། རྒྱལ་བ་སྐུ་ཕྲེང་བཅུ་གསུམ་པའི་ཡང་སྲིད་ངོས་འཛིན་སོགས་ཀྱི་ཐད་མཛད་རྗེས་རླབས་པོ་ཆེ་འཇོག་གནང་མཛད་པའི་སྐོར། མཐར་རྐྱེན་ངན་ལས་མི་ཐར་བར་དགོངས་པ་ཆོས་དབྱིངས་སུ་འཐིམས་ཚུལ་བསྟན་པ་བཅས་ཀྱི་སྐོར་གླེང་ཡོད།

【关键词】 第五世热振活佛;摄政;转世灵童;呼图克图;热达事件

【摘要】 文章介绍了第五世热振活佛江白益西丹增的出生地,以及他被认定为第四世热振活佛之转世灵童的详细过程。文中重点阐述:第五世热振活佛江白益西丹增在位7年期,如何治理西藏地方政府政教事务;如何恢复和加强与中央政府的关系;如何寻找和认定需十三世达赖喇嘛的转世灵童以及最后被人陷害至死等历史经过,揭露了西藏一部分上层人士的险恶用心,赞扬了热振活佛的爱国爱教情怀。

ར་སྒྲེང་ཧོ་ཐོག་ཐུ་ཐུབ་བསྟན་འཇམ་དཔལ་ཡེ་ཤེས་བསྟན་པའི་རྒྱལ་མཚན་ནི་ར་སྒྲེང་སྐུ་ཐོག་ལྔ་པ་ཡིན་ཞིང་། ཁོང་ནི་བོད་ཀྱི་ཉེ་རབས་ལོ་རྒྱུས་ཐོག་ཆོས་སྲིད་ཀྱི་མཛའ་འཕྲིན་མི་དམན་པ་ཙམ་འཇོག་གནང་མཛད་པའི་སྲིད་སྐྱོང་བླ་སྤྲུལ་ཞིག་ཀྱང་ཡིན། ལོ་རྒྱུས་ཐོག་ར་སྒྲེང་རྒྱལ་སྤྲུལ་ཞེས་པའི་མཚན་གནས་བརྗོད་སྒྲོལ་ཤིག་འདུག དེ་ཡང་རབ་བྱུང་བཅུ་གཉིས་པའི་ས་རྟ་(1738)ལོར་རྒྱལ་དབང་སྐུ་ཕྲེང་བདུན་པ་སྐལ་བཟང་རྒྱ་མཚོའི་ཡོངས་འཛིན་དཀའ་ལྡན་ཁྲི་པ་

ངག་དབང་མཆོག་ལྡན་གྱིས་མཉམ་མེད་ཇོ་བོ་རྗེའི་དངོས་སློབ་འབྲོམ་སྟོན་པ་རྒྱལ་བའི་འབྱུང་གནས་ཀྱི་གདན་ས་ཆེན་པོ་ར་སྒྲེང་དགོན་གྱི་དགོན་བདག་མཛད་པ་ནས་ར་སྒྲེང་སྐུ་ཕྲེང་རིམ་བྱོན་གྱི་བླ་སྤྲུལ་ངོས་འཛིན་བྱེད་པའི་སྲོལ་ཕྱོགས་མར་དར་ཞིང་། སྐུ་ཕྲེང་ལྔ་པ་འདིས་རྒྱལ་དབང་སྐུ་ཕྲེང་བཅུ་གསུམ་པ་ཞིང་དུ་གཤེགས་པའི་རྒྱལ་ཚབ་ཏུ་བཞུགས་པ་དང་། སྐབས་དེ་ནས་བཟུང་རྒྱལ་ཚབ་ར་སྒྲེང་ཞེས་པའི་མཚན་འདི་ཉིད་བོད་རིགས་མང་ཚོགས་ཀྱི་ཁ་རྒྱུན་དུ་འཇགས། སྐྱེས་མཆོག་དམ་པ་ར་སྒྲེང་སྐུ་ཕྲེང་ལྔ་པ་འཇམ་དཔལ་ཡེ་ཤེས་ཀྱིས1933ལོར་བོད་ཀྱི་ཆོས་སྲིད་ལུགས་ཟུང་གི་གསེར་ཁྲིར་བཞུགས་རྗེས་བོད་རིགས་མི་དམངས་ཀྱི་བདེ་སྡུག་ཁེ་ཕན་དང་། མི་རིགས་ཀྱི་མདུན་ལམ་སོགས་ཀྱི་དོན་དུ་དགོངས་ཏེ་ཐུག་ལས་རབ་དང་རིམ་པ་མཛད་ཡོད། འདིར་ཁོ་བོས་སྐྱེས་མཆོག་དམ་པ་དེ་ཉིད་ཀྱི་མཛད་པ་གཙོ་ཆེ་བ་ཁ་གཅིག་བཏུས་ཤིང་སྐབ་ནས་ཇི་སྲིད་སྐལ་པ་ནམ་གནས་ཀྱི་བར་དུ་སྣང་པའི་བ་དན་སྲིད་རྩེར་གཡོ་བའི་རྐྱེན་དུ་ནམ་པར་ཐར་པ་མདོར་བསྡུས་ཤིག་བསྐྲུན་པའི་ཁུལ་དུ་བྱས་པ་ལགས། དེ་ཡང་ཇི་ལྟར་སྐུ་བལྟམས་ཚུལ་དང་། ཡང་སྲིད་ངོས་འཛིན་ཇི་ལྟར་ཞུས་པའི་སྐོར་ནས་དབུ་བཙམས་ཏེ་གླེང་བར་བྱའོ།

གཅིག སྐུ་བལྟམས་པ་དང་ར་སྒྲེང་སྐུ་ཕྲེང་བཞི་པའི་ཡང་སྲིད་དུ་ངོས་འཛིན་ཞུས་ཚུལ་སྐོར།

སྐྱེས་མཆོག་འདི་ཉིད་ནི་བོད་རབ་བྱུང་བཅོ་ལྔ་པའི་ཆུ་བྱི་(1912)ལོར་གངས་ལྗོངས་ཤར་ལྷོའི་ཡུལ་དྭགས་པོའི་རྭ་སྨད་དུ་ཡབ་ཕུན་ཚོགས་དབང་འདུས་ཀྱི་གདུང་སྲས་སུ་འཁྲུངས། དམ་པ་དེ་ཉིད་འཁྲུངས་པའི་དུས་དེ་ཙམ་ན་གངས་དཀར་ལྷབ་ལྷུབ་ཏུ་འབབ་པས་ལྷ་རྫས་མེ་ཏོག་གི་ཆར་བབ་པའི་ཚུལ་དུ་བྱུང་ལ། ཉིན་གཉིས་པར་ནམ་མཁའ་གཡའ་དྭངས་ཤིང་གངས་དཀར་ལྷ་རས་དཀར་པོས་རི་ཀླུང་ཀུན་ཏུ་གཡོགས་ཏེ་ཡུལ་དེ་ཉིད་ལྟ་བས་མི་ངོམས་པའི་མཛེས་སྡུག་གིས་ཡོངས་སུ་ཁྱབ་ཤིང་། ཡུལ་གྱི་སྐྱེ་བོའི་ཚོགས་ཀྱིས་དམ་པ་གང་གི་འཁྲུངས་ཁང་གི་ཡང་ཐོག་ཏུ་ཕོ་རོག་གཉིས་བབ་སྟེ་མཆུ་རྩེས་གངས་སྟེང་དུ་རེག་རེག་བྱེད་པ་མཐོང་བ་གམ་དུ་བཅར་ཞིང་བལྟས་ཙ་ན"ར་སྒྲེང"ཟེར་བ་ལྟ་བུའི་ཡིག་འབྲུ་གཉིས་ལྷམ་མེར་བྱུང་བ་ཡིན་ཟེར་སྐད་དང་། ཡང་ཁ་ཅིག་གིས་གངས་བཞུར་བའི་རྗེས་ཤུལ་དུ"ར"

ཡིག་གི་དབྱིབས་ཅན་ཞིག་མ་བཞུར་བ་བྱུང་བ་སོགས་ཟེར་སྒྲོས་བྱུང་བས་ཐོག་མར་ཡུལ་མི་རྣམས་ཧ་ལས་ཤིང་དད་པའི་སྙིང་དུ་ཚུད་ཅིང་། གཞན་ཡང་དམ་པ་དེ་ཉིད་འབྱུངས་པའི་ཚེ་ཛོར་དྲིལ་སོགས་རང་གྲུབ་ཏུ་བྱུང་བ་དང་། སྐུ་ན་ཆུང་འཆར་རྗེས་ཕྱུགས་འཚོ་བར་ཕེབས་པའི་ལམ་བར་ཆུ་སྲིན་ཞིག་ཡོད་པ་དེར་ཧད་ཀྱིས་མཆོང་པའི་ཚུལ་མཛད་པས་ཕ་རོལ་ཞབས་འོག་ཏུ་ཆུད་པའི་ཆུ་རྡོའི་སྟེང་འདམ་པའི་སྙིང་དུ་གསལ་བ་ལྟ་བུའི་ཞབས་རྗེས་མངོན་སུམ་དུ་བྱུང་། ཡང་དུས་དེ་དང་མཚུངས་པའི་སྐབས་ཤིག་ན་བྱིས་པ་གཞན་དང་རྩེད་འཛོའི་ཚུལ་དུ་རོལ་བ་ལ་ཤིང་དུམ་ཕལ་བ་ཞིག་ཁང་ཁྱིམ་གྱི་རྒྱབ་རོལ་དུ་ཡོད་པའི་ཐྲག་སྟེང་དུ་སྟོང་ལ་བཙུགས་པ་ལྟར་ཕུར་པའི་ཚུལ་དུ་བསྐོར་བར་མཛད་པ་སོགས་མངོར་ན་མི་ལས་འདས་པའི་རྫུ་འཕྲུལ་གྱི་མཛད་པ་ཇི་སྙེད་ཅིག་སྟོན་པར་མཛད་ཚུལ་སྐྱེ་བོ་མི་ཉུང་བའི་ངག་རྒྱུན་ལས་ཐོས་པ་འདི་དག་འདིར་ཡིན་མིན་གྱི་དཔྱད་བརྗོད་བགྱི་བའི་སྐབས་སུ་མ་བབ་ཀྱང་། གང་ལྟར་དེ་དང་དེ་འདྲའི་ངོ་མཚར་གཏམ་དག་ཕྱོགས་ཀྱི་ རླུང་བུས་བདས་ཏེ་སྐབས་དེའི་རྒྱ་ཚ་རྫོང་དཔོན་གྱི་སྙན་དུ་འཁྱོལ་བས་དེས་འཕྲལ་མར་སྐབས་དེར་འཚོ་བཞུགས་ཀྱི་རྒྱལ་མཆོག་སྐུ་ཕྲེང་བཅུ་གསུམ་པར་སྙན་ཞུ་ཕུལ་ཏེ་དེ་དང་དེ་འདྲའི་སྐྱེས་བུ་བཙས་ཚུལ་ཞུས་པར་རྒྱལ་མཆོག་ནས་ཀྱང་གཞན་དང་མི་འདྲ་བའི་སྐྱེས་བུ་ཁྱད་འཕགས་ཅན་ཞིག་འདུག་ན་བྱམས་སྐྱོང་དང་འཕྲོད་བསྟེན་གང་ལེགས་དགོས་པ་དང་འབྲེལ་ར་སྒྲེང་བླ་བྲང་ལའང་དེ་དོན་བརྡ་ཐོ་གཏོང་རྒྱུ་ཞེས་པའི་བཀའ་རྒྱ་ཟུར་སྦྲུལ་བཞིན་རྫོང་དཔོན་ནས་ཀྱང་འཕྲལ་མར་རྫོང་གི་རང་ཤག་ཏུ་གདན་ཞུས་ཀྱིས་གསོལ་བ་ཞབས་ཏོག་ཅི་ནུས་ཞུས་པར་གདའོ། དེ་ནས་མི་རིང་བར་ར་སྒྲེང་དགོན་ནས་སྐྱེས་མཆོག་དེ་ཉིད་གདན་འདྲེན་ཞུ་མི་ཏ་རྟག་དང་བཅས་རྒྱ་ཚ་རྫོང་དུ་འབྱོར་ཞིང་། མོ་ལུང་ཐུགས་བརྟག་གསུམ་གྱི་སྒོ་ནས་སྐྱེས་མཆོག་དེ་ནི་ར་སྒྲེང་སྐུ་ཕྲེང་བཞི་པའི་ཡང་སྲིད་འཁྲུལ་བྲལ་ཡིན་པའི་ངེས་ཤེས་བྱུང་མཚམས་གོང་འོག་ཀུན་ལ་ཁྱབ་པར་བསྒྲགས་སོ།

དེ་ལྟར་ལྟས་ཁྱད་པར་ཅན་དང་འགྲོགས་ནས་བཙས་ཤིང་གཞན་དང་མི་འདྲ་བའི་ཁྱད་དུ་འཕགས་པའི་རྟགས་དང་མཚན་མས་ར་སྒྲེང་སྐུ་ཕྲེང་བཞི་པའི་ཡང་སྲིད་འཁྲུལ་བྲལ་དུ་ངོས་བཟུང་ཞིང་། གདན་སར་གདན་འདྲེན་པའི་བྱ་བ་ལས་ཀྱི་འཁོར་ལོའི་འདུ་འགོད་ལ

བརྟོན་པར་བྱས་ཏེ་རྭ་སྒྲེང་དུ་ཞབས་སོར་འཁོད། དེ་ནས་མཚན་འཛམ་དཔལ་ཐུབ་བསྟན་ཡེ་ཤེས་བསྟན་པའི་རྒྱལ་མཚན་ཞེས་གསོལ་ཏེ་སྔར་གྱི་སྲོལ་བཞིན་སེ་ར་ཐེག་ཆེན་གླིང་བྱེས་གྲྭ་ཚང་དུ་ཆོས་ཞུགས་ཐོག་དགེ་བའི་བཤེས་གཉེན་ངག་དབང་དོན་གྲུབ་དང་བྱམས་པ་རྒྱ་མཚོ་གཉིས་ཡོངས་འཛིན་དུ་བསྟེན་ཞིང་། ཆོས་སྤྱོད་ཀྱི་བྱེད་སྒོ་མ་ལུས་པ་ཐུགས་སུ་ཆུད་པར་མཛད། མཉམ་མེད་ཇོ་བོ་རྗེ་དཔལ་ལྡན་ཨ་ཏི་ཤ་ལས་བརྒྱུད་ཅིང་འཛམ་མགོན་བླ་མ་བློ་བཟང་གྲགས་པའི་དཔལ་ལས་ལེགས་པར་སྤེལ་བའི་བཀའ་གདམས་གསར་རྙིང་གི་ཆོས་སྒོ་དང་། གཞུང་ཆེན་ཀ་པོད་ལྔ་ལ་སོགས་པར་སློབ་གཉེར་གྱིས་སྦྱང་པ་དཔྱིས་ཕྱིན་པར་མཛད་དེ་རྒྱལ་དབང་སྐུ་ཕྲེང་བཅུ་གསུམ་པ་སྐུ་ངོ་མས་རྒྱུགས་བཞེས་ཀྱིས་གདངས་སྤྱོངས་ཀྱི་རིག་པའི་དཔའ་བོ་རྣམས་ཀྱི་རྒྱན་དུ་ངོམས་པར་རི་བའི་དགེ་བཤེས་ལྷ་རམས་པའི་མཚན་གནས་ཐོབ་པར་གྱུར་ཏོ།

དེ་ལྟར་གང་གི་སྐྱེས་སྦྱངས་ཀྱི་ཤེས་རབ་ལས་བྱུང་བའི་དགོངས་པ་ལྷ་ཡི་རྫིང་བུ་ལ་མཁྱེན་ཡོན་བདུད་རྩིའི་རྒྱུན་གྱིས་ཡོངས་སུ་གཏམས་པར་གྱུར་ཏེ་དགུང་གྲངས་ཉི་ཤུར་སོན་པ་ཙམ་དུ་དཔལ་རྭ་སྒྲེང་གི་གདན་སར་བཞུགས་ཏེ་བསྟན་འགྲོའི་འཕྲལ་ཕུགས་ཀྱི་བདེ་དོན་གྱི་སླད་དུ་མཛད་འཕྲིན་སྤེལ་བའི་དབུ་ཚུགས། དམ་པ་དེ་ཉིད་ནི་སེམས་ཅན་ལ་སྙིང་རྗེ་ཆེ་བ་དང་། སྐྱེ་བོ་ཕལ་པ་དང་འགྲོགས་བདེ་ཞིང་སྙིང་ཉེ་བ་ཞིག་ཡིན་པས་སྐབས་འགྲེར་སོ་ནམ་པ་ཞིང་རྫོ་བ་དང་མཉམ་དུ་བཞུགས་ནས་རོགས་འདེགས་གང་ཐུབ་མཛད་པ་དང་། སྐབས་འགར་གྲུ་ཁར་ཕེབས་ཏེ་གྲུ་པ་རྣམས་དང་མཉམ་དུ་འདྲེས་ཏེ་གྲུ་པའི་ལས་སྐོར་ཕྱུག་རོགས་ཀྱིས་གྲུ་པ་ཕལ་པ་ཞིག་དང་དབྱེར་མེད་ཀྱི་རྣམ་པ་བཟུང་བ་སོགས་མཛད་པས་ཞིང་འབྲོག་མང་ཚོགས་ཀྱི་ཁྲོད་དུ་རྭ་སྒྲེང་རིན་པོ་ཆེའི་གཏམ་ཚུལ་དང་མཛད་ཚུལ་ཇི་སྙེད་ཅིག་གླིང་སྲོལ་ཡོད་པ་སོགས་མི་དམངས་མང་ཚོགས་ཀྱི་ཁྲོད་དུ་བག་ཆགས་ཤིན་ཏུ་བཟང་པོ་ཡོད་ལ། ཐུབ་པའི་ཆོས་ལུགས་ལ་དད་མོས་ཡོད་མཁན་རྣམས་ཀྱིས་ཀྱང་དད་གུས་བླ་ན་མེད་པ་ཞུ་བའི་བླ་སྤྲུལ་ཁྱད་དུ་འཕགས་པ་ཞིག་ཏུ་གྱུར།

དམ་པ་དེ་ཉིད་ཀྱི་ཁྱད་དུ་འཕགས་པའི་དགོངས་པ་དང་མཛད་སྤྱོད་ལ་སྐབས་དེར་འཚོ་ཞིང་བཞེས་པའི་རྒྱལ་དབང་སྐུ་ཕྲེང་བཅུ་གསུམ་པ་མཆོག་ནས་ཀྱང་ཐུགས་ཤིན་ཏུ

མཉེས་པར་མཛད་ཅིང་། སྐུ་ངོ་མ་ར་སྒྲེང་དུ་གནས་གཟིགས་དང་སྨྲུགས་ཆེད་ཕེབས་ཀྱིས་མཉེས་གཤིན་ཆེན་པོས་རྒྱལ་དབང་ཉིད་ཀྱི་སྐུ་གམ་དུ་རྒྱུན་སྡོད་ཀྱི་ཕྱག་དཔེ་ཁག་གཅིག"ཕྱིན་ཆད་ལེགས་ཉེས་བརྟག་པར་དགོས་གལ་འོང་"ཞེས་པའི་བཀའ་ལུང་དང་སྨྲུགས་དམ་པ་དེ་ཉིད་ལ་སྩལ་ཅིང་། ར་སྒྲེང་ཤུག་པའི་ཚལ་དུ་ཕེབས་ཏེ་ཤུག་སྡོང་ཆེན་པོ་ཞིག་ཆེད་འདེམས་ཀྱིས་སྐུ་ངོ་མས་ཤར་རྟགས་བསྐྱོན་ཏེ་ཕྱིན་ཆད་རྒྱལ་དབང་ཉིད་ཀྱི་གདུང་རྟེན་བཞེང་རྒྱུའི་སྲོག་ཤིང་དུ་དམིགས་པར་མཛད་པ་དེ་ད་ལྟ་གསེར་གདུང་དགེ་ལེགས་འདོད་འཇོའི་སྲོག་ཤིང་དུ་བཞུགས་པ་བཅས་མདོར་ན་སྐུ་ཕྲེང་བཅུ་གསུམ་པ་ཆེན་པོ་ཞལ་བཞུགས་ཀྱི་དུས་ནས་དམ་པ་འདི་ཉིད་ཆོས་སྲིད་ལུགས་ཟུང་གི་རྒྱལ་ཚབ་ཏུ་དམིགས་པའི་དགོངས་པ་རྫོན་ཚུད་ནས་ཡོད་པ་གོང་གསལ་མཛད་སྤྱོད་ལས་གསལ་བར་མངོན་ཐུབ་པ་ཡིན།

གཉིས། ཆོས་སྲིད་ལུགས་ཟུང་གི་གསེར་ཁྲིར་བཞུགས་ཏེ་བསྟན་སྲིད་ལ་མཛད་རྗེས་ཇི་ལྟར་འཇོག་གནང་མཛད་པའི་སྐོར།

བོད་རབ་བྱུང་བཅུ་དྲུག་པའི་ཆུ་བྱ(1933)ལོའི་ཟླ10པར་རྒྱལ་བ་སྐུ་ཕྲེང་བཅུ་གསུམ་པ་མཆོག་གློ་བུར་དུ་ཞི་བ་ཆོས་དབྱིངས་སུ་གཤེགས་པའི་གཏམ་ངན་དེ་བོད་ཀྱི་ཡུལ་གྲུ་ཀུན་ཏུ་བསྒྲགས་པས་གངས་ཅན་དཀར་པོའི་ལྗོངས་འདི་དེ་མ་ཐག་སྤྲིན་ནག་གིས་འཁྲིགས་ཤིང་གཏུམས་པས་ཉིན་བྱེད་དབང་པོའི་འོད་ཀྱང་གར་སོང་ཆ་མེད་དུ་གྱུར་པ་ལྟ་བུའི་སྨག་རུམ་མུན་འཁྲུག་གི་ཆུ་སྨྱོན་གྱིས་གངས་ལྗོངས་བསྟན་འགྲོའི་བདེ་སྐྱིད་སྐད་ཅིག་ཏུ་འཇིག་པར་གྱུར་པའི་མྱ་ངན་གྱིས་སྐྱེ་བོ་དྲག་ཞན་ཀུན་གྱི་ཡིད་གདུང་བར་གྱུར། དེའི་ཚེ་དེའི་དུས་ན་ལོག་པར་རྟོག་པའི་ཤེས་པ་ཅན། སྤྱིའི་ཕན་བདེ་ཡིད་ཀྱི་ཡུལ་ཙམ་དུ་ཡང་མི་འཆར་ལ། གྲགས་པ་དང་ལྟོན་པ་དང་། མཐོན་པོའི་གོ་འཕང་ལ་འཁོད་པ་ཁོ་ན་དོན་དུ་གཉེར་བའི་དབང་འཛིན་པ་ཁ་ཅིག་ནི་རང་རང་གི་ཕྱོགས་གཏོགས་གསོ་ཞིང་སྤེལ་བ་དང་། ཕ་རོལ་པོའི་ཡོན་ཏན་ཐམས་ཅད་སྦྲ་ཞིང་སྐྱོན་གྱི་སྐྱིགས་མ་འཕྱར་བཞིན་སྐབས་དང་བསྟུན་ནས་རང་དང་རང་གི་ཕྱོགས་སུ་གཏོགས་པ་དག་རྒྱལ་ཚབ་ཀྱི་ཁྲི་ལ་འགོད་པའམ། སྲིད་ཀྱི་བྱ་བར་སྣང་ས་འཛིན་གྱི་དབང་ཆ་ཅི་རིགས་འཐོབ་པར་བྱ་ཕྱིར་གཡོ་དང་སྒྱུ་དང་། དབྱེན་དང་ཕྲ

མའི་སྒྲོར་བ་སྣ་ཚོགས་ལ་བརྟེན་པ་བསྐྱེད་པར་བྱས་ནའང་། མང་ཤས་ཀྱིས་རྟར་སྲོལ་བཞིན་འཕགས་པ་འཇིག་རྟེན་དབང་ཕྱུག་གི་སྐུའི་སྣང་བརྙན་གྱི་མདུན་དུ་ཟན་རྟགས་འབུལ་རྒྱུའི་འདོད་ཚུལ་བཟུང་བ་ལྟར་སྐབས་དེར་གདུང་ལོ་ཉེར་གཉིས་ལ་སོན་པའི་ར་སྒྲེང་ཧོ་ཐོག་ཐུའི་མཚན་བྱང་རྒྱལ་ཚབ་ཀྱི་གསེར་ཁྲིར་འགོད་པའི་འོས་སུ་བབ་པར་གྱུར་ཏེ་བོད་ཤིང་ཁྱི་(1934)ལོའི་ཟླ1ཚེས10ཉིན་གངས་ལྗོངས་སྐྱོང་བའི་བྱེད་པོར་མངའ་གསོལ་ཞིང་ལུགས་ཟུང་གི་མཛད་འཕྲིན་སྤེལ་བའི་དབུ་ཚུགས་པར་གྱུར་པ་དེ་ལྟར་ན་གོང་གསལ་རྒྱལ་མཆོག་སྐུ་ཕྲེང་བཅུ་གསུམ་པས་ཇི་ལྟར་བཞེད་པའི་དགོངས་འདུན་རྡོ་རྗེའི་དམ་ཚིག་ཏུ་གྲུབ་པ་ཀུན་གྱིས་རྟོགས་སླ་བའི་གནས་སོ།

དེ་ལྟར་སྐྱེས་མཆོག་འདིས་བོད་ཀྱི་ཆོས་སྲིད་ལུགས་ཟུང་གི་ཁྲི་ལ་བཞུགས་ཏེ་བོད་འབངས་ལ་མངའ་དབང་བསྒྱུར་བ་ན་དུས་བདེ་ཞི་འཇགས་ཀྱིས་མི་དམངས་བདེ་ལ་འགོད་པ་དང་། རིག་གནས་དང་ཆོས་ལུགས་དར་རྒྱས་ཡོང་བ། རྒྱ་བོད་གཉིས་དང་བོད་ནང་ཁུལ་དུ་ཆབ་སྲིད་ཀྱི་འགལ་བ་རྙིང་པ་ཐག་གཅོད་གང་ཐུབ་ཐོག་འགལ་བ་གསར་པ་ཡོང་རྒྱུར་སྔོན་འགོག་གི་ཆབ་སྲིད་ལམ་ཕྱོགས་བཟུང་བ་བཅས་ལ་བརྟེན་བོད་མི་དམངས་ཀྱི་ཁྲོད་དུ" རྒྱལ་པོ་ར་སྒྲེང་གི་དུས" ཞེས་ཕྱིས་ཀྱི་དུས་གནས་འགའ་ཞིག་ལ་བསྟུར་བ་བྱ་བའི་དཔེར་བཟུང་བ་ཡིན་ནོ།

གཤམ་དུ་རྒྱལ་ཚབ་དམ་པ་དེ་ཉིད་ཀྱི་མཛད་རྗེས་གཙོ་བོ་རྣམས་གླེང་བར་བྱ་སྟེ།

1. སྐྱེས་མཆོག་འདི་ཉིད་རྒྱལ་སྲིད་ཀྱི་ཁྲི་ལ་བཞུགས་རྗེས་ཐོག་མར་དུས་བདེ་ཞི་འཇགས་ཀྱིས་མི་དམངས་བདེ་བར་གནས་འགོད་མཛད་ཡོད། དེ་ཡང་སྐབས་དེའི་བོད་ཀྱི་དབང་སྒྱུར་བ་ཉུང་ཤས་ཤིག་གིས་རང་དོན་ཁོ་ན་དོན་དུ་གཉེར་བའི་རྐྱེན་གྱིས་རྒྱལ་དབང་སྐུ་ཕྲེང་བཅུ་གསུམ་པ་དགོངས་པ་ཆོས་དབྱིངས་སུ་མནལ་ཚུལ་བསྟན་པ་དང་དུས་མཚུངས་གོང་རིམ་སྲིད་འཛིན་པའི་ནང་འགལ་བའི་ཕུང་པོ་བསྐྱར་དུ་ཟིང་བའི་ཉེན་ཚབས་ཀྱི་མངོན་ཚུལ་ཇི་སྙེད་བྱུང་རུང་རྒྱལ་ཚབ་དམ་པ་འདི་ཉིད་ཀྱིས་སྲིད་དབང་སྐྱོང་བར་མཛད་དེ་དབང་འཛིན་གྱི་སྒྲིག་གཞིར་བསྒྱུར་བཅོས་གང་འཚམས་གནང་བ་བརྒྱུད་མི་སྲུན་བརླང་པོར་སྤྱོད་པ་འགའ་ཞིག་རེ་ཞིག་ཅི་བྱ་མེད་པར་གྱུར་ཏེ་མི་རང་ཤི་དང་དུ་བ་རང་ཡལ་གྱི་དཔེ་ལྟར་བོད་

ལྡོངས་སོང་འོག་ནང་འཁྲུག་གི་རྐྱེན་ངན་ལས་ཟློག་པར་མཛད་ཅིང་། ཕྱིའི་བཙན་འཛུལ་གྱི་གཉོལ་བ་སོགས་གང་ཡང་མ་བྱུང་ཐོག་གཙོ་བོའི་དཔལ་འབྱོར་གྱི་རྨང་གཞིར་གྱུར་པའི་ཞིང་ལས་དང་། འབྲོག་ལས་གཉིས་ལ་རང་བྱུང་གི་གནོད་འཚེ་གང་ཡང་མ་བྱུང་བར་ཐོན་སྐྱེས་གོང་འཕེལ་འགྲོ་བའི་མཐུན་རྐྱེན་བཟང་པོ་བྱུང་བས་དུས་སྐབས་ལ་གཞིགས་པའི་ལོངས་པ་མེད་པ་སྐྱིད་སྣང་ཚོར་བའི་རྣམ་པ་བཟང་པོ་བྱུང་། དཔེར་ན། སྐབས་དེར་བོད་ཀྱི་འབྲུ་མཛོད་ལྷ་བུའི་གཙང་ཁུལ་དུ་འབྲུ་ཁལ་(རྒྱ་མ་ཉེར་བརྒྱད་)རེར་བོད་དངུལ་སྲང་ལྔ་རེ་ཙམ་(སྒོར0. 25)དང་། མར་འདེགས་ཁལ་རེར་(རྒྱ་མ་བདུན་)བོད་དངུལ་སྲང་བཅུ་དྲུག་(སྒོར0. 80)ལུག་ཤ་ཕོག་རེར་བོད་དངུལ་སྲང་བཅུ་(སྒོར0. 50)རེ་ཙམ། ལྷ་ས་ཁུལ་དུ་ཡང་འབྲུ་ཁལ་རེར་དངུལ་སྲང་བཅུ་ལས་མི་རྒལ་བ་སོགས་གྲ་རྒྱས་ཤིན་ཏུ་ཆེན་པོ་བྱུང་ཡོད་པ་ནི་བོད་འབངས་ཡོངས་ཀྱིས་རྒྱལ་ཚབ་རིན་པོ་ཆེའི་བཀའ་དྲིན་ཁོ་ནར་སེམས་པ་ཡིན་ནོ། རྒྱལ་པོ་དེ་ཉིད་ཀྱི་མཛད་སྤྱོད་ཀྱི་ཐད་ནས་གླེང་ན་འང་། ཆེན་པོ་དང་མཐོན་པོའི་འཁྱིང་ཉམས་མི་མཛད་པར་ཕལ་པ་ཀུན་ལ་རང་བཞིན་གྱིས་བྱམས་ཤིང་སྙིང་ཉེ་བ་དང་། ལྷག་པར་ཕོངས་ཤིང་ཉམས་ཐག་པ་རྣམས་ལ་སྙིང་རྗེས་སྐྱོང་ཞིང་ཟས་གོས་ཀྱི་བདོག་པ་གྱ་ནོམ་པར་སྦྱིན་པ། ཁྲིམས་འགལ་དང་ལུགས་མཐུན་གྱི་ཤན་འབྱེད་ནན་པོས་དྲང་ཞིང་སྲོང་བའི་ཁྲིམས་ཀྱིས་ངན་པ་གཉའ་ནས་གནོན་ཞིང་བཟང་པོ་ཕྱུག་གིས་འདྲེན་པ། རང་གི་སྐུའི་ཉེར་སྤྱོད་རྣམས་ཀྱང་མེད་ཐབས་མེད་པ་འགའ་ཞིག་སྐབས་བདེར་བཞེས་པ་ལས་དབང་ཤེད་འདོད་ལེན་གྱི་རྒྱས་སྤྲོས་མི་མཛད་པ་སོགས་དམ་པའི་ངང་ཚུལ་འགྱུར་བ་མེད་པའི་མཛད་པས་གཞན་ལ་མིག་དཔེར་མཛད་པ་ཡིན་པས་སྐྱེ་འགྲོ་མཐོ་དམན་དྲག་ཞན་ཀུན་གྱིས་སྒོ་གསུམ་གུས་པས་ཞབས་ལ་འདུད་པར་གྱུར་ཅིང་། གངས་ལྗོངས་སྐྱེ་འགྲོ་གནས་བཅའ་བའི་ཡུལ་ཐམས་ཅད་ལ་ཆབ་སྲིད་གསེར་གྱི་འཁོར་ལོས་དབང་བསྒྱུར་བར་མཛད་དོ།

2. གངས་ལྗོངས་བསྟན་འགྲོའི་འཕྲུལ་ཕྱུགས་ཀྱི་བདེ་བར་དགོངས་ཏེ་རྟེན་དང་བརྟེན་པ་དང་བཅས་པ་ཞིག་སོ་དང་གསར་བཞེངས་གནང་བ་ནི། དེ་ལྟར་སྐྱེས་ཆེན་དམ་པ་འདིས་རྒྱལ་ཐབས་ཀྱི་བྱ་བར་འོས་པ་རྣམས་འཕྱུག་མེད་ཀྱིས་སྐྱོང་བར་མཛད་ཅིང་། བསྟན་འགྲོའི་དོན་དུ་སྨིན་པའི་ལྷག་བསམ་བཟང་པོས་གདན་ས་ཆེན་པོ་གསུམ་གྱིས་གཙོས་གྲུབ་

མཐའ་རིས་མེད་ཀྱི་དགོན་སྡེ་ཁག་བཤད་སྒྲུབ་འཆད་ཉན་གྱི་ཆོས་རྒྱུན་ཉམས་པ་སོར་ཆུད་དང་མི་ཉམས་གོང་འཕེལ་ཡོང་བའི་སླད་དུ་ཐུགས་རྗེ་གཅིག་ཏུ་བརྩོན་པར་མཛད་པས་སྐབས་དེ་ཉིད་དུ་གངས་ལྗོངས་རྒྱལ་བའི་བསྟན་པ་རིན་པོ་ཆེ་སྔར་ན་མ་གྲགས་པའི་དར་རྒྱས་དང་དགེ་འདུན་གྱི་སྡེ་ཡང་དམ་གཙང་འདུས་པ་རྒྱ་ཆེ་སྔར་ལྷག་ཏུ་འཕེལ་བར་གྱུར་ཅིང་། བསམ་ཡས་གཙུག་ལག་ཁང་སོགས་བསྟན་འགྲོའི་བསོད་ནམས་ཀྱི་གཞི་མར་གྱུར་པའི་རྟེན་དང་བརྟེན་པ་དག་ཀྱང་ཉམས་གསོ་སྔར་ལྷག་ཏུ་བརྩོན་པར་མཛད་པ་ནི་ད་ལྟའི་བར་དུ་ཀུན་གྱི་གཟུགས་འཛིན་དབང་པོའི་སྤྱོད་ཡུལ་དུ་མཆིས་པ་དེ་ལྟར་ལགས་པ་མ་ཟད། རྒྱལ་དབང་བཅུ་གསུམ་པ་ཆེན་པོ་རེ་ཞིག་ཞི་བ་ཆོས་དབྱིངས་སུ་གཤེགས་ཏེ་ཆོས་འབངས་མགོན་མེད་སྐྱབས་མེད་དུ་གྱུར་པའི་དཔུང་གཉེན་དུ་སླར་ཡང་ཞབས་ཟུང་བཀྲ་ཤིས་ཀྱི་འཁོར་ལོ་ཐོ་བྲང་རི་བོ་གྲུ་འཛིན་གྱི་ཁྲི་འཕང་མཐོན་པོར་མྱུར་དུ་འགོད་པའི་རྟེན་འབྲེལ་གྱི་སླད་དུ་ཐོ་བྲང་དམར་པོའི་ནུབ་ཟུར་དུ་ལྷ་ཁང་ཟུར་སྐྱེད་གསར་བཞེངས་ཀྱིས་རྒྱལ་མཆོག་བཅུ་གསུམ་པའི་སྐུ་གདུང་དངོས་སུ་བཞུགས་པ་གསེར་གདུང་དགེ་ལེགས་འདོད་འཇོ་ཞེས་བྱ་བ་འཛིག་རྟེན་ན་གྲགས་པ་ཡང་གསར་བཞེངས་མཛད། གསེར་གདུང་དེ་ནི་རྒྱལ་མཆོག་ལྔ་པའི་གསེར་གདུང་འཛམ་གླིང་རྒྱན་གཅིག་ཙམ་གྱི་བཟོ་བཀོད་ལེགས་ཤིང་རིན་ཐང་ཆེ་ཤོས་ཀྱི་གསེར་གདུང་ཞིག་ཡིན་པ་དེ། བཟོ་སྐྲུན་གཞི་རྒྱ་ཆེ་ལ་བརྗིད་ཆགས་པ། མི་རིགས་ཀྱི་ཐུན་མོང་མ་ཡིན་པའི་བཟོ་རྩལ་གྱི་ཁྱད་ཆོས་བཅས་ལྡན་ཡོད་པ་དེར་གསེར་སྲང་ཆིག་སྟོང་བརྒྱད་བརྒྱ་བརྒྱད་ཅུ་གྱ་བདུན་ཡོད་ཅིང་། རྡོ་རྗེ་ཕ་ལམ་ལ་སོགས་པ་ལྔ་དང་མི་ཡི་རིན་པོ་ཆེ་སྣ་ཚོགས་ཕྲ་རྒྱན་དུ་བཀོད་ཡོད་པས་བལྟས་པ་ཙམ་གྱིས་ཡིད་དབང་འཕྲོག་པ་ཞིག་ཡོད་པ་འདི་ནི་རྒྱལ་ཚབ་ར་སྒྲེང་རིན་པོ་ཆེས་འགྲོ་བའི་བསོད་ནམས་ཀྱི་ཚོགས་སུ་སྨིན་ཕྱིར་བཞེངས་གནང་མཛད་པ་ཞིག་ཡིན་ལ། འཇིག་རྟེན་སྲིད་ལུགས་ཀྱི་དོན་སྙིང་ནས་བཤད་ན། བོད་མི་རིགས་ཀྱི་འོད་སྟོང་འཕྲོ་བའི་རིག་གནས་ཀྱི་སྙིང་བཅུད་བཏུས་ཏེ་ཕྱི་རབས་སྐྱེ་བོའི་དགའ་སྟོན་གྱི་རྟེན་དུ་འཇོག་གནང་མཛད་པ་ཞིག་ཡིན་པ་དེ་ནི་དམ་པ་གང་དེས་བོད་ཀྱི་རིག་གནས་ནོར་བུའི་བང་མཛོད་ནང་རིན་ཐང་བྲལ་བའི་ནོར་བུ་ཞིག་སྣོན་གསབ་གནང་བ་ཞིག་ཀྱང་ཡིན།

3. བོད་ནང་ཁུལ་གྱི་འགལ་བ་ཞི་འཇགས་དང་ཏ་ལའི་བླ་མ་སྐུ་ཕྲེང་བཅུ་བཞི་པ་ངོས་

འཛིན་གདན་ཞུ་མཛད་དེ་སྐབས་དེའི་བོད་འབངས་ཀྱི་བསམ་འདུན་སྐོང་བར་མཛད་ཡོད། བོད་ཀྱི་ལོ་རྒྱུས་ཀྱི་དུས་སྐབས་ཤིག་རིང་སྔོན་རྒྱལ་བ་ཡབ་སྲས་ཐུགས་མཐུན་དམ་གཙང་བྱུང་མེད་པ་ལ། བླ་གཞུང་གི་ཞབས་འབྲིང་ལ་གཏོགས་པའི་སྐྱེ་བོ་བྱེད་སྤྱོད་ངན་པ་འགའ་ཞིག་གི་བླང་དོར་གྱི་གནས་མ་ཤེས་པའི་གཡོ་དང་ཁྲམ་འབའ་ཞིག་གིས་རྐྱེན་བྱས་ཏེ་པཎ་ཆེན་སྐུ་ཕྲེང་དགུ་པ་གནས་སྐབས་ནང་སའི་ཁུལ་དུ་མི་གཤེགས་ཀ་མེད་བྱུང་ཞིང་། གཞུང་བླ་གཉིས་བར་མི་དགྱེས་པའི་བཀའ་འཁོན་ལྟ་བུས་རྒྱལ་བ་ཡབ་སྲས་ཀྱང་ཐུགས་མི་མཐུན་པ་ལྟ་བུའི་སྣང་ཚུལ་བྱུང་། རྒྱལ་མཆོག་བཅུ་གསུམ་པ་ཞལ་བཞུགས་ཀྱི་སྐབས་ནས་པཎ་ཆེན་རིན་པོ་ཆེ་མཆོག་ཟི་ལིང་དུ་ཞབས་སོར་བཀོད་ཐོག་བཀྲས་ལྷུན་སྡུགས་ཆེན་ཏཱ་བླ་མ་བསྟན་འཛིན་འཇིགས་མེད་དང་། མཁན་དྲུང་མདང་ཆེན་པ་བློ་བཟང་རྒྱལ་མཚན་ཅན་ངོ་ལས་རྒྱ་གར་བརྒྱུད་བོད་དུ་ཆེད་མངགས་ཀྱིས་ལྷ་ལྡན་དུ་འབྱོར་རྗེས་རྒྱལ་མཆོག་ཞལ་མཇལ་གྱིས་གནས་ལུགས་གསེར་སྙན་དུ་སྨྲོན་པ་དང་། རྒྱལ་མཆོག་སྐུ་ཕྲེང་བཅུ་གསུམ་པ་གང་གི་དགོངས་པར་ཡང་སྣང་ཚུལ་དེ་རིགས་གང་མགྱོགས་ཐག་གཅོད་དང་འབྲེལ་རྒྱལ་བ་ཡབ་སྲས་གཉིས་པོའི་དབར་ཐོག་མ་ནས་ཐུགས་མཐུན་དམ་གཙང་ཟླ་མེད་དུ་གནས་པ་རྒྱུ་རྐྱེན་གཞན་གྱིས་རེ་ཞིག་ཡུལ་སོ་སོར་ཆོད་དེ་བཞུགས་དགོས་པ་འདི་མཇུག་འགྲིལ་ཞིང་། མཉེས་གཤིན་ལྷན་འཛོམས་འོང་རྒྱུའི་ཐུགས་རེ་འཆང་མུས་ལ་བརྟེན་གཞི་རྩའི་ཐོག་པཎ་ཆེན་རིན་པོ་ཆེ་བོད་ཕྱོགས་སུ་ཆིབས་སྒྱུར་མཛད་རྒྱུའི་ཐད་ཞལ་མཐུན་པ་གྱུར་ནའང་། རྒྱལ་མཆོག་སྐུ་ཕྲེང་བཅུ་གསུམ་པ་ཆེན་པོ་གློ་བུར་དུ་དགོངས་པ་ཆོས་དབྱིངས་སུ་མནལ་ཚུལ་བསྟན་པས་ཞབ་ཕྲའི་བཀའ་མོལ་མཛད་འོས་རྣམས་འཕྲོ་ཅན་དུ་ལུས་པས་པཎ་ཆེན་རིན་པོ་ཆེ་བོད་དུ་ཆིབས་ཁ་བསྒྱུར་རྒྱུ་ཡང་རེ་ཞིག་ནར་འགྱངས་སུ་སོང་བའི་རྗེས་སུ་སྐབས་དེའི་གོ་མིན་ཏང་སྲིད་གཞུང་གིས་པཎ་ཆེན་རིན་པོ་ཆེར་“ནུབ་ཕྱོགས་ཡོངས་ཀྱི་དགེ་ཀན་ཆེན་མོ” ཞེས་པའི་མཚན་གནས་དང་སྐུ་སྲུང་དམག་མི་ལྔ་བརྒྱ་ཐམ་པ་རྒྱུན་འཛོག་གི་ཐོབ་ཐང་ཕུལ་བར་དབུས་ཕྱོགས་བོད་གཞུང་གི་དབང་འཛིན་པ་ཁག་གཅིག་ལ་མི་མོས་པའི་བསམ་སྤྱོད་ཅི་རིགས་བྱུང་བ་དེས་པཎ་ཆེན་རིན་པོ་ཆེས་བོད་དུ་ཆིབས་སྒྱུར་གནང་རྒྱུར་འགོག་རྐྱེན་གྱི་སྟོབས་ཤུགས་ཤིག་ཏུ་གྱུར་ཏེ་བོད་ལྗོངས་ནང་ཁུལ་གྱི་གཞུང་བླ་གཉིས་ནས་མཚོན་པའི་དབུས་གཙང་གི་འགལ་བ་

ཇི་སྲིད་དུ་འགྱུར་ཉེན་གྱི་གནས་སུ་གྱུར། རྒྱལ་ཚབ་ར་སྒྲེང་རིན་པོ་ཆེས་ལུགས་བཟུང་གི་གསེར་ཁྲིར་བཞུགས་མ་ཐག་བོད་ལྗོངས་ནང་ཁུལ་གྱི་འགལ་བའི་ཉེས་ཚབས་ལ་དགོངས་ཏེ་གོང་གསལ་དབུས་ཕྱོགས་གཞུང་འབྲེལ་གྱི་འགོག་རྐྱེན་ལ་མ་ལྟོས་པར་རྒྱལ་མཆོག་སྐུ་ཕྲེང་བཅུ་གསུམ་པའི་བཞེད་དགོངས་རྒྱུན་འཛིན་གྱིས་པཎ་ཆེན་རིན་པོ་ཆེ་བོད་དུ་གདན་ཞུ་གནང་རྒྱུའི་སྙིང་བཀའ་ཤག་ལ་གྲོས་མོལ་གྱིས་སྐབས་དེར་ནན་ཅིང་དུ་བཅའ་སྡོད་བོད་ས་གནས་སྲིད་གཞུང་གི་དོན་གཅོད་སྐུ་ཚབ་བརྒྱུད་ཀུན་གཟིགས་པཎ་ཆེན་རིན་པོ་ཆེ་མཆོག་མགྱོགས་མྱུར་བོད་དུ་ཆིབས་སྒྱུར་གྱིས་གང་གི་གདན་ས་ཆེན་པོ་བཀྲ་ཤིས་ལྷུན་པོར་ཞབས་སོར་འགོད་འདུན་དང་། བོད་ས་གནས་སྲིད་གཞུང་ནས་ཀྱང་སྔར་ལམ་ཟབ་གཟིགས་ཀྱི་ཕེབས་བསུའི་བྱ་སྒོ་ཁག་ལབ་གླེང་མེད་པ་དགོངས་པ་དང་མཐུན་པར་ཞུ་རྒྱུ་སོགས་ཀྱི་གསུང་འཕྲིན་ཆེད་དུ་ཕུལ་ཞིང་། བོད་རང་ལ་ཡང་རིམ་བཞི་དགའ་བཞི་བ་སྐུ་ཚབ་དང་ངོ་ལས་སེར་སྐྱ་བསྐོ་རྫོང་གཏན་འཁེལ་ཟིན་པ་དང་ཆབས་ཅིག་མདོ་སྨད་སྤྱི་ཁྱབ་དང་། ཏོར་སྤྱི། བྱང་རྒྱུད་ཀྱི་ས་སྲུང་འགོ་དམག་བཅས་ལ་པཎ་ཆེན་རིན་པོ་ཆེ་སྐུ་འཁོར་ལྟོས་བཅས་ཕེབས་ལམ་འཁེལ་སར་ཕེབས་སྒྲིག་གཟབ་རྒྱས་དགོས་པའི་བཀའ་རྒྱ་སྩལ་བ་བཅས་པཎ་ཆེན་སྐུ་ཕྲེང་དགུ་པ་རང་ཡུལ་བོད་དུ་ཆིབས་སྒྱུར་གྱིས་བོད་ནང་ཁུལ་གྱི་བདེ་ཐབས་ལ་སྨན་པའི་འགལ་བ་ཞི་འཇགས་ཀྱི་ཆེད་དུ་ཐུགས་ནུས་ཇི་ཡོད་འདོན་གནང་མཛད་པ་སོགས་རྒྱལ་ཚབ་ར་སྒྲེང་རིན་པོ་ཆེའི་བོད་མི་རིགས་ཀྱི་འཕྲུལ་ཕྱུགས་ཀྱི་བདེ་དོན་ལ་གཟིགས་རྒྱང་རིང་བའི་ཆབ་སྲིད་མཁས་ཅན་གྱི་མཛད་པ་འདི་རང་ལ་ལྟོས་ན་ཡང་རང་རེ་ཕྱི་རབས་པ་ཚོས་བཀའ་དྲིན་བསམ་ཤེས་བྱ་དགོས་པའི་གནས་ཡིན་ནོ།

4. རྒྱལ་གཅེས་མཐུན་སྒྲིལ་གྱི་དགོངས་པ་ཟབ་ཡངས་ལ་བརྟེན་ནས་མེས་རྒྱལ་གོང་བུ་གཅིག་གྱུར་གྱི་བྱ་གཞག་ལ་མི་ནུབ་པའི་མཛད་རྗེས་འཇོག་གནང་མཛད་ཡོད། དེ་ཡང་ཆེང་རྒྱལ་རབས་ཀྱི་དུས་མཇུག་ཏུ་གོང་མའི་ཀྲུང་དབྱང་སྲིད་གཞུང་དེ་ནུས་མེད་ཉུལ་སྲུང་དུ་གྱུར་པའི་དབང་གིས་ཕྱི་ཕྱོགས་ལ་མགོ་བཏགས་ཀྱི་ཆབ་སྲིད་ལམ་ཕྱོགས་ལག་བསྟར་གྱིས་བོད་མི་དམངས་ཀྱིས་སྐབས་དེར་དཔའ་ངར་ཞུམ་མེད་ཀྱིས་བཙན་འཛུལ་པར་འགོག་རྒོལ་བྱེད་པའི་འཐབ་རྩོད་ལ་དགོས་ངེས་ཀྱི་རྒྱབ་སྐྱོར་བྱ་རྒྱུ་ལྟ་ཞོག་འོས་མེད་མཐུན་ཐབས་བྱ་རྒྱུའི་འདོད་

ཚུལ་ཁོན་བཟུང་སྟེ། མངའ་ཁོངས་བདག་དབང་ཆ་ཚང་ལ་སྲུང་སྐྱོབ་དང་། མཐའ་སྲུང་སྲ་བརྟན་དུ་གཏོང་རྒྱུར་དོ་སྣང་མ་བྱས་པས་བོད་འབངས་ཀྱི་ཁྲིད་དུ་མ་སོས་པའི་ས་བོན་བཏབ་ཅིང་། ནང་ཁུལ་དུ་གཙོན་ཤུགས་ཀྱི་སྣང་ཚུལ་ནས་མཚོན་པའི་འཆམ་མཐུན་མ་ཡིན་པའི་རྣམ་པ་ཇི་སྙེད་ཅིག་ཐོན་པ་སོགས་ལས་རྒྱལ་མཆོག་སྐྱ་ཕྲེང་བཅུ་གསུམ་པ་ཡང་བོད་ནས་ཞལ་གྱིས་མི་མཛད་ཀ་མེད་ཀྱི་གནས་སུ་གྱུར་པའི་དོན་རྐྱེན་སྣ་ཚོགས་བྱུང་བས་བོད་ས་གནས་སྲིད་གཞུང་དང་ཀྲུང་དབྱང་སྲིད་གཞུང་བར་གྱི་འབྲེལ་བར་ཤུགས་རྐྱེན་ངན་པ་ཐོག་རྗེས་ཕྱི་རྒྱལ་བཙན་འཛུལ་སྟོབས་ཤུགས་ཀྱིས་སྐབས་དེ་དང་བསྟུན་ནས་བོད་ལ་ངན་ལག་བརྐྱངས་པ་དང་། བོད་འདི་མེས་རྒྱལ་གྱི་མངའ་ཁོངས་ནས་ཁ་བྲལ་གཏོང་རྒྱུའི་སྒྲིག་གཡོ་ཇི་སྙེད་ཅིག་སྤེལ་བ་དང་ཆབས་ཅིག་ལྟོ་བོ་ཆེ་ཟས་ཀྱི་གཡོས་སྦྱོར་ཕུན་སུམ་ཚོགས་པས་བསྐང་བའི་ཀད་ས་འགྲིམ་པ་ལྟར་དེ་མ་ཐག “མ་ཁེ་མ་ཧུང་ས་ཐིག” ཟེར་བ་ཞིག་ཀྲུང་ཧྲིན་ས་མཚམས་ཀྱི་ས་ཁྲའི་ཐོག་ཏུ་བཙན་ཤེད་ཀྱིས་བྲིས་ཏེ་ཀྲུང་གོའི་མངའ་ཁོངས་དྲས་གཏུབ་ཁྱེར་མེད་གཏོང་བའི་ལས་ལ་མངོན་པར་ཞུགས་ཏེ་ད་བར་ཁྲིམས་འགལ་རྒྱུན་འཛིན་གྱི་དབང་དུ་གྱུར་པ་ནི་བསླབ་བྱ་ནན་པོ་ཞིག་ཡིན་པར་འཁྲུམས། གོང་དུ་གླེང་མ་ཐག་པ་ལྟར་དུས་སྐབས་གཅིག་གི་རིང་ཀྲུང་དབྱང་སྲིད་གཞུང་དང་བོད་ས་གནས་དབར་གྱི་འབྲེལ་ལམ་ལ་བར་ཆད་བྱུང་བ་ནི་སྐབས་དེའི་རུལ་སུངས་ངན་འགྱུར་གྱི་ཆིང་རྒྱལ་རབས་སྲིད་གཞུང་གི་ཕྱིར་གཉའ་སྒྲུར་མགོ་འདོགས་དང་ནང་དུ་མི་རིགས་གཉའ་གནོན་གྱི་ཆབ་སྲིད་ལམ་ཕྱོགས་ལག་བསྟར་བྱས་པའི་རྐྱེན་གྱིས་ཡིན་ལ། ད་དུང་གལ་ཆེའི་རྒྱུ་རྐྱེན་གཞན་ཞིག་ཡོད་པ་ནི་ཕྱི་རྒྱལ་བཙན་རྒྱལ་རིང་ལུགས་པས་དབྱིན་སྦྱོར་དཀྲུག་ཤིང་བྱས་པ་དང་དེའི་ལག་ཆར་གྱུར་པའི་བོད་ནང་ཁུལ་གྱི་ཁ་བྲལ་རིང་ལུགས་པའི་སྟོབས་ཤུགས་ཀྱིས་སྒྲིག་གཡོ་ངན་ཇུས་སྤེལ་བའི་རྐྱེན་གྱིས་ཡིན། རྒྱལ་ཚབ་ར་སྒྲེང་ཉིད་གངས་ལྗོངས་ལུགས་ཟུང་གི་སྲིད་ཁྲིར་བཞུགས་མ་ཐག་ཕྱི་རྒྱལ་བཙན་འཛུལ་བའི་སྒྲིག་གཡོའི་ཇུས་ངན་དང་འཛིགས་སྣང་དང་། དེ་དག་དགའ་ཉེར་བསྟེན་མཁན་ནང་ཁུལ་གྱི་སྟོབས་ཤུགས་ཀྱི་མི་སོས་པའི་རྣམ་འགྱུར་ཅི་དང་ཅི་ལ་ཡང་མ་ལྟོས་པར་ཇི་ལྟར་རྟོག་གླུང་ཐ་རླབས་ཡང་ཡོང་དུ་འཕྱུར་བའི་མཛིང་དུ་གནས་པའི་བྲག་རི་བཞིན་འགྱུར་བ་མེད་པར་ཀྲུང་དབྱང་སྲིད་གཞུང་དང་རྒྱུན་ལྡན་གྱི་འབྲེལ་བ་མཐུད་སྦྱོར་མཛད་རྒྱུའི་

དགོངས་གཞི་མངོན་དུ་འགྱུར་ཆེད་འབད་བརྩོན་སྐྱོད་མེད་དུ་མཛད་མཐར་1934ལོའི་ཟླ8པར་གོ་མིན་སྲིད་གཞུང་གི་སྐུ་ཚབ་ཧོང་མུ་སུང་ངོ་ལས་ལྷ་སར་འབྱོར་ཏེ་རྒྱལ་མཆོག་སྐུ་ཕྲེང་བཅུ་གསུམ་པ་ཆེན་པོའི་དགོངས་རྫོགས་མཆོད་འབུལ་རྒྱས་པར་བཤམས་པ་ནས་འགོ་བཙམས་ཏེ་རྒྱ་བོད་མཐུན་ལམ་གྱི་མཛའ་འབྲེལ་སླར་གསོའི་སྒོ་འཕར་ཡངས་པར་ཕྱེ་ཞིང་། སྐད་ཕྱིན་རྒྱ་བོད་མི་རིགས་གཉིས་ནས་མཚོན་པའི་མི་རིགས་ཁག་དབར་གྱི་མཛའ་བརྩེའི་མཐུན་ལམ་ཉམས་པ་སོར་ཆུད་དང་མི་ཉམས་གོང་འཕེལ་འོང་བའི་ཆེད་དུ་རྒྱུང་རིང་གི་དོན་སྙིང་ལྡན་པའི་གྲོས་མོལ་གནང་བ་བརྒྱུད་ལྷ་སར་གོ་མིན་ཀྲུང་དབྱང་སྲིད་གཞུང་གི་གློག་འཕྲིན་ཁང་གསར་འཛུགས་བཅའ་སྡོད་དང་། དོན་གཅོད་ལས་ཁུངས་གསར་སྡོད་ཆོག་པ་སོགས་རྒྱ་བོད་མི་རིགས་མཐུན་སྒྲིལ་གྱི་སྲོལ་ལམ་བཟང་པོ་སླར་གསོ་མཛད་དེ་རང་གཞན་སྤྱི་ལ་ཕན་ཞིང་བདེ་བར་འགོད་པའི་མཛད་པ་རླབས་པོ་ཆེས་བོད་ཁམས་སྐྱོང་བར་མཛད་དོ།

དེ་ལྟར་སྐྱེས་མཆོག་དམ་པ་འདི་ཉིད་ཀྱིས་ལོ་རྒྱུས་ལ་བརྩི་འཛོག་དང་བྱ་དངོས་འཕེལ་རྒྱས་ཀྱི་ཆོས་ཉིད་དང་མཐུན་པའི་ཆོས་སྲིད་ཀྱི་མཛད་ཕྱོགས་ཕྱུག་བཞེས་མཛད་པས་བོད་འདིར་བརྟན་ལྷིང་གི་ཆབ་སྲིད་རྣམ་པ་རྒྱུན་འཁྱོངས་ཐུབ་པ་བྱུང་བ་དང་། དཔལ་འབྱོར་དར་རྒྱས་བྱུང་བས་སྐབས་དེར་ཁོང་ལ་བོད་ཀྱི་སེར་སྐྱ་མི་དམངས་ཀྱི་དད་གུས་ཐོབ་ཅིང་། ལྷག་པར་རྒྱ་བོད་མི་རིགས་མཐུན་སྒྲིལ་གྱི་རྒྱུན་སྲོལ་སླར་གསོ་དར་སྤེལ་གྱིས་མེས་རྒྱལ་གོང་བུ་གཅིག་གྱུར་གྱི་ཐད་འཛོག་གནང་མཛད་པའི་མཛད་རྗེས་ནི་ད་ལྟའི་བར་དུ་ཤུགས་རྐྱེན་གཏིང་ཟབ་ལྡན་ལ། ཕྱིན་ཆད་ཀྱང་མེས་རྒྱལ་གོང་བུ་གཅིག་གྱུར་ལ་སྲུང་སྐྱོབ་བྱ་རྒྱུར་ཡུན་རིང་གི་དོན་སྙིང་ཡོད་པ་ཞིག་རེད། དེས་ན་ང་ཚོས་རྒྱལ་ཚབ་ར་སྒྲེང་རིན་པོ་ཆེ་འདི་ནི་རྒྱལ་གཅེས་དང་། དམངས་གཅེས། མཐུན་སྒྲིལ་བཅས་ཀྱི་དཔེ་བཟང་གི་མཚན་སྙན་མཚོན་པའི་རིན་ཆེན་དང་པོའི་རྟགས་མ་མགུལ་དུ་བརྒྱན་འོས་ཀྱི་ཆོས་ལུགས་མི་སྣ་ཞིག་ཡིན་ཞེས་མཁྱེན་པ་གཟིངས་སུ་བརྟེགས་ཏེ་སྨྲ་བར་འོས་སོ།

གསུམ། སྐུ་ཞི་དབྱིངས་སུ་གཤེགས་ཚུལ་སྐོར།

རྒྱལ་ཚབ་ར་སྒྲེང་རིན་པོ་ཆེའི་རྒྱལ་གཅེས་བཙན་རྩོལ་གྱི་མཛད་རྗེས་ལ་མི་བསྙུན་

བསྐྱང་པོར་སྤྱོད་པའི་སྐྱེ་བོ་མ་ཉུང་པ་དག་གིས་མིག་གི་རྫུལ་བཞིན་དུ་སྲུང་བར་འདོད་པའམ། སྙིང་ལ་ཚེར་མའི་རིག་བྱ་ཕོག་པ་ལྟར་ཟུག་རྔུ་མི་བཟོད་པས་དབྱེན་དང་ཕྲ་མ་སོགས་གཡོ་སྒྱུའི་སྦྱོར་བས་ཕར་གཏོལ་བྱ་རྒྱུ་ནི་གཡོལ་དུ་མེད་ཀྱང་རེ་ཞིག་རྒྱལ་ཚབ་འདི་ཉིད་ཀྱི་ཆོས་སྲིད་ཀྱི་མཛད་འཕྲིན་རྒྱས་པའི་ཉིན་བྱེད་ཀྱི་སྣང་བས་རྒྱ་སྐར་གྱི་འོད་སྣང་བཅོམ་པ་བཞིན་ཅི་བྱ་མེད་པར་ལུས། འོན་ཀྱང་ནམ་ཞིག་ན་ཁོང་ཚོས་ར་སྒྲེང་རྒྱལ་ཚབ་རིན་པོ་ཆེར་བླ་མའི་མཛད་སྤྱོད་དང་མི་མཐུན་པའི་ངན་སྤྱོད་ཡོད་ཚུལ་གྱི་དཀྲིག་གཏམ་ཕྱིར་བསྒྲགས་ཏེ་ར་སྒྲེང་རིན་པོ་ཆེ་སྲིད་སྐྱོང་གི་ཁྲི་ལས་ཕབ་རྒྱུའི་སྐྲག་གཡོ་བཤམས་པར་བརྟེན། བོད་ཤིང་འབྲུག(1940)ལོའི་ཟླ12པར་ར་སྒྲེང་རིན་པོ་ཆེ་རྒྱལ་ཚབ་ཀྱི་ཐུགས་འགན་དགོངས་ཞུ་མི་མཛད་མཐུ་མེད་བྱུང་ཞིང་། ཤིང་སྦྲུལ(1941)ལོའི་ཟླ1ཚེས1ཉིན་སྲིད་སྐྱོང་གསར་པ་སྟག་བྲག་ལ་ཆོས་སྲིད་ཀྱི་བྱ་བ་རྣམས་རྩིས་སྤྲོད་ཀྱིས་དམ་པ་གང་ཉིད་མི་རིང་བར་གདན་ས་ར་སྒྲེང་དུ་ཕྱིར་ཕོག་ཐེབས། བཙན་རྒྱལ་རིང་ལུགས་དཀའ་ཉེར་བསྐྱེན་མཁན་དེ་དག་གིས་དམ་པ་གང་ཉིད་ར་སྒྲེང་དུ་སྐྱུ་ངལ་དང་འབྲེལ་བཞུགས་འཛགས་ཀྱི་གོ་སྐབས་དང་བསྟུན་ནས་བླ་སློབ་དབར་དབྱེན་སྦྱོར་དཀྲུགས་ཤིང་གིས་ར་སྟག་དོན་རྐྱེན་དུ་གྲགས་པ་དེ་བཟོས་ཤིང་། མཐར་རྒྱལ་ཚབ་ར་སྒྲེང་རིན་པོ་ཆེ་འཁོར་དང་བཅས་པ་ཚར་གཅོད་པའི་གཡོ་སྒྱུའི་སྦྱོར་བས་ཀུན་ནས་བསླངས་ཏེ་སྐྱེས་མཆོག་གང་ཉིད་ར་སྒྲེང་དགོན་ནས་ལྷ་སར་གཤིན་རྗེའི་ལས་མཁན་མངོན་སུམ་དུ་ལྷགས་པ་ལྟ་བུའི་དཔུང་གིས་བསྐོར་ཏེ་གདན་དྲངས་པ་མ་ཟད། ཁྲིམས་མུན་དུ་བཙུག་ཏེ་མནར་གཅོད་སྣ་ཚོགས་ཀྱི་འཚེ་ཞིང་བཀྲས་པར་བྱས་པས་སྙུན་གྱིས་བཏབ་པར་སྨན་འབུལ་བའི་ཚུལ་གྱིས་གཟིམས་ཁྲི་ཐ་མལ་ཅན་དུ་འགྱུར་བའི་མགྱོགས་རྐྱེན་བཟོས་ཏེ་སྐབས་ཤིག་རིང་བོད་ལྗོངས་ཡོངས་ཀྱི་ལྷ་མིའི་རྣམ་འདྲེན་ཆེན་པོ་ལྟ་བུར་བཀུར་བའི་སྐྱེས་མཆོག ཆོས་འབབས་སྐྱོང་བའི་རྗེ་ཚབ། ཆབ་འབབས་དུ་མའི་སྐྱེ་བོས་འདུད་བཞིན་པ་འདི་ནི་སྲང་མདོའི་ལྷུ་ཏོ་པ་དག་ལས་ཀྱང་ཉམས་ང་བའི་ཚུལ་གྱིས་ཤར་ཆེན་ལྡོག་བཙོན་ཁང་དུ་བོད་མེ་ཕག་ལོའི་ཟླ་བ3པར་དགོངས་པ་ཞི་བ་ཆོས་དབྱིངས་སུ་མནལ་བའི་ཚུལ་བསྟན་པར་གྱུར་ཏོ། །

༧༧། །བོད་ཀྱི་ཡི་གེའི་འབྱུང་ཁུངས་དང་འཕེལ་རྒྱས་སྐོར་གླེང་བ།

考述藏文的起源

[བརྡ་ཚད་གཙོ་བོ།] བོད་ཡིག དགེ་འདུན་ཆོས་འཕེལ། གུཔྟའི་ཡི་གེ། འཕོ་འགྱུར།

[ནང་དོན་གནད་བསྡུས།] དཔྱད་རྩོམ་འདིའི་ནང་དུ་བོད་ཀྱི་མཁས་དབང་གེ་འདུན་ཆོས་འཕེལ་གྱི་བོད་ཀྱི་ཡི་གེ་དང་ཡིག་གཟུགས་ལ་འཕོ་འགྱུར་བྱུང་ཚུལ་གྱི་ལྟ་བ་ངོ་སྤྲོད་བྱས་པ་གཞིར་བཞག བོད་ཀྱི་ཡི་གེའི་མ་ཕྱི་ནི་རྒྱ་གར་གྱི་གནའ་བོའི་ཡི་གེ་གུཔྟར་བྱས་ནས་བཟོས་ཚུལ་སྐོར་ལ་རྒྱ་བོད་ཡིག་གཟུགས་གཉིས་དཔར་བ་ལ་ཞིབ་བསྡུར་བྱས་ནས་ར་སྤྲོད་བྱས་ཡོད།

【关键词】 藏文;固巴达文;根敦群培;演变

【摘要】 先该文介绍了藏族著名学者根敦群培曾在藏文文字演变方面提出的观点;作者用现代语言文字分析方法,对藏文是模仿古代印度固巴达文而创制的传统观点补充新的论据,从而进一步完善根敦群培等近代学者提出的传统学术观点。

དཔྱད་རྩོམ་འདིའི་ནང་ཁོ་བོས་རྩུང་ཞིབ་ཚགས་ཀྱི་སྒོ་ནས་བོད་ཀྱི་མཁས་དབང་ཨ་མདོ་བ་དགེ་འདུན་ཆོས་འཕེལ་མཆོག་གི་བོད་ཡིག་གི་འབྱུང་ཁུངས་སྐོར་གྱི་བཞེད་ཚུལ་ངོ་སྤྲོད་ཞུ་བ་དང་སྦྲགས། ཁོ་བོས་དེའི་སྐོར་ལ་ཞིབ་འཇུག་བྱས་པའི་ལྟ་ཚུལ་འགའ་ཡང་གླེང་བར་བྱའོ།

དེ་ཡང་བོད་ཡིག་གི་འབྱུང་ཁུངས་སྐོར་ལ་བཞེད་ཚུལ་མི་འདྲ་བ་གསུམ་ཡོད་པ་སྟེ། དང་པོ་ནི་ནཱ་ག་རའི་ཡི་གེ་དེ་བོད་ཡིག་གི་མ་དཔེ་འམ་འབྱུང་ཁུངས་ཡིན་ཞེས་པ་དེ་ཡིན། བཞེད་ཚུལ་དེའི་ཁུངས་གཏུགས་སའི་དཔེ་ཆ་ནི་བོད་ཡིག་སུམ་རྟགས་སྐོར་གྱི་དེབ《མཁས་པའི་མགུལ་རྒྱན་མུ་ཏིག་ཕྲེང་མཛེས》མཚན་གཞན《སི་ཏུའི་སུམ་རྟགས》ཞེས་འབོད་པ་དེ་ཡིན། དེབ་ཐེར་དེའི་ནང་“ཐུ་མི་སམ་བྷོ་ཊ་རྒྱ་གར་ནས་སླར་ལོག་པའི་ཚེ། སྐུ་མཁར་མ་

ཊུར་ནྣ་ག་རའི་ཡི་གེར་དཔེ་བྱས་ཏེ་བོད་ཡིག་གི་གཟུགས་བཅམས་” ཞེས་འཁོད་ཡོད། བཞིན་ཚུལ་གཉིས་པ་དེ་ནི་ལཉྫ་དེ་བོད་ཡིག་དབུ་ཅན་གྱི་མ་དཔེར་འདོད་པ་དང་། ཝརྟུ་ནི་བོད་ཡིག་དབུ་མེད་ཀྱི་མ་དཔེར་སྨྲ་བ་དེ་ཡིན། བཞིན་ཚུལ་དེ་ནི་དུས་རབས་བཅུ་བདུན་པའི་ནང་ཐོག་མར་བྱུང་ཞིང་། དེ་ནི་སྐྱེ་བོ་མང་པོས་ཁས་ལེན་པའི་ལྟ་ཚུལ་ཞིག་ཡིན། ལྟ་ཚུལ་འདི་ཉིད་ཐོག་མར《བོད་ཀྱི་བརྡ་སྤྲོད་རིག་པའི་བསྟན་བཅོས་སུམ་ཅུ་པ་དང་རྟགས་ཀྱི་འཇུག་པ་གཉིས་ཀྱི་རྩ་འགྲེལ་ལེགས་པར་བཤད་པ་ཚིག་ཉུང་དོན་བཟང་》ཞེས་པའི་ནང་གསལ། དེ་ཡང་“འཇམ་དབྱངས་མི་ཡི་སྲིད་པ་བཟུང་བ་ཆོས་བློན་ཆེན་པོ་ཐུ་མི་སམ་བྷོ་ཊ་ཞེས་མཚན་སྙན་ཡོངས་སུ་གྲགས་པའི་བཀའ་དྲིན་ཅན་དེས་ལཉྫ་ལ་དཔེ་མཛད་ནས་དབུ་ཅན་དང་། ཝརྟུ་ལ་དཔེ་བླངས་ཏེ་བྲུ་མ་བཅམས་” ཞེས་འཁོད་པ་ལྟར་རོ། བཞིན་ཚུལ་གསུམ་པ་དེ་ནི་བོད་ཡིག་དབུ་ཅན་གྱི་མ་དཔེ་དེ་གུཔྟའི་ཡི་གེ་ཡིན་ལ། དབུ་ཅན་མགྱོགས་བྲིས་བྱས་པ་ལས་དབུ་མེད་བྱུང་ཞེས་པ་དེ་ཡིན། བཞིན་ཚུལ་མཐའ་མ་དེ་ནི་ཨ་མདོ་དགེ་བ་འདུན་ཆོས་འཕེལ་གྱི་བཞིན་ཚུལ་ཡིན་ཞིང་། ཁོང་ཉིད་འཚོ་བཞུགས་སྐབས་སུམ་རྟགས་དང་། བོད་ཡིག་གི་འབྱུང་ཁུངས་སྐོར་གྱི་ལྷུགས་རྩོམ་ཕྲུས་མ་གཉིས་བྲིས་གནང་མཛད་ཡོད་པ་དེ་གཉིས་ཀ་སྤྱི་ལོ1936ལོ་དང་། སྤྱི་ལོ1938ལོར་བོད་ཀྱི་ཚགས་པར《ཡུལ་ཕྱོགས་སོ་སོའི་གསར་འགྱུར་མེ་ལོང་》ཞེས་པའི་ཐོག་འགྲེམས་སྤེལ་བྱས་ཡོད། ཚགས་པར་དེའི་པར་སློག་ཅིག་རྩོམ་མཇུག་ཏུ་དཔེ་རིས་ཁག་གཅིག་ངོ་སྤྲོད་ཞུས་ཡོད་པ་དེའི་ནང་གི་དཔེ་རིས་གསུམ་པའི་ཐོག་གསལ་ཡོད་པས་གཟིགས་པར་འཚལ། ཁོང་གི་ལྷུགས་རྩོམ་དེ་གཉིས་ལས་ཕྱི་མ་དེའི་ནང་དགེ་འདུན་ཆོས་འཕེལ་མཆོག་གིས་ལཉྫ་དང་ཝརྟུ་གཉིས་བོད་ཡིག་དབུ་ཅན་དང་དབུ་མེད་ཀྱི་མ་དཔེ་འམ་འབྱུང་ཁུངས་ཡིན་ཞེས་པའི་ལྟ་བར་སུན་འབྱིན་གནང་བ་དང་སྒྲུབས།ཁོང་རང་ཉིད་ཀྱི་བཞིན་ཚུལ་ཡང་གསལ་པོར་བསྟན་གནང་ཡོད་པ་སྟེ། “བློན་པོ་ཐུ་མིས་བོད་ཡིག་གསར་བཟོ་མཛད་པའི་ཚེ། ལཉྫ་ལ་བསྟུན་ནས་དབུ་ཅན་དང་། ཝརྟུ་ལ་བསྟུན་ཏེ་དབུ་མེད་བཟོས་སོ་བྱ་བ་འདི་ཕྱིས་ཀྱི་ཁ་བདེ་འགའ་ཞིག་གིས་རང་དགར་བློ་བཟོ་བྱས་པ་ཙམ་ཡིན་གྱི། འགོས་ལོ་ཆེན་པོ་སོགས་སྔོན་གྱི་ལོ་རྒྱུས་སྨྲ་བ་དག་གིས་ཟུར་ཙམ་ཡང་

མ་གསུངས། སྤྱིར་ལཱུ་ལ་དཔེ་བླངས་ཟེར་བ་ནི་ཤིན་ཏུ་ཡང་མི་བདེན་པ་ཞིག་སྟེ། ལཱུ་ནི་ཕྱིས་ཙམ་ན་གསར་དུ་བྱུང་བའི་ཡི་གེ་ཡིན་པའི་ཕྱིར་” ཞེས་བསྟན་གནང་ཡོད།

དགེ་འདུན་ཆོས་འཕེལ་གྱི་བཞེད་ཚུལ་དེར་ཕོ་བོས་ཡོངས་སུ་མོས་མཐུན་ཞུ་ཡི་ཡོད། བོད་དུ་ལཱུ་དང་ཕྲྀ་དར་བའི་དུས་ནི་དུས་རབས་བཅུ་གཅིག་པའི་སྐབས་ཙམ་ལ་ཡིན་ཞིང་། དེ་ནི་ཐུ་མི་སམ་བྷོ་ཊ་འདས་རྗེས་ཀྱི་ལོ་བཞི་བརྒྱ་ལྷག་སོང་རྗེས་གཞི་ནས་དར་བ་ཞིག་ལགས། ལཱུ་དང་ཕྲྀ་གཉིས་དུས་རབས་བཅུ་གཅིག་པའི་ནང་དར་བ་ཡིན་ཞེས་པའི་ཕོ་བོའི་ལྟ་ཚུལ་དེའི་ཁུངས་གཏུགས་ས་ནི་G・བེའུ་ལར་གྱིས་བརྩམས་པའི་《རྒྱ་གར་གྱི་ཡིག་རིགས་ཕྱོགས་བསྡུས》ཞེས་པ་དེ་ཡིན། དེབ་དེའི་ནང་ཡིག་རིགས་མི་འདྲ་བ་སུམ་བརྒྱ་ཙམ་ཕྱོགས་བསྡུས་བྱས་པའི་ནང་ལཱུ་དང་ཕྲྀ་གཉིས་དང་འདྲ་པོ་ཡོད་པའི་ཡི་གེ་དག་ནི་དུས་རབས་བཅུ་གཅིག་པའི་ནང་གཞི་ནས་དར་བ་ཞིག་རེད་འདུག

ལཱུ་དང་ཕྲྀ་གཉིས་ནི་གོང་གསལ་དཔེ་དེབ་དེའི་ནང་གི་ཡིག་རིགས་ཨང་54དང་། ཨང་50གཉིས་ལས་མཆེད་པ་ཞིག་ཡིན་པ་དང་། དེ་རྗེས་མུ་མཐུད་འཕེལ་རྒྱས་ཕྱིན་ནས་དེང་དུས་ཀྱི་རྒྱ་གར་དང་། བལ་ཡུལ། དེ་བཞིན་རྒྱ་གར་དུ་ཕྱིས་སུ་བྱུང་བའི་ཡིག་རིགས་གཞན་དུ་འཕེལ་འགྱུར་བྱུང་བ་ཞིག་ཡིན་པ་ལས་བོད་ཡིག་གི་ཕྱི་མོ་ནི་མ་ཡིན་ནོ།

མཁས་དབང་དགེ་འདུན་ཆོས་འཕེལ་གྱིས་ཀྱང་དབུ་ཅན་དང་དབུ་མེད་གཉིས་ཀ་ཐུ་མིས་བོད་ཡིག་གསར་གཏོད་མཛད་སྐབས་གསར་བཟོ་གནང་བ་མིན་པར་ངོས་འཛིན་གནང་གི་ཡོད། དེའི་སྐོར་ཁོང་གིས་འདི་ལྟར་གསུངས་ཡོད་དེ། “ཀུན་མཁྱེན་བུ་སྟོན་གྱིས་ཀྱང་ཁ་ཆེའི་ཡི་གེ་ལ་དཔེ་བླངས་ཏེ་བོད་ཡིག་བཟོས་སོ་བྱ་བ་ཙམ་ལས་དབུ་ཅན་དབུ་མེད་གཉིས་ཀ་དང་པོ་ནས་བཟོས་པར་མ་གསུངས་སོ། དབུ་མེད་ནི་དབུ་ཅན་མགྱོགས་སུ་བྲིས་པ་ལས་རང་བཞིན་གྱིས་བྱུང་” ཞེས་གསུངས་པ་ལྟར་རོ།

ཡར་དབུ་མེད་ནི་དབུ་ཅན་མགྱོགས་བྲིས་བྱས་པ་ལས་བྱུང་བ་ཞིག་ཡིན་པར་རང་རེས་ངོས་འཛིན་ཚོག་པ་ནི་རོ་མའི་ཡིག་ཆེན་དང་ཡིག་ཆུང་གི་དཔེ་ལྟར་རོ། （དབུ་ཅན་དབུ་མེད་དུ་འགྱུར་ཚུལ་དེ་དཔེ་རིས་ལྟ་པར་གསལ་）དབུ་ཅན་དབུ་མེད་དུ་འགྱུར་ཚུལ་གྱི་དཔེ་

རིས་དེ་སྤྱི་ལོ1951ལོར་ཁོ་བོས་ལྷ་སར་དགེ་བའི་བཤེས་གཉེན་དགེ་ཆོས་མཆོག་ལ་སྤྱན་འབུལ་ཞུས་ཤིང་། དེ་སྐབས་བཀའ་དྲིན་ཅན་གྱི་དགེ་བའི་བཤེས་གཉེན་མཆོག་ནས་བོད་ཀྱི་ཡི་གེའི་འབྱུང་ཁུངས་སོགས་གང་ཅིའི་ཐད་བཀའ་སློབ་སྨིན་སྨོལ་གནང་བྱུང་།

དབུ་ཅན་དབུ་མེད་དུ་འགྱུར་ཚུལ་གྱི་དཔེ་མཚོན་ནི་འབྲུག་ཡུལ་ནས་ཐོན་པའི་དཔེ་ཆ་དང་། ཏུན་ཧོང་གི་ཡིག་རིགས་ཁག་ཡིན་ཞིང་། ཡིག་རིགས་དེ་དག་ནང་དུ་གཟུགས་འགྱུར་ཚུལ་དེ་མངོན་གསལ་ཤིན་ཏུ་དོད་པོ་ཡོད། （དཔེ་རིས་དྲུག་པ་དང་བདུན་པར་གཟིགས）

དགེ་འདུན་ཆོས་འཕེལ་མཆོག་གིས་དབུ་ཅན་དེ་རྒྱ་གར་གྱི་གུཔྟའི་ཡིག་གཟུགས་ལ་དཔེ་བླངས་ནས་བཟོས་པར་བཞེད། དེ་ཡང་ཁོང་ཉིད་འཕགས་ཡུལ་དུ་བཞུགས་རིང་། དེའི་ཐད་ཞིབ་འཇུག་ནན་ཏན་མཛད་རྗེས་གསུང་དོན། “ སྔོན་གྱི་ཨཙྪ་རྣམས་དང་། སངས་རྒྱས་ཀྱི་སྐུ་དུས་དང་། མོཪྻའི་རྒྱལ་བརྒྱུད་ཀྱི་སྐབས་དང་། གུཔྟ་རྒྱལ་བརྒྱུད་སོགས་ཀྱི་སྐབས་ཐམས་ཅད་དུ། མག་ཧྲའི་ཡིག་གཟུགས་ཤིན་ཏུ་མི་འདྲ་བ་དག་རིམ་གྱིས་བྱུང་བ། རྒྱལ་པོ་སོ་སོའི་རྗེ་རིང་དང་། ཟངས་ཀྱི་སྤྱིགས་བུ་རྣམས་ད་ལྟ་ཡང་དངོས་སུ་བལྟར་ཡོད་པའི་ཕྱིར་རོ། དེའི་དུས་ཀྱི་རྗེ་རིང་དང་། ཟངས་ཀྱི་སྤྱིགས་བུ་རྒྱ་གར་གྱི་པཎྜི་ཏ་དག་གིས་ཀྱང་ཀློག་མི་ནུས་པ་དག་བོད་པ་རྒྱ་ཡིག་འབྲུག་གཅིག་ཙམ་ཡང་མི་ཤེས་པ་ཞིག་གིས་ཀྱང་ཕྱེད་ཙམ་ཀློག་ནུས་པ་ཡིན་པའི་ཕྱིར་རོ་” ཞེས་དང་། དགེ་འདུན་ཆོས་འཕེལ་མཆོག་གིས་རྒྱ་གར་གྱི་གནའ་བོའི་ཡིག་རིགས་གུཔྟ་དང་། བོད་ཡིག་ཡིག་གཟུགས་གཉིས་ཕན་ཚུན་ཞིབ་བསྡུར་གནང་བའི་དཔེ་རིས་ཤིག་བོད་ཡིག་ཚགས་པར་ཐོག་འགྲེམས་སྤེལ་བྱས་ཡོད། （དཔེ་རིས་བརྒྱད་པར་གཟིགས）

བགྲང་བྱ་བཅུའི་གོང་དུ་ཁོ་བོ་རྒྱ་གར་འཕགས་པའི་ཡུལ་དུ་བསྐྱོད་ནས་བོད་ཡིག་གི་འབྱུང་ཁུངས་སྐོར་ཞིབ་འཇུག་བྱས་པ་ཡིན། ཁོ་བོའི་འདོད་ཚུལ་ལྟར་ན། དགེ་འདུན་ཆོས་འཕེལ་མཆོག་གི་བོད་ཡིག་གི་འབྱུང་ཁུངས་སྐོར་གྱི་དགོངས་ཚུལ་དེ་ནི་ཡོངས་སུ་ཡང་དག་པ་ཞིག་ཡིན་པར་སེམས། དེའི་སྐོར་ང་ཚོས་གཤམ་འོག་གི་དཔེ་རིས་བརྒྱད་པ་དང་། དགུ་པ། བཅུ་པ་བཅུ་གཅིག་བཅས་ལ་གཟིགས་ན་གསལ་པོ་མཁྱེན་ཐུབ། དཔེ་རིས་དེ་དག་ནང་

འཁོད་པའི་ཡིག་གཟུགས་ནི་གནའ་རབས་རྒྱ་གར་ལྷོ་བྱང་གཉིས་ཀྱི་གུཔྟའི་ཡིག་གཟུགས་ཡིན་པ་དང་། དེ་དག་ནི་G・བེཙུ་ལེར་གྱིས་ཕྱོགས་སྒྲིག་མཛད་པའི་《རྒྱ་གར་གནའ་བོའི་ཡིག་གཟུགས་ཕྱོགས་བསྡུས》ཞེས་པའི་དཔེ་དེབ་ལས་ཁོ་བོས་པར་སློག་ཞུས་པ་ཡིན།

དེ་སྔོན་ཁོ་བོའི་བསམ་པར་དགེ་འདུན་ཆོས་འཕེལ་གྱིས་ནཱ་ག་རའི་ཡི་གེ་དེ་བོད་ཡིག་གི་མ་དཔེ་ཡིན་མིན་སྐོར་དཔྱད་པ་གནང་མེད་པ་དེ་ནི་རྒྱུ་མཚན་ཅི་ཡིན་ནམ་བསམ་གྱི་ཡོད། འོན་ཀྱང་ཕྱིས་སུ་ནཱ་ག་རའི་ཡི་གེ་དེ་ཡང་གུཔྟའི་ཡིག་གཟུགས་ལས་བྱུང་བ་ཞིག་ཡིན་པ་ཁོ་བོར་ངོས་འཛིན་གསལ་པོ་བྱུང་། དེས་ན་ཁོ་བོའི་འདོད་ཚུལ་དེ་ཉིད་སྔར་བས་ཡང་དག་པ་ཞིག་ཡིན་པར་བསྒྲུབ་ཆེད། སྐད་རིགས་མཁས་ཅན་དང་ཁོ་བོའི་གྲོགས་པོ་ཨ་མེ་རི་ཁའི་མི་ཞེ་ཀའན་སློབ་གྲྭ་ཆེན་མོའི་དགེ་རྒན་ཆེན་མོ་བ་སྐུ་ཞབས་D・S・ད་རི་ཁེ་ཤེ་ནི་མཁྱེན་རྒྱ་ཤིན་ཏུ་ཡངས་པའི་མཁས་དབང་ཞིག་ཡིན་པས་ངོས་ནས་ཁོང་ལ་དེ་སྐོར་བཀའ་དྲི་ཞུས་པར། ཁོང་གིས་གསུང་དོན། གུཔྟའི་ཡི་གེ་དེ་ནི་འབྲི་སྟངས་མི་འདྲ་བའི་ཡིག་གཟུགས་ནཱ་ག་ར་སོགས་ཀྱི་མ་ཕྱི་ཡིན་ལ། བོད་ཡིག་དེ་ཡང་ཕལ་ཆེར་གུཔྟའི་ཡིག་གཟུགས་སམ་ཡང་ན་ཤིན་ཏུ་སྔ་བའི་ནཱ་ག་རའི་ཡི་གེར་དཔེ་བླངས་ནས་བཟོས་པ་ཞིག་ཡིན་འདུག་ཅེས་གསུངས་བྱུང་། དེར་བརྟེན། བོད་ཡིག་གི་ཡིག་གཟུགས་དེ་གནའ་རབས་གུཔྟའི་ཡིག་གཟུགས་ལ་དཔེ་བླངས་ནས་བཟོས་པ་ཞིག་ཡིན་པའི་གནད་དོན་དེ་ལ་སྔར་བས་ངོས་འཛིན་གསལ་པོ་ཐུབ་བྱུང་། དེ་བཞིན་ཞང་ཞུང་སྨར་ཡིག་ཅེས་གནའ་བོའི་བོན་ཆོས་ཀྱི་གཞུང་ལུགས་བྲིས་རྩོམ་བྱས་པའི་ཡི་གེ་དེའི་འབྱུང་ཁུངས་ཀྱང་གུཔྟའི་ཡིག་གཟུགས་ཡིན་པ་གོར་མ་ཆག ཁོ་བོས་དེ་སྔོན་བོན་ཆོས་ཀྱི་དཔེ་ཆ་རྙིང་པ་ཞིག་མཇལ་སྐྱོང་ཡོད། དཔེ་རྙིང་དེ་ཉར་ཚགས་བྱེད་མཁན་ཤེས་ཡོན་ཅན་དེས་ཁོ་བོར་ཡིག་རིགས་དེ་གྲགས་ཞང་ཞུང་གི་དཔེ་ཆ་ཚང་མའི་ནང་མཐོང་རྒྱུ་ཡོད་ཅེས་གསུངས་བྱུང་། འོན་ཀྱང་། ཁོ་བོས་བལྟས་ན་ཡིག་གཟུགས་དེ་ནི་མཁའ་འགྲོའི་བརྡ་ཡིག་གམ་མཚོན་རྟགས་ག་གེ་མོ་ཞིག་ཡིན་པར་སྣང་ལ། ཡིག་རིགས་དེ་ཕལ་ཆེར་གནའ་བོའི་དུས་སུ་པར་སིག་དང་ཨོ་རྒྱན་གྱི་ཡུལ་དུ་བེད་སྤྱོད་བྱེད་པའི་ཡིག་རིགས་ཤིག་མིན་ནམ་སྙམ། ཕྱིས་སུ་ཁོ་བོས་དེའི་སྐོར་ཞུ་མཐུད་ཞིབ་འཇུག་གཏིང་ཟབ་བྱས་པ་བརྒྱུད། གནའ་རབས་བོད་ཀྱི་

ཡི་གེ་(བོད་ཀྱི་ཤེས་རིག་དར་སྐབས་) དེ་ནི་ཆེས་སྔ་བའི་གུཔྟའི་ཡི་གེར་དཔེ་བླངས་ནས་བྱུང་བ་ཞིག་དང་། ཐུབ་པའི་ཆོས་ལུགས་བོད་དུ་དར་འགོ་ཚུགས་སྐབས་བྱུང་བའི་བོད་ཡིག་གི་ཡིག་གཟུགས་དེ་ནི་ཕྱིས་ཀྱི་གུཔྟའི་ཡིག་གཟུགས་ལ་དཔེ་བྱས་ནས་བཟོས་པ་ཞིག་ཡིན་པར་ངོས་འཛིན་བྱེད་ཀྱི་ཡོད་པས་འཐད་མིན་དཔྱད་པར་འཚལ། དོན་དངོས་ལས་ར་སྤྲོད་ཐུབ་པ་ནི། གནའ་རབས་ཞང་ཞུང་གི་ཡིག་གཟུགས་ག་གེ་མོ་ཞིག་དང་བོད་ཡིག་དབུ་མེད་ཀྱི་གཟུགས་གཉིས་ཤིན་ཏུ་ནས་འདྲ་ཆེ་ཞིང་། གལ་ཏེ་ང་ཚོས་ཡིག་རིགས་དེ་གཉིས་ཕན་ཚུན་བསྡུར་བ་ཞིག་བྱས་ན། ཡིག་རིགས་དེ་གཉིས་ཀྱི་འབྱུང་རྩ་གཅིག་རང་ལས་མེད་པ་དེ་ནི་གུཔྟའི་ཡིག་རིགས་དེ་ཡིན་པ་རྟོགས་ཐུབ།

ད་དུང་བཞེད་ཚུལ་གཞན་ཞིག་ཡོད་པ་ནི། ཕོ་བོའི་དགེ་བའི་བཤེས་གཉེན་དང་རྩེ་རིག་གནས་སློབ་གྲྭའི་དགེ་རྒན་བློ་གྲོས་ཆོས་བཟང་(ཁོང་ནི་སྨིན་གྲོལ་གླིང་དགོན་ནས་ཕེབས་པའི་མཁས་དབང་ཞིག་ཡིན་) མཆོག་གིས་ཁོ་བོར། “བོད་ཀྱི་སྲོལ་རྒྱུན་ལྟ་བ་གཞན་ཞིག་ལྟར་ན། ད་ལྟ་རང་རེས་བེད་སྤྱོད་བྱེད་པའི་བོད་ཡིག་དེ་ནི་ཞང་ཞུང་སྨར་ཡིག་དཔེར་བླངས་ནས་བཟོས་པ་ཞིག་ཡིན་པ་དང་། ཞང་ཞུང་སྨར་ཡིག་ནི་སྟག་གཟིག་སྤུང་ཡིག་ལས་བྱུང་བ་ཞིག་ཡིན་པར་ངོས་འཛིན་བྱེད་པ་ཡིན། གལ་ཏེ་ལྟ་བ་དེ་ཉིད་ཡང་དག་པའི་ཁོངས་སུ་འདོད་ན། ཞང་ཞུང་སྤུང་ཡིག་གི་འབྱུང་རྩ་ནི་ཕལ་ཆེར་གནའ་རབས་ཀྱི་པར་སིག་ཡུལ་དུ་བེད་སྤྱོད་བྱེད་པའི་གུཔྟའི་ཡི་གེ་དེ་ཡིན་པར་སེམས” ཞེས་གསུངས་སོ།

བོད་ཡིག་གི་འབྱུང་ཁུངས་འཁྲུལ་མེད་གང་ཡིན་རྟོགས་པར་ད་དུང་ཞིབ་འཇུག་མང་པོ་བྱེད་དགོས་ལ། ལྷག་པར་དུ་གནད་དོན་དེའི་ཐད་དེང་རབས་ཀྱི་རིག་ལམ་དཔྱད་ཐབས་ལ་བརྟེན་དགོས་པ་དང་། ཚན་རིག་དང་མཐུན་པའི་ཞིབ་འཇུག་བྱེད་དགོས་པ་ཡིན། དེའི་སྐོར་ཞིབ་འཇུག་མཐིལ་ཕྱིན་པ་ཞིག་བྱེད་སྐབས། གཅིག་ནས་གནའ་རབས་བོད་ཀྱི་ཆོས་ལུགས་བོན་ཆོས་ལ་ཞིབ་འཇུག་བྱ་རྒྱུ་གལ་ཆེ་ལ། གཉིས་ནས་བོན་ཆོས་དང་འབྲེལ་བའི་གནའ་བོའི་པར་སིག་དང་། ཨོ་རྒྱན་གྱི་ཡུལ། དེ་བཞིན་རྒྱ་གར་བྱང་ནུབ་ས་ཁུལ་བཅས་ཀྱི་ཤེས་རིག་ལ་ཡང་ཞིབ་འཇུག་བྱེད་དགོས་པ་མ་ཟད། བོད་ཀྱི་གནའ་རབས་དང་དུས་རབས་

དཀྱིལ་མའི་སྐབས་ཀྱི་ཤེས་རིག་ཁག་ལ་ཡང་ཞིབ་འཇུག་བཅས་བྱས་ཚེ་ད་གཟོད་ཀུན་གྱིས་ཡིད་རྟོན་ཏུང་བའི་མཐའ་བསྒོམས་གཅིག་འཇོག་ཐུབ་སྙམ། སོ་སོའི་རེ་བར་རྣམ་དཔྱོད་དང་ལྡན་པའི་སྐྱེ་བོ་ཚོས་དོན་དེའི་ཐད་ལུ་མཐུད་ཞིབ་འཇུག་གཏིང་ཟབ་གནང་ཐོག་གཡུར་ཏུ་ཟ་བའི་ཞིབ་འཇུག་འབྲས་བུ་ཐོན་པར་སྨོན་པ་དང་། དཔྱད་རྩོམ་འདི་མཇུག་སྒྲིལ་མཚམས་འདིར་སོ་སོས་བོད་ཡིག་གི་རྩོམ་ཚུལ་ལམ་ནས་སྨྲས་པར།

བོད་ཡིག་ཡིག་གཟུགས་དང་དེའི་འགོ་འགྱུར་གྱི་དཔེ་མཚོན།

དཔེ་རིས་དང་པོ། བོད་ཡིག་ཀ་མད་སུམ་བཅུ།

ཀ	ཁ	ག	ང
ka	kha	ga	nga
ཅ	ཆ	ཇ	ཉ
ca	cha	ja	nya
ཏ	ཐ	ད	ན
ta	tha	da	na
པ	ཕ	བ	མ
pa	pha	ba	ma
ཙ	ཚ	ཛ	ཝ
tza	tsa	dza	wa
ཞ	ཟ	འ	ཡ
zha	za	'a	ya
ར	ལ	ཤ	ས
ra	la	sha	sa
ཧ	ཨ	ཕ༹	བ༹
ha	a	fa	va

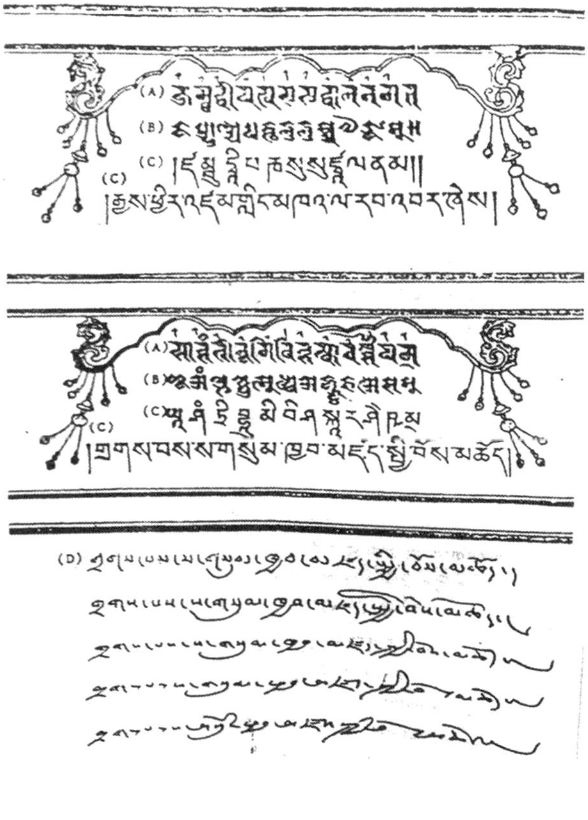

དཔེ་རིས་གཉིས་པ།

(A) ལཉྫ་ (B) ཝརྟུ། (C) དབུ་ཅན།

(D) ཡིག་སྦྲེང་ལྔ་པོ་ཚང་མ་དབུ་མེད་གཟུགས། དེ་ལས་ཡིག་སྦྲེང་དང་པོ་འབྲུ་ཚ།

གཉིས་པ་ཚུགས་ཐུང་། དེ་ཁྲིངས་འཁྲུག་ཡིག་ཡིན་（དབུ་མེད་ལ་ཁྲིམས་སྟངས་མི་འདྲ་བ་འགའ་ཞིག་ཡོད་པས་གཟིགས་འདོད་ན་ཕོ་བོའི་དཔྱད་རྩོམ《བོད་ཡིག་ཡིག་གཟུགས་བྱུང་འཕེལ་སྐོར》ཞེས་པའི་ནང་གསལ་ལོ་）

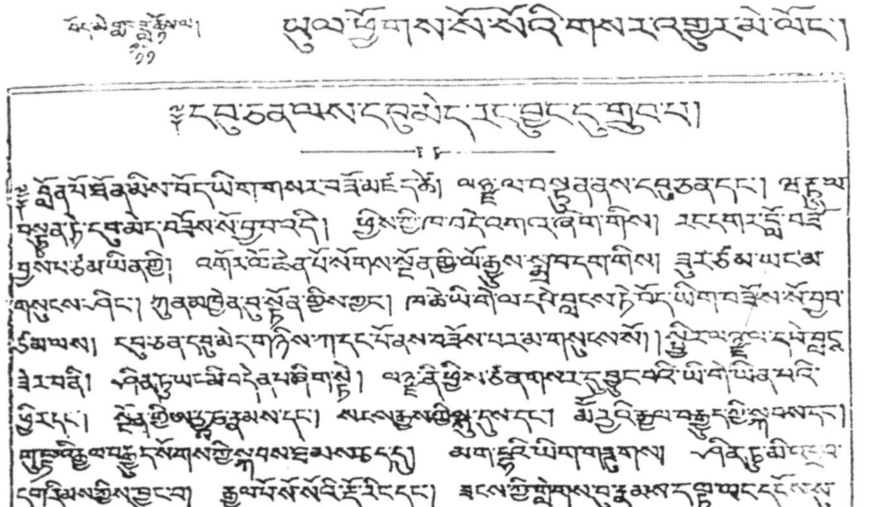
ཡུལ་ཕྱོགས་སོ་སོའི་གསར་འགྱུར་མེ་ལོང་།

དཔེ་རིས་གསུམ་པ།

སྤྱི་ལོ1938ལོའི་ཟླ་བ་དང་པོའི་ཚེས་གཉིས་ཉིན་བརྟན་པའི་བོད་ཡིག་ཚགས་པར་
《ཡུལ་ཕྱོགས་སོ་སོའི་གསར་འགྱུར་མེ་ལོང་》ཞེས་པའི་པར་སློག

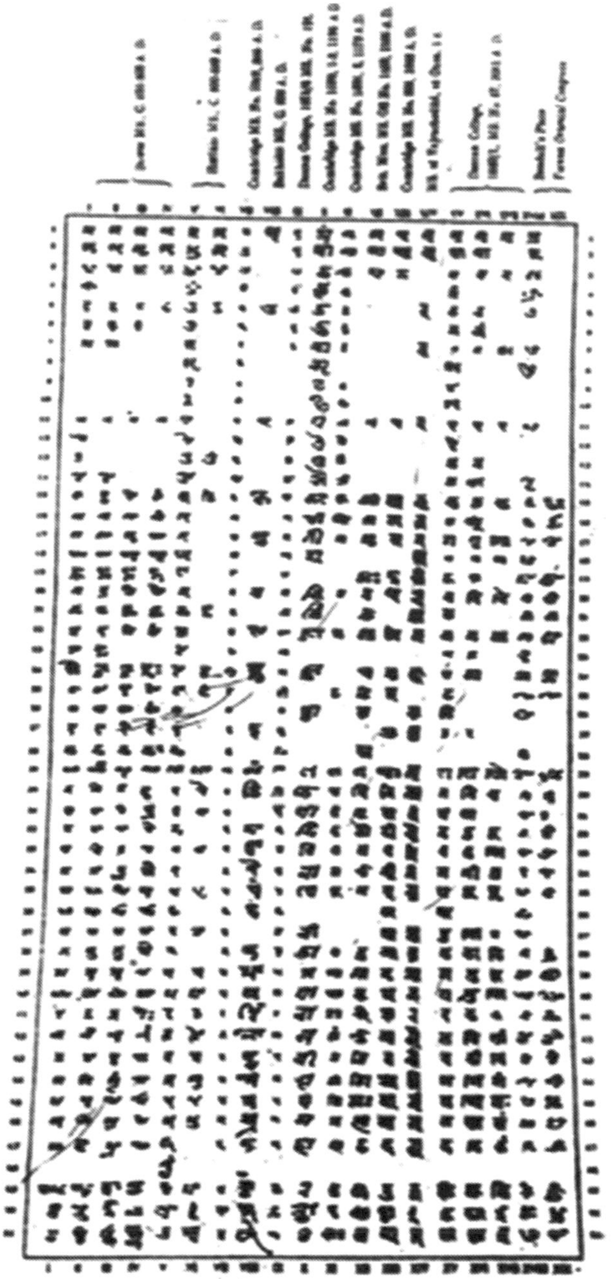

FIGURE 3

དཔེ་རིས་བཞི་པ།

G · པེའུ་ལེར་གྱིས་ཕྱོགས་སྒྲིག་མཛད་པའི་《གནའ་རབས་འཕགས་ཡུལ་གྱི་ཡིག་གཟུགས》ཞེས་པའི་པར་སློག

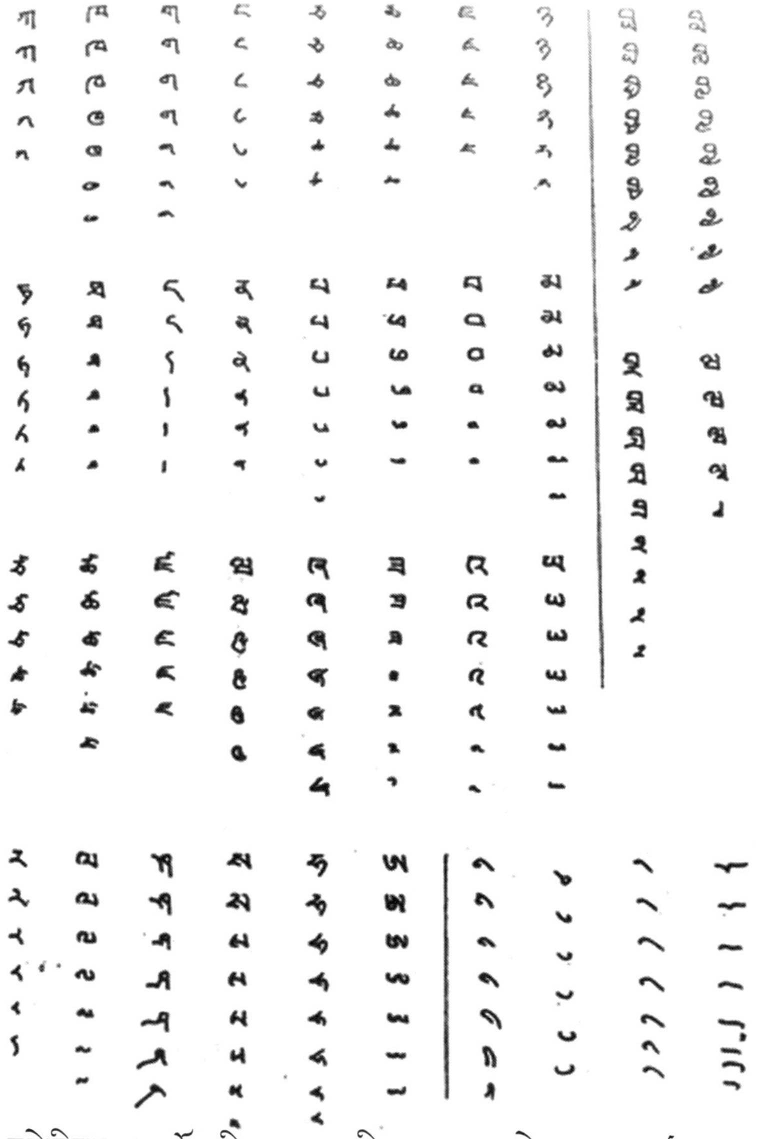

དཔེ་རིས་ལྔ་པ། བོད་ཡིག་དབུ་ཅན་གྱི་གཟུགས་དབུ་མེད་དུ་འགྱུར་ཚུལ་བསྟན་པ།

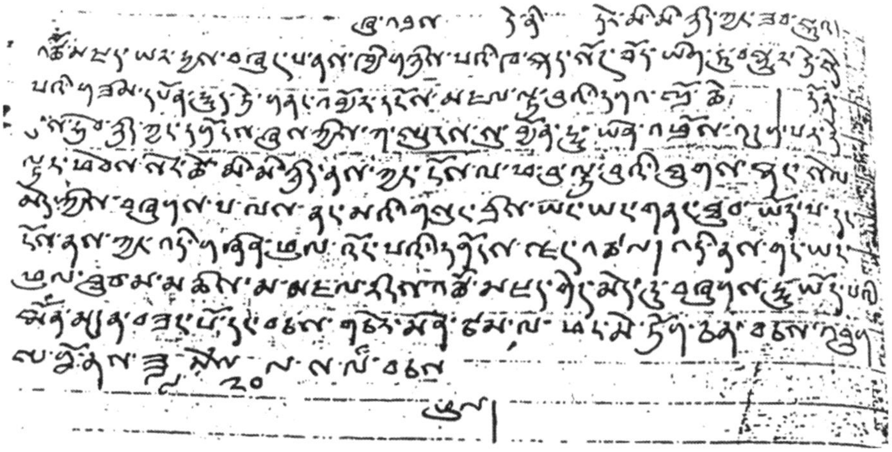

དཔེ་རིས་དྲུག་པ། དེང་དུས་འབྲུག་ཡུལ་གྱི་བོད་ཡིག་ཡིག་གཟུགས།

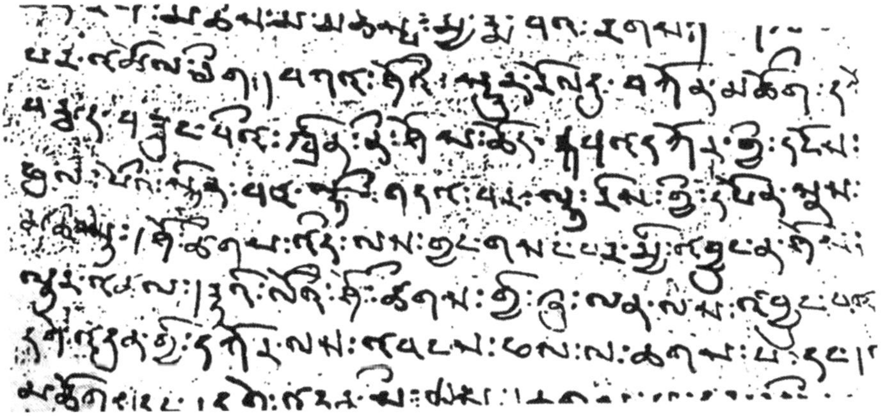

དཔེ་རིས་བདུན་པ། ཀུན་རྫོང་ནས་ཐོན་པའི་གནའ་བོའི་བོད་ཡིག་ཡིག་གཟུགས།

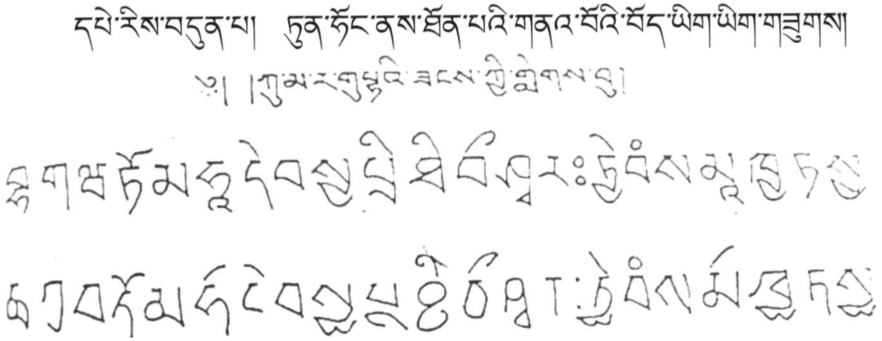

དཔེ་རིས་བརྒྱད་པ། ཀུ་མ་ར་གུཔྟའི་ཡིག་གཟུགས་(དགེ་འདུན་ཆོས་འཕེལ་མཆོག་གི་ལྡེབ་རྗོམ་ལས་པར་སློག་བྱས་པ་ཡིན་)

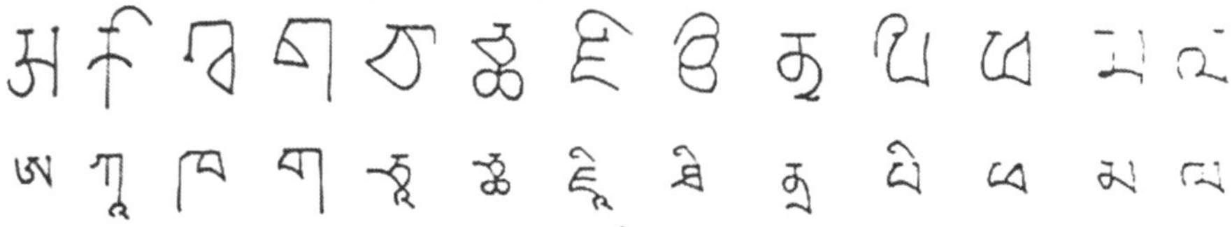

དཔེ་རིས་དགུ་པ། དུས་རབས་དྲུག་པའི་སྐབས་རྒྱ་གར་བྱང་ཕྱོགས་སུ་མཆིས་པའི་ཀུ་མ་ར་གུཔྟའི་ཡིག་གཟུགས།

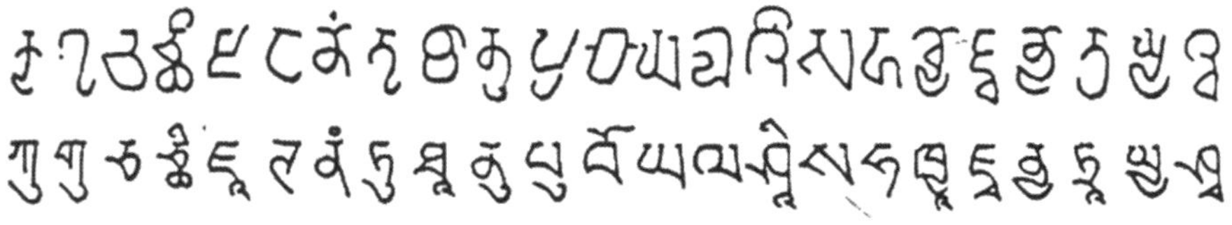

དཔེ་རིས་བཅུ་པ། སྤྱི་ལོའི་སྔོན་གྱི་ལོ400ནས་ལོ750བར་གྱི་རྒྱ་གར་ལྷོ་ཕྱོགས་ཡིག་གཟུགས་དང་། སྤྱི་ལོའི་སྔོན་གྱི་ལོ412སྐབས་ཀྱི་གུཔྟའི་ཡིག་གཟུགས།

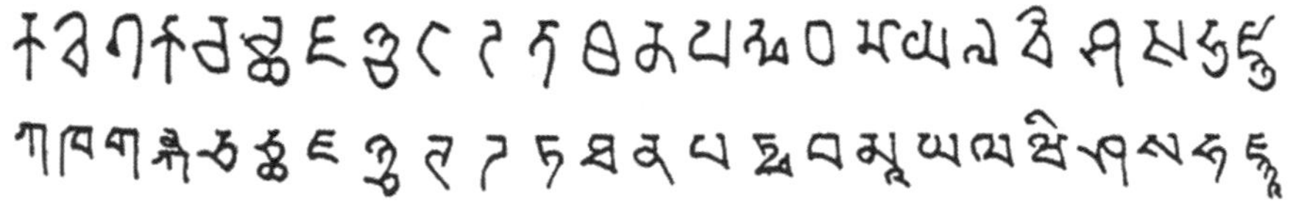

དཔེར་རིས་བཅུ་གཅིག་པ། སྤྱི་ལོའི་སྔོན་གྱི་ལོ350ནས་ལོ800བར་རྒྱ་གར་བྱང་ཕྱོགས་སུ་དར་བའི་ཡིག་གཟུགས་དང་། སྤྱི་ལོའི་སྔོན་གྱི་ལོ375སྐབས་ཀྱི་པར་སིག་གི་ཡིག་གཟུགས།

མིག་ཡ་གཅིག་བསྒྲིབས་པའི་མཐོང་ཚུལ་ནི།
གཡག་ཞར་བས་སྤང་རྩྭ་བཟས་དང་མཚུངས།
དེ་འདྲ་བའི་སྐྱོན་འཁྲུལ་སེལ་བའི་ཕྱིར།
 རྣོ་གཟུ་བོར་གནས་པས་དཔྱད་ཞིབ་མཛོད།

(ནེར་ཁེ་ཏ། 《བོད་ལྗོངས་སློབ་གསོ་》1996ལོའི་དུས་དེབ་གསུམ་པར་འཀོད།)

༄༅། །ཙན་ལྷ་ཞེས་པའི་དཔེ་རྙིང་ལས་འཕྲོས་པའི་བོད་ཀྱི་རྒྱལ་པོ་གཉའ་ཁྲི་བཙན་པོའི་འབྱུང་ཁུངས་དང་འབྲེལ་བའི་གཏམ་རྒྱུད་སྐོར་ལ་དཔྱད་པ།

论述苯教古老文献五部史册

[བརྡ་ཆད་གཙོ་བོ།] ཙན་ལྷ། གཉའ་ཁྲི་བཙན་པོ། ལྡེའུ་ཆོས་འབྱུང་། ལྷ་སྒྲུང་། གཏམ་རྒྱུད། བོན་ཆོས། གནའ་བོའི་ཡིག་ཆ།

[ནང་དོན་གནད་བསྡུས།] དཔྱད་རྩོམ་འདིའི་ནང་དོན་གཙོ་བོ་ནི་ད་ཕན་ང་ཚོའི་འདྲེན་བྱེད་ཡུལ་དུ་མ་གྱུར་པའི་ཙན་ལྷ་ཞེས་པའི་དཔེ་རྙིང་སྐོར་གྲགས་ཙན་ལོ་རྒྱུས་དེབ་ཐེར་སོགས་ནང་ཇི་ལྟར་འཁོད་ཚུལ་དང་། ལྷག་པར་《ལྡེའུ་ཆོས་འབྱུང་》གི་རྩོམ་པ་པོས་དེ་ནི་བཙན་པོ་ཐོག་མའི་འབྱུང་ཁུངས་སྐོར་བརྗོད་པའི་གནའ་བོའི་གཞུང་ཕྱོགས་ཀྱི་ཡིག་ཚང་ཞིག་ཡིན་ཚུལ་གསུངས་པའི་སྐོར། 《ལྡེའུ་ཆོས་འབྱུང་》ནང་ཙན་ལྷའི་ནང་ལས་ཡོ་ག་ལྷ་གྱེས་ཙན་ཞེས་པའི་དོན་རྒྱས་ཞིབ་ཏུ་འཁོད་ཡོད་ལ་དེའི་ནང་སངས་རྒྱས་ཆོས་ལུགས་ཀྱི་ནང་དོན་ཁག་གཅིག་བོད་རང་གི་ལྷ་སྒྲུང་ནང་དུ་སྦྱར་ཡོད་པའི་སྐོར། དེ་བཞིན་ཕྱིས་ཀྱི་ལོ་རྒྱུས་སྨྲ་བ་དག་གིས་རང་སོ་སོའི་གྲུབ་མཐའི་རྗེས་སུ་ཞུགས་པ་ལས་དུས་རབས་བཅུ་གཉིས་པའི་སྐབས་ཀྱི་བཀའ་གདམས་པའི་ལོ་རྒྱུས་སྨྲ་བ་རྣམས་ལྟར་གནའ་བོའི་ལོ་རྒྱུས་ཀྱི་དཔྱད་གཞི་ལ་ཁུངས་དེ་ཙམ་གཏུགས་མེད་པས་ཙན་ལྷ་ཞེས་པའི་དཔེ་རྙིང་དང་དེ་དག་གི་ནང་དོན་རྣམས་སྣང་མེད་ཀྱིས་བསྐྱུར་ཚུལ་སོགས་ཀྱི་སྐོར་ལ་རང་གི་འདོད་ཚུལ་ལྷུག་པོར་སྤེལ་ཡོད།

【关键词】《五史册》;聂赤赞普;苯教;《弟吾宗教源流》;神话

【摘要】 此篇依据《弟吾宗教源流》和《伯希和敦煌藏文卷子》No. 1038 的记载内容,对《五史册》进行概述。重点介绍了《弟吾宗教源流》中关于十二邦国历史及第一位赞普出身的三种不同神话。作者对中关于第一位赞普来历的所谓"隐秘的、公开的、极端隐密"的《五史册》记载进行一一点评。试图还原西藏远古历史上出现的第一位赞普聂赤赞普的历史本来面目

དེ་ཡང་སྐབས་བཞི་པའི་རྒྱལ་སྤྱིའི་བོད་རིག་པའི་གྲོས་ཚོགས་སྟེང་ཁོ་བོས་བོད་ཀྱི་གནའ་བོའི་དཔེ་ཆ་འགའ་ཞིག་ལ་དཔྱད་ཞིབ་བྱས་པའི་རྩོམ་ཐུང་ཞིག་སྒྲོག་སྦྱང་བྱས་པ་ཡིན། དཔེ་ཆ་དེ་དག་ནི《སྦ་བཞེད་》སོགས་ནང་དུ་དྲངས་པའི་བརྩམ་བྱ་"ཅན་ལྔ་"ཞེས་པ་དེ་ཡིན་ཞིང་། དེ་ཡང་ཅན་ལྔ་ཞེས་པ་ནི།

1. ཡོ་ག་(ཡི་གེ་)ལྷ་དགེ་(གྲེས་)ཅན། 2. ལྟེབ་མ་(འདབ་མ་)དགུ་རྩིག་(བརྩེགས་)ཅན། 3. ཐིང་པོ་སྣ་ཚོགས་ཅན། 4. གསང་བ་ཕྱག་རྒྱ་ཅན། 5. སྨུན་པོ་ཅན་བཅས་སོ།

དཔེ་ཆ་དེ་དག་སྐོར《ཉང་རལ་ཆོས་འབྱུང་》ནང་དུ་རོབ་ཙམ་འཁོད་ལ། ཆོས་འབྱུང་དེ་ལས་ང་ཚོས་ཅན་ལྔ་ཞེས་པའི་ཐ་སྙད་འགའ་ཞིག་གི་གོ་དོན་ཤེས་རྟོགས་བྱ་རྒྱུར་ཕན་ནུས་ཐོན་ཐུབ། ཁོ་བོས་དཔེ་ཆ་དེ་དག་སྐོར་གྱི་དཔྱད་རྩོམ་ཐུང་ངུ་དེ་སྒྲོག་སྦྱང་བྱེད་སྐབས། དཔྱད་རྩོམ་དེའི་ནང་དོན་ནི་དཔེ་ཆ་དེ་འདྲ་ལྟ་བུ་ཞིག་ཡོད་ཚུལ་སོགས་སྤྱིར་བཏང་གནས་ཚུལ་ཙམ་ལས་དཔེ་ཆ་དེ་དག་ནང་འཁོད་པའི་ནང་དོན་རྣམས་ཡང་སྙིང་གང་ཡིན་སྐོར་རྒྱས་གླེང་མི་ཐུབ་ཀྱང་། དེ་དག་གི་ཁྲིད་ལས་བོད་ཀྱི་རྒྱལ་པོར་སྤྱ་བ་གཉའ་ཁྲི་བཙན་པོ་བྱུང་ཚུལ་གྱི་ལྷ་སྒྲུང་དང་འབྲེལ་བ་མཆིས་པའི་ཅན་གཉིས་ཀྱི་སྐོར་དཔྱད་གླེང་རགས་ཙམ་བྱ་ཁུལ་བྱས་ཡོད། གཉའ་ཁྲི་བཙན་པོ་དང་འབྲེལ་བའི་(གཏམ་རྒྱུད་)ལྷ་སྒྲུང་སྐོར་ལ་བརྗོད་ཚུལ་མི་འདྲ་བ་ཁག་གསུམ་ཡོད་པ་སྟེ། གཅིག བསྒྲགས་པ་བོན་ལུགས་དང་། གཉིས། གསང་བ་ཆོས་ལུགས། གསུམ། ཡང་གསང་ལུགས་བཅས་སོ། ཕྱིས་སུ་བྱུང་བའི་བོད་ཀྱི་ལོ་རྒྱུས་དང་ཆོས་འབྱུང་དཔེ་ཆའི་ནང་དུ་གོང་གསལ་གྱི་ཐ་སྙད་ཙམ་མམ་ཡང་ན་སླ་བཅོས་ཀྱིས'བོད་ཀྱི་ཡིག་ཚང་ལྟར་ན'ཞེས་བརྗོད་པ་ལས། ཅན་ལྔ་ཞེས་པའི་དཔེ་ཆའི་མཚན་བྱང་བཀོད་མེད།

ཡི་གེ་ལྷ་གྲེས་ཅན་ཞེས་པའི་དཔེ་ཆ་དེའི་ནང་དོན་ནི་བོན་ཉིད་ཀྱི་བྱུང་ཚུལ་དང་འབྲེལ་བའི་ལྷ་སྒྲུང་སྐོར་ཡིན་ནའང་། གསང་བ་ཕྱག་རྒྱ་ཅན་ཞེས་པའི་དཔེ་ཆའི་ནང་དོན་ནི་ང་ཚོའི་ད་ཡོད་ཀྱི་དཔྱད་གཞིའི་ནང་དོན་དང་གཅིག་མཐུན་མ་ཡིན།《ཉང་རལ་ཆོས་འབྱུང་》ལྟར་ན། གསང་བ་ཕྱག་རྒྱ་ཅན་གྱི་ནང་དོན་ནི་ཐུབ་པའི་ཆོས་ལུགས་ཀྱི་བྱུང་བ་

བརྗོད་པའི་ལྷ་སྒྲུང་ཡིན། འོན་ཀྱང་《ལྡེའུ་ཆོས་འབྱུང་》ནང་དུ་ནི་དེ་ལྟར་མ་ཡིན་ལ། ཅན་ལྔ་ལས་ཅན་མཐའ་མ་དེའི་མཚན་བྱང་ཡང་མི་འདྲ་བ་ཡོད། དེ་ལྟ་བུའི་དགོངས་ཚུལ་དང་འབྲི་སྟངས་མི་འདྲ་བ་བྱུང་བའི་སྐོར་ཚུལ་ནི་ལོ་རྒྱུས་སྐབས་འདིར་ཅན་ལྔ་ལས་ཅན་གསུམ་ལ་དམིགས་ནས་ཞིབ་འཇུག་བྱ་དོན་དེ་ཡིན་ལ། ཞིབ་འཇུག་བྱ་གཞི་དེ་ལ་ཉེ་ཆར་དཔར་དུ་བསྐྲུན་པའི་དཔེ་ཆས་ཀྱང་མཐུན་རྐྱེན་བསྐྲུན་ཡོད།

ལོ་རྒྱུས་ཡིག་《སྦ་བཞེད་》དང་། 《ཉང་རལ་ཆོས་འབྱུང་》《ལྡེའུ་ཆོས་འབྱུང་》ནང་འཁོད་པའི་ཅན་ལྔ་ཞེས་པའི་དཔེ་ཆ་དེ་ལྟ་བུ་ཞིག་ཡོད་པའི་དབང་དུ་བྱས་ན། དེ་དག་ད་དུང་མི་རྣམས་ཀྱི་འདྲིན་བྱེད་ཀྱི་ཡུལ་དུ་གྱུར་མེད་ནའང་། རྒྱུ་མཚན་དེ་འཁྱེར་ནས་དཔེ་ཆ་གཞན་ལས་བྱུང་སྤྱི་ཞིང་རྩ་ཆེ་བའི་ལོ་རྒྱུས་ཀྱི་དཔྱད་ཡིག(ལྡེའུ་ཆོས་འབྱུང་》སོགས་ནང་འཁོད་པའི་དཔེ་ཆ་དེ་དག་སྐོར་གྱི་གནད་འཕྲིན་ལ་ཞིབ་འཇུག་བྱ་རིན་མེད་ཅེས་ཟེར་མི་ཉན། དོན་དངོས་ཐོག་ཅན་ལྔ་ཞེས་པའི་དཔེ་ཆ་དེ་དག་ནི་གོང་གསལ་གྱི་ལོ་རྒྱུས་ཀྱི་དེབ་ཐེར་རྣམས་ཀྱི་སྒྲོམ་གཞི་ལྟ་བུར་གྱུར་ཡོད་ལ། སྒྲོམ་གཞི་དེ་ལྟ་བུ་ནི་བོད་ཀྱི་ལོ་རྒྱུས་དེབ་ཐེར་གཞན་ལ་མ་མཆིས་སོ།

མིག་སྔར་གོང་དུ་བརྗོད་པའི་ཅན་ལྔ་ཞེས་པའི་དཔེ་ཆ་དེ་དག་དངོས་སུ་མིག་ལ་བསྟན་དུ་མེད་ཀྱང་། དེ་ནི་ཏུན་ཧོང་གི་ལོ་རྒྱུས་དཔྱད་ཡིག་རྗེས་ཀྱི་བོད་ཀྱི་ལོ་རྒྱུས་ཀྱི་དཔྱད་གཞིའི་ཡིག་ཆ་ཞིག་ཡིན་པ་གོར་མ་ཆག འོན་ཀྱང་། བན་བོན་གཉིས་ཀས་དཔྱད་ཡིག་དེ་དག་སྔང་མེད་དུ་བཅིས་ཡོད་ཅིང་། སྔང་མེད་དུ་ཇི་ལྟར་བཅིས་པའི་ཚུལ་ཁོ་བོས་རྗེས་སུ་གླེང་རྒྱུ་ཡིན། 《ལྡེའུ་ཆོས་འབྱུང་》གི་རྩོམ་པ་པོས་ཅན་ལྔ་ཞེས་པའི་དཔེ་ཆ་དེ་དག་གི་ནང་དོན་རྣམས་རང་གི་རྩོམ་ཡིག་ནང་ཐད་ཀར་མགོ་འདྲེན་བྱས་པ་དང་ཡང་ན་དེ་མིན་གྱི་དེབ་ཐེར་ཞིག་ལས་བརྒྱུད་འདྲེན་བྱས་པ་གང་ཡིན་གསལ་པོ་བརྗོད་མེད།

ཅན་ལྔ་ལས་ཅན་དང་པོ་དང་གཉིས་པ་ནི་བོད་ཀྱི་རྒྱལ་པོའི་ཐོག་མ་གཉའ་ཁྲི་བཙན་པོའི་བྱུང་ཚུལ་དང་འབྲེལ་བའི་ལྷ་སྒྲུང་སྐོར་ཡིན་ལ། དེ་བྱིངས་ཀྱི་ཅན་ལྔ་རྣམས་ནི་གཉའ་ཁྲི་བཙན་པོ་ནས་བོད་བཙན་པོའི་རྒྱལ་རབས་སྐབས་ཀྱི་ལོ་རྒྱུས་ཀྱི་ནང་དོན་སྐོར་ཡིན། དེ་ཡང་

གཉའ་ཁྲི་བཙན་པོའི་བྱུང་ཚུལ་བརྗོད་པའི་ལྷ་སྒྲུང་ལ་ལྷ་རབས་ཞེས་དང་། བོད་ཀྱི་བཙན་པོའི་རྒྱལ་རབས་རྒྱ་བསྐྱེད་བྱས་པའི་དུས་ལ་མངའ་དར། བཙན་པོའི་རྒྱལ་རབས་ཉམས་པའམ་སིལ་པོར་ཐོར་བ་ལ་གྱེས་མདོ་འམ་སིལ་ཆད་ཅེས་ཟེར་བ་ཡིན་ནོ།

བོད་ཀྱི་རྒྱལ་པོའི་ཐོག་མ་གཉའ་ཁྲི་བཙན་པོའི་བྱུང་ཚུལ་སྐོར་གྱི་ལྷ་སྒྲུང་དག་ཕྱིས་ཀྱི་བོད་ཀྱི་ལོ་རྒྱུས་མཁན་པོ་རྣམས་ཀྱིས་ཀྱང་གླེང་ཡོད་ནའང་། ཁོང་ཚོས་ལྷ་སྒྲུང་དེ་གླེང་སྐབས། རྒྱལ་པོ་དེ་པའི་འབྱུང་ཁུངས་རྒྱ་གར་ལ་གཏུགས་པའི་ཨོད་སྲོལ་ལ་མཉེས་པོ་གནང་ནས་བོད་ཀྱི་རྒྱལ་པོ་ལྷ་ནས་བྱོན་ཞེས་པའི་ཨོད་སྲོལ་དེ་ཉིད་སྣང་མེད་དུ་བསྐྱུར་བའམ་ཡང་ན་དེའི་བོན་རྣམས་གནམ་དང་སྨུ་ལྷར་དགའ་བས་འདི་ལྟར་བྱས་སོ་ཞེས་གསུངས། ཕྱིར་ན《ལྡེའུ་ཆོས་འབྱུང་》གི་རྩོམ་པ་པོ་ཉིད་གྲུབ་མཐའི་འཐེན་འཁྱེར་གྱི་དྲ་རྒྱ་ལས་འདས་མེད་ནའང་། ཁོང་གིས་མཛད་པའི་དེབ་ཐེར་ནང་དུ་ལོ་རྒྱུས་ཀྱི་དེབ་ཐེར་གཞན་ན་མ་མཆིས་པའི་བོད་ཀྱི་རྒྱལ་པོ་ལྷ་ལས་མཆེད་པའི་བྱུང་རིམ་ཆ་ཚང་བཀོད་འབྲི་གནང་ཡོད། 《ལྡེའུ་ཆོས་འབྱུང་》འབའ་ཞིག་ནང་དུ་ལྷ་སྒྲུང་གི་ལམ་ནས་ཏུས་རྒྱུད་མཆེད་སྤྱངས་བརྗོད་པ་མ་ཟད། ལྷ་དང་འབྲེལ་བའི་ཆོས་ལུགས་ཀྱིས་དབང་སྒྱུར་བྱེད་པའི་ལམ་ལུགས་བཙུགས་ཚུལ་འཁོད་ཡོད། དེར་བརྟེན། ང་ཚོས་ཏུན་ཧོང་ནས་ཐོན་པའི་དཔྱད་ཡིག་ཐོག་འཁོད་པའི་ནང་དོན་ལ་ཐབས་ཧྲུས་ཀྱི་ལྷད་ཞུགས་པ་དང་། བན་བོན་གཉིས་ཀས་བོད་ཀྱི་བཙན་པོའི་ཐོག་མ་གཉའ་ཁྲི་བཙན་པོའི་བྱུང་ཚུལ་དང་འབྲེལ་བའི་ལྷ་སྒྲུང་ལ་འགྲེལ་པ་ཇི་ལྟར་བརྒྱབ་པ་དང་། ཡང་འགྲེལ་བརྒྱབ་པ་དང་དེ་བེད་སྤྱོད་བྱ་དགོས་དོན་ཡང་རྟོགས་སླའོ།

ཐུབ་པའི་ཆོས་ལུགས་ཀྱི་ཤུགས་རྐྱེན་འོག་བོད་ཀྱི་རྒྱལ་པོའི་ཐོག་མ་གཉའ་ཁྲིའི་འབྱུང་ཁུངས་རྒྱ་གར་ལ་གཏུགས་པ་དང་སྦྲགས། བོན་ལའང་རྒྱལ་པོ་དེ་པའི་འབྱུང་ཁུངས་བརྗོད་ཚུལ་སྐོར་ལ་རང་ཉིད་ཀྱི་ལྟ་བ་ཞིག་བྱུང་འགོ་ཚུགས། ལྟ་བ་དེ་བོན་གྱི་ཆོ་གའི་དཔེ་ཆ《བྱམས་མ་》ཞེས་པའི་ནང་འཁོད་ཡོད་ཅིང་། དཔེ་ཆ་དེ་ནི་གཏེར་མར་གྲགས། དཔེ་ཆ་དེའི་ནང་དུ་གཉའ་ཁྲིའི་འབྱུང་ཁུངས་སྐོར་བརྗོད་པའི་བན་བོན་གཉིས་ཀྱི་ལྟ་ཚུལ་ཟུང་དུ་འབྲེལ་ནས་ཡ་མཚན་ཅན་གྱི་བརྗོད་སྲོལ་ཞིག་བཟོས་ཡོད། དེ་ཡང་གཉའ་ཁྲི་བཙན་པོའི་

ཕྱེད་ཀ་ནི་རྒྱ་གར་གྱི་ལྷ་དང་ཕྱེད་ཀ་ནི་བོད་ཀྱི་ལྷ་ལས་བྱུང་ཟེར་བ་དེ་ཡིན། འོན་ཀྱང་། བོད་ཀྱི་དཔེ་ཆ་གཞན་དཔེར་ན《བསྒྲགས་བྱང་》དང《སྲིད་རྒྱུད་》ཅེས་པའི་དཔེ་ཆ་གཉིས་ནང་ལྷ་རིགས་ཀྱི་མཆེད་ཁུངས་སྐོར《ལྡེའུ་ཆོས་འབྱུང་》ནང་འཁོད་པ་ལྟར་མ་ཡིན་ནའང་། བཙན་པོ་དེ་ལྷ་ལས་ཕྱིན་ཞེས་འཁོད་ཡོད། གོང་གསལ་བོད་ཀྱི་དཔེ་ཆ་གཉིས་ལས་ང་ཚོས་བོད་ཀྱི་གྲུབ་མཐའ་འཛིན་པ་རྣམས་ཀྱིས་གཉའ་ཁྲི་བཙན་པོའི་འབྱུང་ཁུངས་སྐོར་གྱི་གནའ་བོའི་ལྷ་སྒྲུང་དང་བོད་ཀྱི་འཇིག་རྟེན་ཆགས་ཚུལ་གྱི་ལྟ་བ་གཉིས་གཞི་གཅིག་གི་ཐོག་ཏུ་གནས་པ་བྱ་རྒྱུར་འབད་བརྩོན་གནང་ཡོད་པ་ཤེས་ཐུབ།

ཁོ་བོས་སྔོན་ལ《ལྡེའུ་ཆོས་འབྱུང་》ནང་འཁོད་པའི་ལྷ་སྒྲུང་ནང་གི་དུས་རྒྱུད་མཆེད་སྔངས་མ་གླེང་གོང་། ཐུབ་པའི་ཆོས་ལུགས་ཀྱི་གཉའ་ཁྲི་བཙན་པོའི་བྱུང་ཚུལ་གྱི་ལྷ་སྒྲུང་སྐོར་རགས་ཙམ་གླེང་བར་བྱ། དེ་ཡང་ཐུབ་པའི་ཆོས་ལུགས་ནང་གཉའ་ཁྲི་བཙན་པོའི་འབྱུང་ཁུངས་རྒྱ་གར་ནས་ཡིན་ཞེས་པའི་ལྟ་བ་དེ་དུས་ཅི་ཙམ་ལ་བྱུང་ཡོད་མེད་གསལ་པོ་ཞིག་ཤོད་ཐབས་སུ་ལའང་མེད། བོད་དུ་ལྟ་བ་དེ་ཐུབ་པའི་ཆོས་ལུགས་ཀྱི་ལོ་རྒྱུས་སྨྲ་བ་རྣམས་ཀྱི་ཁྲོད་དུ་དར་ཁྱབ་བྱུང་བའི་རྒྱུ་མཚན་ནི་རྒྱལ་པོ་དེ་ཤཱཀྱ་ཐུབ་པ་འཁྲུངས་པའི་ཤཱཀྱའི་རྒྱུད་ལས་བྱུང་ཞེས་པས་ཁོང་ཚོའི་འདོད་བློ་ཚིམས་པར་བྱེད་པ་འབའ་ཞིག་མ་ཡིན་པར། དེ་ནི་ཐུབ་པའི་ཆོས་ལུགས་བོད་དུ་དར་རྒྱུའི་ཐད་གལ་ཆེའི་ཐབས་ཇུས་དང་འདུ་ཤེས་ཀྱི་དམིགས་ཡུལ་ལྡན་པ་ཞིག་ཡིན། ང་ཚོས་ཤེས་གསལ་ལྟར། ལྷ་སྒྲུང་དེའི་སྐོར་དུས་རབས་བཅུ་གཅིག་ཡན་གྱི་དཔྱད་ཡིག་ཐོག་འཁོད་མེད་ནའང་། དུས་རབས་བཅུ་གཅིག་པའི་རྗེས་ཀྱི་དཔྱད་ཡིག་ནང་ལྷ་སྒྲུང་དེའི་སྐོར་རྒྱས་པར་འཁོད་ཡོད། དུས་རབས་བཅུ་གཉིས་པའི་དུས་དཀྱིལ་དུ་ལྷ་སྒྲུང་དེའི་ཤོད་སྲོལ་ཐད་ལ་འཕོ་འགྱུར་བྱུང་ཡོད་ཅིང་། ཉང་རལ་གྱིས་ལྷ་སྒྲུང་དེའི་སྐོར་གྱི་ཤོད་སྲོལ་མི་འདྲ་བ་འགའ་ཞིག་ཡོད་པ་རྣམས་ལས་གཅིག་མ་གཏོགས་དང་ལེན་མཛད་མེད། ཁོང་གིས་གཉའ་ཁྲི་བཙན་པོའི་འབྱུང་ཁུངས་རྒྱ་གར་ལ་གཏུགས་པ་ལ་སོགས་པའི་ལྟ་ཚུལ་འགའ་ཞིག་ལ་སྣུན་འབྱིན་གནང་དགོས་པའི་རྒྱུ་མཚན་གསལ་པོ་མ་ཤེས། རྒྱ་གར་གྱི་བསྟན་བཅོས《ལྷ་ལས་ཕུལ་བྱུང་གི་བསྟོད་འགྲེལ》ཞེས་པ་དེ་ནི་དུས་རབས་བཅུ་གཅིག་པའི་ནང་

བོད་སྐད་དུ་བསྒྱུར་བ་དང་། དེའི་ནང་དུ་རྒྱལ་པོ་ཧྲུ་པ་ཧི་ཡིས་རང་གི་དགྲ་ལས་གཡོལ་ཕྱིར་ཧི་མ་ལ་ཡའི་རི་རྒྱུད་དུ་བྲོས་ཚུལ་འཁོད་ཡོད། སྒྲུང་དེ་ཉིད་གཅིག་ནས་བོད་ཀྱི་མིའི་འབྱུང་ཁུངས་བརྗོད་པའི་ལྷ་སྒྲུང་དུ་འགྲེལ་བརྗོད་བྱས་པ་དང་། གཉིས་ནས་དེ་བོད་ཀྱི་རྒྱལ་པོའི་ཐོག་མ་གཉའ་ཁྲི་བཙན་པོའི་འབྱུང་ཁུངས་སྐོར་གྱི་ལྷ་སྒྲུང་དང་འབྲེལ་བ་བྱས་ཡོད། དོན་དངོས་ཐོག་སྒྲུང་དེ་དང་བོད་མིའི་འབྱུང་ཁུངས་དང་རྒྱལ་པོའི་འབྱུང་ཁུངས་ཀྱི་ལྷ་སྒྲུང་སྐོར་འབྲེལ་བ་ཅི་ཡང་མ་མཆིས། ཉང་རལ་གྱིས་སྒྲུང་དེ་དང་བོད་རང་གི་ལྷ་སྒྲུང་སྐོར་འབྲེལ་བ་ཅི་ཡང་མེད་ཚུལ་གསུངས་གནང་ཡོད་ནའང་། དེ་དང་བོད་ཀྱི་རྒྱལ་པོའི་ཐོག་མ་གཉའ་ཁྲི་བཙན་པོའི་འབྱུང་ཁུངས་དང་འབྲེལ་བ་ཡོད་ཚུལ་གྱི་ལྟ་བ་རྒྱུན་འཛིན་གནང་ཡོད། ཕྱིས་སུ་ནེ་པ་ལ་པཎྜི་ཏ་དང་དཔའ་བོ་གཙུག་ལག་ཕྲེང་བ་བཅས་ཀྱིས་རྒྱལ་པོ་ཧྲུ་པ་ཧིའི་སྒྲུང་དེའི་སྐོར་ཁས་ལེན་མཛད་མེད་ནའང་། བོད་ཀྱི་རྒྱལ་པོའི་མཆེད་ཁུངས་དེ་རྒྱ་གར་ལ་གཏུགས་རྒྱུ་རྒྱུན་འཛིན་གནང་ཡོད།

གནའ་བོའི་སྲོལ་རྒྱུན་ལ་བརྩོས་སྒྲིག་བྱེད་པ་ནི་ངོ་དཀའ་བྱེད་པ་དང་གཏམ་འདོད་ཁེངས་ཆེད་འབའ་ཞིག་མ་ཡིན་པར་དེ་ནི་བཙན་པོའི་རྒྱལ་རབས་ལ་ཤིན་ཏུ་མགོ་བའི་སྲོལ་རྒྱུན་གསར་པ་དང་རྒྱབ་ལྗོངས་གསར་པའི་རྨང་གཞི་ཞིག་འཛུགས་རྒྱུའི་དོན་དུ་ཡིན་ཚུལ་ངོས་འཛིན་བྱ་ཡི་ཡོད་པ་རེད། སྲོལ་རྒྱུན་ཞིག་གམ་ཐ་ན་དཔེ་རྒྱུན་ཞིག་ལ་སྒྱུར་བཅོས་བྱེད་པ་དེ་ནི་ཐུབ་པའི་ཆོས་ལུགས་ཀྱི་ལོ་རྒྱུས་སྨྲ་བ་རྣམས་ཀྱི་ཁྱད་རྟགས་མངོན་གསལ་དོད་པོ་ཞིག་ཡིན། དཔེར་ན། དུས་རབས་དགུ་པའི་འགོ་སྟོད་དུ་ཐོན་པའི་དཔེ་ཆ《འཇམ་དཔལ་རྩ་རྒྱུད་》ནང་ལུང་བསྟན་དུམ་བུ་ཞིག་ཡོད། ལར་ལུང་བསྟན་ནང་བརྗོད་པའི་ཡུལ་དེ་ཉིད་རྒྱ་གར་གྱི་ས་ཁོངས་ལས་མ་འདས་ཀྱང་། དེ་བོད་ཀྱི་ཡུལ་དུ་ཡོད་ཚུལ་འགྲེལ་བཤད་བརྒྱབ་ཡོད་ལ། ལུང་བསྟན་ནང་དུ་བཤད་པའི་མཚན་ལ་ཙའམ་ཙ་ཞེས་པའི་རྒྱལ་པོ་དེ་ཉིད་བོད་ཀྱི་བཙན་པོ་ཁྲི་སྲོང་ལྡེ་བཙན་ཡིན་ཚུལ་འགྲེལ་བཤད་བྱས་ཡོད་པ་རེད། དེ་རྗེས་ཀྱི་དུས་རབས་ནང་དུ་དེ་ལྟ་བུའི་མདོ་དཔེའི་ནང་བྱུང་བའི་ལུང་བསྟན་གྱི་ནང་དོན་རྣམས་བོད་ཀྱིས་ས་ཆ་དང་དེ་ལ་དབང་བསྒྱུར་བའི་རྒྱལ་པོ་རྣམས་དང་འབྲེལ་བ་བྱ་གང་ཐུབ་བྱས་ཡོད།

འོན་ཀྱང་། ཐུབ་པའི་ཆོས་ལུགས་ཀྱི་གྲུབ་མཐའ་འཛིན་པ་རྣམས་ཀྱིས་རྐང་བཙུགས་ནས་བོད་ཀྱི་རྒྱལ་པོ་གཉའ་ཁྲི་བཙན་པོའི་འབྱུང་ཁུངས་རྒྱ་གར་ལ་གཏུགས་པའི་ལྟ་བ་དེ་བརྒྱུད་ཐུབ་པའི་ཆོས་ལུགས་ཀྱི་ཤུགས་རྐྱེན་ཉིད་བོད་ཀྱི་རྒྱལ་པོའི་བྱུང་ཚུལ་གྱི་ལྟ་བའི་ཁྲིད་ཁྱབ་པར་བྱས་ཡོད་མེད་གསལ་པོ་མ་ཤེས་ནའང་། བོད་བཙན་པོའི་རྒྱལ་རབས་ཀྱི་སྐབས་སུ་བོད་ཀྱི་རྒྱལ་པོ་གཉའ་ཁྲི་བཙན་པོའི་འབྱུང་ཁུངས་སྐོར་ལ་ཤོད་སྲོལ་མི་འདྲ་བ་འགའ་ཞིག་བྱུང་ཟིན་པ་ནི་ཏུན་ཧོང་ནས་ཐོན་པའི་ཡིག་ཆPT1038ལས་ར་སྤྲོད་ཐུབ། ཡིག་ཆ་དེའི་ནང་རྒྱལ་པོ་གཉའ་ཁྲིའི་འབྱུང་ཁུངས་སྐོར་གྱི་ཤོད་སྲོལ་གསུམ་པོ་རྣམས་འཁོད་ལ། ཤོད་སྲོལ་དེ་གསུམ་ལས་གཅིག་ཕྱིས་སུ《ལྡེའུ་ཆོས་འབྱུང་》ནང་བཀོད་ཡོད།

ཁོ་བོས་འདིར་གནའ་བོའི་ལྷ་སྲུང་གི་འབྱུང་ཁུངས་སྐོར་གྱི་ཡིག་ཆ་འགའ་ཞིག་གནད་བསྡུས་ཀྱིས་ངོ་སྤྲོད་བྱས་ནས་ང་ཚོར་དེའི་སྐོར་ལ་ངོས་འཛིན་གསལ་པོ་ཞིག་ཡོང་ཐབས་བྱ་རྒྱུ་ཡིན། སྤྱིར་གནད་འདིར་ཕྱི་རྒྱལ་གྱི་ཞིབ་འཇུག་པ་གཉིས་ཀྱིས་ཞིབ་འཇུག་གནང་ཡོད་ནའང་ད་དུང་གསལ་པོ་མ་ཤེས་པའི་གནས་ཚུལ་དུ་མ་ཡོད། འོན་ཀྱང་། ཁོ་བོར་གནད་དོན་དེ་དག་ཚང་མ་སེལ་བའི་སྤོབས་པ་གང་ཡང་མེད། ཡིག་ཆ་དེ་ནི་གནའ་བོའི་ལོ་རྒྱུས་ལྡན་ཞིང་ལྷ་སྲུང་གི་བྱུང་ཚུལ་དང་འབྲེལ་བ་ལྡན་པས་ན་དེ་ལ་ལྟ་ཞིབ་ཞིབ་ཚགས་དང་དེ་དང《ལྡེའུ་ཆོས་འབྱུང་》ནང་འཁོད་པའི་ལྷ་སྲུང་སྐོར་དཔྱད་བསྡུར་བྱ་རྒྱུ་ནི་གལ་ཆེའི་གནད་ཅིག་ཡིན་པར་འཁུམས།

དེ་ཡང་ཏུན་ཧོང་ནས་ཐོན་པའི་ཡིག་ཆའི་ནང་དུ། དེ་ལ་རྒྱལ་ཁམས་ཤིག་ཡོད་ལ་རྒྱལ་པོའི་ཕོ་བྲང་དང་། རྒྱལ་ཁམས་དེའི་ཁོངས་སུ་གཏོགས་པའི་སྡེ་བཞི་ཞེས་པ་ལ་སོགས་པའི་ཡུལ་ཕྲན་ཡོད་ཚུལ་དང་། ཡུལ་དེ་ན་རྒྱལ་པོ་ལྡེ་དང་། ཐོད་རྒྱལ་དང་སྲུ་རྒྱལ་བོན་གྱི་བཙན་པོ་བཅས་བྱུང་ཞེས་འཁོད། འགའ་ཞིག་གིས་རྒྱལ་ཁམས་དེ་རྒྱལ་ཕྲན་བཅུ་གཉིས་ཀྱི་གྲས་ཤིག་ཡིན་ཟེར་ནའང་། ཁ་ཅིག་གིས་དེ་ནི་རྒྱལ་ཕྲན་བཅུ་གཉིས་ཀྱི་ཁོངས་མ་ཡིན་ཞེས་ཟེར་བ་ཡིན། ཡིག་ཆ་དེའི་ནང་འཁོད་པའི་བཙན་པོའི་རྒྱུད་འཕེལ་བའི་སྐོར་འདི་ལྟར་འཁོད་ཡོད་དེ།

(1) ཐོག་མར་ཀུ་ཤྲི་སེར་བཞི་ཞེས་པའི་ལྷ་ཞིག་ཡོད་པ་དེ་ནི་མ་སངས་ཀྱི་བདག་པོ་ཡིན་ལ། དེས་འཇིག་རྟེན་ཁམས་ལ་དབང་བསྒྱུར་བ་ཡིན། དེ་ནི་ཕྱྭ་ལྷའི་ཕྱྭ་ཞེས་པ་དེའོ།

(2) དེ་ནས་ཁོང་ནི་རིགས་དམན་པའི་ཤ་ཟན་པའམ་གདོང་དམར་གྱི་རྒྱལ་པོ། ཡང་ན་གངས་རིའི་ར་བས་བསྐོར་བའི་ཡུལ་གྱི་བདག་པོ་གནོད་སྦྱིན་ཇ་ལས་མཆེད་པར་བརྗོད།

(3) དེ་ནས་དེ་ནི་རི་རབ་ཀྱི་གནས་བཅུ་གསུམ་སྟེང་ན་བཞུགས་པའི་ཁྲི་བར་ལ་བདུད་ཚོགས་ཞེས་པའི་ལྷ་ཡིན་པར་བརྗོད་པ་བཅས་ཡིན། དེ་བཞིན་ཡིག་ཆ་དེའི་ནང་དུ་ཁོང་ནི་ལྷ་ཡུལ་ནས་མགོ་ནག་མི་ཡི་བདག་པོ་དང་། སེམས་ཅན་བདག་མེད་ཅན་གྱི་བདག་པོར་སྔོན་པོ་ལྷོ་དང་རྗེ་གས། བོན་པོ་མཆེ་དང་གཙོ། འཁོར་གཡོག་ཤ་དང་སྤྲུག་བཅས་དང་འགྲོགས་ནས་བྱོན་པ་ཡིན་ནོ་ཞེས་འཁོད། ཁོང་མི་དང་། ལྷ། འདྲེ་རྣམས་ཀྱི་བདག་པོར་གྱུར་པ་དང་། ཁོང་གིས་བོད་ཀ་གཡག་དྲུག་ཅེས་པའི་ཡུལ་དུ་ཕེབས་པ། གང་ལྟར་རྒྱུ་མཚན་ཅི་ཡིན་སུས་ཀྱང་མ་ཤེས་ཀྱང་། ཁོང་གི་རུས་རྒྱུད་ཀྱི་མིང་དུ་སྤུ་བོད་དང་ཁོང་ལ་སྤུ་རྒྱལ་ཞེས་བཏགས་པར་བྱས་སོ་ཞེས་པ་སོགས་འཁོད་ཡོད་དོ།

གོང་གི་ཡིག་ཆ་དེ་ནི་ཆ་མ་ཚང་བ་ཞིག་ཡིན་ལ། མཁས་པ་རྣམས་ཀྱི་བཞེད་ཚུལ་ལ་ཡིག་ཆ་དེ་ནི་བོན་པོ་ཞིག་གིས་བརྩམས་པའི་དཔེ་ཆ་ཞིག་གི་དུམ་བུ་ཞིག་ཡིན་པར་ངེས་འཛིན་གནང་གི་ཡོད། དེ་ལྟར་བརྗོད་པའི་རྒྱུ་མཚན་གཙོ་བོ་ནི་ཡིག་ཆ་དེའི་ནང་དུ་བོད་ཀྱི་རྒྱལ་པོ་ཞེས་མ་བརྗོད་པར་བོན་གྱི་བཙན་པོ་ཞེས་བརྗོད་པས་སོ། ཡིན་ནའང་གནའ་བོའི་བོད་ཀྱི་མཁས་པ་རྣམས་ཀྱིས་མིང་ཚིག་གི་རོལ་རྩེད་གནང་བའི་ཟུར་ལས་བྱུང་བའི་གནས་ཚུལ་ལ་དེང་དུས་ཀྱི་སྐྱེ་བོའི་འདུ་ཤེས་འཁྱེར་ནས་འགྲེལ་བཤད་བྱས་ན་དྲང་བདེན་ཞིག་མ་ཡིན། དེ་ཡང་གནའ་བོའི་ཡིག་ཆའི་ནང་དུ་རྗེས་འཇུག་ད་དང་ན་གཉིས་གང་རུང་འབྲི་སྲོལ་ཡོད་ལ། ཡིག་ཆ་དེའི་ནང་གི་ཐ་སྙད་ཐོད་རྒྱལ་ཞེས་པ་དེའི་མཚོན་དོན་ལས་ཀྱང་ཐ་སྙད་དེ་ནི་བོན་གྱི་ཐ་སྙད་ཅིག་ཡིན་པར་མ་ཁྱབ། ཐོད་རྒྱལ་ཞེས་པ་དེ་ནི་ཐོད་རྒྱལ་གྱི་རྒྱལ་པོ་ཞེས་པའི་བསྡུས་མིང་ཡིན་ཤས་ཆེ་ལ་དེའི་དོན་དང་སྒོ་བུར་རྒྱལ་པོ་ཞེས་པའི་དོན་གཉིས་གཅིག་མཚུངས་ཡིན

ནའང་། སློ་བུར་གྱི་རྒྱལ་པོ་དང་དེ་ཡི་ལྷོག་ཕྱོགས་བསྐོས་པའི་རྒྱལ་པོ་ཞེས་པའི་བརྗོད་སྒྲོལ་ནི་དུས་རབས་བཅུ་གཅིག་པའི་ནང་གཞི་ནས་བྱུང་ཡོད་པར་གྲགས། གོང་གསལ་གྱི་མཁས་པ་རྣམས་ཀྱིས་དུས་རབས་བརྒྱད་པ་དང་དགུ་པའི་སྐབས་པོན་གྱི་རྩོམ་པ་པོས་པོན་དང་བོད་གཉིས་བརྗེས་ནས་བེད་སྤྱོད་བྱས་ཡོད་ཚུལ་དང་། ཡང་ཕྱོགས་གཅིག་ནས་དུས་རབས་བཅུ་གཅིག་པའི་སྔོན་དུ་པོན་ཞེས་པའི་ཆོས་ལུགས་ཤིག་མེད་ཚུལ་སྨྲ་བ་ནི་ཡ་མཚན་སྐྱེ་དགོས་པའི་གནད་ཅིག་ཡིན་པར་སེམས།

གང་ལྟར་ཡང་གོང་གསལ་གྱི་ཡིག་ཆ་དེ་རྩོམ་པའི་སྐབས་སུ་གཉའ་ཁྲི་བཙན་པོའི་འབྱུང་ཁུངས་དང་འབྲེལ་བའི་ལྷ་སྒྲུང་སྐོར་ལ་ཤོད་སྒྲོལ་འགའ་ཞིག་མཆིས་ཡོད་པ་ནི་གསལ་པོ་ཡིན། རྩོམ་པ་པོ་དེས་གནད་དོན་དེ་ལ་དོ་སྣང་ཆེན་པོ་གནང་ཡོད་ཚུལ་ནི་དེང་རབས་ཀྱི་དོགས་སློང་ཅན་རྣམས་དང་མཚུངས་ཤིང་། ཁ་རྒྱུན་དུ་ཆགས་པའི་ཤོད་སྟངས་དཔེར་ན། ‘ང་ཚོས་ཐོས་པ’ དང་‘ གནས་ཚུལ་དངོས་གང་ཡིན་མ་ཏོས་པར་’ ‘ སུ་ཡིས་ཤེས་སམ’ ལ་སོགས་པ་ལྟ་བུ་བེད་སྤྱོད་གནང་མེད།

མ་གཞི་རྩོམ་པ་པོ་དེས་ཤོད་ཚུལ་དེ་དག་ནང་ལས་རྒྱལ་པོའི་འབྱུང་ཁུངས་ལྷ་ཡུལ་དུ་བྱེད་པའི་སྒྲོལ་དེ་ལ་བློ་མཐུན་པ་ལྟར་སྣང་ཡང་། ཁོང་ཡང་སྙིང་ཤོད་རྒྱུན་གང་ལ་བློ་འཐད་པའི་སྐོར་ཚིག་ཐག་བཅད་ནས་གསུངས་མི་འདུག ང་ཚོས་རྩོམ་པ་པོ་དེའི་དཔྱད་པའི་རང་བཞིན་ལྡན་པའི་མཁས་པའི་སྤྱོད་ཚུལ་དང་ཕྱིས་སུ་བྱུང་བའི་ཐུབ་པའི་ཆོས་ལུགས་ཀྱི་ལོ་རྒྱུས་སྨྲ་བ་རྣམས་ཀྱི་ཕྱོགས་ལྷུང་གི་ལྟ་ཚུལ་གཉིས་བསྡུར་སྐབས། གོང་མ་དེ་ནི་གཟབ་ནན་གནང་མཁན་གྱི་ལོ་རྒྱུས་སྨྲ་བ་ཞིག་ཡིན་པ་རྟོགས་ཐུབ། ཡིག་ཆ་དེའི་ནང་བཀོད་པའི་བོད་ཀྱི་རྒྱལ་པོའི་ཐོག་མ་གཉའ་ཁྲི་བཙན་པོའི་སྐོར་བརྗོད་པའི་སྐབས་སུ། ཀུ་སྷྲི་སེར་བཞི་ཞེས་པའི་ལྷ་དེ་མ་སངས་ཀྱི་བདག་པོ་ཡིན་ཚུལ་བརྗོད། ཀུ་སྷྲི་སེར་བཞི་ནི་གཉན་ཞེས་པའི་རི་ལྟའི་རིགས་ཤིག་ཡིན་སྐད། ལྷ་དེ་ནི་ཕྱྭ་ལྷའི་རིགས་ལས་ཕྱྭ་ཞེས་པ་དེ་ཡིན་ཚུལ་གླེང་བ་ཡིན། ང་ཚོས་རྗེས་སུ་མཐོང་རྒྱུ་ལྟར། ཕྱྭ་ལྷ་ནི་བང་རིམ་བཅུ་གསུམ་སྟེང་གི་ལྷ་ཡུལ་དུ་གནས་ཤིང་། དེ་ནི་བོད་ཀྱི་གནའ་བོའི་བཙན་པོའི་མེས་པོ་ཡིན་ཚུལ་ནི་ཡིག་ཆ་མང་པོའི་ནང་འཁོད་ཡོད་ལ། ཚེ་

གའི་སྐོར་བརྗོད་པའི་དཔེ་ཆའི་ནང་དུའང་འཁོད་ཡོད། འོན་ཀྱང་། འདིར་ངེས་པར་དུ་བརྗོད་དགོས་པ་ཞིག་ནི་ཁྲི་བར་ལ་བདུན་ཚིགས་ཞེས་པ་དེ་དང་ཕྱྭ་ལྷ་གཉིས་དབར་འབྲེལ་བ་ཅི་ཡང་མ་མཆིས་སོ། དེ་བཞིན་ཡིག་ཆ་དེའི་ནང་དུ་ཧུན་ཧོང་ནས་ཐོན་པའི་ཡིག་ཆ་གཞན་ན་འཁོད་པ་ལྟར་ཉག་ཁྲི་བཙན་པོ་ཞེས་པའི་མིང་བེད་སྤྱོད་བྱས་མེད། གོང་གསལ་གཉའ་ཁྲི་བཙན་པོའི་འབྱུང་ཁུངས་ཁག་གསུམ་བརྗོད་པའི་ལྷ་སྒྲུང་ནང་ལས་བརྗོད་ཚུལ་གཉིས་པ་དེ་ནི་དོན་དག་གསལ་སྟོན་མི་ཐུབ་པ་ཞིག་འདུག རྒྱལ་པོ་དེ་ཤ་ཟན་པའམ། གདོང་དམར་ཅན་གྱི་རྒྱལ་པོའམ་གནོད་སྦྱིན་ཛ་སོགས་རིགས་རུས་དམན་པའི་ཁོངས་ལས་མཆེད་པ་ཞིག་ཡིན་པར་ངོས་འཛིན་བྱས་ན་ཚིག དེའི་རྒྱུ་མཚན་ནི་གོང་གསལ་མིང་དེ་དག་སོ་སོའི་མཇུག་ཏུ་རིགས་ཞེས་བྲིས་ཡོད་པས་སོ། གལ་ཏེ་ང་ཚོས་རིགས་ཞེས་པའི་ཚིག་དེ་སྣང་མེད་དུ་བཞག་ན། གོང་གསལ་གྱི་དོན་དེ་ཡང་རྒྱལ་པོ་དེ་རིགས་དམན་པའི་ཤ་ཟན་ཅན་གྱི་རིགས་ལས་མཆེད་ཅིང་། ཤ་ཟན་ཅན་གྱི་རྒྱལ་པོ་ནི་གདོང་དམར་ཞིང་དེའི་མིང་ལ་གནོད་སྦྱིན་ཛ་ཟེར་བ་ཡིན་ཞེས་པར་འགྲེལ་དགོས་པ་མ་ཡིན་ནམ། འདི་ལྟ་བུའི་འགྲེལ་པ་རྒྱག་སྟངས་ནི་དེ་བས་འདྲ་ཆགས་པོ་ཞིག་མ་ཡིན། ནང་གསེས་དེའི་ནང་བེད་སྤྱོད་བྱས་པའི་ཐ་སྙད་དེ་རྣམས་ལས་རྒྱ་གར་གྱི་ཐ་སྙད་ཀྱི་རྣམ་པ་གསལ་པོ་མངོན་བཞིན་ཡོད་པས། ཡིག་ཆ་དེ་ནི་ཐུབ་པའི་ཆོས་ལུགས་བོད་དུ་ཧྲང་པ་བརྟན་པོ་ཚུགས་རྗེས་བརྩམས་པ་ཞིག་ཡིན་པ་རྟོགས་ཐུབ་ནའང་། སྐབས་དེ་དུས་ཕྱིས་སུ་བྱུང་བའི་བོད་ཀྱི་རྒྱལ་པོའི་འབྱུང་ཁུངས་ནི་རྒྱ་གར་གྱི་རྒྱལ་པོ་ཞིག་གི་རུས་རྒྱུད་ལས་མཆེད་པར་གྲགས་པའི་ལྟ་བ་དེ་བྱུང་མེད། ཤ་ཟན་ཅན་ཞེས་པ་དེ་ནི་ངེས་པར་བོད་རིགས་རང་ལ་གོ་དགོས་ལ། བོད་པས་རང་ལ་གདོང་དམར་གྱི་རིགས་ཞེས་བརྗོད་སྲོལ་ཡོད་པ་ནི་ལོ་རྒྱུས་ཀྱི་དཔྱད་གཞིའི་ཡིག་ཆའི་ཐོག་གསལ་པོ་འཁོད་ཡོད། གནོད་སྦྱིན་ཛ་ཞེས་པའི་སྐོར་ལས། དེ་ལྟ་བུའི་འདྲེ་སྲིན་གྱི་རིགས་ཤིག་ཡོད་ཚུལ་བོད་ཡིག་གི་ཡིག་ཆའི་ཐོག་ད་ཕན་མ་མཐོང་ཡང་། རྒྱ་གར་དུ་རྒྱལ་པོ་ཙའམ་ཛ་ཞེས་པ་ཞིག་ཡོད་པར་གྲགས། རྒྱལ་པོ་དེ་ནི་གསང་སྔགས་ཀྱི་གཞུང་སྐོར་གྱི་ལྷ་སྒྲུང་ནང་གི་མི་སྣ་གལ་ཆེན་ཞིག་ཡིན་ལ། ཧུན་ཧོང་གི་ཡིག་ཆའི་ཐོག་རྒྱལ་པོ་དེ་ཁྲི་སྲོང་ལྡེ་བཙན་ (742 – 797) ཡིན་ཚུལ་ངོས་འཛིན་བྱས

ཡོད། ནང་དོན་དེ་དག་འཁོད་པའི་ཏུན་ཧོང་གི་ཡིག་ཆ་དག་ཁོ་བོས་པར་བསྐྲུན་བྱས་ཡོད་ལ། ཞིབ་འཇུག་པ་གཞན་གྱིས་པར་བསྐྲུན་བྱས་པའི་དཔེ་ཆའི་ནང་དུའང་ནང་དོན་དེ་དག་འཁོད་ཡོད་པ་རེད།

འདིར་གླེང་བཞིན་པའི་ཏུན་ཧོང་གི་ཡིག་ཆར་འཁོད་པའི་རྒྱལ་པོའི་འབྱུང་ཁུངས་སྐོར་གྱི་ཤོད་སྲོལ་གཉིས་པའི་ནང་། རྒྱལ་པོ་དེ་རྒྱ་གར་ནས་བྱུང་ཚུལ་སྐོར་བརྗོད་མེད་ནའང་། དོན་དངོས་ཐོག་རྒྱལ་པོའི་འབྱུང་ཁུངས་བརྗོད་པའི་ལྷ་སྒྲུང་ནང་དུ་རྒྱ་གར་གྱི་ཐ་སྙད་གསུམ་བེད་སྤྱོད་བྱས་ཡོད། ཡར་བོད་ཀྱི་གནའ་བོའི་ལྷ་སྒྲུང་ནང་རྒྱལ་པོའི་བྱུང་ཚུལ་བརྗོད་པ་དེ་དང་ཕྱིས་སུ་བྱུང་བའི་རྒྱལ་རྒྱུད་རྒྱ་གར་ལ་གཏུགས་པའི་ལྟ་བའི་བར་དབྱེ་བ་གསལ་པོ་ཞིག་འབྱེད་ཐབས་དཀའ་ནའང་། འདིར་ལྷག་པའི་གནད་དོན་ཞིག་ནི་གནོད་སྦྱིན་ཛ་ཞེས་པ་དེ་རྒྱལ་པོའི་འབྱུང་ཁུངས་ལ་གཏུགས་པ་དེ་ཡིན། ཁོ་བོས་གོང་དུ་བརྗོད་པ་ལྟར། ཏུན་ཧོང་གི་ཡིག་ཆ་གཞན་གཉིས་ནང་དུ་རྒྱ་གར་གྱི་རྒྱུད་ལས་བྱུང་བའི་རྒྱལ་པོ་ཞིག་དང་ཁྲི་སྲོང་ལྡེ་བཙན་གཉིས་འབྲེལ་བ་བྱས་ཡོད། དེར་བརྟེན། ཁོ་བོའི་ལྟ་ཚུལ་ལ། གོང་གསལ་གྱི་བོད་ཀྱི་རྒྱལ་པོ་བྱུང་ཚུལ་སྐོར་བརྗོད་ཚུལ་མི་འདྲ་བ་འགའ་ཞིག་བྱུང་ཡོད་པ་དེ་དག་ནི་ཕྱིས་སུ་རྒྱལ་རྒྱུད་རྒྱ་གར་གྱི་རྒྱལ་པོའི་རྒྱུད་ལས་བྱུང་བ་དང་། ལྷག་པར་དུ་ཐུབ་པའི་ཆོས་ལུགས་པས་བོད་ཀྱི་རྒྱལ་པོའི་རྒྱུད་ནི་རྒྱ་གར་གྱི་ཤཱཀྱའི་རུས་རྒྱུད་ལས་མཆེད་པར་གྲགས་པའི་ཕྱོགས་སུ་འཕོ་འགྱུར་བྱུང་ཡོད།

ཁོ་བོས་གོང་དུ་བརྗོད་པ་ལྟར། དུས་རབས་བཅུ་གཅིག་པ་ནས་བཟུང་ཐུབ་པའི་ཆོས་ལུགས་ཀྱི་རྐང་པ་བོད་དུ་བརྟན་པོ་ཚུགས་རྗེས། རྒྱ་གར་ནས་མཆེད་པར་གྲགས་པའི་ལྟ་བ་དེ་ནི་ཡོངས་གྲགས་ཀྱི་ལྟ་བ་ཞིག་ཏུ་གྱུར་ཡོད། རྒྱལ་པོའི་འབྱུང་ཁུངས་རྒྱ་གར་ལ་གཏུགས་པའི་ལྟ་ཚུལ་ཡོངས་སུ་ཁས་བླངས་རྗེས། བོད་རང་གི་རྒྱལ་པོའི་འབྱུང་ཁུངས་བརྗོད་པའི་གཏམ་རྒྱུད་དག་རིམ་བཞིན་ཉམས་མེད་དུ་སོང་ཞིང་། དེ་ནི་དམངས་ཁྲོད་ཀྱི་རྣམ་རྟོག་འབའ་ཞིག་གི་ཡུལ་དུ་ཟད། གནའ་བོའི་ས་སྐྱེས་རྫོ་སྐྱེས་ཀྱི་དད་མོས་ཀྱི་མ་ལག་དེ་ཕྱི་ཚུལ་ནས་བལྟས་ན་རིན་ཐང་མེད་པའི་རྣམ་པ་ལྟ་བུ་ཞིག་ཏུ་གྱུར་ཡོད་ནའང་། དེ་དག་ནི་ཚེ་གའི་ལམ་སྲོལ་ལ་

བརྟེན་ནས་ཇི་སྲིད་བར་མི་ནུབ་པའི་ཐབས་ཤེས་སྤྱད་ཡོད། དེར་བརྟེན། བོད་རང་གི་ལྷ་སྒྲུང་ནི་ཐུབ་པའི་ཆོས་ལུགས་དར་རྗེས་ཐད་དེ་རྩ་མེད་དུམ་སོང་བའི་ཆོས་ལུགས་ཆོ་ག་འབའ་ཞིག་ནང་དུ་གནས་པའི་གནས་ཚུལ་དེ་ཐོན་ཡོད་སྟབས། ང་ཆོས་ཐུབ་པའི་ཆོས་ལུགས་ཀྱིས་རྒྱལ་པོའི་འབྱུང་ཁུངས་སྐོར་གྱི་ལྷ་སྒྲུང་གསར་བཟོ་བྱས་པ་དེ་ལ་བསམ་བློའི་དམིགས་ཡུལ་ཡོད་པ་དང་། དེས་བོད་ཀྱི་གནའ་བོའི་རྒྱལ་པོའི་བྱུང་ཚུལ་གྱི་ལྷ་སྒྲུང་གིས་གཞི་བྱས་ནས་གྲུབ་པའི་དད་མོས་ཀྱི་མ་ལག་ཉིད་རྩ་གཏོར་གཏོང་རྒྱུར་དགེ་མཚན་འདོན་སྤྲོད་བྱས་ཡོད་པ་རྟོགས་ཐུབ།

ལྷ་སྒྲུང་ནི་དངོས་སུ་བྱུང་བའི་དོན་ཞིག་མ་ཡིན་པར་དེ་ནི་རྒྱུན་དུ་ལོ་རྒྱུས་དངོས་ཀྱི་དོན་རྐྱེན་ལས་ལོག་པའི་གཏམ་ཞིག་ཡིན་པ་རེད། འོན་ཀྱང་། ལྷ་སྒྲུང་གི་ནང་དོན་ལ་རིན་ཐང་དེ་ཙམ་མེད་པར་སྨྲ་བའི་ལྟ་བ་ལ་མིའི་རིགས་ཀྱི་རིག་པ་འཛིན་པ་རྣམས་ཀྱིས་སྣུན་འཕྱིན་མཛད་ཀྱི་ཡོད། དེ་ཡང་ཁོ་ཚོས་ལྟར་ན། ལྷ་སྒྲུང་ལ་དམིགས་བསལ་རང་བཞིན་གྱི་ནང་དོན་མཆིས་ལ། དེས་གདོད་མའི་སྤྱི་ཚོགས་དང་སྲོལ་རྒྱུན་སྤྱི་ཚོགས་ནང་སྤེལ་བའི་ཆོ་གའི་ཐབས་ལམ་བརྒྱུད་གནའ་བོའི་དད་མོས་ཀྱི་མ་ལག་ཁྲིད་གལ་ཆེའི་ནུས་པ་འདོན་སྤེལ་བྱས་ཡོད་པར་ངོས་འཛིན་གནང་གི་ཡོད། ལྷ་སྒྲུང་དང་ཆོ་ག་གཉིས་ཀྱི་ཕན་ཚུན་འབྲེལ་བ་དང་ཆོ་གའི་སྤྱི་ཚོགས་ཀྱི་ནུས་པ་བཅས་ནི་སྲོལ་རྒྱུན་སྤྱི་ཚོགས་ཀྱི་རིག་གནས་འཚོ་བའི་གྲུབ་ཆ་ཞིག་ཡིན།

བོད་རིགས་ཀྱི་གནས་ཚུལ་ལ་ཆ་བཞག་ནས་བཤད་ན། བོད་དུ་བསང་མཆོད་ཅེས་པའི་ཆོ་ག་ཞིག་སྤེལ་སྲོལ་ཡོད། ཆོ་ག་དེ་དང་བོད་ཀྱི་རྒྱལ་པོ་ཐོག་མའི་བྱུང་ཚུལ་བརྗོད་པའི་ལྷ་སྒྲུང་དབར་འབྲེལ་བ་ཞིག་ཡོད་ཚུལ་བརྗོད་པ་ཡིན། དེ་ལྟ་བུའི་ཆོ་ག་ནི་བོད་ཀྱི་རིག་གནས་ཀྱིས་ཁྱབ་པའི་ཡུལ་གྲུ་ཀུན་ཏུ་བར་ཆད་མེད་པར་སྤེལ་ཡོད་ཅིང་། དེ་བས་བོད་ཡིག་ཐོག་འབྱུང་ཁུངས་བརྗོད་པའི་ལྷ་སྒྲུང་ལ་དམིགས་བསལ་གྱི་ཐ་སྙད་ཅིག་ཡོད་པ་ནི་སྒྲུང་ཞེས་པ་དེའོ།

སྒྲུང་ཞེས་པའི་ཚིག་དེའི་དོན་ནི་ཆོ་གའི་ནང་གི་ལྷ་སྒྲུང་གི་བྱུང་བ་བརྗོད་པའི་ཆ་ཤས་ཤིག་ལ་ཟེར་བ་ཡིན་ལ། ཚིག་དེ་ལ་འབྱུང་ཁུངས་ཀྱི་ནང་དོན་དང་གདོད་མའི་རྣམ་པ་སོགས་

ཀྱི་དོན་ཡོད་ནའང་། ཕྱིས་སུ་ཚིག་དེ་ལ་རྟག་ཏུ་རིག་བྱེད་ (Veda) དམ་ངག་སྐད་ཅེས་འགྲེལ་བཤད་ནོར་འཁྲུལ་ཅན་ཞིག་བརྒྱབ་ཡོད། སྨྲང་ཞེས་པའི་ཚིག་ཟུར་ལས་དེ་ནི་སྨྲ་ཞེས་པའི་ཚིག་དང་འབྲེལ་བ་ལྡན་པ་ནི་གླེང་མེད་ཡིན་ནའང་། དེ་དང་རིག་བྱེད་ཅེས་པའི་ཚིག་བར་འབྲེལ་བ་གང་ཡང་མེད། སྨྲང་ཞེས་པའི་ཚིག་དེ་ནི་བོད་རང་གི་ཐ་སྙད་ཅིག་ཡིན་ལ། ཐུབ་པའི་ཆོས་ལུགས་བོད་དུ་དར་རྗེས་སཾསྐྲི་ཏའི་ཚིག་Vedaཞེས་པ་དེ་བོད་སྐད་དུ་སྒྱུར་སྐབས་སྨྲང་ཞེས་པ་དེ་བེད་སྤྱོད་མ་བྱས་པར་རིག་བྱེད་ཅེས་ཚིག་གསར་པ་ཞིག་བེད་སྤྱོད་བྱས་པས་ན་དུས་རབས་དགུ་པའི་ནང་བཟོས་པའི་རྒྱ་བོད་ཤན་སྦྱར་གྱི་ཚིག་མཛོད་ནང་སྨྲང་ཞེས་པའི་ཚིག་དེ་འཁོད་མེད། ཐུབ་པའི་ཆོས་ལུགས་ཀྱི་སློབ་གསོའི་ཤུགས་རྐྱེན་ལས《བོད་རྒྱ་ཚིག་མཛོད་ཆེན་མོ》ཡི་སྒྲིག་པ་པོས་ཀྱང་དེ་ལྟའི་བོད་རང་གི་མིང་ཚིག་ལ་འགྲེལ་བཤད་བྱེད་སྐབས་རྟག་ཏུ་རྒྱ་གར་གྱི་ལྟ་བ་དང་སྦྱར་ནས་འགྲེལ་བཤད་གནང་བ་ལྟ་བུ་འདུག སྣང་ཚུལ་དེ་ལས་ང་ཚོས་བོད་ཀྱི་སྔར་ཡོད་རིག་གནས་ཀྱི་ནང་དོན་ཇི་ཙམ་ཞིག་རྒྱ་གར་གྱི་ལྟ་བའི་ཕྱོགས་སུ་སྒྱུར་བཅོས་བྱས་ཚུལ་དང་། བོད་རང་གི་གདོད་མའི་ཐ་སྙད་ལ་མཐོང་ཆུང་ཇི་ཙམ་བྱས་ཡོད་མེད་རྟོགས་ཐུབ་པོ།

རྒྱལ་པོ་ལྡེ་ལས་འཛིག་རྟེན་དུ་ཕྱིན་པར་བརྗོད་པའི་ལྡེ་སྨྲུང་གི་ཤོད་སྲོལ་དེ་ལྟ་བུ་ནི་གནའ་བོའི་རིག་གནས་ཀྱི་རྩ་བའི་གྲུབ་ཆ་ཞིག་ཡིན་པར་མངོན་ཞིང་། མདོར་བསྡུས་ནས་ཞུས་ན་དེ་ནི་རྒྱལ་པོ་དེའི་བླ་ན་མེད་པའི་རང་བཞིན་ཉིད་མངོན་པར་བྱ་བའི་ཐབས་ཤིག་ཡིན་ལ། དེས་རྒྱལ་རྒྱུད་དང་རྒྱལ་ཚང་གི་དབང་ཐང་ཅེས་པའི་རྣམ་རྟོག་ཉིད་ཆགས་གྲུབ་བྱེད་རྒྱུའི་ཐད་ལེགས་སྐྱེས་ཕུལ་ཡོད་པ་རེད། ལྟ་བ་དེ་ནི་བོད་ཀྱི་བཙན་པོའི་རྒྱལ་རྒྱུད་བྱུང་བའི་རྨང་རྗེ་ལྟ་བུ་ཞིག་ཡིན་ལ། ལྡེ་སྨྲུང་དང་འབྲེལ་བའི་ཆོ་ག་སླར་ཡང་གཏན་འབེབས་ཀྱིས་རང་ཉིད་དབང་སྒྱུར་བ་ཡིན་པའི་གནས་སྟངས་ཉིད་ལུགས་མཐུན་ཅན་ཡིན་ཚུལ་ཁྱབ་བསྒྲགས་བྱས་ཡོད། དུས་དེ་ནས་བཟུང་ལམ་ལུགས་གསར་པ་ཞིག་གིས་རྒྱལ་ཕྲན་བཅུ་གཉིས་ཀྱི་ཟིང་འཁྲུག་ཅན་གྱི་གནས་སྟངས་མེད་པར་བཟོས་ནས་བོད་འདི་བཞིན་གཅིག་གྱུར་གྱི་ལམ་ཐོག་ཏུ་བསྐྱོད་འགོ་ཚུགས་པར་གྲགས།

ཁོ་བོའི་ལྟ་ཚུལ་ལྟར་ན། འདི་ལྟའི་ཐོག་མའི་ལྷ་སྒྲུང་ནི་གནའ་བོའི་ལྷ་ལས་མཆེད་ཚུལ་གྱི་མ་ལག་རྒྱུན་འཛིན་བྱས་པའི་རྨང་གཞིའི་ཐོག་ཕྱིས་སུ་ཐོན་པའི་འཇིག་རྟེན་ཆགས་ཚུལ་གྱི་ལྷ་སྒྲུང་དང་ལྷ་ལས་མཆེད་པའི་རུས་རྒྱུད་ཀྱི་མ་ལག་དག་བསྟན་ནས་གྲུབ་པ་ཞིག་རེད། དེ་ལྟ་བུའི་འཇིག་རྟེན་ཆགས་ཚུལ་དང་ལྷ་ལས་མཆེད་པའི་སྒྲིག་གཞི་ལས་ལྷ་སྒྲུང་དང་འབྲེལ་བའི་ཚིག་དག་དར་འཕེལ་བྱུང་ཡོད། དེ་ཡང་གཏོ་ཞེས་པའི་ཆོས་ལུགས་བྱེད་སྒོ་ཞིག་སྤེལ་སྲོལ་ཡོད་པ་དེ་ནི་རྒྱུན་ལྡན་གྱི་ཚིག་དང་གཅིག་མཚུངས་མ་ཡིན་པར་དེ་ནི་རང་བྱུང་ཁམས་ལས་འདས་པའི་གནས་ཤིག་གམ་སྟོབས་ཤུགས་ཤིག་མི་དང་འགྲོགས་ནས་འཇིག་རྟེན་ཐོག་གནས་པར་ཡིད་ཆེས་བྱེད་པ་ཞིག་ཡིན། དེ་ཡང་གཏོ་ཞེས་པའི་ཚིག་དེ་བརྒྱུད་རྫུ་འཕྲུལ་དང་ཆོས་ལུགས་ཀྱི་མ་ལག་དེ་ཉིད་ཁྱབ་སྤེལ་བྱེད་པ་དང་། ཚིག་དེ་སྤེལ་རིམ་བཞིན་འཇིག་རྟེན་ཆགས་ཚུལ་དང་ལྷ་མཆེད་ཀྱི་བྱུང་བ་བརྗོད་པའི་ལྷ་སྒྲུང་གི་གདོང་མའི་རྣམ་པ་དག་སླར་ཡང་བསྐྱུན་བཞེངས་བྱེད་པ་ཡིན། དེར་བརྟེན། ཚིག་ནི་ནམ་ཞག་རྒྱུན་དུ་ཆོས་ལུགས་དད་པའི་མ་ལག་གི་མཚོན་བྱེད་ཅིག་ཡིན། བོད་རིག་པའི་ཞིབ་འཇུག་གི་ཁྱབ་ཁོངས་ནང་ཚིག་གའི་སྐྱེ་ཚོགས་ཀྱི་ནུས་པར་དོ་སྣང་བྱེད་རྒྱུ་མི་འདང་བའི་གནས་ཚུལ་ལྷག་ཡོད་ཅིང་། ཚིག་གར་དེ་སྤེལ་ཡུལ་གྱི་སྤྱི་ཚོགས་ཀྱི་གནས་ཚུལ་དང་འབྲེལ་བ་བྱས་ནས་དཔྱད་ཞིབ་མ་བྱས་ན་ཚིག་ལ་དཔྱིས་ཕྱིན་པའི་གོ་བ་ཞིག་ལེན་ཐབས་བྲལ། ཚིག་གའི་དད་མོས་དང་ཚིག་སྤེལ་བ་ནི་སྤྱི་ཚོགས་སྒྲིག་གཞིའི་མངོན་ཚུལ་ཞིག་ཡིན་ལ་དེ་ནི་སྤྱི་ཚོགས་ཀྱི་འབྲེལ་ལམ་རྒྱུན་མཐུད་བྱེད་པོ་ཞིག་ཀྱང་ཡིན། ངེས་དོན་དེ་འདྲ་ཞིག་གི་འོག་ཏུ་ཁོ་བོས་ལྷ་སྒྲུང་དང་ཚིག་དཔེར་ན། བོད་མིའི་མཆེད་ཁུངས་བརྗོད་པའི་ལྷ་སྒྲུང་དང་། གླ་བསླུའི་ཚིག གླུད་དང་བསང་མཆོད་ཀྱི་ཚིག་སོགས་ལ་དཔྱད་ཞིབ་བྱས་ནས་གནའ་བོའི་བོད་རང་གི་དད་མོས་ཀྱི་མ་ལག་ཅིག་གྲུབ་ཡོད་པ་དེ་དང་། དེ་དག་ཐུབ་པའི་ཆོས་ལུགས་མ་དར་གོང་གི་བོད་ཀྱི་སྤྱི་ཚོགས་འཚོ་བའི་ནང་དང་ལེན་བྱས་ཡོད་ཚུལ་དག་ར་སྤྲོད་བྱ་ཁུལ་བྱས་ཡོད། གནའ་བོའི་རིག་གནས་ཀྱི་ནང་དོན་དེ་དག་ནི་སྤྱི་ཚོགས་ཀྱི་གྲུབ་ཆ་དང་ཆོས་ལུགས་ཀྱི་མ་ལག་ཅིག་གི་རྣམ་པའི་ཐོག་ནས་ད་དུང་གསོན་ཉམས་དོད་པོས་གནས་ཡོད་ལ། ལྷག་པར་དུ་སྲོལ་རྒྱུན་གྱི་སྤྱི་ཚོགས་སྒྲིག་གཞི་དག་

ཡོངས་སུ་ཐོར་ཞིག་ཏུ་མ་ཕྱིན་པའི་བོད་རིགས་ཀྱི་རིག་གནས་ཁྱབ་ཁོངས་ནང་གནའ་བོའི་རིག་གནས་ཀྱི་ནང་དོན་རྣམས་སྔར་བཞིན་གནས་ཡུས་ལགས།

ཉེ་བའི་དུས་སུ་པར་བསྐྲུན་བྱས་པའི་ཆབ་སྲིད་ཚེ་བརྟན་ཕུན་ཚོགས་ཀྱི་རྩོམ་ཡིག་ནང་"གཉའ་ཁྲི་བཙན་པོ་བོད་རང་གི་མི་ཡིན་"ཞེས་སྐབས་བདེའི་སྒོ་ནས་གསུངས་པ་དེ་ལ་དཔྱད་གཏམ་རེ་གཉིས་གླེང་བའི་དགོས་པ་ཙུང་ཆེ་བར་མཐོང་། ཆབ་སྲིད་ལགས་ཀྱིས་བཙན་པོ་གཉའ་ཁྲི་ནི་ཀོང་པོའི་ལྷོ་ཤར་མཚམས་ན་གནས་པའི་སྤོ་བོའི་ཡུལ་ནས་ཡིན་ཞེས་ནན་བཤད་དང་། རྒྱལ་པོའི་འབྱུང་ཁུངས་གནམ་ལ་བྱེད་པ་དེ་ནི་བོན་པོ་རྣམས་ཀྱིས་ཀོང་སྤོ་བོའི་ཡུལ་གྱི་ཐེའུ་རང་གི་རྒྱུད་ལས་སྐྱེས་པའི་དོན་དངོས་སྦས་སྐུང་བྱ་ཕྱིར་ཡིན་ཞེས་དང་། བཙན་པོ་དེ་དྭགས་པོ་བརྒྱུད་ཡར་ཀླུང་གི་ཡུལ་དུ་མ་ཐེབས་གོང་སྤོ་བོའི་ཡུལ་ནས་ཀོང་པོའི་ཡུལ་དུ་ཐེབས་སོ་ཞེས་པའི་གཏམ་རྒྱུད་དེ་ལོ་རྒྱུས་དངོས་ལ་ངོས་འཛིན་གནང་འདུག

ཏུན་ཧོང་གི་ཡིག་ཆ་དང་འཛིག་རྟེན་ཆགས་ཚུལ་དང་བཙན་པོ་ལྷ་ལས་མཆེད་པའི་སྲིག་གཞི་བཅས་ཀྱི་ཐོག་ནས་མངོན་པའི་ལྷ་སྒྲུང་གི་སྤྱིའི་སྒྲོམ་གཞི་དེའི་སྐོར་གླེང་མཚམས་འདིར་བཞག་ནས། ད་ལྟ་《ལྡེའུ་ཆོས་འབྱུང་》ནང་འཁོད་པའི་ལྷ་སྒྲུང་གི་བྱུང་རྟིངས་སྐོར་གླེང་ན། ཆོས་འབྱུང་དེའི་ནང་གི་དུམ་བུ་ཞིག་ཁོ་བོས་ཀོང་པོའི་ཡུལ་ན་ཡོད་པའི་གྲུང་ཐོ་རི་ཡི་སྐོར་དཔྱད་སྐབས་བེད་སྤྱོད་བྱས་ཡོད། ཁོ་བོས་གོང་དུ་བརྗོད་ཟིན་པ་ལྟར། 《ལྡེའུ་ཆོས་འབྱུང་》ནི་བཙན་པོའི་འབྱུང་ཁུངས་སྐོར་གྱི་ལྷ་སྒྲུང་གི་ནང་དོན་རྒྱས་པར་འཁོད་པའི་ཆོས་འབྱུང་གཅིག་པུ་དེ་ཡིན། ཆོས་འབྱུང་དེའི་རྩོམ་པ་པོས་ཅན་ལྡེ་ངོ་སྤྲོད་བྱེད་སྐབས། ཕྱག་གྲངས181ནས་བཟུང་ཅན་ལྡེ་ཡིས་སྒྲོམ་གཞི་བྱས་པའི་རྒྱང་གཞིའི་འོག་བོད་དུ་ནང་པ་སངས་རྒྱས་ཀྱི་ཆོས་ལུགས་དར་བའི་ལོ་རྒྱུས་བྲིས་ཡོད་ལ། དེབ་དེའི་སྟོད་ཆའི་ནང་དོན་ནི་ཐུབ་པའི་ཆོས་ལུགས་རྒྱ་གར་གྱི་ཡུལ་དུ་ཇི་ལྟར་དར་བའི་ལོ་རྒྱུས་སྐོར་ཡིན། བོད་ཀྱི་ཆོས་འབྱུང་གི་རྩོམ་པ་པོའི་གཅིག་མཐུན་དམིགས་ཡུལ་ལྟར།《ལྡེའུ་ཆོས་འབྱུང་》གི་རྩོམ་པ་པོའི་ཀུན་སློང་ཡང་སངས་རྒྱས་ཆོས་ལུགས་ཀྱི་ལོ་རྒྱུས་གསོར་བརྗོད་བྱེད་རྒྱུའི་དྲ་རྒྱ་ལས་མ་འདས། དེར་བརྟེན། ཆོས་འབྱུང་དེའི་ནང་དུ་འཁོད་པའི་བཙན་པོའི་འབྱུང་ཁུངས་སྐོར་གྱི་ལྷ་སྒྲུང་

ནི་སྟེས་དབང་གི་བྱུང་འབྲས་ཤིག་ཡིན་པ་རེད། དེས་ན་ང་ཚོས་འདིར་དཔྱད་ཞིབ་བྱེད་བཞིན་པའི་ལྷ་སྲུང་དེ་ནི་ཆ་ཚང་གི་སྲུང་ཞིག་མ་ཡིན་ནོ།

《ལྡེའུ་ཆོས་འབྱུང་》ནང་དེ་ནི་སྟོན་གྱི་ཚིགས་བཅད་ལས་བརྩམས་པའི་དཔེ་ཆ་ཞིག་གི་འགྲེལ་པ་ཡིན་ཞེས་གསུངས་པ་ལས་དཔེ་ཆ་དེ་སུས་བརྩམས་མིན་བརྗོད་མེད། འོན་ཀྱང་ཆབ་སྤེལ་ལགས་ཀྱིས་དཔེ་ཆ་དེ་ཕལ་ཆེར་མཁས་པ་ཇོ་འབུམ་(1123 – 1175)ཞེས་པས་བརྩམས་ཞེས་གསུངས་ཡོད། ཁོ་བོས་འདིར་བརྗོད་པར་བྱ་བའི་གཙོ་དོན་ནི་ཅན་ལྡེ་ཡི་སྐོར་འཁོད་པའི་ནང་དོན་དང་། དེ་དང་འབྲེལ་བའི་ལྷ་སྲུང་སྐོར་ལ་གནད་བསྡུས་ཀྱིས་དཔྱད་པ་དང་ངོ་སྤྲོད་བྱ་རྒྱུ་དེ་ཡིན།

འོན་ཀྱང་། བརྗོད་གཞི་དེ་འགོ་མ་བཙུགས་གོང་། ཆོས་འབྱུང་དེའི་རྩོམ་པ་པོ་དང་ཆོས་འབྱུང་དེ་བརྩམས་པའི་དུས་ཚོད་སྐོར་ཅུང་ཟད་གླེང་ཁུལ་བྱས་ན། དེ་ཡང་ཆོས་འབྱུང་དེ་ནི་ཐུན་མོང་མ་ཡིན་པའི་ཁྱད་ཆོས་ལྡན་ཞིང་གལ་ཆེའི་ཆོས་འབྱུང་ཞིག་ཡིན་པས་ན། དེའི་ནང་གི་དཔྱད་ཡིག་རྣམས་དུས་ཕྱིས་སུ་བྱུང་བའི་ཐུབ་པའི་ཆོས་ལུགས་ཀྱི་རྩོམ་པ་པོ་རྣམས་ཀྱིས་རྒྱུས་སྦྲིས་ཀྱིས་འདྲེན་ཤག་བྱེད་པར་འདོད་པའི་ལྟ་བ་ནི་ནོར་འཁྲུལ་ཞིག་ཡིན་པ་རེད། ཆོས་འབྱུང་དེའི་རྩོམ་པོས་ཀྱང་ཀུན་གྱི་ཡུལ་དུ་གྱུར་བའམ་ཞིབ་ཕྲའི་དཔྱད་ཡིག་གི་འབྱུང་ཁུངས་དག་བརྗོད་མེད་པ་རེད། ཆབ་སྤེལ་ལགས་ཀྱིས་སྔོམ་ཚོད་ཀྱིས་མཁས་པ་ལྡེའུ་དང་དགེ་བཤེས་ལྡེའུ་ཞེས་པ་དུས་རབས་བཅུ་གཉིས་པའི་ནང་བྱོན་པའི་བཀའ་གདམས་པའི་མཁས་པ་དེ་མི་གཅིག་ལས་མིང་མི་འདྲ་བ་ཡིན་ཚུལ་གསུངས་ཡོད་ལ། མཚན་གཅིག་པ་ཡིན་པའི་ཤུགས་ལ་བརྟེན་ནས་ཆོས་འབྱུང་དེ་བྱུང་བའི་དུས་སྐབས་ཀྱང་དུས་རབས་བཅུ་གཉིས་པའི་ནང་ཡིན་ཚུལ་གཏན་འཁེལ་གནང་ཡོད་པ་མ་ཟད། ཁོང་གིས་མཁས་པ་ལྡེའུ་དང་གོང་གསལ་ཚིགས་བཅད་ཀྱི་དཔེ་ཆ་དེའི་རྩོམ་པ་པོར་འདོད་པའི་མཁས་པ་ཇོ་འབུམ་གཉིས་མི་གཅིག་ཡིན་ཚུལ་ཚོད་དཔག་གནང་ཡོད་པའི་ཐོག་ནས་ཁོང་གིས《ལྡེའུ་ཆོས་འབྱུང་》གི་རྩོམ་པ་པོ་ནི་སྐྱེ་བོ་གཞན་ཞིག་ཡིན་ཚུལ་ཤུགས་བསྟན་མཛད་ཡོད། དེ་ལྟ་བུའི་ལྟ་ཚུལ་ནི་ཁས་ལེན་བྱེད་ཐབས་བྲལ་བ་ཞིག་རེད། ཁོ་བོའི་འདོད་ཚུལ་ལ། 《ལྡེའུ་ཆོས་འབྱུང་》དང་

《མཁས་པའི་དགའ་སྟོན་》ནང་གསལ་བའི་ལྡེ་སྟོན་ཆོས་འབྱུང་ཞེས་པ་དེ་གཉིས་དོན་གཅིག་མིང་གི་རྣམ་གྲངས་ཡིན་པར་སེམས།

ཚབ་སྤེལ་ལགས་ཀྱིས་《ལྡེའུ་ཆོས་འབྱུང་》དུས་ཅི་ཙམ་ནང་བརྩམས་པའི་སྐོར་ལ་དཔྱད་པ་གནང་སྐབས། ཆོས་འབྱུང་དེ་རང་ནང་འཁོད་པའི་བསྟན་རྩིས་ཀྱི་ནང་དོན་ལ་སྣང་ཚུང་ངམ་ཡང་ན་དེ་དོན་ལ་དཔྱེ་ཞིབ་གཏིང་ཟབ་མ་གནང་བའི་སྣང་ཚུལ་མཆིས། དོན་དངོས་ཐོག་བསྟན་རྩིས་ལས་ཆོས་འབྱུང་དེ་ག་དུས་བརྩམས་པའི་སྐོར་གསལ་པོ་བསྟན་ཡོད། དེ་ཡང་ཆོས་འབྱུང་དེའི་ནང་དུ་ཐོག་མར་དུས་འཁོར་བསྟན་རྩིས་ཀྱི་རྩིས་སྲོལ་བེད་སྤྱོད་བྱས་ཡོད་པ་མངོན་ཞིང་། ཕོ་བོའི་ལྟ་ཚུལ་ལྟར་ན། ཆོས་འབྱུང་ནང་བརྗོད་པའི་མཆིམས་ནི་མཆིམས་ནམ་མཁའ་གྲགས(1252འཁྲུངས?) ཞུ་བ་སྣར་ཐང་གི་མཁན་པོ་སྐུ་ཐོག་བདུན་པ་དེ་ཉིད་ལ་ཟེར་བ་ཡིན་ཞིང་། ཁོང་གིས《མཆིམས་མཛོད་》ཅེས་པ་དེ་བརྩམས་པས་མཁས་པའི་གྲགས་པ་ཀུན་ཏུ་གཡོས། 《ལྡེའུ་ཆོས་འབྱུང་》གི་རྩོམ་པ་པོས་གོང་གསལ་མཆིམས་ཀྱི་བསྟན་རྩིས་ཀྱི་ལུགས་དེ་དོར་ནས་ཆོས་རྗེའི་བསྟན་རྩིས་ཀྱི་ལུགས་ངོ་སྤྲོད་བྱས་ཡོད། དེ་རྗེས་རྩོམ་པ་པོ་དེས་ཆོས་རྗེས་མེ་ཡོས་ལོར(1207)ཐང་ཆེན་དུ་བསྡུན་རྩིས་གཅིག་བཟློས་གནང་ཚུལ་དང་། རྩོམ་པ་པོ་རང་ཉིད་ཀྱིས་ལྕགས་བྱ་ལོར(1261)བསྟན་རྩིས་གཅིག་བརྩམས་པའི་སྐོར་བརྗོད་ཡོད། དེང་སྐབས་དེར་འཁོད་པའི་ཆོས་རྗེ་ནི་ཀ་ཤི་མི་རིའི་ཡུལ་ནས་བྱོན་པའི་མཁས་པ་པཎ་ཆེན་ཤཱཀྱ་ཤྲཱི་ལ་གོ་དགོས་ཤིང་། ཐང་ཆེན་ཞེས་པ་དེ་ནི1017ལོར་བཞེངས་པའི་འཕྱོངས་རྒྱས་ཡུལ་གྱི་སོལ་ནག་ཐང་པོ་ཆེ་དགོན་ཞེས་པ་དེ་ཡིན། བསྟན་རྩིས་དེ་ཡང་ཀ་ཤི་མི་རིའི་མཁས་པ་དེས་ཐང་པོ་ཆེ་དགོན་ན་བརྩམས་པ་ཞིག་ཡིན་པ་ལས། ཆག་ལོ་ཙཱ་བ་ཆོས་རྗེ་དཔལ(1197－1264)ཞུ་བ་དེས་བརྩམས་པ་ཞིག་མ་ཡིན། ཕོ་བོས་དེ་སྔོན《དེབ་ཐེར་སྔོན་པོ་》ལ་གཟིགས་ནས། ཆོས་རྗེ་དཔལ་མཆོག་དགུང་ལོ་དྲུག་ཅུ་རེ་ལྔའི་ཐོག་ཐང་པོ་ཆེ་དགོན་དུ་ཕེབས་ཞེས་བརྗོད་པ་ནི་ནོར་འཁྲུལ་ཞིག་ཡིན་འདུག 《ལྡེའུ་ཆོས་འབྱུང་》ནི1261ལོར་ཡོངས་སུ་རྫོགས་པར་གྲུབ་པའི་བརྩམས་ཆོས་ཤིག་རེད་འདུག་ལ། ཆོས་འབྱུང་དེའི་རྩོམ་པ་པོ་ནི་ཀ་ཤི་མིར་གྱི་མཁས་པ་དེའི་སློབ་མ་ཡིན་ལ། ཁོང་

ནི་རྙིང་མ་བའི་ལོ་རྒྱུས་ལ་མཉེས་པོ་ཡོད་པའི་བཀའ་གདམས་པའི་བརྩུན་པ་ཞིག་ཡིན་པར་སེམས་པས་དཔྱད་པར་འཚལ།

ད་ལྟ་ང་ཚོས་བསྒྲགས་པ་བོན་ལུགས་དང་གསང་བ་ཆོས་ལུགས་ཞེས་པའི་ཤོད་རྒྱུན་སྐོར་དཔྱད་གླེང་བྱས་ཟིན་པ་རེད། ད་ནི《ལྡེའུ་ཆོས་འབྱུང་》གི་མ་ཕྱིར་གྲགས་པའི་ཚོགས་བཅད་ཀྱི་དཔེ་ཆ་དེའི་ནང་དུ་གབ་ཕྱི་སློག་ནས་གསང་བ་བོན་ལུགས་དང་གྲགས་པ་ཆོས་ལུགས་ཞེས་བྲིས་ཡོད་པའི་སྐོར་བརྗོད་པར་བྱ་སྟེ། དེ་ལྟ་བུའི་ཡ་མཚན་ཅན་གྱི་སྣང་ཚུལ་ལ་དཔྱད་པ་བྱ་རྒྱུའི་དཔྱད་ཡིག་ཅིག་ད་ཕན་འདྲེན་བྱེད་ཀྱི་ཡུལ་དུ་མ་གྱུར་ཏོ། ཁ་ཅིག་གིས་དེ་ལྟར་བྱུང་བའི་རྒྱུ་མཚན་ཅི་ཡིན་ཞེས་དྲི་བ་ཞིག་འདོན་སྲིད། ལར《ལྡེའུ་ཆོས་འབྱུང་》ལྟར་ཚོགས་བཅད་ཀྱི་དཔེ་ཆ་དེ་ཡི་འགྲེལ་པའི་ཚུལ་དུ་བརྩམས་པའི་ཆོས་འབྱུང་ཞིག་གི་ནང་དུ་གོང་གསལ་ལྟ་བུའི་གབ་ཕྱི་ལོག་པའི་ཤོད་སྲོལ་དེ་འཁོད་མེད། 《ལྡེའུ་ཆོས་འབྱུང་》ནང་དུ་ཚོགས་བཅད་ཀྱི་ལམ་ལས་བརྩམས་པའི་དཔེ་ཆའི་ནང་དོན་འདི་ལྟར་དྲངས་ཡོད་པ་སྟེ། གསང་བ་བོན་ལུགས་འདོད་ཁམས་ལྷ་ལས་ཆད། །གྲགས་པ་ཆོས་ལུགས་གདུང་རྒྱུད་ལྷ་ལས་ཆད། །ཅེས་པ་ལྟ་བུའོ།

དེ་ལྟ་བུའི་འགྱུར་ལྡོག་ནི་ཐུབ་པའི་ཆོས་ལུགས་ཀྱི་འདུ་ཤེས་ཀྱི་དབང་ལས་བྱུང་བ་གོར་མ་ཆག་ལ། ཐུབ་པའི་ཆོས་ལུགས་པ་ཞིག་ལ་བལྟོས་ནས་བརྗོད་ན། འཇིག་རྟེན་ཆགས་ཚུལ་དང་བཙན་པོ་ལྷ་ནས་མཆེད་པའི་གཏམ་རྒྱུད་ཁྲིད་ཀྱི་ལྷ་རྣམས་ནི་ད་ཡོད་ཀྱི་ལྷ་ལྟར་དེ་དག་ནི་གཞན་མ་ཡིན་པར་ཐུབ་པའི་ཆོས་ལུགས་ཀྱི་འཇིག་རྟེན་ཆགས་ཚུལ་བརྗོད་སྐབས་ཀྱི་ལྷ་རྣམས་ཡིན་པར་ངོས་འཛིན་བྱ་ཡི་ཡོད། 《ལྡེའུ་ཆོས་འབྱུང་》གི་རྩོམ་པ་པོས་ཀྱང་ལྟ་ཚུལ་དེ་ལྟ་བུར་རྒྱབ་སྐྱོན་བྱས་པ་མ་ཟད། ཡ་མཚན་ཅན་དང་མ་རུངས་བའི་གསར་གཏོད་ཀྱང་འདི་ལྟར་བྱས་ཡོད་པ་དཔེར་ན། "གྲགས་པའི་རྒྱུ་མཚན་ནི་གདུང་རྒྱུད་འོད་གསལ་གྱི་ལྷ་ལས་ཆད་ལ། བོན་ལུགས་ནི་འོད་ཁམས་ལྷ་ལས་ཆད་དེ། ལྷ་ལ་ཡང་བཟང་ངན་ཡོད་པས་གདུང་རྒྱུད་གྲགས་པར་ཡོངས་ལ་མདོ་ནས་གསུངས་པས་ཀྱང་གྲགས་པར་མཆིའོ།" ཞེས་པ་ལྟར་རོ།

《ཆོས་མངོན་པ་མཛོད་》ནང་འཁོད་པའི་ཐུབ་པའི་ཆོས་ལུགས་ཀྱི་འཇིག་རྟེན་

ཁམས་ཆགས་ཚུལ་བརྗོད་པའི་སྐབས་ཀྱི་ལྷ་རྣམས་ཀྱི་མཆེད་ཚུལ་དེ་བོད་ཀྱི་རྒྱལ་པོའི་འབྱུང་ཁུངས་ཀྱི་ལྷ་སྒྲུང་ནང་བཙུག་ཡོད་པ་དེ་ནི་ངོ་མཚར་ལྡན་པའི་གནས་ཤིག་ཡིན་ལ། དེ་ནི་ཀང་བཙུགས་ནས་ཧུས་འགོད་བྱས་པ་ཞིག་ཡིན་པ་གསལ་པོ་ཡིན། དེ་ཡང་ཚིགས་བཅད་ཀྱི་དཔེ་ཆ་དེའི་ནང་ཐོག་མར་བསྒྲགས་ཞེས་བྲིས་ཡོད་ནའང་དེ་ཕྱིས་སུ་གྲགས་ཞེས་པར་སྒྱུར་བཅོས་བྱས་ཡོད། དེ་ནི་《ལྡེའུ་ཆོས་འབྱུང་》གི་རྩོམ་པ་པོས་དུས་ཕྱིས་ཀྱི་དག་ཆའི་འགྲོ་སྟངས་ལ་གཞིགས་ནས་བཅོས་སྒྲིག་བྱས་པ་ཞིག་ཡིན་ལ། དེ་ནི་ཐུབ་པའི་ཆོས་ལུགས་པས་ཐོག་མར་དཔེ་ཆའི་མིང་ཚིག་ལ་སྒྱུར་བཅོས་བྱེད་པ་དང་དེ་ནས་དེ་ལ་བརྟོས་ནས་འགྲེལ་བཤད་བྱེད་པའི་རང་གཤིས་དག་མངོན་པའི་དཔེ་མཚོན་བཟང་པོ་ཞིག་ཡིན། 《ལྡེའུ་ཆོས་འབྱུང་》གི་རྩོམ་པ་པོས་གྲགས་པ་ཆོས་ལུགས་ལྟར་ན་བོད་ཀྱི་བཙན་པོའི་རྒྱུད་ནི་རྒྱ་གར་གྱི་རྒྱལ་སྲས་ཏུ་པ་སྐྱེས་ལས་མཆེད་པ་དང་། མདོ་ཡི་ནང་ནས་ཡ་མཚན་ཅན་གྱི་ཚིག་དུམ་ཞིག་དྲངས་ནས་གྲགས་པ་ཆོས་ལུགས་ལྟར་ན་རྒྱལ་པོ་དེ་ནི་སྙིང་རྗེ་ཆེན་པོ་ཡི་རྣམ་སྤྲུལ་ཡིན་ཚུལ་བརྗོད་ཡོད། དེས་ང་ཆོས་བསྒྲགས་པ་བོན་ལུགས་དང་གསང་བ་ཆོས་ལུགས་ཞེས་པའི་མིང་ཚིག་དང་དེ་དག་གི་འབྱུང་ཁུངས་ལ་དེ་བས་དོགས་འདྲི་བྱ་དགོས་པ་ཞིག་བཟོས་ཡོད། ང་ཚོས་ཤེས་གསལ་ལྟར། 《ཉང་རལ་ཆོས་འབྱུང་》ནི་གོང་གསལ་གྱི་ཐ་སྙད་དེ་དག་དང་སྦྲག་ནས་བྱུང་བའི་གདོད་མའི་ལྷ་སྒྲུང་སྐོར་འཁོད་པའི་ཆོས་འབྱུང་སྔ་ཤོས་ཀྱི་གྲས་ཤིག་ཡིན། བོན་ལུགས་ནང་དུ་གཞུང་ལུགས་ཀྱི་རྣམ་དབྱེ་བརྗོད་པའི་ཆ་ནས་བསྒྲགས་པ་ཞེས་པའི་ཐ་སྙད་ཅིག་འདོགས་སྲོལ་མཆིས་ཀྱང་། བསྒྲགས་པ་བོན་ལུགས་ཞེས་པའི་ལོ་རྒྱུས་ཀྱི་ཤོད་རྒྱུན་ཞིག་མ་མཆིས། 《ཉང་རལ་ཆོས་འབྱུང་》ནང་དུ། ཅན་ལྡེ་ལས་གསང་བ་ཕྲུག་རྒྱ་ཅན་ཞེས་པ་དེ་ནི་བོད་གྱི་བཙན་པོའི་རྒྱུད་པ་རྒྱ་གར་ལ་གཏུགས་པའི་སྐོར་གྱི་ནང་དོན་འཁོད་ཡོད་པའི་དཔེ་རྙིང་ཞིག་ཡིན་ཚུལ་བརྗོད། འོན་ཀྱང་། 《ལྡེའུ་ཆོས་འབྱུང་》ནང་དུ། གསང་བ་ཕྲུག་རྒྱ་ཅན་ཞེས་པ་དེའི་ནང་དོན་དང་བཙན་པོའི་མཆེད་ཁུངས་བརྗོད་པའི་ལྷ་སྒྲུང་སྐོར་འབྲེལ་བ་ཅི་ཡང་མེད་པར་དེ་ནི་བཙན་པོ་དང་བཙན་པོ་ཚང་གི་ཁོངས་མི་ཚོའི་སྐུ་གཟུགས་ཀྱི་སྐྱོན་ཆ་དང་། ནད་གཞིས་མནར་ཚུལ། དྲག་ཤུགས་སམ་རང་བཞིན་མ་ཡིན་པའི་གནོད་འཆོས

བཙན་པོའི་སྐུ་སྲོག་དང་རྒྱལ་པོ་ཚང་གི་ཁོངས་མི་གཞན་གྱི་ཚེ་སྲོག་དག་བཅད་པའི་སྐོར་བརྗོད་པ་ཞིག་ཡིན། གོང་གསལ་གྱི་དོན་རྐྱེན་ནི་དེ་ལ་གསང་བ་ཕྲུག་རྒྱ་ཅན་ཞེས་བརྗོད་པའི་རྒྱུ་མཚན་ནོ། དེར་བརྟེན།《ཉང་རལ་ཆོས་འབྱུང་》ནང་འཁོད་པའི་གསང་བ་ཕྲུག་རྒྱ་ཅན་གྱི་སྐོར་འཁོད་པའི་གནས་འཕྲིན་ལ་གཟབ་ནན་གྱིས་དཔྱད་ཞིབ་བྱ་དགོས་པ་ཞིག་ཆགས་ཡོད། ཡི་གེ་ལྷ་གྲིས་ཅན་ཞེས་པའི་ནང་དུ་བཙན་པོའི་འབྱུང་ཁུངས་ལྷ་ལ་གཏུགས་པའི་སྐོར་གྱི་ལྷ་སྒྲུང་གི་ནང་དོན་སྐྱར་བཀོད་བྱས་ཡོད་པ་ནི་གཅིག་མཐུན་ཡིན། ཕལ་ཆེར་བོད་ཀྱི་ཐུབ་པའི་ཆོས་ལུགས་ཀྱི་ཆོས་པས་བཙན་རྒྱུད་རྒྱ་གར་ལས་བྱུང་བའི་ཤོད་སྲོལ་དེ་གསར་གཏོད་བྱེད་སྐབས་ལྷ་སྒྲུང་དེ་ལ་བསྒྲགས་པ་བོན་ལུགས་ཞེས་འབོད་འགོ་ཚུགས་པ་ཡིན་ཤས་ཆེ། སྐབས་དེ་དུས་བསྒྲགས་པ་བོན་ལུགས་ལ་བརྙོས་ནས་གསང་བ་ཆོས་ལུགས་ཞེས་པའི་འབོད་སྲོལ་བྱུང་ཡོད་ནའང་། དེ་གཉིས་དང་ཡི་གེ་ལྷ་གྲིས་ཅན་དང་ཡང་ན་གསང་བ་ཕྲུག་རྒྱ་ཅན་དབར་འབྲེལ་བ་ཅི་ཡང་མ་མཆིས། དེས་ན་གསང་བ་ཆོས་ལུགས་ཞེས་པ་དེ་ནི་ཤོད་རྒྱུན་གཞན་དག་ཅིག་ཡིན་པ་རྟོགས་ཐུབ། ཉང་རལ་གྱིས་གསང་བ་ཆོས་ལུགས་ཞེས་པ་དེ་དང་གསང་བ་ཕྲུག་རྒྱ་ཅན་གཉིས་དབར་འབྲེལ་བ་གནང་ཐབས་གནང་བ་དང་། 《ལྡེའུ་ཆོས་འབྱུང་》གི་རྩོམ་པ་པོས་གསང་བ་ཆོས་ལུགས་ནི་ཡི་གེ་ལྷ་གྲིས་ཅན་དང་སྦྱར་ཐབས་གནང་ཡོད། ད་དུང་ཉང་རལ་གྱི་གསང་བ་ཕྲུག་རྒྱ་ཅན་ནི་གསང་བ་ཆོས་ལུགས་ཀྱི་སྐོར་ཡིན་ནོ་ཞེས་དོགས་གནད་ཆེ་ཞིང་ནོར་འཁྲུལ་ལྷ་བུའི་འགྲེལ་བཤད་ཀྱང་མཛད་ཡོད། གོང་གསལ་གྱི་གནས་ཚུལ་ལས། བསྒྲགས་པ་བོན་ལུགས་དང་གསང་བ་ཆོས་ལུགས་ཞེས་པའི་ཤོད་སྲོལ་དེ་ནི་ཐུབ་པའི་ཆོས་ལུགས་པའི་གྲུབ་མཐའ་འཛིན་པ་རྣམས་ཀྱིས་གསར་གཏོད་བྱས་པ་འབའ་ཞིག་ཡིན་པ་རྟོགས་ཐུབ་ལ། ཤོད་སྲོལ་དེ་དག་ལ་རང་རྒྱ་འཕེར་བའི་གོ་དོན་ཞིག་མ་མཆིས་པས་ང་ཚོས་སྣང་ཚུལ་དེ་ནི་མིང་ཚིག་ལ་རོལ་རྩེད་བྱས་པའི་འབྲས་བུ་ཞིག་ཡིན་ནོ་ཞེས་བརྗོད་ན་མ་འགྲིག་པ་མེད་སྙམ། བསྒྲགས་པ་བོན་ལུགས་ཞེས་པ་དེ་པདྨ་འབྱུང་གནས་ཀྱི་འཁྲུངས་ཚུལ་བརྗོད་པའི་གཏམ་རྒྱུད་དང་འབྲེལ་བའི་བོན་པོའི་དཔེ་ཆའི་ཚོགས་ཞིག་ལ་གོ་སྲོལ་ཆགས་ཡོད། གནད་དོན་དེའི་སྐོར་A. Mསྦུ་ལོང་ཏོ་ཡིས་ངོ་སྤྲོད་གསལ་པོ་གནང་ཡོད་

པས་འདིར་སྤྲོ་བར་མི་བྱ།

《ལྡེའུ་ཆོས་འབྱུང་》གིས་ཐུབ་པའི་ཆོས་ལུགས་ཀྱི་རྣོག་འཛིང་ཅན་གྱི་ཤོད་སྟོལ་ཕུད། དེ་བྱིངས་ཀྱི་ཅན་ལྡུ་དང་འབྲེལ་བའི་ནང་དོན་རྣམས་འབྲེལ་ཆགས་པོས་མཁོ་འདོན་མཛད་འདུག། གཞམ་དུ་ཁོ་བོས《ལྡེའུ་ཆོས་འབྱུང་》ནང་འཁོད་པའི་དཔེ་ཆ་དེའི་ནང་དོན་རྣམས་གཞན་བསྡུས་ཀྱིས་ངོ་སྤྲོད་ཞུ་རྒྱུ་དང་། གཞན་བསྡུས་དེའི་ནང་གཉའ་ཁྲི་བཙན་པོའི་འབྱུང་ཁུངས་བརྗོད་པའི་ལྷ་སྐྱུང་དང་དེ་བཞིན་ཅན་ལྡུ་དང་འབྲེལ་བའི་ནང་དོན་ཁག་ཀྱང་ཚུད་ཡོད།

དེ་ཡང་ཏུན་ཧོང་གི་ཡིག་ཆ་PT1038ནང་གསལ་བ་ལྟར། 《ལྡེའུ་ཆོས་འབྱུང་》གི་རྩོམ་པ་པོས་རྒྱལ་ཕྲན་བཅུ་གཉིས་ཀྱི་སྐོར་བརྗོད་ཟིན་རྗེས། རྒྱལ་པོ་དེའི་སྐོར་གྱི་ཤོད་རྒྱུན་གསུམ་སྟེ་གསང་བ་དང་། བསྒྲགས་པ། ཡང་གསང་ཞེས་པ་ནས་འགོ་བཙུགས་ཏེ་གླེང་ཡོད།

"ཡང་གསང་ཐེ་བྲང་ལས་ཆད་གཉའ་ཁྲིར་བཏགས་སྐད། ཡུལ་སྤོ་བོའི་ཡུལ་ནས་སྤུའི་མི་མོ་མོ་བཙུན་བྱ་བའི་ཉུམ་ནས་ཐེ་བྲང་སྤྱུན་དགུ་སྐྱེས་པའི་ཆུང་དག་ཐེ་བྲང་མ་སྐླ་ཨུ་བེ་ར་བྱ་བ། ལྟེས་གདོང་གི་དཀྱིལ་འཁོར་ཁེབས་པ། ཕྱག་སོར་དྲ་བར་འབྲེལ་བ། ཤིན་ཏུ་གདུག་རྩུབ་དང་ནུས་མཐུ་ཆེ་བ་གཅིག་བྱུང་བས། འདི་ཐུ་དྲགས་བཟུག་དགོས་ཟེར་ནས་སྤུ་བོའི་ཡུལ་གྱི་བན་བོན་ནུས་མཐུ་ཅན་རྣམས་ཀྱིས་ཐེ་བྲང་སྐྱུས་འདེབས་བྱས་ནས་བོད་དུ་བཟུགས་པ་ལ། དེར་བོད་ཀྱིས་མི་རྗེ་འཚོལ་བ་དང་ཕྲད་ནས་ཁྱོད་ཅི་འདྲ་ཞིག་ཡིན་བྱས་པས། ང་སྤུ་བོའི་ཡུལ་གྱི་མི་ཡིན་ཟེར་བས། འོ་ན་ཕྱག་སོར་དང་ལྟེ་ངོ་མཚར་ཆེ་བ་གཅིག་འདུག་པ། ཁྱོད་ལ་ནུས་མཐུ་འདྲ་བ་ཅི་ཡོད་བྱས་པས། ཁོན་རེ་ནུས་མཐུ་དང་རྫུ་འཕྲུལ་ཆེ་དྲགས་པས་བཟུགས་པ་ཡིན་ཟེར། འོ་ངེད་ཀྱི་རྗེ་བཙོལ་ལོ་བྱས་ནས། གཉའ་བའི་ཁྲི་ལ་བླངས་ནས། འདི་རྗེ་གཉའ་ཁྲི་བཙན་པོ་ཡིན་བྱས་ནས་རྗེ་བཙོལ་བའི་ལོ་རྒྱུས་གདའ་སྟེ། ངེ་ནི་རྗེའི་ཐུན་ནམ་མཚང་ལགས་སོ།" ཞེས་པ་ལྟར་རོ།

གཅིག ཡོ་ག་(ཡི་གེ་)ལྷ་གྲེས་ཅན།

1. དེ་ཡང་གསང་བ་བོན་ལུགས་ཀྱིས་བརྗོད་པའི་བཙན་པོ་དེའི་འབྱུང་ཁུངས་ལྷ་ལས་

མཆེད་པའི་སྐོར་བརྗོད་སྐབས། དང་པོ་བསྐལ་པ་བས་བསྐལ་སྲིད་པས་མ་སྲིད་ཙམ་ན། ཕྱི་ཡེ་མཁྱེན་གྱི་ཆེན་པོ་བྱ་བ་གཅིག་སྲིད་པ་ཕྱི་ཡིས་བསྐོས་ཏེ་བྱུང་། དེ་ལས་ཁོ་མ་འཁྲོ་རྗེའི་ལེགས་པའི་ཧོར་དྲུག་ཅེས་པ་གཅིག་སྲིད། དེའི་ཁལ་གྱི་ངད་པ་སྤྲུན་གྱི་སྦྲིས་མ། དབུ་སྐྲ་ཕྲུག་སྤྱིར་ཙམ་གཅིག་གནས་པ་སྟེ། གནམ་ས་ཆམ་ཕྱེད་ཀྱི་བར་དུ་ཐུས་བཏབ་པས། གནམ་ས་ཆ་ཕྱེད་དེ། གནམ་རིམ་པ་བཅུ་གསུམ་ནི་ཁ་རིམ་ཁང་དུ་ཡས་ཐུབ། ས་རིམ་པ་བཅུ་གསུམ་ནི་གདན་རིམ་གདན་དུ་མས་གཏིང་། གནམ་ས་གཙུ་ཁ་སྦྱོར་དེའི་ནང་དུ་འོད་དཀར་ནག་གཉིས་སུ་སྲིད། དཀར་པོ་ཡོད་ཀྱི་ཁ་འཛིན། ནག་པོ་མེད་ཀྱི་ཁ་འཛིན། ཡོད་མེད་གཉིས་ཀྱི་འཁྲོ་འདུ་ལས། གསེར་གྱི་མེ་ཏོག་སེར་པོ་དང་། གཡུའི་མེ་ཏོག་སྔོན་པོ་སྲིད། གསེར་གྱི་མེ་ཏོག་སེར་པོས་ཡབ་ཀྱི་རྒྱུ་བྱས། གཡུའི་པདྨ་སྔོན་པོས་ཡུམ་གྱི་རྒྱུ་བྱས་ནས། ཡབ་ཡུམ་གཉིས་ཀྱི་འཁྲོ་འདུ་ལས། སྲིད་པའི་ལྷ་རྗེ་ཁ་དང་སྐྱོལ་མེད་བྱ་བ་སྲིད། དེ་དང་ཡུམ་དབྱིངས་ཀྱི་སྐྱོལ་མེད་སྲིད་པའི་སྲས། མེས་རྣམ་ལ་གར་གསུམ་དུ་སྲིད། དེ་དང་ཕྱི་ཀྱི་ཡེ་ཐན་མ་ཧུ་སྲིད་པའི་སྲས་སྐར་མ་ཡོལ་ལྡེ། དེ་དང་གཡུ་རི་ཕྲུག་མོ་སྲིད་པའི་སྲས་ལྷ་རབས་མཆེད་བཞི་སྲིད། དཀར་ནམ་རྒྱལ་བ། སྟིང་རྒྱུ་དཀར་པོ། ལྷ་ཕྱི་ཤེལ་དཀར། ཐ་ཆུང་རྟེར་རྟེར་དང་བཞི་སྲིད། སྟིང་རྒྱུ་དཀར་པོ་ཤར་ལུས་འཕགས་པོའི་ལྷར་གཤེགས། དཀར་ནམ་རྒྱལ་བ། ནུབ་བ་ལང་སྤྱོད་ཀྱི་ལྷར་གཤེགས། ཁྲི་ཤོལ་དཀར་པོ་ལྷོ་འཛམ་བུ་གླིང་གི་ལྷར་གཤེགས། ཐ་ཆུང་རྟེར་རྟེར་བྱང་སྒྲ་མི་སྙན་གྱི་ལྷར་གཤེགས། ཞེས་ལྷ་བུ་དང་།

"ཁྲི་ཤེལ་དཀར་པོ་ལས་རྗེའི་མགུར་ལྷ་མཆེད་གསུམ་སྲིད། ཕྱི་ལྷ་ཐོག་དཀར། བར་ལྷ་འོད་དཀར། ནང་ལྷ་གུལ་རྒྱལ་གསུམ་སྲིད། དེ་གསུམ་གྱི་ལྷགས་ཀྱི་མཆིལ་མ་གནམ་དུ་གཏོར་བ་ལས། སྤྲིན་དཀར་ཕྱིང་ཆུང་ཙམ་གཅིག་ཆགས། དེའི་དཀྱིལ་ན་དུང་གི་མེ་ཐོ་དཀར་པོ་ལ། གཡུའི་ར་ཆག་གང་སྐྱེས་པ་གཅིག་ཏུ་སྲིད། དེ་ལ་མིང་བཏགས་པ་གནམ་ཐན་ཆེ། དེའི་སྲས་རྒྱུང་ཐེན་ཆེ། དེའི་སྲས་སྤྲིན་ཐེན་ཆེ། དེའི་སྲས་ཟིལ་ཐེན་ཆེ། དེའི་སྲས་ཆར་ཐེན་ཆེ། དེའི་སྲས་མོང་ཐེན་ཆེ། དེའི་སྲས་གནམ་ལ་རོང་རོང་" ཞེས་དང་།

"གནམ་ལ་རོང་རོང་དང་དབྱལ་ཆམ་ཧྲིང་དུ་བཞོས་པའི་སྲས་ཡབ་སྟག་ཆ་ཡལ་ཡོལ་

ཞེས་བྱ། དེ་གནམ་རིམ་པ་བཅུ་གསུམ། ཁ་ཡེལ་དང་བཅུ་བཞི། སྟེང་མེར་དང་བཅོ་ལྔའི་སྟེང་ཕོ་བྲང་རྒྱ་རིན་ཆེན་སྣ་ལྔ་ལས་གྲུབ་པ། རྨང་གཞི་ལྕགས་ལ་བྱས་པ། བྱུར་བཞི་གསེར་གྱིས་སྤྲས་པ། བ་གམ་ཤེལ་དང་མཆོང་། ཁ་ཕྱིར་གཡུའི་བད། ལྕོག་བཞི་དུང་ལ་བྱས་པ། ཐོག་ནི་ཤེལ་གྱིས་དགུ་རིས་སུ་ཕུབ་སྟེ། ཕྱི་ནས་བལྟས་ན་ནང་གསལ། ནང་ནས་བལྟས་པས་ཕྱི་གསལ་བའི་ནང་ན། རྒྱ་རིན་པོ་ཅེ་སྣ་ཚོགས་ཀྱི་ཁྲི་སྟེང་ན། ཡབ་སྟག་ཆ་ཡལ་ཡོལ་ཙམ་གཅིག སྐུ་མ་ཐང་གསེར་གྱི་སླག་ཆེན་ལ། ཤེལ་གྱི་ཕྱུ་དུང་ཅན། གཡུའི་ཆ་ག་ཅན། ཕྱུ་ཚར་པ་རེ་རེ་ལ་དམག་སྐྱ་རེ་འོང་བ་གཅིག་སྐུ་ལ་གསོལ། ཕྱག་ན་གསེར་གྱི་འཁྲིང་འཁར་བསྣམས་ནས་བཞུགས་སོ།” ཞེས་པ་ལྟར་དང་།

དེ་ནས་ཡབ་སྟག་ཆ་ཡལ་ཡོལ་དང་ཡུམ་ཚེ་ཟ་ཁྲུད་ཁྲུད་གཉིས་བཞེས་པ་ལས་སྲས་བཞི་འཁྲུངས་པ་དེ་རྣམས་ནི།

1. ཡ་ལྷ་བདལ་དྲུག 2. ཕྱ་ལྷ་བྲམ་ཆེན། 3. རྒྱ་ལྷ་འབྲོང་ནམ། 4. འོ་དེ་གུང་རྒྱལ་བཅས་སོ། དེ་ནས་གོང་གསལ་གྱི་བུ་སྤུན་བཞི་ལས་སུ་ལྷ་ཡུལ་དུ་སྡོད་དང་སུ་མི་ཡུལ་དུ་འགྲོ་རྒྱུའི་གྲོས་མ་མཐུན་པ་སྟེ།

“ལྷ་རབས་མཆེད་བཞི་ལྷ་ཡུལ་དུ་གང་སྡོད། མི་ཡུལ་དུ་གང་བཞུད་ཤོ་བཏབ་པས། གསིང་མ་སྟོ་མཐའ་རུ་བཞམས་པོ་དཀར་པོ་བཏིངས་ནས། ཚོ་ལོ་མིག་དགུ་དེ་ཕྱག་གི་སོར་ལ་བཀྲི། རྒྱ་རྒྱ་འབྲེང་འབྲེང་ཞེས་ཤོ་བཏབ་པས། ཡབ་ལྷ་བདལ་དྲུག་དང་། ཕྱ་ལྷ་བྲམ་ཆེན་གཉིས་རྒྱལ། གཅུང་གཉིས་ཕམ་སྟེ། རྒྱ་ལ་འབྲོང་ནམ་རྒྱ་མི་མངས་ཀྱི་ལྷར་གཤེགས། སྲས་དགུ་འཁྲུངས་ཏེ། ཁ་འོད་རྒྱལ་བ། ཟླ་འོད་རྒྱལ་བ། གྲགས་ཀྱི་ལྷ། དྲུང་གྲུབ་ཀྱི་རྗེ། ཕོ་དེ་སང་པ། ཁྱུ་འཕངས་རྒྱལ་བ། དགུ་སོར་ཕྱུག་པོ། ཁ་དང་ཆེན་པོ། གར་གར་རྗེ་དང་དགུའོ་” ཞེས་པ་ལྟར་རོ།

དེ་ནས་“ འོ་ དེ་ གུང་ རྒྱལ་ བྱ་ བ་ དེ་ ནམ་ མཁའ་ ལ་ འཕྲུལ་ ཙམ་ ན་ བཞུགས་ པའི། གནམ་གྱི་ཐང་ང་དགུ་དང་བཞེས་པའི་སྲས་དགུ་བརྒྱ་རྩ་གཅིག་འཁྲུངས་སོ། ཆར་བབས་པའི་གྲངས་བས་མང་བའི་ལྷ་བྲན་ཀུན་གྱི་ཡབ་མཛད་དོ། བར་སྣང་ལ་བཞུགས་པའི་ཚེ་འོད་

ལྷ་འབྲིང་འབྲིང་ངོ་། བར་གྱི་ཐང་ང་དགུ་དང་བཤོས་པའི་སྤྲས་རི་རབ་ཀྱི་རྡུལ་ཕྲན་བས་མང་བའི་ལྷ་བྲན་ཀུན་གྱི་ཡབ་མཛད། ས་དོག་ལ་གཉེགས་པའི་ཚེ། ལྷ་ཁྱེ་ཡུག་མང་སྐྱེས་ཞེས་ཀྱང་བྱ། འོ་ལ་ཤ་ཟན་ཞེས་ཀྱང་བྱ། ས་སྟེ་བརྒྱད་ཀྱི་ཚོས་མཛད། མི་མངས་ཀྱི་ལྷ་གཉེགས། ལྷ་དགུའི་ཡབ་ལགས་སོ།” ཞེས་འཁོད།

གོང་དུ་བརྗོད་པའི་ལྷ་དགུ་ནི་འདི་ལྟར་ཏེ། 1. ཡར་ལྷ་ཤམ་པོ། ཁྱེ་ཟ་ཁྱེམ་དང་བཤོས་པའི་སྤྲས། 2. འཆིམས་ལྷ་ཐན་ཚོ། ཁ་བཟའ་ཏོར་སྣན་དང་བཤོས་པའི་སྤྲས། 3. དབྱེ་ལྷ་སྤྱི་དཀར། གཡག་སྟོ་མ་དོན་དང་བཤོས་པའི་སྤྲས་ཆེན་པ། 4. གྲོ་ལ་གང་བྱུ། གཡག་སྟོ་མ་ངོན་དང་བཤོས་པའི་སྤྲས་ཆུང་བ། 5. རྩང་ལྷ་དར། བྱ་བཟའ་མཐོང་སྣན་དང་བཤོས་པའི་སྤྲས་ཆེ་བ། 6. རྩ་ལྷ་བྱེའུ། བྱ་བཟའ་མཐོང་སྣན་དང་བཤོས་པའི་སྤྲས་ཆུང་བ། 7. དྭགས་ལྷ་སྒམ་པོ། ཐང་ང་ཐང་དང་བཤོས་པའི་སྤྲས། 8. ཐང་ལྷ་ཡར་འབྱུར། སྲིན་བཟའ་སྦྱར་ལྕམ་མ་དང་བཤོས་པའི་སྤྲས། 9. ཀོང་ལྷ་དེ་ཡག ཐང་ང་ཀོང་པོ་ཐར་དང་བཤོས་པའི་སྤྲས་བཅས་སོ།

དེ་ནས་ཡང་“ ཕྱྭ་ལྷ་བྲལ་ཆེན་མགོན་བཙུན་ཕྱྭའི་ལྷར་གཉེགས་ཏེ། ཕྱྭ་ལྕམ་དྲལ་དྲུག་ལ། ཕྱྭ་མི་མཁྱེན་ཆེན་པོ་ཕྱྭ་བུ་ཡང་དཀར། ཕྱྭ་བུ་ང་བྲང་དཀར། བྱ་རྗེ་ཐོ་ཐོ། སྲིད་མོ་ཕྱྭ་ལྕམ་མ་དང་། ཕྱྭ་ལྕམ་འབྲུག་མོ་མ་དང་དྲུག་གོ” ཞེས་དང་།

“ གཅེན་ཡབ་ལྷ་བདལ་དྲུག་དེ་གནམ་རིམ་པ་བཅུ་གསུམ་གྱི་སྟེང་ན་ལྷ་ཐམས་ཅད་ཀྱི་རྗེ་མཛད། མཐོ་ས་མངའ་བདག སྣ་(དམའ་) བྱིངས་ཀྱི་རྒྱན་རྐྱེན། ཟ་མ་ཕུད་ཀྱི་མངའ་བདག་གོ” ཞེས་དང་།

“ དེ་དང་(ཡབ་ལྷ་བདལ་དྲུག་) ཡུམ་རྨུ་བཙུན་སྲི་སྨན་དུ་བཤོས་པའི་སྤྲས། ལྕམ་སྲིང་བརྒྱད་ལ། ཡར་གྱི་གཅེན་གསུམ། རོང་རོང་རྩོལ་པོ། ཁྲི་ཀ་སྟག་གཟིགས། ཐན་ཚོ་ཐོ་འབྲང་ངོ་། མར་གྱི་གཅུང་གསུམ་ལ་ལྟེ་རྗེ་གུང་རྩན། ལྟེ་རྗེ་ཐོག་རྩན། ལྟེ་རྗེ་ཟིན་གདགས་སོ། ཁྲི་བར་གྱི་བདུན་ཚིགས་དང་བདུན་ནོ། སྲིང་མོ་ཐ་དང་ལྷ་མོ་དང་བརྒྱད་དོ།” ཞེས་དང་།

“རོང་རོང་རྩོལ་པོ་དང་། ཁབ་རྒྱ་བཟའ་མཐིང་ཁྲུག་སྨན་དུ་བཤོས་པའི་སྤྲས་མཆེད་དགུ་ལ། ཁྲུང་ཞུང་གི་ལྟར་གྱིས་ཏེ། (1) གེ་གོད་ (2) མེ་དུར། (3) ཚངས་ལྷ། (4) ཕ་འབྲུམ། (5) རམ་ཚེ། (6) ཕོ་འབྲང་། (7) རྨ་གེ་རྐོད། (8) ཡོ་ཕྱུལ་ལོ། (9) ཆད། " ཁྲི་ཁ་སྟག་གཟིགས་དང་ཁབ་སླང་བཟའ་ཁྲི་མར་བཤོས་པའི་སྤྲས་མཆེད་ལྔ་སུམ་པའི་ལྟར་གྱིས་ཏེ་(1) ཙུ་རལ། (2) རྩུང་ཟངས། (3) ཨ་གད། (4) ཨི་གད། (5) ཀྱང་ངོ་།”

“ཐན་ཚོ་ཟོ་འབྲང་དང་ཁབ་འོལ་མ་བཟའ་སྟོང་སྟེ་སྨན་དུ་བཤོས་པའི་སྤྲས་འར་བརྒྱད་ཀྱི་ལྟར་གྱིས་སོ།”

“ལྷ་རྗེ་གུང་རྩན་དང་ཁབ་སྟོང་བཟའ་ཚོ་ཚོ་སྨན་དུ་བཤོས་པའི་སྤྲས་མཆེད་བདུན་ལ (1) མཐོ་ལ་རྩས་ཀྱི་ལྷ། (2) སྨ་གྲུ་རྩས་ཀྱི་ལྷ། (3) ཡུལ་གྱི་ཡུལ་ལྷ། (4) མཁར་གྱི་རྩེ་ལྷ། (5) ཕྱི་ལྷ་དང་། (6) ནང་ལྷ། (7) སྒོ་ལྷ་དང་བདུན་ནོ།”

“ལྷ་རྗེ་ཐོག་རྩན་དང་ཁབ་གཙང་ལེ་ཤོད་སྨན་དུ་བཤོས་པའི་སྤྲས་དཔལ་ལྷ་དགུར་གྱིས་ཏེ། (1) དཔལ་སྟོང་རྩེ་དང་། (2) དཔལ་རྗེང་དང་། (3) ལྷ་ཕོ་དང་། (4) དཔལ་ཧྲ་ཕོ་དང་། (5) དཔལ་མདུང་འཕྲང་མདུང་དང་། (6) དཔལ་པོ་ཆེ་དེ་བྲག་དང་། (7) དཔལ་འབྲིང་ལྡང་འབྲིང་དང་། (8) དཔལ་འཇུག་ཧིང་འཇུག (9) ཆད།”

“ལྷ་རྗེ་ཟིན་གདགས་དང་གསལ་འཛོན་མ་བཤོས་པའི་སྤྲས། (1) ཞིང་ལྷ་ཚངས་པ། (2) ཆུ་ལྷ་བྱང་ཡུག (3) དོག་ལྷ་མོན་བུ། (4) ག་ཡ་རྩན་པོའི་ནང་ལྷ། (5) མུ་ཡ་བཙན་མོའི་ནང་ལྷ། (6) ཆོས་ལྷ་སྣང་པོའི་བུ་ལྷའོ།”

“སྲིད་མོ་ཐང་ང་ལྷ་མོ་ལས་གྱིས་པ་ནི། ནང་ལྷ་ཡུལ་བཅུ་དང་འཕྲིག་མོ་བུ་དགུའོ།”

“བར་གྱི་བདུན་ཚིགས་ཏེ་རྒྱ་ཡུལ་(དུ་) བཞུགས་ཏེ་སྤྲས་ནི་གཉའ་ཁྲི་གར་(བར་) གྱི་བདུན་ཚིགས་ཏེ། ཡར་ཡབ་དང་གཅེན་ལ་གནོད། མར་ཡུམ་དང་གཅུང་ལ་གནོད་ནས། ཞང་ཞུང་ཡུལ་དུ་སོང་ཞིག་བཀའ་བསྒོ་སྟེ་འཁོར་མ་ཉན་པ་ལ་དགོར་གྱི་རྣམ་པ་མང་པོ་དང་།

སྐུ་སྒྲུང་སློའུ་རིན་ཆེན་མཆེད་བདུན་དང་། སྐུ་ལྷ་ལྷ་ག་ཡ་དང་ལྷུ་ཡ་དང་། ལྷེ་སྒྲང་དུ་གར་དང་། དུང་འཕར་པོ་འཕར་ཆུང་དང་ (བཅས་) བྱིན་ནས་གནམ་རིམ་པ་བཅུ་གསུམ་གྱི་སྟེང་དུ་ཞང་པོ་རྨུ་རྗེ་བཙན་པོའི་ཡུལ་ངམ་འབྲང་ལྷང་འབྲང་དུ་གཤེགས་ཏེ་བཞུགས་སོ།
ཞེས་དང་།"

"ཞང་རྨུ་ཡུལ་གྱི་ཐང་ཐང་གི་སྲས་མོ་མཆེད་གསུམ་ལ། ཕུ་མོ་དྲི་རྨུ་དྲི་བཙན་མོ་དང་ཁྲི་གར་གྱི་བདུན་ཚིགས་བཤོས་པའི་སྲས་དེས་ཡུམ་གྱི་ལྟུམས་ནས་གསོལ་པ། ཀྱི་ཡུམ་གཅིག་ཡར་གཤེགས་ན་ནི་ཡུམ་གྲོངས་འགྲོ། མར་གཤེགས་ན་ནི་སྲས་མནོལ་བས་སྨལ་པའི་མཁར་གཅིག་དབྱེ་བར་གསོལ་བྱས་ནས། སོན་ཕྲག་གཡས་པ་ནས་བྱོན་ནས་མའི་གཉའ་བ་ནས་བྱོན་པས། མཚན་ལ་གཉའ་ཁྲི་བཙན་པོར་བཏགས་སོ།" ཞེས་དང་། "འབྲིང་མོ་དྲི་བཙུན་དང་མི་བོན་ལྷ་བོན་དང་རྒྱ་འབྲོང་ཏམ་ཆེན་པོ་བཤོས་པའི་སྲས་འཆི་མེད་གཤེན་གྱི་རྨུ་རྒྱལ་ཚ་དང་། ཅེའུ་གཤེན་གྱི་ཕྱུག་དཀར་ཚ་གཉིས་སོ།" ཞེས་དང་།

"ཐ་ཆུང་དྲི་རྨུ་དྲི་དང་། སྟངས་ས་བླ་མགོན་བུ་བཤོས་པའི་སྲས་ཀྱིས་ཀྱང་ཡུམ་གྱི་ལྟུམས་ནས་གསོལ་པ། ཡར་འགྲོར་ཡུམ་འགྲོང་། མར་འགྲོར་སྲས་བཙོག་པས་རྩིབ་མའི་གོ་བར་དབྱེ་བར་གསོལ་བྱས་པས། རྩིབ་མའི་གོ་བར་ནས་བལྟམས་པས་མཚན་ཡང་རྩིབས་ཀྱི་ལྷ་སྐར་མ་ཡུལ་ལྡེར་བཏགས་སོ།" ཞེས་དང་།

"དུས་སྐབས་དེ་ཙམ་ན་བོད་ཁམས་ཕ་དགུ་ལ་རྒྱལ་ཕྲན་བཅུ་གཉིས་ཀྱི་སྲིད་མ་ཐེག་སྟེ། འདུན་མ་བསྡུས་ནས་མཆེད་བསྒྲིག་པ། འོ་སྐོལ་ལ་རྗེ་བདེན་པ་མཐུ་དང་རྫུ་འཕྲུལ་ཅན་གཅིག་བཙལ་དགོས་ན་ག་ན་ཡོད་ཅེས་བསྒྲོས་པས། བར་སྣང་ནས་ལྷའི་སྒྲ་བསྒྲགས་པ། བཀའི་ (ཀ་ཡེ་) བོད་འབངས་མགོ་ནག་གི་རྗེ་འདོད་ན། རྨུ་ཡུལ་ངམ་འབྲང་ལྷ་འབྲང་བྱ་བ་ན། གནམ་རིམ་པ་བདུན་གྱི་སྟེང་། གསེར་མཁར་གཡུ་བད་ཅན་གྱི་ནང་ན་ལྷའི་གདུང་རྨུའི་ཚ་ལྷ་རྗེ་གཉའ་ཁྲི་བཙན་པོ་བྱ་བ་བཞུགས་ཀྱི་མགོ་ནག་གི་རྗེར་སྤྱན་དྲངས་ཤིག་བྱ་བའི་སྒྲ་བྱུང་ངོ་།" ཞེས་དང་། "དེ་ནས་སྤྱན་དྲང་ངོ་བྱས་པ་ལ། ཡང་ནམ་མཁའ་ནས་སྒྲ་བྱུང་པ། བཀའི་བོད་འབངས་ཕ་དགུ་གཞན་སུས་ཀྱང་སྤྱན་མི་འདྲོང་སྟེ། ས་ལྷ་མགོན་པོའི་སྲས་

རྩིབས་ཀྱི་ལྷ་སྐར་མ་ཡོལ་ལྡེ་ལ་ཞུས་དང་ཟེར་ནས། དེ་ལ་ཞུས་པས” ཞེས་དང་།

“རྩིབས་ཀྱི་ལྷ་སྐར་མ་ཡོལ་ལྡེས་རྗེ་གཤའ་ཁྲི་བཙན་པོ་ལ་ཞུས་པ། ཀྱེ་རྗེ་གཤའ་ཁྲི་བཙན་པོ་ལགས། ཡུལ་ལ་གླིང་དྲུག་དོག་ས་མ་གི་ན། བོད་འབངས་ཕ་དགུ་ལ་ཡུལ་ན་ནི་རྗེ་མི་བཞུགས། ཁ་ཐོགས་ཀུན་ནི་རྗེ། གནམ་ལ་གཡག་མ་མཆིས་ཏུ་རི་ཀུན་ཀྱང་གཡག་དོག་ལ་ཆབ་མ་མཆིས། སྨུར་དང་ཡོང་ངེ་ཡོང་། ཧ་ལ་རྒྱེན་མ་མཆིས་ངམ་གྲོག་ཆོད་དེ་ཆོད། མི་རྗེ་མེད་ཀྱི་རྗེར་གཤེགས། གཡག་བདག་མེད་ཀྱི་བདག་ཏུ་གཤེགས། དྲུད་རྒྱེན་མེད་ཀྱི་རྒྱེན་དུ་གཤེགས་ཞུས་པས།” ལྟ་བུ་དང་།

“རྗེ་གཤའ་ཁྲི་བཙན་པོའི་ཞལ་ནས། ས་མ་གི་ན་རྒྱེན་སྣ་ཚོགས་ཡོད། ཁུ་ཡོད། དུག་ཡོད། སྡང་ཡོད། དགྲ་ཡོད། གདོན་ཡོད། རྫུན་ཡོད། སྲི་ཡོད། ཙན་ཡོད། བྱད་ལྟེམས་ཡོད། གཡོ་ཡོད། ང་མི་འགྲོ་གསུངས་ནས་མ་གནང་ངོ་།” དེ་ནས “ཡང་བསྐྱར་ཏེ་ཞུས་པ། ཁུ་ལ་ལན་མཆིས། སྡང་ལ་བྱམས་མཆིས། དུག་ལ་སྨན་མཆིས། དགྲ་ལ་ཟིན་མཆིས། གདོན་ལ་ལྷ་མཆིས། རྫུན་ལ་བདེན་མཆིས། སྲི་དང་ཙན་ལ་མནན་ཐབས་མཆིས་བྱད་ལྟེམས་ལ་བསླུལ་ཐབས་མཆིས། གཡོ་ལ་དྲང་མཆིས། གཡག་ལ་ནི་མཚོན་མཆིས།” ཞེས་དང་།

“འོ་སྐོལ་གཉིས་ཀྱང་མེའུ་ཉེ། ཤིང་སེ་བ་བཞིན། ཤ་ཏུས་ཐོགས་ཞིམ། གོས་གཡང་བལ་དྲོ། མི་རྗེ་མེད་ཀྱི་རྗེ་དང་གཡག་བདག་མེད་ཀྱི་བདག་ཏུ་ཅིས་ཀྱང་གཤེགས་འཚལ་ཞུས་པས། གནང་ནས……” ཞེས་དང་།

“གནང་ནས་ཡབ་ཀྱི་དཀོར་བྱིན་པ། སྐུ་ལ་རི་རྩེ་མགོན་བུ། ལྷ་སྟག་གཡག་གསེར་གྱི་ལྷ་སྲུས་དང་བཅས་པ། སྐུ་དྲུང་སློའུ་རིན་ཆེན་བདུན། ལྗེ་སྣང་དུ་དཀར་དང་བཅས་པ་གནང་ངོ་ཞེས་དང་། ཞང་པོས་རྒྱུ་ལས་དཀོར་བྱིན་པ། རྒྱུ་ཁྲབ་ཤེལ་མོ། རྒྱུ་རྔོག་རྒྱུ་ལུགས། རྒྱུ་གདུང་ཟངས་གཡག རྒྱུ་ཞུབ་གོང་ཁྲད། རལ་གྲི་ཤེལ་གྱི་སྣང་མཚོ་ཤལ་གྱི་རྒྱུ་ཚོ། རྒྱུ་སྐས་རིམ་དགུ། རྒྱུ་འབྲང་ཟངས་གཡག་རྣམ་བྱིན་ནོ། ཡུམ་གྱིས་དཀོར་ནོར་བྱིན་པ། གཉན་གཡུ་འོད་ལམ། མེ་རང་འབར། ཆུ་རང་ཆུ། མཆི་རང་གྲོལ། སྣང་ང་རང་རྫོད། རང་

ཐག་རང་བསྐོར། སྐེར་རང་འདྲེན། ཡབ་ཀྱིས་དཀོར་ནོར་བྱིན་པ། དུང་འཕར་པོ་འཕར་ཆུང་། དཔལ་གྱི་གཞུ་རང་རྟུང་། དཔལ་གྱི་མདའ་རང་འཕེན། ཁྲབ་རང་གོ་ཕུབ་རང་གོ། མདུང་རང་འདེབས། ཕྱག་ཚངས་པ་ཡོད་འདྲེན། གཡོས་པ་རང་བྱེད། དྲི་གཉེན་ལྷམ་བུ། འདར་གཉེན་ནར་ལ་སོགས་དེ་རྣམས་བྱིན།” ཞེས་པ་ལྟ་བུ།

རྗེ་གཉའ་ཁྲི་བཙན་པོ་ལྷ་ཡུལ་ནས་བྱོན་སྐབས་ཡུལ་ཉི་ཤུ་རྩ་བདུན་བརྒྱུད་རྗེས་གཞི་ནས་མི་ཡུལ་ཐོག་ཕེབས་ཚུལ་ལ་ཡི་གེ་ལྷ་གྱིས་ཅན་ཞེས་པའི་ནང་དུ་གཤེགས་རབས་ཉི་ཤུ་རྩ་བདུན་ཞེས་ཟེར་ལ། དེ་ལ་སྟོད་ལྷ་རབས་ཞེས་ཀྱང་ཟེར་སྲོལ་ཡོད། གནས་སམ་ཡུལ་དེ་དག་རེ་རེ་བཞིན་ངོ་སྤྲོད་བྱས་ན་འདི་ལྟ་སྟེ།

1. ངོན་ལ་སྤྱན་དྲངས་གཤེགས་རབས་ཉི་ཤུ་བདུན་སྐད་པ། དེ་ནས་ཕ་བ་ཐག་རིང་རྩེ་དགུ་ལ་དགུ། འཚོ་མིས་འཚོ་བཙུགས། དུང་འཕར་པོ་འཕར་ཆུང་གིས་སྒྲ་བསྒྲགས་རྒྱུ་འབྲང་ཟངས་ཡག་ལ་ཕྱག་འཇུས། རྒྱུ་སྐས་རིམ་དགུ་ལ་ཞབས་བརྟེན་ནས། ནམ་མཁའ་འཕྲུལ་ཙམ་དུ་གཤེགས་པ་དང་། 2. དེ་ནས་གནམ་གྱི་མཐོངས་ཕྱེ། སྤྲིན་གྱི་གོ་བསལ་ནས་ས་རྡོག་ལ་གཟིགས་པས། རི་གཟིགས་ཀྱི་ནང་ནས་ལྷ་རི་གྱང་ (ངོ་ལས) མཐོ་ཞིང་བཙན་པ་མ་མཆིས། ཐང་གཟིགས་ཀྱི་ནང་ནས། གོང་ཤུལ་སེ་མོ་གྲུ་བཞི་ལས་རྒྱ་ཆེ་ཞིང་བཞམས་ལེགས་པ་མ་གཟིགས། ཡུལ་གཟིགས་ཀྱི་ནང་ནས་ཡར་མོ་རྣམ་བཞི་ལས་བཟང་ཞིན་གཉིས་པ་མ་མཆིས། འབྲོག་གཟིགས་ཀྱི་ནང་ནས་ཡམ་འབྲོག་རྣམ་གསུམ་ལས་བཟང་བ་མ་གཟིགས། ཆབ་གཟིགས་ཀྱི་ནང་ནས་གཙང་ཆབ་སྔོན་མོ་དང་ཤམ་ཆུ་ལས་གཙང་བ་མ་མཆིས་པར་གཟིགས་ནས། གཡུ་ཡུལ་གཡམ་ཁང་དུ་གཤེགས་སོ། 3. དེ་ནས་གཡུ་ཡུལ་དྲང་པར་གཤེགས། 4. དེ་ནས་གཡུ་ཡུལ་བར་ངོར་གཤེགས། 5. དེ་ནས་ཤར་ཕྱོགས་ལ་ཐོར་གཤེགས། དེའི་དུས་སུ་གོར་གཉན་ཕ་ཐང་གིས་ཕྱག་བགྱིས་ཏེ་འདུར་དང་གོང་ངོ་གོང་། ཤིང་གཉའ་སེ་སྐྱེར་གྱིས་ཕྱག་བྱས་ཏེ་འདར་དང་ཡེད་དེ་ཡེད། ཆབ་གཉན་ལུ་མས་ཕྱག་བྱས་ཏེ་སྔོ་དང་སི་ལི་ལི། ཞེས་གཉན་རྣམས་ཀྱིས་ཁོང་ལ་མངོན་མེད་ཀྱིས་གུས་འདུད་བྱས་ཚུལ་བསྟན། 6. དེ་ནས་བྱང་ཐོག་ཐོག་ཡངས་སུ་གཤེགས། 7. དེ་ནས་ལྷ་འབུམ་གྱང་མདོར་

གཤེགས། 8. དེ་ནས་ནགས་མ་བྱ་ཚང་ཅན་དུ་གཤེགས། 9. དེ་ནས་ཤིང་སྨུ་ལེ་གྲུམ་ཤིང་གི་རྩར་གཤེགས། དེའི་དུས་སུ་སྲིན་གྱི་དགྲ་མདོས་བྱུང་སྟེ། ལྷོང་སྲིན་དང་གོང་(སྲིན་)ཁ་གཡེལ་ནས། སྲིན་གཡབ་དམར་པོ་གཅིག་དབྱུགས་ནས་བྱུང་བ་ལ་སྐྱེས་བློའུ་རིན་ཆེན་བདུན་གྱི་སྐུ་དྲུང་ལྡེ་སླང་རུ་དགར་གྱིས་རུའི་དབལ་བརྡར་ནས་བརྡུངས། དུང་འཕར་པོ་འཕར་ཆུང་གིས་རང་བུས། ཁྲབ་ཀྱིས་རང་གོག ཕུབ་ཀྱིས་རང་གོག རལ་གྲི་དང་ཆུ་གྲི་རང་བཏབ། མདུང་གིས་རང་བྲུངས། གཞུ་རང་བདུངས། དཔལ་གྱི་མདའ་རང་འཕངས་དེ་རྣམས་ཀྱིས་ལྷོང་སྲིན་(ཉང་སྲིན་)དང་གོང་སྲིན་བསད་དེ་ཤ་ཐོར་བས་རི་དམར། ཁྲག་བསྐྱིལ་ནས་མཚོ་སྨུག་པོ། ཞེས་དང་། སྨམ་ལྷ་པོ་ལྷ་སྲས་ཀྱི་ཞལ་ནས། ཡུལ་འདིར་ཡུལ་འདིའི་རྗེར་གཤེགས། གདགས་སུ་ནི་གཏུག་བརྫལ་ལོ་གསུང་ནས། བཙུད་ས་པོན་ཀླུང་དང་འདྲ་བ་གཅིག་དབྱལ་སྟག་པ་ཏིང་རུམ་གྱི་ལྷུམས་སུ་བཞུགས་པ་ལས། སྲས་གཅིག་འཁྲུངས་པ་ནི་ལྷ་འོད་གྲགས་ཀྱི་བུ་གུང་གཟིགས་བྱ་བས་རྗེ་གཉའ་ཁྲི་བཙན་པོའི་ལྷ་པོན་བྱས། མ་མ་དྲོ་ཞལ་སྐྱིད་ལྡིང་གི་མར་མེ་བཏེགས་ཏེ། སྤྱན་མངར་འོད་ལྡེམས། ཕ་བ་གྲོ་ཟ་སྐྱིད་རྒྱལ་གྱིས་རུ་ཚོད་སྟར་རན་ཕུལ། ལྷ་གོས་བསིལ་ལེ་མ་སྤྱངས་ནས་མི་གོས་དར་ཟབ་གསོལ། ལྷ་གསང་གར་བུ་སྤྱངས་ནས་མི་གསང་སྣར་མོ་གསོལ། ལྷ་སྐྱེམས་བྱང་ཁུ་སྤྱངས་ནས་མི་སྐྱེམས་སྟོན་མོ་དང་དིང་འབྲས་ཆང་སྟོན་མོ་གསོལ་ནས་མི་ཡུལ་གྱི་འཕེང་དུ་གཤེགས། 10. དེ་ནས་མཚོ་དང་སྐྱའི་འགྲམ་དུ་གཤེགས། 11. དེ་ནས་བྲག་གི་བྲག་དམར་པོར་གཤེགས། 12. དེ་ནས་བླ་མ་དྭངས་མ་འཁྲིང་བཙུར་གཤེགས། 13. དེ་ནས་དོགས་མོ་དོག་མོ་དོག་ཉེན་དུ་གཤེགས། 14. དེ་ནས་ཉག་ཉི་རྒྱབ་དམར་དུ་གཤེགས། 15. དེ་ནས་དྭགས་ཡེན་མཁར་དུ་གཤེགས། 16. དེ་ནས་ང་ལ་གཡའ་མ་གོང་དུ་གཤེགས། 17. དེ་ནས་དྭགས་ཡུལ་ཤིང་ནག་ཏུ་གཤེགས། 18. དེ་ནས་བྲ་ལ་སྣོ་དྲུག་ཏུ་གཤེགས། དེའི་ཚེ་བུད་ཀྱི་བྲམ་སྣར་བྱིས་པ་ཁྲི་ཁྲི་ཅན་ལུས་ལ་བྱའི་སྤུས་བརྒྱན་པ་གསུམ་དང་ཕྲད་དོ། བྱིས་པ་དེ་གསུམ་མོན་གྱིས་ལྷས་ངན་དུ་བཏང་བ་ཡིན་ཏེ། དེ་གསུམ་བཟུང་སྟེ་ཁྲིད་པས། མོན་སྐད་མ་གོ་ནས། རང་གི་མཆིད་ཚིག་ལས། གཅིག་ལ་སྟོན་ག་བེར་བཏགས། གཅིག་ལ་སྐགས་ལྷུང་ག་

བེར་བཏགས། གཅིག་གིས་མྱུར་མོང་དུ་ཕྱིར་བསྣུད་ནས་ལེབ་སྟེ། ལོ་རོའི་རོང་དུ་བྲོས་ཏེ་ཧོར་གྱི་འགྲམ་མཁར་དུ་བབས་པ་ལ་མྱུར་མོང་ངན་ལེ་བཙོག་ཏུ་བཏགས་པ་……ནི་མྱུར་གི་མེས་པོ་ལགས་སོ། 19. དེ་ནས་འབྲིང་ལུང་དུ་གཤེགས། 20. དེ་ནས་དྲེ་ང་བྲམ་སྣར་གཤེགས། 21. དེ་ནས་ལྷ་ལུང་སྟག་པར་གཤེགས། 22. དེ་ནས་གླུ་མོ་སྤྱང་པར་གཤེགས། 23. དེ་ནས་ཡར་ཁྲིམ་སོག་ཀར་གཤེགས། 24. དེ་ནས་ཁྲིམ་བུ་གོར་གོར་དུ་གཤེགས། 25. དེ་ནས་རྩང་ཐུད་གསུམ་དུ་གཤེགས། 26. དེ་ནས་ཙན་དང་སྒོ་བཞིར་གཤེགས། 27. དེ་ནས་འཕར་པོ་བྲེ་བྲང་དུ་གཤེགས་སོ། དེ་ནས་སྐུ་མཁར་ཡུམ་བུ་བླ་སྒང་བརྩིགས་ཏེ། སུམ་པ་ཤང་གི་རྒྱལ་པོ་བཏུལ་ཏེ་རྫུ་འཕྲུལ་དང་ལྡན་ནོ། དེ་ནས་ཁྱད་ཀྱིས་རྒྱལ་ཕྲན་བཅུ་གཉིས་ཀྱི་སྙེན་པོ་མཛད་ནས། འཁྲིང་མགོ་ནག(མི)གི་རྗེ་དང་དུད་རྗོན་ཚགས(རྟ)ཀྱི་རྗེན(བདག་པོ)དང་བདག་པོ་མཛད་དོ། དེ་ནས་སྟོད་ལྷ་རབས་ཀྱི་རྗེས་ལ་བར་མངའ་དར་དང་སྨད་ཀྱིས་མདོ་འམ་སིལ་ཆད་ཅེས་རྒྱལ་པོ་ཚང་གི་ལོ་རྒྱུས་དེ་དུས་མཚམས་ཁག་གསུམ་དུ་དབྱེ་ཡོད་དེ། (1)སྟོད་ལྷ་རབས་དང་། (2)བར་མངའ་དར། (3)སྨད་ཀྱིས་མདོ་བཅས་སོ། གསང་བ་བོན་ལུགས་ཞེས་པའི་གཞུང་ནི་མུ་སྟེགས་དྲུག་ནང་གི་ཞ་མགོ་རེ་ཕོང་ཅན་ཞེས་པ་དེས་འཛིན་པར་གྲགས། འདིར་བརྗོད་པའི་མུ་སྟེགས་པ་ཞེས་པ་དེ་ནི་ཐུབ་པའི་ཆོས་ལུགས་ཀྱི་གྲུབ་མཐའ་འཛིན་མཁན་ཞིག་མིན་ལ་རྒྱ་གར་གྱི་མཚན་ཉིད་རིག་པའི་སྡེ་པ་ཞིག་ཀྱང་མ་ཡིན། ཞ་མགོ་རེ་ཕོང་ཅན་ཞེས་པའི་མིང་ཕོགས་པ་ནི་དེས་མགོ་ལ་ཞ་ཞྭ་གྱོན་ནས་རེ་ཕོང་བསད་པས་མིང་དེ་ལྟར་བཏགས་པར་གྲགས། དེ་ནས"རྗེ་ལ་ཧན་མ་སྒྲང་སྐད་པ། ཡང་གསང་ཐེ་བྲང་ལས་ཆད་པའི་ལུགས་རྗེའི་ཧན་ནམ་མཚང་ལགས་པས། འོ་སྐོལ་རྨངས(དམངས)ཕལ་པ་རྣམས་ཀྱིས་སླེང་པ་མི་འཐད་པ་ལགས་སྐད་དོ། ཞེས་ཡི་གེ་ལྟ་ཀྱིས་ཅན་གྱི་ནང་འཁོད་པའི་ནང་དོན་འདི་ཙམ་གྱིས་འཐུས་པར་བྱས།

2. དེ་ཡང་གྲགས་པ་ཆོས་ལུགས་ཀྱིས་བརྗོད་པའི་བཙན་པོའི་འབྱུང་ཁུངས་ནི་རྒྱ་གར་གྱི་རྒྱལ་པོའི་རྒྱུད་ལས་བྱུང་བའི་སྐོར་བརྗོད་སྐབས།

“གྲགས་པའི་རྒྱུ་མཚན་ནི་གདུང་རྒྱུད་འོད་གསལ་ལྷ་ལས་ཆད་ལ། བོན་ལུགས་ནི་

འདོད་ཁམས་ལྷ་ལས་ཆད་དེ། ལྷ་ལ་ཡང་བཟའ་ངན་ཡོད་པས་གདུང་རྒྱུད་གྲགས་པར་ཡོངས་ལ་མདོ་ནས་གསུངས་པས་ཀྱང་གྲགས་པར་མཆིའོ།" ཞེས་དང་།

"གདུང་རྒྱུད་ལ་རིགས་གསུམ་ཡོད་པ་ཡི། ཤཱཀྱ་ཆེན་པོ་རྒྱལ་བུ་སྒྲ་ཅན་འཛིན་ཡན་ཆད། འཁྲིད་པོ་མ་ལི་ཙ་བྱི་ལ་རྒྱུད་གསུམ་མམ་ལྔ། ཀོ་ས་ལ་ཏའི་རྒྱལ་པོ་གསལ་རྒྱལ། བད་ས་ལའི་རྒྱལ་པོ་འཆར་བྱེད། མ་ག་ཏའི་རྒྱལ་པོ་གཟུགས་ཅན་སྙིང་པོ་ཤཱཀྱ་ཆུང་བ་རི་བྲག་པ་ལ་རྒྱུད་གཉིས་ཏེ། རྒྱལ་པོ་དམག་བརྒྱ་པ་དང་སྐྱབས་སེང་གེ་དམག་རྒྱལ་ལ་བུ་དགུ་བཅུ་གོ་དགུ་ཕ་དང་བརྒྱ་ཡོད་པས་དམག་བརྒྱ་པ་ཞེས་བཏགས། སྐྱབས་སེང་ལ་བཙུར་མོ་ལྔ་བརྒྱ་ཡོད་ཀྱང་སྲས་མེད་དེ། སྲིད་ཀྱི་ཆོ་ག་མང་དུ་མཛད་ཀྱང་བུ་མེད་དེ། དཀོན་ཅོག་ལ་གསོལ་བ་བཏབ་ན་དྲག་གམ་སྙམ་ནས། ཉིན་གྱི་ལས་སུ་མཆོད་པ་རྒྱ་ཆེན་པོ་བཤམས། ནུབ་ཀྱི་ལས་སུ་མཆོད་པ་རྒྱ་ཆེན་པོ་བཤམས་ཏེ་ཕུལ་བས། དེས་ན་དྲང་སྲོང་མངོན་པར་ཤེས་པ་དང་ལྡན་པ་གཅིག་ཡོད་པས། དེས་རྒྱལ་པོ་ལ་མཁྱེན་བཞིན་དུ་སྨྲས་པ། རྒྱལ་པོ་ཆེན་པོ་ཁྱོད་ཉིན་གྱི་ལས་སུ་མཆོད་པ་འབུལ། ནུབ་ཀྱི་ལས་སུ་མཆོད་པ་འབུལ་བ། ཚེ་ཕྱི་མ་དོན་དུ་གཉེར་བ་ཡིན་ནམ། འཇིག་རྟེན་འདིའི་དངོས་གྲུབ་འདོད་པ་ཡིན་ཞེས་སྨྲས་པས། རྒྱལ་པོ་ན་རེ་ང་ནི་འཇིག་རྟེན་འདིའི་དངོས་གྲུབ་བུ་འདོད་པ་ཡིན་ནོ་ཞེས་སྨྲས་པས། དྲང་སྲོང་གིས་སྨྲས་པ། རྒྱལ་པོ་ཆེན་པོ་ཁྱོད་ལ་ཅི་བྱས་ཀྱང་རང་གི་བཙུན་མོ་ལ་བཙས་པའི་བུ་མི་འོང་གསུངས་སྐད། དེ་ཙུག་ལགས་ཞུས་པས། ཁྱོད་ཀྱི་ཚེ་སྔ་མ་ལ་ཤ་བ་འདོད་ཆགས་སྤྱོད་པ་ཞིག་ལ་མདའ་བརྒྱབ་ནས་བསད་པ་དེའི་ལས་ཀྱི་རྣམ་པར་སྨིན་པས་མི་འོང་བ་ཡིན། ཁྱོད་དེ་ཙམ་སྲས་ཀྱིས་གདུང་ན་ངས་མི་མ་ཡིན་གྱི་བུ་ལྔ་དངོས་གྲུབ་ཏུ་སྦྱིན་ནམ་གསུངས་པས། འོ་ན་ཞུའོ་ཟེར་ནས།" ཞེས་སོ། སྐབས་དེ་དུས་དམག་བརྒྱ་པ་དང་སྐྱབས་སེང་གཉིས་དབར་དམག་འཁྲུག་བྱུང་ནས་རྒྱལ་ཕམ་ཐག་གཅོད་མ་ཐུབ་པའི་གནས་སུ་གྱུར་ཡོད། དེས་ན་སྐྱབས་སེང་གིས་ཕོ་པའི་མི་མ་ཡིན་གྱི་སྲས་ལྔ་ལས་དྲག་པོའི་བུ་ཐ་དཀར་ཞེས་པ་དེར" ཁྱོད་ཀྱིས་དམག་བརྒྱ་ཐུབ་ན། རྒྱལ་པོ་དམག་བརྒྱ་པ་ཕ་སྤད་ཚོས་ང་བཅེར་བས་འདིའི་ཕ་སྤད་ཚོ་ཐུལ་ལ་ཐོག་བྱས་པས། ཕོ་སོང་ནས་རྒྱལ་པོ་དམག་བརྒྱ་པའི་བུ་དགུ་བཅུ་གོ་བརྒྱད་ཕ་དང་

གོ་དགུ་བསད་ནས། རྒྱལ་བུ་ཆུང་དག་ཏུ་པ་སྐྱེས་བཟུང་ནས་ཁྲིད་བྱུང་བས།” ཞེས་དང་། དེ་ནས“ རྒྱལ་པོས་གསོད་མ་ཕོད་དེ་(ཏུ་པ་སྐྱེས་) བཤུག་པར་བྱས་ནས། རིན་ཆེན་སྣ་ལྔ་ལ་སྒྲོམ་ལེགས་པ་གཅིག་བཟུངས། དེའི་ནང་དུ་རྒྱལ་བུ་བཞུགས། ཟས་ཞིམ་དགུ་དང་མངར་དགུ་བཙུག་ནས་སྒྲོམ་པའི་གདུང་བ་སེལ་བའི་གོ་ལ་དང་བཅས་ནས་ཆུ་བོ་གང་གཱ་ལ་བསྐུར་པས། རྒྱལ་པོ་གཟུགས་ཅན་སྙིང་པོའི་ཕྱུགས་རྫི་ཆུ་བླུད་པ་དང་ཕྲད་ནས། སྒྲོམ་དེ་བཟུང་ནས་ཁྱེར་ཏེ་རྒྱལ་པོ་གཟུགས་ཅན་སྙིང་པོ་ལ་གཏད་པས། རྒྱལ་པོས་སྒྲོམ་ཁ་ཕྱེ་བས། ཁྱེའུ་མི་མིན་ལྷའི་སྲས་འདྲ་བ་གཅིག་འདུག་ནས། ཁྱོད་ཅི་འདྲ་བ་གཅིག་ཡིན་བྱས་པས། རྒྱལ་བུའི་ཞལ་ནས་རྒྱལ་པོ་དམག་བརྒྱ་པའི་བུ་ཏུ་པ་སྐྱེས་ཡིན། ངའི་ཕུ་བོ་ཐམས་ཅད་རྒྱལ་པོ་སྐྱབས་སེང་གེའི་བུས་བསད་ཚས་ང་བཤུགས་པ་ཡིན་ཟེར་བ། རྒྱལ་པོ་གཟུགས་ཅན་སྙིང་པོ་ལ་ཏུ་པ་སྐྱེས་ཀྱི་ལུང་བསྟན་རྒྱུས་ཡོད་པས། འོ་ན་ཁྱོད་ཐུགས་རྗེ་ཆེན་པོའི་སྤྲུལ་པ་ཡིན། ངའི་མཆོད་གནས་བྱའོ་ཞེས་སྨྲས་པས། ཏུ་པ་སྐྱེས་ན་རེ་འུ་ཅག་གཉིས་ཀ་སྐྱབས་སེང་གེས་གསོད་དུ་འོང་ཟེར་བ་ལ། གཟུགས་ཅན་སྙིང་པོས་ཐབས་ཡོད་ཟེར་ནས། རི་ཁྲོད་དུ་སྦས་ནས་མཆོད་གནས་བྱེད་ཀྱི་ཡོད་ཙ་ན། རྒྱལ་པོ་སྐྱབས་སེང་གེས་མདོ་སྡེ་གཟིགས་པས་ཏུ་པ་སྐྱེས་ཀྱི་ལུང་བསྟན་དང་ཕྲད་དེ་སྨྲས་པ། ཏུ་པ་སྐྱེས་ལ་ལུང་བསྟན་འདི་ལྟ་བུ་འདུག་པས། ཁྱེད་རྣམས་ཀྱིས་ལན་ནོ་ཞེས་སྨྲས་པས། ཁོང་རྣམས་ན་རེ་དེ་ལྟ་བུ་ཡིན་ན་ငེད་ལ་ཁྱུངས་ཡོད་སྲིད་དྲངས་པས་ཆོག རྒྱལ་པོ་གཟུགས་ཅན་སྙིང་པོའི་གམ་ན་ཡོད་ཟེར། སྐྱབས་སེང་གེས། དུས་དང་རོལ་མོ་དང་བཅས་ནས་སྤྱན་འདྲེན་དུ་ཕྱིན་པས། ཏུ་པ་སྐྱེས་སྔམ་ན་སྤྱན་འདྲེན་པ་མིན། སྔར་ངའི་ཕུ་བོ་དེ་ཙམ་བསད་ད་ཡང་ང་གསོད་དུ་བྱུང་སྙམ་ནས་བྲོས་ནས་ཐོན་པས། རྒྱ་བོད་ཀྱི་སོ་མཚམས་སུ་སླེབས་ཙ་ན། ཤེས་པ་མཁན་མི་བཙུ་གཉིས་དང་། ཡབ་འབངས་ཏུས་དྲུག་པོད་ལ་རྗེ་མེད་ན་འཚོལ་བ་དང་ཕྲད་ནས་སྨྲས་པ། ཁྱེའུ་ཁྱོད་མི་མིན་ལྷའི་སྲས་འདྲ་བ་གཅིག་འདུག་པ་ཁྱོད་སུ་ཡིན་བྱས་པས་རྒྱ་བོད་བར་མ་འཛུལ་ཏེ་ནམ་མཁའ་ལ་མཛུབ་མོ་བསྒྲེངས་ནས་འདུག་པས། འདི་ལྷའི་ཡུལ་ནས་འོངས་པ་གཅིག་ཡིན་འདུག འདི་ལ་རྗེ་བྱའོ་བྱས། གཉའ་བའི་ཁྲི་ལ་བླངས་ནས། འདི་རྗེ་གཉའ་ཁྲི་བཙན་པོ་བྱ་བ་ཡིན་

བྱས་ནས་སྤྱན་དྲངས་སོ།”ཞེས་པ་ལྟར་རོ། གོང་དུ་བརྗོད་པའི་ཤེས་པ་མཁན་མི་བཅུ་གཉིས་རི་ཨ་མི་སྟེ་རེ་དང་། ཨེ་མ་ཡེ་ཤེས། ཚུལ་ཡང་དགོངས་དགེ་འདུན་སོགས་ཡིན་ལ། ཡབ་འབངས་ཀུས་དྲུག་ནི་ཪྻ་དང་། སྐུགས། ཁྱེ། སྐུབས། སོ། སྦྱོ་བཅས་སོ།

“དེ་ལྟར་རྒྱལ་པོ་ཀུ་པ་སྐྱེས་གདུང་རྒྱུད་ཀྱི་རྒྱལ་པོ་ཡིན་ལ། ཐུགས་རྗེ་ཆེན་པོའི་སྤྲུལ་པ་ཡིན་པས་ཀྱང་གྲགས་པ་ཆོས་ལུགས་སོ། དེ་ལྟར་རྗེ་གཉའ་ཁྲི་བཙན་པོ་དེ་བྱོན་པའི་ཁུངས་བཟང་སྟེ་རྒྱ་གར་གདུང་རྒྱུད་ཀྱི་རྒྱལ་པོ་ཡིན། གཤེགས་པའི་གནས་བཟང་སྟེ་གླིང་གི་སྙིང་པོ་གངས་རི་རྒྱུད་ཀྱི་ར་བས་བསྐོར་པ། ཆུ་བོ་བཞི་འདུས་པའི་མགོ། གཙང་པོ་གཞུང་གསུམ་གྱི་མདའ(ལྷ་རི་ཀྱང་ཐོ)གངས་ཏི་སི་གངས་ཀྱི་མཆོད་རྟེན་དང་། མཚོ་མ་ཕམ་གཡུའི་མཚལ་གྱི་དོན་མཚོན་པ། མི་ལས་ལྷར་གྲུབ་པས་དམ་པའི་ཆོས་ཀྱང་བྱུང་ཕྱོགས་བོད་ཡུལ་འདིར་ཐམ་དར་བ་དང་། ……དེ་ནི་ཆོས་ལུགས་ཀྱི་སྟོད་ལྷ་རབས་སོ།”ཞེས་དང་། དེ་ཡང་བརྒྱུད་རིམ་འདི་ལ་ལྷ་རབས་ཞེས་བརྗོད་དགོས་པའི་དོན་གང་ཡིན་ཞེ་ན། “མང་པོས་བཀུར་བའི་ཡབ་ནས་ཡར་འདེད་ཀྱི་ལྷ་བདུན་གྱི་ལོ་རྒྱུས་དང་། སློས་རུ་པ་སྐྱེས་ཐུགས་རྗེ་ཆེན་པོའི་སྤྲུལ་པ་ཡིན་པར་མདོ་ལས་ལུང་བསྟན་ཏེ། མ་འོངས་པའི་དུས་ན་སྤྱན་རས་གཟིགས་ཀྱི་སྤྲུལ་པས་རྒྱལ་བུ་རུ་པ་སྐྱེས་བྱ་བ་གཅིག་རྒྱལ་པོ་དམག་བརྒྱ་པའི་སྲས་སུ་སྐྱེ་འཁྲུངས་ནས་ཡུལ་མ་ག་ཋེར་བྱོན་ནས་སེམས་ཅན་གྱི་དོན་བྱེད་པར་འགྱུར་རོ། ཞེས་གསུངས་སོ། ལྷ་ལ་ཐུགས་རྗེ་ཆེན་པོ་ལས་ལྷག་པ་མེད་པས་སྟོད་ལྷ་རབས་སོ།”ཞེས་པ་ལྟར་རོ།

གཉིས། ཟངས་མ་བཞུགས་རལ་ཅན།

དེ་ནི་ཡབ་འབངས་ཀྱིས་བརྩམས་པའི་དཔེ་གཞུང་ཞིག་ཡིན་པར་འདོད་ཡོད་ལ། 《སྦ་བཞེད》ནང་དེའི་ཚབ་ལ་སྤུན་པོ་ཅན་དང་། 《ཉང་རལ་ཆོས་འབྱུང》ནང་ཡུན་པོ་ཅན་ཞེས་འཁོད་ཡོད།

གཡམ་དུ་གཉའ་ཁྲི་བཙན་པོས་གསོས་ལྷ་དང་སྲིན་རྣམས་ཀྱི་རུས་མིང་དང་དེ་དག་གནས་ཡུལ་གྱི་ས་མིང་བཅས《ལྡེའུ་ཆོས་འབྱུང》ནང་འཁོད་པ་ལྟར་བང་སྲིག་བྱས་ཡོད། དེ་རྣམས་འཚོ

སྟོད་བྱེད་སའི་གནས་ནི་ལྷ་ཡུལ་དང་། ནམ་མཁའ། ས་ཡི་གོ་ལ། དམྱལ་ཁམས་དང་དེ་བཞིན་འཇིག་རྟེན་གྱི་ཁམས་གཞན་དང་འབྲེལ་བ་བྱས་ནས་བཀོད་འབྲི་བྱས་ཡོད། དེ་ཡང་།

1. དགུང་ཤུབ་ཀྱི་ཀླ་ན་འགྲོ་རྗེ་ལེགས་པ་བཞུགས། 2. གནམ་ཤུབ་ཀྱི་ཀླ་ན་གནམ་ལྷ་དཀར་གསུམ་བཞུགས། 3. སྲིན་ཤུབ་ཀྱི་ཀླ་ན་སྐར་མ་ཡོལ་ལྡེ་བཞུགས། 4. རྒྱུང་གཡོལ་གྱི་ཀླ་ན་རྒྱ་ལྷ་འབྲོང་ནམ་བཞུགས། 5. གནམ་ཡེལ་གྱི་ཀླ་ན་འོ་དེ་གུང་རྒྱལ་བཞུགས། 6. སྟེང་མེར་གྱི་ཀླ་ན་ཡབ་ལྷ་བདལ་དྲུག་བཞུགས། 7. སྲིན་ཤུབ་ཀྱི་ཀླ་ན་བདུད་རྗེ་ཆེན་པོ་བཞུགས། 8. ཁ་ཡེལ་གྱི་ཀླ་ན་ལྡེ་གཉའ་ཁྲི་བཙན་པོ་བཞུགས། 9. རྨུ་ཟེལ་གྱི་ཀླ་ན་རྨུ་རྗེ་བཙན་པོ་བཞུགས། 10. དོག་མེར་གྱི་ཀླ་ན་སྣང་ས་མགོན་བུ་བཞུགས། 11. ཟོ་རོ་ཆེན་པོའི་འོག་ན་དོག་ལྷ་སྨིན་བུ་བཞུགས། 12. ས་མེར་གྱི་འོག་ན་མེར་ལྷ་སྨོངས་བུ་བཞུགས། 13. ས་ལྷགས་ཀྱི་འོག་ན་ས་ལྷ་འཕོར་མོ་བཞུགས། 14. སྟེང་རུམ་གྱི་འོག་ན་སྟེང་ལྷ་གར་ཆེན་བཞུགས། 15. བར་སྣང་གི་ཀླ་ན་བདུད་རྗེ་ཆེན་པོ་བཞུགས། 16. གསང་གཅིག་གི་ཀླ་ན་གསང་ལྷ་དེ་པ་བཞུགས།

དེ་དག་ལ་ཟངས་ལ་བཞུགས་རལ་ཅན་ཞེས་བྱ་སྟེ་ཀླ་ན་བཞུགས་པ་བཅོ་བརྒྱད་དོ་ཞེས་བརྗོད་དོ། གཞན་ཡང་དཔེ་ཆ་དེའི་ནང་དུ་གཉའ་ཁྲི་བཙན་པོའི་སྐྱེ་ཁུངས་ཀྱི་འཕེལ་རིམ་བརྗོད་འདུག་པ་དེ་དག་གོང་དུ་བརྗོད་ཟིན་པས་འདིར་གླེང་བར་མི་བྱའོ།

གསུམ། ལྡེབ་མ་དགུ་བརྩེགས་ཅན།

1. ཕོ་བྲང་གར་བལྟམས་པ། 2. ཡབ་སུ་ཡིན་པ། 3. ཆབ་སྲིད་ལོ་དུ་བཟུང་བ། 4. ཁབ་ཏུ་གང་བཞེས་པ། 5. སྲས་དུ་ཡོད་པ། 6. བློན་པོ་གང་གིས་བྱས་པ། 7. ལས་ཐབས་ཅི་བྱས་པ། 8. སྐུ་ཚེ་ལོ་དུ་ཐུབ་པ། 9. གང་དུ་འདས་པ་བཅས་སོ།

བཞི། ཟིང་པོ་མགོ་སྔོན་ཅན།

དཔེ་ཆ་དེ་ནི་རྙོག་འཛིང་ལྡན་པའི་ལོ་རྒྱུས་ཀྱི་དོན་རྐྱེན་བཀོད་པའི་དཔེ་ཆ་ཞིག་ཡིན་

སྐད། དཔེ་ཆ་དེའི་ནང་དོན་སྐོར་《ལྡེའུ་ཆོས་འབྱུང་》གི་རྩོམ་པ་པོས་མིང་ཙམ་ལས་ཞིབ་ཕྲའི་གནས་ཚུལ་གང་ཡང་བཀོད་མི་འདུག

༣། གསང་བ་ཕྱག་རྒྱ་ཅན།

དེ་ཡང" དམུས་ལོང་དུ་བྱོན་པ་བཙད་པོ་གང་། སྟག་གུ་སྙན་གཟིགས་སོ། སྙུན་གྱིས་ཟིན་པ་གཅིག་ཡོད་ན་གང་། རྒྱལ་པོ་འབྲོ་སྙན་ལྡེ་རུའོ། གསོན་པོ་བང་སོར་གཤེགས་པ་གཅིག་ཡོད་ན་གང་། འབྲོ་སྙན་ལྡེ་རུ་སྙུན་གྱིས་ཟིན་ནས་ཡིད་མུག་ནས་རྗེ་འབངས་གསུམ་གསོན་པོ་ལ་བང་སོར་གཤེགས་སྐད། གྲིས་བསྒྲངས་པ་དུ་ཡོད་བསྒྲངས་པའི་རྒྱུ་མཚན་ཅི་སྐད་པ། རྒྱལ་པོ་གྲི་རུ་བསྒྲངས་པ་དུ་ཡོད་ན། བཅུ་ཐམ་པ་ཡོད། ཅེས་པ་དེ་དག་རེ་རེ་བཞིན་ངོ་སྤྲོད་བྱས་ན་འདི་ལྟ་སྟེ།

1. རྒྱལ་པོ་གྲི་གུམ་བཙན་པོ། ལོ་ངམ་གྱིས་བསྒྲངས་ཏེ་བསྒྲངས་པའི་རྒྱུ་མཚན་ཐུགས་སུ(གདོན)གསོལ་ཏེ། གདོན་མཁའ་འགྲོ་ལེགས་སྐྱིང་ཐུགས་སུ་བཞུགས་ཏེ། རྒྱལ་པོ་ལོ་ངམ་བྱི་རི་ལ་དོན་མེད་དུ་བསྐོས་ནས་སོ་ཞེས་དང་།

2. བཙན་སྲོང་བཞུགས་ནམ་སྟོ་ཁར་ཧ་གྲིར་བསྒྲངས་ཏེ། རྒྱུ་མཚན་ལ་ཧ་ཏོད་ལ་ཐུལ་བའོ་ཞེས་དང་།

3. ལྡིང་ཚ་ལྷ་དཔོན་སྣགས་ཁྲི་བཟངས་ཡང་སྟོན་གྱིས་བསྒྲངས་ཏེ། རྒྱུ་མཚན་ཁྲི་སྲོང་ལྡེ་བཙན་ལ་མངའ་རིས་གཏོད་པའི་ཕྱིར་ཞེས་དང་།

4. མུ་ནེ་བཙན་པོ་ཡུམ་གྱིས་དུག་གིས་བསྒྲངས་ཏེ། རྒྱུ་མཚན་ཕོ་ཡོང་བཟའ་རྒྱལ་མོ་བཙུན་གྱི་ཁ་བཟུང་བས་སོ་ཞེས་དང་།

5. ཁྲི་ལྡེ་སྲོང་བཙན་ སྲག་གིས་མུན་མདའ་བརྒྱབ་ནས་བསྒྲངས་ཏེ། རྒྱུ་མཚན་འབངས་རྣམས་མི་སྙོན་འཁྱོག་ཏུ་བཅུག་ནས་ཧ་བཅགས་པས་སོ་ཞེས་དང་།

6. མུ་ཏིག་བཙན་པོ་སྣ་ནམ་གྱིས་ཧ་གྲིར་བསད་ནས་བསྒྲངས། རྒྱུ་མཚན་ཆོས་སྣུབ་པས་སོ་ཞེས་དང་།

7. སླང་དར་མ་ལྷ་ལུང་དཔལ་གྱི་རྡོ་རྗེས་བསྒྲོངས། རྒྱ་མཚན་ཆོས་སྐྱབ་ལྷ་ལུང་གསོད་པར་བྱས་པས་སོ་ཞེས་དང་།

8. གནམ་རི་འོད་སྲུང་རྩེ་རོ་དུག་གིས་བསྒྲོངས། རྒྱ་མཚན་ཆེན་ཚུན་མ་མཐུན་པས་སོ་ཞེས་དང་།

9. མངའ་བདག་དཔལ་འཁོར་ཉག་རྩེ་སྐྱགས་ཀྱིས་བསྒྲོངས། རྒྱ་མཚན་སྐྱགས་ཕྱིད་གཙང་དུ་བཤུག་པར་བྱས་པ་དང་། གཙང་གི་དྲ་ཕྱིད་མར་ཡར་ལུངས་སུ་དབབ་པར་བྱས་པས་སོ་ཞེས་དང་།

10. ཆད། བཅས་སོ།

《ལྡེའུ་ཆོས་འབྱུང་》གི་རྩོམ་པ་པོས་ཚིགས་བཅད་ལས་བརྩམས་པའི་དཔེ་ཆ་ཅན་ལྡ་ཞེས་པ་དེ་དྲངས་རྗེས་དེའི་ཐོག་ལ་ད་དུང་དཔེ་རྒྱུན་གཉིས་བསྟན་ཡོད་པ་ནི་‘ ཅན་ལྡ་ལོག་གནོན་དང་གསང་བ་ཡང་ཆུང་’ ཞེས་པ་དེ་ཡིན། དེ་གཉིས་ལས་ཕྱི་མ་དེ་ལ་གསང་བ་ཡང་ཆུང་ཕྱིད་ ཅེས་ཕྱིད་ཀའི་དོན་སྦྱར་བ་དེ་ཡི་ནང་དོན་ནི་བཙན་པོའི་བང་སོའི་སྐོར་ཡིན་ནོ།

《ལྡེའུ་ཆོས་འབྱུང་》གི་རྩོམ་པ་པོས་ལོག་གནོན་ཞེས་པ་དེ་དགེ་བཤེས་ཁུའམ་ཁུ་སྟོན་བྱ་བས་བརྩམས་པའི་《ལོ་རྒྱུས་ཆེན་མོ་》ལ་ངོས་འཛིན་གནང་ཡོད། 《ལོ་རྒྱུས་ཆེན་མོ་》ཞེས་པའི་རྩོམ་པ་པོའི་མཚན་ཆ་ཚང་ལ་ཁུ་སྟོན་བརྩོན་འགྲུས་གཡུང་དྲུང་ཞེས་ཟེར་བ་ཡིན། དེར་བརྟེན་ལོག་གནོན་ཞེས་པ་དེ་ནི་བཀའ་གདམས་པའི་བཙུན་པ་ཁུ་སྟོན་བརྩོན་འགྲུས་གཡུང་དྲུང་གིས་(1011 – 1075) བརྩམས་པའི་《ལོ་རྒྱུས་ཆེན་མོ་》ལ་གོ་དགོས་པ་གསལ་པོ་ཆགས་ཡོད། འོན་ཀྱང་། 《ལྡེའུ་ཆོས་འབྱུང་》གི་རྩོམ་པ་པོས་‘ ལོག་གནོན་ ’ ཞེས་པའི་ནང་དུ་ནང་དོན་ཅི་འཁོད་ཡོད་མེད་བརྗོད་མེད་པས་དེ་ནི་ད་དུང་གསང་བ་སྙིག་གྱུར་གྱི་གནས་ཤིག་ཡིན་པ་དང་། 《ལོ་རྒྱུས་ཆེན་མོ་》ཡི་རྩོམ་རིགས་མཚན་ལ་རྒྱ་ལྷ་པོ་ཞེས་འཁོད་ཡོད་པ་དེ་ཡང་སྙིང་སུ་ཡིན་ད་བར་མ་ཤེས། གཞན་ཡང་ཁུ་སྟོན་བརྩོན་འགྲུས་གཡུང་དྲུང་ནི་《ཆོས་མངོན་པ་མཛོད་》ཀྱི་བསྟན་རྩིས་ལ་མཁས་པ་ཞིག་ཡིན་ལ་ཇོ་བོ་རྗེ་དཔལ་ལྡན་ཨ་ཏི་ཤའི་སློབ་མ་ཡང་ཡིན། ཁུ་སྟོན་གྱིས་རྒྱ་གར་འཕགས་པའི་ཡུལ་གྱི་མཁས་པ་དེ་ཉིད་

བསམ་ཡས་སུ་གདན་དྲངས་ཤིང་། ཁུ་སྟོན་གྱི་གདན་ས་ནི་ཐང་པོ་ཆེ་ཞེས་པའི་དགོན་དེ་ཡིན་ལ། སྤྱི་ལོ1207ལོར་ཐང་པོ་ཆེ་དགོན་དུ་ཀ་ཤི་སྨི་རི་ནས་ཕེབས་པའི་མཁས་པ་དེས་བསྟན་རྩིས་ཀྱི་ལུགས་ཤིག་བརྩམས་གནང་ཡོད།

གསང་བ་ཡང་ཆུང་གི་སྐོར་ལ། 《ལྡེའུ་ཆོས་འབྱུང་》གི་རྩོམ་པ་པོས་ནང་དོན་མདོར་བསྡུས་ཤིག་ངོ་སྤྲོད་གནང་བ་ལས་དེའི་རྩོམ་པ་པོའི་སྐོར་ཚིག་གཅིག་ཀྱང་གླེང་མེད་པར་དེ་ནི་གསང་བ་ཕྱུག་རྒྱ་ཅན་གྱི་ཁ་སྟོན་ཞིག་ཡིན་པར་ངོས་འཛིན་གནང་ཡོད། 《ལྡེའུ་ཆོས་འབྱུང་》ལྟར་ན། གསང་བ་ཡང་ཆུང་ནི་བཙན་པོའི་བང་སོ་དག་གནམ་མམ། རི་འདབས། སྤང་རི། རི་དང་ཞིང་གི་བར་ན། ཆུ་བཅས་ཀྱི་ཁྲིད་དུ་བཏབ་ཚུལ་དང་། དེ་བཞིན་བང་སོའི་འཛུགས་སྐྲུན་དང་། གནས་སྟངས། དེ་དག་གི་མིང་། བཙན་པོ་སུ་ཞིག་ཕྱི་ཡུལ་དུ་འདས་གྲོངས་སོང་བ་དང་། སུ་ཡི་བང་སོ་འཕྱོངས་རྒྱུས་སུ་བཏབ་པ། བཙུན་མོ་དག་ལས་སུ་ཞིག་ཐུབ་པའི་ཆོས་ལུགས་ཀྱི་བཙུན་མ་གནང་བ་དང་། དེ་དག་འདས་རྗེས་བང་སོ་མཆོད་རྟེན་གྱི་གཟུགས་ལྟར་བསྐྲུན་བཞེངས་བྱས་ནས་གནས་གཞན་དུ་སྤོས་པའི་ཚུལ་སོགས་ཀྱི་སྐོར་འགོད་པའི་དཔེ་རྒྱུན་ཞིག་ཡིན་པར་འདོད་དོ།

མདོར་ན། ང་ཚོས་གོང་དུ་གྲོས་མོལ་བྱས་པའི་ནང་དོན་གཙོ་བོ་ནི་ད་ཕན་ང་ཚོའི་འདྲིན་བྱེད་ཀྱི་ཡུལ་དུ་མ་གྱུར་པའི་དཔེ་ཆ་ཁག་གཅིག་གི་སྐོར་ཡིན་པ་རེད། ཅན་ལྡེ་ཞེས་པའི་དཔེ་མིང་དེ་《སྦ་བཞེད་》ནང་དུ་སྐབས་བདེའི་ངང་བཀོད་ཡོད། དུས་རབས་བཅུ་གཉིས་པའི་དུས་དཀྱིལ་ནས་བཟུང་“ཅན་ལྡེའི”ནང་འཁོད་པའི་ལོ་རྒྱུས་ཀྱི་དཔྱད་ཡིག་དེ་དག‘བསྒྲགས་པ་བོན་ལུགས’དང་‘གསང་བ་ཆོས་ལུགས’ཞེས་དང་འབྲེལ་ནས་འཕེལ་རྒྱས་ཕྱིན་ཡོད། དེར་བརྟེན། ཕྱིས་སུ་ཐོན་པའི་དཔེ་ཚའི་ནང་དུ་གཉའ་ཁྲི་བཙན་པོའི་འབྱུང་ཁུངས་འགོད་པའི་ལྷ་སྒྲུང་སྐོར་གླེང་སྐབས་གོང་གསལ་གྱི་ལུགས་གཉིས་ཙམ་ལས་ཅན་ལྡེ་ཞེས་པའི་དཔེ་མིང་འཁོད་མེད་ལ། 《རྒྱལ་རབས་གསལ་བའི་མེ་ལོང་》དང་། 《ཡར་ལུང་ཇོ་བོའི་ཆོས་འབྱུང་》བཅས་ནང་དུ་བོད་ཀྱི་ཡིག་ཚང་ཞེས་བསྡུས་བརྗོད་བྱས་ཡོད་པ་རེད། དེར་བརྟེན། ཁོ་བོས་ཤེས་པ་ལྟར་ན《ལྡེའུ་ཆོས་འབྱུང་》གི་རྩོམ་པ་པོ་ནི་ད་ཕན་

ཅན་ལྷ་ཞེས་པའི་དཔེ་ཆའི་ནང་དོན་རྣམས་རྒྱས་ཞིབ་ཏུ་འགོད་མཁན་གྱི་ལོ་རྒྱུས་སློབ་དཔོན་དེ་ཡིན། བོད་ཀྱི་ཆོས་འབྱུང་དང་རྒྱལ་རབས་ལོ་རྒྱུས་ནང་ལས《བཤད་མཛོད་》ཕུད་དེ་བྱིངས་ཚང་མས་ཡོ་ག་ལྷ་གྱིས་ཅན་གྱི་ནང་དོན་རྣམས་སྐང་མེད་དུ་འཛོག་ཀྱང་བྱས་ཡོད། འོན་ཀྱང་། ད་ལྟ་ང་ཚོས《ལྡེའུ་ཆོས་འབྱུང་》ནང་དུ་འཁོད་པའི་ཅན་ལྷ་ཞེས་པའི་ནང་དོན་རྣམས་ལ་བདེན་པའི་རང་བཞིན་ཇི་ཙམ་ཡོད་མེད་བརྟག་ཐབས་བྲལ། ང་ཚོས་མཐོང་ཐུབ་པ་ཞིག་ནི《ལྡེའུ་ཆོས་འབྱུང་》གི་རྩོམ་པ་པོས་ཐུབ་པའི་ཆོས་ལུགས་ཀྱི་ནང་དོན་ཁག་གཅིག་བོད་རང་གི་ལྷ་སྲུང་གི་ནང་དུ་སྦྱར་ཡོད་པ་དེ་ཡིན།

《ལྡེའུ་ཆོས་འབྱུང་》ནང་དུ་དྲངས་པའི་ཅན་ལྷ་ཞེས་པ་དེ་ལ་དཔྱོད་སྐབས། དེ་ནི་བཙན་པོ་ཐོག་མའི་འབྱུང་ཁུངས་སྐོར་བརྗོད་པའི་གནའ་བོའི་གཞུང་ཕྱོགས་ཀྱི་ཡིག་ཚང་ཞིག་དང་། བཙན་པོ་ཐོག་མ་དེའི་རྗེས་རབས་པ་དང་རྒྱལ་པོ་ཚང་གི་ཁོངས་མི་གཞན་རྣམས་དང་འབྲེལ་བའི་བྱེད་སྒོ་ཁག་འཁོད་པའི་དཔེ་ཆ་ཞིག་ཡིན་པ་རྟོགས་ཐུབ། དཔེ་ཆ(ཅན་ལྷ)དེའི་ནང་བཀོད་པའི་མཐའ་མའི་རྒྱལ་པོ་དེའི་མཚན་ལ་དཔལ་འཁོར་བཙན་ཞེས་འཁོད་ཡོད་པས་དཔེ་ཆ་དེ་དག་ནི་དུས་རབས་དགུ་པའམ་བཅུ་པའི་མཚམས་སུ་ཆད་ལྷག་མེད་པར་སྨྲ་བྲིས་བྱས་ཡོད་ཚུལ་ཤེས་ཐུབ་ཅིང་། དཔེ་ཆ་དེ་དག་དང་ལོ་རྒྱུས་ཆེན་མོ་གཉིས་ནི་བོད་ཀྱི་ལོ་རྒྱུས་དེབ་ཐེར་གསར་མ་ཞིག་ཡིན། མ་མཐར་ཡང་དུས་རབས་བཅུ་གཉིས་པའི་སྐབས་སུ་དེ་ལྟར་ཡིན་པ་རྟོགས་ཐུབ་བོ། འོན་ཀྱང་། ཕྱིས་ཀྱི་ལོ་རྒྱུས་མཁན་པོ་རྣམས་ཀྱིས་རང་སོ་སོའི་གྲུབ་མཐའི་མཁས་པ་རྣམས་ཀྱི་རྗེས་སུ་ཞུགས་པ་ལས། དུས་རབས་བཅུ་གཉིས་སྐབས་བཀའ་གདམས་པའི་ལོ་རྒྱུས་སློབ་རྣམས་ལྟར་གནའ་བོའི་ལོ་རྒྱུས་ཀྱི་དཔྱད་གཞི་ལ་ཁུངས་དེ་ཙམ་གཏུགས་མེད་པས། དེ་ནི་མཐའ་མ་ཅན་ལྷ་ཞེས་པའི་དཔེ་རྙིང་དང་དེ་དག་གི་ནང་དོན་རྣམས་སྐང་མེད་ཀྱི་ཡུལ་དུ་བསྒྱུར་བའི་རྒྱུ་མཚན་ཡིན་ནོ། །

(མཁར་རྨེའུ་བསམ་གཏན།《བོད་ལྗོངས་ཞིབ་འཇུག་》2003ལོའི་དུས་དེབ་དང་པོའི་ཐོག་འཁོད)

༧༧། །ཞང་ཞུང་གི་རིག་གནས་སྐད་རིགས་དང་དེ་དང་འབྲེལ་བའི་ཧི་མ་ལ་ཡའི་རི་རྒྱུད་ཀྱི་མི་རིགས་ཁག་གི་རིག་གནས་དང་སྐད་ལ་དཔྱད་པ།

象雄语与喜马拉雅周边地区语言文化比较研究

[བརྡ་ཆད་གཙོ་བོ།] ཞང་ཞུང་། བོན་ཆོས། སྐད་ཡིག རྒྱ་གར། བོད་བཙན་པོ། རིག་གནས་མཉམ་འབྲེལ།

[ནང་དོན་གནད་བསྡུས།] རྩོམ་ཡིག་འདིའི་ནང་ཐོག་མར་ཞང་ཞུང་གི་སྐད་ནི་བོད་ཀྱི་ནུབ་ཕྱོགས་དང་རྒྱ་གར་གྱི་ཡུལ་དུ་འབབ་པའི་ཆུ་བོ་ཆེན་པོ་བཞིའི་ཆུ་འགོའི་རྒྱུད་དུ་དར་བའི་སྐད་རིགས་ཤིག་ཡིན་ཚུལ་དང་། དུས་རབས་བདུན་པའི་སྐབས་སུ་ཞང་ཞུང་གི་རྒྱལ་ཕྲན་དེ་ཉིད་བོད་བཙན་པོའི་མངའ་འོག་ཏུ་བསྡུས་རྗེས་ཞང་ཞུང་གི་ཡུལ་སྐད་དེ་ཡང་བོད་སྐད་དང་མཉམ་འདྲེས་བྱུང་བའི་སྐོར་དང་། དེ་མིན་ཕྱི་རྒྱལ་བ་ཐོ་མ་སི་དང་སེ་ཐེན་དབྱིན་སོགས་ཀྱིས་ཞང་ཞུང་སྐད་ལ་ཞིབ་འཇུག་བྱས་པའི་གྲུབ་འབྲས་ཀྱི་སྐོར་སོགས་ལ་གླེང་བརྗོད་བྱས་ཡོད།

【关键词】 象雄语;藏语;喜马拉雅;语言;方言

【摘要】 象雄语是流传在古代西藏西部阿里地区四河流域的古老语言。7世纪象雄王国被吐蕃王朝吞并后,象雄语也逐渐消失,但不少象雄语仍遗存于藏语及喜马拉雅周边民族的语言中。作者对现今仍然保留在藏语和其他语言中的象雄语词汇进行了认定和梳理。

དེ་ཡང་ཞང་ཞུང་གི་སྐད་ནི་ད་ལྟ་ཙ་སྟོང་དུ་ཕྱིན་ཟིན་པའི་སྐད་རིགས་ཤིག་ཡིན་ཞིང་། སྐད་རིགས་དེ་ནི་བོད་འབར་སྐད་ཀྱི་ཁོངས་སུ་གཏོགས་ལ། དེ་ནི་གནའ་བོའི་དུས་སུ་ད་ལྟའི་

བོད་ལྷོངས་ཀྱི་ནུབ་ཕྱོགས་ས་ཁུལ་དུ་དར་ཁྱབ་བྱུང་བ་དང་བེད་སྤྱོད་བྱས་ཡོད་པའི་སྐད་རིགས་ཤིག་ཡིན། ཞང་ཞུང་གི་སྐད་དེ་བཞིན་བོད་འབར་སྐད་ཁོངས་སུ་གཏོགས་པ་ཡིན་ནོ་ཞེས་པའི་འདོད་ཚུལ་དེ་ཐོག་མར་བོད་རིག་པ་མཁས་ཅན་ཧྥེ་རི་དེ་རི་ཁེ་ཝེ་ལེམ་ཐོ་མ་སི་(Frederick William Thomas) ཡིས་བཏོན་གནང་ཞིང་། དེ་རྗེས་སུ་གནང་དེར་ཞིབ་འཇུག་མཛད་མཁན་ཨེ་རི་ཁེ་ཧཱའར་(Erik Haarh) དང་། ཧོ་ཧྥ་མན་(Hoffmann) སོགས་ཀྱིས་ལྟ་ཚུལ་དེ་ཉིད་ཁྱབ་གདལ་དུ་གཏོང་གནང་མཛད་ཡོད་ལ། ལྷག་པར་དུ་ཁོང་རྣམས་པས་ཐོམ་སིའི་ཞང་ཞུང་གི་སྐད་དང་དེང་གི་ཧི་མ་ལ་ཡའི་ལྷོ་རྒྱུད་ཀྱི་མི་རིགས་ཁག་ནང་སྤྱོད་བཞིན་པའི་སྐད་དབར་དམིགས་བསལ་གྱི་འབྲེལ་བ་ཡོད་པའི་དགོངས་ཚུལ་ལའང་རྒྱབ་སྐྱོར་མཛད་ཡོད།

ལོ་རྒྱུས་ཀྱི་གནས་ཚུལ་དང་། ས་ཁམས་ཀྱི་ཆགས་ཚུལ་སོགས་གང་ས་ཅི་ཐད་ནས་བལྟས་ནའང་། ཞང་ཞུང་གི་སྐད་དང་ཧི་མ་ལ་ཡའི་ལྷོ་ཕྱོགས་རི་རྒྱུད་ཀྱི་སྐད་རིགས་དཔེར་ན། མན་ཆའི་སྐད་(Manchad) དང་། བུ་ནན་གྱི་སྐད་(Bunan) རང་ཁ་སའི་སྐད་(Rangkas)། ཁུ་ནུའི་སྐད་(Kanauri) བཅས་དབར་མངོན་གསལ་དོད་པོའི་འབྲེལ་བ་ཞིག་ཆགས་ཡོད་པ་ནི་བརྡ་སྤྲོད་རིག་པའི་དཔྱད་གཞི་ལས་ར་སྤྲོད་བྱ་ཐུབ།

གཤམ་དུ་ཁོ་བོས་ཞང་ཞུང་སྐད་ཡིག་དང་འབྲེལ་བའི་གནད་དོན་ཁག་གཉིས་སྐོར་ལ་དཔྱད་གླེང་ཕྲན་ཙམ་བྱ་རྒྱུ་སྟེ། གཅིག ཞང་ཞུང་སྐད་ཉིད་བེད་སྤྱོད་བྱེད་མཁན་གྱི་མི་རིགས་ཀྱི་སྐད་ཡིག་ལས་འཕྲོས་པའི་རིག་གནས་དང་ལོ་རྒྱུས་ཀྱི་གནད་སྟངས་ཉིད་ཇི་ལྟར་ཡིན་ལུགས་དང་། གཉིས། ད་ཕན་ཞང་ཞུང་སྐད་ལ་ཞིབ་འཇུག་བྱས་པའི་གྲུབ་འབྲས་དང་དེའི་ཚུ་ཚད་སྐོར་གླེང་རྒྱུ་དེ་ལགས།

དང་པོ། ཞང་ཞུང་གི་སྐད་དེ་བེད་སྤྱོད་བྱེད་པོ་ཡང་སྔིང་སུ་ཡིན་སྐོར།

ཞང་ཞུང་གི་སྐད་ནི་བོད་ལྷོངས་ཀྱི་ནུབ་ཕྱོགས་དང་། རྒྱ་གར་སོགས་ཡུལ་གྲུ་ཁག་ཏུ

འབབ་པའི་ཆུ་བོ་ཆེན་པོ་བཞིའི་ཆུ་འགོའི་རྒྱུད་དུ་དར་བའི་སྐད་རིགས་ཤིག་ཡིན། དུས་རབས་བདུན་པའི་སྐབས་སུ་ཞང་ཞུང་གི་རྒྱལ་ས་ཁྱུང་ལུང་དངུལ་མཁར་གྱིས་གཙོས་རྒྱལ་ཁམས་ཡོངས་བོད་བཙན་པོའི་མངའ་འོག་ཏུ་བསྡུས་ཤིང་། མཐར་ཞང་ཞུང་གི་སྐད་དེ་ཡང་རིམ་བཞིན་མེད་པར་གྱུར། སྐད་དེ་ཉིད་སྟོངས་པའི་རྒྱུ་མཚན་གཙོ་བོ་ནི་ཞང་ཞུང་གི་སྤྱི་ཚོགས་རིག་གནས་དང་སྐད་རིགས་སོགས་གང་ཅིའི་ཐད་དེའི་ཉེ་འཁོར་གྱི་རྒྱལ་ཁམས་དང་གཅིག་གྱུར་བྱུང་བས་སོ། དེ་ཡང་ཞང་ཞུང་དེ་བོད་བཙན་པོའི་མངའ་འོག་ཏུ་བསྡུས་རྗེས་བོད་སྐད་ཉིད་རིམ་བཞིན་ཞང་ཞུང་ཡུལ་གྱི་སྤྱི་སྐད་དུ་གྱུར་ཡོད། ལར་ཞང་ཞུང་གི་སྐད་ཡིག་མེད་པར་སོང་ཡོད་ནའང་ཞང་ཞུང་སྐད་ལས་འཕྲོས་པའི་མིང་ཚིག་མི་ཉུང་བ་ཞིག་བོད་སྐད་ནང་དུ་མཉམ་འདྲེས་བྱུང་ཡོད་པ་མ་ཟད་དུས་ད་ལྟའི་བར་གནས་ཡོད།

ཞང་ཞུང་རྒྱལ་རབས་དེ་བོད་བཙན་པོའི་མངའ་འོག་ཏུ་བསྡུས་པའི་དུས་ནི་སྤྱི་ལོ644ལོའམ645ལོར་འདོད་ཅིང་། སྐབས་དེ་ནི་སྲོང་བཙན་སྒམ་པོས་རྒྱལ་སྲིད་སྐྱོང་བའི་དུས་ཡིན། དེ་སྔ་ཞིབ་འཇུག་པ་འགའ་རེས་གནའ་བོའི་དཔྱད་ཡིག་ལ་རྒྱབ་རྟེན་བཙལ་ནས་བོད་བཙན་པོས་ཞང་ཞུང་རྒྱལ་རབས་བཙན་པོའི་མངའ་འོག་ཏུ་བསྡུས་པའི་དུས་ནི653ལོར་ཡིན་པ་དང་། ཞིབ་འཇུག་པ་འགའ་རེས་བཙན་པོས་ཞང་ཞུང་རྒྱལ་རབས་དབང་དུ་བསྒྱུར་པའི་དུས་ནི་དུས་རབས་བརྒྱད་པའི་ནང་ཡིན་པར་འདོད་དོ། དེ་ལྟར་འགལ་ཟླར་གྱུར་པའི་ལྟ་ཚུལ་གཉིས་ཐོན་པའི་རྒྱུ་རྐྱེན་ནམ་དཔང་རྟགས་ནི་འདི་ལྟར་ཏེ། དབྱི་ཏ་ལིའི་བོད་རིག་པ་མཁས་ཅན་གོ་སེ་ཕེ་ཏུ་ཆི་དང་སེ་ཡེ་གེ་བེར་ཐ་གཉིས་ཀྱིས་བོད་བཙན་པོའི་སྲིད་མིང་མཚན་ལ་སད་མར་ཀར་ཞུ་བ་དེ་ནི་བཙན་པོ་ཁྲི་སྲོང་ལྡེ་བཙན་(འདི་ནི་བོན་གྱི་ཤོད་སྲོལ་ཞིག་ཡིན། བོད་ཀྱི་ལོ་རྒྱུས་ཡོངས་གྲགས་ལྟར་ན་སྲོང་བཙན་སྒམ་པོའི་སྲིང་མོ་ཡིན། སྒྱུར་བ་པོས།)གྱི་སྲས་མོ་ཡིན་པར་འདོད། བཙན་པོ་དེ་པས་དུས་རབས་བརྒྱད་པའི་སྐབས་བོད་ཀྱི་སྲིད་དབང་བསྐྱངས། འོན་ཀྱང་། ཚང་ཀུང་(Chang Kung) དང་ཡུ་རེ་གེ་ཙ་(Uray Geza)རྣམ་གཉིས་ཀྱིས་དཔྱད་ཞིབ་གནང་རྗེས་དོན་དངོས་

ཐོག་སྲས་མོ་སད་མར་ཀར་ནི་སྲོང་བཙན་སྒམ་པོའི་སྲས་མོ་ཡིན་པར་འདོད། གང་ལྟར་ཡང་གནད་དོན་དེ་ནི་བོད་ཀྱི་རྒྱལ་རབས་ལོ་རྒྱུས་ཐོག་ཤིན་ཏུ་གལ་ཆེ་བའི་འགག་རྩའི་གནད་དོན་ཞིག་ཡིན་པ་དེ་ནི་སྲས་མོ་དེ་ཉིད་ཞང་ཞུང་རྒྱལ་རབས་ཉིད་བཙན་པོའི་མངའ་འོག་ཏུ་བསྡུ་ཐུབ་པའི་ཐད་ཀའི་རྒྱུ་རྐྱེན་ཡིན་པ་ལས་ར་སྤྲོད་ཐུབ། དེའི་སྐོར་གྱི་ཞིབ་ཕྲའི་གནས་ཚུལ་གཤམ་གསལ་ལྟར་ཏེ།

ཐོག་མར་བོད་སྤྱོངས་ས་མཐོ་གཅིག་གྱུར་བྱ་འགོ་ཚུགས་པའི་སྐབས་སུ། ཡར་ལུང་ཁུལ་དུ་ཆགས་པའི་བཙན་པོའི་ཁྲིམ་ཚང་གིས་གཉེན་སྒྲིག་གི་ཐབས་ལམ་བརྒྱུད་ནས་ཞང་ཞུང་གི་རྒྱལ་པོ་ལིག་མྱི་རྒྱས་དབང་བསྒྱུར་བྱ་བའི་ཡུལ་ཞང་ཞུང་ཉིད་བཙན་པོའི་མངའ་འོག་ཏུ་བསྡུས། སྲོང་བཙན་སྒམ་པོའི་སྲིང་མོ་སད་མར་ཀར་ཞང་ཞུང་གི་རྒྱལ་པོ་ལིག་མྱི་རྒྱ་ཡི་བཙུན་མོར་བཙངས་པ་མ་ཟད། སྲོང་བཙན་སྒམ་པོ་རང་ཉིད་ཀྱིས་ཀྱང་རྒྱལ་པོ་ལིག་མྱི་རྒྱ་ཡི་སྲས་མོ་ལིག་ཐིག་སྨན་ཞེས་པ་དེ་བཙུན་མོར་བསུས་པ་རེད། བོད་ཀྱི་བཙན་པོ་སྲོང་བཙན་སྒམ་པོའི་སྲིང་མོ་སད་མར་ཀར་ཞང་ཞུང་གི་རྒྱལ་པོ་ལིག་མྱི་རྒྱ་ཡི་ཁབ་ཏུ་བསུས་པ་ནི་ཞང་བོད་གཉིས་དབར་འབྲེལ་བ་བཙུགས་པ་མ་ཟད་སྔར་གྱི་འབྲེལ་ལམ་ཡང་ཟབ་ཏུ་ཕྱིན་པའི་མཚོན་རྟགས་ཤིག་དང་། སད་མར་ཀར་ཉིད་ཞང་ཞུང་རྒྱལ་པོའི་བློ་དབྱིངས་སུ་མཆིས་པར་བསྟན། འོན་ཀྱང་གཉེན་སྒྲིག་བྱས་ཟིན་རྗེས་ཞང་ཞུང་རྒྱལ་པོས་བོད་ཀྱི་བཙུན་མོ་སད་མར་ཀར་ལ་སྣང་ཆུང་བྱས་ནས་ཁྲོ་བོ་ཞིག་གིས་ངེས་པར་སྒྲུབ་དགོས་པའི་འོས་འགན་རྒྱབ་བསྒྱུར་བྱས་པས་ན་བཙུན་མོ་ཉིད་སྡུག་བསྔལ་གྱི་གནས་སུ་གྱུར། ཞིབ་འཇུག་པ་ཡུ་རེ་གེ་ཙ་ཡིས་བཙུན་མོ་སད་མར་ཀར་གྱིས་གླངས་པར་གྲགས་པའི་གླུ་ཚིག་ལ་ཞིབ་འཇུག་གནང་རྗེས། གླུ་ཚིག་དེ་དག་ནི་“ཕོ་མོའི་སྐྱོ་སྣང་གིས་གང་བའི་མི་ཚེ”ཡི་བགྲོད་ལམ་གྱི་མཚོན་བྱེད་ཅིག་ཡིན་ཞེས་གསུངས། ཞང་ཞུང་གི་རྒྱལ་པོ་ལིག་མྱི་རྒྱ་ཡིས་བཙུན་མོ་སད་མར་ཀར་ལ་མཐོང་ཆུང་སྣང་མེད་བྱས་པ་ལས་བྱུང་བའི་ཕོ་མོའི་སེམས་ནང་གི་སྐྱོ་སྣང་ནི་བརྗོད་པར་དཀའ་ཞིང་། ཕོ་མོས་རང་ཉིད་ཀྱི་ཕུ་བོ་སྲོང་བཙན་སྒམ་པོར་གླངས་པའི་དྲན་གླུའི་ནང་དུ། ཕུ་

པོས་དམག་བཏང་ནས་ཕོ་མོ་སྡུག་བསྔལ་གྱི་རྒྱ་མཚོ་ལས་སྐྱོབ་ཐབས་དང་། ཞང་ཞུང་རྒྱལ་པོས་སད་མར་ཀར་ལ་མཐོང་ཚུང་དང་གྲོགས་མེད་ཁྱེར་རྐྱང་གི་གནས་སུ་གྱུར་དུ་བཅུག་པའི་བྱ་སྤྱོད་ལ་ཉེས་ཆད་གཅོད་རྒྱུར་རེ་འབོད་བྱས་ཡོད་པ་རེད། གལ་ཏེ་གོང་གསལ་གཏམ་རྒྱུད་དེ་བཞིན་ལོ་རྒྱུས་ཐོག་དངོས་སུ་ཐོན་ཡོད་པའི་གནས་ཚུལ་ཞིག་ཡིན་ན། ཞང་ཞུང་རྒྱལ་རབས་ཉིད་མཐར་ཕམ་ཉེས་བརླག་ཐོར་དུ་སོང་བ་དང་། ས་ཁོངས་དེ་ན་སྤྱོད་པའི་ཞང་ཞུང་གི་སྐད་ཀྱང་སྟོང་འཛིགས་སུ་སོང་བ་ནི་རྒྱལ་པོ་ལིག་མྱི་རྒྱ་ཡིས་རང་ཉིད་ཀྱི་བཙུན་མོའི་ཕུ་བོ་བོད་ཀྱི་བཙན་པོ་སྲོང་བཙན་སྒམ་པོར་བཅེ་བཀུར་གུས་ཞབས་མ་བྱས་པའི་རྒྱུ་དང་ཡང་འབྲེལ་བ་ཡོད་ཚུལ་ཉིད་རྟོགས་ཐུབ་བོ།

གོང་གསལ་གྱི་གཏམ་རྒྱུད་དེ་བདེན་རྫུན་གང་ཡིན་ལ་མ་བལྟོས་པར། ཞང་ཞུང་གི་རྒྱལ་རབས་དེ་ཉིད་མཐར་བོད་བཙན་པོའི་གི་མངའ་འོག་ཏུ་བསྡུས་པ་དེ་ནི་ཕྱི་རོལ་ཡུལ་ཁམས་ཀྱི་སྟོབས་ཤུགས་ཤིག་གིས་རང་དགར་བཙན་འཛུལ་བྱས་པའི་འབྲས་རྟགས་འབའ་ཞིག་མ་ཡིན། ཐོག་མར་བོད་གཅིག་གྱུར་བྱ་ནུས་ཀྱི་སྟོབས་ཤུགས་ཤིག་ཡར་ལུང་རྒྱུད་ནས་མངོན་དུ་འཕགས་ཤིང་། ཞང་ཞུང་ཉིད་བཙན་པོས་དབང་བསྒྱུར་མ་བྱས་གོང་། དེ་ལས་སྔོན་ཉེ་བའི་བོད་ནུབ་ཕྱོགས་ཀྱི་ས་ཁུལ་མི་ཉུང་བ་ཞིག་བོད་བཙན་པོའི་མངའ་འོག་ཏུ་བསྡུས་ཟིན་ཡོད་པ་ཨེ་དཔེར་ན་གློ་དང་སེ་རིབ་ལ་སོགས་པའི་ཡུལ་གྲུ་ལྟ་བུའོ། ས་ཆ་དེ་གཉིས་ནི་དེང་དུས་ནེ་པ་ལ་རྒྱལ་ཁབ་ཀྱི་ཁོངས་སུ་གཏོགས་པའི་སྟོད་སྨད་གློ་སྨོན་ཐང་ཞེས་པའི་ས་ཁུལ་དེའོ།

ཞིབ་འཇུག་པ་ཏེ་ལྷེ་ད་ཛེ་ཁེ་སོན་གྱིས" ཕྱིས་ཀྱི་བོན་པོའི་ས་ཁམས་སྐོར་བརྗོད་པའི་དཔྱད་ཡིག་ཅིག་ནང་དུ། གོང་གསལ་ཟླ་སེ་ཐང་ཞེས་པའི་ས་ཁུལ་ལ་ཞང་ཞུང་སྨད་ཅེས་བརྗོད་པ་ཡིན" ཞེས་གསུངས། ནེ་པ་ལའི་ས་ཁུལ་སེ་རིབ་ཀྱི་གནའ་བོའི་ལོ་རྒྱུས་ནང་། ས་ཆ་དེ་ཉིད་དང་ཞང་ཞུང་དབར་འབྲེལ་བ་ཡོད་པའི་དཔྱད་གཞི་གང་ཡང་མཐོང་རྒྱུ་མེད། འོན་ཀྱང་། སྲོང་བཙན་སྒམ་པོའི་རྗེས་ཀྱི་བཙན་པོ་རིམ་བྱོན་ཚོས་བོད་བཙན་པོའི་མངའ

ཐང་ནི་ས་ཆ་དེ་ཙམ་དུ་མ་ཟད། དེའི་ཕ་རོལ་གྱི་ཡུལ་ཁམས་མང་པོའི་ཕྱོགས་སུ་རྒྱ་བསྐྱེད་བྱས་ཡོད།

བོད་ཀྱི་བཙན་པོས་མཐའ་འཁོར་རྒྱལ་ཁབ་ཁག་ཏུ་གཡུལ་བཤམས་པ་དང་། ནང་ཁུལ་དུ་འཁྲུག་རྩོད་བྱས་ནས་རྒྱལ་ཕམ་ཐག་གཅོད་བྱེད་པའི་ལས་ནི་བོད་ཀྱི་བཙན་པོའི་མཐའ་མ་གླང་དར་མ་བཀྲོངས་རྗེས་དུ་གཟོད་གཞི་ནས་མཇུག་འགྲིལ་བ་རེད། དུས་རབས་བཅུ་པ་ནས་བཟུང་། ཞང་ཞུང་ནི་བོད་ཀྱི་རྒྱལ་ཁབ་ལ་དྭགས་རྒྱལ་རབས་ཀྱི་མངའ་འོག་ཏུ་གནས་ཤིང་། རྒྱལ་རབས་དེ་ནི་ཐོག་མར་བོད་ཀྱི་བཙན་པོའི་རྒྱུད་པ་དག་གིས་བཙུགས་པ་དང་། རྒྱལ་རབས་དེ་དུས་རབས་བཅུ་དགུ་པའི་བར་གནས་ཐུབ་པ་བྱུང་ཡོད།

ཞང་ཞུང་གི་སྐད་ཉིད་རྗེས་ཤུལ་ཙམ་ཡང་མེད་པར་སྟོང་འཛིགས་སུ་སོང་མེད། རྒྱུ་མཚན་ནི་ཞང་ཞུང་གི་སྐད་ནི་བོན་ཆོས་ཁྱབ་གདལ་གཏོང་བྱེད་ཀྱི་གཙོ་བོའི་སྐད་ཡིག་ཏུ་གྱུར་ཡོད་པ་སོ། ཞིབ་འཇུག་པ་ཡུ་རེ་གེ་ཙ་(Uray Geza)ཡིས་བོད་སྐད་ནང་གི་ཐ་སྙད་བོན་ཞེས་པའི་གོ་དོན་ནི་འབོད་པའི་དོན་དང་། སྔགས་འདོན་པ། ཁ་འདོན། གསོལ་འདེབས། སྨོན་པ་དང་འབོད་བཀུག་སོགས་ཀྱི་དོན་ལ་གས་པ་དང་། བོན་པོ་ཞེས་པ་ནི་ལྷ་པ་མོ་པ་ལྷ་བུའི་ཆོས་ལུགས་དང་འབྲེལ་བའི་བྱ་ལས་སྒྲུབ་མཁན་གྱི་མི་སྣར་འཇུག་པ་ཡིན་ཞེས་གསུངས། ཏ་ཝེ་ད་སེ་ནེ་གོ་རུབ་(David Snellgrove)ཀྱིས་ཀྱང་བོན་ཞེས་པའི་ཐ་སྙད་དེ་ནི་ཞང་ཞུང་སྐད་ཀྱི་མིང་ཚིག་གྱེར་ཞེས་པ་དེ་བོད་སྐད་དུ་བསྒྱུར་བ་ལས་བྱུང་ཞིང་། གྱེར་ཞེས་པའི་དོན་ནི་གསོལ་འདེབས་ཀྱི་དོན་ཡིན་པར་གསུངས།

བོན་ཆོས་ཀྱི་ཆེས་རྫ་རྙིངས་སུ་གྲགས་པའི་བསྟན་བཅོས་ནི་འཇར་མན་པ་ཨན་ཐོན་ཤེའ་ཕྷེ་ནེར་གྱིས་འཇར་མན་གྱི་སྐད་དུ་བསྒྱུར་ཟིན་པའི《མདོ་དཀར་》ཞེས་པའི་བོན་པོའི་དཔེ་ཆ་དེ་ཡིན་ཞིང་། འཇར་མན་གྱི་སྐད་དུ་ཕབ་སྒྱུར་བྱས་པའི་དཔེ་ཆ་དེ་ནི་བསྒྱུར་བ་པོ་འདས་རྗེས་ཀྱི་སྤྱི་ལོ1880ལོར་གཞི་ནས་པར་བསྐྲུན་བྱས་ཡོད།

ཆོས་ལུགས་ཞིབ་འཇུག་པ་མཁས་ཅན་པེར་ཐོ་ད་ལའོ་ཧྥར་(BertholdLaufer)

གྱིས་ལོ་མང་རིང་བོན་ཆོས་ལ་ཞིབ་འཇུག་གནང་རྗེས། བོན་ཆོས་ནི་བོད་རང་གི་ཡུལ་ནས་བྱུང་ཞིང་དར་བའི་ཆོས་ལུགས་ཤིག་མ་ཡིན་པར་དེ་ནི་ཞང་ཞུང་གི་ནུབ་ཕྱོགས་ཡུལ་གྲུ་བེ་ཁེ་ཁྲིའི་ཡག (Bactria) དང་སོག་དི་ཨ་ཡེ་ན (Sogdiana) ཞེས་པའི་ཡུལ་ནས་བོད་དུ་དར་ཁྱབ་བྱུང་བ་ཞིག་ཡིན་ནོ་ཞེས་གསུངས་ཡོད། ལའོ་ཕྱར་གྱི་འདོད་ཚུལ་དེ་ལ་ཕྱིས་སུ་བོན་ཆོས་ལ་ཞིབ་འཇུག་མཛད་མཁན་ཧེ་ལྨུ་ཐ་ཧོ་ཧྥོ་མན (Helmut Hoffman) དང་ཧེ་ཤེ་དང་སེ་ནེ་གོ་རུབ་རྣམ་གཉིས་ཀྱིས་ཀྱང་ཐུགས་མོས་མཛད་ཅིང་ལྟ་བ་དེར་རྒྱབ་སྐྱོར་ཡང་མཛད། སེ་ནེ་གོ་རུབ་ཀྱིས་དོན་དངོས་ཐོག་ལྟ་ཚུལ་དེ་ནི་བོན་ཆོས་ཀྱི་ཞིབ་འཇུག་ལ་བརྟེན་ཞིང་གྲུབ་འབྲས་ཀྱང་མི་དམན་ཙམ་ཐོབ་པའི་སྐྱེ་བོ་མང་ཆེ་བའི་འདོད་ཚུལ་ཞིག་རེད་ཅེས་གསུངས། དེ་ཡང་ཞིབ་མོར་བརྗོད་ན། ཞང་ཞུང་བ་རྣམས་ཀྱིས་བོན་ཆོས་བྱེད་པའི་སྐབས་ནི་ཐུབ་པའི་ཆོས་ལུགས་བོད་དུ་ཐོག་མར་དར་འགོ་ཚུགས་པའི་དུས་དང་མཉམ་ཞིང་། བོན་ཆོས་ཀྱི་སྟོན་པར་གྲགས་པའི་སྐྱེས་བུ་དམ་པ་གཤེན་རབ་མི་བོ་ཆེ་ནི་དོན་དངོས་ཐོག་སྟོན་པ་ཤཱཀྱ་ཐུབ་པ་རང་ཡིན་པར་འདོད་པ་དེའོ།

བོན་ཆོས་ནི་བེ་ཁེ་ཁྲིའི་ཡ་དང་སོག་དི་ཨ་ཡེ་ན་ཞེས་པའི་ཡུལ་ནས་ཞང་ཞུང་དུ་དར་བ་དང་། ས་ཆ་དེ་གཉིས་ལ་བོན་པོ་རྣམས་ཀྱིས་སྟག་གཟིག་གམ་རྟག་གཟིགས་ཞེས་འབོད། སེ་ནེ་ལ་གོ་རུབ་ཀྱིས་གསུངས་པ་ལྟར། སྟག་གཟིག་ཅེས་པའི་ཐོག་མའི་འབྲི་སྟངས་སམ་དག་ཆ་ནི་ཏ་ཞིག་ཅེས་ཡིན་ཚུལ་དང་། ཁོང་གིས་མུ་མཐུད་ནས་ད་ལྟ་ང་ཚོས་འབོད་པའི་བོན་ཆོས་ནི་གནའ་བོའི་དུས་ནས་ཐུབ་པའི་ཆོས་ལུགས་ཀྱི་ནང་དོན་དང་རྣམ་པ་ལྡན་པའི་གྲུབ་མཐའ་ཞིག་ཡིན་པ་མ་ཟད། དུས་ཕྱིས་སུ་དེ་བས་རྙོག་འཛིང་ཆེ་བའི་མཚན་ཉིད་རིག་པའི་ལྟ་ཚུལ་དང་གནས་ཚད་མེད་དུ་ཉུལ་བའི་རྣལ་འབྱོར་པ་རྣམས་ཀྱི་ཤུགས་རྐྱེན་ཐོག་པ་བཅས་ལས་སྐྱེ་བོ་མི་ཉུང་བ་ཞིག་གིས་དེ་ནི་ཐུབ་པའི་ཆོས་ལུགས་ཀྱི་ཆ་ཤས་ཤིག་ཡིན་པར་ངོས་འཛིན་བྱེད་པ་ཡིན་ཞེས་གསུངས། བོད་ཀྱི་བཙན་པོ་སྲོང་བཙན་སྒམ་པོའི་དུས་སུ་ཐུབ་པའི་ཆོས་ལུགས་དངོས་སུ་བོད་དུ་དར་བ་དང་། སྐབས་དེ་དུས་བོད་དུ་ཁྲབ་གདལ་དུ་ཕྱིན་ཟིན་ཡོད་ལ་ཕྱིས་

སྤུ་བོན་ཆོས་ཞེས་འབོད་པའི་ཆོས་ལུགས་དེར་དད་མོས་བྱ་མཁན་རྣམས་ཀྱིས་གསར་དུ་དར་བའི་ཐུབ་པའི་ཆོས་ལུགས་དང་རང་ཉིད་ཀྱིས་ཉམས་ལེན་བྱེད་པའི་ཆོས་ལུགས་དབར་ཐ་སྙད་ནང་དོན་སོགས་གང་ཅིའི་ཐད་མི་འདྲ་བ་མཆིས་པ་ཤེས་རྗེས་དེར་ངོ་རྒོལ་བྱས་ཡོད། འོན་ཀྱང་མཐར་ཐུག་རྒྱ་གར་ནས་དར་བའི་ཐུབ་པའི་ཆོས་ལུགས་ཀྱི་རྐང་པ་བོད་ཡུལ་དུ་བཙུགས་ཐུབ་པ་བྱུང་ཡོད། བསྟན་པ་སྔ་དར་སྐབས་ཀྱི་ཐུབ་པའི་ཆོས་ལུགས་ཀྱི་ནང་དོན་རྣམས་ནི་བསྟན་པ་ཕྱི་དར་སྐབས་ཀྱི་ནང་དོན་ལྟར་ཐུབ་པའི་ཆོས་ལུགས་ཀྱི་ནང་དོན་གཤའ་མ་ཞིག་མ་ཡིན་པར་དེ་ལ་བོན་ལ་སོགས་པའི་ཆོས་ལུགས་གཞན་པའི་ཤན་ཞུགས་ཡོད་པར་སེམས་སོ།

བོན་ཆོས་ནི་བོད་ཀྱི་ས་སྐྱེས་རྗེ་སྐྱེས་ཀྱི་ཆོས་ལུགས་ཤིག་མ་ཡིན་ལ། ཐུབ་པའི་ཆོས་ལུགས་བོད་དུ་མ་དར་གོང་གི་བོད་ཀྱི་ཆོས་ལུགས་ཤིག་ཀྱང་མ་ཡིན། དེའི་ཐད་སེ་ནེལ་གོ་ཏུབ་ཀྱིས“ མཉམ་བསྲེས་ཆེན་པོ་བྱས་པ་ལས་གྲུབ་པའི་ཆོས་ལུགས་དེ་ལས་ཐུབ་པའི་ཆོས་ལུགས་ཀྱི་ལྟ་བ་དང་ནང་དོན་མང་པོ་ཞིག་ནང་འདྲེན་བྱས་ཡོད་པར་མངོན་ཞིང་། ནང་དོན་དེ་དག་ནི་ཆེས་གནའ་བོའི་ཐུབ་པའི་ཆོས་ལུགས་ཀྱི་ནང་དོན་དང་ལྟ་ཚུལ་ཡིན། སྐབས་དེ་ཤེད་ཀྱི་ཐུབ་པའི་ཆོས་ལུགས་ནི་ཡུལ་མིང་དུ་ཁུ་ཤན (Kushana) ཞེས་པ་ནས་ཨེ་ཤེ་ཡ་དཀྱིལ་མའི་ས་ཁུལ་དུ་དར་བ་ཞིག་ཡིན་ལ། དར་བའི་དུས་ནི་དུས་རབས་དང་པོའི་སྐབས་སུའོ། དེ་ཡང་ཡུལ་ཁུ་ཤནའི་མི་སེར་དད་ཅན་པ་འབའ་ཞིག་མ་ཡིན་པར་དར་དེ་ཞེས་པའི (Dardic) སྐད་སྨྲ་མཁན་གྱི་སྐྱེ་བོ་རྣམས་ཀྱང་ཁུ་ཤན་ཡུལ་ན་འཕྲད་པའི་དྲག་པོའི་སྡུག་བསྔལ་མ་བཟོད་པར་རི་ཁུལ་དུ་བྲོས་བྱོལ་དུ་སོང་ཡོད།

བོད་སྐད་ནང་གི་ཆོས་ཞེས་པའི་ཐ་སྙད་དེ་ནི་སཾསྐྲྀ་ཏའི་སྐད་དྷརྨ (Dharma) ཞེས་པ་དོན་བསྒྱུར་བྱས་པ་ལས་བྱོན་པ་ཞིག་ཡིན། ཐ་སྙད་དེ་ནི་དང་ཐོག་ཞང་ཞུང་གི་ཡུལ་དང་བོད་ཡུལ་དུ་དར་བའི་བོན་ཆོས་ལ་གོ་བ་ཡིན་ཀྱང་། ཕྱིས་སུ་དེ་རིམ་བཞིན་རྒྱ་གར་སོགས་ཡུལ་ནས་དར་བའི་ཐུབ་པའི་ཆོས་ལུགས་གཅིག་པུར་གོ་བ་ཡིན་ནོ།

ཡར་བོད་ཀྱི་ནུབ་ཕྱོགས་ཀྱི་ས་ཆ་གང་དུ་ཐུབ་པའི་ཆོས་ལུགས་སམ་བོན་ཆོས་དར་ཡོད་དམ་ཞེ་ན། བེར་ཐོ་ད་ལའོ་ཧྥེར་གྱིས“བོད་སྐད་ནང་དུ་བྲུ་ཞའི་སྐད་ཀྱི་ཐ་སྙད་མིང་ཚིག་ཐོན་པའི་དུས་ནི་དེ་དུས་རབས་བརྒྱད་པའི་སྐབས་ཀྱི་བཙན་པོ་ཁྲི་སྲོང་ལྡེ་བཙན་གྱིས་སྲིད་དབང་འཛིན་སྐབས་ཡིན་པ་དང་། སྐད་རིགས་དེ་ནི་བོད་ཀྱི་ནུབ་ཕྱོགས་བེ་ཏི་སི་ཐན(Baltistan)ཞེས་པའི་ས་ཁུལ་གྱི་སྐད་ཡིན”ཞེས་གསུངས་པ་མ་ཟད། སྐད་རིགས་དེ་ཉིད་དར་ཁྱབ་བྱུང་ཡུལ་ནི་བྲུ་ཞ་ཞེས་པའི་ཡུལ་དུ་ཡིན་པའི་སྐོར་སྒྲུབ་བྱེད་འགའ་ཞིག་གི་ཐོག་ནས་གསལ་བཤད་ཀྱང་གནང་ཡོད།

སྲོལ་རྒྱུན་གྱི་ལྟ་ཚུལ་ལྟར་ན། བྲུ་ཞའི་སྐད་ནི་ཞང་ཞུང་སྐད་ལས་སྔོན་ཐོན་དང་ཕུན་སུམ་ཚོགས་པའི་སྐད་རིགས་ཤིག་ཡིན་ལ། ཆོས་དཔེ་རྣམས་ཀྱང་ཐོག་མར་བྲུ་ཞའི་སྐད་ནས་ཞང་ཞུང་གི་སྐད་དུ་ཕབ་བསྒྱུར་བྱས་རྗེས་གཞི་ནས་བོད་སྐད་དུ་ཕབ་བསྒྱུར་བྱས་པ་ཞིག་ཡིན། དོན་དངོས་ཐོག་བྲུ་ཞའི་སྐད་ཅེས་པ་དེ་ནི་བུ་རུ་ཤ་སི་ཁའི་(Burushaski)སྐད་ཡིན།

པདྨ་འབྱུང་གནས་ནི་སི་ཤ་ཐ་(Swat)ཞེས་དེང་དུས་ཀྱི་པ་ཀི་སི་ཐན་རྒྱལ་ཁོངས་ཡིན་པའི་གནས་ཤིག་ནས་བོད་དུ་ཕེབས་པའི་ལྷ་པ་དང་། རྣལ་འབྱོར་བ། སྔགས་པ་བཅས་གཅིག་སྡོགས་ཡིན་པའི་ཆོས་ལུགས་མི་སྣ་ཞིག་ཡིན། ཁོང་ནི་བོད་ཀྱི་བཙན་པོ་ཁྲི་སྲོང་ལྡེ་བཙན་ཀྱི་སྐབས་བོད་དུ་གདན་དྲངས་ཤིང་། བོད་དུ་ཕེབས་སྐབས་གོང་གསལ་སློས་པའི་ས་ཁུལ་གི་ལི་གི་ཐ་ཞེས་པའི་ཁུལ་དེ་ནི་ངེས་པར་བརྒྱུད་དགོས་པའི་ས་ཁུལ་ཞིག་ཡིན། བྲུ་ཞའི་ཡུལ་དུ་བྲུ་ཞའི་སྐད་ལས་བརྩམས་པའི་བསྟན་བཅོས་ཡོད་མེད་ནི་ད་ལྟ་གསལ་པོ་མ་ཤེས་ལ། བསྟན་བཅོས་དེ་དག་བྲིས་པའི་ཡིག་གཟུགས་ཀྱང་འབྲུ་ཚའམ་འབྲུ་ཚག་གང་ཡིན་བསྟན་རྒྱུ་མེད། འོན་ཀྱང་དེ་ཡང་རྒྱ་གར་གྱི་གནའ་བོའི་ཡིག་རིགས་གུཔྟའི་(Gupta)ཡིག་གཟུགས་དེ་བོད་ཀྱི་ཡིག་གཟུགས་ཀྱི་མ་ཕྱིར་འདོད་པ་ལྟར། དེ་ཉིད་བོད་ཡིག་དབུ་ཅན་གྱི་གཟུགས་དབྱིབས་ཀྱི་མ་ཕྱི་ཡིན་ཤས་ཆེ་བས་མུ་མཐུད་དཔྱད་པར་འཚལ།

གནས་ཚུལ་གང་འདྲ་ཞིག་ལ་བལྟོས་ནས་བརྗོད་ནའང་། བྲུ་ཞའི་ཡུལ་དང་ཞང་ཞུང་

གི་ཡུལ་གཉིས་ནི་ཡང་མ་དག་པའི་ཐུབ་པའི་ཆོས་ལུགས་ཀྱི་གཞུང་བོད་དུ་ཐོག་མར་དར་སྐབས་དང་། དེ་རྗེས་ཀྱི་ཡང་དག་ཐུབ་པའི་ཆོས་ལུགས་ཉིད་དངོས་སུ་བོད་དུ་དར་སྐབས་ངེས་པར་བརྒྱུད་དགོས་པའི་ས་གནས་ཤིག་ཡིན། གོང་གསལ་ཡུལ་གི་ལི་གི་ཐའི་ཁོངས་གཏོགས་ས་གནས་ཁྲུ་ཤ་ན་ཞེས་པ་ན་གནའ་བོའི་དུས་སུ་ཤ་སྨོན་(Shaman)ཆོས་ལུགས་ཀྱི་ནང་དོན་དག་བསྲེས་པའི་ཐུབ་པའི་སངས་རྒྱས་ནང་པ་ཆོས་ལུགས་དར་སྤེལ་བྱས་ཡོད། དེ་ལས་ལྡོག་སྟེ། བུ་རུ་ཤོ་(Burusho)ཞེས་པའི་མི་རིགས་དེས་དད་མོས་བྱེད་པའི་ཤ་མོན་ཆོས་ལུགས་དེ་ནི་ཆོས་ལུགས་ཆ་ག་དང་ནང་དོན་སོགས་ཕྱོགས་གང་ཅིའི་ཐད་བོན་ལུགས་དང་ཆ་འདྲ་བའི་གནས་མང་པོ་ཡོད། མ་གཞི་བུ་རུ་ཤོ་ཞེས་པའི་མི་རིགས་དེ་དུས་རབས་གཅིག་ཙམ་གྱི་སྔོན་རོལ་ནས་ཨེ་སི་ལམ་ཆོས་ལུགས་ལ་དད་པ་བྱེད་རྒྱུ་འགོ་ཚུགས་ཟིན་ནས་ཆོས་ལུགས་དེ་བཞིན་ཁོང་ཚོའི་ཆོས་ལུགས་གཙོ་བོ་ཞིག་ཏུ་གྱུར་ཟིན་ཡོད་ནའང་། ས་ཆ་དེ་རྒྱུད་དུ་ད་དུང་ཤ་མོན་ཆོས་ལུགས་ལ་དད་པ་བྱེད་མཁན་མཐོང་རྒྱུ་ཡོད།

གནའ་བོའི་སྐབས་སུ་བུ་རུ་ཤོ་ཞེས་པའི་ཡུལ་དུ་དར་བའི་གདོད་མའི་ཆོས་ལུགས་དེ་ཉིད་ཀྱི་སྐོར་འཁོད་པའི་དཔྱད་ཡིག་དང་གཏམ་རྒྱུད་རྣམས་ནི་ཨེ་སི་ལམ་ཆོས་ལུགས་ས་ཁུལ་དེ་རུ་དར་རྗེས་རྩ་མེད་དུ་བཏང་ཤས་ཆེ། དེ་ཡང་བོན་ལུགས་ཀྱི་དཔེ་ཆ《གྲུབ་མཐའ་ཤེལ་གྱི་མེ་ལོང་》ཞེས་པའི་ནང་འཁོད་པ་ལྟར་ན། བསྟན་པ་སྔ་དར་སྐབས་ཀྱི་ཆོས་རྣམས་ནི་ཡུལ་བེ་ཁེ་ཁྲི་ཡ་(Bactria)དང་སོག་དི་ཨ་ན་(Sogdiana)གཉིས་ནས་ཡུལ་བུ་རུ་ཤོ་བརྒྱུད་གཞི་ནས་བོད་དུ་དར་བ་ཞིག་ཡིན་འདུག

ཆེས་གནའ་བོའི་དུས་སུ་བོད་ཀྱི་ནུབ་ཕྱོགས་ས་ཁུལ་དུ་རྒྱ་གར་སོགས་མཐའ་འཁོར་རྒྱལ་ཁབ་དང་མི་རིགས་ཀྱི་རིག་གནས་ཤུགས་རྐྱེན་ཕོག་ཚད་དེ་བོད་དབུས་ཀྱི་རིག་གནས་ལས་ཟབ་པ་དང་རྒྱ་ཆེ་བ་ཡོད་ལ། ཙུང་ཟད་ཡང་དག་པའི་ཐུབ་པའི་བསྟན་པ་དེ་ཡང་དུས་རབས་བཅུ་པའི་སྐབས་གཞི་ནས་དངོས་སུ་བོད་དུ་དར་ཐུབ་པ་བྱུང་ཡོད། དུས་རབས་བཅུ་པའི་རྗེས་ཀྱི་བོད་ཀྱི་ནུབ་ཕྱོགས་ས་ཁུལ་དེ་བཞིན་བོན་ཆོས་དང་འབྲེལ་ནས་གླེང་བརྗོད་བྱ་

མཁན་མེད་ལ། སྐབས་དེར་བོན་ལུགས་ནི་ཐད་དེ་ཉམས་དམས་སུ་སོང་ཟིན་པར་ངོས་འཛིན་བྱ་བ་ཡིན། འོན་ཀྱང་། བོན་གྱི་ཆོས་ལུགས་དེ་རྒྱ་གར་སོགས་ནུབ་ཕྱོགས་ས་ཁུལ་དང་བར་ཐག་ལེ་བར་སྟོང་གིས་ཆོད་པའི་ཤར་ཕྱོགས་ཀྱི་ཡུལ་གྲུ་ཁག་ནང་དར་ཡོད་པས། དེང་སྐབས་བོད་དུ་དར་བའི་བོན་གྱི་གྲུབ་མཐའི་དཔྱད་ཡིག་ནང་འཁོད་པའི་བོན་གྱི་འབྱུང་ཁུངས་དང་འབྲེལ་བའི་སྐོར་འཁོད་པའི་ནང་དོན་མང་པོ་ཞིག་ནི་རྒྱ་གར་ནས་དར་བའི་ཐུབ་པའི་ཆོས་ལུགས་ཀྱི་གྲུབ་མཐའ་ཁག་དང་འདྲ་བ་ཞེ་གཅིག་ལགས་སོ།

གཉིས་པ། ཞང་ཞུང་གི་སྐད་ལ་དཔྱད་པ།

ཞང་ཞུང་གི་སྐད་སྐོར་ལ་ཞིབ་འཇུག་བྱ་རྒྱུར་མཁོ་བའི་དཔྱད་གཞིའི་ཡིག་ཆ་ནི་ཤིན་ཏུ་ཉག་ཕྲ་ནའང་། བོད་སྐད་ནི་ཞང་ཞུང་གི་སྐད་དང་ཉུང་ཟད་འབྲེལ་བ་ཡོད་པའི་སྐད་རིགས་ཤིག་ཡིན་ཙ་ན། དེའི་ཁྲོད་ལས་ང་ཚོས་དཔྱད་གཞི་རེ་གཉིས་རྙེད་སོན་བྱ་ཐུབ།

སྤྱི་ལོ1907ལོར། ཏུན་ཧོང་གི་ཡུལ་ནས་གནའ་བོའི་ཡིག་ཆ་དང་། ཐང་ག་ལྡེབས་རིས་སོགས་རྙེད་སོན་བྱུང་ཡོད། ས་ཆ་དེ་ནི་ཀན་སུའུ་ཞིང་ཆེན་གྱི་ནུབ་ངོས་སུ་ཆགས་ཤིང་། དེ་ནི་ཀྲུང་གོའི་བྲག་ཕུག་ལྷ་ཁང་ཆེས་སྔ་ཤོས་དེ་ཡིན་ལ། ཕལ་ཆེར་སྤྱི་ལོ366ལོར་བསྐྲུན་པ་ཞིག་གོ། འོན་ཀྱང་། དེ་རྗེས་ཀྱི་སྤྱི་ལོ787ལོར་ཏུན་ཧོང་དེ་བཞིན་བོད་བཙན་པོའི་མངའ་འོག་ཏུ་གཏོགས་ལ། ཏུན་ཧོང་ནས་ཐོན་པའི་ཡིག་ཆ་དེ་དག་ཀྱང་ཡིག་རིགས་མི་འདྲ་བ་མང་པོའི་ཐོག་བྲིས་ནས་ཉར་ཚགས་བྱས་ཡོད་པ་ནི་དཔེར་ན། བ་ར་མི་(Brahmi) སྐད་དང་། ཐོ་ཆ་རི་ཨན་གྱི་(Tocharian) སྐད། ལི་ཡུལ་གྱི་སྐད། ཨ་རི་མའེ་ཁེའི་(Aramaic) སྐད། ཡུ་གུར་(Uignur) གྱི་སྐད་བཅས་ལས་བརྩམས་པའི་ཡིག་ཆ་རྣམས་སོ།

དབྱིན་ཇིའི་བོད་རིག་པ་མཁས་ཅན་ཧྥེ་རེ་དེ་རི་ཁེ་ཝེ་ལེམ་ཐོ་མ་སི་(Frederick Willam Thomas) ཡིས་སྐུ་ཞབས་ཨོ་རུལ་སེ་ཐེ་དབྱིན་(Sir Aurel Stein)

གྱིས་བསྡུ་རུབ་མཛད་པའི་ཤོག་དྲིལ་གཉིས་ནང་ནས་སྐད་ཡིག་གི་འདྲ་རིས་ཤིག་མགོ་འདོན་གནང་ཡོད་ལ། ཁོང་གིས་ཡིག་རིགས་དེ་ནི་ཞང་ཞུང་གི་ཡི་གེ་ཡིན་པར་འདོད། མིང་ཚིག་གི་གྲུབ་ཚུལ་དཔེར་ན་འཁ (ཁ་ཡི་དོན་) ལྷ་བུ་དང་། དེ་བཞིན་ཏུན་ཧོང་ཤོག་དྲིལ་ཐོག་ནས་མངོན་པའི་ཁྲིད་ཆོས་གཞན་རྣམས་ལས་ཀྱང་ཞང་ཞུང་ཡི་གེ་དང་རང་ཁ་སའི་ (Rangkas) སྐད་དང་ཁུ་ནུའི་སྐད་གཉིས་དབར་འབྲེལ་བ་ངེས་གཏན་ཞིག་ལྡན་པ་རྟོགས་ཐུབ།

ཐོ་མ་སི་ཡིས་ཞང་ཞུང་གི་སྐད་དང་ཧོ་ད་སན་གྱི་ (Hodgson) ཞེས་པའི་ནུབ་ཕྱོགས་ཀྱི་ཡུལ་སྐད་དབར་འབྲེལ་བ་ཞིག་ཡོད་པར་ཡིད་ཆེས་གནང་ཞིང་། ཁོང་གིས་ཚོད་དཔག་གནང་བ་ལྟར་ན། ཞང་ཞུང་གི་སྐད་ནི་བོད་འབར་སྐད་ཁོངས་སུ་གཏོགས་པའི་ཡུལ་སྐད་ཅིག་ཡིན་པ་ལས། དེ་ནི་བོད་སྐད་དང་ཡོངས་སུ་གཅིག་པ་མ་ཡིན་པའི་སྐད་རིགས་ཤིག་ཡིན་པར་ངོས་འཛིན་གནང་ཡོད། ཐོ་མ་སིའི་ཕྱག་ཏུ་ཡོད་པའི་ཏུན་ཧོང་གི་ཤོག་དྲིལ་ཡིག་ཆའི་ཁྲོད་ལས་དཔྱད་ཡིག་གཅིག་ནི་གསོ་བ་རིག་པའི་སྐོར་ཡིན་པ་དེ་ཉིད་ཁོང་གིས་འཇར་མན་གྱི་སྐད་དུ་ཕབ་བསྒྱུར་གནང་ཡོད་ཀྱང་། ཁོང་འདས་རྗེས་གཞི་ནས་པར་བསྐྲུན་བྱས་པ་རེད། ཡིག་ཆ་དེ་ནི་ཞང་ཞུང་གི་སྐད་ཡིག་ལས་བརྩམས་པའི་ཡིག་ཆ་ཞིག་ཡིན་ནོ།

ཐོ་མ་སིའི་ཞང་ཞུང་གི་སྐད་ལས་བརྩམས་པའི་ཡིག་ཆ་ཡོད་ཚུལ་གྱི་ལྟ་བར་ཞིབ་འཇུག་པ་མང་པོས་དགག་པ་བརྒྱབ་ཡོད། དཔེར་ན་སེ་ནེལ་གོ་རུབ་ཀྱིས“ ཏུན་ཧོང་ཤོག་དྲིལ་ཐོག་འཁོད་པའི་ཡིག་རིགས་དེ་དག་ནི་གནའ་བོའི་བཙན་པོའི་རྒྱལ་རབས་སྐབས་ཀྱི་བོད་བྱང་ཤར་རྒྱུད་ཀྱི་བོད་རིགས་ཚོ་པ་ཞིག་གི་སྐད་དེ་ཡི་གེར་བཀོད་པ་ལས་གཞན་ཅི་ཡང་མ་ཡིན་ནོ” ཞེས་གསུངས་པ་ལྟར་རོ། གོང་གསལ་སེ་ནེལ་གོ་རུབ་ཀྱི་ལྟ་ཚུལ་དེ་ཉིད་ཡང་དག་ཡིན་མིན་ད་ལྟ་བརྗོད་དཀའ་ནའང་། ཁོ་བོའི་འདོད་ཚུལ་ནི་ཁོང་གིས་གསུངས་པའི་ཐོ་མ་སི་ཡི་“ ཤོག་དྲིལ་དེ་ཞང་ཞུང་གི་སྐད་ལ་བསྟུན་ནས་ཡིག་འབྲི་བྱས་སོ” ཞེས་པའི་སྒྲུབ་བྱེད་ནི་ཡིག་ཆ་དེའི་ཁྲོད་དུ་བོད་ཡིག་གི་མིང་ཚིག་འདྲ་བའི་ཚིག་གསར་འགའ་ཞིག་མཐོང་རྒྱུ་ཡོད་ཅེས་

གསུངས་པ་ལས་གཞན་ཡིད་རྟོན་རུང་བའི་དཔང་རྟགས་ཅི་ཡང་བསྟན་རྒྱུ་མེད་ཅེས་གསུངས་པ་ནི་བདེན་གཏམ་ཞིག་མ་ཡིན་ལ། སེ་ནེ་ལ་གོ་རུབ་ཀྱིས་ཉོག་དྲིལ་དེར་འཁོད་པའི་སྐད་ནི་བོད་ཀྱི་ཡུལ་ག་གེ་མོ་ཞིག་གི་ཡུལ་སྐད་འབའ་ཞིག་ཡིན་པ་ལས་བོད་སྐད་དང་ཡོངས་སུ་མི་འདྲ་བའི་སྐད་རིགས་ཤིག་མ་ཡིན་ནོ་ཞེས་གསུངས་པ་ནི་མཉོ་བསམ་ཞིབ་མོ་མ་མཛད་པའི་གཏམ་ཁོ་ནར་ཟད་དོ།

ཞང་ཞུང་སྐད་བརྡ་ཕྲུལ་ཀྱི་ཡིག་ཆ་དམིགས་བསལ་ཞིག་ཡིན་པས་དེ་ཉིད་ཀྱི་བྱུང་རིམ་ཐོག་ནས་ཞིབ་འཇུག་བྱེད་ཐབས་ཚད་ལྡན་ཞིག་ནི་ཁ་ཤས་ཙམ་ཡོད་པ་མ་ཟད་དཔྱད་ཞིབ་བྱེད་སྤྱོད་ཀྱི་བྱ་རྒྱུ་ཡང་སྣ་ཚོགས་ཡོད་པ་ནི་དཔེར་ན། སྐད་ཡིག་ཞིབ་འཇུག་མཁས་ཅན་རོ་བེ་ཐའ་ཤེ་ཧྥར་(Robert Shafer)དང་ཨེ་རི་ཁའི་ཧེར་(Erik Haarh)རྣམ་གཉིས་ཀྱིས་ཞང་ཞུང་སྐད་ཐུན་མོང་ནས་རྩེད་པའི་ཡིག་ཆ་དེ་ཉིད་ཞང་ཞུང་གི་སྐད་ཡིག་ཡིན་པར་ངོས་འཛིན་གནང་ཡོད་པ་མ་ཟད། ཤེ་ཧྥའར་གྱིས་ཞང་ཞུང་སྐད་མཁོ་འདོན་མཛད་པའི་དཔེ་རིས་ལ་ཞིབ་འཇུག་མཛད་རྗེས་དཔེ་རིས་ལས་བྱུང་བའི་སྐད་རིགས་དེ་ནི་ཆན་ཛིག་གི་(Qiangic)སྐད་མ་ཡིན་པར་རྒྱ་ད་ཡི་(Bodish)སྐད་ཡིན་ཞེས་གསུངས་ཤིང་། ཕྱིས་སུ་ཤེ་ཧྥའར་གྱིས་སྐད་རིགས་དེ་ཉིད་"ཨལ་མོ་རའི་སྐད་རིགས་ཀྱི་ཁོངས་གཏོགས"(Almara Branch)ཡིན་ཚུལ་གསུངས་ཡོད། ཤེ་ཧྥའར་གྱིས་གསུངས་པའི་"ཨལ་མོ་རའི་སྐད་རིགས་ཀྱི་ཁོངས་གཏོགས"ཞེས་པའི་ནང་དུ། རང་ཁ་སིའི་(Rangkas)སྐད་དང་། བར་མི་ཡའི་(Barmiya)སྐད། བྱང་སིའི་སྐད་(Byangsi)ཆའོ་དང་སིའི་སྐད་(Chaudangsi)བཅས་ཚུད་ཡོད། སྐད་རིགས་དེ་དག་ནི་ཤེ་ཧྥའར་གྱིས་ཐོག་མར་བཏོན་གནང་མཛད་པའི་ནུབ་ཕྱོགས་ཧི་མ་ལ་ཡའི་སྐད་རིགས་མ་ལག་ཅེས་པའི་ཆ་ཤས་ཤིག་ཡིན། དེ་ཁྱིངས་ཀྱི་ནུབ་ཕྱོགས་ཧི་མ་ལ་ཡའི་སྐད་རིགས་མ་ལག་ནང་གི་སྐད་རིགས་ནི་བུ་ནན་(Bunan)གྱི་སྐད་དང་། ཐེ་བོར་གྱི་(Thebar)སྐད། ཁུ་ནུའི་སྐད། (Kanauri)མན་ཚའི་སྐད་(Man-chad)བཅས་སོ། གཞན་ཡང་ཤེ་ཧྥེར་གྱིས་ཐང་མི་(Thangmi)ཞེས་པའི་སྐད་དང་།

བེ་རམ་(Baram) གྱི་སྐད་གཉིས་ནི་ཤར་ཕྱོགས་ཧི་མ་ལ་ཡའི་སྐད་རིགས་མ་ལག་གི་ཁོངས་གཏོགས་སུ་འཇོག་གནང་མཛད་ཡོད།

ཏུན་ཧོང་གི་ཡིག་རྙིང་མ་ཡིན་པའི་ཞང་ཞུང་གི་སྐད་དང་ཐ་སྙད་ཡོད་པར་འདོད་པའི་ལྟ་ཚུལ་ཉིད་ར་སྤྲོད་བྱ་ཐབས་ནི་ཞང་ཞུང་གི་སྐད་དུ་འདོད་ཅིང་དེ་སྟོན་བོད་ཡིག་ཐོག་ཐར་ཐོར་ཕབ་བསྒྱུར་བྱས་པའི་གོ་མིང་དང་དཔེ་ཆ་སོགས་ཀྱི་འགོ་བརྗོད་ལ་སོགས་པའི་ཐ་སྙད་རྣམས་ཡིན་པ་མ་ཟད། སྤྱི་ལོ1964ལོར་བོད་དབུས་གཙང་གི་ཁུལ་དུ་ཆགས་པའི་སྨན་རི་དགོན་གྱི་ཁྲི་ཐོག་ཉི་ཤུ་རྩ་གསུམ་པ་ཉི་མ་གྲགས་པས《སྦྲ་ཡི་དོན་སྡེབ་སྣང་གསལ་སྒྲོན་མ་》ཞེས་པའི་ཚིག་མཛོད་ཅིག་རྒྱ་གར་གྱི་རྒྱལ་ས་ལྡི་ལིར་བོན་ཆོས་ཐེབས་རྩ་ཚོགས་པའི་རྒྱབ་སྐྱོར་འོག་པར་བསྐྲུན་མཛད་པ་དང་། དེ་རྗེས་སུ་ཨེ་རི་ཁེ་ཧེར་ཡིས་ཚིག་མཛོད་དེའི་རྨང་གཞིའི་ཐོག་དེ་བས་མང་བའི་མིང་ཚིག་ཁ་སྣོན་བརྒྱབ་ནས་སླར་ཡང་པར་སྐྲུན་འགྲེམས་སྤེལ་གནང་ཡོད་ལ། ཁོང་གིས་ཚིག་མཛོད་དེའི་ནང་མིང་ཚིག་གཉིས་ཀྱི་གྲུབ་སྟངས་སྐོར་དང་། ཞང་བོད་གཉིས་ཀྱི་སྐད་དང་མིང་ཚིག་དབར་ཞིབ་བསྡུར་མཛད་རྗེས་གོང་གསལ་བརྗོད་ཟིན་པའི་ཐོ་མ་སི་དང་ཤེ་ཧྥར་གཉིས་ཀྱི་སྐད་རིགས་དབྱེ་ཚུལ་ལ་རྒྱབ་སྐྱོར་གནང་ཡོད་པ་ནི་དཔེར་ན། ཆུ་ལྟ་བུར་མཚོན་ན། ཞང་ཞུང་གི་སྐད་དུ་ཏིང་དང་། བྱང་སི་ཡི་སྐད་དུ་ཏི། མན་ཆའི་སྐད་དུ་ཏི་ལྟ་བུ་དང་། གྲངས་ཀ་གཅིག་ལྟ་བུར་ཞང་ཞུང་སྐད་དུ་ཏིག་དང་། བྱང་སིའི་སྐད་དུ་ཏིག མན་ཆའི་སྐད་དུ་ཏི་ཞེས་འབོད། ཞང་ཞུང་སྐད་དུ་ཀ་ལ་ཧྲང་དང་། མན་ཆའི་སྐད་དུ་ཡང་ཧྲང་། གྲངས་ཀ་བཞི་ལ་ཞང་ཞུང་སྐད་དུ་སིང་དང་། བྱང་སིའི་སྐད་དུ་བི། གྲངས་བདུན་ལ་ཞང་ཞུང་གི་སྐད་དུ་སྣིས་དང་། མན་ཆའི་སྐད་དུñhijiཞེས་འབོད་པ་ཡིན། མདོར་ན་ཨེ་རི་ཁེ་ཧེར་གྱིས་ཐོ་མ་སི་ལ་སོགས་པའི་སྐད་རིགས་ཞིབ་འཇུག་པ་རྣམས་ལྟར། ཞང་ཞུང་གི་སྐད་ནི་ཧི་མ་ལ་ཡའི་ནུབ་ཕྱོགས་ཁུལ་གྱི་སྐད་རིགས་ཀྱི་ཁོངས་སུ་གཏོགས་སོ་ཞེས་པའི་སྨོམ་ཚིག་ཅིག་འཇོག་གནང་མཛད་ཡོད།

རི་མོ་དང་པོ། ཞེར་དེ་ཡིས་བཟོས་གནང་བའི་གནའ་རབས་བོད་སྐད་དང་འབར་མའི་སྐད་གཉིས་ཀྱི་ནང་གསེས་དབྱེ་སྟངས་ཀྱི་མཚོན་དཔེ།

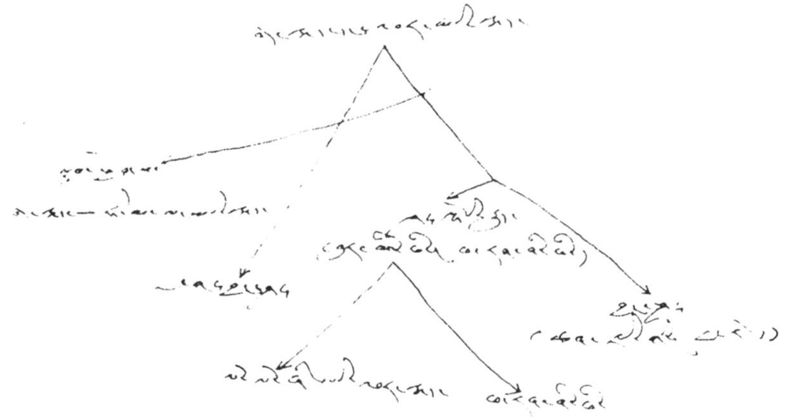

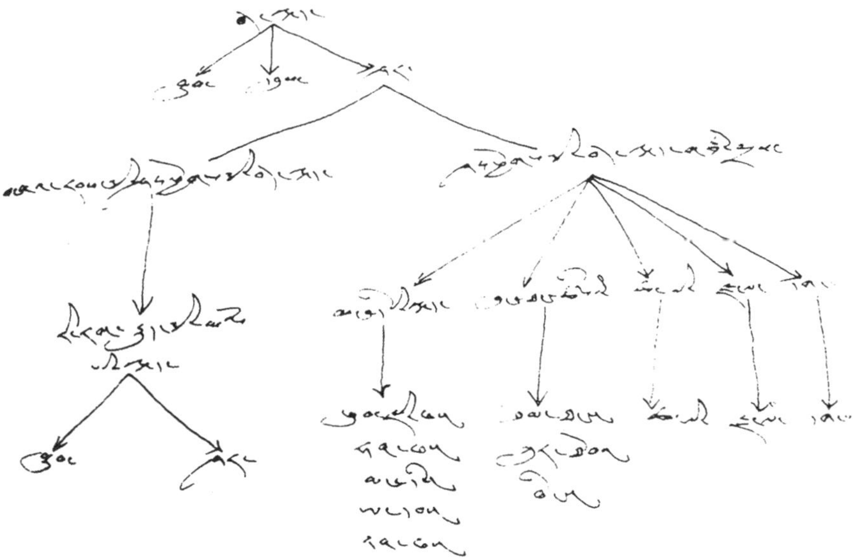

རི་མོ་གཉིས་པ། འཇར་པན་གྱི་བོད་རིག་པའི་ཞིབ་འཇུག་པ་ནེ་ཤི་ད་ཡིས་བཟོས་གནང་བའི་བོད་འབར་སྐད་གཉིས་ཀྱི་ནང་གསེས་དབྱེ་སྟངས་ཀྱི་མཚོན་དཔེ།

རི་མོ་གསུམ་པ། རྡེ་ཤེ་ད་ཡིས་བཟོ་གནང་མཛད་པའི་ཧི་མ་ལ་ཡའི་རི་རྒྱུད་ཀྱི་སྐད་རིགས་ཁག་ལས་འཕྲོས་པའི་ཐ་སྙད་འགའ་ཞིག་གི་གཤིབ་བསྡུར་མཚོན་དཔེ།

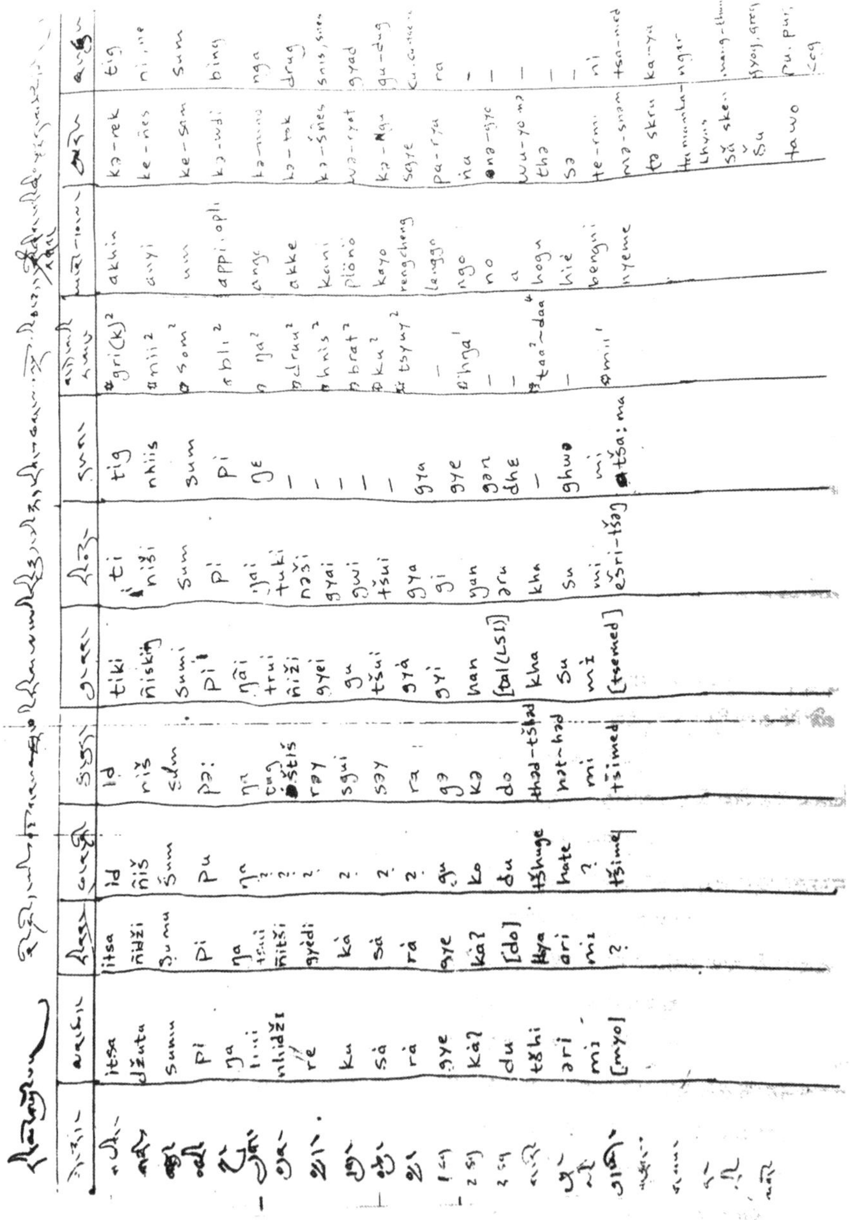

རོ་ཧྥ་སི་ཐའན་དབྱིན་(Rolf Stein) གྱིས་ཁོང་རང་ཉིད་ཀྱིས་བསྒྲིགས་པའི་ཚིག་མཛོད་ནང་དུ་ཞང་ཞུང་གི་སྐད་ཀྱི་ཐ་སྙད་སྐོར་ཞིབ་འཇུག་གནང་ཡོད་ལ། བོད་འབར་སྐད་གཉིས་ཀྱི་མིང་ཚིག་ཁག་གཅིག་ལ་ཞིབ་འཇུག་གནང་རྗེས་ཀྱི་འབྲས་བུ་ཡང་ཚིག་མཛོད་དེའི་ནང་བཀོད་གནང་ཡོད་ཅིང་། དེ་བཞིན་ཁོང་གིས་བོན་པོའི་བསྟན་བཅོས་ཁག་གཅིག་ལ་ཞིབ་འཇུག་མཛད་པའི་རིག་ལམ་དཔྱད་ཐབས་ཀྱི་རྩོམ་ཡིག་ཁག་གཅིག་ཀྱང་སྤྱི་ལོ1966ལོར་རྒྱ་གར་གྱི་རྒྱལ་ས་ལྡི་ལིར་པར་བསྐྲུན་མཛད་ཡོད། མཛོད་ཕྱུག་གམ་མིང་གཞན་སྲིད་པའི་མཛོད་ཕྱུག་གི་རྩ་འགྲེལ་ཞེས་པ་དེ་ནི་ཉི་མ་གྲགས་པས་ཚིག་མཛོད་བསྒྲིགས་སྐབས་དཔྱད་གཞི་གནང་སའི་དཔེ་ཆ་གཙོ་བོ་ཞིག་ཡིན། བསྟན་འཛིན་གནམ་བདག་གིས་རྩོམ་སྒྲིག་མཛད་པའི་《མཛོད་ཕྱུག》ནང་དུ། དྲན་པ་ནམ་མཁའ་ནི་དུས་རབས་བརྒྱད་པའི་སྐབས་ཀྱི་བོན་ལུགས་ཀྱི་མི་སྣ་མཁས་ཅན་ཞིག་ཡིན་ཚུལ་བསྟན་པ་དང་། དེའི་ནང་འཁོད་པའི་ལོ་རྒྱུས་ཀྱི་དོན་རྐྱེན་དང་ཞང་ཞུང་གི་སྐད་རིགས་སོགས་ནི་ལོ་རྒྱུས་ཀྱི་བདེན་དཔང་མངའ་བའི་གནད་དོན་ཞིག་ཡིན་ཚུལ་བསྟན་ཡོད། ལར་ད་ལྟ་ངེད་ཅག་གི་མཐོང་ཆོས་སུ་གྱུར་པའི་བོན་ཆོས་ཀྱི་དཔེ་ཆའི་ནང་ཐོག་མ་རང་ནས་ཡོད་པར་མ་ཡིན་པར་ཕྱིས་སུ་སྣོན་འབྲི་བྱས་པའི་རྣམ་པ་གསལ་པོ་མངོན་ནའང་། དེ་ལ་ཡ་མཚན་དང་ཧ་ང་སངས་དགོས་དོན་ཅི་ཡང་མེད། དེ་ནི་སྐབས་དེ་ཤེད་དུ་ཞང་ཞུང་གི་སྐད་དང་རིག་གནས་ལ་བོད་ཀྱི་རིག་གནས་ཀྱི་ཤུགས་རྐྱེན་ཆེ་ཆེར་ཐེབ་པའི་ཐོན་འབྲས་ཤིག་ཡིན་པ་དང་། ཞང་ཞུང་གི་སྐད་དེ་ཡང་རིམ་བཞིན་རྩ་བའི་ཆ་ནས་ཉམས་ཆག་ཏུ་སོང་ཡོད་ནའང་ཆོས་ལུགས་ཀྱི་ཚིག་དང་རྒྱན་རིས་སོགས་ཀྱི་ཁྲོད་དུ་ཞང་ཞུང་གི་སྐད་ལས་འཕྲོས་པའི་ཐ་སྙད་རེ་གཉིས་བེད་སྤྱོད་བྱེད་སྲོལ་འདུག་པ་བཅས་ནི་སྔར་བཞིན་མ་ཉམས་པར་གནས་ཡོད།

ཧེལ་མུ་ཐ་ཧོ་ཧྥ་མན་(Helmut Hoffman) གྱིས་ཨེ་རེ་ཁ་ཧེར་གྱི་ཞང་ཞུང་གི་སྐད་དང་དེའི་ཉེ་འཁོར་མི་རིགས་ཀྱི་སྐད་དབར་གྱི་འབྲེལ་བའི་ལྟ་ཚུལ་ལ་ཐུགས་མོས་མཛད་པ་མ་ཟད། ཨའོ་མོ་རའི་སྐད་རིགས་ཀྱི་ཁོངས་སུ་གཏོགས་པའི་བོད་འབར་སྐད་དང་། ནེ་པ་ལའི་སྐད། དེ་བཞིན་ཧི་མ་ལ་ཡའི་ཤར་ཕྱོགས་ཁུལ་གྱི་སྐད་རིགས་ཁག་ལ་ཞིབ་འཇུག་རྒྱ་

ཆེ་གཏིང་ཟབ་གནང་རྗེས་ཕྱི་ལོ1972ལོར་ཞང་ཞུང་གི་སྐད་ལས་བརྒྱུད་པའི་ཐ་སྙད་ཇི་རྙེད་ཅིག་བསྡུ་སྒྲིག་མཛད་ཡོད། ཧོ་ཧྥ་མན་གྱིས་ཞང་ཞུང་གི་སྐད་ལས་མཆེད་པའི་མིང་ཚིག་ཐ་སྙད་དང་ག་རི་(Gahri) ཞེས་པའི་ཡུལ་གྱི་སྐད་བུ་ནན་(Bunan) ཞེས་པའི་དབར་མ་བུ་ལྟ་བུའི་འབྲེལ་བ་ཞིག་ཡོད་ཚུལ་གསུངས་ཡོད།

ཕྱི་ལོ1974ལོར། སེག་བར་ཐ་ཧུ་མེལ་(Siegbert Hummel) ཞེས་པའི་ཞིབ་འཇུག་པ་ཞིག་གིས་གོང་གསལ་ལྟ་ཚུལ་དེ་དག་ལས་ཡོངས་སུ་ལྡོག་པའི་ལྟ་ཚུལ་ཞིག་བཏོན་གནང་ཡོད། ཁོང་གིས་གནའ་བོའི་བོད་ཀྱི་ཚོ་པ་ཁག་གི་མཆེད་ཡུལ་ནི་བོད་ཀྱི་བྱང་ཤར་རྒྱུད་དེ་ཡིན་པ་དང་། ཞང་ཞུང་གི་ཚོ་པ་ནི་གོང་གསལ་བོད་ཀྱི་ཚོ་པ་ག་གེ་མོ་ཞིག་གི་རྗེས་རབས་ཡིན་པར་གཞིར་བཞག་ཐོག ཞང་ཞུང་གི་སྐད་དེ་བཞིན་རི་བོ་ཧི་མ་ལ་ཡའི་ནུབ་རྒྱུད་ཀྱི་སྐད་རིགས་དང་ཞིབ་བསྡུར་བྱ་རྒྱུ་བཞག་ནས། དེ་ལས་ལྡོག་སྟེ་དེ་དང་ཆན་ཇིག་གི་སྐད་རིགས་ཀྱི་ཁོངས་གཏོགས་ཡིན་པའི་ཡུལ་སྐད་ཐན་གུ་ཏའི་(Tangut) དབར་ཞིབ་བསྡུར་དཔྱད་པ་བྱས་ན་སྐད་དེ་གཉིས་དབར་ཆ་འདྲ་བའི་གནད་དེ་བས་མང་བ་ཡོད་པའི་འདོད་ཚུལ་བསྟན་ཡོད།

ཞང་ཞུང་གི་སྐད་ཡིག་སྐོར་བརྡ་སྤྲོད་རིག་གཞུང་གི་ཐབས་ལམ་བརྒྱུད་ཕྱོགས་གང་ས་ཅི་ཐད་ནས་ཞིབ་འཇུག་བྱས་ཡོད་ནའང་གནད་ལ་འཕིགས་པའི་རྩོམ་ཚིག་ཅིག་འཇོག་མཁན་ནི་ཉིན་མོའི་སྐར་མའི་ཟླར་སོང་། ཧུ་མེལ་གྱིས་ཞང་ཞུང་གི་སྐད་སྐོར་གྱི་དཔྱད་ཡིག་དང་ཐན་གུ་ཏའི་སྐད་དང་ཆན་ཇིག་གི་སྐད་དབར་ཞིབ་བསྡུར་མཛད་པ་དང་། ཁོང་གིས་ཐ་ན་ཞང་ཞུང་གི་སྐད་དང་གདོད་མའི་ཨ་རབ་སྐད་དབར་འབྲེལ་བ་ཡོད་ཚུལ་གྱི་སྒྲུབ་བྱེད་བསྟན་རྒྱུ་ཡོད་སྐོར་ཡང་གསུངས་ཡོད། མཁས་མཆོག་སེ་ནེལ་གོ་རུབ་ཀྱིས་ཀྱང་ཞང་ཞུང་གི་སྐད་ནི་བོད་ཤར་ཕྱོགས་ནས་མཆེད་པའི་ཡུལ་སྐད་ཅིག་ཡིན་པར་དགོངས། ཁོ་བོའི་ལྟ་ཚུལ་ནི་ཧུ་མེལ་དང་སེ་ནེལ་གོ་རུབ་གཉིས་ཀྱི་བཞེད་ཚུལ་ལྟར། ཞང་ཞུང་གི་སྐད་ནི་བོད་བྱང་ཤར་རྒྱུད་ཀྱི་ཚོ་པའི་སྐད་ལས་མཆེད་པ་ཞིག་ཡིན་པར་འདོད་པ་དེ་ཡིན། འོན་ཀྱང་ཞང་ཞུང་གི་སྐད་སྐོར་དང་ཞང་ཞུང་གི་གནད་དོན་རྟོག་འཛིང་ཅན་དེ་ཉིད་དབར་དེ་ཙམ་གྱི་འབྲེལ་བ་ཞིག་མ

མཆིས། དེ་ནི་འདིར་བརྗོད་པའི་ཞང་ཞུང་གི་སྐད་ཅེས་པ་དེ་ནི་ཆེས་གནའ་རབས་ཀྱི་སྐད་རིགས་ཤིག་ཡིན་པས་སོ། དཔྱད་རྩོམ་འདི་ནི་ཉེ་ཆར་གློག་པ་པོའི་སྤྱན་ལམ་དུ་ཤར་ཉེར་ཡོད་པའི་ལོ་རྒྱའི་དཔྱད་རྩོམ་ག་གེ་མོ་ཞིག་ནང་གི་ལེ་ཚན་ཞིག་ཡིན་ཞིང་། དཔྱད་རྩོམ་དེའི་ནང་དུ་ལོ་རྒྱས་ཧི་མ་ལ་ཡའི་ནུབ་རྒྱུད་ཀྱི་སྐད་རིགས་མ་ལག་ཁྲོད་ཀྱི་སྐད་རིགས་དཔེར་ན་ཞང་ཞུང་གི་སྐད་དང་། ཕུ་ནན་གྱི་སྐད། མན་ཆའི་སྐད། ཁུ་ནུའི་སྐད་བཅས་སྐད་རིགས་དེ་དག་སྨྲ་བའི་མེས་པོ་ནི་ཆེས་སྔ་མོའི་དུས་ནས་ཧི་མ་ལ་ཡའི་ནུབ་རྒྱུད་དང་བོད་ལྗོངས་ས་མཐོའི་ནུབ་ངོས་ཀྱི་ས་ཆར་གནས་སྡོམས་བྱས་ནས་འཚོ་སྡོད་བྱས་ཡོད། དེའི་དུས་ནི་རྒྱ་གར་བྱང་ཕྱོགས་དང་ཁ་ཤི་སྨིར་ཁུལ་གྱི་རྡོ་ཆས་རྙིང་མའི་སྐབས་དང་འཁེལ་བ་ཡིན། སྐད་རིགས་ཀྱི་དཔང་རྟགས་ཐོག་ནས་ལོ་རྒྱུས་དང་རིག་གནས་ཀྱི་གནད་དོན་ལ་འགྲེལ་བརྗོད་བྱེད་པ་དེ་ནི་གནའ་རྫས་ཞིབ་བཤེར་གྱིས་བྱ་མ་ནུས་པའི་གལ་ཆེའི་ཐབས་ལམ་ཞིག་གོ།

བརྡ་སྤྲོད་མིང་ཚིག་གི་དཔང་རྟགས་དྲངས་ཐོག་ད་ལྟ་སྔོང་འཛིགས་སུ་ཕྱིན་ཟིན་པའི་བོད་ནུབ་ཕྱོགས་རྒྱུད་ཀྱི་ཞང་ཞུང་གི་སྐད་ལ་ཞིབ་འཇུག་བྱེད་སྐབས་དེ་དང་ཧི་མ་ལ་ཡའི་ནུབ་ཕྱོགས་ཀྱི་སྐད་རིགས་དཔེར་ན་ཐང་མིའི་སྐད་དང་བ་རམ་གྱི་སྐད་དབར་གྱི་འབྲེལ་བ་ནི་ཚན་རིག་གི་སྐད་ལས་དེ་བས་ཟབ་པ་ཡོད་པར་མངོན་ལ། ཞང་ཞུང་གི་སྐད་དང་ག་ལེའི་སྐད་(Ghale)དང་། ཏ་མན་ཇིའི་སྐད་གཉིས་དབར་ཤིན་ཏུ་ཉེ་བའི་འབྲེལ་བ་ཆགས་དོན་ནི། གཅིག་ནས་བོད་ཀྱི་ནུབ་ཕྱོགས་ས་ཁུལ་དང་ནེ་པ་ལའི་ཀ་ལི་གན་ད་ཁའི་ཞེས་པའི་(Kāli Gandaki)གྲོང་ཚོ་གཉིས་བར་ལོ་རྒྱུས་དང་རིག་གནས་སོགས་གང་ས་ཅི་ཐད་ནས་འབྲེལ་བ་དམ་ཟབ་ཅིག་བྱུང་མྱོང་བ་དང་། གཉིས་ནས་ག་ལེའི་སྐད་དང་ཏ་མན་ཇིའི་སྐད་ཟུང་ལས་ཀྱང་ཞང་ཞུང་གི་སྐད་ལྟར་དེ་གཉིས་དང་བོ་དའི་སྐད་(Bodish)དབར་དམིགས་བསལ་གྱི་འབྲེལ་བ་ལྡན་པ་མཚོན་ཡོད།

རྣམ་རྒྱལ་ཉི་མ་བྲག་དཀར་ནི་ནེ་པ་ལ་རྒྱལ་ཁབ་ཀྱི་ཚུམ་བེ་ཞེས་པའི་ཡུལ་དུ་འཁྲུངས་ཤིང་། ཁོང་ད་ལྟ་ཁོ་ནེ་སི་དབོན་ཐའ་(Koniswinter)ཞེས་པའི་ཡུལ་དུ་སྡུག་ལས་གནང་བཞིན་ཡོད། ཉི་མ་བྲག་དཀར་གྱིས་འཛར་པན་རྒྱལ་ཁབ་ཀྱི་ཞིབ་འཇུག་པ་ཁག་

གཅིག་གི་མ་དཔྱལ་རྒྱབ་སྐྱོར་འོག་ཞང་ཞུང་སྐད་ཀྱི་ཚིག་མཛོད་ཅིག་བསྒྲིགས་གནང་ཡོད། ཚིག་མཛོད་དེའི་མིང་ཚིག་གཉིས་ཀྱི་འདྲེན་ཁུངས་ནི་བོད་ཡིག་ཐོག་འཁོད་པའི་ཆོས་ལུགས་ཆ་གའི་སྐོར་གྱི་དཔེ་ཆ་ཁ་གྲངས420དང་། བོད་ཡིག་གི་བཀའ་བསྟན་བཅས་ནི་ཚིག་མཛོད་ནང་འཁོད་པའི་མིང་ཚིག་དག་གི་འབྱུང་ཁུངས་གཙོ་བོ་ཞིག་ལགས།

རྣམ་རྒྱལ་ཉི་མ་བྲག་དཀར་གྱིས་བསྒྲིགས་པའི་ཚིག་མཛོད་དེའི་མ་ཟིན་ཞིག་ཧོ་ལན་གྱི་གྲོང་ཁྱེར་ལེ་དན་ན་མཇལ་བའི་གོ་སྐབས་ཐོབ་བྱུང་ལ། སྐབས་དེར་ཚིག་མཛོད་དེའི་རྩོམ་པ་པོས་ཚིག་མཛོད་དེ་བརྒྱུད་མི་རྣམས་ཀྱིས་ཞང་ཞུང་སྐད་དང་བོད་འབར་སྐད་ཁོངས་དབར་དམིགས་བསལ་གྱི་འབྲེལ་བ་ཞིག་ལྡན་ཚུལ་ལ་ངེས་ཤེས་གསལ་པོ་ཞིག་ཡོང་རྒྱུར་ཕན་པ་ཡོང་ངེས་ཞེས་གསུངས་བྱུང་། ཁོ་བོས་ལྟར་ན། ཉི་མ་བྲག་དཀར་གྱིས་བསྒྲིགས་གནང་མཛད་པའི་ཚིག་མཛོད་དེ་ད་ཕན་སྐྱེ་བོ་ཀུན་གྱི་འདྲེན་བྱེད་ཀྱི་ལམ་དུ་མ་འགྱུར་བས། ཞང་ཞུང་གི་སྐད་དང་། བུ་ནན་གྱི་སྐད། མན་ཆའི་སྐད། རང་ཁ་སའི་སྐད། ཁུ་ནུ་ནུའི་སྐད་བཅས་ལས་གྲུབ་པའི་ཧི་མ་ལ་ཡའི་རི་རྒྱུད་ཀྱི་སྐད་རིགས་དེ་དག་ནི་བོད་འབར་སྐད་ཁོངས་ནང་གི་བྱེ་བྲག་སྐད་རིགས་ཤིག་ཡིན་ཞེས་ཁ་ཚོན་གཅོད་ཐབས་བྲལ། ལར་ཞང་ཞུང་སྐད་དང་བོད་འབར་གཉིས་ཀྱི་སྐད་དང་ཐ་སྙད་དབར་ཆ་འདྲ་བའི་གནས་གང་མང་ཞིག་མཆིས་ནའང་། ཞང་ཞུང་གི་ཐ་སྙད་དཔེར་ན་འག་(ཁ་)དང་། ཏིག་(གཅིག་)ཏིང་(ཆུ་)ཏྲང་(རྟ་)སོགས་ནི་བོད་སྐད་ཐོག་དངོས་པོ་དང་ནང་དོན་དེ་དག་མཚོན་པར་བྱེད་པའི་ཐ་སྙད་ཁ་དང་། གཅིག ཆུ། རྟ་སོགས་དང་སྒྲ་གདངས་ལ་སོགས་པ་གང་ཅིའི་ཐད་འབྲེལ་བ་གཏན་ནས་མེད་པ་ཞིག་ལགས་པས། ཞང་ཞུང་གི་སྐད་དེ་ཡང་བོད་འབར་སྐད་ཁོངས་སུ་གཏོགས་པ་ཡིན་ཞེས་པའི་འདོད་ཚུལ་ལ་ད་དུང་ནུ་མཐུད་རྟོག་ཞིབ་བྱ་དགོས་སོ།

ཤེ་ཕྲེར་གྱིས་འདོད་པའི་བེ་ར་མུའི་སྐད་(Bhrāmu Language)དེ་ཐང་མིའི་སྐད་དང་། བེ་རམ་གྱི་སྐད་གཉིས་སུ་དབྱེ་ནས་ཞིབ་འཇུག་བྱས་ཡོད་པ་དེ་ནི་ཤིན་ཏུ་ནས་ཞིབ་ཚགས་པའི་ཞིབ་འཇུག་བྱ་ཚུལ་ཞིག་ལགས་པ་དང་། དེ་བས་ཐང་མིའི་སྐད་དང་བེ་རམ་གྱི་སྐད་གཉིས་ནུབ་རྒྱུད་ཧི་མ་ལ་ཡའི་རི་རྒྱུད་ཀྱི་སྐད་ཁོངས་ལས་དེའི་ཤར་རྒྱུད་ཀྱི་བྱེ་བྲག

སྐད་རིགས་ཤིག་ཡིན་པར་འདོད་པ་དེ་ནི་ཞིབ་ཕྲའི་དབྱེ་སྟངས་ཤིག་གོ། གོང་གསལ་གྱི་ལྟ་བ་ཕྱི་མ་དེ་ནི་ཤེ་ཕྥེར་གྱི་ལྟ་ཚུལ་ཙམ་ལས་དེ་ལ་སྒྲུབ་བྱེད་རྒྱུ་མཚན་ཁུངས་བཙན་ཞིག་བསྟན་དུ་མེད། འོན་ཀྱང་། 1995ལོར་ཨེར་ནོ་ལོ་ཕྥེར་ (Arno Laufer) གྱིས་ཀྱང་གོང་གསལ་སྐད་ རིགས་ གཉིས་ དཔར་ ཞིབ་ འཇུག་ མཛད་ རྗེས། སེ་ ཐན་ ཁོ་ནོ་ (Sten Konow) དང་ཤེ་ཕྥེར་ལྟར་ཞང་ཞུང་སྐད་དང་འབྲེལ་བ་དམ་ཟབ་མཆིས་པའི་ཐང་མིའི་སྐད་དང་བེ་རེམ་གྱི་སྐད་གཉིས་ནི་དོན་དངོས་ཐོག་སྐད་རིགས་གཅིག་རང་དུ་བསྡུ་ཆོག་པའི་ལྟ་ཚུལ་བཏོན་གནང་མཛད་ཡོད། ལྟ་ཚུལ་དེ་ལྟར་ཐོན་པའི་རྐྱེན་ཡང་སྐད་རིགས་དེ་གཉིས་དཔར་ཆ་འདྲ་བའི་མིང་ཚིག་ཁག་གསུམ་ཙམ་མངོན་པས་སོ། དེ་བྱིངས་ཀྱི་མིང་ཚིག་རྣམས་ལ་ཁྱད་པར་མི་ལྡན་པར་གཅིག་མཚུངས་ཡིན་ལ། དེ་རྣམས་བོད་སྐད་དང་འབར་མའི་སྐད་ཀྱི་འབྱུང་ཁུངས་སུ་གཏོགས་པའི་རྣམ་པ་མཚོན་པ་ཞེ་ཅིག་ལགས་ནའང་། ད་ལན་བྱས་ཟིན་པའམ་མིག་སྔར་མ་ཁེ་ཐུ་རིན་ (Mark Turin) དང་ཁོ་བོ་རང་ཉིད་སོགས་ཞིབ་འཇུག་པ་ཚོས་དཔྱད་ཞིབ་བྱ་བཞིན་ཡོད་པའི་ཁྱབ་ཁོངས་ནང་དུ། མ་གཞི་སྐད་དེ་གཉིས་དཔར་ཆ་འདྲ་བའི་ཐ་སྙད་གསུམ་ཙམ་ལས་མེད་ནའང་། སྐད་དེ་གཉིས་ཀྱི་མིང་ཚིག་གཉིས་ཀྱི་རྨང་གཞིའི་གྲུབ་ ཚུལ་ ཐད་ ཐུན་ མོང་ གི་ གནས་ གང་ མང་ ཞིག་ ལྡན་ ཚུལ་ ཤེས་ རྟོག་ ཐུབ་ ཡོད། མདོར་ན། ཐང་མིའི་སྐད་དང་། བེ་རེམ་གྱི་སྐད། ནེ་དཔར་གྱི་ (Newar) སྐད་བཅས་ལས་གྲུབ་པའི་སྐད་དེ་ནི་བོད་འབར་སྐད་རིགས་ཁོངས་གཏོགས་ནང་གི་བྱེ་བྲག་སྐད་རིགས་ཤིག་ཡིན་པ་མ་ཟད། དེ་ནི་ཁི་རའན་ཏིའི་ (Kiranti) སྐད་དང་ཡང་འབྲེལ་བ་དམ་ཟབ་མཆིས་པའི་སྐད་རིགས་ཤིག་ཀྱང་ཡིན།

ནེ་དཔར་གྱི་སྐད་ལ་ཞིབ་འཇུག་བྱེད་མཁན་ཞིག་གི་ངོས་ནས་བརྗོད་ན། སྔོན་ཐོན་ཅན་གྱི་ནེ་དཔར་གྱི་སྐད་དང་དེ་ལས་རྗེས་སུ་ལུས་པའི་སྐད་རིགས་ཐང་མིའི་སྐད་དང་བེ་རེམ་གྱི་སྐད་གཉིས་བར་འབྲེལ་བ་ཞིག་འཛུགས་ཐབས་བྱེད་པ་ནི་ད་ཆེ་ཞེས་པའི་ (Dutch – ཡོ་རོབ་གླིང་དུ་ཡོད་པའི་ཧོ་ལན་ཞེས་པའི་རྒྱལ་ཁབ་ཀྱི་སྐད། སྒྱུར་བ་པོས་) སྐད་དང་འཇར་མན་གྱི་སྐད་གཉིས་དཔར་འབྲེལ་ལམ་འཛུགས་པའི་བརྩལ་ཞུགས་འཛིན་པ་དང་འདྲའོ། ད་

ཆེ་ཞེས་པའི་མི་རིགས་ཀྱིས་རང་ཉིད་ཀྱི་སྐད་དེ་འཇར་མན་གྱི་སྐད་དང་ཐ་དད་དུ་དགར་བའི་རྒྱུ་མཚན་ཡང་གཙོ་བོ་རིག་གནས་དང་ལོ་རྒྱུས་ཀྱི་གནས་སྟངས་ལ་བསྟོས་ནས་བཞག་ཡོད། འོན་ཀྱང་། མི་རིགས་དེ་གཉིས་ཀྱི་སྐད་དབར་མཆེས་པའི་འབྲེལ་བ་ནི་སྐད་དེ་གཉིས་སོ་སོ་ལས་འཕྲོས་པའི་རིག་གནས་དང་མི་རིགས་ཀྱི་ཁྱད་ཆོས་ཉིད་སོ་སོར་གྱེས་པ་ལྟར་མ་ཡིན་པར་གནའ་བོའི་དུས་ནས་འབྲེལ་བ་དམ་ཟབ་ལྡན་པ་ཞིག་ཡིན་ནའང་རྒྱལ་ཁབ་དེ་གཉིས་ཀྱི་རིག་གནས་ཐད་ཁྱད་པར་ཡང་མཆེས་པ་ལས་ཁྱིམ་མཚེས་རྒྱལ་ཁབ་དེ་གཉིས་ཀྱི་སྤྱི་ཚོགས་ཀྱི་སྒྲིག་གཞི་དང་། རིག་གནས་འཕེལ་རྒྱས་གཉིས་གཅིག་མཐུན་མ་ཡིན་པའི་ཕྱོགས་སུ་འཕོ་འགྱུར་བྱུང་ཡོད། དེ་ལྟར་ཐང་མིའི་སྐད་དང་། བེ་རེམ་གྱི་སྐད། ནེ་དབར་གྱི་སྐད་དབར་བཟ་སྒྲིད་རིག་པའི་ངོས་ནས་བརྗོད་ན་འབྲེལ་བ་དམ་ཞིང་ཟབ་པ་ཞིག་མཆེས་ལ། དེ་ལྟ་བུའི་འབྲེལ་ལམ་ནི་ནེ་དབར་གྱི་སྐད་ལས་འཕྲོས་ཤིང་གྲོང་ཁྱེར་ཀ་ཋ་མན་དུ (Kathmandu) ཁུལ་དུ་ནེ་དབར་གྱི་ཤེས་རིག་མ་དར་གོང་ནས་འགོ་ཚུགས་པ་ཞིག་ཡིན་ལ། ནེ་པ་ལེ་ཞེས་གཅིག་གྱུར་གྱི་རྒྱལ་ཁབ་ཅིག་ཆགས་པའི་དུས་ནི་དུས་རབས་བཅོ་བརྒྱད་པའི་སྐབས་ཡིན།

ལར་ཞང་ཞུང་གི་སྐད་དང་། ཐུ་ནན་གྱི་སྐད། མན་ཆའི་སྐད། རང་ཁ་སའི་སྐད། ཁུ་བུའི་སྐད་བཅས་ཀྱི་འབྱུང་ཁུངས་གཅིག་མཐུན་ཡིན་པར་འདོད་པའི་ལྟ་ཚུལ་དེ་ལ་སྒྲུབ་བྱེད་ཚ་ཚང་པོ་ཞིག་བརྟོན་རྒྱུ་མེད་པ་ལྟར་སྣང་ཡང་། མ་འོངས་པའི་དུས་སུ་སྐྱེ་བོ་མང་པོས་དེའི་སྐོར་ལ་ཞིབ་འཇུག་གནང་རྗེས་དེ་བས་མང་པའི་དཔང་རྟགས་ཀྱི་ཐོག་ནས་ལྟ་ཚུལ་དེ་བཞིན་ཡང་དག་ཅིག་ཡིན་ཚུལ་ར་སྤྲོད་བྱ་ཐུབ་ལ། ལྷག་པར་དུ་ལྟ་ཚུལ་དེའི་སྐོར་ཞིབ་འཇུག་བྱ་རྒྱུར་རྣམ་རྒྱལ་ཉི་མ་བྲག་དཀར་གྱིས་བསྒྲིགས་པའི་ཚིག་མཛོད་དང་། དེ་བཞིན་ཧེ་མ་ལ་ཡའི་ནུབ་རྒྱུད་ཀྱི་ས་ཆ་དང་མི་རིགས་ཁག་ནང་དངོས་བསྐྱོད་ཀྱིས་ཞིབ་འཇུག་གནང་བ་ལས་ཐོབ་པའི་དཔྱད་གཞིའི་ཡིག་ཆ་སོགས་ནི་ཕན་ཐོགས་ཤིན་ཏུ་ཆེ་བའི་དཔྱད་ཡིག་གལ་ཆེན་ཞིག་གོ

ད་ཕན་ཕས་ར་ཁི་རན་ཐིའི (Para Kiranti) སྐད་ཀྱི་ཁོངས་སུ་གཏོགས་པའི་བེ་རེམ་གྱི་སྐད་དང་། ནེ་དབར་གྱི་སྐད། ཐང་མིའི་སྐད་གསུམ་དབར་མིང་ཚིག་འགའ་ཞིག

ཐུན་མོང་ཐོག་བེད་སྤྱོད་པའི་སྣང་ཚུལ་ཙམ་མཐོང་བ་ལས་བརྡ་སྤྲོད་རིག་པའི་ཐོག་ནས་སྐད་དེ་དག་དབར་ཕན་ཚུན་དཔྱད་བསྡུར་ཞིབ་འཇུག་བྱ་རྒྱུ་ཉག་ནི་ཕྲ་བའི་གནས་སུ་གྱུར་ཡོད།

བོད་ཡིག་གི་ཡིག་ཆའི་ནང་གསལ་བའི་ཞང་ཞུང་གི་སྐད་སྐོར་གྱི་དཔྱད་གཞིའི་ཡིག་ཆ་ནི་ཐར་ཐོར་ཙམ་ལས་མེད། དེ་བཞིན་དུ་ལྷ་ཐོ་མ་སི་ལྟར་ཞང་ཞུང་གི་སྐད་ལ་དབྱེ་ཞིབ་དང་ཞང་ཞུང་གི་སྐད་དུ་འཁོད་པའི་དཔྱད་ཡིག་དག་ཡིག་རིགས་གཞན་དུ་ཕབ་སྒྱུར་བྱེད་མཁན་ནི་ཉིན་མོའི་སྐར་ལྟར་སོང་བས་རྣམ་དཔྱོད་ཡངས་པའི་བརྩོན་ལྡན་སྐྱེ་བོས་གནད་དེར་དོ་སྣང་དང་སྤྲོབས་པ་ཆེན་པོས་ཞིབ་འཇུག་བྱེད་རྒྱུ་དེ་ནི་ཁ་ཚ་དགོས་གཏུགས་ཀྱི་བྱ་བ་ཞིག་གོ

མཁས་མཆོག་ཉི་མ་གྲགས་པས་བསྒྲིགས་གནང་མཛད་པའི་ཞང་ཞུང་གི་སྐད་ཀྱི་ཚིག་མཛོད་དང་། ཉེ་ཆར་པར་སྐྲུན་བྱས་པའི་རྣམ་རྒྱལ་ཉི་མ་བྲག་དཀར་གྱི་ཚིག་མཛོད། དེ་བཞིན་ཨེ་རི་ཁི་ཧའར་(Erik Haarh) གྱིས་མགོ་འདོན་མཛད་པའི་ནུབ་ཕྱོགས་ཞང་ཞུང་སྐད་ལས་འཕྲོས་པའི་དཔེ་ཆ་ཕྱོགས་སྒྲིག་ཅེས་པ་བཅས་ནི་ཞང་ཞུང་གི་སྐད་དང་དེའི་བརྡ་སྤྲོད་རིག་པར་ཞིབ་འཇུག་དཔྱིས་ཕྱིན་པ་ཞིག་བྱ་རྒྱུར་མཁོ་བའི་གལ་ཆེའི་དཔྱད་ཡིག་ཞིག་ཡིན་ནོ།

དཔྱད་གཞིའི་ཡིག་ཆ།

①ཁྲང་ཁུང་(Chang Kung) གིས་1960ལོར་བརྩམས་པའི་《ཞང་ཞུང་སྐོར་གླེང་བ་》

②སེ་རེ་ཐ་ཚན་དྲ་(Sarat Chandra) ཡིས་1881ལོར་བརྩམས་པའི་《བོད་ཀྱི་ཆོས་ལུགས་དང་ལོ་རྒྱུས་མཛད་རྗེས་》

③དབན་དྲེམ་ཇོར་ཇེ་(Van Driem George) ཡིས་བརྩམས་པའི་《རྗོ་ཚས་གསར་མའི་དུས་ཀྱི་བོད་འབར་མི་རིགས་གཉིས་ཀྱི་འབྲེལ་ལམ་སྐོར་གླེང་བ་》

④དབན་དྲེམ་ཇོ་ཇེས་བརྩམས་པའི་《ཧི་མ་ལ་ཡའི་རི་རྒྱུད་ཀྱི་སྐད་རིགས་》

⑤ཧའར་ཨེ་རི་ཁེ་(Haarh Erik) ཡིས་1968ལོར་བརྩམས་པའི་《ཞང་ཞུང་གི་སྐད་》དང་《ཞིབ་འཇུག་བྱ་རྒྱུར་ལུས་པའི་བོད་ཀྱི་བོན་པོའི་སྐད་ཀྱི་བརྡ་སྤྲོད་རིག་གཞུང་དང་ཚིག་མཛོད་》

⑥ཧོ་ཧྥ་མན་(Hoffman) གྱིས་1967ལོར་བརྩམས་པའི་《ཞང་ཞུང་གི་སྐད་ནི་བོད་ཀྱི་བོན་པོ་རྣམས་

ཀྱིས་སྤྱོད་པའི་སྐད་ཅིག་ཡིན་》

⑦ཧོ་ཧྥྨན་གྱིས་1972ལོར་བརྩམས་པའི་《ཞང་ཞུང་གི་སྐད་ཀྱི་ཐ་སྙད་འགའ་ཞིག་ལ་དཔྱད་པ་》

⑧ཇེ་ཁེ་སན་དེ་ཝེ་དེ་(Jackson David)ཡིས་བརྩམས་པའི་《བལ་ཡུལ་གྱི་ས་ཆ་སེ་རིབ་དང་དེའི་ཉེ་འཁོར་གྱི་ས་གནས་ཁག་གི་ལོ་རྒྱུས་ལ་ཞིབ་འཇུག་བྱས་པ་》

⑨ལའོ་ཧྥེར་(Laufer) གྱིས་1995ལོར་ བརྩམས་ པའི་ 《 བལ་ ཡུལ་ དབུས་ ཀྱི་ སྐད་ བ་ ར་ མུ་ (Bhramu)ལ་དཔྱད་པ་》

⑩ལའོ་ཧྥེར་(Laufer)གྱིས་1908ལོར་བརྩམས་པའི་《བུ་ནའི་སྐད་ལ་དཔྱད་པ་》

⑪ཤེ་ཧྥེར་རོ་བེ་ཐ་(Shaffer Robert)ཡིས་1950ལོར་བརྩམས་པའི་《ཐོ་མ་སིའི་ལྷ་བར་དཔྱད་ཞིབ་བྱས་པ་》

⑫ཤེ་ཧྥེར་གྱིས་1955ལོར་བརྩམས་པའི་《རྒྱ་བོད་སྐད་ཡིག་དབར་དབྱེ་ཞིབ་བྱས་པ་》

⑬ཤེ་ཧྥར་གྱིས་1957ལོར་བརྩམས་པའི་《རྒྱ་བོད་སྐད་གཉིས་ལས་འཕྲོས་པའི་དཔྱད་གཞིའི་ཡིག་ཆ་ངོ་སྤྲོད་》

⑭ཤེ་ཧྥེར་གྱིས་1974ལོར་བརྩམས་པའི་《རྒྱ་བོད་སྐད་གཉིས་སྐོར་ངོ་སྤྲོད་རགས་ཙམ་བྱས་པ་》

⑮སེ་ནེལ་གོ་རུབ་ཀྱིས་1967ལོར་བརྩམས་པའི་《བོན་གྱི་ཐེག་པ་རིམ་དགུ་ངོ་སྤྲོད་》

⑯སེ་ནེལ་གོ་རུབ་ཀྱིས་1987ལོར་བརྩམས་པའི་《རྒྱ་གར་དང་བོད་ཀྱི་ཐུབ་པའི་ཆོས་ལུགས་》

⑰སེ་ཐན་དབྱིན་(Stein)གྱིས་1921ལོར་བརྩམས་པའི་《ཨེ་ཤེ་ཡ་དཀྱིལ་མའི་ཁུལ་དང་ཀྲུང་གོའི་ནུབ་ཕྱོགས་ས་ཁུལ་དུ་འཚོལ་ཞིབ་ཏུ་བསྐྱོད་པའི་ཟིན་ཐོ་》

⑱སེ་ཐན་དབྱིན་གྱིས་1933ལོར་བརྩམས་པའི་《གནའ་བོའི་ཨེ་ཤེ་ཡ་དཀྱིལ་མའི་རྗེས་ཤུལ་ལ་རྟོག་ཞིབ་བྱས་པའི་སྙན་ཞུ་》

⑲ཐོ་མ་སི་ཡིས་1926ལོར་བརྩམས་པའི་《ཡ་གླིང་དཀྱིལ་མའི་ཁུལ་གྱི་སྐད་རིགས་གཉིས་ལ་དཔྱད་པ་》

⑳ཐོ་མ་སིས་1933ལོར་བརྩམས་པའི་《ཞང་ཞུང་གི་སྐད་ལ་དཔྱད་པ་》

(ཙོ་རྗེ་དབང་དྲེམ། 《བོད་ལྗོངས་ཞིབ་འཇུག》2000ལོའི་དུས་དེབ་བཞི་པར་འཀོད།)

༧༧། །བོད་ཀྱི་གནའ་བོའི་ཆོས་ལུགས་བོན་དང་བན་བོན་གཉིས་བར་དཔྱད་བསྡུར་བྱས་དོན་སྐོར་རགས་ཙམ་གླེང་བ།

论西藏的苯教与佛苯两教的关系问题

[**བརྡ་ཆད་གཙོ་བོ།**] བོན་པོ། ཆོས་ལུགས། སྲུང་མ་ཡི་དམ། སྟོན་པ། གཤེན་རབ་མི་བོ་ཆེ། སྐྱ་བོའི་རིག་གནས། རིག་གནས་སྤྱིལ་རེས།

[**ནང་དོན་གནད་བསྡུས།**] རྩོམ་ཡིག་འདིའི་ནང་བན་བོན་གཉིས་ཀྱི་དཔྱད་གཞིའི་ལོ་རྒྱུས་ཡིག་ཆ་དང་གཞུང་ལུགས་སོགས་ལ་བརྟག་ཞིབ་བྱས་ནས་ཆོས་ལུགས་མི་འདྲ་བ་གཉིས་ཀྱི་ལོ་རྒྱུས་འཕེལ་རིམ་དང་ཁྱད་ཆོས། གཞི་བདག་སྲུང་མ་དང་ཡི་དམ་བསྟེན་ཚུལ། གཞུང་ལུགས་ཀྱི་དཔེ་ཆ་དང་ཆོ་གའི་ཁྲིད་ཀྱི་ལེགས་སྦྱར་སྐད་དང་ཞང་ཞུང་སྐད་ལས་བསྒྱུར་བར་གྲགས་པའི་ཐ་སྙད་མིང་ཚིག བོན་གྱི་སྟོན་པ་གཤེན་རབ་མི་བོ་ཆེ་དང་བན་གྱི་སྟོན་པ་ཤཱཀྱ་ཐུབ་པའི་རྣམ་ཐར་སོགས་དབར་གཤིབ་བསྡུར་བྱས་ནས་དེ་གཉིས་དབར་གྱི་ཐུན་མོང་གི་ཆ་དང་ཐུན་མོང་མ་ཡིན་པའི་ཆ་རྣམས་ལ་འགྲེལ་བརྗོད་བྱས་ཡོད་པ་མ་ཟད། བོད་ཀྱི་སྐྱ་བོའི་རིག་གནས་དང་འབྲེལ་བའི་བན་བོན་གཉིས་ཀྱི་དད་མོས་དང་དེ་གཉིས་ཕན་ཚུན་དབར་ཤུགས་རྐྱེན་ཐེབས་རེས་བྱས་པའི་སྣང་ཚུལ་བཅས་ལ་དཔྱད་ཞིབ་བྱས་ཡོད།

【关键词】 佛苯两教;护法神与本尊;教义;异同;传记;比较研究

【摘要】 依据佛苯两教的文献以及研究成果,对佛苯两教的历史发展、护法神与本尊、教义、专用术语、创始人的传记、信仰者的组成和分布,以及这两种宗教与世俗文化的关系等方面进行了较全面的论述。

བོད་ནི་ཨེ་ཤེ་ཡ་གླིང་གི་ཐུབ་པའི་ཆོས་ལུགས་ཀྱི་ཤེས་རིག་དར་བའི་ཡུལ་གཙོ་བོའི་གྲས་ཤིག་ཏུ་བརྩི་སྲོལ་ཆགས་ཡོད། ཐུབ་པའི་ཆོས་ལུགས་བོད་དུ་དུས་རབས་བདུན་པ་ནས་བརྒྱད་པའི་བར་དུ་དར་འགོ་ཚུགས་ནས་མི་རིང་བར་དེ་བོད་ཀྱི་ཆོས་ལུགས་གཙོ་བོ་ཞིག་ཏུ་འཕོ་འགྱུར་བྱིན་ཡོད། ལར་རྒྱ་ནག་གི་ཐུབ་པའི་ཆོས་ལུགས་ཀྱི་ཤུགས་རྐྱེན་བོད་དུ་ཐོག་ཡོད་

ནའང་། བོད་ཀྱི་རྩ་ཆེའི་ཆོས་ལུགས་དཔེ་ཆ་རྩོམ་སྒྲིལ་དང་། མཚན་ཉིད་རིག་པའི་སྒྲིལ་རྒྱུན། རྩོམ་རིག་སྨྲ་རྩལ། སློབ་གཉེར་བྱེད་སྟངས། དགོན་སྡེའི་འཚོ་བ་དང་སྒྲིག་འཛུགས་སོགས་ནི་རྒྱ་གར་དང་བལ་པོའི་སྒྲིལ་ལུགས་ལ་གཞིགས་ནས་འཛུགས་སྐྲུན་དང་འཕེལ་རྒྱས་བཏང་ཡོད།①

སློབ་གཉེར་བྱ་ཡུལ་གྱི་ལྟེ་གནས་དང་གནས་མཆོག་ཇེ་སྙེད་ཅིག་ཡོད་པ་དེ་དག་དང་སྟོན་པ་ཤཱཀྱ་ཐུབ་པའི་མཛད་རྣམ་དང་འབྲེལ་བ་བྱས་པ་བཅས་ལས་རྒྱ་གར་གྱི་ཡུལ་ནི་བོད་པ་སྤྱིའི་སྙིང་རོར་གནས་མཆོག་ཏུ་གྱུར་པ་ཞིག་ཏུ་ངོས་འཛིན་བྱེད་པ་ཡིན་ལ། དེ་ལྟ་བུའི་ངོས་འཛིན་བྱེད་སྒྲིལ་ནི་དུས་རབས་བཅུ་གཉིས་པ་ནས་བཅུ་གསུམ་པའི་སྐབས་སུ་རྒྱ་གར་བྱང་ཕྱོགས་ཉིད་ཀླ་ཀློ་ལེམ་གྱིས་དབང་སྒྱུར་བྱས་པ་དང་ཐུབ་པའི་ཆོས་ལུགས་དེ་བཞིན་རྒྱ་གར་གྱི་ཡུལ་དུ་མིང་ཙམ་དུ་གྱུར་རྗེས་སུའང་མི་འགྱུར་བར་གནས་ཡོད་པ་མ་ཟད། རྒྱ་གར་གྱི་ཡུལ་དུ་གནས་སྐོར་དུ་འགྲོ་སྒྲིལ་ཆགས་པ་བཅས་ནི་དུས་ད་ལྟའི་བར་དུ་མི་ཉམས་པར་གནས་ཡོད།

འོན་ཀྱང་། བོད་པ་ཚང་མས་རྒྱ་གར་གྱི་ཡུལ་ནི་ཆོས་ལུགས་ཀྱི་འབྱུང་ཁུངས་ཤིག་ཡིན་པར་ངོས་འཛིན་བྱེད་པ་མ་ཡིན་ནོ། དེ་ཡང་དུས་རབས་བཅུ་པ་དང་བཅུ་གཅིག་པ་ཙམ་ནས་ད་བར་བོད་དུ་སྒྲིག་འཛུགས་ལྡན་པའི་ཆོས་ལུགས་མི་འདྲ་བ་གཉིས་ཡོད་པ་ནི་ཐུབ་པའི་ཆོས་ལུགས་དང་བོད་པ་རྣམས་ཀྱིས་བོན②ཞེས་འབོད་པའི་ཆོས་ལུགས་དེའོ།

ནུབ་ཕྱོགས་པའི་བོད་རིག་པའི་ཞིབ་འཇུག་པ་རྣམས་ཀྱིས་བོན་ནམ་བོན་པོ་ཞེས་པའི་ཐ་སྙད་དེ་ནི་ཐུབ་པའི་ཆོས་ལུགས་བོད་དུ་མ་དར་གོང་གི་ཆོས་ལུགས་ཤིག་ལ་གོ་བ་དང་ཡང་ན་ཕྱིས་སུ་བོད་དུ་དར་བའི་ཐུབ་པའི་ཆོས་ལུགས་མ་ཡིན་པའི་དད་པ་དང་སྒྲུབ་ཐབས་ཤིག་ཏུ་ངོས་འཛིན་བྱེད་པ་ཡིན། དེར་བརྟེན། ནུབ་ཕྱོགས་པའི་བོད་རིག་པ་ཞིབ་འཇུག་པའི་འདོད་ཚུལ་ལྟར་ན་བོན་ཞེས་པའི་ཚིག་ལ་གོ་དོན་ཁག་མི་འདྲ་བ་གསུམ་ཙམ་མཆིས་པ་སྟེ།

དང་པོ། བོན་ནི་ཐུབ་པའི་ཆོས་ལུགས་མ་དར་གོང་གི་བོད་ཀྱི་ཆོས་ལུགས་ཤིག་ཡིན་པ་གང་ཞིག་དུས་རབས་བརྒྱད་པ་དང་དགུ་པའི་ནང་དུ་ནང་པ་སངས་རྒྱས་ཀྱིས་མེད་པར་བཟོས་པ་ཞིག་ཡིན། དེ་ལྟའི་ཆོས་ལུགས་ནི་གནའ་བོའི་ཡིག་ཆའི་རྨང་གཞིའི་སྟེང་གྲུབ་པ་

ཞིག་དང་། དེས་དོ་སྣང་བྱེད་དོན་གཙོ་བོ་ནི་བཙན་པོ་དག་གལ་ཆེར་འཛིན་ཐོག་དེ་རྣམས་ནི་ཆེས་བླ་ན་མེད་པ་ཞིག་ཏུ་བརྩི་ཞིང་། ཁོང་རྣམས་ལ་འཇིག་རྟེན་ལས་འདས་པའི་མཐུ་སྟོབས་ཤིག་མངའ་ཚུལ་ལ་ཡིད་ཆེས་བྱེད་པ་ཡིན་ལ། ཆོས་ལུགས་དེའི་ཚོ་ག་རྣམས་ནི་ཆེད་གཉེར་མི་སྣ་སྟེ་བོན་པོ་ཞེས་པས་སྒྲིལ་བ་ཡིན། ཆོས་ལུགས་དེའི་གཞུང་དོན་ལ་བོན་ཞེས་བརྗོད(ལྟ་བ་འདི་ཁག་གཅིག་གིས་ཁས་ལེན་ཀྱི་མེད།)སྲོལ་ཆག་ས་པ་དེ་ནི་ཐུབ་པའི་ཆོས་ལུགས་ཆོས་འབྱུང་རྩོམ་རིག་བྱུང་རྗེས་གཞི་ནས་ཐོན་པ་ཞིག་ཡིན་པ་ནི་མངོན་གསལ་དོད་པོ་ཡོད། གང་ལྟར་ཡང་། སྐབས་འདིའི་བོན་གྱི་ཆོས་ལུགས་ཀྱི་མ་ལག་ནི་ཐུབ་པའི་ཆོས་ལུགས་དང་མི་འདྲ་བ་ཡོད་པ་དཔེར་ན། གནའ་བོའི་བོན་པོའི་ཚོ་ག་སྒྲིལ་མཁན་ཆོས་གཤིན་པོའི་རྣམ་ཤེས་དག་ཕྱི་མའི་ཞིང་ཁམས་སུ་བདེ་འགྱུར་ཐུབ་པ་བྱེད་ཆེད་འདས་མཆོད་སྐབས་སུ་གཡག་དང་། རྟ། ལུག་སོགས་དམར་མཆོད་དུ་ཕུལ་བ་མ་ཟད། ད་དུང་ཁ་ཟས་དང་། འཐུང་བྱ། རྫ་ཆེའི་དངོས་རྫས་སོགས་ཚོ་གའི་ཐོག་གཏོང་བ་ཡིན་ལ། བཙན་པོའི་འདས་མཆོད་སྐབས་སུ་ཐ་ན་དེ་པའི་གཡོག་དང་བློན་པོ་སོགས་ཀྱང་གསོན་པོར་དུར་ཁང་དུ་འཇུག་པ་སོགས་ཀྱི་སྲོལ་མཆིས། ཚོ་ག་དེ་ཉིད་སྒྲིལ་བའི་དམིགས་ཡུལ་ནི་གཉིས་ལས་མ་འདས་ཏེ། དེ་ཡང་གཅིག་ནི་གཤིན་པོ་དེ་ཕྱི་མའི་ལམ་དུ་བདེ་འཁོད་ཡོང་ཕྱིར་ཡིན་པ་དང་། ཅིག་ཤོས་ནི་གསོན་པོ་རྣམས་ལ་ཕན་ཐོགས་ཡོང་ཕྱིར་ཡིན་པ་རེད།

གཉིས་པ། བོན་ཞེས་པ་དེ་ནི་དུས་རབས་བཅུ་པ་ནས་བཅུ་གཅིག་པའི་བར་དུ་དར་བའི་ཆོས་ལུགས་ཤིག་ལ་གོ་བ་ཡིན། སྐབས་དེ་ནི་རྒྱ་གར་ནས་དར་བའི་ཐུབ་པའི་ཆོས་ལུགས་དེ་ཉིད་རེ་ཞིག་ནུབ་རྗེས་སླར་ཡང་དར་འགོ་ཚུགས་པའི་དུས་ཤིག་ཏུ་འཁེལ་བ་ཡིན། སྐབས་འདིའི་བོན་ཞེས་པའི་ཆོས་ལུགས་དེ་ནི་དུས་རབས་མང་པོའི་ནང་དུ་དར་རྒྱས་ཕྱིན་ནས་ད་བར་མི་ཉམས་པར་གནས་ཡོད་ལ། དེ་ལའང་ཐུབ་པའི་ཆོས་ལུགས་དང་ཆ་འདྲ་བའི་གནས་མང་པོ་ཡོད་པ་ནི་དེའི་བཀའ་བསྟན་བཅོས་དང་། སྒྲུབ་ཐབས་དང་སྐུ་བརྙན་སོགས་ཕྱོགས་མང་པོའི་ཐོག་ནས་མངོན་གསལ་དོད་པོས་མཐོང་ཐུབ། དེར་བརྟེན། ཞིབ་འཇུག་པ་འགའ་ཞིག་གིས་སྐབས་འདིའི་བོན་ནི་ཁུངས་བཙུན་མ་ཡིན་པའི་ཐུབ་པའི་ཆོས་ལུགས་ཀྱི་

གྲུབ་མཐའ་ཞིག་ཡིན་པར་འདོད།③ འོན་ཀྱང་། བོད་དང་ཡུལ་གྲུར་དུ་ཡོད་པའི་བོན་ལུགས་ལ་དད་པ་བྱེད་མཁན་སྟོང་ཕྲག་མང་པོས་ཁོང་ཚོས་དད་པ་བྱེད་པའི་བོན་ལུགས་ནི་ཐུབ་པའི་ཆོས་ལུགས་ལས་སྔ་བ་ཡོད་པར་ངོས་འཛིན་བྱེད་པ་མ་ཟད། དེ་ནི་ཐུབ་པའི་ཆོས་ལུགས་མ་དར་སྔོན་གྱི་བོན་ཞེས་པའི་ཆོས་ལུགས་དེའི་རྒྱུན་རང་མཐུད་ནས་གནས་པ་ཞིག་ཏུ་ངོས་འཛིན་བྱེད་ཀྱི་ཡོད། དེ་བཞིན་བོད་ཀྱི་ཐུབ་པའི་ཆོས་ལུགས་ལ་དད་པ་བྱེད་མཁན་རྣམས་ཀྱིས་ཀྱང་བོན་ནི་ཐུབ་པའི་ཆོས་ལུགས་དང་ཐ་དད་ཡིན་པའི་ཆོས་ལུགས་ཤིག་ཏུ་ངོས་འཛིན་བྱེད་པ་ཡིན། གནད་དོན་དེའི་སྐོར་གཙོ་བོ་བན་བོན་གཉིས་ཀྱི་ཆོས་ལུགས་ཚོ་ག་དང་། མཚན་ཉིད་རིག་པའི་གཞུང་ལུགས། དགོན་སྡེའི་འདུལ་ཁྲིམས་སོགས་ཀྱི་ལམ་ནས་དབྱེ་འབྱེད་དང་གོ་བསྡུར་བྱས་ཡོད།④

གསུམ་པ། བོན་ནི་མཚམས་རེ་དམངས་ཁྲོད་དུ་ཁྱབ་པའི་རྒྱ་ཆེ་ཞིང་སྒྲིག་འཛུགས་དེ་ཙམ་ཚགས་ཚུད་པོ་མ་ཡིན་པའི་ཆོས་དད་བྱེད་ལུགས་ཤིག་ལ་གོ་བ་ཡིན་ལ། དེའི་ནང་དོན་གཙོ་བོ་ནི་ཡུལ་ལྷ་གཞི་བདག་ལ་དད་པ་དང་། བླ་ཞེས་པའི་ཐ་སྙད་སོགས་ལ་དོ་སྣང་ཆེན་པོ་བྱེད་པའི་ཆོས་དད་ཅིག་ཡིན། འོན་ཀྱང་། བོད་སྤྱི་ཡི་སྲོལ་རྒྱུན་ལྟར་ན། དེ་ལྟའི་ཆོས་དད་ལ་བོན་ཞེས་ཟེར་བ་མ་ཡིན་པ་ནི་གོང་དུ་བརྗོད་པའི་ནང་དོན་དེ་དག་བན་བོན་གཉིས་ཀའི་གཞུང་ལུགས་ཀྱི་གྲུབ་ཆ་གཙོ་བོ་ཞིག་མ་ཡིན་པས་སོ། དེས་ན་ནུབ་ཕྱོགས་ཀྱི་བོད་རིག་པ་ཞིབ་འཇུག་R. Aསེ་ཏན་གྱིས་དེར་“མིང་མེད་ཆོས་ལུགས”ཞེས་གསུངས་པ་ནི་དོན་དང་མཐུན་ཞིང་རྒྱུ་མཚན་ལྡན་པ་ཞིག་ཡིན་པར་སེམས་སོ།⑤

གོང་གསལ་བོན་ཞེས་པའི་གོ་དོན་ཁག་གསུམ་ལས་མཐའ་མ་དེ་ཕུད། ནུབ་ཕྱོགས་པའི་ཞིབ་འཇུག་པའི་ཁྲོད་དུ་ད་དུང་རྒྱུན་དུ་བོན་ཞེས་པའི་ཐ་སྙད་ལ་ངོས་འཛིན་བྱེད་ཚུལ་ཐད་འཐད་ལྡན་མ་ཡིན་པའི་ཆ་མང་དུ་མཆིས། ལྷག་པར་དུ་ཁོང་ཚོའི་ཁྲོད་དུ་ད་ལྟ་མི་ཉམས་པར་གནས་པའི་བོན་ལུགས་ལ་“ཤ་མན་ཆོས་ལུགས”（shamanism）དང་“སྲོག་ཆགས་ལ་དད་མོས་བྱེད་པའི་ཆོས་ལུགས”（animism）ཞེས་འབོད་པ་མ་ཟད། དེ་ནི་ཐུབ་པའི་ཆོས་ལུགས་དེ་ཉིད་རྒྱ་གར་ནས་བོད་དུ་མ་དར་སྔོན་ནས་དར་ཁྱབ་བྱུང་ཚུལ་

བརྗོད་པ་ཡིན།⑥ ལྷ་ཚུལ་འདི་ནི་གོང་དུ་བོན་ཞེས་པའི་ཚིག་གི་གོ་དོན་གསུམ་བརྗོད་པའི་ནང་ནས་ལྷ་ཚུལ་དེར་རིན་ཐང་དེ་ཙམ་ཆེན་པོ་མ་མཆིས། བོད་དུ་ཐུབ་པའི་ཆོས་ལུགས་མ་དར་སྔོན་དུ་བོན་གྱི་ཆོས་ལུགས་ཤིག་ཡོད་པར་འདོད་པའི་སྒྲུབ་བྱེད་ནི་དེང་སང་དམངས་ཁྲོད་དུ་རྒྱ་ཁྱབ་ངང་དད་མོས་བྱེད་པའི་ཆོས་དད་ཀྱི་ནང་དོན་དེ་དག་ལ་བརྟོལ་ཡོད་པ་རེད། དེ་བས་ཕྱིས་སུ་དར་འཕེལ་ཕྱིན་ནོ་ཞེས་པའི་བོན་དེ་ཡང་རྟག་ཏུ་ཐུབ་པའི་ཆོས་ལུགས་ཀྱི་མིང་ཚིག་ནང་དོན་དག་ལ་ངོ་ཚ་བྲལ་བའི་སྒོ་ནས་བཟོ་བཅོས་བྱས་པ་ལས་གྲོན་པ་ཞིག་ཡིན་པར་འདོད་པ་ནི་དུས་རབས་དཀྱིལ་མའི་སྐབས་སུ་ཡོ་རོབ་ཁུལ་དུ་དར་བའི་ཆོས་ལོག་གི་བྱུང་ཚུལ་(དེ་ལྟ་བུའི་ཆོས་ལུགས་ཅིག་ཡོ་རོབ་གླིང་དུ་དངོས་སུ་དར་ཡོད་མེད་ནི་མ་ཤེས།) དང་གཅིག་མཚུངས་ཡིན་ཚུལ་བསྟན་ཡོད།⑦ འོན་ཀྱང་། སྐབས་འདིའི་བོན་གྱི་ནང་དོན་ནི་གོང་གི་བརྗོད་དོན་ལྟར་ཡིན་པ་བོན་རང་གི་དཔྱད་ཡིག་རྣལ་མ་རྣམ་ཀྱིས་ར་སྤྲོད་བྱེད་མི་ཐུབ་ཅིང་། དེ་ལས་ལྡོག་སྟེ་ཐུབ་པའི་ཆོས་ལུགས་ཀྱི་རྩོད་གཞི་ཅན་གྱི་དཔེ་ཆ་ཁག་གཅིག་ནང་དུ་ལྟ་བ་དེ་དག་འཁོད་ཡོད། བོན་ལུགས་ལ་ངོས་འཛིན་བྱེད་ཚུལ་ཅུང་ཟད་འཐད་ལྡན་ཅན་དུ་འགྲོ་བའི་དུས་སྐབས་ནི་སྤྱི་ལོ1960ལོ་ནས་ཡིན་ཞིང་། ཞིབ་འཇུག་གི་འབྲས་བུ་དེ་ལྟར་ཐོབ་པའི་རྒྱུ་རྐྱེན་གཙོ་བོ་ནི་སླུ་ཞབས་དེ་ཕེL. སེ་ནེལ་གོ་ཧྲུབ་མཆོག་གིས་འབད་བརྩོན་གནང་བ་ལས་བྱུང་བ་ཞིག་ཡིན་ནོ།⑧

བོན་ལུགས་ལའང་ཐུབ་པའི་ཆོས་ལུགས་ལྟར་སྒྱུ་རྩལ་སྣང་བརྙན་བསྐྲུན་པའི་ལོ་རྒྱུས་ཡུན་རིང་ལྡན་ཡོད་ལ། སྒྱུ་རྩལ་དང་སྣང་བརྙན་དེ་དག་ངོ་སྤྲོད་ཞིབ་འཇུག་བྱེད་རྒྱུ་དེ་ནི་གལ་ཆེའི་གནད་ཅིག་ཡིན། སྒྱུ་རྩལ་དེ་དག་དང་འབྲེལ་བའི་བོན་ནི་དུས་རབས་བཅུ་པ་དང་བཅུ་གཅིག་(མ་མཐར་ཡང་ད་ལྟའི་རྣམ་པར་བལྟས་ནས་བརྗོད་ན་དེ་ལྟར་ཡིན།) སྐབས་ནས་དར་ཞིང་ད་ལྟའི་དུས་སུ་མ་ཉམས་པར་གནས་པའི་བོན་ཆོས་དེ་ཡིན། དུས་རབས་བདུན་པའི་སྔོན་ནས་ཐུབ་པའི་ཆོས་ལུགས་མ་དར་གོང་གི་བོད་ཀྱི་སྒྱུ་རྩལ་སྐོར་ནི་ད་ལྟའང་གསང་བ་སྒོག་གྱུར་གྱི་གནས་འབབ་ཞིག་ལགས་པ་དང་། དམངས་ཁྲོད་ཀྱི་དད་མོས་དང་འགྲོགས་པའི་གཟུགས་བརྙན་བསྐྲུན་སྲོལ་དེ་དག་ནི་བན་བོན་གཉིས་ཀའི་ནང་དུ་བསྲེས་ནས

ཐུན་མོང་ཐོག་དར་སྤེལ་བཏང་ཡོད།

དེ་ཡང་བོན་ལུགས་འཛིན་པ་རྣམས་ལ་བོན་པོ་ཞེས་ཟེར་ཞིང༌། བོན་པོ་ནི་བོན་ཆོས་ལ་དད་མོས་བྱེད་མཁན་གྱི་སྐྱེ་བོར་གོ་བོན་ཞེས་པའི་ཚིག་གིས"བདེན་པ"དང༌། "དངོས་ཡོད""རྟག་བརྟན"བཅས་ཀྱི་ནང་དོན་མཚོན་ཞིང༌། དེ་ནི་འགྱུར་མེད་ཀྱི་ཆོས་གཞུང་གི་ལམ་ནས་བདེན་པ་དང་དངོས་ཡོད་དག་སྟོན་པར་བྱེད་མཁན་ཞིག་ཏུ་ངོས་འཛིན་བྱེད་པ་ཡིན། དཔེར་ན། བོན་ལུགས་ཀྱི་ཁ་གཏད་དེ་ཐུབ་པའི་ཆོས་ལུགས་ལ་རྒྱ་གར་གྱི་སྐད་རྣམ་ཞེས་པ་དེ་བསྒྱུར་ནས་བྱུང་བའི་མིང་ཚིག་ཆོས་ཞེས་པ་ཡོད་པ་ལྟར་བོན་ལའང་ཞང་ཞུང་གི་སྐད་ལས་བསྒྱུར་བའི་ཆེད་སྤྱོད་ཐ་སྙད་དང་དེ་དག་གི་འཇུག་ཚུལ་ཡང་ཆ་ཚང་བ་ཞིག་ཡོད།

ཡར་བོན་ལུགས་ནི་བོད་རང་གི་ས་ཁོངས་གཅིག་པུར་མ་གཏོགས་ཁྱབ་མེད་ནའང་དེ་ལ་དད་པ་བྱེད་མཁན་རྣམས་ཀྱིས་བོན་གྱི་བཀའ་བསྟན་ནི་བདེན་པའི་འབྱུང་ཁུངས་དང་འགྲོ་བ་མི་སྤྱི་ལ་སྨན་པའི་ཆོས་ལུགས་ཤིག་ཡིན་པར་ངོས་འཛིན་བྱེད་པ་ཡིན། བོན་པོ་རྣམས་ཀྱིས་གནའ་བོའི་དུས་སུ་བོན་ནི་འཛམ་གླིང་གི་ས་ཆ་མང་པོར་དར་ཁྱབ་བྱུང་ཚུལ་བརྗོད་ཅིང༌། རྒྱུ་མཚན་དེ་ལ་བརྟེན་ནས་ཁོང་ཚོས་དེ་ལ"གཡུང་དྲུང་བོན"ཞེས་བརྗོད་པ་ཡིན། གཡུང་དྲུང་ཞེས་མི་འགྱུར་རྟག་ཏུ་གནས་པའི་དོན་སྟོན་པའི་ཐ་སྙད་དེ་ནི་ལེགས་སྦྱར་གྱི་ཐ་སྙད(Svastika)ཞེས་པ་དེ་བོད་སྐད་དུ་བསྒྱུར་བ་ལས་བྱུང(ཐུབ་པའི་ཆོས་ལུགས་པ་རྣམས་ཀྱིས་དེ་ལྟར་འདོད་ནའང་བོན་པོས་དེ་ལྟར་ཡིན་ཚུལ་ཁས་མི་ལེན།)བ་ཞིག་ཡིན་ཞིང༌། དེ་ཉིད་བོན་གྱི་མཚོན་བྱེད་ཅིག་གི་ཐོག་ནས་བྲིས་འབྲུར་གྱི་སྒྲུ་རྩལ་ཁྲོད་རྟག་ཏུ་མཐོང་རྒྱུ་ཡོད། བོན་ལུགས་ཀྱི་ཁྲོད་དུ་གཡུང་དྲུང་རི་མོའི་གོ་དོན་དང་དེའི་འཇུག་ཚུལ་ནི་ཐུབ་པའི་ཆོས་ལུགས་ནང་གི་རྡོ་རྗེ་ཞེས་པ་དང་མཚུངས་ཤིང༌། བོན་གྱི་གཡུང་དྲུང་རི་མོ་ནི་ཕྱི་འཁོར་ཅན་དང་ཐུབ་པའི་ཆོས་ལུགས་ཀྱི་གཡུང་དྲུང་རི་མོ་ནི་ནང་འཁོར་ཅན་ཞིག་ཡིན། དེ་བཞིན་བན་བོན་གཉིས་དབར་མིས་བཟོས་པའི་དད་མོས་བྱེད་སྟངས་ལ་རྣམ་པ་མི་འདྲ་བའི་དཔེ་མཚོན་དུ་མ་ཡོད་དེ། བོན་པོས་གནས་སྐོར་བྱེད་དུས་སྐོར་བ་ཕྱི་སྐོར་རྒྱག་པ་ལྟ་བུ་ཡིན། འོན་ཀྱང༌། དེ་ནི་ངོ་རྒོལ་གྱི་རྣམ་འགྱུར་བསྟན་པ་དང་སེམས་ཁམས་ཀྱི་ཐོག་ནས

བཟོ་བཅོས་བྱས་པ་ཞིག་གཏན་ནས་མ་ཡིན་པར་དེ་ནི་བོན་པོ་རྣམས་ཀྱིས་ལྷ་སྲིད་གཙང་མ་ཡོང་བ་དང་ཐར་པའི་གོ་འཕང་ཐོབ་ཕྱིར་སྤྲོས་པའི་རྒྱུན་སྤྲོས་ཀྱི་ཚོ་གའི་ཁ་ཕྱོགས་བསྟན་པ་ཞིག་རེད། བོན་གྱི་རྩ་བའི་མིང་ཚིག་འགའ་ཞིག་དང་གཡུང་དྲུང་ཞེས་པའི་ཐ་སྙད་དེ་མཉམ་དུ་འགྲོགས་ནས་ཐོན་པ་དཔེར་ན། སྐྱེ་བོ་ཐར་པའི་ལམ་སྟོན་ཟིན་པ་རྣམས་ལ་གཡུང་དྲུང་སེམས་དཔའ་ཞེས་འབོད་ལ། དེ་ནི་ཐུབ་པའི་ཆོས་ལུགས་ཀྱི་མིང་ཚིག་རྡོ་རྗེ་སེམས་དཔའ་ཞེས་པ་དེ་དང་གོ་དོན་གཅིག་མཚུངས་སུ་གནས་ཤིང་དེའི་འཇུག་ཚུལ་ཡང་བྱང་ཆུབ་སེམས་དཔའ་ཞེས་པ་དང་མཐུན་ནོ། ཁོ་བོས《བོད་ཀྱི་བོན་པོའི་ཆོས་ལུགས》ཞེས་པའི་དེབ་ནང་དུ་གཡུང་དྲུང་སེམས་དཔའ་ཞེས་པ་དེ་གཡུང་དྲུང་སེམས་དཔའ་སྟེ་སེམས་ཀྱི་དཔའ་བོ་ཞེས་སུ་འགྲེལ་བཤད་བརྒྱད་ཡོད།

བོད་ཀྱི་ཆོས་ལུགས་རིག་གནས་ལ་རྒྱུས་མངའ་དེ་ཙམ་ཆེན་པོ་མེད་པའི་མི་རྣམས་ཀྱིས་བན་བོན་གཉིས་དབར་དབྱེ་འབྱེད་བྱེད་དཀའ་བའི་རྒྱུ་མཚན་ནི་དེ་གཉིས་ཀས་བོད་ཀྱི་རིག་གནས་ཤུལ་འཛིན་བྱས་ཡོད་པས་སོ། ལྷག་པར་དུ་དམངས་ཁྲོད་དུ་དད་མོས་བྱེད་ཚུལ་ཐད་བན་བོན་གཉིས་དབར་དེ་བས་དབྱེ་འབྱེད་བྱ་དཀའོ། སྤྱིལ་རྒྱུན་ལྟར་ན། བོད་མི་སྤྱི་བོ་གནམ་བསྟན་ཚང་མས་ཆོས་ལུགས་ནང་བསྟན་པའི་དགེ་བ་གསོག་པ་དང་། ཤི་རྗེས་སླར་ཡང་མི་ལུས་ལེན་པའམ་ཡང་ན་བདེ་བ་ཅན་གྱི་ཞིང་ཁམས་སུ་སྐྱེ་ཕྱིར་འབད་བརྩོན་བྱེད་པ་ཡིན། དམིགས་ཡུལ་དེ་དག་སྒྲུབ་རྒྱུའི་ཐད་བྱེད་ཚུལ་རྣམ་པ་མི་འདྲ་བ་ཡོད་པ་དཔེར་ན། ལག་པས་མ་ཎི་བསྐོར་བ་དང་། རྒྱུགས་ཆུའི་འགྲམ་དུ་མ་ཎི་འཁོར་ལོ་འཛུགས་པ། གནས་རྩ་ཆེ་དང་དགོན་སྡེ་སོགས་སུ་གནས་སྐོར་ལ་འགྲོ་བ། རི་མཐོན་པོར་འཛེགས་ནས་བསང་གཏོང་བ། དར་ལྕོག་འཛུགས་པ། གཟུངས་སྔགས་བཟློ་བ། སྔགས་ཡིག་དག་རྡོ་དང་བྲག་སྟེང་དུ་བརྐོ་བ་བཅས་སོ། འོན་ཀྱང་། བན་བོན་གཉིས་ལ་ཞིབ་ཕྲའི་བལྟ་ཞིབ་བྱས་ན་བོན་གྱི་ཚོ་ག་སྤེལ་སྟངས་དང་། སྐོར་བ་ཕྱི་སྐོར་རྒྱག་པ། མ་ཎི་འདོན་སྐབས་ཨོཾ་མ་ཎི་པདྨེ་ཧཱུྃ་ཞེས་མ་ཡིན་པར་ཨོཾ་མ་ཏྲི་མུ་ཡེ་ས་ལེ་འདུ་ཞེས་འདོན་པ་བཅས་དེ་གཉིས་དབར་མི་འདྲ་བའི་ཆ་མང་དུ་སྣང་ལ། བོད་ཀྱི་ཆོས་ལུགས་མི་འདྲ་བ་གཉིས་ཏེ་བོན་ལུགས་དང་བན་ལུགས་

གཉིས་ཀས་ལྷ་ཇི་སྙེད་ཅིག་ལ་དད་པ་བྱེད་པའི་ཚུལ་ལའང་ཧ་ཅང་སྟེ་བལྟ་སྐབས་ཤིན་ཏུ་ནས་ཆ་འདྲ་བ་ལྟ་བུར་སྣང་ནའང་ཞིབ་ཏུ་བལྟས་ན་དེ་གཉིས་དབར་ལ་མི་འདྲ་བའི་གནས་དུ་མ་ཡོད་པ་ནི་ལྷའི་མཚན་དང་། དེ་དག་གི་འབྱུང་ཁུངས་བརྗོད་པའི་གཏམ་རྒྱུད། རང་རང་སོ་སོའི་ཁྱད་ཆོས་ལྡན་པའི་ཆོན་མདོག་དང་ཕྱག་མཚན་སོགས་ལས་མངོན་ཐུབ་བོ།

དེ་བཞིན་བོན་གྱི་གཞུང་ལུགས་ལ་བལྟས་ནའང་། དེང་རབས་ཀྱི་མཁས་པ་རྣམས་ཀྱིས་ཁོང་ཚོའི་བརྩམས་ཆོས་ནང་དུ་གསུངས་པ་ལྟར་དེའི་ཁྲོད་དུ་ཐུབ་པའི་ཆོས་ལུགས་ཀྱི་ནང་དོན་དང་ཆ་མཐུན་པའི་གནད་ཇི་སྙེད་ཅིག་མཆིས། དེར་བརྟེན། ཉེ་ཆར་ནུབ་ཕྱོགས་པའི་ཞིབ་འཇུག་པའི་ཁྲོད་དུ་བོན་ནི་ཐུབ་པའི་ཆོས་ལུགས་ཀྱི་གཞུང་ལུགས་དག་བཀྲུ་བཤུས་བྱས་པ་ལས་གྲུབ་པ་ཞིག་ཡིན་ཚུལ་བརྗོད་མཁན་ཡང་བྱུང་ཡོད། མདོར་ན། འཇིག་རྟེན་ནི་སྡུག་བསྔལ་གྱི་འཁོར་བ་དང་། ལས་རྒྱུ་འབྲས་ལ་ཡིད་ཆེས་པ། སེམས་ཅན་ཡོད་ཚད་འགྲོ་བ་རིགས་དྲུག་ཏུ་སྐྱེ་ལེན་པ། ཐར་པ་དང་ཐམས་ཅད་མཁྱེན་པའི་གོ་འཕང་ཐོབ་པར་བྱེད་རྒྱུ་ཡོད་པ་བཅས་ནི་བན་བོན་གཉིས་ཀའི་རྩ་བའི་གཞུང་ལུགས་ཀྱི་གྲུབ་ཆ་ཞིག་ཡིན་ལ། བོན་གྱིས་ཀྱང་ཐུབ་པའི་ཆོས་ལུགས་དང་འདྲ་བར་རྣམ་དཀར་དགེ་བའི་ལས་ལ་བརྩོན་ཞིང་སྒོམ་དང་སྒྲུབ་པའི་ལམ་ལ་གཞོལ་བའི་ལྟ་བར་བརྩི་མཐོང་ཆེན་པོ་བྱེད་པ་ཡིན་ནོ།

མི་རྣམས་ཀྱི་མཐོང་ཆོས་སུ་བོན་དང་བོད་ཀྱི་ཐུབ་པའི་ཆོས་ལུགས་གཉིས་ནི་ཆ་འདྲ་བའི་ཆོས་ལུགས་ཤིག་ཡིན་པར་འགྱུར་སྐབས་དེ་མ་ཐག་ཏུ་ཆོས་ལུགས་དེ་གཉིས་དབར་ཡང་སྙིང་མི་འདྲ་བའི་ཆ་གང་ཞིག་ཡོད་དམ་ཞེས་པའི་བློ་ཞིག་སྐྱེ་བ་ཡིན། ཁོ་བོའི་ལྟ་ཚུལ་ལ། ལན་དེ་འདེབས་སྐབས་གཙོ་བོ་ལན་འདེབས་པ་པོ་དེས་བོན་ཞེས་པ་དེར་འགྲེལ་བཤད་ཇི་ལྟར་རྒྱག་ཚུལ་ལ་རག་ལས་ཡོད། ལར་ཆོས་ལུགས་ཚོ་ག་དང་། ཆོས་གཞུང་ལ་སློབ་གཉེར་དང་ཉམས་ལེན་བྱེད་ཚུལ། སྒོམ་རྒྱག་སྟངས་དང་མཚན་ཉིད་རིག་པའི་སྲོལ་རྒྱུན་བཅས་ཀྱི་ཐད་བན་བོན་གཉིས་གཅིག་མཐུན་ཡིན་པ་ནི་ཁས་མ་བླངས་རང་བླངས་ལྟ་བུར་གྱུར་ཡོད་ནའང་། ཆོས་ལུགས་དེ་གཉིས་པོའི་ལོ་རྒྱུས་ཀྱི་བྱུང་འཕེལ་དང་ཆོས་ལུགས་ཀྱི་འབྱུང་རྩ་བཅས་ནི་ཤིན་ཏུ་ནས་ཐ་དད་པ་ཞིག་ཡིན་ལ། བོན་པོ་རྣམས་ཀྱི་རང་ཚུགས་ཅན་གྱི་སྤྱི་

ཚོགས་ཚོ་བ་ཞིག་གི་ངོས་ནས་བོན་ལུགས་དེ་ཉིད་ཐུན་མོང་མ་ཡིན་པའི་ཆོས་ལུགས་ཤིག་ཡིན་ཚུལ་བསྟན་ཡོད།

བོན་གྱི་ལོ་རྒྱུས་ལྟ་ཚུལ་ལྟར་ན། བོན་ལུགས་ནི་ཐུབ་པའི་ཆོས་ལུགས་ལས་དུས་རབས་ཁ་ཤས་ཀྱིས་སྔ་བའི་དུས་ནས་བོད་དུ་དར་ཡོད་ལ། རྒྱ་གར་ནས་དར་བའི་ཆོས་ལུགས་རྫུན་མ་(ཐུབ་པའི་ཆོས་ལུགས་ལ་ཟེར།) བོད་དུ་ཁྱབ་མེད་པ་དང་རྒྱལ་པོ་ཁྲི་སྲོང་ལྡེ་བཙན་གྱིས་དུས་རབས་བརྒྱད་པའི་སྐབས་བོན་གྱི་གཉེན་དང་གྲུབ་ཐོབ་རྣམས་ཡུལ་མཐའ་ཁོབ་ཏུ་རྒྱང་འབུད་མ་བྱས་གོང་དུ་རྒྱལ་པོ་ཚང་གིས་བོན་གྱི་སྦྱིན་བདག་མཛད་པ་ཡིན། ཕྱིས་སུ་བོན་ལ་རྫང་རྗེག་ཐོག་ཡོད་ནའང་དེ་བོད་ཀྱི་ས་ཁོངས་ནས་ཡོངས་སུ་མེད་པར་འགྱུར་མེད་པར་གདུང་རྒྱུད་ཀྱི་ལམ་ནས་རྒྱུན་འཛིན་བྱས་ཡོད་པ་དང་དུས་ཡུན་གང་ཙམ་ཞིག་ཕྱིན་རྗེས་སླར་ཡང་དར་ཁྱབ་བྱུང་ཡོད། འོན་ཀྱང་། དེ་ལ་སྔོན་ལྟར་རྒྱལ་པོ་ཚང་གིས་མཆོད་ཡོན་སྦྱིན་བདག་མཛད་པའི་ཐོབ་ཐང་རག་མེད་དོ།⑨

བོན་གྱི་བཤད་སྲོལ་ལྟར་ན། བོན་ཆོས་ཉིད་བོད་དུ་མ་དར་སྔོན་དུ་དེ་ནི་ཞང་ཞུང་གི་ཡུལ་དུ་དར་བ་དང་། རྒྱལ་ཁམས་དེ་ནི་དུས་རབས་བདུན་པའི་སྐབས་སུ་བོད་བཙན་པོའི་རྒྱལ་རབས་ཀྱི་མངའ་འོག་ཏུ་མ་བསྡུས་བར་དུ་བོན་གྱི་ལྟེ་གནས་ཤིག་ཡིན། ཞང་ཞུང་ཞེས་པའི་རྒྱལ་རབས་དེ་ཡང་མཐའ་མ་ཐུབ་པའི་ཆོས་ལུགས་སུ་བསྒྱུར་བ་དང་དེའི་རིག་གནས་ཀྱང་བོད་ཀྱི་ཤེས་རིག་གི་ཁྲོད་དུ་བསྡུ་ལེན་བྱས་པས་ན་རྒྱལ་རབས་དེའི་རང་བཙན་ཤོར་བ་མ་ཟད་སྐད་ཡིག་དང་བོན་གྱི་ཆོས་ལུགས་རིག་གནས་སོགས་ཀྱང་རིམ་བཞིན་བོར་བརླག་ཏུ་སོང་ཡོད། ལར་ད་ལྟ་ཞང་ཞུང་རིག་གནས་དང་ཌུས་རྒྱུད་སྐོར་འདི་ལྟར་ཡིན་ནོ་ཞེས་གསལ་པོ་ཞིག་བརྗོད་ཐབས་བྲལ་ནའང་ལོ་རྒྱུས་ཐོག་རྒྱལ་རབས་དེ་འདྲ་ཞིག་དངོས་སུ་བྱུང་ཡོད་པ་ནི་བསྙོན་དུ་མེད། རྒྱལ་རབས་དེ་ནི་གངས་རི་ཏི་སེས་དབུས་བྱས་པའི་བོད་ཀྱི་ནུབ་ངོས་སུ་ཆགས་ཡོད་པར་གྲགས་སོ།⑩

ད་ལྟའི་དུས་སུ་བོན་དང་ནུབ་ཕྱོགས་ཀྱི་ཞིབ་འཇུག་པའི་ཁྲོད་དུ་ཞང་ཞུང་གི་སྐད་དེ་ཁུངས་དང་ལྡན་པ་ཞིག་ཡིན་མིན་སྐོར་གྱི་དྲི་གཞི་ཞིག་ལྷག་ཡོད། བོད་ཀྱི་ནང་པ་སངས་རྒྱས་

ཀྱི་གཞུང་ཇི་སྙེད་ཅིག་རྒྱ་གར་གྱི་སྐད་ལས་ཕབ་སྒྱུར་བྱས་པ་ལྟར་བོན་པོས་ཀྱང་ཁོང་ཚོའི་གཞུང་རྣམས་ནི་ཞང་ཞུང་གི་སྐད་ལས་ཕབ་སྒྱུར་བྱས་པ་ལྟར་བོན་པོས་ཀྱང་ཁོང་ཚོའི་གཞུང་རྣམས་ནི་ཞང་ཞུང་གི་སྐད་ལས་བོད་སྐད་དུ་ཕབ་སྒྱུར་བྱས་པ་ཞིག་ཡིན་པར་འདོད་པ་ཡིན་ལ། བོན་གྱི་དཔེ་ཆའི་འགོར་རྒྱ་གར་གྱི་སྐད་དུ་ཞེས་མ་ཡིན་པར་ཞང་ཞུང་གི་སྐད་དུ་ཞེས་བཀོད་རྗེས་གཞི་ནས་བོད་ཡིག་གི་ཁ་བྱང་དག་འཁོད་ཡོད་ནའང་། མིག་སྔར་ཞང་ཞུང་སྐད་ཡིག་གི་ཁུངས་ལ་བདེན་དཔང་བྱ་ཐུབ་པའི་དཔེ་ཆའི་རིགས་རྙེད་སོན་ཐུབ་མེད་པར་བརྟེན་ཞང་ཞུང་གི་སྐད་ཡིག་དངོས་ནི་འདི་ལྟ་བུའོ་ཞེས་ངོས་འཛིན་གསལ་པོ་ཞིག་བྱེད་ཐབས་བྲལ། ད་ཕན་ཞང་ཞུང་གི་སྐད་ཡིག་སྐོར་ཚ་ཚ་འུར་འུར་གྱིས་འགྲན་གླེང་བྱས་ཡོད་ལ། ལྷག་པར་དུ་སྤྱི་ལོ1968ལོར་ཧྥེན་མག་རྒྱལ་ཁབ་ཀྱི་ཞིབ་འཇུག་པ་ཨེ་རི་ཕེ་ཧྲར་གྱིས《ཞང་བོད་ཚིག་མཛོད་》ཅེས་པ་དེ་བརྩམས་རྗེས་ཞང་ཞུང་གི་སྐད་ཡིག་ལ་ཞིབ་འཇུག་བྱེད་རྒྱུའི་ལས་དོན་དེ་དེ་བས་འཕྲུག་ཏུ་ཕྱིན་ཡོད། གཞན་ཡང་R. Aས་ཏན་གྱིས་ཞང་ཞུང་གི་སྐད་ཡིག་ནི་དངོས་སུ་ཡོད་པར་སྨྲ་བའི་ལྟ་བར་དགག་བཞག་སུན་འབྱིན་མཛད་ཡོད།⑪ དེས་ན་ཞང་ཞུང་སྐད་ཡིག་སྐོར་ད་དུང་ཞིབ་ཕྲའི་ཞིབ་འཇུག་བྱ་དགོས་པ་ཡིན། ང་ཚོས་ད་ཕན་ཤེས་རྟོགས་ཐུབ་པའི་གནས་ཚུལ་ཞིག་ནི་བོད་ཀྱི་དཔེ་ཆའི་ཁྲོད་དུ་བོད་འབར་སྐད་རིགས་ཏེ་རི་བོ་ཏི་མ་ལ་ཡའི་རི་རྒྱུད་ཀྱི་མི་རིགས་དང་བོད་ཤར་ཕྱོགས་ཀྱི་རྒྱལ་རོང་སྐད་ཡིག་ལས་འཕྲོས་པའི་མིང་ཚིག་ཇི་མང་ཞིག་ཉར་ཚགས་བྱས་ཡོད་ལ། སྐད་ཡིག་དེ་དག་དང་བོད་སྐད་བར་འབྲེལ་བ་ངེས་ཅན་ཞིག་མཆིས་སོ།

ཞང་ཞུང་སྐད་ཡིག་གི་མིང་ཚིག་ཇི་སྙེད་ཅིག་བོན་གྱི་དཔེ་ཆའི་ནང་དུ་མཆིས་པ་མ་ཟད། དཔེ་ཆ་ཁག་གཅིག་གི་ཁ་བྱང་ཡང་ཞང་ཞུང་གི་སྐད་རང་ལས་བཏགས་ཡོད། བོན་གྱི་དཔེ་ཆའི་མིང་ཚིག་ཁྲོད་དུ་ཐུབ་པའི་ཆོས་ལུགས་ཀྱི་དཔེ་ཆ་དང་མི་འདྲ་བའི་ཁྱད་ཆོས་ལྡན་ཡོད་པ་ནི་དཔེར་ན་ཤེ་ཐུན་（བོད་སྐད་སྙིང་）ཉི་རི་（བོད་སྐད་ཉི་མ།）ཕྱེར་རོ་（བོད་སྐད་རྒྱལ་པོ།）ཏྲང་（བོད་སྐད་ཏ་）སོགས་དང་། དེ་བཞིན་བོན་གྱི་ལྷ་ལ་སོགས་པའི་མིང་དུའང་ཞང་ཞུང་གི་མིང་ཚིག་སྦྱར་ཡོད་པ་ནི་དཔེར་ན་སད་（བོད་སྐད་ལྷ་）ཙ་མེད་（བོད་

སྐད་སྐྱེད་མན།）ཏིང་（བོད་སྐད་ཚུ་）སོགས་ལྟ་བུའོ།

བོད་ཀྱི་སྲོལ་རྒྱུན་ལྟར་ན། བོན་གྱི་རྩ་བའི་འབྱུང་ཁུངས་ནི་བོད་ཀྱི་ནུབ་ཕྱོགས་ཏེ་ཞང་ཞུང་གི་ས་མཚམས་ལས་བརྒལ་བའི་ནུབ་ངོས་སུ་ཡོད་པར་འདོད། བོན་པོ་རྣམས་ཀྱིས་གཡུང་དྲུང་བོན་ནི་ཐོག་མར་རྟག་གཟིགས་སམ་སྟག་གཟིག་ཅེས་པའི་ཡུལ་དུ་དར་བར་འདོད། སྟག་གཅིག་ཅེས་པའི་མིང་ལས་ས་དེ་ནི་ཨེ་ཤེ་ཡའི་དཀྱིལ་འཁོར་གྱི་ཡུལ་ཏ་ཅི་ཁེ་སི་（Tajiks）ཞེས་པ་དེ་ཡིན་པ་ལྟ་བུར་བསྟན་འདུག་ཀྱང་ས་ཁུལ་དེ་ཡང་སླིང་གང་དུ་ཡིན་མིན་ནི་ད་ལྟ་ངོས་འཛིན་ཤིན་ཏུ་བྱ་དཀའ་བ་ཞིག་ཏུ་གྱུར་ཡོད། བོན་གྱི་སྲོལ་རྒྱུན་ལྟར་ན། སྟག་གཟིག་ཅེས་པ་དེ་ནི་ཡུལ་གཞན་ལྟར་ས་ཁོངས་རང་བཞིན་ལྡན་པའི་རྒྱལ་ཁམས་ཤིག་མ་ཡིན་པར་དེ་ནི་སྦས་ཡུལ་ལམ་ཡང་ན་ཤེས་གྲིབ་དག་པའི་སྐྱེ་བོ་དམ་པ་རྣམས་ཀྱི་དག་སྣང་དུ་འཆར་བའི་བདེ་བ་ཅན་གྱི་ཞིང་ཁམས་ཤིག་ཏུ་ངོས་འཛིན་བྱེད་པ་ཡིན། སྟག་གཟིག་ཅེས་པའི་ཡུལ་ལ་འོལ་མོ་ལུང་རིང་ཞེས་ཀྱང་འབོད་ལ་དེ་ནི་ཐུབ་པའི་ཆོས་ལུགས་ནང་དུ་ཡུལ་ཤམ་བྷ་ལ་ཞེས་པ་ཞིག་ཡོད་ཚུལ་བརྗོད་པ་དང་འདྲའོ།⑫

བོན་པོ་རྣམས་ཀྱིས་སྟག་གཟིག་གི་ཡུལ་ནི་གནས་མཆོག་ཏུ་གྱུར་པ་ཞིག་ཏུ་ངོས་འཛིན་བྱེད་ལ། དེ་ན་སྟོན་པ་གཤེན་རབ་མི་བོ་ཆེ་འཁྲུངས་ཤིང་ནར་སོན་རྗེས་རྒྱལ་པོའི་ཁྲིར་འཁོད་པར་གྲགས། སྟོན་པ་གཤེན་རབ་ནི་འཁྲུངས་དུས་ནས་མངོན་པར་སངས་རྒྱས་ཤིང་འགྲོ་བའི་དོན་དུ་འཇིག་རྟེན་ཐོག་ཕེབས་པར་ངོས་འཛིན་བྱེད་པ་ཡིན།

བོན་ལུགས་ལའང་རྣམ་ཐར་རྩོམ་རིག་རྒྱ་ཆེ་ལྡན་ལ་རྩོམ་རིག་དེ་དག་བརྒྱུད་ནས་སྟོན་པ་གཤེན་རབ་ཀྱི་མཛད་པར་བསྔགས་བརྗོད་བྱས་ཡོད།⑬ དེས་ན་གལ་ཏེ་ཁྱད་དུ་འཕགས་པའི་སྐྱེ་བོ་དམ་པ་དེའི་གནས་ཚུལ་བཀོད་པའི་ལོ་རྒྱུས་དང་རྩོམ་རིག་དང་འབྲེལ་བའི་གནད་དོན་ལ་གཏིང་ཟབ་ཀྱིས་དཔྱད་ཞིབ་ཅིག་མ་བྱས་ན་མཚམས་རེ་ནུབ་ཕྱོགས་པའི་ཞིབ་འཇུག་པ་རྣམས་ཀྱི་འདོད་པ་ལྟར་མ་ཡིན་པར་སྟོན་པ་གཤེན་རབ་ཀྱི་རྣམ་ཐར་དང་ཤཱཀྱ་ཐུབ་པའི་རྣམ་ཐར་གཉིས་དབར་འབྲེལ་བ་དམ་ཟབ་མེད་པར་མཐོང་བ་ཡིན། དེ་ཡང་སྟོན་པ་གཤེན་རབ་མི་བོ་ཆེའི་སྐུ་ཚེ་སྟོད་དུ་སྟག་གཟིག་གམ་འོལ་མོ་ལུང་རིང་གི་རྒྱལ་པོ་མཛད་པས་ན་ཁོང་

ནི་མི་སྐྱེ་ཞིག་ཡིན་པར་སྣང་ཞིང་། ཕོང་གིས་བོན་ཉིད་སྟག་གཟིག་གི་ཡུལ་ནས་ཕྱོགས་ཕྱོགས་སུ་དར་བར་མཛད་ཡོད། འདིར་བརྗོད་དགོས་པ་ཞིག་ནི་ཕོང་གིས་བོན་སྤེལ་བའི་སྐབས་སུ་བོན་ཆོས་དང་འབྲེལ་བའི་ཚོ་ག་ཇི་སྙེད་ཅིག་གི་སྲོལ་བཏོད་ནས་སྤེལ་གནང་མཛད་ཡོད་ལ། ཚོ་ག་དེ་དག་ནི་དེང་དུས་ཀྱི་བོན་གཤེན་རྣམས་ཀྱིས་མུ་མཐུད་སྤེལ་ནས་རང་ཉིད་ནི་སྟོན་པ་རང་གིས་གསར་གཏོད་གནང་བའི་འགྱུར་མེད་ཚོ་གའི་ལུགས་མཐུན་འོས་བབ་ཀྱི་རྒྱུན་འཛིན་པ་ཞིག་ཡིན་ཚུལ་མངོན་པར་བྱེད་པ་ཡིན། ཐུབ་པའི་ཆོས་ལུགས་ཀྱི་ཚོ་གར་བཀའ་བསྟན་གྱི་གཞི་མ་ཐད་ཀར་བ་ཞིག་མེད། འོན་ཀྱང་བོན་ལུགས་ལ་ནི་ཧྥི་ལི་པི་དེན་ཝུ་ད་(Philip Denwood) ཡིས“ ཕོང་ཆོས་ཚོ་ག་དར་སྤེལ་བཏང་ཡོད་ལ་མཚོད་པའི་ཚོ་གའི་སྤེལ་རིམ་ནི་རྨང་གཞིའི་གཞུང་ལུགས་ནང་དུ་ཞིབ་ཅིང་རྒྱས་པར་སྦྲིས་ཡོད་” ⑭ ཅེས་གསུངས་པ་ལྟར་གཞུང་ལུགས་ཀྱི་ཁུངས་གཏུགས་ས་ཞིག་ཡོད། སྟོན་པ་གཤེན་རབ་ཀྱིས་བོན་སྤེལ་བའི་ནང་དོན་ཁྲོད་དུ་ལྷ་ཁང་བཞེངས་པ་དང་མཆོད་རྟེན་བརྩེགས་ཚུལ་བཅས་འཁོད་པ་ལས་ཕོང་གི་རྣམ་ཐར་ནང་དུ་དགོན་པ་ཕྱག་བཏབ་ཚུལ་ནི་འཁོད་མེད་དོ། སྟོན་པ་གཤེན་རབ་མི་བོ་ཆེ་འཁོར་གཡོག་དང་བཅས་པ་ཕྱོགས་ཕྱོགས་སུ་ཕེབས་ནས་སྐྱེ་བོ་སྡིག་ཅན་པ་རྣམས་བོན་ལ་བཀུག་པར་མཛད། སྟོན་པའི་བཙུན་མོ་དང་། བུ་ཕྲུག སློབ་མ་བཅས་ཀྱིས་ཀྱང་བོན་སྤེལ་བའི་བྱ་གཞག་ཁྲོད་དུ་གལ་ཆེའི་ནུས་པ་འདོན་སྤེལ་བྱས་ཡོད་པར་གྲགས་ཤིང་། བརྗོད་ཚུལ་དེ་ལྟ་བུ་ནི་ཐུབ་པའི་ཆོས་ལུགས་ཀྱི་སྟོན་པ་ཤཱཀྱ་ཐུབ་པའི་རྣམ་ཐར་ཁྲོད་དུ་མ་མཆིས་སོ། སྟོན་པ་གཤེན་རབ་མི་བོ་ཆེས་སྐུ་ཚེའི་སྨད་དུ་རབ་བྱུང་སྒྲུབ་པར་མཛད་ཅིང་མི་རིང་བར་རི་ཁྲོད་དུ་ཕེབས་ནས་མཚམས་ལ་བཞུགས་ཤིང་། སྐབས་དེ་དུས་ཕོང་གིས་གཞི་ནས་གཏུམ་དྲག་ཅན་གྱི་དགྲ་ཡ་བདུད་ཀྱི་སྲས་དེ་བོན་ལ་དཀུག་གནང་མཛད་པར་གྲགས་སོ། ⑮

སྟོན་པ་གཤེན་རབ་མི་བོ་ཆེའི་རྣམ་ཐར་གྱི་ནང་དོན་ཁག་གཅིག་དང་དུས་རབས་བརྒྱད་པའི་སྐབས་སུ་བོད་ཀྱི་བཙན་པོ་ཁྲི་སྲོང་ལྡེ་བཙན་གྱིས་གདན་དྲངས་ཤིང་། བོད་ཀྱི་ལྷ་སྲིན་སྡེ་བརྒྱད་དམ་ལ་བཏགས་ནས་གངས་ཅན་ལྗོངས་ཀྱི་དགོན་ལ་སྦྱ་བ་བསམ་ཡས་མི་འགྱུར་ལྷུན་གྱིས་གྲུབ་པའི་གཙུག་ལག་ཁང་བཞེངས་པར་མཛད་མཁན་རྒྱ་གར་གྱི་རྣལ་འབྱོར་

ཆེན་པོ་སློབ་དཔོན་པདྨ་འབྱུང་གནས་དང་འབྲེལ་བ་མཆིས་ལ། སྔོན་པ་གཞེན་རབ་ཀྱི་མཛད་པ་ཁག་གཅིག་དང་བོད་ཀྱི་ལོ་རྒྱུས་སྔོན་ངག་རིང་པོ་གེ་སར་རྒྱལ་པོའི་སྒྲུང་ནང་གི་དཔའ་བོ་གེ་སར་རྒྱལ་པོས་ཕྱོགས་བཞིའི་དགྲ་རྣམས་ལས་རྣམ་པར་རྒྱལ་བར་མཛད་པའི་འཕྲིན་ལས་བསྐྱངས་ཚུལ་དང་ཡང་འབྲེལ་བ་མཆིས། དེར་བརྟེན། བོད་ཀྱི་ལོ་རྒྱུས་དང་རྩོམ་རིག་ཁྲིད་ཀྱི་མི་སྣ་མི་འདྲ་བ་དེ་རིགས་དབར་གྱི་འབྲེལ་བར་རྩད་ཞིབ་ཅིག་བྱ་དགོས་ལ། སྔོན་པ་གཞེན་རབ་ཀྱི་རྣམ་ཐར་ཁྲིད་ཀྱི་ནང་དོན་ཁག་གཅིག་ནི་ལོ་རྒྱུས་ཀྱི་དངོས་དོན་ཡིན་ངེས་ཀྱང་རྣམ་ཐར་དེ་བཞིན་ཐུབ་པའི་ཆོས་ལུགས་ཀྱི་རྣམ་ཐར་དཔེ་ཆ་ལ་སྟབས་བདེས་ལད་མོ་བྱས་པ་ལས་གྲོན་པ་ཞིག་ཡིན་པ་ནི་སུས་ཀྱང་བསྙོན་མི་ནུས་སོ།

དུས་རབས་བཅུ་གཅིག་པའི་རྗེས་སུ་སླེབས་སྐབས་བོན་པོ་རྣམས་ཀྱིས་ཀྱང་ཐུབ་པའི་ཆོས་ལུགས་དང་འདྲ་བར་དགོན་སྡེ་བཞེངས་འགོ་བཙམས་པ་དང་། དེ་དག་ལས་ཁག་གཅིག་ནི་གྲྭ་བཙུན་བརྒྱ་ཕྲག་མང་པོ་བཞུགས་པའི་དགོན་སྡེ་ཆེ་གྲས་སུ་འཕེལ་རྒྱས་ཕྱིན་ཡོད། དེ་ཡང་བོན་གྱི་གྲགས་ཅན་དགོན་པ་ཆེ་ཤོས་དེ་ནི་སྤྱི་ལོ1405ལོར་བོད་དབུས་གཙང་ཁུལ་དུ་ཕྱག་བཏབ་པའི་སྨན་རི་དགོན་ཡིན་ལ། དེ་ནི་ཡར་ཀླུང་གཙང་པོའི་བྱང་ངོས་སུ་ཆགས་ཡོད། ད་དུང་བོད་ཀྱི་བྱང་ཤར་ཕྱོགས་ཀྱི་ཁམས་དང་ཨ་མདོའི་ཁུལ་དུའང་བོན་དགོན་ཧ་སྒོད་ཅིག་མཆིས་ལ། དགོན་སྡེ་དེ་དག་གནང་བཞུགས་པའི་གྲྭ་བཙུན་རྣམས་ནི་འདུལ་ཁྲིམས་དམ་ལ། སྡོམ་པ་གཙང་བ་ཤ་སྟག་ཡིན། བོན་པོས་རབ་བྱུང་བ་རྣམས་ལ་དྲང་སྲོང་ཞེས་ཟེར་བ་དེ་ནི་ལེགས་སྦྱར་གྱི་སྐད་rsiཞེས་པ་དེ་བོད་སྐད་དུ་བསྒྱུར་བ་ཞིག་གོ།⑯ དུས་རབས་འགའ་ཞིག་རིང་བོན་གྱིས་དགོན་སྡེ་བཞེངས་ནས་འཆད་རྩོད་རྩོམ་གསུམ་གྱི་ལས་ལ་འཇུག་པའི་ཐད་ལ་དགེ་ལུགས་པའི་ཤུགས་རྐྱེན་ཐོག་ཡོད་ནའང་ཚོ་པའམ་མི་སྙེར་གྱི་རྣམ་པའི་ཐོག་ནས་གསང་སྔགས་ཀྱི་གཞུང་ལ་སྒོམ་སྒྲུབ་བྱེད་པའི་སྲོལ་རྒྱུན་ནི་སྔར་བཞིན་མི་ཉམས་པར་རྒྱུན་འཛིན་བྱས་ཡོད།

བོན་ལ་ཡིག་རིགས་དཔྱད་གཞི་ཤིན་ཏུ་མང་པོ་ཡོད་པ་དེ་དག་ལ་ཞིབ་འཇུག་བྱེད་རྒྱུ་ནི་ད་ལྟ་འགོ་བཙུགས་ཙམ་ཡོད། དེ་སྔོན་ནུབ་ཕྱོགས་སུ་བོན་གྱི་ཡིག་རིགས་ཁག་ནི་ཐུབ་པའི་

ཆོས་ལུགས་ཀྱི་གཞུང་དོན་བཀྲ་བཤུས་བྱས་པ་ལས་གྲོན་པ་ཞིག་ཡིན་པར་ངོས་འཛིན་བྱེད་པ་ཡིན། འོན་ཀྱང་ཉེ་བའི་ལོ་ཉི་ཤུའི་ནང་དུ་བོན་གཞུང་ལ་ངོས་འཛིན་བྱེད་ཚུལ་ཐད་འགྱུར་ལྡོག་ཆེན་པོ་བྱུང་ཡོད། དེ་ལྟའི་འགྱུར་ལྡོག་ནི་ནུབ་ཕྱོགས་པའི་ཞིབ་འཇུག་པ་སེ་ནེ་ལ་གོ་རུབ་ཀྱིས་སྤྱི་ལོ་1967ལོར་འགྲེམས་སྤེལ་བྱས་པའི་དཔྱད་རྩོམ་ནས་འགོ་ཚུགས་ཡོད། དེ་ཡང་ཁོང་གིས་བོན་གྱི་དཔྱད་ཡིག་ལ་ཞིབ་འཇུག་མཛད་རྗེས“ དེ་ཡང་བོན་ཆོས་ཀྱི་ནང་དོན་མང་པོ་ཞིག་ནི་སློབ་གཉེར་དང་བསྒྱུར་བཤད་བྱས་རྗེས་གཞི་ནས་བསྡུ་ལེན་བྱས་པ་ཞིག་ཡིན་པ་ལས། སླ་བཅོས་ཀྱིས་ལད་ཟློས་བཀྲ་བཤུས་ཁོ་ན་བྱས་པ་ཞིག་མ་ཡིན་ནོ།” ཞེས་རྩོམ་ཚིག་འཇོག་གནང་མཛད་ཡོད།⑰

ནུབ་ཕྱོགས་པའི་བོད་རིག་པ་ཞིབ་འཇུག་པ་ཁག་གཅིག་གིས་བན་བོན་གཉིས་ཀྱི་དཔེ་ཆའི་དབར་ཐ་ན་ཚིག་འབྲུ་རེ་རེ་བྱས་ནས་དཔྱད་བསྡུར་བྱས་རྗེས་དེ་གཉིས་དབར་ཤིན་ཏུ་ནས་ཆ་འདྲ་བའི་གནས་དུ་མ་མཆིས་པ་རྟོགས་ཤིང་། ཁོང་ཚོས་བཞག་པའི་རྩོམ་ཚིག་ནི་སྔར་བོན་གྱིས་ཐུབ་པའི་ཆོས་ལུགས་ཀྱི་དཔེ་གཞུང་བཀྲ་བཤུས་བྱས་སོ་ཞེས་པའི་ལྟ་བར་རྒྱབ་ཀྱིས་ཕྱོགས་ནས་ཐུབ་པའི་ཆོས་ལུགས་ཀྱི་རྩོམ་པ་པོས་བོན་གྱི་དཔེ་ཆ་འདྲ་བཤུས་བྱས་སོ་ཞེས་པ་དེ་ལགས།⑱ འོན་ཀྱང་ཁོང་ཚོས་དེ་ལྟར་བརྗོད་པ་དེས་བོན་ལ་ཐུབ་པའི་ཆོས་ལུགས་ཀྱི་ཤུགས་རྐྱེན་ཕོག་མེད་དོ་ཞེས་པར་ངོས་འཛིན་བྱ་མི་ཉན་ལ། དེ་ལས་ལྡོག་སྟེ་བོད་ཀྱི་ལོ་རྒྱུས་ཐོག་སྐབས་ཤིག་རིང་བན་བོན་གཉིས་དགྲ་ཟླར་ལངས་ནས་ཕྱོགས་སོ་སོར་འཕེལ་རྒྱས་ཕྱིན་ཡོད་པ་དང་། ང་ཚོས་དེ་གཉིས་པོའི་འབྲེལ་བ་ནི་ཤིན་ཏུ་ནས་རྙོག་འཛིང་ཅན་ཞིག་དང་ཕན་ཚུན་ཤུགས་རྐྱེན་ཐེབས་རེས་བྱས་ནས་དར་འཕེལ་བྱུང་བའི་དོན་དངོས་ཉིད་ད་ལྟ་གཞི་ནས་ཤེས་རྟོགས་ཐུབ་པ་དེའོ།

བོན་ཆོས་ཀྱི་དཔེ་ཆའི་བྱུང་ཚུལ་སྐོར་ལ་བོན་གྱི་ལོ་རྒྱུས་འཁོད་པའི་དཔེ་ཆར་བལྟས་ན་གཞི་ནས་ཤེས་རྟོགས་ཐུབ་པ་ཡིན། བོན་ལུགས་ལྟར་ན། བོད་ཀྱི་གནའ་བོའི་བཙན་པོ་རྣམས་ཀྱིས་བོན་ལ་དད་པ་མཛད་ཅིང་རྒྱལ་པོ་ཚང་དང་འབངས་མི་སེར་རྣམས་ཀྱིས་བོན་ལ་དད་པ་མཛད་ཅིང་རྒྱལ་པོ་ཚང་དང་འབངས་མི་སེར་རྣམས་ཀྱིས་ཀྱང་བོན་ཆོས་ལ་དད་པ་

བྱེད་པ་ཡིན། དེ་ལྟ་བུའི་རྫོགས་ལྡན་གྱི་དུས་སྐབས་དེ་བཙན་པོ་ཁྲི་གུམ་གྱི་སྐབས་སུ་མཇུག་བསྡུས། བཙན་པོ་འདི་པའི་དུས་སུ་བོན་བསྒྱུར་བས་པ་དང་བོན་པོ་རྣམས་ཀྱི་དཔེ་ཆ་རྣམས་མ་འོངས་པའི་ཕྱིར་གཏེར་དུ་སྦས་པར་གྲགས། དེ་ནི་བོན་ལ་གཏེར་མ་ཞེས་ས་འོག་ཏུ་སྦས་པར་གྲགས། དེ་ནི་བོན་ལ་གཏེར་མ་ཞེས་ས་འོག་ཏུ་སྦས་པའི་དཔེ་ཆ་དང་གཏེར་སྟོན་ཞེས་ས་འོག་ཏུ་སྦས་པའི་དཔེ་ཆ་དག་སླར་ཡང་རྟོག་འདོན་བྱེད་མཁན་གྱི་སྲོལ་རྒྱུན་དར་འགོ་ཚུགས་པའི་དུས་ལགས་སོ།⑲

ཡར་བོན་ལུགས་ནི་གྲི་གུམ་བཙན་པོའི་སྲས་ཀྱི་དུས་སུ་སླར་གསོ་བྱས་པ་དང་སྔར་ལྟར་འཕེལ་རྒྱས་ཕྱིན་ཡོད་ནའང་། དུས་རབས་བརྒྱད་པའི་སྐབས་སུ་ཁྲི་སྲོང་ལྡེ་བཙན་གྱིས་སླར་ཡང་བསྒྱུབས་སོ། བོད་ཀྱི་ལོ་རྒྱུས་ལྟར་ན། བཙན་པོ་ཁྲི་སྲོང་ལྡེ་བཙན་ནི་ཆོས་རྒྱལ་ཞིག་ཡིན་ལ། ཁོང་གི་འཁྲིན་ལས་ཀྱིས་བོད་དུ་རབ་བྱུང་བ་ཐོག་མར་བྱུང་བར་གྲགས། འོན་ཀྱང་། བོན་ལུགས་ཀྱི་བཤད་སྲོལ་ལྟར་ན། བཙན་པོ་དེས་ཆོས་ལ་དད་པ་མཛད་པའི་རྒྱུ་མཚན་ནི་ཁོང་རང་ཉིད་ཚེ་རིང་དུ་འཕེལ་ཕྱིར་ཡིན་པ་དང་། ད་དུང་བཤད་སྲོལ་གཞན་ཞིག་ཡོད་པ་ནི་བཙན་པོ་དེ་པའི་བློན་པོའི་གྲས་ལས་མ་ཉུང་ཁོག་བཅངས་མཁན་འགས་ད་ནི་བོན་གྱི་སྟོབས་ཤུགས་དང་བཙན་པོའི་དབང་ཤུགས་གཉིས་མཉམ་ཞིང་བཙན་པོ་འདས་རྗེས་བོན་གྱིས་རྒྱལ་ཁམས་ཀྱི་ཁ་ལོ་བསྒྱུར་རོ་ཞེས་བཙན་པོའི་སྙན་དུ་ཕྲ་མ་གསོལ་བ་བཅས་ལས་བཙན་པོས་བོན་བསྒྱུབས་ནས་བན་ལ་མོས་པ་མཛད་པ་ཡིན་ནོ་ཞེས་པ་དེའོ།⑳

“དུས་ཕྱིས་ཀྱི་བོད་ཀྱི་ལོ་རྒྱུས་མཁན་པོས་བོན་བསྒྱུབས་ཐེངས་གཅིག་ཡིན་པ་དེ་བསྒྱུབས་ཐེངས་གཉིས་སུ་དབྱེ་ཡོད།”㉑ ཡར་ནས་ལོ་རྒྱུས་ཀྱི་བདེན་པ་དངོས་ཅི་ཡིན་མ་བརྟོས་པར། བན་བོན་གཉིས་ཀས་ཁས་ལེན་པའི་དོན་ནི་བཙན་པོ་ཁྲི་སྲོང་ལྡེ་བཙན་སྐབས་སུ་བོན་པོ་ཁག་གཅིག་ཡུལ་གྱི་མཐར་རྒྱང་འབུད་བཏང་བ་དང་ཁག་གཅིག་ནི་ཆོས་ཀྱི་སྒོར་བཙན་འཇུག་བྱས་པ་དེ་ལགས། སྐབས་དེ་དུས་བོན་གྱི་དཔེ་ཆ་ཁག་གཅིག་ཡང་བསྐྱར་གཏེར་དུ་སྦས་ནས་བོན་བསྐྱར་དར་བྱུང་དུས་སླར་ཡང་ལེན་པའི་རེ་སྨོན་གྱི་རྒྱུས་བཏབ་ནས་བཞག་གོ། བོན་གྱི་རྒྱ་ཆེའི་གཞུང་ལུགས་ནང་དུ་བོན་ལ་གོད་ཆག་བྱུང་སྐབས་འོག་ཏུ་སྦས་པ་

དང་དེ་རྗེས་སླར་ཡང་ས་འོག་ནས་བླངས་པའི་གཏེར་མ་ཡིས་གལ་ཆེའི་གནས་བབས་བཟུང་ཡོད་ལ། བོན་པོ་རྣམས་ཀྱིས་ཀྱང་ཐུབ་པའི་ཆོས་ལུགས་ཀྱི་ཆོས་པ་རྣམས་ཀྱིས་བོན་གྱི་དཔེ་ཆ་ཇི་སྙེད་ཅིག་ཆོས་སུ་བསྒྱུར་ཡོད་ཚུལ་བརྗོད་པ་ཡིན་ནོ།

བོན་གྱི་ལོ་རྒྱུས་དཔེ་ཆ་ལྟར་ན། བོན་གྱི་དཔེ་ཆ་གཏེར་ལས་བཞེས་པའི་མཐའ་མཇུག་གི་དུས་ནི་དུས་རབས་བཅུ་པའི་སྐབས་སུ་ཡིན། ཐེངས་དང་པོའི་དཔེ་ཆ་གཏེར་ནས་བཞེས་ཚུལ་ནི་སྟེས་དབང་དུ་བྱུང་བ་ཞིག་ཡིན་ཏེ། དེ་ཡང་ས་ཧོ་བ་འགའ་ཞིག་གིས་བསམ་ཡས་དགོན་པའི་སྒམ་ཞིག་བརྐུས་ནས་དེའུ་ནང་དུ་གསེར་ཡོད་དོ་སྙམ་ནས་ཁ་ཕྱེ་སྟེ་བལྟས་པས་བློ་ཕངས་པ་ཞིག་ལ་སྒམ་ནང་དུ་བོན་དཔེ་འགའ་ཞིག་ལས་མེད་པས་དེ་དག་ཟས་རིགས་དང་བརྗེས་པ་དང་། ཟས་རིགས་བརྗེ་མཁན་དག་ནི་ཆོས་དཔེ་འཚོལ་བཞིན་པའི་ཐུབ་པའི་ཆོས་ལུགས་ཀྱི་ཆོས་པ་ཡིན་པས་བོན་དཔེ་ཁོ་ཚོར་མི་མཁོ་བ་ཤེས་རྗེས་དེ་དག་བསྒྱུར་ནས་སོང་ངོ་། ㉒ འོན་ཀྱང་། ཕྱིས་སུ་དཔེ་ཆ་གཏེར་ལས་བཞེས་ཚུལ་དེ་རིམ་བཞིན་ངོ་མཚར་ཅན་དང་གསང་བ་སྔགས་གྱུར་གྱི་རྣམ་པ་ཅན་དུ་འཕོ་འགྱུར་སོང་ཡོད། དེ་ཡང་དཔེ་ཆ་གཏེར་ལས་བཞེས་པར་ལོ་གཅིག་ཙམ་རིང་སྔོན་འགྲོའི་ཁྲབས་གསོམ་བྱ་དགོས་པ་དང་། གཏེར་མ་ཡོད་སའི་ས་ན་མཁའ་འགྲོ་ཡི་དམ་གྱི་ཞལ་གཟིགས་ནས་ལུང་བསྟན་བྱུང་བ་སོགས་སོ། གཏེར་མ་ཞེས་པ་ལས་ཁག་གཅིག་ནི་དངོས་སུ་ལག་ཏུ་ལེན་རྒྱུ་ཡོད་པའི་དཔེ་ཆ་ཞིག་མ་ཡིན་པར་གཏེར་གྱི་དགོངས་པ་དབྱིངས་སུ་རང་བཞིན་གྱིས་འཁྲུངས་པའི་དཔེ་ཆ་ཞིག་ཡིན་པས་ན་དེ་ལ་དགོངས་གཏེར་ཞེས་ཀྱང་བརྗོད་པ་ཡིན་ནོ།㉓

བོན་པོ་རྣམས་ཀྱིས་གཏེར་ལས་བཞེས་པའི་དཔེ་ཆ་དེ་དག་ནི་སྟོན་པ་གཤེན་རབ་མི་བོ་ཆེ་རང་གི་བཀའ་དག་མ་ཉམས་བརྒྱུད་སྤེལ་བྱས་པ་ཞིག་ཡིན་པར་འདོད་ནས་བོན་གྱི་བཀའ་འགྱུར་ཁོངས་སུ་བསྡུས་ཡོད་（ད་ལྟ་ཕྱོགས་བསྒྲིགས་བྱས་པའི་བོན་གྱི་བཀའ་འགྱུར་ལ་པོ་ཏི190ཡོད།）པ་དེའི་གྲུབ་ཚུལ་དང་ཐ་སྙད་འདོགས་ཚུལ་ནི་བོད་ཀྱི་ཐུབ་པའི་ཆོས་ལུགས་དང་གཅིག་མཐུན་ཡིན། ད་ལྟ་བོན་གྱི་བཀའ་འགྱུར་དག་དུས་ནམ་ཞིག་ཏུ་བྱུང་བའི་སྐོར་ཁ་ཚོན་གཅོད་ཐབས་བྲལ་ནའང་། ང་ཚོས་བོན་ལ་དངོས་སུ་ལག་ཐོག་ཏུ་ལེན་རྒྱུ་ཡོད་པའི་དཔེ་

ཆ་བྱུང་བའི་དུས་ནི་སྤྱི་ལོ1386ལོའི་རྗེས་སུ་ཡིན་པའི་དོན་ཉིད་ངེས་པར་དུ་བློ་ངོར་འཛོག་དགོས་ལ། ང་ཚོས་ཚོད་དཔག་བྱ་ཐུབ་དོན་ནི་བོན་གྱི་བཀའ་འགྱུར་ཕྱོགས་བསྒྲིགས་བྱས་པའི་དུས་ནི་སྤྱི་ལོ1405ལོར་ཡིན་པ་དེ་ལགས། བོན་པོའི་བཀའ་འགྱུར་གྱིས་བོན་པོའི་དཔྱད་ཡིག་སྤྱིའི་ཆ་ཤས་ཙམ་ལས་ཟིན་གྱི་མེད་ལ། ནུབ་ཕྱོགས་པའི་བོད་རིག་པར་ཞིབ་འཇུག་གནང་མཁན་ཚོའི་ངོས་ནས་བརྗོད་ན་དེའི་ཐད་ཞིབ་འཇུག་བྱ་རྒྱུའི་སྒོ་འཕར་ད་དུང་ཡངས་པོར་ཕྱེ་ཐུབ་མེད།㉔

བོན་པོའི་བཀའ་འགྱུར་གྱི་ནང་དོན་རྣམས་སྡེ་ཚན་ཁག་ཏུ་དབྱེ་ཡོད་པ་དེ་དག་ནི་མདོ་དང་། འབུམ། རྒྱུད་དང་མཛོད་བཅས་བཞི་འོ། གོང་གསལ་བོན་གྱི་ཐ་སྙད་དང་རྒྱ་གར་གྱི་སྐད་ལས་བསྒྱུར་བའི་བོད་སྐད་ཀྱི་ཐ་སྙད་དག་གཅིག་མཚུངས་ལྟ་བུར་སྣང་ནའང་བོན་པོ་རྣམས་ཀྱིས་ནི་མིང་ཚིག་དེ་དག་གི་ཁུངས་ནི་རྒྱ་གར་ལ་མ་ཡིན་པར་ཞང་ཞུང་གི་སྐད་ལ་གཏུགས་པ་ཡིན་ནོ། ཐུབ་པའི་ཆོས་ལུགས་དང་འདྲ་བར་བོན་ལའང་ཤིན་ཏུ་འཕོར་ཆེ་བའི་བརྟེན་འགྱུར(བསྟན་འགྱུར)ཡང་ཡོད་ལ་བརྟེན་འགྱུར་དེ་བཞིན་སྡེ་ཚན་ཁག་གསུམ་དུ་དབྱེ་བ་ཡིན་ཏེ། གཅིག་ཕྱི་རྒྱུད་དེ་དགོན་པའི་འདུལ་ཁྲིམས་དང་། སྤྱོད་པ། གཟུགས་འདས་རིག་པ་བཅས་ཀྱི་འགྲེལ་པ་དང་སྔོན་པ་གཤེན་རབ་ཀྱི་རྣམ་ཐར་བཅས་ལས་གྲུབ་པ་དང་། གཉིས་ནང་རྒྱུད་དེ་གསང་སྔགས་ཀྱི་ལྷ་ཚོགས་དང་མཁའ་འགྲོ་མའི་ཚོགས་དང་འབྲེལ་བའི་གསང་སྔགས་ཚོ་གའི་འགྲེལ་པ་དང་འཇིག་རྟེན་པ་དང་འབྲེལ་བའི་མོ་དང་རྫུ་འཕྲུལ་གྱི་ཚོ་གའི་འགྲེལ་པ། མཐའ་མ་དེ་ནི་གསང་བའི་སྒོམ་སྒྲུབ་བྱེད་ཚུལ་བཅས་སོ།㉕

ཁོ་བོས་བོན་གྱི་སྐུ་བརྙན་དང་ཐང་གའི་སྒྱུ་རྩལ་སྐོར་ཞིབ་འཇུག་བྱས་པའི་དེབ་ནང་དུ་བཀོད་པའི་དཔྱད་ཡིག་རྣམས་ནི་བོན་གྱི་བཀའ་འགྱུར་ནང་གི་མདོ་རྒྱུད་གཉིས་དང་། བརྟེན་འགྱུར་ནང་གི་ཕྱི་རྒྱུད་དང་ནང་རྒྱུད་གཉིས་ལས་དྲངས་པ་ཞིག་གོ བོན་པོའི་དཔེ་ཚོགས་ཁྲོད་དུ་ལོ་རྒྱུས་ཀྱི་འབྱུང་བ་བརྗོད་པའི་དེབ་ཐེར་གྱིས་གལ་ཆེའི་གནས་བབས་བཟུང་ཡོད། བོན་པོའི་ལོ་རྒྱུས་དེབ་ཐེར་ནང་གི་ནང་དོན་དང་ལོ་རྒྱུས་ལྟ་ཚུལ་ལ་དམིགས་བསལ་ཁྱད་ཆོས་ཡོད་ལ། དེ་དང་བོད་བརྒྱུད་ཐུབ་པའི་ཆོས་ལུགས་པས་བྲིས་པའི་ལོ་རྒྱུས་ལྟ་ཚུལ

དབར་མི་འདྲ་བའི་གནད་དུ་མ་མཆིས། དེ་ཡང་དཔེར་ན། བོད་ཀྱི་ཐུབ་པའི་ཆོས་ལུགས་ལྟར་ན། རྒྱ་གར་གྱི་ཐུབ་པའི་ཆོས་ལུགས་ནི་སྟོན་པ་ཤཱཀྱ་ཐུབ་པ་དང་རྒྱ་གར་གྱི་སྐྱེས་ཆེན་དུ་མའི་ལུང་བསྟན་ལྟར་དུས་རབས་བདུན་པ་དང་བརྒྱད་པའི་སྐབས་སུ་བོད་ཀྱི་བཙན་པོ་རིམ་བྱོན་གྱིས་རྒྱབ་སྐྱོར་གནང་བའི་འོག་གངས་ཅན་གྱི་ལྗོངས་སུ་ཐོག་མར་དར་བ་དང་། དེའི་ནུས་མཐུས་བོད་འདི་བཞིན་ཞེས་དཔལ་དར་བའི་མི་རིགས་ཀྱི་གྲས་སུ་ཚུད་པ་དང་། མཚན་ཉིད་རིག་པའི་བློ་རྩལ་རྒྱས་ཤིང་ཐར་པ་དང་ཐམས་ཅད་མཁྱེན་པའི་གོ་འཕང་ལ་བརྩོན་གཉེར་བྱེད་པའི་མི་རིགས་ཤིག་ཏུ་འཕོ་འགྱུར་བྱུང་ཡོད་པར་འདོད་པ་ཡིན།

འོན་ཀྱང་། ང་ཚོས་བོན་ལུགས་ཀྱི་བོད་ཀྱི་ལོ་རྒྱུས་འཁོད་པའི་དཔེ་ཆར་ལྟ་སྐབས་གོང་གསལ་གྱི་བརྗོད་སྟངས་དང་རྒྱབ་ཀྱིས་ཕྱོགས་པའི་རྣམ་པ་ཞིག་མཐོང་བ་ཡིན། དེ་ཡང་ཐུབ་པའི་ཆོས་ལུགས་བོད་དུ་ནང་འདྲེན་བྱས་པ་ནི་བོད་ཀྱི་གོད་ཆགས་ཤིག་ཏུ་འདོད་པ་དང་། སྨན་རིའི་མཁན་པོ་ཉི་མ་བསྟན་འཛིན་གྱིས་སྤྱི་ལོ1842ལོར་བརྩམས་གནང་མཛད་པའི་ལྷུགས་རྩོམ་ནང་དུའང་བོད་དུ་ཐུབ་པའི་ཆོས་ལུགས་ནང་འདྲེན་བྱས་པ་ནི་“འདྲེ་ཡི་སྨོན་ལམ་ལོག་པ་བརྒྱབ་པས་སོ”ཞེས་དང་སྨོན་ལམ་སྨིན་པའི་དུས་སུ་སླེབས་སྐབས་ཡོས་རབ་བྱུང་བའི་རྣམ་པར་སྤྲུལ་ཡང་དུག་ལྔའི་སྒྲིབ་པ་ལས་མ་འདས་སོ་ཞེས་ཞི་བ་འཚོ་ལ་ཟུར་ཟ་མཛད་ཡོད་པ། བོན་བསྟུབས་པའི་ཚུལ་ལ་བསྟན་པའི་ཉི་མ་བཞུད་ཅེས་དང་། བོན་བསྟན་ནུབ་པའི་རྐྱེན་ལས་བོད་ཀྱི་རྒྱལ་སྲིད་ཉམས་ཤིང་རྒྱལ་ཁམས་ཁ་ཐོར་དང་སྤྱི་ཚོགས་སྡེ་གཟར་ཅན་དུ་གྱུར་བ་ཡིན་ཞེས་གསུངས་ཡོད།㉖ ཡིན་ནའང་། བོད་ཀྱི་ལོ་རྒྱུས་ཐོག་བན་གཉིས་དབར་འཆམ་མཐུན་དོ་སྙོམས་ཡོང་བར་འབད་བརྩོན་གནང་མཁན་ནི་མེད་པ་མ་ཡིན་ཏེ། སྟོན་པ་གཤེན་རབ་དང་སྟོན་པ་ཤཱཀྱ་མུ་ནི་རྣམ་གཉིས་གཅེན་གཅུང་ཡིན་ཚུལ་དང་ཡོང་རྣམ་གཉིས་ཀྱིས་གསུངས་པའི་བཀའ་ནི་གཅིག་མཐུན་ཡིན་ནོ་ཞེས་གསུངས་མཁན་ཡང་མཆིས་སོ།㉗

བོད་དུ་བོན་ལ་དད་པ་བྱེད་མཁན་ཇི་ཙམ་ཡོད་པ་ནི་ད་ལྟ་ཤིན་ཏུ་བརྗོད་དཀའ་བའི་གནད་ཅིག་ལགས་ནའང་། ཡོང་ཚོའི་གྲངས་འབོར་ཞུང་ཤས་ཡིན་པ་ནི་གཏན་འཁེལ་ནས

བརྗོད་ཆོག་པ་ཞིག་ཡིན། བོད་ཀྱི་ཤར་ཕྱོགས་སི་ཁྲོན་ཞིང་ཆེན་ཟེར་ཆུ་ས་ཁུལ་ཤར་ཁོག་ཡུལ་གྱི་སྐྱེ་བོ་ཚང་མས་བོན་ལ་དད་པ་བྱེད་པ་ཡིན་ལ། རྒྱལ་རོང་གི་ཡུལ་ནི་བོན་པོའི་ལྟེ་གནས་ཤིག་ཡིན་ལ་དེར་ཡོད་སྐྱེ་བོ་མང་ཆེ་བས་བོན་ལ་དད་པ་བྱེད་པ་ཡིན། ཁ་ཕྱོར་དུ་གནས་པའི་བོན་ལ་དད་པ་བྱེད་མཁན་གྱི་མི་ཚོགས་སམ་གྲོང་སྡེ་ནི་བོད་དབུས་དང་ནུབ་ཕྱོགས་ཀྱི་ས་ཁུལ་དུ་འང་མཆིས། ལར་གངས་རི་ཏི་སེ་ནི་བན་བོན་གཉིས་ཀའི་གནས་རི་རྩ་ཆེན་ཞིག་ཏུ་བརྩི་སྲོལ་ཡོད་ནའང་དེ་ནི་བོན་པོ་རྣམས་ཀྱི་ཞང་ཞུང་དུ་འབོད་པའི་ས་དེའི་དབུས་སུ་ཆགས་ནས་ཡོད་ལ་བོན་པོ་རྣམས་ཀྱིས་དཀའ་བ་བརྒྱ་ཕྲག་ཁྱད་བསད་ཀྱིས་གནས་རི་དེ་མཇལ་དུ་འགྲོ་བ་ཡིན། བོན་ལ་གངས་རི་ཏི་སེ་མ་ཟད་ད་དུང་ཀོང་པོ་ས་ཁུལ་དུ་ཆགས་པའི་བོན་རི་སོགས་གནས་རི་ཡང་ཡོད། ལར་ད་བར་ཚོག་ཐག་བཅད་ནས་ཤོད་མི་ཐུབ་ཀྱང་འཇང་རིགས་ཀྱི་ཆོས་ལུགས་རིག་གནས་ལ་བོན་པོའི་ཤུགས་རྐྱེན་ཟབ་མོ་ཐོག་ཡོད་པ་ནི་མངོན་གསལ་ཤིན་ཏུ་རེད། དེ་ནི་བོན་ཆོས་ཀྱིས་རང་གི་ཆོས་ལུགས་ནང་དོན་དག་གཞན་ལ་ཁྱབ་གདལ་བཏང་བའི་དཔེ་མཚོན་གཅིག་པུ་དེ་ལགས། བོན་པོས་མིག་སྔར་རྒྱ་གར་གྱི་ཡུལ་དུ་རང་ལུགས་ཀྱི་དགོན་པ་གསར་སྐྲུན་བྱས་ནས་སྲོལ་རྒྱུན་གྱི་སློབ་གཉེར་བྱེད་ཚུལ་དང་། ཚོ་ག་སྒྲིལ་སྟངས། འཆམ་འཁྲབ་སྲོལ་སོགས་རྒྱུན་འཛིན་དང་དར་སྤེལ་མི་དམན་པ་ཙམ་ཞིག་བྱས་ཡོད་དོ། །

མཆན་འགྲེལ།

①གནའ་བོའི་བོད་ཀྱི་ཐུབ་པའི་ཆོས་ལུགས་ཀྱི་ལོ་རྒྱུས་ལ་དཔྱད་པའི་སྐོར་སེ་ནེལ་གོ་རུབ་དང་རི་ཙ་སོན1968:66－143དང་སེ་ནེལ་གོ་རུབ1987:381－526བཅས་ལ་གཟིགས།

②བོན་ལུགས་མདོར་གླེང་སྐོར་ཁེ་ཝེ་ནེ1987bལ་གཟིགས། བོན་ཞེས་པའི་ཐ་སྙད་དེའི་བྱུང་ཚུལ་དང་འགྲེལ་དོན་སྐོར་ད་ལྟ་གཅིག་མཐུན་བྱུང་མེད། དེའི་སྐོར་བགྲོ་གླེང་བྱས་པའི་གནས་བསྡུས་ཤིག་སེ་ནེལ་གོ་རུབ1967:2ཐོག་ཡོད་པས་དེར་གཟིགས་པར་འཚལ།

③བོན་ནི་ཁུངས་བཙུན་མ་ཡིན་པའི་ཐུབ་པའི་ཆོས་ལུགས་ཀྱི་རྣམ་པ་ཅན་ཞིག་ཡིན་ཚུལ་བརྗོད་པ་ནི་སེ་ནེལ་གོ་རུབ1967དང་། ཁེ་ཝེ་ནེ1972དང་སེ་ནེལ་གོ་རུབ1987བཅས་ལ་གསལ།

④དེའི་སྐོར་ཁེ་ཝེ་ནེ1987bདང་ཁེ་ཝེ་ནེ1990ནང་དུ་ནན་བཤད་བྱས་ཡོད།

⑤སེ་ཏན1972：191ff.

⑥ལྟ་སྣང་དེ་ནི་Helmut Hoffmannགྱིས་རྒྱུན་འགྲོངས་གནང་བའི་ལྟ་བ་ཞིག་ཡིན། Hoffmann1961.

⑦Hoffmann1961：98ལོ་ངོ་བཅོ་ལྔ་ཕྱིན་པའི་རྗེས་སུ་འབྲེལ་ཡོད་ཀྱི་དཔྱད་གཞི་ཕུན་སུམ་ཚོགས་སུ་སོང་ཡོད་ནའང་ཁོང་གིས་སྔོན་གྱི་ལྟ་བ་དེ་རང་རྒྱུན་འཛིན་གནང་ཡོད། Hoffmann1975.

⑧ལྷག་པར་དུ་སེ་ནེལ་གོ་རུབ1967：1－21（"གླིང་གཞི་"）དང་། ཐུབ་པའི་ཆོས་ལུགས་ཀྱིས་བོན་ལ་སུན་འབྱིན་བྱས་པའི་ཡིག་ཆར་ཕྱོགས་ཡོད་ནས་ཞིབ་འཇུག་བྱས་པའི་སྐོར་མ་ཏིན་（Martin）1991ལ་གཟིགས།

⑨《ལེགས་བཤད་མཛོད་》ནི་སྤྱི་ལོ1929ལོར་བརྩམས་པ་ཞིག་ཡིན་ནའང་དེའི་ནང་དུ་གནའ་བོའི་དཔྱད་གཞིའི་ཡིག་རིགས་དྲངས་ཡོད་ལ་དེ་མཁར་རྨེའུ་བསམ་གཏན་གྱིས་དབྱིན་ཡིག་ཏུ་བསྒྱུར་གནང་མཛད་ཡོད།

⑩ཞང་ཞུང་གི་གནད་དོན་གཞན་སྐོར་མཁར་རྨེའུ1972：xxxདང་ཏུ་ཆེ1956：71－75ལ་གཟིགས།

⑪Haarh 1968དང་སེ་ཏན1971aལ་གཟིགས།

⑫སྟག་གཟིག་དང་འོལ་མོ་ལུང་རིང་སྐོར་མཁར་རྨེའུ1972：xxviiiདང་ཁོ་ལོ་མེན1993：13－16དང་། ཤམ་བྷ་ལའི་སྐོར་བེར་བམ1980ལ་གཟིགས་པར་འཚལ།

⑬རྩོམ་རིག་དེའི་སྐོར་ཁེ་ཝེ་ནེ1974དང་ཁེ་ཝེ་ནེ1986བཅས་ལ་གཟིགས།

⑭དེན་བུ་ད1983：13.

⑮ཁེ་ཝེ་ནེ1986：73－74

⑯སེ་ནེལ་གོ་རུབ1967：10

⑰གོང་མཚུངས12.

⑱སྤུ་ལོང་ཏོ1971：45－47 1988：216－223.

⑲མཁར་རྨེའུ1972.

⑳བོན་གྱི་ལོ་རྒྱུས་དེབ་ཐེར་《གྲགས་པ་གླིང་གྲགས》དེབ་ཐེར་འདི་ལ་དཔེ་རྒྱུན་གཉིས་རང་ལས་མེད་པར་གྲགས་ཤིང་ཁོ་བོས་དེབ་དེ་དབྱིན་ཡིག་ཐོག་ཕབ་སྒྱུར་བྱེད་རྒྱུའི་གྲ་སྒྲིག་བྱེད་བཞིན་ཡོད།

㉑མཁར་རྨེའུ་1972 : xxxiii

㉒མཁར་རྨེའུ་1972 : 152.

㉓བོན་གྱི་གཏེར་མའི་སྐོར་གྱི་སྤྱི་དོན་སྐོར་ཁེ་ཝེ་ནེ་1974 : 27 – 37 – .

㉔ཁེ་ཝེ་ནེ་1974.

㉕བོན་གྱི་བརྟེན་འགྱུར་སྐོར་དབྱེ་ཞིབ་བྱས་པའི་སྐོར་ཁེ་ཝེ་ནེ་1974 : 114 – 144ལ་གཟིགས། བོན་གྱི་བསྟན་འགྱུར་ལ་བརྟེན་འགྱུར་ཞེས་བརྗོད་དགོས་དོན་ནི་དེ་བཀའ་ལ་བརྟེན་ནས་འགྲེལ་བའི་དོན་ཡིན་ནོ།

㉖ཁེ་ཝེ་ནེ་1071 : 227.

㉗ཁེ་ཝེ་ནེ་1989 : 38.

（P · ཁེ་ཝེ་ནེ། 《བོད་ལྗོངས་ཞིབ་འཇུག》2005ལོའི་དུས་དེབ་གསུམ་པའི་ཐོག་འཀོད།）

༧༢། །བོད་ཀྱི་མིག་མངས་ལ་དཔྱད་པ།

西藏围棋考述

[བརྡ་ཚད་གཙོ་བོ།] མིག་མངས། བོན་ལུགས། གཏམ་རྒྱུད། བཙན་པོའི་རྒྱལ་རབས། སྒྲོམ་གཞི།

[ནང་དོན་གནད་བསྡུས།] རྩོམ་ཡིག་འདིའི་ནང་དུ་ད་ཕན་རྒྱལ་ཕྱི་རྒྱལ་ནང་དུ་བོད་ཀྱི་མིག་མངས་ལ་ཞིབ་འཇུག་བྱས་པའི་གནས་ཚུལ་རྣམས་ངོ་སྤྲོད་བྱས་རྗེས་རྩོམ་པ་པོས་བོད་ཀྱི་ཡུལ་ཕྱོགས་ཁག་ཏུ་བསྐྱོད་ནས་མིག་མངས་སྐོར་གྱི་གཏམ་རྒྱུད་བསྡུ་རུབ་དང་། མིག་མངས་ཀྱི་རྡོ་བརྐོས་སྒྲོམ་གཞིར་པར་ལེན། མིག་མངས་དང་བོན་ལུགས་ཀྱི་འབྲེལ་བ། དེ་བཞིན་བོད་ཀྱི་མིག་མངས་ནི་བོད་ཀྱི་གནའ་བོའི་བློ་རིག་འགྲན་པའི་ཡོ་བྱད་ཅིག་ཡིན་པ་མ་ཟད། བོད་བཙན་པོའི་སྐབས་ཀྱི་ཡིག་ཆའི་ནང་དུའང་མིག་མངས་ཀྱི་སྐོར་འཀོད་ཡོད་ཚུལ་སོགས་ཀྱི་སྐོར་རྒྱས་སྤྲོས་བྱས་ཡོད།

【关键词】 围棋;藏棋;苯教;石刻棋盘;民间传说

【摘要】 文章就目前国内外藏族围棋研究领域所取得的成果与藏族围棋的现状进行评述的基础上,主要对苯教史书等文献中记载的关于藏族围棋的历史、民间传说、棋子、棋盘等问题进行考述,提出西藏围棋有其悠远的历史和独特的规则和下发等。

དཔྱད་རྩོམ་འདི་ནི་ཨ་རིའི་ཞིབ་འཇུག་པ་ཤེའུ་ཐར་གྱི་དཔྱད་རྩོམ་ལ་གཞིགས་ནས་རྩོམ་སྒྲུར་བྱས་པ་ཞིག་ཡིན། ཁོང་གིས་བོད་དུ་མིག་མངས་ལ་ཞིབ་འཇུག་བྱེད་སྐབས་ཁོ་བོས་ཀྱང་བོད་ཀྱི་ས་ཆ་མི་ཉུང་བ་ཞིག་ཏུ་མཉམ་བསྐྱོད་ཀྱིས་མིག་མངས་དང་དེ་དང་འབྲེལ་བའི་རིག་གནས་ལ་རྟོགས་ཞིབ་བྱས་པ་ཡིན། རྩོམ་ཡིག་འདིའི་ནང་རྩོམ་པ་པོའི་གཙོ་བོའི་འདོད་ཚུལ་དང་། ཁོང་གི་བོད་ཀྱི་རིག་གནས། ལྷག་པར་དུ་གནའ་བོའི་བོན་གྱི་ཆོས་ལུགས་ལྟ་བ་དང་ཡུལ་སྲོལ་གོམས་གཤིས་དང་མིག་མངས་ཀྱི་རིག་གནས་གཞི་དོན་གཉིས་ཟུང་འབྲེལ་གྱིས་དཔྱད་པ་གནང་འདུག དཔྱད་རྩོམ་འདི་བཞིན་རྩོམ་སྒྲུར་བྱ་དགོས་པའི་རྒྱུ་མཚན་ཡང་

གཅིག་ན་སྔེ་མང་ནང་དོན་ཟབ་པའི་བོད་མི་རིགས་ཀྱི་རིག་གནས་དག་མཛུབ་མོས་རི་སྟོན་ལྟ་བུ་དང་། གཉིས་ནས་དེང་གི་སྐབས་འདིར་དེ་བས་མང་བའི་དཔྱོད་ལྡན་སྐྱེ་བོ་རྣམས་ཀྱིས་དུས་རྒྱུན་དེ་ཙམ་གཟིགས་སྣང་མི་ཐུབ་པ་དང་། བཏང་སྙོམས་སུ་འཛོག་ཀྱང་གནང་བཞིན་ཡོད་པའི་རྩ་ཆེའི་རིག་གནས་ཤུལ་གཞིག་ལ་རྟོགས་འཇུག་གནང་རྒྱུ་བཅས་ཀྱི་ཕྱིར་ཡིན།

བོད་དུ་མིག་མངས་སྐོར་ཞིབ་འཇུག་བྱེད་པའི་ལས་དོན་ནི་ད་ལྟ་འགོ་བཙུགས་ཙམ་ཡིན་པས་དེ་ལ་དོ་སྣང་བྱེད་མི་ཤིན་ཏུ་ཉུང་། དེར་ཞིབ་འཇུག་བྱེད་འགོ་འཛུགས་མ་ཐག་པ་ཡིན་ཞེས་པའི་དོན་ཀྱང་ད་ལྟ་ང་ཚོས་བོད་ཀྱི་མིག་མངས་སྐོར་གྱི་དོན་ལ་ཤེས་རྟོག་ཐུབ་པ་ནི་ཕྲན་བུ་ཙམ་ལས་མ་ཡིན་པས་སོ། བོད་ཀྱི་རིག་གནས་ལོ་རྒྱུས་དང་འབྲེལ་བའི་གསང་བ་སྐོག་ཁྱུར་གྱི་དོན་མང་པོ་ཞིག་མིག་མངས་དང་འབྲེལ་ནས་གནས་ཡོད་ལ་དེ་ནི་ང་ཚོའི་རྟོགས་དཔྱོད་བྱ་རྒྱུའི་ཡུལ་ཡང་ཡིན་ནོ།

ད་ལྟ་མིག་མངས་སྐོར་ཞིབ་འཇུག་གནང་མཁན་འགའ་ཞིག་ཡོད་པ་དེ་དག་ལ་མིའི་རིགས་ཀྱི་རིག་པ་དང་། ལོ་རྒྱུས་རིག་པ། དེ་བཞིན་བོད་རིག་པ་བཅས་ཀྱི་ཐད་སྦྱང་སྟོབས་ཀྱི་ཡོན་ཏན་དང་ཤེས་བྱ་ཕྲན་བུ་ལས་མི་ལྡན་པས། དེ་སྔོན་ཁོང་ཚོས་འགྲེམས་སྤེལ་གནང་བའི་དཔྱད་རྩོམ་ནང་མི་འཐད་པའམ་ལབ་རྫོལ་ལྟ་བུའི་དཔྱད་གཏམ་མང་པོ་མཆིས་ཡོད་ལ། བོད་ཀྱི་མིག་མངས་སྐོར་ཕྱི་ནང་ཀུན་གྱི་མི་རྣམས་ཡིད་རྟོན་རུང་བའི་སྙོམ་ཚིག་ཅིག་འཛོག་ཐུབ་མེད།

བོད་དུ་མིག་མངས་སྐོར་ཞིབ་འཇུག་བྱེད་རྒྱུ་དེ་ནི་སྤྱིར་བཏང་གི་ཞིབ་འཇུག་བྱ་ལས་ཤིག་མ་ཡིན། དེ་ཡང་བོད་རིགས་འཚོ་སྡོད་བྱེད་པའི་ས་ཆ་ནི་བོད་ལྗོངས་དང་། མཚོ་སྔོན། ཀན་སུའུ། སི་ཁྲོན་ཙམ་དུ་མ་ཟད། ད་དུང་བལ་ཡུལ་དང་། འབྲུག་ཡུལ། འབྲས་ལྗོངས། རྒྱ་གར་བྱང་ཕྱོགས་བཅས་སུ་ཡིན་ལ། བོད་ཀྱི་མིག་མངས་དང་འབྲེལ་བ་ཤིན་ཏུ་དམ་པའི་མི་རྣམས་ནི་བོད་ཁུལ་གྱི་གྲོང་གསེབ་ས་ཁུལ་དུ་འཚོ་སྡོད་བྱ་བཞིན་ཡོད། བོད་ནི་ས་རྒྱ་ཆེ་ལ། འགྲིམ་འགྲུལ་སྟབས་བདེ་མེད་པ། གནམ་གཤིས་འགྱུར་ལྡོག་ཆེ་ལ་གྲང་ངར་ཆེ་བ་སོགས་ཀྱི་རྐྱེན་ལས་ཞིབ་འཇུག་པ་རྣམས་ས་གནས་དངོས་སུ་བསྐྱོད་ནས་ཞིབ་འཇུག་བྱ་རྒྱུར་དཀའ་ཁག་

འཕྲོད་བཞིན་མཆིས། འོན་ཀྱང་། ཕྱོགས་གཞན་ཞིག་ན་བོད་ཀྱི་རིག་གནས་དང་འབྲེལ་བ་ཟབ་ཅིང་ཆེ་བའི་མིག་མངས་ནི་བོད་ཀྱི་སྲོལ་རྒྱུན་རིག་གནས་ཀྱི་གྲུབ་ཆ་ཞིག་ཡིན་ཀྱང་དེར་ད་ལྟ་ལག་ལེན་བྱེད་མཁན་ཉུང་བ་དང་། འགའ་ཞིག་ཡོད་པ་དེ་རིགས་ཀྱང་ལོ་ན་ཤིན་ཏུ་བགྲེས་པས་མིག་མངས་རིག་གནས་དེ་བཞིན་རྫ་ཐོར་ཏུ་འགྲོ་བའི་ཉེན་ཁར་སླེབས་ཡོད་པས་གནད་དེར་ཞིབ་འཇུག་གནང་མཁན་རྣམས་ལ་ཛ་དྲག་གི་སྣང་ཚུལ་ཞིག་སྟེར་འོང་བ་ཡིན།

གཅིག ད་ཕན་བོད་ཀྱི་མིག་མངས་སྐོར་ཞིབ་འཇུག་བྱས་པའི་ལྟ་རྩལ་འགའ་རེ་སྤྲོད།

བོད་ཀྱི་མིག་མངས་སྐོར་གྱི་དཔྱད་རྩོམ་ཐོག་མ་དེ་ནི་སྐུ་ཞབས་ཁྲང་ཞའོ་ལིའུ་ཡིས་བརྩམས་པ་དེ་ལགས་ཤིང་། ཁོང་ནི“རིམ་པ་དགུ་པའི”མིག་མངས་བ་ཞིག་ཡིན་ལ། ད་ལྟ《ཀྲུང་གོའི་མིག་མངས་དུས་དེབ》ཀྱི་རྩོམ་སྒྲིག་པ་ཡིན། ཁོང་གི་འདོད་ཚུལ་ལ་མིག་མངས་ནི་རྒྱ་རིགས་ག་གེ་མོ་ཞིག་གིས་དུས་རབས་བདུན་པའི་ནང་དུ་བོད་དུ་ཁྱེར་ནས་དར་བ་ཡིན་པར་གསུངས། འོན་ཀྱང་བོད་ཀྱི་ལོ་རྒྱུས་དེབ་ཐེར་ནང་དུ་མིག་མངས་ནི་བོད་དུས་རབས་བདུན་པའི་སྐབས་ཙམ་མ་ཡིན་པར་དེ་སྔོན་ནས་ཡོད་པར་གསལ། ཁྲང་ཞའོ་ལིའུ་ཡི་འདོད་ཚུལ་དང་མི་མཐུན་པའི་དཔྱད་རྩོམ་ནི་འཇར་པན་གྱི་ཞིབ་འཇུག་པ་ཧེ་ཅེ་སྨུ་དང་། ཨ་རིའི་མིག་མངས་ཞིབ་འཇུག་པ་ཕེ་རེ་བེ་རན། དེ་བཞིན་ཁོ་བོ་ཉིད་བཅས་ཀྱི་སྔ་རྗེས་སུ《འཇར་པན་མིག་མངས》དུས་དེབ་དང་།《ཨ་རིའི་མིག་མངས་ཞིབ་འཇུག》དུས་དེབ་བཅས་ཀྱི་ཐོག་སྤེལ་ཡོད།

ཉེ་ཆར་ཁོ་བོས་ཀྲུང་གོའི་ཞིབ་འཇུག་པ་སྐུ་ཞབས་ཡན་ཀྲའན་ཀྲུང་གིས《གངས་ལྗོངས་ཀྱི་རིག་གནས》ཞེས་པའི་དུས་དེབ་ཐོག་སྤེལ་བའི་དཔྱད་རྩོམ《དཀར་ནག་གི་འཇིག་རྟེན》ཞེས་པ་དེ་མཇལ་བ་དང་། ཁོང་ནི་བོད་ཀྱི་ཡ་མཚན་སྣང་ཚུལ་རྟོག་ཞིབ་ཚོགས་པ་ཞེས་པ་དེའི་ཞིབ་འཇུག་པ་ཞིག་རེད་འདུག་ལ་ཁོང་གིས་བོད་དམངས་ཁྲོད་དུ་ཁྱབ་པའི་མིག་མངས་སྐོར་གྱི་གཏམ་རྒྱུད་མང་པོ་ཞིག་འཚོལ་བསྡུ་གནང་འདུག་པ་དང་། བོད་ཀྱི་མིག

མངས་དང་རྒྱ་རིགས་ཀྱི་གནའ་རབས་མིག་མངས་གཉིས་སྐོར་ཞིབ་འཇུག་ཀྱང་གནང་ཡོད་པ་མ་ཟད་གྲུབ་འབྲས་ཀྱང་གང་ཙམ་ཐོབ་འདུག ང་ཚོས་བསམ་གཞིགས་བྱས་པ་ལས་ཤེས་དོན་མིག་མངས་དེ་བཞིན་གནའ་དུས་ནས་བོད་ཁུལ་དང་ཀྲུང་ཡོན་ས་ཁུལ་དུ་དར་ཁྱབ་བྱུང་ཡོད་ཅིང་། བོད་དུ་མིག་མངས་དར་བའི་ལོ་རྒྱུས་ནི་རྒྱ་རིགས་ཀྱི་མིག་མངས་ལས་དར་སྔ་བ་ཡོད་ཤས་ཆེ་བ་དེ་ཡིན། གཤམ་དུ་ང་ཚོས་སྐུ་ཞབས་ཨན་ཀྲན་ཀྲུང་གི་འདོད་ཚུལ་འགའ་ཞིག་ངོ་སྤྲོད་རགས་ཙམ་བྱས་ན་འདི་ལྟར་ཏེ།

དུས་རབས་བདུན་པའི་དུས་དཀྱིལ་གྱི་བཙན་པོའི་རྒྱལ་རབས་གཅིག་གྱུར་མ་བྱུང་བའི་གོང་རོལ་དུ། བོད་ལྟོངས་མཐོ་ནི་རྒྱལ་ཕྲན་ཆེ་ཆུང་མི་གཅིག་པ་དུ་མས་རང་རང་སོ་སོའི་མངའ་ཁོངས་ལ་དབང་བསྒྱུར་བྱས་ནས་ཡོད་པའི་དུས་སྐབས་ཤིག་ལགས་པ་དང་། ཁོང་ཚོའི་ཆོས་དད་བྱ་ཡུལ་ནི་བོན་ལུགས་ཡིན་འདུག སྐབས་དེ་དུས་ཀྱི་བོན་ཆོས་ཞེས་པ་དེ་ནི"མཆོད"པ་འབུལ་བའི་ཚོ་གའི་བྱེད་སྒོ་ཙམ་ཡིན་པ་ལས་ཐུན་མོང་མ་ཡིན་པའི་རིག་གཞུང་མ་ལག་ལྡན་པའི་ཚད་ལྡན"ཆོས་ལུགས"ཤིག་མ་ཡིན། སྐབས་དེ་ཤེད་ཀྱི་བོན་ནི་ཤ་མོན་ཆོས་ལུགས་ལྟ་བུ་ཆེས་གདོད་མའི་ནང་དོན་ཅན་གྱི་མཆོད་འབུལ་རིག་གནས་ཤིག་ཡིན། བོན་ཆོས་ཀྱི་ལྟ་བར"མིའི་རིགས་ཀྱི་ནུས་པ་ལས་འདས་པའི་སྟོབས་ཤུགས་ཤིག་ཡོད་ལ་སྟོབས་ཤུགས་དེ་ནི་མི་རང་ཉིད་ཀྱི་ངོས་ནས་མ་ཡིན་པར་འཇིག་རྟེན་གཞན་ཞིག་ནས་ཡོང་བར་ངོས་འཛིན་བྱ་བ་ཡིན་ལ། མི་རྣམས་ཀྱི་ལས་དགེ་སྡིག་གཉིས་གསགས་པའི་རྣམ་སྨིན་དབྱེ་བ་ནི་ལྷ་ཡུལ་དང་དམྱལ་བའི་བདག་ཉིད་ཅན་དེས་འབྱེད་པར་འདོད། ཕྱི་ཚུལ་ནས་བལྟས་ན། བོན་ལུགས་ལ་ཆེས་གདོད་མའི་ཆོས་ལུགས་ཚོ་གའི་སྲོལ་རྒྱུན་ཐུན་མོང་མ་ཡིན་པ་ཞིག་མཆིས་ལ་ཆོས་ལུགས་དེའི་སྟོན་པ་ནི་གཤེན་རབས་མི་བོ་ཆེར་ངོས་འཛིན་གྱིས་དེ་ལ་མཆོད་པ་བྱེད། སྤྱི་ལོའི་600—700ལོའི་ནང་དུ་ཐུབ་པའི་ཆོས་ལུགས་ཉིད་རྒྱ་གར་གྱི་ཡུལ་ནས་རིམ་བཞིན་གངས་ཅན་གྱི་ལྗོངས་སུ་དར་བ་དང་། བོད་རིགས་མང་ཆེ་བས་ཐུབ་པའི་ཆོས་ལུགས་ལ་རང་མོས་དང་རང་མོས་མ་ཡིན་པ་ཅི་རིགས་ཀྱི་ལམ་ནས་མཆོད་དད་བྱས་ཡོད། སྐབས་དེ་ཤེད་དུ་བོད་དུ་ཡི་གེ་འབྲི་བའི་སྲོལ་གཏོད་པ་དང་། བོད་ཀྱི་ཁྱད་ཆོས་ལྡན་

པའི་ཐུབ་པའི་ཆོས་ལུགས་གྲུབ་མཐའ་ཞིག་སྒྲུབ་འགོ་བརྩམས་པ་ཡིན། དེ་ལ་བོད་བརྒྱུད་ནང་བསྟན་ཞེས་འབོད་ལ་དེ་ནི་རྒྱ་གར་འཕགས་པའི་ཡུལ་གྱི་ཐུབ་པའི་ཆོས་ལུགས་དང་ཡོངས་སུ་ཆ་འདྲ་བ་ཞིག་མ་ཡིན་ལ་གནའ་རབས་ཀྱི་ཀྲུང་གོའི་ཐུབ་པའི་ཆོས་ལུགས་དང་ཡང་མི་འདྲའོ།

གནའ་རབས་བོད་ཀྱི་བཙན་པོའི་རྒྱལ་རབས་དང་ཐང་རྒྱལ་རབས་དབར་གྱི་འབྲེལ་བ་ནི་ཐང་རྒྱལ་རབས་ཀྱི་རྒྱལ་པོས་བོད་ཀྱི་བཙན་པོར་ཕུལ་བའི་ཝུན་ཤིང་ཀོང་ཇོའི་སྐབས་ནས་དངོས་སུ་འགོ་ཚུགས་པ་དང་། ལོ་རྒྱུས་ཀྱི་དེབ་ཐེར་ནང་ཀོང་ཇོས་མིག་མངས་བོད་བཙན་པོར་ཕྱག་རྟགས་སུ་ཕུལ་བ་ཡིན་ཞེས་འཁོད་ཡོད། དེ་ནི་བོད་ཀྱི་མིག་མངས་རྒྱ་ནག་ནས་དར་རོ་ཞེས་པའི་ལྟ་བའི་རྒྱུ་མཚན་གཅིག་པུ་དེའོ།

ལོ་རྒྱུས་ཡིག་ཚང་ཁག་གཅིག་ནང་བོད་དུ་ཐུབ་པའི་ཆོས་ལུགས་ཀྱི་གྲྭ་བཙུན་རྣམས་ཀྱིས་མིག་མངས་ཀྱི་རྩེད་མོར་རོལ་བ་ཡིན་ཞེས་འཁོད་ཡོད་ནའང་དེ་ནི་ཐུབ་པའི་ཆོས་ལུགས་བོད་དུ་དར་རྗེས་ཀྱི་དུས་ཡུན་རིང་པོའི་རྗེས་སུ་ཐོན་པ་ཞིག་ཡིན་ལ། དོན་དངོས་ཐོག་ཐུབ་པའི་ཆོས་ལུགས་ནང་ཕྱིས་སུ་བོན་ཆོས་ཀྱི་ནང་དོན་གཞན་འདྲེས་ཡོད་པ་ལྟར་མིག་མངས་ཡང་བོན་པོའི་སྲོལ་རྒྱུན་རིག་གནས་ཡིན་པ་གང་ཞིག་དེ་ཉིད་ཕྱིས་སུ་ཐུབ་པའི་ཆོས་ལུགས་འཛིན་པ་རྣམས་ཀྱིས་དང་ལེན་བྱས་ཡོད་པར་སེམས། མདོར་ན། མིག་མངས་ནི་ལོ་རབས་དུ་མའི་ནང་བོད་ཀྱི་སྐར་རྩིས་གནམ་རིག་ལ་མཁས་པའི་སྐྱེ་བོའི་བློ་རྩལ་ངོམས་བྱེད་དང་། དམག་ཇུས་འདིང་ཐབས། འགྲོད་གཞི་ཐག་གཅོད། ཕོ་རྒོད་རྣམས་ཀྱི་"རྩོད་འཛེ་དགུ" ཞེས་པ་བཅས་སྤྱི་ཚོགས་འཚོ་བ་དང་འབྲེལ་བ་དམ་ཟབ་མཆིས་པའི་རིག་པའི་ཡོ་བྱད་ཅིག་ཡིན།

གཉིས། མིག་མངས་སྐར་གྱི་དམངས་ཁྲོད་གཏམ་རྒྱུད།

1 ལྷ་ས་གྲོང་ཁྱེར་ནས་ཉིན་ལམ་གཅིག་གིས་ཆོད་པའི་ཀོང་པོའི་ཡུལ་དུ་བོན་རི་ཞེས་པའི་རི་ཞིག་ཡོད། དམངས་ཁྲོད་དུ་བཤད་སྲོལ་འདི་འདྲ་ཞིག་འདུག་སྟེ། གནའ་སྔ་མོའི་དུས་ཤིག་ན། ཐུབ་པའི་ཆོས་ལུགས་ཀྱི་བཙུན་པ་ཞིག་གནས་རི་དེ་རྒྱུད་དུ་ཡོང་བས་ན་གནས

དེར་འཚོ་སྟོད་བྱ་བའི་བོན་བརྩུན་རྣམས་ཁྲིས་ནས་དེ་དང་སློ་རིག་འགྲན་ནོ་ཞེས་བརྗོད་ཀྱང་ཡུལ་མི་གཅིག་པའི་མི་གཉིས་འཛོམས་པ་དེ་གཉིས་དབར་ཕན་ཚུན་སྐད་བརྡ་མི་འཕྲོད་པས་མཐའ་མ་མིག་མངས་འགྲན་རྒྱུར་ཐག་བཅད། མཐའ་མ་བོན་གྱི་བརྩུན་པ་རྣམ་པར་རྒྱལ་སྐད་དོ། སྐུ་ཞབས་ཡན་ཀྲང་ཀྲུང་གི་ལྟ་ཚུལ་ལྟར་ན། གཏམ་རྒྱུད་དེ་ལས་རྒྱ་གར་དུ་མིག་མངས་ཀྱི་དར་རྒྱུན་མེད་པའི་རྟགས་མཚན་བསྟན་པ་དང་། དེ་ལས་ལྡོག་ཏེ་བོད་དུ་མིག་མངས་དར་རྒྱུན་རིང་ཞིང་ཆུ་ཚད་ཀྱང་མཐོ་པོར་སླེབས་ཡོད་ཚུལ་མངོན་ནོ་ཞེས་གསུངས་སོ།

2 བོད་དུ་རིགས་ལྡན་མཁའ་འགྲོ་མ་ཞེས་ལྷ་མོ་དུ་མ་ཡོད་པའི་བཤད་ཚུལ་ཡོད་ལ། དེ་དག་ལས་མི་ཉུང་བ་ཞིག་གིས་ནི་འཇིག་རྟེན་མི་ཡི་གཟུགས་སུ་སྤྲུལ་ནས་འཕྲིན་ལས་སྐྱོང་ཚུལ་དུ་ངོས་འཛིན་བྱེད་པ་ཡིན། མཁའ་འགྲོ་མའི་སྤྱན་གཉིས་ནི་དམར་པོ་དང་སྔོན་མོའི་མདོག་ཏུ་སྣང་བར་གྲགས་ཤིང་། མཁའ་འགྲོ་མའི་འདུ་ཚོགས་ཁྲོད་ཀྱི་ལྷ་མོ་གཙོ་བོ་དེ་ནི་སྤྲེལ་མགོ་མི་ལུས་ཅན་གྱི་གཟུགས་སུ་སྣང་ཚུལ་བརྗོད་པ་ཡིན། བཤད་སྲོལ་ལྟར་ན་ཁ་དོམ（དབྱིན་སྐད་ཀྱི་སྒྲ་ཇི་བཞིན་ཕབ་པ་）ཞེས་པའི་ས་ཆར་ཇོ་ཕ་བོང་དུ་མ་ལུག་ཁྲུ་སྤང་ལ་བཀྲམས་པ་ལྟ་བུ་ཡོད་ཅིང་དེའི་རྒྱུད་དུ་མཁའ་འགྲོ་མ་དང་བདུད་རིགས་རྣམས་འགྲན་པའི་མིག་མངས་ཀྱི་སྒྲོམ་གཞི་ཡོད་ལ་ལོ་འཁོར་བཅུ་གཉིས་རེ་ནང་གི་སྤྲེལ་ལོར་འཁེལ་སྐབས་གནས་དེར་མི་རྣམས་འདུ་འཛོམས་ཀྱིས་ཕྱག་མཆོད་འབུལ་དང་སྐོར་བ་གསོག་པ་ཡིན། སྐབས་དེར་མཁའ་འགྲོའི་ཚོགས་རྣམས་དང་བདུད་རིགས་རྣམས་ཕྱུང་ཚུབ་དྲག་པོའི་ཁྲོད་དུ་མིག་མངས་འགྲན་པ་ཡིན་ཞེས་བཤད་སྲོལ་ཡང་ཡོད། མིག་མངས་རྩེད་པ་ལས་མཐའ་མ་མཁའ་འགྲོ་མ་རྣམས་རྣམ་པར་རྒྱལ་བ་ཡིན་ཞེས་དམངས་ཁྲོད་དུ་ཤོད་སྲོལ་དུ་མ་མཆིས།

3 བོད་ལྗོངས་ལྷོ་ཁ་ས་ཁུལ་སྣང་རྫོང་ཁོངས་ཆ་རི（དབྱིན་སྐད་ཀྱི་སྒྲ་ཇི་བཞིན་ཕབ་པ་）དགོན་པའི་བོན་ཆོས་ལ་རྒྱུས་མངའ་ལྡན་པའི་བརྩུན་པ་ཞིག་གིས་ཁོ་བོར་ས་ཆ་དེ་གར་ཐིག་རིས 9×9བྱས་པའི་མིག་མངས་སྒྲོམ་བུ་ཞིག་ཡོད་ཚུལ་དང་དེ་དང་འབྲེལ་བའི་བཤད་སྲོལ་ཞིག་ཀྱང་ཡོད་པའི་གནས་ཚུལ་ངོ་སྤྲོད་བྱས་བྱུང་ལ། ད་དུང་ཁོ་རང་ཆུང་དུའི་དུས་ནས་མིག་མངས་རྩེད་སྟངས་ཚུལ་དང་ཕྱིས་སུ་མི་རྣམས་ཀྱིས་སྔར་གྱི་རྩེད་སྲོལ་རྙིང་པ་དེ་ཉིད་ཕན

ཚུན་མཆོང་རྒྱུག་གི་ཐབས་ལམ་བརྒྱུད་ནས་ཕ་རོལ་དམིགས་མེད་དུ་བཅོམ་པར་བྱེད་པ་སྟེ་སྟར་གྱི་ཅུང་ཟད་རྟོག་འཛིང་ལྡན་པའི་རྩེད་སྟངས་ཉིད་སླ་བཅོས་ཀྱི་རྩེད་ཚུལ་ཞིག་ཏུ་འགྱུར་ལྡོག་ཕྱིན་འདུག་ཅེས་བརྗོད་བྱུང་།

4 ལོ་རྒྱུས་ཐོག་"མིག་མངས་རྒྱལ་པོ་"ཞེས་པའི་མི་སྣ་གྲགས་ཅན་ཞིག་བྱུང་མྱོང་ཡོད་ཅེས་པའི་གཙང་ཁུལ་མཐོང་སྣོན་རྗོང་དུ་ཕོ་པོ་དངོས་སུ་ཕྱིན་ནས་གནས་དེར་མཆིས་པའི་མི་རྣམས་ལ་མིག་མངས་སྐོར་སྐད་ཆ་དྲིས་སྐབས་དེར་མཆིས་སྐྱེ་པོ་རྣམས་ཀྱིས་ཕོ་པོར་མི་འདོད་པའི་རྣམ་འགྱུར་ཅི་རིགས་བསྟན་ཞིང་མིག་མངས་ནི་བོན་ནག་གི་ཆོ་ག་ཡིན་ཚུལ་དང་དེ་ནི་སྐྱེ་པོ་ཞིག་ནམ་ཞིག་ཏུ་ཤི་ཚུལ་བརྟག་པ་སོགས་མ་འོངས་ལུང་བསྟན་བྱེད་ཆེད་ཀྱི་ཡོ་ཆས་ཙམ་ལས་གཞན་ཅི་ཡང་མ་ཡིན་ནོ་ཞེས་བརྗོད་ཀྱི་འདུག

5 སྐུ་ཞབས་ཁྲང་ཞའོ་ལེའུ་དང་ཡན་ཀྲན་ཀྲུང་གཉིས་ཀྱིས་མཚོ་སྔོན་གྱི་རྒྱུད་དུ་ལོ་རྒྱུས་ཐོག་གེ་སར་གྱི་བཙུན་མོ་དང་དམག་མི་རྣམས་ཀྱིས་རྩེད་མྱོང་ཡོད་ཟེར་བའི་མིག་མངས་སྒྲོམ་བུ་ཞིག་ཡོད་ཚུལ་གསུངས། དེ་ཡང་གེ་སར་གྱི་སྒྲུང་ནི་འཛམ་གླིང་ཐོག་ཆེས་རིང་ཤོས་ཀྱི་ལོ་རྒྱུས་སྙན་རྩོམ་ཞིག་ལགས་པ་དང་། དེའི་ནང་ཐུབ་པའི་ཆོས་ལུགས་དང་བོན་ཆོས་སྐོར་ལ་ཞིབ་འཇུག་བྱ་རྒྱུར་སྨན་པའི་དཔྱད་གཞིའི་ནང་དོན་མང་པོ་མཆིས་ལ་ཞིབ་འཇུག་གི་རིན་ཐང་ཡང་ཆེན་པོ་ལྡན་ཡོད། དེའི་སྐོར་ལ་ད་ལྟ་བོད་ལྗོངས་སྤྱི་ཚོགས་ཚན་རིག་ཁང་དང་བོད་ལྗོངས་སློབ་ཆེན་སོགས་འབྲེལ་ཡོད་ཚན་པས་ཞིབ་འཇུག་བྱེད་བཞིན་ཡོད།

གསུམ། ཡིག་ཐོག་གི་དཔྱད་གཞི།

1 སྐུ་ཞབས་ཡན་ཀྲན་ཀྲུང་གིས་བོན་ཆོས་ཀྱི་དཔྱད་ཡིག་ལས་དྲངས་པ་ལྟར་ན། ཐུབ་པའི་ཆོས་ལུགས་ཉིད་བོད་དུ་མ་དར་གོང་གི་དུས་ཤིག་ན། ཁྱིའུ་ཞིག་ཡོད་པ་དེའི་ཕ་རྒན་དེ་དགྲ་བོས་ལྷ་ལམ་དུ་བཏང་བ་དང་། བུ་དེ་ཉིད་ནར་སོན་རྗེས་སྟར་གྱི་འཁོན་འཛིན་དྲན་ནའང་དགྲ་ཤ་ལེན་རྒྱུ་དེ་དུས་ལ་བབ་མིན་མི་ཤེས་པས་མིག་མངས་སྒྲོམ་བུ་བཤམས་ནས་རང་དང་རང་ཉིད་རྩེད་རྗེས་མཐའ་མ་རང་ཉིད་རང་ལས་རྣམ་པར་རྒྱལ་རྗེས་དེ་རྟགས་བཟང་

པོར་བརྩིས་ནས་མཐའ་མ་དངོས་སུ་དགྲ་ཤ་བླངས་ཚུལ་བཀོད་འདུག

2 སྐུ་ཞབས་ཁྲང་ཞའོ་ལེའུ་ལགས་ཀྱིས་གསུངས་ཚུལ་ལྟར་ན། རྗོན་གྱི་བོད་ཡིག་གི་ཡིག་ཚའི་ནང་སྟོན་པ་ཤཱཀྱ་ཐུབ་པ་ནི་མིག་མངས་ལ་ཁྱད་དུ་འཕགས་པ་ཞིག་ཡིན་ཚུལ་འཁོད་འདུག་ཅེས་གསུངས་འདུག་ནའང་སྐུ་ཞབས་ཡན་ཀྲན་ཀྲུང་གི་འདོད་ཚུལ་ལའང་གོང་གི་གཏམ་རྒྱུད་དེ་ནི་ཐུབ་པའི་ཆོ་ལུགས་ཀྱི་ཆོས་པ་རྣམས་ཀྱིས་རང་ཉིད་ཀྱི་གྲུབ་མཐར་ཆེ་བསྟོད་བྱས་པའི་ཟུར་ལས་བྱུང་བ་ཞིག་ཡིན་པ་ལས་ལོ་རྒྱུས་ཀྱི་དོན་དངོས་ཤིག་མ་ཡིན་ནོ་ཞེས་གསུངས་འདུག

3 ལོ་རྒྱུས་ཐོག་མཐོང་སྐྱོན་རྗོང་ཁོངས་ཀྱི་བོན་དགོན་ཞིག་ཏུ་མིག་མངས་རྒྱལ་པོ་ཞེས་པའི་གྲགས་ཅན་མི་སྣ་ཞིག་བྱུང་མྱོང་ཡོད་ཅེས་པའི་དུས་ནི་སྤྱི་ལོ1100ལོའི་རྗེས་སུ་ཡིན་པ་དང་། སྐབས་དེ་ཤེད་ནི་བོད་དུ་བོན་དགོན་ཐོག་མར་བྱུང་བའི་དུས་སྐབས་ཀྱང་ཡིན། ཁོ་བོས་དགོན་པ་དེར་བསྐྱོད་ཐབས་བྱས་ཀྱང་ལམ་བར་ཉེན་རྟོགས་པས་བཀག་འཛིན་བྱས་པས་ལྟ་ཞིབ་བྱ་རྒྱུའི་རེ་དོན་སྒྲུབ་ཐུབ་མ་སོང་།

4 བོད་ཀྱི་བྱང་ཤར་རྒྱུད་དུ་གནས་པའི་གནའ་བོའི་ཐུར་ཕན་དང་ཏུན་ཧོང་། དེ་བཞིན་དར་གོས་ལམ་བུ་ཁུལ་བཅས་ཀྱི་རྒྱུད་དུ་གནའ་རབས་རིག་གནས་དར་རྒྱས་ཆེན་པོ་བྱུང་ཡོད་ལ་དེ་རྒྱུད་ཀྱི་ས་ཆ་ག་གེ་མོ་ཞིག་ནས་དར་གོས་ལས་བྱས་པའི་གནའ་བོའི་མིག་མངས་ཀྱི་སྒྲོམ་གཞི་གཅིག་ཀྱང་རྙེད་ཡོད་པ་དེ་ཉིད་ད་ལྟ་དབྱིན་ཇིའི་རྒྱལ་ས་ལུན་ཏུན་དུ་ཉར་ཚགས་བྱས་ཡོད་པར་བཤད།

5 བོད་མི་គན་གྲས་རྣམས་ཀྱིས་མིག་མངས་སྐོར་གྱི་འབྱུང་ཁུངས་སྐོར་གསུངས་སྐབས། དེ་ནི་སོག་པོའི་ཡུལ་ལས་བོད་དུ་དར་བ་ཞིག་ཡིན་ཚུལ་གསུངས་པ་དང་། དེ་ཡང་ལོ་རྒྱུས་ཐོག་བོད་ཀྱི་ བླ་སྤྲུལ་ཞིག（ས་པཎ་ནམ་འགྲོ་མགྲོན་འཕགས་པ་ཡིན་ཤས་ཆེ）ཡོན་རྒྱལ་རབས་ལ་བཀའ་དྲིན་ཆེ་བས་ཁོང་ཉིད་བོད་དུ་ཕྱིར་ལོག་གནང་སྐབས་ཁོང་གཉིས་ཀྱི་རེ་དོན་ལྟར་རྒྱལ་པོས་མིག་མངས་ཉིད་ཕྱག་རྟགས་སུ་ཕུལ་ཡོད་ཚུལ་དེའོ། ཡིན་ནའང་སོག་པོའི་ལོ་རྒྱུས་ནང་སོག་རིགས་ནི་བོད་རིགས་ལས་མཆེད་པའི་མི་རིགས་ཤིག་ཡིན་ཚུལ་དང་།

རིག་གནས་དང་ལུགས་སྲོལ་གོམས་འདྲིས་སོགས་གང་ཅིའི་ཐད་བོད་སོག་མི་རིགས་གཉིས་དབར་ཆ་འདྲ་བའི་གནས་མང་བས་དོན་དམ་མིག་མངས་དེ་ཉིད་བོད་སོག་གང་གི་ཡུལ་ནས་ཕན་ཚུལ་དར་ཁྱབ་བྱུང་ཚུལ་སྐོར་ད་ལྟ་ཁ་ཆོན་གཅོད་ཐབས་བྲལ།

6 མིག་མངས་ཞིབ་འཇུག་ལ་མཁས་པའི་སྐུ་ཞབས་ཕེ་རིན་པ་རན་གྱི་དཔྱད་རྩོམ་ནང་སྤྱི་ལོ1600ལོའི་མཇུག་ཙམ་དུ་སོག་པོའི་དཔོན་རིགས་དང་བོད་ཀྱི་བླ་ཆེན་གཉིས་བར་མིག་མངས་ལ་སོགས་པའི་རོལ་རྩེད་ཁག་གསུམ་རྩེད་པ་ལས་མཐའ་མ་བོད་ཕྱོགས་ཕམ་པ་མ་ཟད་སྒྲོག་ཀྱང་ཤོར་བ་བཅས་ལས་ཕྱིས་སུ་བོད་པས་མིག་མངས་ལ་དེ་ཙམ་དགའ་པོ་མི་བྱེད་པ་ཡིན་ཞེས་འཁོད་འདུག བོད་དུ་མིག་མངས་ཉམ་དམད་དུ་ཕྱིན་པའི་རྒྱུ་རྐྱེན་ནི་བོད་པ་མིག་མངས་ཤོར་བའི་རྐྱེན་ལས་མ་ཡིན་པར་དེ་ནི་སྐུ་ཞབས་ཕེ་རིན་པ་རན་གྱིས་གསུངས་པ་བཞིན་ཐུབ་པའི་ཆོས་ལུགས་ཀྱི་ལྟ་བའི་ཤུགས་རྐྱེན་ལས་སྐྱ་སེར་ཅི་རིགས་ཀྱི་ཁྲོད་དུ་མིག་མངས་རྩེད་མོ་དེ་རྩེད་མི་ཆོག་པར་བཅོས་པའི་རྐྱེན་ལས་སོ།

7 ཨ་མདོ་ཁུལ་གྱི་བླ་བྲང་བཀྲིས་འཁྱིལ་དགོན་པར་དུས་རབས་བཅུ་དྲུག་པ་ནས་དུས་རབས་བཅུ་དགུ་པའི་ནང་ཚུན་དུ་བྲིས་པའི་མིག་མངས་སྐོར་གྱི་དཔེ་ཆ་ཞིག་ཉར་ཚགས་བྱས་ཡོད་ཟེར། དེའི་རྩོམ་པ་པོ་ནི་དམ་པ་བདེ་འཚོ་ཞེས་པ་མིག་མངས་དང་སྐར་རྩིས་ལ་མཁས་པའི་མི་སྣ་ཞིག་ཡིན་སྐད། ཁོང་གིས་མིག་མངས་སྐོར་གྱི་ནང་དོན་དེ་སྐར་རྩིས་རིག་པ་དང་སྦྲགས་ནས་རྩོམ་སྒྲིག་གནང་བའི་དགོས་པ་རྒྱུ་མཚན་ཡང་མིག་མངས་ཉིད་མངོན་བསལ་ངོད་པོ་མིན་པའི་སྒོ་ནས་རྒྱུད་འཛིན་གནང་རྒྱུའི་དགོངས་བཞེས་ཡོད་པ་དང་། སྐབས་དེ་ཤེད་དུ་བོད་དུ་མིག་མངས་རྩེད་མི་ཆོག་པ་དང་དེ་རྩེད་མཁན་ལ་དམའ་འབེབས་དང་བཀག་འགོག་བྱེད་པ་བཅས་ཀྱི་རྐྱེན་པས་ཡིན། ཁོ་བོ་ཉིད་མིག་མངས་སྐོར་གྱི་དཔེ་ཆ་དེ་ཉིད་མཇལ་འདོད་ཆེ་ཡང་རེ་དོན་སྨིན་ཐུབ་མ་སོང་། འོན་ཀྱང་སྐུ་ཞབས་ཡན་ཀྲན་ཀྲུང་གིས་གསུངས་ཚུལ་ལྟར་ན་དཔེ་ཆ་དེ་ཉིད་རིག་གནས་གསར་བརྗེའི་ནང་དུ་མེ་ལྷའི་ཞལ་དུ་ཕུལ་ཟིན་འདུག

བོད་དུ་མིག་མངས་སྐོར་གྱི་ཡིག་ཐོག་དཔྱད་གཞི་རྙེད་རྒྱུ་ཤིན་དུ་དཀའ་བ་དེ་ཡང་ལོ་རྒྱུས་ཀྱི་འཕོ་འགྱུར་ཁྲོད་བོད་ཀྱི་དགོན་རྙིང་མི་ཉུང་བ་ཞིག་སྟོན་གྱི་དུས་ནས་ཧ་ལམ་རྩིག་མེད

དུ་བཙོམ་པ་དང་འབྲེལ་བ་ཡོད་པ་ཞིག་ལགས། ལོ་རྒྱུས་ཐོག་ཐུབ་པའི་ཆོས་ལུགས་ཀྱིས་མིག་མངས་རིག་གནས་རྩ་མེད་དུ་གཏོང་ཐབས་བྱས་ཀྱང་མ་མཐར་ཡང་བོད་ཀྱི་སྐུ་དྲག་ཁག་གཅིག་དང་། སྐར་རྩིས་ལ་མཁས་པའི་སྐྱེ་བོའི་ཁྲོད་དུ་མུ་མཐུད་མིག་མངས་རོལ་རྩེད་ལ་བྱུང་ཆུབ་ཅིང་དེ་ལ་ཞིབ་འཇུག་མཛད་མཁན་བྱུང་ཡོད། ད་ལྟ་ང་ཚོའི་འདྲེན་བྱེད་ཀྱི་ལམ་དུ་རིག་རྒྱུ་ཡོད་པ་ནི་དམངས་ཁྲོད་དུ་ཁྱབ་པའི་མིག་མངས་སྐོར་གྱི་སྒྲུང་གཏམ་དང་རྗེ་བཀོས་སྒྲོམ་གཞི་ཡང་ཚུད་ཡོད་དོ།

བཞི། མིག་མངས་ཀྱི་རྩེད་སྟངས་སྐོར་གླེང་བ།

སྐུ་ཞབས་ཡན་ལགས་ཀྱི་དཔྱད་རྩོམ་ནང་དུ་བོད་ཀྱི་མིག་མངས་དེ་བཞིན་ནང་སའི་ཁུལ་ནས་དར་ཡོང་བ་ཞིག་མིན་པའི་སྐབ་བྱེད་ཁག་གཅིག་བཀོད་བྲིས་གནང་འདུག དེ་ཡང་གཙོ་བོ་བོད་ཀྱི་མིག་མངས་ཀྱི་ཆེད་སྤྱོད་མིང་ཚིག་དང་རྩེད་སྲོལ་གཉིས་སྐོར་གཙོ་བྲིས་གནང་འདུག་པ་སྟེ། བོད་ཀྱི་མིག་མངས་རྩེད་སྐབས་ཕ་རོལ་པོའི་ལྡེའུ་རྣམས་བཙོམ་གསོད་བྱེད་སྐབས་ངེས་པར་དུ་གོམ་པ་གཅིག་སྒྲུག་ནས་སྡོད་དགོས་པ་དང་། སྐུ་ཞབས་ཁྲང་ཞའོ་ལེའུ་དང་ཕ་རེན་པ་རིན་རྣམ་གཉིས་ཀྱི་བཞེད་ཚུལ་ལྟར་ན་དེ་ནི་ནང་པ་སངས་རྒྱས་པའི་བྱམས་དང་སྙིང་རྗེའི་དགོངས་པའི་ཤུགས་རྐྱེན་ལས་ཐོན་པ་ཞིག་ཡིན་ཚུལ་དང་། ཐུབ་པའི་ཆོས་པ་རྣམས་ཀྱིས་མིག་མངས་ནི“ནག་པོ་གདོན་འདྲེའི་རིགས་མེད་པར་བཙོས”པའི་ངོ་མཚར་ཡོ་བྱད་དམ་ཐབས་ལམ་ཞིག་ཏུ་རྩི་བ་ཡིན་ཚུལ་སོགས་གསུངས་པ་ནི་ལོ་རྒྱུས་ཐོག་བན་སྡེའི་ཆོས་ལུགས་དར་ཁྱབ་བཏང་ཚུལ་དང་། བན་བོན་ཆོས་ལུགས་གཉིས་ཀྱི་འགལ་ཟླ་དང་འཐབ་རྩོད་སོགས་དངོས་ཡོད་སྤྱི་ཚོགས་ཀྱི་གནས་ཚུལ་དང་འབྲེལ་བ་ལྡན་པ་ཞིག་ཡིན་པར་སྙམ།

བོད་ཀྱི་མིག་མངས་སྐོར་གྱི་མིང་ཚིག་དང་། དེ་དང་འབྲེལ་བའི་ཡུལ་སྲོལ་གོམས་གཤིས་ལས་ང་ཚོར་ཡ་མཚན་ལྡན་པའི་སྣང་ཚུལ་མང་པོ་ཞིག་སྟེར་ཡོང་བ་སྟེ། ཕྱིར་ན་བོད་ཀྱི་དམངས་ཁྲོད་དུ་དེ་བས་ཡ་མཚན་ཆེ་བའི་མིག་མངས་སྐོར་གྱི་གཏམ་རྒྱུད་ཡོད་སྲིད་ཀྱང་ས་བར་ས་ཆ་དངོས་སུ་བསྐྱོད་ནས་རྟོག་ཞིབ་བྱ་རྒྱུའི་གོ་སྐབས་ཐོབ་མ་བྱུང་། འོན་ཀྱང་ཁོ་བོས་

ལྷ་ས་ཁུལ་དུ་རྙེག་ཞིབ་བྱས་པ་ལས་ཤེས་དོན། ལྷ་སའི་ཁུལ་དུ་མིག་མངས་རྩེད་སྐབས“ལྡེ་རྫོང་”དམ། “ལག་བཤད་”ཡང་ན“ཚོག་རྒྱག་”ཅེས་ཤོ་བཤད་ལྷ་བུའི་ལུགས་སྲོལ་ཞིག་མཆིས། བོད་སྐད་ཀྱི་ཐ་སྙད་མིག་མངས་ཞེས་པོ་དོན་གྱི་ཆ་ནས་བརྗོད་ནའང་དེ་ལ་རེའུ་མིག་མང་པོ་ཡོད་ཚུལ་བསྟན་པ་སྟེ་མིག་མངས་ཀྱི་སྒྲོམ་སྟེང་གི་རི་མོ་གྲུ་བཞི་མིག་འདྲ་བ་དེ་དག་གསོན་ཉམས་དོད་པོས་མཚོན་ནུས་པ་སོགས་མིག་མངས་ཀྱི་ཐུན་མོང་མ་ཡིན་པའི་ཁྱད་ཆོས་མཚོན་པར་བྱས་ཡོད། དེ་བཞིན་བོད་དུ་མིག་མངས་ཀྱི་སྒྲོམ་སྟེག་དང་ཆ་འདྲ་ཞིང་མཚོང་རྒྱག་གིས་རྩེ་བའི་རྩེད་མོའི་རིགས་དུ་མ་ སྔར་བཞིན་མི་ཉམས་པར་གནས་ཡོད། བོད་ཀྱི་མིག་མངས་དངོས་སུ་རྩེད་སྐབས་ཐོག་མར་མིག་མངས་གི་སྒྲོམ་སྟེང་དུ་ལྡེའུ་དཀར་ནག་གཉིས་ལས་གྲུབ་པའི་ལྡེའུ་བཅུ་གཉིས་གཏན་བཙུགས་བྱེད་པ་དང་། དེ་ལ་བོ་ཞེས་འབོད་ནས་རང་སོ་སོའི་ས་ཆ་བཟུང་བར་མཚོན་པར་བྱེད་པ་ཡིན། དེ་མིན་གྱིས་ས་ཆ་སྟོང་པ་གཞན་རྣམས་ཕན་ཚུན་གཉིས་ཀས་རང་འདོད་ཀྱིས་འཛིན་བཟུང་བྱེད་ཆོག་པ་ཡིན། རྡོ་རིལ་ཆུང་བ་རྣམས་ལ་ལྡེའུ་ཞེས་ཟེར་ལ། རྩེད་ཡུལ་གྱི་སྒྲོམ་གཞིའི་སྟེང་དུ་བྲིས་པ་ཞིག་གོ། ཐིག་རིས17 ×17བྱས་པའི་མིག་མངས་སྒྲོམ་རིག་ཀྱི་དབུས་ལ་ཁུང་ཞེས་འབོད་པ་དེ་ནི་སྟོང་པའི་དོན་དང་། ཁུང་ནི་ཕྱོགས་གཉིས་ཀར་དབང་བའི་ས་ཆ་ཡིན་པར་མཚོན་ལ་གནས་དེ་ཉིད་སྤྱིར་བཏང་རྡོ་རྗེ་རྒྱ་གྲམ་ཅན་གྱི་རི་མོས་བརྒྱན་ནས་ཡོད། བོད་ཀྱི་མིག་མངས་ལ་རྫེའུ（ཁྲོན་བསྡོམས）གསུམ་བརྒྱ་ཡོད། ཁོ་བོས་དེ་སྔོན་ཐིག་རིས15 ×15བྱས་པའི་མིག་མངས་སྒྲོམ་གཞི་ཞིག་མཐོང་བ་དེ་ལ་བསྡོམས་རྒྱ་གྲམ་ལྡེའུ289མཆིས་པ་དེ་ཉིད་གནའ་བོའི་བོན་རྩིས་དང་བོན་གྱི་གྲངས་གནས་སྐོར་དང་འབྲེལ་བ་ལྡན་པ་ཞིག་ཡིན་པར་སེམས་པས་དཔྱད་པར་འཚལ། མིག་མངས་གི་སྒྲོམ་གཞིའི་དབྱིབས་རིས་ཀྱང་བོན་ཆོས་ནང་གླིང་བའི་གནས་མཆོག་འོལ་མོ་ལུང་རིང་དང་། ཐུབ་པའི་ཆོས་ལུགས་ནང་གི་ཡུལ་ཤམ་བྷ་ལའི་མཚོན་བྱེད་དུ་རྩི་སྲོལ་ཡང་འདུག མིག་མངས་ཀྱི་སྒྲོམ་གཞི་དེ་ཉིད་དུམ་བུ་བཅུ་གཉིས་སུ་དབྱེ་བ་དེ་ནི་བོད་ཀྱི་ལོ་གཅིག་ལའང་དུས་ཚིགས་ཟླ་བ་བཅུ་གཉིས་སུ་དབྱེ་སྲོལ་ཡོད་པ་དང་འབྲེལ་བ་བྱེད་པ་ཡིན། གཞན་ཡང་ད་དུང་སྣྲུ་འཕྲུལ་ལྷ་བུའི་གྲངས300ཞེས་པའི་བརྗོད་སྲོལ་ཡང་འདུག་པ་སོགས

ནི་ད་ལྟའི་ཆར་གསང་བ་སྔགས་གླུར་གྱི་གནས་འབབ་ཞིག་ཏུ་མཐོང་བས་མུ་མཐུད་དཔྱད་པར་འཚལ།

མིག་མངས་ཀྱི་ལྡེའུའི་ཆེ་ཆུང་ཐོག་ནས་ཀྱང་བོད་ཀྱི་མིག་མངས་དང་ནང་སའི་མིག་མངས་གཉིས་དབར་མི་འདྲ་བའི་ཁྱད་པར་མཆིས་སྟེ། ཕོ་བོས་ཏུང་ཧོང་འགྲེམས་སྟོན་ཁང་དུ་མཐོང་བའི་མིག་མངས་ཀྱི་རྡེའུ་ཉིས་ཤུའི་དབུས་སུ་རྡེའུ་ནག་པོ་གཉིས་འདུག་པ་དེ་གཉིས་ཙུང་ཟད་ཆེ་ཙམ་འདུག་པ་ལས། དེ་ཁྱིངས་རྣམས་ཆུང་ཆུང་ཤ་སྟག་རེད་འདུག་པ་དེ་དག་ནི་བོད་ཀྱི་སྲོལ་རྒྱུན་གྱི་མིག་མངས་ཀྱི་རྡེའུ་དང་ཆ་འདྲ་བ་ཡིན་འདུག འོན་ཀྱང་ད་ལྟ་རྒྱ་གར་ལྡི་ལི་འགྲེམས་སྟོན་ཁང་དུ་ཉར་ཚགས་བྱས་ཡོད་ཅིང་བཤད་སྲོལ་ལྟར་ན་ཐང་རྒྱལ་རབས་ཀྱི་སྐབས་སུ་བཏབ་པའི་ཏུན་ཧོང་རྒྱུད་ཀྱི་དུར་ས་ཞིག་ནས་རྙེད་པར་གྲགས་པའི་མིག་མངས་ཀྱི་ལྡེའུ་ནི་ཏའང་རྒྱལ་རབ་ཀྱི་མིག་མངས་ཀྱི་ལྡེའུ་ལྟར་ཆེ་ཆུང་གི་ཁྱད་པར་ནི་མི་མངའོ།

ནང་སའི་མིག་མངས་ཀྱི་རྡེའུ་ཡི་ངོས་གཅིག་ནི་སྐོམས་པ་དང་ངོས་གཞན་དེ་ནི་ཙུང་ཟད་འབུར་ཐོན་ཙོག་ཙོག་ལྟ་བུ་ཞིག་ཡིན་ཞིང་། ཕོ་བོས་མཐོང་སྤྱོང་བའི་གནའ་སྔ་མོའི་མིག་མངས་ཀྱི་རྡེའུ་རྣམས་ནི་མདོག་ཤིན་ཏུ་དཀར་ཞིང་མཛེས་ལ། ད་ལྟ་མཇལ་རྒྱུ་ཡོད་པ་ནི་ཤིན་ཏུ་ནས་ཉུང་ངོ་། མིག་མངས་ཀྱི་རྡེའུ་ནག་པོ་རྣམས་ཀྱང་རྗེ་ག་མ་ཉུས་བྱས་པ་ཞེ་ཅིག་ཡིན་ལ། འོད་སྣང་གི་ཕྱོགས་ལ་སྟོན་ནས་བལྟས་ན་དེའི་དབུས་སུ་ཕྱི་ནང་གཉིས་གསལ་གྱི་རི་མོ་ཡ་མཚན་ཅན་མང་པོ་མཐོང་རྒྱུ་འདུག །དེ་ལྟ་བུའི་ཞུལ་དུ་བྱུང་བའི་མིག་མངས་ཀྱི་རྡེའུ་ནི་ད་ལྟ་ཡུན་ནན་ཞིང་ཆེན་གྱི་རྒྱུད་ནས་ཐོན་གྱི་ཡོད་པར་བཤད།

བོད་ཀྱི་མིག་མངས་རྩེད་སྟངས་སྐོར་རོབ་ཙམ་ངོ་སྤྲོད་བྱས་ན། དེ་ཡང་ཐོག་མར་ཕྱོགས་གང་རུང་ཞིག་གིས་ལྡེའུ་ཀྲུང་པ་གཅིག་རྩེད་གཞོང་ཐོག་དབུགས་རྗེས་དེའི་གང་སྐྱལ་ཁ་སྦུབ་ལ་བསྒྲོས་ནས་སུ་སྔོན་དུ་རྩེད་རྒྱུ་ཐག་གཅོད་བྱེད་པ་དང་། རྡེའུ་དཀར་པོ་རྩེད་རྒྱུ་ཐོབ་མཁན་དེ་ཅིག་ཤོས་ལས་མཁས་པ་ཞིག་ཡིན་མི་སྲིད་ཀྱང་དཀར་པོའི་མདོག་བཟང་བས་དེ་རྩེད་མཁན་དེ་ཡག་ལ་རྩེ་བ་ཡིན། དཀར་པོ་སྔོན་དུ་འགྲོ་བ་དང་སྐར་མའི་བསྟུར་གྲངས་ཀྱང་གཉིས་དང་གཅིག་གིས་ཁྱད་པར་ཡོད།

སྤྱིར་བཏང་མིག་མངས་རྩེད་སྐབས་མང་ཆེ་བས་ཟུར་ནས་འགོ་བཙུགས་ཏེ་རྩེ་བ་ཡིན་ལ། སྒྲོམ་སྟེག་གི་སྟེང་ཐིག་དེ་ཟིན་ཐུབ་ན་སྐར་མ་ལྔ་ཐོབ་པར་རྩི། གལ་ཏེ་འགྲན་ཡ་དེའི་ཟུར་གཉིས་དང་ལྟེ་བའི་ཐིག་དག་ཤོར་ན། སྐར་མ་ཉི་ཤུ་རྩ་ལྔ་ཤོར་བར་བརྩི་བ་ཡིན། དེའི་སྐོར་ཕ་རིན་པ་རིན་གྱིས་དཔྱད་རྩོམ་ནང་གླེང་གནང་མི་འདུག

ང་ཚོས་བོད་ཀྱི་མིག་མངས་རྩེད་མཁན་གྱི་ཚུ་ཚད་དེ་ཉིད་ཇི་ཙམ་དུ་འཕེལ་ཡོད་མེད་ད་ལྟ་གླེང་ཐབས་བྲལ་བ་ཞིག་ལགས་ནའང་། མི་རྣམས་ཀྱི་ཤོད་སྲོལ་དུ་སྔོན་མ་བོད་དུ་མིག་མངས་གོམ་པ་བཅོ་ལྔ་ཙམ་སྔོན་དུ་བསམ་ཐུབ་མཁན་གྱི་མཁས་པའང་མི་ཉུང་བ་ཞིག་ཡོད་པར་གྲགས་སོ།

འཛར་པན་དང་ནང་སའི་མིག་མངས་ཀྱི་འབྲེལ་ཡོད་ཐ་སྙད་དང་བོད་ཀྱི་མིག་མངས་ཀྱི་ཐ་སྙད་བར་དཔྱད་བསྡུར་བྱ་སྐབས། བོད་ཀྱི་མིག་མངས་ཀྱི་སྒྲོམ་གཞིའི་ཆ་ཤས་ཀྱི་དབྱིབས་ལ་གཞིགས་ནས་སྲོག་ཆགས་ཀྱི་མིང་བཏགས་སྲོལ་འདུག་པ་ནི་དཔེར་ན། ཟུར་སྟོང་ལ་མིག་མངས་རྡེའུ་གཉིས་ཁ་གཏད་དུ་ཡོད་ན་དེ་ལ་“ཉ་འདྲ་བ་”ཞེས་འབོད་ལ། ཟུར་སྟོང་གཞན་ཞིག་ལ་ཡང་“ཤ་བ་བརྒྱད་འདྲ་བ་”ཞེས་འབོད་པ། དེ་བཞིན་མིག་མངས་ཀྱི་རྡེའུ་གཏོང་སྐབས“ཁྱིའུ་འདི་གསོད་”ཅེས་དང་། “ཕོའི་སྐེ་བཅད་”ཅེས་ཕ་རོལ་པོའི་ལྡེའུའི་འབྲེལ་འཚམས་གཅོད་པ་སོགས་ཐུན་མོང་མ་ཡིན་པའི་ཐ་སྙད་དང་རྩེད་སྲོལ་ལྡན་པ་ཡིན། སོག་པོའི་མིག་མངས་ཁྲོད་དུ་རྡེའུ་ཆེ་བ་རྣམས་ལ་“གླང་པོ་”ཞེས་འབོད་པ་དང་། ཆུང་གྲས་རྣམས་ལ་“ཁྱི་”ཞེས་འབོད་པ་ཡིན། སྐུ་ཞབས་ཕེ་རིན་པ་རིན་གྱི་དཔྱད་རྩོམ་ནང་གསུངས་པ་ལྟར་ན། སོག་པོས་མིག་མངས་རྩེད་སྐབས་རྡེའུ་ཆུང་བ་རྣམས་“གླང་”ཞེས་པའི་རྡེའུ་ཆེ་བ་དེ་ཚོའི་མཐའ་འཁོར་དུ་བཀང་ནས་ཆེ་བ་དེ་ཉིད་སྲུང་སྐྱོབ་བྱེད་པའི་རྩེད་ལུགས་འདུག་པ་བཅས་ཅུང་ཟད་མི་འདྲ་བའི་རྩེད་སྲོལ་འདུག་གོ།

ལྔ། མིག་མངས་དང་བན་བོན་འཐབ་རྩོད་སྐོར།

དེ་ཡང་ཐུབ་པའི་ཆོས་ལུགས་བོད་དུ་དར་རྗེས་བོད་ཀྱི་སྔར་ཡོད་ཀྱི་རྩེད་མོའི་རིགས་ལ

ཚད་བཀག་བྱས་ཡོད་ནའང་མིག་མངས་སོགས་རོལ་རྩེད་ཀྱི་རིགས་ཡོད་ཚད་མེད་པར་བཟོ་ཐུབ་མེད། དཔེར་ན་ཐིག་རིས་ལྷ་ཅན་གྱི་མིག་མངས་རྩེད་མོ་དང་། དེ་བཞིན་ཤོ་གཙོ་བོར་བྱས་ནས་རོལ་བའི་ས་ལམ་རྣམ་བཞག་ཅེས་ལུང་བསྟན་བྱེད་པའི་ཡོ་བྱད་ཀྱང་བྱེད་པའི་རྩེད་མོ་ཞིག་ཡོད་པ་དེ་ནི་གྲྭ་བཙུན་རྣམས་ཀྱིས་དགའ་པོ་བྱེད་པའི་ཆོས་ལུགས་དང་འབྲེལ་བའི་རོལ་རྩེད་ཅིག་ཡིན་འདུག

ཐུབ་པའི་ཆོས་ལུགས་བོད་དུ་ཐོག་མར་དར་རྗེས་བོད་དུ་མིག་མངས་རྩེད་མི་ཆོག་པ་བཟོས་པ་དེ་ཡང་གཅིག་བྱས་ན་སྔར་ཡོད་རིག་གནས་ལ་ཁྲ་དོག་བྱས་པ་ཡིན་ལས་ཆེ། ཡང་ན་དེས་སྐྱེ་བོའི་དུས་ཚོད་མང་པོ་འཕྲོ་བརླག་ཏུ་གཏོང་བའི་རྐྱེན་ལས་ཡིན་ཡང་སྲིད། མདོར་ན་བོད་དུ་མིག་མངས་རེ་ཞིག་རྩེད་མི་ཆོག་པ་བཟོས་པ་དེ་ལ་རྒྱུ་མཚན་ཁྱད་པར་ཅན་འགའ་ཡོད་སྲིད་དོ།

རོལ་རྩེད་ཅིག་ལས་མི་རིགས་ཤིག་གི་རིག་གནས་རིན་ཐང་ངམ་ནང་དོན་གང་ཙམ་ཞིག་མཚོན་ཐུབ་ལ། ལྷག་པར་དུ་ངོ་མཚར་ཆེ་བ་ཞིག་ལ་མིག་མངས་ལ་ཤིན་ཏུ་ནས་རིང་བའི་ལོ་རྒྱུས་ལྡན་པ་ཡིན། ལོ་ངོ་སྟོང་ལས་འདས་པའི་གོང་གི་སྐྱེ་བོས་མིག་མངས་རྩེ་བ་འབའ་ཞིག་མ་ཡིན་པར་དོན་སྙིང་ལྡན་པའི་བྱ་བའང་མང་པོ་བསྒྲུབས་ཡོད་པ་ནི་ཐེ་ཚོམ་བྱེད་མི་དགོས་པ་ཞིག་ཡིན། མིག་མངས་ནི་རིག་པའི་རོལ་རྩེད་ཅིག་ཏུ་བརྩི་སྲོལ་འདུག་པ་ནི་རྒྱ་བོད་སོགས་ཡུལ་གྲུ་ཚང་མར་གཅིག་མཚུངས་རེད་ལ། རོལ་རྩེད་དེ་དང་ནང་སའི་ཏའོ་ཞེས་པའི་ཆོས་ལུགས་དང་ཐུབ་པའི་ཆོས་ལུགས་ཀྱི་འཇིག་རྟེན་ལྟ་ཚུལ་དང་འཇིག་རྟེན་བཀོད་པ་ལ་སོགས་ཀྱི་བར་འབྲེལ་བ་བྱས་ནས་འགྲེལ་བཤད་བྱེད་པ་མ་ཟད་དེ་ནི་འགྲོ་བ་མིའི་རིགས་དང་གཟུགས་མེད་ཀྱི་འཇིག་རྟེན་ཁམས་གཉིས་པར་གནས་པའི་འབྲེལ་བ་ཉིད་མཚོན་པར་བྱེད་པའི་ཐབས་ལས་ཤིག་ཏུའང་བརྩི་སྲོལ་ཡོད་དོ།

ད་དུང་མིག་མངས་དེ་བཞིན་དམག་དོན་ལ་མཁས་པའི་སྐྱེ་བོ་རྣམས་ཀྱིས་རོལ་ཞིང་། དེ་ནི་དམག་ཇུས་སྐོར་བསམ་བློ་བཏོང་བྱེད་ཀྱི་ཡོ་བྱད་ཅིག་ཀྱང་ཡིན། དེར་བརྟེན་གནའ་མི་རྣམས་ཀྱིས་མིག་མངས་ནི་སྤྲོ་སྣང་འཕེལ་བྱེད་ཀྱི་རྩེད་མོ་ཁོ་ན་ཡིན་པར་མ་བསམ་པར་དེ་ནི་

རིག་གནས་ཤིག་ཏུ་འང་བརྩིས་ནས་ཁོང་ཚོའི་རྗེས་རབས་པ་རྣམས་ལ་རྒྱུད་སྤྲོད་བྱེད་པ་ཡིན། མིག་མངས་ནི་བོད་དུ་དུས་རབས་དྲུ་མའི་སྔོན་ནས་ཐོར་ཞིག་ཏུ་འགྲོ་འགོ་བཙམས་པའི་རིག་གནས་སྲོལ་རྒྱུན་ལས་ཆ་ཤས་མི་ཉམས་པར་གནས་པའི་མཚོན་བྱེད་ལྟ་བུ་ཞིག་ཡིན། ད་ལྟ་མིག་མངས་ཀྱང་སྲོལ་རྒྱུན་རིག་གནས་གཞན་ལྟར་བེད་སྤྱོད་དང་དེའི་དགོས་པའི་ཁྱབ་ཁོངས་ཀྱང་ཇེ་ཆེར་འགྲོ་བཞིན་ཡོད་པ་ནི་དཔེར་ན། དེས་ཚོང་ལས་དང་། མི་རིགས་ཀྱི་ལ་རྒྱུའམ་རྒྱལ་གཅེས་བསམ་བློར་སྐྱུལ་སྤེལ་དང་། སྤྱི་ཚོགས་རིག་གནས་གོང་འཕེལ་གཏོང་རྒྱུར་སྨན་པའི་བསམ་བློ་སྐྱེ་འཕེལ་བྱེད་ཐུབ་ཀྱི་ཡོད། མིག་སྟར་ཡོ་རོབ་རྒྱལ་ཁབ་ཁ་ཤས་སུ་མིག་མངས་ཉིད་སློག་འཕྲུལ་རྩིས་རྒྱག་འཁོར་ལོའི་ནང་བཙུག་ནས་རོལ་བའི་སྲོལ་ཡང་བཏོད་ཡོད་པར་གྲགས།

འོ་ན་བོད་ཀྱི་གནའ་བོའི་ཆོས་ལུགས་བོན་དང་མིག་མངས་གཉིས་བར་འབྲེལ་བ་ཅི་ཞིག་ཡོད་དམ་ཞེ་ན། སྐུ་ཞབས་ནམ་མཁའི་ནོར་བུ་མཆོག་ནས་གསུངས་དོན། གནའ་བོའི་བོན་ལ་དབྱེ་བ་གསུམ་ཡོད་དེ། དང་པོ་སྣང་།（མིག་ཚོག་གཉིས་ཀྱི་བདག་ཉིད་ཅན་）བསམ་བློ（སེམས་ཁམས་ཀྱི་བདག་ཉིད་ཅན་）ཤེས་རིག（འཇིག་རྟེན་ཆོས་ཉིད་ཀྱི་བདག་ཉིད་ཅན་）བཅས་ཡིན་ལ། དེ་དག་ལས་སྔོན་མ་གཉིས་དང་མིག་མངས་བར་འབྲེལ་བ་དམ་ཟབ་ལྡན་པ་མ་ཟད། མིག་མངས་ནི་དེ་གཉིས་ཀྱི་ནང་གསེས་ཤིག་ཡིན་ཞེས་གསུངས། གལ་ཏེ་རིགས་གསུམ་པ་དེ་དང་མིག་མངས་གཉིས་བར་འབྲེལ་བ་ལྡན་པའི་དབང་དུ་བཏང་ན་དེ་ནི་ཤིན་ཏུ་ནས་ཡིད་དབང་འཕྲོག་པའི་གནད་དོན་ཞིག་རེད།

ཆོས་ལུགས་ཀྱི་ནང་དོན་དང་འབྲེལ་བའི་རྩེད་མོའི་རིགས་ནི་ཡ་མཚན་ཆེ་བའི་གནད་དོན་ཞིག་ཡིན་པ་རེད། གང་ཡིན་ཟེར་ན། རྩེད་མོ་དེ་རིགས་ནི་རོལ་རྩེད་ཁོ་ན་ཙམ་མ་ཡིན་པར་དེ་ནི་རྟོག་འཛིང་ཆེ་བའི་གནད་དོན་ལ་རྟོགས་འཇུག་བྱ་ཆེད་ཀྱི་ཐབས་ལམ་ཞིག་ཀྱང་ཡིན་པས་རེད། རིག་གནས་ཀྱི་དྲི་བཟང་གིས་ཁེངས་པའི་རྩེད་མོའི་རིགས་ལ་ཞིབ་འཇུག་བྱས་པ་བརྒྱུད། ད་གཟོད་ཆོས་ལུགས་ཀྱི་ལྟ་བའི་གནད་འགག་དང་། མ་འོངས་པར་འཛིན་པའི་འདོད་ཚུལ། དེ་བཞིན“དཀོན་མཆོག་གི་ཞིང་ཁམས”ཟེར་བ་སོགས་ཀྱི་སྐོར་ལ་ངེས་

ཤེས་ཕྲན་བུ་སྐྱེ་ཐུབ་ཀྱི་ཡོད་ལ་དེ་བཞིན་མིག་མངས་དང་ཆོས་ལུགས་ནང་བརྗོད་པའི་བསོད་བདེ་བསོད་ནམས་དང་། མ་འོངས་ལུང་བསྟན། མོ་བཏབ་པ། གོ་སྐབས་དང་འགྱུར་ལྡོག་རང་བཞིན་བཅས་དང་ཡང་འབྲེལ་བ་མཆིས་ཚུལ་སྐོར་ལ་ཤེས་རྟོགས་ཐུབ་ཀྱི་ཡོད། དེའི་སྐོར་དཔེ་མཚོན་འགའ་ཞིག་དྲངས་ན་འདི་ལྟར། དང་པོ། ལོ་རྫོ་ཉིས་སྟོང་སྔོན་གྱི་གནའ་རབས་རྒྱ་ཡི་རྒྱལ་པོ་ཡའོ་ཞེས་པ་དེས་ཁོའི་བུ་ལ་མིག་མངས་བསླབས་ཅེས་གསལ་བ་དེ་ཡང་དཔྱད་གླེང་བྱེད་ཡུལ་ཞིག་ཡིན་ནའང་གནས་སྐབས་བཏང་སྙོམས་སུ་གཞག་པ་ཡིན། འོན་ཀྱང་སྐྲུང་དེ་ལས་ཤེས་ཐུབ་པའི་དོན་ཞིག་ནི་མིག་མངས་དེ་ཉིད་ནི་གནས་བབ་མཐོ་བའི་སྐྱེ་བོའི་རོལ་རྩེད་ལྟ་བུ་ཞིག་ཡིན་པ་དེ་ལགས་ཤིང་། དེ་ནི་ལོ་རྒྱུས་ཐོག་མི་རྣམས་ཀྱིས་ཐོག་མར་མ་འོངས་ལུང་བསྟན་བྱེད་པའི་གཏམ་རྒྱུད་ཆེས་ཐོག་མ་བ་སྟེ་ལས་དབང་གིས་སྐྱེ་བོའི་འགྲུལ་སྐྱོད་ལ་དབང་སྒྱུར་བྱེད་ཚུལ་གི་གདོད་མའི་བསམ་བློ་ཉིད་མཚོན་པ་དེ་ཡིན། གཉིས་པ། ཤོད་སྲོལ་ལ་སྔོན་གྱི་དུས་ན་རྒྱ་གར་བ་ཞིག་གིས་ཤོ་ལས་གྲུབ་པའི་རྩེད་བྱེད་ཅིག་བཟོས་ནས་དེ་ཨུ་སེ་ལམ་ཆོས་ལུགས་ཀྱི་སྲོལ་རྒྱུན་ཁྲིད་དུ་བསྟན་པ་དང་ཁོ་བོས་དེ་ལྟར་བྱེད་པའི་ཀུན་སློང་ནི་སྤྱང་གྲུང་དོད་པོ་དང་རྩེད་མར་མཁས་པ་འབའ་ཞིག་ལ་ཅི་ཡང་ཐོབ་མི་སྲིད་ཅེས་པའི་དོན་ཉིད་གསལ་སྟོན་བྱ་རྒྱུ་དེ་ཡིན་འདུག མིག་མངས་ཀྱི་བློ་བསྐྱེད་ལས་ཨུ་སེ་ལེམ་མི་རིགས་ཀྱིས་象棋（དབྱིན་ཡིག་ཏུ་ཆེས་སེ་）ཟེར་བའི་རྩེད་མོ་དེ་གསར་དུ་གཏོད་པ་དང་། རྩེད་མོ་དེ་ཉིད་ཀྱི་རྩེད་ཐབས་ལས་སྐྱེ་བོ་རྣམས་ལ་རྒྱལ་ཁའི་ཕྱོགས་སུ་བསྐྱོད་འདོད་ན་རིག་པས་དབུལ་ནས་རེ་ཞིག་ཕམ་ཉེས་བྱུང་ནའང་སྤུ་མཐུད་སེམས་ཆུང་གིས་འབད་བརྩོན་བྱས་ན་མཐའ་མ་བརྒྱལ་བའི་ཆོས་ཉིད་བསྟན་ཡོད། ཕྱིས་སུ་ཨུ་སེ་ལེམ་མི་རིགས་ཀྱི་ཆོས་པ་རྣམས་ཀྱིས་象棋 འཕེལ་རྒྱས་བཏང་བ་དང་དེར་ཆོས་ལུགས་ཀྱི་ནང་དོན་དང་རྣམ་པ་སྣ་ཚོགས་སྦྱུད་པ་བཅས་ལས་རིམ་བཞིན་རྩེད་མཁན་ཉིད་ཀྱི་ལས་དབང་ཉིད་དཀོན་མཆོག་ལ་རྟེས་སྤྲོད་བྱས་པའི་ཆོས་ལུགས་ཀྱི་ལྟ་བ་དང་དད་མོས་མཚོན་པའི་ཕྱོགས་སུ་འཕེལ་རྒྱས་སོང་ཡོད། གསུམ་པ། ཡེ་ཤུའི་ཆོས་ལུགས་ཀྱི་ལྟ་ཚུལ་ལྟར་ན། གྲྭ་བཙུན་རྣམས་ཀྱིས་མིག་མངས་རྩེད་པ་དེ་ནི་དཀོན་མཆོག་གི་གནང་སྦྱིན་ཞིག་ཏུ་ངེས་པ་དང་མིག་མངས་སྒྲོམ་གཞིའི་ཐོག་རང་ཉིད་

ཀྱི་བློ་རྩལ་ངོམས་པར་བྱེད་པ་དེ་ནི་འཐད་པ་དང་བླང་བྱ་ཞིག་ཡིན་པར་འདོད།

བོད་ཀྱི་བོན་ཆོས་ཀྱི་ཁྲོད་དུ་ཆོས་ལུགས་གཞན་ལྟར་“དཀོན་མཆོག”ཟེར་བའི་ཐ་སྙད་དང་ནང་དོན་ཞིག་མེད་པ་འདྲ། གདོད་མའི་བོན་ཆོས་དང་འབྲེལ་བ་ཆེན་པོ་ལྡན་པའི་ཆོས་ལུགས་མིང་ཚིག་ལ་དཔྱད་ནའང་ལྷའམ་ལྷ་ཚོགས་ཟེར་སྲོལ་ཞིག་མ་མཆིས། ད་ལྟའི་བོན་ཆོས་ཀྱི་མ་ལག་ཡོངས་ལ་དཔྱད་པ་ཞིག་བྱས་ན། དེ་ཡང་མཁས་དབང་ནམ་མཁའི་ནོར་བུའི་འདོད་ཚུལ་ལྟར་ན། བོན་ལུགས་ལྟར་ན། དཀར་ནག་གཉིས་དབར་དང་སངས་རྒྱས་སམ་ལྷ་དང་འདྲེ་གཉིས་དབར་ནམ་ཡང་འཁྲུག་རྩོད་རྒྱུག་ལ་དེ་གཉིས་དབར་རྒྱལ་ཕམ་ཐག་གཅོད་ཐུབ་པའི་དུས་ཤིག་ནི་ནམ་ཡང་མེད་པའི་བརྗོད་སྲོལ་ཞིག་ཡོད་ཚུལ་བཞེད། དུས་ཚོད་ནི་སྐད་ཅིག་ནས་སྐད་ཅིག་ཏུ་ཆོས་ཉིད་ལྡན་པའི་སྒོ་ནས་འཇིག་རྟེན་འཁོར་བའི་ན་གསོག་པ་དང་། དུས་ཀྱི་འཁོར་ལོ(དུས་འཁོར)(Great Wheel of Time)ཞེས་པ་དེ་ཡང་གོང་གསལ་ཆོས་ཉིད་དེའི་མཚོན་ཚུལ་ཞིག་ཡིན་པར་སེམས། བོན་གྱི་སྟོན་པ་གཤེན་རབ་མི་བོ་ཆེ་ཉིད་ཐོག་མར་འོལ་མོ་ལུང་རིང་ནས་ཡུལ་གཞན་དུ་གཤེགས་སྐབས་ནི་ཁོང་གི་མཛད་པ་བཅུ་གཉིས་ལས་འགོ་བཙུགས་ཀྱི་མཛད་པའམ་དུས་ཤིག་ལགས་པ་དང་། དེ་ནི་བོན་ལ་མཁས་པའི་སྐྱེ་བོ་དག་གིས་ངོ་མཚར་ཆེ་བའི་མཛད་པ་ཞིག་དང་ཁྱད་པར་ཅན་གྱི་དུས་མཚམས་ཤིག་ཏུ་བརྩི་སྲོལ་འདུག

གོང་དུ་བརྗོད་པའི་ན་ཆུང་བྱིས་པ་ཞིག་གིས་རང་གཅིག་བུ་ཁེར་རྐྱང་དུ་མིག་མངས་རྩེད་པའི་ཚུལ་ལ་དཔྱད་ན། རྩེའུ་ནག་པོ་ཉིད་བཟུང་བ་དེ་ནི་འཆི་བའམ་གདོན་འདྲེ་སོགས་ཀྱི་མཚོན་བྱེད་འབའ་ཞིག་ཡིན་པར་མ་མཐོང་ལ། མིག་མངས་ནི་སྐྱེ་བོ་ག་གེ་མོ་ཞིག་གི་མ་འོངས་པ་དང་དེའི་ལས་དབང་གི་འཕོ་འགྱུར་སྐོར་ལུང་བསྟན་བྱེད་པོ་སྟེ་འཁོར་བའམ་དངོས་ཡོད་ཀྱི་སྲིད་ཚོགས་ལ་རྟོགས་འདུག་བྱེད་རྒྱུའི་ཡོ་བྱད་ཅིག་ཡིན་པ་ལས་མིག་མངས་རང་གི་ཐོབ་ཐང་འབའ་ཞིག་ཐོག་ནས་སྐྱེ་བོ་ག་གེ་མོའི་གནས་བབ་བམ་ལས་དབང་ལ་འགྱུར་ལྡོག་ཡོང་བའི་མཚོན་བྱེད་ཅིག་མ་ཡིན་པར་སེམས། གོང་གསལ་ན་ཆུང་བྱིས་པ་དེའི་མིག་མངས་རྩེད་ཚུལ་ལས་ང་ཚོས་ཤེས་རྟོགས་ཐུབ་དོན་ནི། བྱིས་པ་འདི་བཞིན་འཇིག་རྟེན་ནམ་སྲིད་

ཚོགས་ཧྲིལ་པོའི་མ་ལག་ནང་འཚོ་ཞིང་གནས་པ་ཞིག་ཡིན་པར་རྟོགས་པ་དང་། བྱིས་པ་དེ་ཉིད་མིག་མངས་ཕམ་པ་དང་། རྡེའུ་ནག་པོ་རྒྱལ་བ་དེ་ལས་སྐབས་དེ་ཤེད་ནི་ནག་པོ་བདུད་ཀྱི་འཇིག་རྟེན་ལ་དབང་བསྒྱུར་བྱེད་པའི་དུས་སྐབས་ཤིག་ཡིན་པ་མཚོན་ལ། ནག་པོའི་མདོག་ནི་ནབ་དང་འཆིབ། གདོན་འདྲེ། དམྱལ་བ། མུན་ནག་དང་གྲིབ་གཟུགས་སོགས་ཀྱི་མཚོན་བྱེད་ཡིན་པ་དང་། དཀར་པོའི་མདོག་ནི་སྐྱ་རེངས་དང་། རི་རྩེ། འོད་ཟེར། རྒྱུ་སྐར། ཟླ་བ། དེ་བཞིན་སྐྱེ་བོ་རྣམས་ཀྱིས་ཁང་ཐོག་ཏུ་འཇོག་རྒྱུར་དགའ་བའི་རྡོ་དཀར་གོང་སོགས་ཀྱི་མཚོན་དོན་ཞིག་ཡིན་པ་རེད། དེ་ལྟའི་མངོན་གསལ་དོད་པོས་མིག་མངས་ཀྱི་རྡེའུ་དཀར་ནག་གཉིས་ཀྱི་མཚོན་དོན་ཐོན་པར་བྱེད་པའི་དུས་ནི་དུས་རབས་བཅུ་བདུན་གྱི་ཡས་མས་ཙམ་དུ་ཡིན་པར་སེམས་སོ།

གོང་དུ་གླེང་བ་བཞིན་སོག་པོའི་སྟོབས་ཤུགས་ལ་མིག་མངས་ཀྱི་རྒྱལ་ཁ་ཐོབ་ཀྱང་དེ་ནི་ཕྱིས་སུ་སྤྱིར་བཏང་གི་བཟང་པོ་མ་ཡིན་པའི་ལོ་རྒྱུས་ཀྱི་རྒྱབ་ལྗོངས་ཤིག་བསྟན་པ་ཡིན་པ་ལས་གང་ཞིག་གི་ལས་དབང་དང་ཉམས་ང་བའི་གནས་སྟངས་མཚོན་པའི་རྟགས་མཚན་ཞིག་གཏན་ནས་མ་ཡིན། མདོར་ན། ཐུབ་པའི་ཆོས་ལུགས་བོད་དུ་དར་རྗེས་མིག་མངས་ནི་རྒྱལ་ཕམ་དབྱེ་འབྱེད་བྱེད་རྒྱུ་འབའ་ཞིག་ཏུ་མ་བསྡད་པར་དེའི་གཞི་རྩའི་བྱེད་ནུས་གཞན་ཞིག་ནི་དུས་འཁོར་(Grea Wheel Time)ལ་ཉམས་ཚོད་དམ་དོ་སྣང་བྱེད་ཚུལ་ཞིག་ཏུ་འཕོ་འགྱུར་སོང་ཡོད་དོ།

ཐུབ་པའི་ཆོས་ལུགས་ནི་སྐྱབས་འགྲོ་གཙོར་འཛིན་བྱེད་པའི་ཆོས་ལུགས་གྲུབ་མཐའ་ཞིག་ལགས་པ་དང་། བོན་ཆོས་ཀྱི་ལྟ་ཚུལ་ལྟར་ན། མིག་མངས་རྩེད་ཙིང་རྒྱལ་ཁ་ཐོབ་ན་རང་ཉིད་ལ་སྐྱབས་འགྲོ་དང་མཉམ་པའི་གདེང་སྤོབས་ཤིག་ཡོད་པར་འདོད། དེ་ནི་ཐུབ་པའི་ཆོས་ལུགས་ཀྱི་རྗེས་འཇུག་པ་རྣམས་ཀྱིས་མིག་མངས་ལ་མི་དགའ་བར་བྱེད་པ་དང་། ཁོང་ཚོའི་དགྲ་ཟླ་ལྟ་བུར་རྩི་བའི་བོན་པོས་དེ་ལ་དགའ་པོ་བྱེད་པའི་རྒྱུ་མཚན་གཞན་ཞིག་ཡིན་སྐད་དོ། །

སྔར་བོད་ཀྱི་སྐུ་དྲག་གི་ཁྲོད་དུ་མིག་མངས་རྩེད་རྒྱུར་དགའ་བའི་སྐྱེ་བོ་མི་ཉུང་བ་ཞིག་

ཡོད་པ་ལས་དེ་ལ་འགོག་རྐོལ་བྱེད་མཁན་ནི་བྱུང་མེད། འོན་ཀྱང་སྔར་གྱི་སྲོལ་ལྟར་ན། ས་ག་ཟླ་བའི་ཚེས་བཅོ་ལྔའི་ཉིན་མིག་མངས་རྩེད་མི་ཆོག དུས་དེ་ནི་ཆོས་ལུགས་ཀྱི་དུས་ཆོས་བཟང་པོའམ་དུས་ཆེན་ཞིག་ཡིན་པའི་རྐྱེན་གྱིས་ཡིན་པ་རེད།

ཉེ་ཆར་ང་ཚོས་ལྷ་སའི་སྐུ་དྲག་ཁྱིམ་ཚང་ནས་ཡིན་པའི་བགྲེས་སོང་འགའ་ཞིག་ལ་བཅར་འདྲི་དང་རང་ཉིད་ཀྱིས་རྟོག་ཞིབ་བྱས་པ་ལས་ཤེས་དོན། སྤྱིར་ན་སྐུ་དྲག་ཚོའི་ལྟ་ཚུལ་ལྟར་ན། སྔོན་ཆོས་མི་མངས་རྩེད་སྐབས་ཆོས་ལུགས་ནང་བསྟན་པའི་ནང་དོན་ལ་དེ་ཙམ་དོ་སྣང་མི་བྱ་བར་དེ་ནི་སྤྲོ་སྐྱིད་དམ་རྩེད་འཇོ་འབའ་ཞིག་ཏུ་ངོས་འཛིན་བྱ་བ་ཡིན་ལ། མཚམས་རེ་རྒྱན་བཙུགས་ནས་རྩེད་པའི་སྲོལ་ཀྱང་མཆིས། མིག་མངས་ཀྱི་ཆུ་ཚད་དམའ་པོ་ཡིན་པའི་མི་རྣམས་ཀྱི་འདོད་ཚུལ་ལ་མིག་མངས་ནི་དུས་ཚོད་རིང་པོ་དགོས་པའི་རོལ་རྩེད་ཅིག་ལགས་པ་དང་། དེ་ནི་དེ་ཙམ་ཡིད་དབང་འཕྲོག་པའི་རྩེད་མོ་ཞིག་མ་ཡིན་པར་མཐོང་ནས་དགའ་པོའང་དེ་ཙམ་མི་བྱེད།

མདོར་ན་མིག་མངས་འདི་བཞིན་བོད་ཀྱི་ཆོས་ལུགས་དང་འབྲེལ་བའི་གནའ་བོའི་རིག་གནས་དང་། ལྷག་པར་དུ་འཛིག་རྟེན་གྱི་མི་ནི་ཐོག་མར་མི་དཀར་ནག་གཉིས་ལས་འཕེལ་བ་ཡིན་པ་སོགས་པ་བོད་ཀྱི་གནའ་བོའི་ལོ་རྒྱུས་དང་། ཆོས་ལུགས་དད་མོས། རིག་གནས་རིན་ཐང་བཅས་ཀྱི་འདོད་ཚུལ་དག་མ་ཉམས་པར་གནས་པའི་སྣང་ཚུལ་ཞིག་ཡིན་ལ། དེ་ར་བོད་ཀྱི་གནའ་བོའི་རིག་གནས་ལོ་རྒྱུས་དང་ཆོས་ལུགས་དད་མོས་སོགས་ལ་དཔྱད་ཞིབ་བྱ་རྒྱུར་གལ་ཆེའི་རིན་ཐང་ལྡན་ཡོད་དོ། །

(བསོད་ནམས་ཆོས་རྒྱལ་དང་པེ་ཐའར་ཧྥ་དར། 《བོད་ལྗོངས་སློབ་གྲྭ་ཆེན་མོའི་རིག་དེབ་》 1994ལོའི་དུས་དེབ་གཉིས་པར་འཁོད།)

༧༡། །བླ་དང་བླ་གཡུའི་སྐོར་དང་བོད་དུ་དར་བའི་བླ་བླུ་ཞེས་པའི་ཆོ་གའི་སྐོར་ལ་དཔྱད་པ།

试论西藏宗教中的灵魂概念与相关的宗教祭祀

[བརྡ་ཆད་གཙོ་བོ།] བླ། བླ་གཡུ། བླ་བླུ། བོན་ཆོས། ཐུབ་ཆོས། ཆོ་ག

[ནང་དོན་གནད་བསྡུས།] དཔྱད་རྩོམ་འདིའི་ནང་དུ་བོད་རིགས་ཀྱི་ལྷར་འཛིན་པའི་ཆོས་ལུགས་དང་འབྲེལ་བའི་སྲོལ་རྒྱུན་ལྟ་ཚུལ་དང་། བླ་ཡི་མཚོན་བྱེད་དང་ནུས་པ། གཡུ་དང་བླ་ཡི་འབྲེལ་བ། བླ་བླུ་ཞེས་པའི་ཆོ་གའི་ཐོག་མའི་ལྟ་སྣང་གི་འབྱུང་ཁུངས། བླ་བླུ་ཞེས་པའི་ཆོ་ག་བཞེངས་སྟངས་བཅས་སྐོར་ངོ་སྤྲོད་དང་སྤྲགས་ཞིབ་ཕྲའི་དཔྱད་ཞིབ་བྱས་ཡོད།

【关键词】 灵魂;招魂仪式;苯教;绿松石;

【摘要】文章对藏传佛教和苯教信仰者均举行的宗教仪轨,即召唤灵魂仪式的起源、变化、仪式程序、活动过程以及绿松石在这个仪式中的作用和象征意义等了详细的介绍。

དེ་ཡང་ཧོ་ཧོར་བླ་དང་བླ་གཡུ་དང་དེ་འབྲེལ་གྱི་བླ་བླུའི་ཆོ་གའི་སྐོར་ལ་ཞིབ་ཚགས་ཀྱིས་ཞིབ་འཇུག་བྱེད་རྒྱུའི་གོ་སྐབས་ཐོབ་དུས་ནི་སྤྱི་ལོ1983ལོར་ཡིན། དཔྱད་རྩོམ་འདིའི་ནང་ཧོ་ཧོས་བོད་དུ་དར་བའི་བླ་བླུའི་ཆོ་ག་དེའི་བྱུང་དུས་དང་། འཕེལ་རྒྱས་འགྲོ་ཚུལ། དེ་བཞིན་དུས་ད་ལྟའི་བར་མ་ཉམས་པར་ཆོས་ལུགས་དང་སྤྱི་ཚོགས་འཚོ་བའི་ཁྲོད་མངོན་པའི་ནུས་པའི་སྐོར་གླེང་བར་བྱའོ།

དང་པོ། བོད་རིགས་ཀྱིས་ལྷར་འཛིན་པའི་ལྟ་ཚུལ་སྐོར།

བོད་ཀྱི་བླ་ཡི་སྐོར་གྱི་ཆོ་ག་དང་དེ་དང་འབྲེལ་བའི་ཐ་སྙད་དག་ལ་ཐོག་མར་ཞིབ་འཇུག་བྱེད་མཁན་ནི་F · Dལེ་སིང་ཡིན་ལ། ཁོང་གིས《བླ་བླུ་ནི་བླ་མའི་ཆོས་ལུགས་ཀྱི་ཆོ་

ག་ཞིག་ཡིན་》ཞེས་པ་བརྩམས་གནང་ཡོད། ཧོང་གིས་དཔྱད་རྩོམ་དེ་བྲིས་སྐབས་དཔྱད་གཞི་གནང་བའི་དཔེ་ཆ་ནི་རྒྱ་ཡིག་ཐོག་བསྒྱུར་བའི་《ཟླ་འགུགས་ཚེ་འགུགས་ཀྱི་ཚོ་ག་རིན་ཆེན་སྲོག་གི་ཚང་མཐུད་》ཞེས་པ་དེ་ཡིན། ལི་སེང་གིས་དཔེ་ཆ་དེའི་མིང་དབྱིན་ཇིའི་སྐད་ཡིག་ཐོག《ཟླ་འབོད་ཚེ་འབོད་ཀྱི་ཚོ་ག》ཞེས་བསྒྱུར་གནང་ཡོད། ཡིན་ནའང་། དེ་བས་ཡང་དག་པའི་བསྒྱུར་ཚུལ་གཞན་ཞིག་ནི（ཚད་མཐུད་ལས་ཚང་མཐུད་ཞེས་པ་མ་ཡིན་ཞེས་ལི་སེང་གིས་གསུངས་）《རིན་ཆེན་ཚེ་སྲོག་སྐྱར་བཞེངས་》ཞེས་པ་དེ་ཡིན། ཧོང་གསལ་པོད་ཡིག་དཔེ་ཆ་དེ་རྒྱ་ཡིག་ཐོག་པར་སྒྱུར་བྱེད་མཁན་ལེའུ་ལི་ཚའན་གྱི་འདོད་ཚུལ་ལྟར་ན། 《ཟླ་འགུགས་ཚེ་འགུགས་ཀྱི་ཚོ་ག་རིན་ཆེན་སྲོག་གི་ཚད་མཐུད་》ཀྱི་རྩོམ་པ་པོ་ནི་ཐུབ་བསྟན་ཆོས་ཀྱི་ཉི་མ（1732 – 1802）ཡིན། དེ་ནི་ཤིན་ཏུ་ནས་འཐད་པའི་ལྟ་ཚུལ་ཞིག་ཡིན་པ་ནི་ཐུའུ་བཀྭན་ཆོས་ཀྱི་ཉི་མའི་གསུང་རྩོམ་ཕྱོགས་བསྡུས་ནང་ཧོང་གསལ་ཚོ་གའི་སྐོར་གྱི་རྩོམ་ཡིག་དེ་ཚུད་ཡོད་པ་ལས་ར་འཕྲོད་ཐུབ། ལར་ཐུའུ་བཀྭན་རིན་པོ་ཆེས་ཧོང་གི་རྩོམ་ཡིག་ནའང་འཁོད་པའི་དཔྱད་གཞིའི་ཡིག་རིགས་རྣམས་ཀྱི་འབྱུང་ཁུངས་གང་ཡིན་གསུངས་མེད་ནའང་། དོན་དངོས་ཐོག་མིག་སྔར་རང་རེས་མཐོང་བའི་ཚོ་གའི་སྐོར་གྱི་དཔེ་ཆ་དེ་ནི་རྙིང་མ་བའི་བླ་མ་སྔགས་པའི་ཇོ་ཇེས་བརྩམས་གནང་མཛད་པའི་རྒྱང་གཞིའི་ཐོག་ཀོང་སྤྲུལ་ཡོན་ཏན་རྒྱ་མཚོ（1818 – 1899）ཡིས་རྩོམ་སྒྲིག་མཛད་པ་ཞིག་ལགས།

ལི་སེང་གིས་བཤད་པ་ལྟར་ན། ཧོང་གསལ་ཟླ་འགུགས་ཚེ་འགུགས་ཀྱི་ཚོ་གའི་དཔེ་ཆའི་འགོ་བྱང་ནང་སཾསྐྲྀ་ཏའི་སྐད་ལས་བསྒྱུར་བའི་ཟླུ་བ་ཞེས་པའི་ཐ་སྙད་དེ་ཉིད་རིག་རྒྱུ་མེད་པའི་རྒྱུ་མཚན་ནི་རྩོམ་པ་པོས་སྔོད་རྒྱུགས་བྱས་པའམ་ཅི་ཡིན་གསལ་པོ་མ་ཤེས། ཟླ་ཟླུ་ཞེས་པའི་ཐ་སྙད་དེ་ནི་སཾསྐྲྀ་ཏའི་སྐད་ལས་བྱུང་བའི་ཐ་སྙད་འཆི་བ་ཟླུ་བ་ཞེས་པའི་མཚོན་བྱེད་གཞན་ཞིག་ཡིན་པར་མ་གྲུབ། ལར་དེ་གཉིས་པོའི་གཞུང་ལུགས་དང་ཚོ་གའི་ནང་དོན་སྐོར་མི་འདྲ་ནའང་། ཚོ་ག་དེ་གཉིས་པོའི་གཙོ་བོའི་དམིགས་ཡུལ་ནི་གཅིག་མཚུངས་ཡིན་ཏེ། དེ་ཡང་རང་བཞིན་མ་ཡིན་པའི་འཆི་བ་ཟློག་པར་བྱེད་པ་དེའོ། །

ལི་སེང་གིས་཭ཀྱང་ཟླ་ཟླུ་ཞེས་པའི་ཚོ་གའི་འབྱུང་ཁུངས་ནི་རྒྱ་གར་ཡིན་པར་བཞེད་མོད།

དེ་ནི་ནོར་འཁྲུལ་ཞིག་ཡིན་ཏེ། བོད་ཡིག་བརྡ་འགྱུར་གྱི་དཔེ་ཆ་འགའ་ཞིག་ཐོག་འཁོད་པའི་“འཆི་བླུ”ཞེས་པའི་ཐ་སྙད་དེ་ནི་དུས་རབས་བཅུ་གཅིག་པའི་ནང་བོད་སྐད་དུ་ཕབ་སྒྱུར་བྱས་པའི་ཐ་སྙད་ཅིག་ཡིན་པ་ལས་མ་འདས་ཤིང་། དེའི་ནང་བླ་བླུའི་སྐོར་གྱི་ནང་དོན་ཚུད་མེད།

བོད་ཀྱི་ཐ་སྙད་བླ་ཞེས་པ་དེ་དབྱིན་ཇིའི་སྐད་ཡིག་ཐོག་སྲོག་(Soul)ཅེས་པར་ཕབ་སྒྱུར་བྱས་ཡོད། དེ་ལ་ནང་དོན་གཞན་མང་པོ་ཡོད་པ་ནི་དཔེར་ན། 815ལོར་རྩོམ་སྒྲིག་བྱས་པའི་སំསྐྲི་ཏའི་སྐད་དང་བོད་སྐད་ཤན་སྦྱར་གྱི་ཚིག་མཛོད་ནང་དུ། ལེགས་སྦྱར་གྱི་ཐ་སྙད་Patiཞེས་པའི་དོན་ནི་རྒྱལ་པོ། བདག་པོ། དབང་པོའམ་ཁྱད་དུ་འཕགས་པའི་དོན་ཡིན་པར་བསྟན་ཡོད།

བོད་དུ་དུས་རབས་བརྒྱད་པའི་སྐབས་ཐུབ་པའི་ཆོས་ལུགས་དངོས་སུ་མ་དར་སྔོན་ནས་བླ་ཞེས་པའི་ཐ་སྙད་དེ་ཉིད་ཡོད་ཡོད་པ་ཞིག་ཡིན་པར་མ་ཟད་ཐ་ཐོར་དུ་མཐོང་རྒྱུའང་ཡོད། ཐུབ་པའི་ཆོས་ལུགས་ཀྱིས་གཞུང་ལུགས་ཐོག་བླ་ཞེས་པའི་སེམས་སམ་དངོས་པོ་གང་རུང་ཞིག་ཡོད་ཚུལ་ཁས་མི་ལེན། ཐུབ་པའི་ཆོས་ལུགས་ལྟར་ན། འཇིག་རྟེན་འཁོར་བ་ནི་མི་རྟག་པ་སྟེ་སེམས་ཅན་ཀུན་གྱི་རྣམ་ཤེས་ནི་འཇིག་རྟེན་འཁོར་བ་དང་འབྲེལ་ནས་གནས་པར་འདོད་པ་ཡིན། དེར་བརྟེན། ལེགས་སྦྱར་སྐད་ནང་གི་རྣམ་ཤེས་ཞེས་པའི་ཐ་སྙད་དེ་བོད་སྐད་དུ་བླ་ཞེས་པར་ཕབ་སྒྱུར་བྱས་མེད་ལ། ལེགས་སྦྱར་སྐད་ནང་གི་ཐ་སྙད་ātnanཞེས་པ་དེའི་དོན་གྱི་སྙིང་པོ་ནི་སྲོག་ཅེས་པར་གོ་ཡང་དེ་ཉིད་བོད་ཡིག་ཐོག་རྟག་ཏུ་བདག་ཅེས་པར་ཕབ་སྒྱུར་བྱས་ཡོད། འོན་ཀྱང་། ཆོས་ལུགས་གསར་པ་(ཐུབ་པའི་ཆོས་ལུགས་ལ་གོ་བ་ཡིན)དེས་བླ་ཞེས་པའི་ཐ་སྙད་དེ་ཉིད་ཐད་དེ་རྩ་མེད་དུ་གཏོང་ཐུབ་མེད། དེ་ལས་ལྡོག་སྟེ་འདས་པའི་དུས་རབས་དུ་མའི་ནང་ཐ་སྙད་དེ་ཉིད་ཐུབ་པའི་ཆོས་ལུགས་ཀྱིས་རང་གི་རིག་གནས་ཁོངས་སུ་བསྡུ་སྒྲིག་བྱས་ཡོད་པར་མ་ཟད། དེང་དུས་ཀྱི་རྒྱུན་སྤྱོད་ཚིག་གི་ནང་དུའང་སྤྱོད་བཞིན་ཡོད།

གཉིས་པ། བླ་ཡི་མཚོན་བྱུས་སྐོར།

“བླ”ཞེས་པ་ནི་མི་ཚེའི་ནང་གི་སེམས་དང་ཤེས་པའི་གནས་སའམ་རིགས་ཕན་ཡོང་

ས་ཞིག་ཏུ་ངོས་འཛིན་པ་ཡིན། དེར་བརྟེན་བླ་ནི་སེམས་ཀྱི་སྙིང་པོ་གསུམ་ནང་གི་གལ་ཆེ་ཤོས་དེ་ཡིན་པར་བརྗོད་ལ། སྙིང་པོ་གཞན་གཉིས་པོ་དེ་ནི་རིམ་བཞིན་དབུགས་དང་སྲོག་གཉིས་ཡིན། སྲོག་གི་སྙིང་པོ་ནི་བླ་ཡི་སྙིང་པོ་ལྟར་གལ་ཆེ་ལ། དབུགས་ཀྱི་སྙིང་པོ་ནི་བླ་ཡི་སྙིང་པོ་དང་བསྡུར་ན་ཅུང་ཟད་གལ་ཆེར་འཛིན་པ་ལས་ཤིན་ཏུ་གལ་ཆེ་བར་མི་བརྩི། རྒྱུ་མཚན་ནི་དབུགས་ཀྱི་སྙིང་པོ་ནི་སྐད་ཅིག་སྐད་ཅིག་ཏུ་འཇིག་འགྲོ་བའི་ཕྱིར་རོ། །ཚེ་སྲོག་གི་སྙིང་པོ་བླ་ནི་སྐྱེ་བོའི་གཟུགས་ཡོངས་སུ་གནས་ཡོད་པར་འདོད། དེ་ཡང་དབུགས་ལ་བརྟེན་ནས་གནས་ཡོད་པས་དབུགས་མེད་ན་དེའི་ནུས་པ་འདོན་ཐབས་བྲལ་བ་ཡིན་སྐད། གཞན་ཡང་། བླ་ནི་ཤེས་པའི་སྙིང་པོ་གསུམ་ནང་གི་ནང་གསེས་གཅིག་ཡིན་པར་འདོད་ལ། ཤེས་པའི་སྙིང་པོ་གཞན་གཉིས་པོ་ནི་རིམ་བཞིན་ཡིད་དང་སེམས་གཉིས་སོ། །

གོང་གསལ་གྱི་ཤེས་པའི་སྙིང་པོ་གསུམ་སྐོར་དབྱེ་ཞིབ་བྱ་རྒྱུ་དེ་ནི་དཀའ་གནད་ཅིག་ཡིན་ལ། དེ་ཡང་དབྱེ་ཞིབ་བྱ་ཡུལ་གྱི་ཐ་སྙད་དེ་དག་མཐའ་གཅིག་ཏུ་ཐ་སྙད་དང་འགྲེལ་དོན་གཉིས་མཚུངས་པ་མ་ཡིན་པས་སོ། །ཤེས་པའི་སྙིང་པོ་དེ་དག་ནི་སེམས་ཀྱི་སྙིང་པོ་དང་འབྲེལ་བ་ཡོད་པ་ཞིག་ཡིན་ལ། དེནི་ཐུབ་པའི་ཆོས་ལུགས་པས་བརྗོད་པའི་ཀུན་གཞི་རྣམ་ཤེས་ཞེས་པ་ལས་འཕོས་པ་ཞིག་ཡིན་སྐད། བོན་ལུགས་ཀྱི་དཔེ་ཆ《གླུ་འབུམ་》ནང་འཁོད་པ་ལྟར་ན། མི་ཡི་སེམས་ཉིད་ཀྱི་གྲིབ་པ་དག་རྗེས། ཡིད་དང་བླ་ནི་གར་སོང་མ་ཤེས་སོ་ཞེས་དང་། དེ་རྗེས་སླར་ཡང་ཡིད་དང་བླ་གཉིས་ངེས་པར་འགུགས་དགོས་ལ། ལར་སེམས་ཉིད་གྲིབ་པ་ལས་དག་ཀྱང་དེའི་ཐོག་ད་དུང་ཡིད་དང་བླ་གཉིས་སྔོན་ཐུབ་ན་ལོངས་སྤྱོད་དང་དབང་ཐང་འཕེལ་བ་ཡིན་ཟེར།

དུས་ཕྱིས་ཀྱི་ལུགས་སྲོལ་ལྟར་ན། ཚ་ག་སྤེལ་ལུགས་དང་། ལྷག་པར་འདས་མཆོད་ཀྱི་ཚོགས་མངའ་བསྐྱེས་པའི་སྟགས་པའམ་མཆོད་གནས་ཤིག་བྱ་འདོད་ན། ཤེས་པའི་སྙིང་པོ་གསུམ་དང་འབྲེལ་བའི་ནང་དོན་ཁག་ཤེས་པར་བྱ་རྒྱུ་དེ་ནི་ཤིན་ཏུ་གལ་ཆེ་བའི་གནད་ཅིག་ཡིན། དཔྱད་གཞིའི་ཡིག་ཆ་གཞན་ཁག་གཅིག་ལྟར་ན། བླ་ནི་ཡིད་ཀྱི་ཚ་འཕྲུལ་ཡིན་ཚུལ་བརྗོད་ལ་དེ་ནི་སེམས་ཀྱི་འཕྲོ་འདུ་ཡིན་པར་ངེས་སྲོལ་ཡང་མཆིས། དེ་གཉིས་དབར་གྱི་

འབྲེལ་བའི་གནས་སྟངས་ནི་གཞམ་གསལ་དཔེ་མཚོན་ལྟར་ཏེ། སེམས་ནི་མེ་དང་། ཡིད་ནི་མེ་འོད། བླ་ནི་མེའི་དྲོ་བའོ། །མི་རྣམས་ཚེ་ལས་འདའ་སྐབས་གཞི་གསུམ་པོ་དེ་ཐོར་ཞིག་ཏུ་འགྲོ་བ་ཡིན་ཏེ། སེམས་ནི་ནམ་མཁའི་དབྱིངས་སུ་ཡལ་ཞིང་། ཡིད་ནི་ཀུན་གཞི་རྣམ་ཤེས་ཀྱི་དབྱིངས་སུ་ཡིབ་ནས་སྡོད་ཅིང་། བླ་ནི་གཤེད་མ་འདྲེ་ཡིས་འཁྱེར་བ་ཡིན་ནོ་ཞེས་གསལ་བ་ལྟར་རོ།

སྔགས་པའམ་མཆོད་གནས་ག་གེ་མོས་འདས་མཆོད་ཀྱི་ཆོ་ག་སྒྲེལ་སྐབས། ཐོག་མར་གཤིན་པོའི་བླ་དེར་སེམས་གསོ་བྱ་དོན་ནི་གཤིན་པོའི་གཟུགས་དང་བླ་གཉིས་འཛིགས་སྣང་གི་ཁྲོད་དུ་ཁབྲལ་བ་དང་། ད་ལྟ་བླ་དེ་གཤེད་མ་འདྲེ་ཡི་ལག་འོག་ཏུ་ཡོད་པས་སོ། ། དེ་རྗེས་སྔགས་པ་དེས་ཀུན་གཞི་རྣམ་ཤེས་ཀྱི་དབྱིངས་སུ་བཙོག་གྲིབ་ཤོར་ནས་གནས་པའི་ཡིད་དེ་ལ་གྲིབ་སྦྱངས་བྱེད་པ་ཡིན། དེ་ཡང་སྔགས་པས་སེམས་དེ་ཉིད་ནམ་མཁའི་དབྱིངས་སུ་ཁྲིད་ནས་སེམས་ཀྱི་ངོ་བོ་ནི་ནམ་མཁའ་ལྟར་ཐོགས་རེག་བཀག་གསུམ་གྱི་རྒྱ་ལས་འདས་དོན་ཉིད་སྟོན་པ་ཡིན། ཆོ་ག་དེའི་མཇུག་འབྲས་སམ་དམིགས་ཡུལ་ནི། བླ་ཉིད་ཡིད་དབྱིངས་སུ་ཐིམས་རྒྱུ་དང་། ཡིད་ཉིད་སེམས་ཀྱི་དབྱིངས་སུ་ཐིམ་པ། མཐའ་མ་སེམས་ཉིད་ནམ་མཁའ་དང་མཉམ་ཞིང་དེའི་སྟོང་པ་ཉིད་ཀྱི་རང་བཞིན་ཉིད་མཚོན་པར་བྱ་བ་དེའོ། །

ལར་གོང་དུ་བརྗོད་པའི་སྲོལ་རྒྱུན་ལས་བླའམ་སྲོག ཡང་ན་རྣམ་ཤེས་ནི་འགྱུར་མེད་གཏན་གནས་ཀྱི་དངོས་གཞི་ཞིག་ཡིན་པར་བརྗོད་པ་ལས་དེ་ཇི་ལྟར་བྱས་ནས་གྲུབ་པའི་སྐོར་གླེང་མེད། དེལྟ་བུའི་འདྲི་གཞི་ནི་ཕལ་ཆེར་བོད་ཀྱི་དཔེ་ཆ་ཚང་མའི་ནང་ད་བར་ལེན་མཁན་བྱུང་མི་འདུག འོན་ཀྱང་། 《གཟེར་མིག》ནང་བླ་ནི་ཇི་ལྟར་བྱས་ནས་ཆགས་གྲུབ་བྱུང་ཚུལ་སྐོར་འཁོད་ཡོད། དེའི་ནང་བླའམ་རྣམ་ཤེས་ཞེས་པའི་ཐ་སྙད་གཉིས་ཐད་ཀར་མི་གསལ་ནའང་། "སེམས་ཉིད" ཅེས་པའི་ཐ་སྙད་དེ་འཁོད་ཡོད། གཞམ་གསལ་གྱི་དཔྱད་གཞི་དུམ་བུ་དེ་ནི་བོད་རིག་པར་ཞིབ་འཇུག་གནང་མཁན་ཚོར་བསྟོས་ནས་ཞུས་ན་ཚང་མས་གསལ་པོ་མཁྱེན་པའི་ཡུལ་ཞིག་ལགས་ནའང་། འདིར་དགོས་པའི་དབང་གིས་སླར་ཡང་འདྲེན་ཁུལ་བྱས་པ་གཞམ་གསལ་ལྟར་རོ།

1. "དེ་ནས་འོད་དཀར་པོ་མདའ་གང་བ་ཞིག་ཏུ་སྤྲུལ་ནས། འཇིག་རྟེན་གྱི་ཁམས་ནུབ་ཕྱོགས་ཀྱི་གླིང་། ཆུ་པོ་བཞི་འདུས་ཀྱི་འགོ། སྟོའི་འཛམ་བུ་གླིང་གི་དམིག འོལ་མོ་ལུང་རིངས། མཁར་བར་པོ་ས་བརྒྱད་ཀྱི་ནང་ན། ཡབ་རྒྱལ་བོན་ཐོད་དཀར་གཟིམས་པའི་སྤྱི་བོའི་གཙུག་ཏུ་བབས། བབས་པའི་དུས་དེར་ཡབ་ཀྱི་རྨང་ལམ་ལ། ཡི་གེ་ཨ་དཀར་པོ་འོད་དང་ལྡན་པ་གཅིག སྤྱི་བོར་བབས་ནས་སྐུ་ལ་ཐིམ་པ་ཡིས། སྐུ་ལས་འོད་འཕྲོས་སྟོང་གསུམ་གསལ་བ་རྨིས། སད་ནས་ཤིན་ཏུ་སྐྱ་བདེ་ཡིད་ཀྱང་རབ་ཏུ་སྤྲོ། དངོས་གྲུབ་མཆོག་ཏུ་དགོངས་ནས་ཤིན་ཏུ་ཡོ་ལ་གསངས། འོད་ལས་ཟེར་འཕྲོས་པའི། ཟེར་དམར་པོ་འཕང་ཙམ་གཅིག ཡུམ་ཡོ་ཕྱི་རྒྱལ་བཞད་ཀྱི་སྤྱི་བོར་བབས་སོ། །བབས་པའི་དུས་དེར་ཡུམ་གྱི་རྨི་ལམ་ན། ཡི་གེ་ཧ་དམར་པོ་འོད་དང་ལྡན་པ་གཅིག སྤྱི་བོར་བབས་ནས་སྐུ་ལ་ཐིམ་པ་ཡིས། སྐུ་ལས་སྒྲོན་ཤར་སྟོང་གསུམ་གསལ་བ་རྨིས།" ཞེས་དང་།

2. "དེ་ནས་འོད་དཀར་པོ་མདའ་ཙམ་དེ། ཡབ་ཀྱི་སྤྱི་བོའི་གཙུག་ཏུམ་ནས། ཀླད་པ་དུང་གི་རྒྱ་མཚོར་གཤེགས་སོ། །དེ་ནས་ཚོགས་པ་གཡུང་དྲུང་གི་ཐིམ་སྐས་ལ་བབས། རྒྱུངས་པ་འདྲེན་པའི་ཆུ་པོ་ལ་ཞོན་ནས། ཡབ་ཀྱི་སྟ་ལ་གཤེགས་སོ། །དེ་ནས་འོད་དམར་པོ་འཕང་ཙམ་དེ། ཡུམ་གྱི་སྤྱི་བོའི་གཙུག་ཏུམ་ནས། ཀླད་པ་དུང་གི་རྒྱ་མཚོའི་ནང་དུ་གཤེགས་སོ། །དེ་ནས་སྙིང་མཚོང་རི་སྨུག་པོའི་རྩ་བ་དང་། སློ་བ་པད་མ་འདབ་བརྒྱད་པའི་ཚང་ཚོང་དང་། སྲོག་རྩ་བའི་ལམ་གྱི་མདོར་བབས་སོ།།" ཞེས་དང་།

3. "དེ་ནས་ཡབ་ཀྱི་སྟ་ལ་སེམས་ཀྱི་རྒྱུ། ཤེལ་སྟོང་ག་རི་དཀར་པོ་བཅག་པ་འདྲ་བ་དང་། ཡུམ་གྱི་མངལ་ན་ཡིད་ཀྱི་རྒྱུ་མཚལ་དམར་པོ་ཙ་ཏིལ་སྤྲུངས་པ་འདྲ་བ། དེ་གཉིས་འདྲེས་པ་ཙམ་ན། སེམས་ཉིད་ནི་འོད་རྩེ་མོ་དཀར་བ། རྩ་བ་དམར་བ། དཀྱིལ་ལྗང་བ། མོ་ཁབ་བསྒྲེངས་པ་ཙམ་ཞིག སྔོན་གྱི་ལས་ཀྱི་ཤུགས་མཐུན་པས། དཀར་དམར་འདྲེས་པའི་ནང་དུ། ལས་སྦྱོར་བའི་རླུང་གིས་དེད་ནས། རྒྱ་མཚོའི་ཉ་དོལ་ལ་འཁྲིས་པ་བཞིན་དུ་རིལ་གྱིས་སོང་ངོ་། ། སེམས་དང་ལུས་གཉིས་དང་པོ་ལས་ཀྱིས་དེ་ལྟར་འཕྲད་དོ།" ཞེས་པ་བཅས་སོ། །

གོང་གསལ་གྱི་དཔྱད་གཞིའི་ཡིག་ཆ་དུམ་བུ་གསུམ་པོ་དེ་དག་ནི་བོན་གྱི་དཔེ་ཆ་མཚན་བྱང་དུ《དུས་གསུམ་གཤེན་རབས་ཀྱི་འབྱུང་ཁུངས་དང་མཛད་པའི་རྒྱུད་འདུས་པ་རིན་པོ་ཆེ་གཟེར་མིག་གི་མདོ་》ཞེས་པའི་ནང་ཚན་གཤེན་རབ་ཀྱིས་སྐྱེ་བ་བཞེས་པའི་ལེའུ་ལས་དྲངས་པ་ཞིག་གོ །

གོང་གསལ་གྱི་དཔྱད་གཞིའི་ནང་འཁོད་པའི་ནང་དོན་དེ་དག་ནི་ལྟ་བ་དེ་ཉིད་ཀྱི་ཆེས་ཐོག་མའི་གྲུབ་ཆ་ཞིག་ཡིན། ཁོ་བོའི་འདོད་ཚུལ་ལྟར་ན། དཔེ་ཆ་དེའི་ནང་རྩོམ་པ་པོས་བླ་ཞེས་པའི་ཐ་སྙད་དེ་བེད་སྤྱོད་བཏང་མེད་པའི་རྒྱུ་མཚན་ནི་བོན་གྱི་བསྟན་པའི་སྲོལ་འབྱེད་མཁན་སྟོན་པ་གཤེན་རབ་མི་བོ་ཆེ་ནི་འཕགས་པའི་སྐྱེ་བོ་ཞིག་ཡིན་པས་བླ་ཞེས་པ་ལས་སེམས་ཉིད་ཅེས་པའི་ཐ་སྙད་དེ་ཉིད་ཁོང་ལ་སྦྱར་ན་དོན་དང་མཐུན་ཞིང་བབ་ཆགས་པོ་ཡོད་པས་སོ། །གོང་གསལ་འཇིག་རྟེན་ཆགས་གྲུབ་བྱ་ཚུལ་སྐོར་གླེང་སྐབས། འོད་ཟེར་ཞེས་པའི་ཐ་སྙད་གཉིས་ལས་འོད་ནི་ཕོའི་མཚོན་བྱེད་དང་ཟེར་ནི་མོའི་མཚོན་བྱེད་དུ་བརྩིས་ནས་དེ་གཉིས་པོ་གཅིག་གིས་གཅིག་ཐོག་ཅིང་རྒོལ་བའི་ལྟ་ཚུལ་བསྟན་ཡོད། དེའི་སྐོར་ཁོ་བོས་དེ་སྔོན་སྤེལ་ཟིན་པའི་དཔྱད་རྩོམ་ནང་དཔྱད་བརྗོད་བྱས་ཟིན་པས་དེ་ལ་གཟིགས། མདོར་ན་མདའ་དང་འཕང་གཉིས་ནི་རིམ་བཞིན་ཕོ་མོའི་མཚོན་བྱེད་ཞིག་ཏུ་བརྩི་སྲོལ་ཡོད་དོ། །

ཡོངས་གྲགས་ཀྱི་ལྟ་ཚུལ་ལྟར་ན། བླ་ཞེས་པ་དེ་སྐྱེ་བོ་ཀུན་གྱི་ལོངས་སྤྱོད་དང་ཚེ་སྲོག་གི་བདེ་ཐང་ངོས་ནས་བརྗོད་ན་གལ་ཆེན་པོ་ཞིག་ཏུ་འཛོག་པ་ཡིན། སྐྱེ་བོ་ག་གེ་མོ་ཞིག་གིས་ལུགས་མཐུན་དང་རྒྱུན་མཐོང་གི་ལྟ་སྤྱོད་ཀྱི་ལམ་དུ་མ་ཞུགས་པའི་གནས་ཚུལ་སྐྱེ་བོ་གཞན་ཚོས་མཐོང་ཚེ་ཁོང་ཚོས་སྐྱེ་བོ་དེའི་བླ་ཉིད་གཟུགས་ལས་བྲལ་ནས་གར་སོང་ཆ་མེད་དུ་གྱུར་ཟིན་པར་ངོས་འཛིན་བྱེད། བླ་དེ་ཡང་རྒྱུན་པར་རང་བཞིན་གྱིས་མིའི་གཟུགས་ལས་བྲལ་འགྲོ་བར་ངོས་འཛིན་མི་བྱེད། དེར་བརྟེན། སྐྱེ་བོ་ཞིག་གི་བླ་བརླགས་ཚེ་དེ་མ་ཐག་ཏུ་ནད་ཀྱིས་མནར་སྐད། བླ་ཞེས་པ་དེ་ནི་རླུང་བུ་ལྟར་འགྱུལ་སྐྱོད་ཅན་ཞིག་ཡིན་པས་དེ་གནས་གཅིག་རང་དུ་མི་སྡོད་ལ་རྒོལ་རྟུང་ཐོག་སླ་བའི་དངོས་པོ་ཞིག་ཡིན་པར་ངོས་འཛིན་བྱེད་ལ། དེ་ནི་སྐབས་རེ་ཚེ་སྲོག་དང་འགྲོགས་ནས་མིའི་ལུས་ན་སྡོད་ལ། སྐབས་རེ་མི་ལུས་དང་བྲལ་

ནས་འགྲོ་བར་སེམས། ཡིན་ནའང་བླ་ནི་ནམ་ཡང་འཇིག་ཏུ་མེད་པར་མ་ཟད། བླ་སྲོག་ཅེས་གལ་ཆེར་བརྩི་བ་ཡིན། བོད་པའི་ཤོད་རྒྱུན་ལྟར་ན། མིའི་ཚེ་སྲོག་ནི་དབུགས་ལ་བརྟེན་ནས་གནས་ཤིང་འཚོ་བ་ཡིན་ལ་ཚེ་སྲོག་མེད་པར་ཆགས་རྗེས་གང་དེའི་བླ་ནི་གནས་སྐབས་ཤིག་རིང་གཤིན་པོའི་གཟུགས་སམ་གནས་གཞན་ཞིག་ཏུ་རང་ཉིད་ཀྱི་འོད་དང་འགྲོགས་ནས་གནས་པ་ཡིན་སྐད། སྐྱེ་བོ་ག་གེ་མོ་ཞིག་གི་བླ་ལ་འཇིགས་སྣང་འཕྲད་པའམ་བཟོད་པར་དཀའ་བའི་ན་ཟུག་གཏོང་སྐབས། བླ་འཁྱམས་པ་ཞེས་བླ་དེ་སྐྱེ་བོ་དེའི་གཟུགས་ལས་བྲལ་བར་གྲགས། གནས་ཚུལ་དེའི་རིགས་བྱུང་བའི་སྐབས་སུ། བླ་འབོད་བླ་འགུགས་ཀྱི་ཚོ་ག་སྒྲིལ་བ་ཡིན། ཚོ་ག་དེ་རིགས་སྒྲིལ་ཡུལ་གྱི་སྐྱེ་བོ་དེའི་བླ་ནི་ཅི་ཆ་མེད་དུ་འཁྱམས་པས་ན་དུས་དེ་ཤེད་ཀྱི་སྐྱེ་བོ་དེའི་ཤེས་པ་དང་གཟུགས་གཉིས་ཀྱི་གནས་སྟངས་སམ་ཆ་རྐྱེན་ནི་ཤིན་ཏུ་ནས་ཉག་ཕྲ་བའི་གནས་སུ་གྱུར་ཡོད་པར་སེམས་སོ།

"བླ" ཉིད་མིའི་གཟུགས་ནས་བྲལ་རྗེས་གནས་ག་གེ་མོ་ཞིག་ཏུ་ཉེན་ཁ་དང་བྲལ་ནས་གནས་ཤིང་སྡོད་པའི་བརྗོད་ཚུལ་ཡོད་ལ། དེ་དང་འབྲེལ་བའི་ཐ་སྙད"བླ་གནས"ཞེས་པ་དེ་ཡང་བྱུང་ལ། བླ་གནས་ལ་བླ་རྫོ་དང་། བླ་ཤིང་། བླ་མཚོ། བླ་རི་སོགས་ཡོད་པས་དེ་དག་ལ་ཕྱག་མཆོད་འབུལ་བྱེད་པ་ཡིན། འདས་པའི་ལོ་རྒྱུས་ཐོག་མི་སྡེ་དང་ཁྱད་པར་སྡེ་ཚོགས་ཐོག་གོ་གནས་མཐོན་པོ་འཛིན་མྱོང་བའི་གྲགས་ལྡན་སྐྱེ་བོར་རང་སོའི་བླ་ཆགས་སའི་གནས་དག་འདེམས་པའི་དབང་ཆའམ་ལམ་སྲོལ་ཡོད་ཤས་ཆེ་ལ། ལོ་རྒྱུས་ཀྱི་འཕེལ་རིམ་ཁྲོད་དུ་ཐུར་གྱི་མེས་པོ་དེ་དག་གིས་བདམས་པའི་བླ་གནས་དེ་དག་རིམ་བཞིན་མི་སྣེར་རམ་ཡང་ན་གྲོང་སྡེ་ཡོངས་ཀྱི་བླ་གནས་ཡུལ་དུ་འཕོ་འགྱུར་ཕྱིན་པར་སྙམ། དེ་ཡང་རི་དང་མཚོའུ་མི་ཉུང་བ་ཞིག་བླ་རི་དང་བླ་མཚོར་ངོས་འཛིན་བྱ་སྲོལ་ཡོད་པ་སྟེ། གངས་ཏི་སེ་དང་མཚོ་མ་ཕམ་གཉིས་བོད་ཀྱི་བླ་རི་བླ་མཚོར་འདོད་པ་ལྟ་བུའོ།

བོད་ཀྱི་ལུགས་སྲོལ་ལ་བླ་གནས་ཞེས་པ་མ་ཟད། ད་དུང་བླ་རྟགས་ཞེས་པའི་ཐ་སྙད་ཅིག་ཡོད་ལ་དེ་སྲོག་ཆགས་འགའ་ཞིག་གིས་མཚོན་པར་བྱེད་པ་ཡིན། བླ་ནི་སྐྱེ་བོའི་གཟུགས་ལས་སྙིང་ཁར་གནས་པར་འདོད་ལ། དཔེ་ཆ་འགའ་ཞིག་ནང་དེ་ནི་ཉི་མ་དང་ཟླ་བའི་འཁོར་སྐྱོད

མི་འདྲ་བའི་ཁྲིད་གཟུགས་པོའི་ལོགས་གཅིག་ནས་ལོགས་གཞན་ཞིག་ཏུ་འཕོ་འགྱུར་ཡོང་བར་བཤད། སྨན་གཞུང་ལྟར་ན་འང་མིའི་གཟུགས་སྟེང་གི་རྩ་དུ་མ་ལས་རྩ་གཅིག་ལ་བླ་རྩ་ཟེར་ཞིང་རྩ་དེ་ནི་སྐྱེ་བོའི་བླ་གནས་སའི་རྩ་ཡིན་པར་གྲགས།

བླ་ཞེས་པ་དེ་ནི་ཤིན་ཏུ་ནས་ཉག་ཕྲ་ཞིང་བཙོམ་བདེ་བ་ཞིག་ཡིན་ཙ་ན་དེ་ཉིད་ལྷ་དང་འདྲེ་ཡིས་རྟག་ཏུ་བཙན་ཤར་བྱ་སྲོལ་ཡོད་ཅེས་བརྗོད་ལ། བཙན་ཤར་བྱས་པའི་བླ་དེ་ཚུར་སྐྱེ་བོའི་ཁོག་ཏུ་བསུ་བར“ བླ་བསུའམ་བླ་བླུས” ཞེས་ཟེར། མཚན་མོ་མི་རྣམས་གཉིད་ལ་ཡུར་སྐབས། བླ་དེ་ཉིད་རྨི་ལམ་དང་འགྲོགས་ནས་འཁྱམས་པས་ན་ལྷ་དང་གླུ་འདྲེས་བཙན་ཁྲིད་བྱེད་ལ། དེ་དག་ལས་ཡུལ་ལྷས་བཙན་ཁྲིད་བྱེད་པ་མང་ངོ་ཞེས་ཟེར་སྲོལ་ཡོད་དོ།

སློབ་དཔོན་པདྨ་འབྱུང་གནས་ཀྱིས་བརྩམས་པར་གྲགས་པའི་སྙིང་མའི་དཔེ་ཆ་ཞིག་ནི་ཆེད་མངགས་ངན་སྔགས་སྦྱོད་པའི་སྐོར་ཡིན་ལ། དཔེ་ཆ་དེར་གཞིགས་ན། མཚན་དཀྱིལ་ནི་བླ་ཉིད་གནམ་གྱི་གུང་ལ་འཁྱམས་པའི་དུས་ཡིན་པ་དང་། སྐབས་དེ་ཤེད་ལས་ཀྱི་ཕོ་ཉ་ཐད་པ་ཞེས་བླ་དེ་འཛིན་བཟུང་བྱ་བདེ་བར་འཁོད་ཡོད། གོང་གསལ་གྱི་དཔེ་ཆ་དེ་ལྟར་ན། མིའི་ཚེ་སྲོག་ནི་རྒྱུ་གསུམ་ལས་གྲུབ་པ་ཞིག་ཡིན། དེ་གསུམ་ནི་བླ་དང་། སེམས། སྲོག་བཅས་སོ། །དེ་བཞིན་དཔེ་ཆ་དེའི་ནང་རྫུ་འཕྲུལ་ལ་བརྟེན་ནས་རང་རང་སོ་སོའི་དགྲ་ཉིད་བཙོམ་ཐབས་གསལ་བར་བཀོད་ཡོད་ལ། ཁོ་བོའི་ལྟ་ཚུལ་ལྟར་ན། ནང་དོན་དེ་རིགས་ལས་བོད་སྐད་ལས་འགྱུར་པའི་ཐ་སྙད་བླ་ཞེས་པ་དེའི་ངེས་དོན་གསལ་པོར་རྟོགས་ཐུབ་བོ། ། དེ་ཡང་སྲིད་པའི་གཏེར་ཁྲིམ་སྒྲོན་མེ་ལས། མཐུ་བྱེད་ན་ལུས་གསོད་དམ་སེམས་གསོད། ལུས་བརྡོས་པ་ཅན་བེམ་པོ་འདི་བསད་ཀྱང་མི་འཆི། སེམས་སྟོང་པ་ལ་གསོད་རྒྱུ་ཅི་ཡོད་ཞེ་ན། ལུས་སེམས་གཉིས་ཀ་མི་གསོད་དེ། བླ་ལུག་ཐྱེ་བོ་མེད་པ་བཞིན་དུ་འཁྱམས་པ་སྟེ་བཀུག་སྟེ་ཞེས་བྱུང་ཞེས་གསུངས། དེ་ཡང་གསལ་པོར་བརྗོད་ན། རྫུ་འཕྲུལ་བསྟན་ནས་ཕ་རོལ་པོ་བཙོམ་ཞེས་པའི་གཞོམ་སའི་ཡུལ་དེ་ཅི་ཡིན་ནམ། གཟུགས་རེད་དམ་ཡང་ན་སེམས་ཡིན། གཟུགས་ནི་བེམ་རྫས་ཤིག་ཡིན་པས་ན་བསད་ཀྱང་འཆི་རྒྱུ་ཅི་ཡོད་དམ། སེམས་ལ་མཚོན་ན་འང་དེ་ནི་སྟོང་པའི་རང་བཞིན་ཅན་ཞིག་ཡིན་པས་ན་གསོད་རྒྱུ་ཅི་ཡང་

མེད། མདོར་ན་ལུས་དང་སེམས་ནི་གསོད་རྒྱུ་རྩ་བ་ནས་མེད་པ་ཞིག་ལགས་ནའང་། ཟླ་དེ་ནི་ལུག་རྫི་བོ་མེད་པའི་དཔེ་བཞིན་གང་སར་འཁྱམས་འགྲོ་བ་ཡིན་པས་དེ་ངེས་པར་དུ་འགུགས་དགོས་པའི་དོན་ནོ།

གཤམ་དུ་དྲངས་པའི་མོ་འདེབས་དཔེ་ཆའི་ནང་དོན་དག་ནི་ཏུན་ཧོང་ནས་ཐོན་པ་ཞིག་ཡིན་ཞིང་། ཡིག་ཆ་དེ་རིགས་ནང་དུ་ཟླ་ཞེས་པའི་ཐ་སྙད་དེ་ཉིད་ལྷ་འདྲེ་ཅི་རིགས་ཀྱིས་མཚོན་པར་བྱས་ཡོད་དེ། དེ་ཡང་དབྱིན་ཡིག་ཏུ་བསྒྱུར་བའི་དཔྱད་གཞི་དངོས་དེ་བསྒྱུར་དུ་བོད་སྐད་དུ་ཕབ་ཚུལ་བྱས་ན་འདི་ལྟར་ཏེ། “ཀྱེ། གནམ་གྱི་ལྷ་དང་གཉན་རྣམས་ལ། ཁོ་ནི་ཕར་འགྲོ་བར་མོས། འོན་ཀྱང་དེ་འགྲོ་བའི་ལམ་དག་ནི། ས་གཞིའི་གདོན་འདྲེ་དུན་འཁྱམ་གྱིས་བཀག སྐུའི་ཟླ་ནི་འཁྱེར། འཁྱེར་སའི་ཡུལ་ནི་ཕྱིག་དགུ་སྟོན་དགུ་ཡིན། དེའི་རྐྱེན་གྱིས་ཁོའི་སྐྱ་ནི་རྫོགས་ཤིང་བདེ་བ་ཡང་ཟད། ད་ནི་ཧི་ལྟའི་ཉམས་ཞན་ལ་སྐྱོ་བ་ལ་ཨང་། འདི་ནི་གདོན་འདྲེ་ཆེན་པོའི་མོ་ལས་འབྱུང་། ཁོ་བོས་ཅི་དགའ་ཟས་ཀྱང་མི་རྒྱུགས། ཁོ་བོས་ཅི་འདོད་བཏུང་ཡང་ཁམ་ངོམས། ང་ཡིས་ཁྱེད་ལག་ཏུ་ཟིན་པ་ན་བཟུང་། ཁྱེད་ང་ཡི་ལག་རྣས་བྲོས་ཐབས་གཏན་ནས་མེད། (ཁྱེད་ཀྱི་ཚེ་ལ་བསྐོས་ནས་བརྗོད་ན་) ལྷ་ཡི་ཡུལ་དུ་ལོ་ཡི་མཇུག་དང་། མི་ཡི་ཡུལ་དུ་ཉིན་གྱི་མཐའ། ཁྱེད་ངས་ཁྱིན་པ་ཟོས། ཁྱོད་ངས་སྦྲད་པ་གྱོན” ཞེས་བྱུང་ཞིང་། དེ་ནི་གདོན་འདྲེ་སྟོབས་ཤུགས་དང་ལྡན་པ་ཞིག་གིས་ཟླ་དེ་འཁྱེར་བཟུང་བྱས་ཚུལ་དང་། མོའི་འབྲས་བུ་ནི་ཤིན་ཏུ་ནས་མི་བཟང་བ་ཞིག་ཡིན་པར་སེམས་སོ།

ཁོ་བོས་གོང་དུ་བརྗོད་པ་ལྟར། ཟླ་ནི་མིའི་ཚེ་སྲོག་གི་སྙིང་པོ་ཡིན་པས་ན་ངེས་པར་དུ་སྲུང་སྐྱོང་གིས་ལུས་པོའི་ཐོག་གནས་ཐུབ་པར་བྱ་དགོས་པ་ཡིན། ཟླ་ཞེས་པ་དེ་བོར་བརླག་ཏུ་ཕྱིན་ཙ་ན་དེ་བརླག་མཁན་གྱི་སྐྱེ་བོ་དེ་ཡང་འཇིག་རྟེན་ཕ་རོལ་དུ་བགྲོད་ཟིན་པ་ཡིན་སྐད། དོན་དེའི་སྐོར་ཏུན་ཧོང་ནས་རྙེད་པའི་བོད་ཡིག་དཔེ་ཆའི་ནང་འཁོད་གཞིར་བཞག་ངོ་སྤྲོད་རགས་ཙམ་བྱས་པ་གཤམ་གསལ་ལྟར་ཏེ། མགོན་མཚུན་སྦྱ་ཞེས་པའི་ལྷ་དེ་ལ་སྲས་གཅིག་ཡོད་པ་དེའི་མིང་ལྷེའུ་ཡང་ཀ་རྗེ་ཟེར་ཞིང་དེའི་མ་ནི་བདུད་ཀྱི་བུ་མོ་ཞིག་གོ །ཡང་ཀ་རྗེ་ཡིས་རང་གི་ཞང་པོ་དང་ཧ་རྩེད་འགྲན་རྩོད་བྱ་རྒྱུའི་འཐོར་ཤོབ་བཤད་པས་དེ་གཉིས་མ་འཆམ་པ་

དང་མཐའ་མར་ཡང་ག་ཧྲེ་ལྷོ་ལམ་དུ་བཏང་ངོ་། །ཉིན་གཉིས་པར་ཡང་ཀ་ཧྲེའི་ཕས་རང་གི་བུ་ཉལ་ས་ནས་ལངས་མ་ཐུབ་པ་མཐོང་རྗེས། རང་གི་བུ་ལ་ཁྱེད་དེ་ལྟའི་སྐྲོ་སྡུག་བྱ་དོན་ཅི་ཡིན་ནམ། གལ་ཏེ་ཁྱེད་ཡར་ལངས་ཐུབ་ན་ངས་ཁྱེད་ལ་ཕོ་བྲང་ཞིག་དང་། ས་ཞིང་། སྒོ་ཕྱུགས་སོགས་སྟེར་རོ་ཞེས་བརྗོད། འོན་ཀྱང་། བུ་དེས་ལན་ཅི་ཡང་མ་བརྒྱབ། དེ་རྗེས་ཕ་དེས་རང་གི་བུའི་ལུས་ལ་ཞིབ་ཚགས་ཀྱིས་བརྟག་དཔྱད་བྱས་རྗེས་བུའི་མིག་གཉིས་ནི་ཆུ་མོ་ལས་སྔོ་ཞིང་ལུས་པོ་ནི་དར་ལས་ཀྱང་དཀར་བར་གྱུར་ཡོད་པ་གཞི་ནས་ཤེས་རྟོགས་བྱུང་། དེ་རྗེས་ཕ་དེས་བོན་མཁས་པ་གསས་དྲག་མེ་འབོད་ནས་སྲོག་གླུ་རུ་བཙུག །བོན་མཁས་པ་དེས་ཕུང་པོ་དེ་རང་གི་པང་དུ་བླངས་ནས་ཉིན་གསུམ་རིང་བླ་འགུགས་དང་། མིག་གཉིས་ཁ་ཕྱེ་བ་སོགས་ཅི་ག་བྱས་ཀྱང་སྐྱོབ་མ་ཐུབ་བོ།

དེ་རྗེས་ཀྱི་དཔེ་ཆ་འགའ་ཞིག་ནང་དུ་མི་ཤི་རྗེས་བླ་ཞེས་པ་དེ་ཆོས་ལུགས་ཀྱི་ཚོ་གར་བརྟེན་ནས་སླུ་མཐུད་གནས་ཐུབ་པའི་སྐོར་འཁོད་ཡོད་པ་མདོར་བསྡུས་ཙམ་ཞུས་ན།

དེ་ཡང་དུས་རབས་བརྒྱད་པའི་སྐབས་ཏེ། བོད་ཀྱི་རྒྱལ་པོ་ཁྲི་སྲོང་ལྡེ་བཙན་གྱིས་བོན་ཆོས་བསྡུབས་ཤིང་། ཁོང་གིས་བོན་དང་ཆོས་གཉིས་དབར་རྩོད་འཕྲུལ་འགྲན་དུ་བཙུག རྒྱལ་པོས་ཐོག་མར་བོན་དང་ཆོས་གཉིས་དབར་རྩོད་འཕྲུལ་འགྲན་ནས་སུ་མཐུ་ཆེ་བར་བལྟ་ལ། བོན་གྱིས་རང་སོ་སོའི་མཐུ་ལ་བརྟེན་ནས་ཆོས་ལུགས་ཀྱི་མཁྲིན་ཚབ་པ་ཤཱཀྱ་གསོད་ཐབས་དང་། ཁྱེད་པདྨ་འབྱུང་གནས་སོགས་ཆོས་པ་རྣམས་ཀྱིས་ངེས་པར་བོན་གྱི་རྩོད་འཕྲུལ་གྱི་ནུས་མཐུ་ལྡོག་ཐབས་བྱ་དགོས་ཞེས་གསུངས་སོ། ། དེ་ནས་ཤཱཀྱ་དྲན་པ་ཐོར་ནས་ཤི་རྗེས། བཙན་པོས་པདྨ་འབྱུང་གནས་ལ་ཤཱཀྱ་ཤི་དོན་ནི་ཕོ་པའི་ཚེ་རྫོགས་པའི་རྒྱུའམ་ཡང་ན་བོན་ནུས་མཐུ་ཆེ་བའི་རྐྱེན་ཅི་ཡིན་ཞེས་དྲིས། པདྨ་འབྱུང་གནས་ཀྱིས་ཤི་དོན་ནི་ཕོ་པའི་འཁྲིན་ལས་ཟད་པ་དང་ཚེ་ཉིད་རྫོགས་པའི་རྐྱེན་ནོ། །ཞེས་ལན་བཏབ། རྒྱལ་པོས་དེ་མ་ཐག་ཏུ་བོན་པོ་རྣམས་ལ་ཁྱེད་ཚོའི་མཐུ་ནུས་ཆེ་བའམ་ཡང་ན་ཕོ་པའི་ཚེ་རྫོགས་པ་ཅི་ཡིན་མ་ཤེས། ད་ཕོ་པ་སླར་ཡང་གསོན་ཐུབ་པའི་ཐབས་བྱེད་ཅེས་གསུངས། བཙན་པོའི་བཀའ་དེ་ཕབ་མ་ཐག་ཏུ་བོན་པོ་རྣམས་ཀྱིས་ལྷ་སྲིན་ཚོང་རླུག་གི་ཚོ་ག་བཤམས་ནས་གཤིན་རྗེ་རྒྱལ་པོའི་ཕོ་ཉ་

ཡ་མ་ཉིད་ལམ་ཕྱིད་ནས་ཚུར་བཀུག ཁོ་པའི་གླ་དེ་སླར་ཡང་བཀུགས་པས་ན་ཤཱཀྱ་སླར་ཡང་གསོས་སོ། །དེ་རྗེས་བཙན་པོས་ཤཱཀྱར་ཁྱེད་གང་དུ་སོང་ཞེས་དང་། ཁྱེད་ཀྱིས་ཅི་མཐོང་བྱུང་ངམ་ཞེས་དྲིས་པར། ཤཱཀྱས་ང་གཞན་གྱིས་རྗེས་ནས་འདེད་པའི་ཚོར་སྣང་བྱུང་ཞིང་། དེ་ནས་གཉིད་ལ་ཡུར། ཁོ་བོའི་རྨི་ལམ་ནང་དུ་མི་གོས་ནག་པོ་རྟ་ནག་པོ་བཞོན་པ་ཞིག་གིས་འཁྲིད་ཕྱིན་ནས་ལ་ཞིག་གི་སྟེང་དུ་སླེབས། དེར་ངས་བཀྲ་ཤིས་རྟེན་འབྲེལ་གྱིས་ཁེངས་པའི་ཡུལ་ཞིག་མཇལ་བྱུང་བ་དང་། མི་དཀར་པོ་གོས་དཀར་པོ་གྱོན་པ་ཞིག་གིས་ཁྱེད་ས་ཆ་འདི་རུ་ཡོང་བའི་དུས་ལ་སླེབས་མེད་ཅེས་དང་། དེ་བཞིན་གནས་དེ་རུ་གོས་དཀར་པོ་གྱོན་ནས་རྟ་དཀར་པོའི་ཐོག་བཞོན་ཅིང་ལག་ཏུ་རྒྱལ་མཚན་སོགས་ཐོགས་པའི་མི་མང་པོ་མཐོང་ཞིང་། ཁོང་ཚོས་བརྗོད་དོན་ལ་ཁོང་ཚོ་ནི་ལྷ་རིགས་ཡིན་པར་སྨྲ་ཞིང་བདག་ལ་ཕར་ལོག་སོང་ཞེས་བརྗོད་ཀྱི་འདུག དེ་ནས་ང་རང་ཉིད་གཉིད་ལས་སད་སོང་ཞེས་ལན་བཏབ།

གསུམ་པ། གཡུ་ནི་བླ་ཡི་མཚོན་བྱེད་ཅིག་ཡིན་པའི་སྐོར།

བོད་ཀྱི་རིག་གནས་ནང་དུ་རྗོ་ཆུང་ཞིག་གིས་གནའ་རབས་བཙན་པོའི་དུས་ནས་དེང་དུས་ཀྱི་བར་དུ་གལ་ཆེའི་གནས་བབ་བཟུང་ཡོད། དེ་ནི་གཡུ་ཞེས་པའི་དངོས་པོ་དེ་འོ། །གཡུ་ནི་རྩ་ཤིན་ཏུ་ཆེ་བའི་རྡོའི་རིགས་ཤིག་དང་རྒྱན་ཆའི་རིགས་ཤིག་ཡིན་པར་མ་ཟད། དེ་ནི་མི་མངོན་པའི་ནོར་ལོངས་སྤྱོད་ཀྱི་བདག་ཉིད་ཅན་ཞིག་ཀྱང་ཡིན་པར་ངོས་འཛིན་བྱེད། གཞན་ཡང་དེ་ལ་བླ་གཡུ་ཞེས་བླ་ཡི་མཚོན་བྱེད་ཅིག་ཏུ་བརྩི་ལ། དེ་ནི་བརྩེ་དུང་གི་མཚོན་རྟགས་ཤིག་ཀྱང་ཡིན་ནོ། །

བླ་བསླུའི་ཆོ་ག་སྒྲིལ་སྐབས། མཆོད་གནས་སམ་སྔགས་པ་དེས་བླ་གཡུ་དེ་བླ་བསུ་ཡུལ་གྱི་སྐྱེ་བོ་དེའི་སྐེ་ལ་འདོགས་པ་དང་། བླ་བསུ་ཡུལ་གྱི་སྐྱེ་བོ་དེས་ངེས་པར་དུ་བླ་གཡུ་དེ་མི་བརླག་པར་བདག་སྐྱོད་ཡག་པོ་བྱ་དགོས་ལ། གལ་ཏེ་བླ་གཡུ་དེ་བརླག་པའམ་དེ་ལ་ཆག་སྐྱོན་སོགས་བྱུང་ན་བླ་གཡུའི་བདག་པོའི་སྲོག་ལ་བར་ཆད་བྱུང་བར་བཤད། བཤད་སྲོལ་ལྟར་ན་བླ་གཡུའི་མདོག་ནི་ཁོར་ཡུག་གི་འོད་མདངས་མི་འདྲ་བའི་ཆ་རྐྱེན་འོག་འགྱུར་ལྡོག་འགྲོ་ཞིང་།

གལ་ཏེ་དེའི་མདོག་ཉིད་སྐྱ་མདོག་ལྟ་བུར་འགྱུར་ན་ཅུང་ཟད་མི་ལེགས་ཤིང་དེ་ནི་ལྟས་ངན་པའི་རྟགས་མཚན་ཞིག་ཡིན་པར་གྲགས། དེའི་སྐོར་ཕོ་བོས་མཇུག་ཏུ་ལྷ་སྲུང་དང་འབྲེལ་བའི་གཡུའི་སྐོར་དང་ཆོས་ལུགས་ཚ་གའི་ཁྲོད་ཀྱི་གཡུའི་ནུས་པའི་སྐོར་གླིང་སྐབས་ཞིབ་ཕྲའི་དཔྱད་གླེང་བྱ་རྒྱུ་ལགས།

བོད་དུ་གཉེན་སྒྲིག་གི་ཚོ་ག་སྤྱེལ་སྐབས། མནའ་མ་དེས་མག་པར་བརྗེ་དུང་གི་མཚོན་བྱེད་ཡིན་ཞེས་གཡུ་ཞིག་སྤྲོད་ལ། མག་པས་མནའ་མར་བླ་གསེར་ཞེས་པའི་གསེར་ཏམ་ཞིག་སྤྲོད་སྲོལ་ཡོད། དེ་ཡང་ཡིག་ཆ་གཞན་ནང་དུ་མག་པས་མནའ་མར་གཙུག་གཡུའམ་ཐོད་གཡུ་ཞེས་པའི་གཡུ་ཞིག་སྤྲོད་ལ། གཡུ་དེ་ཉིད་མནའ་མས་རང་གི་ཐོད་པར་བརྒྱན་པ་དང་སྐྱེ་བོ་གཞན་པ་ཞིག་གིས་གཡུ་བཤད་ཅེས་པའི་བཤད་པ་རྒྱག་སྲོལ་ཡོད། གཙུག་གཡུ་ནི་གཅིག་ནས་བུད་མེད་ཀྱི་རྒྱན་ཆ་རྩ་ཆེན་ཞིག་ཡིན་ལ། གཉིས་ནས་རང་གི་དགའ་གྲོགས་སམ་ཟླ་བོར་བཅངས་པའི་མི་འགྱུར་བརྗེ་སེམས་ཀྱི་མཚོན་རྟགས་ཤིག་ཀྱང་ཡིན་པ་རེད། གཤམ་གསལ་གྱི་སྙན་ཚིག་དུམ་བུ་དེ་ཉིད་ལས་གོང་གསལ་གྱི་ནང་དོན་ཉིད་གསལ་བཤད་བྱ་ཐུབ་སྟེ། གཏན་གྲོགས་ཁྱོད་ལ་བསམ་པའི། །ཁྲེལ་དང་ངོ་ཚ་མེད་ན། །མགོ་ལ་བརྒྱབ་པའི་གཙུག་གཡུས། །སྐད་ཆ་བཤད་ནི་མི་ཤེས། །ཞེས་སོ།

གླིང་གེ་སར་རྒྱལ་པོའི་སྒྲུང་ནང་དུ། གླིང་དང་ཧོར་གཉིས་འཐབ་སྐབས། ཧོར་གུར་དཀར་རྒྱལ་པོས་བྱ་བཞི་མངགས་ནས་མཐའ་བཞིའི་རྒྱལ་ཁབ་ཁག་ནང་བཙུན་མོ་སློང་བར་བཏང་། ཧོར་གྱི་བླ་བྱ་ཡིན་ཞེས་པའི་བྱ་ནག་པོ་དེ་ཡུལ་མང་པོ་བརྒྱུད་མཐའ་མ་གླིང་ཞེས་བྱ་བའི་གེ་སར་རྒྱལ་པོའི་འཁྲུངས་ཡུལ་དུ་སླེབས། དེར་བྱ་དེས་གེ་སར་གྱི་བཙུན་མོ་འབྲུག་མོ་ཉིད་ཁོང་གི་ཞལ་ཏ་གཉིས་ཀྱི་མདུན་དུ་དབུ་སྐྲ་སླ་བཞིན་ཡོད་པ་མཐོང་། བྱ་དེ་འབྲུག་མོའི་མཛེས་སྡུག་ལ་ཧང་སངས་པ་དང་། དབུ་སྐྲ་འཁྲུ་སྐབས་ལོགས་སུ་བཞག་པའི་གཙུག་གཡུ་དེ་བྱ་དེས་བརྐུས་ནས་འཕྱིར་སོ། །བྱ་ནག་དེ་ཧོར་ཡུལ་དུ་ལོག་རྗེས་འབྲུག་མོའི་གཙུག་གཡུ་རྒྱལ་པོར་ཕུལ་ནས་འབྲུག་མོའི་མཛེས་སྡུག་ལྟ་ན་སྡུག་པའི་ཁྱད་ཆོས་རྒྱལ་པོར་བརྗོད། རྗེས་སུ་འབྲུག་མོ་ཉིད་ཧོར་གྱིས་བཙན་འཕྱིར་བྱས་པས་ཁོང་མོ་ཧོར་རྒྱལ་པོའི་ཆུང་མར་རེ་ཞིག་མི་

སྤྱོད་དཀའ་མེད་བྱུང་ངོ་། །ཐ་ན་དེང་གི་ཆར་ཡང་གཡུ་ནི་རྩོམ་རིག་བརྩམ་བྱའི་ནང་གི་རྒྱུ་ཆར་གྱུར་ཡོད་པ་ནི་ཉེ་ཆར་ལྷ་སར་པར་བསྐྲུན་བྱས་པའི་བརྩམས་སྒྲུང་"གཙུག་གཡུ་"ལྟ་བུ་ལགས།

གསེར་དང་གཡུ་གཉིས་བསྲེས་ནས་རྒྱན་ཆ་བཟོ་བ་མ་ཟད། དེ་ཉིད་ཆོས་ལུགས་ཀྱི་མཆོད་པའི་ནང་དུ་བེད་སྤྱོད་བྱ་སྲོལ་ནི་རྒྱ་ཁྱབ་ཏུ་མཆིས། དེ་ལྟ་བུའི་བསྲེས་སྦྱོར་བྱ་སྲོལ་ནི་ཆེས་གནའ་བོའི་ཡིག་ཆའི་ནང་འཁོད་ཡོད་ལ། ལྷག་པར་དུ་བོན་གྱི་དཔེ་ཆའི་ནང་དུ་གསེར་གཡུ་གཉིས་བེད་སྤྱོད་བྱ་ཚུལ་འཁོད་ཡོད། དཔེར་ན། བོན་གྱི་ཚོ་གའི་སྐོར་གྱི་དཔེ་ཆ་ཞིག་གི་ནང་དུ། "དེ་ནས་དབུ་ལ་ལ་ཐོད་བཅིངས། །ཁ་གསེར་ཁ་གཡུ་ཞལ་དུ་སྟུར། །གསེར་དང་གཡུ་ཡི་སྒྲོན་མེ་བཏེགས། །མདར་དར་ཕྱར་ལ་འདི་སྐད་དོ། །"ཞེས་བྱུང་བ་ལྟ་བུའོ། །ཚོ་ག་དེ་དངོས་སུ་སྤེལ་སྐབས། ཚོ་ག་སྤེལ་མཁན་དེས་ཁ་གསེར་ཞེས་གསེར་ཏམ་གཅིག་ཁ་ནང་གི་གཡས་ངོས་སུ་འཇོག་པ་དང་། ཁ་གཡུ་ཞེས་གཡུ་ཆུང་ཞིག་ཁ་ནང་གི་གཡོན་ངོས་སུ་འཇོག་པ་ཡིན། འོན་ཀྱང་། ཚོ་ག་དེ་རིགས་ཀྱི་ནང་དོན་ནི་གསང་བ་སྐྱོག་འགྱུར་གྱི་གནད་དུ་ཟད་དོ། །བསྟན་འཛིན་རྣམ་དག་གིས་ཚོ་ག་དེའི་གལ་ཆེའི་རང་བཞིན་སྐོར་གསུངས་ཡོད་ལ། གཟེར་མིག་ལས་ཀྱང་"ཁ་གསེར་ཁ་གཡུ་ངོ་མཚར་བཀའ་ཡི་རྟགས"ཞེས་གསེར་གཡུ་བསྲེས་སྦྱོར་གྱི་ཚོ་ག་སྤེལ་སྲོལ་ཡོད་ཚུལ་ར་སྤྲོད་བྱས་ཡོད་དོ།

གཞན་ཡང་ཁ་གསེར་དང་ཁ་གཡུ་ཞེས་པ་དེ་གཉིས་ནི་ཆང་དང་ཇའི་མཆོད་པར་ཡང་གོ་བ་ཡིན་སྟེ། གསེར་བླུགས་པའི་ཕོར་པའི་ནང་ཆང་མཆོད་ཕུལ་བར་གསེར་སྐྱེམས་དང་། གཡུ་ཆུང་བླུགས་པའི་ཕོར་ནང་ཇ་མཆོད་ཕུལ་བར་གཡུ་སྟོན་ཞེས་ཟེར་རོ།

བོད་ཀྱི་ལྷ་སྒྲུང་ཞིག་ནང་དུ་བཤད་སྲོལ་ལ། ལྷ་ཆེན་གོ་ཁོད་ཀྱིས་རང་ཉིད་ཀྱི་སྙིང་མ་དེ་མི་གསོད་ཐབས་མེད་བྱུང་། དེ་ཡང་མ་དེའི་བདུད་སྲིན་རང་བཞིན་སླར་ཡང་ཕྱིར་མངོན་པའི་ཕྱིར་རོ། །ནམ་ཞིག་འདྲེ་དང་ལྷ་གཉིས་དབར་དམག་འཁྲུག་ལངས། འོན་ཀྱང་ལྷ་ཆེན་གོ་ཁོད་ནི་རང་གིས་མ་བསད་པའི་འགྱོད་གདུང་དྲག་པོས་མནར་བ་ལས། དེས་ཉི་མ་མེད་ཁྱུར་བཏང་ནས་རང་གི་ཁ་ནང་གི་གཡས་ངོས་སུ་བཞག་པ་དང་། ཟླ་བ་ཉིད་རང་གི་ཁ་ནང་

གི་གཡོན་ངོས་སུ་བཞག་རྗེས་གཉིད་ལུག་ནས་བསྡད། འོན་ཀྱང་ལྷ་ཆུང་ཀུ་བྱི་མང་ཀེ་ཡིས་སྙིང་ཐབས་ལ་བསྟུན་ནས་ཉི་ཟླ་གཉིས་སྒྲོད་བཀྲོལ་བཏང་ངོ་། །ཞེས་པ་ལྟ་བུའོ།

གོང་གསལ་གི་ལྷ་སྒྲུང་དང་ཆོས་ལུགས་ཚོ་གའི་ནང་གསེར་དང་གཡུ་གཉིས་ཁ་ནང་དུ་འཇོག་པའི་ལུགས་སྲོལ་གཉིས་དབར་གྱི་འབྲེལ་བ་ནི་ཡ་མཚན་ཅན་ཞིག་ཏུ་མངོན་ལ། ལྷག་པར་དུ་ཟླ་བ་དང་གཡུ་གཉིས་ནི་རྩ་བ་ནས་འབྲེལ་ཐབས་བྲལ་བའི་དངོས་པོ་གཉིས་ཡིན། འོན་ཀྱང་། གོང་གསལ་ལྷ་སྒྲུང་དང་ཚོ་ག་གཉིས་དབར་གྱི་འབྲེལ་བར་སྣང་ཆུང་གཏན་ནས་བྱ་མི་ཉན་ནོ།

གཡུ་དང་ཟླ་སྒྲོག་དབར་གྱི་འབྲེལ་བའི་སྐོར་ནི་གནའ་བོའི་ཡིག་ཆའི་ནང་དུའང་འཁོད་ཡོད་ལ། གཡུ་ཉིད་གས་ཆག་ཏུ་འགྲོ་བ་དང་རྒྱལ་བློན་ཤི་བའི་དབར་འབྲེལ་བ་བྱ་སྲོལ་ཡོད་པ་དཔེར་ན། རྗེ་ནི་གྲོངས་ཀྱིས་མྱེད། གཡུ་ནི་གྲུགས་ཀྱིས་མྱེད་ཅེས་དང་། རྗེ་ནི་ད་ཕན་ཏེ་ན་ནོངས་གཡུ་ནི་བཟང་སྟེ་གྲུགས་རྗེ་གྲོངས་ནི་གཙུག་ལས་གྲུགས་གཡུ་གྲུགས་ཀྱིས་མྱེད་ལྟ་བུའོ། ། དེ་ཡང་དོན་འགྲེལ་རགས་ཙམ་བྱས་ན། རྒྱལ་པོ་ནི་འདས་ནས་མེད་པར་གྱུར་ཟིན། གཡུ་ནི་གས་ཆག་ཏུ་གྱུར་ནས་མེད་པར་ཆགས་ཟིན། ཞེས་དང་། རྒྱལ་པོ་ནི་བཀའ་དྲིན་ཆེ་ནའང་གྲོངས་ཟིན། གཡུ་ནི་བཟང་ནའང་ཆག་ཏུ་གྱུར་ཟིན། ཞེས་པའི་དོན་ནོ། དེར་བརྟེན། མགོ་བོའམ་ལུས་པོའི་སྟོད་ངོས་སུ་གཡུ་འདོགས་པའི་སྲོལ་ནི་གནའ་བོའི་དུས་ནས་དར་ཡོད་ལ། གཡུ་ཉིད་ཟླ་སྒྲོག་གི་མཚོན་བྱེད་གལ་ཆེན་ཞིག་ཡིན་པ་ནི་གོང་གསལ་གནའ་བོའི་དཔྱད་གཞི་དེ་དག་ལས་གསལ་པོར་རྟོགས་ཐུབ་ལ། ཕོ་བོས་བརྩམས་པའི་བོད་ཀྱི་བཙན་པོའི་ཐོག་མ་གཉའ་ཁྲི་བཙན་པོའི་འབྱུང་ཁུངས་དང་འབྲེལ་བའི་ལྷ་སྒྲུང་སྐོར་ལ་དཔྱད་པ་ཞེས་པའི་དཔྱད་རྩོམ་ལ་གཟིགས་ན་དེ་བས་ངེས་ཤེས་གསལ་པོ་ཞིག་སྐྱེ་ཐུབ་པོ།

བཞི་པ། ཟླ་ཟླུ་ཞེས་པའི་ཚོ་གའི་ཐོག་མའི་ལྷ་སྒྲུང་གི་འབྱུང་ཁུངས་སྐོར།

ཟླ་ཟླུའི་ཚོ་གའི་ནང་དོན་འཁོད་པའི་དཔེ་ཆ་གཉིས་མིག་སྔར་ང་ཚོའི་མིག་ལམ་དུ་མཐོང་རྒྱུ་ཡོད། དཔེ་ཆ་དེ་གཉིས་ནི་ཉི་མ་བསྟན་འཛིན་ (འཁྲུངས་དུས1813) གྱིས་

བརྩམས། དཔེ་ཆ་གཅིག་གི་ཁ་བྱང་ནི《ཚེ་ཡི་གཡུང་དྲུང་》ཞེས་པ་དེ་ཡིན་ལ། དཔེ་ཆ་དེའི་ནང་འཁོད་པའི་ཚོ་ག་དེ་ཉིད་སྤེལ་བའི་དམིགས་ཡུལ་ནི་ཚེ་འཕེལ་བ་དང་ཚེ་དབང་རིག་འཛིན་ལ་སྐྱབས་འཇུག་ཞུ་བ་དེ་ཡིན། །དཔེ་ཆ་གཞན་དེའི་མཚན་བྱང་ནི《ཚེ་འགུགས་སྲོག་གི་ཆད་མཐུད་》ཞེས་པ་དེ་ཡིན་ལ། དེ་ནི1852ལོར་སྨན་རི་དགོན་པར་བརྩམས་པ་ཞིག་ཡིན་ཞིང་། དེའི་ནང་ཞང་ཞུང་མེ་རི་བཀའ་གཉེར་གཉིས་ཀྱི་སྒྲུབ་སྐོར་ཀྱང་ཚུད་ཡོད། གོང་གསལ་གྱི་དཔེ་ཆ་དེ་གཉིས་ནང་ལྷ་སྒྲུང་དང་འབྲེལ་བའི་ཚོ་གའི་བྱེད་ནུས་སྐོར་གླེང་མི་འདུག དཔེ་ཆ་གཉིས་པོ་དེ་དག་ལས་ཕྱི་མ་དེའི་ནང་དུ་ལྷ་ཆེན་གེ་ཁོད་སྐོར་གྱི་སྒྲུང་གཏམ་ཙམ་ལས་བླ་སྲོག་དང་འབྲེལ་བའི་ནང་དོན་ནི་འཁོད་མེད་དོ།

གོང་གསལ་དཔེ་ཆ་དེ་གཉིས་པོ་བརྩམས་པའི་དུས་ནི་ཐུ་པོ་མིན་ཞིང་། ཉི་མ་བསྟན་འཛིན་གྱིས་དཔེ་ཆ་དེ་གཉིས་རྩོམ་སྐབས་ཀྱི་དཔྱད་གཞི་གནང་ཡུལ་གྱི་ཡིག་ཆའི་སྐོར་གསུངས་མེད། ཁོང་གིས་དཔེ་ཆ་དང་པོ་དེ་ནི་རྨི་ལམ་ནང་འཁྲུངས་པའི་དགོངས་པ་ཡི་གེར་ཕབ་ཚུལ་དང་། དཔེ་ཆ་གཉིས་པ་དེ་ནི་དད་ལྡན་སློབ་མའི་རེ་བ་ལྟར་བརྩམས་པ་ཡིན་ཞེས་གསུངས། དེ་ལས་ང་ཚོས་བོན་གྱི་ཆེས་ཐོག་མའི་དཔེ་ཆ་ནི་སྟོང་ཟིན་པའི་དོན་དངོས་ཉིད་ཤེས་ཐུབ་ལ། དེ་ལྟ་བུའི་བོན་གྱི་དཔེ་ཆ་ནི་ཁོ་བོ་རྒྱ་གར་དུ་སྡོད་རིང་བོན་དགོན་ནང་དུ་འཚོལ་ཐབས་བྱས་ཀྱང་རྙེད་སོན་མ་ཐུབ།

བོད་ཀྱི་གནའ་བོའི་གྲུབ་མཐའ་རྙིང་མ་བས་བོད་ཀྱི་གནའ་བོའི་ཆོས་ལུགས་ཀྱི་ཚོ་ག་སྤེལ་སྲོལ་དེ་གྲུབ་མཐའ་གཞན་ལས་ཉར་ཚགས་ལེགས་པ་བྱས་ཡོད། ལྷག་པར་དུ་བླ་བསླུའི་སྐོར་གྱི་དཔེ་ཆ་དང་ཚོ་ག་བྱ་སྲོལ་རྒྱུན་འཛིན་ནན་པོ་བྱས་ཡོད། དེ་ཡང་ཀོང་སྤྲུལ་ཡོན་ཏན་རྒྱ་མཚོས་རྩོམ་སྒྲིག་མཛད་པའི་ཚོ་གའི་སྐོར་གྱི་དཔེ་ཆ་ཕྱོགས་བསྡུས《རིན་ཆེན་གཏེར་མཛོད་》དང་། དེ་བཞིན་བླ་བསླུའི་སྐོར་གྱི་དཔེ་ཆ་འགའ་ཞིག་ད་ལྟ་ང་ཚོའི་མཐོང་ཆོས་སུ་ཡོད། དེ་དག་ལས་རིང་ཤོས་དང་ནང་དོན་ཞིབ་ཚགས་ཤོས་ནི《སྲོག་གི་བཙན་རྫོང་》ཞེས་པ་དེ་ཡིན། དཔེ་ཆ་དེ་ནི་ཀོང་སྤྲུལ་ཡོན་ཏན་རྒྱ་མཚོས(1818 – 1899)བརྩམས་གནང་མཛད་པ་ཞིག་ཡིན། ཡིན་ནའང་དཔེ་ཆ་དེའི་ནང་ཚོ་ག་དང་འབྲེལ་བའི་ལྷ་སྒྲུང་གི་

འབྱུང་ཁུངས་སྐོར་དཔྱད་བརྗོད་བྱ་འོས་ཀྱི་དཔྱད་གཞི་ནི་མཐོང་རྒྱུ་མེད། གཞན་ཡང་དབྱི་ཏ་ལིའི་བོད་རིག་པ་མཁས་ཅན་ཏུ་ཅི་(Tucci) ཡིས་དོ་སྣང་ཆེས་ཆེར་མཛད་པའི་《འཆི་བདག་གཡུལ་རྒྱལ་) ཞེས་པའི་དཔེ་ཆའི་ནང་སྒྲུང་གཏམ་འདི་ལྟ་བུ་ཞིག་འཁོད་ཡོད་པ་སྟེ། སྔོན་གྱི་དུས་ན་སློབ་དཔོན་པདྨ་ཡིས་བོད་ཀྱི་ལྷ་འདྲེ་ཐམས་ཅད་དམ་ལ་བཏགས་ནས་རྒྱལ་ཁམས་བདེ་ལ་བཀོད་པའི་དུས་སུ། གདུག་པ་ཅན་གྱི་ལྷ་སྲིན་ཞིག་ལུས་པ་དེས་འགྲོ་བ་ཡོངས་ཀྱི་ཚེ་སྲོག་ལ་རྐོལ་བ་ཞིག་བྱུང་སྟེ། རྒྱལ་བུ་མུ་ཁྲིད་འཛིན་ཞེས་བྱ་བ་ནད་ཀྱིས་མནར་ནས་བཙོས་ཐབས་ཅི་བྱས་ཀྱང་མ་ཕན་ཏེ། དེའི་དུས་ལྟ་འདྲེ་དེས་བླ་འཁྱེར་འདུག་པ་ལ། རྒྱལ་བློན་ཐམས་ཅད་བཀའ་གྲོས་མཛད་ནས་སློབ་དཔོན་པདྨ་ལ་ཞུས། སློབ་དཔོན་གྱི་ཞལ་ནས་ཁོ་ལྷ་སྲིན་ཐམས་ཅད་ཀྱི་ནང་ནས་གདུག་པ་ཆེ་བ་དེ་ཉིད་ལུས་འདུག་པ། ད་དེ་ལ་གླུ་གླུ་བྱེད་དགོས་པས་ཞེས་བྱུང་། གོང་གསལ་སྒྲུང་གཏམ་དེ་ནི་གནའ་བོའི་བོད་རང་གི་ཤོད་སྲོལ་ཞིག་ཕྱིས་སུ་བསྒྱུར་བཟོ་བྱས་པ་ཡིན་ཤས་ཆེ། རྩོམ་པ་པོས་སྒྲུང་གཏམ་དེ་བོད་བཙན་པོའི་དུས་བྱུང་ཚུལ་བརྗོད་ཡོད་ནའང་། མུ་ཁྲིད་འཛིན་ཞེས་བོད་ཀྱི་ལོ་རྒྱུས་ཐོག་བྱུང་མྱོང་མེད་པའི་རྒྱལ་སྲས་ཤིག་ཡོད་ཚུལ་བརྗོད་ཡོད། དོན་དངོས་ཐོག་མུ་ཁྲིད་འཛིན་ཞེས་པ་ནི་ཕྱིས་སུ་ཆོས་ལ་རྒྱབ་གཏོད་བྱེད་མཁན་གྱི་རྒྱ་གར་གྱི་རྒྱལ་སྲས་ཤིག་ཡོད་པ་དེའི་མིང་བོད་སྐད་ཐོག་བསྒྱུར་བ་དེ་ཡིན་ནོ། །

གཞམ་གསལ་གྱི་དཔྱད་གཞི་དུམ་བུ་དེ་ལས་དཔེ་ཆ་དེར་བོན་གྱི་ཤུགས་རྐྱེན་ཟབ་མོ་ཐོག་ཡོད་ཚུལ་མཚོན་ཐུབ་པ་སྟེ།

"ཀྱེ། དང་པོ་སྲུ་དང་སྲུ་ཡི་གླུ། །
འཕགས་པ་འཇམ་དཔལ་ཐུགས་རྗེ་ཡིས། །
རྒྱལ་བུ་མུ་ཁྲིད་འཛིན་པ་དང་། །
ལག་ན་རྡོ་རྗེའི་མཐུ་སྟོབས་ཀྱིས། །
དགེ་སློང་ཀུན་དགའ་བ་ཡི་གླུ། །
སྣང་སྲིད་སྡེ་བརྒྱད་ལག་ནས་བསླུས། །

ད་ལྟ་སུ་དང་སུ་ཡི་བླ། །

ད་ལྟ་རྗེ་རྗེ་འཛིན་པ་ངས། །

སྣང་སྲིད་སྣེ་བརྒྱད་ལག་ནས་བསླུ། །

སྤྱིན་དག་འདི་ཡི་བླ་ཡང་བསླུ། །” ཞེས་སོགས་བྱུང་བ་ལས་ཀྱང་ཤེས་ཐུབ།

ཁོ་བོས་ད་པན་བོན་གྱི་དཔེ་ཆ་དང་དཔྱད་བསྡུར་བྱས་པའི་པདྨ་གླིང་པའི་ (1450 – 1521) བླ་བསླུའི་སྐོར་གྱི་དཔེ་ཆའི་ནང་དོན་ལམ་ཙམ་ཞིག་འདིར་ཀློག་པ་པོའི་སྤྱན་ལམ་དུ་འབུལ་ན།

ཀྱེ། སྣང་བའི་འོད་ཀྱི་དང་པོ་ལ། །

ཡུལ་ནི་སྲིན་ཡུལ་སྨད་དྲུག་ཏུ། །

བླ་གཡུ་ཛད་གཅིག་ (ཅར་) བརྐུས་པ་རྨིས། །

བླ་མཁར་རྩེ་ནས་འགྱེལ་བ་རྨིས། །

བླ་མཚོ་སྙིང་ནས་ (གཏིང་ནས་) སྐམ་པ་རྨིས། །

རང་ལྟོ་ཕྱོགས་དེས་འཁྲུམས་པ་རྨིས། །

དེར་དགོངས་པ་ཐོད་དཀར་ཞལ་ན་རེ། །

བླ་གཡུ་འོད་ཅན་བརྐུས་པ་ལ། །

མོ་མ་མཁས་པས་མོ་བཏར་ (བདར་) འཚལ། །

མ་མཐོང་སངས་རྒྱས་སྤྱན་དྲངས་ནས། །

མོ་ཐོབ་དེ་ནི་རྩིས་བཀོད་པས། །

མོ་མ་དེ་ཡི་ཞལ་ནས་ནི། །

ཁྱེད་ཀྱིས་ལྷ་རྣམས་མ་གསོལ་བ། །

ལྷ་ཡིས་ཁྱོད་ནི་མགོན་མ་ནུས། །

འཕྲུལ་གྱི་རྒྱལ་པོ་སྤྱན་དྲངས་ནས། །

རྒྱ་སྦྱོར་ཡོན་བདག་བླ་བོ། །ཞེས་པ་དེ་ཡིན་ཞིང་། །གོང་གསལ་དཔྱད་གཞི་དུམ་བུ་

དེ་ནི་པདྨ་གླིང་པས་ཕལ་ཆེར་སྒྲུང་གཏམ་རིང་པོ་དེ་ཉིད་ཚོགས་བཅད་ཐོག་བྲིས་གནང་མཛད་ནས་སྒྲུང་དེ་ཉིད་ཐུང་དུ་བཏང་གནང་ཡོད་ལ། དེའི་ཐོག་མའི་གོ་དོན་ལའང་འགྱུར་ལྡོག་ངེས་ཅན་ཞིག་ཐེབས་ཡོད་ཤས་ཆེ། དེ་བཞིན་ཐུབ་པའི་ཆོས་ལུགས་ཀྱི་དཔེ་ཆའི་ནང་དུ" སྣང་བ་འོད་ཀྱི་དང་པོ་ལ་ཞེས་པའི་ཚིག་གི་དུམ་བུ་དེ་དག་ཐོན་པ་ནི་ཡ་མཚན་སྐྱེ་དགོས་པ་ཞིག་ལགས། སྣང་བ་འོད་ཀྱི་དང་པོ་ཞེས་པ་དེ་ནི་བོན་པོའི་ལྷ་ཞིག་སྟེ་སྣང་བ་འོད་ལྡན་ནམ་ཡང་ན་བོན་པོའི་འཇིག་རྟེན་ཆགས་ཚུལ་སྐབས་ཀྱི་བྱེད་པོ་ག་གེ་མོ་ཞིག་གི་མཚན་ལ་འགོ་འགྱུར་བཏང་བ་ལས་བྱུང་བ་ཞིག་ཡིན་པར་སེམས་པས་དཔྱད་པར་འཚལ།

བོན་གྱི་ལྷ་སྒྲུང་དང་འབྲེལ་བའི་ཚིག་སྤེལ་སྐབས་སྤྱིར་བཏང་རྟག་པར་བོན་ལྷ་སྣང་བ་འོད་ལྡན་ལ་མཆོད་བསྟོད་བྱེད་པ་ཡིན། དེ་བཞིན་གོང་གསལ་ཚོགས་བཅད་ཁྲིད་ཀྱི་" དགོངས་པ་ཐོད་དཀར་" ཞེས་པའི་མིང་དེ་ཡང་ཀླུན་ཀའི་ཡུལ་ཞིག་ལགས་ཏེ། དེ་ཡང་" དགོངས་པ་" ཞེས་པའི་ཐ་སྙད་དེ་ནི་ཐུབ་པའི་ཆོས་ལུགས་ཀྱི་ཐ་སྙད་ཅིག་ཡིན་པ་ཐེ་ཚོམ་མེད། འོན་ཀྱང་" ཐོད་དཀར་" ཞེས་པའི་ཐ་སྙད་དེ་ནི་ཐུན་མོང་མ་ཡིན་པའི་བོན་གྱི་ཐ་སྙད་ཅིག་ཡིན། དེས་མ་ཚད་གོང་གསལ་ཚོགས་བཅད་དེའི་རྩོམ་པ་པོས་སྟོན་པ་ཤཱཀྱ་ཐུབ་པ་ནི་མི་དང་གནམ་རིག་སྐར་རྩིས་ཀྱི་བདག་ཉིད་ཅན་གྱི་གཟུགས་བརྙན་ཞིག་ཏུ་བཞེངས་སྒྲུབ་བྱས་ཡོད་པ་ནི་ཆོས་པ་ཞིག་གི་ངོས་ནས་བཤད་ན་བཟོད་སྒོམ་བྱེད་ཐབས་བྲལ་བའི་བརྗོད་ཚུལ་ཞིག་ཡིན་པར་སེམས། མཚན་ནམ་ཐ་སྙད་" འཕྲུལ་གྱི་རྒྱལ་པོ་" ཞེས་པ་དེ་ཐོག་མར་བོད་ཀྱི་བཙན་པོ་ཁྲི་འདུས་སྲོང་(676 – 704) ཐོག་བེད་སྤྱོད་བྱས་པ་དང་། དེ་རྗེས་མུ་མཐུད་བཙན་པོ་ཁྲི་སྲོང་ལྡེ་བཙན་(742 – 797) སྐབས་བེད་སྤྱོད་བྱས་ཡོད་པ་རེད། ཐ་སྙད་དེ་ནི་བོན་གྱི་རྩོམ་རིག་ནང་མིང་གི་ངོ་བོ་མཚོན་པའི་ཆ་ནས་གོང་ཚེ་ལའང་འབོད་པ་ཡིན། གོང་གསལ་བོན་ཆོས་དང་འབྲེལ་བའི་ཐ་སྙད་དང་ནང་དོན་བཅས་ལས། སྒྲུང་དེ་ནི་དོན་དངོས་ཐོག་བོན་གྱི་སྒྲུང་གཏམ་གྱི་རྨང་གཞིའི་ཐོག་ཐུབ་པའི་ཆོས་ལུགས་པས་གསར་བཟོ་བྱས་པ་ཞིག་ཡིན་པ་མངོན་ཐུབ། བོན་ཆོས་དང་འབྲེལ་བའི་ གླུ་གླུའི་སྐོར་གྱི་དཔེ་ཆ་གཉིས་སྐོར་ཁོ་བོས་གོང་དུ་བརྗོད་ཟིན་ལ། དཔེ་ཆ་དེ་གཉིས་ནང་དུ་གླུ་གླུའི་ཚིག་དང་

གནའ་བོའི་ལྷ་སྒྲུང་དབར་འབྲེལ་བ་ཡོད་མེད་གསལ་པོ་ཞིག་བསྟན་མེད། འོན་ཀྱང་། སློ་གྲོས་ཐོགས་མེད་ཀྱིས་བརྩམས་པའི་《སྲིད་རྒྱུད་》ནང་དུ། བླ་བླུའི་ཚིག་དེའི་མཆེད་ཁུངས་ནི་གནའ་རབས་ཀྱི་ལྷ་སྒྲུང་ལ་གཏུགས་པའི་ནང་དོན་འཁོད་ཡོད་ལ། ནང་དོན་དེ་དག་ནི་དུས་ད་ལྟའི་བར་དར་སྲོལ་བྱུང་བའི་ཚིག་གའི་བྱ་རིམ་ནང་དུ་མཐོང་རྒྱུ་ཡོད་པ་ཞིག་གོ །ལྷ་སྒྲུང་དེ་དག་གི་ནང་དོན་ནི་བོད་རྒྱལ་ཐོག་མ་གཉའ་ཁྲི་བཙན་པོ་ལྷ་ཡུལ་ནས་མི་ཡུལ་དུ་བྱོན་པ་དང་། ཕོང་གི་བླ་དེ་འདྲེས་བཙན་འཁྱེར་བྱས་པ་ལས་ནད་གཞིས་མནར་རྗེས། ཐུགས་པའམ་མཆོད་གནས་རྣམས་ཀྱིས་ཚིག་སྤྱིལ་ནས་ཚུར་བསླུས་ཚུལ་བརྗོད་ཡོད། གཞན་ཡང་ང་ཚོས་གནའ་བོའི་སྲོལ་རྒྱུན་མ་དོར་རྒྱུན་མཐུད་ཐོག་འཐུས་སྙོ་རྗེ་ཚང་དུ་བཏང་བའི་དཔྱད་གཞིའི་ཡིག་ཆ་ཞིག་མཐོང་ཐུབ་ལ། ཡིག་ཆ་དེའི་ནང་དུ་བརྗོད་པའི་སྒྲུང་གཏམ་ཞིག་ཏུན་རྟོང་ནས་ཐོན་པའི་ཡིག་ཆའི་ནང་དུའང་མཐོང་ཐུབ། ལྷག་པར་དུ་ཚིགས་བཅད་ཨང་གྲངས་བཅོ་བརྒྱད་ནས་སུམ་ཅུ་སོ་ལྔའི་བར་གྱི་ནང་དོན་རྣམས་ནི་དེ་བས་རྩ་ཆེའི་རིན་ཐང་ཆེན་པོ་ལྡན་པའི་དཔྱད་གཞི་ཞིག་ཡིན་ཞེས་མཁས་དབང་ཡ་རེ་ནེ་མེ་ཁེ་དོ་ནེ་ཡིས་གསུངས་པས། ཚིགས་བཅད་དེ་དག་འདིར་ངོ་སྤྲོད་ཙམ་ཟད་བྱས་ན།

གནམ་གྱི་གོང་ནས་བྱོན་པའི་མིང་། །
རྗེ་གཉའ་ཁྲི་བཙན་པོ་ཡིན། །
གནམ་ནས་ས་ལ་བྱོན་པའི་མཚན། །
རྒྱལ་པོའི་ལྡེ་སྲས་སྤྲ་ཙམ་ལེགས། །
མགོ་ནག་མིའི་སྤྱི་རྗེ་དང་། །
དུད་འགྲོ་རྔོག་ཆགས་རྒྱེན་དུ་གཤེགས། །
ཡུལ་གླིང་སྙིང་པོ་གངས་ཀྱི་ར་བར་བྱོན། །
དངུལ་སྐྲས་ཐེམ་དགུ་ལ་བབས་ཚེ། །
ཁྲུས་ཀྱི་རྫིང་བུ་ལ་བག་ཆགས་དྲི་མ་བཀྲུས། །
མི་དང་ལྷ་སྲས་བརྡ་དང་འཇལ། །

ཡུལ་ཡར་ལུང་སོག་ཀ་རུ། །
མཁར་ཕྱིང་བ་སྟག་རྩེར་བཞུགས། །
ཡུལ་གྱི་རྗེར་གཟིགས་དེ་རང་སྐྱིད། །
དེའི་སྐུ་སྲུང་གཉེན་པོ་ནི། །
ཕྱུ་བོན་ཐང་ཡག་དང་། །
པ་པ་མཆེ་གཙོ་གཉིས་ཀྱིས་མཛད། །
སྔོན་པོ་ལྷོ་རིས་བརྟེགས་པོ་ཡིན། །
འབངས་ནི་ཡར་དང་རྗོག་གིས་བྱས། །
ཕྱུག་ཚངས་ཤེས་དང་ཕྱུག་གིས་མཛད། །
རྒྱལ་པོ་དེའི་སྐུ་འཆག་སྣད་རོལ་དུ། །
ཡ་ལྷ་ཆུད་ཀྱིས་ཡམ་ཡང་བབས། །
བར་དུ་དམུ་བདུད་བཙན་གསུམ་འགྲོལ། །
མོ་མ་སྐྱིད་སྟེ་ལ་མོ་བཏབ་ནས། །
འདྲེ་དང་གདོན་གྱི་ངོ་ཡང་བཟུང་། །
ཕྱུ་པ་མཆེ་གཙོ་དང་། །
ཐར་ཐོབ་གྲུ་སྐྱེལ་གཉིས། །
ལ་བ་པེའུ་གང་ཐར་ཡས་བཙལ། །
གསེར་གཡུ་དྲིན་ཆེན་ཐར་ཆ་བཀྱེས། །
ཡ་ལྷ་བདུད་ཀྱང་ཕྱིན་དུ་བསྐྱལ། །
མ་བལ་ཆུད་ཀྱང་ཕྱུར་དུ་མནན། །
བར་ས་བཙན་ཡང་ཐད་དུ་བསྐྱལ། །
གཉེན་པོ་ཕྱུ་པ་མཆེ་གཙོ་དེས། །
ལྷ་གཡུ་འོད་དཀར་གྱིས་རྗེའི་སྐུ་ཕྱུག་བཀུག །

ཧེའི་ཕྱུགས་ཀར་ལྷ་གཡུ་བཏགས། །
བདུད་བཙན་ལག་ནས་ལྷ་ཚེ་བཀུག །
ཧེའི་མངའ་ཐང་དགུང་དང་མཉམ་སྟེ་དགྱེས། །
བོན་ལྷ་ཆེ་བའི་ཡིག་ཚང་གནང་། །
གཤེན་པོ་ཕྱུ་བ་མཚེ་གཙོ་ལ། །
40. དྲིན་ཆེན་གསེར་གྱི་བྱ་རུ་ལ། །
གཡུའི་ལྡེམ་ཕྲུག་ཅན་དེ་གནང་། །
རྒྱལ་པོའི་སྐུ་ཡང་རིམ་པར་བཅས། །ཞེས་བྱུང་།

གོང་གསལ་གྱི་ཚིགས་བཅད་དེ་དག་དང་འབྲེལ་བའི་ནང་དོན་རྣམས་ནི་བོན་ལུགས་ཀྱི་ལྷ་བླུ་ཞེས་པའི་ཚོ་ག་དེའི་ཐོག་མའི་འབྱུང་ཁུངས་ཡིན་པར་སེམས་པས་མུ་མཐུད་དཔྱད་པར་མཛོད་ཅིག

ལྔ། ལྷ་བླུའི་ཚོ་གའི་སྐོར་གྱི་མཐོང་ཐོས་དང་བན་བོན་གཉིས་ཀྱི་དཔེ་ཆའི་ཐོག་འཁོད་པའི་དཔྱད་གཞིར་དབྱེ་ཞིབ་རོབ་ཙམ་བྱས་པ།

གོང་དུ་དྲངས་ཟིན་པའི་ཚིགས་བཅད་ལྟར། ཐུབ་པའི་ཆོས་ལུགས་ཀྱི་དཔེ་ཆ་མི་ཉུང་བ་ཞིག་ནང་ལྷ་བླུའི་ཚོ་ག་དང་འབྲེལ་བའི་ནང་དོན་འཁོད་ཡོད། དེ་དག་ཀྱང་ཚོ་གའི་སྒྲིག་གཞི་དང་དེའི་མཚོན་བྱེད་དངོས་པོའི་ཐད་ཅུང་ཟད་མི་འདྲ་བ་ཙམ་ཡོད། བོན་གྱི་དཔེ་ཆ《ཚེའི་གཡུང་དྲུང་》ཞེས་པ་དང་པདྨ་གླིང་པས(1450 – 1521)མཛད་པའི《ལྷ་བསླུ་ཚེ་འགུགས་》ཞེས་པ་དེ་གཉིས་དབར་ཕྱི་རྣམ་པའི་ཆ་ནས་བརྗོད་ན་ཆ་འདྲ་བའི་གནད་མང་དུ་མཆིས།

1. བོན་ལུགས་ཀྱི་དཔེ་ཆའི་སྐོར་བརྗོད་པ།

དེང་སྐབས་ཚང་མས་དོ་སྣང་དང་ཞིབ་འཇུག་བྱེད་པའི་ཚོ་གའི་སྐོར་གྱི་དཔེ་ཆ་ནི་ཉེ་

མ་བསྟན་འཛིན་གྱིས་མཛད་པའི་དཔེ་ཆ་དེ་ལགས་པས། ཁོ་བོས་ཀྱང་འདིར་དཔེ་ཆ་དེ་གཞིར་བཞག་ནས་དཔྱད་བརྗོད་བྱ་རྒྱུ་ཡིན།

གཉམ་གསལ་གྱི་ནང་དོན་རྣམས་ནི་ཚོགས་དེ་ཉིད་སྤེལ་སྐབས་ཀྱི་ཞིབ་ཕྲའི་བྱ་རིམ་དག་ཡིན། དེ་ཡང་མདོར་བསྡུས་ནས་བརྗོད་ན་འདི་ལྟར་ཏེ། ལྷ་སྲོག་བླུ་བའི་ཡོན་དུ་གླུད་གཏོང་བ་སྟེ། ཕོ་གླུད་ཅེས་རྩམ་པ་ལས་བཟོས་པའི་ཕོ་ལུས་ལ་སྟག་རིས་སམ་སྟག་ཚས་སྒྲོན་པ་དང་། མོ་གླུད་ལ་བག་ཚས། བྱིས་པར་ཕྲུ་གུ་མཚར་པོ་ཞིག་དགོས་པ་ཡིན། དེ་རྗེས་ངེས་པར་དུ་ལྷ་གཟུགས་བཞེངས་དགོས། ལྷ་གཟུགས་ནི་མི་ཡི་ལུས་ལ་སོ་སོའི་རིགས་རུས་ཀྱི་ལྷ་རྟགས་གང་ཡིན་གྱི་མགོ་བོ་ཅན་དགོས་ལ། གླུད་ཀྱི་ལག་གཡས་པར་ངེས་པར་ཚེ་མདའ་དང་། ལག་གཡོན་པར་ལྷ་གཡུ་འདོགས་པ་ཡིན། དེ་རྗེས་གླུད་དེ་ལྷ་མཚོ་ཞེས་འབོད་པའི་ཆུ་སྣོད་ཞིག་ནང་བླུགས་པ་དང་ཆུ་སྟེང་དུ་མེ་ཏོག་དང་སྨན་རྫས་འཐོལ་བར་བྱེད། དེ་ཡང་དཀར་གཏོར་བླམ་པོ་དང་དམར་གཏོར་ཟུར་གསུམ་ཞེས་པའི་གཏོར་མ་རྣམས་བཟོས་ཚར་རྗེས་ཤོ་དཀར་ནག་གཉིས་བྲབས་གཞོམ་བྱ་སྲོལ་ཡོད།

ཁོ་བོའི་མཐོང་ཆོས་སུ་གྱུར་བའི་ཚོགས་དེ་དག་སྤེལ་སྐབས་ཀྱི་གནས་ཚུལ་ནི་འདི་ལྟར་སྟེ། མཆོད་གཞོམ་མི་འདྲ་བ་གཉིས་ཡོད་པ་ལས། དཀར་པོ་དེ་ནི་ལྷ་ཡི་ཡིན་པ་དང་། ནག་པོ་དེ་ནི་འདྲེ་ཡི་ཡིན། གཏོར་མ་དཀར་པོ་དག་མཆོད་གཞོམ་དཀར་པོའི་ཐོག་འཛོག་པ་དང་། མཆོད་གཞོམ་དཀར་པོའི་འགྲམ་དུ་མི་ཡི་གཟུགས་ལ་སྟག་གི་མགོ་སྦྱར་བའི་གླུད་དེ་བཞག་ནས་ཡོད་ལ། ཤོ་དཀར་པོ་དེ་ཡང་གཏོར་མ་དཀར་པོའི་མདུན་དུ་འཛོག གཞན་ཡང་ཚེ་བདུད་ཅེས་པའི་སྲོག་འདྲེ་དེའི་མཆོད་གཞོམ་དེ་སྟེགས་སྒྲོམ་དཀར་པོའི་ཐོག་ཏུ་འཛོག་ལ། མཆོད་གཞོམ་དེ་ནི་སྐམ་གྲུ་བཞི་བྱས་པ་ཞིག་གི་ཐོག་ཏུ་གང་པ་ལིང་ནག་པོས་བཀབ་པ་ཞིག་ཡིན། དེའི་སྟེང་དུ་ཚེ་བདུད་དང་ཁོ་པའི་འཁོར་གཡོག་བཞི(རྩམ་བྱེ་ལས་བཟོས་པ་) བླུགས་ལ། མཐའ་ཁོར་དུ་ཤིང་རྒྱུག་ཕྲ་མོའི་ཐོག་སྲོག་ཆགས་ཀྱི་རི་མོས་བརྒྱན་པའི་ཤོག་བུ་བཏགས་པའི་སྣོད་ཆས་འཛོག་ལ། སྣོད་ཆས་དེའི་དཀྱིལ་དུ་ནི་ནམ་འཁའ་ཞེས་པའི་ཤིང་རྒྱུག་ལས་བསྒྲུབས་པའི་དྲ་གཟུགས་དེ་འཛོག་པ་ཡིན། ཚེ་བདུད་ཀྱི་རྒྱབ་ཕྱོགས་སུ

ནི་ཤིང་རྒྱུག་ཕྲ་མོ་ལས་བསྒྲུབས་ཤིང་འཇའ་ཚོན་སྣ་ལྔའི་མདོག་གི་སྐུད་པས་བཅིངས་པའི་མཚོན་རིས་ཡ་མཚན་ཅན་དེ་ཡོད་ལ། འདྲེ་ལ་མཆོད་པའི་གཏོར་མ་དམར་པོ་དེ་དང་ཤོ་མོ་ནག་པོ་དེ་གཉིས་ནི་ཚེ་བདུད་ཀྱི་མདུན་ཕྱོགས་སུ་གཤོམ་པ་ཡིན། དེ་ནས་ མླ་རྗེ་ཞེས་རྗེ་དཀར་ནག་གཉིས་ མླ་མཚོ་ཞེས་པའི་སྣོད་ཆས་དེའི་སྟེང་དུ་འཛོག་པ་ཡིན།

ཚེ་དབང་མཆོག་འདུས་ཞེས་པའི་ཆོ་ག་དེ་ནི་ཞོགས་པའི་ཆུ་ཚོད་བཅུ་པ་ཙམ་ལ་འགོ་འཛུགས་ཤིང་། གྲྭ་བཙུན་གསུམ་ཏུ་སྟར་གཅིག་ཏུ་བསྒྲིགས་ནས་ཆོ་ག་དེ་ཉིད་སྒྲོལ་བ་ཡིན། གྲལ་འགོ་ན་སྡོད་པའི་གྲྭ་པ་དེས་གཤང་ལང་དཀྲོལ་ནས་ཆོ་གའི་འགོ་འཛུགས་པ་དང་། གྲྭ་པ་དཀྱིལ་མ་དེས་ལག་གཡས་པས་ཐོག་ལ་བརྡགས་པའི་ཛ་དེ་བརྡུང་ཞིང་། ལག་གཡོན་མས་གཤང་ཆུང་འཁྲོལ་བ་ཡིན། ཁོང་ཚོའི་རམ་འདེགས་ནི་ན་ཆུང་མཆོད་གཡོག་འགའ་ཞིག་གིས་བྱེ་བ་ཡིན།

ཆོ་གདེའི་གོ་རིམ་ཁྲིད་དུ་དབྱངས་རྟར་བརྟེན་ནས་མཆོད་པ་འབུལ་བའི་དུས་ཚོད་ཀྱིས་ཆོ་ག་ཡོངས་ཀྱི་དུས་ཚོད་ཀྱི་ཆ་ཤས་གཅིག་ཙམ་ཟིན་ཡོད། དེ་ཡང་ཐོག་མར་དུང་རྒྱ་གླིང་སོགས་ཆོས་ཕྱོགས་ཀྱི་རོལ་ཆ་ཚང་མ་མཉམ་དཀྲོལ་དང་། ཆོ་གའི་བར་འཚམས་སུ་ཛ་རྔ་རྡུང་པ་བརྡུང་བ། མཐའ་མར་རོལ་ཆ་མཉམ་དཀྲོལ་བྱེད་པ་བཅས་སོ། །ཚེ་དབང་མཆོག་འདུས་ཀྱི་ཆོ་ག་ནི་ཞོགས་པའི་ཆུ་ཚོད་བཅུ་པ་ནས་དགུ་འཛུགས་པ་ཡིན་ཞིང་། ཉིན་དགུང་ཆུ་ཚོད་གཉིས་པའི་ཐོག་མཇུག་སྒྲིལ་བ་ཡིན། ཆོ་ག་དེ་གཏོང་བའི་གལ་ཆེའི་དམིགས་ཡུལ་ནི་ཚེ་སྲོག་འཕེལ་རྒྱུ་དང་། ཚེ་དབང་རིག་འཛིན་ལ་གསོལ་བ་སྨོན་ལམ་འདེབས་རྒྱུ་དེ་ལགས། གོང་གསལ་གྱི་ཆོ་ག་དེ་དང་ མླ་བླུའི་ཆོ་ག་དེ་གཉིས་དབར་དམིགས་བསལ་གྱི་འབྲེལ་བ་མི་ལྡན་ཞིང་། མླ་བླུའི་ཆོ་ག་ནི་ཉིན་དགུང་ཆུ་ཚོད་གཉིས་པ་ཡོལ་རྗེས་གཏོང་བས་ན། འདིར་ཚེ་དབང་མཆོག་འདུས་ཀྱི་ཆོ་གའི་སྐོར་ཞིབ་ཕྲ་སྤེལ་བར་མི་བྱའོ། །བླུ་བླུའི་ཆོ་ག་ནི་ཉིན་དགུང་ཆུ་ཚོད་གཉིས་པའི་ཐོག་འགོ་འཛུགས་ལ། དེ་ཡང་ཁག་བརྒྱད་དུ་དབྱེ་ནས་ཡོད་དེ།

དང་པོ། མླ་སྲོག་བླུ་བའི་ཡོན་འབུལ་བ།

འདི་སྐབས་སུ་གྲྭ་བཙུན་རྣམས་ཀྱིས་དབྱངས་རྟའི་རམ་འདེགས་མེད་པའི་འོག་ཞལ

འདོན་གནང་ཞིང་། གཉམ་གསལ་གྱི་སྒོམ་རྒྱག་སྟངས་སྐོར་འགྲེལ་བརྗོད་གནང་གི་ཡོད་དེ། "རང་ཉིད་འཆི་མེད་ཚེ་དབང་རིག་འཛིན་ཆེན་མོར་གསལ་བའི་ཐུགས་ལ། འདིར་ལྷུགས་ཀྱུ་ལྟ་བུ་གྲངས་མེད་པར་འཁྲོས་པས། ཡོན་གྱི་བདག་པོ་འདིའི་ཟླ་དང་ཚེ་སྲོག་ཐམས་ཅད་ཉམས་ཆུང་འཛབ་བུའི་ཚུལ་དུ་ཀྲུ་བ་དང་། དྲག་པོའི་སྟོབས་ཤུགས་ཀྱི་སྒོ་ནས་འཁྲོག་པར་བྱེད་པའི། ཚེ་བདུད་གནོད་བྱེད་འབྱུང་པོ་ལྷ་སྲིན་སྡེ་བརྒྱད་རང་དབང་མེད་པར་བཀུག་ནས། ཀླུ་སླུད་གཏོར་མ་འདོད་ཡོན་ལྔ་དང་ལྡན་པ་ཕུལ་བས། དེ་རྣམས་ཀྱི་སྣང་ཡུལ་དུ་འདོད་དགུ་ལོངས་སྤྱོད་ཕུན་སུམ་ཚོགས་པར་གྱུར་ཏེ། ཅི་འདོད་ཡིད་བཞིན་འཕྲད་ནས། ཟླ་དང་ཚེ་སྲོག་ཐམས་ཅད་སླར་ལ་བསིམ་ནས། རང་གནས་སུ་སོང་བར་བསམ། དེ་རྗེས་སུ་བཙུན་པ་རྣམས་ཀྱིས་བོན་ཟ་ཐུག་ཏུ་བསྣམས་བཞིན་གཉམ་གསལ་གྱི་ཚིག་རྣམས་འདོན་པ་ཡིན།

“ཀྱཻ། སྟོན་གྱི་བསྐལ་པ་དང་པོ་ལ། །
གཉེན་ཆེན་གསང་བ་འདུས་པ་དང་། །
སྤྲུལ་སྐུ་ཚེ་དབང་རིག་འཛིན་གྱི། །
ཚེ་བདུད་ནག་པོ་ལ་སོགས། །
གཡོན་དགུའི་ལྷ་སྲིན་སྡེ་བརྒྱད་དམ་ལ་བཏཏ། །
ཁས་བླངས་དམ་བཅའ་ཅི་བཞིན་དུ། །
ཚེ་བདུད་སྡེ་ལྔ་ལ་སོགས་ཏེ། །
ཟླ་སྲོག་འཁྲོག་བྱེད་འབྱུང་པོའི་ཚོགས། །
སླུད་ལ་སྤྱན་ནི་གཤེགས་སུ་སོལ། །
ཁྱེད་ལ་དགྱེས་པའི་སླུད་འབུལ་བ། །
ཕོ་སླུད་སྐྱེས་པ་སྟག་རིས་ཅན། །
ཀོ་མཚོན་སྣ་དགུ་རྒྱན་གྱིས་བརྒྱན། །
མོ་སླུད་བཙུན་མོ་བག་ཆས་ཅན། །

རིན་ཆེན་སྣ་ལྔའི་རྒྱན་གྱིས་སྤྲས། །
ཚང་གླུད་བྲིས་པ་ལྷ་ན་མཛེས། །
མཚར་སྡུག་དར་ཚོན་སྣ་ཚོགས་ལྡུབས། །
ལྟ་བའི་མིག་དང་ཉན་པའི་རྣ། །
སྐྱེ་མཆེད་དབང་པོ་ཚང་པར་ལྡན། །
བཞད་དང་འཛུམས་མདངས་ཨ་ལ་ལ། །
གླུ་ལེན་བྲོ་རྡུང་ཁྲིག་སེ་ཁྲིག །
གཞན་ཡང་བླ་སྲོག་བསླུ་བའི་རྫས། །
འདོད་ཡོན་ཡས་སྣག་སྣ་ཚོགས་པ། །
དགའ་བར་བསགས་ཤིང་དཀོན་པར་སྒྲུབས། །
སྟོང་གསུམ་བྱུར་བུར་འགང་བྱས་ནས། །
རྒྱུ་ནོར་ཡོན་གྱི་བདག་པོ་ཡིན། །
བླ་སྲོག་འཆི་བ་བསླུ་ཕྱིར་འབུལ། །
ཐུགས་མཆོག་མཉེས་པའི་རྫས་གྱུར་ནས། །
བླ་དང་ཚེ་སྲོག་སླར་མ་ཐོངས། །
བྱང་སེམས་ཞི་བའི་ངང་ཚུལ་གྱིས། །
རང་རང་གནས་སུ་བདེ་བར་ཐོངས། །
གལ་ཏེ་མི་འགྲོ་འདུག་གྱུར་ཅིང་། །
བླ་སྲོག་བསླུ་རུ་མི་གཏོང་ན། །
ང་ནི་འཆི་མེད་སྐྱེས་ནས་བཙན། །
ང་ཡི་ཐུགས་ཀྱི་སྤྲུལ་པ་ལས། །
ཁྲོ་ལྷ་འཇིགས་བྱེད་བྱེ་བ་འབུམ། །
སྟེང་འོག་ཕྱོགས་མཚམས་ཀུན་ཁེངས། །

ཕྱག་ན་མཚོན་ཆ་གསེར་རྡོ་ཡིས། །

རྩལ་ལྡན་བཞིན་དུ་བརྣག་པར་བྱ། །

དེ་བས་རང་གི་གནས་སུ་སོང་། །ལྷ་བུའོ།

གོང་གསལ་ གྱི་ ཞལ་ འདོན་ རྣམས་ གྲུབ་ མཚམས་ སུ། བླ་ གླུད་ ཅེས་ པའི་ གཟུགས་བརྙན་ཞིག་བཟོས་ནས། དེ་ལྟའི་དམིགས་བསལ་ཅན་གྱི་གླུད་དེ་ལྷ་བུ་ཞིག་པདྨ་གླིང་པའི་དཔེ་ཆའི་ནང་དུ་མཚན་དུ་ཡོན་བདག་གི་གླུད་ཅེས་ཟེར་ནས་འབོད་ཡོད་ལ། ཡར་ཚེ་བདུད་ལ་གསོལ་བ་བཏབ་རྗེས་དེ་ཉིད་རང་གི་གནས་སུ་སོང་ཟེར་ནའང་ཡོན་བདག་གི་གླུད་དེ་ནི་ཚེ་ག་དེ་མཇུག་མ་སྒྲིལ་བར་དུ་འཛོག་པ་ཡིན།

གཉིས་པ། བདེན་བདར།

ན་མོ་སངས་རྒྱས་བོན་དང་གཤེན་རབ་གསུམ་གྱི་བཀའ་བདེན་པ་དང་། བླ་མ་ཡི་དམ་མཁའ་འགྲོ་གསུམ་གྱི་བཀའ་བདེན་པ་དང་། འཆི་མེད་ཚེ་དབང་རིག་འཛིན་ལ་སོགས་གཡུང་དྲུང་ཚེའི་ལྷ་ཚོགས་རྣམས་ཀྱི་བཀའ་བདེན་པ་དང་། ཡུམ་ཆེན་ཐམས་ཅད་ཀུན་སྒྲོལ་ལ་སོགས་ཚེ་འགྲུག་མཁའ་འགྲོ་སྡེ་ལྔ་རྣམས་ཀྱི་བཀའ་བདེན་པ་དང་། ས་མཆོག་སྲིད་པའི་རྒྱལ་མོ་ལ་སོགས་བོན་ངོ་དམ་ཅན་སྲུང་མ་རྣམས་ཀྱི་བཀའ་བདེན་པ། བདེན་པ་ཆེན་པོ་དེ་དག་གི་མཐུ་སྟོབས་ཀྱིས། རྒྱུ་སྦྱོར་བ་ཡོན་གྱི་བདག་པོ་འདིའི་བླ་དང་ཚེ་སྲོག་ཐམས་ཅད་འཇིག་རྟེན་ཁམས་ཀྱི་ལྷ་སྲིན་སྡེ་བརྒྱད། ཚེ་བདུད་སྡེ་ལྔ་གྱེར་དུན་བྱད་མ་གང་གི་ལག་ཏུ་ཡོད་ཀྱང་རང་དབང་མེད་པར་བཀུག་ནས་བླ་གཟུགས་དམིགས་རྟེན་རྣམས་ལ་ཞུག་ཅིག་སེམས་ཅིག་ཅེས་དབྱངས་ཀྱ་མེད་པར་ཐད་ཀར་སློག་འདོན་བྱེད་པ་ཡིན་ནོ།

གསུམ་པ། བླ་འགུགས།

རིག་འཛིན་ ཆེན་ མོ་ འགྱུར་ མེད་ གཡུང་ དྲུང་ སྐྱུ། །ཡེ་ ཤེས་ སྐུ་ སྤྲུལ་ ཚེའི་ ལྷ་ ཚོགས་ བཅས། །མི་ སོང་ ལྷ་ བུའི་ ཡེ་ ཤེས་ འོད་ སྦྱོར་ ལ། །བསྐུང་ བྱ་ ཡོན་ གྱི་ བདག་ པོའི་ བླ་ ཚེ་ རྣམས། །

1. ཤར་ – གཡུང་དྲུང་ – ས་ – ཤ།

2. བྱང་ – འཁོར་ལོ་ – རླུང་ – དབུགས།

3. ནུབ་ – པདྨ་ – མེ་ – དྲོད།

4. ལྷོ་ – ནོར་བུ་ – ཆུ་ – ཁྲག

5. དཀྱིལ་ – མཚོན་རྟ་མེད་ – ནམ་མཁའ་ – སེམས།

ཤར་ཕྱོགས་སྣང་ཞིང་སྲིད་པའི་འཇིག་རྟེན་གྱི། །བསྟན་སྲུང་དམ་ཅན་གཙང་རིགས་དཔལ་ཡོན་རྣམས་དང་། །ལྷ་དང་རྒྱལ་པོ་ཐེ་ཏ་དྲི་ཟའི་སྡེ། བན་པོན་མུ་གེས་ལྷ་འདྲེའི་གཏད་ཁྲམ་སོགས། གང་དུ་ཡོད་ཀྱང་ཐམས་ཅད་མྱུར་བཀུག་ནས། །ཟླ་ནི་ཟླ་གཟུགས་ཟླ་གཡུ་འདི་ལ་ཞུགས། །ཚེ་ནི་ཚེ་མདའ་དར་རྒྱན་འདི་ལ་བསྟུས། །སྲོག་ནི་སྲོག་རྟེན་བསྲུང་བྱའི་རྣེ་ལ་བསེམ། །བན་དེ་བདེན་པ་ཆེན་པོའི་སྟོབས་བདར་ཀྱང་། །དམིགས་བྱའི་ལུས་ཀྱི་ཚེ་བཀྲག་ལ་ཁྲུག་ན། །ཟླ་གཟུགས་དམིགས་རྟེན་རྒྱབ་དང་གཡོན་བརྟེན་ཅིང་། །རྡོ་ནག་བདུད་མོའི་ཚོགས་ཀུན་ཆེ་བར་སྟོན། །འབྱུང་བ་ས་ཡི་ཟླ་ཚེ་བཙུད་ཁྲུག་ནས། །བསྲུང་བྱའི་ལུས་ཀྱི་བཀྲག་མདངས་སོས་པ་ན། །དམིགས་རྟེན་ཟླ་གཟུགས་མདུན་དང་གཡས་སྟོན་ཅིང་། །ཟླ་རྟག་ལྷ་རྡོ་དཀར་ལག་ཏུ་གཏད། །བདུད་མོ་ཕམ་ཞིང་ལྷ་མོ་རྒྱལ་བར་མཛོད། །ཅེས་པ་ལྟ་བུའོ།

གོང་གསལ་གྱི་འདོན་པ་རྣམས་ཇ་སོགས་ཚོ་གའི་རོལ་ཆ་གསུམ་པོ་མཉམ་དཀྲོལ་གྱིས་སྐྱོར་བ་དང་། མཐའ་མར་ཇ་གཅིག་པུ་བརྡུང་ནས་འདོན་པ་སྐྱོར་བ་ཡིན། དེའི་དུས་ན་ཚོ་གའི་ལག་རོགས་བཙུན་པ་ཞིག་གིས་‘ ཟླ་མཚོ་’ ཞེས་པའི་ཟངས་སྣོད་དེ་ལ་མདའ་དར་གྱིས་ཕྱི་སྐོར་བརྒྱབ་སྟེ་དཀྲུག་དཀྲུག་གཏོང་བ་ཡིན། ཞལ་འདོན་ཚང་མ་མཇུག་འགྲིལ་མཚམས་སུ། བཙུན་པ་དེས་མདའ་དར་དེ་‘ ཟླ་མཚོའི་’ དཀྱིལ་ནས་ཚུར་བླངས་རྗེས་དེ་ཡི་ཚབ་ཏུ་‘ ཟླ་གཟུགས་དམིགས་རྟེན་’ དེ་འཁྲིལ་ཆུའི་ཐོག་འཛུགས་པ་ཡིན། ཚོ་ག་བྱེད་མཁན་རྣམས་ཀྱིས་‘ ཟླ་གཟུགས་དམིགས་རྟེན་’ དེ་བསྐོར་བ་འཁོར་ནས་མ་ཆད་པའི་བར་སྒྲུག་ནས་སྟོད་པ་དང་། གལ་ཏེ་ཟླ་གཟུགས་དམིགས་རྟེན་དེ་ཁ་ལོག་པར་ཕྱོགས་ནས་ཡོད་ན་ཞལ་འདོན་ཡང་སྐྱར་བྱེད་དགོས་པ་དང་‘ ཟླ་མཚོའི་’ ཆུ་སྐྱར་དེ་ཐེངས་དགུ་ཙམ་དཀྲུག་དཀྲུག་གཏོང་

དགོས་ཚུལ་ཆོས་གི་དཔེ་ཆའི་ནང་དུ་འཁོད་ཡོད། ཐེངས་ཤིག་ཁོ་བོས་ཚོག་དེ་ཉིད་བཤམས་པའི་གནས་ཚུལ་དངོས་ཤིག་མཐོང་ཞིང་། དེའི་ཐོག་ཏུ་ནི་བླ་གཟུགས་དམིགས་རྟེན་དེ་བཙུན་པར་ཕྱོགས་ནས་འཁོར་རྒྱུན་ཆད་ཡོད་པས་ན། གནས་དེར་ཡོད་པའི་སྐྱེ་བོ་ཚང་མ་བླ་འཁྱུག་པར་བསམ་བཞིན་བག་ཕེབས་སུ་མཆིས་སོ།

བཞི་པ། བླ་རྫོ།

དེ་ཡང་"འཆི་མེད་ཚེ་ལྷའི་སྦྱིན་རླབས་དང་། །གཟུངས་སྔགས་ཕྱག་རྒྱའི་ནུས་མཐུ་ཡིན། །རྒྱུ་ནོར་ཡོན་གྱི་བདག་པོ་ཡིན། །བློ་གྲོས་ཚེ་རྣམས་ཁྱུག་གྱུར་ན། །བླ་རྫོ་དཀར་པོ་ཐོབ་པར་མཛོད། །བླ་སྲོག་ཚེ་རྣམས་མ་ཁྱུག་ན། །བླ་རྫོ་ནག་པོ་ལག་ཏུ་གཏད། །"ཅེས་པ་ལྟ་བུའོ། །དུམ་བུ་འདི་ནི་དབྱངས་ཏའི་རམ་འདེགས་མེད་པའི་འོག་ཞལ་ནས་འདོན་པ་དང་དུས་མཚུངས། སྦྱིན་བདག(གལ་ཏེ་སྦྱིན་བདག་མེད་ན་ལག་རོགས་གྲྭ་བཙུན)གིས་ལག་གཡས་པ་དེས་ཆུའི་ནང་ལས་རྫེའུ་ཞིག་འདོན་པ་ཡིན། གལ་ཏེ་ལག་ཏུ་ཐོགས་པའི་རྫེའུ་དེ་དཀར་པོ་ཡིན་ན་བཟང་ལྟས་སུ་བརྩི་ཞིང་། དེ་ལས་ལྡོག་ན་ཡང་བསྐྱར་ཐེངས་གསུམ་བར་དཀྲུག་ཆོག

ལྔ་པ། ཚེ་སོ།

དེ་ཡང་"ཨོཾ་འཆི་མེད་གཡུང་དྲུང་སྐྱེས་ནས་བཙན། །ཚེ་ཡི་ལྷ་དང་སྲུང་མ་དང་། །དྲང་མཁན་གཟུ་བཞི་དཔང་བརྒྱད་དང་། །འབྱུང་བའི་ཞལ་ལྗེ་ཆེ་ལྔ་དང་། །རྒྱུ་ནོར་ཡོན་གྱི་བདག་པོ་འདི་ཉིད་དང་། །ཚེ་བདུད་འཆི་བདག་ནག་པོ་གཉིས། །ལེགས་ཉེས་ཚོ་སོ་རྩེ་བ་ལ། །ཕྲིད་རྣམས་མཁྱེན་པའི་སྤྱན་ལྡན་པས། །བདེན་རྫུན་གཉིས་ཀྱི་གཟུ་དཔང་མཛོད། །བཟང་ངན་མ་འདྲེས་གསལ་བར་སྟོན། །"ཞེས་པ་ལྟ་བུ་འདི་ཡི་སྐབས་སུ་འདོན་པ་རྣམས་རོལ་དབྱངས་ཀྱིས་རམ་འདེགས་མེད་པའི་འོག་སྐྱོར་བ་ཡིན། ལག་རོགས་གྲྭ་བཙུན་དེས་ལྷ་ལ་གཏོར་མ་དཀར་པོ་འབུལ་བ་དང་། ཞལ་འདོན་གྱི་མཇུག་འཚམས་སུ་སྦྱིན་བདག་གིས་ས་གདན་དཀར་པོའི་སྟེང་དུ་ལྷ་ཤོ་དཀར་པོ་ལག་ཏུ་བཟུང་། འོག་ཏུ་དམར་གཏོར་ཟུར་གསུམ་གྱི་མདུན་དུ་ཡོད་པའི་གདན་ནག་པོའི་སྟེང་དུ་སྐྱེ་བོ་ག་གེ་མོ་ཞིག་གིས་བདུད་ཤོ་ནག་པོ་

ཐོགས་ནས་རྗེ་བ་ཡིན། དེའི་དུས་ན་གྲྭ་པ་རྣམས་ཀྱིས་སྟོན་ཚེ་ཀོང་ཅེས་ལྷ་སྲིན་ལ་བཏབ་པའི་སྨོན་ངག་རྣམས་འདོན་པ་ཡིན། གལ་ཏེ་སྨྲིན་བདག་ཚོ་གའི་ཐོག་ཡོང་མ་ཐུབ་ན། དེའི་ཚབ་ནི་ལག་རོགས་གྲྭ་བཙུན་ཞིག་གིས་བྱ་བ་ཡིན། ཞལ་འདོན་རྣམས་མཇུག་སྒྲིལ་རྗེས་མི་གཉིས་ཀྱིས་ཤོ་དཀར་ནག་གཉིས་དུས་གཅིག་ཏུ་དབྱུགས་པ་དང་། ལན་དང་པོར་ལྷ་ཤོ་རྒྱལ་ན་ཤིན་ཏུ་བཟང་། ལན་གསུམ་གྱི་བར་དུ་བརྒྱབ་ཀྱང་ལྷ་ཤོ་མ་རྒྱལ་ན། བདུད་བཟློག་དང་གཤིན་རྗེའི་ཚོགས་བཟློག་རྣམས་བྱའོ།

 དྲུག་པ། ལམ་བསྟན།

ཀྱཻ། གཤིན་རྗེ་རྒྱལ་པོ། རང་གི་གནས་སུ་རྒྱུགས་ཤིག རང་གི་ལུས་ཉིད་འཁྱེར་ནས་སོང་། །གཞན་ལ་གནོད་པ་མ་བྱེད་ཅིག །ཅེས་བཙུན་པ་རྣམས་ཀྱིས་ཇ་སྒྲའི་རམ་འདེགས་འོག་ཞལ་འདོན་གནང་ཞིང་། མཆོད་གཡོག་གིས་མདོས་རྣམས་ཁང་པའི་ནང་ནས་ཕྱིར་བཏོན་དེ་ཐག་རིང་དུ་དབྱུགས་པ་ཡིན་ནོ།

བདུན་པ། ཚེ་དབང་།

ཞབས་བརྟན་གཙོ་སྐྱོང་བྱེད་མཁན་གྱི་བཙུན་པ་དེས་བླ་གཡུ་དང་ཚེ་མདུད་གཉིས་ཡོན་བདག་གི་སྐེ་རུ་འདོགས་པ་དང་། གྲབས་གཞོམ་བྱ་སྐབས་སུ་གཡུ་ཡི་ཕྲེང་བ་ཞིག་བླ་གཟུགས་དེའི་ལག་གཡོན་པའི་ཐོག་བཞག་ནས། "ཨོཾ། འཆི་མེད་གཡུང་དྲུང་སྐྱེས་ནས་བཅན། ཚེ་ཡི་ལྷ་དང་སྲུང་མ་དང་། དྲང་མཁན་གཟུ་བཞི་དཔང་བརྒྱད། དགེ་བའི་གྲོགས་མོ་གཙང་རིགས་ཏེ། དཔལ་ཡོན་སྣ་བརྒྱད་ཡུལ་ས་བཅས། ཁྱེད་ལ་མཉེས་པའི་ཡོན་འབུལ་བ། ཚེ་བཀྲག་བརྩུད་མདངས་ཐམས་ཅད་བསྡུས་ནས། ཡི་གེ་ཨ་དཀར་པོ་རུ་སྒྱུར་ནས། སྲུང་བྱ་ཡོན་གྱི་བདག་པོའི་སྤྱི་གཙུག་ཏུ་ཐིམ། དེ་ནས་མགྲིན་པའི་བུམ་བཟང་དུ་བབས། དེ་ནས་སྙིང་གི་དཀྱིལ་རྣམ་པར་ཤེས་པའི་ངོ་བོ་སྟྲི་ལ་ཐིམ་པས། འཆི་མེད་ཚེའི་དངོས་གྲུབ་མྱུར་པ་ཐོབ་བསམ་ལགས" ཞེས་པ་ལྟ་བུ་དང་། དེ་རྗེས་ཚོ་གའི་གཙོ་སྐྱོང་བཙུན་པ་དེས་མདའ་དར་ལག་གཡས་སུ་ཐོགས་པ་དང་ལག་གཡོན་མ་དེས་གཤང་ལང་དཀྲོལ་ནས། བདག་དང་རྒྱུ་སྦྱོར་ཡོན་བདག་གི། ཚེ་ཟད་དང་ནི་ཉམས་པ་དང་། །ཕྱོགས་

བཞི་མཚམས་བརྒྱད་གར་འཁྲམས་ཀྱང་། ཚེ་ཡི་རྒྱལ་པོའི་འདིར་ཁྱུག་ལ། །ཚེ་ཟད་པ་ཐམས་ཅད་བསྲིངས་སུ་གསོལ་ཞེས་གསོལ་བ་སྨོན་ལམ་འདེབས་པ་ཡིན་ནོ།

བརྒྱད་པ། བཀྲ་ཤིས་གསོལ་བ།

དུམ་བུ་འདི་ནི་སྦྱིན་བདག་ཙམ་མ་ཟད། འགྲོ་བ་རིགས་དྲུག་སེམས་ཅན་ཐམས་ཅད་ལ་ཕན་ཕྱིར། ལྷ་སྲིན་སྡེ་བརྒྱད་སོགས་ལ་གསོལ་བ་སྨོན་ལམ་འདེབས་པ་ཞིག་ཡིན་པ་ལས། ༸ླ་༸ླུའི་ཚོ་གའི་དཔེ་ཆའི་ནང་ཁ་བྲལ་ཐབས་མེད་པའི་ཆ་ཤས་ཤིག་མ་ཡིན་པས་འདིར་ཡིག་རྫོགས་ལ་ངོགས་ནས་རྒྱས་སྤྲོས་མི་བྱའོ།

2. ཆོས་ལུགས་ཚོ་གའི་དཔེ་ཆའི་སྐོར་བརྗོད་པ།

པདྨ་གླིང་པས་བརྩམས་པའི་《 ༸ླ་བསླུ་ཚེ་འགུགས་》ཞེས་པ་དེ་ནི་༸ླ་༸ླུའི་ཚོ་གར་དམིགས་སུ་བཀར་ནས་མཛད་པ་ཞིག་ཡིན། དེ་དང་གོང་སྤྲུལ་གྱིས་བརྩམས་པའི་ཚོ་གའི་དཔེ་ཆའི་དཔར་ཞིབ་བསྡུར་ཞིག་བྱས་ན། གོང་མ་དེར་དམ་པའི་ཆོས་གཞུང་གི་ཐོག་ནས་གླིང་ན་ཡིག་ཚང་གི་ཁྱད་ཆོས་ལྡན་པ་ཡིན། འོན་ཀྱང་། ཡུལ་གྲུ་དེ་རང་གི་གནའ་བོའི་ཚོ་ག་སྲོལ་རྒྱུན་དང་ལེན་བྱས་ཡོད་པ་དེ་གཅིག་པུས་དཔེ་ཆ་ག་གེ་མོ་ཞིག་ཁྱུངས་བཙུན་པར་གྲུབ་ཐུབ་པའི་ངེས་པ་མེད། ལྷག་པར་དུ་ཐུབ་པའི་ཆོས་ལུགས་ལ་བསྐོས་ནས་བརྗོད་ན་དེ་བས་མངོན་གསལ་དོད་ཐག་ཆོད་ཡོད་ལ། དེ་དག་གི་ནང་དོན་ཐད་ཁོ་བོས་དེ་སྔོན་དཔྱད་བརྗོད་བྱེད་མྱོང་ཡོད་པས་འདིར་སླར་ཡང་གླེང་གི་མིན། གཞམ་དུ་དྲངས་པའི་དཔྱད་ཡིག་གི་འགྲེལ་པ་དུམ་བུ་དེ་ནི་པདྨ་གླིང་པའི་དཔེ་ཆའི་ནང་འཁོད་པ་ཞིག་ཡིན་ལ། དེ་ཡང་ཚོ་ག་དེ་ཉིད་གྲ་སྒྲིག་བྱ་སྐབས་ཀྱི་ནང་དོན་ཞིབ་འབྲི་བྱས་ཡོད་དེ། དེ་ཡང་འདིར་རོབ་ཙམ་ངོ་སྤྲོད་བྱས་ན། དང་ཐོག་མཁར་ཐབ་ཅེས་པའི་སྣམ་གྲུ་བཞི་ཞིག་གི་སྟེང་དུ་༸ླ་བདུད་ཅེས་ལག་ཏུ་༸ླ་འཛིན་ཞགས་པ་ཞེས་པ་ཞིག་ཐོགས་པའི་འདྲ་གཟུགས་ནག་པོ་གཅིག་བཞེངས་ལ། ༸ླ་བདུད་ཀྱི་གཡས་སུ་༸ླ་བྱ་དང་གཡོན་དུ་༸ླ་ཁྱི་ཞེས་པའི་སེམས་ཅན་གཉིས་རེ་འཛོག དེ་བཞིན་ཕྱོགས་བཞིར་འདྲ་གཟུགས་ནག་པོ་བཞི་བཞེངས་ནས་རེ་རེའི་འགྲམ་ན་༸ླ་བྱ་དང་༸ླ་ཁྱི་རེ་རེ་འཛོག དེ་དག་ནི་མདོས་ཀྱི་མཚོན་བྱེད་ཡིན་ལ། དེ་དག་གི་གྲས་སུ་ད་དུང་ཡོན་

བདག་གི་སྨུད་ཅེས་པའི་སྲོག་ཆགས་ལུག་དང་། འབྲོང་། རྟ་སོགས་ཀྱི་འདྲ་གཟུགས་ཡོད། གདོར་མ་ལ་ཕོ་ཐོང་དང་མོ་ཐོང་ཞེས་པ་གཉིས་ཡོད། ལྷུག་སྟོད་ཅིག་ཡོད་པ་དེའི་ནང་དུ་འབྲུ་དང་ངར་མི་དཀར་པོ་ཞེས་པའི་འདྲ་གཟུགས་ཡོད་ལ། ད་དུང་ལྷ་ཤོ་དང་། ལྷ་གཡུ། ལྷ་རྐང་(ལུག་གི་རྐང་རུས)། ལྷ་རྡེལ། མདའ་བཅས་ནི་སྒྲོམ་སྟེགས་དཀར་པོ་ཞིག་གི་ཐོག་ཏུ་བཤམས་པའི་སྲོལ་ཡོད། ངར་མི་ནག་པོ་དང་། ཤོ་ནག་པོ། གདོར་མ་ནག་པོ་བཅས་ནི་སྒྲོམ་སྟེགས་ནག་པོ་ཞིག་གི་ཐོག་ཏུ་གཤོམ་པ་ཡིན། ལྷ་གཟུགས་དེ་ནི་ལྷ་མཚོའི་ཐོག་འཛོག་པ་དང་ཡོན་བདག་གིས་ཡི་དམ་གྱི་ལྷ་རྣམས་ལ་གསོལ་བ་འདེབས་པ་བཅས་ཡིན། ཚིག་དེ་སྦྱིལ་སྐབས་ཀྱི་གོ་རིམ་སྐོར་རགས་ཙམ་ཞུས་ན།

དང་པོ། ལྷ་འབོད་པ། དེ་ཡང་ལྷ་མ་དང་། ཡི་དམ། ཆོས་སྐྱོང་། ཡུལ་ལྷ་དགུ་ཡིས་བྱིན་གྱིས་བརླབ་པར་གསོལ་བ་འདེབས་པ་ཡིན།

གཉིས་པ། ཚིག་དེ་དང་འབྲེལ་པའི་ལྷ་སྨྲུང་སྐོར་འགྲེལ་བརྗོད་བྱ་བ་ཡིན། ཡིག་རྫོགས་ལ་དོགས་ནས་འདིར་རྒྱས་སྤྲོས་མི་བྱ།

གསུམ་པ། མཆོད་པ་འབུལ་བ། དེ་ཡང་གཙོ་བོ་ལྷ་སྨུད་དེ་ལྷ་བདུད་ལ་འབུལ་བ་ཡིན། གོང་གསལ་གྱི་ངོ་སྤྲོད་ལྟར་ན་ལྷ་བདུད་ཀྱི་ཆོས་གཞི་དེ་ནག་པོ་ཡིན་ནའང་། སྐབས་འདིར་བརྗོད་པའི་ཆོས་གཞི་ནི་ལྷ་བདུད་གནས་པའི་ཁ་ཕྱོགས་ལ་བལྟོས་ནས་ཆོས་གཞི་མི་འདྲ་བ་དབྱེ་སྲོལ་ཡོད། དེ་ཡང་ཤར་ནི་དཀར་པོ་དང་། ལྷོ་ནི་སེར་པོ། ནུབ་ནི་དམར་པོ། བྱང་ནི་ནག་པོ་བཅས་ཡིན། དེ་རྣམས་ལ་ལྷ་སྨུད་ཕུལ་ནས་ཡོན་བདག་གི་ལྷ་ཉིད་ཕྱིར་སྤྲོད་བྱ་རྒྱུའི་རེ་བ་ཞུ་བ་ཡིན་ནོ།

བཞི་པ། ལྷ་འགུགས་བྱེར་བ། ཚིག་སྦྱིལ་བ་པོས་ལག་ཏུ་མདའ་མོ་བཟུང་ནས་རྡོ་རྗེ་འཆང་དང་། འོད་དཔག་མེད། མཁའ་འགྲོའི་ཚོགས་རྣམས་འབོད་པ་དང་། དེ་དག་ལ་ཡོན་བདག་གི་ལྷ་ཚེ་གཉན་པོ་ཉིད་ལྷ། ཐྲུ། བདུད། བཙན། ཐེའུ་རང་། མ་མོ་དང་གཤིན་རྗེ་བཅས་གང་རུང་གི་ལག་ནས་ཚུར་དབང་ཕྱིར་སྟོང་གྲོགས་མཛད་རྒྱུར་རེ་བ་ཞུ་བ་དང་དུས་མཚུངས། ལྷ་གཟུགས་འཛོག་སའི་ལྷ་མཚོ་དཀྱུག་དཀྱུག་གཏོང་བ་ཡིན་ནོ།

ལྔ་པ། ཤོ་རྩེད། དེ་ཡང་དང་ཐོག་ཕོ་ལྷ་འབོད་པ་དང་དུས་མཚུངས། ཆས་གོས་དཀར་པོ་གྱོན་པ་དང་ཕྱག་ཏུ་མདའ་མོ་འཛིན་པའི་ལྷན་ཅིག་སྐྱེས་པའི་ལྷ(ཕོ་ལྷ)དེ་འབོད་པ་ཡིན། དེ་རྗེས་སྐྱེས་པ་མཚན་བཟང་ཅན་ཞིག་གིས་ཤོ་དེ་དབྱུགས་པ་ཡིན། དུས་མཚུངས་མི་གཞན་ཞིག་གིས་ལྷ་བདུད་ལ་རེ་འདོད་ཞུ་བ་ཡིན། ཡོན་བདག་གི་ལྷ་ཉིད་བཟུང་མ་ཐུབ་པའི་སྐབས་སུ་ཤོ་ནག་པོའི་ཨང་གྲངས་ཤིན་ཏུ་མཐོ་པོ་ཡོད་པ་མཚོན་པ་ཡིན། དེ་རྗེས་བུད་མེད་མཚན་ངན་ཞིག་གིས་ཤོ་ནག་པོ་དེ་དབྱུགས་པའི་སྲོལ་ཡང་མཆིས།

དྲུག་པ། ལྷ་བདུད་ལ་ལམ་བསྟན་པ། དེ་ཡང་མདོས་དེ་ཁང་པའི་ཕྱིར་འཁྱེར་ནས་ལུང་པའི་གཞུག་གི་ལམ་སུམ་མདོ་ཁ་ན་དབྱུགས་པ་ཡིན་ནོ།

བདུན་པ་དང་བརྒྱད་པ། ལྷ་འགུགས་གྱེར་བ། དེ་ཡང་ལྷ་གཟུགས་དེ་ལྷ་མཚོའི་ནང་དུ་དཀྲུག་དཀྲུག་བཏང་ནས་ལྷ་ཉིད་ཚུར་བཀུག་པའི་ཚུལ་མཚོན་པར་བྱ་བ་ཡིན། དེ་རྗེས་ལྷ་གཟུགས་དང་། ལྷ་གཡུ། ལྷ་རྡེལ་དཀར་པོ། ལྷ་རྐང་། ཤོ་དཀར་པོ་བཅས་རྣམས་ལྷ་ཁུག་ཅེས་པའི་ཁུག་མ་ཞིག་ཡོད་པ་དེའི་ནང་བླུགས་ནས་ཡོན་བདག་ལ་སྤྲོད་ཅིན་ངེས། ལྷ་ཚེ་རྒྱས་གདབ་པོ་ཞེས་ཁྱབ་བསྒྲགས་བྱ་བ་ཡིན། ཚ་ག་དེ་བརྒྱུད་ཡོན་བདག་གི་ལྷ་ཉིད་འོད་དཔག་མེད་ཀྱི་སྲུང་སྐྱོང་འོག་བཅུག་པར་ངོས་འཛིན་བྱ་བ་ཡིན་ནོ།

༦ མདུག་བསྟུའི་གཏམ།

ལྷ་ཞེས་པའི་ཐ་སྙད་དེ་ནི་གནའ་རྦ་མོའི་དུས་ནས་བྱུང་བའི་བོད་རང་གི་ཐ་སྙད་ཅིག་ཡིན། བོད་ཀྱི་གནའ་བོའི་ཡིག་ཆའི་ནང་དུའང་ལྷ་ནི་ལྷ་འདྲེས་འཁྱེར་ནས་འགྲོ་བ་དང་། ལྷ་དེ་སླར་ཡང་ཚུར་འགུགས་ཆེད་སླུད་གཏོང་སྲོལ་ཡོད་ཚུལ་འཁོད་ཡོད། ལྷ་ནི་གཡུ་སྟོན་གྱིས་མཚོན་པར་བྱེད་ལ། མི་རྣམས་ཀྱིས་གཡུ་དེ་དག་གཟུགས་སྟོད་དུ་བཏགས་ནས་ཉར་ཚགས་བྱ་བ་ཡིན། ལུགས་སྲོལ་དེ་ནི་སྤྱི་ཚོགས་ཀྱི་གནས་བབ་ཅུང་ཟད་མཐོ་པོ་བཟུང་བའི་སྐྱེ་བོའི་ཁྲོད་དུ་དེ་བས་དང་དོད་ཆེན་པོ་ཡོད་ལ། གཡུ་དེ་ལ་སྐྱོན་ཆག་སོགས་བྱུང་ན་ལྟས་ངན་པར་བརྩི་བ་ཡིན་ནོ།

ལོ་རྒྱུས་ཀྱི་དཔྱད་གཞིའི་ཡིག་ཆས་ར་འཕྲོད་བྱ་དོན་ནི། ལྷ་བསྙུའི་ཚོ་གའི་འབྱུང་ཁུངས་ནི་བོད་རང་གི་གདོད་མའི་ཆོས་ལུགས་ག་གེ་མོ་ཞིག་ཏུ་བྱེད་ལ། ལོ་རྒྱུས་ཐོག་ཆེས་གནའ་བོའི་ལོ་རྒྱུས་ལྡན་པའི་ཚོ་ག་དེ་ཉིད་དུས་རབས་ཀྱི་འཕོ་འགྱུར་འོག་མི་ཉམས་པར་དེ་བས་འཕྲུས་སྣོ་ཇེ་ཚང་དུ་བཏང་ཡོད་པ་ནི་ཕྱིས་ཀྱི་བོན་ལུགས་ལ་དབྱེ་ཞིབ་བྱས་ན་གསལ་པོར་རྟོགས་ཐུབ་པོ། །ཁོ་བོས་ལྷ་བསྙུའི་ཚོ་གའི་སྐོར་དཔྱད་ཞིབ་བྱེད་སྐབས་གཞིར་འཛིན་སའི་དཔེ་ཆ་ནི་བོན་གྱི་དཔེ་ཆ་ཡིན། ང་ཚོས་ཡིག་ཐོག་གི་ལོ་རྒྱུས་ལས་བགྲང་བྱ་སྟོང་ཕྲག་གི་ལོ་རྒྱུས་ལྡན་པའི་སྤྱི་ཚོགས་རྣམ་པར་བསམ་ཞིབ་ཅིག་བྱ་ཐུབ་པ་མ་ཟད། དེ་བཞིན་ལྷ་བླུའི་ཚོ་གའི་སྐོར་འཁོད་པའི་དཔེ་ཆའི་སྐོར་ལ་དཔྱིས་ཕྱིན་པའི་ཞིབ་འཇུག་བྱ་ཐུབ་ན་ད་གཟོད་ལྷ་བླུའི་ཚོ་གའི་སྐོར་ལའང་ངེས་ཤེས་ཤིག་རྙེད་ཐུབ་པོ། །

སྒྱུར་བ་པོའི་གསལ་བཤད།

དཔྱད་རྩོམ་འདི་བཞིན་དབྱིན་སྐད་ནས་ཕབ་སྒྱུར་བྱེད་སྐབས་མ་ཡིག་ནང་འཁོད་པའི་སྡར་གྱི་ཡིག་ཚང་ལས་བྱུང་བའི་དཔྱད་གཞིའི་ཡིག་ཆ་ཁག་གཅིག་གི་མ་དཔེ་དངོས་ལག་སོན་མ་ཐུབ་པས་དེ་དག་དབྱིན་ཡིག་གཞིར་བཞག་ཕབ་སྒྱུར་བྱས་ཡོད་པས། དཔྱད་གཞིའི་ཡིག་ཆ་དངོས་ལ་བཅྫེ་རིན་མེད་ལ། རང་དགར་དཔྱད་རྩོམ་ནང་འདྲེན་པ་སོགས་ནི་དེ་བས་བྱ་མི་ཉན་ནོ།

(མཁར་རྫེའུ་བསམ་གཏན། 《བོད་ལྗོངས་སྒྱུ་རྩལ་ཞིབ་འཇུག》2002ལོའི་དུས་དེབ་དང་པོའི་ཐོག་འཀོད།)

༧༡། །བོད་བཙན་པོའི་སྐབས་ཀྱི་ཆོས་ལུགས་རིག་གནས་དར་སྤེལ་བྱུང་ཚུལ་སྐོར་མདོར་གླེང་།

论吐蕃时期宗教文化传播

[བརྗོད་ཚིག་གཙོ་བོ།] བཙན་པོའི་རྒྱལ་རབས། རྫོགས་ཆེན་གཞུང་། ཆོས་ལུགས་རིག་གནས།

[ནང་དོན་གནད་བསྡུས།] དཔྱད་རྩོམ་འདིའི་ནང་གཙོ་བོ་ཐུབ་པའི་ཆོས་ལུགས་འདི་བཞིན་དུས་རབས་བརྒྱད་པའི་སྐབས་ནས་དངོས་སུ་བོད་དུ་དར་འགོ་ཚུགས་པའི་སྐོར་དང་། བོད་བཙན་པོའི་རྒྱལ་རབས་ཉམས་རྒུད་དུ་ཕྱིན་པའི་རྒྱུ་རྐྱེན། བསྟན་པ་ཕྱི་དར་གྱི་སྐབས་ནས་བཟུང་བོད་ཀྱི་ཆོས་ལུགས་རིག་གནས་ལས་རྫོགས་ཆེན་གྱི་གཞུང་དང་སྔགས་ཀྱི་གཞུང་དང་གྲུབ་རྒྱུད་བཅས་སྤར་བཞིན་དར་རྒྱས་ཕྱིན་ཚུལ་སོགས་སྐོར་དཔྱད་གླེང་བྱས་ཡོད།

【关键词】 吐蕃;宗教文化;宁玛派;密宗修行;大圆满法

【摘要】 文章认为佛教于7世纪传入西藏,8世纪到达鼎盛发展时期;吐蕃王朝崩溃后,虽然寺院及僧人一时处于销声匿迹,但是密宗,特别是大圆满法作为松散的传播方式在民间传播和发展,藏传佛教古老教派宁玛派在民间有持续传扬。

བོད་ཀྱི་ཐུབ་པའི་ཆོས་ལུགས་ཀྱི་དགོན་སྡེ་དང་པོ་བསམ་ཡས་དེ་བཞིན་སྤྱི་ལོ775ལོར་གསར་བཞེངས་བྱས་རྗེས་ཐུབ་པའི་ཆོས་ལུགས་དེ་ཉིད་བོད་བཙན་པོའི་རྒྱལ་རབས་ཀྱི་གཙོ་བོའི་ཆོས་ལུགས་ཤིག་ཏུ་གྱུར་ཡོད། བཙན་པོ་ཁྲི་སྲོང་ལྡེ་བཙན་གྱིས་སྤྱི་ལོ779ལོར་བརྩམས་གནང་བའི་‘གཏན་ཚིགས’ ཞེས་པའི་ནང་དུའང་ཐུབ་པའི་ཆོས་ལུགས་དེ་རྒྱལ་ཆོས་ཡིན་ཚུལ་བཀའ་ཕབ་མཛད་ཡོད། དེ་ལྟར་གཏན་འབེབས་མཛད་དགོས་པའི་རྒྱུ་མཚན་ནི་གཅིག་ནས་ཆོས་ལུགས་དེ་ཁོང་གི་ཡབ་མེས་ཀྱི་དུས་ནས་བོད་དུ་དར་ནས་ཡོད་པ་དང་། གཉིས་ནས་ཆོས་དེ་དང་སྐབས་དེ་ཤེད་དུ་བོད་དུ་དར་བའི་མ་ནི་ཆོས་ལུགས་དང་། ནེ་སེ་ཐོ་རི་ཆོས་ལུགས། རྒྱ་ནག་ནས་དར་བའི་ཏའོ་ཞེས་པའི་ཆོས་ལུགས། བོད་རང་གི་བོན་གྱི་ཆོས་ལུགས་རྣམས་དང་དཔྱད་བསྡུར་བྱེད་

སྐབས་གོང་མ་དེར་མཚན་ཉིད་རིག་པའི་ཐོག་ནས་བརྗོད་ན་ལུགས་མཐུན་དང་ཆ་འཛོག་བྱེད་རྒྱུའི་རིན་ཐང་ལྡན་ཡོད་པ་བཅས་ཀྱིས་སོ།

ཐུབ་པའི་ཆོས་ལུགས་དང་ལེན་བྱས་པ་ནི་ཆོས་ལུགས་དེའི་མཐུན་ཆ་འབའ་ཞིག་མཐོང་བའི་རྐྱེན་ལས་ཐོན་པའི་སྣང་ཚུལ་ཞིག་མ་ཡིན། ཁྲི་སྲོང་ལྡེ་བཙན་གྱིས་ཐུབ་པའི་ཆོས་ལུགས་དངོས་སུ་རྒྱལ་ཆོས་སུ་གཏན་འབེབས་མ་མཛད་གོང་དེ་ལ་དོ་ནན་གྱིས་དབྱེ་ཞིབ་དང་དཔྱད་པ་མཛད་ཡོད། དེས་ན་ཁོང་གིས་ནང་ཆོས་དེ་བཞིན་བོད་བཙན་པོའི་རྒྱལ་ཆོས་སུ་གཏན་འཁེལ་མཛད་པ་ནི་ཁོང་རང་ཉིད་ཀྱི་དད་ཞེན་ཁོ་ནས་ཐག་གཅོད་བྱས་པ་ཞིག་མ་ཡིན་པ་མཚོན་ཐུབ་ལ། ཁོང་གིས་བརྩམས་གནང་མཛད་པའི་《གཏན་ཚིགས་》ནི་ནང་ཆོས་ཀྱི་ནང་དོན་རྨང་གཞིར་བྱས་ནས་བརྩམས་པ་ཞིག་ཡིན།

སྤྱི་ལོ761ལོར་ཁྲི་སྲོང་ལྡེ་བཙན་དགུང་ལོ་ཉེར་ཤུར་ཕེབས་ཀྱི་ཡོད་ལ། སྐབས་དེ་དུས་ནས་བཟུང་ཁོང་གིས་རང་གི་ཡབ་ཁྲི་ལྡེ་གཙུག་བརྟན་གྱི་སྐབས་ཏེ་སྤྱི་ལོ775ལོར་བསྐྲུབས་པའི་ཆོས་དེ་སྐྱར་གསོ་མཛད་རྒྱུའི་དགོངས་བཞེད་མཛད་པ་དང་། དུས་མཚུངས་ཁོང་གིས་རང་ཉིད་ཀྱིས་ཆོས་དེ་ལ་དད་ཞེན་མཛད་པའི་རྨང་གཞིའི་སྟེང་རང་གི་འཁོར་དུ་མཆིས་པའི་བློན་པོ་རྣམས་དང་ཡང་གྲོས་མཛད་རྗེས《བཀའ་མཆིད་》ཅེས་པ་དེ་བརྩམས་ནས་བཀྲམས་པར་མཛད། བོད་དུ་ཐུབ་པའི་ཆོས་ལུགས་དང་ལེན་བྱས་པ་དང་སྦྲགས་ཐུབ་པའི་ཆོས་ལུགས་ཀྱི་དགོན་སྡེ་དང་པོ་བསམ་ཡས་བསྐྲུན་འགོ་ཚུགས། དེས་ན་བཙན་པོ་ཁྲི་སྲོང་ལྡེ་བཙན་ནི་ནང་པ་སངས་རྒྱས་ཀྱི་ཆོས་ལུགས་སྐྱར་གསོ་གནང་མཁན་ཞིག་ཡིན་པ་མ་ཟད། བཙན་པོ་དེས་ནང་ཆོས་དེ་བཞིན་རྒྱལ་ཆོས་སུ་གཏན་འབེབས་མཛད་ཡོད།

ཐུབ་པའི་ཆོས་ལུགས་ཉིད་བཙན་པོའི་རྒྱལ་ཆོས་སུ་གཏན་འབེབས་གནང་བའི་དུས་རབས་ནི་བོད་ཀྱི་བཙན་པོའི་རྒྱལ་རབས་ཀྱི་མངའ་ཐང་ཤིན་ཏུ་དར་བའི་དུས་སུ་ཡིན། སྐབས་དེའི་བཙན་པོའི་མངའ་ཐང་གི་རྒྱ་ཁྱོན་ནི་ཨེ་ཤེ་ཡའི་གླིང་གི་ཕྱོགས་བཞིར་ཁྱབ་ཡོད་པ་སྟེ། ཤར་ཕྱོགས་སུ་ཐང་རྒྱལ་རབས་དང་། ནུབ་ཕྱོགས་སུ་བྲུ་ཤ། བྱང་ཕྱོགས་སུ་ཏུར་ཁི་སི་ཐན། ལྷོ་ཕྱོགས་སུ་ཟ་ཧོར་གྱི་ཡུལ་བཅས་ཡིན། དེ་ཡང་བཙན་པོའི་རྒྱལ་རབས་ཀྱིས་སྤྱི་ལོ762ལོར་ཐང་རྒྱལ་རབས་ཀྱི་

རྒྱལ་ས་ཁྲིང་ཨན་དུ་དམག་དྲངས་ནས་རྒྱ་ནག་གི་རྒྱལ་པོ་ཕམ་པར་བྱས་ནས་ལོ་ལྟར་དར་གོས་དྲིལ་བུ་ལྔ་ཁྲི་ཙམ་བོད་ཀྱི་བཙན་པོར་འབུལ་དགོས་ཀྱི་བཀའ་ཆད་བཏང་བ་དང་། བྲུ་ཤ་ཞེས་པའི་ཡུལ་དེ་ཡང་རེ་ཞིག་བོད་བཙན་པོའི་རྒྱལ་རབས་ཀྱི་མངའ་འོག་གི་རྒྱལ་ཕྲན་ཞིག་ཏུ་གྱུར་ལ། ཟ་ཧོར་གྱི་རྒྱལ་པོ་ཡང་གཡུལ་ལས་ཕམ་པས་དེ་པས་བོད་ཀྱི་བཙན་པོར་འབུལ་རྟེན་འབུལ་དགོས་པ་བཅས་ཀྱི་ལམ་སྲོལ་གཏན་འབེབས་བྱས་ཡོད་པ་རེད།

གཅིག བོད་བཙན་པོའི་རྒྱལ་རབས་ཉམས་རྒུད་དུ་ཕྱིན་པའི་རྒྱུ་རྐྱེན་སླེང་བ།

ཕྱི་ནས་དར་བའི་ཆོས་ལུགས་རིག་གནས་ཏེ། ཐུབ་པའི་ཆོས་ལུགས་དེ་བཞིན་བོད་བཙན་པོའི་མངའ་ཐང་རྒྱས་ཤོས་ཀྱི་དུས་སུ་རྒྱལ་ཆོས་སུ་གཏན་འབེབས་བྱས་ཡོད་ནའང་། ནང་པ་སངས་རྒྱས་དེ་ཕྱོགས་ཡོངས་ནས་དང་ལེན་བྱས་པའི་དུས་ནི་བོད་ཀྱི་ཆབ་སྲིད་ཉམས་དམས་སུ་འགྲོ་འགོ་ཚུགས་པའི་སྐབས་སུ་ཡིན་པ་རེད།

ཐུབ་པའི་ཆོས་ལུགས་ཀྱི་གཞུང་ལུགས་ནང་དུ་བསྟན་པའི་"ལས་རྒྱུ་འབྲས"ཞེས་པའི་ལྟ་བ་དེ་ནི་ཐུབ་པའི་ཆོས་ལུགས་དར་ཁྱབ་ཕྱིན་པའི་གལ་ཆེའི་རྒྱུ་རྐྱེན་ཞིག་ཡིན་ལ། བཙན་པོ་རྣམས་ནི་ཐུབ་པའི་ཆོས་ལུགས་ཉིད་བོད་དུ་དར་འཕེལ་ཐུབ་རྒྱུའི་མཐུན་རྐྱེན་སྐྱུན་མཁན་ཞིག་ཏུ་གྱུར་ཡོད། བཙན་པོ་དེ་དག་ཀྱང་འགྲོ་བ་སེམས་ཅན་མཐའ་དག་ལྟར་འཇིག་རྟེན་འཁོར་བའི་སྡུག་བསྔལ་ལས་ཐར་ཐབས་བྲལ། འཇིག་རྟེན་འདི་སྡུག་བསྔལ་གྱི་འཁོར་བར་འཛིན་པའི་ལྟ་བ་དེ་དང་བཙན་པོའི་དུས་ཀྱི་སྤྱི་ཚོགས་གཉིས་ཕན་ཚུན་འབྲེལ་ལམ་ཇི་ལྟ་བུ་ཞིག་ཆགས་ཡོད་ཚུལ་ཤེས་རྟོགས་བྱེད་རྒྱུ་ནི་ཤིན་ཏུ་དཀའ། བོད་ཀྱི་ཆེས་གནའ་བོའི་ཆོས་ལུགས་དད་པ་ལྟར་ན། བོད་ཀྱི་བཙན་པོའི་ཡབ་མེས་ལ་སྤྱི་ལྷ་ལྟ་བུར་"བྱིན"ཞེས་འཇིག་རྟེན་ལས་འདས་པའི་ནུས་མཐུ་ཞིག་ཡོད་པར་ངོས་འཛིན་བྱས་ནས་དེས་ཕ་རོལ་པའི་ཆབ་སྲིད་དང་དམག་དོན་གྱི་གཟིལ་ཤུགས་གནོན་ཐུབ་པ་དང་། "འཕྲུལ"ཞེས་པའི་བློ་ནུས་ཤིག་ལ་བརྟེན་ནས་འཇིག་རྟེན་གྱི་གནས་སྟངས་ཉིད་འཛིན་སྐྱོང་ཐུབ་པར་ངོས་འཛིན་བྱ་བ་ཡིན།

འོན་ཀྱང་། ཐུབ་པའི་ཆོས་ལུགས་ཀྱིས་ཆོས་ལུགས་དེ་ཉིད་དར་སྤྱོད་པའི་ཡུལ་གྱི་གཞན་དུ་ཆོས་སྤེལ་བ་ལྟར། བོད་ཀྱི་གདོད་མའི་རྒྱལ་པོའི་འབྱུང་ཁུངས་དང་རྒྱལ་པོའི་མངའ་ཐང་སྟོབས་ཤུགས་དང་འབྲེལ་བའི་ཐ་སྙད་མིང་ཚིག་དག་རང་ཉིད་ཀྱི་གཞུང་ལུགས་ནང་མཉམ་བསྲེས་བྱ་གང་ཐུབ་བྱས་ཡོད་དེ། དཔེར་ན་བྱིན་ཞེས་པའི་ཚིག་དེར་རླབས་ཞེས་སྦྱར་ནས་བྱིན་རླབས་དང་། འཕྲུལ་ཞེས་པར་རྫུ་འཕྲུལ་ཞེས་སྦྱར་བ་ལྟ་བུའོ། གོང་དུ་བརྗོད་པའི་བོད་ཀྱི་གདོད་མའི་ཐ་སྙད་དེ་གཉིས་ཐུབ་པའི་ཆོས་ལུགས་ནང་དུ་མཉམ་བསྲེས་ཀྱིས་བེད་སྤྱོད་བྱས་རྗེས་དེ་གཉིས་ཀྱིས་མཚོན་པའི་གདོད་མའི་ནང་དོན་ཐོར་བརླག་ཏུ་ཕྱིན་ཡོད་པ་དང་། བཙན་པོ་ཞེས་པའི་དོད་དུ་ཆོས་རྒྱལ་ཞེས་བེད་སྤྱོད་བྱས་ནས་ཁོང་རྣམས་ཐུབ་པའི་ཆོས་ལུགས་ཀྱི་མི་ཆོས་ཀྱི་མིག་དཔེར་བཀོད་ཡོད། “སྡིག་པ་” ཞེས་པའི་ཐ་སྙད་ཀྱི་གོ་དོན་རྟོགས་རྗེས་ཕྱིས་ཀྱི་བཙན་པོ་རྣམས་ཀྱིས་དམག་འཁྲུག་གི་ལས་ལ་འཛེམས་པ་དང་། བཙན་པོ་ཁྲི་གཙུག་ལྡེ་བཙན་(805 – 838)གྱི་སྐབས་སུ་རྒྱ་བོད་ས་མཚམས་སུ་ཕན་ཚུན་གསོད་རེས་བྱེད་པའི་འཁྲུག་པ་ཞི་ཕྱིར་བཞག་པའི་ཆིངས་ཡིག་ནི་དུས་ད་ལྟའི་བར་དུ་མཐོང་རྒྱུ་ཡོད་དོ།

བོད་བཙན་པོའི་རྒྱལ་རབས་ཀྱི་ཆབ་སྲིད་དང་དཔལ་འབྱོར་སྟོབས་ཤུགས་ཉམས་རྒུད་དུ་ཕྱིན་པའི་རྒྱུ་རྐྱེན་གཞན་ཞིག་ནི་བོད་དུ་ཐུབ་པའི་ཆོས་ལུགས་ཀྱི་རབ་བྱུང་བཙུན་པ་ཐོག་མར་བྱུང་བ་དང་སྦྲགས་ཐུབ་པའི་ཆོས་ལུགས་ཀྱི་དགོན་སྡེ་གསར་བཞེངས་བྱས་པ་དེ་ལགས། བསམ་ཡས་གཙུག་ལག་ཁང་བཞེངས་རྗེས་དེར་ག་སྒོམས་ཆེར་འཛིན་པའི་ཆོས་ལུགས་ནི། གནའ་བོའི་དུས་སུ་རྒྱ་གར་ནུབ་བྱང་ཁུལ་དུ་ཤིན་ཏུ་དར་ཁྱབ་ཆེ་བའི་འདུལ་ཁྲིམས་ཡིན།

མཁན་ཆེན་ཞི་བ་འཚོ་ནི་ཐུབ་པའི་ཆོས་ལུགས་ཀྱི་རབ་བྱུང་བཙུན་པ་ཞིག་ཡིན་ལ། ཁོང་གིས་བོད་ཀྱི་སད་མི་བདུན་ཞེས་རབ་བྱུང་གི་བཙུན་པ་རྣམས་ལ་ཐོག་མར་སྡོམ་པ་མནོས། བཙུན་པ་བདུན་ལས་མང་ཆེ་བ་ནི་སྐྱ་དྲག་གི་ཁྱིམ་རྒྱུད་ནས་ཡིན་ལ། ཁོང་རྣམས་ཀྱིས་བསམ་ཡས་གཙུག་ལག་ཁང་ཡོངས་སུ་བཞེངས་གྲུབ་རྗེས་རབ་བྱུང་གི་སྡོམ་པ་བཞེས། གསལ་སྣང་ངམ་མཚན་གཞན་ལ་ཡེ་ཤེས་དབང་པོ་ཞུ་བའི་བཙུན་པ་དེ་ནི་ཏུས་དབའ་ཞེས་པའི་ཁྱིམ་ཚང་དུ་འཁྲུངས། དབའ་ཞེས་པའི་ཁྱིམ་ཚང་དེའི་མེས་པོ་རྣམས་ཀྱིས་བོད་གཅིག་སྒྱུར་བཟོ་བའི་ལོ་རྒྱུས་ཁྲོད་དུ་གལ་ཆེའི་

ནུས་པ་འདོན་སྤེལ་བྱས་ཡོད། དབའ་ཡེ་ཤེས་དབང་པོ་ནི་རབ་བྱུང་གི་སྔོམ་པ་མ་བཞེས་པའི་སྔོན་ནས་འཇིག་རྟེན་མཐུན་འཇུག་གི་ལས་ལ་ཞུགས་ཟིན་པ་ཞིག་ཡིན་པར་སྣང་བ་མ་ཟད། བོད་བཙན་པོའི་ཞབས་འབྲིང་གི་གྲས་ལས་གཙོ་གྲས་ཤིག་ཡིན། ཁོང་གི་བརྩོན་པ་ལས་མཁན་ཆེན་ཞི་བ་འཚོ་ཉིད་བོད་གངས་ཅན་གྱི་ལྗོངས་སུ་གདན་དྲངས་ཐུབ་ཡོད། དེར་བརྟེན། ཡེ་ཤེས་དབང་པོ་ནི་ཆུང་ངུའི་དུས་ནས་ཐུབ་པའི་ཆོས་ལུགས་ལ་དད་ཞེན་ཆེ་བའི་མི་སྣ་ཞིག་ཡིན་པ་མ་ཟད། དུས་ཕྱིས་སུ་བོད་དུ་རྒྱ་དཀར་ནག་གཉིས་ལས་སྤྱིའི་ལུགས་དེ་བོད་དུ་བྱེད་པའི་འགྲན་རྩོད་སྐབས་སུའང་གལ་ཆེའི་མི་སྣ་ཞིག་ཏུ་གྱུར་ཡོད། མཁན་ཆེན་ཞི་བ་འཚོ་མྱ་ངན་ལས་འདས་རྗེས་བཙན་པོ་ཁྲི་སྲོང་ལྡེ་བཙན་གྱིས་ཡེ་ཤེས་དབང་པོ་ཉིད་ལ་བཅོམ་ལྡན་འདས་ཀྱི་རིང་ལུགས་འཛིན་པ་ཞེས་བསྔགས་བརྗོད་མཛད་ནས་བསམ་ཡས་གཙུག་ལག་ཁང་གི་མཁན་པོར་བསྐོ་བཞག་མཛད། རིག་གནས་ཀྱི་ཆ་ནས་བརྗོད་ན་འང་། བསམ་ཡས་གཙུག་ལག་ཁང་དང་ཉེ་འཁོར་གྱི་ལྷ་ཁང་བཅུ་གསུམ་བཞེངས་པ་ལས་སྐབས་དེ་དུས་བོད་ཀྱི་སྒྱུ་རྩལ་རིག་གནས་མངོན་པར་འཕགས་པར་དོན་དངོས་ཉིད་མཚོན་པ་མ་ཟད། དེ་ནི་བོད་ཀྱི་གནའ་བོའི་ལོ་རྒྱུས་ཀྱི་ཆ་ཤས་ཤིག་ཀྱང་ཡིན། བསམ་ཡས་གཙུག་ལག་ཁང་གི་འཛུགས་སྐྲུན་འཆར་འགོད་ནི་ཐུབ་པའི་ཆོས་ལུགས་ཀྱི་འཇིག་རྟེན་ཆགས་ཚུལ་གྱི་ལྟ་བར་གཞིགས་ནས་བཟོས་ཡོད། ལྷ་ཁང་དེའི་ནང་ཡོགས་ཀྱི་གཟུགས་བརྙན་དང་། འདྲ་རིས་རྣམས་ནི་ཐུབ་པའི་ཆོས་ལུགས་ཀྱི་མདོ་སྔགས་གཞུང་དང་འབྲེལ་བའི་གཏམ་རྒྱུད་དང་སྦྲེལ་ཞིང་། ལྷ་ཁང་གི་འོག་ཐོག་ནི་བོད་རང་གི་འཛུགས་སྐྲུན་རྒྱུན་སྲོལ་ལྟར་བྱས་པ། ཐོག་བརྩེགས་གཉིས་པ་དང་གསུམ་པ་ནི་རིམ་བཞིན་རྒྱ་ནག་དང་རྒྱ་གར་གྱི་ལུགས་ལྟར་བྱས་ནས་གསར་དུ་དང་ལེན་བྱས་པའི་ཆོས་ལུགས་གསར་པ་དེ་ནི་འཇིག་རྟེན་ཡོངས་ལ་ཁྱབ་པའི་ཆོས་ལུགས་ཤིག་ཡིན་ཚུལ་མཚོན་པར་བྱས་ཡོད།

གཉིས། བོད་ཀྱི་ཆོས་ལུགས་རིག་གནས་དར་འགོ་ཚུགས་པའི་སྐོར་གླེང་བ།

ཞི་བ་འཚོ་ནི་བོད་དུ་ཐུབ་པའི་ཆོས་ལུགས་ཀྱི་གཞུང་ལུགས་ཐམས་ཅད་ཡོད་པར་སྨྲ

བའི་ལུགས་དེ་བོད་དུ་དར་བར་མཛད་མཁན་དེ་ཡིན་ལ། བསམ་ཡས་གཙུག་ལག་ཁང་བཞེངས་རྗེས་དེར་བཞུགས་མཁན་སློབ་ཆོས་ཉམས་ལེན་མཛད་པའི་གཞུང་ཡང་རྣལ་འབྱོར་སྤྱོད་པའི་དབུ་མ་ཡིན་པ་རེད། གཞུང་དེ་ཉིད་ཕྱིས་སུ་ཞི་བ་འཚོའི་ཐུགས་སྲས་ཀ་མ་ལ་ཤཱི་ལས་དབུ་མ་སྣང་བ་བརྩམས་པར་མཛད་ནས་རྒྱུན་འཛིན་དང་འཕེལ་རྒྱས་མཛད་ཡོད། འོན་ཀྱང་། ཕྱིས་སུ་གཞུང་དེ་བོད་དུ་ཉམས་དམས་སུ་ཕྱིན་ཡོད་པ་ནི་དུས་རབས་བཅུ་གཅིག་གི་སྐབས་ནས་བཟུང་ཐུབ་པའི་ཆོས་ལུགས་ཀྱི་གཞུང་རྣམ་དག་གི་ལྟ་བ་དང་གཞུང་ལུགས་འགོ་ཚུགས་པས་སོ། གནས་ཚུལ་དེ་ལས་ང་ཚོས་ཤེས་དོན་ནི་དེ་སྔོན་བསམ་ཡས་དགོན་དུ་དར་བའི་ཐུབ་པའི་ཆོས་ལུགས་ཀྱི་གཞུང་ནི་གཞི་ཐམས་ཅད་ཡོད་པར་སྨྲ་བའི་སྡེ་པའི་སྲོལ་རྒྱུན་གྱིས་དགོན་སྡེའི་མ་ལག་གྲུབ་པའི་རྨང་གཞི་བྱས་ཐོག་རྣལ་འབྱོར་སྤྱོད་པའི་དབུ་མའི་མཚན་ཉིད་རིག་པའི་རྩ་དོན་ཉིད་རྟོག་འགྲེལ་ནས་སྤེལ་བའི་ཆོས་ལུགས་ལྟ་བ་ཞིག་ཡིན།

བོད་དུ་ཐོག་མར་དགོན་སྡེ་བཞེངས་པ་དང་རབ་བྱུང་གི་སྡོམ་པ་བཞེས་མཁན་བྱུང་བ་ལས་ཆོས་ལུགས་ཀྱི་མ་ལག་གསར་པ་ཞིག་གྲུབ་འགོ་ཚུགས་ཡོད། དགོན་སྡེ་དང་རབ་བྱུང་བཙུན་པ་ཐོན་པ་དང་སྦྲགས་རྒྱ་དཀར་ནག་གཉིས་ཀྱི་སྐད་ལས་ཆོས་གཞུང་མང་པོ་བོད་སྐད་དུ་སྒྱུར་འགོ་ཚུགས་ཡོད་ལ། ཕྱི་ནས་ཐུབ་པའི་ཆོས་ལུགས་ལ་མཁས་པའི་སྐྱེས་ཆེན་མང་པོ་ཞིག་བསམ་ཡས་སུ་གདན་དྲངས་བས་བོད་ཀྱི་བཙུན་པ་རྣམས་ལ་ཐུབ་པའི་ཆོས་ལུགས་ཀྱི་བཀའ་བསྟན་རྣམས་བོད་སྐད་ཐོག་ནས་ལྟ་ཀློག་དང་སྦྲགས་ཉམས་ལེན་བྱེད་པའི་སྐལ་བཟང་ཐོག་མར་ཐོབ།

དེ་ལྟ་བུའི་ཐུབ་པའི་ཆོས་ལུགས་ཉིད་བོད་དུ་དར་བཞིན་པའི་མུར་བཙན་པོས་པ་གོར་བཻ་རོ་ཙ་ནས་གཙོས་ཆོས་ལུགས་མི་སྣ་ཁག་གཅིག་ཆོས་གཞུང་གསར་པ་ཁག་གཅིག་འཚོལ་རྒྱུ་དང་། ལྷག་པར་སློབ་དཔོན་པད་མ་འབྱུང་གནས་ཀྱིས་སྒྲུབ་རྒྱུར་ལུས་པའི་བསྟན་བཅོས་ཀྱི་གཞུང་དག་འཚོལ་ཕྱིར་རྒྱ་གར་དུ་མངགས། བཻ་རོ་ཙ་ན་ནི་སད་མི་བདུན་གྱི་གྲས་ཤིག་ཡིན་ལ་ཁོང་ནི་རྫོགས་ཆེན་གྱི་གཞུང་ཉིད་རྒྱ་གར་གྱི་ཡུལ་ནས་བོད་དུ་ངོ་སྤྲོད་མཛད་མཁན་གྱི་གྲས་ཤིག་ཀྱང་ཡིན་ནོ།

ཐུབ་པའི་ཆོས་ལུགས་ཀྱི་གཞུང་ལས་མདོ་ཕྱོགས་ཀྱི་བསྟན་བཅོས་རྣམས་བོད་སྐད་དུ་ཕབ་རྒྱུའི་ཐད་སྟར་བཞིན་དོ་དམ་བྱས་ཡོད་པ་མ་ཟད། ལྷག་པར་དུ་གསང་སྔགས་སྐོར་གྱི་གཞུང་དག་བོད་སྐད་དུ་ཕབ་སྒྱུར་བྱེད་རྒྱུ་དེ་ནི་"ཆོས་ཀྱི་འདུན་ས"ཞེས་པའི་སྡེ་ཚན་དེས་ལག་བསྟར་གཏན་འབེབས་བྱེད་པའི་ལས་ཤིག་དང་། དེ་ནི་དབའ་ཡེ་ཤེས་དབང་པོས་དོ་སྣང་ཆེ་ཆེར་མཛད་པའི་ཡུལ་ཞིག་ཀྱང་ཡིན།《སྦྲད་བཞེད》ནང་དུ་འཁོད་པ་ལྟར་ན། བོད་པ་རྣམས་ནི་རྣལ་འབྱོར་བླ་མེད་ལ་སོགས་པའི་གསང་སྔགས་ཀྱི་གཞུང་མང་ཆེ་བར་ཉམས་ལེན་བྱེད་མི་ཉན་པས་གཞུང་དག་ཕབ་སྒྱུར་བྱེད་རྒྱུའི་ཚོག་མཆན་ཡང་གནང་མེད་སྐད། བོད་པ་རྣམས་ལ་འཚམས་པའི་གསང་སྔགས་ཀྱི་གཞུང་ནི། གང་ལྟར་བཙན་པོའི་རྒྱལ་རབས་ཀྱི་སྐབས་སུ་གསང་སྔགས་སྐོར་གྱི་གཞུང་འགའ་ཞིག་བོད་སྐད་དུ་ཕབ་སྒྱུར་བྱས་ཡོད་པ་ནི་གསང་སྔགས་ཀྱི་གཞུང་དེ་རང་དང་འབྲེལ་བའི་བསམ་ཡས་བདུད་འདུལ་སྔགས་པ་གླིང་ཞེས་པ་ལྷ་ཁང་བཞེངས་ཡོད་ལ། དེ་ན་ཡོད་པའི་ལྷ་རྣམས་ནི་གསང་སྔགས་ཀྱི་ཡི་དམ་གྱི་ལྷ་ཚོགས་ཡིན་པ་བཅས་ལས་རྟོགས་ཐུབ་བོ།

ཐུབ་པའི་ཆོས་ལུགས་ཀྱི་གཞུང་ལ་སློབ་གཉེར་བྱེད་རྒྱུ་དང་། ཕྱི་རྒྱལ་གྱི་རིག་གནས་དེ་དག་སྒོ་ཀུན་ནས་བོད་གངས་ཅན་གྱི་ལྗོངས་སུ་དར་བའི་ཚད་དེ་རྩེར་སོན་པའི་རྟགས་མཚན་ནི་རྒྱ་དཀར་ནག་གི་ཡུལ་གཉིས་ནས་དར་བའི་ཐུབ་པའི་ཆོས་ལུགས་གཉིས་དབར་འགལ་ཟླ་ལངས་པ་དེ་ལགས། དེ་ཡང་འགྲན་རྩོད་བྱས་རྗེས་རྣམ་པར་རྒྱལ་བའི་ཕྱོགས་དེའི་ལྟ་བར་བོད་བཙན་པོས་སྐྱུལ་མ་མཛད་པ་མ་ཟད། ལུགས་དེ་རྒྱལ་ཁམས་ཡོངས་ཀྱིས་བཀུར་ཞིང་དད་པའི་ཆོས་ལུགས་ཤིག་ཏུ་གཏན་འབེབས་མཛད་ཡོད། གནད་དོན་དེའི་ཐད་ལོ་རྒྱུས་ཐོག་གི་མཁས་པ་ཁག་གཅིག་གིས་རྒྱ་དཀར་ནག་གཉིས་ལས་རྒྱ་གར་གྱི་མཁས་པའི་ཆོས་ལུགས་ལྟ་བ་དང་ལེན་བྱས་པ་ནི་རྒྱ་ནག་ལ་གཏོལ་པའི་འདུ་ཤེས་ལས་བྱས་པ་ཡིན་ཚུལ་གསུངས་ཡོད། སྐབས་དེ་དུས་བོད་དུ་ཆོས་ཇི་ལྟ་བུ་ཞིག་དང་ལེན་བྱེད་རྒྱུའི་ཐད་ལ་ཕྱོགས་གཅིག་གིས་རྒྱ་གར་གྱི་མཁས་པའི་ཕྱོགས་ལ་རྒྱབ་སྐྱོར་མཛད་པ་དང་། ཁག་གཅིག་གིས་བསམ་གཏན་ཞེས་རྒྱ་ནག་གི་ཡུལ་ནས་དར་བའི་

ལྷ་བར་རྒྱབ་སྐྱོར་བྱས་ཡོད། ལྷ་བ་གཉིས་དབར་འགྲན་རྩོད་བྱས་པའི་དུས་ནི་སྤྱི་ལོ792ནས794བར་ཡིན་ལ། ལོ་རྒྱུས་སྨྲ་བའི་ཁྲོད་དུ་གང་ཞིག་འགྲན་རྩོད་ལས་རྣམ་པར་རྒྱལ་ཡོད་སྐོར་ལ་བཞེད་ཚུལ་མི་འདྲ་བ་ཡོད་ནའང་། བོད་ཀྱི་སྲོལ་རྒྱུན་སྤྱི་ལྟར་ན་མཐའ་མ་རྒྱ་གར་ནས་དར་བའི་གྲུབ་པའི་ཆོས་ལུགས་དེ་རྒྱལ་བར་ངོས་འཛིན་བྱེད་པ་ཡིན་ལ། བོད་ཀྱི་བཙན་པོས་ཀྱང་རྒྱ་གར་ནས་དར་བའི་ཆོས་ལུགས་ལྟ་བ་དེ་ཁུངས་བཙན་ཡང་དག་ཅིག་ཡིན་པའི་བཀའ་མཆིད་ཀྱང་བསྒྲགས། དེ་བཞིན་དུས་དེ་ནས་བཟུང་བོད་ཀྱི་གྲུབ་པའི་ཆོས་ལུགས་ཀྱི་གྲུབ་མཐའ་འཛིན་པ་རྣམས་ཀྱིས་རྒྱ་གར་གྱི་སློབ་དཔོན་ཟླ་གྲགས་ཀྱི་མཚན་ཉིད་རིག་པའི་ལྟ་བར་སློབ་གཉེར་བྱེད་འགོ་ཚུགས་ཡོད།

གོང་དུ་བརྗོད་པའི་ཆོས་ལུགས་ལྟ་བའི་འགྲན་རྩོད་དེས་བོད་ཀྱི་དགོན་སྡེ་འཕེལ་རྒྱས་གཏོང་རྒྱུའི་ཐད་ཤུགས་རྐྱེན་ངན་པ་བཟོས་ཡོད་དེ་དཔེར་ན། སྐབས་དེ་དུས་བཻ་རོ་ཙ་ན་ཡུལ་ཚ་བ་རོང་དུ་རྒྱང་འབུད་བཏང་བ་དང་། རྒྱ་ནག་གི་བཙུན་པ་ཧ་ཤང་མ་ཧ་ཡ་ན་ཏུན་ཧོང་དུ་སྤྱུགས་པ། རྒྱ་གར་གྱི་མཁས་པ་ཀ་མ་ལ་ཤཱི་ལ་བསམ་ཡས་སྨྲ་སྒྱུར་གླིང་དུ་སྐྱོག་གསོད་བྱས་པ་ལྟ་བུ་དང་། སྐབས་དེ་དུས་ཀྱི་བོད་ཀྱི་བཙན་པོ་ཁྲི་སྲོང་ལྡེ་བཙན་རང་ཉིད་ཀྱང་བསམ་ཡས་སུ་སྡོད་སློས་མ་བཟོད་པར་སྤྱི་ལོ797ལོར་ཟུང་མཁར་དུ་ཕེབས་ནས་མཚམས་ལ་བཞུགས་པ་དང་། ཕལ་ཆེར་ལོ་དེ་རང་ལ་གཟུགས་སྐུའི་བཀོད་པ་བསྡུས་གནང་མཛད། བཙན་པོ་དེ་འདས་རྗེས་སྲས་རྣམས་ལས་སུ་ཞིག་ཁྲི་འཛིན་པའི་ཐད་ཕན་ཚུན་མ་འཆམ་པ་དང་། བསམ་ཡས་གཙུག་ལག་ཁང་ལ་ཡང་རེ་ཞིག་ཉམ་ཆག་ཅུང་ཟད་བྱུང་ཞིང་། གསང་སྔགས་ཀྱི་ཆོས་རྣམས“ལོག་པར་སྤྱོད་པའི”སྣང་ཚུལ་ཐོན་ཡོད།

བཙན་པོ་ཁྲི་ལྡེ་སྲོང་བཙན(776 – 815) གྱིས་སྲིད་བསྐྱངས་པའི་སྐབས་སུ་དགོན་སྡེ་སྐྱར་གསོ་མཛད་པ་དང་། སྔར‘ཆོས་ཀྱི་འདུན་ས’ཞེས་པའི་ཆོས་དོན་སྡེ་ཚན་དེས་བོད་པ་རྣམས་ཀྱིས་སྤྱོད་པར་མི་ཉན་པར་གཏན་འབེབས་བྱས་པའི་ཆོས་གཞུང་དག་ཉམས་ལེན་བྱེད་ཆོག་པའི་བཀའ་གནང་། སྤྱི་ལོ814ལོར་ལོ་ཙཱ་བ་སུ་ཞིག་གིས་གསང་སྔགས་ཀྱི་གཞུང་དག་བོད་སྐད་དུ་ཕབ་སྒྱུར་བྱ་འདོད་ཆེ“ཆོས་ཀྱི་འདུན་ས”ཡི་བཀའ་

འཁྲོལ་ཞུ་བ་ཡིན་ལ། གནད་དོན་དེའི་སྐོར་སྐབས་དེ་རང་དུ་བྲིས་པའི་ལོ་རྒྱུས་ཡིག་ཆ་ཞིག་ནང་ངོ་མཚར་ཆེ་བའི་"གཏམ་འདི་ལྟ་བུ་ཞིག་འཁོད་ཡོད་དེ།

"དཀར་ཆག་གི་དཀྱུས་སུ་བསྟན་ནོ། གསང་སྔགས་ཀྱི་རྒྱུད་རྣམས་གཞུང་གི་གསང་བར་བྱ་བ་ཡིན་ཏེ། སྣོད་དུ་མ་གྱུར་བ་རྣམས་ལ་བཤད་ཅིང་བསྟན་དུ་ཡང་མི་རུང་ལ། བར་དུ་བསྒྱུར་ཅིང་སྤྱོད་དུ་གང་གིས་ཀྱང་། ལྡེམ་པོ་དག་ཏུ་བཤད་པ་མ་ཁྲོལ་ནས་སྒྲ་ཇི་བཞིན་དུ་འཛིན་ཅིང་ལོག་པར་སྤྱོད་པ་དག་ཀྱང་འབྱུང་། སྔགས་ཀྱི་རྒྱུད་ཀྱི་ནང་ནས་ཕྱུ་ཞིང་བོད་སྐད་དུ་བསྒྱུར་བ་དག་ཀྱང་བྱུང་ཞེས་གདགས་ཀྱི། ཕྱིན་ཆད་གཟུངས་སྔགས་དང་རྒྱུད་བླ་ནས་བཀའ་བཙལ་ཏེ། ཟུར་དུ་བཙུགས་པ་མ་གཏོགས་པ། སྔགས་ཀྱི་རྒྱུད་དང་སྔགས་ཀྱི་ཚིག་ཕྱུ་བསྒྱུར་དུ་མི་གནང་ངོ་། བོད་སྐད་དུ་བསྒྱུར་བ་དག་ཀྱང་བྱུང་" ཞེས་པ་ལྟར་རོ།

བོད་ཀྱི་བཙན་པོ་ཁྲི་གཙུག་ལྡེ་བཙན་(805 – 838) གྱིས་སྲིད་སྐྱོང་བའི་རིང་གསང་སྔགས་ཀྱི་དཔེ་ཆ་ལས《མ་རྒྱུད་》ལ་སོགས་པ་ནི་བོད་ཡིག་ཐོག་བསྒྱུར་མི་ཆོག་པའི་བཀའ་ཕབ་ཡོད། གནས་ཚུལ་དེ་དག་ལས་མ་གཞི་སྐབས་དེ་དུས་རྒྱ་གར་གྱི་འདུལ་སྡེའི་ནང་དུ་གསང་སྔགས་ཀྱི་ཆོས་དར་ཞིང་རྒྱས་པར་ཡོད་ནའང་བོད་དུ་གསང་སྔགས་ཀྱི་གཞུང་དེ་དག་ལ་དོགས་པ་བྱས་པ་དང་དེ་དར་སྤེལ་བྱེད་རྒྱུར་བཀག་སྡོམ་བྱས་ཚུལ་མངོན་"ཐུབ། རང་རེ་ཧང་སངས་དགོས་པའི་གནས་ཚུལ་ཞིག་ནི" ཆོས་ཀྱི་འདུན་ས" ཞེས་པ་དེ་ནི་བསམ་ཡས་ཀྱི་མཁན་པོ་ལས་གོ་བབ་དབང་ཐང་མཐོ་བ་དང་། དེས་གསང་སྔགས་ཀྱི་གཞུང་ལུགས་བོད་དུ་དར་སྤེལ་གཏོང་རྒྱུར་ཚོད་འཛིན་བཀག་སྡོམ་བྱེད་པ་དེ་ལགས། "ཆོས་ཀྱི་འདུན་ས" ཞེས་པའི་ལས་འགན་གཞན་ཞིག་ནི་འདུལ་ཁྲིམས་དེ་བཞིན་རྒྱ་གར་གྱི་གཞི་ཐམས་ཅད་ཡོད་པར་སྨྲ་བའི་སྡེ་པ་ལྟར་གཙང་ཞིང་དག་པར་ཡག་པོ་སྲུང་རྒྱུ་དེ་ཡིན། གོང་དུ་འཁོད་པའི་གནད་དོན་རྣམས་ཀྱི་ཆེས་གནའ་བོའི་ཐུབ་པའི་ཆོས་ལུགས་ཀྱི་དཀར་ཆག《ལྡན་དཀར་མ་》ལྟ་བུའི་ནང་གསང་སྔགས་སྐོར་ཏ་ལམ་མཐོང་དགོན་ལ། 《སྒྲ་སྦྱོར་བམ་གཉིས་》ནང་དུའང་གསང་སྔགས་ཀྱི་ནང་དོན་དང་འབྲེལ་བའི་ཐ་སྙད་ཙུང་ཤས་ལས་དྲངས་མེད་པའི་རྒྱུ་

རྒྱེན་གསལ་བཤད་བྱ་ཐུབ་བོ།

ལར་‘ ཆོས་ཀྱི་འདུན་ས་’ ཞེས་པའི་སྡེ་ཚན་གྱིས་དོ་ནན་གྱིས་བཀག་སྡོམ་བྱས་ཡོད་ནའང་སྐྱེ་བོ་འགའ་ཞིག་གིས་གསང་སྔགས་ཀྱི་གཞུང་ལ་ཉམས་ལེན་བྱས་ཡོད་པ་ནི་བོད་བཙན་པོའི་རྒྱལ་རབས་ཐོར་ཞིག་ཏུ་སོང་བ་དང་བོད་ཀྱི་འདུལ་སྡེ་དག་བསྐྱབས་རྗེས་གསང་སྔགས་ཀྱི་གཞུང་ལ་ཉམས་ལེན་བྱེད་རྒྱུ་དེ་གཙོ་བོར་བྱས་ཡོད་པ་ལས་ཤེས་རྟོགས་ཐུབ་བོ།

རྙིང་མའི་གྲུབ་མཐའ་འཛིན་པ་རྣམས་ཀྱིས་ལོ་རྒྱུས་དང་གཏམ་རྒྱུད་ཀྱི་མི་སྣའི་ཁྱད་ཆོས་གཅིག་ལྟོགས་ཅན་གྱི་སློབ་དཔོན་པདྨ་འབྱུང་གནས་ནི་གསང་སྔགས་ཀྱི་གཞུང་དེ་ཉིད་ཐོག་མར་བོད་དུ་ངོ་སྤྲོད་མཛད་པོ་ཡིན་ཚུལ་ཡར་འདེད་བྱེད་པ་ཡིན།《སྦ་བཞེད་》ནང་དུ་འཁོད་པ་ལྟར་ན། པདྨ་འབྱུང་གནས་ཀྱིས་དུས་འཁོར་གྱི་ཆོས་གསུངས་པ་ཕུད་དེ་མིན་གྱི་ཆོས་གང་ཞིག་བོད་དུ་སྤེལ་བའི་སྐོར་སྒྲུབ་བྱེད་བཙན་པོ་ཞིག་བཞག་དཀའ་བ་ཡིན། སློབ་དཔོན་དེས་དུས་འཁོར་གྱི་ཆོས་གསུངས་པའི་སྐོར་ནི་ཁུན་རྟོང་གི་ཡིག་རྙིང་ནང་དུ་འཁོད་འདུག་ནའང་། ཡིག་རྙིང་དེའི་ནང་དུ་སློབ་དཔོན་དེའི་སྐོར་ལྷ་སྲུང་གི་རྣམ་པ་ཅན་གྱི་ལོ་རྒྱུས་ཐོན་ཟིན་འདུག 《སྦ་བཞེད་》ནང་དུ་འཁོད་པ་ལྟར་ན། པདྨ་འབྱུང་གནས་ནི་མཁན་ཆེན་ཞི་བ་འཚོས་བོད་དུ་གདན་དྲངས་པ་དང་། དེ་པ་ནི་སྔགས་པ་ཞིག་གི་ངོས་ནས་ཞི་བ་འཚོའི་དཔུང་རོགས་སུ་ཕེབས་སྐད། འོན་ཀྱང་། སྐབས་དེ་དུས་བོད་ཀྱི་བློན་པོའི་གྲས་སུ་གསང་སྔགས་ཀྱི་ཆོས་ལ་མི་དགའ་བའི་བློན་འབངས་ཧ་སྐྱེད་ཅིག་ཡོད་པ་དེ་དག་གིས་པདྨ་འབྱུང་གནས་ལ་ངོ་རྒོལ་བྱས་པས་ཁོང་ཏ་ལམ་བསམ་ཡས་གཙུག་ལག་ཁང་བཞེངས་མ་གྲུབ་པའི་སྔོན་རོལ་ནས་རྒྱ་གར་དུ་ཕྱིར་ལོག་མ་གནང་ཐབས་མེད་བྱུང་འདུག དེར་བརྟེན། པདྨ་འབྱུང་གནས་ཀྱིས་བོད་དུ་ཆོས་སྤེལ་གནང་བའི་མཛད་འཕྲིན་དེ་ཙམ་རྒྱས་པོ་མིན་པར་མངོན་པ་མ་ཟད། སྐབས་དེར་བོད་དུ་གསང་སྔགས་ཀྱི་གཞུང་ལ་དེ་ཙམ་མཐོང་ཆེན་མི་བྱེད་པའི་ལོ་རྒྱུས་གནས་ཚུལ་དང་ཆོས་ལུགས་ལ་འཛིན་པའི་རྣམ་འགྱུར་ཡང་ཇི་ལྟར་ཡིན་ལུགས་གསལ་པོར་རྟོགས་ཐུབ་པ་ཡིན།

གསུམ། བོད་ཀྱི་འདུལ་སྡེའི་མ་ལག་སྐྱོང་ལུགས་སྐོར་གླེང་བ།

བསམ་ཡས་གཙུག་ལག་ཁང་བཞེངས་གྲུབ་རྗེས་དང་སད་མི་བདུན་རབ་ཏུ་བྱུང་རྗེས་བོད་ཀྱི་རབ་བྱུང་བཙུན་པའི་གྲངས་འབོར་དེ་སུམ་བརྒྱ་ཙམ་དུ་འཕེལ་རྒྱས་བྱུང་ཡོད་ལ། བཙུན་པ་དེ་དག་གི་འཚོ་བ་ནི་གཞུང་ཕྱོགས་ནས་སྐྱར་བ་ཡིན་ནོ།

རབ་བྱུང་རྣམས་ཀྱི་འཚོ་རྟེན་དང་དགོན་པའི་མཆོད་ཕྲིན་གཏོང་སྐོར་'རྐྱེན་'ནམ་'རྐྱེན་རིས་'ཞེས་འབོད་ནས་གཞུང་ཕྱོགས་ནས་གཏོང་བ་ཡིན་ནའང་། མཁན་པོ་ཡེ་ཤེས་དབང་པོས་རྒྱལ་པོར་ཆོས་ཀྱི་འདུན་ས་ལ་ཞང་བློན་གྱི་འདུན་ས་ཡི་འཕྲུས་མི་དག་ཚོགས་འདུར་ཞུགས་ཚོག་པ། དེ་བཞིན་ཆོས་ལུགས་དང་འབྲེལ་བའི་གནད་དོན་ལ་གཞན་གྱིས་ཐེ་རྒྱུས་བྱེད་མི་ཚོག་པ་བཅས་ཡོང་བའི་རེ་བ་བཏོན་ཡོད། བཙན་པོ་དང་གཞུང་ནས་མཁན་པོའི་རེ་འདུན་ལྟར་དུད་ཁྱིམ་ཉིས་བརྒྱས་མཆོད་ཕྲིན་གྱི་གཏོང་སྒོ་འགན་ལེན་དང་། དུད་ཁྱིམ་གསུམ་གྱིས་བཙུན་པ་རེ་གསོ་དགོས་པའི་གཏན་འབེབས་བཟོས་ཡོད། དེས་ན་སྐབས་དེ་དུས་བསམ་ཡས་གཅིག་པུར་དུད་ཁྱིམ1100ཡིས་ཆོས་ཕྱོགས་ཀྱི་གཏོང་སྒོ་སྒྲུབ་པ་ཡིན་ལ། དུད་ཁྱིམ་དེ་དག་གི་འབངས་མི་སེར་རྣམས་ལ་ལྷ་རིས་ཞེས་བརྗོད་ནས་ཁོང་ཚོར་དམག་ཁྲལ་དང་དཔྱ་ཁྲལ་འཇལ་མི་དགོས་པའི་སྲིད་ཇུས་ལག་བསྟར་བྱས་པ་དང་། དགོན་པར་མི་སེར་དེ་དག་ལ་དབང་བསྒྱུར་བྱེད་པའི་ཐོབ་ཆ་ཆ་ཚང་སྤྲད་ཡོད།

དེ་ནས་ལོ་བཅུ་ཕྲག་ཁ་ཤས་འདས་རྗེས། གོང་དུ་གླེང་ཟིན་པའི་མ་ལག་དེར་ཞུགས་སྣོན་བརྒྱབ་ཡོད། དེ་ཡང་ཁྲི་གཙུག་ལྡེ་བཙན(805－838)གྱི་དུས་སུ་སྔོན་གྱི་དུད་ཁྱིམ་གསུམ་ཐོག་དུད་ཁྱིམ་བཞི་བསྣན་ནས་བདུན་དུ་འཕར་སྣོན་བྱས་ཡོད། གལ་ཏེ་སྐབས་དེ་དུས་བསམ་ཡས་ཀྱི་བཙུན་པའི་གྲངས་འབོར་དེ300ཡོད་པའི་དབང་དུ་བྱས་ན། དགོན་པ་དེར་དབང་བའི་དུད་ཁྱིམ་གྱི་གྲངས་དེ2100ཟིན་གྱི་ཡོད་ལ། དེ་ཐོག་ད་དུང་མཆོད་ཕྲིན་གཏོང་སྒོ་འབུལ་མཁན་གྱི་དུད་ཁྱིམ་ཉིས་བརྒྱ་ཡོད། བོད་ཀྱི་བཙན་པོ་ཁྲི་ལྡེ་སྲོང་བཙན་གྱི(776－815)སྐབས་ནས་བོད་དུ་གྲགས་ཅན་ཆོས་ལུགས་མི་སྣ་ཐོན་ཡོད་པ་དཔེར་ན་མྱང་ཏིང་ངེ་འཛིན་ལ་སོགས་པ་ལྟ་བུ་ལགས། ཁོང་ནི་བཙན་པོའི་བློན་པོ་ཡིན་ལ་དབུ་བླ

ཡང་ཡིན། བཙན་པོས་ཁོང་ལ་འབྲི་གུང་གི་ཁུལ་དུ་ཆོས་གཞིས་སྐྱོལ་གནང་མཛད་པ་དང་མྱང་ཧྲིང་ངེ་འཛིན་གྱིས་དེ་ཕྱོགས་སུ་སྣང་པའི་བ་དན་ཕྱོགས་བཅུར་གཡོ་བའི་ཞྭ་ལྷ་ཁང་ཞེས་པ་དེ་ཕྱག་བཏབ། དེ་བཞིན་བཙན་པོ་ཁྲི་གཙུག་ལྡེ་བཙན་གྱི་བློན་པོ་ག་གེ་མོ་ཞིག་ལ་སྟོད་ལུང་དུ་ལྷ་ཁང་ཞིག་ཕྱག་འདེབས་ཆོག་པའི་དགོངས་འགྲེལ་གནང་ཡོད། ལྷ་ཁང་དེར་གྲ་གྲངས་བཞི་རང་ལས་མེད་ནའང་ཁྲིམས་སྲོལ་ལྟར་ས་ཞིང་དང་། མི་སེར། སྒོ་ཕྱུགས་བཅས་གནང་ཡོད།

སྐབས་དེ་ནས་བཟུང་བོད་ཀྱི་ཐུབ་པའི་ཆོས་ལུགས་ཀྱི་གྲུབ་མཐའ་འཛིན་པ་རྣམས་ཀྱིས་སྐབས་དེའི་སྒྲུ་དྲག་བྱེད་འགོ་ཚུགས་ཡོད། འོན་ཀྱང་། བྱ་སྤྱོད་དེ་ནི་འདུལ་ཁྲིམས་ཀྱི་རྩ་དོན་དང་འགལ་བའི་སྣང་ཚུལ་ཞིག་ཡིན་པ་གོར་མ་ཆག སྐབས་དེ་དུས་སྒྲུ་དྲག་དང་དགོན་སྡེའི་ཁྱད་པར་ནི་སྟོན་མ་དེས་གཞུང་དོན་ཕྱིར་བྱ་ལས་སྒྲུབ་པ་དང་ཕྱི་མ་དེས་བྱ་ལས་ཅི་ཡང་མི་བྱེད་པ་དེའོ། །

དབའ་ཡེ་ཤེས་དབང་པོ་ནས་འགོ་བཙུགས་ཏེ་ཆོས་ལུགས་སྟོབས་ཤུགས་ཀྱིས་སྲིད་དོན་ལ་ཐེ་གཏོགས་བྱེད་རྒྱུ་དེ་འགོག་ཐབས་མེད་པའི་གནས་ཚུལ་ཞིག་ཏུ་གྱུར་ཡོད། དེ་ཡང་ཕྱོགས་གཅིག་ནས ' ཆོས་ཀྱི་འདུན་ས ' ཞེས་པ་དེས་སྲིད་ཧྲུས་དང་འབྲེལ་བའི་དོན་ཆེན་ཁག་ཐག་གཅོད་བྱེད་རྒྱུར་གཡོལ་ཐབས་མེད་པ་ལྟར་དང་། ཕྱོགས་གཞན་ཞིག་ནས་བརྗོད་ན་སྐྱ་མི་ལས་གྲུབ་པའི་སྲིད་གཞུང་གི་སྟོབས་ཤུགས་ཀྱིས་ཆོས་ལུགས་ཀྱི་གནད་དོན་ལ་ཐེ་ཧྲུས་བྱེད་པའི་སྲོལ་ཞིག་ཆགས་ཡོད། དེར་བརྟེན། ཁྲི་སྲོང་ལྡེ་བཙན་གྱིས་གཏན་འབེབས་མཛད་པའི་ཆོས་ལུགས་སྲིད་ཧྲུས་ནང་ཕན་ཚུན་འགལ་ཟླར་ལངས་པའི་ཆ་མང་ཞིང་། དེ་ནི་ཁོང་རང་ཉིད་ཀྱིས་སྐྱིད་སྲིང་གནང་བའི་དགོན་སྡེའི་སྟོབས་ཤུགས་ཀྱིས་མཐའ་མ་བཙན་པོ་རང་གིས་གཏན་འབེབས་མཛད་པའི་སྲོལ་རྒྱུན་གཏོར་བ་དང་། བསམ་ཡས་གཙུག་ལག་ཁང་ཕྱག་བཏབ་རྗེས་བཙན་པོའི་སྲིད་དབང་ལོ་དྲུག་ཅུ་ལྷག་ཙམ་ལས་གནས་མ་ཐུབ་པའི་རྣམ་སྨིན་དུ་གྱུར་ཡོད།

བཞི། བོད་དུ་དགོན་སྡེ་རྙེག་མེད་དུ་བཙེམ་རྩལ་སྐོར་སྐྱེང་བ།

ཐོག་མའི་མཚན་ལ་ལྷ་སྲས་དར་མ་དང་། ཕྱིས་སུ་དམངས་ཁྲོད་དུ་ཁྱབ་པའི་མཚན་ལ་གླང་དར་མ་ཞེས་འབོད་པའི་བཙན་པོ་དེ་སྤྱི་ལོ838ལོར་བཙན་པོའི་ཁྲིར་བཀོད། སྐབས་དེ་དུས་བོད་ཀྱི་བཙན་པོས་སྔར་བཞིན་ཨེ་ཤེ་ཡའི་དཀྱིལ་རྒྱུད་ཀྱི་ས་ཁོངས་རྒྱ་ཆེ་དང་ཧུན་ཧོང་ལ་སོགས་པའི་ཤར་ཕྱོགས་ཀྱི་ཡུལ་གྲུ་ཡངས་ཤིང་རྒྱ་ཆེ་བར་དབང་སྒྱུར་བྱ་བཞིན་ཡོད།

སྐབས་དེའི་ཆོས་ཕྱོགས་ཀྱི་གནས་ཚུལ་སྐོར་བརྗོད་ན། འདུལ་སྡེ་དེ་ཉིད་སྔར་བཞིན་དར་རྒྱས་འགྲོ་བའི་མུར་སློ་བུར་དུ་གོད་ཆག་བྱུང་བར་མངོན། དེས་ན་ཐུབ་པའི་ཆོས་ལུགས་ཀྱི་ལོ་རྒྱུས་སློབ་ནམས་ཀྱིས་གླང་དར་མ་ཞེས་པའི་བཙན་པོ་དེ་ནི་ནང་ཆོས་ཀྱི་བསྟན་དགྲར་ངོས་འཛིན་གནང་བ་མ་ཟད། བཙན་པོ་དེ་འདས་རྗེས་ཐུབ་པའི་ཆོས་ལུགས་ཉིད་བོད་དུ་ཧ་ལམ་མཐོང་རྒྱུ་མེད་པ་ལྟར་ཆགས་ཚུལ་གསུངས་ཡོད། འོན་ཀྱང་། ང་ཚོས་གནའ་བོའི་དཔྱད་ཡིག་ལ་ཞིབ་མོའི་བརྟག་ཞིབ་བྱེད་སྐབས། བཙན་པོ་དེ་འདས་རྗེས་ཆོས་ལུགས་ཉིད་སྔར་བཞིན་དར་རྒྱས་ཕྱིན་ཡོད་པ་ནི་གསང་སྔགས་ཀྱི་ནང་དོན་དང་འབྲེལ་བའི་ཆོས་ལུགས་ལྟ་བ་ཉམས་ལེན་བྱེད་པའི་སྲོལ་ལས་ར་སྤྲོད་ཐུབ། དེར་བརྟེན། སྐབས་དེར་ལྷ་སྲས་དར་མས་བསྣུབས་པ་ནི་ཆོས་ལུགས་ལ་དད་པ་བྱེད་པའི་ལྟ་བ་མ་ཡིན་པར་འདུལ་བའི་སྡེ་དེ་མེད་པ་བཟོ་རྒྱུ་དེ་ཡིན། དེ་ཡང་གླང་དར་མ་ཁྲིར་འཁོད་པའི་དུས་སུ་ཐུབ་པའི་ཆོས་ལུགས་ཀྱི་སྟོབས་ཤུགས་དེ་ཤིན་ཏུ་རྒྱས་ནས་རྒྱལ་པོའི་སྲིད་ཀྱིས་མ་སླེབས་པའི་རང་ཚུགས་སྟོབས་ཤུགས་ཅན་ཞིག་ཏུ་འཕོ་འགྱུར་ཕྱིན་ཟིན་ཡོད། དེར་བརྟེན། སྤྱི་ལོ814ལོར་ལངས་པའི་འདུལ་སྡེ་རྙེག་མེད་དུ་བཙེམ་པའི་དགོས་པའམ་ཀུན་སློང་ནི་དགོན་སྡེའི་ཆབ་སྲིད་དང་དཔལ་འབྱོར་གྱི་དམིགས་བསལ་སྟོབས་ཤུགས་མེད་པ་བཟོ་རྒྱུ་དེ་རང་ལགས། དེ་ལྟ་བུའི་ཆོས་སྲིད་ཀྱི་སྡེ་གཟར་ཁྲོད་དུ་བོན་ལུགས་ཀྱིས་ཀླན་ཀ་བཙལ་ཡོད་སྐོར་བརྗོད་མཁན་ཡོད་ཀྱང་དེ་ནི་ཡིད་རྟོན་རུང་བའི་གནས་ཤིག་མ་ཡིན་ནོ།

གླང་དར་མས་གཏོར་ཕམ་བྱ་ཡུལ་ནི་གཙོ་བོ་འདུལ་སྡེའི་མ་ལག་དེ་ཡིན་ལ། བྱ་

ཐབས་དེ་ནི་ཐུབ་པའི་ཆོས་ལུགས་ཀྱི་སྟོབས་ཤུགས་ཀྱིས་ཁོང་ལ་ཚུར་རྒོལ་བྱེད་པའི་རྒྱུ་རྐྱེན་དུ་གྱུར་ཡོད། ལྷ་ལུང་དཔལ་གྱི་རྡོ་རྗེ་ནི་སྤྱིར་བཏང་གི་སྐྱེ་བོ་ཞིག་ཡིན་ལ། དེ་བས་སྤྱི་ལོ842ལོར་བཙན་པོ་གླང་དར་མ་བཀྲོངས་པར་གྲགས། གནའ་བོའི་དཔྱད་ཡིག་ཅིག་ནང་དུ་སྔ་གསལ་སྣང་གིས་གཙོས་པའི་བསམ་ཡས་དགོན་གྱི་མཁན་པོའི་མིང་ཐོ་ཞིག་འདུག་པ་དེའི་ཁྲོད་དུ་ལྷ་ལུང་དཔལ་རྡོར་ཞེས་པའི་མིང་དེ་ཨང་དགུ་པར་བཞག་འདུག་པ་ལས་དེ་པ་ནི་བསམ་ཡས་གཙུག་ལག་ཁང་གི་མཁན་པོ་སྐྱ་ཐོག་དགུ་པ་དེ་ཡིན་ཚུལ་བསྟན་ཡོད་དོ།

༤། གསང་སྔགས་ཀྱི་གཞུང་ཉིད་བོད་དུ་དར་བའི་དུས་མཚམས་སྐོར་གླེང་བ།

གླང་དར་མ་བཀྲོངས་རྗེས་བོད་ཀྱི་ལོ་རྒྱུས་དེ་མུན་ཐོམ་གྱི་གནས་སུ་གྱུར་ཡོད་ལ་དུས་མཚམས་དེ་ནི་སྤྱི་ལོ842 – 1000བར་ཡིན་ལ་སྲོལ་རྒྱུན་ལྟར་ན་དུས་མཚམས་དེ་ལ‘ བོད་སིལ་བོའི་དུས’ ཞེས་ཟེར་བ་ཡིན། འོན་ཀྱང་། ལོ་རྒྱུས་ཀྱི་དུས་རིམ་དེའི་ནང་དུ་བོད་ཀྱི་ཆབ་སྲིད་དང་། རིག་གནས། ཆོས་ལུགས་བཅས་ལ་འཕེལ་རྒྱས་ཆེན་པོ་བྱུང་ཡོད་ལ། དེས་དུས་རབས་བཅུ་གཅིག་པ་ནས་འགོ་བཙུགས་ཏེ་ཐུབ་པའི་ཆོས་ལུགས་ཉིད་སླར་གསོ་བྱེད་པའི་བྱ་གཞག་ནང་དུ་སྲ་ཞིང་བརྟན་པའི་རྨང་གཞི་བཏིང་ཡོད་ལ། གལ་ཆེའི་ནུས་པ་འདོན་སྤེལ་བྱས་ཡོད།

བོད་སིལ་བུའི་དུས་སུ་ཐོ་བཀོད་བྱས་པའི་ལོ་རྒྱུས་གནས་ཚུལ་སྐོར་ཤེས་ཐབས་བྲལ་བས་སྐབས་དེ་དུས་ཡང་སྙིང་ལོ་རྒྱུས་འཕེལ་རྒྱས་ཇི་ལྟར་བྱུང་ཡོད་སྐོར་སྨྲ་དཀའ། འོན་ཀྱང་། ང་ཚོས་མཐོང་ཐུབ་པའི་མངོན་གསལ་དོད་ཤོས་ཀྱི་སྣང་ཚུལ་ནི་གཉིས་ལས་མ་འདས་ཏེ། གཅིག་ནི་བོད་ཁམས་དེ་སླར་ཡང་གནམ་རི་སྲོང་བཙན་གྱི་དུས་སུ་ཕྱིར་ལོག་བྱས་པ་ལྟར་སིལ་བུར་ཐོར་བས་ཆབ་སྲིད་དང་། དཔལ་འཁོར། སྤྱི་ཚོགས་ལ་ཡོ་ཁྱོམ་ཆེན་པོ་ཕོག་པ་དང་། གཉིས་ནི་འདུལ་བའི་སྡེ་རྣམས་མེད་པར་བཟོས་པ་དང་།‘ ཆོས་ཀྱི་འདུན་ས’ ཞེས་པ་དེ་ཡང་གར་སོང་ཆ་མེད་ཀྱི་ཡུལ་དུ་བརྫངས་པས་ན་དེ་སྟོན་སྤེལ་མ་ཆོག་པར་རྒྱ་བཏབ

ཡོད་པའི་གསང་སྔགས་ཀྱི་གཞུང་རྣམས་ལ་ཉམས་ལེན་བྱེད་པའི་གོ་སྐབས་ཐོབ་པ་བཅས་སོ།

ཐུབ་པའི་ཆོས་ལུགས་ཀྱི་བསྟན་པ་ཞིག་གིས་བོད་ཀྱི་བཙན་པོ་ཉིད་སློ་བུར་དུ་ལྷ་ལམ་དུ་བཏང་བ་ལས་རེ་ཞིག་རྒྱལ་པོའི་ཁྲི་སྟོང་པར་ལུས་པ་དང་། བཙན་པོའི་ཁྲི་ལས་སྲས་སྲིས་སུ་ཞིག་བསྐོས་མིན་ཐད་ནང་རྩོད་ཤོར་ཀྱང་མཐའ་མ་འོད་སྲུང་བགྲེས་པ་དེ་བཙན་པོའི་ཁྲིར་བཏོན། འོན་ཀྱང་འབངས་རྣམས་མ་མགུ་བས་སྤྱི་ལོ929ལོར། ‘ཁེང་ལོག’ ཅེས་འབངས་གྱེན་ལོག་གི་དུས་ཟིང་ལངས། འབངས་གྱེན་ལོག་གི་དུས་ཟིང་དེ་རིམ་བཞིན་ཕྱོགས་ཁག་གཉིས་ཏེ་དབའ་ཁྱིམ་དང་འབྲོ་ཁྱིམ་གཉིས་དབར་དམག་འཁྲུག་བྱེད་པའི་རྒྱུར་གྱུར་ཡོད། དབའ་དང་འབྲོ་ཞེས་པའི་རུས་ཁྱིམ་གཉིས་ཀྱི་འགལ་ཟླ་ནི་སྔར་བསམ་ཡས་སུ་བོད་ན་རྒྱ་དཀར་ནག་གཉིས་ཀྱི་ལུགས་ལས་ཡང་སྙིང་ལུགས་ཅི་ཞིག་ལ་ཁུངས་བཙོལ་མིན་སྐོར་རྩོད་པ་བྱེད་པའི་དུས་ནས་ལྷག་ཡོད། དེ་ཡང་དབའ་ཁྱིམ་གྱིས་རྒྱ་གར་གྱི་ཐུབ་པའི་ཆོས་ལུགས་ཀྱི་ལྟ་བར་རྗེ་མཐོང་འབྲོ་ཁྱིམ་གྱིས་རྒྱ་ནག་ཧྭ་ཤང་གི་ལུགས་ལ་དད་ཞེན་ཆེར་བྱ་བ་ཡིན།

བོད་བཙན་པོའི་གཅིག་གྱུར་སྲིད་དབང་ཐོར་ནས་ལོ་བརྒྱད་སོང་རྗེས། སྔར་བཙན་པོ་རིམ་ཕྱོན་སྐབས་ནས་དབང་འོག་ཏུ་བསྡུས་པའི་ཏུར་ཁེ་སི་ཐའན་གྱི་ས་མཚམས་བར་གྱི་ཡུལ་གྲུ་རྣམས་དང་། སྤྱི་ལོ787ལོ་ནས་བཟུང་བདག་སྐྱོང་བྱས་པའི་ཏུན་ཧོང་སོགས་རིམ་བཞིན་གཞན་དབང་དུ་ཤོར་ཡོད།

བཙན་པོའི་རྒྱལ་རབས་ཐོར་ཞིག་ཏུ་སོང་ནས་སྟོབས་ཤུགས་མི་མཐུན་པ་ཕན་ཚུན་ནང་འཁྲུགས་བྱས་པས་བོད་ཀྱི་གྲགས་ཅན་ཁྱིམ་བརྒྱད་རྣམས་ལས་ཁག་གཅིག་བོད་ཀྱི་སྟོད་ཕྱོགས་སུ་མ་གྲོས་ཀ་མེད་དུ་བྱུང་བ་དང་། ཁག་གཅིག་ནི་ཨ་མདོ་སོགས་སྐབས་དེའི་བོད་ཀྱི་བྱང་ཤར་མཚམས་སུ་གནས་སྤོས་བྱས་ཡོད། དེ་ཡང་སྟོད་མངའ་རིས་ཁུལ་དུ་གུ་གེ་རྒྱལ་རབས་བཙུགས་པ་དང་དེས་དུས་རབས་བཅུ་གཅིག་པའི་སྐབས་ནས་བཟུང་ཐུབ་པའི་ཆོས་ལུགས་སྐྱར་གསོ་བྱེད་རྒྱུའི་བྱ་གཞག་ཐད་གལ་ཆེའི་ནུས་པ་འདོན་སྤེལ་བྱས་ཡོད་པ་རེད། བཙན་པོའི་སྲིད་དབང་ཐོར་རྗེས་ཀྱི་དབུས་གཙང་ཁུལ་ནི་ཆབ་སྲིད་དང་སྤྱི་ཚོགས་གང་ཅིའི་

ཐད་ཟིང་ཆའི་གློང་དུ་ཚུད་པ་དང་། ཕལ་ཆེར་སྤྱི་ལོ937ལོའི་གཡས་གཡོན་དུ་བོད་བཙན་པོའི་བང་སོ་རྣམས་གཏོར་བ་དང་། ལྷ་ཁང་དང་དགོན་སྡེ་རྣམས་ཀྱང་སྣང་མེད་ཀྱི་ཡུལ་དུ་བསྐྱུར་ནས་བཞག་གོ།

དེ་ལྟ་བུའི་དུས་བབ་ལྗིད་འཇགས་པོ་མིན་པའི་དུས་ཚོད་ནང་གསང་སྔགས་ཀྱི་ཆོས་དར་བ་མ་ཟད། ལྷག་པར་དུ་རྣལ་འབྱོར་བླ་མེད་ཀྱི་གསང་སྔགས་ཉམས་ལེན་བྱེད་ཚུལ་དར་ཁྱབ་བྱུང་ཡོད། ཐུབ་པའི་ཆོས་ལུགས་ལས་གསང་སྔགས་ཀྱི་གཞུང་ཉམས་ལེན་བྱེད་རྒྱུར་འདུལ་ཁྲིམས་སྲུང་བ་ལྟར་འདུ་ཚོགས་ཀྱི་རྣམ་པ་ཅན་གྱི་སྒྲིག་འཛུགས་ཤིག་མི་དགོས་ལ། དགོན་སྡེ་ལྟར་སྐྱ་མིའི་ཞལ་འདེབས་དང་རོགས་སྐྱོར་ལ་བརྟེན་ནས་འཚོ་གནས་ཐུབ་དགོས་པ་ཞིག་ཀྱང་མ་ཡིན། འཇིག་རྟེན་མཐུན་འཇུག་གི་ལས་བྱས་ཟིན་མིན་ལ་མ་བལྟོས་པར་ཚད་ལྡན་བླ་མ་ཞིག་ལས་དབང་ལུང་ཐོབ་རིགས་སུས་ཀྱང་གསང་སྔགས་ཉམས་ལེན་བྱ་ཆོག་པ་ཡིན། འོན་ཀྱང་། སྐབས་དེ་དུས་ཉམས་ལེན་བྱེད་པའི་གསང་སྔགས་ཀྱི་གཞུང་ལས་རིགས་ངེས་གཏན་ཞིག་ལ་ཉམས་ལེན་བྱེད་མཁན་རྣམས་ལ་‘ ཐལ་དྲགས་པ་’ ཞེས་ཟེར་བ་ཡིན། བཙན་པོའི་སྐབས་དམ་བསྒྲགས་བྱས་པའི་རྣལ་འབྱོར་བླ་མེད་ཀྱིས་གཙོས་པའི་གསང་སྔགས་ཀྱི་གཞུང་རྣམས་ལ་འཁོན་ཐོགས་མེད་པར་ཉམས་ལེན་བྱ་བ་ཡིན་ནོ།

དེང་སྐབས་ཡོངས་ཁྱབ་ཏུ་སྤྱོད་པའི་གསང་བ་སྙིང་པོའི་གཞུང་དེ་ནི་བོད་སིལ་བུའི་དུས་ཀྱི་རྣལ་འབྱོར་བླ་མེད་ཀྱི་གསང་སྔགས་ཉམས་ལེན་བྱེད་མཁན་ཚོའི་རྨང་གཞིའི་གཞུང་ལུགས་ཤིན་ཏུ་བརྟེན་པ་ཡིན། དུས་རབས་བརྒྱད་པའི་སྐབས་སུ་བོད་ཀྱི་བཙན་པོས་དཔེ་རྒྱུན་དེ་ལེགས་སྦྱར་གྱི་སྐད་ནས་བོད་སྐད་དུ་ཕབ་སྒྱུར་བྱེད་རྒྱུར་བཀག་སྡོམ་མཛད་ཡོད། ཕྱིས་སུ་དཔེ་རྒྱུན་དེ་ཁུངས་མ་དག་པ་ཡིན་པར་ངོས་འཛིན་གནང་དགོས་པའི་རྒྱུ་རྐྱེན་ནི་གཞུང་དེའི་ནང་དུ་‘ སྦྱོར་’ དང་། ‘ སྒྲོལ་’ སོགས་ཀྱི་ལྟ་བ་བསྲེས་ཡོད་པས་སོ། བོད་སིལ་བུའི་དུས་སུ་འདི་ལྟ་བུའི་ལྟ་སྤྱོད་གཉིས་རྒྱ་ཆེར་དར་ཡོད་དེ། སྐབས་དེ་རང་དུ་བརྩམས་པར་གྲགས་པའི་དཔྱད་གཞིའི་ཡིག་ཆ་ཞིག་ནང་དུ། སྦྱོར་དང་སྒྲོལ་གྱི་ལྟ་སྤྱོད་གཉིས་དར་བ་ལས་དེས་སྤྱིར་སྐྱེ་བོ་རྣམས་ཀྱིས་ཐུབ་པའི་ཆོས་ལུགས་ཀྱི་གཞུང་ལུགས་ལ་ངོས་འཛིན་བྱེད་ཚུལ

ཐད་འབྲུལ་གཞི་བཟློས་པ་མ་ཟད། ཚོས་དེ་སྤེལ་སྐབས་སུ་ཚོས་ཡོན་གྱི་དོད་དུ་སྒོ་ཕྱུགས་སེམས་ཅན་དང་ཅ་དངོས་གཞན་ཅི་རིགས་ལེན་པ་དང་། བུད་མེད་དག་ཕྱོ་བོ་ཡོད་མེད་ལ་མ་ལྟོས་པར་རང་གི་བདག་མོར་བྱས་པ་བཅས་ལས་སྐབས་དེའི་སྤྱི་ཚོགས་དང་དཔལ་འབྱོར་གཉིས་ཐད་རྙོག་འཛིང་ཆེན་པོ་ལྷག་ཡོད་པ་མངོན་ཐུབ།

༤༽ བོད་དུ་མཚན་ཉིད་རིག་པའི་གཞུང་ལུགས་གསར་པ་སྙེ་རྫོགས་ཆེན་གཞུང་ཞིག་ཆགས་གྲུབ་བྱུང་བའི་སྐོར་གླེང་བ།

བོད་ཀྱི་བཙན་པོའ་སྐབས་སུ་འདུལ་སྡེ་དར་ཤུགས་ཆེ་ལ། བཙན་པོའི་སྲིད་དབང་ཕོར་རྗེས་དེ་ལས་ལྡོག་སྟེ་གསང་སྔགས་ཀྱི་གཞུང་དག་ཁྱབ་ཆེ་བ་བྱུང་ཡོད། དེ་དང་ཆབས་ཅིག་ཏུ་མཚན་ཉིད་རིག་པའི་ལྟ་བ་དང་གཞུང་ལུགས་གསར་པ་ཞིག་དར་བཞིན་ཡོད་པ་ནི་རྫོགས་ཆེན་ཞེས་པ་དེ་ཡིན། རྫོགས་ཆེན་གྱི་གཞུང་ལུགས་འཛིན་པ་རྣམས་ལྟར་ན། རྫོགས་ཆེན་ཞེས་པའི་ཐ་སྙད་དེ་ནི་གསང་སྙིང་པོའམ་ཡང་ན་དེ་འདྲ་བའི་གསང་སྔགས་ཀྱི་གཞུང་ཞིག་ལས་མཆེད་པར་འདོད་ལ། ཕྱིས་སུ་རྫོགས་ཆེན་གྱི་གཞུང་ལ་བོད་རང་གི་ཐུབ་པའི་ཆོས་ལུགས་ཀྱི་ཁྱད་ཆོས་མངོན་གསལ་དོད་པོས་སྤྱར་ནས་འཕེལ་རྒྱས་བཏང་ཡོད། དུས་རབས་བརྒྱད་པའི་སྐབས་སུ་ཡང་སྙིང་རྫོགས་ཆེན་གྱི་མཚན་ཉིད་རིག་པའི་གཞུང་ལུགས་དར་ཡོད་མེད་སྐོར་དཔང་རྟགས་བཙན་པོ་གང་ཡང་མ་རྙེད་པས་ཚོད་དཔག་གི་ལས་ཙམ་དུ་ཟད། འོན་ཀྱང་། འདིར་གླེང་བར་བྱ་འོས་ཤིག་ནི་བསམ་ཡས་དགོན་པའི་ལྡེབས་རིས་ཤིག་གི་ཐོག་ཏུ་ལྷ་ཁང་ཆུང་ཆུང་ཞིག་བྲིས་ཡོད་ལ་ལྷ་ཁང་དེ་རྫོགས་ཆེན་གྱི་གཞུང་སྤེལ་ཕྱིར་ཕྱག་བཏབ་ཚུལ་འཁོད་འདུག་ལྷ་ཁང་དེ་ལྟ་བུ་ཞིག་ཡོད་ཚུལ་《སྦ་བཞེད་》ནང་དུའང་འཁོད་མེད་པའ་ལྷ་ཁང་དེ་ནི་ཕྱིས་སུ་ཕྱག་བཏབ་པ་ཞིག་ཡིན་ངེས་སེམས་སོ།

སྐབས་འདིའི་རྣལ་འབྱོར་བླ་མེད་ཀྱི་གསང་སྔགས་ཀྱི་མཚན་ཉིད་རིག་པའི་ཇད་འགྲེལ་ཚུལ་མི་གཅིག་པ་ཡོད་ནའང་དེའི་གཙོ་བོའི་ལྟ་བ་ནི་"ཡེ་ནས་ལྷུན་གྱིས་གྲུབ་

པ་” དང་“ གདོད་ནས་དག་པའམ་ཀ་དག་” ལུགས་ཀྱིས་ནུས་པ་འདོན་སྤེལ་གང་ཙམ་བྱས་ཡོད་ཚོད་འདུག་ནའང་དེའི་ནུས་པ་ནི་ཕྱོགས་རེ་ཙམ་དུ་ཟད། ཕྱིས་སུ་རྫོགས་ཆེན་གྱི་གཞུང་ལས་ཨ་ཏི་ཡོ་གའི་གསང་སྔགས་སྒྲུབ་ཚུལ་དར། སྐབས་དེ་ནས་བཟུང་ཨ་ཏི་ཡོ་ག་དེ་ནི་ཐུབ་པའི་ཆོས་ལུགས་ཀྱི་གཞུང་ལུགས་ཁྲོད་ཀྱི་གལ་ཆེའི་གྲུབ་ཆ་ཞིག་ཏུ་གྱུར་ཡོད་དོ། དེར་བརྟེན། རྫོགས་ཆེན་ནི་མ་ཧ་ཡོ་གའི་གསང་སྔགས་གཞུང་དང་། ཡེ་ནས་ལྷུན་གྱིས་གྲུབ་པའི་ལྟ་བ། གདོད་ནས་དག་པ་བཅས་ཀྱི་ལྟ་བ་རྣམས་མཉམ་བསྲེས་བྱས་ནས་གྲུབ་པའི་ལུགས་ཤིག་ཡིན་ནོ།

གནའ་བོའི་ཐུབ་པའི་ཆོས་ལུགས་ཀྱི་གྲགས་ཅན་མི་སྣའི་གྲས་ལས་སངས་རྒྱས་གསང་བའམ་སྦས་པ་(Buddagupta) ནི་རྫོགས་ཆེན་གཞུང་ལུགས་ཀྱི་ཤིང་རྟའི་སྲོལ་འབྱེད་པོ་ཞིག་ཡིན་ལ། གཞུང་དེ་ཕྱིས་སུ་འཕེལ་རྒྱས་ཕྱིན་པའི་གོ་རིམ་ནི་ང་ཚོས་གསལ་པོར་མཐོང་ཐུབ། དེ་ཡང་དམ་པ་དེའི་ལུགས་ཀྱི་ཤུགས་རྐྱེན་ནི་གཉན་དཔལ་དབྱངས་ལ་ཐོག་ནས་ཕྱི་མ་དེས་གཞུང་དེ་དང་འབྲེལ་བའི་བསྟན་བཅོས་འགའ་ཞིག་བརྩམས་གནང་མཛད་ཡོད། དེ་བཞིན་རྫོགས་ཆེན་གྱི་བསྟན་བཅོས་གཙོ་གྲས་ཤིག་ཡིན་པར་འདོད་པའི་《 རིག་པའི་ཁུ་བྱུག》ནི་བཻ་རོ་ཙ་ནས་པབ་སྒྱུར་མཛད་པར་གྲགས་ལ། གཞུང་དེས་ཀྱང་རྫོགས་ཆེན་གྱི་མཚན་ཉིད་རིག་པ་འཕེལ་རྒྱས་འགྲོ་རྒྱུའི་ཐད་གལ་ཆེའི་ནུས་པ་བཏོན་ཡོད་པས་དེ་ལ་བརྩི་མཐོང་བྱ་བའི་སྲོལ་ཡང་དར་ཡོད།

གོང་དུ་ངོ་སྤྲོད་བྱས་པའི་གཞུང་རྣམས་ནི་ཕྱིས་སུ་གནུབས་སངས་རྒྱས་ཡེ་ཤེས་ཀྱིས་བརྩམས་གནང་མཛད་པའི་《 བསམ་གཏན་མིག་སྒྲོན་ 》ལ་སོགས་པའི་ཁུངས་བཙལ་ཡུལ་ཡིན། སྲོལ་རྒྱུན་ལྟར་ན། གཉན་དཔལ་དབྱངས་ནི་གནུབས་སངས་རྒྱས་ཡེ་ཤེས་ཀྱི་དགེ་བའི་བཤེས་གཉེན་ཡིན་ཚུལ་བརྗོད་ལ། མཁས་པ་དེ་རྣམས་ནི་མ་ཧ་ཡོ་གའི་རྒྱུད་སྡེར་མངའ་བརྙེས་པའི་མཁན་སློབ་ཏུ་བརྩི་བ་ཡིན། གནུབས་སངས་རྒྱས་ཡེ་ཤེས་ཀྱིས་བརྩམས་པའི་བསྟན་བཅོས་རྣམས་ཡོངས་ཁྱབ་ཏུ་དར་བ་ལས་དུས་རབས་བཅུ་པའི་སྐབས་སུ་སླེབས་སྐབས་རྫོགས་ཆེན་གྱི་གཞུང་ལུགས་ཀྱི་རྐང་པ་བོད་དུ་བརྟན་པོར་ཚུགས་ཡོད་ཀྱང་། དེ་ནི་སྐབས་དེ་

ཤེད་དུ་བོད་དུ་དར་བའི་ཐུབ་པའི་ཆོས་ལུགས་ཀྱི་གསང་སྔགས་ཀྱི་གཞུང་སྤྱི་ལས་ལོགས་སུ་འཕེལ་བའི་ལུགས་ཤིག་ཡིན་ནོ།

སྐབས་དེ་དུས་ཆོས་ཕྱོགས་དང་གཞུང་ཕྱོགས་ཅི་རིགས་ཀྱི་རྣམ་པའི་ཐོག་ནས་གསང་སྔགས་ཀྱི་གཞུང་ལ་ཉམས་ལེན་བྱེད་པར་བརྟག་ཞིབ་བྱེད་པའི་ཁྲིམས་སྲོལ་ཞིག་ཆགས་མེད་པས་མ་ཧཱ་ཡོ་གའི་རྒྱུད་སྡེ་དང་འབྲེལ་བའི་ཚོ་ག་བྱེད་སྲོལ་སྣ་ཚོགས་དར་ཡོད། དུས་རབས་བཅུ་པའི་དུས་མཇུག་ཏུ་སླེབས་སྐབས་བོད་བཙན་པོའི་རྒྱུད་པ་དང་སྐབས་དེ་དུས་མངའ་རིས་ཀྱི་རྒྱལ་པོ་གནང་མྱུས་ཀྱི་ལྷ་བླ་མ་ཡེ་ཤེས་འོད་ཀྱིས་གཞི་ནས་སྐབས་དེ་དུས་ཉམས་ལེན་བྱེད་པའི་གསང་སྔགས་ཀྱི་གཞུང་དེ་ཁུངས་དག་པ་ཡིན་མིན་ལ་དོགས་སློང་དང་སྣུན་འཁྲིན་མཛད་ཡོད། གནས་ཚུལ་དེ་དག་ལ་བརྟེན་ནས་ལྷ་བླ་མ་ཡེ་ཤེས་འོད་ཀྱིས་བཀའ་ཤོག་ཅིག་བསྒྲགས་གནང་མཛད་ནས་ཁོང་གིས་སྐབས་དེའི་གསང་སྔགས་ཀྱི་ཆོས་ཉམས་ལེན་བྱེད་ཚུལ་ཁག་གཅིག་ཁས་ལེན་གནང་མེད་ལ། དེ་ལྟར་མུ་མཐུད་བྱེད་པའི་སྲོལ་ཉིད་མཚམས་འཛོག་དགོས་པའི་ཉེན་བརྡ་གཏོང་གནང་མཛད་ཡོད། ཁོང་གིས་གསང་སྔགས་ཀྱི་གཞུང་ལ་རྩོད་སློང་དང་། དོགས་པ་ཅན་གྱི་ཆོས་ལུགས་ལྟ་བ་དེ་དག་རྩ་བ་ནས་མེད་པར་བཟོ་བའི་དགོངས་པ་ལས་མཐར་སྤྱི་ལོ1042ལོར་ཨ་ཏི་ཤ་བོད་དུ་ཕྱིན་པའི་སྐལ་བ་འཁྲུངས་ཤིང་། སྐབས་དེ་ནས་བཟུང་བོད་གངས་ཅན་གྱི་ལྗོངས་སུ་སངས་རྒྱས་བསྟན་པའི་འཕེལ་རིམ་གསར་པའི་སྒོ་འཕར་ཡངས་པོར་ཕྱེ་ཡོད་དོ།

བདུན། བོད་བརྒྱུད་ནང་བསྟན་ཆོས་ལུགས་ཏེ་མདོ་སྔགས་ཟུང་འབྲེལ་གྱི་བསྟན་པ་དར་བའི་སྐོར་གླེང་བ།

ཨ་ཏི་ཤ་བོད་དུ་ཕྱིན་དགོས་དོན་ནི་སྐབས་དེ་དུས་བོད་དུ་ཡོངས་ཁྱབ་ངང་དར་བའི་གསང་སྔགས་ཀྱི་ཆོས་ལ་ཉམས་ལེན་ཡང་དག་པར་མི་བྱེད་པའི་སྤྱོད་ཚུལ་དག་མེད་པར་བཅོས་ནས་བོད་བརྒྱུད་ཐུབ་པའི་ཆོས་ལུགས་དེ་ཁུངས་བཙན་ཡང་དག་གི་ལྟ་སྤྱོད་ཀྱི་ལམ་དུ་ཁ་ལོ་བསྒྱུར་རྒྱུ་དེ་ཡིན། འོན་ཀྱང་། རྒྱ་གར་འཕགས་པའི་ཡུལ་དུ་གསང་སྔགས་ཀྱི་གཞུང་

ལ་ཉམས་ལེན་བྱེད་པ་ནི་ཐུབ་པའི་ཆོས་ལུགས་ཀྱི་ལྟ་སྒོམ་སྤྱོད་གསུམ་གྱི་གལ་ཆེའི་གྲུབ་ཆ་ཞིག་ཏུ་གྱུར་ཡོད་པ་མ་ཟད། དུས་ཡུན་ཡང་རིང་ཐག་ཆོད་སོང་།

ལྷ་བླ་མ་ཡེ་ཤེས་འོད་ཀྱི་ཡང་ཚ་ལྷ་བཙུན་བྱང་ཆུབ་འོད་ཀྱིས་ཨ་ཏི་ཤར་གསང་སྔགས་ཀྱི་ནང་དོན་དང་འབྲེལ་བའི་དྲི་བ་བདུན་བཏོན་གནང་བར་གྲགས། དེ་དག་ལས་དྲི་བ་གལ་ཆེ་ཤོས་དེ་ནི་ཐུབ་པའི་ཆོས་ལུགས་ཀྱི་བཙུན་པ་ཞིག་ཡིན་ཕྱིན་གསང་སྔགས་ཀྱི་གཞུང་ལ་ཉམས་ལེན་བྱ་རུང་དང་མི་རུང་ཞེས་པ་དེ་ལགས། དེའི་ལན་ལྟ་བུར་ཨ་ཏི་ཤས《བྱང་ཆུབ་ལམ་སྒྲོན་》ཞེས་པའི་དཔེ་ཆ་དེ་བརྩམས་པར་མཛད་ལ། དཔེ་ཆ་དེའི་ནང་དུ་ཁོང་གིས་ཐུབ་པའི་ཆོས་ལུགས་ཀྱི་བཙུན་པ་ཞིག་ཡིན་ཕྱིན་མདོ་སྔགས་གཉིས་ཀར་སློབ་གཉེར་བྱ་དགོས་པ་མ་ཟད། གསང་སྔགས་ཀྱི་གཞུང་ལུགས་ཉམས་ལེན་བྱེད་སྐབས་སྡོམ་ཁྲིམས་གཙང་མ་སྲུང་དགོས་ཚུལ་གྱི་འགྲེལ་བཤད་ཀྱང་མཛད་ཡོད། དེ་བཞིན་གསང་སྔགས་ཀྱི་གཞུང་ལ་ཉམས་ལེན་བྱེད་རྒྱུ་དེ་ཐར་པའི་ལམ་ལ་བགྲོད་པའི་གལ་ཆེའི་ཐབས་ལམ་ཞིག་ཏུ་ངོས་འཛིན་བྱ་དགོས་ཚུལ་བསྟན་ཡོད། དེར་བརྟེན། ཨ་ཏི་ཤའི་བོད་ཀྱི་ཐུབ་པའི་ཆོས་ལུགས་དར་སྤེལ་ཁྲོད་ཀྱི་འཕྲིན་ལས་ནི་བོད་ཀྱི་བཙུན་པ་རྣམས་ཀྱིས་སྡོམ་ཁྲིམས་ནན་པོར་སྲུང་བ་དང་། བོད་དུ་མདོ་སྔགས་ཟུང་འབྲེལ་གྱི་ཐེག་པར་བརྩོན་གཉེར་བྱ་བའི་ཆོས་ལུགས་མ་ལག་ཅིག་གྲུབ་པ་དེ་ཡིན། དུས་རབས་བཅུ་གཉིས་ནས་འགོ་བརྩམས་ཏེ་ཐོན་པའི་བོད་ཀྱི་ཐུབ་པའི་ཆོས་ལུགས་ཀྱི་གྲུབ་མཐའ་ཁག་གིས་གོང་དུ་འཁོད་པའི་མདོ་སྔགས་ཟུང་འབྲེལ་གྱི་གཞུང་ལུགས་ལ་བརྟེན་ནས་རང་ལུགས་དར་སྤེལ་བཏང་ཡོད་ནའང་། རྙིང་མས་གཙོས་པའི་ཆོས་ལུགས་གྲུབ་མཐའ་རེ་གཉིས་ཀྱིས་སྔར་བཞིན་གསང་སྔགས་གཙོ་ཆེར་འཛིན་པའི་སྲོལ་རྒྱུན་བསྐྱངས་ཡོད།

བརྒྱད། རྙིང་མའི་གྲུབ་མཐའི་གནས་བབ་སྐོར་གླེང་བ།

བོད་དུ་མདོ་སྔགས་ཟུང་འབྲེལ་གྱི་སྲོལ་རྒྱུན་དར་བས་སྔར་བྱུང་སྔོང་མེད་པའི་བཀའ་བསྟན་བཅོས་ཇི་སྙེད་ཅིག་བོད་ཡིག་ཐོག་ཕབ་སྒྱུར་དང་དར་ཁྱབ་བྱུང་ཡོད། སྣང་དར་གྱིས་བསྟན་པ་བསྒྲུབས་རྗེས་ཐོན་པའི་རྗེས་འབྲང་ཆོས་པ་རྣམས་ཀྱིས་རང་ཉིད་ནི་སྔར་གྱི་སྲོལ་

རྒྱུན་འཛིན་བྱེད་མཁན་འབའ་ཞིག་ཏུ་ངོས་འཛིན་གྱིས་གྲུབ་མཐའི་མིང་ལ་འང་‘ རྙིང་མ་’ ཞེས་བཏགས་ཡོད། རྙིང་མ་པ་རྣམས་ནི་བོན་པོས་དྲན་པ་ནམ་མཁར་བྱེད་པ་ལྟར། རང་སོའི་གྲུབ་ལུགས་དེ་ནི་བོད་བཙན་པོའི་སྐབས་སུ་སློབ་དཔོན་པདྨ་འབྱུང་གནས་ཀྱིས་སྲོལ་གཏོད་པར་ངོས་འཛིན་བྱ་བ་ཡིན་ནའང་། ང་ཚོས་ད་བར་ལྟ་ཚུལ་དེ་ཡང་དག་པར་བསྟན་པའི་དཔྱད་གཞིའི་ཡིག་ཆ་རྙེད་སོན་ཐུབ་མེད་པས་ན། རྙིང་མ་བའི་ལུགས་ནི་ཏ་ལམ་རྒྱལ་པོ་གླང་དར་མ་བསྒྲགས་རྗེས་བོད་དུ་དར་བའི་གསང་སྔགས་ཀྱི་སྒྲུབ་ལུགས་ཤིག་ཡིན་པ་ར་སེམས། དེ་ལྟར་ངོས་འཛིན་བྱ་དགོས་དོན་ནི། རྙིང་མའི་ལུགས་ནི་ཁུངས་བཙན་མིན་པའི་ཆོས་གཞུང་ཞིག་དང་གྲུབ་མཐའ་དེས་ཉམས་ལེན་བྱེད་པའི་གསང་སྔགས་ཀྱི་གཞུང་ཡང་འབྲེལ་བྲལ་ཞིག་མ་ཡིན། འོན་ཀྱང་། རྙིང་མའི་མཁས་པ་རཏྣ་གླིང་པ་ (1403 – 1478) ཡི་སྐུ་དུས་སུ་སླེབས་སྐབས། རྙིང་མའི་གཞུང་དཔེའི་ཁ་གྲངས་དེ་བརྒྱར་འཕེལ་ནས་མཐའ་མ་《 རྙིང་མ་རྒྱུད་འབུམ་ 》ཞེས་པའི་དཔེ་ཚོགས་ཤིག་གྲུབ་ཡོད་པ་རེད།

སྤྱིར་རྫོགས་ཆེན་གྱི་གཞུང་ཡང་གོང་ལྟར་ཁུངས་བཙན་པོ་མེད་པའི་གཞུང་ལུགས་ཤིག་ཏུ་ངོས་འཛིན་བྱ་བ་ཡིན། དུས་རབས་བཅུ་གཅིག་པའི་དུས་དཀྱིལ་དུ་བོད་ཀྱི་མཁས་པ་རོང་ཟོམ་ཆོས་ཀྱི་བཟང་པོས་རྫོགས་ཆེན་གྱི་གཞུང་ལ་དག་སེལ་བྱེད་རྒྱུའི་དགོས་པར་གཟིགས་ཏེ་《 ཐེག་ཆེན་ 》ཞེས་པའི་བསྟན་བཅོས་དེ་བརྩམས་གནང་མཛད་ཡོད་ནའང་དཔེ་ཆ་དེ་བེད་སྤྱོད་བྱེད་མཁན་བྱུང་མེད། དེས་ན་རྫོགས་ཆེན་གྱི་གཞུང་ནི་སྔར་བཞིན་ཁུངས་བཙུན་མིན་པའི་གཞུང་ལུགས་ཤིག་ཏུ་ངོས་འཛིན་བྱས་པས་དུས་རབས་འགའ་ཞིག་རིང་རྫོགས་ཆེན་དེ་བཞིན་རྩོད་རྙོག་ལྡན་པའི་ཆོས་གཞུང་ཞིག་ཏུ་ལུས་ཡོད། འོན་ཀྱང་རྫོགས་ཆེན་དེ་བཞིན་བོད་ཀྱི་ཐུབ་པའི་ཆོས་ལུགས་ཁྲོད་དུ་ཐུན་མོང་མ་ཡིན་པའི་ཁྱད་ཆོས་ཀྱིས་སྤུད་ནས་གནས་ཡོད་ལ། གཞུང་ལུགས་དེ་ནི་རྙིང་མ་བ་ཁོ་ནས་ཉམས་ལེན་བྱེད་པའི་གཞུང་ཞིག་མ་ཡིན་པར་དེ་ལ་བོན་པོས་ཀྱང་ཉམས་ལེན་བྱ་བ་ཡིན། བོན་ལུགས་ཀྱིས་དུས་གང་ཙམ་ནས་རྫོགས་ཆེན་གྱི་གཞུང་ལ་ཉམས་ལེན་བྱེད་སྲོལ་དར་བའི་གནས་ཚུལ་གསལ་པོ་མ་ཤེས་ནའང་། ང་ཚོའི་ལག་ཏུ་ཡོད་པའི་སྒྲུབ་བྱེད་ཤུན་སུམ་ཚོགས་པོ་དེ་དག་ལས་རྫོགས་ཆེན་གྱི་གཞུང་དེ་

བོན་ལུགས་ཀྱིས་ཉམས་ལེན་བྱེད་འོག་ཚུགས་པའི་དུས་ནི་དུས་རབས་བཅུ་གཅིག་པའི་སྐབས་ནས་ཡིན་པར་བསྟན་བཞིན་ཡོད་ཀྱང་དེ་ལ་ད་དུང་མུ་མཐུད་དཔྱད་པ་བྱེད་དགོད་པར་སྙམ། རྫོགས་ཆེན་གྱི་གཞུང་ཁྲིད་དུ་གནའ་བོའི་བོད་ཀྱི་དམངས་ཁྲིད་དུ་དར་ཁྱབ་ཆེ་བའི་ཆོས་ལུགས་དང་མོས་ཀྱི་ལྟ་བ་འདྲེས་ཡོད་པ་ནི་དཔེར་ན། སྐྱེ་བོའི་རྫས་ལས་གྲུབ་པའི་ཕུང་པོ་དེ་འགོ་རྒྱུ་ཡོད་པའི་ལྟ་བ་དེ་དག་དུས་རབས་བཅུ་གཅིག་པའི་སྐབས་སུ་བརྩམས་པར་གྲགས་པའི་རྫོགས་ཆེན་གྱི་དཔེ་ཚའི་ནང་དུ་མཉམ་བསྲེས་བྱས་ཡོད་པ་རེད། ལར་རྫོགས་ཆེན་གྱི་གཞུང་ལུགས་ཉམས་ལེན་བྱེད་མཁན་རྣམས་གྲོགས་མེད་ཁྱིར་རྐྱང་དུ་གནས་པ་ལྟར་ཡོད་ནའང་དེ་དག་ནི་རིས་མེད་གྲུབ་མཐའ་འཛིན་པར་སྤྱོགས་མཁན་ཞིག་ལགས། དེ་ལྟར་བརྗོད་དགོས་པའི་རྒྱུ་མཚན་ནི་ཕོང་ཆོས་ཁས་ལེན་པའི་མཚན་ཉིད་རིག་པའི་ལྟ་ཚུལ་དང་འབྲེལ་བ་ལྡན་པས་སོ། བོད་དུ་ཆོས་གཞུང་ལ་མངའ་བརྙེས་ཤིང་རིས་མེད་གྲུབ་མཐའ་འཛིན་པའི་སྐྱེ་བོ་དམ་པ་མི་ཉུང་བ་ཞིག་བྱུང་མྱོང་ཡོད་པ་ནི་དཔེར་ན་ཀློང་ཆེན་རབ་འབྱམས་(1308 – 1363) དང་རྡོ་རྗེ་གླིང་པ་(1346 – 1405) བཅས་དང་། དུས་རབས་བཅུ་བདུན་པའི་ནང་བྱོན་པའི་དགེ་ལུགས་པའི་མཁས་བཙུན་དཔེར་ན་པཎ་ཆེན་བློ་བཟང་ཆོས་རྒྱན་(1562 – 1662) དང་ཏཱ་ལའི་བླ་མ་སྐུ་ཕྲེང་ལྔ་པ་(1617 – 1682) བཅས་ཀྱིས་ཀྱང་རྫོགས་ཆེན་གྱི་གཞུང་ལ་ཉམས་ལེན་གནང་མྱོང་བའི་ལོ་རྒྱུས་ཡོད། གོང་གསལ་རྒྱུ་མཚན་དང་དོན་དངོས་རྣམས་ལས། རྫོགས་ཆེན་གྱི་གཞུང་དེ་ནི་མཐའ་མ་བོད་བརྒྱུད་ཐུབ་པའི་ཆོས་ལུགས་ཀྱི་གྲུབ་མཐའ་ཁག་དང་བོན་ལུགས་གཉིས་ཀའི་རིས་མེད་ཀྱི་ལུགས་ལ་མཉེས་པའི་མཁས་བཙུན་དག་གིས་ཉམས་ལེན་བྱེད་པའི་གཞུང་ལུགས་ཤིག་ཏུ་འགོ་འགྱུར་ཡོད་དོ་ཞེས་བརྗོད་ན་མི་འཚམས་པ་ཅི་ཡང་མེད་སྙམ་མོ། དེ་ལྟ་བུའི་རིས་མེད་ཀྱི་ཆོས་ལུགས་ལྟ་བ་འཛིན་པའི་སྲོལ་རྒྱུན་དེ་དུས་རབས་བཅུ་དགུའི་སྐབས་“རིས་མེད་ལུགས་ཀྱི་རླབས་རྒྱུན་འཕྱུར་བར་” མཛད་པོ་གྲགས་ཅན་མཁས་པ་འཇམ་དབྱངས་མཁྱེན་བརྩེས་(1820 – 1892) གཙོས། ཀོང་སྤྲུལ་ཡོན་ཏན་རྒྱ་མཚོ་(1811 – 1899) དང་བོན་ལུགས་ཀྱི་མཁས་པ་ཤར་རྫ་བཀྲ་ཤིས་རྒྱལ་མཚན་(1859 – 1934) སོགས་ཀྱིས་དར་སྤེལ་

མཛད་ཡོད།

མིག་སྔར་བོད་ཀྱི་ཤེས་རིག་ལ་ཕྱི་ཕྱོགས་རིག་གནས་ཀྱི་ཤུགས་རྐྱེན་ཕོག་ཡོད་ནའང་། འདིར་གླེང་དགོས་པ་ཞིག་ནི་རིས་མེད་ཀྱི་ལྟ་བའི་ལུགས་དེར་བོད་ནང་དུ་སློབ་གཉེར་དང་ཉམས་ལེན་བྱེད་པ་མ་ཟད། ཡོ་རོབ་དང་ཨ་མེ་རི་ཁའི་གླིང་སོགས་སུ་ཡོད་པའི་ནང་པའི་ཆོས་ཚོགས་ནང་དུའང་ཉམས་ལེན་སྒོམ་སྒྲུབ་བྱེད་བཞིན་ཡོད། དེའི་ཐད་ཀྱི་དཔེ་མཚོན་བཟང་ཤོས་ཤིག་ནི་སློབ་དཔོན་ནམ་མཁའི་ནོར་བུས་གཉེར་ཅིང་སྐྱོང་མུས་ཀྱི་ཆོས་ཚོགས་ལྟ་བུའོ། །

（མཁར་རྨེའུ་བསམ་གཏན། 《བོད་ལྗོངས་ཞིབ་འཇུག》2004ལོའི་དུས་དེབ་བཞི་པའི་ཐོག་འཀོད།）

༧༡། །བོན་གྱི་ལོ་རྒྱུས་དང་འབྲེལ་བའི་ཁྱིམ་རྒྱུད་དང་ ལོ་རྒྱུས་མི་སྣ་འགའ་ཞིག་སྐོར་ རོབ་ཙམ་གླེང་བ།

略述与教史有关的几大 苯教家族和历史人物

[བརྡ་ཚད་གཙོ་བོ།] བོན་ཆོས། གཤེན། ཞུ། བྲུ། སྤ། རྨེའུ། ཁྱིམ་བརྒྱུད།

[ནང་དོན་གནད་བསྡུས།] དཔྱད་རྩོམ་འདིའི་ནང་དུ་བསྟན་པ་ཕྱི་དར་གྱི་སྐབས་བོན་ལུགས་སླར་ཡང་དར་སྐབས་དང་དེ་རྗེས་ཀྱི་ལོ་ཟླའི་ནང་དུ་བོན་ལུགས་ཉིད་མ་ཉམས་གསོན་པོར་གནས་ཆེད་བྱས་རྗེས་ཆེན་པོ་འཛིན་མཁན་བོན་གྱི་གྲགས་ཅན་ཁྱིམ་རྒྱུད་གཤེན་ཞུ་བྲུ་སྤ་རྨེའུ་བཅས་ལྔ་དང་། ལོ་རྒྱུས་མི་སྣ་དྲན་པ་ནམ་མཁའ་དང་ཏཱ་ལའི་བླ་མ་སྐུ་ཕྲེང་ལྔ་པ། དེ་བཞིན་གོང་གསལ་ཁྱིམ་ཚང་གི་ལོ་རྒྱུས་དང་། ཁྱིམ་རྒྱུད་དེ་ནས་འབྱུང་བའི་བོན་གྱི་བླ་ཆེན་རྣམས་ཀྱི་མཛད་ཕྲིན་སྐོར་ངོ་སྤྲོད་བྱས་ཡོད།

【关键词】 苯教;辛氏;休氏;珠氏;巴氏;缪氏;家族传承

【摘要】 此篇主要介绍和评述了在西藏佛教后弘期开始出现并在苯教的复兴和发展作出重要贡献的苯教家族如辛氏、休氏、珠氏、巴氏、缪氏等五大家族的历史和贡献。同时,对苯教传奇人物眨巴南卡和第五世达赖喇嘛等历史人物在苯教的发展与生存等方面所作的贡献进行了评述。

སྔོན་གྱི་ནུབ་ཕྱོགས་པའི་ལྗོངས་རྒྱ་བ་རྣམས་ཀྱིས་བྲིས་པའི་བོད་སྐོར་གྱི་དེབ་ནང་དུ་བོན་ཆོས་ནི་སྲོག་ཆགས་དམར་མཆོད་དུ་འབུལ་བའམ་ཡང་ན་མི་བཏབ་ཚེ་བཞེངས་གཙོ་བོར་བྱེད་པའི་ཆོས་ལུགས་དད་མོས་བྱེད་སྣངས་ཤིག་ཡིན་ཚུལ་བྲིས་འདུག ཐུབ་པའི་ཆོས་ལུགས་པར་སྙོམས་པའི་ལྗོངས་རྒྱ་བ་དེ་དག་གིས་ཀྱང་སྔར་གྱི་ཐུབ་པའི་ཆོས་ལུགས་ཀྱི་རྗེས་འཇུག་པ་ལྟར་བོན་པོ་ནི་ཕྱི་རོལ་མུ་སྟེགས་པ་ལྟ་བུར་ངོས་འཛིན་བྱས་འདུག་ལ། ད་དུང་

བོན་ལུགས་ནི་རྒྱ་གར་གྱི་ཧིན་རྡུའི་དབང་ཕྱུག་པའི་ལུགས་དང་བོད་ཀྱི་ཆོས་ལུགས་གྲུབ་མཐའ་རྙིང་མ་པའི་ལྟ་བ་གཉིས་མཉམ་བསྲེས་བྱས་ནས་གྲུབ་པའི་ཆོས་ལུགས་ཤིག་ཡིན་ཚུལ་གླེང་མཁན་ཡང་འདུག ཉེ་ཆར་པར་སྐྲུན་བྱས་པའི་དཔེ་དེབ་ནང་དུ་བོན་ལུགས་ལ་ཐུབ་པའི་ཆོས་ལུགས་ཀྱི་བོན་ཞེས་ཟེར་མཁན་ཡང་མཆིས་ལ། མཐའ་ན་བོན་ནི་བོད་བརྒྱུད་ཐུབ་པའི་ཆོས་ལུགས་ཀྱི་གྲུབ་མཐའ་རྣམས་ལས་ཨང་ལྔ་པ་དེ་ཡིན་པར་ངོས་འཛིན་བྱ་མཁན་ཡང་ཡོད་པ་བཅས་ལགས།

ཡར་བོན་ལུགས་ནི་ཆོས་ལུགས་མི་འདྲ་བ་དུ་མའི་ནང་དོན་ཉིད་མཉམ་བསྲེས་བྱས་ནས་གྲུབ་པའི་ཆོས་ལུགས་ཤིག་ཡིན་པ་ནི་བདེན་པའི་གནས་ཤིག་རེད་ལ་ཐུབ་པའི་ཆོས་ལུགས་ཀྱང་སྣང་ཚུལ་དེ་ལས་མ་འདས། ཆོས་ལུགས་ཞིབ་འཇུག་པ་རྣམས་ལ་བལྟོས་ནས་བརྗོད་ན། བོན་ནི་བོད་ཀྱི་ཆོས་ལུགས་བརྙལ་མ་དེ་ཡིན་ལ། དེ་ནི་བོད་ཀྱི་ཆོས་ལུགས་དང་མོས་ཀྱི་རྣམ་པ་ཡོངས་སུ་རྫོགས་པ་ཕྱོགས་གཅིག་ཏུ་འདུས་པའི་བདག་ཉིད་ཅན་དེ་ལགས། (སེ་ནེ་ལ་གོ་ཙུབ། 1967:13) མདོར་ན། ཐུབ་པའི་ཆོས་ལུགས་པ་འགའ་ཞིག་གིས་གླེང་བ་ལྟར་གངས་རིའི་ལྗོངས་སུ་རིག་གནས་གཞན་གྱི་ཤན་ཞུགས་མ་ཐེབས་པའི་ཆོས་ལུགས་ཤིག་བྱུང་སྲིད་མེད། དེ་ཡང་ཕྱོགས་གཞན་ཞིག་གི་ངོས་ནས་བརྗོད་ན།

བན་བོན་གཉིས་ནི་དཀྱུལ་སྐོར་ཞིག་གི་རྒྱབ་མདུན་གཉིས་ལྟ་བུ་ལགས་པས་དེ་ཉིད་ཆ་ཚང་པོར་ཤེས་འདོད་ན་ངེས་པར་དུ་ངོས་གཉིས་ལ་བལྟ་ཞིབ་བྱས་ན་ད་གཟོད་ངེས་ཤེས་སྐྱེ་ཐུབ་པ་ལྟར་རོ། །བན་བོན་གཉིས་ལ་མི་འདྲ་བའི་ཆ་ཡོད་པ་ནི་སྨོས་མེད་ལགས་ཤིང་། དེ་ཡང་དེ་གཉིས་པོར་རང་རང་སོ་སོའི་སྟོན་པ་ཡོད་པ་སོགས་ཀྱིས་མཚོན་ནུས། བན་སྡེ་རྣམས་ཀྱིས་ཤཱཀྱ་ཐུ་ནེས་འཕགས་ཡུལ་དུ་ཆོས་བསྟན་པར་ངོས་འཛིན་བྱེད་པ་ལྟར་བོན་རྣམས་ཀྱིས་ཀྱང་གཤེན་རབ་མི་བོ་ཆེས་བོད་དུ་བོན་སྤེལ་བར་ངོས་འཛིན་བྱ་བ་ཡིན། དེ་ཡང་གཤེན་རབ་ཀྱིས་བོད་དུ་བོན་སྤེལ་ཚུལ་ནི། བོད་པ་སྐོར་ཞིག་གིས་འོལ་མོ་ལུང་རིང་ནས་གཤེན་རབ་ཀྱི་ཆིབས་རྟ་བརྐུས་པ་ཁོང་གིས་དེ་དག་འཚོལ་ཕྱིར་ཀོང་པོའི་ཡུལ་དུ་ཞབས་ཀྱིས་བཅགས་སྐབས་དང་བསྟུན་ནས་བོན་ལུགས་བོད་དུ་སྤེལ་བར་གྲགས། འོལ་མོ་ལུང་རིང་ནི་བོན་གྱི་ངོ་མཚར་གཏམ་རྒྱུད་ཁྲོད་ཀྱི་ཡུལ་ལུང་ཞིག་གི་མིང་

ཡིན་པ་གང་ཞིག དེའི་གནས་ཡུལ་ནི་བོད་ཀྱི་ནུབ་ཕྱོགས་ཀྱི་ཡུལ་སྟེ་ཞང་ཞུང་ཞེས་པའི་གནའ་བོའི་ཡུལ་ཁམས་དེ་ལ་བྱེད་ལ། གཉེན་རབ་མི་བོ་ཆེ་གོང་བོའི་ཡུལ་དུ་ཡོད་སྐབས་ཡུལ་དེའི་བཙན་པོའི་མཚན་ལ་གོང་དཀར་པོ་ཞུ་བ་དེ་ཡང་བོན་ལ་བཀུག་པར་གྲགས། ལོ་རྒྱུས་ཐོག་དངོས་སུ་བྱུང་མྱོང་བའི་མི་སྣ་གོང་དཀར་པོ་རྗེའི་སྐོར་ནི་གནའ་བོའི་རྗེ་བཀོས་ཡི་གེར་འཁོད་ཡོད། （རི་ཙ་སོན། 1985:66–67）ཨོད་སྲོལ་ཞིག་ལ་གོང་དཀར་པོས་རང་གི་སྲས་མོ་ཁྲི་ལྕམ་ཟེར་བ་དེ་གཉེན་རབ་མི་བོ་ཆེས་གོང་ཡུལ་དུ་བོན་སྤེལ་བའི་ཕྱག་རྟགས་སུ་ཕུལ་སྐད། ཁྲི་ལྕམ་ལ་སྲས་ཤིག་འཁྲུངས་པ་དེའི་མཚན་ལ་གཡུང་དྲུང་དབང་ལྡན་ཞེས་ཞུ་ཞིང་། དེ་ནི་བོད་དུ་བྱུང་བའི་གཉེན་ཚང་གི་མི་ཐོག་དང་པོ་དེ་ཡིན་པར་གྲགས། གཉེན་ཞེས་པའི་ཚིག་དེའི་ཐོག་མའི་གོ་དོན་ནི་བླ་མཆོད་དམ་སྐུ་བླ་ཞེས་པའི་དོན་དང་འདྲ་ཞིང་དེ་ཕྱིས་སུ་ཁྱིམ་ཚང་ཞིག་གི་རུས་མིང་དུ་འཕོ་འགྱུར་ཕྱིན་ཡོད།

བོད་བཙན་པོའི་རྒྱལ་རབས（600–842）སྐབས་ཀྱི་ཡིག་ཆའི་ནང་དུ་གཉེན་ནི་བོད་བཙན་པོའི་སྐུ་སྦྲ་སྲུང་མཁན་ཡིན་ཚུལ་དང་བཙན་པོ་རྣམས་འདས་རྗེས་དེ་དག་གིས་འདས་མཆོད་སྒྲུབ་པར་གསལ། དེ་ཡང་གཉེན་རྣམས་ཀྱི་ལས་འགན་གཙོ་བོ་གཞན་ཞིག་ནི་བཙན་པོ་ཉིད་མ་འདས་སྔོན་དུ་བང་སོ་བརྩིགས་རྒྱུར་བཀོད་འདོམས་བྱེད་རྒྱུ་དེ་རེད་འདུག་ཅིང་། ཕོང་ཆོས་བརྩིགས་པའི་བང་སོ་ལས་འགའ་ཞིག་ནི་དུས་ད་ལྟའི་བར་དུ་མཐོང་རྒྱུ་ཡོད། བོད་ཀྱི་མཐའ་མའི་བཙན་པོ་གླང་དར་མ་ནི་ཕྱི་ལོ842ལོར་བན་སྡེའི་བཙུན་པ་ཞིག་གིས་བཀྲོངས་པས་ཆབ་སྲིད་སློ་བུར་དུ་ནུབ་ཅིང་བོད་བཙན་པོའི་རྒྱལ་རབས་དེ་ཉིད་ཐོར་ཞིག་ཏུ་སོང་། དུས་དེ་ནས་བཟུང་བོད་ཉིད་སིལ་བོར་ཐོར་ནས་སྤྱི་ལ་དབང་བའི་བཙན་པོ་ཞིག་བྱུང་མེད་པས་ཡུལ་ཕན་ཚུན་འཁྲུགས་པ་ལས་མཐའ་མ་གོང་བུ་གཅིག་གྱུར་ཞིག་ཆགས་ཐུབ་མེད་ལ། ཆོས་སྲིད་གཉིས་ཐད་ལ་གཅིག་མཐུན་གྱི་སྒྲིག་བཀོད་བྱ་མཁན་གྱི་གཞུང་ཞིག་སྒྲུབ་ཐུབ་མེད།

དང་པོ། གཉེན་ཆེན་སྨྲ་དགའ་དང་ཁོང་གི་བྲུ་སློབ་ཀྱི་སྐོར།

དུས་རབས་བཅུ་གཅིག་པ་ནས་བཟུང་བོད་འདི་བཞིན་ཐོར་ཞིག་ཏུ་ཕྱིན་པའི་གྲུང་

རོའི་འདབས་ནས་ལངས་འགོ་བརྩམས་ཡོད་ནའང་བོད་བཙན་པོའི་སྐབས་ལྟར་ཆོས་སྲིད་གཉིས་ཐད་ནས་སྤྱི་ལ་དབང་བའི་སྲིད་དབང་ཞིག་བཙུགས་ཐུབ་མེད་པས་ཡུལ་དང་ཚོ་པ་རྣམས་ཀྱིས་རང་རང་སོ་སོའི་ཐུབ་པའི་ཆོས་ལུགས་ཀྱི་རྟེན་གཞི་བཙུགས་པ་དང་། བོད་ཀྱི་སྤྱི་ཚོགས་འཚོ་བ་དང་ཡུལ་སྲོལ་རིག་གནས་ལ་སོགས་ཕྱོགས་གང་ཅིའི་ཐད་ཐུབ་པའི་ཆོས་ལུགས་ཀྱི་ལྟ་བའི་ཤུགས་རྐྱེན་མ་ཐེབས་པ་མེད་པའི་ཕྱོགས་སུ་འཕོ་འགྱུར་བྱུང་ཡོད། དུས་མཚུངས་སུ་བོན་པོ་རྣམས་ཀྱིས་ཀྱང་རང་ཉིད་ཀྱི་རྟེན་གཞི་བསྐྲུན་འགོ་བརྩམས་ཡོད། སྐབས་དེའི་བོན་གྱི་དར་སྤེལ་དེ་ཉིད་ནི་སྔར་གྱི་བོན་གཞུང་ཉིད་ཀྱི་རྒྱུན་མཐུད་བྱས་ཡོད་མེད་སྐོར་ལ་དཔྱད་ཞིབ་འཇུག་བྱེད་མཁན་བྱུང་མི་འདུག འོན་ཀྱང་སྐབས་དེར་དར་བའི་བོན་ནི་ཞིབ་འཇུག་པ་ཁ་ཅིག་གི་འདོད་ཚུལ་ལྟར་རྒྱུ་མེད་གློ་བུར་དུ་འཁྲུངས་པའི་འབྲས་བུ་ལྟ་བུ་ཞིག་ནི་ཙང་མ་ཡིན་ལ། དེ་ནི་དུས་རབས་བདུན་པ་དང་བརྒྱད་པའི་སྐབས་སུ་དར་བའི་བོན་དང་ཡང་མི་འདྲ་བ་ཡོད་ཅེས་བརྗོད་ཚོག དེ་ཡང་དུས་རབས་བཅུ་གཅིག་ནས་བཟུང་བོན་པོས་རྒྱ་གར་ནས་དར་བའི་ཐ་སྙད་དཔེར་ན་ལས་དང་སྐྱེ་བ་སྔ་ཕྱི་ལ་སོགས་པ་སྤྱོད་འགོ་བརྩམས་ཡོད་ལ། བོན་དགོན་གྱི་སྒྲིག་གཞིའི་ཐད་ལའང་སྔར་དང་མི་འདྲ་བའི་རྣམ་པ་ཐོན་ཡོད། སྐབས་དེའི་བོན་གྱི་ཕྱིའི་རྣམ་པའི་ཐོག་ནས་བལྟས་ན་སྐབས་དེའི་བོད་དུ་དར་མ་ཐག་པའི་བན་སྡེའི་རྣམ་པ་དང་འདྲ་ནའང་བོན་གྱི་རྩ་བའི་གཞུང་ལུགས་ནི་སྔར་ལྟར་མ་ཉམས་པར་རྒྱུན་འཛིན་བྱས་ཡོད། དེ་དག་ལས་བོན་གྱི་འཇིག་རྟེན་ཆགས་ཚུལ་གྱི་ལྟ་བ་དང་ལྷ་ཀླུའི་ཚོ་ག་བཞེངས་ལུགས་སོགས་ཀྱི་སྐོར་ལ་བོན་གྱི་ཁྱད་ཆོས་དེ་བས་མངོན་གསལ་དོད་པོ་ཡོད། བོད་ཀྱི་ས་སྐྱེས་རྗེ་སྐྱེས་ཀྱི་ཚོགས་ཐུབ་པའི་ཆོས་ལུགས་ལ་ཤུགས་རྐྱེན་ཟབ་མོ་ཐེབས་ནས་བོད་བརྒྱུད་ནང་པའི་ཆོས་ལུགས་དེ་ཉིད་ཏ་ལམ་ཐུབ་པའི་ཆོས་ལུགས་ཀྱི་གཞུང་ལུགས་ཤིག་ཡིན་མིན་ལ་ཐེ་ཚོམ་སྐྱེ་དགོས་པ་ཞིག་ཏུ་གྱུར་ཡོད་ལ། སྣར་ཡང་སྤེལ་བའི་བོན་ལ་འཕྲུལ་ངག་བདེན་པའི་གཡུང་དྲུང་བོན་ཞེས་འབོད་སྲོལ་ཆགས་ཡོད།

གོང་གསལ་བོན་ལུགས་ཀྱི་སྲོལ་གཏོད་པ་པོ་ནི་དུས་རབས་བཅུ་གཅིག་པའི་སྐབས་སུ་ཐོན་པའི་མི་སྣ་ཞིག་ཡིན་ལ། ཁོང་ནི་གཤེན་ཞེས་པའི་བོན་གྱི་ཁྱིམ་ཞིག་ཏུ་འཁྲུངས་ཤིང་

མཚན་ལ་གཉེན་ཆེན་བླ་དཀར་ཞེས་ཞུ་ཞིང་། སྤུན་མཆེད་བསྡོམས་བཞི་ཡོད་པའི་ནང་ལས་རྒན་ཤོས་དེ་ལགས། དཔྱད་ཡིག་ལྟར་ན་ཁྱིམ་ཚང་དེ་ནི་དུས་རབས་བཅུ་པའི་སྐབས་སུ་བོད་ཤར་ཕྱོགས་ཨ་མདོ་ཙོང་ཁའི་ཡུལ་ནས་དབུས་གཙང་ཁུལ་གྱི་འབྲེལ་མཚམས་མཐའ་དཀར་ཞེས་པའི་ཡུལ་དུ་གནས་སྤོས་པ་ཞིག་ཡིན་འདུག

བོད་ཀྱི་བསྟན་རྩིས་ལྟར་ན། གཉེན་ཆེན་བླ་དཀར་ནི་སྤྱི་ལོ996ལོར་འཁྲུངས་ཤིང་། དགུང་ལོ་བཅོ་བརྒྱད་ལ་སོན་སྐབས་ས་ཕག་རྒྱལ་པར་འཁྱེར་ནས་དར་ཤིང་ཐོག་འཛུགས་པའི་འགྲན་རྩོད་ནང་ཞུགས་པ་དང་། འགྲན་བསྡུར་ནང་ཞུགས་ནས་དར་ཤིང་གི་རྩེར་སླེབས་གྲབས་ཡོད་སྐབས་སུ་མར་ལྷུང་ནས་རྒྱལ་པར་རྨས་སྐྱོན་ཆགས་རྗེས་དྲག་སྐྱེས་ཡག་པོ་མ་བྱུང་བས་སྐུ་སྟོད་གུག་གུག་ཆགས་པས་ན་མཚན་ལ་གཉེན་སྒུར་ཞེས་གྲགས་སྐད།

སྤྱི་ལོ1014ལོར་ཁོང་སྐུ་ན་བཅུ་དགུར་སོན་སྐབས་བོད་ཀྱི་བླ་མ་ར་ཤག་གི་མདུན་དུ་སློབ་གཉེར་མཛད་པ་དང་དེ་ནས་བྲག་དཀར་ཞེས་པའི་བོད་ཀྱི་གནས་ཆེན་དེར་སྒྲུབ་པར་བརྩེ་གཅིག་ཏུ་གཞོལ། མཐར་ཉམས་རྟོགས་ཀྱི་འབྲས་བུ་རྫོགས་པར་སྨིན་པས་ན་མཚན་ལ་གཉེན་སྒོམ་ཆེན་ཞེས་ཀྱང་ཐེར་སྒྲོལ་ཆགས། ཁོང་སྒོམ་སྒྲུབ་ལ་མངའ་བརྙེས་པས་རིམ་བཞིན་དགོངས་དབྱིངས་སུ་དག་སྣང་སྣ་ཚོགས་འཁྲུངས་འགོ་ཚུགས། སྤྱི་ལོ1016ལོར་གར་ཁྱིམ་གྱི་སྲས་མོ་དཔལ་སྒྲོན་ཞུ་བ་དེ་གསང་ཡུམ་དུ་བཞེས་པས་དེ་ལ་སྲས་རིན་ཆེན་རྒྱལ་མཚན་དང་བྱང་ཆུབ་རྒྱལ་མཚན་གཉིས་འཁྲུངས། སྤྱི་ལོ1017ལོར་གཉེན་ཆེན་དགུང་ལོ་ཉེར་གཉིས་སུ་ཕེབས་སྐབས་བོད་ཀྱི་དཔེ་ཆ་སྒམ་གཉིས་གཏེར་ནས་བཞེས་པས་དཔེ་ཆ་དེ་དག་ལ་གཏེར་མ་ཞེས་ཐེར་འགོ་ཚུགས་པ་ཡིན་ནོ།

བོད་ཀྱི་ཤོད་སྒྲོལ་ལྟར་ན། བོད་ཆོས་ནི་ཐེངས་གཉིས་ཙམ་བསྒྱུབས་ཡོད་ཚུལ་བརྗོད་པ་ཡིན། དེ་ཡང་ཐེངས་དང་པོ་དེ་ནི་གྲི་གུམ་བཙན་པོའི་སྐབས་སུ(དུས་རབས་ལྔ་པའི་སྐབས)ཡིན་པ་དང་། ཅིག་ཤོས་དེ་ནི་ཁྲི་སྲོང་ལྡེ་བཙན་གྱི་སྐབས་སུ(742 – 797)ཡིན། སྐབས་དེ་གཉིས་སུ་བོད་ཀྱི་བསྟན་པ་ཉིད་སྲུང་སྐྱོབ་བྱ་ཕྱིར་དཔེ་ཆ་མང་པོ་ཞིག་ས་ཆུ་རི་བྲག་སོགས་ཀྱི་འོག་ཏུ་སྦས་པར་གྲགས།

གཏེར་མའི་དཔེ་ཆ་རྣམས་ནི་སྨོན་སྨྲུབ་བྱ་རྒྱུར་ཤིན་ཏུ་མཁོ་ཆེ་བས་དེ་དག་ནི་རྩ་ཆེན་གྱི་དཔེ་ཆར་ངོས་འཛིན་བྱ་སྲོལ་འདུག་ལ། གཤིན་ཆེན་ཀླུ་དགས་དཔེ་ཆ་གཏེར་ནས་བཞེས་ཚུལ་ཐད་ངོ་མཚར་ལྡན་པའི་སྒྲུང་གཏམ་དང་སྒྲགས་ནས་ཤོད་སྲོལ་འདུག ཁོང་གིས་དཔེ་ཆ་མི་ཞུང་བ་ཞིག་གཏེར་ནས་དངོས་སུ་བཞེས་ཡོད་པ་དེ་དག་ཕྱིས་སུ་བོན་གྱི་བསྟན་གཞུང་གི་སྙིང་པོར་གྱུར་ཡོད། དཔྱད་ཡིག་ཁ་ཤས་ལ་གཞིགས་ན། དཔེ་ཆ་དེ་དག་ཐོག་མར་རྙེད་སྐབས་གཤིན་ཆེན་ཀླུ་དགས་གཞན་ལ་མ་གསུངས་པར་ལོ་བརྒྱད་དམ་ཡང་ན་ལོ་བཅུ་གཅིག་ཙམ་གསང་རྒྱ་མཛད་ནས་བཞུགས་པར་བཤད། ཕལ་ཆེར་སྤྱི་ལོ1028ལོར་གཤིན་ཆེན་ཀླུ་དགས་དཔེ་ཆ་དེ་དག་གི་ནང་དོན་ཁྱབ་བསྒྲགས་མཛད་པ་དང་། སྐབས་དེར་ཁོང་གིས་དཔེ་ཆ་གཏེར་ལས་བཞེས་པའི་སྒྲུང་གཏམ་དེ་དག་དར་ཁྱབ་ཏུ་ཕྱིན་རྗེས་ཁོང་ལ་གཏེར་སྟོན་དང་གཤིན་ཆེན་ཞེས་པའི་མཚན་བཏགས་གསོལ་བའི་འགོ་ཚུགས་ཤིང་། དེ་ནས་བཟུང་བོན་གྱི་དཔེ་ཆའི་ནང་དུ་ཡོངས་གྲགས་སུ་གཤིན་ཆེན་ཀླུ་དགའ་ཞེས་པའི་འབོད་སྲོལ་དེ་ཆགས་པ་ཡིན་ནོ།

བོད་ཀྱི་ས་ཕྱོགས་ཁག་ནས་ཡོང་བའི་དཔེ་ཆ་འཚོལ་མི་དབུས་གཙང་དུ་འགྲོར་བ་དེའི་གྲས་ལས་མི་སྣ་གསུམ་གཤིན་ཆེན་གྱི་གྲགས་ཅན་སློབ་མར་འགྱུར་ཡོད་པ་དེ་དག་གིས་བོན་བསྟན་དར་སྤེལ་བྱེད་རྒྱུའི་ཐད་བྱས་རྗེས་རླབས་ཆེན་བཞག་ཡོད། དེ་གསུམ་ལས་དང་ཐོག་མར་གཤིན་ཆེན་གྱི་མདུན་ནས་བོན་ཞུས་མྱོང་མཁན་ནི་བོད་ཤར་ཕྱོགས་ཀྱི་ཡུལ་མི་ཉག་ནས་ཡིན་པའི་ན་གུ་ཞེས་པ་དེ་ཡིན་ནའང་ཁོང་གིས་རི་ཁྲོད་འགྲིམས་ནས་བཞུགས་པས་དེའི་ལོ་རྒྱུས་ནི་དེ་ཙམ་གྲགས་པ་ལྡན་པ་ཞིག་མ་ཡིན། སློབ་མ་གཞན་པ་གཉིས་པོ་ལས་གཅིག་ནི་ཞུ་ཚང་དུ་འཁྲུངས་པའི་ཞུ་གཡས་ལེགས་པོ་(1002－1081)ཞུ་བ་དེ་ཡིན་ལ། ཁོང་ནི་མི་སྐྱ་ཞིག་ཡིན་པས་གཤིན་ཆེན་གྱིས་གབ་པ་ཞེས་པའི་གཏེར་དཔེ་གཙོར་བཞག་ཐོག་སྒྲུབ་པ་ཉམས་ལེན་བྱ་རྒྱུར་བསྐུལ་གནང་མཛད།[1] ཉམས་ལེན་བྱེད་ཚུལ་འདི་ལ་རྫོགས་ཆེན་ཞེས་ཟེར་བ་ཡིན་(མཁར་སྨེའུ1988)ལ་ཞུ་གཡས་ལེགས་པོས་གབ་པ་ཞེས་པའི་དཔེ་ཆའི་འགྲེལ་པ་ཞིག་བརྩམས་གནང་བར་གྲགས་ནའང་དེ་ནི་འདྲེན་བྱེད་ཀྱི་ལམ་དུ་མ་གྱུར་བས་དེ་

ཉི་ཐལ་ཆེར་སྤྲ་མོ་ཞིག་ནས་བོར་བརླག་ཏུ་སོང་ཟེར་བ་འདྲ། བོན་གཞུང་གི་ལོ་རྒྱུས་ཐོག་ཞུ་གཡས་ལེགས་པོ་ནི་གཤེན་ཆེན་ཀླུ་དགའི་ཐུགས་སྲས་གཙོ་བོ་དེ་ལགས་ཤིང་། ཁོང་ལ་བོན་ལུགས་ཀྱི་སྒྲུབ་ཐབས་རྣམས་བུམ་པ་གང་བོའི་ཚུལ་དུ་གནང་ཡོད་པར་ངོས་འཛིན་བྱེད་ཀྱི་ཡོད།

གཤེན་ཆེན་གྱི་ཐུགས་སྲས་གསུམ་པ་དེ་ནི་བྲུ་ཚང་དུ་འཁྲུངས་པའི་བྲུ་ཆེན་ནམ་མཁའ་གཡུང་དྲུང་ཞུ་བ་དེ་ལགས། གཤེན་ཆེན་གྱིས་ཁོང་ལ་ནང་རིག་པ་དང་འཇིག་རྟེན་ཆགས་རབས་ཀྱི་ནང་དོན་འགོད་པའི་དཔེ་ཆ་མཛོད་ཕུག་གི་འགྲེལ་གནང་། མཛོད་ཕུག[2]ནི་གཤེན་ཆེན་གྱིས་གཏེར་ལས་བཞེས་པའི་དཔེ་ཆའི་གྲས་ཡིན་ལ། དེ་ནི་ཞང་བོད་སྐད་གཉིས་ཤན་སྦྱར་གྱི་དཔེ་རྒྱུན་ཞིག་རེད་འདུག བྲུ་ཆེན་ནམ་མཁའ་གཡུང་དྲུང་གི་གདུང་སྲས་ཁྱུང་གི་རྒྱལ་མཚན་ནས་ཡབ་ཀྱི་མདུན་ནས་སློབ་གཉེར་མཛད་ཅིང་། རབ་ཏུ་བྱུང་ནས་མཛོད་ཕུག་གི་འགྲེལ་པ་ཞིག་བརྩམས་པར་གྲགས་ནའང་ད་ལྟ་མཇལ་དུ་མེད་ལ། ཁོང་ཡབ་སྲས་གཉིས་པོ་ནི་གཤེན་ཆེན་གྱི་སྐུ་མདུན་ནས་མཛོད་ཕུག་གི་འགྲེལ་གསན་པ་པོ་ཐོག་མ་དེ་ཡིན་པར་ངོས་འཛིན་བྱ་བ་ཡིན་ནོ།

གཞན་ཡང་གཤེན་ཆེན་དྲུང་ནས་བོན་ཞུ་སྒྲོང་ཞིང་ཕྱིས་སུ་མཛད་པ་རླབས་པོ་ཆེ་བསྐྱངས་སྒྲོང་མཁན་ཞིག་ཡོད་པ་དེའི་མཚན་ལ་སྤྱ་དཔལ་མཆོག(1014ལོར་འཁྲུངས་)ཞུ། ཁོང་ནི་སྤྱ་ཚང་ཞེས་པའི་བོན་ཁྱིམ་དུ་འཁྲུངས་ཤིང་། ཁོང་དང་གཤེན་ཆེན་མཇལ་བའི་དུས་ནི་གཤེན་ཆེན་མཆོག་སྐུ་ན་མཐོན་པོའི་སྐབས་སུ་ཡིན་ནའང་གཤེན་ཆེན་གྱིས་ཁོང་ལ་ཁྲོ་བོ་དབང་ཆེན་གྱི་ཚོ་གའི་ལུང་གནང་བ་མ་ཟད། ཁོང་གི་མདུན་ནས་བོན་ཞུས་སྒྲོང་བའི་བླ་མ་འཛི་སྟོན་དབང་གི་རྒྱལ་མཁན་ཞེས་པ་དེ་ཉིད་མཇལ་ནས་བོན་ཞུ་དགོས་ཀྱི་བཀའ་མངགས་མཛད།[3] དེར་བརྟེན་སྤྱ་དཔལ་མཆོག་ནི་བོན་གྱི་གསང་སྔགས་ཀྱི་ཚོ་གའི་སྲོལ་གཏོད་པ་པོར་ངོས་འཛིན་བྱེད་པ་མ་ཟད། ཆོས་རྒྱུད་དེ་ནི་སྤྱ་ཚང་གིས་མི་རབས་ནས་མི་རབས་བར་མི་ཉམས་པར་རྒྱུན་འཛིན་བྱས་ཡོད་པར་འདོད་པ་ཡིན།

གཤེན་ཆེན་ལ་བུ་སློབ་མང་པོ་ཞིག་ཡོད་ནའང་མང་ཆེ་བ་ནི་ཡུལ་ངེས་མེད་དུ་སྒྲུབ་པ

མཛད་ནས་བཞུགས་པས་ཡིག་ཐོག་ལ་འཁོད་པའི་ལོ་རྒྱུས་གསལ་པོ་མ་མཆིས། གཤེན་ཆེན་གྱི་སློབ་མའི་གྲས་ལས་ཞུ་ཚང་དང་། བྲུ་ཚང་། སྤ་ཚང་བཅས་ཁྲིམ་རྒྱུད་གསུམ་དུ་འབྲུངས་པའི་སློབ་མ་རྣམས་གྲགས་ཆེ་བར་གྱུར་ཡོད། དེ་རྣམས་ཀྱི་ཁྲིམ་ཚང་གི་ནུས་ལས་དེ་རྣམས་མི་ཆེན་ཁྲིམ་ཆེན་གྱི་རྒྱུད་ལས་མཆེད་པ་ཞིག་ཡིན་པ་ལྟར་སྣང་ཡང་དོན་དངོས་ཐོག་དེ་དག་ནི་ཆོས་ལུགས་ཐོག་ནས་གལ་ཆེའི་གནད་འགག་ཅན་ཞིག་ཡིན་པ་ལས་སྐྱེ་ཁུངས་ནི་ཕལ་པའི་ཁྲིམ་ཚང་འབའ་ཞིག་ཡིན། གཤེན་ཆེན་གྱིས་དགུང་ལོ་ཉེར་གཉིས་ནས་བཞི་བཅུའི་བར་དུ་བོན་འཁྲིད་མཛད་ཡོད་ཚུལ་ཙམ་ལས་ཁོང་གི་འདས་གྲོངས་ཀྱི་ལོ་ཚིགས་སྐོར་བོན་པོའི་ཡིག་ཆའི་ཐོག་གཅིག་མཐུན་རེད་མི་འདུག་ནའང་སྤྱི་ལོ1035ལོར་ཁོང་གིས་ཞང་ཞུང་སྙན་བརྒྱུད་ཀྱི་གཞུང་འཛིན་པ་པོ་ཁྱུང་བྱིད་མུ་ཐུར་ཞུ་བ་དེ་མཇལ་ཕྱིར་ལམ་ཐག་རིང་པོའི་འགྲུལ་བཞུད་མཛད་པར་གྲགས་ལ། སྐབས་དེར་བླ་མ་དེ་ནི་ཤང་ཞེས་གཙང་པོའི་བྱང་ཕྱོགས་སུ་ཆགས་པའི་ཡུལ་དེ་ན་བཞུགས་ཡོད་པས་དེར་ལྷོ་ཕྱོགས་སུ་གནས་པའི་འབྲི་མཚམས་ནས་རྐང་བགྲོད་བྱས་ནས་བསྐྱོད་ན་ལམ་ཐག་ནི་ཤིན་ཏུ་རིང་པོ་ལྡན་པ་ཞིག་ལགས། [4]

གཤེན་ཆེན་ཤང་ཡུལ་ནས་ཕྱིར་ལོག་མཛད་སྐབས་དགོན་པ་ཞིག་གི་ཉེ་འདབས་སུ་ཚུགས་པའི་ཚོང་འདུས་ཤིག་ཏུ་ཕེབས་ཤིང་། དེ་ན་ལོ་སྟོན་རྡོ་རྗེ་དབང་ཕྱུག་བྱ་བའི་བན་བཙུན་དེས་ཁོང་སྙན་གྲགས་ཅན་གྱི་གཤེན་ཆེན་ཡིན་པ་ཞལ་ཚོར་ནས་རང་གི་དགོན་པར་གདན་དྲངས། འོན་ཀྱང་བཙུན་པ་དེ་ཕྲག་དོག་གིས་གཟིར་ནས་གཤེན་ཆེན་ལ་མཆོད་ཆང་བཏེགས་པར་ཁ་བཏགས་ནས་དུག་དྲངས། དེ་ནས་བཟུང་གཤེན་ཆེན་ནད་ཀྱིས་མནར་ཞིང་སྐུ་གཟུགས་མི་བདེ་བར་གྱུར་ནས་རང་ཡུལ་དུ་ལོག་དཀའ་བའི་ངལ་བ་འཕྲད་རྗེས། གསོ་བ་རིག་པ་སྦྱོང་སྦྱོང་བའི་ཁོང་གི་སློབ་མ་ཞུ་གཡས་ལེགས་པོ་ཞེས་པ་དེ་ཉིད་འབོད་ནས་སྨན་བཅོས་མཛད་ཅིང་ཞབས་ཕྱི་སྒྲུབ། གཤེན་ཆེན་གྱིས་གནས་མཇལ་དེ་མཛད་སྐབས་ནད་ཀྱི་མནར་ནས་མཐའ་མ་སྤྱི་ལོ1035ལོར་དགོངས་པ་ཆོས་དབྱིངས་སུ་ཐིམས་པར་མཛད། ཁོང་གི་མི་ཚེའི་ལོ་རྒྱུས་དང་རྗེས་བཞག་རིག་གནས་ལ་ཞིབ་འཇུག་སྤྲ་ཞིབ་བྱེད་རྒྱུ་ནི་མིག་སྔར་བོན་གྱི་ཞིབ་འཇུག་བྱ་ཡུལ་ཞིག་ཏུ་གྱུར་ཡོད།[5]

གོང་གསལ་དོན་དངོས་ལས་གཉེན་ཆེན་ཀླུ་དགའ་ནི་དུས་རབས་བཅུ་གཅིག་པའི་སྐབས་ཀྱི་བོན་ལུགས་གསར་དར་གྱི་མི་སྣ་གཙོ་བོ་དེ་ཡིན་པར་ར་འཕྲོད་ཐུབ། འོན་ཀྱང་ཤོད་གིས་གཏེར་ལས་བཞེས་པའི་བོན་རྣམས་ནི་ཤོད་གི་སློབ་མ་ཞུ་བྲུ་སྤ་གསུམ་གྱིས་རང་རང་སོ་སོའི་རྟེན་གཞི་བཙུགས་ནས་ཁྱབ་བརྡལ་དུ་བཏང་ཡོད།

རིན་ཆེན་རྒྱལ་མཚན་(1030 – 1110)ནི་གཉེན་ཆེན་གྱི་གདུང་སྲས་ཆེ་བ་དེ་ཡིན་ལ་དེ་ལས་གཉེན་གྱི་གདུང་རྒྱུད་ཟམ་མི་ཆད་པར་འཕེལ་ཡོད། དེ་ལྟའི་ཕ་རྒྱུད་བུས་འཛིན་གྱི་སྲོལ་ལ་གདུང་རྒྱུད་ཅེས་ཟེར་ནས་རྒྱུན་འཛིན་པ་ཡིན། གཉེན་གྱི་གདུང་རྒྱུད་འཁྲུལ་མེད་ཡིན་པར་སྨྲ་བའི་མི་རྒྱུད་ནི་དབུས་གཙང་གི་ཁུལ་དུ་དུས་ད་ལྟའི་བར་མི་སྟོང་བར་གནས་ཡོད་སྐད།

གཉེན་ཆེན་འདས་རྗེས་ཤོད་གི་ཁྱིམ་གཞི་དེ་ཡུལ་གཞན་ཞིག་ཏུ་གནས་སྤོས་བྱས་པ་དང་གཉེན་ཚང་དེ་མི་ཚང་ཁ་ཤས་སུ་གྱེས། དུས་རབས་བཅུ་གསུམ་པའི་སྐབས་སུ་ཁྱིམ་ཚང་དེ་དག་ལས་གཅིག་གཙང་ཁུལ་གྱི་དར་སྡིང་ཞེས་པའི་གྲོང་དུ་གཞིས་ཆགས། དར་ལྡིང་དུ་ཡོད་པའི་གཉེན་ཚང་ལ་གཉེན་གྱི་ཕོ་བྲང་ཞེས་འབོད་སྲོལ་ཡོད་ལ། ཁྱིམ་ཚང་དེ་ནི་གཉེན་གྱི་གདུང་རྒྱུད་ཡིན་ལ་རིགས་རུས་ཐད་ནས་ཀྱང་མཆོག་ཏུ་གྱུར་པ་ཞིག་ཏུ་བརྩི་བ་ཡིན། ཁྱིམ་ཚང་དེ་ལ་འཁྲུངས་པའི་སྐྱེ་བོ་ནི་ཤོད་ཚོའི་མེས་པོ་ལྟར་མཆོག་ཏུ་གྱུར་བ་དང་དད་གུས་ཀྱི་ཡུལ་དུ་འཛིན་པ་ཡིན། དེ་ལྟའི་ཁྱིམ་རྒྱུད་ཀྱི་ལམ་ནས་བོན་སྤེལ་བ་ནི་བོན་གྱི་ཐུན་མོང་མ་ཡིན་པའི་སྲོལ་རྒྱུན་ཞིག་ཡིན་ལ། དེས་དུས་རབས་བཅུ་གཅིག་པའི་སྐབས་སུ་བོན་ཆོས་ཁྱབ་བརྡལ་དམ་སྤྲ་བརྟན་གཏོང་རྒྱུའི་ཐད་གལ་ཆེའི་ནུས་པ་ཐོན་ཡོད།

དེ་ཡང་ཐོག་མར་བོན་ཆོས་བྱེད་རྒྱུ་ཟེར་བ་དེ་ནི་ཁྱིམ་ཚང་ག་གེ་མོ་ཞིག་གི་ནང་ཁུལ་གྱི་བྱ་བ་ཞིག་ཡིན། འོན་ཀྱང་གཉེན་ནམ་མཁའ་རྒྱལ་མཚན་(ཕལ་ཆེར1196ལོར་འཁྲུངས་)གྱིས་རབ་བྱུང་གི་སྡོམ་པ་བཞེས་རྗེས་ཡོགས་སུ་བཞུགས་སའི་ལྷ་ཁང་བསྐྲུན་པ་དང་དེ་ཉིད་ཕྱིས་སུ་རིམ་བཞིན་དགོན་སྡེར་འགྱུར་ཡོད། དེ་ལྟའི་བསམ་ཡུལ་ལས་འདས་པའི་འགྱུར་བ་ལས་གཉེན་ཚང་ཉིད་ཡུལ་ལུང་དེའི་སྐྱ་བོའི་སྤྱི་ཚོགས་ཀྱི་ཆོས་ལུགས་འགོ་པར་

གྱུར་པ་དང་དུས་མཚུངས་རང་ངོས་ནས་ས་གནས་དེ་རང་དུ་བཞེངས་པའི་དགོན་པའི་བདག་པོའང་ཡིན། དེ་ལྟའི་ཁྲིམ་ཚང་གི་སྒྲིག་གཞི་ལས་སྐྱེས་པ་ཅིག་གིས་ཁྲིམ་རྒྱུད་སྤེལ་བ་དང་ཅིག་ཤོས་དེས་རང་ཁྲིམ་གྱི་དགོན་སྡེ་སྐྱོང་བ་ཡིན། དེ་ཡང་སྤྱིར་དགོན་བདག་བྱེད་མཁན་དེ་ནི་རབ་བྱུང་བ་ཡིན་དགོས་ཤིང་། དགོན་པའི་ཁྲི་པའི་གོ་གནས་བཟུང་བ་ཡིན་ནའང་ཁྲིམ་ཚང་དེའི་འདུས་རྒྱུད་སྟོང་ལ་ཉེ་བའི་སྐབས་སུ་དགོས་པའི་དབང་གིས་སྡོམ་པ་ཕུལ་ནས་གདུང་རྒྱུད་སྤེལ་བའི་སྲོལ་ཡང་ཡོད། དེ་ལྟའི་སྲོལ་ནི་བོན་གྱི་གྲགས་ཅན་ཁྲིམ་རྒྱུད་བྲུ་ཞུ་སྤ་རྨེའུ་ཚང་མ་གཅིག་གྱུར་ཡིན་ལ་དེ་དག་ཚང་མས་དུས་རབས་བཅུ་གཅིག་པ་ནས་སྤྱི་ལོ1959ལོའི་བར་(བྲུ་ཁྲིམ་དེ་དུས་རབས་བཅུ་དགུའི་སྐབས་སུ་སྟོངས་) རང་རང་སོ་སོའི་ཁྲིམ་གཞིས་དང་དགོན་སྡེའི་རྒྱུན་བསྐྱངས་ནས་གནས་ཡོད།

གཤམ་དུ་ཁོ་བོས་གཤེན་འདུས་ལས་མཆེད་པའི་སྐྱེས་བུ་རེ་གཉིས་ཤིག་ངོ་སྤྲོད་ཀྱིས་གཤེན་ཚང་མི་རྒྱུད་ཀྱིས་བོན་ལུགས་དར་སྤེལ་འཛིན་སྐྱོང་ཐད་གལ་ཆེའི་ལེགས་སྐྱེས་ཕུལ་ཚུལ་བརྗོད་ན། སྤྱི་ལོ1233ལོར་གཤེན་ཡེ་ཤེས་བློ་གྲོས་ཀྱིས་དར་སྡིང་གྲོང་ཚོའི་དབུས་སུ་གསེར་སྣ་ཁྲ་མོ་ཞེས་པ་བཟོ་སྐྲུན་སྒྱུ་རྩལ་གྱིས་སྤུད་པའི་བོན་དགོན་དེ་བཏབ་ལ། དམུ་གཤེན་ཉི་མ་རྒྱལ་མཚན་(1360ལོར་འཁྲུངས་) གྱིས་དར་སྡིང་གྲོང་ཚོའི་རྒྱབ་རིའི་སྟེང་དུ་རི་རྒྱལ་དགོན་ཕུག་བཏབ་ཡོད།[6] ཁོ་བོར་སྤྱི་ལོ1959ལོར་དགོན་དེ་མཇལ་བའི་སྐལ་བ་ཞིག་ཐོབ། དགོན་པ་དེའི་སྟེང་ནས་དར་སྡིང་གྲོང་ཚོ་དང་གཤོངས་སའི་མཛེས་ཉམས་མ་ལུས་འདྲེན་བྱེད་ཀྱི་ལམ་དུ་གསལ་ལེར་ཤར་ཐུབ། སྔར་བོད་དུ་དགོན་པ་ནི་སློབ་གཉེར་བྱེད་སའི་ལྟེ་གནས་ཤིག་ཡིན་པ་ལྟར་དར་སྡིང་དགོན་དུའང་ས་ཕྱོགས་གང་ས་ནས་ཡོང་བའི་སློབ་གཉེར་བྱེད་མཁན་མང་པོ་ཡོད། དུས་རབས་བཅུ་བཞི་པའི་སྐབས་སུ་བྱོན་པའི་རྒྱལ་རོང་གི་མཁས་པ་ཚུལ་ཁྲིམས་རྒྱལ་མཚན་ནི་རི་རྒྱལ་དགོན་དུ་སློབ་གཉེར་གནང་མྱོང་མཁན་ཞིག་རེད་འདུག་ལ། ཁོང་གིས་བརྩམས་པའི་བསྟན་བཅོས་རྣམས་ནི་ད་ལྟའི་ནུབ་ཕྱོགས་པའི་བོན་ལ་ཞིབ་འཇུག་གནང་མཁན་ཚོའི་དཔྱད་གཞིར་གྱུར་ཡོད། དར་སྡིང་དགོན་པ་ནི་རིག་གནས་གསར་བརྗེ་ཞེས་པའི་གོད་ཆག་ཆེན་པོའི་ནང་རྩ་མེད་དུ་བཏང་འདུག

གཉིས་པ། ཞུ་ཚང་གི་སྐོར།

བྲུ་ཞུ་སྤྱ་སྡེའུ་བཅས་ཁྲིམ་ཚང་བཞི་ནས་བྱོན་པའི་མི་སྣ་བཞི་པོ་ནི་གཤེན་ཆེན་གྱི་སྟན་གྲགས་གསན་རྗེས་དེ་པའི་དྲུང་དུ་བསྐྱོད་ནས་བོན་གསན་པའི་སློབ་མའི་ཚོགས་དང་པོ་བ་རྣམས་ཡིན་ལ། དེ་དག་ཚང་མས་རང་སོ་སོའི་བོན་གྱི་ལྡེ་གནས་བསྐྱུན་ནས་བོན་ཆོས་དར་སྤེལ་མཛད། ཁོང་རྣམས་ཀྱི་ཁྲིད་ལས་ཞུ་ཚང་དུ་འཁྲུངས་པའི་ཞུ་ནམ་མཁའ་རྒྱལ་མཚན་ནི་གཤེན་ཆེན་གྱི་བོན་གཞུང་དར་སྤེལ་མཛད་མཁན་གཙོ་བོ་དེ་ཡིན། ཞུ་ཚང་གནས་ས་ནི་གཙང་རྒྱལ་རྩེའི་ལྷོ་ཕྱོགས་སུ་ཡོད་པའི་སྐྱིད་མཁར་རི་ཞིང་དུ་ཡོད། ཁྲིམ་ཚང་འདི་དང་འབྲེལ་བའི་གཏམ་རྒྱུད་ནི་བོན་གྱི་དཔེ་ཆ་མི་འདྲ་བའི་ནང་གསལ་ནའང་ཞུ་ནམ་མཁའ་རྒྱལ་མཚན་ཡན་གྱི་མི་རྒྱུད་སྐོར་དེ་ཙམ་རྒྱས་པོ་འཁོད་མི་འདུག

ཞུ་ནམ་མཁའ་རྒྱལ་མཚན་དགུང་ལོ་བཅུ་བདུན་སྐབས་སུ་མནའ་མ་བླངས་ཡོད་ནའང་ཧ་ལམ་རང་མོས་གཉེན་སྒྲིག་ཅིག་རེད་མི་འདུག་པས་ཞུ་ནམ་མཁའ་རྒྱལ་མཚན་བྲོས་ནས་སོང་ཞིང་། དུས་དེ་ནས་བཟུང་ཁོང་གིས་ཡུལ་ངེས་མེད་དུ་འཁྱམས་པའི་འགྲོ་ཚུགས། ཁོང་ཉིད་གཤེན་ཆེན་དང་ཐོག་མར་མཇལ་སྐབས་སློབ་མའི་གྲས་སུ་ཚུད་མེད་ནའང་ཞབས་བཀུར་རྩེ་གཅིག་ཏུ་མཛད་པས་མཐའ་མ་ཐུགས་སྲས་ཀྱི་གྲས་སུ་གྱུར། གོང་དུ་གླེང་ཟིན་པ་ལྟར་ཁོང་ནི་སྒོམ་སྒྲུབ་ལ་མཉེས་པོ་གནང་མཁན་ཞིག་ཡིན་ལ་རྫོགས་ཆེན་ལས་གབ་པ་ཞེས་པའི་སྒོམ་ཐབས་ལ་སྒྲུབ་པ་མཐར་སོན་པ་མཛད་གནང་ཡོད། དེ་རྗེས་ཀྱི་དུས་རབས་ནང་རྫོགས་ཆེན་གྱི་གཞུང་དེ་ཉིད་ལ་ཉམས་ལེན་བྱེད་སྲོལ་དེ་ཤུགས་ཆེར་དར་ཡོད།

ཞུ་ནམ་མཁའ་རྒྱལ་མཚན་གྱིས་གཤེན་ཆེན་སྐུ་ཚེ་མ་འདས་པའི་བར་དུ་གཤེན་ཆེན་གྱི་དྲུང་དུ་བཞུགས་ནས་ཞབས་ཏོག་བསྒྲུབ་གནང་མཛད་ལ། གཤེན་ཆེན་སྐུ་འདས་སྐབས་སུ་ཁོང་ལ་རང་ཉིད་ཀྱིས་གཏེར་ནས་བཞེས་པའི་དཔེ་ཆ་རྣམས་ཡང་དག་དཔར་དུ་འདེབས་པའི་བཀའ་མངགས་མཛད། གཤེན་ཆེན་འདས་རྗེས་ཞུ་ནམ་མཁའ་རྒྱལ་མཚན་རང་ཡུལ་སྐྱིད་མཁར་རི་ཞིང་དུ་ཕྱིར་ལོག་མཛད་པ་དང་སྟར་གྱི་སྐུ་ཟླ་དང་སླར་ཡང་འགྲིག་མཐུན་བྱུང་ནས་ཁྲིམ་གཞིས་བསྐྱངས། ཁོང་ལ་གདུང་སྲས་གཉིས་བྱུང་བ་དེ་གཉིས་ཀྱི་མཚན་ལ་སྐྱིད་པོ་

དང་སྐྱེ་སེ་ཞེས་ཟེར་བ་ཡིན་ལ། དེ་གཉིས་པོས་ཀྱང་བོན་ལ་ཞུགས་པ་དང་དེ་གཉིས་བཟོ་ལ་མཁས་པས་བཟོ་བོ་ཁྱུང་ལག་ཅེས་བཟོ་བཀོད་ཤིན་ཏུ་ལེགས་པའི་བོན་དགོན་ཞིག་ཀྱང་བསྐྲུན་ཡོད་སྐད། གསོ་བ་རིག་པར་སྦྱོང་སྲོལ་ཡོད་པ་ནི་ཁྱིམ་ཚང་དེའི་སྲོལ་རྒྱུན་ཞིག་རེད་འདུག སྲོལ་རྒྱུན་དེ་དུས་ད་ལྟའི་བར་མ་ཉམས་པར་རྒྱུན་འཛིན་བྱ་བཞིན་འདུག ཁྱིམ་ཚང་འདིས་བཏབ་པའི་རི་ཞིང་ལྷུན་གྲུབ་སྣང་དགོན་ནི་བོན་ལ་སློབ་གཉེར་བྱ་སའི་ལྟེ་གནས་ཤིག་ཡིན།⑦ དུས་རབས་བཅུ་བཞི་པའི་སྐབས་སུ་ཁམས་ནས་བྱོན་པའི་སྐྱབས་སྟོན་རིན་ཆེན་འོད་ཟེར་ནི་ཞུ་ལུགས་སུ་གཏོགས་པའི་མཁས་དབང་ཞིག་རེད་ལ། ཁོང་གིས་བརྩམས་པའི་ཁྲོ་བོ་དབང་ཆེན་གྱི་འགྲེལ་པ་དེ་ནི་ད་ལྟ་བོད་རིག་པ་བ་རྣམས་ཀྱི་ཞིབ་འཇུག་བྱ་ཡུལ་དུ་གྱུར་ཡོད་པ་བཅས་སོ། ⑧

གསུམ་པ། བྲུ་ཚང་གི་སྐོར།

བྲུ་ཁྱིམ་དུ་འཁྲུངས་པའི་བྲུ་ཆེན་ནམ་མཁའ་གཡུང་དྲུང་ནི་གཤེན་ཆེན་གྱི་ཐུགས་སྲས་ཀྱི་གྲས་ཤིག་ཡིན། ཁོང་ནི་མི་སྐུ་ཞིག་ཡིན་པས་སྤྱ་རྗེས་སུ་བཙུན་མོ་གཉིས་བཞེས་པ་ལ་རིགས་སྲས་ཁ་ཤས་འཁྲུངས་འདུག

བྲུ་ཚང་གི་ཐོག་མའི་འབྱུང་ཁུངས་ནི་སྤྱི་ལོ737ལོར་བོད་བཙན་པོའི་མངའ་འོག་ཏུ་བཅུག་པའི་ཡུལ་བྲུ་ཞ་ཞེས་པ་དེ་ནས་ཡིན་ལ། བྲུ་ཚང་གི་ཁྱིམ་གཞིས་ནི་གཞིས་རྩེའི་ཤར་ཕྱོགས་དང་གཙང་པོའི་བྱང་ངོས་སུ་ཆགས་པའི་གཙང་ཐོབ་རྒྱལ་ཞེས་པའི་ས་གནས་སུ་ཡོད། བྲུ་གཞིས་ལ་གནམ་མཐོང་ཕོ་བྲང་ཞེས་བརྗོད་སྲོལ་ཡང་ཡོད་དོ།

གཤེན་ཆེན་གྱི་སྐུ་ཕུང་ཞུགས་འབུལ་བྱེད་པའི་སྐབས་སུ་གཤེན་ཆེན་གྱིས་གསང་ཡུམ་པད་སྒྲོན་གྱིས་གཤེན་ཆེན་གྱི་རྗེས་བཞག་དངོས་རྫས་ཀྱི་དབུས་ནས་བྲུ་ཆེན་ནམ་མཁའ་གཡུང་དྲུང་ལ་དུང་དཀར་གཅིག་དང་། ཆུ་ཤེལ་གྱི་སྐུ་བརྟན་གཉིས། མཛོད་ཕུག་གི་མ་དཔེ། ཤངས་གཅིག་བཅས་སྩོལ་གནང་མཛད། དེ་ལྟར་མཛད་པ་ནི་གཤེན་ཆེན་གྱི་ཞལ་ཆེམས་ཡིན་པས་དེ་ལས་བྲུ་ཆེན་ནི་གཤེན་ཆེན་གྱི་ཐུགས་མཉེས་པོ་གནང་ཡུལ་གྱི་ཐུགས་སྲས

ཞིག་ཡིན་པར་མཚོན། སྦྲ་ཆེན་རང་ཁྲིམ་དུ་ཕྱིར་ལོག་ཕེབས་རྗེས་གདུང་སྲས་དང་མཉམ་དུ་མཛོད་ཕྱུག་ལ་ཉམས་ལེན་དང་དར་རྒྱས་གཏོང་འགོ་བཙམས་ཤིང་། དུས་དེ་ནས་བཟུང་མི་ཐོག་ཁ་ཤས་རིང་བོད་ཀྱི་གདན་ཚོགས་རིག་པར་སློབ་གཉེར་བྱ་རྒྱུ་དེ་སྦྲ་ཚང་གི་སྲོལ་རྒྱུན་ཞིག་ཏུ་གྱུར་ཡོད། སྦྲ་ཆེན་ནམ་མཁའ་གཡུང་དྲུང་གི་ཚ་བོ་སྦྲ་རྗེ་གཡུང་དྲུང་གིས་སྤྱི་ལོ1072ལོར་གཡས་རུ་དབེན་ས་ཁ་དགོན་ཕྱག་བཏབ། དུས་རབས་བཅུ་གཉིས་པ་ནས་བཟུང་དགོན་དེ་བོན་གྱི་གཞུང་ལ་སློབ་གཉེར་བྱ་ཡུལ་གལ་ཆེ་ཞིག་ཏུ་གྱུར་ཡོད་ལ། གནས་དེ་ནས་གཡས་རུ་སྟོན་པ་བཅོ་བརྒྱད་ཅེས་བོན་གྱི་མཁས་པ་མང་པོ་ཐོན་ཡོད་པ་དེ་དག་ལས་མང་ཆེ་བ་ནི་སྦྲ་ཚང་གི་རྒྱུད་ལས་འབྱུངས་ཤིང་། དགོན་དེའི་མཁན་པོ་གནང་མྱོང་མཁན་ཡིན་པར་གྲགས། སྦྲ་རྒྱལ་བ་གཡུང་དྲུང་(1242 – 1290)ནི་དགོན་པ་དེའི་མཁན་ཐོག་དང་པོ་དེ་ཡིན་ནའང་ཕྱིས་སུ་དེ་ཉིད་རི་ཁྲོད་འགྲིམས་པ་དང་བོན་གྱི་བསྟན་བཅོས་བརྩམས་ནས་བཞུགས། ཁོང་གིས་མཛད་པའི་དཔེ་ཆ་ད་ལྟ་མཇལ་རྒྱུ་ཡོད་ལ་དེ་དག་ལས་ཞང་ཞུང་ཡུལ་ནས་བོད་དུ་དར་བའི་སྔགས་བརྒྱུད་སྐོར་གྱི་བརྩམས་ཆོས་ནི་དེ་བས་སྐད་གྲགས་ཆེ་མོ་ཡོད།⑨ ཐང་ག་དེའི་དབུས་ཀྱི་སྐུ་བརྙན་དེ་ནི་ནམ་རྒྱུན་ལྟར་བླ་མ་ཞིག་གམ་ཡང་ན་གྲུབ་ཐོབ་ཅིག་མ་ཡིན་པར་དེ་ནི་སྒོམ་སྒྲུབ་ཀྱི་ཕྱག་རྒྱ་མཛད་ནས་བཞུགས་པའི་ཉམས་ལེན་མཁན་ཕྱིར་བཏང་བ་ཞིག་རེད་འདུག་ལ། དེའི་མཐའ་འཁོར་དུ་བཀོད་པའི་རི་མོ་རྣམས་ནི་ཉམས་ལེན་པ་དེའི་སྟང་ངོར་ཞང་ཞུང་སྙན་བརྒྱུད་གཞིར་བཞག་ངང་ཤར་བའི་འཇིག་རྟེན་ལྟ་བ་ཉིད་ཡིན་པར་བཤད།

གཡས་རུ་དབེན་ས་ཁ་དགོན་ནི་སྤྱི་ལོ1386ལོར་ཆུ་ལོག་གིས་འཇིགས་ནས་མེད་པར་ཆགས་ཡོད་ནའང་དེའི་འདུལ་ཁྲིམས་སྐྱོང་ཚུལ་དང་སློབ་གཉེར་བྱ་སྲོལ་ནི་སྤྱི་ལོ1405ལོར་མཉམ་མེད་ཤེས་རབ་རྒྱལ་མཚན་(1356 – 1415)གྱིས་བཞེངས་པའི་སྨན་རི་དགོན་དུ་སྐྱར་གསོ་བྱས་ཡོད།⑩ དགོན་པ་འདི་ནི་སྨན་རི་ཞེས་དབེན་ས་ཁ་ཆགས་སའི་རི་འདབས་སུ་བཏབ་ཡོད་པས་ན་མིང་ལའང་སྨན་རི་དགོན་ཞེས་བཏགས་པ་ཞིག་ཡིན་འདུག མཉམ་མེད་ཤེས་རབ་རྒྱལ་མཚན་ནི་བོད་ཤར་ལྡོའི་ཕྱོགས་ཀྱི་ཡུལ་རྒྱལ་རོང་ཞེས་པར་སྐུ་འཁྲུངས་ཤིང་།

སྨན་རི་དགོན་ཕྱག་མ་བཏབ་སྔོན་དབེན་ས་ཁའི་ཁང་ཚན་ཞིག་གི་དབུ་མཛད་གནང་མྱོང་འདུག

བོད་དབུས་གཙང་གི་ཁུལ་དུ་བོན་གྱི་ལྷ་སྡེ་བཞེངས་ནས་ཡོད་པ་དེ་དག་ལས་བྲུ་ཚང་ནི་བོན་ཆོས་ཀྱི་གཞུང་ལུགས་དང་ཚོ་ག་ཕྱག་ལེན་གཉིས་ཀར་གོམས་འདྲིས་ཆེ་བའི་བོན་ཁྱིམ་ཞིག་ཡིན། སྤྱི་ལོ1959ལོར་བོན་པོ་མི་ཉུང་བ་ཞིག་རྒྱ་གར་ཡུལ་དུ་སླེབས་རྗེས་དེར་སྨན་རི་དགོན་པ་བཞེངས་པ་དང་།[11] ཕྱིས་སུ་བལ་ཡུལ་དུའང་ཁྲི་རྟེན་ནོར་བུ་རྩེ་གསར་བཞེངས་བྱས་ནས་བྲུ་ལུགས་ཀྱི་སྲོལ་ཉིད་སླར་གསོ་བྱས་ཡོད། [12]

དབེན་ས་ཁ་དགོན་ཆུ་ལོག་གིས་མེད་པར་གྱུར་ཡོད་ནའང་བྲུ་ཚང་གི་གདུང་རྒྱུད་ནི་ནུ་མཐུད་གནས་པ་དེས་སྨན་རི་དགོན་ལ་རོགས་སྐྱོར་བྱས་ནས་དེ་ཉིད་རང་ཁྱིམ་གྱི་དགོན་དུ་ངོས་འཛིན་བྱ་བ་ཡིན། དགོན་པའི་བདག་འཛིན་བྱེད་པའི་ཐད་དབང་ཆ་གང་ཡང་མ་མཆིས། འོན་ཀྱང་དུས་རབས་བཅུ་བདུན་པའི་སྐབས་སུ་བྲུ་ཁྱིམ་གྱིས་བཀག་འགོག་བྱེད་མ་ཐུབ་པའི་འགྱུར་ལྡོག་ཅིག་བྱུང་ཡོད་པ་དེ་ནི་སྤྱི་ལོ1662ལོར་གཙང་བཀྲིས་ལྷུན་པོའི་བླ་མ་དང་ཏཱ་ལའི་བླ་མ་སྐུ་ཕྲེང་ལྔ་པ་ངག་དབང་བློ་བཟང་རྒྱ་མཚོའི་(1617 – 1682) ཡོངས་འཛིན་པཎ་ཆེན་བློ་བཟང་ཆོས་རྒྱན་(1567 – 1662) སྐུ་མྱ་ངན་ལས་འདས། ལྔ་པ་ཆེན་པོས་རང་ཉིད་ཀྱི་རྩ་བའི་བླ་མའི་ཡང་སྲིད་མགྱོགས་ནས་མྱུར་དུ་ཐོན་ཕྱིར་རིམ་འགྲོའི་སྔོན་ཚིག་ཅིག་བརྩམས་ནས་གདན་ས་གསུམ་ཚོགས་འཚོགས་སྐབས་ཞལ་འདོན་དུ་བསྐུལ་བར་མཛད། སྤྱི་ལོ1667ལོར་བྲུ་ཚང་ལ་ཁྱིའུ་ཞིག་བཙས་པ་དེ་ཉིད་པཎ་ཆེན་བློ་བཟང་ཆོས་རྒྱན་གྱི་ཡང་སྲིད་དུ་ངོས་འཛིན་བྱས།[13] དེ་ལྟའི་སྣང་ཚུལ་ཐོན་དོན་ནི་སྐབས་དེར་ཏཱ་ལའི་བླ་མ་སྐུ་ཕྲེང་ལྔ་པས་དགེ་ལུགས་པའི་སྲིད་དབང་བཙུགས་མ་ཐག་པ་ཡིན་པས་བོན་པོའི་ཆོས་ལུགས་ལ་དད་ལྡན་མི་སེར་རྣམས་ཀྱང་རང་ཉིད་ཀྱི་མཐུན་ཕྱོགས་སུ་འགུགས་ཕྱིར་ཡིན་ཤས་ཆེ། བྲུ་ཁྱིམ་ལ་ལྟོས་ནས་བརྗོད་ན་རང་ཁྱིམ་དུ་དགེ་ལུགས་པའི་བླ་ཆེན་ཞིག་འཁྲུངས་པ་ནི་གཟི་བརྗིད་ལྷ་བུ་ཞིག་ཏུ་གྱུར་ཡོད་ནའང་། དོན་དངོས་ཐོག་དེ་ནི་དུག་ལྡན་གསེར་ཐོར་ལྟ་བུ་ཞིག་དང་འདྲ་བར་དེས་བྲུ་ཚང་གི་ལོ་མང་ལོ་རྒྱུས་ལྡན་པའི་ཆོས་ལུགས་སྲོལ་རྒྱུན་ཉིད་རྐྱེན་

ལམ་དུ་བཏང་ཡོད།

གང་ལྟར་བྲུ་ཚང་ལ་ཐབས་ཤེས་གང་ཡང་མ་བྱུང་བར་པཎ་ཆེན་གྱི་ཡང་སྲིད་ཡིན་པར་ཁས་ལེན་བྱ་དགོས་བྱུང་། སྲོལ་རྒྱུན་ལྟར་ན། ཁྱིམ་ཚང་ག་གེ་མོ་ཞིག་ཏུ་བླ་མའི་ཡང་སྲིད་ཅིག་འཁྲུངས་ན་དེ་པའི་ཁྱིམ་མི་ཡོངས་རྫོགས་ཀྱི་ཆོས་ལུགས་དད་མོས་བྱ་ཡུལ་བསྒྱུར་དགོས་པ་མ་ཟད། ཁྱིམ་ཚང་དེའི་ས་ཞིང་ནོར་ཕྱུགས་ཡོད་ཚད་ཀྱང་ཡང་སྲིད་བཞུགས་སའི་དགོན་པ་དེར་བདག་པ་ཡིན། འོན་ཀྱང་ཏཱ་ལའི་བླ་མ་སྐུ་ཕྲེང་ལྔ་པས་བྲུ་ཁྱིམ་གྱི་ཆོས་ལུགས་དང་མོས་བྱེད་ཡུལ་དེ་ལ་འགྱུར་ལྡོག་གཏོང་གནང་མཛད་མེད་པར་བྲུ་ཚང་གི་ཁྱིམ་མི་རྣམས་སྔར་བཞིན་དེ་གར་བསྡད་ནས་མུ་མཐུད་བོན་ཆོས་བྱས་ཆོག་པའི་བཀའ་གནང་ཡོད། ཏཱ་ལའི་བླ་མ་སྐུ་ཕྲེང་ལྔ་པས་ཕྱིས་སུ་པཎ་ཆེན་སྐུ་ཕྲེང་རིམ་བྱོན་གྱི་མ་ལག་དེ་བཙུགས་གནང་མཛད། བྲུ་ཁྱིམ་དུ་འཁྲུངས་པའི་ཡང་སྲིད་དེའི་མཚན་ལ་བློ་བཟང་ཡེ་ཤེས(1663 – 1737)ཞེས་ཞུ་ལ་དེ་ནི་པཎ་ཆེན་སྐུ་ཕྲེང་གཉིས་པར་ངོས་འཛིན་བྱ་སྲོལ་ཡོད།[14] དེ་ལྟའི་ཆོས་སྲིད་གཉིས་ཀྱི་རྒྱབ་སྟོངས་འོག་བློ་བཟང་ཡེ་ཤེས་གསོ་སྐྱོང་བྱས་ཡོད་པས་མཐའ་མ་དེ་ལ་རང་གི་མེས་པོ་ནས་བརྒྱུད་པའི་ཆོས་ལུགས་སྲོལ་རྒྱུན་ལ་དགའ་སྣང་ཅི་ཡང་མི་ཆགས་པར་དེ་ལས་ལྡོག་སྟེ་རང་ཉིད་བོན་གྱི་ཁྱིམ་ཚང་ཞིག་ཏུ་སྐྱེས་པ་ནི་ངོ་ཚ་ཁ་སྐྱེངས་ལྟ་བུའི་གནས་ཤིག་ཏུ་བསམས་ཞིང་། ཁོང་ཚོའི་རྣམ་ཐར་དང་ལོ་རྒྱུས་ནང་དུའང་གནས་ཚུལ་དེ་དག་སྨས་གང་ཐུབ་ཀྱིས་བེད་མེད་ངལ་བར་བརྗོན་ཡོད། འོན་ཀྱང་ཁོང་ཚོའི་བསམ་ཡུལ་ལས་འདས་པ་ཞིག་ལ། དུས་རབས་བཅུ་དགུ་པའི་སྐབས་སུ་བྲུ་ཚང་ལ་བུ་ཞིག་འཁྲུངས། དེ་ལ་མཚན་བསྟན་པའི་དབང་ཕྱུག(1854 – 1882)ཅེས་གསོལ་ནས་པཎ་ཆེན་སྐུ་ཕྲེང་བཞི་པའི་ཡང་སྲིད་དུ་ངོས་འཛིན་བྱས་ཡོད་པ་དེ་ལགས། [15]

སྐབས་དེ་དུས་སུ་བྲུ་ཚང་གི་ཁྱིམ་རྒྱུད་གནས་མ་གནས་སྐོར་བསམ་གཞིགས་བྱེད་མཁན་བྱུང་མི་འདུག་ལ། ཁྱིམ་གཞིས་ཡོངས་གཞིས་རྩེར་གནས་སྤོས་བྱས་པ་དང་ནང་མི་ཚང་མ་དགེ་ལུགས་པར་བསྒྱུར་བ་མ་ཟད། བྲུ་ཚང་ལ་འཁྲུངས་གཞིས་ཞེས་པའི་མིང་ཐོགས་པ་བཅས་མདོར་ན་མཐའ་མ་བྲུ་ཚང་ཞེས་པའི་བོན་ལུགས་ཀྱི་ཁྱིམ་རྒྱུད་དེ་ལོ་རྒྱུས་ཀྱི་རྟེགས་བུ་

ལས་ཡལ་ཧེ་རིག་རྒྱུ་མེད་པར་ཆགས་པ་བཅས་སོ།

བཞི་པ། སྒྲ་ཚང་གི་སྐོར།

གོང་དུ་སྨྲིང་ཟིན་པ་ལྟར་སྒྲ་དཔལ་མཆོག་ནི་གཤེན་ཆེན་གྱི་མཐའ་མཇུག་གི་སློབ་མའི་གྲས་ཡིན་ལ་གཤེན་ཆེན་གྱིས་བོད་ལ་གསང་སྔགས་དཀྱིལ་འཁོར་གྱི་ཆོ་གའི་སྒྲུབ་ཐབས་དང་དེ་འབྲེལ་གི་ཁྲི་བོ་དབང་ཆེན་གྱི་དཔེ་ཆ་སོགས་གནང་མཛད། དེ་ལྟའི་བོན་གྱི་གསང་སྔགས་ཀྱི་ཆོ་ག་དང་སྒོམ་སྒྲུབ་ཀྱི་དཀྱིལ་འཁོར་དེ་དག་ནི་དུས་རབས་བཅུ་གཅིག་པ་ནས་བཟུང་བོན་པོ་རྣམས་ཀྱིས་ཐུན་མོང་ཐོག་ཉམས་ལེན་བྱེད་པའི་སྲོལ་ཞིག་ཏུ་གྱུར་ཡོད། ཨ་རིའི་རོ་པིན་ཞེས་པའི་དངོས་མང་བཤམས་སྟོན་ཁང་དུ་ཉར་ཚགས་བྱས་པའི་སྒྱུ་རྩལ་དངོས་རྫས་འགའ་ཞིག་འདུག་པ་དེའི་ཐོག་བྲིས་པའི་ལྷ་རྣམས་ནི་གོང་གསལ་ཆོ་གའི་དཀྱིལ་འཁོར་དེའི་ཁོངས་སུ་གཏོགས་པ་ཡིན། དཀྱིལ་འཁོར་དེ་ལ་ལྷ་གཙོ་བོ་གསུམ་ཡོད་པ་དེ་དག་གི་འབྱུང་ཁུངས་ནི་ཕན་ཚུན་འབྲེལ་བ་ལྡན་པ་ཞིག་ལགས་ལ། གཙོ་མཆོག་མཁའ་འགྱིངས་ནི་དེ་ལྷ་གསུམ་ལས་གཅིག་ཡིན་ཞིང་དཀྱིལ་འཁོར་དེའི་སྲུང་མ་ནི་སྲིད་པའི་རྒྱལ་མོ་ཡིན།

སྒྲ་དཔལ་མཆོག་གིས་སློབ་གཉེར་མཐར་ཕྱིན་པ་མཛད་གྲུབ་རྗེས་རང་ཡུལ་དུ་ཕྱིར་ལོག་མཛད། བོད་གི་ཁྲིམ་གཞིས་ཀྱི་ལྷོ་ཕྱོགས་སུ་ལ་ཕུག་དང་ཤར་ཕྱོགས་སུ་རྫོང་ཁ་ཡོད། སྒྲ་དཔལ་མཆོག་ནི་གསང་ཡུམ་བཞེས་ནས་ཡོད་པའི་གྲགས་ཅན་སྔགས་པ་ཞིག་ཡིན་ལ་བོད་གི་ཁྲིམ་ཚང་ལ་ཞུ་ཚང་དང་། བྲུ་ཚང་། རྨེའུ་ཚང་བཅས་ལྟར་དགོན་སྡེ་མེད་པར་རི་ཁྲོད་གཅིག་རང་ལས་མེད་པ་དེའི་མིང་ལ་བདེ་ཆེན་སྣང་ཞེས་ཟེར་བ་ཡིན།

སྒྲ་ ཚང་ གི་ མི་ ཐོག་ བཞི་ པ་ སྒྲ་ དཔལ་ མཆོག་ གིས་ གཏེར་ སྟོན་ ཁྱུང་ རྒོད་ རྩལ་ (1175ལོར་འཁྲུངས) གྱི་གཞུང་ལ་སློབ་གཉེར་མཛད། གཞུང་དེའི་ནང་དུ་གྲུབ་ཐོབ་དྲན་པ་ནམ་མཁའི་སྒོམ་སྒྲུབ་ཀྱི་ཆོ་གའི་རྣམ་གཞག་ཀྱང་ཚུད་ཡོད། འདིའི་སྐབས་སུ་དྲན་པ་ནམ་མཁའི་སྐུ་བརྙན་དེ་སྐུ་མདོག་སྔོན་པོར་བཞེངས་པ་ཡིན།

སྒྲ་རྒྱལ་བ་ཤེས་རབ་ཀྱི་སྲས་དོན་གྲུབ་འདུམ་བཟང་ནས་བཟུང་སྒྲ་ཚང་གི་མི་སྣ་ཡིན་

ཁྲིན་མཚན་མཇུག་ལ་བཟང་པོ་ཞེས་ཟེར་སྲོལ་འདུག་ལ། ཁྲིམ་ཚང་དེ་ནས་བྱོན་པའི་སྐྱེས་བུ་བཅུ་གསུམ་ལ་སྤྱ་བཟང་པོ་བཅུ་གསུམ་ཞེས་ཟེར་སྲོལ་ཡོད།

དྲན་པ་ནམ་མཁའི་སྐུ་ཐང་ཐོག་ལྷ་དེ་ནི་དཀྱིལ་འཁོར་ལྷ་ཚོགས་དང་དེ་པའི་ཆོས་རྒྱུན་སྲིལ་མཁན་བླ་རྒྱུད་རྣམས་ནས་བསྐོར་ནས་ཡོད་ལ། བླ་མ་དེ་དག་ལས་འགའ་ཞིག་ནི་སྤྱ་ཚང་དུ་འཁྲུངས་པ་ཞིག་ཡིན་པ་ནི་སྐུ་སོ་སོའི་འོག་ན་བླ་མའི་མཚན་དག་ཡེ་གེར་བྲིས་ནས་ངོ་སྤྲོད་བྱས་ཡོད་པ་ལས་ཤེས་ཐུབ་བོ། ⑯

སྤྱ་ཚང་ནས་ཆེས་མཐའ་མར་བྱོན་པའི་བླ་མ་ནི་སྤྱ་སྟོན་བསྟན་རྒྱས་བཟང་པོ་ཡིན་ལ། ཁོང་ནི་རབ་བྱུང་བ་ཞིག་དང་ལོ་རྒྱུས་ལ་མཁས་པ་ཞིག་ཀྱང་ཡིན་འདུག ཁོང་གི་བརྩམས་ཆོས་རྣམས་མིག་སྔར་བོད་རིག་པ་བ་རྣམས་ཀྱི་ཞིབ་འཇུག་གི་དཔྱད་གཞི་བཟང་པོར་གྱུར་ཡོད། ཁོང་གི་གསུང་འབུམ་ཁྲོད་ཞང་ཞུང་སྙན་བརྒྱུད་ལས་བྱུང་བའི་སྒོམ་སྒྲུབ་ལ་ཉམས་ལེན་བྱེད་མཁན་ཚོ་ཟེག་གི་རྣམ་ཐར་ལོ་རྒྱུས་ཀྱང་ཡོད་ལ། གཞུང་དེ་ཉིད་ལ་ཉམས་ལེན་བྱེད་མཁན་གྱི་གྲས་སུ་སྟོགས་པ་དང་། བཙུན་པ། རི་ཁྲོད་པ། མི་སྐྱ་བཅས་ཡོད་པ་དེ་དག་གི་སྐུ་བརྙན་ནི་ཕལ་ཆེར་དུས་རབས་བཅོ་ལྔ་པའི་སྐབས་སུ་བྲིས་པའི་ཐང་ག་ཞིག་གི་ཐོག་འཁོད་ཡོད།

དུས་རབས་བཅུ་དྲུག་པ་ནས་བཟུང་སྤྱ་ཚང་དེ་ཁ་ཐོར་དུ་སོང་། སྤྱ་ཚང་གི་མི་ཁག་གཅིག་ཧོ་ར་ཀྱི་ཡུལ་དུ་གནས་བཅའ་ནས་བསྡད། གཡུང་དྲུང་དཔལ་བཟང་གིས་སྤྱི་ལོ1847ལོར་གཡུང་དྲུང་རབ་བརྟན་གླིང་དགོན་པ་ཕྱག་བཏབ་ལ། ཁོང་ནས་བརྒྱུད་པའི་སྤྱ་ཚང་གི་མི་རྒྱུད་ནི་དུས་ད་ལྟའི་བར་བོད་དང་རྒྱ་གར་སོགས་ཡུལ་ལུང་ཁག་ཏུ་འཚོ་བཞུགས་གནང་བཞིན་ཡོད་དོ།

ལྔ་པ། རྨེའུ་ཚང་གི་སྐོར།

གོང་གསལ་ཁྲིམ་རྒྱུད་ཕུད་ད་དུང་བོན་ཁྲིམ་གཞན་ཞིག་ཡོད་པ་དེའི་མིང་ལ་རྨེའུ་ཚང་ཞེས་ཟེར་ལ། ཁྲིམ་ཚང་དེ་ནས་བྱོན་པའི་མི་སྣས་གཤེན་ཆེན་ཀླུ་དགའ་མཇལ་སྐྱོང་མེད་

ནའང་། རྨོག་དགོངས་མཛོད(1030－1096)ནས་སྒོམ་སྒྲུབ་ཀྱི་གདམས་ངག་སྐོར་ཞུ་སྐྱེ་སེ་དང་སྦྲུ་རྗེ་གཡུང་དྲུང་གཉིས་ཀྱི་དྲུང་ནས་ཞུས་ཡོད། རྨོག་དགོངས་མཛོད་ནི་གྲགས་ཅན་བླ་མ་ཞིག་ཡིན་ལ། ཕོང་ལ་རི་ཁྲོད་ཆེན་མོ་ཞེས་ཀྱང་ཟེར་སྲོལ་འདུག བླ་མ་འདི་ནི་དར་ཁྱབ་ཤིན་ཏུ་ཆེ་བའི་ཨ་ཁྲིད་ཀྱི་སྒོམ་སྲོལ་དེ་ཉིད་ཀྱི་སྲོལ་གཏོད་པ་པོར་ངོས་འཛིན་བྱ་བ་ཡིན།[17] ཁྱིམ་ཚང་དེའི་གནས་གཞི་ནི་ཐོག་མར་གཙང་ཁུལ་ཤངས་ཀྱི་གུར་ཞོག་ཅེས་པའི་སར་ཡོད་ནའང་ཕྱིས་སུ་གཙང་པོའི་བྱང་ངོས་ཀྱི་སྒེ་མོའི་ཁུལ་དུ་གནས་སྤོས་བྱས་པ་དང་། གནས་དེ་ན་ཁྱིམ་དེའི་གྲགས་ཅན་མི་སྣ་ཨང་གཉིས་པ་མཁས་པ་ཚུལ་ཁྲིམས་དཔལ་ཆེན(1052ལོར་འཁྲུངས)གྱིས་བཟང་པོ་རི་ཞེས་པའི་དགོན་དེ་ཕྱག་བཏབ།[18] ཁོང་གིས་གཏན་ཚིགས་རིག་པའི་སྐོར་གྱི་བསྟན་བཅོས་ཁ་ཤས་བརྩམས་གནང་ཡོད་པ་དེ་དག་དུས་ད་ལྟའི་བར་བོན་གྱི་དགོན་སྡེའི་ནང་དུ་སློབ་གཉེར་བྱ་ཡུལ་དུ་གྱུར་ཡོད་ལ། རྨོག་ཚང་དུ་སྣང་པའི་གྲགས་པ་ལྡན་པའི་སེར་མོ་བ་མི་ཉུང་བ་ཞིག་འཁྲུངས་མྱོང་ཡོད།

སྤྱི་ལོ1959ལོར་ཁོ་བོར་རྨོག་ཚང་མཇལ་སྐལ་ཐོབ་པ་དང་དེ་ནས་སྤྱི་ལོ1996ལོར་སླར་ཡང་སྒེ་མོར་བསྐྱོད་ནས་ཁྱིམ་ཚང་མཇལ་དུ་འགྲོ་སྐབས་སྔར་གྱི་ཁྱིམ་གཞིས་དང་དགོན་པ་ནི་རིག་གནས་གསར་བརྗེའི་སྐབས་གཏོར་ནས་གྱང་རོར་གྱུར་ཟིན་འདུག་ནའང་། རྨོག་ཚང་གིས་ཉེ་འགྲམ་དུ་ཁྱིམ་ཁང་གསར་པ་ཞིག་བསྐྲུན་འདུག་ལ་རང་དགོན་དེ་ཡང་བཟང་པོ་རིའི་ཐོག་ཏུ་བསྐྱར་བཞེངས་བྱས་འདུག དེར་བརྟེན། རྨོག་ཚང་ནི་སྔར་བཞིན་གནས་ཐུབ་པ་མ་ཟད་དར་ཞིང་རྒྱས་པའི་ཕྱོགས་སུ་འཕེལ་བཞིན་འདུག་གོ

གོང་གསལ་བོན་གྱི་ཁྱིམ་ཚང་ལྔ་པོ་རྣམས་མཉམ་དུ་བསྡུས་ནས་བྲུ་ཞུ་སྤ་རྨོག་ཞེས་ཟེར་སྲོལ་ཡོད་ལ། བོན་ལུགས་ཀྱི་ཐང་ག་ཞིག་གི་ཐོག་ཏུ་གཤེན་ཆེན་ཀླུ་དགའ་མཆོག་དབུས་སུ་བཞེངས་ནས་དེ་པའི་མཐའ་འཁོར་དུ་གོང་གི་ཁྱིམ་ཚང་ལྔ་པོ་ནས་བྱོན་ཞིང་དུས་རབས་བཅུ་གཅིག་ནས་བཅོ་ལྔའི་བར་གྱི་བོན་དར་རྒྱས་ཀྱི་མཐོ་རླབས་འཕྱུར་རིང་བྱས་རྗེས་ཆེ་བའི་གཤེན་ཆེན་གྱི་སློབ་དཔོན་དམ་པ་རྣམས་བྲིས་ཡོད། ཁྱིམ་ཚང་ལྔ་པོས་བར་ཀྱི་འབྲེལ་བ་ནི་ཕན་ཚུན་གཉེན་སྒྲིག་བྱེད་པ་དང་ཡང་ན་བླ་སློབ་ཀྱི་འབྲེལ་བའི་ཐོག་ནས་རྒྱུན་སྐྱོང་བ་ཡིན་འདུག

དུས་རབས་བཅོ་ལྔ་པའི་རྗེས་སུ་ཁྲིམ་ཚང་ལྔ་པོས་དགོན་སྡེར་ཐེ་དྲུས་བྱེད་ཤུས་ཉམས་རྗེས་ཁྲིམ་དེ་དག་དང་ཐད་ཀར་འབྲེལ་བ་མེད་པའི་དགོན་སྡེ་ཁག་གཅིག་ཐོན་ཡོད་པ་དེ་དག་ལས་སྨན་རི་དགོན་དང་རྭ་ལག་གཡུང་དྲུང་གླིང་（1834ལོར་ཕྱག་བཏབ）གཉིས་ནི་དཔེ་མཚོན་ཙམ་དུ་ཟད་དོ།

ཁྲིམ་ཚང་གི་རྨང་གཞི་བྱས་ཐོག་བཞེངས་པའི་དགོན་པ་ནི་ཁམས་སུ་སྟོན་རྒྱལ་དགོན་དང་ཨ་མདོའི་ཁུལ་དུ་སྣང་ཞིག་དགོན་པ་ཡོད། དུས་རབས་བཅོ་བརྒྱད་པའི་སྐབས་སུ་སྟོན་རྒྱལ་ཚང་ནས་ཡིན་པའི་བོན་པོ་རྣམས་རྒྱལ་རོང་ཡུལ་དུ་འབྲུག་ཆ་དོད་པོ་ཡོད་ལ། ལྷག་པར་དུ་སྟོན་རྒྱལ་ཀུན་གྲོལ་གྲགས་པས་དེ་ན་བོན་ཆོས་དར་སྤེལ་ཤུགས་ཆེ་མཛད་ཡོད་ལ། ཁོང་གིས་དུས་རབས་བཅོ་བརྒྱད་པའི་ལོ་རབས་ལྔ་བཅུའི་ནང་རིམ་བཞིན་ཁྲི་ཆེན་གྱི་རྒྱལ་པོ་ཀུན་དགའ་ནོར་བུ་དང་ཆུ་ཆེན་གྱི་རྒྱལ་པོ་ནམ་མཁའ་རྒྱལ་པོའི་ཕོ་བྲང་དུ་བོན་གྱི་བཀའ་བསྟན་གཉིས་ཤིང་པར་དུ་བསྐོས་གནང་མཛད། ཀུན་གྲོལ་གྲགས་པའི་གསུང་རྩོམ་ནང་ནས་ཞི་ཁྲོའི་ཚོགས་ཀྱི་དཀྱིལ་འཁོར་དེ་ནི་སླན་གྲགས་ཆེ་ཤོས་དེ་ཡིན་ལ་ཁོང་རང་ཉིད་ནས་ཀྱང་དེ་ལ་མཉེས་ཤོས་གནང་གི་ཡོད། ཁོང་དང་ཁོང་གི་བོན་གྲོགས་གསང་སྔགས་གྲགས་པ་ནི་སངས་རྒྱས་གླིང་པ（1705 – 1035）ཞེས་བོན་གསར་ལུགས་ཀྱི་མི་སྣ་གལ་ཆེན་ཞིག་ཏུ་འདོད་པ་དེའི་ཐུགས་སྲས་གཙོ་བོ་གཉིས་པོ་དེ་ལགས་སོ།

ལྔ་པ། དྲན་པ་ནམ་མཁའི་སྐོར།

དྲན་པ་ནམ་མཁས་བོན་ལུགས་ཀྱི་ལོ་རྒྱུས་ཐོག་གལ་ཆེའི་གནས་བབས་བཟུང་ཡོད། དྲན་པ་ནམ་མཁའ་གཉིས་བྱུང་ཡོད་པ་ལས་གཅིག་ནི་བོད་དང་ཅིག་ཤོས་དེ་ནི་ཞང་ཞུང་དུ་བྱུང་ཡོད་པར་འདོད་མཁན་ཡོད་ནའང་བོན་པོའི་ཚོགས་སུ་གནད་དོན་དེ་ལྟ་བུར་དོགས་འདྲི་བྱེད་མཁན་མ་མཆིས། བོན་གྱི་ལོ་རྒྱུས་ཐོག་དྲན་པ་ནམ་མཁས་དུས་རབས་བརྒྱད་པའི་སྐབས་སུ་ཐུབ་པའི་ཆོས་ལུགས་དེ་བོད་བཙན་པོས་བཙན་པོའི་ཁྲིམ་མཆོས་གཏན་འབེབས་མཛད་སྐབས་སུ་བོན་གཞུང་དེ་འཇིགས་པ་ལས་སྐྱོབ་ཅེས་ཤོད་སྲོལ་ཡོད། གཏམ་རྒྱུད་ལྟར་

ན། དྲན་པ་ནམ་མཁས་བོན་གཞུང་ཉིད་སྐྱོབ་ཕྱིར་ཆོས་ལ་བཞུགས་པར་བཤད་ལ། ཕོང་གིས་དེ་ལྟར་མཛད་པ་ནི་དཔའ་བོའི་རྣམ་དཔྱོད་ཡིན་པ་དང་ཕོང་ནི་ཆོས་ལུགས་གང་འདྲ་ཞིག་ཡིན་ནའང་རིས་སུ་མ་མཆིས་པར་ཉམས་ལེན་མཛད་མཁན་ཞིག་ཡིན་པར་བསྐྱོད་ལ། ཕོང་ནི་བོད་དུ་མི་སྣེར་པའི་ངོས་ནས་བན་བོན་དབྱེར་མེད་ཀྱིས་གཞུང་སྔ་ཚོགས་ལ་ཉམས་ལེན་བྱེད་མཁན་ཐོག་མ་དེ་ཡིན་པར་ངོས་འཛིན་བྱས་ཆོག་ལ། ཕོང་ནི་དམིགས་བསལ་གྱི་དད་པའི་ཡུལ་ཞིག་ཏུ་གྱུར་ཡོད་པ་མ་ཟད། བན་བོན་གཉིས་ཀའི་ཚོ་གའི་དཔེ་ཆའི་ནང་དུ་དེ་པ་བན་བོན་དབྱེར་མེད་ཀྱི་ལྷ་ཞིག་ཡིན་པ་དང་ཕོང་གི་འབྲུངས་རབས་སོགས་ནི་བན་བོན་གཉིས་ཀའི་དཔེ་ཆའི་ནང་དུ་མཐོང་རྒྱུ་ཡོད། བོན་པོ་རྣམས་ཀྱིས་དྲན་པ་ནམ་མཁའ་ནི་བོན་གསར་མའི་ཤིང་རྟ་ལྟ་བུར་བརྩི་ལ། གཏམ་རྒྱུད་ནང་དུ་ཕོང་གི་གསང་ཡུམ་མཚན་ལ་མཁའ་འགྲོ་འོད་ལྡན་བཞེས་པ་དེ་ལ་སྲས་མཚན་མ་གཅིག་འབྲུངས་པ་དེ་གཉིས་ཀྱི་མཚན་ལ་ཚེ་དབང་རིག་འཛིན་དང་གཡུང་དྲུང་མཐོང་གྲོལ་ཟེར། ཚེ་དབང་རིག་འཛིན་ནི་བོན་ལ་ཉམས་ལེན་མཐར་ཕྱིན་པ་མཛད་ནས་གྲུབ་ཐོབ་ཅིག་ཏུ་གྱུར་པ་དང་གཡུང་དྲུང་མཐོང་གྲོལ་ནི་བོན་པོ་དང་རྙིང་མ་བ་གཉིས་ཀས་པདྨ་འབྱུང་གནས་ལ་ངོས་འཛིན་བྱ་བཞིན་ཡོད་པ་བཅས་སོ།

ཞར་བྱུང་། ཏཱ་ལའི་བླ་མ་སྐུ་ཕྲེང་ལྔ་པའི་སྐོར།

གོང་དུ་ཏཱ་ལའི་བླ་མ་སྐུ་ཕྲེང་ལྔ་པ་ཡིས་པཎ་ཆེན་སྐུ་ཕྲེང་དང་པོའི་ཡང་སྲིད་ཉིད་བྲུ་ཚང་ནས་ངོས་འཛིན་མཛད་ཚུལ་སྐོར་ཟུར་ཙམ་གླེང་ཁུལ་བྱས་ཡོད་པ་དེའི་སྐོར་སྐབས་དེར་བོན་ལ་འཛིན་པའི་སྲིད་ཇུས་དང་འགྲོགས་ནས་འདིར་ཅུང་ཟད་རྒྱས་ཙམ་བརྗོད་ན། དེ་ཡང་སྐུ་ཕྲེང་ལྔ་པས་བོད་ཀྱི་སྲིད་དབང་བཟུང་མ་ཐག་ཏུ་ཕོང་ལ་གནང་མི་བདེ་བའི་གནས་ཚུལ་ཞིག་འཕྲད་པ་དེ་ནི་བོད་ཤར་ཕྱོགས་ཀྱི་བེ་རིའི་རྒྱལ་པོ་དེ་ནི་སོག་པོ་གུ་ཤྲི་ཧན་གྱི་དགྲ་བོ་ཡིན་པ་དེ་ལགས། བེ་རི་རྒྱལ་པོ་ནི་བོན་ལ་དད་པ་གནང་མཁན་ཞིག་ཡིན་ལ་ཕོང་དང་སོག་དམག་གི་རྒྱབ་སྐྱོར་ཡོད་པའི་དགེ་ལུགས་པའི་དགྲ་ནག་སྟེ་གཙང་པ་རྒྱལ་པོའི་བར་འབྲེལ་བ་

དམ་པོ་ཡོད། སྤྱི་ལོ1642ལོར་འབྲས་སྤུངས་དགོན་པའི་མཁན་པོ་གནང་བཞིན་པའི་ཏཱ་ལའི་བླ་མ་སྐུ་ཕྲེང་ལྔ་པའི་ཕྱོགས་གཏོགས་དགེ་ལུགས་པ་གཙང་པ་རྒྱལ་པོ་ལས་རྣམ་པར་རྒྱལ་ཞིང་ཏཱ་ལའི་བླ་མ་བོད་ཀྱི་ཆེས་མཐོའི་དབང་བསྒྱུར་པར་བསྐོས། སྔར་གཙང་པ་རྒྱལ་པོར་རྒྱབ་སྐྱོར་བྱེད་མཁན་ཐུབ་པའི་ཆོས་ལུགས་ཀྱི་གྲུབ་མཐའ་ཁ་ཤས་དང་བོན་ལུགས་བཅས་ནི་ཉེས་ཆད་ཕོག་པའི་ཡུལ་དུ་ཡོད་ནའང་། ཏཱ་ལའི་བླ་མས་དེ་སྔོན་ངོ་རྒོལ་བྱེད་མཁན་གྱི་ཆོས་ལུགས་གྲུབ་མཐའ་དང་ཆོས་སྲིད་ཕྱོགས་ཁག་ལ་མཐུན་སྒྲིལ་མཛད་ནས་བོད་ཀྱི་གནས་བབ་ཉིད་རིམ་བཞིན་གཏན་འཇགས་སུ་གཏོང་གནང་མཛད་ཡོད།

ཏཱ་ལའི་བླ་མ་སྐུ་སྔེར་གྱི་ངོས་ནས་བརྗོད་ན། ཁོང་དང་བོན་པོའི་བླ་མའི་བར་འབྲེལ་བ་ཞིག་བཙུགས་གནང་ཡོད་ལ། ཁོང་གིས་ཐ་ན་དྲན་པ་ནམ་མཁའ་ནས་བརྒྱུད་པའི་བོན་གྱི་གདམས་ངག་ཀྱང་ཞུས་གནང་སྒྲོང་ཡོད་པར་གྲགས།[19] ཏཱ་ལའི་བླ་མ་སྐུ་ཕྲེང་ལྔ་པས་ཞང་སྟོན་ཞེས་པའི་ཡུལ་ནས་ཕྱིན་པའི་བོན་གྱི་བླ་མ་སྐུ་མདུན་ལྷུན་གྲུབ་ཀྱི་མདུན་ནས་བཀའ་སློབ་ཞུས་གནང་སྒྲོང་ལ། བོན་གྱི་བླ་མ་དེ་ཡང་ཏཱ་ལའི་བླ་མའི་བཞུགས་སྒར་དུ་ཡང་ཟེ་ཕེབས་ཀྱི་ཡོད་འདུག ཏཱ་ལའི་བླ་མས་ཁོང་ལ་"བོན་གཡུང་དྲུང་གི་མིག་གཅིག"ཅེས་བསྔགས་བརྗོད་མཛད་འདུག སྐུ་མདུན་ལྷུན་གྲུབ་ནི་བེ་རི་རྒྱལ་པོའི་ཕོ་བྲང་དུ་ཕེབས་སྒྲོང་ལ། ཁོང་ནི་བེ་རི་རྒྱལ་པོའི་སྲིད་མོའི་ཟླ་པོ་ཡང་ཡིན་པས་ན་བླ་མ་དེ་དང་གུ་ཤྲཱི་ཧན་བར་གྱི་འབྲེལ་བ་ནི་རྟོག་འཛིང་ལྡན་པ་ཞིག་ཡིན་པ་ནི་ཨ་ཙང་བརྗོད་མེད་ལགས་ཤིང་། དེ་གཉིས་ཏཱ་ལའི་བླ་མའི་མདུན་དུ་མཉམ་བཅར་སྐབས་ཕན་ཚུན་གནང་མི་བདེ་བ་ཡོད་ཤས་ཆེ། ཏཱ་ལའི་བླ་མས་མི་སྣ་དེ་གཉིས་བར་ཁོང་གནང་མི་བདེ་བ་བྱུང་བའི་སྐོར་རང་རྣམ་ནང་དུའང་བཀོད་གནང་མཛད་འདུག བོན་ཁྲིམས་གཤེན་ཞུ་བྲུ་གསུམ་ལ་ཏཱ་ལའི་བླ་མ་སྐུ་ཕྲེང་ལྔ་པའི་གཟིགས་སྐྱོང་ཐོབ་པ་དང་ཁྲིམས་ཚང་དེ་རྣམས་ཀྱི་བླ་མ་དང་སློབ་བུ་དམ་པ་རྣམས་ལ་བོད་ཀྱི་ཆོས་ལུགས་གྲུབ་མཐའ་གཞན་གྱི་བླ་ཆེན་ལྟར་བརྩི་མཐོང་མཛད་ཡོད།

སྤྱི་ལོ1679ལོར་ཏཱ་ལའི་བླ་མ་སྐུ་ཕྲེང་ལྔ་པས་བཀའ་རྒྱ་ཞིག་བཀྲམས་ཡོད་པ་དེའི་ནང་དུ། གཡུང་དྲུང་བོན་ནི་གསང་སྔགས་ཀྱི་གཞུང་ལུགས་རྩ་ཆེན་ཞིག་ཡིན་པ་དང་ཁོང་གི

སྲིད་དབང་འོག་གནས་པའི་བོན་ལ་དད་མོས་བྱ་མཁན་རྣམས་ནི་ལྷ་སྡེ་ཡིན་ཞེས་གསུངས་ཡོད།（རི་ཙ་སོན1998. 441）[20] བོད་ཀྱི་བོན་པོའི་ཆོས་ལུགས་དང་དེ་ལ་ཉམས་ལེན་བྱེད་མཁན་རྣམས་ལ་ཆབ་སྲིད་ཀྱི་འདོད་རྫམས་མེད་པས་ན་དེ་དག་ནི་སྣང་མེད་ཀྱི་ཡུལ་དུ་ལུས་ཡོད་ལ། ལར་བོན་པོ་རྣམས་ནི་གྲངས་ཉུང་ཆོས་ལུགས་དད་མོས་པའི་ཚོ་ཞིག་ཡིན་ནའང་བོན་ལ་དད་མོས་བྱེད་མཁན་ནི་གངས་ཅན་ལྗོངས་ཡོངས་སུ་ཁྱབ་ནས་ཡོད། དེ་ཡང་དབུས་གཙང་གི་ཁུལ་དུ་བོན་གྱི་འདུ་གནས་ཆེ་ཤོས་ནི་གྲོ་མོའི་ཆུ་འབབ་ཁུལ་དུ་ཡོད་ལ། གཙང་ཁུལ་དུ་དར་སྡིང་དང་བཟང་རི་དགོན་ཡོད། དབུས་ཁུལ་དུ་ཀོང་པོ། བྱང་ནག་ཆུའི་ཁུལ་དང་། ཁམས་སྡེ་དགེ་དང་། དཀར་མཛེས། ཉ་རོང་བཅས་ཀྱི་ཁུལ་དུ་བོན་ལ་དད་མོས་བྱེད་མཁན་ཡང་ཡོད་ལ། ཨ་མདོའི་ཁུལ་དུའང་བོན་ལུགས་ཀྱི་སྟོབས་ཤུགས་ཆེན་པོ་ཡོད། རྒྱལ་རོང་གི་ཡུལ་དེ་ཡང་བོན་ལུགས་ཀྱི་རྟེན་གཞི་གལ་ཆེན་ཞིག་ཡིན་ཞིང་། ཉེ་ཆར་རྟོགས་ཞིབ་བྱས་པའི་ཟིན་ཐོ་ཞིག་གི་ནང་དུ་བོད་ཡོངས་སུ་བོན་དགོན་བསྡོམས218ཙམ་ཡོད་ཚུལ་འཁོད་འདུག

འདིར་བརྗོད་དགོས་པ་ཞིག་ནི་ཏཱ་ལའི་བླ་མ་སྐུ་ཕྲེང་ལྔ་པ་འདས་རྗེས་དགེ་ལུགས་པའི་སྲིད་དབང་དེ་ཆོས་ལུགས་ཐད་ཐལ་ཆ་ཆེ་ལ། ག་དོག་ཅན་དང་། དེའི་ཤུགས་རྐྱེན་ངན་པ་ནི་དུས་ད་ལྟའི་བར་བོད་ཕྱི་ནང་དུ་སྣར་བཞིན་གནས་ཡོད། །

མཆན་དང་དཔྱད་གཞིའི་ཡིག་རིགས།

①དཔེ་ཆ་དེའི་ཁ་བྱང་ཆ་ཚང་ལ་བྱང་ཆུབ་ཀྱི་སེམས་གབ་པ་དགུ་སྐོར་ཞེས་ཟེར།

②དཔེ་ཆ་འདིའི་ཁ་བྱང་ལ་སྲིད་པའི་མཛོད་ཕུག་ཅེས་ཟེར་བ་ཡིན།

③དཔེ་ཆ་འདིའི་ཁ་བྱང་ལ་ཁྲོ་བོ་དབང་ཆེན་ངོ་མཚར་རྒྱས་པ་ཞེས་འཁོད།

④མཁར་རྨེའུ1998： ཤོག45.

⑤མར་ཐིན2001:40－71

⑥མཁར་རྨེའུ་དང་ན་ག་ནོ2003： ཤོག3.

⑦མཁར་རྨེའུ་དང་ན་ག་ནོ2003： ཤོག4.

⑧འགྲེལ་པ་དེའི་ཁ་བྱང་ལ་ཁྲི་བོ་དབང་ཆེན་ངོ་མཚར་རྒྱས་པའི་རྣམ་བཤད་གསལ་བའི་སྒྲོན་མ་ཞེས་གསལ།

⑨མཁར་རྫེའུ1998： ཤོང45.

⑩མཁར་རྫེའུ་དང་ན་ག་ནོ2003： ཤོང1.

⑪ གོང་མཚུངས། ཤོང231.

⑫གོང་མཚུངས། ཤོང230.

⑬ངག་དབང་བློ་བཟང་རྒྱ་མཚོའི་རྣམ་ཐར། བོད་ལྗོངས་མི་དམངས་དཔེ་སྐྲུན་ཁང་(1989) བམ་པོ་གཉིས་པ། ཤོག73 –74.

⑭དཔྱད་ཡིག་གཞན་དུ་དེ་པ་སྐྱ་ཕྲེང་ལྔ་པར་ངོས་འཛིན་བྱས་འདུག

⑮དཔྱད་ཡིག་གཙྫན་དུ་དེ་པ་སྐྱ་ཕྲེང་བརྒྱད་པར་ངོས་འཛིན་བྱས་འདུག

⑯མི་སྣ་འདིའི་སྐོར་རྩོམ་མཇུག་ཏུ་འཁོད་པའི་ཞར་བྱུང་དཔྱད་ཡིག་ལ་གཟིགས། དབུས་སུ་མཆིས་པའི་མི་སྣ་དེའི་སྐོར་ཁ་ཏི་རེན་སེ་ལིག་པོ་རོན་ནས་རྩོམ་ཡིག་སྤེལ་རྗེད་(2006:382 –85)

⑰བསྟན་པའི་རྣམ་བཤད་གསལ་བའི་སྒྲོན་མེ་(མཁར་རྫེའུ་དང་ན་ག་ནོ2002： ཤོང215/23)

⑱མཁར་རྫེའུ་དང་ན་ག་ནོ2003：ཤོང26

(མཁར་རྫེའུ་བསམ་གཏན། 《བོད་ལྗོངས་སློབ་གྲྭ་ཆེན་མོའི་རིག་དེབ།》2014ལོའི་དུས་དེབ་གཉིས་པར་འཀོད།)

༧༡། །ཀོང་པོ་བོན་རིའི་སྐོར་དང་དེ་རྒྱུད་ཀྱི་གནའ་བོའི་ས་མིང་ལ་དཔྱད་པ།

工布本日山及其周边的古代地名考

[བརྡ་ཆད་གཙོ་བོ།] ཀོང་ཡུལ། བོན་རི། བོན་ཆོས། ཉང་པོ། དྭགས་པོ། གནའ་བོའི་ས་མིང་། གྲི་གུམ་བཙན་པོ།

[ནང་དོན་གནད་བསྡུས།] རྩོམ་འདིའི་ནང་ཀོང་པོ་བོན་རིའི་རྒྱུད་ཀྱི་གནའ་བོའི་ས་ཁུལ་ཀོང་པོ་ཉང་པོ་དྭགས་པོ་གསུམ་གྱི་ས་མིང་དང་ས་དེ་གསུམ་གྱི་ད་ལྟའི་གནས་ཡུལ་དངོས་གང་དུ་ཡོད་མིན། དེ་མིན་བོན་རི་དང་གྲུང་ཐོ་རི་སོགས་བོན་གྱི་གནས་རི་གྲགས་ཅན་དག་གི་གནས་ཡུལ་དངོས་དང་རྗེ་གྲི་གུམ་བཙན་པོའི་བང་སོ་ཡུལ་གང་དུ་ཡོད་མིན་སོགས་ཀྱི་ཐད་ལ་སྔོན་གྱི་བོད་ཀྱི་ཡིག་ཆ་དང་དམངས་ཁྲོད་ཤོད་རྒྱུན་དང་སངས་རྒྱས་ཆོས་ལུགས་ཀྱི་ཆོས་འབྱུང་ལོ་རྒྱུས་རྣམས་སུ་དྲངས་པའི་བཤད་པ་མི་འདྲ་བ་ཡོད་པ་རྣམས་ཕན་ཚུན་དཔྱད་བསྡུར་གྱིས་ཡུལ་མིང་དང་ས་ཡུལ་དངོས་གང་ན་ཡོད་པ་དང་དེང་སང་ཡུལ་དེ་ཚོའི་མིང་འབོད་ཚུལ་སོགས་ལ་དཔྱད་གླེང་བྱས་ཡོད།

【关键词】 工布；娘布；达波；本日山；苯教；墓葬

【摘要】 这篇文章根据古代藏文文献，考述了工布、娘布和大波三地的具体地理位置以及这一带的江河之名称和流向。同时，对雍仲曾、拉托江日山和止贡赞普墓葬等古代地名、山名和王室墓葬进行了考述。

དེ་ཡང་ཀོང་པོའི་བོན་རི་ནི་བོན་ལུགས་ཀྱི་གྲགས་ཅན་གནས་རིའི་གྲས་ཤིག་ཡིན་ལ། དེ་ནི་དེང་དུས་ཀྱི་ཞིང་ལས་ཐོན་སྐྱེད་བཟང་ཞིང་རི་ལྗོང་ཤིང་སྣས་བརྒྱན་པའི་ལྷ་སའི་ཤར་ཕྱོགས་ཀྱི་ས་ཁུལ་ཀོང་པོ་འམ་རྐོང་པོ་ཞེས་པའི་ཁོངས་སུ་གནས་ཡོད།

དང་པོ། ས་ཁུལ་གསུམ་གྱི་སྐོར།

འདིར་བརྗོད་པའི་ས་ཁུལ་གསུམ་ནི་ཉང་པོ་དང་། དྭགས་པོ། ཀོང་པོ་བཅས་གསུམ་ཡིན། དེ་ཡང་ང་ཚོས་ལྷ་སའི་སྐྱིད་ཆུ་སྒྲོལ་ཞིང་ཀོང་པོ་བ་ལ་བརྒྱབ་རྗེས་གྲོང་སྡེ་འགའ་ཞིག་མཐོང་བ་དང་དེ་མ་ཐག་ཏུ་ཀོང་པོ་ཞེས་པའི་ས་ཁུལ་དེ་ཡང་སླེང་གང་དུ་ཡིན་མིན་འཚོལ་ཞིབ་བྱ་འགོ་བརྩམས་པ་ཡིན། ཀོང་པོ་བ་ལ་ཞེས་པའི་ཚིག་ཟུར་ལས་ང་ཚོས་ཀོང་པོའི་ས་མཚམས་ནི་བ་ལ་ནས་མིན་ནམ་བསམ་ཡང་ལྟ་ཚུལ་དེ་ནི་ནོར་འཁྲུལ་ཞིག་ཡིན་པ་རྗེས་སུ་ཤེས་རྟོགས་བྱུང་། ཀོང་པོ་བ་ལ་བརྒྱབ་རྗེས་ཀྱི་གྲོང་སྡེ་དེ་ཡི་གཤམ་ན་རྒྱུག་ཆུ་ཞིག་ཡོད་ལ་ཆུ་དེ་ནི་ཁ་ཤར་དུ་ཕྱོགས་ནས་ལྷུང་ལྷུང་དུ་འབབ་ཅིང་། དེ་རྗེས་ཆུ་བོ་དེ་ཁ་ལྷོ་ཕྱོགས་སུ་བཅུས་ནས་དེ་རྒྱུད་ཀྱི་ཆུ་ཕྲན་མང་པོ་ཞིག་མཉམ་དུ་འདུས་རྗེས་ཆུ་བོ་ཆེན་པོ་ཞིག་ཏུ་འཕེལ་ཞིང་། མཚམས་རེ་ཆུ་བོ་དེ་ཁག་ཁ་ཤས་སུ་གྱེས་ནས་ལུང་གཞུང་དག་ཁེངས་ཀྱི་ཡོད། ཀོང་པོ་རྒྱ་མདའ་ཡི་སྐོར①ཁུལ་ན་ཆུ་བོ་དེའི་མིང་ལ་རྒྱ་མདའ་ཆུ་ཞེས་འབོད་ཐུབ། 《གསང་བའི་གནས་མཆོག་ཐུགས་སྒྲུལ་བོན་རིའི་དཀར་ཆག་ཡིད་འཛིན་སྟོན་པའི་ཕྲེང་བ་》②ཞེས་པའི་ནང་འཁོད་པར་གཞིགས་ན། དེ་ན་རྒྱུགས་པའི་ཆུ་བོའི་མིང་ལ་ཉང་ཆུ་ཟེར་བ་ཡིན་ལ། དེ་བཞིན་ས་ཆ་དེར་རྒྱུད་ལ་འཚོ་བའི་འབངས་དང་ས་ཆ་དེ་རྒྱུས་མངའ་ཆེ་བའི་ཕོ་བོའི་ལམ་རོགས་སྐུ་ཞབས་ཚེ་དབང་བསྟ་འཛིན(ལོ་དྲུག་ཅུ)གྱིས་ཀྱང་ཆུ་བོ་དེ་རྒྱུགས་ཁུལ་ས་ཆའི་མིང་ལ་ཉང་པོ(གནའ་དུས་ཀྱི་ཡིག་ཆའི་ནང་མྱང་པོ་ཞེས་གསལ)ཟེར་སྲོལ་ཡོད་ཚུལ་གསུངས། དེས་ན་མྱང་པོའམ་ཉང་པོ་ཞེས་པའི་ས་ཆའི་ཁྲབ་ཁོངས་ནི་ཀོང་པོ་བ་ལའི་གཤམ་གྱི་ཆུ་འགོ་ནས་ཆུ་བོ་འདི་བཞིན་ཡར་ཀླུང་གཙང་པོའི་ནང་འབབ་པའི་བར་གྱི་ས་ཐམས་ཡིན། དེའི་སྐོར་ཞིབ་ཕྲ《འཛམ་གླིང་རྒྱས་བཤད་》③ནང་བཀོད་ཡོད་པས་དེ་ལ་གཟིགས་པར་འཚལ། ཡར་ཀླུང་གཙང་པོ་དེ་དྭགས་པོ④བརྒྱུད་ཤར་ཕྱོགས་སུ་རྒྱུགས་པ་ཡིན། F. Mབའི་ལེ་ཡིས1913ལོར་གྲུ་ཆུང་ཞིག་ལ་བརྟེན་ནས་མྱང་ཆུ་གཙང་པོ་བརྒྱལ་གནང་བ་དང་། ཁོང་གིས་བྲིས་བཟོ་མཛད་པའི་ས་ཁྲ་ཞིག་གི་ནང་དུ“ཉང་ཆུའམ་རྒྱ་མདའ་ཆུ་བོ”⑤ཞེས་བྲིས་གནང་ཡོད། དཔྱད་གཞིའི་ཡིག་ཆ་ལྟར་ན། ཀོང་པོ་ཞེས་པའི་ཡུལ་ནི་ཉང་ཆུ་དང་ཡར་ཀླུང་གཙང་པོ་གཉིས་འདྲེས་ཁུལ་ནས་འགོ་ཚུགས་པ་ལྟར་དུ་སྣང་ཡང་དེའི་སྐོར་ལ་

འགྲེལ་བཤད་གསལ་པོ་ཞིག་རྒྱག་ཐབས་མེད་པའི་རྒྱུ་མཚན་ནི་མིག་སྔར་ང་ཚོས་ཉང་པོ་ཞེས་པའི་ཡུལ་ནི་འདི་འོ་ཞེས་མཛུབ་མོ་བཙུགས་ཏུ་མེད་པས་སོ། འོན་ཀྱང་། གནའ་བོའི་ཡིག་ཚའི་ནང་གོང་དུ་བརྗོད་པའི་ས་ཁུལ་གསུམ་པོ་ནི་དེ་ལ་དེ་འབྲེལ་གྱི་ཁྱིམ་མཚེས་ཤིག་ཡིན་ཚུལ་འཁོད་ཡོད།

ཏུན་ཧོང་གི་ཡིག་ཆ་ལྟར་ན། བོད་དབུས་གཙང་གཉིས་གཅིག་སྒྱུར་མ་བྱུང་གོང་དུ་ཡུལ་གསུམ་པོ་དེ་ནི་སྐབས་དེ་ཤེད་ཀྱི་རྒྱལ་ཕྲན་བཅུ་གཉིས་ནང་གི་རྒྱལ་ཕྲན་གསུམ་ཡིན་ལ། དུས་རབས་དྲུག་པའི་ནང་གནམ་རི་སློན་བཙན་གྱིས་རང་གི་མངའ་འོག་ཏུ་བསྡུས་ཡོད་ནའང་། རྒྱལ་པོ་དེ་གྲོངས་རྗེས་ཁོང་གི་སྲས་སྲོང་བཙན་སྒམ་པོ་ནར་མ་སོན་སྐབས་གྱེན་ལོག་བྱུས། སྲོང་བཙན་སྒམ་པོས་རྒྱལ་སྲིད་བསྐྱངས་རྗེས་ས་ཆ་དེ་དག་སླར་ཡང་བཙན་པོའི་མངའ་འོག་ཏུ་བཙུག⑥བཙན་པོ་ཁྲི་སྲོང་ལྡེ་བཙན་(742 – 797)དང་ཁྲི་ལྡེ་སྲོང་བཙན་(804 – 815)གྱི་སྐབས། ཉང་པོ་དང་ཀོང་པོ་གཉིས་ལ"རྒྱལ་ཕྲན"གྱི་ཐོབ་ཐང་སྤྲད། བོད་བཙན་པོའི་སྐབས་ཀྱི་བཀའ་གཙིགས⑦ནང་དུ། རྐོང་དཀར་པོ་རྗེ་དང་ཉང་བཙན་ཁྲི་པོ་ཞེས་པའི་མི་སྣ་ནི་འ་ཞའི་(ཐའུ་ཡུ་ཧུན)རྒྱལ་པོའི་མིང་གི་འོག་ཏུ་བྲིས་ཡོད་ལ། རྐོང་དཀར་པོ་རྗེ་ཡིས་དེ་ལྟའི་དམིགས་བསལ་ཅན་གྱི་གོ་གནས་བཟུང་ཡོད་པའི་རྒྱུ་མཚན་ནི་རྒྱལ་པོ་དེ་པ་དང་བོད་བཙན་པོའི་⑧ཁྱིམ་ཚང་ནི་རྒྱུད་པ་གཅིག་ལས་མཆེད་པའི་ཕྱིར་རོ། ལར་ཉང་པོ་དང་དྭགས་པོ་གཉིས་གཡོ་རུ⑨ཞེས་པའི་ས་ཁོངས་ཀྱི་གྲས་ཤིག་རེད་ནའང་། ཀོང་པོ་ནི་བཙན་པོའི་སྐབས་དབྱེ་སྒྲོལ་མཆིས་པའི་ས་ཁོངས་དང་དམག་དཔུང་གི་སྡེ་ཁོངས་ཅི་ལའང་གཏོགས་མེད། དེའི་སྐོར་གྱི་ཞིབ་ཕྲའི་གནས་ཚུལ་ཉིད་རྒྱལ་པོ་གྲི་གུམ་བཙན་པོའི་སྐབས་སླེང་བར་བྱའོ།

《བོན་རིའི་དཀར་ཆག》⑩ལྟར་ན། བོན་རི་ནི་ཉང་ཆུ་དང་གཙང་པོ་གཉིས་འཛོམས་པའི་ས་དང་། དེ་ནི་རི་གསུམ་གནས་པའི་ཡུལ་ཏེ། ནུབ་ན་རྗེ་ལ་སྒང་དང་། ལྷོ་ན་ཀླུ་དབང་རི། ཤར་ན་བོན་རི་བཅས་སོ། དཔེ་ཆ་གཞན་ཞིག་གི་ནང་དུ། གོང་སྨྲོས་ཆུ་པོ་གཉིས་པོ་འདུས་པའི་ཚུལ་དེ་ནི་སྡིག་སྲིན་ཞིག་ལ་དཔེ་སྦྱར་ཡོད་དེ། དེ་ཡང་མྱང་ཆུ་ནི་སྡིག་

སྲིན་དེའི་ར་ཅོ་གཡས་དང་། གཙང་པོ་ནི་སྡིག་སྲིན་དེའི་ར་ཅོ་གཡོན། དེའི་གཟུགས་ཉིད་ནི་ཆུ་བོ་གཉིས་འདུས་པའི་ཚུལ་དང་། དེ་ནས་མུ་མཐུད་རྒྱུགས་པའི་ཆུ་ལམ་⑪ནི་སྡིག་སྲིན་དེའི་མཇུག་མའི་ཚུལ་དུ་བཀོད་པ་བཅས་སོ། དོན་དངོས་ཐོག་ཆུ་བོ་དེ་གཉིས་ནི་རི་གསུམ་གྱིས་གྲུབ་པའི་ཟུར་གསུམ་མཚོའུ་དེ་ན་འདུས་ཤིང་དེ་ནས་དལ་གྱིས་ཁག་གཉིས་སུ་གྱེས་ནས་འབབ་བཞིན་ཡོད། ཆུ་བོ་དེ་གཉིས་ལས་གཙང་པོ་ནི་མདོག་ནག་ཅིང་ཉང་ཆུ་ནི་མདོག་དཀར་བ་ཡོད། ཆུ་བོའི་ལྷོ་ཕྱོགས་ལ་གནས་པའི་སྡེ་ལ་ཆབ་ནག་དང་། ཤར་ཕྱོགས་ན་ཡོད་པའི་གྲོང་སྡེར་ཆབ་དཀར་ཞེས་འབོད་ཅིང་། དགེ་ལུགས་པའི་གྲགས་ཅན་དགོན་པ་ཆབ་ནག་དགོན་ཞེས་པ་དེ་ཆུ་བོ་དེའི་ལྷོ་ཕྱོགས་ན་གནས་ཡོད།

གཞམ་དུ་གསལ་བའི་ཡུལ་མིང་དང་འབྲེལ་བའི་ཐ་སྙད་དེ་དག་ལས་བོན་གྱི་ཆེས་ཐོག་མའི་གཞུང་ལུགས་དག"སྒོ་བཞི་མཛོད་ལྔ"ཞེས་པར་དབྱེ་བའི་སྲོལ་ཇི་ལྟར་དར་ཚུལ་སྐོར་ཤེས་རྟོགས་བྱ་རྒྱུར་ཕན་པ་ཙུང་ཟད་ཐོན་སྲིད་པས་འདིར་བཀོད་ན།

1. དཔོན་གསས་(རྫོགས་ཆེན་)2. འཕན་ཡུལ་(མདོ་)3. ཆབ་དཀར་(སྔགས)
4. ཆབ་ནག་(ཆོ་ག་)5. མཐོ་ཐོག་མཛོད་(འཇིག་རྟེན་གྱི་ཆགས་ཚུལ་)⑫བཅས་སོ།

སློབ་དཔོན་བསྟན་འཛིན་རྣམ་དག་གིས་'འཕན་ཡུལ་'ཞེས་པ་དེ་ལྷ་སའི་བྱང་ཕྱོགས་⑬ན་མཆིས་པའི་ཡུལ་འཕན་ཡུལ་ཞེས་པ་དེར་གོ་བ་ཡིན་ཟེར་བའི་ལྟ་ཚུལ་ལ་དགག་པ་མཛད་ཡོད། འཕན་ཡུལ་ཞེས་པ་ནི་གཞི་རྐང་དེང་གི་འཕན་པོ་ཞེས་པའི་ཡུལ་དེའི་མིང་ཡིན་པ་རེད། གནམ་རི་སློན་བཙན་གྱིས་སྲིད་སྐྱོང་བའི་སྐབས་སུ། ད་ལྟའི་འཕན་པོ་ཞེས་པའི་ཡུལ་ལ་ངས་པོ་ཞེས་ཟེར་ཞིང་། བཙན་པོས་ཡུལ་དེའི་མིང་འཕན་ཡུལ་⑭ཞེས་པར་བསྒྱུར་བའི་བཀའ་གནང་། དེ་ལྟར་བསྒྱུར་དགོས་དོན་ནི་ད་བར་མ་ཤེས། ཤེས་རབ་ཀྱི་ཕ་རོལ་དུ་ཕྱིན་པའི་མདོ་ནི་བཙན་པོའི་སྐབས་སུ་ཡུལ་དེ་ན་བསྒྱུར་བས་ན་མདོ་⑮དང་འཕན་ཡུལ་ཞེས་པ་གཉིས་འབྲེལ་བ་བྱུང་ཚུལ་བརྗོད་མཁན་ཡང་མི་ཉུང་བ་ཞིག་ཡོད། དེ་བཞིན་ཆབ་དཀར་དང་ཆབ་ནག་ཅེས་པའི་ཐ་སྙད་གཉིས་ཀྱང་བོན་གྱི་ཆོ་ག་དང་གསང་སྔགས་རྣམས་ཡུལ་ཅི་ཞིག་ཏུ་ཐོག་མར་སྲོལ་གཏོད་པ་དང་འབྲེལ་བ་ལྡན་པ་ཞིག་ཡིན།

ཡར་ཀླུང་གཙང་པོ་དེ་ཉང་ཆུ་གཙང་པོ་དང་འདྲེས་རྗེས་ཆུ་ཞེང་ཇེ་ཆེར་སོང་ནས་མུ་མཐུད་ཤར་ཕྱོགས་སུ་རྒྱུགས་པ་དང་། ཆུ་བོ་དེའི་ཤར་ཕྱོགས་མཚམས་ན་ལྷ་རི་གྲུང་ཕོ་དང་ལྷོ་ཕྱོགས་ཀྱི་མཚམས་ན་ཀླུ་དབང་རི་བོ་འཁྱིལ་ངེར་གནས་ཡོད། ཆུ་དེས་རི་དེ་གཉིས་ཀྱི་འགྲམ་ནས་སྒྱི་ལེ་ཉེ་ཤུ་ཙམ་རྒྱུགས་རྗེས་དལ་པོའི་ངང་ནས་དེ་མོ་ཞེས་པའི་ས་ཆར་སླེབས་ཤིང་། དེ་མོ་ནས་ཆུ་ཁ་ཤར་ལྷོར་ཕྱོགས་ནས་འབབ་ཀྱི་ཡོད། ཤོད་སྲོལ་ལྟར་ན། ཆུ་བོ་དེ་ས་ཆ་དེ་ན་རྒྱུགས་པའི་རྒྱུ་མཚན་ནི། དེ་རྒྱ་གར་ཡུལ་དུ་མ་ཕྱིན་གོང་བོན་རི་དེ་ཐེངས་གཅིག་མཇལ་དུ་འོང་ཞེས་ཟེར་བ་ཡིན། ཆུ་བོ་དེ་རྒྱུགས་སའི་ལྷོ་ཤར་ཕྱོགས་ཀྱི་ས་ཆ་རིམ་བཞིན་གྲུ་ཟོག་ཏུ་འགྲོ་བས་ཡུལ་དེའི་མིང་ལ་ཀོང་འཕྲང་ཞེས་འབོད། ཆུ་དེ་མུ་མཐུད་རྒྱུགས་ནས་རི་བོ་གནམ་ལྕགས་འབར་བར་ཕྱེད་སྐོར་ཞིག་བརྒྱབ་རྗེས་མཐའ་མ་རྒྱ་གར་གྱི་ཨ་སམ་(As-sam)ཞེས་པའི་ས་ཁུལ་དུ་རྒྱུགས་འགྲོ་བ་ཡིན།

གཉིས་པ། ཀོང་པོ་བོན་རིའི་སྐོར།

ཀོང་པོ་བོན་རི་ནི་བོན་ལུགས་ཀྱི་གནས་རི་ཞིག་ཡིན་ཞིང་། བོན་རི་དེའི་སྐོར་《གཟི་བརྗིད》ནང་འཁོད་ཡོད་པ་དང་། གནས་སྒོ་ཕྱེ་བའི་དུས་ནི1330ལོར་ཡིན་ལ།⑯གནས་སྒོ་ཕྱེ་མཁན་ནི་བོན་གྱི་གྲུབ་ཐོབ་རི་བ་འབྲུག་གསས(1290ལོར་འཁྲུངས)ཞེས་གྲགས་པ་དེ་ཡིན། རི་བ་འབྲུག་གསས་ཀྱིས་གནས་དེ་ཇི་ལྟར་ཕྱེས་ནས་བསྐོར་བའི་སྐོར་ངོ་སྤྲོད་མཛད་ཡོད་ལ་གནས་དེ་ལྟ་བུ་ཞིག་ཕྱེ་གནང་བའི་རྐྱེན་ནི་གྲུབ་ཐོབ་དེ་དང་ཀརྨ་པའི་བླ་མ་གཅིག་དབར་འགྲན་རྩོད་གནང་བ་དེ་ཡིན།

《གཟེར་མིག》⑰ནང་དུ། དྭགས་པོ་དང་། ཉང་པོ། ཀོང་པོ་བཅས་ས་ཁུལ་གསུམ་དུ་གནས་བཅའ་བའི་མི་རྣམས་ནི་ཀླ་ཀློ་ལྟ་བུར་བཀོད་ཡོད་དེ། “དག་པོ་སྤྲུལ་སྟོང་སྤྲུལ་ཡང་ཟམ་ཉང་པོ་རང་ཤ་རང་གིས་མྱུང་། རྐོང་པོ……མིང་དང་སྲིང་ཡང་སྡིག་མི་ལྟ། ཚ་དང་ཞལ་ཡང་དམེ་མི་སྡིག རི་ཡང་ཕག་ནག་ཏུས་པ་འདྲ། ཆུང་ཡང་ཀུན་རླག་དམྱལ་ཟངས་འདྲ། རོང་ཡང་རྫ་མོང་ཁ་གདངས་འདྲ”⑱ལྟ་བུའོ། སྟོན་པ་གཤེན་རབ་ཀྱི་རྣམ་

ཐར་ནང་དུ་འདང་། ཀོང་པོ་ཞེས་པའི་ཡུལ་དེ་ནི་ཁོང་གི་དགྲ་ལྷ་བདུད་ཆེན་ཁྲབ་པ་ལག་རིང་གི་སྐྱེས་ཡུལ་དང་། དེ་ན་འཚོ་བའི་སྐྱེ་བོ་རྣམས་ནི་སྤྱོད་པ་རྩིང་པ། གཡག་རྩིས་བཟོས་པའི་ཀོས་གྱོན་ལ་མགོ་ལ་རས་ནག་པོ་དཀྲི་བ་དང་། གཡུལ་དུ་འགྲན་རྩོད་བྱས་རྗེས་ཕམ་ན་གདོང་པར་སོལ་ནག་བྱུག་པ་ཡིན་ཞེས་འཁོད་ཡོད། ཀོང་དུ་བརྗོད་པའི་ལུགས་སྲོལ་དེ་དག་ང་ཚོའི་འདྲེན་བྱེད་ཀྱི་སྤྱོད་ཡུལ་དུ་མ་གྱུར་ནའང་། སྲོག་ཆགས་ཀྱི་ལྤགས་པས་བཟོས་པའི་ལ་བ་ཞིག་གྱོན་སྲོལ་སྔར་བཞིན་མཆིས། ལ་བ་དེ་ལ་ཕྲུ་ཐུང་མེད་ལ་གཡས་གཡོན་གྱི་ཟུར་གཉིས་གཤགས་ཡོད་པ་དེ་སྐྲེ་རགས་ཀྱིས་འཆིང་བ་ཡིན། རྒྱ་ཕྱུག་པ་དང་སྤྱི་ཚོགས་ཀྱི་གནས་བབས་མཐོ་བའི་སྐྱེ་བོ་རྣམས་ཀྱིས་གཙོད་ཀྱི་ལྤགས་པས་བཟོས་པའི་ལ་བ་གྱོན་ལ། དབུལ་པོ་རྣམས་ཀྱིས་ར་ལྤགས་ཀྱི་ལ་བ་གྱོན་པ། བུད་མེད་རྣམས་ཀྱིས་སྤྲེའུ་ཡི་ལྤགས་པས་བཟོས་པའི་ལ་བ་གྱོན་ལ་དེའི་སྒུ་ནི་ཁ་ནང་དུ་བསྟན་ནས་གྱོན་སྲོལ་ཡོད།

བདུད་ཁྲབ་པ་ལག་རིང་གིས་གཤེན་རབ་ཀྱི་ཏ་བདུན་བརྐུས་ནས་དེ་དག་ཀོང་རྗེ་དཀར་པོའི་ཕོ་བྲང་ནང་སྦས་པའི་ཤོད་སྲོལ་ཡོད། དེ་ནི་གཤེན་རབ་མི་བོ་ཆེ་འོལ་མོ་ལུང་རིང་ནས་ཀོང་པོ་ཡུལ་དུ་ཕེབས་དགོས་པའི་རྒྱུ་མཚན་གཙོ་བོ་དང་། ཞོར་དུ་ཁོང་གིས་རྩིང་སྤྱོད་ཅན་གྱི་ཀོང་པོའི་མི་རྣམས་ཞི་འཇམ་གྱི་སྤྱོད་ལམ་ལ་འགོད་གནང་མཛད་ཅེས་གྲགས། བོན་གྱི་ཤོད་སྲོལ་ལྟར་ན། སྐབས་དེ་དུས་ཁྲབ་པ་ལག་རིང་གིས་གཤེན་རབ་མི་བོ་ཆེའི་ལམ་འགོག་ཕྱིར་གཙང་པོའི་ལྷོ་ཕྱོགས་དེ་ན་རི་མཐོ་ཞིང་ནག་པོ་ཞིག་ཏུ་སྤྲུལ་ནས་འགྲེང་ངེར་བསྡད་པ་དང་། གཤེན་རབ་ཀྱིས་རྫུ་འཕྲུལ་བསྟན་ནས་དེ་ལས་མཐོ་བའི་རི་ཞིག་བསྐྲུན་ནས་དེའི་མིང་དུ་བོན་རི[19]ཞེས་བཏགས་པར་གྲགས།

གཤེན་རབ་དང་ཁྲབ་པ་ལག་རིང་གཉིས་ཡུལ་ཀོང་པོའི་དོན་དུ་འཐབ་རྩོད་བྱས་པའི་སྒྲུང་དེ་《བོན་རིའི་དཀར་ཆག》ནང་འཁོད་ཡོད་ལ། དཔེ་ཆ་དེའི་སྐོར་ལ་ཉེ་ལམ་ཀོང་པོའི་ཁུལ་དུ་བསྐྱོད་སྐྱོང་བའི་ཞིབ་འཇུག་པ་Dr. Charlesནས་ཞིབ་འཇུག་བྱས་ཡོད།

གནས་རི་ཞིག་གི་ངོས་ནས་བརྗོད་ན། བོན་རི་དེ་ལ་བོད་ཀྱི་གནས་རི་གཞན་དང་མི་འདྲ་བའི་ཁྱད་ནུས་གཞན་ཞིག་ལྡན་ཡོད་པ་ནི་རི་དེ་ལ་ནང་པ་སངས་རྒྱས་པ་ཞིག་ཡིན་ནའང་

ངེས་པར་དུ་བོན་སྐོར་རྒྱག་དགོས་པ་དེ་ཡིན། རི་དེ་སྐོར་བར་ཉིན་གཉིས་དགོས་ལ་དེའི་རིང་ཚད་ལ་སྤྱི་ལེ་60ཡོད།

ཟླ་བ་དྲུག་པའི་ཚེས་བཅུ་ཉིན་གྱི་ཞོགས་པའི་ཆུ་ཚོད་དྲུག་པའི་ཐོག་ང་དང་ངའི་ལམ་རོགས་ཚེ་དབང་བསྟན་འཛིན་གཉིས་ཀྱིས་གནས་སྐོར་བྱ་འགོ་བཙུགས། འགོ་འཛུགས་ས་ནི་སྟག་རྩེ་ཞེས་པའི་དགོན་པ་ནས་ཡིན་ཞིང་། དེ་ནས་ལམ་གསར་པ་དེ་དེད་ནས་རི་སྐོར་ལ་ཕྱིན་པ་དང་། དེ་རྗེས་མུ་མཐུད་ཁ་ལྷོ་ཕྱོགས་སུ་གཏད་པ་དང་ཤར་ཆུ་གཡས་ངོས་སུ་བྱས་ནས་བགྲོད། དེ་རྒྱུད་ཀྱི་ལུང་པ་ནི་རྒྱ་ཆེ་ལ། འབྲུ་དང་། གྲོ། སྲན་མ་བཅས་ཀྱི་ཐོན་སྐྱེས་བཟང་པོ་འདུག ང་ཚོས་བང་སྣ་ཞེས་པའི་ལུང་གཤོངས་དེ་བརྒྱུད་ནས་མུ་མཐུད་ཕྱིན་པས་མཐར་ཤར་ཆུའི་ནུབ་ཕྱོགས་ན་མཆིས་པའི་ད་ལྟ་ཞིག་གསོ་བྱེད་བཞིན་ཡོད་པའི་བུ་ཆུ་ལྷ་ཁང་མཐོང་བྱུང་། ལྷ་ཁང་དེ་ནི་བོད་ཀྱི་རྒྱལ་པོ་སྲོང་བཙན་སྒམ་པོས་སྲིན་མོ་གནོན་ཕྱིར་བཞེངས་པར་གྲགས།[20] ལྷ་ཁང་དེར་འཁོར་རྗེས་ང་ཚོ་མདོ་ཁམས་ཁུལ་ནས་ཡོང་བའི་གནས་སྐོར་བ་སྐོར་ཞིག་དང་འཕྲད་ཅིང་དེ་རྣམས་དང་འགྲོགས་ནས་བསྐྱོད་པ་ཡིན། ཉིན་ཕྱེད་ཙམ་ན་ང་ཚོ་མི་ཡུལ་སྐྱི་མཐིང་ཞེས་པའི་ས་ཆར་སླེབས། ས་ཆ་དེ་ནི་ཤར་ཆུ་དང་གཙང་པོ་གཉིས་འདྲེས་ཡུལ་ཡིན་ལ། ས་ཆ་དེ་དང་གྲི་གུམ་བཙན་པོའི་སྐོར་གྱི་ལྷ་སྒྲུང་གཉིས་དབར་འབྲེལ་བ་ཡོད་ཚུལ་སྐོར་གཤམ་ནས་ཤེས་པར་བྱའོ། དེ་ནས་ང་ཚོས་ས་ཆ་ཅུང་ཟད་ཁ་དོག་ཅིང་དམའ་བ་ཞིག་བརྒྱུད་ནས་བགྲོད། ས་ཆ་དེ་ནི་ང་ཚོ་ཡོང་སའི་ས་ཁོངས་སྒྲོལ་བའི་རྟགས་ལྟ་བུ་ཞིག་ཡིན། དེ་རྗེས་ང་ཚོས་ཁ་གཡོན་དུ་ཕྱོགས་ནས་མུ་མཐུད་གཙང་པོ་དེ་གཡས་ངོས་སུ་བྱས་ནས་ཤར་ཕྱོགས་སུ་བསྐྱོད། མི་རིང་བར་ང་ཚོ་གཡས་ངོས་སུ་གནས་པའི་ཀླུ་སྡིང་ཞེས་པའི་གྲོང་སྡེར་སླེབས། ས་ཆ་དེ་ནི་བདུད་ཁྲབ་པ་ལག་རིང་གིས་གཉེན་རབ་མི་བོར་དུག་བཏང་ཡུལ་ཡིན་པར་གྲགས་ཤིང་། ས་ཆ་དེ་ལ་ཐག་རིང་ནས་ཡོང་བའི་གནས་སྐོར་བ་རྣམས་ཀྱིས་སྐྲག་སྣང་ཆེ་བའི་དུག་ཡུལ་དུ་ངོས་འཛིན་བྱེད་སྲོལ་ཡོད།[21] ས་ཆ་དེ་ནས་ཡུད་ཙམ་ཕྱིན་རྗེས། ང་ཚོ་ཏུན་ཧོང་ཡིག་རྙིང་[22]དང་བོན་གྱི་དཔྱད་ཡིག་ཐོག་འཁོད་པའི་གྲི་གུམ་བཙན་པོའི་འདས་མཆོད་སྒྲིལ་ཡུལ་དུ་གྲགས་པའི་རྐོང་ཡུལ་བྲེ་མོ་ཞེས་པའི་ཡུལ་དུ་སླེབས། གྲོང་ཚོ་དེའི་

ཉེ་འགྲམ་ན་ཆུ་མིག་གཉིས་ཡོད་ཅིང་། ཤོད་སྒྲོལ་ལ་སྟོན་པ་གཤེན་རབ་ཀྱིས་རང་གི་རྟ་རྣམས་བདུད་ཁྲབ་པ་ལག་རིང་གི་ལག་ནས་ཚུར་བླངས་རྗེས་དེ་དག་ཆུ་མིག་དེའི་ནང་བཀྲུས་པ་ཡིན་ཟེར། དེ་མཚམས་ནས་ས་རྒྱ་ཆེ་ཏུ་སོང་ལ་ས་ཞིང་ཡང་རྒྱ་ཆེ་ཙམ་མཐོང་རྒྱུ་འདུག་པ་དང་། ལྷ་རི་གྱང་ཐོ་ཞེས་པའི་རི་བོ་དེ་གཡོན་ངོས་སུ་འཁྱིང་ངེར་གནས་ལ། རི་བོ་དེ་ནི་བོད་ཀྱི་རྒྱལ་པོའི་ཐོག་མ་གཉའ་ཁྲི་བཙན་པོ་ལྷ་ཡི་ཡུལ་ནས་མི་ཡུལ་དུ་བྱོན་སྐབས་ཐོག་མར་ཕེབས་པའི་ས་ཡིན་པར་གྲགས། ཉིན་དགུང་ཡོལ་རྗེས་ང་ཚོ་གཡུང་དྲུང་འཛིན་ཞེས་པའི་ས་ཆ་ཞིག་ཏུ་སླེབས་ཤིང་དེ་གར་ཡོད་པའི་དུས་རབས་དགུ་པའི་སྐབས་ཀྱི་རྡོ་བརྐོས་ཡི་གེ་རྣམས་མཇལ་བའི་སྐལ་བ་ཐོབ། རྡོ་བརྐོས་ཡི་གེ་དེ་དག་ད་ལྟ་གྱང་གིས་བསྐོར་ནས་སྲུང་སྐྱོབ་ལེགས་པོ་བྱས་འདུག དེ་ནས་ང་ཚོས་མུ་མཐུད་ཞིང་འགྲམ་ནས་གང་ཙམ་བསྐྱོད་པས་དགོང་དྲོའི་ཆུ་ཚོད་དགུ་པ་ཙམ་ལ་སྨན་རི་ཞེས་པའི་གྲོང་ཚོ་ཞིག་ཏུ་འབྱོར་བ་དང་། དེ་ནུབ་དེ་གར་གནས་ཚང་གཡར་ནས་བསྡད། གནས་ཚང་དེའི་ཁྱིམ་བདག་དེར་སྐྱེ་དམན་གཉིས་འདུག་པ་ལས་གཅིག་ནི་བོན་པོ་དང་གཅིག་ཤོས་དེ་ནི་རྙིང་མའི་ཆོས་ལ་དད་པ་བྱེད་མཁན་ཞིག་རེད་འདུག བོན་ལ་དད་པ་བྱེད་མཁན་གྱི་སྐྱེ་དམན་དེས་རྒྱགས་ཕྱེ་མི་དམན་པ་འཁྱེར་ནས་ང་ཚོ་དང་མཉམ་དུ་གནས་སྐོར་ལ་ཡོང་བྱུང་། ཀོང་པོའི་ཁུལ་དུ་གནས་སྐོར་བ་རྣམས་ལ་གླ་རིན་མི་ལེན་པར་གནས་ཚང་གཡར་བ་དང་བཟའ་མ་སྟེར་བའི་སྲོལ་ད་དུང་མ་ཉམས་པར་གནས་བཞིན་མཆིས།

ཉིན་གཉིས་པའི་ཞོགས་པའི་ཆུ་ཚོད་ལྔ་པ་ཙམ་ལ་ང་ཚོས་གནས་སྐོར་བྱ་རྒྱུ་འགོ་བཙུགས། ང་ཚོས་ཞིང་ཁའི་དཀྱིལ་གྱི་མགྱོགས་ལམ་དེ་བརྒྱུད་ནས་སྲོལ་རྒྱུན་གྱི་གནས་སྐོར་ལམ་ཐོག་ཏུ་བསྐྱོད། གནས་སྐོར་གྱི་ལམ་བུའི་གཡས་གཡོན་དུ་བན་བོན་གཉིས་ཀྱི་སྔགས་ཡིག་གིས་བརྒྱན་པའི་ཀླུང་རྟའི་དར་ལྕོག་གིས་ཁེངས་ནས་འདུག་པ་དང་། དེ་མོ་རི་བོ་ནི་གནས་སྐོར་ལམ་གྱི་གཡས་ངོས་སུ་གནས་ཤིང་། གནས་སྐོར་ལ་འགྲོ་སའི་ལམ་དེ་ནི་རི་དེའི་འདབས་ནས་རིམ་བཞིན་གྱེན་དུ་གྱེས། ཡར་འཛེགས་པའི་ལམ་བར་དུ་དེ་བས་མང་བའི་གནས་སྐོར་བ་ཚོ་ཞིག་དང་འཕྲད་ཅིང་། གནས་སྐོར་བ་དེ་རྣམས་ནི་ལུང་པ་དེ་རྒྱུད་ཀྱི་དང་

ལྷན་མི་སྣ་འབའ་ཞིག་ཡིན་ཞིང་དེ་ཉིན་བོད་ཚེས་བཅོ་ལྔ་རེད་འདུག ང་ཚོ་རི་དེར་འཛེགས་སྐབས་སྨུག་པ་འཁྲིགས་ནས་འདུག་པས་ཡུལ་ལྗོངས་རྣམས་ཡག་པོ་མཐོང་མ་ཐུབ། ཉིན་ཕྱེད་ཙམ་ན་ང་ཚོ་རི་དེའི་དཔུང་པའི་མཚམས་ན་སླེབས་ཤིང་དེ་ནི་དར་ལྕོག་གིས་ཁེངས་པའི་ལ་བཙས་ཤིག་མཆིས། དེར་གནས་སྐོར་བ་ཚོས་བསང་གསོལ་བྱེད་ལ། ㉓ དེ་ནི་གནས་སྐོར་བའི་གླིང་ཁ་གཏོང་ས་འམ་ངལ་གསོ་རྒྱག་སའི་ས་ཆ་ཞིག་ཀྱང་ཡིན། དེ་ནས་མུ་མཐུད་བསྐྱོད་དེ་བལྟས་ན་ཟུར་གསུམ་ཅན་གྱི་བོན་རི་(མཐོ་ཚད་ལ་རྨིའི་5000ཡོད་) དེ་གཡོན་ངོས་སུ་གནས་ཡོད་པ་མཐོང་ཐུབ། ཡང་ཏ་ལམ་སྤྱི་ལི་གཉིས་ཙམ་བསྐྱོད་རྗེས་རིམ་བཞིན་བྲག་རྗོས་ཁེངས་ཤིང་ཤུག་པ་ཐ་ཐོར་དུ་སྐྱེས་པའི་ས་ཆ་ཞིག་ཏུ་སླེབས་པ་དང་། དེ་ནས་ཁ་ཐུར་དུ་བལྟས་ནས་བགྲོད་རྗེས་ལུང་གཤོངས་ཤིག་ཏུ་སླེབས། གཟིགས་ཞུ་ཞེས་པའི་གྲོང་ཚོ་བརྒྱུད་ང་ཚོས་ཐོག་མར་ཐོན་ཡོང་སའི་ས་ཆ་སྟག་རྩེར་ཕྱིར་ལོག་མ་བྱས་པར་མཁར་སེ་མོ་ཞེས་པའི་གྲོང་ཚོ་བརྒྱུད་སྐོར་བ་ཞིག་བརྒྱབ་ནས་ཉིང་ཁྲིར་ཕྱིན་པ་ཡིན། ང་ཚོ་དགོང་དྲོ་ཆུ་ཚོད་དགུ་པའི་ཐོག་ཉིང་ཁྲིར་འཁྱོར་ཞིང་དེར་དགོང་མོ་གཅིག་བསྡད་པ་ཡིན།

གོང་གསལ་གནས་སྐོར་བྱས་ཚུལ་ལས། དོན་དངོས་ཐོག་གནས་སྐོར་དེ་ནི་རི་དེ་ལ་སྐོར་བ་གཅིག་ཏག་ཏག་འཁོར་བ་ཞིག་མ་ཡིན་པར། དེ་ནི་ནུབ་ནས་ལྷོ་ཕྱོགས་སུ་བགྲོད་པ་དང་། དེ་ནས་ཤར་ཕྱོགས་ཀྱི་འདབས་ནས་རིམ་བཞིན་བསྐོར་ཏེ་འགྲོ་བ་ཞིག་ཡིན།

ཀོང་པོ་བོན་རིའི་སྐོར་ལམ་གྱི་གྲོང་ཚོ་ཁག་གི་མི་མང་ཆེ་བ་ནི་བོན་ཆོས་ལ་དད་པ་བྱེད་མཁན་ཡིན་པ་རེད། ཚེ་དབང་བསྟན་འཛིན་གྱིས་བརྗོད་པ་ལྟར་ན། གཟིགས་ཞུ་དང་། མཁར་སེ་མོ། སྟག་རྩེ། བང་སྣ་བཅས་ཀྱི་མི་རྣམས་ནི་སྔར་བཞིན་བོན་ལ་དད་པ་བྱེད་ཅིང་། དེ་བྱིངས་ཀྱི་གྲོང་ཚོའི་མི་རྣམས་ཀྱིས་བོན་དང་རྙིང་མར་དབྱེར་མེད་དད་པ་བྱེད་ཀྱི་ཡོད། གྲོང་ཚོ་དེ་དག་ལ་ཚོད་དཔག་བྱས་ན་ཁྱིམ་དུད་བརྒྱད་ནས་ཉི་ཤུའམ་དེ་ལས་མང་བའི་ཁྱིམ་དུད་ཀྱིས་གྲུབ་པ་ཞིག་རེད་འདུག ལོ་རབས་བཞི་བཅུའི་ནང་བདུད་འཇོམས་(འདས་ཟིན་) རིན་པོ་ཆེས་ཡུལ་དེའི་བོན་པོ་རྣམས་ནང་པ་སངས་རྒྱས་སུ་བསྒྱུར་རྒྱུའི་འབད་བརྩོན་མཛད་ཀྱང་རེ་དོན་ཡོངས་སུ་རྫོགས་པ་ཞིག་མ་བྱུང་། ཁོང་གིས་དེར་ཡོད་སྐྱེ་བོ་རྣམས་ཀྱི་བློ

ངོར་བག་ཆགས་ཟབ་མོ་ཞིག་བཞག་ཡོད། དེ་བཞིན་དེ་སྔོན་བོད་ས་གནས་སྲིད་གཞུང་ནས་མངགས་པའི་རྩེ་ལ་སྣང་གི་རྫོང་དཔོན་དང་། དེ་མོ་དང་ཆབ་ནག་གི་དགེ་ལུགས་པའི་དགོན་པ་གཉིས་བཅས་ཀྱིས་ཡུལ་དེའི་བོན་ལ་དད་པ་བྱེད་མཁན་གྱི་མང་ཚོགས་ལ་གནོན་ཤུགས་ཆེན་པོ་སྤྲད་ཡོད་པ་རེད།

འོན་ཀྱང་། བོན་ལ་ཐུབ་པའི་ཆོས་ལུགས་ཀྱི་བརྙས་བཅོས་ཇི་ལྟར་ཕོག་ཀྱང་། གོང་པོའི་བོན་པོ་རྣམས་ཀྱིས་དེ་ལ་ངོ་རྒོལ་མཐའ་གཅིག་ཏུ་བྱས་ཡོད། བོན་རིའི་སྐོར་ལམ་གྱི་རྒྱུད་དུ་བོན་དགོན་བརྒྱད་ཡོད་ཅེས་བརྗོད་ནའང་དངོས་སུ་མཐོང་ཐུབ་ཡོད་པའི་དགོན་ཤུལ་ནི་བཞི་ཙམ་ཡོད།

གྲུབ་ཐོབ་རི་བ་འབྲུག་གསས་ཀྱིས་བཞེངས་པར་གྲགས་པའི་སྲིད་རྒྱལ་དགོན་ཆེན་ཞེས་པ་དེ་ད་ལྟ་ཞིག་གསོ་བྱེད་བཞིན་འདུག་ཅིང་། དེའི་སྦྱིན་བདག་ནི་ཁྲུང་པོ་དང་ཧོར་གྱི་ཡུལ་ནས་ཡོང་བའི་མི་རེད་འདུག་ལ། སྟག་རྩེ་དགོན་པ་ཞིག་གསོ་བྱེད་མཁན་ནི་ཨ་མདོའི་མི་རེད་འདུག སྐབས་དེར་ཕོ་བོར་མཇལ་སྐལ་མ་ཐོབ་པའི་སྟག་བྲོ་ས་དགོན་དང་གྱེས་རི་དགོན་གཉིས་ནི་ཡུལ་དེའི་བཙུན་པ་རྣམས་སློབ་གཉེར་བྱེད་སའི་ལྟེ་གནས་ཤིག་ཏུ་གྱུར་ཡོད་ལ། དེ་བཞིན་རི་ཁྲོད་འགའ་ཞིག་ཀྱང་མཆིས། ང་ཚོས་སྟག་རྩེ་དགོན་ནས་རྒྱང་ཐག་སྤྱི་ལེ་ལྔ་སོང་ནས་དབུས་ཕུག་ཅེས་པའི་བྲག་ཕུག་ཅིག་མཇལ་བ་ཡིན།

ཉིང་ཁྲི་ནི་ད་ལྟ་འཛུགས་སྐྲུན་གསར་པའི་རྒྱན་གྱིས་མཛེས་པར་བྱས་ཡོད་ནའང་། གྲོང་སྡེ་དེའི་སྟར་གྱི་བོད་ཀྱི་ཁྱད་ཆོས་ལྡན་པའི་ཆ་ཤས་དེ་དག་སྔར་རྒྱུན་བཞིན་གནས་འདུག སྤྱིར་གྲོང་སྡེ་དེའི་སྐྱེ་བོ་མང་ཆེ་བ་ནི་རྙིང་མའི་གྲུབ་མཐར་དད་པ་བྱེད་མཁན་ཞིག་ཡིན་ནའང་། ཉིང་ཁྲི་སྐྱུ་ཤུག་ཅེས་པའི་བོན་གྱི་ལྷ་ཤིང་དེ་སྲུང་སྐྱོབ་ཡག་པོ་བྱས་འདུག ཤུག་པ་དེ་ནི་གཤེན་རབ་མི་བོས་བཏབ་གནང་མཛད་པར་གྲགས་ཤིང་། ད་ལྟ་ལྷ་ཤིང་ཤུག་པ་དེར་རྡོ་རྩིག་གི་ར་བས་བསྐོར་ནས་སྲུང་སྐྱོབ་བྱས་ཡོད་ལ། རླུང་རྟའི་ཤིང་གིས་གཏུམས་ནས་འདུག ང་ཚོས་ལྷ་ཤིང་དེ་མཇལ་དུ་འགྲོ་སྐབས་དེར་མ་རྒན་ཞིག་གིས་ཕྲེ་གུ་ཚུང་ཚུང་ཞིག་འཁྱིད་ནས་བོན་སྐོར་རྒྱག་བཞིན་ཡོད་པ་མཐོང་བྱུང་། ཤུག་པ་དེའི་སྟོད་ཀྱི་ཤིང་པགས་

རྣམས་ནི་དུས་རབས་འགའ་ཞིག་གི་ལོ་རྒྱའི་ནང་དད་ལྡན་སྐྱེ་བོས་བྱིན་རྫས་ལ་བརྩིས་ནས་བཀུར་འཕྱིར་ཟིན་འདུག

གསུམ་པ། རི་བོ་གྱང་ཐོའི་སྐོར།

དེ་ཡང་བོན་རི་ཚུད་པའི་རི་རྒྱུད་དེ་ནི་རི་རྩེ་མི་འདྲ་བ་གསུམ་ལས་གྲུབ་པ་ཞིག་ཡིན། 《བོན་རིའི་དཀར་ཆག》ལྟར་ན། རི་རྩེ་གསུམ་པོ་དེ་དག་ནི་རིམ་བཞིན་ནུབ་ན་དམུ་རི་དང་། བོན་རི（གཉེན་རི་ཡང་ཟེར་）ནི་དབུས། ལྷ་རི（གྱང་ཐོ་）ནི་ཤར་ལྟོའི་མཚམས་བཅས་སུ་གནས་ཡོད། ལྷ་རི་གྱང་ཐོ་ནི་རི་གཞན་གཉིས་པོ་དེ་ལས་དམའ་བ་ཡོད་ལ་རི་དེ་ནི་གཙང་པོ་དང་ཉང་ཆུ་གཉིས་འདྲེས་ཁུལ་གྱི་ཤར་ཕྱོགས་སུ་ཡོད།

ལར་གྱང་ཐོ་རི་བོས㉔བོད་ཀྱི་རྒྱལ་པོ་གཉའ་ཁྲི་བཙན་པོའི་འབྱུང་ཁུངས་སྐོར་གྱི་གཏམ་རྒྱུད་དང་། རྒྱལ་པོ་གྲི་གུམ་བཙན་པོ་བཀྲོངས་རྗེས་ཡར་ཀླུང་གི་རྒྱལ་རབས་སྐྱར་གསོ་བཅས་བྱས་སྐོར་གྱི་སྒྲུང་གཏམ་ནང་དུ་གལ་ཆེའི་གོ་གནས་དང་ནུས་པ་ཐོན་ཡོད་ནའང་། བོད་ཀྱི་གནས་རིའི་ཁྲོད་དུ་ཏ་ལམ་མངོན་གསལ་དོད་པོ་མིན་པ་ཞིག་ཏུ་གྱུར་ཡོད། དེ་ནི་ཕྱིས་སུ་ནང་པ་སངས་རྒྱས་པའི་གནས་རི་དཔེར་ན་ཏི་སེ་དང་ཙ་རི་སོགས་གྲགས་ཅན་གྱི་གནས་རི་དག་བྱུང་བའི་ཕྱིར་རོ།㉕

གྲི་གུམ་བཙན་པོའི་སྲས་ཀྱིས་རི་དེའི་ཞབས་ནས་རང་གི་ཕ་ཡི་སྐུ་ཕུང་བླངས་ནས་དུར་བརྩིགས་པ་དེ་ནི་བོད་བཙན་པོའི་དུར་གྱི་དང་པོ་ཡིན་པར་གྲགས། གྲི་གུམ་བཙན་པོའི་སྲས་འབྲིང་བ་ཉ་ཁྲི་ཡིས་དགྲ་ལན་འཇལ་ཕྱིར་ཡུལ་དེ་ནས་ཡར་ཀླུང་ཁུལ་དུ་དམག་དྲངས་ནས་བཙན་པོའི་རྒྱལ་རབས་སྐྱར་གསོ་བྱས་པར་གྲགས།

གཏམ་རྒྱུད་ལྟར་ན། བོད་ཀྱི་རྒྱལ་པོའི་ཐོག་མ་གཉའ་ཁྲི་བཙན་པོ་ཉིད་དང་པོ་ལྷ་ཡི་ཡུལ་ནས་མི་ཡུལ་དུ་ཕེབས་སྐབས། དང་ཐོག་ལྷ་རི་གྱང་ཐོ་ཞེས་པའི་རི་རྩེ་ན་ཞབས་སོར་འགོད་ཅེས་གྲགས།㉖ འོན་ཀྱང་། བོད་ཀྱི་ལོ་རྒྱུས་དེབ་ཐེར་ནང་དུ་བཙན་པོ་དེ་ལྷ་རི་གྱང་ཐོའི་སྟོན་བབས་ཞེས་འཁོད་པ་ལས་རི་དེ་ཡང་སྙིང་ཡུལ་གང་ཡོད་མེད་སྐོར་འཁོད་མེད།㉗

རྒྱུན་ལྡན་ལྟར་ན། རི་དེ་ཡར་ཀླུང་གི་ཁུལ་དུ་ཡོད་པར་ངོས་འཛིན་བྱེད་ཀྱི་ཡོད། ད་ལྟར་ངོས་འཛིན་བྱེད་པའི་རྒྱུ་མཚན་གཅིག་ནི་མཐའ་མ་གཉའ་ཁྲི་བཙན་པོས་ཡར་ཀླུང་གི་རྒྱུད་དུ་བཙན་པོའི་སྲིད་དབང་བཙུགས་པའི་ཕྱིར་ཡིན། ལྷ་རི་གྱུང་ཐོ་ཡར་ཀླུང་ཁུལ་དུ་ཡོད་ཚུལ་བརྗོད་པའི་དཔེ་མཚོན་ཞིག་ནི་ཉེ་དུས་དཔར་སྐྲུན་བྱས་པའི་《བོད་རྒྱ་ཚིག་མཛོད་ཆེན་མོ་》ཡི་ནང་“བོད་རྗེའི་ཐོག་མ་གཉའ་ཁྲི་བཙན་པོ་ཐོག་མར་འཁྱིར་ས་དེང་སྐབས་སྣེ་གདོང་རྫོང་ཁོངས་ཡར་ཀླུང་གི་རི་གྲགས་ཅན་བོན་པོའི་གནས་ཆེན་ཞིག”ཅེས་འཁོད་ཡོད་པ་ལྟ་བུའོ།

དགེ་རྒན་ཆེ་མོ་ཧ་ར་(Haarh)ཡིས་ཀྱང་《ལྷ་འདྲེའི་བཀའ་ཐང་》ནང་འཁོད་པ་བཞིན་གྱུང་ཐོ་ཞེས་པའི་རི་བོ་དེ་ནི་ཀོང་པོའི་ཡུལ་དུ་ཡོད་ཚུལ་ལ་ཡིད་མོས་མཛད་ཡོད་པ་ནི་ལུགས་མཐུན་ཞིག་ཡིན་ལ།㉘ དེ་བཞིན《ལྷ་འདྲེའི་བཀའ་ཐང་》ལས་སྔ་བའི་ཉེ་ཆར་ལྷ་སར་དཔར་སྐྲུན་བྱས་པའི་《ལྡེའུ་ཆོས་འབྱུང་》དང་《ལྡེའུ་ཇོ་སྲས་ཀྱི་ཆོས་འབྱུང་》གཉིས་ནང་འཁོད་པའི་ལྟ་ཚུལ་ལས་ཀྱང་གྱུང་ཐོ་རི་ཀོང་ཡུལ་དུ་ཡོད་པར་འདོད་པའི་ལྟ་བར་རྒྱབ་རྟེན་བྱས་ཡོད། 《ལྷ་འདྲེའི་བཀའ་ཐང་》ནང་འཁོད་པའི་གྱུང་ཐོ་དང་དེ་གནས་ཡུལ་སྐོར་བརྗོད་པའི་དཔྱད་གཞི་ནི《གཟེར་མིག་》ལས་དྲངས་པ་ཞིག་ཡིན་པར་སྙམ།

《ལྡེའུ་ཆོས་འབྱུང་》ནི་སྤྱི་ལོ1260ལོར་བརྩམས་ཤིང་། དེའི་ནང་ཕུན་རྫོང་ཡིག་རྙིང་དང་དཔྱད་བསྡུར་བྱེད་ཆོག་པའི་དཔྱད་ཡིག་ཡོད་ལ། ལྷག་པར་དུ་བོད་ཀྱི་བཙན་པོའི་ཐོག་མ་གཉའ་ཁྲི་བཙན་པོའི་འབྱུང་ཁུངས་དང་འབྲེལ་བའི་ལྷ་སྒྲུང་གི་ནང་དོན་ཐད་ཆ་འདྲ་བའི་གནས་དུ་མ་མཆིས།㉙ 《ལྡེའུ་ཆོས་འབྱུང་》ནང་དུའང་《བོན་རིའི་དཀར་ཆག་》ནང་འཁོད་པ་ལྟར་གྱུང་ཐོ་རི་བོ་ནི་ཀོང་པོའི་ཡུལ་དུ་ཡོད་ཚུལ་གསལ་པོར་བྲིས་ཡོད་དེ། “རི་གཟིགས་ཀྱི་ནང་ནས་ལྷ་རི་གྱུང་(ཐོ་ལས)མཐོ་ཤིང་བརྟན་པ་མ་མཆིས། ཐང་གཟིགས་ཀྱི་ནང་ནས། ཀོང་(ཡུལ)སེ་མོ་གྲུ་བཞི㉚ལས་རྒྱ་ཆེ་ཞིང་བཤམས་ལེགས་པ་མ་མཆིས”㉛ཞེས་པ་ལྟ་བུའོ།

ཆོས་འབྱུང་གཉིས་པ《ལྡེའུ་ཇོ་སྲས་ཀྱི་ཆོས་འབྱུང་》ནང་དུའང་ཆོས་འབྱུང་དང་པོ《ལྡེའུ་ཆོས་འབྱུང་》ནང་འཁོད་པའི་ནང་དོན་དང་ཆ་འདྲ་བའི་གནས་མཆིས་པ་དཔེར་ན

“གངས་རི་(རིའི་)རྒྱུད་ཀྱི་ཆུ་བོ་ཆེན་པོ་བཞི་འདུས་པའི་མགོ་(གངས་རི་ཏི་སེ་)གཙང་པོ་གཞུང་གསུམ་གྱི་ལྟར་(མདོར་)(ཉང་ཆུ་དང་གཙང་པོ་གཉིས་འདྲེས་ཁུལ་)རི་མཐོ་ལ་ས་གཙང་ལྷ་རི་གྱུང་མཐོན་(ཐོ་)གྱི་ཁ་ལ”㉜ཞེས་འཁོད་ཡོད་པ་ལྟ་བུའོ།

གོང་དུ་དྲངས་པའི་དཔྱད་ཡིག་དུམ་བུ་གཉིས་པོ་དེ་ནི《གཟེར་མིག》དང་《བོན་རིའི་དཀར་ཆག》ནང་དུའང་འཁོད་ཡོད་པ་ལྟར་དེ་ནི་གནའ་བོའི་འབྱུང་ཁུངས་བརྗོད་སྲོལ་ཡིན། འོན་ཀྱང་། ཀོང་པོ་ཞེས་པའི་ས་ཆ་དེ་ནི་བོད་ཀྱི་ས་ཆ་གཞན་རྣམས་དང་འདྲ་བར་རི་ལ་རི་འདྲེས་ཀྱི་ཡུལ་ཞིག་ཡིན་པས་ཀོང་པ་ཞེས་རྒྱང་པར་བརྗོད་ན་འཁྲིག་ཐབས་མེད་པས་རི་བོ་དེ་གནས་སའི་ས་ཆ་ཡང་སྙིང་གང་དུ་ཡིན་མིན་དེ་གསལ་བཤད་བྱེད་རྒྱུ་ནི་གལ་ཆེའི་གནད་ཅིག་ཏུ་མཐོང་། དེ་ཡང་རི་བོ་དེ་གནས་པའི་ས་ནི་ལྷ་སྲུང་ནང་བརྗོད་པའི་འཛམ་གླིང་གི་ལྟེ་བ་དང་། བཙན་པོའི་བླ་གནས་ཡུལ། གཉའ་ཁྲི་བཙན་པོས་ལྷ་ཡི་རིགས་ནས་འགྲོ་བ་མིའི་རིགས་སུ་ཐོན་པ་དང་། མགོ་ནག་མི་ཡི་རྒྱལ་པོར་ཐོག་མར་ཕེབས་པའི་གནས་ཡིན་ཤས་ཆེ།

《ལྡེའུ་ཆོས་འབྱུང་》ནང་དུ་གཉའ་ཁྲི་བཙན་པོ་ཐོག་མར་གྱུང་ཐོ་རི་ལ་གཤེགས་ཚུལ་བཀོད་ཡོད། དེ་ཡང་གཉའ་ཁྲི་བཙན་པོ་ཉིད་ད་ལྟ་ངོས་འཛིན་བྱ་དཀའ་བའི་ཡུལ་གྲུ་འགའ་ཞིག་བརྒྱུད་‘བླ་འབྲུམ་གྱུང་དོ་’㉝(གྱུང་ཐོ་བླ་འབུབས་ཞེས་པ་དེ་ཡིན་)ཞེས་པར་ཕེབས། དེ་རྗེས་ཉང་པོའི་མི་(ཉང་སྲིན་)㉞དང་ཀོང་པོའི་མི་(ཀོང་སྲིན་)འཕྲད་ཅིང་དེ་དག་གིས་ཁོང་ལ་རྐོལ་ཡང་དེ་དག་ཚར་བཅད། དེ་རྗེས་གཉས་ཁྲི་བཙན་པོ་དང་ཡུལ་དེའི་རྒྱལ་པོ་སྣམ་ལྷ་པོ་ལྷ་སྲས་གཉིས་ཕན་ཚུན་མཉལ་ནས་ལྷ་ཡི་གོས་དང་། ཟས། ལྷ་ཡི་བཏུང་བྱ་རྣམས་སྤྱངས་ནས་མི་ཡི་ཚུལ་བཟུང་། དེ་ནས་ཁོང་གིས་མི་ཡི་འཚོ་སྡོད་བྱ་ཡུལ་‘མི་ཡུལ་སྐྱི་མཐིང་ཞེས་པའི་ཡུལ་དུ་ཆས། དེ་ནས་ཁོང་གིས་ཡར་ཀླུང་ཞེས་པའི་ཡུལ་དུ་བསྐྱོད། ལམ་བར་དྭགས་པོ་ཁུལ་གྱི་ཡུལ་སྡེ་འགའ་ཞིག་ལ་དུས་ཐུང་རིང་བཞུགས་རྗེས་མཐའ་མ་ཡུམ་བུ་བླ་སྒང་ན་བྱོན་ཞེས་གྲགས་སོ།’㉟ ང་ཚོས་ཤེས་གསལ་ལྟར། མི་ཡུལ་སྐྱི་མཐིང་ཞེས་པའི་ས་ཆ་ནི་ཉང་ཆུའི་སྨད་རྒྱུད་ཀྱི་ཤར་ཕྱོགས་ན་གནས་ཡོད་ལ་དེར་གནས་སྐྱེ་བོ་རྣམས་ཀྱིས་ད་ལྟའི་དུས་སུའང་ཡུལ་དེ་ལ་མི་ཡུལ་སྐྱི་མཐིང་ཞེས་འབོད་ཀྱི་ཡོད། ཡུལ་མིང་དེའི་སྐོར་ཚོགས་འི་སྐོར་

གྱི་དཔེ་འགའ་ཞིག་ནང་མཐོང་རྒྱུ་ཡོད་པ་དཔེ་མཚོན་ཙམ་ཞིག་འདིར་དྲངས་ན།

"དང་པོ་རྒྱལ་བྱུང་གང་ནས་བྱུང་། དང་པོ་ཞྭ་ཡི་ཡུལ་ནས་བྱུང་། དེ་ནས་རྒྱལ་བབ་གང་དུ་བབས། མི་ཡུལ་གྱི་མཐིང་དེ་རུ་བབ།" ㊱ཅེས་པ་ལྟ་བུའོ།

གཞན་ཡང་ཕྱི་རྒྱལ་གྱི་མཁས་པ་སེ་ནེལ་གུ་རུབ་ (Snellgrove) སོགས་ཀྱིས་གཉའ་ཁྲི་བཙན་པོས་ཐོག་མར་ཀོང་ཡུལ་གྱི་རྒྱལ་པོ་གནང་བ་དང་དེ་རྗེས་གཞི་ནས་ཡར་ཀླུང་ཁུལ་དུ་ཕེབས་པར་འདོད་པའི་རྒྱབ་རྟེན་ནི་གོང་གསལ་གྱི་དཔྱད་ཡིག་དེ་ཡིན་པ་རེད།㊲

བོན་པོ་རྣམས་ཀྱི་གནའ་སྔ་མོའི་དུས་ནས་གྲུང་ཐོ་རི་པོ་དེ་ཡང་སྙིང་གང་དུ་ཡོད་མེད་སྐོར་ཤེས་ཡོད་པ་ནི་ཐེ་ཚོམ་དང་བྲལ་བའི་དངོས་དོན་ཞིག་ཡིན། རི་བོ་དེ་ཡི་རྒྱུད་དུ་དུས་རབས་དགུ་པའི་ནང་བཀོས་པའི་ཡི་གེ་མཐོང་རྒྱུ་ཡོད་ལ། ཡིག་རྙིང་དེའི་ནང་དོན་ནི་བོད་ཀྱི་རྒྱལ་པོའི་ཐོག་མ་གཉའ་ཁྲི་བཙན་པོ་ཉིད་ལྷ་རི་གྱང་ཐོའི་སྟེང་དུ་བྱོན་ཚུལ་དང་། ཁྲི་གྲུམ་བཙན་པོའི་སྲས་གཉིས་ཀྱིས 'སྐུ་བླ་དེ་མོ' ལ་གསོལ་བ་བཏབ་ཚུལ་བཅས་སོ།㊳ད་ལྟ་དེ་མོ་ཞེས་པ་ནི་རི་ཞིག་གི་མིང་ཡིན་ལ་དེ་བོན་རིའི་ཤར་ངོས་སུ་གནས་ཡོད་ལ། རི་དེར་གནས་པར་གྲགས་པའི་ལྷ་དེའི་མཚན་ལ་ཏཱང་བཙུན་དེ་མོ་ཞེས་འབོད་པ་དེ་ཕྱིས་སུ་བརྩམས་པའི་དཔེ་ཆའི་ནང་དུ་གསལ་ལ། ལྷ་དེར་མཚམས་རེ་ཀོང་པོའི་ས་བདག་ཅེས་ཀྱང་ཟེར་སྲོལ་འདུག་གོ།㊴ཕྱི་རྒྱལ་གྱི་བོད་རིག་པ་མཁས་ཅན་ཤུ་བེ་ཁེ་ (H. Vebach) ཡིས་ད་ལྟའི་བོན་རི་ཞེས་པའི་རི་དེར་བོན་རི་ཞེས་པའི་མིང་དེ་མ་བཏགས་གོང་ལ་ཕལ་ཆེར་ལྷ་རི་གྱང་ཐོ་ཞེས་ཟེར་བ་ཡིན་ཞེས་དང་ཐོག་གསུངས་པ་དེ་ནི་ཀ་ཐོག་ཚེ་དབང་ནོར་བུ (1698 – 1755) ཡི་རྣམ་ཐར་ནང་འཁོད་པ་དང་གཅིག་མཐུན་དུ་ཟད།㊵ བོན་པོ་རྣམས་ཀྱིས་རི་དེར་བོན་རི་ཞེས་འབོད་པའི་སྲོལ་ནི་གཤེན་རབ་མི་བོ་ཆེ་དང་བདུད་ཁྱབ་པ་ལག་རིང་གཉིས་འཐབ་ཚུལ་གྱི་ལྷ་སྒྲུང་དེ་བྱུང་དུས་ནས་དར་བ་ཞིག་ཡིན་སྙམ་ལ། བོན་རི་དང་རི་རྒྱུད་གཅིག་པ་ཡིན་ཞིང་དེ་ལས་ཅུང་ཟད་དམའ་བའི་རི་དེ་ལ་ལྷ་རི་གྱང་ཐོ་ཞེས་འབོད་པའི་སྲོལ་ཡང་གོང་དང་འདྲ་བར་གནའ་བོའི་དུས་ནས་དར་བར་སེམས། གོང་གསལ་བོན་རིའི་གནས་སྒོ་ནི་སྤྱི་ལོ1330ལོར་ཕྱེ་བའི་ཚུལ་དང་། དུས་རབས་བཅུ་གཅིག་པའི་སྐབས

བརྩམས་པར་གྲགས་པའི་《གཟེར་མིག་》ནང་དུ་བོན་རིའི་སྐོར་འཁོད་ཡོད་པ་བཅས་ལས་བོན་རི་ཞེས་པའི་ཐ་སྙད་དེ་ཡུན་རིང་གི་ལོ་རྒྱུས་ལྡན་ཡོད་ཚུལ་ར་སྤྲོད་ཐུབ་ཡོད།④①

བཞི་པ། ཁྲི་གུམ་བཙན་པོའི་བང་སོ་གང་དུ་ཡོད་མེད་སྐོར།

དེ་མོ་བྲག་བཀོས་ཀྱི་ཡི་གེ་ལྟར་ན། ཁྲི་གུམ་བཙན་པོ་ཐོག་མར་རང་གི་མེས་པོ་རྣམས་དང་འདྲ་བར་ཡར་ལུང་ན་ཡོད་པའི་ཕོ་བྲང་འཕྱིང་བ་སྟག་རྩེར་བཞུགས་པ་ཡིན།④② ཏུན་ཧོང་གི་ལོ་ཚིགས་ནང་དུ། ཁྲི་གུམ་བཙན་པོས་ཡུལ་ཉང་རོ་ཤམ་པོ་ཞེས་ལོ་ངམ་ཏ་རྫི་སྡོད་པའི་གནས་སུ་ཕེབས་ནས་མི་དེ་དང་འཐབ་པས་ལོ་ངམ་ཏ་རྫིས་རྒྱལ་པོ་བསད་ནས་ཕུང་པོ་གཙང་པོའི་(རྩང་ཆུ)ནང་དབྱུགས་པ་དང་། ཆབ་གཞུག་ཅེས་གཙང་པོའི་སྨད་དུ་ཕུང་པོ་དེ་ཀླུ་ཞིག་གིས་ཆུ་ལས་བཏོན་ཏེ་ཉར། ཁྲི་གུམ་བཙན་པོའི་སྲས་གཉིས་ལ་མཚན་ཤ་ཁྲི་དང་ཉ་ཁྲི་ཞེས་བཏགས་ནས་ཀོང་པོའི་ཡུལ་དུ་སྤྱུགས། རྗེས་སུ་སྲས་གཉིས་ཀྱིས་རྐོང་ཡུལ་བྲེ་སྣ་ནས་ཡབ་ཀྱི་ཕུང་པོ་རྙེད་ཅིང་གྱང་ཐོ་བླ་འབུབས་ཞེས་པར་བང་སོ་བཏབ་ཚུལ་བཅས་ཀྱི་ནང་དོན་འཁོད་ཡོད།④③ གོང་གསལ་གྱི་སྲས་གཉིས་རྒྱུད་འབུད་བཏང་ཚུལ་དང་དེ་ཉིས་ལ་མིང་བཏགས་ཚུལ་བཅས་འཁོད་པའི་རྗོ་རིང་ཡི་གེའི་ནང་དོན་རྣམས་ནི《བོན་རིའི་དཀར་ཆག་》དུ་ཡང་གསལ་ལོ།

ལོ་ངམ་གྱི་སྡོད་ས་ཉང་རོ་ཤམ་པོ་ཞེས་པའི་ཡུལ་དེ་གང་དུ་ཡོད་དམ་ཞེ་ན། ཆོས་འབྱུང་འགའ་ཞིག་ནང་དུ། ཡུལ་དེ་མྱང་དུ་ཡོད་ཅེས་དེང་རབས་གཙང་གི་ཁོངས་གཏོགས་རྒྱལ་རྩེའི་ཁུལ་དུ་ཡོད་པར་གསལ།④④ འོན་ཀྱང་། ཕྱིས་སུ་ཐོན་པའི་ཡིག་ཆའི་ནང་ས་ཁོངས་དབར་ཕན་ཚུན་གོ་འཛོལ་བྱུང་བ་དང་འཁྲུལ་གཞི་སྐྱེ་བའི་གནད་དོན་ཞིག་ཐོན་པ་ནི། ཕྱོགས་གཅིག་ནས་བཤད་ན། མྱང་ཞེས་པའི་ཡུལ་ནི་གཙང་ཁུལ་དུ་ཡོད་པ་དང་མྱང་ཆུ་གཙང་པོའི་འགོ་ནི་གངས་བཟང་རི་བོའི་འདབས་ན་ཡོད་ལ། ཆུ་བོ་དེ་རྒྱལ་རྩེའི་གཞོངས་ས་བརྒྱུད་གཞིས་རྩེའི་འགྲམ་ནས་རྒྱུགས་པའི་གཙང་པོའི་ནང་དུ་བབས་པ་ཡིན།④⑤ ཡང་ཕྱོགས་གཞན་ཞིག་ནས་བརྗོད་ན། ཉང་ངམ་ཉང་པོ་ནི་ཀོང་པོ་ཞེས་པའི་ཡུལ་གྱི་ཁྲིམ་མཚེས

ཡིན་ལ། ཉང་ཆུ་ནི་ཉང་པོ་གྲོང་སྟེ་བརྒྱུད་མཐའ་མ་ཉང་པོ་དང་། དྭགས་པོ། ཀོང་པོ་བཅས་ཡུལ་གསུམ་འདྲེས་པའི་མཚམས་ན་རྒྱུགས་པའི་གཙང་པོའི་(ཡར་ཀླུང་གཙང་པོ་)ནང་དུ་བབས་བཞིན་ཡོད། ཏུན་ཧོང་གི་ལོ་ཚིགས་ནང་དུ། ཀོང་པོ་དང་ཉེ་བའི་ཡུལ་ཉང་པོ་ཞེས་པར་ཉང་ཡུལ་ཞེས་ཀྱང་འབྲི་སྲོལ་ཡོད་ཚུལ་འཁོད་འདུག མྱང་རོ་ཤམ་པོ་ཞེས་པའི་ཡུལ་དེ་ཕལ་ཆེར་མྱང་ཡུལ་ཏེ་ཉང་པོ་ཞེས་པའི་རྒྱུད་དུ་ཡོད་པ་འདྲ་ལ། ཁོ་བོའི་ལྟ་ཚུལ་ལྟར་ན། མྱང་རོ་ཤམ་པོ་ནི་ཉང་པོའི་ཡུལ་དུ་ཡོད་ལ། གནས་དེ་རང་ལ་གྲི་གུམ་བཙན་པོ་(གལ་སྲིད་ལོ་རྒྱུས་ཐོག་དངོས་སུ་བྱུང་ཡོད་ན་)བསྒྲངས་ནས་དེའི་ཕུང་པོ་ཉང་ཆུའི་ནང་དབྱུགས་པ་དང་། ཕྱིས་སུ་ཕུང་པོ་དེ་ཀོང་ཡུལ་བྲེ་སྣའི་ཁྲིམ་མཆེས་གྲོང་སྟེ་མི་ཡུལ་སྐྱི་མཐིང་ནས་རྙེད་ཅེས་པའི་ལྟ་ཚུལ་དེ་ནི་ཅུང་ཟད་ཁུངས་དང་ལྡན་པའི་ལོ་རྒྱུས་ཤིག་ཡིན། 《པོན་རིའི་དཀར་ཆག》ནང་དུའང་གྲི་གུམ་བཙན་པོའི་ཕུང་པོ་ནི་གཙང་པོ་དང་ཉང་ཆུ་གཉིས་འདྲེས་པའི་ཁུལ་ནས་རྙེད་ཅིང་དེ་དུར་ལ་འཇུག་པའི་མཛད་སྒོ་ནི་ཀོང་ཡུལ་བྲེ་སྣར་བྱས་སོ་ཞེས་བསྟན་ཡོད།

གོང་དུ་བརྗོད་ཟིན་པའི་མི་ཡུལ་སྐྱི་མཐིང་ཞེས་པའི་ཡུལ་དེ་ན་ད་ལྟ་གྱང་རོ་ཧེ་སྙེད་ཅིག་མཆིས་པའི་ཁྲོད་དུ་འཕྱོངས་རྒྱས་ཀྱི་ཞིང་སའི་ཐོག་ཆགས་པའི་བང་སོ་ཆུང་ཆུང་དེ་འདྲ་བ་ཞིག་འདུག ང་ཚོའི་སྔེ་ཤན་གྱིས་ས་དེ་ནི་ཕུང་པོ་བྱ་གཏོར་བྱ་སའི་དུར་ཁྲོད་རེད་ཅེས་ཟེར་གྱི་འདུག་ནའང་། ད་ལྟ་དུར་ཁྲོད་དེར་རྐོད་མི་འཁོར་ལ་མི་ཤི་བའི་ཕུང་པོ་ཡང་དེ་གར་སྐྱེལ་གྱི་མེད། ས་ཆ་དེ་རང་ལ་ཞིབ་ཕྲའི་རྩད་ཞིབ་བྱས་རྗེས་དེ་ནི་བང་སོ་ཞིག་ཡིན་པར་རྟོགས་ཤིང་དེ་ནི་གྲི་གུམ་བཙན་པོའི་བང་སོར་ངོས་འཛིན་བྱས་ཚོག་པ་འདུག་ལ། དེ་བས་ཁོ་པོ་ཏང་སངས་དགོས་ཞིག་ནི་ཏུན་ཧོང་ལོ་ཚིགས་ནང་དུ་བཙན་པོ་གྲི་གུམ་གྱི་བང་སོ་ནི་ཡུལ་མིང་ལ་རྒྱང་ཐོ་ཀླ་འབུབས་ཞེས་པར་བཏབ་ཅེས་པ་དེ་དང་ད་ལྟའི་བང་སོའི་གནས་ཡུལ་ནི་གྱང་ཐོ་རི་བོའི་གཤམ་ན་ཡིན་པ་གཉིས་གོ་མཚུངས་པ་དེ་ཡིན།

'ཀླ་འབུབས' ཞེས་པ་ནི་ལྷ་རི་གྱང་ཐོའི་སྟོ་ནུབ་ཀྱི་ས་ཕྱོགས་དེའི་མིང་ཡིན། དེ་ཡང་ཀླ་ཞེས་པའི་ཐ་སྙད་དེ་ནི་ལོ་རྒྱུས་ཡུན་རིང་ལྡན་པའི་ཐ་སྙད་ཅིག་ཡིན་པ་དང་། དེ་ནི་

གཡུ་ཡིས་མཚོན་པར་བྱས། ⑯ བོད་མི་རྣམས་ཀྱིས་གཡུ་ནི་མགྲིན་རྒྱན་ནམ་གཙུག་རྒྱན་ཅི་རིགས་ལ་སྤྱོད་པའི་སྲོལ་ནི་དུས་ད་ལྟའི་བར་རྒྱ་ཁྱབ་དང་གནས་ཡོད། ⑰ ‘འབུབས’ ཞེས་པའི་དོན་ནི་བཏབ་པའམ་བཙུགས་པའི་དོན་ཡིན་ལ། ‘ཕོག་འབུབས’ ཞེས་དཔེ་ཆ་ག་གེ་མོ་ཞིག་གི་སྙིང་དོན་མདོར་བསྟན་པའི་དོན་སྟོན་ཚུལ་ཡང་ཡོད། ཡུལ་དེ་ལ་བླ་འབུབས་ཞེས་པའི་མིང་བཏགས་དགོས་དོན་ནི་ས་དེ་རུ་རྒྱལ་པོའི་བླ་དང་འབྲེལ་བའི་ཚོ་ག་ཞིག་སྒྲུབ་པའི་རྒྱུ་མཚན་གྱིས་ཡིན་པར་སྙམ་པས་མུ་མཐུད་དཔྱད་དགོས།

གཉའ་ཁྲི་བཙན་པོས་ཡུལ་མིང་དུ་བླ་འབུམ་གྱང་རྡོ་ཞེས་འབོད་པ་དེ་ལ་ཡང་ཐོན་ཞེས་ཟེར་སྲོལ་ཡོད། ཀོ་བོའི་ལྟ་ཚུལ་ལྟར་ན། བླ་འབུམ་གྱང་རྡོ་ཞེས་པ་དེ་ནི་གྱང་ཐོ་བླ་འབུབས་ཞེས་པའི་ཐ་སྙད་དེའི་འབྲི་སྣང་ཡམ་གཟུགས་ཤིག་ཡིན། གང་ལྟར་ཏུན་ཧོང་གི་ཡིག་རྙིང་ནང་དུ“ གྱང་ཐོ་བླ་འབུབས་ཀྱི་མགུར་དུ་བང་སོ་བརྩིགས་སོ” ཞེས་བྲིས་ཡོད་པ་དེ་ནི་ས་ཆ་དེ་ཡང་སྔོན་གང་དུ་ཡོད་མེད་སྐོར་གྱི་ཡིག་ཐོག་གི་དཔང་རྟགས་ཁུངས་བཙན་ཞིག་ཡིན།

ཀོ་བོའི་འདོད་ཚུལ་ནི། མི་ཡུལ་སྐྱི་མཐིང་ཞེས་པའི་ས་ཆར་ཡོད་པའི་དུར་ཁྲོད་དེ་ནི་ཏུན་ཧོང་ཡིག་རྙིང་ནང་འཁོད་པའི་བང་སོ་བཏབ་ཡུལ་དེ་ཡིན་པར་ངོས་འཛིན་བྱེད་བཞིན་ཡོད་ཀྱང་། ཡང་དག་ཚད་མའི་ལན་ནི་གནའ་རྫས་རྟོག་ཞིབ་རིག་པའི་ལམ་ནས་བང་སོ་རྟོགས་འདོན་བྱས་པ་བརྒྱུད་ལན་འདེབས་རྒྱུ་ལས་གཞན་ཐབས་ཅི་ཡང་མེད།

ང་ཚོ་ཚང་མས་མཉམ་དུ་བང་སོ་དེ་ཉིད་རྟོག་འདོན་བྱེད་པའི་ཉིན་མོ་ཞིག་འཆར་རྒྱུའི་རེ་སྨོན་ཞུ་བཞིན་ཡོད། ⑱

མཆན་འགྲེལ།

①བྲག་གསུམ་གྲོང་རྡེ་ནི་རྒྱ་མདའི་ཤར་ངོས་སུ་ཡོད། པེ་རུ་ཙུན་གྱིས་སྤྱི་ལོ1986ལོར་དཔར་དུ་བསྐྲུན་པའི་རྩོམ་ལ་གཟིགས།

②བོན་རིའི་དཀར་ཆག་ཅེས་པའི་དཔེ་ཆའི་མིང་བྱང་ཆ་ཚང་ལ《 གསང་བའི་གནས་མཆོག་ཐུགས་སྤྲུལ་བོན་རིའི་དཀར་ཆག་ཡིད་འཛིན་སྣོན་པའི་ཕྲེང་བ་》ཞེས་ཟེར། ཤིང་བརྐོས་ཀྱི་དཔར་མ་ཞིག་ཡོད་ལ། ཀོ་བོས་དཔྱད་གཞི་བྱེད་ཡུལ་ནི་ང་ཚོའི་སྡེ་ཤན་པ་ཚེ་དབང་བསྟན་འཛིན་གྱི་ལག་ཏུ་ཡོད་པའི་དཔེ་རྒྱུན་

དེ་ཡིན། དཀར་ཆག་དེའི་རྩོམ་པ་པོ་ནི་བློ་ལྡན་སྙིང་པོ་འམ་པད་འབྱུང་ནམ་མཁའ་རིན་ཆེན། པདྨ་གཡུང་དྲུང་དཔའ་བོ་འམ་བྱང་ཆུབ་རྡོ་རྗེ་ཞུ་བ་ཡིན། བོན་གྱི་བསྟན་རྩིས་ལྟར་ན་ཁོང་འཁྲུངས་པའི་དུས་ནི་སྤྱི་ལོ1360ལ་ཡིན་པ་རེད།

③ཧ་ལེ1962:96དང་སེ་ཐན་དཔྱིན1959:83 –226

④དེའི་སྐོར་ཨུ་རུའི་ཡི1988:1503 –10ལ་གཟིགས།

⑤བེ་ལེ་ཡི1914:353དང་ཁོང་གིས་བྲིས་པའི་ས་བཀྲ་ལ་གཟིགས།

⑥སེ་པན་ནན་གྱི1979: བམ་པོ་དང་པོའི་ཤོག་གྲངས568དང་བམ་པོ་བཅུ་གཅིག་པའི་ཤོག་གྲངས300 –303

⑦བཀའ་ག་སྨོགས་སྐོར་《མཁས་པའི་དགའ་སྟོན་》ལ་གཟིགས།

⑧ཧི་ཝུ་ཡི1985:64 –71ལ་གཟིགས།

⑨ཨུ་བེ་ཁེ་ཡི1985:151ལ་གཟིགས།

⑩མཆན་འགྲེལ་གཉིས་པར་གཟིགས།

⑪སྤྲུལ་སྐུ་བློ་ལྡན་སྙིང་པོའི་གསུང་འབུམ་གྱི་ནང་གསེས55པ་རྐོང་བཙུན་དེ་མོའི་ཞུས་ལན་ཞེས་པར་གཟིགས།

⑫སེ་ནེལ་གོ་རུབ་ཀྱི1967:16 –19

⑬སེ་ནེལ་གོ་རུབ་ཀྱི1967:17

⑭སེ་པན་ནན་གྱི1979བམ་པོ་གཉིས་པའི་ཤོག་གྲངས563དང་བམ་པོ་བཅུ་གཅིག་པའི་ཤོག་གྲངས184 –85ལ་གཟིགས།

⑮རྒྱལ་དབང་སྐུ་ཕྲེང་ལྔ་པའི་《ཐམ་ཕུད་》ཀྱི་ལེའུ་གཉིས་པའི་ཤོག་གྲངས57སྤྱི་ལོ1974ལོར་རྒྱ་གར་དུ་དཔར་སྐྲུན་བྱས།

⑯ཕེ་ཐ་ནེར་གྱིས་སྤྱི་ལོ1971ལོར་བརྩམས་པའི་རྩོམ་ཡིག་ལ་གཟིགས།

⑰《ཐམ་ཕུད་》ཀྱི་ལེའུ་གཉིས་པར་གཟིགས།

⑰སྤུ་ལོང་ཏོ་ཡི1971:73

⑲《གཟེར་མིག་》གི་ལེའུ་གཉིས་པ་དང་། 《ཤེལ་དཀར་མེ་ལོང་》གི་ཤོག་གྲངས379《འཛམ་གླིང་རྒྱས་བཤད་》བཅས་ལ་གཟིགས།

⑳ རྒྱ་མཚོས1987ལོར་བརྩམས་པའི་དཔྱད་རྩོམ་ལ་གཟིགས།

㉑ གོང་པོའི་མིས་དུག་སྦྱོར་བའི་ཐོད་སྲོལ་དེ་བོད་དུ་རྒྱ་ཁྱབ་ཏུ་དར་ཡོད་པས་དེའི་ཁུལ་དུ་གནས་སྐྱོར་ལ་འགྲོ་བ་ནི་ཉེན་ཁ་ཆེ་བར་བརྩི་སྲོལ་ཡོད།

㉒ ཏུན་ཧོང་གི་ཡིག་ཆPT1285དང་། ཐོ་མ་སིའི1957 : 76སེ་པན་ནན་གྱི1979 : བམ་པོ་གཉིས་པའི་ཤོག་གྲངས558ལ་གསལ།

㉓ ཕོ་བོས་བྲིས་པའི་《ཡུལ་ལྷ་དང་བསང་མཆོད་》ཅེས་པའི་དཔྱད་རྩོམ་ལ་གཟིགས།

㉔《གཟེར་མིག་》ནང་དུ་ལྷ་རི་གྱང་ཐོ་དང་བོན་རི་གཉིས་ཁག་ཁག་ཡིན་ཚུལ་བརྗོད་ཡོད་ནའང་། བོན་རིའི་དཀར་ཆག་ནང་དུ་དེ་ལྟར་མ་ཡིན་པའི་སྐོར་བརྗོད་ཡོད།

㉕ ཕོ་བོའི་རྩོམ་ཡིག《བོད་ཀྱི་བླ་ཞེས་པའི་ཐ་སྙད་དང་གཡུའི་སྐོར་དཔྱད་པ་》ཞེས་པའི་རྩོམ་གྱི་ཤོག་གྲངས324 – 26ལ་གཟིགས།

㉖ སེ་པན་ནན་གྱི1979 : བམ་པོ་གཉིས་པའི་ཤོག་གྲངས555ལ་གཟིགས།

㉗《མཁས་པའི་དགའ་སྟོན་》ལ་གཟིགས།

㉘ ཏ་རར་ཡི1969 : 274དང་སྣུ་ལོང་ཧྥོ་ཡི1971 : 96ལ་གཟིགས།

㉙《ལྡེའུ་ཆོས་འབྱུང་》གི་གླེང་གཞིའི་ནང་ཆབ་སྤེལ་ཚེ་བརྟན་ཕུན་ཚོགས་ཀྱིས་དཔེ་ཆ་དེ་ནི《ལྡེའུ་སྟོན་ཆོས་འབྱུང་》ལ་ཟེར་བ་ཡིན་ཞེས་གསུངས་པ་ནི་བདེན་གཏམ་ཞིག་རེད་སྙམ།

㉚ ས་མིང་དེ་ཏུན་ཧོང་ཡིག་རྙིང་ནང་(སེ་ཐན་དབྱིན1971 : 491)གསལ་ལ། གོང་པོའི་ཡུལ་དུ་སེ་མོ་ཞེས་པའི་ཐ་སྙད་དང་འབྲེལ་བའི་ཡུལ་ཡོད་པ་ནི《ལེགས་བཤད་མཛོད་》ནང་དུ་འཁོད་ཡོད།

㉛《ལྡེའུ་ཆོས་འབྱུང་》གི་ཤོག་གྲངས235ལ་གཟིགས།

㉜《ལྡེའུ་ཇོ་སྲས་ཆོས་འབྱུང་》གི་ཤོག་གྲངས101ལ་གསལ།

㉝ ཕོ་བོའི་ལྟ་ཚུལ་ལ་དེ་ནི་གྱང་ཐོ་བླ་འབུབས་ཀྱི་འབྲི་ཚུལ་འཁྲུག་པ་ཞིག་ཡིན་པར་སེམས།

㉞ དཔེ་ལ་ལར་དེ་ལ་ལྦང་སྲིན་དང་། 《བཤད་མཛོད་》ནང་བྱང་སྲིན་ཞེས་བྲིས་འདུག

㉟《ལྡེའུ་ཆོས་འབྱུང་》གི་ཤོག་གྲངས235 – 38ལ་གཟིགས།

㊱《ཤ་བརྒྱ་ཟན་བརྒྱ་གླུད་རབས་》དང་《གཏོ་འབུལ་དགོས་འདོད་སྣ་ཚོགས་རེ་སྐོང་》སོགས་ཚོ་གའི་དཔེ་ཆའི་ནང་གསལ།

㊲ སེ་ནེལ་གོ་རུབ་ཀྱི1968 : 23དང་། ཏར་ར་ཡི1969 : 274ནང་གསལ།

㊳ཧེ་ཙུ་ཡི1985:66－67ནང་གསལ།

㊴ནེ་བེ་སེ་ཀེ་ཡི1975:182ནང་གསལ།

㊵སྤྱི་ལོ1819ལོར་རིག་འཛིན་ཆོས་ཀྱི་དབང་ཕྱུག་གིས་བརྩམས་པའི་《དཔལ་རིག་འཛིན་ཆེན་པོ་རྡོ་རྗེ་ཚེ་དབང་ནོར་བུའི་ཞབས་ཀྱི་རྣམ་པར་ཐར་པའི་ཆ་ཤས་བརྗོད་པ་ངོ་མཚར་དད་པའི་རོལ་མཚོ》

㊶སྣུ་ལོང་ཧོ་ཡི1971:47ལ་གསལ།

㊷ཧེ་ཙུ་ཡི1985:66－67ལ་གཟིགས།

㊸སེ་པན་ནན་གྱི1979:བམ་པོ་གཉིས་པའི་ཤོག་གྲངས557－58གཟིགས།

㊹《མཁས་པའི་དགའ་སྟོན་》ལ་གཟིགས།

㊺འོན་ཀྱང་། སྤྱུང་ཞེས་པའི་ས་ཆར་རྗེ་གྲི་གུམ་བཙན་པོ་རི་ཞེས་པ་ཞིག་ཡོད་ཅེས《སྨྱང་ཡུལ་སྟོད་སྨད་བར་གསུམ་གྱི་ངོ་མཚར་གཏམ་གྱི་ལེགས་བཤད་མཁས་པའི་འཇུག་གནས་》ཇོ་ནང་ཏཱ་ར་ན་ཐས་བརྩམས། 1983ལོར་ལྷ་སར་དཔར་སྐྲུན་བྱས།

㊻ཨ་རི་ནེ་ཡི1971:222དང་། ཏ་ར་ཡིས(1969:381)བརྩམས་པའི་དཔྱད་རྩོམ་ནང་གི་དོན་དེ་རང་ཁས་ལེན་བྱས་ཡོད།

㊼ཁོ་བོའི་དཔྱད་རྩོམ《བོད་ཀྱི་བླ་ཞེས་པའི་ཐ་སྙད་དང་གཡུའི་སྐོར་ལ་དཔྱད་པ་》ལ་གཟིགས་པར་འཚལ།

㊽《ལྡེའུ་ཆོས་འབྱུང་》ནང་བང་སོ་ཞིག་ཆབ་དཀར་སེ་མོ་ཕུག་ཅེས་པར་བཏབ་ནའང་། སྐུ་ཕུང་ནི་ཡར་ཀླུང་གི་ཡུལ་དུ་འཁྱེར་ནས་སྦས་སོ་ཞེས་འཁོད་ཡོད། དེ་ལྟ་བུའི་ཤོད་སྲོལ་ནི་སྟག་ཚང་དཔལ་འབྱོར་བཟང་པོས་བརྩམས་པའི་《རྒྱ་བོད་ཡིག་ཚང་ཆེན་མོའི་》ནང་དུའང་འཁོད་ཡོད། ཡིག་ཚང་འདི་བཞིན1985ལོར་ཁྲིན་ཏུར་པར་སྐྲུན་བྱས། བོད་རང་སྐྱོང་ལྗོངས་ཀྱི་རིག་དངོས་རྩོགས་ཞིབ་ལས་དོན་མཁན་བསོད་ནམས་དབང་འདུས་ཀྱིས་བོད་ཀྱི་ས་ཆ་ཁ་ཤས་ནས་བང་སོའི་ཚོགས་བཙལ་གནང་མཛད་ཡོད། དེའི་སྐོར་གྱི་གནས་ཚུལ་ཞིབ་ཕྲ་རྒྱ་ཡིག་ཐོག་བརྩམས་པའི་《ལྷ་སའི་རིག་དངོས་གནས་ཡིག་》དང་། 《སྣེ་གདོང་རྫོང་གི་རིག་དངོས་གནས་ཡིག་》དེ་བཞིན《གྲ་ནང་རྫོང་གི་རིག་དངོས་གནས་ཡིག》བཅས་ནང་གསལ་ཡོད་པས་དེ་དག་ལ་གཟིགས་པར་འཚལ།

(མཁར་རྫེའུ་བསམ་གཏན། 《བོད་ལྗོངས་ཞིབ་འཇུག》2002ལོའི་དུས་དེབ་གསུམ་པར་འཁོད།)

༄༅། །དབྱི་ཏ་ལིའི་བོད་རིག་པ་མཁས་ཅན་ཏུ་ཆིས་བོད་དུ་ཏ་ལའི་ལོ་མའི་དཔེ་ཆ་འཚོལ་བསྡུ་དང་ཁོང་གི་རྒྱ་དཔེའི་མིང་ཐོ་རྣམས་དཀར་ཆག་ཏུ་བསྒྲིགས་ཚུལ་སྐོར་ངོ་སྤྲོད་རགས་ཙམ་ཞུ་བ།

意大利所藏杜齐梵文贝叶经写本图片分类与编目工程介绍

[བརྡ་ཆད་གཙོ་བོ།] ཏུ་ཆི། དབྱི་ཏ་ལི། རྒྱ་དཔེ། པར་རིས། དཀར་ཆག

[ནང་དོན་གནད་བསྡུས།] འདིར་དབྱི་ཏ་ལིའི་བོད་རིག་པ་མཁས་ཅན་ཏུ་ཆིས་བོད་དུ་བསྐྱོད་ནས་ལེགས་སྦྱར་ཏ་ལའི་ལོ་མའི་དཔེ་ཆ་འཚོལ་བསྡུ་གནང་ཚུལ་ངོ་སྤྲོད་བྱས་ནས་མདོ་དོན་ཁོང་གིས་བོད་ནས་པར་དུ་བླངས་ཤིང་ད་ལྟ་དབྱི་ཏ་ལིར་བཞུགས་པའི་རྒྱ་དཔེའི་པར་རིས་ཁག་རྣམས་ལ་ཞིབ་ཕྲའི་རྟག་ཞིབ་དང་། རྣམ་དབྱེ། ལེགས་སྒྲིག མཐའ་མ་པར་རིས་སུ་འཁོད་པའི་དཔེ་ཆ་རྣམས་ལ་དཀར་ཆག་གཅིག་བསྒྲིགས་པའི་གནས་ཚུལ་རྣམས་ངོ་སྤྲོད་ཞིབ་ཕྲ་བྱས་ཡོད།

【关键词】 萨迦寺;梵文贝叶经;写本图片;整理;编目

【摘要】 文章介绍了意大利藏学家在上世纪30－40十年代在藏考察梵文贝叶经写本的情况。具体而言杜齐在西藏期间,在萨迦寺、夏鲁寺和日普修行山等拍摄了大量梵文贝叶经写本。这些写本的图片资料一直散落于世界各地和意大利的一些研究机构中。作者详细介绍了这些写本图片的内容、大小尺寸以及对其进行整理、标号和编目的基本情况。

གཅིག

དེ་ཡང་དུས་རབས་ཉི་ཤུ་པའི་ལོ་རབས་སུམ་ཅུ་དང་བཞི་བཅུའི་ནང་(སྤྱི་ལོ1933、

1935、1939、1949）དབྱི་ཏ་ལིའི་བོད་རིག་པ་མཁས་ཅན་ཏུ་ཆིས་（1894 – 1984）རྒྱ་གར་དང་། བལ་ཡུལ། བོད་བཅས་སུ་ཚན་རིག་རྟོག་ཞིབ་གནང་བར་ཐེབས་ཤིང་། སྐབས་དེ་དུས་ཁོང་ལ་སྔ་ཆ་དེ་དག་ཏུ་ཉར་ཚགས་བྱས་ཡོད་པའི་ཏ་ལའི་ལོ་མའི་དཔེ་ཆ་མང་པོ་པར་བསྐྲུན་རྒྱུ་དང་། མི་སྣ་སླས་ནས་དཔེ་ཆ་འབྲི་བཤུ་བྱ་རྒྱུ་བཅས་ཀྱི་གོ་སྐབས་བཟང་པོ་འཐོབ་ཡོད། ཏུ་ཆིས་ནས་པར་བརྒྱག་བྱས་པའི་ཏ་ལའི་ལོ་མའི་དཔེ་ཆའི་པར་རིས་རྣམས་ལས་ཁག་གཅིག་ཕྱིས་སུ་རྒྱ་གར་དང་བལ་ཡུལ་གྱི་དཔེ་མཛོད་ཁང་ཁག་ནང་ཉར་ཚགས་བྱས་ཡོད་ལ་དེ་དག་མིག་སྔར་རྒྱ་བལ་ཡུལ་གཉིས་སུ་ཉར་ཚགས་བྱས་པའི་ཏ་ལའི་ལོ་མའི་དཔེ་ཆའི་དཔྱད་ཡིག་ཁྲིད་གལ་ཆེའི་ཆ་ཤས་ཤིག་ཏུ་གྱུར་ཡོད་པ་དང་། འགའ་ཞིག་ནི་བོར་བརླག་ཏུ་སོང་ཟིན་འདུག གཤམ་ཏུ་ཪ་སྲོད་ཞུ་དོན་ནི་ཏུ་ཆིས་བོད་ལྗོངས་སོགས་ནས་འཚོལ་ཞིབ་མཛད་ཅིང་ད་ལྟ་དབྱི་ཏ་ལིར་བཞུགས་པའི་དཔེ་ཆའི་པར་རིས་ཀྱི་དཔྱད་ཡིག་སྐོར་ཡིན།

དེ་ཡང་དབྱི་ཏ་ལིའི་ཤར་ཕྱོགས་རིག་གནས་ཞིབ་འཇུག་ཁང་གི་དཔེ་མཛོད་ཁང་དུ་ཏུ་ཆིས་བསྐྲུན་པའི་ཏ་ལའི་ལོ་མའི་དཔེ་ཆའི་པར་རིས་དང་དཔེ་ཆ་བྲིས་མ་ཁག་གཅིག་ཉར་ཚགས་བྱས་པ་དེ་དག་དཀར་ཆག་ཏུ་བསྒྲིག་རྒྱུ་དང་། ཞིབ་འཇུག་བྱེད་རྒྱུ་བཅས་ཀྱི་ལས་ཀ་དེ་ནི་ཞིབ་འཇུག་པ་ཁ་ལོ་ཪ་ཟེ་གྲུ་ཛ་དང་སྨྲུག་ཐོགས་པ་གཉིས་ནས་འགོ་བཙུགས་བྱས་པ་ཞིག་ཡིན།

དེ་ཡང་ཏུ་ཆིའི་པར་རིས་རྣམས་ཡང་བསྐྱར་ལེགས་སྒྲིག་བྱས་ནས་པར་སྐྲུན་བྱེད་རྒྱུ་དང་དཔེ་ཆ་བྲིས་མ་འཚོལ་བསྡུ་བྱེད་རྒྱུ་བཅས་ཀྱི་ཞིབ་འཇུག་རྣམ་གྲངས་འདི་ལ་བསྟོས་ནས་བརྗོད་ན། ཏུ་ཆིས་སྤྱི་ལོ1939དང་སྤྱི་ལོ1949ལོའི་རྟོག་ཞིབ་དེ་གཉིས་ནི་ཆེས་གལ་ཆེའི་རྟོག་ཞིབ་ཁག་གཉིས་ཡིན་པར་མངོན། དེ་ཡང་ཏུ་ཆིས་སྤྱི་ལོ1939ལོར་བོད་དུ་བསྐྱོད་ནས་རྟོག་ཞིབ་བྱས་པའི་སྐོར་ལ“བོད་དུ་ཕྱིན་སྟོམ་ཟླ་བ་བདུན་ཙམ་རིང་རྟོག་ཞིབ་བྱས་པ་ཡིན་ལ་ངའི་དམིགས་ཡུལ་གཙོ་བོ་ནི་བོད་ཀྱི་གནའ་རྫས་ལ་རྟོག་ཞིབ་རིག་པ་དང་ལོ་རྒྱུས་ཀྱི་སྐོར་ལ་ཉམས་ཞིབ་བྱེད་རྒྱུ་དེ་ཡིན། དེ་ཡང་པར་རིས་དང་ཚན་རིག་གི་དཔྱད་གཞིའི་ཡིག་ཆ་བསྡུ་

རུབ་ཕྱེད་རྒྱའི་དམིགས་ཡུལ་ནི་ང་ཚོ་བསྐྱོད་ཡུལ་གྱི་ས་ཆ་ཙམ་དུ་མ་ཟད་བོད་ཡོངས་ཀྱི་ཆབ་སྲིད་དང་། སྒྱུ་རྩལ། ཆོས་ལུགས། ལོ་རྒྱུས་བཅས་ཆ་ཚང་ཅན་དང་ཡིད་རྟོན་རུང་ཞིང་ཁུངས་བཙན་ཅན་གྱི་དཔྱད་རྩོམ་འབྲི་ཆེད་ཡིན། ང་ཚོས་རྟོག་ཞིབ་བྱས་པའི་དགོན་པ་ཁག་ནས་རྙེད་པའི་ཏ་ལའི་ལོ་མའི་དཔེ་ཆའི་ཁ་གྲངས་ནི་སྟོང་ཕྲག་འགའ་ཞིག་ཡོད་པ་དེས་རྒྱ་གར་གྱི་གནའ་བོའི་ཤེས་རིག་ལ་ཞིབ་འཇུག་བྱ་རྒྱུར་ཡང་དགེ་མཚན་ཆེན་པོ་ཐོན་རྒྱུ་གོར་མ་ཆགས་ལ། ཏ་ལའི་ལོ་མའི་དཔེ་ཆས་བོད་དུ་སྟར་བཞིན་མི་སེམས་འགུལ་བ་དང་རིག་གནས་ཀྱི་སྟོབས་པ་ངོམས་པའི་ནུས་པའང་ཐོན་བཞིན་འདུག” ②ཅེས་གསུངས་པ་ལྟ་བུ་དང་། ཏུ་ཆི་ནས་ཀྱང་མཇུག་སྡོམ་འདི་ལྟ་བུ་ཞིག་མཛད་འདུག་སྟེ། “ངས་དགོན་པ་མི་འདྲ་བ་ནས་རྙེད་པའི་ཏ་ལའི་ལོ་མའི་དཔེ་ཆ་ཁྱོན་སྡོམ་ཤོག་གྲངས་ཆིག་སྟོང་བརྒྱ་ལས་འདས་པ(དུས་རབས་བཅུ་པ་ནས་བཅོ་ལྔའི་བར་གྱི་རྒྱ་དཔེ)རྣམས་པར་བརྒྱབ་ཡོད”③ཅེས་གསུངས་འདུག

ཏུ་ཆིས་བསྐྱོན་པའི་པར་རིས་རྣམས་ལ་དཀར་ཆག་ཅིག་བཟོ་རྒྱུའི་ཐད་ལ་ང་ཚོས་ཐོག་མར་སློབ་རྒྱུའི་ལས་ཀ་ནི་དཔྱད་ཡིག་དེ་དག་ཉར་ཚགས་བྱ་ཡུལ་གྱི་ཞིབ་འཇུག་ཁང་དེར་སྐྱན་སེང་ཞུས་ནས་དེའི་ཆོག་མཆན་ཐོབ་པར་བྱེད་རྒྱུ་དང་། དཔེ་མཛོད་ཁང་གི་ལས་བྱེད་པ་ཨ་རོ་མ་གའི་ནས་མཉམ་ལས་གནང་རྒྱུར་མོས་མཐུན་བྱུང་རྗེས་ད་གཟོད་དཔེ་མཛོད་ཁང་དེའི་ནང་དུ་ཁ་ཐོར་དང་ཉར་ཚགས་བྱས་ཡོད་པའི་དཔྱད་ཡིག་རྣམས་བསྡུ་རུབ་བྱ་རྒྱུ་དེ་རེད།

དེ་ཡང་ཕྱོགས་བསྒྲིགས་དེ་སྐྱེ་ཚན་འགའ་ཞིག་ཏུ་དབྱེ་ཡོད་དེ། སྐྱེ་ཚན་དང་པོའི(A)ནང་དུ་སེང་ག་ལའི་ཡིག་གཟུགས་སུ་བྲིས་པའི་ཏ་ལའི་ལོ་མའི་དཔེ་ཆ་བཞི་ཡོད④(དཔེ་ཆ་འདི་དག་ཏུ་ཆིས་བསྡུ་བསྒྲིགས་བྱས་པ་ཞིག་ཧ་ལམ་རེད་མི་འདུག)པ་དང་། སྐྱེ་ཚན་གཉིས་པའི(B)ནང་བལ་ཡུལ་ནས་ཐོན་པའི་ཤོག་བུའི་ཐོག་དེ་བ་ན་ག་རའི་ཡིག་གཟུགས་ཐོག་ནས་བྲིས་པའི་དཔེ་ཆ་བཞི་བཅུ་ཞེ་གཅིག་བསྡུས་ཡོད།

གོང་གི་དཔེ་ཆའི་དཀར་ཆག་ལས་བྲིས་མ་བཞི་བཅུ་ཞེ་གཅིག་ཡོད་པ་དེ་རྣམས་ནི་དེང་རབས་ཀྱི་པར་སྐྲུན་ལག་རྩལ་ལས་ཐོན་པའི་གནའ་བོའི་དཔེ་ཆའི་པར་རིས་ཡིན་ལ། པར་རིས་དེ་དག་ནི་ཏུ་ཆིས་བོད་ནས་བླངས་པ་ཞེ་ཅིག་རེད་འདུག་ལ་པར་རིས་དེ་རྣམས་ཀྱི་མ

ཕྱིའང་འཛམ་གླིང་ཤར་ཕྱོགས་ཀྱི་རྒྱལ་ཁབ་ཁག་ཏུ་ཉར་ཚགས་བྱས་འདུག

ཚན་རིག་ཐོག་ནས་བཤད་ན་དཔེ་ཆ་དེ་དག་ནི་གལ་ཆེ་ཞིག་ཡིན་ལ། རྒྱུ་མཚན་ནི་དེ་དག་དེང་དུས་ཀྱི་པར་སློག་ཅན་དུ་བཟོས་ཡོད་པས་ཡིན་པ་དང་དེ་ལྟར་མ་བྱས་ན་དཔེ་ཆ་དེ་རྣམས་དེ་བས་མང་བའི་སྐྱེ་བོའི་འདྲེན་བྱེད་ཀྱི་ཡུལ་དུ་འགྱུར་ཐབས་མེད་པ་ནི་དཔེར་ན། ང་ཚོའི་ལག་ཏུ་ཡོད་པའི་《དྲི་མེད་འོད་》ཀྱི་པར་རིས་ལ་ལན་གཅིག་བལྟ་ཙམ་བྱས་པ་ཙམ་གྱིས་དེ་ནི་རྩོམ་སྒྲིག་པས་བེད་སྤྱོད་བྱས་པའི་པར་མ་དེ་དང་མི་འདྲ་བ་ཞིག་ཡིན་པ་ཤེས་ཐུབ། དེ་ཡང་ཕྱོགས་འགའ་ཞིག་གི་ཐོག་ནས་ཤིན་ཏུ་ནས་མི་འདྲ་བའི་ཁྱད་ཆོས་ཡོད་པ་མ་ཟད། ཐ་ན་དཔེ་ཆའི་ཁྲོད་ཀྱི《དུས་འཁོར་སྡུད་རྒྱུད་》ཀྱི་སྔོན་ངག་གི་ཤོ་ལོ་ཀའི་ཁ་གྲངས་བརྩི་ཚུལ་ཡང་མི་འདྲ་བ་འདུག

མཁས་དབང་ཏུ་ཆེས་བོད་དུ་རྟོག་ཞིབ་བྱེད་སྐབས་བསྐྱོན་པའི་ཏ་ལའི་ལོ་མའི་དཔེ་ཆའི་པར་རིས(སྤྱིན་ཤོག་གམ་པར་སློག)རྣམས་ནི་ཆེས་རྩ་ཆེའི་དཔྱད་ཡིག་ཅིག་ཡིན་པས་ན་ང་ཚོས་ཐོག་མར་ཁོང་གིས་བསྐྱོན་པའི་ཏ་ལའི་ལོ་མའི་དཔེ་ཆའི་པར་རིས་རྣམས་ཕྱོགས་བསྒྲིགས་དང་དེའི་དཀར་ཆག་བཟོ་འགོ་བརྩམས་པ་ཡིན།

ད་ཕན་ང་ཚོར་སྔེ་ཚན་ཁག་མི་འདྲ་བའི་དཔྱད་ཡིག་ཡོད་པ་ནི(C)ཕྲ་བརྟན་སྤྱིན་ཤོག་བདུན(དེའི་གྲས་སུ་བྲུ་ཤའི་ཡུལ་ནས་རྙེད་པའི་དཔེ་ཆའི་པར་རིས་ཀྱང་ཚུད)དང་།(D)སློག་བརྟན་གྱི་པར་མ་མི་འདྲ་བ་ལྔ་བཅུ(རིང་ཐུང་ལ་སྙིད35)ཡོད་པ་དེའི་ཁྲོད་དུ་ཚ་སྙོམས་བྱས་ན་ལེའུ་ཉེ་ཤུ་རྩ་བཞི་ཡོད་པ་དེ་དག་རེ་རེའི་ནང་དཔེ་ཆའི་མདུན་ཤོག་དང་རྒྱབ་ཤོག་གཉིས་ཀའི་པར་བཏབ་འདུག(དེའི་ནང་དུ་ལེགས་སྦྱར་གྱི་སྐད་དུ་བྲིས་པའི་བལ་ཡུལ་གྱི་བསྟན་རྩིས་ཀྱང་འཁོད་འདུག)(E)ཏ་ལམ་རིང་ཚད་ལ7 ×11ཡོད་པའི་སྤྱིན་ཤོག་གྲངས་བཞི་བརྒྱ་ཙམ་འདུག་པ་དེའི་ཁྲོད་དུ་རྒྱབ་མདུན་གཉིས་ཀར་ནི་བ་རེའི་ཡི་གེར་བྲིས་ཡོད་པའི་ཤིང་ཏ་ལའི་ལོ་མའི་དཔེ་ཆ་ཤོག་གྲངས་བཅོ་ལྔ་ཅན་གྱི་པར་རིས་འཁོད་འདུག(F)ཤོག་བུ་ཆེ་ཆུང་མི་འདྲ་བའི་སྟེང་དུ་པར་བཤུས་བྱས་པའི་དཔྱད་ཡིག་ཁ་གྲངས་དྲུག་བརྒྱ་ལྔ་བཅུ་ཙམ་འདུག་པ་རྒྱབ་མདུན་གཉིས་ཀར་ཡི་གེ་ཡོད་པ་ཚ་སྙོམས་ཤོག་གྲངས་ཉེར་

བཞི་ཙམ་འདུག་པ་དེ་དག་ནི་སྤྱིན་ཤོག་གམ་ཡང་ན་ སློག་བརྙན་གྱི་སྤྱིན་ཤོག་དཔར་གཞིའི་ནང་འཕོད་པ་དང་མི་འདྲ་བ་(པར་སློག་ཁག་གཅིག་ལ་རྒྱབ་མདུན་ཅན་གྱི་ཤོག་གྲངས་གཉིས་དང་ཁ་ཤས་ལ་སུམ་ཅུ་བྱས་པ་སྣ་ཚོགས་འདུག) འདུག པར་སློག་འདི་དག་ལས་ཁག་གཅིག་ནི་བརྙན་དཔར་བཏབ་སའི་ཤོག་བུའི་སྟེང་དུ་པར་སློག་བརྒྱབ་འདུག་པ་དང་ཁག་གཅིག་ནི་དཔེ་དེབ་བསྐྲུན་སའི་ཤོག་བུའི་ཐོག་པར་འདེབས་བྱས་འདུག་པ་དེ་དག་ནི་ཕལ་ཆེར་དངོས་སུ་པར་སྐྲུན་བྱ་རྒྱུར་གྲ་སྒྲིག་གི་ཚུལ་དུ་སྣང་། དཔེ་ཆ་དེ་དག་ལས་ཕྱིད་ཀ་ཙམ་ནང་གསེས་སུ་དབྱེ་ཞིང་ཡིག་ཚགས་ཀྱི་རྟེན་སྣམ་སོ་སོར་བླུགས་རྗེས་དཔེ་མིང་ཡང་བཀོད་ནས་ཡོད་པ་བཅས་ལགས།

དེས་ན་ང་ཚོར་ད་ལྟ་པར་བཤུས་བྱས་པའི་གནའ་དཔེ་ཁྱོན་སྟོམ་བརྒྱ་དང་ལྔ་བཅུ་དང་དེ་ལས་ཅུང་ཟད་མང་པའི་མ་དཔེ་ཡོད་ནའང་གྲངས་ཚད་དངོས་ནི་འདི་ལྟར་རོ་ཞེས་བརྗོད་སྤྱོབས་ནི་ང་ཚོས་དཔྱད་ཡིག་ཡོངས་ལ་རྩིས་བཤེར་ཆ་ཚང་དང་ཞིབ་ཕྲ་ཞིག་མ་བྱས་པའི་བར་དུ་མེད་པ་ནི་མངོན་གསལ་དོན་པོ་ཡིན་ནོ།

གཉིས།

དཔེ་མཚོན་འགའ་ཞིག་གིས་ད་ལྟ་ང་ཚོས་ཞིབ་འཇུག་བྱེད་བཞིན་པའི་དཔྱད་ཡིག་དེ་དག་གི་རིན་ཐང་ཉིད་མཚོན་རྒྱུར་དགེ་མཚན་འདོན་ཐུབ་པ་ཡིན། དེ་ཡང་སྤྱི་ལོ1996ལོར་མཁས་པ་ཧྲེ་ལྷེ་ཕིན་གི་རིའི་ཞལ་ནས། པར་རིས་ལས་འདྲ་བཤུས་བྱས་པའི་དཔེ་ཆའི་གྲས་སུ་རྒྱལ་མཚན་གྱིས་བརྩམས་པའི་《ཡ་བ་ནའི་སྐྱེས་རབས》ཞེས་པ་དེ་ད་ལྟ་བལ་ཡུལ་གྱི་རྒྱལ་ས་ཀ་ཏ་མན་དུར་ཉར་ཚགས་བྱས་འདུག་ནའང་ཤོག་ལྷེ་ཁ་ཤས་མི་ཚང་བ་དང་ཉར་ཚགས་བྱས་པའི་རྣམ་པ་དང་ སྦྲུས་ཚད་ཀྱང་ མཁས་ དབང་ ཧུ་ ཆེས་ པར་ བསྐྱོན་ སྐབས་ དང་ བསྡུར་ ན་ ཉམས་ཞན་དུ་སོང་འདུག ཀ་ཏ་མན་དུར་ཡོད་པའི་ནེ་པ་ལ་རྒྱལ་ཁབ་ཡིག་ཚགས་ཁང་དུ་ཧུ་ཆེས་པར་ བསྐྱོན་ པའི་ དཔེ་ ཆའི་ མ་ དཔེའི་ གྲས་ ལས་ དཔལ་ ཡེ་ ཤེས་ ཉི་ མས་ བརྩམས་ པའི་ 《འཆི་མེད་སོར་མོ》དང་། རྣམ་གྲོལ་སྡེ་ཡིས་མཛད་པའི་《མངོན་རྟོགས་རྒྱན་གྱི་འགྲེལ་

པ་》⑤ཏ་རུ་ན་ག་ཨེ་ས་སོན་ནས་ཁོ་བོ་རང་ཉིད་ལ་ངོ་སྤྲོད་མཛད་པའི་རིན་ཆེན་འབྱུང་གནས་ཞི་བ་ཡིས་བརྩམས་གནང་མཛད་པའི་《སུ་ཧྲི་ག་ཕྲེང་བ་》བཅས་ཚུད་འདུག་པ་ལས་ཤེས་རྟོགས་ཐུབ་བོ།

གཞན་ཡང་། ཏུ་ཆེས་བསྐྱོན་པའི་དཔེ་ཆའི་པར་རིས་འགའ་ཞིག་ནི་བོར་བརླག་ཏུ་སོང་ཟིན་འདུག་ལ། པར་རིས་ནང་འཁོད་པའི་མ་དཔེ་འགའ་ཞིག་ནི་ཡོ་རོབ་གླིང་དང་ཨེ་ཤེ་ཡའི་གླིང་གི་དཔེ་མཛོད་ཁང་ཡོད་དོ་ཅོག་ནང་དུ་མཐོང་རྒྱུ་མེད་པས་ཏ་ལམ་རྩ་སྟོངས་སུ་ཕྱིན་ཟིན་པར་སྣམ། དེའི་སྐོར་འདིར་རོབ་ཙམ་བརྗོད་ན། ཕྲུག་ན་རྡོ་རྗེས་མཛད་པའི་《སྤུད་རྒྱུད་འགྲེལ་ཆེན་》ཁྲིས་མ་གཅིག་དང་། པདྨ་དཀར་པོ་ནས་ཛྷུ་ཇི་སོལ་ཡིག་གཟུགས་ཐོག་མཛད་པའི་《དུས་འཁོར་འགྲེལ་ཆེན་དྲི་མེད་འོད་》ཀྱི་མ་དཔེ་ཞིག་འདུག་པ་དེ་གཉིས་ནི་འདིར་བརྗོད་རིན་ལྡན་པའི་དཔེ་རྒྱུན་གཉིས་རེད་འདུག ང་ཚོས་གོང་གསལ་དཔེ་རྒྱུན་དེ་གཉིས་ལས་ཕྱི་མ་དེ་ཉིད་མིག་སྔར་དཔེ་ཆ་དེ་ཉིད་རྩོམ་སྒྲིག་མཛད་ནས་པར་སྐྲུན་གནང་ཉེར་ཡོད་པའི་ཞིབ་འཇུག་པ་S. S. བ་ཧུ་གར་ལ་མཁོ་འདོན་བྱས་པ་ཡིན། དཔེ་ཆ་དེའི་མ་དཔེ་ནི་ཏུ་ཆེས་དབྱི་ཏ་ལིར་བསྐྱམས་ཕེབས་སྐད་ཀྱང་དཔང་རྟགས་ཅི་ཡང་མཐོང་རྒྱུ་མི་འདུག（སེ་ཧྲུ་ར་ཡིས1995ལོར་བརྩམས་པའི་དཔྱད་རྩོམ་ལ་གཟིགས།） ང་ཚོས་སློབ་དཔོན་ཟླ་བ་གྲགས་པས་མཛད་པའི་《དབུ་མ་རྩ་བ་ཤེས་རབ་ཀྱི་འགྲེལ་པ་ཚིག་གསལ་》དང་"རོ་མའི་དཔེ་ཆ（Roma Text）"ཞེས་པ་སོགས་སྔར་གྱི་དུས་སུ་འདི་ལྟའི་རྩ་ཆེའི་དཔེ་རྒྱུན་དག་ཉར་ཚགས་བགྱིས་ཚུལ་དང་བྱ་ཡུལ་གྱི་སྐོར་ད་དུང་གསལ་པོ་མ་ཤེས་པར་ལུས་ཡོད།⑥

པར་རིག་ལས་གྲུབ་པའི་དཔེ་ཆའི་དཔྱད་ཡིག་རྣམས་ནི་གོང་གསལ་གྱི་སྔ་ཚན་གྱི་གྲས་སུ་བཞག་ཡོད་ལ། དེ་དག་ལས་དཔེ་ཆ་གཉིས་ཀྱི་སྐོར་དམིགས་བསལ་གྱི་ངོ་སྤྲོད་བྱ་རིན་ཡོད་པ་སྟེ། དེ་ཡང་དང་པོའི་ཁ་བྱང་དུ《རིག་པའི་སྒྲོན་མེ་》ཞེས་ཐུབ་པའི་ཆོས་ལུགས་ཀྱི་གཞུང་ལས་གསང་སྔགས་ཀྱི་ལྟ་བའི་ཁུངས་བཙན་ཚུལ་བརྗོད་པ་དེ་ལགས་ཤིང་（དཔེ་ཆ་འདིའི་སྐོར་ལ་ཏ་རུ་ག་ན་ཡེ་ས་སོན་ནས་ཞིབ་འཇུག་མཛད་ཡོད་）ཅིག་ཤོས་དེའི་ཁ་བྱང་དུ《ཡོངས་སུ་དག་པ་དང་རྣམ་པར་དག་པའི་རིམ་པ་》ཞེས་བྱ་བ་དེ་ཡིན་ལ། དེ་ནི་ཉི་རྫོང་གི་

བོད་རིག་པ་མཁས་ཅན་མི་མ་ཀི་ནས་སྤྱི་ལོ1994ལོར་རྩོམ་སྒྲིག་མཛད་པའི་སློབ་དཔོན་ཀླུ་སྒྲུབ་ཀྱིས་མཛད་པའི་《རིམ་ལྔ་》ཡི་ནང་གསེས་གཉིས་པའི་ནང་དོན་དང་མཚུངས་ལ། དཔེ་ཆ་དེ་ནི་ཁོང་ཆོས་ཉེ་ཆར་རྩོམ་སྒྲིག་བྱས་པའི་དཔེ་ཆའི་གྲས་སུ་ཚུད་མི་འདུག⑦

གང་ལྟར་ང་ཚོས་མ་མཐར་ཡང་གནས་ཚུལ་གཅིག་གི་ངོས་ནས་གསལ་བཤད་བྱེད་ཐུབ་པ་ནི། ཏུ་ཆིས་བླངས་པའི་པར་རིས་དག་ནི་དཔྱད་ཞིབ་པ་རྣམས་ལ་བསྟོས་ནས་བརྗོད་ན་མ་ཕྱི་རང་ལས་ཕན་ཐོགས་ཆེ་བ་ཡོད་པ་དེ་ལགས། ངས་འདིར་བརྗོད་པའི་ཕན་ཐོགས་ཆེ་བ་ཞེས་བརྗོད་པའི་ཡུལ་ནི་པར་རིས་དང་ཕྲ་བརྙན་(ཕལ་ཆེར་ལྡེབ་གྲངས200) དེ་དག་ཡིན་ལ་དཔྱད་ཡིག་དེ་དག་ནི་ཏུ་ཆིས་བྲུ་ཤའི་ཡུལ་ནས་(ད་ལྟ་པ་ཀི་སི་ཐན་རྒྱལ་ཁབ་ཀྱི་ཁོངས་གཏོགས་) འཚོལ་བསྡུ་མཛད་པ་དང་དཔེ་ཆ་དེ་དག་ནི་སྟག་ཤིང་གི་པགས་སྟེང་དུ་བྲིས་པ་དང་ནང་དོན་ནི་ཐུབ་པའི་ཆོས་ལུགས་ཀྱི་སྐོར་ཡིན་པ་དཔེར་ན། འདུལ་ཁྲིམས་ཀྱི་ནང་དོན་འཁོད་པའི་དཔེ་ཆ《མལ་ཆའི་གཞི་》དང་། 《རྩོད་པའི་གཞི་》《དགེ་འདུན་གྱི་དབྱེན་གྱི་གཞི་》བཅས་དང་མཚུངས། སྤྱི་ལོ1956ལོར་ཏུ་ཆིས་སེ་བ་ཏེ་(Swat) ཞེས་པའི་ཡུལ་ནས་རྙེད་པའི་དཔེ་ཆ་དེ་ཉིད་པ་ཀི་སི་ཐན་སྲིད་གཞུང་ལ་རྩིས་སྤྲོད་བྱས་པ་དང་སྒྲགས་ཡང་བསྐྱར་གཡར་པོ་ཞུས་ནས་དབྱི་ཏ་ལིར་འཁྱེར་རྗེས་རྒྱལ་ཁབ་དེར་ཡོད་པའི་དཔེ་ཆ་ཞིག་གསོ་བྱེད་མཁན་གྱི་ཚོགས་པ་ཞིག་ནས་ཉམས་བཟོ་བྱས་རྗེས་སླར་ཡང་པ་ཀི་སི་ཐན་གྱི་རྒྱལ་ས་ཀ་ར་ཆིར་ཡོད་པའི་དཔེ་མཛོད་ཁང་དུ་ཕྱིར་འབུལ་ཞུས་འདུག

གོང་གསལ་དཔེ་རྒྱུན་གཉིས་ལས་ཕྱི་མ་དེ་ནི་ཤིན་ཏུ་སྲབ་པའི་ཤོག་བུའི་སྟེང་བྲིས་འདུག་ལ་དེ་དག་གཅིག་ཐོག་གཅིག་བརྩེགས་ནས་འདུག་ལ། བྱེད་ཚུལ་དེ་ལྟ་བུ་ནི་ལག་རྩལ་གྱི་ཐོག་ནས་བཤད་ན་དཔེ་ཆ་ཉར་ཚགས་བྱ་རྒྱུར་མི་འཚམ་པ་ཞིག་ཡིན་པ་མ་ཟད། དེའི་གནོད་སྐྱོན་གྱི་རང་བཞིན་ནི་དོན་དངོས་ལས་ར་འཕྲོད་ཐུབ་པ་ནི་དཔེར་ན། མའོ་ཧྲུ་མ་གི་ཡིས་བསྒྲིགས་པའི《ལས་རྣམ་པར་འབྱེད་པ་》ཞེས་པའི་ལི་ཡུལ་པར་མའི་ཞབས་རྟགས་མའི་གྲས་ལས་ཁག་གཅིག་ལོན་ཏུན་དུ་ཉར་ཚགས་བྱས་ཡོད་པ་རྣམས་ནི་སྲབ་ཤོག་ལྟེབས་སྒྲིག་བྱས་ནས་ཡོད་པ་ཞིག་ཡིན་པས་དེ་ནི་ཤིན་ཏུ་ནས་བལྟ་ཀློག་བྱ་དཀའ་བ་ཞིག་འདུག་པ་དང་།

ཁག་གཅིག་ནི་འཇར་མན་རྒྱལ་ཁབ་ཀྱི་སྨུ་ནིག་ཅེས་པའི་ཡུལ་དུ་ཉར་ཚགས་བྱས་ཡོད་པ་དག་ནི་སྲབ་ཤོག་ཐོག་བྲིས་པ་ཞིག་རེད་འདུག་ཀྱང་གོང་གསལ་སྒྲིག་སྟངས་དང་མི་འདྲ་ལ་སྒྲིག་སྟངས་དམིགས་བསལ་གང་ཅུང་དུ་མི་གཏོགས་པས་བལྟ་ཀློག་བྱ་བདེ་ལ་སྲུང་སྐྱོབ་ཀྱང་ཡག་པོ་བྱ་ཐུབ་འདུག （མ་ནིས1995ལོར་སྤེལ་བའི་དཔྱད་རྩོམ་གྱི་མཚོན་རིས4 –7དང9བཅས་ལ་གཟིགས་པར་འཚལ།）

འདིར་བརྗོད་འོས་པ་ཞིག་ལ་རྒྱ་གར་གྱི་མཁས་དབང་ར་ཧུ་ལས་བླངས་པའི་དཔེ་ཆའི་པར་རིས་དང་ཏུ་ཆིས་བླངས་པའི་དཔེ་ཆའི་པར་རིས་ནི་སྤྱིར་བཏང་གཅིག་པ་རེད་འདུག⑧（དཔེར་ན། ཡོང་གཉིས་གས་སློབ་དཔོན་ཆོས་གྲགས་ཀྱིས་མཛད་པའི་《ཚད་མ་རྣམ་འགྲེལ》གྱི་སབཅད་གཉིས་པ《རང་དོན་རྗེས་དཔག》དང། དབྱིག་གཉེན་གྱི《མངོན་པ་མཛོད》དགྲ་ལས་རྒྱལ་གྱི《ལྐན་ཅིག་དམིགས་པའི་རབ་ཏུ་བྱེད་པ》བཅས་ལ་པར་བསྐྲུན་འདུག）དེ་ཡང་པར་བརྒྱག་གི་ལག་རྩལ་འཕེལ་རྒྱས་སོང་བ་དང་པར་པ་ཚོས་པར་བསྐྲུན་སྐབས་ཀྱི་གནམ་གཤིས་ལ་སོགས་པའི་ཆ་རྐྱེན་མི་འདྲ་བའི་རྐྱེན་ལས་པར་རིས་ཀྱི་ཟུར་གྱི་ཆ་རྣམས་གསལ་པོ་མེད་པའི་སྐྱོན་སྣང་བ་ཡིན། དེས་ན་ཏུ་ཆི་དང་ར་ཧུ་ལ་ནས་བསྐྲུན་པའི་པར་རིས་དག་གི་ཕྲུས་ཀ་ནི་ཞན་པ་དང། འོད་ཆེ་དྲགས་པ། པར་གྱི་དམིགས་འབེན་གསལ་པོ་མེད་པ་སོགས་ཀྱི་སྐྱོན་ཆ་སྣང་ཡང་དེ་ལ་ཡ་མཚན་སྐྱེ་དགོས་དོན་ཅི་ཡང་མ་མཆིས་ཀྱང་དེས་དཔེ་ཆ་དེ་དག་ལ་བལྟ་ཀློག་བྱ་རྒྱུར་འགོག་རྐྱེན་སྤྲོད་བཞིན་ཡོད་པ་ནི་དངོས་ཡོད་ཀྱི་གནས་ཚུལ་ཞིག་ཡིན། གང་ལྟར་ཡང་ཡོང་གཉིས་ནས་བསྐྲུན་པའི་པར་རིས་ལ་གཞིབ་བསྡུར་ཞིག་བྱས་རྗེས་ད་ལྟ་རང་རེ་ཚང་མས་བལྟ་ཀློག་བྱ་བདེ་བའི་པར་གཞི་ཞིག་བཟོ་ཐུབ་པ་འདུག་ལ། ཕོ་བོ་རང་ཉིད་ལའང་ཉེ་ཆར་པར་སྐྲུན་བྱ་གྲབས་ཡོད་པའི་རྡོ་རྗེ་སྙིང་པོ་ཡི་ལྡུགས་རྩོམ《ཀྱི་རྡོ་རྗེ་རྒྱུད་བསྡུས་པའི་དོན་གྱི་རྒྱ་ཆེར་འགྲེལ་པ》དེ་རྩོམ་སྒྲིག་བྱེད་སྐབས་ཡོང་གཉིས་ནས་བླངས་པའི་པར་རིས་ལ་ཞིབ་བསྡུར་བྱ་སྐལ་བྱུང་ཞིང་ཕན་ཐོགས་ཀྱང་ཆེན་པོ་ཐོབ་བྱུང། （འདི་ན་པར་རིས་དེ་དག་མགོ་འདོན་གནང་མཁན་གུ་སི་ཐོ་ར་སི་དང་རེ་ཕེལ་ཕྱོ་རི་ལ་རྣམ་གཉིས་ལ་ཐུགས་རྗེ་ཆེ་ཞུའོ）དེ་ལྟའི་གཞིབ་བསྡུར་བྱས་ནས་འཐོབ་པའི་

འབྲས་བུ་ནི་མངོན་གསལ་དོད་པོ་ཡོད་པ་ནི་དཔེར་ན་ར་ཧུ་ལས་བསྐྲུན་པའི་དཔེ་ཆའི་པར་གསལ་པོ་མེད་པ་དེ་དག་ཏུ་ཆེའི་པར་རིས་ནང་གསལ་པོར་ཀློག་ཐུབ་པ་ལྟ་བུ་སོགས་དེ་གཉིས་དབར་ཕན་ཚུན་ཁ་གསབ་བྱེད་ཐུབ་པའི་ནུས་པ་ཐོན་པ་དང་བཅས་སོ།

ར་ཧུ་ལ་ནས་བསྐྲུན་པའི་དཔེ་ཆའི་པར་རིས་ནི་ཕྱིས་སུ་ཐོན་པའི་ཏ་ལའི་ལོ་མའི་ཕྱོགས་བསྒྲིགས་དཔེ་ཚོགས་མང་པོའི་ནང་དུ་བེད་སྤྱོད་བཏང་ཡོད་ལ། ལྷག་པར་དུ་ཐུབ་པའི་ཆོས་ལུགས་ཀྱི་ཚད་མའི་ཞིབ་འཇུག་དཔྱད་གཞིའི་ཁྲོད་དེ་བས་མང་བ་བེད་སྤྱོད་བྱས་ཡོད་(རྡོ་རྗེ་སྙིང་པོ་དང་། རིན་ཆེན་གྲགས་པ། གོ་མིན་པཎྜི་ཏ་ཨོ་ཀ་བཅས་ལྟ་བུ།) མལ་འེ་ནི་ཡས་དུར་བེ་ཀ་ཕྲིས་བརྩམས་པའི་《ཆོས་མཆོག་སྒྲོན་མེ་》ཞེས་པའི་དཔེ་ཆ་དེ་ངོ་སྤྲོད་མཛད་སྐབས། "མ་དཔེ་རང་ལ་ཏ་ལའི་ལོ་མའི་ཤོག་གྲངས་བརྒྱད་ཅུ་བརྒྱ་བཞི་འདུག་ལ་ཡིག་གཟུགས་ནི་ནེ་བ་རིའི་ཡིག་གཟུགས་ཐོག་བྲིས་པ་ཞིག་ལགས་པ་དང་། ཤོག་གྲངས་རྣམས་ལ་པར་བརྒྱག་སྐབས་ཤོག་གྲངས་ཨང་དྲུག་ཅུ་དེའི་མདུན་ཤོག་ལ་པར་གཉིས་བརྩེགས་བརྒྱབ་པ་ལས་རྒྱབ་ཤོག་དེ་ལ་པར་བརྒྱབ་མི་འདུག མ་དཔེ་ལ་འབྲུལ་བ་མེད་ནའང་ཡིག་འབྲུ་གསལ་དང་མི་གསལ་གྱི་ཞན་ཆ་མང་པོ་འདུག ངས་ཏུ་ཆེས་བསྐྲུན་པའི་པར་རིས་ལ་བརྟག་ཞིབ་ཡག་པོ་ཞིག་བྱས་རྗེས་ཁོང་གི་པར་རིས་ཁྲོད་དུ་ཤོག་གྲངས་(ལྡེབ་གྲངས་)ཨང་དྲུག་ཅུའི་རྒྱབ་ངོས་དེར་པར་བསྐྲུན་ཡོད་པ་ཤེས་རྟོགས་བྱུང་། འོན་ཀྱང་སྐབས་མ་ལེགས་པ་ཞིག་ལ་ཤོག་གྲངས་དེའི་གཡོན་ངོས་ཀྱི་མཐའ་དེ་གྲིབ་ནག་གིས་བཀབ་ནས་གསལ་པོ་མཐོང་གི་མི་འདུག་ལ། དཔེ་ཆ་འདིའི་ངོས་ནས་བརྗོད་ན། ཏུ་ཆེས་བསྐྲུན་པའི་པར་རིས་ཀྱི་རྩོམ་སྒྲིག་པས་བཀའ་དྲིན་བསམ་ཤེས་མཛད་པ་ལྟར་ཆ་ཤས་གཞན་རྣམས་ལ་བལྟ་ཞིབ་བྱེད་རྒྱུར་དགེ་མཚན་ལྡན་པའི་ནུས་པ་འདོན་ཐུབ་པ་ཡིན།" ⑨ཞེས་གསུངས། གནས་ཚུལ་ཁ་ཤས་ཀྱི་ངོས་ནས་བརྗོད་ན་ཏུ་ཆེས་བསྐྲུན་པའི་པར་རིས་ཁྲོད་དུ་ར་ཧུ་ལའི་པར་རིས་ཀྱི་ཁྲོད་ལས་མང་བའི་དཔེ་ཆའི་པར་རིས་ཡོད་པ་ནི་དཔེར་ན། རིན་ཆེན་འབྱུང་གནས་ཞི་བས་མཛད་པའི་《ཆོས་མཆོག་སྒྲོན་མེ་》ཡི་འགྲེལ་པ་《བརྒྱད་སྟོང་པའི་དཀའ་འགྲེལ་སྙིང་པོ་》ཡི་པར་རིས་ལས་མཚོན་ཐུབ། འདིར་ངེས་པར་དུ་བརྗོད་དགོས་པ་ཞིག་ལ་དཔེ་ཆ་དེའི་རྩོམ་སྒྲིག་པ

ལ་ཏུ་ཆེ་ལྟར་དཔེ་ཆ་དེ་ལ་བལྟ་ཞིབ་དང་དཔྱད་ཡིག་གི་ཡོངས་སུ་བསྡུ་རུབ་བྱ་རྒྱུའི་བགོ་སྐལ་
དངོས་ཐོབ་ཡོད་པ་དེ་ལགས།

གསུམ།

ང་ཚོས་སྔོན་ཤོག་རྣམས་དཀར་ཆག་ཏུ་བསྒྲིགས་སྐབས་འཕྲད་པའི་གནས་ཚུལ་གཞན་ཞིག་ནི། པར་རིས་བླུགས་ཡོད་པའི་ཡིག་ཁུག་སྟེང་གི་གསལ་བཤད་ཀྱི་ཡི་གེ་དང་ནང་སོགས་ཀྱི་ནང་དོན་རྣམས་གཅིག་མཚུངས་སུ་མ་བསྟད་པའི་གནས་ཚུལ་འཕྲད་པ་དེའོ། དཔེར་ན་ཕྱག་ན་རྡོ་རྗེས་མཛད་པའི་《འཁོར་ལོ་སྡོམ་པའི་རྒྱུད་》ཀྱི་ལེའུ་དང་པོའི་འགྲེལ་པ་（མགྱོགས་མྱུར་པར་སྐྲུན་འགྲེམས་སྤེལ་བྱ་རྩིས་འདུག）དེ་བཞིན་ར་ཏུ་ལ་ནས་པར་བརྒྱབ་པ་ཞིག་མ་ཡིན་ལ་དེ་བླུགས་པའི་ཡིག་ཁུག་སྟེང་དུ《ཨེ་ཝཾ་གྱི་རྒྱུད་》ཀྱི་འགྲེལ་པ་ཞེས་བྲིས་འདུག སློབ་དཔོན་ཟླ་བ་གྲགས་པས་མཛད་པའི་《གསང་བ་འདུས་པའི་སྒྲོལ་མ་གསལ་བ་》ཡི་སྔོན་ཤོག་བླུགས་ཡོད་པའི་ཡིག་ཁུག་སྟེང་གི་གསལ་བཤད་དུ《ཀྱེ་རྡོ་རྗེའི་རྒྱུད་》ཅེས་བྲིས་འདུག་པ་ལྟ་བུའོ། དེ་ལྟ་བུའི་ཡིག་ཁུག་ཐོག་བྲིས་པའི་གསལ་བཤད་ལས་ཤེས་ཐུབ་པའི་གནས་ཚུལ་ཞིག་ནི་ཡིག་མཁན་ཉིད་ནི་ལེགས་སྦྱར་གྱི་སྐད་ལ་ཆ་རྒྱུས་མེད་པ་ལྟ་བུ་ཞིག་རེད་འདུག་པས་དེ་ཉིད་མཁས་དབང་ཏུ་ཆེ་མ་ཡིན་པ་ཐག་ཆོད།⑩ དེ་བཞིན་ཡིག་ཁུག་དང་འབྲེལ་བའི་གསང་བ་ཞིག་གྱུར་ལྟ་བུའི་གནད་མི་ཤུང་བ་ཞིག་འདུག་པ་ནི་དཔེར་ན། ཡིག་ཁུག་གི་གྲངས་འཐོར་སྐོར་ལ་ཨང་གྲངས་དང་པོ་ནས་བཞི་བཅུ་ཞེ་གཅིག་བར་ཡོད་ཚུལ་བཤད་ནའང་ཡིག་ཁུག་ཨང8、9、13、14、24、26、28、29、39རྣམས་ནི་མཐོང་རྒྱུ་མི་འདུག་ལ། ཤོག་གྲངས་དེ་དག་འཁོད་པའི་ཡིག་ཁུག་རྣམས་སྤྱི་ལོ1960ལོའི་ཟླ་དྲུག་པའི་སྔོན་ནས་བརྟག་ཞིབ་འདུག་པ་ནི་ལོ་ནེ་ཨོ་ལ་སེ་ཨོ་ཏེ་ནས་བསྒྲིགས་པའི་དཔེ་ཆའི་མིང་ཐོ་ལས་ཤེས་ཐུབ་པ་ཡིན།⑪ དེ་ཡང་ཡིག་ཁུག་རེ་རེའི་ནང་དུ་པར་རིས་མི་འདྲ་བ་བཅུ་གཉིས་བླུགས་ཡོད་པ་དང་པར་རིས་ཁྱོན་སྡོམ་བརྒྱ་དང་བརྒྱད་ཡོད་པར་བརྩིས་ན། ཤོག་ལྷེབ་སྟོང་ལས་བརྒལ་བའི་པར་རིས་བོར་བརྟག་ཏུ་སོང་ཡོད་པ་ཤེས་ཐུབ། ད་ཕན་སུ་ཞིག་གིས་ཀྱང་ཡིག་

ཁྱུག་གི་ཨང་ཀི་དེ་ཨང་བཞི་བཅུ་ཞེ་གཅིག་ནས་མཇུག་རྫོགས་ཡོད་མེད་སྐོར་བརྗོད་ཐབས་བྲལ་ནའང་། ཞིབ་ཏུ་བརྟག་སྐབས་མཇུག་རྫོགས་མེད་པར་སྣང་བ་ནི་དཔེར་ན། སྤྱིན་ཤོག་ལས་འབྲུས་པའི་པར་རིས་དང་དེའི་མ་ཕྱིའི་སྤྱིན་ཤོག་ཡིན་པར་གསལ་བཤད་ཀྱི་ཡི་གེ་བྲིས་ཡོད་ནའང་དོན་དངོས་ལས་ནང་དོན་མི་མཚུངས་པའི་སྤྱིན་ཤོག་མཉམ་དུ་སྒྲིམ་སྟེགས་གཅིག་ཐོག་ནང་བཞག་ཡོད་ཅིང་དེར་ཨང་ཀི་བཀོད་ནས་ཉར་ཚགས་བྱས་འདུག་པ་དེའི་གྲས་སུ་པོར་བརླག་ཕྱིན་ཟིན་པའི་ཡིག་ཁྱུག་གི་ཨང་གྲངས་དང་གཅིག་པ་བྱས་པ་ཡོད་ཚུལ་གསལ་ལ། ཕྱིན་སྡོམ་ཨང་གྲངས་ཞེ་གཅིག་ཡོད་ཅེས་བརྗོད་ནའང་དེའི་རྗེས་ཀྱི་ཨང་ཀི་རྣམས་ཀྱང་མངོན་ཡོང་བ་ནི་དཔེར་ན། ཀུ་རི་ཀུ་ལི་ཡིས་བརྩམས་པའི་ཏ་ལའི་ལོ་མའི་ཁ་གྲངས120ལས་གྲུབ་པའི་《ཀྱེ་རྡོ་རྗེ་མཁའ་འགྲོ་མ་དྲ་བའི་སྡོམ་པའི་དཀའ་འགྲེལ་》དེ་བཞིན་དཔྱད་ཡིག་གི་ཤོང་སུ་དྲངས་ཤིང་དེར་ཨང་གྲངས43ཞེས་བྲིས་འདུག་པ་དང་། 《ཐེག་པ་ཆེན་པོའི་རྒྱུད་ཀྱི་རྒྱལ་པོ་སཾཔུ་ཊ་ཞེས་བྱ་བ་》དེ་བླུགས་པའི་ཤོག་སྒམ་ལ་ཨང་42 ཏ་ལའི་ལོ་མའི་གྲངས77ལས་གྲུབ་པའི་《དཀའ་འགྲེལ་》ལ་པར་རིས་དྲུག་ཅན་ཞིག་འདུག་པ་དེའི་ཤོག་སྒམ་སྟེང་དུ་ཨང་ཀི39བཏབ་ཡོད་པ་བཅས་སོ། འདིར་བརྗོད་དགོས་པ་ཞིག་ལ་དཔེ་ཆ་ཕྱི་མ་དེར་ར་ཏུ་ལ་ནས་པར་བསྐྲུན་མི་འདུག་ལ་དེ་ནི་ནེ་པ་ལའི་ཡི་གེར་བྲིས་ནས་ཡོད་ཅིང་ད་ལྟ་ཀ་ཏ་མན་ཌུར་ཡོད་པའི་ནེ་པ་ལ་རྒྱལ་ཁབ་དཔེ་མཛོད་ཁང་དུ་ཉར་ཚགས་བྱས་པའི་དཔེ་ཆ་གཉིས་པོ་དེ་དང་ཡང་མི་འདྲ་བ་ཡོད། གང་ལྟར་ཡང་ང་ཚོས་གོང་དུ་བརྗོད་ཟིན་པ་ལྟར་སྤྱིན་ཤོག་བསྟན་རྒྱུ་མེད་པའི་པར་རིས་མང་པོ་ཞིག་འདུག་པ་མ་ཟད་ཡིག་ཆ་དང་དེ་དག་གི་མཚན་བྱང་འདུག་པ་ནི་དཔེར་ན། སློབ་དཔོན་ཀླུ་སྒྲུབ་ཀྱིས་མཛད་པར་གྲགས་པའི་རྫུ་འཕྲུལ་སྐོར་གྱི་བསྟན་བཅོས་ཐུང་ངུ《སེམས་ཀྱི་དགའ་བ་འཇོམས་པ་》ཞེས་པ་དེ་ནི་ས་བཅད་བཅུ་བཞིར་དབྱེ་འདུག་ལ། པར་རིས་མང་པོ་འདུག་པ་དེའི་ཁྲིད་ཀྱི་འགའ་ཞིག་ནི་ཐུབ་པའི་ཆོས་ལུགས་ཀྱི་གསང་སྔགས་ཀྱི་གལ་ཆེའི་གཞུང་ལུགས་དང་ཨིནྡྲ་བོ་དྷིས་རང་ཉིད་ཀྱི་བསྟན་བཅོས《ཡེ་ཤེས་གྲུབ་པ་》(ལེའུ15)ཞེས་པའི་ནང་དུ་དྲངས་གནང་མཛད་པའི་《གཉིས་མེད་རྣམ་རྒྱལ་ཆུང་བ་》ཡི་ལྷེབ་གྲངས་འགའ་ཞིག་ཀྱང་

པར་རིས་སུ་བསྒྲུན་འདུག་པ་བཅས་ཀྱི་གནད་ལ་སྤྱི་ལོ2000ལོར་ཏ་ཏུ་ན་ག་ཡིས་ཆེད་མངགས་དབྱི་ཏ་ལིའི་རྒྱལ་ས་རོ་མར་ཕེབས་ནས་བརྟག་ཞིབ་གནང་ནས་ངོས་འཛིན་གསལ་པོ་མཛད་འདུག

སྐབས་མ་ལེགས་པའི་གནས་ཚུལ་ཞིག་ནི་མིག་སྔར་ཆག་སྐྱོན་ཤོར་ཟིན་པའི་དཔེ་ཆར་བཟོ་བཅོས་སམ་དག་བཅོས་ནི་བྱ་ཐབས་བྲལ་བ་ཞིག་རེད་བསམ་གྱིན་འདུག རྒྱུ་མཚན་ནི་དཔྱད་ཡིག་དེ་དག་ལ་སྲུང་སྐྱོབ་ལག་པོ་བྱ་མ་ཐུབ་པས་བརྟ་ཀློག་བྱ་དཀའ་བ་དང་སྐྱ་ཞབས་ཏུ་ཆེས་ཕངས་སེམས་མེད་པར་པར་རིས་རྣམས་གཞན་ལ་གཡར་རྗེས་དེ་དག་ཕྱིར་ལོག་མ་བྱུང་བ་བཅས་ཀྱིས་སོ། དེ་ཡང་ཏུ་ཆིས"གསར་དུ་རྙེད་པའི་དཔྱད་ཡིག་རྣམས་ཕྲ་དོག་གིས་སྒེར་སྒྲུད་བྱེད་པ་ནི་ཚན་རིག་གི་ཞིབ་འཇུག་བྱེད་སྟངས་ཤིག་མ་ཡིན་ནོ"⑫ཞེས་གསུངས་ཡོད། ང་ཚོས་གཞམ་དུ་གཟིགས་ཐུབ་པ་ལྟར་དེ་སྔོན་པོར་བརླག་ཏུ་སོང་ཟིན་པར་འདོད་པའི་དཔྱད་ཡིག་ཁག་གཅིག་སླར་ཡང་རྙེད་སོན་ཐུབ་པའི་རེ་བ་ཡོད་དོ།

དེ་ཡང་མཁས་དབང་ཏུ་ཆིས་སྤྱི་ལོ1949ལོར་བོད་དུ་གནའ་རྫས་རྟོག་ཞིབ་རིག་པའི་ཞིབ་འཇུག་མཛད་པ་དང་སྐབས་དེ་ཤེད་ཏུ་ཁོང་གིས་ད་ལྟའི་སྟོ་ཁ་ས་ཁུལ་གོང་དཀར་རྫོང་ནས་ཏ་ལའི་ལོ་མའི་དཔེ་ཆ་རྩ་ཆེན་གཉིས་ལག་སོན་བྱུང་ཚུལ་སྐོར་ལ་ཁོང་རང་ཉིད་ཀྱི་ཉིན་ཐོའི་ནང་དུ་འདི་ལྟར་བཀོད་འདུག་སྟེ།

"གོང་དཀར་གྱི་ཁུལ་དུ་ན་སོ་ཉི་ཤུ་ཡན་ལ་མ་སོན་པའི་སྤྲུལ་སྐུ་ཞིག་འདུག་པ་དེའི་འབྲུངས་ཡུལ་ནི་ལྷ་ས་རེད་འདུག་ལ། ཁོང་གིས་ལྷ་སའི་སློབ་གཉེར་མཛད་རྒྱུ་མཇུག་སྒྲིལ་རྗེས་རི་ཁུག་གི་དགོན་སྡེ་དེར་ཕེབས་ནས་བཞུགས། དགོན་པ་དེའི་ནང་དུ་བཙུན་པ་ཉུང་ཤས་ལས་མི་འདུག་ལ་དེ་རྣམས་ཚང་མ་སྤྲུལ་སྐུ་དེ་ལས་རྒན་པ་ཞེ་ཅིག་རེད་འདུག་པས་སྤྲུལ་སྐུ་དེ་རང་ཡུལ་ལྷ་ས་དང་དེར་ཡོད་ཀྱི་གྲོགས་པོ་ཚུང་ཚུང་རྣམས་དྲན་པ་ལས་རི་ཁུག་གི་དགོན་སྡེའི་ནང་དུ་སེམས་མ་ཆགས། ཁོང་གིས་ཕར་འགྲོ་ཚུར་འོང་བྱ་མཁན་གྱི་མགྲོན་པོ་ཚོར་ན་གཞོན་བྱིས་པ་སྤྱིའི་ཁྱད་ཆོས་ལྟར་སྐད་ཆ་མང་པོ་དྲི་ལ། ཕྱི་རོལ་གྱི་གནས་ཚུལ་དང་བྱ་དངོས་གསར་པ་ཤེས་རྟོགས་བྱ་རྒྱུའི་བསམ་བློ་ཤུགས་ཆེ་མངའ། སྤྲུལ་སྐུ་ཚུང་ཚུང་དེ་ཉིད་

རྒྱ་གར་དུ་གནས་གཟིགས་ལ་བསྐྱོད་འདོད་ཆེན་པོ་འདུག་ནའང་དགོན་པ་དེའི་ཆ་རྐྱེན་སྐྱོ་པོ་ཡིན་པས་དགོན་པས་ལམ་གྲོན་གཏོང་ཐབས་བྲལ། སྤྲུལ་སྐུ་ཚུང་ཚུང་དེས་ང་རང་སླེབས་ཀྱི་ཡོད་པའི་གནས་ཚུལ་མཁྱེན་རྗེས་དགའ་ཚོར་ཆེན་པོ་བྱུང་འདུག་པ་དང་། ཕོ་བོ་དགོན་པ་དེར་འབྱོར་སྐབས་ཁོང་གིས་རྒྱུགས་ཤར་སློད་ནས་འཕྲད་པར་ཕེབས་པ་དང་དེ་ནི་ཁོང་ཉིད་ཀྱི་མི་ཚེའི་ནང་འཕྲད་པའི་དོན་དག་གསར་པ་ཞིག་ཏུ་ངོས་འཛིན་གནང་གི་འདུག ཁོང་གིས་ང་འཕྲད་དུས་གྲོགས་པོ་རྙིང་པ་ཞིག་མཇལ་བ་དང་འདྲ་བར་འཐམ་འཁྱུད་བྱེད་པ་དང་། ཞལ་ལག་མཉམ་དུ་མཆོད་རྒྱུར་མགྲོན་འབོད་ཀྱང་མཛད་བྱུང་། ཁོང་སྐུ་ངོ་མས་སྔེ་ཤན་མཛད་དེ་དགོན་སྡེའི་སྐོར་ང་ལ་ངོ་སྤྲོད་མཛད་པ་དང་སྤྲགས་གནས་ཚུལ་འདྲ་མིན་སྐོར་བཀའ་འདྲི་མང་པོ་གནང་གི་འདུག ཁོང་གིས་ང་རྒྱལ་ཁབ་གང་ནས་ཡིན་མིན་དང་། ཉིན་ལམ་ག་ཚོད་ཕྱིན་ན་དེར་སླེབས་པ། དེ་བཞིན་གནམ་གྲུ་དང་། མེ་འཁོར། གྲུ་གཟིངས་སོགས་ཀྱི་སྐོར་བཀའ་དྲི་གནང་བ་དང་ངའི་འགྲེལ་བཤད་ལ་བྱིས་པས་རྩེ་བོ་ཞིག་གི་སྒྲུང་ཉན་པ་ལྟར་སྤྲོ་བ་ཟབ་མོས་གསན་པ་མ་ཟད། ང་རང་དང་ཡུན་ཙམ་ཡང་བྲལ་མི་བཟོད་པའི་ཚོར་སྣང་ཞིག་ཀྱང་སྐྱེན་བཞིན་འདུག འོན་ཀྱང་ང་ལ་དུས་ཚོད་མང་པོ་སྡོད་པའི་སྐབས་མེད་པས་དགོན་པ་དེ་ནས་ཁ་བྲལ་དགོས་པས་ཁོང་གི་བཞིན་ནས་སྐྱོ་སྣང་ཆེན་པོ་ཤར་བ་མཐོང་བྱུང་། དགོན་སྡེར་དུས་ཡུན་ཐུང་ཐུང་ཞིག་ལས་སྡོད་ཁོམ་མ་བྱུང་ནའང་ང་དང་སྤྲུལ་སྐུ་དེའི་བར་ཆགས་པའི་ལྷད་མེད་ཀྱི་མཛའ་སེམས་ནི་ཤིན་ཏུ་ནས་ཟབ་ཅིང་རྩ་ཆེན་པོ་ཞིག་ཡིན་པ་ང་ལ་ངེས་ཤེས་ཟབ་མོ་སྐྱེས་བྱུང་། ང་གཉིས་ཕན་ཚུན་བགྲོ་གླེང་བྱས་པ་དང་། ངས་ཁོང་ལ་རྒྱ་གར་འཕགས་པའི་ཡུལ་གྱི་གནས་ཚུལ་དང་འཕགས་ཡུལ་གྱི་མཁས་པའི་སྐོར་ངོ་སྤྲོད་ཞུ་སྐབས། ཁོང་གིས་ཨམ་ཕྲག་ནང་ནས་ཏ་ལའི་ལོ་མའི་སྟེང་བྲིས་པའི་དཔེ་ཆ་འགའ་ཞིག་བཏོན་གནང་མཛད་ནས་ང་ལ་བསྟན། ངས་དེ་དག་ལ་བལྟ་སྐབས་དཔེ་ཆ་དེ་དག་ནི་ཕལ་ཆེར་དུས་རབས་དགུ་པ་ནས་བཅུ་པའི་བར་གྱི་དཔེ་ཆ་རེད་འདུག་ལ་དེ་དག་གསར་ཞིང་ཕྲུས་དག་པ་ཞིག་འདུག་པ་ནི་ཧ་ལམ་དཔེ་ཆ་དེ་དག་ཉེ་དུས་སུ་བྲིས་པ་ལྟ་བུ་ཞིག་ཏུ་སྣང་། ངས་དཔེ་ཆ་དེ་དག་ལ་བལྟ་ཞིབ་ཡག་པོ་ཞིག་བྱས་པ་ཡིན་ལ་བལྟ་ཞིབ་བྱས་པའི་འབྲས་བུར་

དེ་ནི་རྒྱ་གར་གྱི་རྩོམ་པ་པོ་གཉིས་ནས་བརྩམས་པའི་དཔེ་ཆ་རེད་འདུག་ལ་དེ་གཉིས་ཀྱི་ནང་དོན་ནི་ཚིག་རྒྱན་རིག་པ་དང་ཐུབ་པའི་ཆོས་ལུགས་ཀྱི་གཞུང་ལུགས་སྐོར་རེད་འདུག་ནའང་དཔེ་ཆའི་རྩོམ་པ་པོ་གཉིས་ཀྱི་སྐོར་སྐབས་དེར་གསལ་པོ་ཞིག་ཤེས་མ་བྱུང་། ཕྱིས་སུ་གོང་དཀར་ཁུལ་ནས་ལག་སོན་བྱུང་བའི་རྒྱ་དཔེ་གཉིས་ལས་གཅིག་ནི་ཐུབ་པའི་ཆོས་ལུགས་ཀྱི་གཞུང་ལུགས་མདོ་ཙམ་བསྟན་པ་ཞིག་དང་གཅིག་ནི་སྙན་ངག་གི་བརྩམས་བྱ་ཞིག་ཡིན་འདུག་པ་དེའི་ནང་དོན་ནི་དགེ་འདུན་སྐྱབས་ཀྱིས་བརྩམས་པའི་《མངོན་པ་ཀུན་བཏུས་ཀྱི་ཚིག་ལེའུར་བྱས་པ》དང་ཐམས་ཅད་སྐྱོང་གིས་མཛད་པའི་《གཙུག་ན་རིན་ཆེན་གྱི་སྐྱེས་རབས》སྐོར་རེད་འདུག་པ་ཤེས་རྟོགས་བྱུང་། དེས་ན་རྒྱ་གར་གྱི་རྩོམ་རིག་གི་བང་མཛོད་དེ་ཉིད་ཀྱང་དེ་སྔོན་གོ་སྒྲོམ་མེད་པའི་རྩོམ་པ་པོ་གསར་པ་གཉིས་དང་དེ་གཉིས་ཀྱིས་མཛད་པའི་བརྩམས་བྱ་གསར་དུ་རྙེད་པ་ལས་དེ་བས་ཕྱུག་ཏུ་བཏང་ཡོད་པར་སེམས་སོ།⑬

ཏུ་ཆིས་བསྐྲུན་པའི་དཔེ་ཆ་དེ་གཉིས་ཀྱི་པར་རིས་ཀྱང་མཐའ་མ་བོར་བརླག་ཏུ་སོང་ནས་ད་ལྟ་ཉེད་རྒྱུ་མེད་པ་ལྟ་བུར་ཆགས་འདུག་ནའང་། སྤྱི་ལོ1999ལོའི་ཟླ་བ་བཅུ་པའི་ཚེས་གཉིས་ཀྱི་རེ་གཟའ་པ་སངས་ཉིན་ཁོ་བོས་དཔེ་མཛོད་ཁང་དུ་རྩད་འཚོལ་ཞིབ་མོ་ཞིག་བྱེད་པའི་སྐབས་སུ་སྤྱིན་ཤོག་སྐོར་ཞིག་ལག་སོན་ཐུབ་པ་དེར་ཕྱིན་སྟོམ་ལེའུམ་སྟེ་ཚན་ཉི་ཤུ་རྩ་བཞི་འདུག་པ་དེ་དག་ནི་ལེགས་སྦྱར་གྱི་སྐད་ཡིག་ཐོག་བྲིས་པའི་དཔེ་ཆ་རེད་འདུག སྤྱིན་ཤོག་ཐོག་གི་དཔེ་ཆ་ནི་ཐམས་ཅད་སྐྱོང་གིས་བརྩམས་པའི་《གཙུག་ན་རིན་ཆེན་གྱི་སྐྱེས་རབས》ཞེས་པ་དེ་རེད་འདུག དཔེ་ཆ་དེའི་པར་རིས་ཀྱི་སྤྱིན་ཤོག་ནི་རྒྱ་དཔེའི་ཕྲ་བརྐྱན་ཡོད་པར་འདོད་པའི་ཤོག་སྣམ་ཞིག་ནང་དུ་བླུགས་འདུག རྒྱ་དཔེ་འདི་ཉིད་མོ་ཁོ་ཧྭན་དང་ཁེ་ཡོ་ཤེ་ཨོ་ཁ་ནོ་རྣམ་གཉིས་ནས་རྩོམ་སྒྲིག་དང་ཡིག་སྒྱུར་མཛད་ནས་པར་སྐྲུན་གནང་རྗེས་འདུག ད་ཕན་ང་ཆོས་སློབ་དཔོན་དབྱིག་གཉེན་གྱིས་མཛད་པའི་དཔེ་ཆ《མངོན་པ་ཀུན་བཏུས་ཀྱི་ཚིག་ལེའུར་བྱས་པ》ཞེས་པ་དེའི་སྐོར་གྱི་གནས་ཚུལ་ཅི་ཡང་ཤེས་རྟོགས་ཐུབ་མེད་ཅིང་། དཔེ་ཆ་དེ་འདྲ་པོ་ཞིག་ཡོད་ཚུལ་ནི་ད་ལྟ་འདས་གྲོངས་སུ་གྱུར་ཟིན་པའི་མཁས་དབང་ཨན་ཐོ་ནི་ལོ་གར་ག་ནོ་དང་ཏུ་ཆེ་རྣམ་གཉིས་ནས་གསུངས་ཡོད་པ་མ་ཟད། སྤྱི་

ལོ་1960ལོའི་ནང་དཔར་དུ་སྐྲུན་པའི་རོ་མའི་ཏ་ལའི་ལོ་མའི་དཔེ་ཆ་ཕྱོགས་བསྒྲིགས་དཔེ་ཚོགས་ཞེས་པའི་ཁ་བྱང་ཁྲིད་ཏུའང་གསལ། དེ་བཞིན་དཔེ་ཆ་དེ་ནི་མཁས་པ་ཨེ་ཏེ་འོར་ཁོན་ཅེ་ནས་མཇལ་སྐྱོང་འདུག་པ་ནི་ཁོང་གིས་སྤྱི་ལོ་1962ལོར་སྤེལ་བའི་ལྷུགས་རྩོམ་གྱི་ས་བཅད་གཉིས་པའི་ནང་གསེས་གཉིས་པའི་དོན་ཚན་དང་པོ་དང་མཆན་འགྲེལ་བདུན་པའི་སྟེང་དཔེ་ཆ་དེའི་སྐོར་འཁོད་འདུག་པ་ལས་ཤེས་ཐུབ། ཞིབ་འཇུག་པ་ཁ་ཙུ་ནོ་བུ་མ་ཙུ་ད་ནས་སྤྱི་ལོ་2000ལོའི་ཟླ་བ་དྲུག་པའི་ཚེས་གཉིས་ལ་ཁོ་བོར་འཕྲིན་ཡིག་ཅིག་བཏང་ནས་གསུང་དོན། ཏུ་ཆིས་འདས་གྲོངས་སུ་གྱུར་རྗེས་ཀྱི་ལོ་ཁ་ཤས་ཀྱི་རྗེས་སུ་སློབ་དཔོན་ཆེན་མོ་ན་ལི་ཁ་བ་ཡིས་རོ་མ་སློབ་ཆེན་དུ་ཡོད་པའི་གྲོགས་པོ་བརྒྱུད་ནས་ཡན་ཐོ་ནི་ཨོ་གར་ག་ནོ་ལ་འབྲེལ་བ་གནང་བ་དང་། གར་ག་ནོ་ནས་ཁོང་གི་གྲོགས་པོ་ལ་རང་ཉིད་ཀྱིས《མངོན་པ་ཀུན་བཏུས་ཀྱི་ཚིག་ལེའུར་བྱས་པ་》ཡི་ཞིབ་འཇུག་ལས་ཀར་ཞུགས་མེད་ཚུལ་དང་། དཔེ་ཆ་དེའི་པར་རིས་དག་མཇལ་སྐྱོང་མེད་པ་བཅས་ཀྱི་གནས་ཚུལ་གསུངས་པ་མ་ཟད། ཏུ་ཆིས་ཁོང་མཉམ་ལས་བྱེད་མཁན་གྱི་མི་སྣའི་གྲས་སུ་འཛོག་གནང་མཛད་པ་ཙམ་ལས་དངོས་སུ་ཞིབ་འཇུག་གི་ལས་ཀར་ཞུགས་སྐྱོང་མེད་ཅེས་གསུངས་འདུག

མིག་སྟོང་ང་ཆོས་སླང་པོ་བྱིན་གྱིས་མཛད་པའི《སྐྱེས་རབས་ཕྲེང་བ་》སྟེ་མེ་ཁོ་ཏལ་གྱིས་ཐུགས་སྣང་མཛད་ཡུལ་གྱི་དཔེ་ཆའམ་མཁས་དབང་ཏུ་ཆིས་སྐྲ་ངོ་མས་སྤྱི་ལོ་1955ལོར་བགྲོ་གླེང་གནང་བ་དང་དེ་རྗེས་ཀྱི་ལོ་གཉིས་པ་དེར་འཇར་མན་གྱི་སྐད་དུ་པར་སྐྲུན་བྱས་པའི་《བསྟན་བཅོས་མངོན་རྟོགས་རྒྱན་གྱི་རྣམ་པར་འགྲེལ་པ་》དེ་ད་ལྟ་གང་དུ་ཉར་ཚགས་བྱས་ཡོད་ཚུལ་མ་ཤེས་པར་ལུས། ཁོ་བོས་སྔོན་དུ་བརྗོད་ཟིན་པ་ལྟར། ISIAOདཔེ་འཛོད་ཁང་ནང་དུ་ཡོད་པའི་ཏ་ལའི་ལོ་མའི་དཔྱད་ཡིག་རྣམས་ཁ་ཐོར་ནས་ཉར་ཚགས་བྱས་ཡོད་པས་ན་མཉམ་དུ་བལྟ་བསྡུར་བྱ་རྒྱུར་དཀའ་ངལ་འཕྲད་བཞིན་ཡོད་ལ། དབྱི་ཏ་ལིའི་ཞིབ་འཇུག་པ་ཙམ་མ་ཟད། རྒྱལ་ཁབ་གཞན་གྱི་གནད་དེར་ཉམས་ཞིབ་གནང་མཁན་ཚོར་ཡང་རང་ལ་མཁོ་བའི་དཔེ་ཆའམ་དཔྱད་ཡིག་དེ་དག་བཙལ་ནས་དཔྱད་ཞིབ་གནང་རྒྱུར་དཀའ་ཁག་འཕྲད་བཞིན་ཡོད། མིག་སྟོང་བལ་ཡུལ་དུ་ཡོད་པའི་ཤོག་བུའི་སྟེང་དུ་བྲིས་པའི་དཔེ་ཆར་

བལྟ་སློག་དང་ཉམས་ཞིབ་བྱེད་རྒྱུའི་ལས་དེ་ནི་ཅུང་ཟད་སྟབས་བདེ་ཅན་ཞིག་རེད་འདུག་ལ། ང་ཚོས་དཀའ་ངལ་ཅི་ཡང་མེད་པར་དཔེ་ཆ་དེ་ཚོའི་གནས་སྟངས་ཤེས་ཐུབ་པ་མ་ཟད། ཨེར་ནི་སི་ཐ་སི་ཏན་ཁེ་ནར་གྱིས་ལོ་ཁ་ཤས་ཀྱི་སྔོན་དུ་རྩོམ་སྒྲིག་མཛད་པའི་ཏ་ལའི་ལོ་མའི་དཔེ་ཆའི་དཀར་ཆག་དེ་ལས་གནད་དེར་ཞིབ་འཇུག་གནང་མཁན་ལ་ཕན་ཐོགས་ཆེན་པོ་ཐོན་ཐུབ་འདུག ཕྱོགས་གཞན་ཞིག་གི་གནས་ཚུལ་ངོས་ནས་བརྗོད་ན། མིག་སྔར་བལ་ཡུལ་ཀ་ཏ་མན་ཏུ་རྒྱལ་ཁབ་དཔེ་མཛོད་ཁང་བརྒྱུད་དཔེ་མཛོད་ཁང་གཞན་དག་ཏུ་ཉར་ཚགས་བྱས་པའི་མ་དཔེ་རྣམས་ཀྱི་གནས་སྟངས་སོགས་ཀྱི་ཆ་འཕྲིན་རྣམས་ཤེས་རྟོགས་ཐུབ་ཀྱི་ཡོད།

བཞི།

ང་ཚོས་ད་ལྟ་རྩོམ་བཞིན་པའི་བྱ་བ་ནི་དེ་སྔོན་མི་རྣམས་ཀྱི་ངོ་སྣང་དེ་ཙམ་བྱ་ཡུལ་དུ་མ་འགྱུར་བའི་པར་རིས་ཀྱི་དཔྱད་ཡིག་རྣམས་ཡང་བསྐྱར་བསྡུ་རུབ་ཕྱོགས་བསྒྲིགས་བྱེད་རྒྱུ་དེ་ལགས། ང་ཚོས་པར་རིས་བསྐྱར་བསྒྲིགས་བྱ་རྒྱུའི་ལས་ཀ་དེ་དུས་རིམ་གསུམ་དུ་དབྱེ་རྩིས་ཡོད་དེ། གཅིག་ནི་སྤྱིན་ཤོག་རྣམས་འཁྲུས་ནས་པར་རིས་འདོན་རྒྱུ་དང་། གཉིས་ནི་སྤྱིན་ཤོག་དང་པར་རིས་རྣམས་ལ་སླར་གསོ་དང་སྲུང་སྐྱོབ་བྱ་རྒྱུ། གསུམ་ནི་དཔེ་ཆར་ངོས་འཛིན་གསལ་པོ་བྱས་ནས་དཀར་ཆག་སྒྲིག་རྒྱུ་བཅས་ཡིན། དུས་རིམ་དང་པོའི་ལས་ཀ་དེ་འགོ་ཚུགས་ནས་ད་ལྟ་སྒྲུབ་བཞིན་པའི་སྐབས་ཡིན་ལ། ལས་ཀ་དེ་ནི་དཀའ་ངལ་མེད་པ་ཞིག་མ་ཡིན་པ་ནི་དཔེ་ཆ་རྣམས་ཀྱི་ཁྲོད་དུ་མ་དཔེ་ཆ་ཚང་པོ་མེད་པ་དང་ཡི་གེ་སློག་དཀའ་བའི་གནད་དོན་རྒྱུན་དུ་འཕྲད་པའི་རྐྱེན་གྱིས་ཡིན་ལ། དཔེ་ཆ་ལ་ངོས་འཛིན་བྱ་དཀའ་བའི་རྒྱུ་མཚན་ནི་དེ་དག་ལ་གསལ་བཤད་ཡིག་བྱང་སོགས་མེད་པའི་རྐྱེན་གྱིས་ཀྱང་ཡིན་པར་ཁྲུམས། དཀའ་ངལ་དེ་ལྟར་མང་པོ་འཕྲད་དང་འཕྲད་བཞིན་ཡོད་ནའང་མཐའ་མ་དཔེ་མཛོད་ཁང་དེའི་ནང་གི་དཔེ་ཆའི་དཀར་ཆག་ཆ་ཚང་པོ་ཞིག་མགྱོགས་མྱུར་བསྒྲིགས་ཐུབ་རྒྱུར་གདོན་མི་ཟ་ལ། ང་ཚོས་སྤྱིན་ཤོག་དང་པར་རིས་རྣམས་ཀྱི་འོད་སྐྱེར་ཡང་བཟོ་རྩིས་ཡོད།⑭ ང་ཚོས་ཚོད་བལྟ་ལམ་ཙམ་བྱས་རྗེས་ད་གཟོད་འོད་སྐྱེར་བཟོ་རྒྱུའི་ལས་འགན་དེ་དབྱི་ཏ་ལིའི་རྒྱལ་ས་

རོ་མར་ཡོད་པའི་ཡིག་ཚགས་སླར་གསོ་དང་སྲུང་སྐྱོབ་བྱེད་རྒྱུའི་ཉམས་མྱོང་དང་ལག་རྩལ་གྱིས་ཕྱུག་པའི་ཀུང་སི་ཞིག་ཏུ་སྤྲོད་གྱུར་གཏན་འཁེལ་བྱས་པ་ཡིན། ཀུང་སི་དེའི་མིང་ལ་GAP. S. r. l. ཞེས་ཟེར་ལ་དེ་ནི་Istituto Centrale per la Patologia del Libroལ་སོགས་པ་གྲགས་ཅན་གྱི་དཔེ་མཛོད་ཁང་ཁག་དང་མཉམ་ལས་བྱེད་མྱོང་ཡོད་པའི་ཀུང་སི་ཞིག་རེད་འདུག སླར་གསོའི་ལས་ཀ་དེ་ད་ལྟ་བྱེད་བཞིན་པའི་སྣང་ཡིན་ལ། ཉེ་ཆར་ཨ་ཧྲི་ར་ཡུས་ཡ་མ་ཡིས“ དེ་ཡང་བློ་ཕམ་སྐྱེས་དགོས་པའི་དོན་ཞིག་ནི་རང་རེས་ཤར་ཕྱོགས་ཀྱི་ཁུལ་ཙམ་དུ་མ་ཟད་ཐ་ན་རང་རེ་ནུབ་ཕྱོགས་པའི་ཁུལ་དུའང་རྩ་ཆེའི་ཏ་ལའི་ལོ་མའི་དཔེ་ཆ་ཇི་ཙམ་ཉར་ཚགས་བྱས་ཡོད་ཚུལ་ད་དུང་ཤེས་རྟོགས་གསལ་པོ་བྱུང་མེད་ལ། གནས་ཚུལ་འགའ་ཞིག་ཐད་ལ་སེམས་འཚབ་བྱ་རྒྱུ་ཙམ་ལས་ཐབས་གཞན་མེད་པ་ལྟ་བུའི་གནས་ལ་གྱུར་ཡོད་པ་ནི་དཔེར་ན། ཞིབ་འཇུག་ཁང་འགའ་ཞིག་ཏུ་ཤིན་ཏུ་ནས་རྩ་ཆེ་ཞིང་འགངས་ཆེ་བའི་དཔེ་ཆ་ཉར་ཚགས་བྱས་ཡོད་ཚུལ་ནི་རྟོག་ཞིབ་པ་ཀུན་གྱིས་ཤེས་ཀྱི་ཡོད་ནའང་དེ་དག་ལ་བལྟ་ཀློག་བྱ་རྒྱུའི་གོ་སྐབས་དབེན་སྟབས་དཔེ་ཆ་དེ་དག་གི་ཁྱད་ཆོས་དང་ནང་དོན་ནི་ད་དུང་ཤེས་ཐབས་བྲལ། དབྱི་ཏ་ལིའི་རྒྱལ་ས་རོ་མར་ཡོད་པའི་ཤར་ཕྱོགས་ཞིབ་འཇུག་ཁང་གི་དཔེ་མཛོད་ཁང་ནི་གོང་གསལ་དཔེ་མཛོད་ཁང་གི་གྲས་ཤིག་ཡིན་ལ། དབྱི་ཏ་ལིའི་བོད་རིག་པ་མཁས་ཅན་ཏུ་ཆེས་ཧེ་མ་ལ་ཡའི་རི་རྒྱུད་དང་བོད་ཀྱི་ས་ཁུལ་ཁག་ཏུ་ཚན་རིག་གི་རྟོག་ཞིབ་མཛད་ནས་འཕགས་བོད་ཡུལ་གྲུ་གཉིས་ཀྱི་ཐུབ་པའི་ཆོས་ལུགས་ལ་ཞིབ་འཇུག་བྱེད་པའི་བྱ་གཞག་ཁྲིད་གལ་ཆེའི་ལེགས་སྐྱེས་འབུལ་གནང་མཛད་ཡོད། ཁོང་གི་སྐད་གྲགས་ཆེད་པའི་བརྩམས་བྱའི་ཁྲིད་དུ་ཤིན་ཏུ་དཀོན་པའི་དཔེ་རྒྱུན་ལ་སོགས་པའི་དཔྱད་གཞིའི་ཡིག་ཆ་དུ་མ་མཆིས་པ་དེ་དག་ནི་འབྲེལ་ཡོད་ཀྱི་ཞིབ་འཇུག་པ་རྣམས་ལ་བསྟོས་ནས་བརྗོད་ན་ཤིན་ཏུ་ཐོབ་དཀའ་བའི་དཔྱད་ཡིག་འབའ་ཞིག་གོ” ཞེས་གསུངས་པ་ལྟར་རོ།

ང་ཚོས་ISIAOལ་ཉར་ཚགས་བྱས་པའི་ཏུ་ཆེའི་སྤྱིན་ཤོག་རྣམས་ཕྱོགས་བསྒྲིགས་བྱ་རྒྱུ་དེ་ང་ཚོའི་རྣམ་གྲངས་ཀྱི་མཐའ་མཇུག་གི་ལས་ཀ་དེ་ཡིན་པ་དང་། ཕྱོགས་བསྒྲིགས་འདི་བཞིན་མི་རིང་བར་འཛམ་གླིང་ས་ཕྱོགས་ཁག་གི་ཞིབ་འཇུག་པ་རྣམས་ཀྱི་སྤྱོད་ཡུལ་དུ་འགྱུར་བར་ཡིད་

ཆོས་ཀྱིས་ཁེངས་བཞིན་ཡོད། གྲགས་ཅན་མཁས་དབང་ཏུ་ཆིས་ལྷ་བུའི་མཛད་རྗེས་ལ་བཀའ་དྲིན་སྙིང་བཅངས་ཞུ་བའི་སེམས་པ་ནི་ཀུན་ལ་ཡོད་པ་བཅས་དབྱི་ཏ་ལིའི་མཁས་དབང་ཏུ་ཆིས་བསྐྱོན་པའི་ཏ་ལའི་ལོ་མའི་དཔེ་ཆའི་པར་རིས་ཕྱོགས་བསྒྲིགས་བྱེད་པའི་གནས་ཚུལ་དང་འབྲེལ་བའི་གནད་དོན་སྐོར་རོབ་ཙམ་ངོ་སྤྲོད་བྱས་པ་རེ་ཞིག་རྫོགས་སོ། །

མཆན་འགྲེལ།

①སྐབས་འདི་དང་བསྟུན་ནས་དབྱི་ཏ་ལིའི་རོ་མ་སློབ་ཆེན་གྱི་དཔེ་མཛོད་ཁང་གི་འགན་འཁུར་བ་རྣམས་ནས་དཔྱད་གཞི་དང་པར་རིས་མགོ་འདོན་གནང་བར་ཐུགས་རྗེ་ཆེ་ཞུ་རྒྱུ་མ་ཟད། ཞིབ་འཇུག་པ་མའོ་རོ་མན་ཅི་ནས་ཁོ་བོའི་དཔྱད་རྩོམ་འདི་ལ་གཟིགས་ཞིབ་མཛད་ཅིང་རིན་ཐང་ལྡན་པའི་དགོངས་འཆར་གནང་བར་བཀའ་དྲིན་ཆེ་ཞེས་ཞུ་རྒྱུ་ཡིན།

②ཏུ་ཆི་(1966c:151－152).

③ཏུ་ཆི་(1996c:153)《ཐུབ་པའི་ཆོས་ལུགས་ཀྱི་དཔེ་ཆ》ཞེས་པའི་ཕྱོགས་བསྒྲིགས་དེབ་ཀྱི་སྔོན་འགྲོའི་ལེའུ་དང་པོའི་ནང་དུ་ཏུ་ཆིས"ངས་བོད་དང་བལ་ཡུལ་དུ་རྟོག་ཞིབ་བྱེད་སྐབས་ཏ་ལའི་ལོ་མའི་དཔེ་ཆ་མང་པོ་མཇལ་བྱུང་ལ་དེ་དག་ལས་མང་པོ་ཞིག་ནི་རྩོམ་སྒྲིག་མ་བྱས་པ་ཤ་སྟག་རེད་འདུག དེ་དག་ལས་ཁག་གཅིག་ལག་སོན་ཐུབ་ཅིང་ཁག་གཅིག་པར་བརྒྱག་བྱས་པ་དང་། ཁག་གཅིག་བྲིས་བཤུ་བྱས་པ་ཡིན། ཁོ་བོས་བསྡུ་སྒྲིག་བྱས་པའི་དཔེ་ཆ་མང་ཆེ་བ་ནི་ཐུབ་པའི་ཆོས་ལུགས་ཀྱི་གཞུང་ལུགས་སྐོར་ཡིན། དཔེ་ཚོགས་འདིའི་༡ང་དུ་དྲངས་པའི་དཔེ་ཆར་རྩོམ་སྒྲིག་བྱ་རྒྱུ་དང་སྤྲགས་ངའི་སློབ་མ་རྣམས་ཀྱང་རྩོམ་སྒྲིག་གི་ལས་ལ་བསྐུལ་རྒྱུ་དེ་ནི་རྣམ་གྲངས་འདིའི་དམིགས་ཡུལ་གཙོ་བོ་ཡིན། དེ་ཡང་དཔེ་ཆ་དེ་དག་ཡོངས་རྫོགས་གལ་ཆེན་ཤ་སྟག་མ་ཡིན་ནའང་དེ་དག་ཚང་མས་ཐུབ་པའི་ཆོས་ལུགས་ཀྱི་གཞུང་ལུགས་དང་བསམ་བློར་རྒྱུས་ལོན་བྱ་རྒྱུར་དགེ་མཚོན་བསྐྲུན་ཐུབ"ཅེས་གསུངས།

④དེ་ནི་སྟག་ཤིང་གི་པགས་པའི་ཐོག་བྲིས་པའི་ཤོག་ལྷེ་མ་ཚང་བའི་དཔེ་ཆ་ཞིག་རེད་འདུག

⑤དཔེ་ཆ་འདིའི་ས་བཅད་དང་པོ་དེ་ཁ་རོ་ཧོ་ཕན་ས་ནས་རྩོམ་སྒྲིག་མཛད་ཡོད་(1967)ལ། ས་བཅད་གཉིས་པ་དེ་ཁ་ལོ་དེ་ཨོ་ཁ་ཁུ་ཙ་ནས་པར་སྐྲུན་གནང་རྗེས་འདུག

⑥Bolleftinoལ་གཟིགས། J. Wདེ་ཇོང་གི་གྲགས་ཅན་དཔྱད་རྩོམ་(1978)ནང་དུ་ཡི་གེR(དབྱི་ཏ་ལིའི་རྒྱལ་ས་རོམ་གྱི་བསྡུས་མིང་)ཞེས་པ་བེད་སྤྱོད་མཛད་ནས་མཁས་དབང་ཏུ་ཆིས་བསྐྱོན་

པའི་ཏ་ལའི་ལོ་མའི་དཔེ་ཆའི་པར་རིས་དག་མཚོན་པར་གནང་འདུག

⑦《ཡོངས་སུ་དག་པ་དང་རྣམ་པར་དག་པའམ་མཉམ་སྦྱོར་བླ་མེད་》ཅེས་པ་དེ་སུས་བརྩམས་པའི་སྐོར་ལ། དམ་ཚིག་རྡོ་རྗེ་དང་། འཇིགས་མེད་འབྱུང་གནས་སྦས་པ། གཞན་ཕན་སྙིང་པོ་བཅས་མཁས་དབང་གསུམ་གྱིས་དེ་ནི་ཕྱིས་སུ་ཐོན་པའི་འགྲེལ་པ་ཞིག་ཡིན་ཚུལ་གསུངས། དེའི་སྐོར་ཞིབ་ཕྲ་མི་མ་ཀི་དང་ཐོམ་པེ་ཚེའི་(1994:10དང་དཔྱད་རྩོམ་འདིའི་མཆན12)ལ་གཟིགས་པར་འཚལ།

⑧ར་ཧུ་ལའི་(1935དང་1937)རྩོམ་ཡིག་ལ་གཟིགས། ཡུལ་གྲུ་གཞན་གྱི་རིག་གནས་ལ་རྒྱུས་ལོན་ཞེས་པའི་དེབ་《པི་ཧར་དང་ཨོ་ལི་ས་ཞིབ་འཇུག》ཤོག་གྲངས423－447ལ་གཟིགས།

⑨དཔེ་ཆ《ཆོས་མཆོག་སྒྲོན་མེ་》ཞེས་པ་དེ་ཞིབ་འཇུག་པ་བེ་རེ་ཐེ་ཁེ་ནེར་ནས་གཡར་པོ་ཞུས་གནང་འདུག་པ་དང་ཁོང་གིས་དཔེ་ཆ་དེའི་སྐོར་ཞིབ་འཇུག་མཛད་པའི་དཔྱད་རྩོམ་ཞིག་སྤེལ་རྗེས་འདུག

⑩གསལ་བཤད་ཀྱི་ཡི་གེའི་ནང་དོན་ནི་དཔེ་ཆའི་ཁ་བྱང་དང་། སྤྱིན་ཤོག་གྲངས་ག་ཚོད་ཡོད་མེད། ཤོག་གྲངས། དཔེ་ཆ་ཉར་ཚགས་བྱ་ཡུལ་གྱི་དགོན་པའི་མིང་དང་པར་སྐྲུན་གྱི་དུས་སོགས་ཡིན་འདུག

⑪ལིན་ན་ཡོ་ནས་རྩོམ་སྒྲིག་མཛད་པའི་ཐོ་གཞུང་ཐོག་ཡིག་ཁུག་ཨང22དེ་འཕོད་མེད་ནའང་དཔྱད་ཡིག་དེའི་ཆ་ཤས་ཤིག་ང་ཚོར་ལག་སོན་ཐུབ་བྱུང་།

⑫ཧུ་ཆེ་(1996c:12).

⑬ཧུ་ཆེ་(1996c:169－170)ལ་གཟིགས།

⑭ཞིབ་འཇུག་གི་རྣམ་གྲངས་ཤིག་ཧེ་གཙོ་བོ་སྐྱུ་རྩལ་གྱི་ལོ་རྒྱུས་སྐོར་ཡིན་པ་ཞིག་ད་ལྟ་ཧོ་ལན་རྒྱལ་ཁབ་ཏུ་སྐྲུན་བཞིན་མཆིས་(Kern Institute Leiden 1999:Column5).

(ཝེ་རན་སེ་ཟེ་ཁོ། 《བོད་ཀྱི་ཏ་ལའི་ལོ་མའི་དཔེ་ཆ་ཞིབ་འཇུག》2014ལོའི་དུས་དེབ་ནང་འཀོད།)

༢༧། །རྩེ་པོ་ཏ་ལའི་ཕོ་བྲང་དམར་པོའི་ནང་བཞེངས་པའི་ལྡེབས་རིས་ལ་རགས་ཙམ་དཔྱད་པ།

略考布达拉红宫里的壁画

[བརྡ་ཆད་གཙོ་བོ།] པོ་ཏ་ལ། ཕོ་བྲང་དམར་པོ། ལྡེབས་རིས། རྒྱལ་མཆོག་ལྔ་པ། སྡེ་སྲིད་སངས་རྒྱས་རྒྱ་མཚོ། ཚོམས་ཆེན། གདུང་རྟེན།

[ནང་དོན་གནད་བསྡུས།] དཔྱད་རྩོམ་འདིའི་ནང་དུ་རྩེ་པོ་ཏ་ལའི་ཕོ་བྲང་དམར་པོའི་ནང་དུ་ལྡེབས་རིས་བཞེངས་པའི་དགོས་པ་རྒྱུ་མཚན་དང་། ལྡེབས་རིས་ཀྱི་ནང་དོན། ལྡེབས་རིས་སུ་འཁོད་པའི་གཟུགས་བརྙན་སྐོར་ངོ་སྤྲོད་གནང་བ་དང་སྒྲུགས་ཚོམས་ཆེན་དེའི་བཀོད་པ་དང་དེའི་ནང་དུ་མཆིས་པའི་སྲོང་བཙན་སྒམ་པོ་ལ་སོགས་པའི་བོད་ཀྱི་གནའ་བོའི་མི་སྣ་དང་དེ་དག་དང་འབྲེལ་བའི་རིག་དངོས་ཁག་ངོ་སྤྲོད་བྱས་ཡོད།

【关键词】 布达拉宫;红宫;壁画;第五世达赖喇嘛;桑结嘉措

【摘要】 第五世达赖喇嘛圆寂后,第司·桑结嘉措修建了布达拉宫红宫。文章对红宫里的壁画群进行初步研究。对绘制壁画的目的、壁画所展示的内容以及刻画的相关人物进行了分析,提出绘制壁画的主要目的是描绘了第五世达赖喇嘛阿旺嘉措的丰功伟绩,让后人牢记他在西藏政治、文化和宗教等方面出的贡献。

དེ་ཡང་ཏཱ་ལའི་བླ་མ་སྐུ་ཕྲེང་ལྔ་པ་ངག་དབང་བློ་བཟང་རྒྱ་མཚོའི་རྣམ་ཐར་《དུ་ཀུ་ལའི་གོས་བཟང་》ནང་དུ་དག་སྣང་དང་དེའི་གནད་འགག་སྟོན་པའི་སྐབས་སུ་ཏཱ་ལའི་བླ་མ་སྐུ་ཕྲེང་ལྔ་པས་རང་ཉིད་ལ་ཐུབ་པའི་ཆོས་ལུགས་ཀྱི་གཞུང་ནང་འཁོད་པའི་ལྷ་ཡུལ་དང་ལྷ་ཚོགས་རྣམས་དག་སྣང་དུ་འཁྲུངས་སའི་ཕོ་བྲང་པོ་ཏ་ལའི་ཚོམས་ཆེན་དང་ལྷ་ཁང་འགའ་ཞིག་སྐོར་གསུངས་འདུག ཕྱི་ལོ་༡༦༨༢ལོར་ཕོ་བོས་པོ་ཏ་ལར་གནས་མཇལ་དུ་བསྐྱོད་ནས་ཏཱ་ལའི་བླ་མ་སྐུ་ཕྲེང་ལྔ་པའི་རྣམ་ཐར་ནང་འཁོད་པའི་ལྷ་ཁང་སོགས་སུ་ལྟ་ཞིབ་བྱེད་སྐབས་རྣམ་ཐར་ནང་གི་ནང་དོན་འགའ་ཞིག་ལྡེབས་རིས་སུ་བྲིས་བཀོད་བྱས་ཡོད་པ་གཞི་ནས་ཤེས་

རྟོགས་བྱུང་། འོན་ཀྱང་སྐབས་དེ་དུས་ལྷེབས་རིས་ལ་ཞིབ་འཇུག་བྱེད་ཡོང་རག་མ་སོང་།

ངས་སྤྱི་ལོ་༡༩༩༡ལོར་བོད་ལྗོངས་སྤྱི་ཚོགས་ཚན་རིག་ཁང་གིས་ལྷ་སར་གཉེར་བའི་གེ་སར་ཞིབ་འཇུག་གྲོས་ཚོགས་ལ་ཞུགས་སྐབས་དང་བསྟུན་ནས་པོ་ཏ་ལར་བསྐྱོད་ཅིང་ལྷེབས་རིས་དེ་དག་ཡང་སྙིང་སྲུའི་ཕྱིར་བྲིས་པ་ཞིག་ཡིན་པ་རྩད་ཞིབ་ཅིག་བྱ་དགོས་བསམ་ཡང་སྐབས་དེར་ལྷེབས་རིས་དེ་དག་ཡོད་སའི་ཕོ་བྲང་དམར་པོ་དེ་ཞིག་གསོ་བྱེད་བཞིན་པའི་སྐབས་རེད་འདུག་པས་ཕོ་བྲང་དེ་ཉིད་ཕྱི་ཕྱོགས་ལ་སྒོ་མོ་ཕྱེ་ཡི་མི་འདུག་ཀྱང་ཁོ་བོར་དམིགས་བསལ་གྱི་ཆོག་མཆན་ཐོབ་ནས་ནང་དུ་འགྲོ་ཐུབ་ཙམ་བྱུང་སོང་། ལྷ་ཁང་ནང་དུ་ནི་སྒློག་མེད་པས་མུན་ནག་རེད་འདུག་ལ་ནང་ཡོགས་སུ་ཙ་དངོས་མང་པོ་བརྩེགས་ནས་བཞག་འདུག་པས་ཀ་བ་དང་རྩིག་པར་འཇུས་ན་མ་གཏོགས་ནང་དུ་འགྲོ་ཐུབ་ཀྱི་མི་འདུག ངས་ལྷེབས་རིས་དེ་དག་ཕྱོགས་གང་ནས་འགོ་བཙུགས་ཡོད་པ་དང་། དོན་དག་རྣམས་མུ་འབྲེལ་ཅན་ཞིག་ཡིན་མིན་ལ་བལྟ་དགོས་བསམ་ཡང་དངོས་རྫས་སྤུངས་ནས་བཞག་པ་རྣམས་གནས་སྤོ་བྱ་ཐབས་མི་འདུག་པས་རྩིག་ངོས་ཀྱི་ལྷེབས་རིས་ལ་བལྟ་ཐུབ་མ་སོང་། ནམ་རྒྱུན་ཏཱ་ལའི་བླ་མ་སྐུ་ཕྲེང་ལྔ་པ་དང་མན་ཇུའི་གོང་མ་ཤུན་ཀྲི་གཉིས་མཇལ་དུ་བཞུགས་པའི་ལྷེབས་རིས་དེ་སྒྲག་ཤོག་ཐོག་དཔར་ཡོད་པ་ཞིག་མཐོང་རྒྱུ་ཡོད། ལྷེབས་རིས་དེའི་ཐོག་ཏུ་ཏཱ་ལའི་བླ་མ་ནི་མན་ཇུའི་གོང་མ་ལས་ཅུང་ཟད་དམའ་བའི་གདན་ཐོག་ཏུ་བཞུགས་ཡོད་པ་དེས་བོད་ལྗོངས་ནི་མན་ཇུ་སྲིད་གཞུང་འོག་གནས་ཡོད་ཚུལ་མཚོན་པར་འདོད་མཁན་ཡང་འདུག (1998: no. 29: 512) ཁོ་བོས་ཤེས་གསལ་ལྟར་ན། ལྷེབས་རིས་དེ་ནི་ཕོ་བྲང་དམར་པོའི་ནང་དུ་འདུག་ནའང་དེ་རི་མོ་ཁེར་རྐྱང་ཅན་ཞིག་ཡིན་དང་ཡང་ན་ཚ་ཤས་ཅན་ཤིག་ཡིན་པ་གསལ་པོ་ཞིག་བརྗོད་ཐབས་བྲལ། སྐབས་དེར་ཕོ་བྲང་ལ་སྟར་བཞིན་ཞིག་གསོ་བྱེད་བཞིན་པའི་སྐབས་རེད་འདུག་པས་རྟོག་ཞིབ་ཡག་པོ་ཞིག་བྱེད་ཐུབ་མ་སོང་།

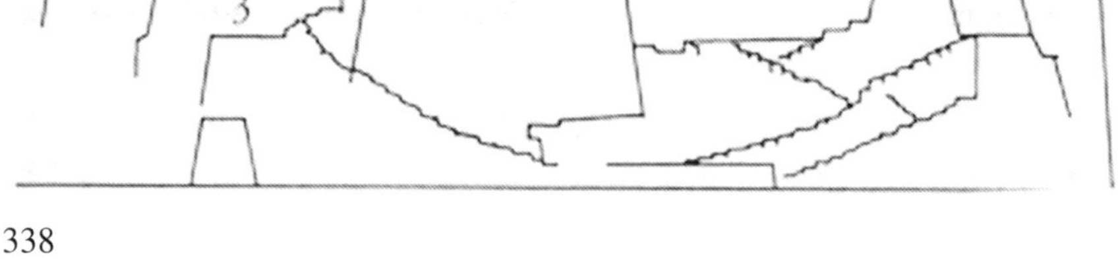

དེ་རྗེས་སུ་ཕོ་བོས་གཞན་དེར་རྟོག་ཞིབ་བྱེད་རྒྱུ་དེ་གཙོ་བོ་ཡིག་ཆར་བརྟག་ཞིབ་བྱ་རྒྱུའི་ཐོག་བཞག་ནས་ལྷེབས་རིས་དེ་དག་དྭ་ལའི་བླ་མའི་རྣམ་ཐར་ལ་གཞིགས་ནས་བྲིས་པ་ཞིག་ཡིན་མིན་སྐོར་དཔྱད་བསྡུར་བྱས་པ་ཡིན། དེ་ཡང་པོ་ཏ་ལའི་སྐོར་ལ་གཞུང་ཕྱོགས་ནས་པར་སྐྲུན་བྱས་པའི་དཔེ་ཆ་གཉིས་འདུག དེ་གཉིས་ནང་དུ་ལྷེབས་རིས་སྐོར་ངོ་སྤྲོད་མདོར་བསྡུས་ཤིག་ལས་མི་འདུག་ནའང་ལྷེབས་རིས་དེ་དག་ནི་དྭ་ལའི་བླ་མ་སྐུ་ཕྲེང་ལྔ་པའི་སྐོར་ཡིན་ཚུལ་ངེས་གཏན་འཁེལ་བའི་ངང་ནས་བཤད་འདུག[1]

སྤྱི་ལོ་༡༩༩༥ལོར་ངས་སླར་ཡང་ལྷེབས་རིས་དེ་དག་ལ་རྟོག་ཞིབ་བྱེད་པར་བསྐྱོད་པ་ཡིན། སྐབས་དེ་དུས་ཞིག་གསོ་ལེགས་གྲུབ་ཟིན་འདུག་ལ་ཚོམས་ཆེན་དེར་མཚོད་མཇལ་ལའང་གཏོང་གི་འདུག ཕོ་བོའི་དམིགས་ཡུལ་ནི་ལྷེབས་རིས་དེ་དག་དྭ་ལའི་བླ་མའི་རང་རྣམ《དུ་ཀཱུ་ལའི་གོས་བཟང་》གི་ནང་དོན་ལ་གཞིགས་ནས་བྲིས་པ་ཞིག་ཡིན་མིན་ལ་བརྟག་དཔྱད་བྱ་རྒྱུ་དེ་རེད།[2] དེ་ཡང་ལྷེབས་རིས་ནི་ནུབ་ངོས་སུ་ཡོད་པའི་ཚོམས་ཆེན་གི་བྱང་ངོས་ཀྱི་གྱང་དེ་ནས་འགོ་བཙུགས་འདུག་པ་དང་། དེ་ནས་རིམ་བཞིན་ཤར་དང་། ལྷོ། ནུབ་བཅས་ཀྱི་གྱང་ངོས་བར་བྲིས་འདུག ལྷེབས་རིས་ཀྱི་དབུས་སུ་མི་སྣའི་གཟུགས་བརྙན་བྲིས་འདུག་ནའང་དེ་དག་དང་དྭ་ལའི་བླ་མའི་རྣམ་ཐར་གྱི་ནང་དོན་བར་ཐད་ཀར་འབྲེལ་བ་མི་འདུག གཟུགས་བརྙན་དེ་དག་ལས་ནུབ་བྱང་གི་གྱང་ངོས་སུ་སྟོན་པ་ཤཱཀྱ་ཐུབ་ནི་དང་། བྱང་གི་གྱང་ངོས་སུ་འོད་དཔག་མེད་དང་ལོ་ཀེ་ཤྭ་རཿ ཤར་གྱི་གྱང་ངོས་སུ་སྲོང་བཙན་སྒམ་པོ་(617 – 650)དང་ཁྲི་སྲོང་ལྡེ་བཙན(742 – 797)། ལྷོ་ཡི་གྱང་ངོས་སུ་འབྲོམ་སྟོན་པ་རྒྱལ་བའི་འབྱུང་གནས(1008 – 1064)དང་ཉང་རལ་ཉི་མ་འོད་ཟེར་བཅས་ཀྱི་སྐུ་བརྙན་བཞེངས་འདུག ལྷོ་བྱང་གྱང་གི་རིང་ཚད་ལ་ཁྱོན་བསྡོམས་སྨིད་༣༨དང་མཐོ་ཚད་ལ་སྨིད་༨འདུག ལྷེབས་རིས་རྣམས་རྗེ་གཅལ་ལས་ལི་སྨིད་༩༧མཐོ་བའི་ངོས་སུ་བྲིས་འདུག ཚོམས་ཆེན་གི་སྒོ་འཛུལ་མ་ཐག་ཏུ་ཁྲི་ཆེན་པོ་ཞིག་འདུག་པ་དེའི་གཡོན་ཕྱོགས་སུ་སྡེ་སྲིད་བསོད་ནམས་ཆོས་འཕེལ(1659ལོར་འདས)གྱི་གདུང་རྟེན་བཞེངས་འདུག་ལ་[3] གདུང་རྟེན་བཞུགས་སའི་ལྷ་ཁང་དེ་མ་གཞི་ཆུང་ཆུང་ཞིག་ལས་མི་འདུག་ཀྱང་དེས་ལྷོ་ངོས་ཀྱི་གྱང་སྟེང་གི་ལྷེབས་རིས་དག་མཇལ་རྒྱུར་དཀའ་ངལ་བཟོས་འདུག ཚོམས་ཆེན་དེའི་མིང་ལ་

ཚོམས་ཆེན་སྲིད་ཞི་ཕུན་ཚོགས་ཟེར་ལ་དེ་ནི་ཕོ་བྲང་པོ་ཏ་ལའི་ཐོག་བརྩེགས་དགུ་པའི་སྟེང་དུ་བཞེངས་ཡོད།

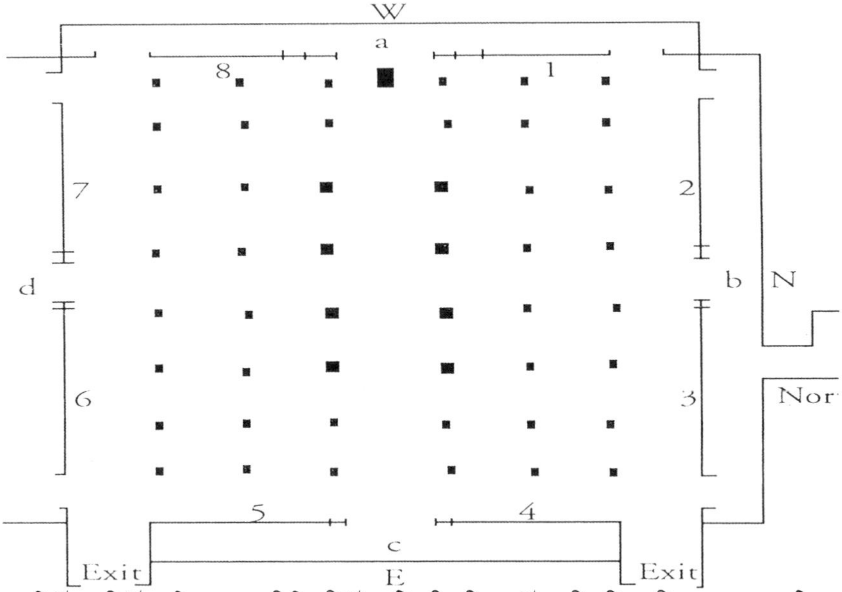

རྩེ་པོ་ཏ་ལའི་ཐོག་བརྩེགས་དགུ་པའི་སྟེང་གི་ཚོམས་ཆེན་སྲིད་ཞི་ཕུན་ཚོགས་ཀྱི་དབྱིབས་རིས། 1、ཤཱཀྱ་མུ་ནེ། 2、འོད་དཔག་མེད། 3、ལོ་ཀེ་ཤྭ་རཿ 4、སྲོང་བཙན་སྒམ་པོ། 5、ཁྲི་སྲོང་ལྡེ་བཙན། 6、འབྲོམ་སྟོན་པ། 7、ཉང་རལ་ཉི་མ་འོད་ཟེར། 8、སྡེ་སྲིད་བསོད་ནམས་ཆོས་འཕེལ་གྱི་གདུང་རྟེན་གྱིས་བསྐྱིབས་པ། （aསྐུ་གདུང་ལྷ་ཁང་། bའཁྲུངས་རབས་ལྷ་ཁང་། cལམ་རིམ་ལྷ་ཁང་། dརིག་འཛིན་ལྷ་ཁང་།）

ཏཱ་ལའི་བླ་མ་སྐུ་ཕྲེང་ལྔ་པའི་གསེར་གདུང་གི་དཀར་ཆག་ནང་དུ། སྡེ་སྲིད་སངས་རྒྱས་རྒྱ་མཚོས(1653－1705)ལྡེབས་རིས་དེ་དག་ནི་ལྔ་པ་ཆེན་པོའི་རང་རྣམ《དུ་ཀཱུ་ལའི་གོས་བཟང་》ལ་གཞིགས་ནས་བྲིས་པ་ཞིག་ཡིན་ཚུལ་གསལ་པོར་གསུངས་འདུག དཀར་ཆག་དེ་ལ་པོ་ཏི་གསུམ་འདུག་ལ་སྡེ་སྲིད་སངས་རྒྱས་རྒྱ་མཚོས་དེའི་ནང་དུ་ཏཱ་ལའི་བླ་མ་སྐུ་ཕྲེང་ལྔ་པ་མཆོག་སྤྱི་ལོ་༡༦༨༢ལོར་དགོངས་པ་ཆོས་དབྱིངས་སུ་ཐིམས་པའི་བར་གྱི་དོན་རྐྱེན་རྣམས་བཀོད་གནང་མཛད་འདུག④ དཀར་ཆག་དེ་ལ་ཤོག་གྲངས་༡༠༦༨ཙམ་འདུག་ལ་ནང་དོན་ནི་གསེར་གདུང་དང་ཕོ་བྲང་དམར་པོ་ཇི་ལྟར་བཞེངས་པའི་ལོ་རྒྱུས་ཀྱི་ནང་དོན་འགོད་པའི་གལ་ཆེའི་ཡིག་ཆ་ཞིག་རེད་འདུག ལོ་རྒྱུས་མཁས་པའི་བཞེད་པ་ལྟར་

ན། དཀར་ཆག་དེ་ནི་༡༧༠༥ལོ་སྡེ་སྲིད་སངས་རྒྱས་རྒྱ་མཚོ་བསྒྲིགས་པའི་ལོ་དེར་བརྩམས་པ་ཞིག་ཡིན་པར་གསལ། ཕོ་བྲང་དེ་ལྟ་བུ་ཞིག་བཞེངས་དགོས་དོན་ནི་ཏཱ་ལའི་བླ་མ་སྐུ་ཕྲེང་ལྔ་པའི་སྐུ་གདུང་འཇོག་ཆེད་དུ་རེད་འདུག་ལ་དེ་སྤྱི་ལོ་༡༨༩༡ལོར་བཞེངས་འགོ་ཚུགས་པ་དང་སྤྱི་ལོ་༡༨༩༣ལོར་ལེགས་གྲུབ་བྱུང་འདུག ང་ཚོས་འདིར་རྟོག་ཞིབ་བྱེད་བཞིན་པའི་ལྡེབས་རིས་ནི་ཕོ་བྲང་དེའི་ཚོམས་ཆེན་ནང་དུ་བྲིས་ཡོད་ལ་ཚོམས་ཆེན་དེ་ནི་ཕོ་བྲང་པོ་ཏ་ལའི་ཐོག་བརྩེགས་དགུ་པའི་ཐོག་ཏུ་གནས་ཡོད།

སྤྱི་ལོ་༡༨༨༢ལོའི་རྗེས་ནས་བཟུང་སྡེ་སྲིད་སངས་རྒྱས་རྒྱ་མཚོས་རང་གི་རྩ་བའི་བླ་མའི་གདུང་རྟེན་ཉིད་འཇོག་སའི་ཕོ་བྲང་དམར་པོ་དེ་བཞེངས་གནང་མཛད་པ་དང་གལ་ཏེ་ཕོ་བྲང་དམར་པོ་དེ་འཆར་གཞི་ལྟར་བཞེངས་ཐུབ་ཡོད་ན་ད་ལྟ་ལས་རྒྱ་ཆེ་བ་ཞིག་ཡོང་བ་ཡིན་སྐད། འོན་ཀྱང་ད་ཡོད་ལས་རྒྱ་ཆེ་བ་ཞིག་བསྐྱུན་དགོས་ན་དམར་པོ་རིའི་སྟེང་དུ་ཆགས་པའི་སྔོང་བཙན་བྲག་ཕུག་དེ་མེད་པར་བཟོ་དགོས་ཀྱི་ཡོད། དཀར་ཆག་ནང་གསལ་བ་ལྟར་ན། ཕོ་བྲང་དཀར་པོ་དེ་ནི་རྩེ་པོ་ཏ་ལའི་དབུས་སུ་ཡོད་པའི་གནའ་བོའི་རྟེན་རྫས་རྣམས་གནས་སྤོས་ཀྱིས་ཉར་འཇོག་བྱ་ཡུལ་ཞིག་ཏུ་བཞེངས་པ་ཞིག་རེད་འདུག

ཕོ་བྲང་དམར་པོ་དེ་དངོས་སུ་བཞེངས་སྐབས་སྡེ་སྲིད་སངས་རྒྱས་རྒྱ་མཚོ་ལ་བཟོ་བཀོད་འཆར་གཞིའི་ཐད་ལ་ཐག་གཅོད་གནང་རྒྱུར་སྐྱུངལ་ཞིག་འཕྲད་ཡོད་བཟོ་འདུག དེ་ཡང་ཁོང་ལ་བརྗིད་ཆེ་བའི་ཕོ་བྲང་ཞིག་བཞེངས་པའི་དགོངས་པ་ཡོད་པ་དང་ཆབས་ཅིག་ཏུ་དེ་ལྟར་བྱས་ན་དེར་ཡོད་ཀྱི་གནའ་བོའི་རྩ་ཆེའི་ཤུལ་དངོས་ལ་གནོད་སྐྱོན་ཕོག་པའི་ཐུགས་ཁྲལ་ཡང་བྱུང་ཡོད། མཐའ་མ་ཟན་རྟགས་བསྒྲིལ་ནས་བཟོ་བཀོད་སྐོར་ཐག་གཅོད་བྱ་རྒྱུར་གཏན་འཁེལ་འདུག་ཅིང་། སྡེ་སྲིད་ཀྱིས་སྔར་རང་གི་རྩ་བའི་བླ་མའི་ཞལ་ལྔ་ནས་ཐུགས་ཐག་མ་ཆོད་པའི་དོན་ཡོད་ཚེ་དཔལ་ལྡན་ལྷ་མོར་མོ་ལུང་ཐུགས་བརྟག་ཞུས་ཞེས་གསུངས་མྱོང་བ་ལྟར་སྡེ་སྲིད་ལ་ལྷ་མོའི་ཞལ་ཐང་ཞིག་ཡོད་པ་དེའི་མདུན་དུ་ཟན་རིལ་གཉིས་ཏེ་གཅིག་ནང་གནའ་བོའི་རྟེན་རྫས་རྣམས་ཚུད་པའི་ཕོ་བྲང་ཆུང་ཆུང་ཞིག་བཞེངས་ན་བཟང་བ་དང་། ཅིག་ཤོས་དེའི་ནང་དུ་རྟེན་རྫས་རྣམས་གནས་གཞན་དུ་སྤོས་ནས་དེ་ན་ཕོ་བྲང་ཆེན་པོ་ཞིག་བཞེངས་ན་བཟང་བ་ཞེས་བསྒྲིལ་ནས་དེ་དག་ཐེངས་གཉིས་དཀྲུགས་རྗེས་གཉིས་ཀར་ཟན་རྟགས་དང་པོ་དེ་རང་དོན་འདུག[5]

ཕོ་བྲང་དམར་པོ་དེ་ནི་དངོས་གནས་ཤིན་ཏུ་ནས་རྒྱ་ཆེ་བ་ཞིག་རེད་འདུག་སྟེ། དེའི་ནང་ཀ་བ་ཞེ་བརྒྱད་ཅན་གྱི་ཚོམས་ཆེན་དང་། ལྷ་ཁང་ཆེ་ཆུང་མི་འདྲ་བ་དྲུག་འདུག་པ་དེ་དག་སྐོར་འདིར་མང་པོ་བརྗོད་དགོས་དོན་ཅང་མ་མཆིས། ངས་འདིར་དམིགས་བསལ་དོ་སྣང་བྱ་ཡུལ་སྟེ་ཚོམས་ཆེན་སྲིད་ཞི་ཕུན་ཚོགས་ནང་དུ་བྲིས་པའི་ལྡེབས་རིས་དང་དེ་དག་གི་འབྱུང་ཁུངས་སྐོར་ཡིན།

ཕོ་བྲང་དཀར་པོའི་ནང་དུ་ཡོད་པའི་ཚོམས་ཆེན་རྙིང་པ་དེ་ལའང་ཚོམས་ཆེན་སྲིད་ཞི་ཕུན་ཚོགས་ཞེས་འབོད་ཀྱི་འདུག་ལ་ཏཱ་ལའི་བླ་མ་སྐུ་ཕྲེང་ལྔ་པས་ཚོམས་ཆེན་དེའི་ནང་དུ་དག་སྣང་ལ་ལྷ་ཡུལ་དང་ལྷ་ཚོགས་ཀྱི་ཞལ་རྣམས་གཟིགས་སྐད། ཚོམས་ཆེན་དེ་གཉིས་བར་དབྱེ་བའི་རྟགས་ནི་“རྙིང་པ་”དང་“གསར་པ་”ཞེས་པས་འབྱེད་པ་ཡིན་འདུག་ལ་ཕོ་བྲང་དཀར་དམར་གཉིས་ཀའི་ནང་དུ་ཡོད་པའི་ཚོམས་ཆེན་ལ་སྲིད་ཞི་ཕུན་ཚོགས་ཞེས་གཅིག་མཚུངས་སུ་འབོད་པ་ཡིན་ནོ། །

སྡེ་སྲིད་སངས་རྒྱས་རྒྱ་མཚོས་རྣམ་ཐར《དུ་ཀཱུ་ལའི་གོས་བཟང་》ནང་གི་ནང་དོན་རྣམས་ལྡེབས་རིས་སུ་བྲིས་པའི་རྒྱུ་མཚན་སྐོར་ལ་ནི་ཁོང་ལ་གཤམ་གསལ་གྱི་བཙུན་མོ་བཀའ་ཐང་ལས་བྱུང་བའི་ཚིགས་བཅད་དེ། ངས་ལུང་བསྟན་བྱང་མིང་གནམ་སའི་བདག །ཁྲི་སྲོང་ལྡེ་བཙན་འཕྲིན་ལས་སྤྲུལ་པ་དེ། །ཅི་བཞིན་འདྲ་བ་ལྡེ་གུ་ལྷ་བཞེངས་ནས། །རྣམ་ཐར་གྱུང་རིས་དག་ལ་བྲི་བར་བྱ། །⑥ ཞེས་པའི་ལུང་བསྟན་འདི་དཀར་ཆག⑦ནང་དུ་དྲངས་མཛད་ནས་དེ་ལས་བློ་སྒོ་འབྱེད་པའི་སྟོབས་བསྐྱེད་བྱུང་ཞེས་གསུངས་འདུག

དེ་ཡང་ལུང་བསྟན་ནང་གི་བྱང་བདག་ཟེར་བ་དེ་ནི་རྙིང་མ་བའི་སྔགས་པ་བྱང་བདག་བཀྲ་ཤིས་སྟོབས་རྒྱལ་(1550 – 1607)ལ་ཟེར་བ་ཡིན་ལ། དེ་པ་ནི་ཏཱ་ལའི་བླ་མ་སྐུ་ཕྲེང་ལྔ་པའི་ཚེ་སྔོན་གྱི་སྐྱེ་བ་ཡིན་པར་འདོད་ལ་ཁོང་ཏཱ་ལའི་བླ་མའི་དག་སྣང་དུའང་ཕེབས་ཀྱི་ཡོད་སྐད། (མཁར་རྨེའུ 1998 : xii , 30passim) དེར་བརྟེན་ལུང་བསྟན་དེའི་ནང་གི་མི་སྣ་གཙོ་བོ་དེ་ནི་ཏཱ་ལའི་བླ་མ་ཡིན་ཚུལ་མཚོན་ལ། ལྡེ་གུ་ཞེས་པའི་ཚིག་དེ་ནི་འདམ་པ་དང་དངོས་རྫས་གཞན་བསྲེས་ནས་བཟོས་པའི་སྐུ་བརྙན་ལ་གོ་བ་ཡིན། གྱུང་རིས་ནི་བོད་ཤར་ཕྱོགས་སུ་དར་ཁྱབ་ཆེ་བའི་ཐ་སྙད་ཅིག་སྟེ་གྱུང་ངོས་ཀྱི་རི་མོར་བྱེད་པ་ཡིན་འདུག་ལ་དེ་ལ་དབུས་གཙང་གི་ཁུལ་དུ་ལྡེབས་རིས་ཞེས་འབོད་པ་ཡིན་ནོ། །

སྡེ་སྲིད་སངས་རྒྱས་རྒྱ་མཚོས་ད་དུང་ལྷེབས་རིས་འབྲི་དོན་ལ་གཞམ་གསལ་གྱི་འགྲེལ་བརྗོད་འདི་ལྟར་མཛད་འདུག་པ་སྟེ། རྗེ་བླ་མ་མཆོག་གི་འདྲ་འབག་རིན་པོ་ཆེ་དང་ས་རྗེ་ལ་སོགས་པའི་ལྷེ་གུར་བཞེངས་ཤིང་། རྣམ་པར་ཐར་པ་གྱང་རིས་སུ་བྲིས་ན་མཐའ་བཞིའི་དམག་ལ་སོགས་པ་ཕྱུར་རྒྱལ་པོད་ཀྱི་རྒྱལ་ཁམས་ཀྱི་མི་མཐུན་རྒུད་པའི་ཕྱོགས་མཐའ་དག་རྨེག་མེད་དུ་འཇོམས་ཤིང་། ཕན་པ་དང་བདེ་བའི་རྒྱལ་ཛ་སྲིད་པའི་རྩེ་མོར་བརྒྱུང་བར་འགྱུར།[8] ཞེས་གསུངས་པ་ལྟར་རོ། །

གོང་གསལ་ཐ་སྙད་མཐའ་བཞི་ཞེས་པ་དེ་ནི་སྤྱི་ལོ་༨༢༢ལོའི་ཐང་པོད་ཆིངས་བསྒྲིགས་ཡི་གེའི་ནང་དུ་ཐོག་མར་གསལ། དེ་ཡང་ཆིངས་ཡིག་ནང་“མཐའ་བཞིའི་རྒྱལ་པོ་” ཞེས་པའི་མིང་ཚིག་དེ་འཁོད་འདུག་ལ། སྐབས་དེ་དུས་ཀྱི་རྒྱལ་པོ་བཞི་ཞེས་པ་ལས་ཤར་དུ་རྒྱ་ནག་རྒྱལ་པོ་དང་། བྱང་དུ་ཐུར་གིའི་རྒྱལ་པོ། ནུབ་ཏུ་སྟག་གཟིག་རྒྱལ་པོ། ལྷོ་རུ་རྒྱ་གར་རྒྱལ་པོ་བཅས་བརྗོད་སྒྲོལ་འདུག་པ་མ་ཟད། དུས་ཕྱིས་ཀྱི་ཡིག་ཆའི་ནང་དུའང་“ཕྱོགས་བཞིའི་དགྲ་བཞི་” ཞེས་གསལ་བའང་མཐོང་རྒྱུ་འདུག[9] བོད་བཙན་པོའི་རྒྱལ་རབས་ཀྱི་(617 – 942) སྐབས་སུ་གངས་པ་ཅོས་བོད་ནི་ཡུལ་ཕྱོགས་ཀུན་གྱི་དབུས་སུ་གནས་ཡོད་པར་འདོད་པ་ཡིན་ལ། དེ་ལྟའི་ལྟ་ཚུལ་ནི་བོད་ཀྱི་ཆེས་གནའ་བོའི་ལོ་རྒྱུས་ཀྱི་སྲོལ་རྒྱུན་ཞིག་ཡིན་པར་ཡར་འདེད་ཚོག་པ་ཞིག་ཡིན། (མཁར་རྨེའུ1998 : no. 27 , 481 – 185)

སྡེ་སྲིད་སངས་རྒྱས་རྒྱ་མཚོས་ཁོང་གི་རྩ་བའི་བླ་མའི་སྐུ་ཚེ་གཅིག་རིང་དུ་ནང་པའི་བསྟུན་པ་ཞིག་གིས་བཙན་པོ་བསྐྱངས་རྗེས་བོད་འདི་སིལ་བུར་ཐོར་བ་ནས་བཟུང་ལྷིང་འཇགས་མ་ཡིན་པའི་ཆབ་སྲིད་དང་ཆོས་ལུགས་ཀྱི་གནས་བབ་མཇུག་རེ་ཞིག་བསྒྲིལ་བར་མཛད་པའི་འཕྲིན་ལས་དག་ནམ་ཡང་སྐྱེ་བོའི་དྲན་ངོར་འཇོག་ཕྱིར་དེ་དག་ལྷེབས་རིས་སུ་བཀོད་པར་མཛད་པ་ཞིག་རེད་འདུག

གོང་གསལ་ལྷེབས་རིས་ཉིད་བྲིས་དགོས་དོན་འཁོད་པའི་དུམ་བུ་དེ་ལས་སྤྱི་ལོ་༡༧༠༥ལོ་སྟེ་སྡེ་སྲིད་སངས་རྒྱས་རྒྱ་མཚོ་མཆོག་བསྐྱངས་པའི་ལོ་དེའི་ནང་གི་བོད་ཀྱི་ཆབ་སྲིད་ཀྱི་འཁྲུག་རྩོད་དག་མངོན་པར་བྱུས་ཡོད་དེ། སྐབས་དེར་ལྷ་བཟང་ཧན་གྱིས་བོད་ས་གནས་ཀྱི་ཆབ་སྲིད་དབང་ཆ་འཕྲོག་འགོ་བརྩམས་པ་དང་། འབྲས་སྤུངས་དགོན་པའི་སྒོ་

མང་གྲ་ཚང་གི་མཁན་པོ་འཛམ་དབྱངས་བཞད་པ་ལ་སོགས་པས་ལྷ་བཟང་ཧན་ལ་རྒྱབ་སྐྱོར་བྱས་ཚུལ་སོགས་ཇེ་དྲག་གི་གནས་སྟངས་དེ་འདྲའི་འོག་སྡེ་སྲིད་སངས་རྒྱས་རྒྱ་མཚོས་སོག་དམག་ལྷ་ས་ནས་ཕྱིར་འབུད་མཛད་ཐུབ་པ་བྱུང་ཡོད་ནའང་། མི་རིང་བར་ལྷ་བཟང་ཧན་ནས་ནག་ཆུ་རྒྱུད་ཀྱི་སོག་དམག་ལ་སོགས་པའི་སྡེ་སྲིད་ལ་རྒོལ་བའི་སྟོབས་ཤུགས་བསྡུ་རུབ་བྱས་ནས་དམག་ཁག་གསུམ་དུ་བགོས་ཏེ་སླར་ཡང་ལྷ་སར་དཔུང་བསྐྱོད་བྱས། དེ་ནས་ཚེ་དབང་བཀྲ་ཤིས་ཀྱིས་སྣེ་ཁྲིད་བྱས་པའི་སོག་དམག་གིས་སྡེ་སྲིད་སངས་རྒྱས་རྒྱ་མཚོ་འཛིན་བཟུང་བྱས་ཤིང་སྟོད་ལུང་སྣང་རྩེར་བཀག་ཉར་ཞག་མོ་བདུན་ཙམ་བྱས་རྗེས་མཐའ་མ་ལྷ་བཟང་ཧན་གྱི་ཆུང་མས་སྡེ་སྲིད་མཆོག་ལྷོ་ལམ་དུ་བཙྟངས་པའོ། །

སྡེ་སྲིད་སངས་རྒྱས་རྒྱ་མཚོ་བཀྲོངས་པའི་དུས་དེ་སྤྱི་ལོ་༡༧༠༥ལོའི་ཟླ་དགུ་པའི་ཚེས་བཅུ་དྲུག་ཏུ་བརྩི་སྲོལ་འདུག་ནའང་(Petech 1959:38) དཀར་ཆག་གི་བྱང་བུའི་ནང་དུ་དཀར་ཆག་དེ་ནི་སྡེ་སྲིད་ཀྱིས་སྤྱི་ལོ་༡༧༠༥ལོའི་དགུན་ཟླ་གཉིས་པའི་ནང་བརྩམས་གནང་མཛད་ཚུལ་འཁོད་འདུག་པས།⑩ ཁོང་ནི་དཀར་ཆག་དེ་མཛད་ནས་བདུན་ཕྲག་ཁ་ཤས་ལས་མ་སོང་བའི་རྗེས་སུ་འདས་གྲོངས་སུ་གྱུར་ཚུལ་མངོན། དཀར་ཆག་དེ་བརྩམས་པའི་ལོ་ཚིག་སྙིར་ནུབ་ཕྱོགས་པའི་ཞིབ་འཇུག་པ་གཉིས་ཏེ་སེ་ནེལ་གྲུ་རུབ་དང་རི་ཙ་སོན་ནས་ཙུང་ཟད་མི་འདྲ་བའི་ལྟ་ཚུལ་འཛིན་གནང་མཛད་འདུག དེ་ཡང་ཁོང་གཉིས་ནས་དཀར་

ཆག་བཅོམས་པའི་ལོ་ཚིགས་དེ་སྤྱི་ལོ་༡༧༠༨ལ་ངོས་འཛིན་གནང་འདུག་ནའང་དེའི་སྐོར་གྱི་ཁུངས་ལྡན་ཡིག་ཆ་གང་ཡང་མཐོ་འདོན་མཛད་མི་འདུག ལར་དཀར་ཆག་གི་བྱང་བུའི་ནང་དོན་ནི་མངོན་གསལ་མི་དོད་པ་ཞིག་རེད་འདུག་ནའང་། བྱང་བུའི་ནང་དུ"ཐོག་མ་སྨུག་བྲིས"ཞེས་གསལ་འདུག་པ་དེའི་དོན་ནི་དང་ཐོག་དཀར་ཆག་གི་མ་ཕྱི་བཅོམས་པ་དང་དེ་ནས་ཡི་གེ་བས་པར་དུ་བསྐྱུན་པ་ལ་གོ་ན་འགྲིག་ལ་སྡེ་སྲིད་ཀྱིས་དཀར་ཆག་དེ་ལོ་དེའི་ཟླ་བ་དགུ་པའི་ནང་དུ་འགོ་བཙམས་སོ་ཞེས་སུ་གོ་ནའང་དོན་དང་མི་འགལ་ལོ། །མདོར་ན་སྤྱི་ལོ་༡༧༠༥ལོར་དཀར་ཆག་དེ་ལེགས་གྲུབ་ཡོང་བའི་སྐབས་དང་དུས་ནི་ཡོང་ཐབས་བྲལ་བས་སྤྱི་ལོ་༡༧༠༨ལོར་བྱས་ན་ཡང་དག་པར་མཐོང་ངོ་། །

སྡེ་སྲིད་སངས་རྒྱས་རྒྱ་མཚོས་རང་གི་རྩ་བའི་བླ་མའི་རྣམ་ཐར་གྱི་ནང་དོན་དག་རི་མོར་བྲིས་གནང་མཛད་པ་ཕུད་ད་དུང་མཛད་འཕྲིན་གཞན་ཁག་བཞི་ཙམ་ལེགས་གྲུབ་བསྐྲུངས་ཡོད། མཛད་འཕྲིན་དེ་དག་དང་འབྲེལ་བའི་རི་མོ་ནི་ཕོ་བྲང་དམར་པོའི་ནང་གི་གསེང་གཡབ་ཅེས་སུ་འབོད་པ་དེའི་གྱང་ངོས་སུ་བྲིས་འདུག གསེང་གཡབ་ཅེས་པའི་འཛུགས་སྐྲུན་དང་འབྲེལ་བའི་ཐ་སྙད་དེ་ནི་ཕོ་བྲང་གི་སྟེང་གི་ཆ་ཤས་ལ་གོ་བ་ཡིན་ལ་དེ་ནས་ཚོམས་ཆེན་ནང་དུ་དཀར་ཆ་འཕྲོ་བ་ཡིན་འདུག དེ་ཡང་སྡེ་སྲིད་ཀྱི་མཛད་འཕྲིན་བཞི་སྟེ། ཏཱ་ལའི་བླ་མའི་དགོངས་རྫོགས་མཆོད་སྤྲིན་ཆོ་ག་དང་། གསེར་གདུང་། ལོ་འཁོར་ཚོགས་མཆོད། ཕོ་བྲང་ལེགས་གྲུབ་ཀྱི་མཛད་སྟོན་བཅས་གསར་གཏོད་མཛད་པའི་ནང་དོན་རྣམས་ལྡེབས་རིས་སུ་བཀོད་འདུག་པ་མ་ཟད། ཏཱ་ལའི་བླ་མའི་སྐུ་ཚེ་རྗེས་པོའི་ལོ་རྒྱུས་ཀྱང་བཀོད་འདུག དོན་དངོས་ཐོག་ལྡེབས་རིས་དེ་དག་ནི་སྲིད་གཞུང་གཅིག་གིས་ཡུལ་དེའི་ཆོས་སྲིད་གཉིས་ལ་དབང་སྒྱུར་བ་དང་སྐབས་དེའི་དབང་སྒྱུར་པས་དུས་རབས་བཅུ་བདུན་པའི་ནང་གི་བོད་ཀྱི་ཆོས་སྲིད་རིག་གནས་ལ་སོགས་པར་འཛིན་པའི་ལྟ་སྟངས་ཉིད་མངོན་པར་བྱས་པའི་དཔང་རྟགས་ལྟ་བུར་གྱུར་ཡོད་པས། ལྡེབས་རིས་དེ་དག་ལ་བོད་ཀྱི་རིག་གནས་ལོ་རྒྱུས་ཁྲོད་དུ་དམིགས་བསལ་གྱི་ཁྱད་ཆོས་དང་རིན་ཐང་ལྡན་པ་ཡིན་ནོ། །

གཞན་ཡང་ཕོ་བྲང་དམར་པོའི་ནང་དུ་ཡི་གེ་མ་བརྐོས་པའི་རྗེ་རིང་གཅིག་བཞེངས་འདུག་པ་དེའི་མིང་དུ་དྲན་གསོའི་རྗེ་རིང་ཞེས་འབོད་ཀྱི་འདུག⑪ དེ་ནི་སྡེ་སྲིད་སངས་

རྒྱས་རྒྱ་མཚོས་ཕོ་བྲང་དམར་པོ་བཞེངས་པའི་མཛད་འཕྲིན་ལ་དྲན་གསོ་བྱ་ཕྱིར་བཞེངས་པར་ངོས་འཛིན་བྱ་ཡི་འདུག་ནའང་རྡོ་རིང་དེའི་ཐོག་ཏུ་ཡི་གེ་སོགས་གང་ཡང་བརྐོས་མེད་པ་དེ་ནི་ཡ་མཚན་ཅན་གྱི་གནད་ཅིག་ཡིན་པར་སེམས། དེ་བཞིན་སྡེ་སྲིད་སངས་རྒྱས་རྒྱ་མཚོ་སློ་བུར་དུ་འདས་གྲོངས་སུ་གྱུར་བས་རྡོ་རིང་ཐོག་ཡི་གེ་འགོད་ལོང་མ་བྱུང་བར་ལུས་པར་བསམ་མཁན་ཡང་ཡོད། མདོར་ན། སྡེ་སྲིད་སངས་རྒྱས་རྒྱ་མཚོས་མཛད་པར་གྲགས་པའི་དཀར་ཆག་ནང་དུའང་རྡོ་རིང་དེའི་སྐོར་འཁོད་མི་འདུག་པས། རྡོ་རིང་དེ་ཡང་སྙིང་ཅིའི་ཕྱིར་བརྐོས་བཞེངས་བྱས་པ་ཞིག་ཡིན་པ་གསལ་པོ་ཞིག་ད་ལྟ་བརྗོད་ཐབས་བྲལ།

གོང་གསལ་གནས་ཚུལ་ཡོངས་རྫོགས་ལས་ར་འཕྲོད་གསལ་པོ་ཐུབ་པའི་དོན་ཞིག་ནི་སྡེ་སྲིད་སངས་རྒྱས་རྒྱ་མཚོས་རང་གི་རྩ་བའི་བླ་མ་དང་སྲིད་གཞུང་གི་དོན་དུ་རང་ཉིད་ཀྱི་གང་ནུས་ལེགས་སྐྱེས་སུ་ཕུལ་ཡོད་པ་དེ་ལགས་ཤིང་། དེ་ནི་དེ་པའི་མཚན་སྙན་དག་གངས་ཅན་པ་ཀུན་གྱི་ཧ་བའི་བུ་རམ་དུ་འགྱུར་བའི་རྒྱུ་མཚན་གཞན་ཞིག་ཡིན་པ་བཅས་སོ། ། ། །

མཆན་འགྲེལ།

① ཐུབ་བསྟན་རྒྱལ་མཚན་གྱིས་བསྒྲིགས་པའི་རྗེ་པོ་ཏ་ལའི་གནས་བཤད། གནས་བཤད་འདི་ནི་༡༩༨༥ལོར་རྩེ་རིག་དངོས་དོ་དམ་ཁང་གིས་པར་སྐྲུན་བྱས་ནས་ནང་ཁུལ་དུ་འགྲེམས་སྤེལ་བྱས་འདུག དེབ་དེའི་ཤོག་གྲངས30ནང་ལྡེབས་རིས་སྐོར་བརྗོད་འདུག ད་དུང་ཡང་ཕོ་བྲང་པོ་ཏ་ལའི་ལོ་རྒྱུས་ཕྱོགས་བསྒྲིགས་ཞེས་སུ་མིང་བཏགས་པའི་བོད་རང་སྐྱོང་ལྗོངས་རིག་གནས་དོ་དམ་ཅུས་ནས་བསྒྲིགས་ཤིང་༡༩༩༢ལོར་བོད་ལྗོངས་མི་དམངས་དཔེ་སྐྲུན་ཁང་ནས་པར་སྐྲུན་བྱས་པ་ཞིག་འདུག་པ་དེའི་ནང་དུ་ཕོ་བྲང་པོ་ཏ་ལའི་ལོ་རྒྱུས་མདོར་བསྡུས་ཤིག་འདུག་པ་དེའི་ཤོག་གྲངས63ཐོག་ལྡེབས་རིས་ཀྱི་སྐོར་གླེང་འདུག

② ཟ་ཧོར་གྱི་བན་དེ་ངག་དབང་བློ་བཟང་རྒྱ་མཚོའི་འདི་སྣང་འཁྲུལ་བའི་རོལ་རྩེད་རྟོགས་བརྗོད་ཀྱི་ཚུལ་དུ་བཀོད་པ་དུ་ཀུ་ལའི་གོས་བཟང་། པོད་༡–༣ བོད་ལྗོངས་མི་དམངས་དཔེ་སྐྲུན་ཁང་། ༡༩༨༩

③ དཔྱད་ཡིག་ཁ་ཤས་ནང་དུ་གདུང་རྟེན་དེ་ནི་སྡེ་སྲིད་སངས་རྒྱས་རྒྱ་མཚོའི་ཡིན་པར་བཤད།

④ མཆོད་སྡོང་འཛམ་གླིང་རྒྱན་གཅིག་གི་དཀར་ཆག བོད་ལྗོངས་མི་དམངས་དཔེ་སྐྲུན་ཁང་། ༡༩༩༠ ཤོག་གྲངས403

⑤ ཕོ་བྲང་པོ་ཏ་ལའི་ལོ་རྒྱུས་ཕྱོགས་བསྒྲིགས། ཤོག་གྲངས17 ~ 18

⑥ བཀའ་ཐང་སྡེ་ལྔ་ལས་བཙུན་མོ་བཀའ་ཐང་། པེ་ཅིན་མི་རིགས་དཔེ་སྐྲུན་ཁང་། ༡༩༨༦ ཤོག་

གྲངས298

⑦མཆོད་སྡོང་འཛམ་གླིང་རྒྱན་གཅིག་གི་དཀར་ཆག ཤོག་གྲངས403

⑧མཆོད་སྡོང་འཛམ་གླིང་རྒྱན་གཅིག་གི་དཀར་ཆག ཤོག་གྲངས403

⑨ལྡེའུ་ཆོས་འབྱུང་། ཤོག་གྲངས220 ~ 224

⑩ དཀར་ ཆག་ འདིའི་ ཤོག་ གྲངས1066ནང་ " སྟོན་ འཁྲིད་ མིང་ མོ་ བྱ་ " ཞེས་ དང་། ཤོག་གྲངས1067ནང་" རིག་གནས་མངོན་པར་བཀྲ་བའི་ལྗིང་ཁང་དུ་སམ་ཏ་དཔེ་ཤོག་ཤོག་ཧྲིལ་སོགས་ཅི་རིགས་པར་ཕོག་མ་སུག་བྲིས་དང་དཔེ་ཤོག་ཏུ་དངོས་སུ་འདེབས་མི་ཆ་དཀར་བ་པདྨ་བསོད་ནམས། ངམ་རིང་པ་སངས་རྒྱས་ཆོས་གྲགས། དངོས་གཞི་བ་འབུམ་སྐྱབས། གྲ་ནང་དམ་ཆོས་བསྟན་འཛིན་རྣམས་གྱིས་(ཀྱིས་) བགྱིས་པ་" ཞེས་གསལ།

⑪ཚོ་བྲང་པོ་ཏ་ལའི་ལོ་རྒྱུས་ཕྱོགས་བསྒྲིགས། ཤོག་གྲངས19

(མཁར་རྫེའུ་བསམ་གཏན། 《བོད་ལྗོངས་སྒྱུ་རྩལ་ཞིབ་འཇུག》2014ལོའི་དུས་དེབ་དང་པོར་འཀོད།)

༧༡། ཉི་ཧོང་གི་མམ་ཧྥུ་ཁྲུ་ཅི་དགོན་དུ་ཉར་ཚགས་བྱས་པའི་གནའ་བོའི་ཁ་བཏགས་སྐོར་གྱི་ཐོག་མའི་ངོ་སྤྲོད།

介绍收藏于日本国万寿寺的古老西藏哈达

[**བརྡ་ཚད་གཙོ་བོ།**] མིང་རྒྱལ་རབས། ཁ་བཏགས། མམ་ཧྥུ་ཁྲུ་ཅི་དགོན།

[**ནང་དོན་གནད་བསྡུས།**] དཔྱད་རྩོམ་འདིའི་ནང་མི་རྒྱལ་རབས་སྐབས་སུ་ཐོན་ཞིང་མིག་སྔར་འཛར་པན་རྒྱལ་ཁབ་ཀྱི་མམ་ཧྥུ་ཁྲུ་ཅི་དགོན་དུ་ཉར་ཚགས་བྱས་པའི་ཁ་བཏགས་ཤིག་ཡོད་པ་དེ་བཞིན་ཇི་ལྟར་བྱས་ནས་ཉི་ཧོང་གི་ཡུལ་དུ་གྱུར་ཚུལ་དང་། ཁ་བཏགས་དེའི་ཐོག་ཏུ་བྲིས་པའི་བོད་ཡིག་གི་ནང་དོན། དེ་བཞིན་ཁ་བཏགས་དེའི་ཐུན་མིན་ཁྱད་ཆོས་སོགས་སྐོར་དཔྱད་ཞིབ་བྱས་ཡོད།

【**关键词**】 明代；西藏；隐元法师；哈达；万寿寺

【**摘要**】 此篇介绍一条制作于明朝时期、最终流落于日本万寿寺的西藏哈达。至于这条哈达如何到日本，目前无人考证。作者介绍了它存放在日本万寿寺的来龙去脉，文章认为这条哈达是日本天皇后水尾法皇赐给当时在万寿寺传法的中国法师隐元的礼物。作者对这条哈达的材质、色彩、尺寸大小以及文字内容进行解析。

དཔྱད་རྩོམ་འདིའི་ནང་ལོ་རོས་མིང་རྒྱལ་རབས་སྐབས་སུ་ཐོན་ཞིང་མིག་སྔར་ཉི་ཧོང་གི་གྲོང་ཁྱེར་ཆེན་པོ་ཀི་ཧོར་ཆགས་པའི་མམ་ཧྥུ་ཁྲུ་ཅི་དགོན་ 黄檗山万福寺 དུ་ཉར་ཚགས་བྱས་པའི་གནའ་བོའི་ཁ་བཏགས་ཤིག་གི་སྐོར་ངོ་སྤྲོད་རགས་ཙམ་ཞུ་བ་ལགས།

དེ་ཡང་ལོ་རྒྱུས་ཀྱི་དུས་ཡུན་རིང་པོ་ཞིག་ནང་དུ་དར་གོས་ལས་གྲུབ་པའི་ཐུབ་པའི་ཆོས་ལུགས་ཀྱི་སྒྱུ་རྩལ་རིག་དངོས་ནི་རྩ་ཆེར་བརྩིས་ནས་ཉར་ཚགས་བྱེད་སྲོལ་ཡོད་པ་དེ་ནི་ཁ་བཏགས་དེ་ཉིད་ད་བར་སྲུང་སྐྱོབ་བྱ་ཐུབ་པའི་རྒྱུ་མཚན་གཞན་ཞིག་ཡིན་པར་འཁྲུམས། སྤྱིར་ཁ་བཏགས་ནི་རྒྱུན་གཏན་དུ

བེད་སྤྱོད་བྱེད་པའི་དངོས་རྫས་ཤིག་ཡིན་པས། དེ་ནི་ཡུན་རིང་པོར་ཉར་ཚགས་བྱ་བའི་དངོས་རྫས་ཀྱི་རིགས་སུ་མི་གཏོགས་ན། ད་ལམ་འདི་ལྟ་བུའི་ལོ་རྒྱུས་ཡུན་རིང་ལྡན་པའི་གནའ་བོའི་ཁ་བཏགས་ཤིག་རྙེད་སོན་ཐུབ་ཡོད་པ་ནི་ཤིན་ཏུ་ནས་དཀོན་ཞིང་ངོ་མཚར་ལྡན་པའི་གནད་ཅིག་ཡིན་པ་གོར་མ་ཆག

འདིར་གནའ་རྫོས་དེ་དང་འབྲེལ་བའི་ལོ་རྒྱུས་སྙིར་རགས་ཙམ་ངོ་སྤྲོད་བྱས་ན། དེ་ཡང་༡༦༢༣ ལོར་ཉི་ཧོང་གི་གོང་མ་གོ་མི་ཛུ་ཐོ 后水尾法皇 ཡིས་ཉི་ཧོང་གི་ཆོས་པ་ཞིག་སྐབས་དེ་ཤེད་དུ་ཉི་ཧོང་གི་གྲོང་ཁྱེར་ཆེན་པོ་ཀི་ཧོར་བསམ་གཏན་གྱི་ཆོས་སྲོལ་བཞིན་ཡོད་པའི་རྒྱ་ཡི་བཙུན་པ་གྲགས་ཅན་ཡིན་ཡོན 隐元(1592 – 1673)གྱི་མདུན་དུ་ནང་ཆོས་སྙིར་བཀའ་འདྲི་དང་དོགས་གཞི་གཅོད་ཆེད་དུ་མངགས་ཤིང་། མཐར་བཙུན་པ་དེའི་བྱས་རྗེས་ལ་གོང་མ་ཉིད་དགའ་བ་སྐྱེས་ཤིང་བློ་ཡིད་ཚིམས་ནས་དེའི་རྟེན་དུ་སྤྱན་རས་གཟིགས་ཀྱི་སྐུ་བརྙན་ཞིག་བྲིས་བཞེངས་བྱས་པའི་གོས་དར་དང་དྲི་ངད་ཅན་གྱི་བསང་རྫས་བཅས་ཕུལ། སྐབས་དེ་དུས་ཕུལ་བའི་སྤྱན་རས་གཟིགས་ཀྱི་སྣང་བརྙན་བགོད་པའི་དར་གོས་དེ་བཙུན་པ་ཡིན་ཡོན་རང་ནས་ཕྱག་བཏབ་པའི་དགོན་པ་ཨོ་བ་ཁུ་སན་མམ་ཧྭུ་ཁུ་ཅིར་ཉར་ཚགས་བྱས་ཡོད། དགོན་པ་འདི་བཞིན་སྤྱི་ལོ་༡༦༦༡ལོར་ཕྱག་བཏབ་ཅིང་ཀི་ཧོ་གྲོང་ཁྱེར་གྱི་ཨོ་བ་ཁུ་སན་རི་བོའི་འདབས་ཀྱི་ཨུ་ཇི་ཞེས་པའི་གྲོང་དུ་གནས་ཡོད་ལ། དགོན་དེར་མིང་དེ་ལྟར་བཏགས་པའི་རྒྱུ་མཚན་ནི་རྒྱ་ནག་གི་ཧོང་པོ་རི་བོའི་ 黄檗山 འདབས་ན་ཆགས་པའི་དབྱན་ཧྥུ་སེ 万福寺 ཞེས་པའི་དགོན་པར་དྲན་གསོ་ཞུ་ཆེད་དང་། རྒྱ་ནག་ཏུ་ཡོད་པའི་ཤིང་རིགས་ཧོང་པོ 黄檗 ཟེར་བ་དེ་ས་ཆ་འདི་ནའང་སྐྱེ་ཡི་ཡོད་པའི་དབང་གིས་སོ། །

རི་བོ་ཧོང་པོ 黄檗 ནི་རྒྱ་ནག་གི་ཡུལ་དུ་ཡོད་ལ། དེ་ནི་གྲགས་ཅན་བཙུན་པ་ཞི་ཡོན 希运禅师(༨༥༠ལོར་འདས)མཆོག་ཐོག་མར་རབ་ཏུ་བྱུང་བའི་གནས་ཡིན་པར་མ་ཟད། བཙུན་པ་ཡིན་ཡོན 隐元 གྱི་སྡོམ་པ་བཞེས་ས་དང་སློབ་གཉེར་གནང་སའང་ཡིན། དགོན་པའི་མིང་དབྱན་ཧྥུ་སེ་ཞེས་པ་ནི་དགའ་བ་ཁྲི་ཕྲག་ལྡན་ཞེས་པའི་དོན་དང་། མིང་དེ་ནི་མིང་རྒྱལ་རབས་ཀྱི་གོང་མ་ཧྲན་ཙུང 神宗万历皇帝(༡༥༧༢ནས་༡༦༢༠)ཉིད་སྤྱི་ལོ་༡༦༢༠ལོར་རབ་བྱུང་གི་སྡོམ་པ་བཞེས་པའི་སྐབས་དང་བསྟུན་ནས

བཏགས་པ་ཞིག་གོ། བརྩུན་པ་ཡིན་ཡོན་ 隐元 ནི་སྤྱི་ལོ་༡༦༥༤ སྔེ་དཀྱུང་གྲངས་བརྒྱད་ཅུ་གྱ་གཉིས་སུ་སྐུ་མྱ་ངན་ལས་འདས་ཤིང་། ལོ་དེ་རང་ནས་བཟུང་གོང་གསལ་གྱི་སྦྱིན་རས་གཟིགས་ཀྱི་སྐུ་བརྙན་བཀོད་པའི་གོས་དར་དེ་མན་ཕུ་ཁུ་ཅི་དགོན་དུ་བཞུགས་འགོ་ཚུགས། སྤྱི་ལོ་༡༦༥༤ ལོ་ནི་སྤྱིར་བཏང་གི་ལོ་ཞིག་མ་ཡིན་ཞིང་། ལོ་དེའི་ཟླ་བ་དགུ་པའི་ཚེས་ཉེར་གཉིས་ནི་ཉི་ཧོང་གི་ཡོན་པོ་ 延宝 རྒྱལ་རབས་འགོ་ཚུགས་ཤིང་ཁོན་འོན་ 宽文 རྒྱལ་རབས་མཇུག་འགྲིལ་བའི་ཉིན་མོ་ཡིན། གོང་དུ་བརྗོད་པ་ལྟར་བརྩུན་པ་ཡིན་ཡོན་ནི་ལོ་དེ་རང་གི་ཟླ་བ་བཞི་པའི་ནང་དུ་སྐུ་འདས་ཤིང་། ཁོང་འཚོ་ཞུགས་སྐབས་ཉི་ཧོང་གི་གོང་མ་གོ་མི་ཙུ་ནོས་ཁོང་དང་མཆོད་ཡོན་སྦྱིན་བདག་གི་འབྲེལ་བ་མཛད་ལ། བརྩུན་པ་དེ་ཉིད་འདས་པའི་གཏམ་ངན་གསན་རྗེས་དང་། ལྟག་དོན་དུ་རྒྱལ་པོའི་ཕོ་བྲང་གི་ཆ་ཤས་མང་པོ་མེ་ཡིས་འཇིག་སྐབས་གོང་མ་མཆོག་སེམས་སྡུག་དྲག་པོས་མནར། གལ་ཏེ་གོང་མས་ཕོ་ཉ་མངགས་ནས་བརྩུན་པ་ཡིན་ཡོན་ 隐元 ལ་བཀའ་འདྲི་ཞུ་བའི་དུས་དེ་ཟླ་བ་ཁ་ཤས་སུ་ནར་འགྱངས་སོང་ཡོད་ན། ཁ་བཏགས་དེ་ཉིད་མམ་ཕུ་ཁུ་ཅི་དགོན་དུ་ཕུལ་ཐབས་མེད་ལ། ཐ་ན་ཕོ་བྲང་གི་ཁང་པ་མང་པོ་ཞིག་འཇིག་སྐབས་ཁ་བཏགས་དེ་ཡང་ཏ་ལམ་མེ་ཡི་ཞལ་དུ་ཤོར་ཡོད་ཤས་ཆེ།

ད་ལྟ་ང་ཚོས་སྤྱན་རས་གཟིགས་ཀྱི་སྣང་བརྙན་བཀོད་པའི་དར་གོས་དེའི་ནང་དོན་གྱི་ཆ་ལ་དཔྱད་པ་རགས་ཙམ་བྱས་ན། དེ་ཡང་དར་གོས་ཐོག་འཁོད་པའི་སྣང་བརྙན་གཙོ་བོ་དེ་ནི་འཕགས་པ་སྤྱན་རས་གཟིགས་དང་དེའི་གཟུངས་སྔགས་ཏེ་སྙིང་པོ་ཡི་གེ་དྲུག་མ་རེད་འདུག འདིར་འཁོད་པའི་སྤྱན་རས་གཟིགས་ཀྱི་སྐུ་བརྙན་དེ་ནི་གསང་བ་སྔགས་ཕྱུར་ཅན་གྱི་རྣམ་པས་བརྒྱན་ནས་ཡོད་ལ། དེའི་སྙིང་པོ་ཡི་གེ་དྲུག་པ་ནི་སྐུ་བརྙན་གྱི་དབུ་ཐོད་དུ་དབུ་ཆེན་ཚུགས་པོས་བྲིས་ནས་ཡོད་པ་དང་། སྤྱན་རས་གཟིགས་དེའི་རྣམ་པ་ཉིད་ཕྱག་བཞི་ཅན་དུ་བཞེངས་ཡོད་པས། དེ་ལ་སྤྱན་རས་གཟིགས་ཕྱག་བཞི་ཞེས་ཀྱང་འབོད་པ་ཡིན། དེ་ཡང་སྤྱན་རས་གཟིགས་ཀྱི་ཕྱག་བཞི་པོའམ་མདུན་གྱི་ཕྱག་ཟུང་ནི་སྙིང་ཁར་མཉམ་གཤིབ་མཛད་པའི་ཚུལ་དུ་ཡོད་ཅིང་། ལར་བོད་དང་བལ་ཡུལ་དུ་དར་བའི་སྤྱན་རས་གཟིགས་ཀྱི་སྐུ་ཡི་ཕྱག་ན་ཡིད་བཞིན་ནོར་བུ་ཞེས་གང་ཉིད་ཀྱི་ཁྱད་ནུས་མཚོན་པའི་ཕྱག་མཚན་བསྣམས་ནས་ཡོད་ཀྱང་། སྐུ་འདིར་དེ་ལྟར་མི་སྣང་ངོ་། །སྐུ་བརྙན་འདིའི་ཕྱག་བཞི་ལས་རྒྱབ་ཀྱི་ཕྱག་

གཉིས་པོ་ལས་གཅིག་ཏུ་ཕྲེང་བ་ཐོགས་པ་དང་ཅིག་ཤོས་ཏུ་མེ་ཏོག་པདྨ་བསྣམས་ནས་ཡོད་ལ། སྐུ་ཉིད་རིན་ཆེན་རྒྱན་གྱིས་སྤུད་ནས་པདྨའི་བཞུགས་ཁྲིའི་སྟེང་དུ་བཞུགས་སུ་གསོལ་ནས་ཡོད། པདྨའི་བཞུགས་ཁྲིའི་ཞབས་ཀྱི་གཤམ་འོག་ན་གསོལ་བརྗོད་ཡི་གེ་སྟེ། ཉི་མ་བདེ་ལེགས་མཚན་བདེ་ལེགས། ཉི་མ་ཡི་གུང་ལ་བདེ་ལེགས། ཉིན་མཚན་རྟག་ཏུ་བདེ་ལེགས་ནས། སྐྱབས་དཀོན་མཆོག་གསུམ་གྱི་བདེ་ལེགས་ཤོག། ཞེས་བྲིས་འདུག་ལ། སྐུ་བརྙན་དེར་ངོ་མཚར་ཆེ་ཤོས་ཀྱི་ཁྱད་ཆོས་ཤིག་ཡོད་པ་ནི་སྐུ་ཉིད་མེ་ཏོག་པདྨའི་འདབ་མས་བསྐོར་ནས་ཡོད་པ་དེའོ།

ཁ་བཏགས་ཀྱི་དབུ་ཐོད་ཀྱི་དབུས་སུ་མཆིས་པའི་སྟོན་པའི་སྐུ་དེ་ནི་ཆོས་གཞི་མི་འདྲ་བའི་དར་གོས་ཀྱིས་བཏུམས་ནས་ཡོད་ལ། དེ་ལྟ་བུའི་སྲོལ་ནི་དུས་ད་ལྟའི་བར་མ་ཉམས་པར་གནས་ཡོད། གནའ་རྫས་དེའི་ཆེ་ཆུང་སྐོར་ལ། དེའི་མེ་ལོང་གི་མཐོ་ཚད་ལ་327cmདང་ཞེང་ཚད་ལ་༡༡༥cmཡོད་ལ། མཐའ་རྒྱན་དང་འབྲེལ་བའི་མཐོ་ཚད་ལ་༣༢༨cmདང་ཞེང་ཚད་ལ་༡༢༧cmཡོད། དེ་ཡང་༢༠༠༣ལོར་ཉི་ཧོང་གི་ནི་སི་ཤ་པར་སྐྲུན་ཁང་ 日本写真印刷株式会社 ནས་ཁ་བཏགས་དེ་ཉིད་གྲངས་འཛིན་འཕྲུལ་རྩལ་གྱི་ནང་དུ་འཇུག་འགོ་བཙམས་ཡོད་ལ། དེར་འགོད་པའི་དཔར་གཞི་དེ་ཙུང་ཟད་ཆེར་སྐྱེད་བྱས་པ་ཞིག་ལགས། འདིར་ང་ཚོས་གོས་དར་དེའི་དབུ་ཐོད་ཀྱི་ཆ་རྣམས་མཐོང་ཞིང་། དེའི་སྟོད་སྨད་གཉིས་ཀའི་བཟོ་དབྱིབས་ལས་ང་ཚོས་དེ་ནི་ངལ་བ་གང་ཡང་མེད་པར་ཁ་བཏགས་ཤིག་ཡིན་པར་ངོས་འཛིན་ཐུབ་པ་ཡིན། པར་རིས་གཉིས་པ་དེ་ལས་དར་གོས་ཀྱི་རྒྱུ་སྤུས་ལེགས་ཉེས་ཉིད་རྟོགས་ཐུབ་ཅིང་། ཉི་ཧོང་གི་ཡུལ་དུ་དར་གོས་དེའི་མིང་ལ་ཨ་ཡ་ཨོ་རི་འམ་“aya –绫”ཨོ་རི་ནི་ཞི་ཁི་“orinishiki 锦”ཞེས་འབོད་པ་ཡིན།

དེ་ཡང་ཉི་ཧོང་རྒྱལ་ཁབ་ཨོ་པ་ཁུ་རིག་གནས་ཞིབ་འཇུག་ཁང་ 黄檗文化研究所 གི་དབུ་འཛིན་འོན་ཏ་ན་ཁ་Ven. Tanakaཡིས་བརྩམས་པའི་དར་གོས་ཀྱི་སྤྱན་རས་གཟིགས་ཀྱི་སྐུ་བརྙན་ 锦观音大士像(Obaku Bunka, no. 118, pp. 161–168, 1998)ཞེས་པའི་རྩོམ་ཡིག་ནང་དུ་པདྨའི་བཞུགས་ཁྲིའི་གཤམ་འོག་གི་ཡི་གེའི་ནང་དོན་ནི་སྐབས་དེ་ཤེད་དགོན་པ་དེར་འདོན་པའི་ཚོགས་པའི་ཞལ་འདོན་“愿昼吉祥夜吉祥，昼夜六时恒吉祥，一切时中吉祥者，愿诸三宝来摄授”དང་

འབྲེལ་བ་ཡོད་ཚུལ་གསུངས་ལ། དེ་དང་བོད་ཡིག་ཐོག་འཁོད་པའི་གསོལ་བསྟོད་དེའི་ནང་དོན་ནི་གཅིག་མཚུངས་ཡིན་ནའང་། དེ་ནི་ཁ་བཏགས་དེ་མམ་ཕུ་ཁུ་ཅི་དགོན་དུ་ཉར་ཚགས་བྱས་པའི་རྒྱུ་མཚན་དུ་མ་མཐོང་ཤིང་། གོང་མ་གོ་མི་ཟུ་ནོ་དང་བཙུན་པ་ཡིན་ཡོན་གཉིས་ནས་ཀྱང་བོད་ཡིག་གི་གོ་དོན་ཉིད་ཏ་ལམ་མཁྱེན་པ་མ་ཡིན་ནོ། །ཤིང་ཏ་ལའི་ལོ་མའི་དཔེ་ཚ་ཞིབ་འཇུག་ཁང་(贝叶书院)གི་སྐུ་ཞབས་ཐོ་ཤི་ཡོ་ཀི་ཡུ་ནོ་ 矢野俊行 ཡིས་གོང་གསལ་གི་བོད་ཡིག་ལ་ཞིབ་འཇུག་མཛད་ཅིང་། ཁོང་གི་དཔྱད་རྩོམ་མམ་ཕུ་ཁུ་ཅི་དགོན་ན་བཞུགས་པའི་སྤྱན་རས་གཟིགས་ཕྱག་བཞི་པའི་གསོལ་བསྟོད་(万福寺云来四臂观音像藏文金融)(Obaku Bunka, no. 119, pp. 158 – 161, 1999) ཅེས་པའི་ནང་དུ་གསོལ་བསྟོད་ཀྱི་ཡི་གེའི་ནང་དོན་ནི་སྤྱིར་བཏང་གི་ཁ་བཏགས་ཐོག་བྲིས་པའི་ཡི་གེ་དང་མཐུན་ནོ་ཞེས་གསུངས་ཡོད། སྤྱིར་ཁ་བཏགས་ནི་ཁག་བཞིར་དབྱེ་སྲོལ་ཡོད་པ་དེ་དག་ནི་རིམ་བཞིན་ནང་མཛོད་དང་། ཨ་ཤེ། ཟུབ་ཤེ བསོད་བཏགས་བཅས་ཡིན་ལ། ཁོང་གིས་འདིར་གླེང་བའི་ཁ་བཏགས་ནི་ནང་མཛོད་ཀྱི་ཁོངས་སུ་གཏོགས་པ་ཡིན་ཞེས་གསུངས་འདུག་ཅིང་། ཁ་བཏགས་དེ་དག་ལས་ནང་མཛོད་ཀྱི་གྲས་སུ་རྟགས་བརྒྱད་མ་(吉祥八瑞)དང་། ཨ་ཤེའི་གྲས་སུ་སྲིད་ཞི་བདེ་སྐྱིད་(有寂安乐)དང་། ཟུབ་ཤེའི་གྲས་སུ་ཉིན་མོ་བདེ་ལེགས་(镇日吉祥)དང་། བསོད་བཏགས་ཀྱི་གྲས་སུ་ཚེ་ལྷ་མ་ 长寿 བཅས་འབོད་སྲོལ་ཡོད་པར་གསུངས་པ་ཙམ་ལས་མཐའ་མའི་རྩོམ་ཚིག་གང་ཡང་འཇོག་གནང་མཛད་མེད་མོད། འོན་ཀྱང་དར་གོས་གནའ་རྫས་དེ་ཉིད་གང་ལྟར་ཁ་བཏགས་རང་ཡིན་པའི་འདོད་ཚུལ་ཤུགས་བསྟན་མཛད།

གོང་གསལ་ཁ་བཏགས་ལ་རིམ་པ་མི་འདྲ་བ་ཕྱེ་ནས་བེད་སྤྱོད་བྱེད་པའི་སྲོལ་ནི་དུས་རབས་བཅོ་བརྒྱད་པའི་སྐབས་ནས་དར་ཡོད་ཅིང་། ཐུའུ་བཀྭན་ཆོས་ཀྱི་ཉི་མས་བརྩམས་པའི་ལྕང་སྐྱ་རོལ་པའི་རྡོ་རྗེའི་རྣམ་ཐར་ནང་དུ་ཁ་བཏགས་དེ་དག་གི་བྱུང་ཚུལ་སྐོར་ལུང་བསྟན་གྱི་སྒྲུང་ཞིག་བྲིས་གནང་མཛད་ཡོད་ལ། སྒྲུང་གཏམ་དེའི་ནང་དུ་འཁོད་པའི་དོན་རྐྱེན་ནི་༡༧༡༥ལོར་ཐོན་པ་ཞིག་ཡིན་ལ། དེ་ནས་ལོ་གཉིས་ཀྱི་རྗེས་སུ་ལྕང་སྐྱ་སྐྱ་ཕྲེང་གསུམ་པ་རོལ་པའི་རྡོ་རྗེ་མཆོག་སྐུ་འཁྲུངས། ཐུའུ་བཀྭན་གྱིས་གསུངས་པའི་ལུང་བསྟན་ནི་གཤམ་གསལ་ལྟར་སྟེ། དེ་ནས་ལུག་ལོའི་ཟླ་བ་དང་པོའི་ཚེས་གཉིས་ཀྱི་ཉིན་མདོ་སྨད་ཀྱི་ཆོས་སྡེ་

ཆེན་པོ་དགོན་ལུང་བྱམས་པ་གླིང་གི་སྲུང་མ་རྟེན་ཕོག（f. 32b）ཏུ་སྤྱན་དྲངས་པར་ཇེ་དེ་ཉིད་ཀྱི་སྤྲུལ་སྐུ་འཁྲོན་མིན་གྱི་ལུང་བསྟན་ཞུས་པར། སྲུང་མ་ཉིད་ཀྱིས་ཁ་དར་སྲིད་ཞི་བདེ་སྐྱིད་མ་རིང་བ་ཞིག་གི་སྟེང་དུ་རྟགས་བརྒྱད་མ་སེར་པོ་ཞིག་དང་། དེའི་སྟེང་དུ་བདེ་དཀར་པོ་དྲི་མ་མེད་པ་རྣམས་བརྩེགས་ཏེ་ཞིང་དང་རིང་ཐུང་སྙོམས་པར་བསྒྲིགས་ཏེ་དཀའ་ཆེན་ཤེས་རབ་དར་རྒྱས་ལ་གནང་ནས་རྫོག་དཔྱོད་གྱིས་ཞེས་ཕེབས། དེ་ལ་ཐམས་ཅད་ཀྱིས་དཔྱད་པས། སྤྲུལ་སྐུ་མི་རིང་བར་འཁྲོན་པ་དང་། འཁྲོན་པ་དེ་ཉིད་ཀྱང་སྐུ་ཚེ་མཛད་འཕྲིན་རྒྱས་པ་དང་། མཛད་འཕྲིན་བཟང་པོ་ལ་བརྟེན་ནས་སྲིད་ཞིའི་བདེ་སྐྱིད་འཕེལ་བའི་བརྡ་མཚོན་དུ་སྤྱོད་པ་ཕྱིས་སུ་དེ་ཁོ་ན་བཞིན་དུ་བྱུང་འདུག་གོ །（ཐུའུ་བཀན་གྱི་གསུང་འབུམ་ཕྱོགས་བསྒྲིགས་བམ་པོ་དང་པོ་ka 32a－32b）ཞེས་པ་ལྟར་རོ།

ང་ཚོས་ངེས་པར་དུ་ངོས་འཛིན་བྱེད་དགོས་པ་ཞིག་ནི་སྔྲུང་གཏམ་ནང་དུ་འཁོད་པའི་བང་རིམ་གསུམ་པའི་ཐོག་སྒྲོན་པའི་ཁ་བཏགས་ནི་ཉི་མོ་བདེ་ལེགས་ཞེས་པ་དེ་ལགས་ཤིང་། ཁ་བཏགས་དེ་དང་ལྷུང་སྐྱ་བླ་མའི་བར་དམིགས་བསལ་གྱི་འབྲེལ་ལམ་ཞིག་ཡོད་དོན་ནི་མན་ཇུའི་གོང་མ་ཆན་ལུང་གིས་བཀས་མངགས་ཤིང་ཆེད་ཏུ་བཟོས་པའི་ཁ་བཏགས་ཉིན་མོ་བདེ་ལེགས་ལས་རྫོགས་ཐུབ་ཅིང་། ཁ་བཏགས་ཉི་མོ་བདེ་ལེགས་ནི་ཆན་ལུང་གོང་མས་དད་གུས་བླ་ན་མེད་པ་མཛད་ཡུལ་སྟེ་ལྕང་སྐྱ་རིན་པོ་ཆེ་སྣེར་གྱི་མཚོན་བྱེད་ཅིག་ཡིན། གོང་མ་ཆན་ལུང་དང་ལྕང་སྐྱ་རིན་པོ་ཆེའི་བར་གྱི་འབྲེལ་བ་ནི་མཆོད་ཡོན་སྦྱིན་བདག་ལྟ་བུའི་འབྲེལ་བ་ལགས་ཤིང་གོང་གསལ་སྔྲུང་གཏམ་ལས་ང་ཚོས་མཐོང་ཐུབ་པའི་དོན་དངོས་གཞན་ཞིག་ནི་དེ་ལྟའི་ཁ་བཏགས་ཤིག་སྐབས་དེ་དུས་ནས་བེད་སྤྱོད་བྱེད་འགོ་ཚུགས་ཡོད་པ་དེའོ། །གོང་དུ་གླེང་བའི་ཞིབ་འཇུག་པ་ཡ་ནོ་ཡིའི་དཔྱད་རྩོམ་ནང་དུ་མམ་ཕུ་ཁྲུ་ཅི་དགོན་དུ་ཉར་ཚགས་བྱས་པའི་ཁ་བཏགས་སྟེང་གྱི་ཡི་གེའི་བྲིས་སྣང་དང་ཕྱིས་ཀྱི་བྲི་ཚུལ་ཐད་ཁྱད་པར་ཡོད་ཚུལ་གསུངས་ཞིང་བདེ་ཞེས་པའི་ཚིག་དེ་ལ་དམིགས་བསལ་གྱིས་དོ་སྣང་མཛད་ཡོད། འོན་ཀྱང་སྤྱིར་བཏང་ཕྱིས་སུ་བདེ་ཞེས་པའི་ཚིག་དེར་འ་ཆུང་སྦྱོར་སྲོལ་མེད་ཀྱང་ཁ་བཏགས་དེའི་ཐོག་གི་བདེ་ཡིག་ལ་འ་ཆུང་སྦྱར་ཡོད་པ་ནི་གནའ་བོའི་བོད་ཡིག་གི་བྲིས་སྲོལ་དང་མཐུན་པ་ཞིག་ལགས། དེ་ལྟ་བུའི་ཁྱད་ཆོས་ལ་ཁོང་གིས་དོ་སྣང་དེ་ཙམ་གནང་མི་འདུག་ལ། བསྟོད་ཚིག་གི་མཇུག་མཐའི་ཚིག་ཕྲེང་དེ་ནི་བརྡ་སྤྲོད་ཀྱི་ཆ་ནས་བརྗོད་ན་དེ་བས་ཁྱངས་དང་ལྡན་པ་ཞིག

རེད་མི་འདུག ཡོ་རོབ་ཁོང་གི་རྩོམ་ཡིག་ནང་པོ་ཏ་ལའི་ཐང་ཀའི་སྟེང་དུ་བྲིས་པའི་"ཉིན་མོ་བདེ་ལེགས་མཚན་བདེ་ལེགས། ཉིན་མའི་གུང་ཡང་བདེ་ལེགས་ཞིང་། ཉིན་མཚན་རྟག་ཏུ་བདེ་ལེགས་པའི། དཀོན་མཆོགས་གསུམ་གྱི་བཀྲ་ཤིས་ཤོག །" ཅེས་པའི་དཔེ་དེ་དྲངས་ནས་ཚིང་རྒྱལ་རབས་སྐབས་ཀྱི་གནའ་རྫས་དང་ཞིབ་བསྡུར་མཛད་ཡོད། མམ་ཕུ་ཁུ་ཅེ་དགོན་གི་ཁ་བཏགས་གི་ཁྱད་ཆོས་ལ་གཞིགས་ནས་དེ་མིང་རྒྱལ་རབས་སྐབས་སུ་ཐོན་པར་ངོས་འཛིན་བྱ་བཞིན་ཡོད་པའི་གནད་ལ་ཡ་མཚན་སྐྱེ་དགོས་པའི་རྒྱུ་མཚན་ཅང་མ་མཆིས། དེ་སྔོན་གནས་འཕྲིན་སྤེལ་ཟིན་པ་ལྟར་ལོ་རྒྱུས་ཐོག་བོད་ཀྱི་ཕོ་བྲང་པོ་ཏ་ལར་ཐང་ཀའི་ཚོགས་ཤིག་ཉར་ཚགས་བྱས་ཡོད། སྤྱི་ལོ་༡༩༩༥ལོར་མ་ཞ་འོད་ཟེར་གྱིས་རྩོམ་སྒྲིག་དང་སི་ཁྲི་སེར་སྒྱུ་རྩལ་བཤམས་སྟོན་ཁང་ནས་ཡོན་བདག་མཛད་ནས་རྒྱ་ནག་ཡུལ་གྱི་ཐུབ་པའི་ཆོས་ལུགས་ཀྱི་སྐུ་བརྙན་ཞེས་པའི་དེབ་ཅིག་པར་སྐྲུན་བྱས་ཡོད། སྒྱུ་རྩལ་གྱི་དཀར་ཆག་དེའི་ནང་དུ་ཚོམ་བུ་ཀྱི་དར་རྫས་ཤིག་འདུག་པ་དེ་ནི་པོ་ཏ་ལར་ཉར་ཚགས་བྱས་པའི་ཐང་ག་དེ་དང་འདྲ་པོ་འདུག་ཅིང་། དེ་ལྟ་བུའི་ཚོམ་བུ་ཀྱི་ཐང་ག་གཅིག་ཐེ་ཤན་གྱི་མི་རིགས་ཕོ་བྲང་བཤམས་སྟོན་ཁང་དུའང་ཉར་ཚགས་བྱས་ཡོད་ལ། དེ་དང་ས་ཆ་གཞན་དུ་ཉར་ཚགས་བྱས་པའི་ཐང་ག་གཞན་གཉིས་པོ་ནི་གང་ཅིའི་ཐད་གཅིག་མཚུངས་སོ། །དུས་ཡུན་གང་ཙམ་སོང་རྗེས་ཁོ་བོས་དེ་ལྟ་བུའི་ཐང་ག་ཞིག་པེ་ཅིན་ཕོ་བྲང་རྙིང་པའི་ནང་དུ་ཉར་ཚགས་བྱས་ཡོད་པ་ཤེས་རྟོགས་བྱུང་བས། ད་ཕན་ཐང་ག་དེའི་གྲས་ཁྱོན་བསྡོམས་བཞི་ཙམ་ཡོད་པ་གསལ་ཁ་གཏོད་ཐུབ་ལ། དེ་དག་ནི་ཆིང་རྒྱལ་རབས་ཀྱི་གོང་མ་ཆན་ལུང་གི་སྐབས་སུ་བཞེངས་པ་ཡིན་པར་ཡོངས་ཁྱབ་སུ་ངོས་འཛིན་བྱ་བ་ཡིན། ཐང་ག་བཞི་པོ་དེ་རྣམས་ཆེ་ཆུང་མི་མཚུངས་ཤིང་། པོ་ཏ་ལར་ཉར་ཚགས་བྱས་ནས་ཡོད་པ་དེའི་རིང་ཚད་ལ་༢༣༥cm དང་ཞེང་ཚད་ལ་༨༣cmཡོད་ཅིང་། ཨོ་ཤེ་ཡ་བཤམས་སྟོན་ཁང་གི་ཐང་ཀའི་རིང་ཚད་ལ་༢༠༩. ༥cmདང་ཞེང་ཚད་ལ་༨༤༧cm ཐེ་ཤན་མི་རིགས་ཕོ་བྲང་དུ་ཡོད་པ་དེའི་རིང་ཚད་ལ་༢༡༡cmདང་ཞེང་ཚད་ལ་༨༦cm པེ་ཅིན་མི་རིགས་ཕོ་བྲང་ལ་ཡོད་པ་དེའི་རིང་ཚད་ལ་༢༣༠cmདང་ཞེང་ཚད་ལ་༨༢. ༥cmབཅས་ཡིན། ང་ཚོས་ཞིབ་ཕྲའི་བྲིས་བཀོད་ལ་ལྟ་སྐབས་ཆེ་ཆུང་མི་འདྲ་བ་ཙམ་དུ་མཐོང་ནའང་ཁྱད་པར་གཙོ་བོ་དེ་ནི་མཐའ་རྒྱན་དང་དེས་ཟིན་པའི་འཁོར་རྒྱ་ནས་མངོན་པ་ལས་སྐུ་བརྙན་དངོས་དང་དེ་འབྲེལ་གྱི་ཆ་ལ་ཆེ་ཆུང་གི་ཁྱད་

པར་གཞན་གང་ཡང་མ་མཆིས། ཐང་ག་དེའི་སྐོར་གྱི་རྩོམ་ཡིག་ཐོག་ཐང་ག་བཞི་པོ་དེ་དག་ལས་པོ་ཏ་ལ་དང་པེ་ཅིན་གྱི་ཐང་ག་གཉིས་པོ་ནི་“糸革糸糸”ཞེས་ཚེམ་དྲུབ་ཀྱི་རིགས་སུ་བཞག་ནས་འགྲེལ་བཤད་བརྒྱབ་ཡོད། བོད་ཡིག་ཐོག་འཁོད་པའི་པོ་ཏ་ལའི་ཐང་གའི་སྐོར་གྱི་དཔྱད་ཡིག་ལ་གཞིགས་ན། ཐང་ག་དེ་ནི་ཐགས་དྲུབ་ཀྱི་གྲས་ལ་གཏོགས་ཤིང་། དེའི་སྐོར་གྱི་བོད་ཡིག་འགྲེལ་བཤད་དུ་འདི་ནི་རྒྱ་ནག་ཏུ་བྲིས་ཤིང་བཏགས་པའི་གོམ་ཆེན་བཀྲུས་བཏགས་ཀྱི་ཐང་ག་ཞིག་ཡིན་ཞེས་འཁོད་འདུག སྤྱིར་ཐང་ག་ནི་ཤིང་པར་དང་། ལྷན་དྲུབ། ཚེམ་དྲུབ། ཚོན་ཐང་བཅས་བཟོ་སྟངས་མི་འདྲ་བ་ཁག་བཞིར་དབྱེ་སྲོལ་ཡོད་པ་ལས་གོང་གསལ་ཐང་ག་དེ་རིགས་གང་གི་ཁོངས་སུ་བསྡུ་དགོས་སམ་ཞེ་ན། ཐང་ག་བཞི་པོ་ལས་ཨེ་ཤེ་ཡ་སྒྲུ་རྒྱལ་ཁང་ན་ཡོད་པ་དེ་དང་པེ་ཅིན་དུ་ཡོད་པ་དེ་གཉིས་ནི་“   ”ཞེས་ལག་ཚེམ་ལས་གྲུབ་པའི་སྟེང་དུ་ཚོན་སྣས་བརྒྱན་ནས་ཡོད་ཅིང་། དེར་ཆིང་རྒྱལ་རབས་ཀྱི་ཐང་གའི་ཁྱད་ཆོས་ལྡན་ལ་ཐེ་ཕན་དུ་ཡོད་པའི་ཐང་གར་ཡང་ཚོན་སྣའི་ཁྱད་ཆོས་དེ་ལྟ་བུ་ལྡན། ཐེ་ཕན་གྱི་ཐང་ག་ཚེམ་དྲུབ་མ་འདིའི་སྐོར་(秘殿珠林统编)དང་ཀྲུ་ཆེ་ཅིན་གྱིས་བྲིས་པའི་ཚེམ་དྲུབ་མའི་རི་མོའི་དཀར་ཆག་ཅེས་པའི་དེབ་ནང་དུ་སླེབ་ཡོད། སྒྲུ་རྒྱལ་གྱི་ཆ་ནས་ཚེམ་དྲུབ་དང་ཐགས་དྲུབ་ཀྱི་དབྱེ་བ་ཡོད་པ་ཕུད། ད་དུང་ཇོ་མཚར་ཅན་གྱི་ཆ་ལག་གཞན་ལྡན་པ་ནི་དཔེར་ན་པོ་ཏ་ལའི་ཐང་ག་དེའི་མཐའ་རྒྱན་གྱི་ཆེ་ཆུང་དེ་པེ་ཅིན་གྱི་ཐང་ག་དང་འདྲ་ཞིང་། ཐེ་པེ་ན་ཡོད་པའི་ཐང་ག་ཚེམ་དྲུབ་མ་དེའི་མཐའ་རྒྱན་གྱི་ཆེ་ཆུང་དེ་ཨེ་ཤེ་ཡ་བཤམས་སྟོན་ཁང་གི་ཐང་གའི་མཐའ་རྒྱན་དང་ཧ་ལམ་མཚུངས་སོ། །ཁོ་བོར་ཐེ་པེ་ན་ཡོད་པའི་ཐང་ག་དེའི་སྐོར་ཞིབ་འཇུག་བྱེད་སྐལ་མ་ཐོབ་པས་དེའི་སྐོར་ཅི་ཡང་བརྗོད་ཐབས་བྲལ་ལ་ཐ་ན་དེའི་མཐའ་རྒྱན་ཙམ་གསལ་བའི་པར་རིས་ཤིག་ཀྱང་ལག་སོན་མ་ཐུབ། འོན་ཀྱང་ང་ཚོས་པོ་ཏ་ལ་དང་པེ་ཅིན་གྱི་པར་གཞི་གཉིས་གཤིབ་བསྡུར་བྱེད་སྐབས་ཡིད་དབང་འཕྲོག་པའི་ཁྱད་ཆོས་ཤིག་མཐོང་ཐུབ་སྟེ། ཐང་ག་དེ་གཉིས་ཀྱི་དར་སྐྱུད་ཀྱི་ཚོན་སྣ་མི་གཅིག་པ་ཙམ་ལས་རི་མོའི་ཁྱད་བཟོ་དག་གཅིག་མཚུངས་ཡིན། ང་ཚོས་དེར་ཉམས་ཞིབ་ཟབ་ནན་བྱས་ན་ཐང་གའི་སྟེང་ནས་མངོན་པའི་མི་འདྲ་བའི་ཆ་རྣམས་ཚགས་ཚུད་ཅན་གྱི་སྒྲུ་བཀོད་ཀྱིས་སྤྲུད་ནས་ཡོད་ཅིང་། ཐང་ག་དེ་དག་ཚང་མ་འཐག་ཁང་གཅིག་རང་དུ་བསྐྲུན་པ་ལྟ་བུར་སྣང་ལ། དེ་བས་ཇོ་མཚར་ཆེ་བའི་ཁྱད་ཆོས་གཞན་ཞིག་ནི་ཐང་ག་རིགས་གཉིས་ཡོད་པ་དེ་དག་ཚང་མའི་ཐོག

དམ་ཕྲུག་བརྒྱབ་ནས་ཡོད་པ་དེ་ལགས་ཤིང་། ཨོད་དེར་དཀར་ཆག་གི་རྩོམ་པ་པོ་ཕེ་ཕྲོ་སི་ཡ་པེར་གེར་གྱིས་དམ་ཕྲུག་ལ་ཞིབ་འཇུག་མཛད་ནས་ཚེམ་དྲུབ་མའི་ (ཨེ་ཤེ་ཡ་བཤམས་སྟོན་ཁང་གི་ཐང་ག) ཐོག་ཏུ་དམ་ཕྲུག་མང་པོ་ཡོད་པ་དེ་དག་ནི་གོང་མ་ཆན་ལུང་གི་དམ་ཕྲུག་ཡིན་པ་དང་། པོ་ཏ་ལ་དང་པེ་ཅིན་གྱི་ཕོ་བྲང་རྙིང་པ་ནས་ཐོན་པའི་ཐང་ག་དེ་གཉིས་ཀྱི་ཐོག་ཏུའང་དམ་ཕྲུག་དེ་ལྟར་བརྒྱབ་ཡོད་པ་ལས་ཐང་ག་དེ་དག་བོད་ཏུ་དངོས་སུ་ཕྱག་རྟགས་སུ་མི་བསྒྱུར་སྔོན་དུ་གོང་མས་སྤྱན་གཟིགས་མཛད་པའི་དོན་ཉིད་རྟོགས་ཐུབ་ཅེས་གསུངས་འདུག་ཀྱང་། དེ་ནི་ཡིད་རྟོན་རུང་བའི་དཔྱད་གཏམ་ཞིག་མ་ཡིན། རྒྱུ་མཚན་ནི་པེ་ཅིན་གྱི་ཐང་ག་ལྟར་ཐེ་ཝན་ན་ཡོད་པའི་ཐང་གའི་སྟེང་དུའང་དམ་ཕྲུག་བཅུ་ཙམ་བརྒྱབ་ནས་ཡོད་ལ། པོ་ཏ་ལ་དང་ཨེ་ཤེ་ཡའི་ཐང་གའི་ཐོག་དམ་ཕྲུག་ལྔ་ལས་མེད་ཅིང་པེ་ཅིན་མི་རིགས་ཕོ་བྲང་གི་དཀར་ཆག་ནང་འཁོད་པ་ལྟར་ན་དམ་ཕྲུག་ལྔ་པོ་དེའི་གྲས་སུ་ཆིང་རྒྱལ་རབས་ཀྱི་གོང་མ་མཐའ་མ་དེའི་དམ་ཕྲུག་ཀྱང་ཚུད་ཡོད་ལ། དཀར་ཆག་དེའི་ནང་དམ་ཕྲུག་ལ་“乾隆观赏”，“宣统御览之宝”“太上皇帝之宝”，“秘殿珠林”སོགས་འདྲ་མིན་སྣ་ཚོགས་ཡོད་ཚུལ་འཁོད་འདུག ཁོ་བོས་འདིར་བློ་ཁོག་ཆེན་པོས་རྩོམ་ཚིག་ལྟ་བུ་ཞིག་བཞག་ཐུབ་པ་ནི། གོས་ཆེན་གྱི་བྲིས་ཐང་དང་ཚེམ་དྲུབ་ཀྱི་ཐང་ག་དེ་གཉིས་ནི་གོང་མ་ཆན་ལུང་གི་སྐབས་སུ་བཟོས་པ་དང་། དེ་དག་ནི་པེར་གེར་གྱིས་གསུངས་པ་ལྟར་པེ་ཅིན་ན་ཡོད་པའི་གོང་མ་ཚང་གི་ཐགས་ཁང་ནས་བཟོ་སྐྲུན་བྱས་པ་ཞིག་ཡིན་ཞིང་། ད་ལྟ་ཡ་བྲལ་ནས་ཨ་རིའི་ཡུལ་དུ་འགྱུར་བའི་ཐང་ག་དེའི་གྲས་ཆ་ཚང་ཞིག་སྤྱི་ལོ་༡༧༥༨ ལོར་ཏཱ་ལའི་བླ་མ་སྐུ་ཕྲེང་བདུན་པས་བོད་ཀྱི་ཆོས་སྲིད་གཉིས་ཀྱི་སྐུ་དབང་བཞེས་པའི་རྟེན་འབྲེལ་གྱི་ཕྱག་རྟགས་སུ་ཕུལ་བ་དང་། དེའི་གྲས་ཀྱི་ཚེམ་དྲུབ་ཐང་ག་ཞིག་ཆིང་རྒྱལ་རབས་ཉིད་ཐོར་རྗེས་ཐེ་ཝན་གྱི་ཡུལ་དུ་གྱུར་ཡོད། ང་ཚོས་ངེས་པར་དུ་ཚེམ་དྲུབ་ཀྱི་ཐང་གའི་གཞི་རྩའི་གྲུབ་ཆའི་སྐོར་ཤེས་རྟོགས་བྱ་དགོས་ལ། ཁོ་བོས་འདིར་བརྗོད་འདོད་པའི་དོན་གཞན་ཞིག་ནི་ཚེམ་དྲུབ་ཐང་གའི་གཞི་ནི་ཐགས་དྲུབ་ལ་བརྩོལ་ཡོད་པ་དེའོ།

གཞན་ཡང་ཐགས་དྲུབ་ལ་གཞི་བྱས་ནས་ཤོག་བྲིས་སྒྱུ་རྩལ་གྱི་ཉམས་སྣང་ཐོན་ཐབས་བྱེད་པའི་སྲོལ་རྒྱུན་དེ་ནི་མིང་རྒྱལ་རབས་ཀྱི་སྐབས་ནས་དར་ཡོད་པར་ངོས་འཛིན་བྱ་དགོས། གལ་ཏེ་བསམ་མནོ་དེ་ལྟར་མ་བཏང་ཚེ་ད་ལྟ་མཇལ་རྒྱུ་ཡོད་པའི་ཐང་ག་དེ་རྣམས་ཀྱི་སྟེང་གི་

མེ་ཏོག་གི་འདབ་མ་རྣམས་ཆག་གྲུམ་ཅན་གྱི་རྣམ་པར་བཞེངས་པའི་ཡུལ་ལ་ཡ་མཚན་ཤིན་ཏུ་ཆེན་པོ་སྐྱེ་སྲིད། འོན་ཀྱང་ང་ཚོས་ཤམ་ཕུ་ཁུ་ཅི་དགོན་དུ་ཡོད་པའི་ཁ་བཏགས་སྟེང་གི་མེ་ཏོག་གི་འདབ་མར་ལྟ་སྐབས་དེ་དག་ནི་འདབ་མ་གང་ཚང་ཅན་ཞིག་ཡིན་པར་མཐོང་ཞིང་། དེ་ཡང་རང་བཞིན་ལྟ་བུར་རྟོགས་ཐུབ་པའི་དོན་གནས་ཤིག་ནི་ཐང་ག་དེ་དག་ནི་དར་གོས་ཡུག་ཆེན་ཞིག་དྲས་ནས་བརྩེམས་པ་ཞིག་ཡིན་ལ། དེ་ལྟའི་དྲས་བཙེམ་བྱ་སྲོལ་ཡོད་པ་དེ་ནི་ཤམ་ཕུ་ཁུ་ཅི་དགོན་པའི་ཁ་བཏགས་བཅས་ཚུད་པའི་གནའ་རྫས་ལྷ་པོ་དེ་རྣམས་པན་ཚུན་ཆེ་ཆུང་མི་མཐུན་པའི་རྣམ་པ་ཐོན་པའི་རྒྱུ་མཚན་དུ་ཟད་དོ། །

(རྡོན་རྩེ་ཨ་རྡོ་དྲ། 《བོད་ལྗོངས་སྒྱུ་རྩལ་ཞིབ་འཇུག》2013ལོའི་དུས་དེབ་དང་པོར་འཁོད།)

༧༡། །བོད་ཀྱི་ཐུབ་པའི་ཆོས་ལུགས་ཀྱི་ཐང་གའི་ཁྲོད་ལས་ བླ་བརྒྱུད་ཀྱི་ཞལ་ཐང་བཞེངས་ཚུལ་དང་ དེའི་སྒྲིག་གཞིའི་སྐོར་གླེང་བ།

论西藏唐卡画之上师传承画的内涵和风格

[བརྡ་ཚད་གཙོ་བོ།] ཐང་ག བླ་བརྒྱུད་ཀྱི་ཐང་ག སྒྱུ་རྩལ། སྒྲིག་བཀོད།

[ནང་དོན་གནད་བསྡུས།] དཔྱད་རྩོམ་འདིའི་ནང་དུ་བོད་ཀྱི་ཐུབ་པའི་ཆོས་ལུགས་ཀྱི་ཞལ་ཐང་ལས་བླ་བརྒྱུད་ཀྱི་ཐང་གའི་གཞི་རྩའི་སྒྲིག་བཀོད་དང་། དེ་དང་ཞལ་ཐང་གཞན་དབར་གྱི་ཁྱད་པར། སྒྲིག་གཞི་དེ་ལ་དགོས་པའི་སྟོན་འགྲོའི་ཆ་རྐྱེན་གཉིས། ཆོས་ལུགས་སྒྱུ་རྩལ་གྱི་དབྱེ་འབྱེད་བྱ་སྟངས། སྒྱུ་རྩལ་གྱི་ཁྱད་ཆོས་དང་ནུས་པ། ཉམས་འགྱུར། སྐུ་བརྙན་སྒྲིག་སྟངས་དང་ཆེ་ཆུང་གི་ཚད་གཞི་ཐིགས་ཚད། བླ་བརྒྱུད་དང་དེའི་སྒྲིག་གཞི། བྲིས་འབུར་གྱི་སྲོལ་རྒྱུན། ལོ་རྒྱུས་ལས་འཕྲོས་པའི་བླ་བརྒྱུད་ཀྱི་བྲིས་སྲོལ་སོགས་སྐོར་ཉམས་ཞིབ་ཕྲ་ཞིབ་བྱས་ཡོད།

【关键词】 西藏;佛像;唐卡画;喇嘛;师徒传承唐卡画;宗教;艺术

【摘要】 文章对藏传佛教唐卡画的宗教内容、艺术表现形式和风格粗略介绍,对藏传佛教师徒传承唐卡画进行全方位阐述。文中用图文并茂形式,对藏传佛教师徒传承唐卡画的整体布局、排序、规格、画派画风、艺术特色和功能以及相关的历史传承方式等进行了比较详细的介绍。

དེ་ཡང་བོད་ཀྱི་ཐང་གའི་སྒྱུ་རྩལ་སྐོར་ཆ་རྒྱུས་དེ་ཙམ་མེད་པའི་སྐྱེ་བོ་ཞིག་གི་ངོས་ནས་བརྗོད་ན། བོད་ཀྱི་ནང་པ་སངས་རྒྱས་ཆོས་ལུགས་ཀྱི་ཐང་གའི་སྒྱུ་རྩལ་ནི་རྙོག་ཟིང་ཅན་ཞིག་དང་རྫོགས་མཐའ་མེད་པ་ཞིག་ཏུ་འདོད། དོན་དངོས་ཐོག་བོད་ཀྱི་ཐང་གའི་བྲིས་བཀོད་ནི་ཚད་བཀག་དང་བང་རིམ་ལྡན་པ་ཞིག་ཡིན་པ་མ་ཟད། མདོར་བསྡུས་ནས་བརྗོད་ན་ཆོས་ལུགས་ཀྱི་ནང་དོན་འབའ་ཞིག་སྐོར་གྱི་མཚོན་བྱེད་ཅིག་གོ། བོད་ཀྱི་ཐང་གའི་སྒྱུ་རྩལ་སྐོར་ཞིབ་འཇུག་གཏིང་ཟབ་ཙམ་བྱེད་འདོད་ན། ཐོག་མར་སྒྲོ་དགོས་པའི་གོམ་པ་དང་པོ་དེ་ནི་ཐང་གའི་ཐོག་ཏུ་མཐོ་དམན་གྱི་བང་རིམ་ལྟར་འཁོད་པའི་བླ་བརྒྱུད་ཀྱི་སྐུ་བརྙན་རྣམས་ངོས་འཛིན་བྱ་རྒྱུ་དེའོ། །མངོན་བརྗོད་དང་མཐོ་དམན་གྱི་བང་རིམ་ལྟར་བྱེད་པའི་རི་མོའི་སྲོལ་རྒྱུན་ཉིད་ལ་ངེས་ཤེས་ཐོབ་ཆེད། བླ་བརྒྱུད་དག་བྲིས་པའི་ཐང་གར་ཞིབ་ཚགས་ཀྱིས་འགྲེལ་

བཤད་བྱེད་རྒྱུར་འབད་པ་བྱ་དགོས། ལྷ་བརྒྱད་ཀྱི་ཐང་ག་འི་བྲིས་སྲོལ་དེས་གཅིག་ནས་བོད་ཀྱི་ཆོས་ལུགས་ནང་དོན་དང་། རི་མོའི་བྲིས་བཀོད། མཛེས་ཆོས་བཅས་ཀྱི་འདོད་ཚུལ་དག་ཤེས་རྟོགས་བྱ་རྒྱུར་ཕན་པ་མ་ཟད། མིག་སྔར་ཞིབ་འཇུག་གི་གཞི་རྟ་འགྱུར་བཞིན་ཡོད་པའི་བོད་ཀྱི་ཐང་ག་འི་བྲིས་སྲོལ་ཐོག་མ་ནམ་བྱུང་སྐོར་སོགས་འཚོལ་ཞིབ་བྱེད་རྒྱུར་དཔྱད་གཞི་དང་བློ་སྒོ་འབྱེད་ཐུབ། ལར་ལྷ་བརྒྱད་ཀྱི་ཐང་གས་བོད་ཀྱི་ཐང་ག་འི་སྒྱུ་རྩལ་ཁྲོད་དུ་གལ་ཆེའི་གནས་བབས་བཟུང་ཡོད་མོད། འོན་ཀྱང་ལྷ་བརྒྱད་ཀྱི་ཐང་ག་འི་སྒྱུ་རྩལ་ཁྲོད་ཀྱི“ མཐོ་དམན་གྱི་བང་རིམ་བཀོད་སྲོལ” དང་དེ་བཞིན་ཞལ་ཐང་གི་བྲིས་རྩལ་མ་ལག་གཞན་དག་སྐོར་ཞིབ་ཚགས་ཀྱིས་ཞིབ་འཇུག་གནང་མཁན་ནི་ཤིན་ཏུ་དཀོན་ནོ།

ལྷ་བརྒྱད་ཀྱི་ཞལ་ཐང་རང་ངོས་ནས་དེའི་ནང་དོན་ཅི་ཡིན་གསལ་པོ་ཞིག་མངོན་མི་ཐུབ་ཅིང་། གལ་ཏེ་ལྷ་བརྒྱད་ཀྱི་ཞལ་ཐང་ཕྱོགས་བསྡུས་རྩོམ་སྒྲིག་བྱ་འདོད་ན། ཐོག་མར་བརྡ་ཆད་དང་ལོ་རྒྱུས་ཀྱི་དཀའ་གནད་ཇི་སྙེད་ཅིག་སེལ་ཐུབ་པར་བྱ་དགོས། དེ་ཡང་ཞིབ་པར་བརྗོད་ན་འདི་ལྟ་སྟེ།

1. མཚན་མིང་འཁོད་པའི་རྒྱབ་བྱང་ལ་ཡང་དག་པའི་ངོས་འཛིན་བྱ་དགོས་པ།

2. ལོ་རྒྱུས་ཐོག་གི་གྲགས་ཅན་བླ་མ་རྣམས་ཡང་དག་གིས་ངོས་འཛིན་བྱས་ཐོག་ལོ་ཚིགས་སོགས་ངོ་སྤྲོད་བྱ་དགོས།

3. ལྷ་བརྒྱད་ལ་ངོས་འཛིན་ཡང་དག་བྱས་ཐོག་ཞལ་ཐང་ཐོག་འཁོད་པའི་སྐུ་བརྙན་ནམ་བླ་མ་རྣམས་བང་རིམ་ལྟར་བསྒྲིག་དགོས་པ(ལྷ་བརྒྱད་ཀྱི་རྟ་ཕྱིའི་ཕྲེན་རིམ་ལྟར་བསྒྲིགས་པ)།

4. སྐུ་བརྙན་རྣམས་ཀྱི་ཕྱག་རྒྱ་དང་ཆ་བྱད་དག་བྲིས་བཀོད་བྱ་དགོས་པ་བཅས་སོ། །

བོད་ཀྱི་ཞལ་ཐང་སྒྱུ་རྩལ་ཁྲོད་ལས་ལྷ་བརྒྱད་ཀྱི་ཐང་ག་འི་སྒྱུ་རྩལ་ལ་ཉུང་ཞིབ་ཚགས་ཀྱིས་ཞིབ་འཇུག་མཛད་མཁན་ནི G · ཏུ་ཆི་ཡིན་ལ། ཁོང་བོད་དུ་ཞིབ་འཇུག་ཏུ་བསྐྱོད་རྗེས་སུ《 བོད་ཀྱི་ཞལ་ཐང 》ཞེས་པའི་དེབ་ཅིག་བརྩམས་པ་དང་། དེབ་དེའི་ནང་དུ་ཞལ་ཐང་གསུམ་ངོ་སྤྲོད་གནང་ཡོད། དེ་དག་ཚང་མའི་ནང་དུ་ས་སྐྱ་བའི་ཁོངས་གཏོགས་ངོར་ལུགས་ཀྱི་ལམ་འབྲས་བཀའ་གསུང་གི་ལྷ་བརྒྱད་བཞི་འཁོད་ཡོད། ཏུ་ཆིས་ཐང་ག་འི་ཐོག་ཏུ་བྲིས་པའི་རྒྱབ་བྱང་ལ་གོ་བ་ཡང་དག་ལེན་གནང་མཛད་པ་དང་སྐུ་བརྙན་གཙོ་བོ་དེ་ལའང་ངོས་འཛིན་གསལ་པོ་མཛད་འདུག་པ་མ་ཟད། ཐང་ག་སོ་སོའི་ནང་དུ་འཁོད་པའི་སྐུ་བརྙན་གཙོ་བོ་དེ་དག་གི་བང་རིམ་ཡང་ལེགས་པོ་བསྒྲིགས་པར་མཛད་འདུག

འདས་ཟིན་པའི་ལོ་ལྔ་བཅུའི་ནང་ཚུན་དུ་དུས་རབས་བདུན་ཅུའི་སྐབས་སུ་འགོ

ཚུགས་པ་ལྟར་བོད་ཀྱི་རི་མོའི་སྒྱུ་རྩལ་གྱི་བརྩམ་བྱའི་དཀར་ཆག་མང་པོ་ཞིག་པར་སྐྲུན་བྱས་ཡོད་ནའང་། ཐང་བརྒྱུད་ཀྱི་ཐང་གར་དབྱེ་ཞིབ་བྱས་པའི་ཆ་ཚད་དེ་ཏུ་ཆེ་ལས་བརྒལ་ཐུབ་པ་ཞིག་བྱུང་མེད། ཨ་ཋ་ཆ་ཡེ་ཐ་ཡིས་བསྒྲིགས་པའི་འགྲེམས་སྟོན་དཀར་ཆག་ནང་གི་ལེ་ཚན་གཉིས་ནང་དུ་ཐང་བརྒྱུད་གཉིས་སྐོར་ཕྱོགས་བསྡུས་རྩོམ་སྒྲིག་མཛད་ཡོད། ཕོང་མོས་ཞལ་ཐང་ཨང་22ཐོག་གི་ཐང་བརྒྱུད་རྣམས་བང་རིམ་གསལ་པོར་བསྒྲིགས་ནས་མཚན་བྱང་རྣམས་ཡང་དག་གིས་ངོ་སྤྲོད་མཛད་འདུག དེ་ལས་ཕོང་མོས་གོང་གསལ་དཀའ་གནད་སེལ་ཐབས་བཞི་ལས་མཐའ་མ་གསུམ་པོའི་ཐད་དེ་ཙམ་གྱིས་འབད་པ་མཛད་མེད་ཀྱང་ཞལ་ཐང་སྤྱིའི་བྲིས་བཀོད་དང་སྒྲིག་གཞིར་ངོས་འཛིན་གསལ་ཙམ་གནང་ཐུབ་ཡོད་པ་མཚོན་ནོ།

ལོ་རབས་བདུན་ཅུའི་ནང་དུ་ཐོན་པའི་ཞལ་ཐང་སྐོར་གྱི་དེབ་གཞན་ཞིག་ནི་སྤྱི་ལོ1978ལོར་གི་ལ་རི་རོ་པོ་ཐས་པར་སྐྲུན་བྱས་པའི་ངོར་དགོན་པའི་ཐང་གའི་དཀར་ཆག་ལས་འཕྲོས་པའི་མཚན་རྣམས་མཕོ་འདོན་བྱས་ཡོད་པ་དེ་ཡིན། དེབ་དེ་ནི་ཤིན་ཏུ་ཆེ་ལ་གོང་ཚད་མཐོ་བ་དང་། ཐང་བརྒྱུད་ཀྱི་མཚན་རྣམས་ཞལ་ཐང་ཁ་ཤས་ལས་བཏུས་ནས་བསྒྲིགས་ཤིང་སྐུ་བརྙན་རྣམས་ཕྱི་ནང་གསལ་བའི་ཤོག་བུའི་སྟེང་དུ་བྲིས་བཀོད་བྱས་པ་ཞིག་ཡིན། དཀར་ཆག་བཀོད་པའི་དེབ་དེའི་ཐོག་གི་ཞལ་ཐང་རི་མོ་ཁག་ལ་ཨང་རིམ་དང་ཤོག་གྲངས་བཀོད་མེད་ལ། སྔ་ཕྱིའི་བང་རིམ་དང་། དུས་ཚོད་དམ་ཡང་ན་ཐང་བརྒྱུད་ངོས་འཛིན་བྱེད་ཚུལ་བཅས་ཀྱང་འཁོད་མི་འདུག་གོ།

ལོ་རབས་བརྒྱད་ཅུ་དང་དགུ་བཅུའི་ནང་དུ་ཐོན་པའི་དཀར་ཆག་ཐོག་ཏུ་དཀར་ཆག་སྒྲིག་པ་པོས་ཐང་གའི་སྟེང་དུ་འཁོད་པའི་ཐང་བརྒྱུད་ཀྱི་མཚན་ཁག་གཅིག་ངོ་སྤྲོད་བྱས་ཡོད་ནའང་། ཐང་བརྒྱུད་རྣམས་ཀྱི་མཚན་དང་སྐུ་བརྙན་དག་དམིགས་བསལ་ཅན་གྱི་བང་རིམ་བསྒྲིགས་ཡོད་པ་ལས་དེ་དག་སྔ་ཕྱིའི་གྲུབ་རིམ་ལྟར་བསྒྲིགས་མེད། ཨེ་སན་དང་ཐིན་གོས་སྤྱི་ལོ1989ལོར་བསྒྲིགས་པའི་དཀར་ཆག་ནང་ད་ཡོད་ཀྱི་ཞལ་ཐང་ཡི་གི་བཀོད་ཡོད་པ་དེ་ནི་བསྡུགས་འོས་ཀྱི་ཡུལ་ཞིག་ལགས་ནའང་མཚན་ཐོ་བཀོད་ཚུལ་དང་སྐུ་བརྙན་བཞེངས་ཚུལ་བཅས་ནི་ཐང་བརྒྱུད་ཀྱི་སྔ་ཕྱིའི་གྲུབ་རིམ་བྲིས་ཚུལ་དང་ཡོངས་སུ་ཆ་མཐུན་པ་ཞིག་མ་ཡིན་ནོ།

དུས་རབས་བཅུ་དགུ་པ་ནས་བཟུང་ཞིབ་འཇུག་པ་ཁག་གཅིག་ནས་ཐང་བརྒྱུད་ཀྱི་སྐུ་བརྙན་རྣམས་ཀྱི་དུས་ཚོད་སྐོར་བརྟག་དཔྱད་བྱ་རྒྱུ་དེ་ནི་ཤིན་ཏུ་ནས་དགེ་མཚན་ལྡན་པའི་ཞིབ་འཇུག་གི་གནས་ཤིག་ཏུ་མཐོང་ཞིང་། ཉེ་ཆར་པར་སྐྲུན་འགྲེམས་སྤེལ་བྱས་པའི་ཐང་

བརྒྱུད་ཀྱི་མཚན་འགོད་སྟངས་དང་སྐུ་བརྙན་བྲི་བཞེངས་བྱེད་སྟངས་དེ་དེ་སྔ་ལས་ལེགས་སུ་འགྲོ་བཞིན་ཡོད། དེ་ལྟའི་ཞིབ་འཇུག་གི་བྱ་ལས་ཉིད་ཡག་ཐོག་ཡག་བརྩེགས་སུ་འགྲོ་ཕྱིར་ལོ་རྒྱུས་དཔྱད་རྩོམ་འདིའི་ནང་དུ་རང་ཉིད་ཀྱིས་གནས་འདིར་ཞིབ་འཇུག་བྱེད་སྐབས་ངེས་ཤེས་ཐུབ་པའི་བོད་ཀྱི་ཞལ་ཐང་ལས་བླ་བརྒྱུད་ཀྱི་ཞལ་ཐང་ནང་ཡོད་ཀྱི་ཧྲུས་བཀོད་སྒྲིག་གཞི་དང་ཕྱི་རྣམ་པའི་མཚོན་བྱེད་བཅས་སྐོར་རང་ཉིད་ཀྱི་འདོད་ཚུལ་ཐུན་ཙམ་ཞུས་པ་གཤམ་གསལ་ལྟར་རོ།

གཅིག ད་ཕན་ཞལ་ཐང་གི་གཞི་རྩའི་སྒྲིག་བཀོད་ལ་ཞིབ་འཇུག་བྱས་ཚུལ་སྐོར།

དེ་ཡང་བླ་བརྒྱུད་ཀྱི་ཞལ་ཐང་ལ་དཔྱེ་ཞིབ་བྱ་རྒྱུའི་ཞིབ་འཇུག་གི་བྱ་ལས་དེ་ཡང་བོད་ཀྱི་ཞལ་ཐང་སྤྱིའི་ཁྲིད་ཀྱི་སངས་རྒྱས་དང་སྐྱེས་ཆེན་དམ་པ་རྣམས་ཀྱི་ཞལ་ཐང་གི་གཞི་རྩའི་སྒྲིག་གཞི་ལྟར་སྔར་བཞིན་དོ་སྣང་ཆེར་མི་བྱ་བའི་གནས་སུ་མཆིས། གོང་དུ་བརྗོད་ཟིན་པ་ལྟར་བོད་ཀྱི་ཞལ་ཐང་སྐོར་ཐོག་མར་ཞིབ་འཇུག་བྱེད་མཁན་ནི་ཏུ་ཆི་ཡིན་ལ། ཁོང་གི་དེབ《བོད་ཀྱི་ཞལ་ཐང་》ཞེས་པའི་ས་བཅད་བཅུ་གསུམ་པའི་ནང་དུ་ཆེད་མངགས"ཐང་གའི་འཆར་འགོད"སྐོར་བརྗོད་པ་དང་། ས་བཅད་དེའི་ནང་དུ་གཞི་རྩའི་བཀོད་བྲིས་དང་རྒྱན་སྤྲས་སྐོར་གྱི་རྒྱུ་ཆ་ཇི་སྙེད་ཅིག་ངོ་སྤྲོད་མཛད་ཡོད། ཡར་ཁོང་གིས་ཞལ་ཐང་གི་གཞི་རྩའི་སྒྲིག་གཞིའི་སྐོར་དེ་ཙམ་མང་པོ་གསུངས་མེད་ནའང་། ཞལ་ཐང་གི་གཞི་རྩའི་སྒྲིག་གཞི་ནི་བོད་ཀྱི་རི་མོ་སྤྱིའི་བྲིས་ལུགས་ཀྱི་ཁྱད་ཆོས་དང་མཐུན་ལ། སྐུ་གཙོ་བོ་དེ་ཞལ་ཐང་གི་དབུས་སུ་བྲིས་ནས་དེས་ཞལ་ཐང་ཞིག་གི་སྙིང་པོ་མཚོན་པར་བྱེད་པ་བཅས་ཀྱི་དགོངས་ཚུལ་གསུངས་ཡོད་དོ།

K · M · གི་རེ་སེ་མོ་བ་ཡིས་ཁོང་མོས་སྤྱི་ལོ1978ལོར་བྲིས་གནང་མཛད་པའི་དཔྱད་རྩོམ《བོད་ཀྱི་ཞལ་ཐང་རི་མོའི་ཆགས་གྲུབ་སྒྲིག་གཞི》ཞེས་པའི་ནང་དུ། ཁེར་རྐྱང་ཅན་གྱི་སྐུ་བརྙན་གྱིས་ཞལ་ཐང་ཐོག་མངོན་པའི་ནུས་པ་དེ་གལ་ཆེ་ཡིན་ཚུལ་གསུངས་པ་ལས། སྐུ་བརྙན་ཅན་གྱི་རི་མོའི་སྟེང་གི་རྟོག་འཛིང་ལྡན་པའི་སྒྲིག་གཞིའི་རྒྱུ་ཆ་ཙམ་ལས་གཞན་གི་ནུས་པར་དེ་ཙམ་མཐོང་ཆེན་མཛད་མེད།

ངོས་འཛམ་པའི་ཤོག་ངོས་སུ་རང་ཚུགས་ཅན་གྱི་སྐུ་བརྙན་དང་རྒྱན་ཆ་དག་གིས་ཚབ་མཚོན་རང་བཞིན་ཅན་གྱི་སྐུ་བརྙན་ཐོག་གི་སྟོང་ཆ་དག་ཧྲུས་བཀོད་ཀྱིས་ཁེངས་པར་བྱེད་

རྒྱུའི་གནད་དོན་ཐག་གཅོད་བྱས་ཡོད།

གེ་རེ་སི་མོ་བས་རྣམ་ཐར་དང་རྟོགས་བརྗོད་ཀྱི་རྣམ་པ་ལྡན་པའི་སྒྲིག་གཞི་དག་ཞིབ་ཅིང་ཕྲ་བའི་སྒོ་ནས་ངོ་སྤྲོད་མཛད་ཡོད། དོན་དངོས་ཐོག་རྒྱུན་དུ་བྲིས་བཀོད་བྱེད་པའི་སངས་རྒྱས་དང་བྱང་ཆུབ་སེམས་དཔའ་རྣམས་ཀྱི་སྐུ་བརྙན་བཞེངས་ཚུལ་ནི་ཏུ་ཆེ་དང་གེ་རེ་སི་མོ་བ་བཅས་ཀྱིས་ངོ་སྤྲོད་གནང་བ་ལས་ཀྱང་རྙོག་འཛིང་ཆེ་བ་ཞིག་གོ།

གཉིས། བརྡ་སྦྱོར་རིག་པའི་ཐད་ནས་གཞིབ་བསྡུར་བྱས་ཚུལ་སྐོར།

བོད་ཀྱི་ཐང་ག་ནི་ང་ཚོས་མིང་ཚིག་གཉིས་ལས་གྲུབ་པའི་དཔེ་ཆ་ལྟར་ཀློག་རྒྱུ་དང་འགྲེལ་བཤད་བྱེད་རྒྱུ་ཡོད་པ་ཞིག་ཡིན། དེས་ན་དེ་ལྟའི་རི་མོའི་སྲོལ་རྒྱུན་ལ་རང་སོ་སོའི་“བརྡ་སྤྲོད”དང་རྗོད་བྱེད་ཚིག་གི་ཚོས་ཉིད་ལྡན་པས་མི་རྣམས་ཀྱིས་དེ་དག་ལ་མ་ལག་ལྡན་པའི་སྒྲིག་སྟངས་ཤིག་ཡོད་ཚུལ་གསལ་པོར་ཤེས་ཐུབ། དེ་ཡང་ང་ཚོས་ཡིག་ཐོག་ཏུ་འཁོད་པའི་སྐད་ཆ་ལྟར་ཞལ་ཐང་ལའང་ཚུ་ཚད་མི་འདྲ་བའི་བྲི་སྟངས་ཡོད་ཚུལ་དག་དབྱེ་འབྱེད་ཐུབ་པ་སྟེ། དཔེར་ན། དབྱངས་གསལ་གྱི་ཡི་གེ་དང་། མིང་ཚིག བརྗོད་པ་ལྟ་བུའོ། །དེ་ཡང་སྐད་དང་ཡིག་ཚའི་ཁྲིད་དུ་རྟེན་པ་ལྟར། ཐང་གའི་ཁྲིད་ཀྱི་སྐྱེས་ཆེན་དམ་པ་རྣམས་ཀྱི་སྐུ་བརྙན་ནི་མིང་ལྟ་བུ་དང་། སྐུ་བརྙན་དང་འབྲེལ་བའི་ཕྱག་མཚན་དང་། ཚོན་མདོག ཕྱག་རྒྱ། རྒྱན་གོས་བཅས་ནི་མིང་ཚིག་གྲུབ་བྱེད་ཀྱི་དབྱངས་གསལ་ཡི་གེ་ལྟ་བུ། ཆ་ལག་ཚང་ཞིང་ལུགས་དང་མཐུན་པའི་སྐུ་བརྙན་སྒྲུབ་བཞེངས་ཀྱི་ཚོས་ཉིད་དང་སྒྲིག་གཞི་ལྡན་པ་དེ་ནི་བརྗོད་པ་ལྟ་བུ་བཅས་སོ།

གསུམ། སྒྲིག་གཞི་ཉིད་སྒྲུབ་བྱེད་ཀྱི་ཆ་རྐྱེན་གཙོ་བོ་གཉིས་སྐོར།

བོད་ཀྱི་ཐང་གའི“བརྗོད་པ”ཞེས་པ་དེ་ནི་རང་ངོས་ནས་དོན་སྟོན་ཐུབ་པ་ཞིག་མ་ཡིན་པར། དེའི་དོན་ནི་ཐང་ག་དེ་དག་ཁྲོད་ཀྱི་སྣེར་ཚུགས་ཅན་གྱི་སྐུ་བརྙན་རྣམས་ངོས་འཛིན་དང་དབྱེ་འབྱེད་ཐུབ་མཁན་དག་གིས་ངེས་ཤེས་ཐུབ་པའི་ཡུལ་ཞིག་ཡིན། འོ་ན་ཇི་ལྟར་བྱས་ནས་སྐུ་བརྙན་དག་དབྱེ་འབྱེད་དགོས་སམ་ཞེ་ན། དེ་ལ་ཐབས་ཤེས་གཙོ་བོ་གཉིས་ཡོད་དེ། སྐུ་བརྙན་དང་དེ་འབྲེལ་གྱི་རྒྱབ་བྱང་གཉིས་སོ།

ཐབས་ལམ་གཉིས་ལས་དང་པོ་སྐུ་བརྙན་རང་ལ་བལྟས་ནས་དབྱེ་བ་འབྱེད་རྒྱུ་དེ་ནི་གཙོ་བོ་སྐུ་བརྙན་དེ་དག་ཁུངས་གང་དུ་གཏོགས་མིན་ལ་ཐུག་པ་ཡིན། འོན་ཀྱང་སྔེར་ཚུགས་ཅན་གྱི་སྐུ་བརྙན་རྣམས་གལ་པོ་ཆེའི་ཁོངས་སུ་གཏོགས་པའི་གུ་རུའམ་བླ་མའི་སྐུ་བརྙན་འགོད་ཚུལ་ནི་གཏན་འཛུགས་ཀྱི་རང་བཞིན་ཅན་ཞིག་མ་ཡིན་ནོ། །དེ་ཡང་གྲུབ་ཐོབ་ཅིག་ལ་ཆ་བཞག་ནས་བཤད་ན། ནང་དོན་མི་འདྲ་བ་དང་རི་མོའི་སྲོལ་རྒྱུན་མི་འདྲ་བའི་འོག་ཏུ་དེ་པའི་ཕྱག་རྒྱའི་ཐད་ལའང་བྲིས་སྲོལ་མི་འདྲ་བ་ཡོད་པ་ལྟ་བུའོ། །(དཔེར་ན། རྣམ་པ་མི་འདྲ་བ་བཞི་ལྡན་གྱི་Virupaདེ་དག་ནི་ཁོང་གི་འབྱུངས་རབས་ལོ་རྒྱུས་འགོད་པའི་གྲགས་ཅན་དཔེ་དེབ་བཞིའི་མཚོན་བྱེད་དུ་བརྩི་བ་ལྟ་བུའོ།) འོན་ཀྱང་། སྐུ་བརྙན་གྱི་གྲུབ་ཆ་དཔེར་ན་ཕྱག་མཚན་དང་། བླ་མའི་དབུ་སྐྲའམ་དབུ་ཞྭ་བཅས་ནི་གྲགས་ཅན་གྱི་སྐུ་བརྙན་འགའ་ཞིག་ངོས་བཟུང་བྱ་རྒྱུའི་ཚད་གཞི་ལྟ་བུར་གྱུར་ཡོད།

ངོགས་གནད་ཅན་གྱི་གནད་དོན་ནི་སྔར་བཞིན་གནས་ཤིང་ལྷག་པར་དུ་དེ་ཙམ་རྒྱ་ཆེར་མ་དར་བའི་རི་མོའི་ལུགས་ལྟ་བུར་བལྟོས་ནས་བརྗོད་ན་མངོན་གསལ་དོད་པོ་ཡོད། དེས་ན་རྒྱབ་བྱང་ནི་སྐུ་བརྙན་དེ་དག་ངོས་འཛིན་ཡང་དག་པར་བྱ་རྒྱུའི་ཐབས་ལམ་གཅིག་པུ་དེ་རང་ཡིན། དེས་ན་དེང་སྐབས་གནད་དེར་ཞིབ་འཇུག་གནང་མཁན་ཚོས་ཡིད་རྩོན་བྱུང་བའི་རྒྱབ་བྱང་ལ་གསོགས་ཆེན་བྱ་རྒྱུ་གལ་ཆེར་མཐོང་ཞིང་། བླ་བརྒྱུད་ཀྱི་ཐད་དབྱེ་ཞིབ་མཛད་སྐབས་སྔར་བས་ངོ་སྣང་དང་ཞིབ་ཚགས་གནང་དགོས་པ་ལས་སྟབས་བདེ་དང་དཔྱད་པ་མེད་པའི་ངང་ཚུལ་འཛིན་མི་རུང་ངོ་།

བཞི། བོད་ཀྱི་སྲོལ་རྒྱུན་གྱི་ཐུབ་པའི་ཆོས་ལུགས་ཀྱི་སྒྱུ་རྩལ་དབྱེ་འབྱེད་བྱེད་སྟངས་སྐོར།

བོད་ཀྱི་རི་མོ་བ་དང་ཆོས་ཕྱོགས་ཀྱི་བླ་སློབ་རྣམས་ནི་ཞལ་ཐང་ཁྲིད་ཀྱི་རྩ་བའི་མཐོ་དམན་གྱི་སྒྲིག་སྲོལ་དང་ཐང་གའི་བྲིས་བཀོད་ཀྱི་ལུགས་སྲོལ་མངོན་ཚུལ་ཐད་རྒྱུས་མངའ་ལྡན་པ་ཞིག་ཡིན་ལ། དེ་ལྟ་བུའི་སྒྲིག་སྲོལ་ནི་ཤིན་ཏུ་ནས་རྙོག་འཛིང་ཆེ་ལ་འཕེལ་རྒྱས་ཤིན་ཏུ་ཆེ་བའི་ཆོས་ལུགས་ཀྱི་སྒྱུ་རྩལ་ལ་བལྟོས་ནས་བརྗོད་ན་གལ་ཆེའི་ནང་དོན་ཞིག་ཡིན། བོད་ཀྱི་སྲོལ་རྒྱུན་སྤྱི་ཚོགས་ཀྱི་ནང་དུ་སྒྱུ་རྩལ་ནི་ཆོས་ལུགས་ཀྱི་ནང་དོན་འབབ་ཞིག་ཅན་ཞིག་ཡིན་ལ། བོད་ཀྱི་རི་མོའི་བཀོད་བྲིས་སྐོར་གྱི་གཞུང་ལུགས་འགོད་པའི་《བཟོ་རིག་བསྟན་བཅོས》ལྟར་ན། སྲོལ་རྒྱུན་གྱི་སྒྱུ་རྩལ་བརྩམ་བྱ་དེ་དག་ཁག་མི་འདྲ་བ་གསུམ་དུ་དབྱེ་ཡོད་པ་དེ་དག་རེ་རེས་

སངས་རྒྱས་ཀྱི་སྐུ་གསུང་ཐུགས་གསུམ་མཚོན་པར་བྱེད་པ་ཡིན། དེར་བརྟེན་མཆོག་ཏུ་གྱུར་པའི་གཙོ་བོའི་དངོས་པོ་ནི་དེ་དག་གི་གོང་འོག་གི་བྱུང་རིམ་ལྟར་“རྟེན”གསུམ་ཞེས་པ་དེའོ། །དེ་ཡང་གསལ་བར་བརྗོད་ན་འདི་ལྟ་སྟེ།

1. སྐུ་རྟེན།
2. གསུང་རྟེན།
3. ཐུགས་རྟེན།

དེ་ཡང་སྐུ་རྟེན་ནི་དེས་སྟོང་ཆ་ཟིན་པའི་གནས་ཚུལ་ལ་གཞིགས་ནས་རིགས་གཉིས་སུ་དགར་བ་ཡིན། དེ་ཡང་གཅིག་ནི་བྲིས་སྐུ་དང་། གཅིག་ཤོས་ནི་འབུར་སྐུ་ཞེས་པ་དེའོ། །འདིར་ང་ཚོས་གཙོ་བོ་སྐུ་རྟེན་གྱི་རིགས་གཉིས་ལས་རིགས་དང་པོ་སྟེ་བྲིས་སྐུའི་སྐོར་དང་ལྷག་དོན་དུ་ཞལ་ཐང་གི་སྐོར་བགྲོ་གླེང་བྱ་རྒྱུ་ཡིན།

༢། ཁྲད་ཆོས་དང་ནུས་པར་གཞིགས་ནས་དབྱེ་བ་འབྱེད་ཚུལ་སྐོར།

རི་མོར་བྲིས་པའི་གཟུགས་བརྙན་དག་ནི་དེ་དག་གི་ཁྱད་ནུས་ལ་གཞིགས་ནས་དབྱེ་བ་འབྱེད་ཐུབ། འོན་ཀྱང་། བྱ་ཚུལ་དེ་ནི་བོད་རང་གི་སྲོལ་རྒྱུན་གྱི་བྱེད་སྟངས་ཤིག་མ་ཡིན་ནོ།

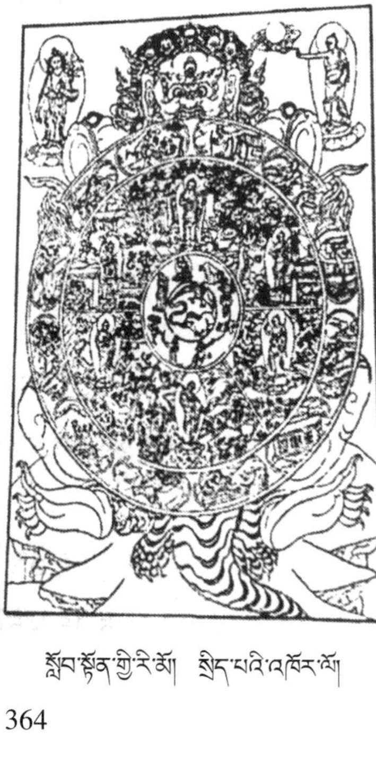

སྲིད་པའི་འཁོར་ལོ། སློབ་སྟོན་གྱི་རི་མོ།

1. སྤྱིར་བཏང་གི་སྐུ་རྟེན་ནི་རྒྱས་སྤྲོས་མ་ཡིན་པའི་ལམ་ནས་ལྷ་ཡི་སྐུ་བརྙན་མཚོན་པར་བྱེད་པ་དེ་ཡིན།

2. རྟོགས་བརྗོད་ཀྱི་ཐང་ག་ནི་གྲུབ་ཐོབ་ལྟ་བུ་ལོ་རྒྱུས་སམ་གཏམ་རྒྱུད་ཀྱི་མི་སྣ་མཚོན་པར་བྱེད་པ་དེའོ། །

3. སློབ་སྟོན་གྱི་ཞལ་ཐང་ནི་མཚོན་བྱེད་ཀྱི་ལམ་ནས་ཆོས་ཀྱི་བདེན་པ་མཚོན་པར་བྱེད་པ་དེའོ།།

4. སྲིད་པ་རྩོའི་དབྱིབས་གཟུགས་ནི་བསོད་ནམས་ཕྲུང་རྟ་འཕེལ་བ་དང་བར་ཆད་ངན་པ་ཟློག་པའི་ཐབས་ལམ་དུ་བརྩི་བ་ཡིན།

5. མཆོད་སྦྱིན་གྱི་མཚོན་བྱེད་དུ་བརྩི་བ་སྟེ། དེ་དག་ཆོས་སྐྱོང་སྲུང་མ་རྣམས་མཉེས་ཤིང་མགུ་

བར་བྱེད་པའི་མཆོད་སྒྲིན་དུ་བཙེ་སྲོལ་ཡོད།

གུ་རུའམ་པདྨ་འབྱུང་གནས་ཀྱི་ཞལ་ཐང་གིས་གོང་གསལ་སྐུ་རྟེན་རིགས་ཀྱི་ཐང་གའི་ཁྲོད་དུ་གྲངས་ཚད་མང་པོ་ཟིན་གྱི་མེད་ནའང་། དུས་རབས་བཅུ་བཞི་ནས་བཅུ་དྲུག་པའི་ནང་དུ་དེས་གྲངས་ཚད་མཐོ་པོ་ཟིན་ཡོད། དེར་བརྟེན་དེང་གི་སྐབས་སུ་ཞལ་ཐང་ཁྲོད་དུ་པདྨ་འབྱུང་གནས་པ་དང་ཆ་ལག་ཡོངས་སུ་རྫོགས་པའི་སྐུ་བརྙན་འབྲི་སྲོལ་དེ་ཇེ་ཉུང་དུ་སོང་ཡོད།

དྲུག ཉམས་འགྱུར་གྱི་འཕེལ་ཕྱོགས་སྐོར།

ཆོས་གཞི་དམར་པོ་དང་ལི་ཧྲང་གྱིས་གཙོ་བྲིས་བྱས་པའི་གནའ་བོའི་རྒྱ་གར་གྱི་ཞལ་ཐང་། "Dancing Ganapati" དུས་རབས་བཅུ་གསུམ་པའམ་བཅུ་བཞིའི་འགོ་སྟོད་ཀྱི་ཞལ་ཐང་།

ང་ཚོས་དུས་ཚོད་གསལ་པོ་འཁོད་པའི་དུས་རབས་བཅུ་གཉིས་ནས་བཅུ་དགུའི་བར་གྱི་ཞལ་ཐང་ལ་བརྟག་དཔྱད་བྱེད་སྐབས་ཐང་གའི་ཉམས་འགྱུར་ཁྱད་ཆོས་ལ་འགྱུར་ལྡོག་ཆེན་པོ་བྱུང་ཡོད་པ་ཤེས་རྟོགས་ཐུབ་ཀྱི་ཡོད། དེ་ཡང་ཐོག་མའི་བོད་ཀྱི་ཞལ་ཐང་ནི་རྒྱ་གར་གྱི་ཁྱད་ཆོས་ལྡན་པ་ཞིག་ཡིན་པ་གང་ཞིག་ཕྱིས་སུ་རྒྱ་ནག་གི་ཁྱད་ཆོས་ལྡན་པའི་ཕྱོགས་སུ་འགྲོ་འགྱུར་ཕྱིན་ཡོད། དེ་ལྟའི་འགྱུར་ལྡོག་བྱུང་བ་ལ་ཧང་སངས་དགོས་དོན་ཅི་ཡང་མ་མཆིས། དེ་ནི་བོད་གངས་ཅན་གྱི་ཡུལ་འདི་བཞིན་ཨེ་ཤེ་ཡའི་གླིང་གི་ཤེས་རིག་དཔལ་ཡོན་དར་ཡུལ་ཆེན་པོ་གཉིས་ཏེ་རྒྱ་དཀར་ནག་གཉིས་ཀྱི་བར་ན་ཆགས་པ་དང་བོད་ལ་རྒྱ་གར་ནས་དར་བའི་སངས་རྒྱས་ཆོས་ལུགས་ཀྱི་

ཤུགས་རྐྱེན་དྲག་པོ་ཐེབས་པས་སོ། །

ལར་བོད་ཀྱི་ཞལ་ཐང་རི་མོར་རྒྱ་དཀར་ནག་གཉིས་ཀྱི་ཁྱད་ཆོས་དང་ཉམས་འགྱུར་གྱི་ཤུགས་རྐྱེན་ཐོག་ཡོད་ནའང་བོད་ཀྱི་ཞལ་ཐང་ལྷ་སྐུའི་ཆ་བྱད་དང་རྒྱན་གོས་ལ་དེ་ཙམ་གྱི་ཤུགས་རྐྱེན་ཐོག་མེད། ཞལ་ཐང་རི་མོའི་རྒྱབ་ལྗོངས་རི་མོ་དང་རྒྱན་སྤྲས་ཁག་གཅིག་ལའང་རྒྱ་དཀར་

ཕྱིས་སུ་ཐོན་པའི་རྒྱ་ནག་ལུགས་ཀྱི་རི་མོའི་ཚོན་མདོག་ལྗང་ཁུ་དང་སྔོན་མོའི་ཤན་ཞུགས་པའི་ཞལ་ཐང་།

ནག་གི་རི་མོའི་ཤུགས་རྐྱེན་ཐོག་ཡོད། དེ་བཞིན་ཚོན་མདོག་གི་ཁྱད་ཉམས་ལ་འཕོ་འགྱུར་ཕྱིན་པའི་ཐད་ནས་བརྗོད་ནའང་། སྔོན་གྱི་དམར་པོ་དང་། སེར་པོ། ལི་ཁྲང་ཅན་ལ་རྒྱབ་ལྗོངས་སྟོང་ཆར་རྒྱན་རིས་འབྲི་བའི་ཁྱད་ཆོས་དག་རིམ་བཞིན་དོར་ནས་གཞི་རྩའི་ཚོན་མདོག་ལྗང་ཁུ་དང་སྔོན་པོ་ཅན་ལ་རྒྱ་ནག་རི་མོའི་ཁྱད་ཆོས་ཅན་གྱི་འབུར་ཐོན་གྱི་རྒྱབ་ལྗོངས་རི་མོ་བྲི་བའི་ཕྱོགས་སུ་འཕོ་འགྱུར་སོང་ཡོད། སྐུ་བརྙན་དག་སྒྲིག་བཀོད་བྱེད་རྒྱུའི་སྒྲོལ་རྒྱུན་ཐད་ནས་བརྗོད་ན། དེ་ཡང་སྔར་གྱི་ནན་སྐྱོང་གིས་གཞུང་ཐིག་ཏུ་བཀལ་འཁྲིག་པོས་བྲིས་བཀོད་བྱེད་པའི་ལུགས་དེ་རིམ་བཞིན་རྒྱབ་ལྗོངས་སུ་ཡུལ་ལྗོངས་ཅན་གྱི་ཉམས་སྒྲོང་ལྡན་སུམ་ཚོགས་པ་དང་རང་བཞིན་ལྟ་བུའི་སྒྲིག་བཀོད་བྱེད་པའི་སྒྲོལ་དུ་འཕོ་འགྱུར་བྱུང་ཡོད། དེ་ཡང་དང་ཐོག་མའི་བྲིས་སྒྲོལ་ནི་རྒྱ་གར་ལྟར་བྱེད་པ་ནི་ཤིན་ཏུ་གསལ་ཞིང་། ཕྱིས་སུ་འཕེལ་བའི་ཕྱོགས་ལ་རྒྱ་ནག་གི་རི་མོའི་སྒྲོལ་རྒྱུན་གྱི་ཤུགས་རྐྱེན་ཟབ་ཙམ་ཐོག་ཡོད། དེ་ལྟ་བུའི་འཕོ་འགྱུར་ཆེ་ཤོས་ནི་དུས་རབས་བཅུ་གཉིས་པའི་སྐབས་སུ་ཕྱིན་ཡོད་ལ། མདོར་བསྡུས་ནས་བརྗོད་ན་བོད་ཀྱི་ལོ་རྒྱུས་འཕེལ་རིམ་སྤྱིའི་ཁྲོད་དུ་བོད་ཀྱི་ཐུབ་པའི་ཆོས་ལུགས་ཀྱི་རི་མོ་ནི་ཁ་སྣུག་དོག་ལ་འཕོ་འགྱུར་འགྲོ་འགོར་བ་ཞིག་ཡིན་པ་ནི་དོན་དངོས་ཤིག་ཡིན་ནོ།

བདུན། ཞལ་ཐང་ཁྲོད་དུ་སྐུ་བརྙན་སྒྲིག་སྟངས་དང་ཆེ་ཆུང་གི་ཐིགས་ཚད་སྐོར།

བོད་ཀྱི་ཐུབ་པའི་ཆོས་ལུགས་ཀྱི་སྒྱུ་རྩལ་ནི་སྨུག་ཁ་དོག་ཅིང་། གནའ་ཉམས་དོད་པ། བང་རིམ་དང་ཆ་ལག་ཚང་བའི་རི་མོའི་སྲོལ་རྒྱུན་ཞིག་ཡིན་ཙ་ན་སློ་བུར་གྱི་འགྱུར་བ་ནི་ཡོང་མི་སྲིད་པ་ཞིག་རེད། འོ་ན་སྐུ་བརྙན་གྱི་སྒྲིག་བཀོད་རྟུས་གཞིའི་ཚད་གཞིའམ་དེ་ཐག་གཅོད་བྱ་རྒྱུའི་ཐབས་ལམ་ཅི་ཡིན་ནམ་ཞེ་ན། ཤོ་ཐོས་འདིར་བརྗོད་པའི་" སྒྲིག་བཀོད་" ཅེས་པའི་དོན་ནི་སྤྱིར་བཏང་གི་རྒྱབ་ལྗོངས་སོགས་རྒྱན་སྤྲོས་ལྟ་བུའི་གནད་ལ་ཟེར་བ་མ་ཡིན་པར་སྐུ་བརྙན་གྱི་ གནས་ས་ གོ་ དང་ སྒྲིག་ བཀོད་ ལ་ ཟེར་ བ་ ཡིན། སྐུ་ བརྙན་ འབྲི་ སྐབས་ ཀྱི་ སྒྲིག་འཛུགས་དང་" བརྗོད་པ་ལྟ་བུའི་" ཁྱད་ནུས་འདོན་རྒྱུ་དེ་ནི་རྟོག་འཛིན་ཅན་གྱི་བྱ་བ་ཞིག་མ་ཡིན་ལ། གནད་དེ་རྣམ་ཕྱི་གོ་རིམ་མམ་མཐོ་དམན་གྱི་ཁྱད་པར་ལ་གཞིགས་ནས་ཁག་གསུམ་དུ་བསྡུ་ཆོག་གོ །

1. མི་སྣ་ཞིག་གི་སྐུ་བརྙན་དེ་" གཙོ་བོ་" འམ་" ཆུང་གྲས་" གང་རུང་དུ་འཛོག་པ།

2. གོང་གསལ་རིགས་དང་པོའི་ནང་དུ་འཁོད་པའི་སྐུ་བརྙན་དེ་ཉིད་སྐུ་བརྙན་ཞལ་ཐང་གི་རིགས་གང་དུ་གཏོགས་མིན་འཁོད་པ།

3. གོང་གསལ་རིགས་གཉིས་པའི་ནང་དུ་སྣང་བའི་སྐུ་བརྙན་དེས་སྐུ་བརྙན་ཞལ་ཐང་གི་ཁྲོད་དུ་གནས་བབས་ཅི་ཞིག་བཟུང་ཡོད་མིན་སྐོར་བཅས་སོ།

དང་པོ། སྐུ་བརྙན་གཙོ་བོ་དང་ཆུང་གྲས་གཉིས་ཀྱི་མཐོ་དམན་སྐོར་དང་དེ་གཉིས་དབར་གྱི་སྟ་ཕྱིའི་འཛོག་ཚུལ་དང་དབྱེ་འབྱེད་བྱ་ཚུལ་སྐོར།

ཞལ་ ཐང་ འབྲི་ སྐབས་ དང་ ཐོག་ མཐོ་ དམན་ གྱི་ དབྱེ་ བ་ འབྱེད་ ཐབས་ ནི་ སྐུ་ བརྙན་རྣམས་ལས་གང་ཞིག་ལྷ་གཙོ་བོ་ཡིན་པ་དང་གང་ཞིག་ལྷ་མགྲོན་ནམ་འཁོར་གྱི་གྲས་ཡིན་ཚུལ་གཏན་འཁེལ་བྱེད་རྒྱུ་དེ་ཡིན། ཞལ་ཐང་མང་ཆེ་བར་མ་མཐར་ཡང་རིམ་པ་གཉིས་ལྡན་ཡོད།

1. སྐུ་བརྙན་གཙོ་བོ།

2. འཁོར་རམ་ལྷ་མགྲོན།

སྤྱིར་བཏང་ཞལ་ཐང་འགའ་ཞིག་སྟེང་དུ་འཁོར་རམ་ལྷ་མགྲོན་གྱི་གྲས་ལ་བང་རིམ་གཉིས་སམ་དེ་བས་མང་བའི་རིམ་པ་བྲིས་སྲོལ་ཡོད་ནའང་། ཤོ་ཐོས་འདིར་མདོར་བསྡུས་ཀྱི་

ཚུལ་དུ་འཁོར་གྱི་གྲས་སུ་ཚུད་པའི་སྐུ་བརྙན་ལ་རིམ་པ་གཅིག་རང་ལས་དབྱེ་མེད།

ལྟ་ཞིག" གཙོ་བོ" འམ" འཁོར" གྱི་གྲས་སུ་འཛོག་མིན་ནི་ཐད་ཀའི་སེམས་ཀྱི་རེ་སྨོན་ནམ་རྒྱུ་སྦྱོར་ཡོན་བདག་གི་བཀའ་འམ་རེ་འདོད་ལྟར་ཐག་གཅོད་བྱ་བ་ཡིན། (དཔེར་ན་མི་སྐྱ་ཞིག་ལ་མཚོན་ནས་བརྗོད་ན། དེས་ཅུང་ཟད་དགའ་པོ་དང་རེ་འདོད་བྱེད་པའི་སྐུ་བརྙན་དག་མ་བཞེངས་གོང་རང་གི་དད་པ་བྱ་ཡུལ་གྱི་བླ་མའམ་སློབ་སྟོན་པ་ཞིག་ལ་བཀའ་འདྲི་ཞུ་བ་དང་། བཀའ་འདྲི་ཞུ་ཡུལ་གྱི་བླ་མ་དེས་ཐ་ན་སྐྱེ་བོ་དེས་བཞེངས་དགོས་ཀྱི་སྐུ་བརྙན་དེའི་ཁྲོད་ཀྱི་ལྷ་རྣམས་ཀྱི་ཕྱག་རྒྱ་དང་ཕྱག་མཚན་དང་བཅས་པའང་སྐྱ་ཐྲིས་སུ་བཀོད་ནས་བསྟལ་གནང་སྲོལ་ཡང་ཡོད།) དཔེར་ན་སྐུ་བརྙན་ཞིག་ལྷ་གཙོ་བོའམ་ཡང་ན་གཙོ་བོ་འགའ་ཞིག་ཚོགས་པའི་ཁོངས་སུ་འཛོག་མིན་ནི་སྤྱིར་བཏང་སྦྱིན་བདག་རང་གི་རེ་འདོད་དང་རྒྱུ་མཚན་དང་བསྟུན་ནས་ཐག་གཅོད་བྱ་བ་ཡིན། དཔེར་ན་རྒྱུ་སྦྱོར་ཡོན་བདག་གིས་རང་ཉིད་ཀྱི་ཚེ་སྲོག་འཕེལ་ཆེད་དང་ནད་སོགས་གེགས་བར་གྱི་རིགས་ཟློག་ཕྱིར་སྒྲོལ་དཀར་གྱི་སྐུ་བརྙན་བཞེངས་པ་ལྟ་བུའོ།

ཅུང་ཟད་ཤེས་རྒྱ་ཆེ་བའི་མི་ཞིག་གིས་ཞལ་ཐང་གི་ཁྲོད་ཀྱི་སྐུ་བརྙན་རྣམས་ལས་རིམ་པ་དང་པོ་སྟེ་གཙོ་བོའི་སྐུ་བརྙན་དེ་ལམ་སེང་ངོས་འཛིན་བྱེད་ཐུབ་ལ། རིམ་པ་གཉིས་པ་དེ་དག་ནི་ཆེ་ཆུང་གི་ཚད་གཞི་དང་སྒྲིག་བཀོད་བྱས་ཚུལ་ཐོག་ནས་ཤེས་རྟོགས་བྱ་ཐུབ་ཀྱི་ཡོད། དེ་ཡང་གཙོ་བོའི་སྐུ་བརྙན་དེ་ནི་སྤྱིར་བཏང་གཞན་ལས་ཆེ་བ་ཡོད་ལ། འཁོར་གྱི་སྐུ་བརྙན་རྣམས་ནི་ཅུང་ཟད་ཆུང་བར་བཞེངས་ཡོད། སྐོར་ཚུགས་ཅན་གྱི་སྐུ་བརྙན་གཙོ་བོ་དེ་ནི་ཞལ་ཐང་གི་དབུས་སུ་མཆིས་པའི་ཐད་དཀྱིལ་གི་འཁོར་དེའི་ཐིག་རིས་སྟེང་དུ་བཞེངས་པ་ཡིན་ནོ།

དེ་བཞིན་སྐུ་བརྙན་གཙོ་བོ་དེ་དབུས་ཀྱི་ཚངས་ཐིག་གི་གཡས་གཡོན་དུའང་བཞེངས་པའི་སྲོལ་ཡང་ཡོད་པ་ནི་དཔེར་ན། རྒྱ་ལུགས་རི་མོའི་ཤན་ཞུགས་པའི་གྲུབ་ཐོབ་དང་བླ་སྐུའི་ཞལ་ཐང་ཐོག་གི་སྐུ་བརྙན་གཙོ་བོ་དེ་ནི་ཟུར་ཞལ་གྱི་རྣམ་པའི་ཐོག་ནས་ཤིང་ཁྲི་འམ་རྒྱབ་སྦྱོངས་བཀོད་པའི་ཁྲི་སྟེང་དུ་བཞེངས་པ་ཡིན། དེ་ལྟ་བུའི་དབུས་སུ་མི་བྱེད་པའི་སྣང་ཚུལ་དེས་ཏུ་ཆེ་དབུ་འཐོམས་པ་བཟོས་ཡོད་པ་ནི། ཁོང་ལྟར་ན་བཟོ་རིག་པའི་བསྟན་བཅོས་དང་བྲིས་འབུར་གྱི་ལུགས་སྲོལ་ལྟར་ན་སྐུ་ཡོད་ཚད་ཀྱི་སྟེང་གི་ཁྲི་ནི་པད་འདབ་ཀྱིས་བརྒྱན་དགོས། འོན་ཀྱང་ཁོང་གིས་གཟིགས་པའི་སྐུ་བརྙན་ལ་པད་མའི་ཁྲི་མེད་པ་དང་བོད་ཀྱི་མཛེས་ཆོས་ཀྱི་

སྲོལ་རྒྱུན་ལྟ་བ་མི་མངའ་བས་ཡ་མཚན་ཆེན་པོ་སྐྱེས་གནང་འདུག དོན་དངོས་ཐོག་ཞལ་ཐང་གི་སྤྱི་ཡོངས་ཀྱི་སྒྲིག་བཀོད་ལ་ལྟ་ཞིབ་ནན་ཙམ་བྱས་ན་དོགས་གནད་དམ་ཡ་མཚན་སྐྱེ་ཡུལ་གྱི་ཆ་དེ་ནི་སེལ་བདེ་པོ་ཞིག་ཡིན། དེ་ཡང་ཞལ་ཐང་ཡོངས་རྫོགས་ལ་དབུས་ཀྱི་ཚངས་ཐིག་ལྡན་ལ། ཚངས་ཐིག་དེ་ནི་དབུས་སུ་མཆིས་པའི་སྐུ་བརྙན་གཙོ་བོ་དེ་ཐད་དཔྱང་བྱ་ཡུལ་གྱི་ཐིག་རིས་དེ་ཡིན་ལ། དེའི་གཡས་གཡོན་དུ་བཞེངས་པའི་སྐུ་བརྙན་ཚང་མའི་ཞལ་རས་དག་ནི་དབུས་ཀྱི་སྐུ་བརྙན་གཙོ་བོ་དེར་ཕྱོགས་ནས་ཡོད། གཡས་གཡོན་གཉིས་སུ་བཞེངས་པའི་སྐུ་བརྙན་གྱི་ཐད་དཔྱང་གི་ཚངས་ཐིག་གིས་ཞལ་ཐང་སྤྱིའི་མཛེས་ཆོས་ཀྱི་ནུས་པ་འདོན་ཆེད་དང་ཞལ་ཐང་སྤྱིའི་བཀོད་པ་དོ་སྙོམས་ཡོང་ཕྱིར་ཁྱད་ནུས་འདོན་པ་ཡིན་ལ། ཞལ་ཐང་ཁྲོད་ཀྱི་སྐུ་བརྙན་གཙོ་བོ་དེའི་ཞལ་ནི་གཡས་གཡོན་གཉིས་སུ་མཆིས་པའི་སྐུ་འཁོར་ལ་ཕྱོགས་ནས་བཞེངས་པ་ཡིན་ནོ།

ལྟ་ཁྲིས་པ་ཞིག་ལ་ཆ་མཚོན་ནས་བཤད་ན། སྐུ་བརྙན་འཁོད་པའི་ཞལ་ཐང་གཅིག་གམ་ཡང་ན་མུ་སྒྲིལ་ཅན་གྱི་ཞལ་ཐང་ཆེ་ཆུང་སྣ་ཚོགས་བྲི་དགོས་ཀྱི་ཡོད། དཔེར་ན་སྐུ་བརྙན་གྱི་ཞལ་ཚད་དམ་མཐོ་གང་གི་ཚད་ (མཐོ་གང་ཚད་གཞི་དེ་སྤྱིར་བཏང་སོར་མོ་བཅུ་གཉིས་སུ་བྱེད་པ་ཡིན་) སྐོར་བཤད་ན། སྐུ་བརྙན་གཙོ་བོའི་ཚད་དེ་ནི་འཁོར་གྱི་སྐུ་བརྙན་ལས་ཆེ་ཆེར་བཞེངས་པའི་སྲོལ་ཡོད་དོ།

གཞུང་ལུགས་ཐོག་ནས་བརྗོད་ན། སྐུ་བརྙན་ཡོད་དོ་ཅོག་ནི་གཙོ་བོའི་སྐུ་བརྙན་དེའི་འཁོར་ཚོགས་སུ་གཏོགས་ལ་ཞལ་ཐང་གཅིག་གི་སྟེང་རྟེན་གཙོ་མེད་པའི་འཁོར་ཚོགས་རྒྱང་རྒྱང་ཡོང་མི་ཚོག་པ་ཞིག་ལགས། འོན་ཀྱང་དངོས་སུ་ལག་ལེན་བྱེད་པའི་སྐབས་སུ་ཞལ་ཐང་གཅིག་ནང་དུ་མི་སྣ་གཉིས་ནས་གསུམ་ཡན་འཁོད་པའི་སྣང་ཚུལ་ཐོན་པ་ཤིན་ཏུ་དཀའ། ཞལ་ཐང་མང་ཆེ་བའི་ནང་དུ་སྐུ་བརྙན་གཙོ་བོ་དེས (སྐུ་བརྙན་གཙོ་བོའི་འཁོར་ཞིག) མི་རྣམས་ཀྱི་ཡིད་དབང་ལྷན་ཅིག་ཏུ་འཁྲིག་པ་དང་མཛེས་ཆོས་ཀྱི་ཉམས་འགྱུར་ཞིག་ཐོན་གྱི་ཡོད། གཉིས་པ། སྔོན་ཐོབ་རིམ་པའི་ཁྲོད་ཀྱི་བྲིས་འབུར་རིགས་ཀྱི་མཐོ་དམན་སྐོར།

དེ་ཡང་ཁྱད་པར་གཉིས་ལས་དང་པོ་སྟེ་སྐུ་བརྙན་གཙོ་བོ་དང་འཁོར་གྱི་སྐུ་གཉིས་དབྱེ་ནས་བཞེངས་པ་དེ་ནི་སྤྱིར་བཏང་གི་ཆ་ནས་བརྗོད་ན་བཞེངས་མཁན་སྙེར་དང་རང་འདོད་ཀྱི་ཐག་གཅོད་བྱེད་པའི་སྲོལ་ཡོད་ལ། གཉིས་པ་ནི་དེ་ལས་ལྡོག་སྟེ་དང་ཐོག་མ་ནས་གཏན

འཇིགས་ལྷ་བུར་ཡོད་པའི་མཐོ་དམན་གྱི་རིམ་པ་ལྟར་བཞེངས་དགོས་པ་ཡིན་ནོ། ། དེས་བོད་ཀྱི་ནང་པ་སངས་རྒྱས་ཆོས་ལུགས་ཀྱི་ལྷ་ཚོགས་ཀྱི་བྲིས་འབུར་རི་མོ་བཞེངས་པའི་སྐབས་སུ་གོ་རིམ་དང་སྒྲིག་གཞི་ལྡན་དགོས་པ་གསལ་བཤད་བྱས་ཡོད། ནང་པ་ཐུབ་པའི་ཆོས་ལུགས་ཀྱི་ལྷ་ཚོགས་རྣམས་ནི་མཐོ་དམན་དབྱེ་ནས་བཞེངས་པ་ཡིན་ལ། གང་ཞིག་གང་གི་ཁོངས་སུ་གཏོགས་མིན་གཏན་འབེབས་ཡོད་ལ། མཆོག་ཏུ་གྱུར་པའི་སྐུ་བརྙན་གཙོ་བོའི་རིགས་རྣམས་སྒྲིག་བཀོད་བྱེད་སྟངས་ནི་གནས་བབས་མཐོ་དམན་ལ་དམིགས་ནས་བཞེངས་པ་ཡིན་པ་ནི་དཔེར་ན།

1. བརྒྱུད་པ་རིམ་བྱོན་གྱི་བླ་མ།

2. ཡི་དམ།

3. སངས་རྒྱས།

4. བྱང་སེམས།

5. རང་རྒྱལ།

6. ཉན་ཐོས།

7. དཔའ་བོ་དང་དཔའ་མོ།

8. སྲུང་མ།

9. རྒྱལ་ཆེན་རིགས་བཞི།（ཚངས་པ་དང་བརྒྱ་བྱིན་）

10. ནོར་ལྷ།　（གཏེར་བདག）

11. ཀླུ་དང་ས་བདག་སོགས་དམན་པའི་རིགས་བཅས་སོ། །

གོང་གསལ་གྱི་མཚན་ཐོ་ནི་ལྷ་ཚོགས་ཀྱི་རིགས་མཐོ་དམན་མཚོན་པ་ཞིག་ཡིན་ལ། སྔོན་ནས་འགོར་འཁོད་པའི་རིགས་རྣམས་ནི་རྟོགས་པ་མཐོ་བར་སླེབས་པ་དང་ཕྱི་མ་རྣམས་ནི་དམའ་བ་ཡོད་ཚུལ་མཚོན་པ་ནི་དཔེར་ན། ཡོངས་སུ་སངས་རྒྱས་པའི་སྟོན་པ་ནི་ད་དུང་ཡོངས་སུ་སངས་མ་རྒྱས་པའི་བྱང་ཆུབ་སེམས་དཔའ་ལས་མཐོ་བ་ཡོད་པ་དང་། བྱང་ཆུབ་སེམས་དཔའ་ནི་འཇིག་རྟེན་པའི་ལྷ་ལས་གནས་ཚད་མཐོ་བ་ཡོད་པ་ལྟ་བུའོ།། དེ་བཞིན་ད་དུང་བྱང་ཆུབ་སེམས་དཔའ་ལའང་སྦྱོར་བཏང་བ་དང་རླབས་ཆེ་བའི་བྱང་ཆུབ་སེམས་དཔའམ་བྱང་ཆུབ་སེམས་དཔའ་ཆེན་པོ་གཉིས་སུ་དབྱེ་སྲོལ་ཡོད་པ་དང་། འཕགས་པ་

ལོ་ཀེ་ཤྭར་ལྷ་བུ་མ་གཞི་སངས་རྒྱས་པའི་བདག་ཉིད་ཅན་ཞིག་ལགས་ནའང་སངས་རྒྱས་ཡིན་ཚུལ་མ་མངོན་པའི་རྣམ་པར་བཞེངས་པ་དང་། དེ་བས་གལ་ཆེ་བའི་ཁྱད་པར་དབྱེ་ཚུལ་གཞན་ཞིག་ནི་རྟོགས་པ་མཐོ་པོར་སླེབས་པའི་འཕགས་པ་རྣམས་དང་འཇིག་རྟེན་པའི་ལྷའི་བར་ཁྱད་པར་འབྱེད་པ་དེའོ།

གོང་གསལ་མཚན་ཐོར་འཁོད་པའི་ལྷ་ཚོགས་ཀྱི་མཐོ་དམན་གྱི་ཁྱད་པར་དེ་བཞིན་བོད་ཀྱི་དགོན་པའི་ནང་དུ་སྤེལ་བའི་ཆོས་ལུགས་ཚོ་གའི་ནང་དུ་ཞིབ་མོར་མངོན་པ་ཡིན་ལ། ཕྱག་རྡོར་སྒྲུབ་ཐབས་ཀྱི་གཅིག་སྒྱུར་ལྟ་བ་ལྟར་ན། ཀུ་རུའམ་བླ་མ་ནི་ལྷ་ཚོགས་ཡོད་ཚད་ཀྱི་སྔོན་དུ་འཇོག་པ་ཡིན་ནོ། །

བླ་མ་མཆོད་པའི་ཚོགས་ཞིང་།

དེ་ལྟ་བུའི་མཐོ་དམན་གྱི་ཁྱད་པར་ཉིད་ཇི་ལྟར་བྱས་ནས་རི་མོའི་ཐོག་མངོན་པར་བྱེད་དམ་ཞེ་ན། དེ་ཡང་གོང་དུ་ཞུས་ཟིན་པ་ལྟར་གཙོ་བོ་སྐུ་ཚད་ཀྱི་ཆེ་ཆུང་དང་སྒྲིག་བཀོད་བྱ་ཡུལ་གྱིས་ཐག་གཅོད་བྱེད་པ་ཡིན། ལྷ་ཚོགས་ཤིག་གམ་བླ་བརྒྱུད་ཅིག་རིགས་གཞན་པ་ཞིག་ལས་མཐོ་བའམ་གལ་ཆེ་བ་ཡོད་པའི་དོན་ཉིད་མཚོན་པར་བྱེད་སྐབས་དང་ཐོག་སྐུ་ཐང་ངམ་རི་མོའི་སྟེང་གི་གནས་མཐོ་བ་ཟིན་པ་དེའི་ཐོག་ནས་ཐག་གཅོད་བྱེད་པ་ཡིན། དེའི་སྐོར་གྱི་དཔེ་མཚོན་བཟང་ཤོས་ཤིག་ནི་ལྷ་སྐུ་མང་པོ་མཉམ་དུ་བཞེངས་པའི་ཚོགས་ཞིང་ལྟ་བུའོ།

རིགས་གཅིག་པའི་ནང་གི་སྐུ་བརྙན་རྣམས་ལས་གང་ཞིག་མཐོ་བ་དང་གང་ཞིག་དམན་པ་ཡིན་པའི་མཚོན་སྟངས་ནི་དེ་དག་གི་སྐུའི་ཆེ་ཆུང་ལ་བལྟོས་ནས་དབྱེ་འབྱེད་བྱ་བ་ཡིན། དེ་བཞིན་མ་ལག་ལྡན་པའི་སྐུའི་རྣམ་པ་བཞེངས་པའི་སྲོལ་ཡོད་པ་དེའི་སྐབས་སུ་རིགས་མཐོ་བའི་སྐུ་བརྙན་གྱིས་ཐང་གའི་ཁྲོད་དུ་ཟིན་པའི་སྟོང་ཆ་ནི་གཤམ་འོག་གམ་རིགས་དམའ་བ་རྣམས་ལས་མང་བ་ཡོད། རིགས་སམ་བང་རིམ་གཅིག་པ་ཡིན་པའི་སྐུ་བརྙན་གྱི་

བཞེངས་ཚུལ་གྱི་ཚད་གཞི་དཔེར་ན་ཞལ་གྱི་རིང་ཚད་དང་ཕྱག་མགོའི་རིང་ཐུང་ནི་གཅིག་མཚུངས་ཡིན།

གསུམ་པ། མཆོག་ཏུ་གྱུར་པའི་སྐུ་བརྙན་གྱི་རིགས་ནང་ལྕུལ་གྱི་མཐོ་དམན་སྐོར།

རྒྱང་གཞི་རིམ་པ་གསུམ་པ་ཅན་གྱི་མཐོ་དམན་རིགས་གཅིག་པ་ཡིན་པའི་སྐུ་བརྙན་པན་ཚུན་དབར་གྱི་བཞེངས་བཀོད་བྱེད་སྟངས་ཐད་གཅིག་འོག་གཅིག་བསྟུས་ཀྱི་ཁྱད་པར་མ་མཆིས་ལ། མཚམས་རེ་རིགས་གཅིག་པ་ཡིན་པའི་སྡེར་ཚུགས་ཅན་གྱི་སྐུ་བརྙན་ཡོད་དོ་ཅོག་གི་གོ་བབས་འདྲ་མཉམ་ཡིན་པས། མ་གཞི་དེ་དག་གི་བཞེངས་སྟངས་ནི་རྟག་ཏུ་གཏན་འཁེལ་ལྟ་བུའི་བང་རིམ་དང་ལྡན་པ་ཞིག་ཡིན་ནའང་པན་ཚུན་བརྗེ་བའི་སྲོལ་ཡང་མཆིས་སོ། འོན་ཀྱང་། དངོས་སུ་མཐོ་དམན་གྱི་དབྱེ་བ་ཕྱེ་བ་དེ་ནི་གཞུང་ལུགས་ཀྱི་ཁྱད་འཕགས་དང་རྟོགས་པའི་མཆོག་དམན་ལ་རགས་ལུས་ཡོད། དཔེར་ན། རྒྱལ་འབྱོར་བླ་མེད་ཀྱི་ལྷ་ཚོགས་དག་བཞེངས་པའི་སྐབས་སུ་དེ་དག་ནི་ཡོ་ག་གསང་སྔགས་ཀྱི་ལྷ་གཞན་དང་དམའ་བའི་རིགས་སུ་གཏོགས་པའི་གསང་སྔགས་གཉིས་ཀྱི་ལྷ་ཚོགས་ཀྱི་གོང་དུ་བཞེངས་པ་ཡིན་ལ། བླ་བརྒྱུད་ཀྱི་བླ་མའི་གྲས་སུ་ཚུད་པའི་བླ་མ་ཞིག་ཡིན་ན་ཞལ་ཐང་གི་དབུས་སམ་མཐོ་བའི་གནས་སུ་བཞེངས་དགོས་ལ། རྟོགས་པའི་ཐོག་ནས་གཞན་ལས་འཕགས་པ་ཞིག་ཡིན་ན་སྐུ་ཆུང་བ་རྣམས་ཀྱི་མདུན་དུ་བཞེངས་པ་ཡིན། སྤྲིག་བཞེངས་བྱེད་སྟངས་དེ་དང་ལོ་ན་ཆེ་ཆུང་བར་འབྲེལ་བ་མ་མཆིས་སོ། །སྒྱུ་རྩལ་བཞེངས་བཀོད་ཀྱི་ཆ་ནས་བཤད་ན། མཐོ་དམན་གྱི་དབྱེ་བ་ནི་སྐུ་བརྙན་ག་གེ་མོ་ཞིག་མཆོག་ཏུ་གྱུར་པ་ཡིན་པ་མཚོན་ཕྱིར་དེ་དག་དབུས་ཀྱི་ལྷ་གཙོ་བོ་དེའི་ཉེ་བའི་སར་གཞུང་ཐིག་ཟིན་ནས་བཞེངས་པ་ཡིན། དེ་ཡང་སྐུ་བརྙན་གཉིས་མཐོ་དམན་གཅིག་མཚུངས་ཡིན་པ་མཚོན་པ་ཞིག་བཞེངས་སྐབས་དེ་གཉིས་གཡས་ངོས་སུ་བྲིས་ནས་ཁྱད་འཕགས་ལྡན་ཚུལ་སྟོན་པ་ཡིན། དེ་དང་ཕྱོགས་མཚུངས་བླ་བརྒྱུད་གཅིག་གམ་རིགས་གཅིག་པའི་ལྷ་སྐུ་བཞེངས་སྐབས། སྐུ་དང་པོ་དེའི་ཕྱག་གཡས་པ་དེ་སྔོན་དུ་བཞེངས་ནས་རྒྱ་གར་གྱི་གནའ་བོའི་གྲུབ་ལུགས་མཚོན་སྟངས་མངོན་པར་བྱེད་པ་ཡིན།

བཞི་པ། ག་དུའི་སྐུ་བརྙན་བཞེངས་སྐབས་ཀྱི་དམིགས་བསལ་བྱ་སྟངས་འགའ་ཞིག་སྐོར།

དེ་ཡང་ཞལ་ཐང་ཁ་ཤས་ཐོག་ཏུ་སྦྱིན་བདག་དེས་དད་པ་བྱ་ཡུལ་གྱི་བླ་མའམ་གྲུབ་

མཐའ་དེའི་སྲོལ་གཏོད་མཁན་གྱི་བླ་མའི་སྐུ་བརྙན་དེ་ས་ཆ་མཐོ་ས་དང་ཡང་ན་དབུས་ཀྱི་ཆར་བཞེངས་སྲོལ་ཡོད། དེས་ན་སྐུ་བརྙན་བཞེངས་ཚུལ་གྱི་ཐད་ལ་སྦྱིན་བདག་གི་དང་མོས་བརྩེ་བ་དང་འབྲེལ་བ་དམ་ཟབ་ལྡན་པ་ཞིག་ཡིན། དེས་ན་ཞལ་ཐང་དེ་ལྟ་བུ་བཞེངས་པའི་སྐབས་སུ་བླ་མ་གཅིག་གམ་ཡང་ན་གྲུབ་མཐའ་དེའི་སྲོལ་གཏོད་མཁན་གྱི་བླ་བརྒྱུད་གསུམ་བཞེངས་སྐབས་དེའམ་དེ་དག་དབུས་ཀྱི་ཆར་བཞེངས་པ་ཡིན་ལ། མཚམས་རེ་སྲོལ་གཏོད་ཀྱི་བླ་བརྒྱུད་ཀྱི་སྐུ་བརྙན་རྣམས་སྟོན་གྱི་ལུགས་སྲོལ་དང་བཀལ་ནས་དེ་བས་མངོན་གསལ་དོད་པོའི་དབུས་ཀྱི་ཆར་བཞེངས་པ་མ་ཟད། དེ་དག་གི་སྐུའི་ཆ་ཚད་ཀྱང་ཅུང་ཟད་ཆེར་བཞེངས་ནས་གལ་ཆེའི་རྣམ་པ་མཚོན་པར་བྱ་བ་ཡིན། ད་དུང་རིམ་པ་མཐོ་ཤོས་ཀྱི་བང་རིམ་མམ་གྲས་སུ་བཞུགས་པའི་གུ་རུའམ་བླ་མའི་སྐུ་བརྙན་ཉིད་ལྷ་སྐུ་གཙོ་བོ་དེའི་སྟེང་དུ་དབུ་རྒྱན་ལྟ་བུའི་ཚུལ་དུ་བཞེངས་པའི་སྲོལ་ཡང་ཡོད་ཀྱང་དེ་ཉིད་ནི་ཤིན་ཏུ་ནས་མཐོང་དཀོན་པའི་བྲིས་ལུགས་ཤིག་རེད་འདུག་ལ། དེ་ལྟ་བུའི་བླ་མའི་སྐུ་བརྙན་ནི་གཞན་དག་ལས་ཅུང་ཟད་ཆུང་བའི་ཚུལ་དུ་བཞེངས་པ་ཡིན་ནོ།

དགུ། བླ་བརྒྱུད་དང་སྒྲིག་གཞིའི་སྐོར།

སྐུ་བརྙན་བཞེངས་སྐབས་ཀྱི་སྒྲིག་གཞི་དང་འཛོག་སྟངས་ཀྱི་བང་རིམ་ནི་དེ་དག་གི་མཐོ་དམན་གྱི་གོ་རིམ་དང་འབྲེལ་བའི་ནང་དོན་ལ་གཞིགས་ནས་གཏན་འབེབས་བྱ་བ་ཡིན་པ་སྟེ།

1. སྦྱིན་བདག་ལ་བལྟོས་ནས་བརྗོད་ན་སྐུ་བརྙན་དེའི་དད་མོས་ཀྱི་གལ་ཆེའི་རང་བཞིན་སྐོར།

2. གཏན་འཁེལ་ཟིན་པའི་སྟོན་ཐོབ་བང་རིམ་ཁྲོད་དུ་བཞེངས་རྒྱུའི་སྐུ་བརྙན་དེའི་བྲིས་འབུར་གྱི་ཁོངས་གཏོགས་སྐོར།

3. གཏན་འཁེལ་བྱས་ཟིན་པའི་བྲིས་འབུར་གྱི་ཁོངས་གཏོགས་ཁྲོད་དུ་སྣེར་ཚུགས་ཅན་གྱི་སྐུ་བརྙན་དེའི་མཐོ་དམན་གཉིས་ཀྱི་གནས་བབས་སྐོར།

དེ་བཞིན་སྐུ་ཁེར་རྐྱང་གཅིག་གམ་ཡང་ན་སྐུ་གཉིས་ཡན་གྱི་ཐང་གའི་ཁྲོད་དུ་རིགས་མཐོ་དམན་དབྱེ་བའི་རྩ་དོན་ཉིད་བེད་སྤྱོད་བྱ་བ་ཡིན། ཕྱིས་སུ་ཐོན་པའི་ཐང་གའི་ནང་དུ།

གོང་གསལ་གྱི་རྩ་དོན་ནམ་གཞི་རྩ་དེས་ཁྱོན་ཡོངས་ཀྱི་སྒྲིག་གཞི་དང་བང་རིམ་ཉིད་ཐག་གཅོད་བྱེད་པ་ཡིན་ནོ།

དེ་ཡང་གསལ་པོར་བཤད་ན། སྐུ་ཁེར་རྐྱང་ཞིག་བྲིས་འབུར་གྱི་ལྷ་ཚོགས་ཀྱི་རིགས་མི་འདྲ་བའི་ཁྲོད་དུ་རང་རང་སོ་སོའི་མཐོ་དམན་གྱི་གོ་རིམ་ལྟར་འཇོག་དང་མི་འཇོག་དེ་ཡིན། བོད་ཀྱི་རི་མོའི་སྲོལ་རྒྱུན་འགའ་ཞིག་ཐད་ཐུབ་པའི་ཆོས་ལུགས་ཀྱི་སྐུ་བརྙན་རྣམས་སྔ་ཕྱིའི་བང་རིམ་ལྟར་མ་ཡིན་པར་བཞེངས་པའི་སྣང་ཚུལ་ཡང་ཐོན་ཡོད། བླ་བརྒྱུད་ཀྱི་སྐུ་བརྙན་བཞེངས་པའི་ཕྱག་སྲོལ་དེ་ནི་ཕན་ནུས་ཆེ་བ་ཞིག་ཡིན་པ་ནི་དེ་དག་འབྲི་སྐབས་ཐོག་མར་འགོ་འཛུགས་སྐབས་ནས་རི་མོ་ཡོངས་ཀྱི་འཆར་གཞི་དང་སྒྲོམ་གཞི་ལེགས་པོ་ཞིག་བཏིང་ཡོད་པས་སོ།

དང་པོ། ཁྱད་དུ་འཕགས་པའི་གནས་བབས་དང་དགེ་བའི་བཤེས་གཉེན་གྱི་གལ་ཆེའི་རང་བཞིན་སྐོར།

ང་ཚོས་གོང་དུ་བརྗོད་པ་ལྟར་བླ་བརྒྱུད་ཀྱི་སྐུ་བརྙན་རྣམས་ནི་བྲིས་འབུར་རི་མོའི་རིགས་ལས་གནས་བབས་མཐོ་ཤོས་ཟིན་ཡོད་ལ། ཐ་ན"སྐུ་བརྙན་ཚུང་ངུ"སྐོར་ཚུགས་ཅན་ཞིག་གིས་རི་མོ་ཞིག་གི་སྒྲིག་བཀོད་དམ་བང་རིམ་ཁྲོད་དུ་ཆེས་མཐོ་ཤོས་ཀྱི་གོ་བབས་བཟུང་ཡོད་པ་ནི་བོད་ཀྱི་ཞལ་ཐང་ངམ་རི་མོ་སྙིང་པའི་ཁྲོད་དུ་དེ་དག་ནི་ཞལ་ཐང་གི་མགོ་ཐོད་དམ་གཡས་གཡོན་གཉིས་ཀྱི་སྟེང་གི་ཚ་ན་བཞེངས་པ་ལས་མཚོན་ཐུབ་པོ།

གཉིས་པ། ཐུབ་པའི་ཆོས་ལུགས་པ་ཞིག་ལ་བལྟོས་ན་བླ་བརྒྱུད་ཀྱི་ལོ་རྒྱུས་ཀྱིས་མཚོན་པའི་གལ་ཆེའི་རང་བཞིན་སྐོར།

བོད་ཀྱི་རི་མོའི་ལོ་རྒྱུས་ལ་བལྟ་སྐབས། བོད་ཀྱི་ནང་པ་ཐུབ་པའི་ཆོས་ལུགས་པ་ནི་བླ་མའི་བརྒྱུད་པ་མཚོན་པའི་ཞལ་ཐང་ངམ་རི་མོ་འབྲི་རྒྱུར་ཆེས་དང་དོད་བྱེད་མཁན་ཞིག་ཡིན་པ་རྟོགས་ཐུབ། རི་མོར་བཀོད་པའི་སྐུ་བརྙན་དེ་དག་གལ་ཆེར་བརྩི་བའི་རྒྱུ་མཚན་ནི་གཅིག་ནས་དེས་བླ་བརྒྱུད་ཀྱི་ལོ་རྒྱུས་དང་བླ་མ་སོ་སོའི་བྱད་བཞིན་གྱི་རྣམ་པ་མཚོན་པ་དང་། གཉིས་ནས་བླ་བརྒྱུད་དེ་མཇུག་བསྡུས་པ་ལས་རི་མོའམ་ཞལ་ཐང་དེ་ཉིད་དུས་ཇི་ཙམ་དུ་ཐོན་མིན་སྐོར་བློ་སྒོ་འབྱེད་ཐུབ་པས་སོ།

བོད་ཀྱི་ཐུབ་པའི་ཆོས་ལུགས་ལ་དད་པ་མཛད་མཁན་ཆོས་ཆོས་ལུགས་ཚོ་ག་དང་

ཉམས་ལེན་གྱི་ཁྲོད་དུ་འང་བླ་བརྒྱུད་རྣམས་བྲིས་བཀོད་དང་གདམས་ངག་རྣམས་བརྒྱུད་སྤེལ་བྱས་ཚུལ་བཀོད་གང་ཐུབ་བྱ་བ་ཡིན། ཐུབ་པའི་ཆོས་ལུགས་ལས་ཐེག་པ་ཆེན་པོའི་ལམ་གྱི་གསང་སྔགས་ཀྱི་གཞུང་ལ་ཉམས་ལེན་མཛད་མཁན་ཞིག་གི་ངོས་ནས་བརྗོད་ན། དེ་ལྟའི་བླ་བརྒྱུད་ནི་ཆེས་ཤིན་ཏུ་གལ་ཆེར་བརྩི་བའི་སྲོལ་ཡོད། དེ་ཡང་ཆོག་གཏོང་སྐབས་ཐོག་མར་བླ་བརྒྱུད་ལ་གསོལ་བ་འདེབས་པ་དང་མཆོད་པ་འབུལ་བ་ཡིན། དེ་ལྟའི་སྲོལ་ནི་བོད་དུ་ཐུབ་པའི་ཆོས་ལུགས་ལས་གསང་སྔགས་ཀྱི་གཞུང་ལ་ཉམས་ལེན་མཛད་མཁན་གྱི་གྲས་སུ་དེ་བས་གཏིང་ཟབ་ཏུ་ཁྱབ་ནས་ཡོད་ལ། དེ་ལས་ཕྱོག་སྔེ་མདོ་གཞུང་ལ་མ་ལག་ལྡན་པའི་སྒོ་ནས་སློབ་གཉེར་མཛད་མཁན་གྱི་དགེ་བཤེས་ལ་སོགས་པས་ནི་བླ་བརྒྱུད་ཀྱི་སྲོལ་ལ་དེ་ཙམ་གྱི་དོ་སྣང་ཆེན་པོ་མཛད་པ་མ་ཡིན་ནོ།

ཐུབ་པའི་ཆོས་ལུགས་པའི་ཉམས་ལེན་གྱི་ཁྲོད་དུ་བླ་བརྒྱུད་ནི་ཤིན་ཏུ་ནས་གལ་ཆེར་བརྩི་བས་ན་བླ་མ་སོ་སོས་རང་རང་སོ་སོའི་བླ་མ་གོང་མ་རྣམས་ནས་བརྒྱུད་པའི་གསང་སྔགས་ཀྱི་གཞུང་ངམ་གདམས་ངག་རྣམས་ཡི་གེར་ཕབ་པའི་སྲོལ་མཆིས། ཡི་གེར་ཕབ་པའི་དཔེ་ཆ་དེ་རིགས་ཀྱི་ནང་དོན་ནི་བླ་མའི་མཚན་ཐོ་དང་དེབ་བམ་གཞུང་གི་མིང་ཙམ་མ་ཡིན་པར། བོད་ཀྱི་རྩོམ་རིག་གི་གཞུང་ཁྲོད་དུ་གལ་ཆེར་བརྩི་བའི་“གདམས་ངག་གམ་གསན་ཡིག”ཅེས་པ་དེ་རིགས་ཡིན། བོད་ཀྱི་སྐྱུ་རྩལ་གྱི་ཐད་ནས་བརྗོད་ནའང་། བླ་མའི་བརྒྱུད་པ་རྣམས་རི་མོའི་ལམ་ནས་ཞིབ་ཅིང་ཕྲ་བར་མཚོན་པར་བྱས་ཡོད་ལ། ཆོས་ལུགས་ཚོགས་ཀྱི་ནང་དུ་འང་བརྒྱུད་འདེབས་དང་བླ་མའི་བརྒྱུད་པ་ལ་གསོལ་བ་འདེབས་པ་ཞེས་བླ་བརྒྱུད་ལ་གསོལ་བ་སྨོན་ལམ་དང་མཆོད་པ་འབུལ་སྲོལ་དེ་གལ་ཆེའི་གནས་སུ་བརྩི་བའི་སྲོལ་ཡོད་དོ།

བཅུ། བླ་བརྒྱུད་ཀྱི་དམིགས་བསལ་རང་བཞིན་གྱི་བྲིས་འབུར་སྲོལ་རྒྱུན་སྐོར།

བོད་ཀྱི་རི་མོའི་སྲོལ་རྒྱུན་གཞན་དང་འདྲ་བར་བླ་བརྒྱུད་ཀྱི་སྐུ་བརྙན་གྱི་ཞལ་ཐང་ལའང་གོ་རིམ་དང་མ་ལག་ལྡན་པའི་ཕྱག་སྲོལ་ཞིག་ཆགས་ཡོད་ལ། རི་མོར་བྲིས་པའི་བླ་བརྒྱུད་རྣམས་ཀྱི་ཞལ་ཐང་གི་སྒྲིག་བཀོད་ལ་བལྟས་ནས་དེ་དག་ནི་ལྷ་ཚོགས་དང་ལོ་རྒྱུས་ཀྱི་ཟིན་ཐོར་འགྲེལ་བཤད་བྱེད་པ་ནང་ལྟར་བྱེད་རྒྱུ་ཡོད་པ་ཞིག་ཡིན། དེ་ལྟའི་ཡང་དག་པའི་འགྲེལ་

བཤད་བྱེད་པར་ཐོག་མར་དོན་དག་མི་འདྲ་བ་རེ་རེའི་ཐོག་དམིགས་བསལ་གྱི་སྲོལ་རྒྱུན་གྱི་སྒྲིག་བཀོད་བྱ་སྟངས་གང་ཞིག་བེད་སྤྱོད་བྱས་ཡོད་མེད་ལ་ངེས་ཤེས་གསལ་པོ་ཞིག་སྐྱེས་དགོས་པ་ཡིན། དེས་ན་གཤམ་དུ་འཁོད་པའི་དོན་ཚན་ཁག་ལ་གཞིགས་ནས་འགོ་འཛུགས་ན་ལེགས་པོ་ཡོད་པ་སྟེ།

1. འགོ་འཛུགས་ཀྱི་གནད་ལ་ངོས་འཛིན་བྱ་ཐུབ་ན་དེ་རྗེས་སུ་བྱུང་བའི་བླ་བརྒྱུད་ཀྱི་ཕྱིན་རིམ་དང་དེ་དག་ཐག་གཅོད་བྱ་སླ་བ་ཡོང་གི་ཡོད།

2. སྐུ་བརྙན་དག་གཅིག་རྗེས་གཉིས་མཐུད་ཀྱིས་བཀོད་རྒྱུའི་ཞལ་ཐང་གི་སྲོལ་ལུགས་བེད་སྤྱོད་བྱེད་པ།

དང་ཐོག་མའི་སངས་རྒྱས་རྡོ་རྗེ་འཆང་ཉིད་དབུས་སུ་བཞུགས་པ་དང་བླ་མ་དང་གྲུབ་ཐོབ་རྣམས་འཁོར་དུ་བཞུགས་ཡོད་པ།

དང་པོ། འགོ་འཛུགས་ཀྱི་སྲོལ་རྒྱུན་གཙོ་བོའི་སྐོར།

བླ་བརྒྱུད་ཀྱི་ཞལ་ཐང་ཁྲོད་ཀྱི་སྐུ་བརྙན་བཞེངས་སྐབས་ང་ཚོས་ཚོད་དཔག་བྱ་ཐུབ་པ་ལྟར། དང་ཐོག་མའི་བླ་མའམ་དགེ་བའི་བཤེས་གཉེན་ནས་འགོ་འཛུགས་པ་ཡིན། དེར་བརྟེན་ལྷ་བྲིས་པ་རྣམས་ཀྱིས་དང་ཐོག་སངས་རྒྱས་ཀྱི་སྐུ་བརྙན་བྲི་བ་ཡིན་ཏེ། དཔེར་ན་གསང་སྔགས་ཀྱི་ལུགས་ལྟ་བུ་ཞིག་ལ་ཆ་མཚོན་ནས་བཤད་ན། གཞུང་དེའི་ཐོག་མའི་སྲོལ་གཏོད་མཛད་མཁན་གྲུ་ཏུ་ཞིག་ནས་དབུ་བཙམས་པ་ཡིན་ལ། བོད་ཀྱི་གསང་སྔགས་གསར་མའི་ལུགས་ལྟ་བུར་མཚོན་ན། དང་ཐོག་མའི་དགེ་བའི་བཤེས་གཉེན་ནི་ཕྱག་ན་རྡོ་རྗེ་དང་དྲིལ་བུ་བཟུང་བའི་སྐུ་མདོག་སྔོན་པོ་ཅན་གྱི་སངས་རྒྱས་རྡོ་རྗེ་འཆང་ཡིན་ལ། གསང་སྔགས་རྙིང་མའི་ལུགས་ཀྱི་སྟོན་པ་ནི་སངས་རྒྱས་ཀུན་ཏུ་བཟང་པོ་ཡིན་པ་རེད། གསང་སྔགས་ཀྱི་གཞུང་ལ་ཕྱག་ལེན་ཆེར་མི་མཛད་པའི་སྐྱེ་བོ་ཞིག་ལ་བལྟོས་ནས་བཤད་ན། དང་ཐོག་འགོ་འཛུགས་དུས་ཀྱི་སྐུ་བརྙན་ལ་ལོ་རྒྱུས་ཐོག་དངོས་སུ་ཕྱིན་མྱོང་བའི་སྟོན་པ་ཤཱཀྱ་ཐུབ་པ་བྲི་བ་ཡིན་ནོ། །

དེ་ལྟར་དང་ཐོག་མར་བྲིས་ནས་ཡོད་པའི་སྐུ་བརྙན་དེས་བླ་བརྒྱུད་དེའི་འགོ་འཛུགས་

བྱས་ཚུལ་མཚོན་ལ། ངོན་དངོས་ཐོག་བླ་བརྒྱུད་ཀྱི་ཕྱིན་རིམ་འགོ་འཛུགས་སྐབས་བྲི་བའི་སྲོལ་གྱི་ཐད་སྐྱ་རྩལ་གྱི་སྲོལ་རྒྱུན་འགའ་ཞིག་མཆིས་ནའང་། སྤྱིར་བཏང་ཐུན་མོང་རང་བཞིན་གྱིས་སྤྱོད་པའི་ལུགས་ནི་གཉིས་ལས་མ་འདས་སོ།

1. སྟེང་གི་གཡོན་ཟུར། འདི་ནི་ཆེས་སྔ་ཤོས་ཀྱི་སྲོལ་རྒྱུན་ཞིག་ཡིན་ལ། དེ་ནི་སྐུ་བརྙན་རྣམས་དྲང་ཐིག་དང་གཞུང་ཐིག་སྟེང་དུ་བང་རིམ་བསྒྲིགས་ནས་བཞེངས་རྒྱུར་འཚམ་པ་ཡོད།

དབུ་ཐོད་ཀྱི་གཡོན་ནས་འགོ་འཛུགས་པ་དང་དེ་ནས་གཡོན་ནས་གཡས་ངོས་སུ་ཐད་ཀར་འབྲི་བ། ཞལ་ཐང་འདི་ནི་གཤིན་རྗེ་གཤེད་དམར་གྱི་དཀྱིལ་འཁོར་རོ།

2. སྟེང་གི་དབུས་ངོས་སུ། ལར་ཆེས་སྔ་བའི་ཞལ་ཐང་ཐོག་ཏུ་རེ་གཉིས་མངོན་རྒྱུ་ཡོད་ནའང་རྒྱ་ཁྱབ་ཏུ་བེད་སྤྱོད་བྱེད་པའི་སྲོལ་རྒྱུན་ནི་དུས་རབས་བཅུ་དྲུག་པ་ནས་བཟུང་དར་ཡོད། དེ་ནི་སྐུ་བརྙན་དག་ཙུང་ཟད་དངོས་འབྲིའི་རྒྱབ་ལྗོངས་ཀྱི་ཁྲོད་དུ་བཞེངས་རྒྱུར་འཚམ་པའི་ཕྱག་སྲོལ་ཞིག་ཡིན།

གཞན་ཡང་དམིགས་བསལ་རང་བཞིན་གྱི་སྣང་ཚུལ་ཡང་ཡོད་དེ། སྐུ་བརྙན་སྟེང་གི་དབུས་ངོས་ཀྱི་གཡོན་ཕྱོགས་སུ་བཞེངས་པ་དང་། རྒྱུ་སྦྱོར་ཡོན་བདག་གིས་དམིགས་བསལ་གྱིས་ཀུས་བཀུར་བྱེད་པའི་དབང་ལས་སྦྱིན་བདག་དེ་པའི་གུ་རུའི་སྐུ་བརྙན་ནི་སྟེང་གི་དབུས་ངོས་སུ་བཞེངས་པའི་སྲོལ་ཡང་མཆིས་སོ།

གཉིས་པ། བླ་བརྒྱུད་རིམ་ཕྱིན་བཀོད་ཚུལ་གྱི་སྲོལ་རྒྱུན།

ང་ཚོས་འདིར་བླ་བརྒྱུད་རིམ་ཕྱིན་དག་ཞལ་ཐང་སྟེང་དུ་བཀོད་འབྲི་བྱེད་པའི་སྲོལ་རྒྱུན་འགའ་ཞིག་ངོ་སྤྲོད་རོབ་ཙམ་བྱས་ན། དེ་ཡང་དང་ཐོག་བླ་བརྒྱུད་ཕྱིན་རིམ་དག་འགོ་བཙུགས་ཟིན་ན་དེ་རྗེས་ཀྱི་རི་མོ་རྣམས་ནི་ཐད་དཔྱང་དང་གཞུང་ཐིག་སྦྲེལ་ནས་བྲིས་པ་གང་ཙང་ཡོད་པས་ངོས་འཛིན་བྱ་དཀའ་བའི་གནས་མ་མཆིས་ཤིང་། ཞལ་ཐང་སྟེང་གི་སྐུ་བརྙན་འབྲི་འགོ་འཛུགས་པའི་སྲོལ་འགའ་ཞིག་མཆིས་པ་ནི་གཤམ་གསལ་ལྟར་རོ།

1 2 3 4 5 6 7 8 9 10 11 12 13

གཤིན་རྗེ་གཤེད་དམར་གྱི་དཀྱིལ་འཁོར།

①བརྒྱུད་པའི་བླ་མ་རྣམས་ཀྱི་སྐུ་བརྙན་བཞེངས་ཚུལ་དེ་གཡོན་ངོས་ནས་འགོ་འཛུགས་ལ། བླ་མ་རིམ་བྱོན་མང་པོ་མེད་པ་ཞིག་ཡིན་ན་དེ་དག་སྟེང་གི་གཡོན་ནས་གཡས་ཕྱོགས་སུ་བཞེངས་པ།

ཞལ་ཐང་བྲིས་འགོ་འཛུགས་སྟངས་ཀྱི་སྲོལ་ལས་རྡོ་རྗེ་འཆང་ནས་མཆེད་པའི་བླ་བརྒྱུད་ཀྱི་བྲིས་ཚུལ་ནི་སྟེང་གི་གཡོན་ངོས་ནས་འགོ་འཛུགས་པ་ཡིན་ལ། ཚེས་སྔ་ཤོས་དང་སྐབས་བདེ་ཤོས་ཀྱི་བྲིས་སྟངས་ཤིག་ནི་སྟེང་གི་ངོས་སུ་གྲལ་བསྒྲིགས་ནས་བཞེངས་པའི་སྲོལ་རྒྱུན་དེ་ཡིན། དེ་ལྟའི་བཞེངས་སྟངས་ནི་སྐུ་ཕྲེང་རིམ་བྱོན་གྱི་གྲངས་དེ་བཅུ་གཅིག་དང་། ཡང་ན་བཅུ་གཉིས། དམིགས་བསལ་ཅན་གྱི་བཅོ་ལྔའམ་དེ་བས་མང་བའི་བླ་བརྒྱུད་བཞེངས་སྐབས་བེད་སྤྱོད་བྱས་ན་འཚམ་པོ་ཡོད། སྒྲིག་བཀོད་བྱེད་སྟངས་ནི་གོང་གསལ་ལྟར་རོ། །

②སྟེང་གི་གཡོན་ངོས་ནས་གཡས་ངོས་སུ་བཞེངས་པ་དང་། སྟེང་གི་བང་རིམ་གྱི་འོག་ཏུ་སུ་མཐུད་ནས་གཡོན་ནས་གཡས་ངོས་སུ་བཞེངས་པ།

དེ་ཡང་སྟེང་གི་བང་རིམ་ནང་དུ་མི་གཤོང་བའི་སྐུ་བརྙན་མང་པོ་ཡོད་ན། དེ་དག་

ཐག་གཅོད་བྱེད་པའི་ཐབས་ཤེས་ཤིག་ནི་བང་རིམ་གཉིས་པ་ཞིག་བཟོས་ནས་སྐུ་བརྙན་རྣམས་སྟར་དུ་སྒྲིག་ནས་བཞེངས་པ་ཡིན་ཏེ་དཔེར་ན།

1	2	3	4	5	6	7	8	9	10	11
12	13	14	15	1	2	3	14	15	16	17

གོང་གསལ་དཔེ་མཚོན་དེ་ནི་བོན་གྱི་ཐང་ག་ཞིག་གི་སྟེང་དུ་འཁོད་ལ། དེའི་སྐོར་མཁར་རྣེའུ་བསམ་གཏན་གྱིས་ཁོང་གི་དཔྱད་རྩོམ《ཞང་ཞུང་སྙན་རྒྱུད་ལས་འཁྲོས་པའི་བོད་ཀྱི་ཐང་ག་གཉིས》ཞེས་པའི་ནང་དུ་ངོ་སྤྲོད་མཛད་འདུག ཐང་ག་དེའི་སྟེང་དུ་སྐུ་བརྙན་གཙོ་བོ་དེ་དབུས་སུ་བཞེངས་ཡོད་པས་གཡོན་ནས་གཡས་སུ་བཞེངས་པའི་བང་རིམ་རེ་གཉིས་ལ་འགྱུར་ལྡོག་བྱུང་བ་ཕུད། དེ་བྱིངས་རྣམས་ནི་གཡས་ནས་གཡོན་དུ་དང་སྟེང་འོག་བང་རིམ་མི་འཁྲུགས་པར་འཁོད་ཡོད།

1	2	3	4	5	6	7	8	9	10
11	12	13	14	15	16	17	18	19	20
21	22	23	24	25	26	27	28	29	30
31	32	33	34			35	36	37	38
39	40	41	42			43	44	45	46
47	48	49					50	51	52
53	54	55					56	57	58

③གཡོན་ངོས་ནས་གཡས་སུ་བཞེངས་པ་དང་གཞུང་ཐིག་གཅིག་རང་གི་སྟེང་དུ་སྐུ་བརྙན་རྣམས་བཞེངས་པ།

དེ་ཡང་སྐུ་བརྙན་གྲངས་བཅུ་གཉིས་ནས་བཅུ་གསུམ་བྱས་པའི་བླ་བརྒྱུད་བཞེངས་སྐབས་སྒྲིག་བཀོད་ཀྱི་དཀའ་གནད་སེལ་ཐབས་ཤིག་ནི་སྟེང་གི་གཡོན་ངོས་ནས་གཡས་སུ་བང་རིམ་གཅིག་བཞེངས་རྗེས་གཡས་ཟུར་ནས་གཞུང་ཐིག་གཅིག་གི་ཐོག་ཏུ་སྐུ་བརྙན་རྣམས་བང་རིམ་བསྒྲིགས་ནས་བཞེངས་པ་དེ་ཡིན། དེའི་སྐོར་གྱི་དཔེ་མཚོན་ལེགས་ཤོས་ཤིག་ནི་ངོར་ཆེན་ཀུན་དགའ་བཟང་པོའི་(1382－1456)བླ་བརྒྱུད་ཀྱི་ཞལ་ཐང་དེ་ཡིན་འདུག

གཤམ་གསལ་གྱི་རི་མོ་དེ་ནི་འགོ་འཛུགས་སྟངས་གཞན་ཞིག་ཡིན། དེ་ནི་སྟེང་གི་གཡོན་ངོས་ནས་འགོ་བཙུགས་རྗེས་རིམ་བཞིན་གཡས་སུ་བཞེངས་པ་དང་དེ་ཁྲིད་དུ་མི་

གཞོང་པའི་སྐུ་རྣམས་གཞུང་ཐིག་ཐོག་ཏུ་བཞེངས་པ་ཡིན་པ་སྟེ་དཔེར་ན།

ཞལ་ཐང་འདི་ལྟ་བུ་བཞེངས་སྐབས་ཐོག་མར་དབུ་ཐོད་ཀྱི་ལྷ་སྐུ་རྣམས་
གཡོན་ནས་འགོ་བཙུགས་ཏེ་འབྲི་བ་དང་དེ་ནས་རིམ་བཞིན་གཤམ་འོག་
གི་བང་རིམ་ནང་གི་ལྷ་སྐུའི་བླ་བརྒྱུད་རྣམས་བཞེངས་པ་ཡིན་ནོ། །

1	2	3	4	5	6	7	8
							9
	18		17		19		10
							11
							12
							13
		20		21			14
							15
							16

ཐོག་མར་དབུ་ཐོད་ཀྱི་གཡོན་ཟུར་ནས་འགོ་བཙུགས་ཏེ་གཡས་ཕྱོགས་སུ་བཞེངས་པ་དང་དེ་
ནས་གཡས་ཕྱོགས་ཀྱི་གཞུང་ཐིག་ལ་འདེད་ནས་འབྲི་བ་ཡིན། ཞལ་ཐང་འདི་ནི་ངོར་ཆེན་དང་།
མུས་ཆེན་དང་ཕོང་རྣམས་ཀྱི་བླ་བརྒྱུད་དག་ཡིན་ནོ། །

ངོར་ཆེན་ཀུན་དགའ་བཟང་པོ་དང་། མུས་ཆེན། ཕོང་རྣམས་ནས་རབ་ཏུ་བྱུང་བའི་བླ་བརྒྱུད་རྣམས་སོ། །

1	2	3	4	5	6	7	8
9							10
11							12
13							14
15							
1	2	3	4	5	6	7	8
9							10
11							12
usw							

④གཡོན་ནས་གཡས་ངོས་སུ་བཞེངས་རྗེས་དབུས་ཀྱི་ཆ་རྣམས་སྐུ་བརྙན་གཙོ་བོ་དེས་ཟིན་ནས་གཡས་གཡོན་གྱི་འབྲེལ་མཐུད་ཆད་པ།

དེ་ལྟའི་བྲིས་སྣང་ནི་སྟག་ལུང་པའི་ཞལ་ཐང་ཐོག་མཇལ་རྒྱུ་ཡོད། དབུས་སུ་བཞེངས་པའི་བླ་མ་དེ་ནི་སྤྱིར་བཏང་གྲུབ་མཐའམ་བླ་བརྒྱུད་དེའི་སྲོལ་གཏོད་མཁན་དེ་ཡིན། གཤམ་གསལ་གྱི་ཞལ་ཐང་སྟེང་དུ（ཨང་གྲངས་བདུན་པ་）རྗེ་ཕག་མོ་གྲུ་པ་（1110－1170）མཆོག་ནི་ཨོག་ཚོམ་ཅན་གྱི་རྣམ་པར་བྲིས་ནས་སྐུ་བརྙན་གཙོ་བོ་སྟེ་སྟག་ལུང་ཐང་པ་（1142－1210）ཡི་དབུ་ཐོད་ཀྱི་བང་རིམ་གྱི་དཀྱིལ་དུ་བཞེངས་ནས་ཡོད།

1 2 3 7 4 5 6

ཞལ་ཐང་བཞེངས་སྐབས་དབུ་ཐོད་ནས་འགོ་བཙུགས་ཏེ་ཐོག་མར་གཡོན་གྱི་སྐུ་གསུམ་དང་གཡས་ཀྱི་སྐུ་གསུམ་བཞེངས་ཟིན་རྗེས་གཡས་གཡོན་གཉིས་ཀྱི་དབུས་སུ་ལྷའམ་བླ་མ་གཙོ་བོ་དེའི་སྐུ་བརྙན་བཞེངས་པ་ཡིན་ནོ། །

1 2 3 9 8 10 4 5 6

11b －s2－ 11a －s3－ 7

དེ་ལྟ་བུའི་དཔེ་མཚོན་ནི་སེན་གར་གྱིས་རྩོམ་སྒྲིག་མཛད་པའི་དེབ་ནང་དུའང་གསལ་ལ། ཞལ་ཐང་དེ་ནི་ལོ་ངོ་ཉེ་ཤུའི་སྔོན་དུ་བྲིས་པའི་སངས་རྒྱས་དཔོན་པོ་（1251－1296）ཡི་སྐུ་ཐང་རེད་འདུག （ཨང་གྲངས་11a）གཤམ་དུ་འཁོད་པའི་རི་མོ་ནི་སྟག་

ལུང་པའི་སྲོལ་གཏོད་མཁན་བླ་བརྒྱུད་གསུམ་པོ་རྣམས་སྟོད་ཀྱི་དབུས་ཀྱི་ཆ་ན་བཞེངས་པའི་ཞལ་ཐང་གི་མཚོན་བྱེད་ཅིག་ཡིན།

⑤བླ་བརྒྱུད་རིམ་བྱོན་གྱི་སྐུ་བརྙན་བཞེངས་ཚུལ་དེ་སྟེང་གི་དབུས་ནས་འགོ་འཛུགས་པ།

དེ་ཡང་ཞལ་ཐང་འབྲི་སྐབས་དང་པོ་ཐོག་སྟེང་གི་དབུས་ནས་འགོ་བཙུགས་ཏེ་གཡོན་ངོས་སུ་བྲིས་རྗེས་གཞི་ནས་གཞུང་ཐིག་ཐོག་ཏུ་ཞལ་ཐང་རྣམས་བཞེངས་པ་དང་། དེ་རྗེས་སླར་ཡང་སྟེང་གི་དབུས་ནས་འགོ་བཙུགས་ཏེ་གཡས་ཕྱོགས་སུ་བྲིས་རྗེས་གཡས་ཀྱི་གཞུང་ཐིག་སྟེང་དུ་བྲི་བ་ཡིན། དེ་ལྟའི་དཔེ་མཚོན་ཞིག་ནི་ར་ཡེ་དང་ཐུར་མན་གཉིས་ཀྱིས་བསྒྲིགས་པའི་མནྡ་ཀ་ལ་པཙ་ཛ་ར་ཙ་ཏའི་ཞལ་ཐང་ལྟ་བུ་ཡིན། དེ་ཡང་ཐང་ག་དེའི་སྟེང་གི་དབུས་སུ་རྡོ་རྗེ་འཆང་གི་སྐུ་བརྙན་བཞེངས་ཡོད་པ་དང་། དེའི་གཡོན་ངོས་སུ་སྐུ་གསུམ་བཞེངས་རྗེས་གཡོན་གྱི་གཞུང་ཐིག་ཟིན་ནས་སྐུ་བརྙན་གཞན་རྣམས་བཞེངས་པ་དང་། དེ་རྗེས་སླར་ཡང་སྟེང་གི་དབུས་ནས་གཡས་ཕྱོགས་སུ་སྐུ་བརྙན་ཨང་གྲངས10དང་11སོགས་རིམ་བཞིན་བཞེངས་རྗེས་གཞུང་ཐིག་ཟིན་ནས་སྐུ་བརྙན་གཞན་རྣམས་བཞེངས་བ་ཡིན། དེ་ཡང་དབུས་ཀྱི་གཡས་ཕྱོགས་ཀྱི་སྐུ་བརྙན་དང་པོ་རྣམས་ནི་རིམ་བཞིན་རྗེ་བཙུན་གྲགས་པ་རྒྱལ་མཚན་(1147－1216)དང་ས་པཎ་ཀུན་དགའ་རྒྱལ་མཚན་(1182－1251)ཡིན་པ་དང་། དེ་རྗེས་གཞུང་ཐིག་ཟིན་ནས་སྐུ་བརྙན་གཞན་རྣམས་བཞེངས་ཡོད་པའི་ཚུལ་རི་མོར་བཀོད་ནས་ངོ་སྤྲོད་བྱས་ན་གཤམ་གསལ་ལྟར་རོ།

4	3	2	1	10	11	12	13
15							14
6							15
7							16
8							17
9							18

གོང་གསལ་ཞལ་ཐང་གི་སྒྲིག་བཀོད་ནང་གི་ཨང་གྲངས་བཅུ་པ་ནི་རྗེ་བཙུན་གྲགས་པ་རྒྱལ་མཚན་གྱི་སྐུ་བརྙན་ཡིན་པ་དེ་ན་ཕྱིས་སུ་ཨང་གྲངས་བརྒྱད་པའི་ཐོག་གི་ས་ཆེན་ཀུན་དགའ་སྙིང་པོ་(1092－1158)སྟེ་རྗེ་བཙུན་གྲགས་པ་རྒྱལ་མཚན་གྱི་ཡབ་ཀྱི་སྐུ་བརྙན་བཞེངས་པའི་སྲོལ་ཡང་ཡོད། དེ་ལྟར་ས་ཆེན་ཀུན་དགའ་སྙིང་པོ་ཡབ་སྲས་གཉིས་ཀྱི་སྐུ

བརྙན་གཅིག་མཚུངས་སུ་བཞེངས་པའི་རྒྱུ་མཚན་ནི་ཀུན་དགའ་སྙིང་པོར་ས་སྐྱ་པས་དད་གུས་ཆེན་པོ་བྱེད་པའི་རྐྱེན་གྱིས་ཡིན་པ་དང་། ཀུན་དགའ་སྙིང་པོ་མཆོག་ཨང་གྲངས་བརྒྱད་པའི་ཐོག་ཏུ་བཞེངས་པའི་སྣང་ཚུལ་ནི་བོད་ཀྱི་བྲིས་འབུར་ཐོག་སྐུ་བརྙན་ཕན་ཚུན་བརྗེ་རེས་བྱེད་སྲོལ་ཡོད་པ་ལས་ཐོན་པའི་སྣང་ཚུལ་ཞིག་ཡིན་མིན་བཅས་གང་ལྟར་འགྲེལ་བཤད་གསལ་པོ་ཞིག་རྒྱག་ཐབས་བྲལ་ལོ།

6 5 4 3 2 1 7 8 9 10 11

6 – 5 – 4 – 3 – 2 – 1 7 – 8 – 9 – 10 – 11

12 14 15 13

3 2 1 7 4 5 6

སྐུ་བརྙན་གཙོ་བོ་དེ་ནི་སྟག་ལུང་ཐང་པ་ཆེན་པོ་ཡིན། སྙིང་གི་གཡོན་དང་གཡས་ཀྱི་སྐུ་རྣམས་འབྲི་བཞེངས་བྱས་ཟིན་རྗེས་སྙིང་གི་གཡས་གཡོན་གཉིས་ཀྱི་དབུས་སུ་སྐུ་བརྙན་གཙོ་བོ་དེ་བཞེངས་པ་ཡིན། སྤྱིར་བཏང་བྱས་ན་སྙིང་གི་དབུས་ཀྱི་ཆ་དེ་ནི་ཞལ་ཐང་ཞིག་གི་སྐུ་གཙོ་བོ་དེ་བཞེངས་སར་འཇོག་པ་ཡིན་ནོ།

དབུས་ནས་གཡོན་ངོས་སུ་འབྲི་བ་དང་དེ་ནས་གཡས་ཕྱོགས་སུ་བྲིས་རྗེས་གཞུང་ཐིག་ཐོག་ཏུ་མར་ཕབ་ནས་བྲི་བའི་སྲོལ་ནི་གནམ་གསལ་གྱི་མཚོན་བྱེད་རི་མོ་ལྟར་རོ།

⑥དབུས་ཀྱི་ཆ་ནས་གཡོན་ངོས་དང་། དེ་ནས་གཡས་ཕྱོགས། དེ་ནས་སྙིང་གི་དབུས་ཀྱི་ཆར་ཕྱིར་ལོག་བྱས་ནས་བཞེངས་པ།

གནམ་ཀྱི་ཞལ་ཐང་ཁྲིད་དུ་ཨང་གྲངས་བརྒྱད་པ་དེ་མ་བཞེངས་སྔོན་དུ་ཞལ་ཐང་

འདིའི་སྐུ་བརྙན་གཙོ་བོ་སྟག་ལུང་ཐང་པ་མཆོག་ཉིད་དབུས་སུ་བཞེངས་པ་ཡིན་ལ། སྟེང་གི་དབུས་ཀྱི་ཆ་ནི་ཕྱིར་བཏང་བླ་བརྒྱུད་ག་མེ་མོ་ཞིག་གི་སྒྲོལ་འབྱེད་པོའི་སྐུ་བརྙན་བཞེངས་སར་འཛོག་པ་ཡིན་ནོ། །

⑦གཡས་གཡོན་མཉམ་བརྗེས་བྱས་རྗེས་མཐའ་མ་གཤམ་འོག་ཏུ་འགོ་བཙུགས་ནས་བཞེངས་པ།

8	6	4	2	1	3	5	7	9
10								11
12								13
14								15
16								

འདི་ནི་སྟེང་གི་དབུས་ཀྱི་ཆ་ནས་འགོ་འཛུགས་པ་དང་། གཡོན་དང་གཡས་གཉིས་ཕན་ཚུན་བརྗེ་རེས་ཀྱིས་བྲིས་རྗེས་མཐའ་མ་གཞུང་ཐིག་ཐོག་ཏུ་བཞེངས་པའི་སྒྲོལ་གྱི་མཚོན་དཔེ་ཡིན་ལ་འདི་ནི་དུས་རབས་བཅུ་དྲུག་པའི་སྐབས་སུ་དར་གསོ་ཆེ་བའི་སྒྲོལ་རྒྱུན་ཞིག་ཡིན་འདུག ངོར་ལུགས་ཀྱི་མཁན་ཐོག་གཉིས་པ་མུས་ཆེན་དང་ཁོང་གི་འཁོར་ཚོགས་རྣམས་བཞེངས་པའི་སྐུ་ཐང་ཞིག་ཡིན།

8	6	4	2 – 1	3	5	7	9
10							11
12							13
14							15
16							usw.

སྒྲོལ་དེ་ནི་དུས་རབས་བཅུ་དྲུག་པ་ནས་བཟུང་དར་ཁྱབ་ཇེ་ཆེར་སོང་བའི་ལུགས་ཤིག་ཡིན་ལ་དེས་བྲིས་སྒྲོལ་གཞན་པ་རྣམས་ཀྱི་ཚབ་བྱས་པས་ཕྱིས་སུ་དེ་ཕྱག་སྒྲོལ་གཙོ་བོ་ཞིག་ཏུ་གྱུར་ཡོད། དེའི་ཐད་ཀྱི་དཔེ་མཚོན་ནི་ལམ་འབྲས་བླ་བརྒྱུད་ཀྱི་སྒྲོལ་འབྱེད་པོ་པ་ཊ་ཆེན་གཡ་རྒྱ་ར་དང་དེའི་འཁོར་ཚོགས་འཁོད་པའི་ཞལ་ཐང་དེ་ལགས་ཤིང་། ཞང་ཐང་དེའི་སྐུ་བརྙན་གྱི་བང་རིམ་སྒྲིག་སྟངས་ནི། 1. ཐོད་ཀྱི་དབུས། 2. ཁོང་གི་གཡས། 3. ཁོང་གི་གཡོན། དེ་བཞིན་སྐུ་བརྙན་གཞན་སོགས་རིམ་བཞིན་འཁོད། དེར་བརྟེན་ཐོད་ཀྱི་བང་རིམ་གྱི་སྒྲིག་སྟངས་དང་དེ་རྗེས་ཀྱི་བང་རིམ་ནི་གཤམ་གསལ་ལྟར་རོ།

ཁོང་གསལ་གྱི་མཚོན་རྟགས་ཀྱིས་ཞལ་ཐང་སྤྱིའི་བརྒྱ་ཆ99% ཟིན་ཡོད་ནའང་ད་དུང་ས་ཆ་སྟོང་པའང་འགའ་ཞིག་མཆིས། དེས་ན་སྤྱིར་བཏང་གི་སྒྲིག་གཞི་གཅིག་པའི་འོག་ནམ་པའམ་མངོན་ཚུལ་མི་འདྲ་བ་ཡོད་ཚུལ་སྟོན་ལ། དེ་ནི་ཚངས་ཐིག་གི་སྒྲིག་གཞི་ལྡན་པའི་ཞལ་ཐང་གི་མངོན་ཚུལ་ཞིག་ཡིན།

ཁོང་གསལ་ཞལ་ཐང་དེའི་སྟེང་གི་མཇུག་མཐའི་བླ་མ་(ཨང་གྲངས19)ནི་འགྲོ་མགོན་འཕགས་པ་ནས་བརྩིས་པའི་བླ་མ་སྐུ་ཐོག་བདུན་པ་དེ་ཡིན་ལ། དེ་ནས་ངོར་ཆེན་ཀུན་དགའ་བཟང་པོ་(1382 – 1456)སོགས་ངོར་ལུགས་ཀྱི་བླ་བརྒྱུད་རྣམས་ཐོན། འོན་ཀྱང་ཞལ་ཐང་དེའི་ཁྱད་ཆོས་ལ་བལྟས་ན། དེ་ནི་ངོར་ཆེན་ཀུན་དགའ་བཟང་པོ་འཚོ་བཞུགས་སྐབས་ལས་དུས་རབས་གཅིག་གམ་དེ་བས་ཕྱི་བའི་ལོ་ཟླའི་ནང་དུ་བྲིས་པ་ཞིག་ཡིན་པར་མངོན།

གཤམ་གྱི་ཞལ་ཐང་དེ་ནི་ཚངས་ཐིག་གཅིག་གི་སྒྲིག་གཞི་ཅན་གྱི་ཞལ་ཐང་གི་མཚོན་བྱེད་ཅིག་ཡིན་ནའང་། ཞལ་ཐང་འདིའི་དབུས་ཀྱི་སྐུ་བརྙན་དེ་ནི་རྡོ་རྗེ་འཆང་གི་སྐུ་བརྙན་ཡིན་པ་རེད།

8 2 1 3 9

10 4 H 5 11

12 6 7 13

14 15

16 17

18 19

དཔེ་མཚོན་འདིའི་ནང་དུ་བླ་བརྒྱུད་རྣམས་སྔོར་ཐིག་ཕྱེད་ཅན་གྱི་རྣམ་པའི་ཐོག་ནས་སྐུ་བརྙན་གཙོ་བོ་དེའི་ཐོད་དབྱིངས་ཀྱི་གཡས་གཡོན་གཉིས་སུ་བཞེངས་པ་ཡིན།

གོང་གསལ་ཞལ་ཐང་གི་སྐུ་བརྙན་རྣམས་ཨང་གིས་མཚོན་པར་བྱས་པའི་གྲས་ལས་ཨང་གྲངས24ནི་ངོར་ཆེན་ཀུན་དགའ་བཟང་པོའི་སྐུ་བརྙན་ཡིན་ཅིང་། ཨང་གྲངས30ནི་བླ་བརྒྱུད་ཀྱི་མཐའ་མའི་བླ་མ་དེ་ཡིན་ལ། ཁོང་ནི་མཚན་ལ་སངས་རྒྱས་སེང་གེ(1504－1569)ཞེས་ཞུ་བའི་ངོར་དགོན་གྱི་མཁན་ཐོག་གཉིས་པ་དེ་ཡིན། གཞམ་དུ་མཇུག་གི་བླ་བརྒྱུད་ཁག་གཅིག་ངོ་སྤྲོད་རོབ་ཙམ་ཞུས་ན་འདི་ལྟར་སྟེ།

12 1 13

14 2 3 15

16 4 5 17

6 7

8 9

10 11

18 19

20 21

22 23

24 25

26

30 28 29

24. ངོར་ཆེན་ཀུན་དགའ་བཟང་པོ།

25. ཀུ་གེ་པཎ་ཆེན་གྲགས་པ་རྒྱལ་མཚན།

26. སློ་བོ་མཁན་ཆེན་བསོད་ནམས་ལྷུན་གྲུབ་(1456 – 1532) ལེགས་པའི་འབྱུང་གནས།

27. (ས་ལོ་འཇམ་དབྱངས་) ཀུན་དགའ་བསོད་ནམས།

28. ཀུན་དགའ་ལྷུན་གྲུབ།

29. ཡེ་ཤེས་རྒྱལ་མཚན་བཅས་སོ།

བཅུ་གཅིག ཡ་མཚན་ཅན་དང་རྟོག་འཛིང་སྐོར།

བླ་མའི་རྒྱུད་པ་རིམ་བྱོན་བཞེངས་སྐབས་དང་ཐོག་མའི་སྣང་ངོར་ནོར་ཉེན་ཤོར་བའི་སྐྱོན་མཆིས་སྲིད། སྐྱོན་དེ་རིགས་འགོག་ཆེད་དང་ཐོག་བླ་བརྒྱུད་དེ་ཆ་ཚང་ཞིག་བྲིས་པའམ་ཡང་ན་ཆ་ཤས་ཙམ་ཞིག་འབྲི་བཞེངས་བྱེད་རྒྱུའི་གནད་དོན་ཐག་གཅོད་ཡག་པོ་བྱ་དགོས་པ་ཡིན།

དང་པོ། བླ་བརྒྱུད་གཅིག་དེ་སྐུ་བརྙན་གཙོ་བོ་དེས་མཇུག་སྡུད་པར་བྱེད་པའི་སྐོར།

དེ་ཡང་རི་མོ་མང་ཆེ་བའི་ནང་མཇུག་མཐའི་སྐུ་བརྙན་ནམ་མི་སྣ་ཆུང་བའམ་ཕལ་པ་དེས་རི་མོ་ཡོངས་ཀྱི་མཇུག་བསྡུ་བར་བྱ་བ་ཡིན། འོན་ཀྱང་རི་མོ་འགའ་ཞིག་ཁྲོད་དུ་བླ་མ་དེ་སྐུ་བརྙན་གཙོ་བོར་འབྲི་བཞེངས་བྱེད་སྐབས་མཇུག་མཐའི་བླ་མ་དེ་སོགས་བླ་བརྒྱུད་གྲས་ཀྱི་བླ་མ་ཆུང་གྲས་རྣམས་མ་བྲིས་གོང་ཐད་ཀར་བླ་མ་གཙོ་བོ་དེ་ཐང་གའི་དབུས་སུ་འབྲི་བ་ཡིན། དེ་ལྟའི་གནས་ཚུལ་ནི་བླ་མའམ་མི་སྣ་གཙོ་བོ་(མཚམས་རེ་སྐུ་བརྙན་གཉིས་ཀ་གཙོ་བོའམ་དབུས་སུ་འཇོག་པ་) དང་ཆུང་གྲས་འགའ་ཞིག་མཉམ་དུ་གྲུབ་པའི་བླ་བརྒྱུད་ཆ་ཚང་གཅིག་བཞེངས་སྐབས་ཐོན་པ་ཡིན།

གཉིས་པ། ཆ་ཤས་སམ་ཆ་ཚང་བླ་བརྒྱུད་གཉིས་མཉམ་བསྡུས་ཀྱི་སྐོར།

མཚམས་རེ་བོད་ཀྱི་རི་མོའི་ཁྲོད་དུ་བླ་བརྒྱུད་གཅིག་གི་ཆ་ཤས་ཆུང་ངུ་ཞིག་(སྐུ་གཙོ་བོ་དེ་རང་ལས་མེད་པ་) བཞེངས་པ་ཡིན་ལ། མཚམས་རེ་བླ་བརྒྱུད་ཆ་ཚང་དེ་སྐུ་བརྙན་ཆུང་གྲས་རྣམས་བཞེངས་ནས་མཚོན་པར་བྱ་བ་ཡིན། གཤམ་འོག་ཏུ་འགོད་པའི་ཐང་གའི་

རི་མོ་དེ་ནི་ཆ་ཤས་མང་པོ་ལས་གྲུབ་པ་ཞིག་ཡིན་ལ། སྐུ་བརྙན་ནམ་མི་སྣ་གཙོ་ཆེ་བ་དག་ལས་གྲུབ་པའི་བླ་བརྒྱུད་རྣམས་ཀྱི་རྗེས་སུ་སྐུ་བརྙན་གཞན་དག་རྣམས་རིམ་བཞིན་བཞེངས་པ་ཡིན་ནོ། །དེ་བཞིན་ཆ་ཚང་མ་ཡིན་པའི་བླ་བརྒྱུད་ཀྱི་གྲངས་འབོར་ཆེན་པོ་ཞིག་སྐུ་བརྙན་གཙོ་གྲས་སུ་འཛིན་ནས་བཞེངས་པ་ནི་དཔེར་ན། ས་སྐྱ་པའི་ལམ་འབྲས་ཀྱི་བླ་མའི་སྐུ་བརྙན་གཉིས་ནས་བཞི་བར་བཞེངས་ཤིང་དེའི་འཁོར་དུ་སྒྲུབ་ཐབས་གཞན་གྱི་གཞུང་དག་མཚོན་པར་བྱེད་པའི་སྐུ་བརྙན་ཆུང་གྲས་ལས་གྲུབ་པའི་བླ་བརྒྱུད་ཆ་ཚང་རྣམས་ཀྱང་མཚོན་པར་བྱ་བ་ཡིན་ནོ། །

ཐང་ཀའི་རི་མོ་གཅིག་རང་གི་སྟེང་དུ་ཕྱོགས་གཅིག་བླ་བརྒྱུད་ཆེ་བ་དང་ཕྱོགས་གཅིག་བླ་བརྒྱུད་ཆུང་བ་རྣམས་བཞེངས་ནས་ཡོད་པ། ལམ་འབྲས་བཞིའི་བླ་བརྒྱུད་ཀྱི་བླ་མ་རྣམས་དང་བང་རིམ་གཉིས་པ་ནི་གོང་དང་འབྲེལ་བ་མེད་པའི་བླ་བརྒྱུད་ཅིག་གོ། །

བོད་ཀྱི་ཐང་ཀའི་རི་མོའི་ཁྲོད་དུ་བླ་བརྒྱུད་ཁག་གཅིག་ཁ་དབྱེ་ནས་བཞེངས་པའི་སྲོལ་ཡང་ཡོད་ལ། མཚམས་རེ་དབྱེ་བ་ཡོད་པའི་བླ་བརྒྱུད་ཁག་གཉིས་ཅན་ཡོད་པ་དེ་དག་སྐུ་བརྙན་ཆུང་ངུའི་རྣམ་པར་བཞེངས་ནས་མཚོན་པར་བྱ་བ་ཡིན། དེ་ཡང་ཁ་དབྱེ་ནས་བཞེངས་པའི་དཔེ་མཚོན་གཞན་ཞིག་གོ། དེ་ཡང་དབྱེ་བ་འབྱེད་པའི་ཚུལ་ནི་བླ་བརྒྱུད་ཐོག་མ་དེ་རང་ནས་ཀྱང་འགོ་འཛུགས་པའི་སྲོལ་ཡོད་པ་ནི་དཔེར་ན། ཐང་ག་གཅིག་གི་སྟེང་དུ་སྐུ་བརྙན་ནམ་མི་སྣ་ཆུང་བ་རྣམས་གཡས་གཡོན་གཉིས་ནས་འགོ་བཙུགས་ཏེ་གཤམ་འོག་ཏུ་བཞེངས་པ་དེ་དག་སོ་སོར་དབྱེ་བ་ཡོད་པའི་བླ་བརྒྱུད་ཆུང་གྲས་དག་མཚོན་པར་བྱ་བ་ཡིན།

རིགས་མི་འདྲ་བའི་བླ་བརྒྱུད་གཉིས། སྐུ་གཙོ་བོ་ལས་གྲུབ་པའི་བླ་བརྒྱུད་ཁག་གཅིག་དང་སྐུ་བརྙན་ནམ་མི་སྣ་ཚུང་གྲས་ལས་གྲུབ་པའི་བླ་བརྒྱུད་ཁག་གཉིས། ངོར་ཆེན་ཀུན་དགའ་བཟང་པོ། མུས་ཆེན་དང་ངོར་ལུགས་ཀྱི་མཁན་པོ་གཉིས། བླ་བརྒྱུད་ཆ་ཚང་བྲིས་པ་གཉིས་ལས་གཅིག་ནི་གཡས་དང་། ཅིག་ཤོས་ནི་གཡོན་དུ་མཆིས་སོ།

ད་ཕན་གྱི་དུས་རབས་གཉིས་སམ་གསུམ་ཡན་གྱི་དུས་ཚོད་ནང་དུ་ང་ཚོས་བླ་བརྒྱུད་ཆ་ཚང་རྣམས་ཐང་ཀར་བཞེངས་པའི་སྣང་ཚུལ་ནི་ཤིན་ཏུ་མཐོང་དཀའ་བ་ཞིག་ལགས། དེ་ནི་ཆོས་ལུགས་ནང་དུ་བླ་བརྒྱུད་དག་གལ་ཆུང་དུ་སྤྱིན་པའི་རྟགས་མཚན་ཞིག་མ་ཡིན་པར་བླ་བརྒྱུད་རྣམས་ཤིན་ཏུ་རིང་དུ་འཕེལ་བས་རི་མོའི་ཐོག་བཀོད་དཀའ་བའི་རྐྱེན་གྱིས་ཡིན། དེས་ན་ཕྱིས་སུ་བླ་བརྒྱུད་རིམ་བྱོན་རྣམས་ཡོངས་རྫོགས་སྐུ་ཐང་གཅིག་ཐོག་ཏུ་མི་བཞེངས་པར་བླ་བརྒྱུད་ཉིད་ཀྱི་ཐོག་མའི་སྲོལ་འབྱེད་པ་དང་གྲགས་ཅན་གྱི་བརྒྱུད་པ་སྤྱིལ་མཁན་འགའ་ཞིག་བདམས་གསེས་ཀྱིས་བཞེངས་པ་ཡིན། དེས་ན་དུས་རབས་བཅོ་བརྒྱད་ནས་ཉེ་སྐུའི་བར་དུ་བཞེངས་པའི་བླ་བརྒྱུད་ཆ་ཚང་བཞེངས་ཡོད་པའི་ཐང་ག་རྣམས་ནི་ཤིན་ཏུ་ནས་རྩ་ཆེ་བའི་གྲས་སུ་གྱུར་ཡོད་དོ།

གསུམ་པ། སྤྲུལ་སྐུའི་བླ་བརྒྱུད་བཞེངས་ཚུལ་སྐོར།

དུས་རབས་བཅུ་དྲུག་པ་ནས་དུས་རབས་བཅུ་བདུན་པའི་སྐབས་ནས་བཟུང་འཁྲུངས་རབས་ཞེས་སྤྲུལ་སྐུ་ཞེས་པའི་ཆོས་ལུགས་ཀྱི་སྐྱེས་ཆེན་དམ་པའི་བྱོན་རིམ་ཡར་འདེད་བྱེད་པ་དང་། དེའི་རྣམ་པ་ནི་བླ་བརྒྱུད་རྣམས་བརྩེ་བའི་སྲོལ་དང་ཤིན་ཏུ་འདྲ་པོ་ཡོད། དེ་ཡང་སྐུ

ཞིག་གི་སྟེང་གི་ཆ་ན་བླ་མ་བཞི་བཞེངས་ཤིང་དེ་དག་ལས་མ་མཐར་ཡང་རྟེར་ཕྱོན་ཟིན་པའི་སྐུ་གསུམ་བཞེངས་པ་ནི་གཞམ་དུ་གསལ་བའི་ཞྭ་དམར་སྐུ་ཕྲེང་རིམ་ཕྱོན་གྱི་ཐང་ག་བཞེངས་པ་དང་གཅིག་མཚུངས་ཡིན་ནོ།

སྒང་དུ་བརྗོད་པའི་ཐང་གའི་ཐོག་བླ་བརྒྱུད་དམ་སྤྲུལ་སྐུ་རིམ་ཕྱོན་བཞེངས་སྟངས་ཐད་ཆེས་མངོན་གསལ་དོད་པོའི་དཔེ་མཚོན་ཞིག་ནི་ར་ཧེ་དང་ཐོར་སོན་གྱིས་མཁོ་འདོན་མཛད་པའི་རྙིང་མའི་བླ་བརྒྱུད་འཁོད་པ་དེ་ལགས་ཤིང་། ཐང་ག་དེའི་ཁྲོད་ཀྱི་སྐུ་བརྙན་གཙོ་བོ་དེ་ནི་དུས་རབས་བཅུ་བདུན་པའི་སྐབས་ཀྱི་བླ་མ་དང་ས་སྐྱ་དགོན་པའི་ལོ་རྒྱུས་མཁན་པོ་ཨ་མྱེས་ཞབས་ངག་དབང་ཀུན་དགའ་བསོད་ནམས(1597－1659)ཡིན་ལ། དེ་པའི་སྒང་དུ་ཕྱོན་པའི་སྐུ་ཕྲེང་རྣམས་ནི་སྐུ་བརྙན་ཆུང་དུའི་རྣམ་པའི་ཐོག་ནས་བཞེངས་ཡོད། རི་མོར་བཞེངས་པའི་སྐུ་བརྙན་ནམ་མི་སྣའི་བླ་བརྒྱུད་ཀྱི་ཁྲོད་དུ་ལོ་རྒྱུས་ཀྱི་མཚམས་ཆད་པའི་གནས་ཚུལ་མངོན་གསལ་དོད་པོ་ཡོད་པས། ང་ཚོས་ཐང་ག་འགའ་ཞིག་མཐོང་བ་ཙམ་གྱིས་དེ་ན་བཞེངས་པའི་བླ་བརྒྱུད་ནི་བལྟས་པ་ཙམ་གྱིས་ཆད་ལྷག་མེད་པར་བཞེངས་ནས་ཡོད་པ་ཞིག་མ་ཡིན་པ་ཤེས་རྟོགས་ཐུབ་པ་ཡིན། གནས་ཚུལ་དེ་དག་ལས་སྐུ་ཕྲེང་རིམ་ཕྱོན་གྱི་སྤྲུལ་སྐུའི་བང་རིམ་བསྒྲིགས་ཚུལ་ཐད་ལའང་དཀའ་ངལ་བཟོས་ཡོད་པ་ནི་བླ་མ་དམ་པ་བསོད་ནམས་རྒྱལ་མཚན(1312－1375)དང་ཐེག་ཆེན་ཆོས་རྗེ་ཀུན་དགའ་བཀྲ་ཤིས་ཁུ་དཔོན་གཉིས་རྫོས་ཏེ་བཞེངས་ནས་ཡོད་པ་ལྟ་བུའོ།

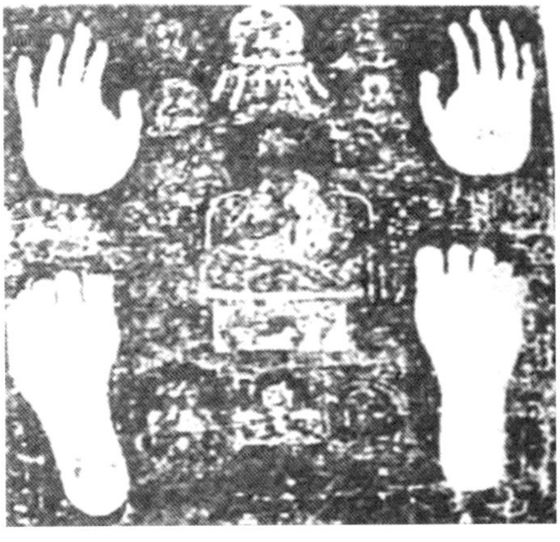

སྤྲུལ་སྐུའི་འཁྲུངས་རབས་བཀོད་པའི་ཞལ་ཐང་། འདི་ནི་ཞྭ་དམར་སྐུ་ཕྲེང་བཞི་པ་ཆོས་གྲགས་ཡེ་ཤེས(1453－1524)དང་ཁོང་གི་སྐུ་ཕྲེང་གོང་མ་རྣམས་ཡིན།

བཞི་པ། མི་ཐོག་གཅིག་རང་གི་བླ་མ་རྣམས་ཀྱི་སྐུ་བརྙན་བཞེངས་པའི་སྐོར།

དེ་ཡང་ཞལ་ཐང་འགའ་ཞིག་ཁྲོད་དུ་མི་ཐོག་གཅིག་པ་ཡིན་པའི་བླ་མ་ཁག་གཅིག་བང་རིམ་བསྒྲིགས་ནས་དབུས་ཀྱི་སྐུ་གཙོ་བོ་དེའི་འགོ་སྟེང་དུ་བཞེངས་སྲོལ་ཡོད། དེ་ལྟའི་ཞལ་ཐང་ལ་ཧྟོབ་ཏེ་བལྟ་སྐབས་བླ་བརྒྱུད་གཅིག་བཞེངས་ཡོད་པ་ལྟར་སྣང་ཡང་དོན་དངོས་ཐོག་དེ་ལྟར་མ་ཡིན་པ་ནི་ཐང་ག་ཞིག་གི་ཁྲོད་དུ་ས་ཆེན་ཀུན་དགའ་སྙིང་པོ་མཆོག་ནི་བླ་བརྒྱུད་འགའ་ཞིག་དང་འགྲོགས་ནས་བཞེངས་པ་མ་ཟད། དེའི་ཁྲོད་དུ་ཁོང་གི་རྩ་བའི་བླ་མ་རྣམས་ཀྱང་བཞེངས་ཡོད་པ་ལྟ་བུ་ཡིན། ཐང་ག་དེའི་ནང་དུ་བཞེངས་པའི་སྐུ་བརྙན་རྣམས་ནི་གཤམ་གསལ་ལྟར་རོ།

1. རྡོ་རྗེ་གདན་པ།
2. བོ་ར་རྒྱལ།
3. བལ་པོ་ཛོན་ཡ་ན་བད་ཛྲ།
4. སྤུ་རང་ལོ་ཆུང་།
5. རྫོག་ལོ་ཙཱ་བ།
6. བྲང་སྟི་དར་མ་སྙིང་པོ།
7. ཁྲུང་རིན་ཆེན་གྲགས།
15. སེ་མཁར་ཆུང་བ།
17. བྱང་ཆུབ་སེམས་དཔའ་
8. ལང་དཀོན་པ།
9. འཇམ་དཔལ།
10. བ་རི་ལོ་ཙཱ་བ།
11. བིརྺ་པ།

1	8	10	12
2	9	11	13
3			14
4			15
5			16
6			17
7			18

ས་ཆེན་ཀུན་དགའ་སྙིང་པོ་དང་དེ་པའི་འཁོར་དུ་བཞེངས་པའི་བླ་བརྒྱུད་ཀྱི་ཞལ་ཐང་།

ས་སྐྱ་ལོ་ཙྪ་བ་འཇམ་དབྱངས་ཀུན་དགའ་བསོད་ནམས་མཆོག་དབུས་དང་། ཁོང་གི་དགེ་བའི་བཤེས་གཉེན་བཅུ་གཉིས་པོ་དང་རྒྱལ་བ་རྡོ་རྗེ་འཆང་འཁོར་དུ་བཞེངས་པའི་ཞལ་ཐང་།

12. འཁོན་སྐྱི་ཆུ་བ།

13. འགོན་དཀོན་མཆོག་རྒྱལ་པོ།

14. རྣམ་ཁ་འུ་པ།

16. མལ་ལོ་ཙཱ་བ།

18. མེས་ལྷ་ཆེ།

གོང་གི་ཞལ་ཐང་ནང་དུ་དུས་རབས་བཅུ་དྲུག་པའི་སྐབས་སུ་བྱོན་པའི་སྐྱེས་ཆེན་དམ་པ་ས་སྐྱ་ལོ་ཙཱ་བ་འཇམ་དབྱངས་ཀུན་དགའ་བསོད་ནམས་(1485 – 1533) མཆོག་སྐུ་གཙོ་བོར་བཞེངས་ཡོད། ཁོང་ནི་ས་སྐྱའི་གདན་རབས་ཉི་ཤུ་རྩ་གསུམ་པ་ཡིན་ལ། ཐང་ག་དེའི་ནང་དུ་ཁོང་གི་དགེ་བའི་བཤེས་གཉེན་བཅུ་གཉིས་པོ་དང་རྒྱལ་བ་རྡོ་རྗེ་འཆང་བཞེངས་པའི་ཚུལ་ནི་གཤམ་གསལ་གྱི་མཚོན་རིས་ལྟར་རོ། །

4		2		1		3		5
8			6		7			9
	10						11	
12								13
14								15

སྐུ་བརྙན།

གཙོ་བོ།

1. རྡོ་རྗེ་འཆང་།

2. རྗེ་དཀོན་མཆོག་འཕེལ།

3. བདག་ཆེན་ཆོས་རྗེ།

4. འཇམ་དབྱངས་ཤེས་རབ་རིན་ཆེན།

5. གྲུབ་ཆེན་ཕྲུག་རྡོར་བ།

6. འབྲུལ་ཞིག་ཚུལ་ཁྲིམས་རྒྱལ་མཚན།

7. མཁན་ཆེན་ཀུན་བློ་བ།

8. རྗེ་……དགེ་བ།

9. སྔགས་འཆང་……དཔལ་བཟང་།

10. ཤཱཀྱ་སེང་གེ།

11. ཆོས་རྗེ་ཡོན་ཏན་པ།

12. གདོང་སྐྱེས་པ།

14. སེར་ཆེན་ཆོས་བཟང་པ།

13. པཎ་ཆེན་གྲགས་པ་རྡོ་རྗེ།

15. གློ་བོ་མཁན་ཆེན།

གོང་དུ་ཞུས་པ་ལྟར་འདིར་འཁོད་པའི་བླ་མ་བཅུ་གཉིས་པོ་ནི་བླ་བརྒྱུད་གཅིག་མ་ཡིན། དེ་ཡང་ཀུན་དགའ་བསོད་ནམས་མཆོག་སྐུ་ན་ཕྲ་མོའི་སྐབས་ཀྱི་དགེ་བའི་བཤེས་གཉེན་ཏེ་མི་ཉག་པ་གྲགས་པ་རྡོ་རྗེ（1491ལོར་འཁྲུངས་）དང་གློ་བོ་མཁན་ཆེན་བསོད་ནམས་ལྷུན་གྲུབ（1456 – 1532）གཉིས་ནི་ཤིན་ཏུ་ནས་དྲིན་ཆེ་བའི་བླ་མ་གཉིས་སུ་བརྩིས་ནས་གཡས་གཡོན་གཉིས་ན་བཞེངས་ཡོད། གསེར་ཐང་འདི་ནི་ས་སྐྱ་ལོ་ཙཱ་བ་འཇམ་དབྱངས་ཀུན་དགའ་བསོད་ནམས་ཀྱི་བཀའ་ལྟར་ཁོང་གི་སློབ་མ་ཞིག་གིས་རྩ་བའི་བླ་མ་མཆོག་འཚོ་བཞུགས་སྐབས་སམ་ཡང་ན་དམ་པ་དེ་ཉིད་སྐུ་མྱ་ངན་ལས་འདས་པའི་ལོ་དེ་རང་ལ་བཞེངས་པ་ཞིག་མིན་ནམ་སྙམ་པས་མུ་མཐུད་དཔྱད་པར་འཚལ།

བཅུ་གཉིས། ལོ་རྒྱུས་ལས་འཕྲོས་པའི་བླ་བརྒྱུད་ཀྱི་ བྲིས་སྲོལ་སྐོར།

མདོར་བསྡུས་ནས་བརྗོད་ན། བོད་ཀྱི་བླ་བརྒྱུད་རྣམས་སྐུ་བརྙན་གྱི་གཟུགས་སུ་བཞེངས་པའི་ཐང་ག་ནི་བོད་ཀྱི་དམིགས་བསལ་རང་བཞིན་ལྡན་པའི་བླ་བརྒྱུད་ཀྱི་བྱུང་ཚུལ་དང་དེ་དག་དང་འབྲེལ་བའི་ཤེས་བྱ་དང་ལྷ་ཚུལ་བཅས་ཤེས་རྟོགས་བྱ་རྒྱུར་དགེ་མཚན་ཆེན་པོ་ལྡན་པ་ཞིག་ཡིན། ལྷག་པར་དུ་རུང་ཟད་ཉེ་བའི་དུས་སྐབས་ནང་དུ་བཞེངས་པའི་སྐུ་བརྙན་རྣམས་ནི་ཡིད་རྟོན་རུང་བའི་ལོ་རྒྱུས་ཀྱི་ཟིན་ཐོ་ལྟ་བུ་ལགས་ཤིང་། དེ་དག་དང་ཆ་མཐུན་པའི་ཡིག་ཐོག་ཏུ་འཁོད་པའི་དཔྱད་གཞིར་ཡང་དུས་གཅིག་ཏུ་དཔྱད་གཞི་བྱས་ཆོག་པ་ཡིན། སྤྱིར་བཏང་བླ་བརྒྱུད་རྣམས་བཞེངས་པའི་སྐབས་སུ་དེ་ཁུངས་གཏུག་སའི་ཡིག་ཐོག་གི་དཔྱད་གཞི་འཚོལ་རྒྱུ་ཡོད་ལ། བླ་བརྒྱུད་ཀྱི་ཞལ་ཐང་ཁག་གཅིག་གི་ཐོག་ཏུ་གསལ་

བཤད་ཀྱི“ རྒྱབ་བྱང་” མཆིས་པས་དེས་བླ་བརྒྱུད་དེ་དག་ཤེས་རྟོགས་བྱེད་རྒྱུར་དགེ་མཚན་བཟང་པོ་ཐོན་པ་ཡིན།

གོང་དུ་བརྗོད་པའི་ལོ་རྒྱུས་ཀྱི་དོན་དངོས་དང་ཆ་མཐུན་པ་ཞེས་པ་དེ་ནི་གཙོ་བོ་བོད་ཀྱི་བླ་བརྒྱུད་ཀྱི་ཞལ་ཐང་རི་མོའི་ནང་དོན་རང་ལ་བསྟོས་ནས་བརྗོད་པ་ཞིག་ཡིན། དེ་ཡང་རྒྱ་གར་གྱི་གནའ་བོའི་བླ་བརྒྱུད་དམ་ལྷ་ཚོགས་ཀྱི་འཁོར་རྣམས་བཞེངས་ཡོད་པ་དེ་དག་ཁྲོད་ཀྱི་མི་སྣ་འམ་ནང་དོན་ནི་ཕྱེད་གྲངས་རྒྱུད་ཅན་ནམ་ཡང་ན་ཆ་ཚང་གྲངས་རྒྱུད་ལྷ་བུའི་མི་སྣ་དག་བཞེངས་པའི་རི་མོ་ཡིན་པས་དེ་ཙམ་གྱི་ལོ་རྒྱུས་ཀྱི་རིན་ཐང་མ་མཆིས། འོན་ཀྱང་། ཉེ་བའི་མི་ཐོག་ཁ་ཤས་སྔོན་གྱི་རྒྱ་གར་གྱི་རི་མོའི་ཁྲོད་དུ་ལོ་རྒྱུས་ཐོག་དངོས་སུ་བྱོན་མྱོང་ཡོད་པའི་བླ་བརྒྱུད་རྣམས་བཞེངས་ཡོད་པ་དེ་དག་ལ་དཔྱད་གཞིའི་རིན་ཐང་ངེས་ཅན་ལྡན་ཡོད་པར་སེམས་སོ།

བཅུ་གསུམ། མཇུག་བསྡུའི་གཏམ།

བླ་བརྒྱུད་ཀྱི་སྐུ་བརྙན་བཞེངས་པ་དེ་ནི་བོད་ཀྱི་སྒྱུ་རྩལ་ལ་སློབ་གཉེར་བྱེད་མཁན་གྱི་སློབ་མ་རྣམས་ཀྱི་ངོས་ནས་བརྗོད་ན་དགེ་མཚན་ཆེན་པོ་ལྡན་པ་ཞིག་ཡིན་ལ། ཁོང་ཚོས་བོད་ཀྱི་ཐང་ཀའི་བསྒྲུབ་གཞི་དང་། འབྲི་སྟངས། དེ་དག་གིས་མཚོན་དོན་བཅས་ལ་ཤེས་རྟོགས་བྱེད་རྒྱུར་ཕན་པ་མ་ཟད། གལ་སྲིད་སྐུ་བརྙན་གྱི་རྣམ་པར་བཞེངས་པའི་རི་མོ་དེ་དག་ལ་འགྲེལ་བཤད་ཡག་པོ་བརྒྱབ་ཐུབ་ན། གཅིག་ནས་བོད་ཀྱི་སྒྱུ་རྩལ་ལོ་རྒྱུས་སྤྱི་དང་བྲིས་འབུར་གྱི་རྩལ་ལ་ངེས་ཤེས་གསལ་པོ་ཞིག་རྙེད་ཐུབ་ལ། གཉིས་ནས་བོད་ཀྱི་ཆོས་ལུགས་རིག་གནས་ལ་ངོས་འཛིན་ཡང་དག་པ་ཞིག་བྱེད་ཐུབ་རྒྱུར་ཕན་ནོ།

གཅིག སྐུ་བརྙན་ཕྱི་ཤོས་རྣམས་ཀྱི་ལོ་ཚིགས་ཀྱི་གལ་ཆེའི་རང་བཞིན་སྐོར།

དེ་ཡང་བོད་ཀྱི་རི་མོ་བ་རྣམས་ལ་འཕྲད་པའི་གནད་དོན་ཞིག་ནི་ཞལ་ཐང་རྣམས་ཀྱི་བྲིས་དུས་ལོ་ཚིགས་གཏན་འཁེལ་བྱ་རྒྱུ་དེ་ཡིན། ཁྱད་ཆོས་དང་ཆ་ལུགས་གཉིས་ལ་གཞིབ་སྟུར་བྱས་པ་ལས་ཤེས་དོན། མི་རབས་གཅིག་གམ་གཉིས་བར་གྱི་ལོ་ཚིགས་གཏན་འཁེལ་ལམ་ཙམ་བྱེད་ཐུབ་ཀྱི་ཡོད། འོན་ཀྱང་། ཞལ་ཐང་འགའ་ཞིག་གི་ལོ་དུས་གཏན་འཁེལ་ཡང་དག་པ་ཞིག་བྱེད་ཐུབ་པའི་རྒྱུ་མཚན་ནི་ཞལ་ཐང་དེ་དག་གི་ཁྲོད་དུ་རྒྱབ་བྱང་ཞེས་བླ་བརྒྱུད་

ངོས་འཛིན་དང་། ཞབས་བརྟན་ཚོ་ག་གཙོ་སྐྱོང་གནང་མཁན་གྱི་བླ་མའམ་ཡང་ན་རྒྱུ་སྦྱོར་ཡོན་བདག་དེས་ཞལ་ཐང་དེ་ཉིད་བཞེངས་དགོས་ཀྱི་རྒྱུ་མཚན་བཅས་འཁོད་པའི་ཡི་གེ་དག་ཡོད་པས་སོ།

ཞལ་ཐང་འགའ་ཞིག་ལ་རྒྱབ་བྱང་མེད་ནའང་བླ་བརྒྱུད་རྣམས་ངོས་འཛིན་བྱེད་བདེ་པོ་ཡོད་པས་ལོ་ཚིགས་གསལ་པོ་ཤེས་རྟོགས་བྱ་ཐུབ། གལ་ཏེ་བླ་བརྒྱུད་དེ་ཆ་ཚང་པོ་དང་དེར་ལུགས་དང་མཐུན་པའི་འགྲེལ་བཤད་བྱས་ཡོད་ན། མཐའ་མའི་བླ་བརྒྱུད་དེས་མི་ཐོག་དེ་རང་གི་རྒྱུ་སྦྱོར་ཡོན་བདག་ཉིད་འཚོ་བཞུགས་ཀྱི་དུས་ཚོད་ཤེས་རྟོགས་བྱེད་རྒྱུར་ཕན་ནུས་ཐོན་པ་ཡིན། ལར་གོང་གསལ་གྱི་དུས་ཚོད་ངོས་འཛིན་བྱེད་ཐབས་དེ་ཡང་དག་ཤོས་ཤིག་ཡིན་པར་བརྗོད་ཐབས་བྲལ་ནའང་། ནང་ལོགས་ཀྱི་དཔྱད་གཞིའི་ནང་དོན་ཏེ་ལོ་རྒྱུས་ཀྱི་མི་སྣ་དངོས་ཉིད་ངོས་འཛིན་བྱ་རྒྱུ་དང་། རི་མོའི་ཁྱད་ཆོས་སྐོར་འདྲ་མཉམ་མཚེས་པའི་བྱུར་ལས་དུས་ཚིགས་ཉིད་གཏན་འབེབས་བྱེད་རྒྱུའི་ཐད་ལ་ལེགས་ཆ་ལྡན་ཡོད།

ང་ཚོས་ငེས་པར་དུ་ཞལ་ཐང་ཐོག་འཁོད་པའི་བླ་བརྒྱུད་ལ་ངོས་འཛིན་བྱེད་སྐབས་དེ་དག་ཆ་ཚང་ཡིན་ནམ་ཡང་ན་ཆ་ཤས་ཙམ་ཡིན་མིན་བཅས་སྐོར་ནོར་འཁྲུལ་མི་ཤོར་བར་བྱ་དགོས། དེ་བཞིན་ཞལ་ཐང་ཐོག་ཏུ་གང་ཞིག་སྐུ་བརྙན་གཙོ་བོ་དེ་ཡིན་པ་དང་གང་ཞིག་བླ་བརྒྱུད་དེ་པའི་མཐའ་མཇུག་གི་བླ་བརྒྱུད་ཡིན་པའི་སྐོར་ལའང་གཟབ་ནན་བྱ་དགོས་ལ། བླ་བརྒྱུད་ག་གེ་མོ་ཞིག་གི་རིམ་སྒྲིག་དུས་ཚོད་དང་གྲངས་འབོར་དག་བླ་བརྒྱུད་མཐའ་མ་དེར་གཞི་གཞག་ནས་ངོས་འཛིན་བྱེད་ཐབས་ཀྱང་ཡོད། ལར་དེ་དག་ངོས་འཛིན་དང་བང་རིམ་སྒྲིག་སྟངས་ཐད་མགོ་རྙོག་ཤིན་ཏུ་ཆེ་བ་ཡོད་ནའང་། འདིར་སྟབས་བདེ་ཤོས་ཀྱི་ངོས་འཛིན་བྱེད་ཐབས་ཤིག་ཡོད་པ་ནི། ལོ་རྒྱུས་ཐོག་དངོས་སུ་བྱུང་མྱོང་བའི་ཆེས་ཐོག་མའི་མི་སྣའམ་སྐུ་བརྙན་དེ་མ་ཐོན་གོང་དུ་བླ་བརྒྱུད་ཅེས་པའི་ཞལ་ཐང་གི་རི་མོ་ནི་བྱུང་མི་སྲིད་པ་དེའོ།

བོད་ཀྱི་སྐུ་རྩལ་ལོ་རྒྱུས་ལ་ཞིབ་འཇུག་གནང་མཁན་མང་ཆེ་བའི་གཅིག་མཐུན་གྱི་དགོངས་པ་ཞིག་ནི། འགྲེལ་བཤད་ཀྱི་ཡི་གེ་ལྡན་པའི་བླ་བརྒྱུད་བཞེངས་སྟངས་དེ་ནི་སྐུ་བརྙན་རྣམས་ཞིབ་ཚགས་ཀྱིས་འབྲི་བཞེངས་བྱེད་རྒྱུར་ཤིན་ཏུ་ནས་གལ་ཆེ་ཞིང་། ཞལ་ཐང་བཞེངས་སྐབས་ཀྱི་ཆེས་རྩ་བའི་ཁྱུངས་སམ་ལུང་བཀོད་ཚུལ་ནི་གོམ་རིམ་བཞི་ཙམ་བརྒྱུད་དགོས་པ་སྟེ།

1. མཚན་མིང་རྟོགས་སེལ་དང་ངོས་འཛིན་བྱེད་པ།

2. བླ་མ་ངོས་འཛིན་དང་དུས་ཚོད་གཏན་འབེབས་བྱེད་པ།

3. ཀ། བླ་བརྒྱུད་སྤྱིར་ངོས་འཛིན་བྱེད་པ།

ཁ། སྔ་ཕྱིའི་ཕྱོན་རིམ་ལྟར་མཚན་ཐོ་འགོད་པ།

4. སྐུ་བརྙན་སོ་སོ་རི་མོར་བཞེངས་པ།

ཞལ་ཐང་གི་སྒྲིག་གཞིའམ་གྲུབ་ཚུལ་གྱི་ཆ་ནས་བརྗོད་ན། གོམ་རིམ་བཞི་པ་དེ་མ་གྲུབ་བར་དུ་ཞལ་ཐང་གི་ལས་རིམ་དེ་གྲུབ་ཟིན་པར་མི་བརྩི། དཔྱད་རྩོམ་འདིའི་ནང་དུ་ཁོ་བོས་གཙོ་བོ་གོམ་རིམ་བཞི་པ་དེའི་སྐོར་དཔྱད་གླེང་བྱས་ཡོད།

གཉིས། བླ་བརྒྱུད་ཀྱི་གལ་ཆེའི་རང་བཞིན་རྒྱ་བསྐྱེད་ཕྱིན་པའི་སྐོར།

བླ་བརྒྱུད་ཀྱི་ཞལ་ཐང་འབྲི་བའི་སྲོལ་དེ་ནི་བོད་ཀྱི་ནང་པ་ཐུབ་པའི་ཆོས་ལུགས་སྤྱི་དང་ལྷག་པར་དུ་གསང་སྔགས་ཁྲོད་ཀྱི་དམིགས་བསལ་རང་བཞིན་གྱི་ཁྱད་ཆོས་ལྡན་པ་ཞིག་དང་། བོད་ཀྱི་རིག་གནས་སྤྱིའི་ནང་དོན་གྱི་ཁྲོད་དུའང་གལ་ཆེའི་གྲུབ་ཆ་ཞིག་ཏུ་གྱུར་ཡོད་ལ། དེ་ནི་ཤིན་ཏུ་ནས་གལ་ཆེ་བའི་སྲོལ་རྒྱུན་དང་ལོ་རྒྱུས་ཀྱི་མངོན་ཚུལ་ཞིག་ཀྱང་ཡིན་པ་རེད། བོད་ཀྱི་ལོ་རྒྱུས་ཐོག་མི་རབས་ནས་མི་རབས་བར་དུ་བླ་བརྒྱུད་ཀྱི་ཞལ་ཐང་འབྲི་བཞེངས་དང་དེ་དག་ཆོས་ལུགས་ཚོ་གའི་ཁྲོད་དུ་བེད་སྤྱོད། དེ་བཞིན་བླ་བརྒྱུད་རྣམས་ཡིག་ཐོག་ཏུ་བཀོད་པའི་སྲོལ་རྒྱུན་དེ་ནི་ཨེ་ཤེ་ཡ་གླིང་གི་ཐུབ་པའི་ཆོས་ལུགས་ཀྱི་རིག་གནས་ཁྱབ་ཁོངས་ནང་དུ་དམིགས་བསལ་རང་བཞིན་གྱི་ཁྱད་ཆོས་ལྡན་པ་ཞིག་ལགས། ལར་བླ་བརྒྱུད་ཀྱི་རྩ་བ་དེ་རྒྱ་གར་འཕགས་པའི་ཡུལ་དུ་ཚུགས་ཡོད་ནའང་། བོད་ཀྱི་ཐང་ག་འགའ་ཞིག་ཐོག་གི་བླ་བརྒྱུད་ཀྱི་མཚོན་ཚུལ་དེ་ནི་འཛམ་གླིང་སྤྱིའི་གོམ་སྲོལ་དང་མཐུན་པ་ཞིག་ཡིན་འདུག གོང་གསལ་བོད་ཀྱི་ཞལ་ཐང་གི་ཁྲོད་ལས་བླ་བརྒྱུད་ཀྱི་ཞལ་ཐང་གི་གལ་ཆེའི་རང་བཞིན་ལ་དོ་སྣང་དང་མཐོང་ཆེན་བྱེད་རྒྱུ་དེ་ནི་བོད་ཀྱི་སྒྱུ་རྩལ་ལོ་རྒྱུས་ལ་ཞིབ་འཇུག་བྱེད་མཁན་རྣམས་ཀྱི་གཡོལ་ཐབས་མེད་པའི་ལས་འགན་ཞིག་ཡིན་ནོ། །

（དེ་ལེ་ཧྲེག་སོན། 《བོད་ལྗོངས་སྒྱུ་རྩལ་ཞིབ་འཇུག》2006ལོའི་དུས་དེབ་གཉིས་པ་འཁོད།）

༧༡། །གཏེར་སྟོན་རྡོ་རྗེ་གླིང་པ་དང་ཁོང་གིས་འབྲུག་ཡུལ་ནས་གཏེར་ནས་བཞེས་པའི་གསེར་ཐུར་སྐོར་གླེང་བ།

伏藏师坚林巴于藏传佛教在不丹的传播

[**བརྡ་ཚད་གཙོ་བོ།**] འབྲུག་ཡུལ། རྡོ་རྗེ་གླིང་པ། གཏེར་སྟོན། ཆོས་ལུགས། དར་སྤེལ། གསེར་ཐུར། རྙིང་མ་པ། བོན་ལུགས།

[ནང་དོན་གནད་བསྡུས།] རྩོམ་ཡིག་འདིའི་ནང་རྡོ་རྗེ་གླིང་པའི་སྐུ་ཚེ་སྟོད་ཀྱི་ལོ་རྒྱུས་མདོར་བསྡུས་དང་། འབྲུག་ཡུལ་དུ་གནས་སྐོར་དུ་ཕེབས་པའི་སྐོར། འབྲུག་ཡུལ་ནུབ་ཕྱོགས་ནས་འབུམ་ཐང་དུ་ཞབས་ཀྱིས་བཅགས་ཚུལ། རྡོ་རྗེ་གླིང་པའི་འཁྲུངས་འདས་ཀྱི་ལོ་ཚིགས་སྐོར། དུས་རབས་བཅུ་བཞི་པའི་སྐབས་ཀྱི་འབྲུག་ཡུལ་བོན་པོའི་དགོན་པ་སྐུ་འབུམ་གྱི་སྐོར། དེང་རབས་འབྲུག་ཡུལ་གྱི་དཔྱད་གཞིའི་ཡིག་ཆའི་ནང་འཁོད་རྡོ་རྗེ་གླིང་པ་དང་སྐུ་འབུམ་ལྷ་ཁང་གི་སྐོར། རྡོ་རྗེ་གླིང་པའི་གསུང་མགུར་གྱི་སྐོར། བླ་མ་བཀའ་འདུས་དང་དེ་པའི་འབྲུག་པའི་ནང་ཆོས་ཀྱི་ཚོ་གའི་ཁྲིད་ཀྱི་གལ་ཆེའི་གནས་བབས་སྐོར་སོགས་ལ་གླེང་བརྗོད་བྱས་ཡོད།

【关键词】 多吉林巴;伏藏师;不丹;传教;建寺;宗教影响

【摘要】 本文介绍了15世纪著名伏藏师多吉林巴的生平事迹,主要讲述多吉林巴在不丹的传法,建寺和创立宗教仪轨的全过程,并对他在不丹挖掘伏藏经文《金勺》及其影响等作了评述。

དེང་སང་འབྲུག་ཡུལ་དུ་སྔར་བཞིན་གནས་ལ་ལོ་རེའི་དུས་སྟོན་སྐབས་སུ་སྤེལ་བཞིན་ཡོད་པའི་ཆོས་ལུགས་ཚོ་ག་དང་གཏེར་སྟོན་རྡོ་རྗེ་གླིང་པའི་(མཚན་གཞན་པདྨ་གླིང་པ་)བར་འབྲེལ་བ་ཞིག་མཆིས་ནས་ཡོད་པ་ནི་ཧ་ཅང་གསལ་པོ་རེད་འདུག་ལ། ལྷག་པར་དུ་འབྲེལ་བ་དེའི་སྐོར་འབྲུག་ཡུལ་དབུས་ཀྱི་ས་ཆ་འབུམ་ཐང་ལྷ་ཁུང་མཚོན་ན་དེ་བས་ཀྱང་མངོན་གསལ་དོད་པོ་འདུག

སྐྱེ་ལོ7((<དང་སྐྱེ་ལོ་7(((ལོར་ཁོ་བོར་ཨོ་རྒྱན་ཆོས་གླིང་དང་བྱམས་པ་ལྷ་ཁང་

ད་དུས་སྟོན་དམིགས་བསལ་དེ་ཉིད་ལ་ལྷ་ཞིབ་བྲ་རྒྱུའི་གོ་སྐབས་ཐོབ། དེ་ཡང་རྡོ་རྗེ་གླིང་པ་ནི་རྙིང་མ་བའི་གཏེར་སྟོན་ཆེན་མོ་ལྔའི་གྲས་ཤིག་ཡིན་ཅིང་། བོན་པོ་རྣམས་ཀྱིས་རྫོགས་པ་ཆེན་པོའི་བླ་མ་ཞིག་ཏུ་ངོས་འཛིན་སྲོལ་ཡང་འདུག་ལ། ཁོང་གིས་བན་བོན་གཉིས་ཀ་ཉམས་ལེན་གནང་གཤིས། ཕྱིས་སུ་དར་ཁྱབ་ཆེ་ཙམ་སོང་བའི་གྲུབ་མཐའ་རིས་མེད་པའི་སྲོལ་འབྱེད་ལྟ་བུར་གྱུར་ཡོད།

སྐབས་དེའི་བོད་ཀྱི་ཆོས་པ་གཞན་མང་པོ་ཞིག་དང་འདྲ་བར་རྡོ་རྗེ་གླིང་པས་ཀྱང་གནས་ག་གེ་མོ་ཞིག་ལ་གཏན་བཞུགས་མ་མཛད་པར་སྤྱར་མོན་ཡུལ་ལམ་ལྷོ་མོན་ཞེས་སུ་འབོད་པའི་འབྲུག་ཡུལ་གྱི་ས་ཆ་མང་པོ་ཞིག་ཏུ་ཕྱིན་ཞིང་། དེའི་དམིགས་ཡུལ་ནི་ཆོས་དཔེ་གཏེར་ལས་བཞེས་ཕྱིར་ཡིན་ལ། མཐའ་མ་ཁོང་གི་སྐྱན་པའི་གྲགས་པའང་ཡུལ་དེ་ནས་རྒྱས་པ་མ་ཟད་ཁོང་གིས་སྐབས་དེ་དུས་གསར་དུ་བཀོད་པའི་ཆོས་ལུགས་ཚོ་ག་རྣམས་དེང་དུས་ཀྱི་འབྲུག་ཡུལ་དུ་མི་ཉམས་པར་གནས་ཤིང་ཡུལ་ཕྱོགས་དེ་ན་ཁོང་གི་རིགས་རྒྱུད་ས་ཚོ་འབྲང་ལས་མཆེད་པའི་མི་རྒྱུད་རྗེས་མ་ཡང་མཐོང་རྒྱུ་ཡོད་པར་གྲགས་སོ། །

དབྱིན་ཇིའི་བོད་རིག་པ་མཁས་ཅན་མའི་ཁའོ་ཨེ་རི་སི（༡༩༧༩：༡༥༢）དང་ཧྥ་རན་སིའི་བོད་རིག་པའི་ཞིབ་འཇུག་པ་ཧྥེ་རན་ཁོ་སི་ཕོ་མ་རེ་དེ（༡༩༩༧：༤༠༢）ཡིས་ཞིབ་འཇུག་གནང་བ་ལས་རྡོ་རྗེ་གླིང་པའི་མི་རྒྱུད་དང་ཁོང་གི་སྐུ་སྐྱེ་རྣམས་ཀྱི་ལོ་རྒྱུས་གནས་ཚུལ་དག་ད་ལྟ་ཡོངས་གྲགས་ལྟ་བུར་གྱུར་ཡོད།

ཁོ་བོ་རང་ཉིད་ཀྱི་ངོས་ནས་བརྗོད་ན། དེ་ཡང་རྙིང་མ་བའི་རྫོགས་ཆེན་གྱི་གཞུང་སྐོར་ཞིབ་འཇུག་བྱེད་སྐབས་རྡོ་རྗེ་གླིང་པས་སྤྲ་གྲོ་ཁུལ་གྱི་སྟག་ཚང་བྲག་ཕུག་ནས་རྙེད་པའི་བོན་པོའི་རྫོགས་ཆེན་གྱི་དཔེ་ཆའི་སྐོར་ཤེས་རྟོགས་རབ་ཙམ་བྲ་རྒྱ་བྱུང་བ་དེ་ནི་རྡོ་རྗེ་གླིང་པའི་ཞིབ་འཇུག་དང་འབྲེལ་བ་ཆགས་པ་ཐོག་མ་དེ་ཡིན། དཔྱད་རྩོམ་འདིའི་ནང་ཁོ་བོས་གཙོ་བོ་རྡོ་རྗེ་གླིང་པ་འབྲུག་ཡུལ་དུ་ཕྱིན་པའི་ལོ་རྒྱུས་དང་། ཁོང་དང་ཡུལ་དེ་ན་དར་བའི་བོན་ལུགས་བར་གྱི་འབྲེལ་བ། ཁོ་བོ་རང་ཉིད་ནས་འབྲུག་ཡུལ་དུ་རྟོག་ཞིབ་བྱས་པའི་འབྲས་བུ་རྣམས་གླིང་ཡོད་པ་མ་ཟད་དེ་བས་གལ་ཆེ་བ་ཞིག་ནི་མིག་སྔར་རྡོ་རྗེ་གླིང་པས་མཛད་པའི་དཔེ་ཆ་ཞལ་གྲངས་ཉི་ཤུ་རྩ་གཉིས་མཇལ་རྒྱུ་ཡོད་པ་དེ་དག་ངོ་སྤྲོད་བྲ་རྒྱུ་དེ་ལགས། སྔོ་ཐམ་པ་ཞིག་ལ་སྤྱི་ལོ་༡༩༧༠ནང་ཁོ་བོས་རྫོགས་ཆེན་སྐོར་ལ་ཞིབ་འཇུག་བྱེད་སྐབས་ཁོང་གི་དཔེ་

རྡོ་རྗེ་གླིང་པའི་སྐུ་ཚེ་སྟོད་ཀྱི་ལོ་རྒྱུས།

གཏེར་སྟོན་རྡོ་རྗེ་གླིང་པ་ནི་༡༣༤༦ལོར་ཡར་ཀླུང་གཙང་པོའི་ལྷོ་ཕྱོགས་སུ་ཆགས་པའི་གྲ་ཞེས་པའི་གྲོང་དུ་སྐུ་འཁྲུངས། ཁོང་དགུང་ལོ་གསུམ་ཙམ་ལ་སོན་སྐབས་མ་ཡུམ་དཀར་མོ་རྒྱན་གྲོངས་ཤིང་། དགུང་ལོ་བདུན་ལ་སོན་སྐབས་ཡབ་བསོད་ནམས་རྒྱལ་མཚན་ཡང་གཤེགས་པས་ཁོང་རང་གི་ཨ་ནེས་གསོས། ཁོང་ཆུང་དུས་ཀྱི་མཚན་ལ་ཨོ་རྒྱན་བཟང་པོ་ཞུ་ཞིང་དགུང་ལོ་བརྒྱད་ལ་སོན་སྐབས་ལྷ་རི་ཁ་ཞེས་པའི་དགོན་དུ་དགེ་ཚུལ་གྱི་སྡོམ་པ་མནོས། དགུང་ལོ་བཅུ་གསུམ་ལ་ཕེབས་སྐབས་ཐོག་མར་ཁྲ་འབྲུག་ནས་དཔེ་ཆ་གཏེར་ནས་བཞེས་ཤིང་། གཏེར་ལས་བཞེས་པའི་དཔེ་ཆའི་ཁོངས་སུ་དཀར་ཆག་ཞིག་ཀྱང་ཡོད་པ་དེ་ནི་ས་ཆ་གཞན་ག་གེ་མོ་ཞིག་ཏུ་དཔེ་ཆ་སྦས་ནས་ཡོད་པའི་ལུང་བསྟན་ཡིན་པར་བཤད། དགུང་ལོ་བཅོ་ལྔར་ཕེབས་སྐབས་ཡང་གནམ་ལྕགས་བྲག་ཅེས་པའི་ས་ཆ་ནས་ལྷ་བ་སློང་ཡངས་ཞེས་པས་གཙོས་དཔེ་ཆ་མི་འཇུང་བ་ཞིག་རྙེད་སོན་ཐུབ་པར་གྲགས། ལྷ་བ་སློང་ཡངས་ཞེས་པ་དེ་ནི་ཕྱིས་སུ་ཁོང་གིས་རྫོགས་ཆེན་ལ་ཉམས་ལེན་མཛད་སྐབས་ཀྱི་གཞུང་ལུགས་གཙོ་བོར་གྱུར་ཡོད་ལ། དཔེ་ཆ་འདིའི་ནང་དུ་ཁོང་གིས་རྫོགས་ཆེན་གྱི་སྤྱི་དོན་ལ་སྟར་དང་མི་འདྲ་བའི་བཞེས་ཚུལ་གསུངས་ཡོད་པ་དེ་དག་གིས་ཁོང་གི་རྗེས་འཇུག་སློབ་མ་རྣམས་ཀྱི་སྤྲོ་བ་འཕེལ་བར་བྱས་ཡོད་ནའང་དགེ་ལུགས་པའི་མཁས་པ་རྣམས་ཀྱིས་དེ་ལ་དགག་པ་མཛད་ཡོད①（མཁར་རྒྱེའུ ༡༩༩༨: ༡༨༦）ས་ཆ་དེ་རང་ནས་ཁོང་གིས་བླ་མ་བཀའ་འདུས་ཞེས་པའི་དཔེ་ཆ་ཞིག་གཏེར་ལས་བཞེས་པ་དེ་ཉིད་ལོ་ལྔར་འབྲུག་ཡུལ་དུ་སྤེལ་བའི་དུས་སྟོན་ཆོས་ལུགས་ཚོགས་པའི་ཆ་ཤས་ཤིག་ཏུ་གྱུར་ཡོད་དོ། །

སྤྱི་ལོ་༡༣༦༢ལོར་ཁོང་དགུང་ལོ་བཅུ་བདུན་ལ་སོན་ཅིང་མཚན་ལ་རྡོ་རྗེ་གླིང་པ་ཞེས་ཐོག་མར་ཐོགས་རྗེས་དེ་བས་མང་བའི་དཔེ་ཆ་གཏེར་ལས་བཞེས་ཡོད་ལ། དེ་དག་གི་ནང་དོན་ནི་གསོ་བ་རིག་པ་དང་། བོན་ལུགས། སྐར་རྩིས། མདོས་ཀྱི་ཆོ་ག་བཅས་ཀྱི་སྐོར་ཡིན་འདུག② འོན་ཀྱང་དཔེ་ཆ་འདི་དག་ནི་ཁོང་གི་ལྟགས་རྩོམ་ཕྱོགས་བསྒྲིགས་ནང་ཚུད་མི་

འདུག རྡོ་རྗེ་གླིང་པ་འབྲུག་ཡུལ་དུ་མ་ཕེབས་གོང་བོད་ཀྱི་ས་ཆ་མང་པོ་ཞིག་ཏུ་ཞབས་ཀྱིས་བཅགས་ཤིང་། ཁོང་གིས་གཏེར་ལས་བཞེས་པའི་དཔེ་ཆ་ཤིན་ཏུ་མང་བས་སོག་ཟློག་པ་ཟློ་གྲོས་རྒྱལ་མཚན་གྱི་ཞལ་ནས་ཀྱང་ཁོང་ལ་གཏེར་སྟོས་ཞེས་འབོད་པར་མཛད་སྐད།③ཁོང་གིས་གཏེར་ལས་བཞེས་པའི་དཔེ་ཆ་རྣམས་ལས་མང་ཆེ་བ་ནི་ཁོང་དགུང་ལོ་ཉི་ཤུར་མ་སོན་པའི་སྔོན་དུ་གཏེར་ལས་བཞེས་པར་གྲགས།

འབྲུག་ཡུལ་དུ་གནས་སྐོར་དུ་ཕེབས་པ།

སྤྱི་ལོ་༡༣༥༨ལོར་རྡོ་རྗེ་གླིང་པ་དགུང་ལོ་ཉི་ཤུ་རྩ་བཞིར་ཕེབས་ཤིང་བོད་ཡུལ་དབུས་ཀྱི་ཡར་སྟོད་ཆུ་བོ་རིར་མཚམས་སུ་བཞུགས་ལ། གནས་དེ་ནས་ཁོང་གིས་པི་རོ་ཙ་ནས་གཏེར་ལ་སྦས་པའི་དཔེ་ཆ་རྣམས་སླར་ཡང་བཞེས་པའི་ལུང་བསྟན་བྱུང་ཞེས་བསྒྲགས་གནང་མཛད། ཐེངས་ཤིག་ཁོང་གི་རྨི་ལམ་ལ་བཙུན་པ་གཅིག་གིས་ཁོང་ལ་གཤང་གཅིག་དང་རྡོ་རྗེ་གཅིག་སྦྱིན་ཞིང་། མཇུབ་མོ་ཉིད་ལྷོ་ཕྱོགས་སུ་བསྟན་ནས་ཁྱེད་ཀྱི་ནོར་སྐལ་དང་གདུལ་བྱ་ནི་མ་གི་ན་ཡོད་ཅེས་ཟེར་བ་བྱུང་སྐད།

པི་རོ་ཙ་ན་ནི་དུས་རབས་བརྒྱད་པའི་སྐབས་བྱོན་པའི་བན་བོན་གཉིས་ཀར་ཉམས་ལེན་མཛད་མཁན་གྱི་བཙུན་པ་ཞིག་ཡིན་པར་གྲགས་ལ། སྐབས་འདིའི་གཤང་ནི་བོན་གྱི་མཚོན་བྱེད་དང་རྡོ་རྗེ་ནི་ཐུབ་པའི་ཆོས་ལུགས་ཀྱི་གསང་སྔགས་གཞུང་གི་རྟགས་མཚན་དུ་མཆིས། རྡོ་རྗེ་གླིང་པས་ཁོང་རང་ཉིད་པི་རོ་ཙ་ནའི་སྐུ་སྐྱེ་ཡིན་པ་དང་། རྨི་ལམ་དེ་ཉིད་ནི་ཕྱིས་སུ་སྤ་གྲོའི་སྟག་ཚང་སེང་གེ་བསམ་འགྲུབ་④ནས་དཔེ་ཆ་གཏེར་ལས་བཞེས་པའི་ལུང་བསྟན་ཡིན་པར་ངོས་འཛིན་གནང་བ་བཅས་ལས་མཐའ་མ་ཁོང་གི་དཔེ་སྙིང་གཏེར་ལས་བཞེས་པའི་རེ་འདོད་བཅངས་ནས་འབྲུག་ཡུལ་དུ་གནས་གཟིགས་ལ་ཕེབས་ཞིང་། ཕེབས་ལམ་ན་ར་ལུང་དང་། ཕག་རི་སོགས་ཀྱི་གནས་རྣམས་མཇལ་ནས་མཐའ་མ་མོན་ཡུལ་དུ་ཞབས་སོར་འཁོད། ཁོང་གིས་ཐག་རིང་གི་ས་ནས་སྤ་གྲོ་ལྷུགས་མཁར་དེ་མཇལ་སྐབས་དེའི་བརྗིད་ཆགས་ཀྱིས་ཁོང་གི་ཡིད་དབང་འཕྲོག ཁོང་ཡུལ་ཕྱོགས་འདིར་ཞབས་ཀྱིས་བཅགས་པ་ཐེངས་དང་པོ་ཡིན་ནའང་ཡུལ་དེའི་སྣོད་བཅུད་ཟུང་ལ་སྤྲོ་བ་འཕེལ་བས་མགུར་གླུ་ཞིག་ཀྱང་བརྩམས་པར་མཛད་དོ། །⑤སྤྱི་ལོ་༡༣༧༠ལོར་རྡོ་རྗེ་གླིང་པ་སྤ་གྲོར་ཕེབས་ནས་ཐེངས་

དང་པོར་བན་བོན་གཉིས་ཀྱི་གསང་སྔགས་དང་སྒོམ་སྒྲུབ་སྐོར་གྱི་དཔེ་ཆ་འགའ་ཞིག་གཏེར་ལས་བཞེས།

རྡོ་རྗེ་གླིང་པས་ལྷོ་མཐུད་འགྲུལ་བཞུད་མཛད་རྗེས་ལྷུང་ཡུལ་ཞེས་ཕུ་ན་མཁར་གྱི་ཕོ་ཆུ་དང་མོ་ཆུ་གཉིས་སྦྲེལ་མཚམས་ན་ཆགས་པའི་ས་ཆ་དེར་ཕེབས་ནས་བཙུན་མ་སྐོར་ཞིག་ལ་ཕོང་ཚོའི་རེ་འདོད་ལྟར་གདམས་ངག་བསྒྲུལ་ལ། བཙུན་མ་དེ་དག་གིས་ཆོས་སྐོར་དེ་ཙམ་མ་ཤེསཔ་གཟིགས་སྐབས་དེ་དག་སྙིང་རྗེའི་ཡུལ་དུ་སྒོམ་གནང་མཛད་པ་དང་། གནས་དེ་གའི་ཉ་པ་རྣམས་ཀྱང་མི་ཚེ་ཧྲིལ་པོ་ཉ་སྲོག་གཅོད་པ་འབབ་ཞིག་ལ་བརྟེན་ནས་འཚོ་བ་ཡིན་པ་མཁྱེན་སྐབས་སྐྱོ་གདུང་གི་མགུར་གླུ་ཞིག་བརྩམས་ཡོད།⑥ ལོ་དེར་རང་ལ་ཤར་ཞེས་པའི་ཡུལ་གྱི་སློང་ཆེན་རབ་འབྱམས་པས(༡༣༠༨ – ༡༣༦༣)ཕྱག་བཏབ་པའི་དགོན་སྡེ་བརྒྱད་ཀྱི་ཡ་གྱལ་ཞིག་སྟེ་མཐོ་ཐང་བསམ་གཏན་རིན་ཆེན་གླིང་ན་བཞུགས། རྡོ་རྗེ་གླིང་པས་གནས་འདི་བཞིན་མི་ཏོག་ཞལ་ཁ་ཕྱེས་པ་ལྟར་མཛེས་པར་དགོངས་ཤིང་དེ་གར་ཕོང་རང་ཉིད་ཀྱི་མི་ཚེའི་བགྲོད་ལམ་དང་འབྲེལ་བའི་མགུར་གླུ་ཞིག་བྲིས་གནང་མཛད་ཡོད།⑦ དེ་ནས་ཕོང་གིས་ལྷོ་མཐུད་ནས་གཏེར་དཔེ་འཚོལ་བའི་ལམ་དུ་ཞུགས་པས་གནམ་ཐང་སྣང་བྲག་ཅེས་པའི་ལུང་པ་ནས་གཏེར་དཔེ་འགའ་ཞིག་རྙེད་ཀྱང་དེ་དག་སྤྱི་ལོ་༡༣༧༩བར་དུ་ཁྲིམ་བསྒྲགས་མཛད་མེད།⑧ སྤྱི་ལོ་༡༣༧༡ལོར་རྡོ་རྗེ་གླིང་པས་ཨོ་རྒྱན་ཡིབ་ལུང་བདེ་སྐྱིད་གླིང་⑨དང་སྤུང་ཐང་བདེ་བ་ཆེན་པོ་⑩ན་མི་ཚོགས་སུམ་བརྒྱའི་འདུ་ཚོགས་ཁྲིད་ནས་དཔེ་ཆ་གཏེར་ལས་བཞེས་པས་ཕོང་ནི་རྙིང་མ་བའི་གཏེར་སྟོན་དབུས་སུ་ཁྲིམ་གཏེར་གྱི་ལུགས་སྲོལ་གཏོད་པ་པོ་ཐོག་མ་དེ་ཆགས་ཡོད། ཁྲིམ་གཏེར་ཟེར་བ་དེ་ནི་མི་ཚོགས་མང་པོའི་ཁྲིད་ཆོས་དཔེ་དང་རྫ་ཆེའི་དངོས་རྫས་སོགས་ས་འོག་ནས་བཏོན་པར་གོ་བ་ཡིན།⑪

རྡོ་རྗེ་གླིང་པ་སྤུང་ཐང་ན་བཞུགས་སྐབས་ཡང་བཙུན་མ་སྐོར་ཞིག་བཀའ་ལུང་ཞུ་བར་སླེབས་པ་དེ་དག་གི་འདོད་པ་ཚིམས་པར་མཛད་པ་དང་སྨྲགས་ཐུགས་ཤིན་ཏུ་མོས་པོ་བྱུང་ནས་བསྟན་པ་དར་བའི་བསྟོད་ཚིག་ཅིག་ཀྱང་འབྲི་གནང་མཛད།⑫

འབྲུག་ཡུལ་ནུབ་ཕྱོགས་ནས་འབུམ་ཐང་དུ་ཞབས་ཀྱིས་བཅགས་པ།

སྤྱི་ལོ་༡༣༧༩ལོར་རྡོ་རྗེ་གླིང་པ་འབུམ་ཐང་དུ་ཕེབས་ཀྱང་ལམ་བར་དུ་ལ་མཐོན་པོ་

གཉིས་འཛོམས་དགོས་པ་དང་གངས་ལྗོངས་ལ་སོགས་དཀའ་སྡུག་མ་བཟོད་པར་ཕྱིར་བཤོལ་མཛད། མི་རིང་བར་སླར་ཡང་འགྲུལ་བཞུད་མཛད་ནས་འབུམ་ཐང་དུ་ཞབས་སོར་འཁོད། ལོ་དེ་རང་ལ་དུར་མཚོ་ནག་མོའི་ཉེ་འདབས་ན་ཆགས་པའི་ངན་ལུང་བྲག་ཕུག་ནས་དཔེ་ཆ་གཏེར་ལས་བཞེས།⑬ འབུམ་ཐང་ནི་རྡོ་རྗེ་གླིང་པ་འབྲུག་ཡུལ་དུ་བཞུགས་རིང་གི་གནས་གཙོ་བོ་དེ་ཡིན་ལ་དེ་ན་ཁང་རྙིང་ཞིག་འདུག་པ་དེ་ནི་ཁོང་གི་བཞུགས་ཁང་ཡིན་པར་གྲགས། སྤྱི་ལོ་༡༨༨༨ལོར་ཁང་པ་དེ་རྙིང་མ་བའི་བླམ་ལྷུགས་མཁར་མིང་ཅན་གྱིས་བཟུང་འདུག⑭

རྡོ་རྗེ་གླིང་པ་འབུམ་ཐང་དུ་ལོ་གསུམ་བཞུགས་པ་དང་། སྤྱི་ལོ་༡༣༧༨ལོར་བོད་དུ་ཕྱིར་ལོག་མཛད་ནས་སྐབས་ཤིག་བོད་དབུས་ཀྱི་བྲག་ཡང་རྫོང་ཤེལ་གྱི་བྲག་ཕུག་ནང་མཚམས་ལ་ཉིན་ཞག་བདུན་བཞུགས།⑮ ལོ་དེའི་ཟླ་ལྔ་པར་ལྷ་བ་ཀློང་ཡངས་ལ་གཞི་མཛད་ནས་རྫོགས་པ་ཆེན་པོའི་ཆོས་གསུངས། མཚན་མོ་ཞིག་ཁོང་གི་རྨི་ལམ་དུ་ལྷ་ས་ནས་ཡིན་པའི་བུད་མེད་ཅིག་གིས་ཁོང་ལ་ཆོས་མང་པོ་གསུངས་པ་རྨིས། ནངས་པར་དེ་དག་ཡི་གེར་བྲི་བར་མཛད།⑯ ལོ་དེའི་ཟླ་བ་བདུན་པར་ཁོང་གིས་ཡང་རྫོགས་ཆེན་གྱི་ཆོས་གསུངས་པ་དེ་ནི་འབུམ་ཐང་དུ་ཆོས་གསུངས་པའི་མཐའ་མ་དེ་ཡིན།⑰ ལོ་དེའི་ཟླ་བརྒྱད་པར་མོན་ལ་དཀར་ཆུང་བརྒྱུད་བོད་དུ་ཕྱིར་ལོག་མཛད། ལམ་བར་སྐམ་པོ་འཚོལ་ལ་སོགས་ས་ཆར་ཕེབས་ལ་དེ་ནས་བྱུང་བའི་རྨི་ལམ་གྱི་དོན་རྣམས་ཡི་གེར་ཕབ་པར་མཛད། སྤྱི་ལོ་༡༣༧༨ལོར་ལྷོ་བྲག་ཏུ་ཕེབས་འཁྱོར་བྱུང་།

རྡོ་རྗེ་གླིང་པའི་འབྲུངས་འདས་ཀྱི་ལོ་ཚིགས་སྐོར།

རྡོ་རྗེ་གླིང་པའི་འཁྲུངས་འདས་ཀྱི་ལོ་ཚིགས་དེ་རྙིང་མ་བ་⑱དང་བོན་པོ་གཉིས་ཀའི་བསྟན་རྩིས་ནང་དུ་དཔྱད་བསྡུར་བྱ་ཡུལ་ཞིག་ཏུ་གྱུར་ཡོད། དཔྱད་རྩོམ་འདིའི་ནང་དུ་ཁོང་གི་འཁྲུངས་འདས་ཀྱི་ལོ་ཚིགས་དེ་༡༣༩༨ – ༡༩༠༥ལ་གཞི་བཅོལ་ཡོད། དེ་ཡང་ཟབ་མོའི་གཏེར་དང་གཏེར་སྟོན་གྲུབ་ཐོབ་ཇི་ལྟར་བྱུང་བའི་ལོ་རྒྱུས་ལྟར་ན། ཁོང་ནི་བོད་རབ་བྱུང་དྲུག་པའི་མེ་ཁྱི་ལོ་སྟེ་སྤྱི་ལོ་༡༣༩༨ལོར་འཁྲུངས་པ་དང་དགུང་གྲངས་དྲུག་ཅུའི་བར་འཚོ་བཞུགས་མཛད་པས་འདས་ལོ་དེ་ཏག་ཏག་སྤྱི་ལོ་༡༩༠༩ལ་འཁེལ་ཡོད་ལ། ཁོང་གིས་རང་ཉིད་དང་མི་རབས་གཅིག་པ་ཡིན་པའི་ཀློ་པ་རོལ་པའི་རྡོ་རྗེ་(༡༣༩༠ – ༡༣༤༢)

དང་། མི་དབང་གྲགས་པ་རྒྱལ་མཚན། （༡༣༧༤ – ༡༤༣༢）བོན་གྱི་བླ་མ་བྲུ་བསོད་ནམས་བློ་གྲོས（༡༣༤༦ – ༡༤༠༥）བཅས་དང་ཡང་མཇལ་གནང་མྱོང་ཡོད་པ་མ་ཟད། ལོ་དུས་དེ་ནི་ཁོང་གི་བརྩམས་ཆོས་ནང་འཁོད་པའི་དུས་ཚོད་ཁག་དང་ཡང་མཐུན་པར་སྣང་། འོན་ཀྱང་ཁོང་གི་མགུར་གླུ་འགའ་ཞིག་ནང་གསལ་བའི་དུས་ཚོད་ཁ་ཤས་ཅུང་མི་མཐུན་པའང་འདུག དཔེར་ན། ཁོང་གིས་རང་ཉིད་ཤར་གྱི་མོ་དུང་ཆུ་ན་ཡོད་སྐབས་རྟ་ཡི་ལོ་ལ⑲མགུར་ཞིག་བྲིས་ཞེས་གསུངས་ཡོད་ནའང་དུས་མཚམས་ལྟར་ན་ལོ་དེ་ནི་རྟ་ལོ་མ་ཡིན་པར་ངེས་པར་དུ་ས་རྟ་ལོ་ཡིན་དགོས་ལ། དེ་ཡང་སྤྱི་ལོ་༡༣༧༨ ལོར་ཁོང་དགུང་ལོ་སུམ་ཅུ་སོ་གསུམ་ལ་ངེས་པ་ནི་ཁོང་གིས་རིན་སྤུངས་ནས་སྤྲིངས་པའི་ཡི་གེ་དེ་སྤྱི་ལོ་༡༣༧༨ ལོར་བྲིས་ཞེས་དང་འགལ་ཟླར་སོང་ཡོད།⑳ དེ་བཞིན་མགུར་གླུ་གཞན་ཞིག་ཏུ་ཁོང་གིས་དེ་ནི་ལུག་ལོ་སྟེ་ཁོང་དགུང་གྲངས་སོ་བཞིར་ཕེབས་སྐབས་ཐད་ཅེས་པའི་ཡུལ་གྱི་བེ་ནང་ལུང་དུ་བྲིས་ཞེས་གསུངས།㉑ སྐབས་འདིའི་ལུག་ལོ་ནི་ས་ལུག་སྟེ་སྤྱི་ལོ་༡༣༧༩ ཡིན་ལ་ཐད་ཅེས་པའི་ཡུལ་ནི་སྤུ་ན་ས་ཁུལ་ཡིན་ལ་ཡིག་ཐོག་གི་དཔྱད་གཞིའི་ཐོག་ཐད་ལུང་ཞེས་གསལ་པ་ཡིན། གོང་དུ་འཁོད་པའི་ལོ་དུས་དེ་དག་དང་ཁོང་དགུང་ལོ་སོ་གཅིག（༡༣༧༦）ལ་སོན་སྐབས་བོད་དུ་ཕྱིར་ལོག་མཛད་དོན་སོགས་འཁོད་པའི་མགུར་གླུ་བརྩམས་པའི་དུས་དང་ཡང་འགལ་ཟླར་གྱུར་ཡོད།㉒ གཤམ་ལ་ཁོ་བོས་གཙོ་བོ་རྡོ་རྗེ་གླིང་པའི་འབྲུག་ཡུལ་གྱི་མཛད་རྣམ་སྐོར་བརྗོད་པར་བྱ་བ་ལ། སྤྱི་ལོ་༡༣༧༨ ལོ་སྟེ་ཁོང་དགུང་ལོ་སོ་གསུམ་ལ་ཕེབས་སྐབས་དེ་བས་མང་བའི་དཔེ་ཆ་གཏེར་ལས་བཞེས་རྗེས་རིམ་བཞིན་མཚན་ལ་པདྨ་གླིང་པ་ཞེས་སྒྲོད་འགོ་བརྩམས་པར་སྙམ།㉓

གསལ་ཆ་མི་འདོད་པའི་ལྟ་ཚུལ་ཞིག་ནི་པདྨ་གླིང་པས་སྤྲེལ་ལོར་སྤུ་གྲོར་ཕྱིར་ཕེབས་མཛད་ཅེས་པ་དེ་ལགས་ཤིང་། ལོ་དེ་ནི་སྤྱི་ལོ་༡༣༨༠ ལོར་འཁེལ་བ་ཡིན་ནའང་དེ་ནི་ད་དུང་དོགས་གནས་ཤིག་ཡིན་པར་སེམས།㉔ འོན་ཀྱང་ཁོང་སྤྱི་ལོ་༡༣༨༨ ལོ་སྟེ་དགུང་ལོ་ཞེ་གཉིས་ལ་སླར་ཡང་འབུམ་ཐང་དུ་ཕེབས་ཡོད་པར་དོགས་གནད་གང་ཡང་མ་མཆིས། ལོ་དེར་ཁོང་གིས་ལྷོ་བྲག་གི་སྐུ་ལྷ་མཁར་རིར་ཕེབས་པ་དང་དེ་ནས་མར་འབུམ་ཐང་དུ་བྱོན་ཞིང་དེར་ཡོད་བྱམས་པ་ལྷ་ཁང་དེ་ཞིག་གསོ་མཛད་ནས་བཙུན་པ་ཞིག་སྐུ་རྗེས་བྲག་ལ་མངགས་ནས་མ་ཎི་འདོན་དུ་བཅུག དུས་དེའི་རིང་ན་མཚོ་མོ་རྡོ་རྗེ（ཕལ་ཆེར་བུད་མེད་）དང་

འབུམ་ཐང་ཚོ་པ་བཞིའི་བཙད་པོས་པདྨ་གླིང་པ་མཇལ། ㉕ འབུམ་ཐང་ཚོ་བཞི་ནི་ཆོས་འཁོར་དང་། སྟང་། ཆུ་སྨད་དང་ཨུ་ར་བཅས་སོ། །㉖

རྡོ་རྗེ་གླིང་པས་ཚེ་སྨད་དུ་འབུམ་ཐང་གི་སྐྱེ་བོ་རྣམས་ལ་ཡི་གེ་གཉིས་སྤྲིངས་པར་མཛད། ཡི་གེ་དང་པོ་དེ་ནི་ཕྱི་ལོ་༡༩༤༡ལོར་གཙང་རིན་སྤུངས་ནས་སྤྲིངས་ཞིང་བསྐུར་སའི་ཡུལ་ནི་ལྷོ་ཕྱོགས་ཅན་དན་ནགས་ཀྱི་ཁྲོད་དུ་བཞུགས་པའི་ཀུན་བཟང་རྒྱལ་ཡིན་འདུག་མི་སྣ་འདི་ལ་ཁོང་གིས་བུ་ཆུང་ཞེས་འབོད་གནང་འདུག་པས་དེ་ནི་ཕལ་ཆེར་ཁོང་གི་སྲས་བུ་ཞིག་ཡིན་པར་སེམས། ㉗ ཡི་གེ་ཅིག་ཤོས་དེ་ནི་ཕྱི་ལོ་༡༩༤༨ལོར་ཆུ་བོ་རི་ནས་བྲིས་གནང་མཛད་འདུག བཙུན་མ་མཚན་ལ་རྟོགས་ལྡན་བསོད་ནམས་རྒྱལ་ཞུ་བ་ཞིག་གིས་རྡོ་རྗེ་གླིང་པ་མཇལ་ཞིང་དེས་ཁོང་གི་ཡི་གེ་དེ་འབྲུག་ཡུལ་དུ་འཁྱེར་རྒྱུ་ཁས་བླངས། ཡི་གེ་དེ་ནི་སྤུ་གྲོ་ན་མཆིས་པའི་ཁོང་གི་སློབ་མ་དང་སྤུ་གྲོ་དང་། ཐིམ་ཕུ། ཐེད། ཤར་ཕྱོགས། མགོ་ཐང་། ཕུ་རིག དངས་ཆུ། གོན་ཡུལ་བཅས་སུ་ཡོད་པའི་སྦྱིན་བདག་རྣམས་ལ་སྤྲིངས་པ་ཞིག་རེད་འདུག ཡི་གེ་དེའི་ཐོག་རྡོ་རྗེ་གླིང་པས་ཁོང་ལོ་དེ་རང་གི་དབྱར་ཁར་འབྲུལ་ཡུལ་དུ་ཕྱིན་རྩིས་ཡོད་ཚུལ་དང་། ཁོང་དང་མཉམ་དུ་ཕེབས་མཁན་སྐུ་བཙར་སློབ་མ་མང་པོ་ཡོད་པ་དེ་དག་འབྲུག་ཡུལ་གྱི་ཚ་བར་འཁྲོད་མ་འཁྲོད་ཀྱི་སེམས་ཁྲལ་ཡོད་ཚུལ། གལ་ཏེ་དགུན་གྱི་དུས་སུ་ཡོང་ཐུབ་ན་ཟླ་གཉིས་ཙམ་བཞུགས་འཆར། མགོ་ཐང་དགོན་པར་སྒྲོ་མོ་ཞིག་བསྐུན་འཆར། བུ་སློབ་རྣམས་མཇལ་འཆར་སོགས་ཡོད་ཚུལ་གསུངས་ཡོད། ㉘ འོན་ཀྱང་ཏ་ལམ་ཁོང་གི་འཆར་གཞི་དེ་མངོན་འགྱུར་བྱུང་མི་འདུག་ལ། ཁོང་གི་གསུང་འབུམ་ཕྱོགས་བསྒྲིགས་ལྟར་ན་འང་ཕྱི་ལོ་༡༩༤༨ནས་བཟུང་ཐག་རིང་དུ་གནས་གཟིགས་ལ་སོགས་པར་ཕེབས་པའི་ཟིན་ཐོ་གང་མང་མ་མཆིས་སོ། །

དུས་རབས་བཅུ་བཞི་པའི་སྐབས་ཀྱི་འབྲུག་ཡུལ་གྱི་བོན་པོའི་དགོན་པ་སྐུ་འབུམ་གྱི་སྐོར།

སྐུ་འབུམ་ཞེས་པའི་ས་ཆ་དེ་ནི་རྡོ་རྗེ་གླིང་པ་སྐབས་ཤིག་རིང་བཞུགས་སྡོད་བའི་ས་ཆ་ཞིག་རེད། ཕོ་བོས་གོང་དུ་སྨྲས་ཟིན་པ་ལྟར་སྤུ་གྲོ་ལ་ཕེབས་དགོས་པའི་རྒྱུ་མཚན་གཙོ་བོ་གཅིག་ནི་སྟག་ཚང་ཕུག་ནས་གཏེར་བཞེས་རྒྱུ་དེ་ཡིན། གསེར་ཐུར་㉙གྱིས་ཕྱོགས་བསྒྲིགས་

དཔེ་ཆའི་ནང་འཁོན་ཆེན་པོ་ཟིན་ལ་དཔེ་ཆ་དེ་དག་ནི་རྫོགས་ཆེན་གྱི་དཔེ་ཆ་ཐོག་སྣ་ཉོས་དང་ཁོང་རང་ཉིད་ནས་ཀྱང་དེ་ནི་བོན་གྱི་རྫོགས་ཆེན་གྱི་ལུགས་ལྟར་གཏེར་ལས་བཞེས་པར་གསུངས་སོ། །

དཔེ་ཚོགས་དེའི་མཇུག་བྱང་ནང་གི་གཏེར་སྟོན་གྱི་མཚན་ལ་ནི་བོན་ཞིག་གླང་པ་ཞེས་དང་གཏེར་བཞེས་པའི་དུས་ཚོད་ནི་སྤྱི་ལོ་༡༣༧༡ཡིན་པར་གསལ།㉚ ཡང་དཔེ་ཆ་གཞན་ཞིག་གི་ཐོག་གསེར་ཕྲུར་དང་ཞོར་གཏོགས་དཔེ་ཆ་གཏེར་ལས་བཞེས་པའི་སྐོར་ཞིབ་བརྗོད་མཛད་ཡོད་པ་མདོར་བསྡུས་ན་འདི་ལྟར་ཏེ། ས་བྱ་ལོའི་(༡༣༦༩)ཟླ་བ་བདུན་པའི་ཚེས་གསུམ་ལ་བདག་བོན་ཞིག་གླིང་པ་རང་ལོ་ཉེར་བཞིའི་སྐབས་ཡ་སྟོད་ཆུ་བོ་རི་ལ་ཡོད་སྐབས་རྨི་ལམ་དུ་སྤྲ་གྲོ་སྟག་ཚང་ནས་བོན་དང་རྙིང་མ་པའི་དཔེ་ཆ་རྙེད་པའི་ལུང་བསྟན་བྱུང་ཞིང་། ལྕགས་ཁྱི་ལོའི་(༡༣༧༠)ཟླ་བ་དང་པོའི་ཚེས་བཅུར་རྟོགས་ལྡན་རྒྱ་འབུམ་དང་འགྲོགས་ནས་དཔེ་ཆ་འཚོལ་དུ་ཆས། ངེད་གཉིས་ཀྱིས་རྡུ་འཕྲུལ་ཕུག་ཅེས་པ་ཨོ་རྒྱན་སྒྲུབ་ཆུ་ནས་ཐག་རིང་པོ་མིན་པའི་ས་ཆ་དེ་ནས་ཟངས་སྒམ་ཞིག་རྙེད་ལ། ཟངས་ཀྱི་སྒམ་དེའི་ནང་དུ་གསེར་ཕྲུར་ལ་སོགས་པའི་སྤྱི་སྤྱངས་རྟགས་ཀྱི་དཔེ་ཆ㉛དང་རྫོགས་ཆེན་གྱི་དཔེ་ཆ་མང་དུ་མཆིས་སོ། །㉜ཞེས་གསལ་ཞིང་། ད་དུང་ལྕགས་ཕག་ལོའི་(༡༣༧༡)ཟླ་བ་བདུན་པར་ཁོ་བོས་སྐུ་འབུམ་དུ་བླ་མ་དཀོན་རྒྱལ་གྱི་ཞུ་བ་ལྟར་རང་དཔེ་དམ་ཚིག་རྡོ་རྗེ་སེམས་དཔའི་སྙིང་ཐིག་གཞིར་བཞག་གིས་ཆོས་བཤད། གནས་དེ་ན་ཡོད་སྐབས་ངེད་རང་གི་སློབ་མ་རིན་ཆེན་རྒྱལ་མཚན་གྱིས་བོན་གྱི་དཔེ་ཆ་གཏེར་ནས་འདོན་དགོས་ཀྱི་སྐུལ་ཤུགས་ཆེ་བྱུས་པས་སྟག་ཚང་ནས་བོན་གྱི་དཔེ་ཆ་གཏེར་ལས་བླངས་བ་ཡིན། འོན་ཀྱང་ཁོ་བོ་བློ་མ་བདེ་ཙམ་བྱུང་དོན་ནི་དཔེ་ཆ་དེ་དག་ཡིག་རིགས་མི་འདྲ་བ་བཅུ་དྲུག་ཐོག་བྲིས་ཡོད་པ་དེ་ལགས། མཚན་ཞིག་ཁོ་བོའི་རྨི་ལམ་ནང་དབུ་ལ་གཡུང་དྲུང་རྟགས་ཀྱིས་བརྒྱན་པའི་དབུ་རྒྱན་མཆོད་པའི་གུ་རུ་རིན་པོ་ཆེ་མཇལ་སྐབས་ཁོ་བོའི་བསམ་པར་དེ་ནི་པདྨ་འབྱུང་གནས་མ་ཡིན་པར་སེམས། དེ་ལྟར་བསམ་བཞིན་པའི་མུར་གཟུགས་བརྙན་དེའི་ཞལ་ནས་ང་ནི་པདྨ་འབྱུང་གནས་ཡིན། ང་ནི་ཚེ་དཔང་རིག་འཛིན་ཡིན།㉝ ང་ནི་ཤཱཀྱ་མུ་ནེ་ཡིན། ང་ནི་གཤེན་རབ་མི་བོ་ཡིན་ནོ་ཞེས་དང་། ཁྱོད་ཀྱིས་རྙེད་པའི་སྒམ་ནང་དཔེ་ཆ་མང་པོ་ཡོད་ལ་དེ་དག་ལས་བོན་དཔེ་དག་ནི་སྙིང་པོ་ཡིན། ད་ནི་ཁྱེད་ཀྱིས་དེ་དག་བཏོན་ནས་གཞན་ལ་བསྒྲགས་པའི་དུས་སོ་ཞེས་གསུང་

ཕྱིན་པར་ཁོ་བོས་དེའི་ལན་དུ། བདག་ནི་ཆུང་དུས་ནས་ཆོས་འབའ་ཞིག་ལ་སྦྱངས་པས་བོན་སྐོར་ནི་ཅི་ཡང་མ་ཤེས་པས་བོན་ལུགས་ནི་སྤྱིལ་ཐབས་བྲལ་ཞེས་ཞུས། དེའི་ལན་དུ་གཟིགས་བརྟན་དེས་གཏན་ཚིགས་རིག་པའི་ལམ་ནས་བོན་ལུགས་དེ་ཉིད་ཀྱང་གལ་ཆེ་ཡིན་པའི་འགྲེལ་བཤད་མཛད་རྗེས་ཀྱི་མཐའ་མར་ཁྱོད་ཀྱི་བོན་མ་ཤེས་པར་སྤོད་ཐབས་བྲལ། དེ་སྤྱིལ་བའི་དུས་ལ་སླེབས་སོ་ཞེས་དང་། གལ་ཏེ་ཁྱོད་ཀྱིས་རང་གི་ཤེས་པ་མིག་རིལ་སྟེང་གི་ཉོན་མོངས་སྐྲ་གྲིབ་དེ་ཉིད་མ་བཅོས་ན་གསེར་ཐུར་གཏེར་ལས་བླངས་བར་དགོས་པ་གང་ཡང་མ་མཆིས་སོ་ཞེས་གསུངས་སོ། །㉞

ལོ་དེའི་ཟླ་བ་བཅུ་པའི་ཚེས་ཉེར་གཅིག་ཉིན་སྐུ་འབུམ་གཤམ་འོག་གི་བླ་མ་འདུལ་བ་རིན་པོ་ཆེའི་གདན་ས་བསམ་གླིང་དུ་ངེད་ཀྱི་སློབ་མ་སྟོན་པ་བརྟེན་འགྲུས་རྒྱལ་མཚན་དང་རིན་ཆེན་རྒྱལ་མཚན་གཉིས་ལ་ཆོས་ཤོད་སྐབས་དེ་གཉིས་ནས་དཔེ་ཆ་གཏེར་ལས་ལེན་པའི་རེ་བ་ཞུས་པ་ལྟར་བླངས་པའི་དཔེ་ཆ་རྣམས་ནི་བོད་ཡིག་ཐོག་བྲིས་པ་རེད་འདུག་ལ་ཡིག་གཟུགས་མི་འདྲ་བ་བཅུ་དྲུག་བྲིས་ནས་ཤོག་དྲིལ་ཁག་གཉིས་ལ་བྱས་ནས་འདུག ཁོ་བོས་དེ་དག་ལ་ཞིབ་དཔྱོད་བྱེད་སྐབས་དཔེ་ཆ་དེ་དག་དོན་ཚན་དང་ཐེམ་ཡིག་མི་འདྲ་བ་སུམ་ཅུ་སོ་དགུར་དབྱེ་ཆོག་པ་འདུག㉟

རྡོ་རྗེ་གླིང་པས་གཏེར་མའི་ཁྲོད་དུ་རྒྱ་གར་དང་། རྒྱ་ནག ཞང་ཞུང་གི་ཡི་གེ་སོགས་ཡོད་ཚུལ་གསུངས་ཡོད་ནའང་། ཡིག་གཟུགས་དེ་དག་ཡང་སྐྱིང་གང་འདྲ་ཞིག་ཡིན་མིན་ཤེས་དཀའ། ཁོ་བོས་འདིར་ད་ལྟ་རང་རེས་བགྲོ་གླེང་བྱེད་བཞིན་པའི་ཡུལ་གྱིས་གཙོས་པའི་གཏེར་མའི་ལུགས་ཀྱི་གསང་བ་བརྗོལ་བར་བྱེད་པ་མ་ཡིན་ནའང་། འདིས་གནད་དོན་གསལ་པོ་ཞིག་ཤེས་རྟོགས་ཐུབ་ཡོད་པ་ནི། རྫོགས་ཆེན་གསེར་ཐུར་ཞེས་པ་དེ་ནི་སྤྱི་ལོ་༡༣༧༡ལོར་བྱུང་བ་དང་དཔེ་ཚོགས་དེའི་ཁྲོད་དུ་རྡོ་རྗེ་གླིང་པའི་འཁྲུལ་བྲལ་བརྩམས་ཆོས་དག་ཀྱང་བསྡུས་ཡོད་པ་གོར་མ་ཆག

བོན་གྱི་ཡིག་ཆ་ལྟར་ན་བླ་མ་འདུལ་བ་རིན་པོ་ཆེ་ནི་སྐད་གྲགས་དང་ལྡན་པ་ཞིག་ཡིན། ཁོང་གི་མཚན་གཞན་ལ་མཚན་ལྡན་འདུལ་བ་རིན་པོ་ཆེ་དང་མཚན་ཆ་ཚང་ལ་བྲུ་མཚན་ལྡན་འདུལ་བ་རྒྱལ་མཚན་(༡༢༣༨ – ༡༢༨༣)ཞེས་ཞུ་བ་ཡིན། ཁོང་ནི་བོན་ཁྱིམ་བྲུ་ཚང་དུ་འཁྲུངས་ཤིང་།㊱ ཁྱིམ་འདི་ནི་གཙང་དབེན་ས་ཁ་བོན་དགོན་ཕྱུག་འདེབས་པ་པོ་དེ་ཡིན་

ལ་ལུགས་སྲོལ་ལྟར་ན་དགོན་པ་དེའི་མཁན་པོ་ནི་བླ་ཚང་གི་མིས་བྱེད་པ་ཡིན། དཔེན་ས་ཁ་དགོན་པ་ནི་པ་གོར་ཞེས་གཞིས་རྩེའི་ཤར་ཕྱོགས་དང་ཡར་ཀླུང་གཙང་པོའི་བྱང་ངོས་སུ་གནས་པའི་ས་ཁུལ་དེ་ན་ཆགས་ཡོད།

བླ་འདུལ་བ་རྒྱལ་མཚན་ནི་དཔེན་ས་ཁ་དགོན་གྱི་མཁན་ཐོག་དང་པོ་དེ་ཡིན་ལ་ཁོང་གི་སྐུ་ཚེ་སྨད་དུ་དགོན་པ་དེ་ནས་ཐོན་ཏེ་གནས་ངེས་མེད་དུ་སྒྲུབ་པར་གཞོལ་བར་མཛད་སྐད། ཁོང་གིས་ལྷོ་བྲག་མཁར་ཆུའི་ཡུལ་དུ་མཚམས་ལ་བཞུགས་པ་དང་རྗེས་སུ་མོན་ཡུལ་གྱི་འབུམ་ཐང་དང་ལྷོ་མ་ངོན་ལུང་བཅས་སུ་ཕེབས་པར་གྲགས།[37]

ལྷོ་མ་ཞེས་པའི་ཚིག་དེ་ནི་ལྷོ་མོན་དང་ནོར་བ་དང་ངོན་ལུང་ཞེས་པ་ནི་ཤར་ཞེས་པའི་ཡུལ་གྱི་ཁོངས་སུ་ཆགས་པའི་ངན་ལུང་[38]དང་ནོར་ནས་བྲིས་པ་ཞིག་ཡིན་པར་སྙམ། ལྷ་ཁང་དེ་ཆགས་སའི་ས་ཆའི་མིང་དེ་ཡིག་ཐོག་ཏུ་པོ་སྦྱིས་ཁ་ཞེས་གསལ་ལོ། །[39]

རྡོ་རྗེ་གླིང་པ་དང་དཔེན་ས་ཁའི་ཉེ་འདབས་སུ་ཆགས་པའི་བླ་ཚང་དབར་འབྲེལ་ལམ་བཟང་པོ་ཡོད། དེ་ཡང་ཐེངས་ཤིག་བླ་ཚང་གིས་གཤམས་པའི་སྟོན་མོའི་ཐོག་བླ་བསོད་ནམས་བློ་གྲོས་(༡༣༣༧ – ༡༤༠༡)ཀྱིས་བོན་གྱི་ཐེག་པ་རིམ་དགུའི་[40]དོན་ལ་སྦྱར་བའི་མགུར་གླངས་པར་རྡོ་རྗེ་གླིང་པས་ལན་དུ་ཐུབ་པའི་ཆོས་ལུགས་ཀྱི་ཐེག་པ་དགུ་ཡི་[41]གླུ་ལན་གླངས་ཞིང་སྐབས་འདིའི་ཁོང་གི་མཚན་ལ་གཡུང་དྲུང་གླིང་པ་ཟེར་བར་གྲགས།[42]

དེ་ཡང་ལན་ཅིག་རྡོ་རྗེ་གླིང་པས་པ་གོར་དཔེན་ས་ཁར་བླ་སྟོན་སྐྱ་པ་དང་རྟོགས་ལྡན་ནམ་མཁའ་སེང་གེ་སོགས་སྐྱེ་བོ་བདུན་ལ་གསེར་ཐུར་གྱིས་གཙོས་པའི་རྫོགས་ཆེན་གྱི་ཆོས་གསུངས། གསུང་ཆོས་རྫོགས་རྗེས་གསོལ་སྟོན་ཞིག་བཤམས་པའི་ཐོག་བླ་ཚང་གི་བླ་མ་ཉི་མས་རྡོ་རྗེ་གླིང་པར་ཁྱེད་ནས་ངེད་ཚོའི་ན་ཚོད་ཕྲ་བའི་དགེ་ཕྲུག་ལ་ཆོས་གསུངས་ན་ཁོང་ཚོས་ཆོས་ལ་ཚུལ་བཞིན་ཉམས་ལེན་དང་མི་ཚོགས་ཁྲིད་བསྒྲོ་གླེང་བྱེད་ཐུབ་ན་ཀུན་གྱི་ཡིད་གསོ་བའི་གནས་ལུགས་ཞེས་གསུངས་ཤིང་། བླ་མ་དེས་རྫོགས་ཆེན་ལ་བསྟོད་པའི་གླུ་ཞིག་ཀྱང་གླངས་མཛད་ཡོད།[43] གནས་ཚུལ་དེ་དག་ལས་དུས་རབས་བཅུ་བཞི་པའི་སྐབས་སུ་བོན་ལུགས་གཉིས་བར་ཕན་ཚུན་བསྟོད་རེས་བྱེད་སྲོལ་ཡོད་པའི་དོན་དངོས་དེ་མཚོན་ཞིང་། སྐབས་དེར་རྡོ་རྗེ་གླིང་པས་རང་ཉིད་ནི་རིས་མེད་ཀྱི་ལུགས་འཛིན་པ་ཞིག་ཡིན་ཚུལ་ཁྱབ་བསྒྲགས་མཛད་ལ། ཁོང་རིས་མེད་གྲུབ་མཐའ་འཛིན་པ་ཞིག་ཡིན་པ་ནི་ཁོང་ནས་གླངས་

མཛད་པའི་བན་བོན་དབྱེར་མེད་དུ་རྟོགས་པའི་མགུར་ཞེས་པ་ལས་ཀྱང་དེ་བས་གསལ་བཤད་བྱེད་ཐུབ་པོ། །㊹

གཞན་ཡང་སྐབས་དེ་རང་དུ་བྱུང་བའི་མི་སྣ་སྲ་བསྟན་རྒྱལ་བཟང་པོའི་གསུང་ལས། རང་རེའི་དུས་སུ་ཐོན་པའི་གཡུང་དྲུང་གླིང་པ་ནི་བསམ་ཡས་ཉེ་འདབས་ཀྱི་ཐུགས་ཕྱིམ་ཞིག་ཏུ་འཁྲུངས་པ་དང་། ཁོང་དགུང་ལོ་ཉེར་གསུམ་ལ་སོན་སྐབས་སྲ་གྲོ་ནས་པེ་རོ་ཙ་ནས་གཏེར་ལ་སྦས་པའི་རྫོགས་ཆེན་གསེར་གྱི་ཐུར་མ་བཞེས་པའི་ལུང་བསྟན་ཐོག་ཅེས་གསལ།㊺

བོན་ཞིག་གླིང་པས་སྟག་ཚང་ནས་རྙེད་པའི་དཔེ་ཆའི་གྲས་སུ་བོན་ལུགས་ཀྱི་དཔེ་ཆ་ཚེ་དབང་བོད་ཡུལ་མ་ཞེས་པ་དེ་སྔོན་དགོས་པར་སེམས། དཔེ་ཆ་དེའི་ཆེས་ཡ་མཚན་ཅན་གྱི་ཁྱད་ཆོས་ཤིག་ནི་དཔེ་ཆ་དེའི་ནང་དུ་བོན་གྱི་གྲུབ་ཐོབ་དྲན་པ་ནམ་མཁའ་དང་། དེ་ལ་ཚེ་དབང་རིག་འཛིན་དང་པདྨ་མཐོང་གྲོལ（པདྨ་འབྱུང་གནས）ཞེས་པའི་རིགས་ཀྱི་སྲས་གཉིས་ཡོད་ཚུལ་གྱི་ལོ་རྒྱུས་འཁོད་ཡོད།㊻ འོན་ཀྱང་དེའི་སྐོར་ད་ཕན་པར་སྐྲུན་བྱས་པའི་རྡོ་རྗེ་གླིང་པའི་གསུང་འབུམ་ནང་དུ་མཐོང་རྒྱུ་མེད། ཚེ་དབང་བོད་ཡུལ་མའི་ཚིག་འི་ལྷ་གཙོ་བོ་དེ་ནི་ཚེ་དབང་རིག་འཛིན་ཡིན་ལ་མཚན་དེ་ནི་ང་ཚོས་ཤེས་གསལ་ལྟར་རྡོ་རྗེ་གླིང་པའི་རྨི་ལམ་ནང་འཁྲུངས་པ་ཞིག་རེད། ཚིག་དེ་ནི་དར་ཁྱབ་ཅན་གྱི་བོན་ལུགས་ཀྱི་ཚིག་ཞིག་ཡིན་ལ་དེ་ནི་འདོན་པ་དང་རོལ་དབྱངས་དང་འགྲོགས་ནས་བཞེངས་པའི་བོན་པོའི་དམིགས་བསལ་ཚིག་ཞིག་ཡིན་ནོ། །

སྐུ་འབུམ་ལྷ་ཁང་དེ་གང་དུ་ཆགས་ཡོད་མེད་སྐོར།

ཡར་སྐུ་འབུམ་ཞེས་པའི་ས་མིང་དེའི་སྐོར་ཐོག་མར་བགྲོ་གླེང་གནང་མཁན་ནི་མེ་ཁོ་ཨེ་རི་སི་རེད་འདུག་ནའང་ཁོང་གིས་མིང་དེའི་སྐོར་ལ་ཞིབ་དཔྱོད་རྒྱས་པོ་ཞིག་མཛད་མི་འདུག ㊼ ཁོ་བོས་སྤྱི་ལོ་༡༩༨༠ལོ་ནས་བཟུང་རྫོགས་ཆེན་སྐོར་ཞིབ་འཇུག་བྱེད་འགོ་བརྩམས་པ་ནས་བཟུང་རྡོ་རྗེ་གླིང་པས་རྫོགས་པ་ཆེན་པོའི་གཞུང་གི་འཕེལ་རིམ་ཁྲིད་དུ་ནུས་པ་ངེས་ཅན་ཞིག་འཛོག་གནང་མཛད་པའི་སྐོར་ཤེས་ཚོར་བྱུང་། དེར་བརྟེན་ཁོ་བོས་གསེར་ཐུར་ལ་ངོ་སྤྲོད་ཀྱི་རྣམ་གྲངས་ལྟ་བུ་ཞིག་བཟོས་ཐོག་རྡོ་རྗེ་གླིང་པའི་བོན་པོའི་རྫོགས་པ་ཆེན་པོའི་སྐོར་གྱི་

བཞེད་དོན་ལ་དཔྱད་གླེང་བྱས་ཡོད། （༡༩༨༨：༢༡༦ – ༢༡༩） གོང་དུ་ངོ་སྤྲོད་བྱས་པ་ལྟར་རྫོ་རྗེ་གླིང་པས་ད་ལྟའི་དཔྱད་ཡུལ་དཔེ་ཆ་དང་དེའི་ལྷན་ཐབས་ཀྱི་དཔེ་ཆ་རྣམས་ནི་སྦ་གྲོ་སྟག་ཚང་ནས་རྙེད་རྗེས་སྐུ་འབུམ་ཉེ་འདབས་སུ་ཆགས་པའི་བསམ་གླིང་དགོན་དུ་རྩོམ་སྒྲིག་མཛད་ཅེས་གསུངས། སྤྱི་ལོ་༡༩༩༩ལོར་ཁོ་བོར་ད་ལྟ་འབྲུག་པ་བཀའ་བརྒྱུད་ཀྱི་དགོན་པ་ལྟ་བུར་གྱུར་ཟིན་པའི་གནས་དེ་མཇལ་བའི་གོ་སྐབས་ཐོབ་ཅིང་། ཐོག་མར་ནང་དུ་འཛུལ་བ་དང་འདྲེན་བྱེད་ཀྱི་ལམ་དུ་ཤར་བ་ནི་འབྲུག་པ་བཀའ་བརྒྱུད་དང་རྙིང་མ་བའི་སྐུ་བརྙན་དང་ལྡེབས་རིས་རྣམས་ཡིན་ཞིང་དེ་དག་ནི་ཉེ་དུས་སུ་བཞེངས་པའི་རྣམ་པར་མཐོང་ལ། སྐབས་དེར་ལྷ་ཁང་དེའི་གཞི་གདན་དེ་གསར་བཟོ་བྱེད་བཞིན་འདུག སྒོ་མོར་འཛུལ་མ་ཐག་པའི་གཡས་ཀྱི་གྱང་ངོས་སུ་བོན་པོའི་གྲ་པ་ཞིག་གནམ་ལ་འཕུར་བཞིན་པའི་རི་མོ་ཞིག་མཐོང་རྒྱུ་གདའོ། །

ལྷ་ཁང་དེ་ནི་གཅིག་ཐོག་ཅིག་རེད་འདུག་ལ་དེའི་ནུབ་ངོས་སུ་མགོན་ཁང་ཞིག་འདུག་པ་དེའི་ནང་དུ་ཇ་པོ་ཆེ་རྙིང་པ་ཞིག་དང་ཅོག་ཙེ་ཞིག་འདུག་པ་ཐལ་རྡུལ་གྱིས་ཁེངས་པ་དེའི་སྟེང་དུ་པུ་ཏིའི་གཟུགས་ཅན་དང་བེད་སྤྱོད་མང་པོ་བྱས་མྱོང་བའི་དཔེ་ཆ་གཅིག་བཞག་འདུག གྱང་གི་གཡོན་ངོས་ནི་དབང་བཀུར་ཚོ་གའི་ཐོག་བེད་སྤྱོད་པའི་ཙག་ལིས་བརྒྱན་པ་དང་། གྱང་གི་གཡས་ངོས་སུ་ཁྲབ་དང་། རལ་གྲི། ཕུབ་བཅས་བཀལ་འདུག ལྷ་ཁང་དེའི་ནང་ད་དུང་ལྡེབས་རིས་ཀྱིས་ཁེངས་པའི་སྲུག་ཁང་ཞིག་འདུག་པ་དེ་ནི་མུན་ནག་ཅན་ཞིག་རེད་འདུག་པས་ནང་ཡོགས་སུ་རི་མཆིས་ཆམ་འཚལ།

ངས་ཡ་མཚན་ཆེན་པོས་དཔེ་ཆ་རྙིང་རྙུལ་དེ་ལག་ཏུ་བླངས་ནས་ལན་གཅིག་བལྟ་སྐབས་ཧང་སངས་དགོས་པ་ཞིག་ནི། དཔེ་ཆ་དེའི་ནང་དུ་མཚན་ལྡན་འདུལ་བ་རྒྱལ་མཚན་གྱི་བསྟོད་པ་དང་བོན་གྱི་ཚོ་གའི་དཔེ་ཆ་གཙོ་གྲས་དབལ་གསས་སྐོར་མཆིས།㊽ དེ་མ་ཐག་ཏུ་ཁོ་བོའི་བསམ་པར་ལྷ་ཁང་འདི་ནི་སྔོན་ཆད་བོན་གྱི་ལྷ་ཁང་ཡིན་པ་ངེས་ཤེས་སྐྱེས་ལ། མ་གཞི་ལྷ་ཁང་དེ་ཉིད་ལ་འགོ་འགྱུར་ཆེན་པོ་བྱུང་ཡོད་ནའང་རྒྱུ་མཚན་ག་གེ་མོ་ཞིག་གི་དབང་ལས་མགོན་ཁང་དེ་ནི་བོན་པོའི་ལྷ་རྣམས་ལ་མཆོད་པ་འབུལ་ཡུལ་དུ་བྱས་ཡོད་པར་སྙམ།

ལྷ་ཁང་དེ་ནི་ཐོབ་ཅེ་ཁ་ཞེས་པའི་གྲོང་དུ་ཆགས་ཡོད་ལ་དེ་ཐོབ་ཅེང་ཐང་ཞེས་པའི་གྲོང་གསེབ་དང་ཐག་ཉེ་པོ་ཡོད། ལྷ་ཁང་དེ་བཞིན་ཤིང་ནགས་ཀྱིས་བཏུམས་པའི་རི་གཤམ་

ན་ཆགས་ཡོད་པས་ཐག་རིང་ནས་མཇལ་མི་ཐུབ་ན་ཡང་ཡུལ་གྲོང་དེ་རང་དུ་ནི་བརྗིད་ཆགས་པའི་གནས་ཤིག་ཡིན་འདུག་ལ། དེ་རྒྱུད་ཀྱི་ས་རྣམས་ནི་ཤིན་ཏུ་གཤེན་པས་ལོ་ཏོག་ཡག་ཅིང་བོད་ནས་ཡོང་བའི་ཁྲུང་ཁྲུང་སྐྱེ་ནག་དག་འབྲུག་ཡུལ་དུ་དགུན་དུས་སྐྱོལ་སའི་ཡུལ་ཡང་རེད་འདུག དེ་དང་ནུབ་བྱང་ཁུལ་དུ་ཆགས་པའི་སྣང་སྟེང་དགོན་བར་ལ་ལེ་བར་བཞི་ཡི་ལམ་ཚད་ལས་མེད།

ལྷ་ཁང་དེའི་གཤམ་འོག་ཏུ་མེ་བསྒྲིགས་ཐེབས་པ་ལྷ་བུའི་གྲུང་རིའི་ཚོགས་ཤིག་མཆིས་ལ་དེའི་ཁྲོད་དུ་ཕྱེད་ཙམ་གཏོར་བརླག་ཏུ་སོང་ཟིན་པའི་མཆོད་རྟེན་ཞིག་ཀྱང་འདུག རྡོ་རྗེ་གླིང་པའི་གསུང་འབུམ་ནང་ལྟར་ན་ལྷ་ཁང་དེ་ནི་ཆ་ཤས་གཉིས་ལས་གྲུབ་པའི་རྟེན་གནས་ཤིག་ཡིན་པར་གསལ་ཞིང་། ཆ་ཤས་གཉིས་པོ་ནི་རིམ་བཞིན་སྐུ་འབུམ་དང་དེའི་གཤམ་འོག་ཏུ་ཆགས་ལ་རྡོ་རྗེ་གླིང་པ་བཞུགས་སྒྲོང་པའི་བསམ་གླིང་ལྷ་ཁང་ཡིན།㊾ དེས་ན་སྐབས་འདིར་བརྗོད་པའི་གྲུང་རུལ་དེ་ནི་བསམ་གླིང་ལྷ་ཁང་གི་ཤུལ་རྙིང་ཡིན་ནམ་བསམས་པས་དཔྱད་པར་འཚལ།

དེང་རབས་འབྲུག་ཡུལ་གྱི་དཔྱད་གཞིའི་ཡིག་ཆའི་ནང་འཁོད་རྡོ་རྗེ་གླིང་པ་དང་སྐུ་འབུམ་ལྷ་ཁང་གི་སྐོར།

དེང་དུས་ཀྱི་འབྲུག་ཡུལ་གྱི་ལོ་རྒྱུས་མཁས་པ་སློབ་དཔོན་ངག་མདོག（༡༩༨༤: ༧༣）གིས་རང་ཉིད་ཀྱི་དཔྱད་རྩོམ་ནང་དུ་རྡོ་རྗེ་གླིང་པའི་སྐོར་གསུངས་ཡོད་ནའང་སྐུ་འབུམ་སྐོར་ཅི་ཡང་གསུངས་མི་འདུག་ལ། འབྲུག་པའི་ལོ་རྒྱུས་ཀྱི་མཁས་པའི་དབང་པོར་འདོད་པའི་སློབ་དཔོན་པདྨ་ཚེ་དབང་གི་བརྩམས་ཆོས་ནང་དེ་དག་ཚང་མའི་སྐོར་ཅི་ཡང་གསུངས་སྒྲོང་མི་འདུག འོན་ཀྱང་དགེ་འདུན་རིག་འཛིན་ནམ་འབྲུག་པ་བཀའ་བརྒྱུད་ཀྱི་མཁན་པོ་སྐུ་ཐོག་དྲུག་ཅུ་རེ་དགུ་པ་དགེ་བཤེས་བྲག་ཕུག་པས་བློ་གསར་རྣ་བའི་རྒྱན་ནང་དུ་སྐུ་འབུམ་སྐོར་རགས་ཙམ་གསུངས་ཡོད། ཁོང་གི་དེབ་དེ་ནི་སྲོལ་རྒྱུན་ཆོས་འབྱུང་གི་རྣམ་པའི་ཐོག་ནས་བྲིས་གནང་མཛད་ལ་སྤྱི་ལོ་༡༩༧༢ལོར་ལེགས་པར་གྲུབ་པར་མཛད་པ་དེ་ནི་འབྲུག་ཡུལ་དུ་ཐུབ་པའི་ཆོས་ལུགས་དར་ཚུལ་བརྗོད་པའི་ལོ་རྒྱུས་རྒྱས་ཤོས་དེ་ཡིན་ལ། དེའི་ནང་སྐུ་འབུམ་གྱི་སྐོར་ལ། "དེ་ཡང་བོད་དུ་དམ་པའི་ཆོས་མ་དར་བའི་གོང་དུ་བོན་ཆོས་དར་བ་བཞིན་འདིར་ཡང་བོད་ཀྱི་བསྟན་པ་ཕྱི་དར་སྐབས་ཙམ་ན་བོན་གྱི་སྟོན་པ་གཤེན་

རབས་（རབ་）ཀྱི་རིང་ལུགས་འཛིན་པའི་གདན་ས་ར་ལ་（ལག་）གཡུང་དྲུང་གླིང་（༨༣b）ནས། ཞབས་དྲུང་མཚན་ལྡན་བདེ་བ་ཞེས་བྱ་བ་དེ་ཉིད་སྤྱོངས་འདིར་ཕྱིན་ཏེ་ཤར་སྐུ་འབུམ་དགོན་དང་སེ་བ་སྣང་སོགས་ལ་གདན་ས་རིམ་པར་བཏབ་སྟེ་དར་བ་ལས། བོན་ལུགས་ཀྱི་བསྐང་གསོ་དང་སྲིད་རྒྱལ་མོའི་གསོལ་ཁའི་རྒྱུན་ད་ལྟའི་བར་དུ་སྣང་" [50]ཞེས་གསལ།

གཡུང་དྲུང་གླིང་ནི་བོད་དབུས་གཙང་ཁུལ་གྱི་བོན་པོའི་གདན་ས་ཆེན་པོ་གསུམ་ནང་གི་གྲས་ཤིག་ཡིན་ལ་དགོན་པ་དེ་ནི་སྤྱི་ལོ་༡༨༣༤ལོར་བཏབ་ལ་དེའི་གནས་ཡུལ་ནི་གཙང་ཁུལ་གྱི་ཡར་ཀླུང་གཙང་པོའི་སྟག་གྲུ་ཁའི་བྱང་ངོས་ཀྱི་ར་ལག་གྲོང་དུ་ཡོད། མཚན་ལྡན་བདེ་བ་ཞེས་པའི་མིང་དེ་ནི་མཚན་ལྡན་འདུལ་བའི་ཟུར་ཆགས་ཡིན་ཞིང་སྐབས་འདིའི་བདེ་བ་ནི་འདུལ་བ་ཞེས་པའི་སྒྲ་དག་པར་མ་ཐོན་པའི་རྐྱེན་ལས་བྱུང་བར་སེམས། དེ་ཡང་བྲུ་འདུལ་བ་རྒྱལ་མཚན་（༡༢༣༩ – ༡༢༩༣）ལ་མཚན་ལྡན་འདུལ་བ་ཞེས་ཀྱང་ཞུ་སྲོལ་མཆིས་པ་ནི་གོང་དུ་བརྗོད་ཟིན་པ་ལྟར་ལགས་ཤིང་། མཚན་ལྡན་（མཚན་དང་ལྡན་པ་）ཞེས་པའི་ཐ་སྙད་དེ་ནི་མཁས་གྲུབ་ཟུང་ལྡན་གྱི་སྐྱེས་བུ་རྣམས་ལ་ཆེ་བསྟོད་ཀྱི་ཚུལ་དུ་བེད་སྤྱོད་བྱེད་སྲོལ་ཡོད། རྡོ་རྗེ་གླིང་པས་ཁོང་རང་ཉིད་ཀྱི་མགུར་གླུ་ཞིག་ནང་དུ་སློབ་དཔོན་པདྨ་ལ་ཡབ་ཅེས་མཚན་དང་ཁྱད་ཆོས་ཡོད་དོ་ཅོག་ལྡན་པའི་ངང་ཚུལ་བེད་སྤྱོད་མཛད་ཡོད།[51] འདིར་ངོ་མཚར་ཆེ་བའི་དོན་ཞིག་ནི་རྗེ་མཁན་པོས་ཞབས་དྲུང་ཞེས་པའི་མིང་དེ་བོན་པོའི་བླ་མར་བེད་སྤྱོད་གནང་ཡོད་པ་དེ་ལགས། དེ་ལྟའི་སྲོལ་ནི་བོན་པོ་ནང་ཁུལ་དུ་ཕྱིར་བཏང་མཐོང་དཀོན་ཞིང་འདིར་བགྲོ་གླེང་བྱེད་ཡུལ་གྱི་མི་སྣར་དེ་ལྟར་འབོད་སྲོལ་ཡོད་པ་ནི་དེ་བས་མ་མཆིས་སོ། །

སྐུ་འབུམ་ལྷ་ཁང་གི་མགོན་ཁང་གི་ལྡེབས་རིས་ཐོག་བྲིས་པའི་སྲིད་རྒྱལ་མོ་ནི་བོན་ལུགས་ཀྱི་སྲུང་མ་སྲིད་པའི་རྒྱལ་མོར་གོ་དགོས་ལ། སེ་བ་སྣང་ཞེས་པ་དེ་ནི་ཡུལ་མིང་ཞིག་ཡིན་པ་གོར་མ་ཆག་ཀྱང་དེའི་སྐོར་ཞིབ་ཕྲའི་གནས་འཕྲིན་གང་ཡང་ལག་སོན་ཐུབ་མ་སོང་།

ཁོ་བོས་དཔེ་ཞིབ་བྱ་ཁུལ་བྱས་པའི་རྗེ་མཁན་པོའི་གསུང་དུམ་བུ་དེ་ལས་སྐུ་འབུམ་ནི་མཚན་ལྡན་འདུལ་བས་ཕྱག་བཏབ་པར་གསལ་ཞིང་བཞེས་དོན་དེ་ནི་རྡོ་རྗེ་གླིང་པའི་གསུང་འབུམ་ནང་སྐུ་འབུམ་ནི་བླ་མ་རིན་པོ་ཆེ་འདུལ་བས་ཕྱག་བཏབས་སོ་ཞེས་པ་དང་མཐུན་པས་

ན། སྐུ་འབུམ་ནི་དུས་རབས་བཅུ་གསུམ་པའི་ནང་མཚན་ལྡན་འདུལ་བས་བཞེངས་པ་ར་འཕྲོད་གསལ་པོ་ཐུབ། ཁོང་གི་གསུང་དུམ་བུ་དེའི་ནང་དུ་ད་དུང་ལྷ་ཁང་དེ་བཞིན་ཐུབ་པའི་ཆོས་ལུགས་ཀྱི་ལྷ་ཁང་དུ་བསྒྱུར་དུས་ནི་ཉེ་དུས་སུ་ཡིན་པར་བསྟན་ཡོད། དེ་ཡང་ཁོང་གི་བརྩམས་ཆོས་ནི་སྤྱི་ལོ་༡༩༧༢ ལོར་པར་སྐྲུན་བྱས་པ་དང་ཁོང་གིས་ཤིན་ཏུ་གསལ་ཁ་དོད་པོས་དུས་ད་ལྟའི་བར་ཞེས་གསུངས་པ་ལས་ཁོང་འཚོ་བཞུགས་སྐབས་ཀྱི་ལྷ་ཁང་དེ་ནི་བོན་ལུགས་ཀྱི་ལྷ་ཁང་ཞིག་ཡིན་ནོ། །

རྡོ་རྗེ་གླིང་པའི་གསུང་མགུར་སྐོར།

དེ་ཡང་རྡོ་རྗེ་གླིང་པའི་ཞིབ་ཕྲའི་མི་ཚེའི་ལོ་རྒྱུས་རྒྱས་པོ་འཁོད་པའི་དཔེ་ཆ་ནི་རྙེད་མེད་ཅིང་། ཁོང་གི་གསུང་འབུམ་ཕྱོགས་བསྒྲིགས་ནང་དུ་རྣམ་ཐར་ཞེས་ཟེར་ནས་ཁོང་གི་ལོ་རྒྱུས་མདོར་བསྡུས་ཤིག་ཡོད་པ་དེ་ཕུད་དེ་མིན་གྱི་རྣམ་ཐར་སོགས་ལོ་རྒྱུས་རྒྱས་པ་གང་ཡང་མ་མཆིས། རྡོ་རྗེ་གླིང་པའི་གསུང་འབུམ་ཕྱོགས་བསྒྲིགས་ནང་དུ་གཏེར་ལས་བཞེས་པའི་ཆོས་ལུགས་ཚོ་གའི་དཔེ་ཆ་ཕུད་ཁོང་གིས་བརྩམས་གནང་མཛད་པའི་སྙན་ངག་ཀྱི་ལུས་ལ་སྦྱར་བའི་མགུར་གླུ་ཁག་གཅིག་ཀྱང་བསྡུས་ཡོད། གསུང་མགུར་སྐོར་ལ་རྡོ་རྗེ་གླིང་པར་ཇོམ་འབྲིའི་གོམས་གཤིས་ཤིག་ཡོད་པ་དེ་ནི་ཁོང་གིས་མཚན་མོ་རྨི་ལམ་ནང་བྱུང་བའི་ལུང་བསྟན་དང་གདམས་ངག་རྣམས་ནམ་ལངས་པའི་སྐབས་དང་བསྟུན་ནས་ཡི་གེར་ཕབ་གནང་སྲོལ་ཡོད་པ་དེ་ལགས། ཁོང་ལ་གཏན་ཚིགས་རིག་པའི་ནང་དོན་གྱིས་ཕྱུད་པའི་མགུར་ཡང་ཡོད་ལ་མགུར་གླུ་དེ་དག་ལས་མི་ཉུང་བ་ཞིག་ནི་དུས་གང་དུ་གྱེར་གནང་མཛད་པ་གསལ་པོ་འཁོད་ཡོད། ཁོང་གི་མགུར་གླུ་ནི་རང་གི་སློབ་མ་ཚོས་རེ་བ་དྲག་པོ་ཞུ་སྐབས་ཤར་མར་གསུངས་པ་འབའ་ཞིག་རེད་འདུག་ལ། སློབ་མའི་གྲས་ལས་བཙུན་པ་ཕོ་མོ་སྐོར་ཞིག་ཐུགས་རྗེས་ཟིན་ནས་ཡོད་ཀྱང་ཁོང་ཚོའི་ཀུན་སྤྱོད་ལ་ཐུགས་མ་མཉེས་པས་མགུར་འདི་ལྟར་གསུངས་པ་དཔེར་ན། མྱང་འདས་ཆོས་ལ་ལེགས་གཤེགས་པས། །བླ་མ་མཁས་བཙུན་རེ་རེ་ཙམ། །མིང་གཟུགས་བཟུང་སྟེ་འགྲོ་བ་སླུ། །རྫོར་གླིང་བདེན་པར་བསྒོམ་དུ་འགྲོ། །གཤིན་གསོན་དད་པའི་ཟས་ནོར་ཀྱང་། །བཀོལ་བས་རྒྱུས་གཏབ་བུ་སྨད་གསོལ། །ལོང་བས་ལོང་ཁྲིད་བྱེད་པ་མཐོང་། །རྫོར་གླིང་བདེན་པ་བསྒོམ་དུ་འགྲོ། །ང་རྒྱལ་ཆེ་ལ་ཡོན་ཏན་མེད། །

ཆགས་སྡང་ཆེ་ལ་དག་སྣང་ཆུང་། །དགེ་བཤེས་མིང་གཟུགས་བསྟན་བཤིག་མཐོང་། །རྡོར་གླིང་བདེན་པ་བསྒོམ་དུ་འགྲོ། །འཁོར་བ་སྒྲོལ་བའི་ཆོས་མི་འདོད། །ནད་གདོན་ཐར་བའི་རྐྱེན་བཟློག་རེ། །ཕྱི་ཐག་མེད་པའི་ཡོན་བདག་མཐོང་། །རྡོར་གླིང་བདེན་པ་བསྒོམ་དུ་འགྲོ། །འབྲི་གློག་ཙམ་ནས་རབ་སྦྱངས་ནས། མཁས་པའི་གཙུག་རྒྱན་ཡོང་རེ་དུས། །བདུད་ཀྱི་བུ་མོས་སད་ཕྱིར་མཐོང་། །རྡོར་གླིང་བདེན་པ་བསྒོམ་དུ་འགྲོ། །སྐྱབས་འགྲོ་ཙམ་ནས་རབ་བྱུང་སྟེ། །ལུང་རིག་འཆད་པའི་ཡོང་རེ་དུས། །མི་གཙང་བུ་མོའི་འདམ་རྫུད་མཐོང་། །རྡོར་གླིང་བདེན་པ་བསྒོམ་དུ་འགྲོ། མཉམ་བཞག་ཙམ་ནས་རབ་སྦྱོབ་སྟེ། །རྟོགས་པར་ལྡན་པའི་ཡོང་རེ་དུས། །བདུད་མོའི་པང་དུ་སེམས་རིག་ཤོར། །རྡོར་གླིང་བདེན་པ་བསྒོམ་དུ་འགྲོ། །[52] ཞེས་པ་ལྟར་རོ།

རྡོ་རྗེ་གླིང་པ་བོད་དུ་ཕྱིར་ལོག་མཛད་ནས་ཡུན་རིང་མ་སོང་བར་གཙང་ཁུལ་གྱི་ཡུལ་ཞབས་སུ་ཕེབས་ནས་གྲོགས་མཆོག་ཆོས་རྗེ་འབའ་ར་བ་དང་མཇལ། ཆོས་རྗེ་འབའ་ར་བ་ཞུ་བ་དེ་ནི་ཕལ་ཆེར་འབྲུག་ཡུལ་དུ་ཐེངས་གཉིས་ཙམ་ཕེབས་སྐྱོང་ཡོད་པའི་འབའ་ར་བ་རྒྱལ་མཚན་དཔལ་བཟང་(༡༣༡༠ – ༡༣༩༡) དེ་ཡིན་འདུག དུས་རབས་བཅུ་བཞི་པའི་ནང་དུ་རྡོ་རྗེ་གླིང་པ་མོན་ཡུལ་ནས་བོད་དུ་ཕྱིར་ལོག་ཕེབས་རྗེས་དེར་ཡོད་སྐྱེ་བོ་རྣམས་ཀྱིས་ཇི་ལྟར་བྱས་ནས་ཁོང་ལ་བསུ་བ་ཞུས་པའི་སྐོར་ལ་ངོ་མཚར་ཆེ་བའི་སྒྲུང་ཞིག་ཤོད་སྲོལ་འདུག་སྟེ། དེ་ཡང་རྡོ་རྗེ་གླིང་པ་ཐོག་མར་ཞབས་སུ་འབྱོར་སྐབས་འབའ་ར་བས་ཆང་ལྷིར་གཅིག་དང་། ཤ་རྡོག་བཅོས། སྣམ་བུ་བུབ་གཅིག་བཅས་བསྣམས་ནས་རྡོར་གླིང་མཇལ་དུ་ཕེབས་ཤིང་། རྡོ་རྗེ་གླིང་པའི་སྐད་དུ། རང་རེའི་ཡུལ་ནི་སངས་རྒྱས་ཀྱི་བསྟན་པ་དར་བའི་ཡུལ་ཡིན། ཁྱོད་ནས་མུན་ནག་གི་ཡུལ་ཏེ་མོན་འབྲུག་ཏུ་ཡུན་རིང་བཞུགས་པས་གྱོན་གོས་ནི་རྩུབ་རྡུལ་ཅན་དུ་གྱུར། ནངས་པར་གྲྭ་པ་དང་བཙུན་མ་རྣམས་ནས་ཁྱོད་མཇལ་དུ་ཡོང་བ་ཡིན་པས་ཁྱོད་ནས་ངེས་པར་དུ་སྐུ་ཆས་རྣམས་ལེགས་པར་མཆོད་ན་མ་གཏོགས་གང་ཉིད་དེར་ཡོད་སྐྱེ་བོ་རྣམས་ཧང་སངས་དང་བཞད་གད་ཀྱི་ཡུལ་དུ་འགྱུར་སྲིད། དེས་ན་ངའི་རེ་བར་ནངས་པར་ཁྱོད་དང་ཁྱོད་ཀྱི་འཁོར་རྣམས་ནས་གྱོན་ཆས་ལེགས་པར་མཆོད་དགོས་སོ་ཞེས་གསུངས་ནས་ཕྱིར་ལོག་མཛད། ཉིན་གཉིས་པའི་ཚོགས་པར་བླ་མ་དང་དགེ་བཤེས་ཀྱི་འཁོར་གྱི་ཁྲོད་དུ་སྟག་གཟིག་གི་འབབ་མཆོད་པའི་ལྷ་ལྷམ་བྱོན་ནས་ཕེབས། རྡོ་རྗེ་གླིང་པས་

བདེ་བ་ཅན་དང་འཇིག་རྟེན་ཁམས་ཀྱི་རྒྱ་ནི་གཅིག་མཚུངས་ལགས་ནའང་འདིར་འཁོད་ཆོས་པ་རྣམས་ཀྱིས་ནི་གླང་དོར་གྱི་བྱེད་རྒྱུ་ཡོད་པར་བསམ་པ་ཁོང་ཚོའི་ཆོས་ཀྱི་སྙིང་པོར་བྱེད་པ་ཡིན་འདུག་ཅེས་དང་། དེ་རིང་ངས་མགུར་ཞིག་ལེན་པར་བྱའོ་ཞེས་གསུངས་པ། དེ་ནས་ཁོང་གིས་བླ་མ་སྟོང་ལྡན་གྱིས་ལག་གཡས་པ་དང་ལྷ་ལྕམ་དེའི་ལག་གཡོན་མ་དེ་བཟུང་ནས་དེར་འཁོད་གྲྭ་བཙུན་རྣམས་ཀྱི་འགོ་འཁྲིད་ཅིང་ཐམས་ཅད་ནས་ལག་གིས་གོས་ཀྱི་ཕུ་ཐུང་རྣམས་སྙེད་པའི་མཚམས་སུ་ཡར་ཙམ་བརྗེས་ནས་བྲོ་གར་འཁྲབ་འགོ་ཚུགས། དེ་ནས་རྡོ་རྗེ་གླིང་པས་ལོ་རྒྱུགས་ཆང་འཚོད་མའི་གླུ་འདི་ལྟར་བླངས་སོ། །

ཐོག་པའི་དཔོན་པོར། རྗེ་གླིང་པས(པ)ས་ཕྱོགས་འདི་ན་སླེབ་འདུག་གྱིས། །དད་པ་ཅན་ལ་ཆོས་ཀྱི་འཁོར་ལོ་བསྐོར་གྱི་འདུག་གོ་གྱིས། །ཉམས་དགའི་ཆོས་བཞས་བྲོ་མོ་ཆེ་འཁྲབ་ཀྱི་འདུག་གོ་གྱིས། །ལོག་ལྟ་ཅན་ཚོ་སྙིང་རླུང་གློང(ལོང)གྱི་འདུག་གོ་གྱིས། །
(53)

གླུ་གཞས་དེའི་ནང་དོན་དང་འབའ་ར་བས་རྡོ་རྗེ་གླིང་པར་ཀྱོན་ཆས་སོགས་ལུགས་མཐུན་ཅན་བགྱིས་པར་གདམས་པ་སོགས་ལ་བལྟས་ནས་རྡོ་རྗེ་གླིང་པའི་སྐུ་སྤྱོད་ནི་དེ་ཙམ་ཚུལ་དང་ལྡན་པ་ཞིག་མ་ཡིན་པར་བསྟན་ནའང་། ཁོང་གཉིས་མི་ཚོགས་མང་པོའི་དབུས་སུ་མཇལ་རྗེས་གནས་ཚུལ་གང་ཞིག་ཐོན་ཡོད་མེད་ནི་མི་གསལ། འོན་ཀྱང་འབའ་ར་བ་ཁོང་ཡང་འབྲུག་ཡུལ་དུ་ཐེངས་ཁ་ཤས་ཕེབས་སྐྱོང་ཡོད་པས་ན་ཁོང་གཉིས་བར་ཐུགས་བློ་མཐུན་ཞིང་དགོངས་པ་མཉེས་པའི་གཏམ་ལ་རོལ་ཡོད་པ་ནི་གོར་མ་ཆག

རྡོ་རྗེ་གླིང་པ་ནི་ཁྱད་ཆོས་མི་འདྲ་བའི་མགུར་གླུ་བརྩམས་པར་མཁས་པ་ཞིག་རེད་འདུག ཁོང་གིས་རང་ཉིད་ལ་སྨྲུལ་བའི་སྙན་ངག་ཐུང་ངུ་ཞིག་ཀྱང་བརྩམས་མཛད་ཡོད་པ་ནི་དཔེར་ན། བྱར་མེད་ཡིན་པར་གོ་ཡང་བྱ་རྒྱུ་སུ་བས་མང་། །དགོས་མེད་ཡིན་པར་གོ་ཡང་དགོས་ཆ་སུ་བས་བསོག གཞི་མེད་བྱེད་པར་འདོད་ཀྱང་གཞི་རྟེན་སུ་བས་མང་། །དགྲ་མེད་བྱེད་པར་འདོད་ཀྱང་ཡ(དགྲ)བོ་སུ་བས་མང་། །ཞེས་པ་ལྟར་རོ། །(54)

རྡོར་གླིང་གིས་ནང་དོན་ཐད་གོང་གི་སྙན་ངག་དེ་དང་འདྲ་བའི་ཚིག་བར་དྲུག་ཅན་གྱི་ཚིག་བཅད་བརྩམས་གནང་ཡོད། འོན་ཀྱང་སྐབས་དེ་དུས་ཁོང་ནད་ཀྱིས་མནར་བཞིན་ཡོད་

པས་དེའི་ཤུགས་རྐྱེན་ཕོང་གི་སྙན་ངག་ལ་ཐེབས་ཡོད་པ་ནི་དཔེར་ན། སེམས་ཆུང་ཙོལ་ཆུང་ཁྱོད་ཀྱང་། །ཐོག་མ་མེད་པའི་དུས་ནས། །ད་ལྟའི་དུས་འདི་ཡན་ཆད། །ཇི་ཙམ་སྡུག་བསྔལ་མྱོང་ཡང་། །སུན་པ་གཅིག་ཀྱང་མའ་འདུག ཅེས་པ་ལྟར་རོ། །[55]

གསུང་འབུམ་འདི་ནི་ཕོང་གི་གསུང་འབུམ་ཕྱོགས་བསྡུས་ཀྱི་གླེགས་བམ་༡༨དང་༡༩ཐོག་ཡིག་མཁན་མི་འདྲ་བའི་ལག་གིས་དབུ་མེད་ཀྱི་གཟུགས་ལ་བྲིས་ཡོད་ལ། དེ་དག་སྐྱར་ཞུས་བྱས་པའི་དཔེ་རྒྱུན་ནི་ད་ལྟ་ཨོ་རྒྱན་ཆོས་གླིང་དུའང་ཉར་ཚགས་བྱས་འདུག་ལ། དེ་དག་ལའང་ཏུན་ཧོང་ནས་ཐོན་པའི་བོད་ཡིག་དཔེ་ཆ་ལྟར་ཤིན་ཏུ་མཛེས་པར་བྲིས་པའི་གནའ་བོའི་དཔེ་ཆ་བྲིས་མའི་ཁྱད་ཆོས་ལྡན་པ་ནི་དཔེར་ན། མིང་ཚིག་བསྡོ་ལྟ་བུར་བསྡོའ་ཞེས་རྗེས་འཇུག་འ་ཡིག་སྦྱར་སྦྱོལ་འདུག་པ་དང་། མ་གཞི་ཕོང་གི་གསུང་འབུམ་ནི་གཏེར་མ་མ་ཡིན་ནའང་དེའི་ཚིག་བར་ནི་ཏུན་ཧོང་གི་ཡིག་རྙིང་ལྟར་གཏེར་ཚིག་གིས་བརྒྱན་ནས་ཡོད། གསུང་འབུམ་དེ་དག་དབུ་ཅན་ཡིག་གཟུགས་ལ་བྲིས་ནས་སླར་ཡང་གླེགས་བམ་༢༡ནང་བསྡུས་ཡོད་ལ། སྐབས་འདིར་བང་རིམ་སྒྲིག་སྦྲངས་ཐད་ཅུང་ཟད་ལེགས་པོ་བྱུང་འདུག

སྙན་ངག་གི་ལམ་ནས་བརྩམས་པའི་མགུར་གླུ་དེ་དག་གིས་རྡོ་རྗེ་གླིང་པའི་རྩོམ་རིག་སྙིང་གི་གནས་བབ་མཐོར་འདེགས་བྱ་རྒྱུར་ནུས་པ་ཐོན་ཡོད་ནའང་གནས་བབ་དེར་ད་ལྟའི་བར་ངོས་འཛིན་བྱུང་མེད། མགུར་གླུའི་ནང་དོན་ནི་འཇིག་རྟེན་ལ་ངེས་འབྱུང་སྐྱེས་དོན་བརྗོད་ཡོད་ནའང་དོན་དངོས་ཐོག་ནང་དོན་དེ་རིགས་ནི་དངོས་ཡོད་འཚོ་བའི་ཁྲོད་ཀྱི་སྤྱི་ཚོགས་དང་དཔལ་འབྱོར་གྱི་རྐྱེན་ངན་གྱི་སྣང་ཚུལ་ཞིག་ཡིན།

བླ་མ་བཀའ་འདུས་དང་དེ་པའི་འབྲུག་པའི་ནང་ཆོས་ཀྱི་ཚོ་གའི་ཁྲོད་ཀྱི་གལ་ཆེའི་གནས་བབ་སྐོར།

དེ་ཡང་བསྐང་གསོ་དང་བླ་མ་བཀའ་འདུས་གཉིས་ནི་སྔར་གྱི་དུས་སུ་དུས་ཆོད་མི་འདྲ་བར་དབྱེ་ནས་སྤེལ་བའི་ཆོས་ལུགས་ཚོ་ག་གཉིས་ཡིན་ནའང་། སྤྱི་ལོ་༡༩༩༩ལོའི་ཟླ་བ་བཅུ་པའི་ཚེས་༡༦ནས་༡༩བར་ཨོ་རྒྱན་ཆོས་གླིང་དུ་དེ་གཉིས་དུས་གཅིག་ཏུ་འཚོགས་པ་ནས་བཟུང་ཚོ་ག་དེ་གཉིས་ལོ་གསར་དུས་ཆེན་སྐབས་སུ་མཉམ་སྤེལ་གྱིས་སྤེལ་འགོ་ཚུགས་པའི་སྲོལ་དེ་དར་ཡོད། ཕོ་བོར་ཨ་ཞེ་ཀུན་བཟང་ཆོས་སྒྲོན་དང་ཕོང་གི་གཅེན་པོ་ད་ཤོད་ཨོ་རྒྱན་

རིག་འཛིན་རྣམ་གཉིས་ཀྱིས་མགྲོན་འབོད་ལྟར་དུས་ཆེན་དེར་ཞུགས་ནས་ཚོ་ག་དེ་དག་ལ་བལྟ་ཞིབ་བྱ་རྒྱུ་བྱུང་བ་མ་ཟད། སྤྱི་ལོ་༡༩༩༩དང་སྤྱི་ལོ་༢༠༠༠ལོར་ཁོང་གཉིས་ཀྱི་ཤིན་ཏུ་ལེགས་པའི་དཔེ་མཛོད་ཁང་དུ་ཉར་ཚགས་བྱས་པའི་དཔེ་ཆ་རྣམས་ལའང་བལྟ་ཀློག་བྱ་རྒྱུའི་གོ་སྐབས་གནང་བྱུང་།

འབུམ་ཐང་དུ་ཆགས་པའི་ཆོས་འཁོར་དགོན་གྱི་བྱམས་པ་ལྷ་ཁང་དུ་དུས་སྟོན་དེ་འགོ་ཚུགས་ཀྱི་དུས་ནི་སྤྱི་ལོ་༡༩༩༩ལོའི་ཟླ་བ་བཅུ་པའི་ཚེས་༢༣ནས་༢༧བར་ཡིན་འདུག་ལ་ལོ་གསར་གྱི་དུས་སྟོན་ཚོ་ག་དེ་སྤེལ་སྐབས་བླ་མ་བཀའ་འདུས་དེ་བཞིན་རྨང་གཞི་ལྟ་བུར་བྱས་ནས་སྤེལ་གྱི་འདུག

ཨོ་རྒྱན་ཆོས་གླིང་གཞིས་ག་ནི་རི་ལྗིབས་སུ་ཆགས་ཡོད་པས་དེ་ནས་གཙང་གྲོང་ཚོའི་མཛེས་སྡུག་དེ་ཉིད་མིག་ལམ་དུ་གསལ་ལེར་མཇལ་ཐུབ་ལ། གྲོང་ཚོའི་མཐའ་འཁོར་གྱི་རི་ཀླུང་ནི་སྔོ་ལྗང་ཅན་གྱི་ཞིང་ས་དང་ནག་ཅིང་སྟུག་པའི་ཤིང་ནགས་ཀྱིས་བརྒྱན་ཡོད།

གཞིས་ག་དེ་ནི་བརྗིད་ཉམས་དོད་པའི་ཁང་ཆེན་གཉིས་ལས་གྲུབ་པ་ཞིག་རེད་འདུག་ལ། དེའི་བྱང་ཤར་ངོས་སུ་གྲོང་ཚོ་ཆུང་ཆུང་ཞིག་འདུག་པ་དེ་ན་གནའ་ཉམས་ཅན་གྱི་ཁང་པ་རྙིང་པ་ཁ་ཤས་ཐ་ཐོར་དུ་གནས་འདུག་ཅིང་གྲོང་ཚོ་དེ་ནས་སྤྱི་ལེ་ཉི་ཤུ་རྩ་ལྔའི་བར་གྱི་ཤར་ནུབ་ཀྱི་མཚམས་ན་འབུམ་ཐང་གི་ལྟེ་བའི་གྲོང་ཁྱེར་བྱ་དཀར་ཆགས་ཡོད། གཞིས་ག་དེ་བདག་གཉེར་བྱེད་མཁན་གྱི་ཁྱིམ་ཚང་དེ་ནི་རྡོ་རྗེ་གླིང་པའི་མི་རྒྱུད་ཡིན་ཚུལ་དང་ཨོ་རྒྱན་ཆོས་གླིང་ནི་རྡོ་རྗེ་གླིང་པས་ཆོས་སྤེལ་སའི་ལྟེ་གནས་ཀྱི་གྲས་ཤིག་ཡིན་པར་ངོས་འཛིན་བྱེད་ཀྱིན་འདུག

དེ་བཞིན་ཡུལ་གླིང་ལྷུ་ཁ་དང་ལ་ཡག་བཅས་སུའང་རྡོ་རྗེ་གླིང་པའི་མི་རྒྱུད་ཡིན་ཟེར་མཁན་མི་ཁྱིམ་འདུག་ལ་ཤར་ལུང་རྩིབས་ནི་ཁོང་གི་སྐུ་སྐྱེ་རིམ་བྱོན་རྣམས་ཀྱིས་བཞེངས་པའི་གདན་ས་ཡིན་པར་གྲགས། རྡོ་རྗེ་གླིང་པའི་ཆོས་རྒྱུད་ནི་འབུམ་ཐང་གི་བྱ་དཀར་ལྷ་ཁང་དང་ཤར་གྱི་མཁོ་ཐང་བཅས་ཀྱི་རྒྱུད་དུའང་དར་ཡོད་སྐད།[56]

ཁོ་བོས་འདིར་ཨོ་རྒྱན་ཆོས་གླིང་དང་བྱམས་པ་ལྷ་ཁང་དུ་སྤེལ་བའི་དུས་སྟོན་སྐོར་དཔྱད་ཞིབ་བྱས་མེད་ནའང་རྡོ་རྗེ་གླིང་པ་དགུང་ལོ་བཅོ་ལྔའི་སྐབས་སུ་བོད་ཀྱི་གནམ་ལྕགས་བྲག་ཅེས་པའི་ཡུལ་ནས་དཔེ་ཆ་གཏེར་ལས་བཞེས་ལ་གཏེར་མ་དེའི་གྲས་སུ་འདུས་པ་བཞི

ཞེས་པ་དེ་དག་ཚུད་ཡོད། ངོན་ཀྱང་དེ་དག་བཞི་ལས་ད་ལྟ་བླ་མ་འདུས་པ་དང་ཡི་དམ་འདུས་པ་མ་གཏོགས་ལྷག་མེད།[57] འདུས་པ་ཞེས་པའི་ཐ་སྙད་དེ་ནི་བཀའ་བརྒྱུད་འདུས་པ་ཞེས་པ་བསྡུས་པ་ལས་གྲོན་པ་ཞིག་ཡིན་པས་དེའི་དོན་ནི་འབྲུག་པ་བཀའ་བརྒྱུད་དཀྱིལ་འཁོར་གྱི་ལྷ་ཚོགས་བརྒྱུད་དང་སྦྲེལ་བའི་བླ་མར་གོ་བ་ཡིན།[58] སྐབས་འདིའི་བླ་མ་ཞེས་པ་དེ་ནི་རྙིང་མ་བའི་ཚིག་མི་ཞུང་བ་ཞིག་ནང་གི་གོ་དོན་ལྟར་པདྨ་འབྱུང་གནས་ལ་གོ་བ་ཡིན།

གཏེར་རབས་རྒྱ་མཚོ་(ཤོག་གྲངས་༨) ལྟར་ན། ཚེ་གའི་དཀྱིལ་འཁོར་དེ་བཞེངས་པའི་སྲོལ་ནི་གོང་པོ་དང་ཁམས་ཀྱི་ཁུལ་དུ་དར་ཁྱབ་ཆེན་པོ་བྱུང་འདུག་ནའང་གོང་སྤྲུལ་ཡོན་ཏན་རྒྱ་མཚོས་(༡༨༡༡ – ༡༨༩༩) ཚེ་གའི་དཀྱིལ་འཁོར་བཞེངས་པའི་སྲོལ་དེ་བོད་དུ་ཏ་ལམ་ཙ་སྔོངས་སུ་འགྲོ་ལ་ཉེ་བའི་སྐབས་ཏེ་དུས་རབས་ཉེ་ཤུ་པའི་ནང་དུ་འཇམ་དབྱངས་མཁྱེན་བརྩེས་(༡༨༢༠ – ༡༨༩༢) སླར་གསོ་མཛད་ཅེས་གསུངས་འདུག་ནའང་།[59] འབྲུག་ཡུལ་དུ་ཚེ་ག་དེ་མ་ཉམས་པར་སྟར་བཞིན་གནས་ཡོད་ལ་ཚེ་གའི་དཔེ་ཆ་ནི་རྡོ་རྗེ་གླིང་པའི་གསུང་འབུམ་ཕྱོགས་བསྡུས་ཀྱི་གླེགས་བམ་༧ནས་༩པའི་བར་གསལ་ལོ། །

མཇུག་བསྡུའི་གཏམ།

བོད་ཀྱི་རིག་གནས་ཁྱབ་ཁོངས་ནང་འབྲུག་ཡུལ་ལ་མོན་ཡུལ་ཞེས་གནའ་སྔ་མོའི་དུས་ནས་འབོད་སྲོལ་ཡོད་ལ་རི་བོ་ཏི་མ་ལ་ཡའི་ལྷོ་འདབས་སུ་གནས་བཅའ་བའི་མི་རིགས་ལ་མོན་པ་ཞེས་འབོད་པ་ཡིན། ཡར་གནས་དེར་དུས་རབས་བདུན་པའི་སྐབས་ནས་ཐུབ་པའི་ཆོས་ལུགས་དར་ཞིང་སྤ་གྲོར་སྐྱེར་ཆུ་ལྷ་ཁང་དང་འབུམ་ཐང་དུ་བྱམས་པ་ལྷ་ཁང་སོགས་བཞེངས་ཡོད་ནའང་ཕྱིར་བཏང་ནས་ཡུལ་དེ་ལ་ཆོས་ཀྱི་སྒྲོན་མེ་སྦར་མེད་པའི་ཡུལ་ཞེས་འབོད་ནས་སངས་རྒྱས་བསྟན་པ་དར་མེད་པར་ངོས་འཛིན་བྱེད་པ་ཡིན། ངོན་ཀྱང་སྐྱེ་བོ་རྣམས་ཀྱིས་གནས་དེ་ནི་སྦས་ཡུལ་ཞེས་ཆོས་དཔེ་གཏེར་ལ་སྦས་ནས་ཡོད་པའི་གནས་སུ་ངོས་འཛིན་བྱས་པའི་རྐྱེན་ལས་འབྲུག་ཡུལ་ནི་ལོ་རྒྱུས་ཐོག་སྐད་གྲགས་ཅན་གྱི་གཏེར་ལུང་ཞིག་ཏུའང་ངོས་འཛིན་བྱེད་སྲོལ་འདུག

འབྲུལ་ཡུལ་གྱི་དེ་ལྟའི་ཕྱོག་པ་མཐའ་བཟུང་གི་ཁྱད་ཆོས་ཀྱིས་བོད་ཀྱི་ཆོས་པ་རྣམས་ཀྱི་ཡིད་དབང་འཕྲོག་ཅིང་ཁོང་ཚོ་ཡུལ་དེར་གནས་སྐོར་དུ་སོང་བ་དང་། དཔེ་ཆ་སོགས་གཏེར་

ལས་བཞིས་རྗེས་ཆོས་དཔེ་དེ་དག་ལས་འཕྲོས་པའི་དོན་རྣམས་ལུང་པ་དེ་རང་དུ་དར་ སྤེལ་མཛད་ཡོད། དེས་ན་འབྲུལ་ཡུལ་ནི་དུས་རབས་བཅུ་གཉིས་པ་ནས་བཟུང་བོད་པའི་ཆོས་པ་རྣམས་གནས་སྐོར་དུ་ཕེབས་པའི་ཡུལ་དུ་གྱུར་ཡོད་ལ། ཁོང་རྣམས་ལས་མི་ཉུང་བ་ཞིག་གིས་ཡུལ་གྲུ་དེའི་རིག་གནས་སྲོལ་རྒྱུན་ལ་རང་སོའི་ཕྱག་རྗེས་འཇོག་གནང་མཛད་ཡོད་པ་ནི་རྡོ་རྗེ་གླིང་དང་ཁོང་གི་མི་རྒྱུད་ལ་སོགས་པ་ལྟ་བུའོ། །

རྡོ་རྗེ་གླིང་པའི་དམིགས་བསལ་ཁྱད་ཆོས་ནི་དེ་པ་ནི་བན་བོན་དབྱེར་མེད་ཀྱི་ལྟ་གྲུབ་གླིང་བ་པོ་སྔ་ཤོས་ཀྱི་གྲས་ཤིག་ཡིན་ལ། ལྟ་བ་དེ་ནི་ཁོང་གིས་འབྲུལ་ཡུལ་ནས་གསེར་ཕྱུར་གཏེར་ལས་བཞིས་རྗེས་སུ་ཐོག་མར་ཐོན་པ་དང་དུས་རབས་བཅུ་དགུའི་སྐབས་ཁམས་ཁུལ་དུ་དར་བའི་རིས་མེད་ཀྱི་ལྟ་བ་ཞེས་པས་རྒྱུན་བསྐྱངས་ཡོད། ལྟ་བ་དེ་ལས་ སྔར་གྱི་བོད་ལྟ་བུ་ཆོས་ལུགས་གྲུབ་མཐའ་མི་འདྲ་བར་དད་མོས་བྱ་དབང་ཡོད་པར་སྨྲས་ཀྱང་དོན་དངོས་ཐོག་དེ་ལྟའི་ཁོར་ཡུག་ཅིག་མེད་པའི་སྤྱི་ཚོགས་ལ་ཤུགས་རྐྱེན་ངེས་ཅན་ཞིག་ཐེབས་ཡོད།

འབྲུག་ཡུལ་ནི་མུན་པ་མ་བསལ་བའི་ཡུལ་ཞེས་སུ་འབོད་པ་ནས་ད་བར་ཡུན་རིང་པོ་ཞིག་འདས་ཟིན་ནའང་། དེང་དུས་ཀྱི་འབྲུག་ཡུལ་ནི་གནའ་བོའི་རིག་གནས་དང་དེང་དུས་ཀྱི་རིག་གནས་གཉིས་དོ་སྙོམས་པོར་གནས་པའི་དཔེ་མཚོན་ཡག་ཤོས་དེ་ཡིན་ལ། དེ་ནི་འཛམ་གླིང་ཐོག་ཐུབ་པའི་ཆོས་ལུགས་ཀྱི་ལྟ་བ་དང་རིག་གནས་ཀྱི་རྩང་གཞིའི་ཐོག་ཆགས་པའི་ཡུལ་གྲུ་གཅིག་པུ་དེ་རང་ཡིན་ནོ། །

ཞར་བྱུང་དཔྱད་ཡིག་དྲངས་པ། （༡）

དེ་ཡང་བོད་དུ་དམ་པའི་ཆོས་མ་དར་བའི་གོང་དུ་བོན་ཆོས་དར་བ་བཞིན་འདིར་ཡང་བོད་ཀྱི་བསྟན་པ་ཕྱི་དར་སྐབས་ཙམ་ན་བོན་གྱི་སྟོན་པ་གཤེན་རབས（རབ）ཀྱི་རིང་ལུགས་འཛིན་པའི་གདན་ས་ར་ལ（ལག）གཡུང་དྲུང་གླིང（༢༣b）ནས། ཞབས་དྲུང་མཚན་ལྡན་བདེ་བ་ཞེས་བྱ་བ་དེ་ཉིད་སྤྱོངས་འདིར་ཕྱིན་ཏེ་ཤར་སྐུ་འབུམ་དགོན་དང་སེ་བ་སྣང་སོགས་ལ་གདན་ས་རིམ་པར་བཏབ་སྟེ་དར་བ་ལས། བོན་ལུགས་ཀྱི་བསྐང་གསོ་དང་སྲིད་པའི་རྒྱལ་མོའི་གསོལ་ཁའི་རྒྱུན་ད་ལྟའི་བར་དུ་སྣང་།

（དགེ་འདུན་རིན་ཆེན་གྱི་ལོ་གསར་རྔ་བའི་རྒྱན། ཤོག་གྲངས་༢༣ a5）

ཞར་བྱུང་དཔྱད་ཡིག་དྲངས་པ། （༢）

སྐྱུང་འདས་ཆོས་ལ་ལེགས་བཞིགས་（གཞིགས）པས། །བླ་མ་མཁས་བཙུན་རེ་རེ་ཙམ། །མིང་གཟུགས་བཟུང་སྟེ་འགྲོ་བ་བླུ（སླུ）། །རྫོར་གླིང་བདེན་པར་བསྒོམས་སུ་འགྲོ། །གཉེན་གསོན་དད་པའི་ཟས་ནོར་ཀྱང་། །བསྔོའ་བས་རྒྱས་བཏབ་བུ་སྨད་གསོལ། །ལོང་པས་ལོང་ཁྲིད་བྱེད་པ་མཐོང་། །རྫོར་གླིང་བདེན་པར་བསྒོམ་དུ་འགྲོ། །ང་རྒྱལ་ཆེ་ལ་ཡོན་ཏན（༧༨༥）མེད། ཆགས་སྡང་ཆེ་ལ་དག་སྣང་ཆུང་། །དགེ་ཤེས（བཤེས）མིང་གཟུགས་བསྟན་བཤིག་མཐོང་། །རྫོར་གླིང་བདེན་པར་བསྒོམ་དུ་འགྲོ། །འཁོར་བ་སྒྲོལ་བའི་ཆོས་མི་འདོད། །ནད་གདོན་ཐར་བའི་རྐྱེན་བཟློག་རེ། །ཕྱི་ཐག་མེད་པའི་ཡོན་བདག་མཐོང་། །རྫོར་གླིང་བདེན་པར་བསྒོམ་དུ་འགྲོ། །འབྲི་གློག་ཙམ་ནས་རབ་སྦྱང་ནས། །མཁས་པ་རྩུག（གཙུག）བརྒྱན（རྒྱན）ཡོང་རེ་དུས། །བདུད་ཀྱི་བུ་མོས་སད་བྱེར་མཐོང་། །རྫོར་གླིང་བདེན་པར་བསྒོམ་དུ་འགྲོ། （༧༨༨）སྐྱབས་འགྲོ་ཙམ་ནས་རབ་སྦྱང་སྟེ། །ལུང་རིག་འཆད་པས（པའི་）ཡོང་རེ་དུས། །མི་རྩང（གཙང）བུ་མོའི་འདམ་རྫུད་མཐོང་། །རྫོར་གླིང་བདེན་པར་བསྒོམ་དུ་འགྲོ། །མཉམ་བཞག་ཙམ་ནས་རབ་ལྷངས（སློབ）སྟེ། །རྟོགས་པར་ལྡན་པས（པའི）ཡོང་རེ་དུས། །བདུད་མོའི་སྤང（པང）དུ་སེམས་རིག་ཤོར། །རྫོར་གླིང་བདེན་པར་བསྒོམ་དུ་འགྲོ། །

（རྫེ་གླིང་པའི་ཞལ་གདམས། ཤོག་ངས་༧༨）

ཞར་བྱུང་དཔྱད་ཡིག་དྲངས་པ། （༣）

ལོ་རྒྱུགས་ཆང་འཚོད་མ་ཟོག་པོའི་དཔོན་པོར་རྫོ་རྫེ་གླིང་པས（པ）ས་ཕྱོགས་འདི་ན་སླེབ་འདུག་གྱིས། །དད་པ་ཅན་ལ་ཆོས་ཀྱི་འཁོར་ལོ་བསྐོར་གྱི་འདུག་གོ་གྱིས། །ཉམས་དགའི་ཆོས་བཞེས་བྲོ་མོ་ཆེ་འཁྲབ་ཀྱི་འདུག་གོ་གྱིས། །ལོག་ལྟ་ཅན་ཚོ་སྙིང་རླུང་སློང（ལོང）གྱི་འདུག་གོ་གྱིས། །

（རྫོ་རྫེ་གླིང་པའི་ཞལ་གདམས། ཤོག་གྲངས་༤༣༤）

ཞར་བྱུང་དཔྱད་ཡིག་དྲངས་པ། （༤）

བྱུར་མེད་ཡིན་པར་གོ་ཡང་བྱ་རྒྱུ་སུ་བས་མང་། །དགོས་མེད་ཡིན་པར་གོ་ཡང་དགོས་ཆ་སུ་བས་བསོག གཞི་མེད་བྱེད་པར་འདོད་ཀྱང་གཞི་རྟེན་སུ་བས་མང་། །དགྲ་མེད་བྱེད་པར་འདོད་ཀྱང་ཡ（དགྲ）བོ་སུ་བས་མང་། །བྱུར་མེད་ཡིན་པར་གོ་ཡང་བྱ་རྒྱུ་སུ་བས་མང་། །དགོས་མེད་ཡིན་པར་གོ་ཡང་དགོས་ཆ་སུ་བས་བསོག གཞི་མེད་བྱེད་པར་འདོད་ཀྱང་གཞི་རྟེན་སུ་བས་མང་། །དགྲ་མེད་བྱེད་པར་འདོད་ཀྱང་ཡ（དགྲ）བོ་སུ་བས་མང་།

（རྫོ་རྫེ་གླིང་པའི་ཞལ་གདམས། ཤོག་གྲངས་༢༦༡）

ཞར་བྱུང་དཔྱད་ཡིག་དྲངས་པ། （༥）

སེམས་ཆུང་ཅོལ་ཆུང་ཁྱོད་ཀྱང་། །ཐོག་མ་མེད་པའི་དུས་ནས། །ད་ལྟའི་དུས་འདི་ཡན་ཆད། །རྗེ་

ཚམ་སྡུག་བསྔལ་མྱོང་ཡང་། །སྨུན་པ་གཅིག་ཀྱང་མའ་འདུག

(རྡོ་རྗེ་གླིང་པའི་ཞལ་གདམས། ཤོག་གྲངས་༧༥)

[མཆན་འགྲེལ་དང་ལུང་འདྲེན་དཔྱད་ཡིག]

①གཏེར་རབ་རྒྱ་མཚོ། ཤོག་གྲངས་༧－༩༣

②གཏེར་རབ་རྒྱ་མཚོ། ཤོག་གྲངས་༥༢

③སོག་ཟློག་པ་བློ་གྲོས་རྒྱལ་མཚན་གྱི་ཡིད་ཀྱི་མུན་སེལ། ཤོག་གྲངས་༡༢༧

④ གནས་ ཆེན་ སྟག་ ཚང་ གི་ ས་ དཔྱིབས་ སྐོར་ ཤེས་ འདོད་ ན་ ཕོ་ མ་ ར་ དེའི་ ༡༩༩༩ : ༡༢༩－༢༡༨གཟིགས་པར་འཚལ།

⑤རྡོ་རྗེ་གླིང་པའི་གསུང་སྒྲོས། ཤོག་གྲངས་༥－༡༠

⑥གསུང་སྒྲོས། ཤོག་གྲངས༥－༡༠

⑦གསུང་སྒྲོས། ཤོག་གྲངས༩༣༣－༩༩

⑧གཏེར་རབ་རྒྱ་མཚོ། ཤོག་གྲངས་༨༡

⑨རྡོ་རྗེ་གླིང་པའི་ཞལ་གདམས། ཤོག་གྲངས་༧༠，༣༨༩

⑩རྡོ་རྗེ་གླིང་པའི་གསུང་སྒྲོས། ཤོག་གྲངས་༡༧༠

⑪གཏེར་རབ་རྒྱ་མཚོ། ཤོག་གྲངས༨༩－༨༦

⑫རྡོ་རྗེ་གླིང་པའི་གསུང་སྒྲོས། ཤོག་གྲངས་༣༥༦－༣༥༨

⑬རྡོ་རྗེ་གླིང་པའི་གཏེར་རབ་རྒྱ་མཚོ། ཤོག་གྲངས་༨༨－༨༩

⑭ལྷགས་མཁར་བླ་མའི་སྐོར་ཕོ་མ་རེ་དའི་༡༩༩༧ : ༣༩༦ལ་གཟིགས།

⑮རྡོ་རྗེ་གླིང་པའི་གཏེར་རབ་རྒྱ་མཚོ། ཤོག་གྲངས་༩༩－༡༠༣

⑯གཏེར་རབ་རྒྱ་མཚོ། ཤོག་གྲངས་༡༠༧－༡༢༩

⑰རྡོ་རྗེ་གླིང་པའི་ཐར་པའི་རྒྱུན་ལམ། ཤོག་གྲངས་༡༢༩－༡༢༨

⑱ངག་དབང་བློ་གྲོས་ཀྱི་གཏམ་གྱི་རོལ་མཚོ་(བམ་པོ་དང་པོའི་ཤོག་གྲངས་༦༨༢) ནང་འབྱུངས་དུས་དེ་ཆུ་ཕྱི་སྟེ་༡༣༨༢ལོར་གསུངས།

⑲རྡོ་རྗེ་གླིང་པའི་གསུང་སྒྲོས། ཤོག་གྲངས༦༩

⑳གསུང་སྒྲོས། ཤོག་གྲངས༣༠

㉑གསུང་སྒྲོས། ཤོག་གྲངས༢༣༥

㉒གསུང་སྒྲོས། ཤོག་གྲངས་༡༡༨དང་གཏེར་རབས་རྒྱ་མཚོ། །ཤོག་གྲངས་༩༠ནང་༡༣༧༥ལོར་བོད་དུ་ཕྱིར་ལོག་མཛད་པར་གསུངས།

㉓རྡོ་རྗེ་གླིང་པའི་གསུང་སྒྲོས། ཤོག་གྲངས༡༨

㉔རྡོ་རྗེ་ཐར་པའི་རྒྱན་ལམ། ཤོག་གྲངས་༣༢༢ གསུང་སྒྲོས། ཤོག་གྲངས༢༦༡

㉕གཏེར་རབ་རྒྱ་མཚོ། ཤོག་གྲངས༡༣༦

㉖དགེ་འདུན་རིན་ཆེན་གྱི་སློ་གསར་རྣ་བའི་རྒྱན་ནང་ཆོས་འཁོར་དང་སྣང་གཉིས་གསལ་ནང་མིང་གཞན་པ་གཉིས་མི་གསལ། (ལྡེབ༧༨a. ༡༢༨a2)

㉗ཐར་པའི་རྒྱུན་ལམ། ཤོག་གྲངས༢༦༦ – ༢༦༩ ; ཞལ་གདམས། ཤོག་གྲངས༣༧ – ༦༢

㉘ཐར་པའི་རྒྱུན་ལམ། ཤོག་གྲངས༢༦༩ – ༢༥༦; ཞལ་གདམས། ཤོག་གྲངས༢༡༨ – ༢༢༦

㉙གསེར་ཕུར་ཞེས་པའི་ཐ་སྙད་དེ་དབྱིན་ཇིའི་སྐད་ཐོག་གསེར་གྱི་དབྱུགས་པའམ་གསེར་ཁབ་ཏུ་བསྒྱུར་ཡོད་ནའང་མིང་ཚིག་འདིས་མིག་གི་སྐྲ་གྲིབ་བཅོས་པའི་གཤག་བཅོས་ཡོ་བྱད་གསེར་ཁབ་མཚོན་པས། གསེར་ཕུར་ཞེས་པ་དེ་གསེར་ཁབ་(gold needle)སུ་བསྒྱུར་ན་དོན་དང་ལྡན་པར་སེམས།

㉚རྡོ་རྗེ་གླིང་པའི་གསེར་ཕུར། ཤོག་གྲངས༡༨༢

㉛སྤྱི་སྤྱངས་ནི་བོད་ལུགས་ཀྱི་གསང་སྔགས་ཀྱི་དཔེ་ཆར་གོ་བ་ཡིན་ལ་(མཁར་རྨེའུ་༡༩༩༨: ༦༥, no. 2)རྙིང་མ་པའི་དཔེ་ཆའི་ནང་དུ་ཐ་སྙད་དེ་བེད་སྤྱོད་པ་མ་མཐོང་།

㉜ཁ་བྱང་འདི་དང་རྙིང་མ་པའི་དཔེ་ཆ་བསྟན་པའི་ཉི་མ་ལ་(བམ་པོ་གཉིས་པའི་ལྡེབ༢༤༦B5)སོགས་པའི་ནང་ཐོན་པའི་ཐ་སྙད་གསེར་ཞུན་ཞེས་པ་དེ་དང་གོ་དོན་ཐེབས་མི་ཉན། གསེར་ཞུན་ནི་བོད་ཀྱི་རྫོགས་ཆེན་གྱི་དཔེ་ཆ་ཞིག་ཀྱང་ཡིན། (མཁར་རྨེའུ་༡༩༧༧ xxxii. n. 4 ; པོ་ལོང་ཧོ་༡༩༨༥: ༡༢༢ – ༡༣༡)

㉝བོད་ཀྱི་མཁས་སྒྲུབ་ཅིག་དང་དྲན་པ་ནམ་མཁའི་སྲས་གཉིས་ཀྱི་གྲས་ཤིག(མཁར་རྨེའུ་༡༩༧༢ xxxii. n. 4 ; པོ་ལོང་ཧོ་༡༩༨༥: ༡༢༢ – ༡༣༡).

㉞དཔེ་ཆ་གཙོ་བོ་དེའི་ཁ་བྱང་སྟེ་གསེར་ཕུར།

㉟རྡོ་རྗེ་གླིང་པའི་རྨི་ལམ་ལུང་བསྟན། ཤོག་གྲངས་༦༢༠ – ༦༣༢ ; གསུང་སྒྲོས། ཤོག་གྲངས༣༨༤ – ༣༩༨ ; བོད་རྫོགས་པ་ཆེན་པོ་གསེར་ཕུར་དང་མཇལ་ཚུལ་(གསུང་སྒྲོས་ཤོག་གྲངས༦༠༢ – ༦༡༡)

㊱མཁར་རྨེའུ་༡༩༨༨: ༢༡༧; དོན་གྲུབ་ལྷ་རྒྱལ་༢༠༠༠: ༦༦༨ – ༦༥༢

㊲རིན་ཆེན་ཕྲེང་བ། ཤོག་གྲངས་༣༨

㊳གསུང་སྒྲོས། ཤོག་གྲངས་༢༣༡: ལྷོ་མོན་སྟོན་ལོང་(ལུང) ; སློ་གསར་རྣ་བའི་རྒྱན་ལྡེབ་༧༣a4 : སྟོན་ལུང་པོ་སྤྲིས་ཁ; ལྡེབ་༧༩a4.

㊴གསུང་སྒྲོས། ཤོག་གྲངས༡༩ : སྤྱ་ཁོར།

㊵སེ་ནེ་ལ་གོ་རུབ་༡༩༦༧:24ET seq.

㊶ཐེག་པ་རིམ་དགུའི་ཆོས་གླུ། མཁར་རྨེའུ་༡༩༨༨ : ༡༧༢ལ་གཟིགས།

㊷གསུང་སྒྲོས། ཤོག་གྲངས་༡༡༩ – ༡༢༡

㊸གསུང་སྒྲོས། ཤོག་གྲངས་༢༠༦ – ༢༡༢; དཔེན་ས་ཁར་བྲིས་པའི་གླུ་ཞིག་གསུང་སྒྲོས་ཤོག་གྲངས་
༤༢༢ – ༤༢༤ནང་གསལ།

㊹གསུང་སྒྲོས། ཤོག་གྲངས༢༠༨ – ༢༠༩

㊺དར་རྒྱས་གསལ་སྒྲོན། ཤོག་གྲངས་༢༤༩

㊻ཚེ་དབང་སྟན་རྒྱུད་ཀྱི་ལོ་རྒྱུས་གསལ་བྱེད་(ཚེ་དབང་བོད་ཡུལ་མ་) མཁར་རྨེའུ་དང་ན་ག་ནོ་༢༠༠༡:
no. ༢༥༩ཤོག་གྲངས༡༥༩ – ༡༩༠ལ་གཟིགས།

㊼ཨོ་རྒྱན་འཕེལ་གན་༢༠༠༠ : ༦༧༣ , no. 6. Moeཨེ་རི་སེ་དང་འཕེལ་གན་གཉིས་ཀས་བློ་གསར་རྣ་
བའི་རྒྱན་ལ་ཁུངས་བཙལ་འདུག

㊽མཁར་རྨེའུ་༡༩༩༧ : no. 32 ,22.

㊾བླ་མ་རིན་པོ་ཆེ་འདུལ་བའི་གདན་ས་སྐུ་འབུམ་གྱི་འདབས་བསམ་གླིང་དུ (རྨི་ལམ་ལུང་བསྟན་
ལྡེབ༤༢༣)

㊿བོད་ཡིག་གི་དཔེ་ཚད་དེའི་སྐོར་ཞར་བྱུང་དང་པོ་དང་mཨེ་རི་སེ༡༩༧༩ : ༡༥༡ལ་གཟིགས།

51གསུང་སྒྲོས། ཤོག་གྲངས་༧༠ , ༢༦༠ : པ་མཚན་ལྷན་བླ་མ།

52གླུ་འདིའི་མིང་དུ་སྔོ་མོན་གྱི་བཙུན་པ་ཕོ་མོ་རྣམས་ལ་གདམས་པ་ཞེས་ཟེར།

53ཞར་བྱུང་འདྲེན་ཡིག་ཨང་གསུམ་པར་གཟིགས།

54ཞར་བྱུང་འདྲེན་ཡིག་ཨང་བཞི་པར་གཟིགས།

55ཞར་བྱུང་འདྲེན་ཡིག་ཨང་ལྔ་པར་གཟིགས།

56བློ་གསར་རྣ་བའི་རྒྱན། ལྡེབ་༧༥a – b.

57གཏེར་རབ་རྒྱ་མཚོ། ལྡེབ༣༥ – ༤༤

58ལྷ་བརྒྱུད་པོ་དེ་དག་སྐོར་མཁར་རྨེའུ་༡༩༩༨ : ༡༩ལ་གཟིགས།

59ཟབ་མོའི་གཏེར་དང་གཏེར་སྟོན་གྲུབ་ཐོབ་ཇི་ལྟར་བྱུང་བའི་ལོ་རྒྱུས། ཤོག་གྲངས༢༡༥

(མཁར་རྨེའུ་བསམ་གཏན། 《བོད་ལྗོངས་ཞིབ་འཇུག》༢༠༡༣ལོའི་དེབ་གསུམ་པར་འཀོད།)

༧༢། །བོན་ལུགས་ཀྱི་འཆམ་གསུམ་སྐོར་རགས་ཙམ་གླེང་བ།

介绍三种苯教宗教舞蹈

[བརྡ་ཆད་གཙོ་བོ།] བོན་གྱི་འཆམ། གཤེན་རབ་གཡུང་དྲུང་དགུ་འཆམ། འཆམ་གྱི་འབྱུང་ཁུངས། མཚོན་དོན། ཉམས་འགྱུར།

[ནང་དོན་གནད་བསྡུས།] འདིར་དང་ཐོག་མཁན་པོ་ལུང་རྟོགས་བསྟན་པའི་ཉི་མ་མཆོག་གི་ལོ་རྒྱུས་རགས་ཙམ་མཚམས་སྦྱོར་བྱས་རྗེས། བོན་ལུགས་ཀྱི་འཆམ་སྟེ་མ་རྒྱུད་ཚོགས་འཆམ་དང་། གཟེ་མ་དགུ་འཆམ། གཤེན་རབ་གཡུང་དྲུང་དགུ་འཆམ་བཅས་བོན་ལུགས་ཀྱི་གལ་ཆེའི་གར་འཆམ་རིགས་གསུམ་སོ་སོའི་བྱུང་བ་དང་། མཚོན་དོན། མི་སྣ། འཁྲབ་པའི་གོ་རིམ། སྟངས་སྟབས་དང་ཉམས་འགྱུར་ལ་སོགས་ཇི་འདྲ་ཡིན་ཚུལ་ངོ་སྤྲོད་བྱས་ཡོད།

【关键词】 苯教;宗教舞蹈;神女;寺院

【摘要】 文章介绍苯教大师隆多丹白尼玛的同时,主要对目前在苯教寺院里表演的母续汇舞、九色玛女舞和九辛热雍仲舞等三种宗教舞蹈的情节、人物,艺术特点和风格进行了阐释。

སྤྱི་ལོ་1969ལོར་མཁན་པོ་ལུང་རྟོགས་བསྟན་པའི་ཉི་མ་མཆོག་གིས་རྒྱ་གར་དུ་བོན་དགོན་ཞིག་ཕྱག་བཏབ་གནང་ཡོད། །ཁོང་ནི་སྤྱི་ལོ་1929ལོར་ཨ་མདོའི་ཤར་བྱང་ཤར་ཁོག་ཡུལ་དུ་སྐུ་འཁྲུངས་ཤིང་སྐྱིད་ཚང་དགོན་དུ་རིག་པའི་གནས་བཅུ་ལ་སྦྱངས་པ་མཛད། སྤྱི་ལོ་1954ལོར་དགེ་བཤེས་ཀྱི་མཚན་རྟགས་ཐོབ་རྗེས་ཁོང་གི་ཡོངས་འཛིན་གྱིས་རྒྱལ་རོང་ཁྲོ་སྐྱབས་སུ་བསྟན་པ་སྤེལ་བར་མངགས། ཁོང་གི་དགེ་བའི་བཤེས་གཉེན་བསྟན་འཛིན་བློ་གྲོས་རྒྱ་མཚོ(1889 – 1975)ཡི་དགོངས་འདོད་ལྟར་བོན་གྱི་བཀའ་འགྱུར་ཆ་ཚང་རང་དགོན་དུ་གདན་དྲངས། ཁོང་ཉིད་རྒྱལ་རོང་ཡུལ་ནས་ཚུར་ལོག་ཕེབས་རྗེས་ཡང་ཡོངས་འཛིན་བསྟན་འཛིན་བློ་གྲོས་ཀྱི་བཀའ་སློབ་ལྟར་དབུས་གཙང་དུ་ཕེབས་ནས། བོན་གྱི་མ

དགོན་སླན་རི་དང་། གཡུང་དྲུང་གླིང་། དེ་བཞིན་རི་བོ་དགེ་ལྡན་པའི་ལུགས་ཀྱི་དགོན་འབྲས་སྤུངས་སོགས་སུ་སློབ་གཉེར་རྒྱ་ཆེར་མཛད། དེ་རྗེས་ཁོང་རྒྱ་གར་དུ་ཕེབས་པ་དང་། སྤྱི་ལོ1960ལོ་ནས་བཟུང་འཆད་རྩོད་རྩོམ་གསུམ་ལས་རྩོམ་གྱི་ལས་ལ་ཞུགས། སྤྱི་ལོ1961ལོར་ལུང་རྟོགས་བསྟན་པའི་ཉི་མ་དང་། སློབ་དཔོན་བསྟན་འཛིན་རྣམ་དག དེ་བཞིན་རང་ཉིད་བཅས་སློབ་དཔོན་ཆེན་མོ་སེ་ནེ་གུ་རུབ་(Sneiigrove)ཀྱིས་ལུན་ཏུན་སློབ་གྲྭ་ཆེན་མོར་གདན་ཞུ་གནང་། ལུང་རྟོགས་བསྟན་འཛིན་ཉི་མ་མཆོག་ལུན་ཏུན་དུ་བཞུགས་རིང་། ཡེ་ཤུའི་ཆོས་ལུགས་ལ་ཞིབ་འཇུག་གནང་རྒྱུའི་སྨྲ་སྒང་འཕེལ་ཞིང་ཞིབ་འཇུག་དང་སློབ་ཁྲིད་གནང་ངོར་དུ་ཡེ་ཤུའི་ཆོས་ལུགས་སྐོར་ལ་བསམ་ཞིབ་གནང་གི་ཡོད། ཁོང་དབྱིན་ཇིའི་རྒྱལ་ཁབ་ཀྱི་ཡེ་ཤུའི་ཆོས་ཁང་མང་པོར་གདན་ཞུ་བྱས་ཡོད་ལ། ཨོ་སེ་ཕོ་ཊ་(Oxford)ཡི་གནའ་བོའི་ཕོ་བྲང་སོགས་ཡེ་ཤུའི་ཆོས་ལུགས་ཀྱི་གནས་མཆོག་དུ་མར་བཞུགས་སྐྱོང་ཡོད། རྗེས་སུ་ཁོང་ཡོ་རོབ་ཀྱི་ཤེས་རིག་འབྱུང་གནས་ཀེ་རི་སི་(Greece)རུ་ཕེབས་ནས་དེར་ཡོད་ཀྱི་ཆོས་ཁང་མང་པོར་ལྟ་སྐོར་མཛད་པ་དང་། སྤྱི་ལོ1964ལོར་ཁོང་ལ་ཡེ་ཤུའི་ཆོས་ལུགས་ཀྱི་ཆོས་བདག་(འདས་ཟིན་)གཉིས་དབྱི་ཐ་ལིའི་རྒྱལ་ས་རོམ་དུ་ཞལ་མཇལ་གླེང་མོལ་གནང་རྒྱུའི་གོ་སྐབས་ཐོབ། སྤྱི་ལོ1968ལོར་ཁོང་སྨན་རིའི་ཁྲི་ཐོག33པར་བཀོད། འོན་ཀྱང་སྐབས་དེ་དུས་ཁོང་ནི་ཕྱེར་རྒྱལ་ཁབ་ཀྱི་ཨོ་སེ་ལོ་སློབ་གྲྭ་ཆེན་མོར་ཞིབ་འཇུག་གི་ལས་དོན་མཛད་བཞིན་ཡོད་པས་ཁོང་གིས་རང་ཉིད་སྨན་རིའི་ཁྲི་པར་བཀོད་པའི་གནས་ཚུལ་མཁྱེན་མེད།

ཁོང་ནི་ཕྱེར་ནས་ཕྱིར་ལོག་ཕེབས་རྗེས། རྒྱ་གར་དུ་བོན་བསྟན་རྒྱུན་འཛིན་དར་སྤེལ་གཏོང་རྒྱུའི་ལས་འགན་ལྷིད་པོ་དེ་ཉིད་ཐུག་ཐོག་ཏུ་འཁུར་གནང་མཛད་པ་དང་། ལོ་ངོ་བཅུ་བཞི་ལྷག་ཙམ་རིང་འབད་བརྩོན་ཏུར་ཐག་གནང་བ་བརྒྱུད། གྲྭ་བཙུན་བསྡོམས་བརྒྱ་དང་ཉི་ཤུ་ཡོད་པ་དང་། བོན་གྱི་གཞུང་དང་བོད་ཀྱི་རིག་གནས་སྤྱི་ཚེ་བྲག་གང་སར་སློབ་གཉེར་བྱ་ཡུལ་གྱི་དགོན་པ་ཞིག་བཞེངས་གནང་མཛད་ཡོད།

གཤམ་དུ་ངོ་སྤྲོད་ཞུ་རྒྱུའི་བོན་ལུགས་ཀྱི་གར་འཆམ་དེ་ཡང་སྤྱི་ལོ1971ལོར་ལུང་

རྟོགས་བསྟན་འཛིན་ཉི་མ་སྐུ་ངོ་མས་མྱུར་སྐྱོབ་མཛད་པ་ཞིག་ཡིན། ཕོང་ནི་འཆམ་དེ་ཉིད་ལ་སླར་ཡང་བླ་སྲོག་འཕྲིན་མཁན་གྱི་བྱེད་པོ་འབབ་ཞིག་དེ་ལགས། དེ་ཡང་ཕོང་ཨ་མདོ་ཁུལ་གྱི་རང་དགོན་དུ་སློབ་གཉེར་མཛད་སྐབས། ལོ་ངོ་དྲུག་ཏག་ཏག་གར་འཆམ་གྱི་འགན་འཁྲི་བཞེས་སྐྱོང་ཡོད་པ་སྟེ། ཐོག་མའི་ལོ་གསུམ་རིང་འཆམ་མཇུག་ཅེས་འཆམ་འཁྲབ་སྐབས་གྲལ་མཇུག་ཏུ་བཞུགས་པ་དང་། ཕྱིས་ཀྱི་ལོ་གསུམ་རིང་འཆམ་དཔོན་ཞེས་འཆམ་འཁྲབ་སྐབས་གྲལ་འགོར་བཞུགས། འཆམ་དཔོན་དང་འཆམ་མཇུག་གཉིས་ནི་གཞོན་སྐྱེས་གྲྭ་བཙུན་རྣམས་ལ་འཆམ་འཁྲབ་སྟངས་སློབ་རྒྱུ་དང་འཆམ་ཁྲིམས་ལག་བསྟར་བྱེད་མཁན་ཞིག་ཡིན། འཆམ་དངོས་སུ་འཁྲབ་སྐབས་འཆམ་དཔོན་དེ་འཆམ་འཁྲབ་མཁན་རྣམས་ཀྱི་གྲལ་འགོར་ཕེབས་ནས་འཆམ་འཁྲབ་ཅིང་། འཆམ་མཇུག་གིས་གྲལ་མཇུག་ཏུ་བསྡད་ནས་འཆམ་གྱི་གྲལ་ཡག་པོ་སྲུང་ཐབས་བྱེད་ཀྱི་ཡོད། བོད་དུ་དར་བའི་འཆམ་ལ་ཡུལ་དུས་མི་འདྲ་བར་སོ་སོ་རང་གི་ཁྱད་ཆོས་ལྡན་ཞིང་། གཤམ་དུ་ངོ་སྤྲོད་ཞུ་རྒྱུའི་འཆམ་གསུམ་པོ་དེ་ནི་བོད་ལུགས་ཀྱི་གལ་ཆེའི་འཆམ་རིགས་གསུམ་ཡིན།

དང་པོ། མ་རྒྱུད་ཚོགས་འཆམ།

འཆམ་དེ་ལ་མ་རྒྱུད་ཚོགས་འཆམ་ཞེས་བརྗོད་དགོས་དོན་ནི། འཆམ་དེ་ཉིད་འཁྲབ་སྐབས་མ་རྒྱུད་ཀྱི་དཀྱིལ་འཁོར་བཟོས་རྗེས། བོན་ལུགས་ཀྱི་ཚོ་ག་གཞན་དང་འདྲ་བར་རྣལ་འབྱོར་གྱི་ཚོ་གའི་ལམ་ནས་ཐར་པའི་ལམ་ལ་བསྒྲོད་པའི་ཚུལ་བསྟན་པས་སོ། འཆམ་དེ་འཁྲབ་སྐབས་འཁྲབ་མཁན་ཚོས་ཞྭ་ནག་གྱོན་པའི་སྲོལ་ཡོད་པ་དང་། ཞྭ་ནག་པོ་དེའི་འབྱུང་ཁུངས་སྐོར་ད་ལྟ་གསལ་པོ་མ་ཤེས་ནའང་། མིག་སྔར་ཞྭ་དེ་རིགས་བོད་ཀྱི་ཆོས་ལུགས་གྲུབ་མཐའ་ཚང་མས་བེད་སྤྱོད་བྱེད་བཞིན་ཡོད།

མ་རྒྱུད་ཚོགས་འཆམ་ཞེས་པའི་འཆམ་དེ་ནི་འཆམ་མིང་ཁྲིད་ཚོགས་ཞེས་པའི་མིང་བརྗོད་ཡོད་པ་ལྟར་དེ་ནི་ཚོགས་སིལ་བ་དང་འབྲེལ་བ་ལྡན་པ་ཞིག་ཡིན། ཚོགས་ཞེས་པ་ནི་ཡི་དམ་གྱི་མཆོད་རྫས་ལ་གོ་ལ། འདུ་ཚོགས་ལའང་གོ་བ་ཡིན། མཆོད་རྫས་ལ་གོ་བའི་ཚོགས་

ནི་རྩམ་པ་དང་། མར། ཕྱུར་བ། ཤིང་འབྲས་སྐམ་པོ། ཚང་བཅས་མཉམ་བསྲེས་བྱས་ནས་གྲུབ་པའི་མཆོད་རྫས་ཤིག་ཡིན།

སྔར་འཆམ་དེ་འཁྲབ་སྐབས་ལྟད་མོ་བ་ཡོང་མི་ཆོག་ལ་འཆམ་ལ་ཞུགས་མཁན་ཡང་ཚོ་ག་དེ་དག་སྤྲུལ་མཁན་གྱི་གྲྭ་བཙུན་ཤ་སྟག་ཡིན་དགོས། དེར་བརྟེན་འཆམ་དེ་ནི་གསང་བའི་རང་བཞིན་ལྡན་པའི་ཚོ་ག་ཞིག་ཡིན། འོན་ཀྱང་དུས་རབས་བཅོ་ལྔ་པ་ནས་བཟུང་འཆམ་དེ་རིམ་བཞིན་སྐྱེ་བོ་ཕལ་པའི་མིག་ཡིད་རྣ་བའི་དགའ་སྟོན་དུ་འགྱུར་འགོ་ཚུགས་ཤིང་། དེ་ཡང་སྤྲུལ་རྒྱུན་གྱི་འཆམ་གཞན་དང་འདྲ་བར་ལོ་ལྟར་དུས་ཆེན་སྐབས་ཀྱི་སྟོན་མོའི་གྲུབ་ཆ་ཞིག་ཏུ་གྱུར་ཡོད།

ཚོ་ག་དེའི་ནང་བེད་སྤྱོད་པའི་དཔེ་ཆ་ནི་མ་རྒྱུད་རྒྱུད་གསུམ་ཞེས་པའི་དཔེ་ཆའི་ནང་ནས་དྲངས་པར་གྲགས། དེ་ཡང་བོད་ཀྱི་ལོ་རྒྱུས་ལྟར་ན། བོད་ཀྱི་བཙན་པོ་ཁྲི་སྲོང་ལྡེ་བཙན་(742 – 797)གྱིས་དུས་རབས་བརྒྱད་པའི་སྐབས་བོད་སྣུབ་སྐབས། བོན་གྱི་གལ་ཆེའི་དཔེ་ཆ་གསུམ་པོ་དེ་དག་གཙང་ཁུལ་ཏ་ནག་དུང་ཕོར་གྱི་བྲག་ཕུག་ནང་སྦས་པ་དང་། དུས་རབས་བཅུ་གཉིས་པའི་ནང་དུ་གུ་རུ་རྡོན་རྩེ་(1136ལོར་འཁྲུངས་)ཡིས་དཔེ་ཆ་དེ་དག་གཏེར་ནས་བཏོན་ཏེ་དེའི་ནང་དོན་ཁྱབ་གདལ་གཏོང་འགོ་ཚུགས། མཐའ་མ་དཔེ་ཆ་དེ་དག་གཙང་དར་སྙིང་ཁུལ་དུ་གནས་བཅའ་བའི་གཤེན་ཚང་གི་མི་རྒྱུད་ཀྱི་ལག་ཏུ་སོན། ཤོད་སྲོལ་ལྟར་ན། གཤེན་ཉི་མ་རྒྱལ་མཚན་(1360ལོར་འཁྲུངས་)གྱིས་འཆམ་དེ་ཐོག་མར་སྲོལ་བཏོད་ཅིང་ཁྱབ་གདལ་དུ་བཏང་བར་གྲགས། མ་རྒྱུད་ཚོགས་འཆམ་གྱི་འདོན་པ་དང་། དབྱངས་རྟ། འཁྲབ་ཚུལ་བཅས་ནི་བོན་གྱི་གྲུབ་མཐའ་འཛིན་པ་རྣམས་ཀྱི་ཁྲོད་དུ་དམིགས་བསལ་རང་བཞིན་གྱི་ཁྱད་ཆོས་ལྡན་པ་ཞིག་ཡིན་ལ། དེ་ནི་གཤེན་ཚང་གིས་འཕེལ་རྒྱས་བཏང་བའི་འཆམ་ཞིག་ཡིན་པས་ན་གཤེན་ལུགས་ཞེས་གྲགས་སོ།

འཆམ་དེ་འཁྲབ་པའི་ལེ་ཚན་བང་རིམ་ཁག་གསུམ་དུ་དབྱེ་ནས་ཡོད་པ་དེ་དག་ཀ་ཁ་ག་བཅས་གསལ་བྱེད་ཀྱི་ཡི་གེ་གསུམ་གྱིས་མཚོན་པར་བྱས་ཡོད་ལ། དེའི་ཁྲོད་དུ་རོལ་ཆ་དཀྲོལ་གཏོང་བྱེད་མཁན་དང་འཆམ་འཁྲབ་མཁན་གྱིས་འདོན་པའི་མན་ངག་ཀྱང་ཚུད་ཡོད།

དེ་ཡང་།

ཀ། ཚོགས་ཇ་ཆེན་མོ། བདེ་ལེགས་སུ། ཧེ་ཡེ་ཞེས་བྲི་ཚོགས། ཚོགས་ལ་བྱོན་ཅིག དཔལ་ལོ་མ་ཚོགས། གོངས་ཤིག་ཛ་ཧུམ་ཛ་ཧུམ། སར་བ་ཕུ་ཛ། ཧེ་རུ་ཧེ་རུ། བྱམས་བརྩེའི་ཞལ་ཁར། གདང་བའི་དབྱིངས་སུ། སྣང་སྲིད་བསྒྲལ་བའི། ཚོགས་མཆོད་འབུལ་ལོ། ཤར་ཧཱུཾ་མ་ཧཱུ་དཀའི། ཕུ་ཅེ་ཕུ་ཅེ། ཤ་ཧཱུཾ་དཀའི། ཕུ་ཅེ་ཕུ་ཅེ། ཁྲུང་ལྟར་ལྡིང་བས། བྱིན་རླབས་ནས། སེང་ལྟར་མཆོངས་བས། ད་སྒྲོལ་ཅིག་སྟག་ལྟར་ཇམ་པས། ཁ་རམ་ཁ་ཧི། ཇམ་བརྗིད་དྲག་པོ། མངོན་སྤྱོད་ཀྱིས། འཕྲིན་ལས་ཀུན། དེང་འདིར་སྒྲུབ་ཅིག །དབྱིངས་ཀྱི་ལྷ་མཆོག་མཁའ་ལ་སྐྱུར་བཞེངས། སྐྱོང་དུ་ལས་བཞིའི། འཕྲིན་ལས་མཛོད་ཅིག ཨེ་མ་ཧོ། བདེར་གཤེགས་རྣམས་ཀྱིས། བག་ཆགས་བྱང་བར་མཛོད།

ཁ། སྲིད་རྒྱལ་དྲུག་རྒྱུག བདེ་ལེགས་སུ། དབྱིངས་ཀྱི་ལྷ་མཆོག སྐྱོང་དུ་ལས་བཞིའི། འཕྲིན་ལས་མཛོད་ཅིག ཕུ་ཅེ་ཕུ་ཅེ། ཞི་བྲི་འབར་བའི། ལྷ་ཚོགས། དམ་ཅན་དཔལ་མོ། མ་ཚོགས། བོན་སྐྱོང་སྲུང་མ། རྣམས་ཀྱིས། སྨན་རག་གཏོར་ཚོགས། བཞེས་ནས། མཆོག་དང་ཐུན་མོང་། དངོས་གྲུབ། དེང་འདིར་བདག་ལ། སྩོལ་ཅིག

ག གཏོར་ཇ་ཆེན་མོ། བདེ་ལེགས་སུ། དབྱིངས་ཀྱི་ལྷ་མཆོག་མཁའ་ལ་སྐྱུར་བཞེངས། སྐྱོང་དུ་ལས་བཞིའི། འཕྲིན་ལས་མཛོད་ཅིག ཀྱེ། ཞི་བྲོའི་ལྷ། དཔལ་མོ་ཚོགས། བོན་སྐྱོང་རྣམས། སྨན་རག་དཔལ་གཏོར་བཞེས་བཅས་སོ།

གཉིས་པ། གཟེ་མ་དགུ་འཆམ།

བོན་ལུགས་ཀྱི་འཇིག་རྟེན་ཆགས་ལུགས་ཀྱི་ལྟ་ཚུལ་ལྟར་ན། འཇིག་རྟེན་ནམ་སའི་གོ་

ལ་འདི་བཞིན་སྟོང་ལས་སྐྱེས་ཤིང་བུ་མོ་སྤྱན་མཆེད་དགུ་པོ་ཚུད་པའི་སྐྱེ་འགྲོ་ཐམས་ཅད་སྟོང་དེ་ལས་སྐྱེས་པར་འདོད་པ་དེའོ། སྟོང་ལས་སྐྱེས་ཞེས་པའི་ལྟ་བ་དེ་ནི་བོད་ཀྱི་གནའ་བོའི་ཤོད་སྲོལ་ཞིག་ཡིན་པ་དེ་དང་བོན་ཆོས་དབར་འབྲེལ་བ་གཏིང་ཟབ་ལྡན་ཡོད།

གོང་གསལ་འཛིག་རྟེན་ཁམས་ཆགས་ཚུལ་གྱི་ལྟ་ཚུལ་དེ་དང་ཆ་འདྲ་བ་ཞིག་ཡོད་པ་ནི་སྲིད་པ་སངས་པོ་འབུམ་ཁྲི་ཞེས་པའི་ལྷ་དེ་ས་ཡི་གོ་ལ་འདིའི་ཕ་རུ་འདོད་ལ། ལྷ་མོ་ཆུ་ལྕམ་རྒྱལ་མོ་དང་སྲིད་པ་སངས་པོ་འབུམ་ཁྲི་གཉིས་འགྲོ་བ་མི་ཡི་ཡབ་མེས་ཡིན་པར་འདོད། ལྷ་མོ་ཆུ་ལྕམ་རྒྱལ་མོས་བོན་གྱི་ལྷ་ཚོགས་ཁྲོད་གལ་ཆེའི་གནས་བབ་བཟུང་ཡོད་ལ། མ་རྒྱུད་ཀྱི་ལྷ་དེ་ནི་ཐུབ་པའི་ཆོས་ལུགས་ལྟར་མ་ཡིན་པར། ས་སྐྱེས་རྫེ་སྐྱེས་ཀྱི་ཆོས་ལུགས་དང་མོས་དང་འབྲེལ་བའི་ཕུན་སུམ་ཚོགས་པའི་གཏམ་རྒྱུད་ཁྲོད་དུ་ཀང་པ་བརྟན་པོར་ཚུགས་ནས་གནས་ཡོད།

ལྷ་མོ་ཆུ་ལྕམ་ནི་མཚན་རྟགས་དང་ཁྱད་ནུས་མི་འདྲ་བ་དུ་མའི་རྣམ་པའི་འོག་མངོན་པར་བྱེད་ཅིང་། དེས་ཞི་ཁྲོ་ཅི་རིགས་ཀྱི་ལམ་ནས་བོན་གྱི་གསང་བ་དང་གསང་བ་མ་ཡིན་པའི་ཆོས་ལུགས་ཆོ་གའི་ཁྲོད་དུ་གལ་ཆེའི་གོ་གནས་བཟུང་ཡོད། ཡར་ལྷ་མོ་དེ་ནི་འཛིག་རྟེན་ལས་འདས་པའི་ལྷ་ཞིག་རེད་ནའང་། དེའི་བྱེད་ལས་ནི་མིང་མཚན་མི་འདྲ་བའི་ཐོག་ནས་གསང་བའི་ལྷ་ཡི་ཡུམ་དུ་བཞུགས་པ་དེའོ། ལྷ་དེ་ཉིད་ཀྱི་ཆོས་སྐྱོང་སྲུང་མའི་སྐབས་ཀྱི་མཚན་ནི་སྲིད་པ་རྒྱལ་མོ་ཞེས་འཛིག་རྟེན་གྱི་རྒྱལ་མོར་བརྩི་བ་ཡིན།

ཤོད་སྲོལ་ལྟར་ན་ལྷ་མོ་ཆུ་ལྕམ་དེ་ཉིད་རེ་ཞིག་ལྷ་ཡི་ཡུལ་དུ་ལྷ་རྒོད་ཐོག་པ་ཡི་ཟླ་བོར་བཞུགས། ཁོང་གཉིས་བཤོས་པ་ལས་སྒོང་ཉི་ཤུ་རྩ་བདུན་འབྱུངས། ཐོག་མའི་སྒོང་དགུ་པོ་རེ་རེ་ལས་གཟུགས་མི་ཡིན་ལ་མགོ་བོ་དུད་འགྲོའི་རྣམ་པ་ཅན་གྱི་བུ་མོ་སྤྱན་དགུ་སྐྱེས། བུ་མོ་སྤྱན་མཆེད་དགུ་པོ་རྣམས་སྟག་ལ་མེ་འབར་གྱིས་ཆོས་སྐྱོང་སྲུང་མར་བཀོད་སྐད། དེ་རྗེས་འབྱུངས་པའི་ཚོན་སྣ་ཅན་གྱི་སྒོང་དགུ་པོ་ལས་སླར་ཡང་དུད་འགྲོའི་མགོ་བོ་ཅན་གྱི་ལྷ་མོ་དགུ་འབྱུངས་པ་ཐམས་ཅད་ཆོས་སྐྱོང་སྲུང་མར་བཞག མཐའ་མའི་སྒོང་དགུ་པོ་ལས་བརྒྱད་ནི་རིན་ཆེན་རྫས་ཀྱིས་གྲུབ་པ་ཡིན་ལ། སྒོང་མཐའ་མ་ཉི་ཤུ་རྩ་བདུན་པ་དེ་ནི་རྡོ་ཡི་སྒོང་

ཡིན་པར་གྲགས། རིན་ཆེན་ལྷུགས་རིགས་སོགས་ལས་གྲུབ་པའི་སྒྲོ་ང་རྣམས་ནི་འཇིག་རྟེན་ཁམས་ཀྱི་ཕྱོགས་བཞིར་གནས་བཅའ་བའི་ལྟར་ཕྱུལ་ཞིང་། བར་དུ་འབྲུངས་པའི་སྒྲོ་ང་ལས་བྱུང་བའི་བུ་མོ་སྤུན་དགུ་ནི་ཁོང་ཚོའི་གཙེན་མོ་རྣམས་ལས་ཀྱང་མཚར་ཞིང་དེ་རྣམས་འཇིག་རྟེན་ཁམས་ཀྱི་གསང་ཡུམ་གཙོ་ཆེར་གྱུར་ཡོད། ལྷ་མོ་དེ་དག་གི་ཡབ་ཡུམ་གཉིས་ཀྱིས་རྡོ་ཡི་སྒྲོ་ང་དེ་ལ་འགྲོ་སྐྱངས་བཟོ་མ་ཐུབ་པས་བྱང་ཤར་ཕྱོགས་སུ་དབྱུགས་སོ། དེ་ནས་རྡོ་ཡི་སྒྲོ་ང་དེ་སྲིན་རྒྱལ་གྱི་ལག་ཐོག་ཏུ་བབས་པ་དང་། སྲིན་གྱི་རྒྱལ་པོ་དེའི་ཞལ་ནས"ཨ། རྡོ་ཡི་སྒྲོ་ང་། ཁྱེད་གང་ནས་ཡོང་བ་ཡིན་"ཞེས་དྲིས་པར། རྡོ་སྒྲོང་གི་དབྱིངས་ནས་སྒྲ་འདི་ལྟར་ཕྱུང་བ་སྟེ། "ང་ནི་སྲིད་པ་རྒྱལ་མོའི་བུ་མོ་ཡིན། གལ་ཏེ་ཁྱེད་ཀྱིས་རོགས་བྱས་ནས་ང་རྡོའི་ནང་ནས་བཏོན་ཐུབ་ན། ངའི་ལུས་ངག་གཉིས་ཀྱིས་ཁྱེད་ཀྱི་ཞབས་ཏོག་བྱེད་"ཅེས་ལན་བཏབ། དེའི་ལན་དུ་སྲིན་རྒྱལ་གྱིས"སྲིད་པ་རྒྱལ་མོས་བྱ་མ་ནུས་པའི་ལས་ཅི་ཡང་མེད། ཁོང་དང་ཟླ་པོ་མི་གཅིག་པ་མང་པོར་ཕྲུ་གུ་ཤིན་ཏུ་མང་ངོ་"ཞེས་བརྗོད་རྗེས། སྒྲོ་ང་དེ་བཅག་པ་ལས་དེའི་དབུས་ནས་གྱོན་པ་དམར་ནག་དང་སྐྲ་ལོ་ལྷུགས་ལས་བྱས་པའི་བུ་མོ་ཞིག་ཐོན། བུ་མོ་དེ་སྲིན་རྒྱལ་གྱི་བཙུན་མོར་ཉར་རོ།

དེང་དུས་འཁྲབ་པའི་འཆམ་ནང་དུ་བུ་མོ་ཉི་ཤུ་རྩ་བདུན་ཁྲིད་ལས་ཐོག་མའི་བུ་མོ་དགུ་པོ་དེ་མཚོན་པར་བྱེད་ལ། དེ་དགུ་པོའི་མིང་དུ་གཟའ་མ་དགུ་ཞེས་འབོད། དེ་འཁྲབ་མཁན་གྱིས་སེམས་ཅན་མི་འདྲ་བ་དགུ་ཡི་རྣམ་པ་ཅན་གྱི་འདྲ་འབག་གྱོན་ནས་གཟའ་མ་དགུ་མཚོན་པར་བྱེད། འོན་ཀྱང་། དེ་སྔོན་བོད་ཀྱི་དགོན་པ་ཁག་ནང་དུ་མ་ཡུམ་སྲིད་པ་རྒྱལ་མོ་ཚུད་པའི་བུ་མོ་ཉི་ཤུ་རྩ་བདུན་ཡོངས་རྫོགས་འཁྲབ་སྲོལ་ཡོད། དེ་ཡང་འཆའམ་དེའི་ནང་མ་ཡུམ་དེས་འཆམ་འགོ་བརྩམས་ཤིང་བུ་མོ་རྣམས་ལོགས་ཤིག་ཏུ་བསྡད་ནས་ལྟད་མོར་རོལ་བ་དེ་ནི་མ་ཡིས་བུ་མོར་འཆམ་འཁྲབ་སྟངས་བསླབ་པའི་ཚུལ་དུ་མཐོང་ཞིང་། དེ་རྗེས་ཁོང་ཚོ་ཡོངས་རྫོགས་འཆམ་གྲལ་ལ་ཞུགས་ནས་ལེ་ཚན་ཁག་འཁྲབ་སྟོན་བྱེད་སྲོལ་ཡོད།

འཆམ་དེའི་ཞིབ་ཕྲའི་གནས་ཚུལ་དང་། ནུས་པ། སྒྲུང་གི་ནང་དོན་བཅས་ནི《ཁྲོ་བོ་དབང་ཆེན》ཞེས་པའི་དཔེ་ཆའི་ནང་རྒྱས་པར་འཁོད་ཡོད། དཔེ་ཆ་དེ་ནི་སྤྱི་

ལོ་1017ལོར་གཤེན་ཆེན་ཀླུ་དགའ་ (996 – 1035) ཡིས་གཏེར་ལས་བཞེས་པར་གྲགས་ཤིང་། ལྷ་མོ་སྲིད་པ་རྒྱལ་མོ་ནི་གཤེན་ཚང་གིས་དམིགས་བསལ་དུ་བརྟེན་པའི་སྲུང་མ་ཞིག་ཡིན་ལ། འཆམ་དེ་ཡང་ཐོག་མར་གཤེན་ཆེན་ཀླུ་དགའ་ཡིས་སྲོལ་གཏོད་པ་ཡིན་ཞེས་བོན་ལུགས་སུ་གྲགས་སོ།

གཟི་མ་སྤྲུན་མཆེད་དགུ་ནི་འདི་ལྟར་ཏེ། 1. སྔོན་མོ་འབྲུག་མགོ 2. ལྗང་ནག་སྦྲུལ་མགོ 3. ནག་མོ་སྐྱུང་མགོ 4. དཀར་མོ་སེང་མགོ 5. དམར་མོ་དྲེད་མགོ 6. དམར་ནག་སྤྱང་མགོ 7. སྨུག་ནག་སྟག་མགོ 8. སེར་ལྗང་ཁྱུང་མགོ 9. ཀླུ་མོ་ཁ་ཛམ་བཅས་སོ།

འཆམ་དེ་འཁྲབ་སྐབས་གཟུགས་ཀྱི་སྟངས་སྟབས་འགྱུར་ཚུལ་སྐོར་ཁག་བཅོ་ལྔ་ཡོད་ཅིང་དེ་དག་གི་ཉམས་འགྱུར་སོ་སོའི་མིང་ཙམ་ལས་ཞིབ་ཕྲའི་གསལ་བཤད་ལྟ་བུའི་འགྲེལ་བཤད་བྱས་པའི་དཔྱད་གཞི་ནི་ད་བར་མ་མཐོང་ངོ་། གཤམ་ལ་འཆམ་འཁྲབ་སྐབས་ཀྱི་ཉམས་འགྱུར་ཁག་རེ་རེ་བཞིན་དྲངས་ན། 1. ལམ་འདྲེན། 2. སྟག་འགྲོས། 3. སེང་སྟབས། 4. ཞི་དྲག 5. མེ་རི། 6. མ་བརྒྱུད། 7. ཛམ་འགྱུ། 8. ཆགས་ཐེབས། 9. ཀློག་འགྱུ། 10. མདའ་ཐེན། 11. གནམ་འདུལ། 12. ས་འདུལ། 13. བཞི་རྒྱུག 14. སྲིད་པ་རྒྱལ་མོ། 15. བླམ་བོན་སྐོར་བཅས་སོ།

གསུམ་པ། གཤེན་རབས་གཡུང་དྲུང་དགུ་འཆམ།

འདྲ་འབག་གྱོན་ནས་འཁྲབ་པའི་འཆམ་དེས་རྣམ་པ་མི་འདྲ་བའི་བོན་གྱི་སྲུང་མ་དགུ་མཚོན་ཞིང་། སྲིད་པ་རྒྱལ་མོས་ཁྲི་བོའི་རྣམ་པའི་ཐོག་ནས་འཆམ་དེའི་སྣེ་ཁྲིད་ནས་འཆམ་ཞིང་། འཆམ་དེའི་ནང་གི་གཙོ་བོའི་མི་སྣ་དང་དེ་བྱིངས་ཀྱི་མི་སྣ་རྣམས་ནི་ལོ་རྒྱུས་ཀྱི་དུས་མཚམས་མི་འདྲ་བའི་ནང་བྱུང་བ་ཞིག་ཡིན།

དེང་སྐབས་འཁྲབ་སྟོན་བྱེད་པའི་འཆམ་དེ་ནི་དུས་རབས་བཅོ་ལྔ་པའི་ནང་སྨན་རི་དགོན་ཕྱུག་འདེབས་མཁན་མཉམ་མེད་ཤེས་རབ་རྒྱལ་མཚན་གྱིས་ཐོག་མར་སྲོལ་བཏོད་པར་གྲགས། སྨན་རི་དགོན་ནི་སྤྱི་ལོ1405ལོར་ཕྱག་བཏབ་ཅིང་། དགོན་པ་དེ་ནི་དབུས

གཙང་ཁུལ་གྱི་བོན་གྱི་ལྟེ་གནས་གལ་ཆེན་ཞིག་ཡིན།

ཨོད་སྲོལ་ལྟར་ན་མཉམ་མེད་ཤེས་རབ་རྒྱལ་མཚན་མཆོག་སྒྲུབ་ཁང་ནང་དུ་མཚམས་ལ་བཞུགས་པའི་དུས་ཤིག་ན། ཁོང་གིས་ཆོས་སྐྱོང་སྲུང་མ་དགུ་པོ་རྣམས་རང་སོ་སོའི་གོས་རྒྱན་བཞེས་ནས་སྣན་འཛེབས་དབྱངས་རྟའི་རམ་འདེགས་འོག་མཛེས་པའི་གར་ལ་རོལ་བཞིན་ཡོད་པ་གཟིགས། རྗེས་སུ་ཁོང་གིས་གཟིགས་པའི་རྣམ་འཕྲུལ་དག་རང་གི་སློབ་མ་ཁྲིངས་ལ་གསུངས་ཤིང་། དགོན་པའི་ནང་འཆམ་འཁྲབ་པའི་སྲོལ་ཡང་དུས་དེ་ནས་བཏོད་སྐད། འཆམ་དེ་ནི་ལོ་ལྟར་ཐེངས་རེ་འཁྲབ་སྲོལ་ཡོད་ལ། འཁྲབ་དུས་ནི་བོད་ཟླ་བཅུ་གཉིས་པའི་ཚེས་ཉི་ཤུ་དགུ་ཉིན་ཡིན་ཞིང་། སྐབས་དེ་ཤེད་དུ་འཆམ་གཞན་དག་ཀྱང་དུས་གཅིག་ཏུ་འཁྲབ་ཀྱི་ཡོད།

བོན་གྱི་སྲུང་མ་རྣམས་ནི་ཐོག་མར་འདྲེ་སྲིན་གྱི་རིགས་ཡིན་པ་གང་ཞིག ཕྱིས་སུ་དམ་ལ་བཏགས་ནས་བོན་གྱི་ཆོས་སྐྱོང་སྲུང་མར་བཀོད་ཅིང་། ཆོས་སྐྱོང་སྲུང་མ་དེ་དག་གིས་མནའ་བསྐྱལ་ནས་བོན་དང་བོན་གྱི་བསྟན་པ་དེ་ཉིད་འཛིན་མཁན་ལ་གྲོགས་བྱེད་རྒྱུ་ཁས་ལེན་ཡང་བྱས་ཟེར་སྲོལ་ཡོད། ལྷ་དེ་དག་གིས་རྣམ་པ་མི་འདྲ་བའི་ལྷ་རིགས་ཁག་མཚོན་ཞིང་། དེ་དག་ནི་འཇིག་རྟེན་ཁམས་ཀྱི་ཐོག་ཏུ་ཁག་སོ་སོར་བྱས་ནས་གནས་ཡོད་པར་འདོད། འཆམ་དེ་འཁྲབ་སྐབས་ཀྱི་ལྷ་འདྲེ་དགུ་པོ་དེ་དག་ནི།

1. སྲིད་པ་རྒྱལ་མོ། འཆམ་གྱི་གཙོ་བོའི་གཟུགས་བརྙན།

2. དམུ་བདུད། འདྲེ་སྲིན་གྱི་འགོ་པ།

3. བཙན། བཙན་འདྲེའི་འགོ་པ།

4. ཨ་བསེ་རྒྱལ་བ། བཙན་གྱི་འགོ་པ་གཞན་ཞིག

5. ཉི་པང་སད། ཞང་ཞུང་གི་རྒྱལ་རྒྱུད་ཅིག

6. འཛམ་སྦྲོན། འཛམ་ཟླ་ལྷ་སྔོ་མདོག་ཅན།

7. ཤེལ་ཁྲབ་ཅན། ཕལ་ཆེར་པེ་ཧར་རྒྱལ་པོའི་ཆོ་འཕྲུལ་ཞིག

8. གྲགས་པ་སེང་གེ ཐུབ་པའི་ཆོས་ལུགས་ཀྱི་བླ་མ་ཞིག

9. སྟ་གོ། རི་ལྷ་ཞིག་ཡིན་པ་བཅས་སོ།

གཉམ་གསལ་གྱི་འབྲེལ་ཡོད་དཔེ་ཆའི་ནང་ནས་བཏོན་པའི་འཆམ་དེ་འཁྲབ་པའི་བང་རིམ་ནི་ཁག་དགུར་དབྱེ་ནས་ཡོད་ལ། དེ་རྣམས་འཆམ་འཁྲབ་སྐབས་སུ་ཐེངས་གསུམ་རེ་སྐྱར་ཟློས་བྱ་བ་ཡིན། དེ་ཡང་ངོ་སྤྲོད་རགས་ཙམ་ཞུས་ན།

མ་མཆོག་སྲིད་པ་རྒྱལ་མོ་སྤྱན་འདྲེན་པའི་རིང་ལ་འཆམ་དཔོན་གྱིས་གཡུང་དྲུང་ལུ་གུ་རྒྱུད་དུ་ཐེངས་གསུམ་འཁོར་མཚམས་ནས་སྟག་འགྲོས་དང་སེང་སྟབས་ལ་སོགས་པ་བྱས་ཏེ།

1. གཅིག་གཅིག་ནས་བསྐྱེད། གཡོན་བཀྱག

2. གཉིས་གཉིས་ནས་བསྐྱེད། གཡས་བརྐྱངས་གཡོན་བསྐུམ།

3. གསུམ་གཉིས་ནས་བསྐྱེད། གཡས་འཕངས་གཡོན་འཕངས།

4. བཞི་གསུམ་ནས་བསྐྱེད། གྲི་ཐེན།

5. ལྔ་གསུམ་ནས་བསྐྱེད། མདའ་ཐེན།

6. དྲུག་བཞི་ནས་བསྐྱེད། གཡས་བརྐྱངས་གཡོན་བསྐུམ།

7. བདུན་བཞི་ནས་བསྐྱེད། པད་སྐོར་དམའ་བ།

8. བརྒྱད་ལྔ་ནས་བསྐྱེད། པད་སྐོར་དམའ་བ།

9. དགུ་དྲུག་ནས་བསྐྱེད། དྲང་བཤད། བཅས་རིམ་པ་བཞིན་འཁྲབ་པར་བྱེད།

གོང་གསལ་གྱི་འཆམ་གྱི་སྟངས་སྟབས་དགུ་པོའི་ཞིབ་ཕྲའི་ནང་དོན་རྣམས་མཁན་ཆེན་ལུང་རྟོགས་བསྟན་པའི་ཉི་མས་མགོ་སྤྲོད་གནང་བར་ཐུགས་རྗེ་ཆེ་ཞུའོ། འདིར་བོན་གྱི་འཆམ་གསུམ་སྐོར་ངོ་སྤྲོད་བྱས་པའི་རྩོམ་ཡུང་འདི་ནི་ལོ་པོ་རྒྱ་གར་དུ་བོན་ལ་ཞིབ་འཇུག་བྱེད་སྐབས་མཁན་ཆེན་བསྟན་པའི་ཉི་མ་མཆོག་ནས་བསྐུལ་གནང་མཛད་པ་ལྟར་བྲིས་ཁྲུལ་བྱས་པ་ཞིག་ལགས་སོ། །

(མཁར་རྒྱལ་བསམ་གཏན། 《བོད་ལྗོངས་ཞིབ་འཇུག》2001ལོའི་དུས་དེབ་བཞི་པའི་ཐོག་འཀོད།)

༄༅། །བོད་རང་སྐྱོང་ལྗོངས་སུ་ཉར་ཚགས་བྱས་པའི་ལེགས་སྦྱར་དཔེ་རྙིང་ལ་ཇོ་དམ་བྱ་ཐབས་དང་དེར་རིག་ལམ་དཔྱད་ཐབས་ཀྱི་དཔྱད་ཞིབ་བྱ་ཚུལ་སྐོར་གླེང་བ།①

谈如何保护和利用西藏珍藏梵文贝叶经写本的问题

[བརྗ་ཆད་གཙོ་བོ།] ཏ་ལའི་ལོ་མའི་དཔེ་ཆ། ལེགས་སྦྱར་གྱི་སྐད། བོད་ལྗོངས། ལེགས་སྒྲིག སྲུང་སྐྱོབ། བེད་སྤྱོད། རིག་ལམ་དཔྱད་ཐབས།

[ནང་དོན་གནད་བསྡུས།] བོད་དུ་ཉར་ཚགས་བྱས་པའི་ལེགས་སྦྱར་ཏ་ལའི་ལོ་མའི་དཔེ་ཆ་ནི་ཀྲུང་གོ་ཙམ་མ་ཟད་མིའི་རིགས་སྤྱིའི་ནོར་བུ་ཞིག་ཡིན་ཚུལ་སྟོན་དུ་གླེང་ནས་ད་ལྟ་བོད་དུ་བཞུགས་པའི་ལེགས་སྦྱར་ཏ་ལའི་ལོ་མའི་དཔེ་ཆའི་རིག་གཞུང་གི་རིན་ཐང་དང་། དེ་དག་ཇི་ལྟར་བྱས་ནས་སྲུང་སྐྱོབ་དང་། བདག་གཅེས། ལེགས་སྒྲིག་བཅས་བྱེད་ཚུལ་དང་། ལྷག་པར་དུ་ད་ལྟའི་དཔྱད་ཡིག་གི་རིན་ཐང་དེ་ཉིད་ཇི་ལྟར་བྱས་ནས་རིག་ལམ་དཔྱད་ཐབས་ལ་ཞབས་འདེགས་ཞུ་རྒྱུའི་སྐོར་རང་ཉིད་ཀྱི་འདོད་ཚུལ་ལྷུག་པོར་གླེང་ཡོད།

【关键词】 西藏;梵文贝叶经;保护;文物;利用

【摘要】 作为西方梵文研究领域的顶尖学者,奥地利楚学家斯坦因·可耐尔对西藏珍藏梵文贝叶经有深入研究,并与中国藏学研究中心合作,出版了几本对勘注释本。对如何更好地保护和利用目前珍藏在西藏自治区境内的梵文贝叶经写本,从而推动中国乃至国际梵文研究发展提出了若干建设性意见。

དེ་ཡང་ད་ལྟ་བོད་རང་སྐྱོང་ལྗོངས་ཀྱི་ཁུལ་དུ་ཉར་ཚགས་བྱས་ཡོད་པའི་ཤིང་ཏ་ལའི་ལོ་མའི་ཐོག་བྲིས་ཡོད་པའི་ལེགས་སྦྱར་དཔེ་རྙིང་ནི་མིའི་རིགས་ཀྱི་རིག་གནས་ཤུལ་བཞག་གི་

གལ་ཆེའི་གྲུབ་ཆ་ཞིག་ཡིན། དེས་ན་འཛམ་གླིང་ཡོངས་ཀྱིས་ཀྱང་གོས་རྩ་ཆེའི་རིག་གནས་ཤུལ་བཞག་དེ་ཉིད་སྲུང་སྐྱོབ་བྱེད་པའི་བྱ་གཞག་ཐད་ཕན་འབྲས་ཐོན་པའི་རེ་སྨོན་བྱ་བཞིན་ཡོད། གནད་དོན་འདིའི་སྐོར་གྱི་དགོས་ངེས་རང་བཞིན་དང་ལས་དོན་དེ་ཉིད་སྒྲུབ་ཐུབ་ངེས་ལ་བརྟེན་འཛམ་གླིང་རྒྱལ་ཁབ་ཁག་གི་ཞིབ་འཇུག་པ་བགྲེས་པོ་ཁག་གཅིག་དང་ན་གཞོན་ཞིབ་འཇུག་པ་འགའ་ཞིག་མཉམ་འཛོམས་ཀྱིས་གལ་ཆེའི་གནད་དོན་ཁག་གཅིག་ལ་བགྲོ་གླེང་བྱས་པ་དང་གྲོས་མོལ་བྱས་པའི་དོན་གྱི་སྙིང་པོ་ནི་གཤམ་གསལ་ལྟར་རོ།

དེ་ཡང་ཐོག་མར་"ཏ་ལའི་ལོ་མའི་དཔེ་ཆ"（Sanskrit Manuscripts）ཞེས་པ་དེ་ནི་བྲིས་བྱའི་ཡུལ་ཅི་རིགས་ཀྱི་སྟེང་དུ་སཾསྐྲྀཏའི་སྐད་ལས་བྲིས་པའི་དཔྱད་གཞིའི་ཡིག་ཆར་ཟེར་བ་ཡིན། ངོས་འཛིན་བྱེད་སྟངས་དེ་ནི་ཡོངས་སུ་ཡང་དག་པ་ཞིག་རེད་བསམ་བཞིན་ཡོད། ལེགས་སྦྱར་སཾསྐྲྀཏའི་སྐད་ཡིག་ཐོག་བྲིས་པའི་དཔེ་ཆའི་ཡིག་གཟུགས་ཀྱི་ངོས་ནས་བརྗོད་ན་རིགས་སྣ་ཚོགས་ཡོད། དེའི་ཁྲོད་ལས་མང་ཆེ་བ་ནི་གནའ་བོའི་རྒྱ་གར་གྱི་ཡིག་གཟུགས་ཡིན་ལ་འཚམས་རེ་བོད་ཡིག་ཀྱང་མཐོང་རྒྱུ་ཡོད། ལེགས་སྦྱར་དཔེ་ཆ་བྲིས་ཡུལ་གྱི་ཐོག་ནས་བརྗོད་ན། ཤིང་ཏ་ལའི་ལོ་མ་དང་། ཤོག་བུ། ཤིང་གི་པགས་པ་སོགས་ཡོད། ལེགས་སྦྱར་གྱི་སྐད་ཐོག་ནས་བྲིས་པའི་དཔེ་སྙིང་དེ་དག་ནི་ཀྲུང་གོའི་གྲངས་ཉུང་མི་རིགས་ཏེ་བོད་མི་རིགས་ཀྱི་རིག་གནས་ཤུལ་བཞག་གི་གལ་ཆེའི་གྲུབ་ཆ་ཞིག་ཀྱང་ཡིན་ལ། དེ་དག་ནི་དམིགས་བསལ་གྱི་རིག་དངོས་ཤིག་ཡིན་པས་དེ་སྤྱི་ལོ2002ལོའི་ཟླ10པའི་ཚེས28ཉིན་ཚོགས་པའི་སྐབས་དགུ་པའི་རྒྱལ་ཡོངས་མི་དམངས་འཐུས་མི་ཚོགས་ཆེན་གྱི་ཚོགས་འདུ་ཐེངས་གསུམ་པའི་ཐོག་འགྲོས་འཆམ་བྱུང་བའི་ཀྲུང་ཧྭ་མི་དམངས་སྤྱི་མཐུན་རྒྱལ་ཁབ་རིག་དངོས་སྲུང་སྐྱོབ་བཅའ་ཁྲིམས་②ཀྱིས་སྲུང་སྐྱོབ་བྱ་ཡོངས་སུ་ཚུད་ཡོད། རིག་དངོས་དེའི་རིགས་དབྱེའི་ངོས་ནས་ཆ་བཞག་ན། གོང་གསལ་བཅའ་ཁྲིམས་དེའི་ནང་དུ་དམིགས་བསལ་གྱིས་གཏན་འབེབས་མཛད་པ་དང་། ཁྲིམས་ཡིག་གི་དོན་ཚན་རྣམས་ནི་ལེགས་སྦྱར་ལག་བྲིས་དཔེ་སྙིང་དང་ཐད་ཀར་འབྲེལ་བ་ཡོད་པ་ཞིག་ཡིན་འདུག

གཞན་ཡང་ལེགས་སྦྱར་ལག་བྲིས་དཔེ་རྙིང་ཞེས་པ་དེ་ནི་མིག་ལ་དངོས་སུ་མཐོང་རྒྱུ་ཡོད་པའི་རིག་དངོས་དེ་ཁོ་ན་ལ་གོ་བ་མ་ཡིན་པར་ད་དུང་ཡིག་རིགས་མི་འདྲ་བའི་ལམ་ནས་བྲིས་པའི་གནའ་བོའི་དཔེ་ཆ་དང་དེའི་ནང་དུ་འཁོད་པའི་དཔྱད་གཞིའི་ནང་དོན་སོགས་ལའང་གོ་བ་ཡིན་པར་བརྗོད། ལྟ་ཚུལ་དེ་ནི་ཅུང་ཟད་མི་འཐད་པར་ངོས་འཛིན་གནང་མཁན་ཡང་ཡོད་པ་མཐེན་གསལ་ཆེའོ།③

གོང་དུ་སྨོས་པའི་བཅའ་ཁྲིམས་དང་། དཔེ་རྙིང་གི་མ་ཡིག་དང་པར་སློག་གི་ཁྱད་པར་བཅས་ལ་དམིགས་ནས་བསམ་འཆར་རམ་དབྱེ་བ་འདི་ལྟ་བུ་ཞིག་ཕྱེ་ཡོད་དེ།

ཀ རིག་དངོས་སུ་ངོས་འཛིན་བྱ་རུང་བའི་ལེགས་སྦྱར་ལག་བྲིས་དཔེ་ཆ།

ཁ རྣམ་པ་མི་འདྲ་བའི་ལེགས་སྦྱར་ལག་བྲིས་དཔེ་ཆའི་པར་སློག

ག དཔྱད་གཞིའི་ཡིག་ཆའི་ཁུངས་ཀྱི་སྙིག་སྲོལ་དང་བལྟ་རྟོགས་བྱེད་སྟངས།

ང འགྲོ་གྲོན་དང་རོགས་དངུལ།

ཅ སྲུང་བརྟར་དང་མཉམ་ལས།

ཆ བོད་རང་སྐྱོང་ལྗོངས་དང་ཀྲུང་གོའི་ས་གནས་གཞན་གྱི་བྱ་ཐབས། བཅས་སོ།

ཀ། རིག་དངོས་སུ་ངོས་འཛིན་བྱ་རུང་བའི་ལེགས་སྦྱར་ལག་བྲིས་དཔེ་ཆའི་སྐོར།

དེ་ཡང་རིག་དངོས་ཉར་འཛོག་དང་སྲུང་སྐྱོབ་བྱེད་སྐབས་ངེས་པར་བརྒྱུད་དགོས་པའི་གོ་རིམ་སྐོར་གླེང་ན། 1. གཞུང་ཕྱོགས་དང་མི་སྒེར་གྱི་ཉར་བའི་རིག་དངོས་ལ་དཔྱད་པ་བྱེད་པ། 2. ཉར་ཚགས་བྱས་པའི་རིག་དངོས་དེ་ནང་དོན་གཅིག་རང་ངམ། སྣ་ཚོགས་ཅན། ཡང་ན་ཁ་ཐོར་ནས་ཆ་མ་ཚང་བ་ཞིག་ཡིན་པ་གང་ཡིན་ལ་མ་བལྟོས་པར་ཀུང་རེའམ་ཚན་པ་རེ་ལ་གཏན་འཁེལ་གྱི་ཨང་རྟགས་ཤིག་བཟོ་དགོས་པ་ཡིན། གལ་ཏེ་ལམ་སེང་རྣམ་དབྱེ་འབྱེད་མི་ཐུབ་པའི་ཐུམ་དྲིལ་རིག་དངོས་ཤིག་ཡོད་ན་དེའི་ཁྲིད་ཀྱི་ཀུང་རེ་ཅན་གྱི་རིག་དངོས་ལ་ཕྱིས་སུ་ཨང་གྲངས་ཡང་བཀོད་ཚོག་པ་བཟོ་དགོས། 3. རིག་དངོས་ཡོད་དོ་ཅོག་ལ་གློག་འཕྲུལ་གྱི་པར་རིས་བཟོ་

དགོས།④ 4. དགེ་ཆ་རེ་རེར་(ལོ་ཚོན་ཁྲེར་རྐྱང་ངམ་ཡང་ན་ནང་དོན་དུ་མ་མཉམ་བསྲེས་བྱས་པ་) དེང་རབས་ཀྱི་ཚད་གཞིའི་ཐོག་ནས་ཞིབ་ཅིང་ཕྲ་བའི་རིག་ལམ་དཔྱད་ཐབས་ཀྱི་འགྲེལ་བཤད་བྱ་དགོས་ལ། ཉར་ཚགས་བྱས་པའི་ཁ་གྲངས་མང་ལ་རིགས་མི་འདྲ་བའི་དཔེ་རྙིང་རྣམས་དབྱེ་བ་ཕྱེ་ནས་གསལ་བཤད་བྱས་པ་བརྒྱུད་ཉར་ཚགས་བྱས་པའི་དཔེ་རྙིང་ཡོད་ཚད་ལ་རང་སོ་སོའི་ཡིག་ཚགས་ལོ་རྒྱུས་བཟོ་ཐུབ་པ་བྱ་དགོས།⑤ 5. ལེགས་སྦྱར་ལག་བྲིས་དཔེ་རྙིང་ལ་སྲུང་སྐྱོབ་བྱ་དགོས་པ། དེ་ཡང་ཧ་ལའི་ལོ་མ་ནི་ལོ་རྒྱུས་ཡུན་རིང་འདས་པས་སྲུམ་ཁྲེགས་ཅན་དུ་གྱུར་ནས་ཡོད་ཀྱང་ལོ་མ་ཁ་ཤས་ལ་ཆག་སྐྱོན་ཐོགས་ནས་ཡོད་པ་མ་ཟད། ཤོག་བུ་དང་ཤིང་པགས་ཐོག་བྲིས་པའི་ལེགས་སྦྱར་ལག་བྲིས་དཔེ་ཆ་འགའ་ཞིག་ལ་འང་ཆག་སྐྱོན་ཤོར་ཡོད་པས་ཆེད་ལས་མཁས་པ་ལ་བརྟེན་ནས་ཞིག་གསོ་དང་སྲུང་སྐྱོབ་བྱ་དགོས། ཞིག་གསོ་བྱ་དགོས་དང་མི་དགོས་ནི་དངོས་རྫས་ལ་དང་ཐོག་མར་ཞིབ་བཤེར་བྱ་དུས་ནས་ཐག་གཅོད་བྱ་དགོས་ལ། མ་མཐར་ཡང་དཔེ་རྙིང་ལ་རིག་ལམ་དཔྱད་ཐབས་ཀྱི་འགྲེལ་བཤད་བྱ་དུས་སུ་གཏན་འཁེལ་བྱ་དགོས་པ་ཡིན། འདི་ལྟའི་ཞིག་གསོ་སྲུང་སྐྱོབ་ཀྱི་རྣམ་གྲངས་ཀྱི་གལ་ཆེའི་རང་བཞིན་དང་རྒྱུན་དུ་ལག་རྩལ་ཐོག་གི་དཀའ་ངལ་འཕྲད་སྲིད་པས་ན་དང་ཐོག་ནས་འཛམ་གླིང་ཐོག་གི་ཆེས་མཐོའི་ཆུ་ཚད་ལྡན་པའི་ཆེད་ལས་མཁས་པ་གདན་ཞུ་བྱས་ནས་ལས་དོན་དེ་སྒྲུབ་ཐུབ་པ་བྱ་དགོས།⑥ 6. བོད་རང་སྐྱོང་ལྗོངས་ཁུལ་གྱི་སྤྱིའི་གནམ་གཤིས་ཀྱི་ཆ་རྐྱེན་ཡག་པོ་ཡོད་པའི་རྐྱེན་གྱིས་དཔེ་རྙིང་རྣམས་ཡུན་རིང་གནས་ཐུབ་པ་དང་སྲུང་སྐྱོབ་བྱ་ཐུབ་རྒྱུར་དམིགས་བསལ་གྱིས་ཐབས་ཤེས་གང་ཡང་སྤྱོད་མི་དགོས། འོན་ཀྱང་འཁྱུག་པ་དང་བུ་སྲིན་གྱིས་བཟའ་བ་བཅས་ཀྱི་གནོད་འཚེ་སྔོན་འགོག་བྱ་དགོས། དཔེ་རྙིང་རྣམས་ལས་ཕྲུས་དག་ཅན་ཡིན་ལ་འཕྲོ་བརླག་ཤོར་སླ་བའི་བྲིས་མའམ་དཔེ་ཆ་རྐྱང་པ་གཅིག་རང་ལས་མེད་པ་རྣམས་ནི་མི་སྲུང་སྒམ་ཆུང་ནང་བཅུག་ནས་སྲུང་སྐྱོབ་བྱ་དགོས།

ཁ། ལེགས་སྦྱར་སྐད་ཀྱི་ལག་བྲིས་དཔེ་ཆ་པར་སློག་བྱ་ཚུལ་སྐོར།

1. ལེགས་སྦྱར་ལག་བྲིས་དཔེ་ཆའི་གློག་འཕྲུལ་པར་རིས་རྣམས་ངེས་པར་དུ་དམིགས་བསལ་གྱིས་སྲུང་སྐྱོབ་བྱས་ཡོད་པའི་དྲ་ཚིགས་ནང་དུ་ཉར་ཚགས་བྱ་དགོས།⑦ 2. དྲ་ཚིགས་

བརྒྱུད་ནས་སློག་འཕྲུལ་པར་རིས་མགོ་འདོན་བྱ་མི་ཐུབ་པའི་བར་དུ་མིག་སྔར་གྲུང་གོའི་བོད་རིག་པ་ཞིབ་འཇུག་ལྟེ་གནས་དང་པེ་ཅིན་སློབ་གྲྭ་ཆེན་མོའི་ནང་ཉར་ཚགས་བྱས་པའི་པར་རིས་དང་། ཕྲ་མཐོང་སྒྲིན་ཤོག པར་སློག་བཅས་ལ་དཔྱད་གཞི་བྱ་ཚིག་པ་དང་སྒྲུགས་དཔྱད་གཞི་ཡིག་ཆ་དེ་དག་ལ་བལྟ་སློག་བྱ་ཐབས་ཀྱི་སྒྲིག་སྲོལ་ཞིག་བཟོ་དགོས། ཕྱིན་ཆད་དྲ་ཚིགས་ཐོག་ནས་སློག་འཕྲུལ་པར་རིས་རྣམས་གཟིགས་ཐུབ་པའི་དབང་དུ་བཏང་ནའང་། སྔོན་མ་ནས་ གླངས་ཟིན་པའི་དཀར་ནག་ཅན་གྱི་དཔེ་རྙིང་གི་པར་རིས་ལ་གཤིབ་བསྡུར་བྱས་ནས་དག་གཙང་ཡོང་བ་བྱེད་རྒྱུ་དགོས་གལ་ཆེ། དེའི་རྒྱུ་མཚན་ནི་སྔོན་གྱི་པར་དེ་དག་གླངས་རྗེས་སུ་དཔེ་རྙིང་དེ་དག་ལ་ཕྱིས་སུ་ཆག་སྐྱོན་ཐོག་མི་སྲིད་པའི་ངེས་པ་མེད་པས་སོ། །

ག དཔྱད་ཡིག་ལ་བལྟ་སློག་བྱ་ཚིག་པའི་སྒྲིག་སྲོལ་དང་བལྟ་རྟོགས་བྱ་ཐབས་སྐོར།⑧

དཔྱད་གཞི་དེ་དག་ལ་ཞིབ་འཇུག་བྱེད་པར་སྔོན་འགྲོའི་ཆ་རྐྱེན་གཉིས་ཚང་དགོས། དེ་ཡང་གཅིག་ནས་ཞིབ་འཇུག་པ་དེ་ལ་ཆེད་ལས་ཀྱི་སྦྱོང་བརྡར་ཐོབ་མྱོང་ཡོད་ལ་དམིགས་བསལ་གྱི་ནུས་རྩལ་ཡོད་དགོས་པ་མ་ཟད། བྱ་གཞག་དེའི་ཕྱིར་བློས་གཏོང་བྱ་ཐུབ་པ་དགོས་པ་དང་། གཉིས་ནས་གལ་ཆེའི་དཔྱད་གཞིའི་ཡིག་ཆར་དཔྱད་ཞིབ་བྱ་རྒྱུའི་ཁྲིད་དུ་དེའི་དམིགས་བསལ་རང་བཞིན་ལ་གཞན་ལས་ལྷག་པའི་བརྩི་མཐོང་བྱ་དགོས་པ་བཅས་ལགས། དེ་ལྟར་བྱ་མ་ཐུབ་ན་བྱ་ལས་དེ་ནི་ཡང་སྐར་སྐྱུར་སྐར་དང་། ལྟད་སྐྱོན་ཤོར་བ། ཐ་ན་རིན་ཐང་ཅི་ཡང་མེད་པའི་འབྲས་མེད་ངལ་རྩོལ་དུ་འགྱུར་ཉེན་ཡོད། གདན་འབེབས་དང་ཚིག་མཚན་ཐོབ་པ་ལྟར་དྲ་ཚིགས་ནང་འཛུལ་ནས་དཔེ་རྙིང་ལ་བལྟ་ཀློག་དཔྱད་ཞིབ་བྱེད་པར་སྒྲིག་སྲོལ་ཞིག་བཟོ་དགོས་ངེས་རེད་ལ། དེ་བཞིན་དཔེ་རྙིང་ཁག་གཅིག་ལ་ཆེད་ལས་མཁས་པའི་དཔྱད་བསྔོམས་འཇོག་དགོས་པས་དེ་དག་ཁོང་ཚོའི་དཔྱད་གཞིར་མགོ་སྤྲོད་བྱ་དགོས་ལ། མཐའ་མ་དཔྱད་ཞིབ་ཀྱི་མཇུག་འབྲས་ལ་ཚོད་བསྔོམས་འཇོག་དགོས་པ་བཅས་སོ།

1. རིག་ལམ་དཔྱད་ཐབས་ཀྱི་བྱེད་སྒོ་ཡོད་ཚད་ཨུ་ཡོན་ལྷན་ཁང་ཞིག་བཙུགས་ནས

ཡོད་པ་དེས་དམ་དོན་དང་བལྟ་སྐྱོང་བྱ་དགོས། དེ་ཡང་ཕྱོགས་གཅིག་ནས་བཤད་ན་ཨུ་ཡོན་ལྷན་ཁང་དེ་གྲུང་གོ་དང་ཕྱི་རྒྱལ་གྱི་འབྲེལ་ཡོད་མི་སྣ་ལས་གྲུབ་པ་ཞིག་ཡིན་དགོས་ལ། ཡང་ཕྱོགས་གཞན་ཞིག་ནས་བཤད་ན་ཨུ་ཡོན་ལྷན་ཁང་དེ་གྲུང་གོའི་འབྲེལ་ཡོད་ཚན་པའི་དབུ་ཁྲིད་ལས་གྲུབ་པ་ཞིག་ཡིན་དགོས་པ་དེའི་རྒྱུ་མཚན་ནི་དེ་ལྟར་བྱུང་ན་གྲུང་གོའི་ཞིབ་འཇུག་སྡེ་ཚན་ཁག་ཏུ་ལས་དོན་བདེ་བླག་ངང་སྒྲུབ་ཐུབ་རྒྱུར་དགེ་མཚན་ལྡན་པས་སོ། བདམ་ག་མཐའ་མ་དེ་ནི་ཨུ་ཡོན་ལྷན་ཁང་དེ་འབྲེལ་ཡོད་ཆེད་ལས་ཀྱི་མཁས་པ་རྣམས་ལས་གྲུབ་པ་ཞིག་ཡིན་དགོས། འོན་ཀྱང་། ཀྲུང་གོའི་རྒྱལ་ནང་དུ་ལེགས་སྒྱུར་སྐད་ཡིག་ཞིབ་འཇུག་གི་ཆེད་ལས་མཁས་པ་ཤིན་ཏུ་དཀོན་པས་ཕྱི་ནང་གཉིས་ཀྱི་མཁས་པ་ལས་གྲུབ་པའི་ཨུ་ཡོན་ལྷན་ཁང་ཞིག་བཙུགས་ཐོག་སྒྲིག་སྲོལ་ཞིག་གཏན་འབེབས་བྱེད་རྒྱུ་དེ་ནི་དོན་དངོས་དང་འཚམས་ཤོས་དེ་ཡིན་འདུག

2. ལས་ཀའི་སྒྲིག་སྲོལ་ནི་ལས་ཀའི་གནད་རྒྱུའི་ནང་དོན་རྨང་གཞིར་བྱས་ནས་བཟོ་དགོས་པ་ཞིག་ལགས། ལོ་རེའི་ལས་ཀའི་གྲུབ་འབྲས་ཀྱི་སྙན་ཞུ་ཕུལ་དགོས་ལ། ལས་ཀའི་གནད་རྒྱུའི་ཐོག་གསལ་བའི་དཔྱད་ཡིག་པེད་སྤྱོད་བྱ་རྒྱུའི་ཚད་གཞི་ནི་དངོས་ཡོད་ལས་ཀའི་བྱེད་ཚད་དང་ལོ་དུས་ལ་གཞིགས་ནས་གཏན་འབེབས་བྱ་དགོས་པ་དང་། གཏན་འབེབས་བྱས་པའི་ལོ་ཚད་དང་དཔྱད་རྩོམ་ནང་ཞིབ་འཇུག་པ་གཞན་གྱི་དཔྱད་འབྲས་པར་སྐྲུན་འགྲེམས་སྤེལ་བྱ་ཆོག་པའི་གཏན་འབེབས་བཟོ་དགོས། འོན་ཀྱང་། ཞིབ་འཇུག་ལ་མཁོ་བའི་དཔྱད་གཞིའི་ཡིག་ཆ་ནི་ཞིབ་འཇུག་པ་གཞན་གྱིས་བལྟ་ཆོག་པ་བྱ་དགོས། ཞིབ་འཇུག་ལས་དོན་ལ་དམིགས་ཚད་ལྟར་འབྲས་བུ་མ་ཐོན་པ་དང་རྒྱུ་མཚན་ཅི་ཡང་མེད་པར་དུས་ཚོད་ནར་འགྱངས་བྱས་པ་སོགས་ཀྱི་གནས་ཚུལ་ཐོན་ན་གནད་རྒྱུ་རྗེས་མེད་དུ་གཏོང་དགོས་པ་བཅས་སོ།

3. ལས་ཀའི་གནད་རྒྱུའི་ནང་དོན་གཙོ་བོ་སྟེ་ལེགས་སྒྱུར་ལག་བྲིས་དཔེ་ཆར་གཞིབ་བསྡུར་ཞིབ་འཇུག་བྱས་པའི་འབྲས་བུ་རྣམས་ད་ལྟ་ཀྲུང་གོའི་བོད་རིག་པ་ཞིབ་འཇུག་ཁང་གིས་འདོན་བཞིན་པའི་བོད་ལྗོངས་སུ་ཉར་ཚགས་བྱས་པའི་ལེགས་སྒྱུར་ལག་བྲིས་དཔེ་རྙིང་

དཔེ་ཚོགས་ཞེས་པའི་གྲས་སུ་བཙུག་ནས་པར་སྐྲུན་འགྲེམས་སྤེལ་བྱེད་པའམ། ཡང་ན་ཁེར་རྐྱང་དཔེ་ཚོགས་ཀྱི་མིང་ཐོག་ནས་ཀྲུང་གོའི་རྒྱལ་ནང་ནས་པར་སྐྲུན་འགྲེམས་སྤེལ་བྱེད་དགོས་པ་བཅས་སོ།

4. ལས་དོན་ལ་ལྟ་རྟོག་དང་ལྟ་སྐུལ་བྱེད་རྒྱུ་ནི་ཨུ་ཡོན་ལྷན་ཁང་དེའི་འགན་འཁྲི་ཡིན་ལ། ཕོངས་མི་རྣམས་ལ་དཔྱོད་ཡུལ་མི་འདྲ་བར་ཞིབ་འཇུག་བྱ་ནུས་ཀྱི་ཤེས་ཡོན་ལྡན་དགོས་པ་མ་ཟད། རང་འཁྲིའི་ལས་འགན་ལེགས་གྲུབ་བྱེད་རྒྱུར་ཆེད་ལས་ཀྱི་རྩལ་ནུས་འཛོམས་དགོས་པ་བཅས་ལགས།

ང་། འགྲོ་གྲོན་དང་རོགས་སྐྱོར།

1. དཔེ་རྙིང་ཉམས་གསོ་དང་། སྲུང་སྐྱོབ། རྨང་གཞིའི་འཛུགས་སྐྲུན་དང་རིག་དངོས་སྲུང་སྐྱོབ་སྤེ་ཚན་གྱི་མི་སྣ་འཕར་སྣོན་དང་། མི་སྐྱོན་སྟོན་འགོག ད྄་ཚོགས་འཛུགས་པ་དང་དེ་ལ་དོ་དམ། དེ་བཞིན་རིག་ལམ་དཔྱད་ཐབས་ཀྱི་རྣམ་གྲངས་འཛུགས་པ་བཅས་ཚང་མའི་ཐད་འགྲོ་གྲོན་གཏོང་དགོས་པ་ནི་ཨར་ཅང་བརྗོད་མེད་ལགས། ⑨ 2. སྲིད་གཞུང་དང་མི་སྒེར། རྒྱལ་སྤྱི་དང་རྒྱལ་ནང་གི་རོགས་དངུལ་ཐོབ་པར་བྱེད་རྒྱུ་ནི་འདི་ལྟའི་གལ་ཆེའི་བྱ་གཞག་གི་དཔལ་འབྱོར་གྱི་དགོས་མཁོ་ཚིམས་པར་བྱེད་པའི་དེང་རབས་ཅན་གྱི་བྱེད་ཐབས་ཤིག་ཡིན། ⑩ ཀྲུང་གོའི་བོད་རིག་པ་ཞིབ་འཇུག་ལྟེ་གནས་སམ། ཡང་ན་འཆར་གཞིའི་ཁྲིད་ཀྱི་རྒྱལ་སྤྱིའི་ཨུ་ཡོན་ལྷན་ཁང་དེ་ནི་རྣམ་གྲངས་ཉིད་འགོ་འཛུགས་པ་དང་སྤྱི་ཡོངས་ནས་རོགས་དངུལ་དག་འཚོལ་བསྡུ་བྱེད་མཁན་གྱི་སྒྲིག་འཛུགས་ལེགས་ཤོས་དེ་ཡིན་པ་མ་ཟད། དེ་ནི་སྲིད་གཞུང་གི་སྡེ་ཚན་ཁག་ཙམ་དུ་མ་ཟད་དམངས་ཁྲིད་ཀྱི་མི་སྒེར་གྱི་ལག་ཏུ་ཡོད་པའི་དཔེ་རྙིང་རྣམས་ཀྱང་རྣམ་གྲངས་ཀྱི་ཕོངས་གཏོགས་སུ་བསྡུ་ཐུབ་མཁན་ཞིག་ཀྱང་ཡིན་པར་སེམས། ད་དུང་བྱ་ཐབས་གཞན་ཞིག་ཡོད་པ་དེ་ནི། ཀྲུང་གོ་སྲིད་གཞུང་ནས་འགྲོ་གྲོན་ཡོངས་རྫོགས་གཏོང་རྒྱུར་འགན་གཙང་བླངས་རྒྱུ་དེ་ལགས་ཤིང་བྱ་ཐབས་དེ་ཉིད་གྲ་སྒྲིག་ཨང་གསར་ཡོད་པའི་དྲིལ་བསྒྲགས་ཀྱི་བརྒྱུད་ལམ་དང་། རྒྱལ་སྤྱིའི་མི་སྣ་དང་ལྷག

པར་དུ་ཤེས་ཡོན་ཅན་བཅས་ཀྱིས་ཁྱབ་བསྒྲགས་ཡག་པོ་བྱ་ཐུབ་ན་དེས་ཀྲུང་གོ་སྲིད་གཞུང་གིས་འཛམ་གླིང་ཡུལ་གྲུ་ཁག་ཏུ་ཡོད་པའི་བོད་ཀྱི་རིག་གནས་ཤུལ་གཞག་ལ་དོ་འཁྲུར་བྱེད་མཁན་རྣམས་ཀྱི་བློ་འགུ་ཐུབ་ལ། དེ་ནི་བོད་ཀྱི་རིག་གནས་ཤུལ་གཞག་སྲུང་སྐྱོབ་བྱེད་རྒྱུའི་གོ་སྐབས་ལེགས་ཤོས་དེ་ཡང་ཡིན་པ་རེད། ཕྱིན་ཆད་དཔེ་རྙིང་ལས་གྲུབ་པའི་དཔྱད་ཡིག་དེ་དག་སྲུང་སྐྱོབ་དང་བེད་སྤྱོད་བྱེད་པའི་ལས་དོན་ནང་ཀྲུང་གོའི་བོད་རིག་པ་ཞིབ་འཇུག་ལྟེ་གནས་སམ་ཡང་ན་རྒྱལ་ཁབ་རང་གིས་ཐར་ཀར་རྒྱལ་ཁབ་ཕན་ཚུན་དང་སྡེ་ཚན་མི་འདྲ་བའི་དབར་མཉམ་ལས་བྱེད་པའི་ལས་དོན་ལ་རྒྱབ་སྐྱོར་དང་མཉམ་ལས་ལེགས་གྲུབ་ཡོང་བར་འགན་སྲུང་བྱ་རྒྱུའི་འཆར་གཞི་འདིང་རྒྱུའི་གྲོས་གཞི་འདོན་གལ་ཆེ་བ་བཅས་སོ།

ཅ། སྦྱོང་བརྡར་དང་རྒྱལ་སྤྱིའི་མཉམ་ལས་སྐོར།

འཛམ་གླིང་གི་ཁྱོན་དུ་ལེགས་སྦྱར་གྱི་ཡི་གེ་དང་དེ་ལས་བྲིས་པའི་དཔེ་ཆར་ཞིབ་འཇུག་བྱེད་མཁན་ནི་ཆེས་ཤིན་ཏུ་དཀོན། སྤྱིར་ན་རྒྱལ་སྤྱིའི་ཐོག་ལེགས་སྦྱར་སྐད་ལ་ཞིབ་འཇུག་བྱེད་མཁན་ལ་རོགས་དངུལ་སྤྲད་ནས་སྦྱོང་བརྡར་དང་ཞིབ་འཇུག་གི་རྣམ་གྲངས་སྤེལ་བ་ནི་སྙིང་དོན་གང་ཡང་མེད་པའི་རྒྱབ་སྐྱོར་ཞིག་ཡིན་པར་ངོས་འཛིན་བྱེད་མཁན་མི་ཉུང་བ་ཞིག་མཆིས། དེ་ལྟའི་རྒྱབ་སྙོངས་དང་གནས་ཚུལ་འོག་ང་ཚོས་ཀྲུང་གོར་འདི་ལྟའི་རེ་བ་ཆེན་པོ་བྱེད་པའི་རྒྱུ་མཚན་ཅི་ཞིག་ཡིན་ནམ་ཞེ་ན།

1. ཀྲུང་གོའི་རྒྱལ་ནང་གི་འཕེལ་རྒྱས་ལ་བལྟོས་ནས་བཤད་ན། ཀྲུང་གོའི་རྒྱལ་ནང་དུ་མིག་སྔར་པེ་ཅིན་སློབ་གྲྭ་ཆེན་མོ་གཅིག་པུར་མ་གཏོགས་ལེགས་སྦྱར་སྐད་ཡིག་དང་རྩོམ་རིག་ལ་ཞིབ་འཇུག་བྱེད་མཁན་གྱི་ཆེད་ལས་མི་སྣ་གསོ་སྐྱོང་བྱེད་མཁན་གྱི་སྡེ་ཚན་མ་མཆིས། སློབ་ཆེན་དེའི་ཞིབ་འཇུག་སྡེ་ཚན་དེ་ནི་སློབ་དཔོན་ཆེན་མོ་ཅི་ཤའན་ལིན་གིས་འཛུགས་གནང་མཛད་པ་ཞིག་ལགས། མིག་སྔར་ལེགས་སྦྱར་རྩོམ་རིག་གི་ཞིབ་འཇུག་པ་གསོ་སྐྱོང་བྱེད་རྒྱུའི་ལས་འགན་དེ་པེ་ཅིན་སློབ་ཆེན་ལེགས་སྦྱར་ཏ་ལའི་ལོ་མའི་དཔེ་ཆ་དང་སངས་རྒྱས་ཆོས་ལུགས་ཀྱི་ཡིག་ཚགས་ཞིབ་འཇུག་ཁང་གི་ཕྲག་ཏུ་འབབ་ཡོད། དེར་བརྟེན། ད་ལྟ་

འབྲེལ་ཡོད་ཚན་པས་ཞིབ་འཇུག་ཚན་པ་དེའི་དགེ་རྒན་དང་། དངོས་གཞི་དང་ཞིབ་འཇུག་སློབ་མའི་གྲངས་ཚད་དེ་མང་དུ་གཏོང་དགོས་རྒྱུའི་དགོངས་པ་བཞེས་དགོས། ཡར་ཞིབ་འཇུག་ཚན་པ་དེའི་ཆ་རྐྱེན་ལེགས་སུ་ཕྱིན་པའི་དབང་དུ་བཏང་ནའང་ཞིབ་འཇུག་ཁང་དེ་ནས་གསོ་སྐྱོང་བྱས་པའི་མི་སྣའི་གྲངས་ཀྱིས་མིག་སྔའི་ཤིན་ཏུ་འབོར་ཆེ་ལ་དཀའ་ཚོགས་ལྡན་པའི་ལས་དོན་གྲུབ་དགོས་ཀྱི་རེ་བ་སྐོང་མི་ཐུབ་པོ།⑪

2. རྒྱལ་སྤྱིའི་མཉམ་ལས་བྱ་ཐབས་སྐོར་བཤད་ན། ད་ཕན་གྲུང་པོའི་རྒྱལ་ནང་དང་མཚོ་འགྲམ་གྱི་ཞིབ་འཇུག་སྡེ་ཚན་འགའ་ཞིག་དང་ཕྱི་རྒྱལ་གྱི་ཞིབ་འཇུག་ཚན་པའི་དབར་མཉམ་ལས་ལོ་ཤས་བྱ་སྒྲོང་ཡོད་ལ། ཞིབ་འཇུག་པ་རྣམས་ལ་ལས་གཞི་དངོས་བརྒྱུད་སྦྱོང་བརྡར་སྤྲད་ཡོད་ལ་རྣམ་པ་མི་འདྲ་བའི་མཉམ་ལས་བྱས་པ་ལའང་མཇུག་འབྲས་བཟང་པོ་ཐོབ་ཡོད། རྣམ་པ་མི་འདྲ་བའི་མཉམ་ལས་ཐད་ལ། (1)པེ་ཅིན་སློབ་གྲྭ་ཆེ་མོའི་སྐོར་ནས་བཤད་ན། སྦྱོང་འབྲས་ལེགས་པའི་སློབ་མར་སློབ་ཡོན་རོགས་དངུལ་རགས་ཐབས་ཀྱི་སྣན་ཞུ་ཕུལ་ནས་ཕྱི་རྒྱལ་དུ་ཕྱིན་ནས་ཞིབ་འཇུག་སློབ་མའི་སྦྱོང་བརྡར་གཟབ་སྦྱོང་ནང་ཞུགས་ཚོག འདི་ལྟ་བུའི་མཉམ་ལས་ནི་སྔར་ནས་འགོ་ཚུགས་ཟིན་ཡོད་པ་ནི་དཔེར་ན། འཇར་མན་རྒྱལ་ཁབ་ཀྱི་མུ་ནེ་ཧེ་ལ་སོགས་པའི་སློབ་ཆེན་ནང་དུ་ལེགས་སྦྱར་ལག་བྲིས་དཔེ་རྙིང་ལ་ཞིབ་འཇུག་གིས་འབུམ་རམས་པའི་སློབ་གནས་ཀྱང་བླངས་ཚོག་པ་བཅས་དང་། (2)ཨོ་སེ་ཁྲུའི་ཡ་རྒྱལ་ཁབ་ཀྱི་ཝེ་ཡེ་ན་ཡེ་ཤེ་ཡའི་རིག་གནས་བསམ་བློའི་ལོ་རྒྱུས་ཞིབ་འཇུག་གླིང་ལ་ཆ་གཞག་ནས་བརྗོད་ན། ཞིབ་འཇུག་ཁང་འདིས་ཐབས་ལམ་གཞན་ཞིག་སྤྱད་ཡོད་པ་དེ་ནི་ཕྱོགས་གཅིག་ནས་སྦྱོང་བརྡར་དང་ཕྱོགས་གཞན་ནས་མཉམ་ལས་བྱེད་པ་དེ་ལགས། དེ་ཡང་ཁོང་ཚོས་དཔེ་རྙིང་བྲིས་མར་གཞིབ་བསྡུར་བྱེད་རྒྱུའི་ཞིབ་ཕྲའི་ཐབས་ཤེས་དང་། དཔེ་རྙིང་གི་ནང་དོན་དང་དེ་དག་དང་འབྲེལ་བའི་ཤེས་བྱ་ངོ་སྤྲོད་བྱེད་པ་དང་སྦྲགས། དངོས་ཡོད་ཀྱི་དཔེ་རྙིང་བདམས་ནས་དེ་ལ་ཇི་ལྟར་བྱས་ནས་གཞིབ་བསྡུར་ཞིབ་འཇུག་བྱ་ཐབས་སོགས་ཀྱི་སྦྱོང་བརྡར་སྤྲོད་པ་ཡིན། (3)འཇར་མན་གྱི་ཧན་པོག་སློབ་ཆེན་གྱི་ཞིབ་འཇུག་སྡེ་གནས་ནས་ཀྱང་ཝེ་ཡེ་ན་ཡེ་ཤེ་ཡའི་རིག་གནས་བསམ་བློའི་ལོ་རྒྱུས་ཞིབ་འཇུག་ཁང་གི་བྱ་

ཐབས་དང་འདྲ་བའི་ཐབས་ལམ་འཚོལ་ཞིབ་བྱ་བཞིན་ཡོད་ལ། ད་དུང་ཡོ་རོབ་ཀྱི་རྒྱལ་ཁབ་གཞན་ཁག་དང་། འཇར་པན་དང་ཨ་མེ་རི་ཁ་སོགས་རྒྱལ་ཁབ་ཁ་འང་རྣམ་པ་མི་འདྲ་བའི་སྦྱོང་བརྡར་རྣམ་གྲངས་བཙུགས་ཡོད་དོ། 3. རིག་ལམ་དཔྱད་ཐབས་ཀྱི་ཞིབ་འཇུག་རྣམ་གྲངས་འཛུགས་རྒྱུའི་སྐོར་བརྗོད་ན། ཕྱོགས་གཉིས་པོས་དངོས་གཞིའི་སློབ་མ་དང་ཞིབ་འཇུག་སློབ་མ། དགེ་རྒན་བཅས་ཕན་ཚུན་མངགས་ནས་སྦྱོང་བརྡར་སྤྲོད་རྒྱུའི་འཆར་གཞི་བཟོ་རྒྱུ་དང་། དེའི་དམིགས་ཡུལ་ནི་ཆེད་ལས་མི་སྣ་དེ་བས་མང་ཙམ་གསོ་སྐྱོང་བྱས་ནས་རྣམ་གྲངས་ཀྱི་ལས་འགན་རྣམས་སྒྲུབ་རྒྱུ་དེ་ལགས།

ཆ། བོད་རང་སྐྱོང་ལྗོངས་དང་ཀྲུང་ཧྭ་མི་དམངས་སྤྱི་མཐུན་རྒྱལ་ཁབ་ཀྱི་ས་གནས་གཞན་ནས་སྦྱོད་དགོས་པའི་ཐབས་ཤེས་སྐོར།

དེ་ཡང་དང་ཐོག་མའི་འབད་བརྩོན་ལ་མཇུག་འབྲས་བཟང་པོ་ཞིག་ཐོབ་རྒྱུར་འགན་ལེན་བྱ་ཆེད་དང་། ཀྲུང་གོའི་ཞིབ་འཇུག་པ་རྣམས་རྒྱལ་སྤྱིའི་རོགས་རམ་ལ་བརྟེན་རྒྱུ་ཞུང་དུ་འགྲོ་ཆེད་སློབ་གསོ་ཞིབ་འཇུག་གི་སྡེ་ཚན་འགའ་ཞིག་འཛུགས་རྒྱུ་དེ་ནི་ཁ་ཚ་དགོས་གཏུགས་ཀྱི་གནད་དོན་ཞིག་ཡིན། 1. བོད་རངསྐྱོང་ལྗོངས་ཀྱི་ནང་ཁོངས་སུ། (1) བོད་ལྗོངས་སློབ་གྲྭ་ཆེན་མོའི་ནང་དུ་ལེགས་སྦྱར་སྐད་ཡིག་གི་ཆེད་སྦྱོང་འཛིན་གྲྭ་འཛུགས་དགོས་པ།⑫ (2) བོད་ཀྱི་ལྷ་བའི་གྲོང་ཁྱེར་ལྷ་སར་ལེགས་སྦྱར་ལག་བྲིས་དཔེ་ཆར་ཞིབ་འཇུག་བྱེད་པའི་ཞིབ་འཇུག་ཚན་པ་ཞིག་འཛུགས་དགོས་པ།⑬ 2. ཀྲུང་གོའི་ས་གནས་གཞན་གྱི་ཁོངས་སུ་ཚད་གཞི་ལྡན་པའི་ལེགས་སྦྱར་སྐད་ཡིག་དང་ཆོས་རིག་གི་ཞིབ་འཇུག་པ་མང་དུ་གཏོང་ཆེད་དང་ཁོང་ཚོར་ལས་ཀ་མཁོ་འདོན་བྱ་ཕྱིར་གཤམ་གསལ་གྱི་ཐབས་ལམ་ལག་བསྟར་བྱ་དགོས།

(1)པེ་ཅིན་སློབ་གྲྭ་ཆེན་མོའི་ཞིབ་འཇུག་ཁང་གིས་ཞིབ་འཇུག་སློབ་མ་གསོ་སྐྱོང་དང་རྒྱལ་སྤྱིའི་སློབ་ཡོན་རགས་ཐབས་བྱེད་པའི་ལས་གཞིར་རྒྱབ་སྐྱོར་བྱ་དགོས།

(2)པེ་ཅིན་དུ་ཡོད་པའི་ཀྲུང་གོའི་བོད་རིག་པ་ཞིབ་འཇུག་ལྟེ་གནས་ནས་དེ་བས་མང་

བའི་ལེགས་སྒྱུར་སྐད་ཡིག་དང་རྩོམ་རིག་གི་ཞིབ་འཇུག་པ་གདན་ཞུ་བྱ་དགོས།

(3)ཀྲུང་གོ་སྤྱི་ཚོགས་རིག་ཁང་གིས་ལེགས་སྒྱུར་སྐད་ཀྱི་དཔེ་རྙིང་ལ་ཞིབ་འཇུག་བྱ་རྒྱུའི་རྣམ་གྲངས་འཛུགས་དགོས།

(4)ཀྲུང་གོའི་སློབ་གྲྭ་ཆེ་མོ་གཞན་ནང་དུ་ལེགས་སྒྱུར་སྐད་ཡིག་གི་ཆེད་སྦྱོང་འཛིན་གྲྭ་འཛུགས་གཉེར་བྱ་དགོས།

མཆན་འགྲེལ།

①གཤམ་དུ་གོ་བསྡུར་བྱས་པའི་ནང་དོན་རྣམས་ནི་སྤྱི་ལོ་2008ལོར་པེ་ཅིན་ཀྲུང་གོའི་བོད་རིག་པ་ཞིབ་འཇུག་ལྟེ་གནས་ཀྱིས་གཙོ་གཉེར་བྱས་པའི་བོད་རིག་པའི་བགྲོ་གླེང་ཚོགས་འདུའི་ཆེད་དོན་གླེང་སྟེགས་ཞེས་པའི་ཐོག་སྒྲིག་སྒྱུར་བྱས་པའི་ཀྲུང་གོའི་ལེགས་སྒྱུར་ལག་བྲིས་དཔེ་རྙིང་གི་ད་ལྟའི་གནས་སྟངས་དང་མ་འོངས་རྒྱང་བལྟ་ཞེས་པའི་དཔྱད་རྩོམ་གྱི་ཉིང་བསྡུས་དེ་རེད། དེ་རྗེས་སྲུའང་ཁོ་བོས་གླེང་སྟེགས་མི་ཉུང་བ་ཞིག་བརྒྱུད་ནས་འབྲེལ་ཡོད་ཞིབ་འཇུག་པ་དང་མཁས་དབང་རྣམས་ཀྱི་དགོངས་འཆར་དང་བསམ་ཚུལ་མང་པོ་ཞིག་བསྡུ་སྒྲིག་བྱ་ཐུབ་སོང་བས་སྐབས་འདི་དང་བསྟུན་ནས་ཁོང་རྣམ་པ་ཚོར་སྙིང་ཐག་པ་ནས་ཐུགས་རྗེ་ཆེ་ཞེས་ཞུ་རྒྱུ་ཡིན། ཁོང་རྣམ་པའི་བསམ་འཆར་ལས་རྩོམ་ཐུང་འདིའི་ནང་དོན་ལ་འགྱུར་བ་ཐེབས་སོང་བས་ན་འདིར་གླེང་བའི་ནང་དོན་མི་ཉུང་བ་ཞིག་ནི་ཆེད་ལས་མཁས་པ་ཚོའི་ཐུན་མོང་གི་བཞེད་དགོངས་ཡིན་པ་དང་འཆར་གཞི་རྣམས་ནི་ཀུན་གྱིས་མོས་པ་མཛད་པའི་ཡུལ་དུ་ཟད་དོ།

②ཆེད་སྦྱོད་ཐ་སྙད་མིང་ཚིག་ལ་གོ་ནོར་ཐེབས་པ་ལས་ཐོག་མར་རིག་དངོས་སྲུང་སྐྱོབ་སྐོར་གྱི་ཁྲིམས་ཡིག་ཉིད་ཀྱི་ཁྱབ་ཁྱ་ཉིད་དགོས་མེད་ཀྱིས་ཆེར་བསྐྱེད་བྱས་ཡོད། རིག་གནས་སྲུང་སྐྱོབ་སྐོར་གྱི་ཁྲིམས་ཡིག་གིས་སྲུང་སྐྱོབ་བྱ་ཡུལ་དེ་དཔེ་རྙིང་རྣམས་ཀྱི་སྤྱིན་ཤོག་དང་། པར་རིས་སམ་ཐད་ཀར་པར་སྐྲུན་བྱས་པའི་ཡིག་ཆའང་ཚུད་འདུག རྒྱུ་མཚན་འདི་དག་ལ་བརྟེན་པར་སྒྲུག་བྱས་པའམ་དཔྱད་ཡིག་གཉིས་པ་རྣམས་ལ་ལག་པ་འཆང་བའམ་ཞིབ་འཇུག་གང་ཡང་བྱ་མི་ཚོག་པ་མ་ཟད་ཐ་ན་དེ་དག་ཕྱི་ཁོངས་མི་སྟར་བལྟ་རུ་འཇུག་རྒྱུ་ནི་དེ་བས་མི་སྲིད་པའི་དོན་ཞིག་ཏུ་གྱུར་ཡོད། ང་ཚོས་སྤྱིར་བཏང་ནམ་རྒྱུན་མཐོང་ཐུབ་པའི་དོན་ཞིག་ནི་གནམ་བདེ་སྣ་མོའམ་ཕོ་བྲང་པོ་ཏ་ལའི་པར་རིས་ནི་གནམ་བདེ་སྣ་མོ་དངོས་དང་ཕོ་བྲང་པོ་ཏ་ལ་དངོས་མ་ཡིན་པ་དེ་ལགས། ལོ་ཤས་སྔོན་དུ་ང་ཚོས་ཀྲུང་གོའི་བོད་རིག་པ་ཞིབ་འཇུག

ལྟེ་གནས་སུ་གནང་དོན་དེའི་སྐོར་བགྲོ་གླེང་བྱ་སྒྲིག་ཡོད་ལ། ཚང་མའི་བསམ་དོན་ནི་པར་རིས་རིག་དངོས་སུ་བརྩི་བ་དེ་ནི་ནོར་འཁྲུལ་ཞིག་ཡིན་པ་གཅིག་གྱུར་གྱིས་མོས་མཐུན་བྱུང་ཞིང་། རིག་དངོས་ཁྲིམས་ཡིག་གི་ཁྱབ་ཀྱ་ཉིད་རིག་དངོས་པར་སློག་བྱས་པའི་དཔྱད་ཡིག་ཐོག་ཏུ་རྒྱ་བསྐྱེད་བྱ་དགོས་དོན་མ་མཆིས་པའི་བསམ་བློ་ཡང་གཅིག་མཐུན་བྱུང་ཡོད། དེ་ལས་ང་ཚོའི་རིག་དངོས་ཀྱི་པར་སློག་ལ་བརྟེན་ནས་ཞིབ་འཇུག་བྱེད་པའི་སྒོ་མོ་ཕྱེ་ཐུབ་རེ་མཚོན་པ་དང་། རྒྱལ་ཁབ་ཕྱི་ནང་དབར་གྱི་མཉམ་ལས་ཞིབ་འཇུག་བྱེད་རྒྱུ་དེ་ཁྲིམས་ལུགས་དང་འགལ་ཟླར་ལངས་མེད་ཚུལ་མཚོན་པ་བཅས་ལགས།

③ཁྲིམས་ཡིག་དེར་སྤྱི་ལོ2007ལོའི་ཟླ12པར་སླར་ཡང་བསྒྱུར་བཅོས་བཏང་ཡོད་པ་དང་། སྤྱི་ལོ2003ལོའི་ཟླ5པའི་ཚེས8ཉིན་འབྲེལ་ཡོད་ཀྱི་ཁ་སྟོན་ཁྲིམས་སྲོལ་སྟེ་ཀྲུང་ཧྭ་མི་དམངས་སྤྱི་མཐུན་རྒྱལ་ཁབ་ཀྱི་རིག་དངོས་སྲུང་སྐྱོབ་བཅའ་ཁྲིམས་ཀྱི་ཞིབ་ཕྲའི་ལག་བསྟར་བྱ་ཐབས་ཤིག་ཁྱབ་བསྒྲགས་བྱས། སྤྱི་ལོ2006ལོའི་ཟླ12པའི་ཚེས8ཉིན་ཀྲུང་ཧྭ་མི་དམངས་སྤྱི་མཐུན་རྒྱལ་ཁབ་རིག་དངོས་ཅུད་ཀྱིས་ཀྲུང་གོའི་འཛམ་གླིང་རིག་དངོས་ཤུལ་བཞག་ཆེད་ལས་མཁས་པའི་བློ་འདྲི་དོ་དམ་བྱ་ཐབས་ཞེས་པ་ཁྱབ་བསྒྲགས་བྱས་ཡོད།

④དཔེ་རྙིང་འཕོར་ཆེ་ཙམ་ཉར་ཚགས་བྱ་ཡུལ་ཕོ་བྲང་པོ་ཏ་ལ་ལྷ་ཁུའི་ལག་བྲིས་དཔེ་རྙིང་རྣམས་བསིལ་ཞིང་གྲིབ་ནག་འོད་ཚའི་འཕྲུལ་འཁོར་ལ་བརྟེན་ནས་པར་སློག་རྒྱག་དགོས།

⑤མིག་སྔར་བོད་རང་སྐྱོང་ལྗོངས་ནས་ཞིབ་འཇུག་གི་རྣམ་གྲངས་ཤིག་འགོ་བཙུགས་ཟིན་ཡོད་ལ། སྔོན་འགྲོའི་ལག་བསྟར་གྱི་བྱ་ཐབས་སམ་གོམ་རིམ་འགའ་ཞིག（1 – 3བར）མངོན་འགྱུར་བྱེད་བཞིན་ཡོད། རྣམ་གྲངས་དེའི་ནང་ལེགས་སྦྱར་ལ་སོགས་པའི་རྒྱ་གར་གྱི་ཡིག་རིགས་ཀྱི་མཁས་པ་གདན་ཞུ་བྱ་དགོས་གལ་ཆེ། པེ་ཅིན་སློབ་གྲྭ་ཆེན་མོ་དང་། ཀྲུང་གོའི་བོད་རིག་པ་ཞིབ་འཇུག་ལྟེ་གནས། ཨོ་སེ་ཁྲུའི་ཡ་རྒྱལ་ཁབ་ཚན་རིག་ཁང་། འཇར་མན་རྒྱལ་ཁབ་ཧན་བོག་སློབ་ཆེན་གྱི་ཞིབ་འཇུག་སྡེ་ཚན་བཅས་སུ་གོང་སྨོས་ཆེད་ལས་མཁས་པ་ཡོད་པས་ཁོང་རྣམས་རྣམ་གྲངས་དེ་རིགས་ནང་དུ་ཞུགས་ཐུབ་ན་ཞིབ་འཇུག་ལ་ཕན་འབྲས་ལེགས་པོ་ཐོན་རྒྱུ་གདོན་མི་ཟའོ།

ཞིབ་འཇུག་བྱེད་སྐབས་རིག་ལམ་དཔྱད་ཐབས་སྐོར་གྱི་གསལ་བཤད་རྩོམ་ཡིག་ནི（གོམ་རིམ་བཞི་པ）ཆུ་ཚད་མཐོ་བའི་ཆེད་ལས་མཁས་པས་འབྲི་དགོས། དེ་ཡང་ཡག་ཤོས་བྱུང་ན་མཉམ་སྦྲེལ་ཐོག་འབྲི་དགོས། ལག་བྲིས་དཔེ་རྙིང་ཡོད་ཚད་ལ་གཅིག་གྱུར་གྱི“ལག་བྲིས་དཀར་ཆག”བཟོ་དགོས། MASTERཞེས་པའི་མཉེན་ཆས་ནི་ཡོ་རོབ་ཁུལ་དུ་ཉར་ཚགས་བྱས་པའི་དུས་རབས་དཀྱིལ་མའི་ལ

ཧིང་དང་གེ་རེ་སེའི་སྐད་ཡིག་ཐོག་བྲིས་པའི་དཔེ་རྙིང་ལ་བསྟོས་ནས་གསར་གཏོད་བྱས་པ་ཞིག་ཡིན་པ་གང་ཞིག་ཨོ་སེ་ཁྲིའུ་ཡའི་ཚན་རིག་ཁང་ནས་དེ་ལ་བསྒྱུར་བཅོས་བྱས་རྗེས་ལེགས་སྦྱར་སྐད་ལས་བྲིས་པའི་དཔེ་རྙིང་ལའང་སྤྱོད་གོ་ལྡན་པ་ཞིག་ཏུ་གྱུར་ཡོད། མཉེས་ཆས་དེ་ནི་འབྲེལ་ཡོད་ཞིབ་འཇུག་ཚན་པ་དང་ཚོགས་པ་གང་རུང་ལ་མཁོ་འདོན་བྱ་ཡི་ཡོད།

ཞིབ་ཅིང་ཕྲ་བའི་དཀར་ཆག་གམ་གསལ་བཤད་ཡི་གེ་ལས་དཔེ་རྙིང་གང་དེའི་རྩ་བའི་ནང་དོན་དང་རྣམ་པ་མངོན་ཐུབ་པ་མ་ཟད། དེ་ནི་ལོ་རྒྱུས་དཔྱད་གཞིའི་འབྱུང་ཁུངས་ཤིག་ཏུ་གྱུར་པ་རེད། དཔེར་ན། ད་ལྟ་ཉར་ཚགས་ཐུབ་ཡོད་པའི་དཔེ་ཆའི་མཇུག་བྱང་གི་ནང་དོན་ཁྲོད་དཔེ་རྙིང་དེ་བཞིན་བྲིས་རྩོམ་བྱས་པའི་དུས་ཚོད་དང་། དགོན་པ་དང་ས་གནས་གང་དུ་ཡོད་པ། རྒྱལ་པོ་གང་གིས་སྦྱིན་བདག་མཛད་པ། སྐྱེ་བོ་གཞན་སུས་སྦྱིན་བདག་བྱས་པ། གྲོགས་གཉེན་སུ་དང་ཡི་གེ་བ་སུ་ཡིན་བཅས་ཀྱི་ཆ་འཕྲིན་དུ་མ་འཁོད་ཡོད་པ་ལྟ་བུའོ། དེར་བརྟེན། ལོ་རྒྱུས་ཀྱི་དཔྱད་གཞིའི་འབྱུང་ཁུངས་ཡིན་པའི་ངོས་ནས་བརྗོད་ན། མཇུག་བྱང་དེ་དག་གི་རིན་ཐང་ནི་རྗེ་རིང་ལ་སོགས་པའི་ཡི་གེ་དང་མཚུངས་པ་ཡིན། གཞན་ཡང་ཕྱིས་སུ་ཏ་ལའི་ལོ་མའི་དཔེ་ཆའི་རྒྱབ་མདུན་གཉིས་ཀྱི་ཤོག་བུའི་ཐོག་བྲིས་པའི་བོད་ཡིག་དང་དཔེ་ཆ་དངོས་ཀྱི་ཤོག་ལྷེའི་བར་མཚམས་ན་བཏབ་པའི་བོད་ཡིག་གི་མཆན་བུས་ཀྱང་ལག་བྲིས་དཔེ་རྙིང་དེ་དག་དང་འབྲེལ་བའི་ཆ་འཕྲིན་མཁོ་འདོན་བྱ་བ་ཡིན། དཔེར་ན་ཆ་འཕྲིན་དེའི་གྲས་སུ་དཔེ་རྙིང་དེ་ནི་མི་སྣེར་རམ་དགོན་པ་སུར་བདག་པ་དང་། ཉར་ཚགས་བྱས་ཚུལ་གྱི་འགྱུར་བ་དང་དེ་སྔོན་གྱི་དཀར་ཆག་ཐོག་བསྒྲིགས་ཚུལ་སོགས་ཚུད་ཡོད། དེས་ན་ཕྱོགས་ཡོངས་ནས་དེང་དུས་ཅན་གྱི་གསལ་འགྲེལ་དཀར་ཆག་བཟོས་པ་ལས་མི་རྣམས་ལ་ལག་བྲིས་དཔེ་རྙིང་ཡོད་དོ་ཅོག་གི་འབྲེལ་ཡོད་གནས་ཚུལ་ཆ་ཚང་པོར་མཁོ་འདོན་བྱ་ཐུབ།

གཤམ་གསལ་གྱི་ཚོད་བལྟ་བྱས་པའི་ལས་དོན་རྣམས་དཔེར་བླངས་ཚོག་པ་སྟེ། པེ་ཅིན་སློབ་གྲྭ་ཆེན་མོའི་དགེ་རྒན་ཆེན་མོ་ཧོན་ཆེན་གྱིས་འགོ་གཙོ་གནང་བའི་ལེགས་སྦྱར་ཏ་ལའི་ལོ་མའི་དཔེ་ཆ་དང་ནང་ཆོས་ཀྱི་བསྟན་བཅོས་ཞིབ་འཇུག་ཁང་གིས་སྤྱི་ལོ2009ལོར་རྣམ་གྲངས་ཤིག་སྒྲུབ་རྒྱུའི་སྙན་ཞུ་ཕུལ་རྗེས་འདུག རྣམ་གྲངས་དེ་ནི་བོད་རང་སྐྱོང་ལྗོངས་རྟེན་རྫས་བཤམས་སྟོན་ཁང་དུ་ཉར་ཚགས་བྱས་པའི་ལེགས་སྦྱར་དཔེ་རྙིང་ལ་རིག་ལམ་དཔྱད་ཐབས་ཀྱི་གསལ་བཤད་ཡིག་ཆ་བཟོ་རྒྱུ་དེ་རེད་འདུག དཔེ་རྙིང་དེ་དག་ལས་མང་ཆེ་བ་ནི་དེ་སྔ་པེ་ཅིན་མི་རིགས་རིག་གནས་ཕོ་བྲང་གི་དཔེ་མཛོད་ཁང་དུ་ཉར་ཚགས་བྱས་པ་དང་། དེ་དག་བོད་དུ་དཔོར་འདྲེན་མ་བྱས་གོང་པར་རིས་བླངས་ནས་ཉར་ཚགས་བྱས

འདུག ཞིབ་འཇུག་ཁང་དེས་དཔྱད་གཞི་ཡིག་ཆ་དེ་དག་ལ་བལྟ་ཞིབ་བྱེད་འགོ་བཙུགས་ནས་རྣམ་གྲངས་དེ་ཉིད་སྒྲུབ་འཆར་འདུག་ལ་པར་རིས་དེ་དག་ལ་ཧོན་ཆེན་དང་ཁོང་གི་སློབ་མ་རྣམས་ཀྱིས་བརྟག་དཔྱད་ཀྱང་བྱས་ཟིན་འདུག་པས་ཁོང་ཚོར་བོད་ལྗོངས་རྟེན་རྫས་བཤམས་སྟོན་ཁང་དུ་ཉར་ཚགས་བྱས་པའི་ལེགས་སྒྲུར་དཔེ་སྙིང་ལ་རྒྱུས་མངའ་ཟབ་མོ་མངའ་བར་བརྟེན་དུས་ཡུན་ཐུང་ཙམ་ཞིག་རིང་བཤམས་སྟོན་ཁང་དེས་ཉར་ཚགས་བྱས་པའི་རྒྱ་དཔེར་གསལ་བཤད་ཡིག་ཆ་བཟོ་རྒྱུར་དཀའ་ངལ་མེད་པར་སེམས།

སྤྱི་ལོ2003ལོ་ནས་བཟུང་ཀྲུང་གོའི་བོད་རིག་པ་ཞིབ་འཇུག་ལྟེ་གནས་སུ་ཉར་ཚགས་བྱས་པའི་རྒྱ་དཔེའི་པར་རིས་ལ་ཞིབ་འཇུག་བྱེད་མཁན་ཚོར་ཡང་གོང་སྨོས་ལྟར་གྱི་ཞིབ་འཇུག་ཉམས་མྱོང་ལྡན་ཡོད། ཀྲུང་གོའི་བོད་རིག་པ་ཞིབ་འཇུག་ལྟེ་གནས་ཀྱི་ལེགས་སྒྱུར་སྐད་དང་རྩོམ་རིག་གི་ཞིབ་འཇུག་པ་གཉིས་དང་ཨོ་སེ་ཁྲུའི་ཡའི་ཚན་རིག་ཁང་གི་ཨེ་ཤེ་ཡའི་རིག་གནས་བསམ་བློའི་ལོ་རྒྱུས་ཞིབ་འཇུག་ཁང་དབར་མཉམ་ལས་བྱས་ཡོད་ལ། ད་ཕན་ཞིབ་འཇུག་བྱ་རུང་བའི་དཔྱད་ཡིག་ནི་ཁག་གཉིས་སུ་དབྱེ་ཡོད་པ་དེ་གཉིས་ལས་གཅིག་ནི་ཀྲུང་གོའི་བོད་རིག་པ་ཞིབ་འཇུག་ལྟེ་གནས་ནས་ལེགས་སྒྲུབ་བྱས་པའི་གལ་ཆེའི་ནང་དོན་གྱི་ཐུད་པའི་དེབ་ཚང་ཁག་གཅིག་ཡོད་པ་དང་། གཉིས་པ་ནི་ལོ་རབས་དགུ་བཅུའི་ནང་ཕྱི་རྒྱལ་དུ་སྒྲིག་འཁྱེར་བྱས་པའི་དཔེ་རིང་དང་དཔེ་འབྲིང་གི་པར་སློག་རྣམས་ཕྱོགས་བསྡུས་བྱས་པ་དེ་ལགས། ཨོ་སེ་ཁྲུའི་ཡའི་ཚན་རིག་ཁང་ཨེ་ཤེ་ཡའི་རིག་གནས་བསམ་བློའི་ལོ་རྒྱུས་ཞིབ་འཇུག་ཁང་དང་ཀྲུང་གོའི་བོད་རིག་པ་ཞིབ་འཇུག་ལྟེ་གནས་གཉིས་དབར་གཞུང་ཕྱོགས་ཀྱི་མཉམ་ལས་བྱས་ཡོད་ལ་སྐབས་དེ་དུས་དེབ་ཚང་དེ་དག་ཀྱང་ཨོ་སེ་ཁྲུའི་ཡའི་ཚན་རིག་ཁང་ཨེ་ཤེ་ཡའི་རིག་གནས་བསམ་བློའི་ལོ་རྒྱུས་ཞིབ་འཇུག་ཁང་ལ་མཁོ་འདོན་བྱས་ཡོད་པར་བརྟེན་ཕྱོགས་གཉིས་ཀའི་ཞིབ་འཇུག་པ་རྣམས་ཀྱིས་བོད་རང་སྐྱོང་ལྗོངས་ཁུལ་དུ་ཉར་ཚགས་བྱས་པའི་རྒྱ་དཔེར་རྒྱུས་མངའ་ལོན་ཐུབ་པ་བྱུང་ཡོད་པ་བཅས་ལས་ཕྱིན་ཆད་ཐུན་མོང་ཐོག་དཔྱད་གཞི་དེ་དག་ལ་ཞིབ་འཇུག་བྱས་པའི་གསལ་བཤད་ཡི་གེ་དང་། དཀར་ཆག དཔྱད་རྩོམ་སོགས་འབྲི་ཐུབ་པ་མ་ཟད་དེ་དག་ལ་ཁུངས་ལུང་ལྡན་ལ་དེ་མི་རྣམས་ཀྱིས་ཡིད་རྟོན་རུང་བའི་ཡུལ་དུ་གྱུར་བར་གདོན་མི་ཟ།

ད་ལྟ་འཇར་མན་རྒྱལ་ཁབ་ཀྱི་ཧན་བོག་སློབ་གྲྭ་ཆེན་པའི་གསང་སྔགས་ཞིབ་འཇུག་ལྟེ་གནས་སུ་རིགས་གཅིག་མཁས་དབང་ཁྲིན་ཡོང་ཨེ་སེ་ཁེ་སེན་དང་ཁོང་གི་ལས་རོགས་འགའ་ཞིག་ཡོད་པ་དེ་དག་དང་ཀྲུང་གོའི་བོད་རིག་པ་ཞིབ་འཇུག་ལྟེ་གནས་དབར་གཞུང་ཕྱོགས་ཀྱི་མཉམ་ལས་འབྲེལ་བ་བཙུགས་ནས

དམིགས་བསལ་གྱི་དཔེ་རྙིང་འགའ་ཞིག་ལ་ཞིབ་འཇུག་བྱེད་པའི་མཉམ་ལས་རྣམ་གྲངས་སྒྲུབ་བཞིན་པའི་སྐབས་ཡིན།

ནེ་པ་ལེ་དང་འཇར་མན་དབར་མཉམ་ལས་བྱེད་བཞིན་ཡོད་པའི་ལག་བྲིས་དཔེ་རྙིང་ཞིབ་འཇུག་རྣམ་གྲངས་ཞེས་པ་དེ་ནི་ཧན་བོག་སློབ་གྲྭ་ཆེན་མོ་དང་བལ་ཡུལ་གྱི་རྒྱལ་ས་ཀ་ཏ་མན་ཌུའི་ཞིབ་འཇུག་ཁང་དབར་མཉམ་ལས་བྱེད་པའི་ལས་གྲྭ་ཞིག་ཡིན་ཞིང་ཁོང་ཚོར་བལ་ཡུལ་དང་རྒྱ་གར་བྱང་ཕྱོགས་ནས་དར་བའི་ལེགས་སྦྱར་དཔེ་རྙིང་ (བོད་རང་སྐྱོང་ལྗོངས་སུ་ཉར་ཚགས་བྱས་པའི་རྒྱ་དཔེ་རྣམས་ཡུལ་འདི་གཉིས་ནས་ཐོན་སྐད་) ལ་ཞིབ་འཇུག་བྱེད་པའི་ཉམས་མྱོང་ཕུན་སུམ་ཚོགས་པོ་ཡོད། ལས་གྲྭ་འདིའི་སྐོར་དྲ་ཚིགས(http://www. uni - hamburg. de/ngrvcp/about - e. html) དང་(http://www. manuscript - cultures - uni - hamburg. de/index - e. html) བཅས་ལ་གཟིགས་ན་མཁྱེན་ཐུབ།

ད་དུང་ཡང་རྣམ་གྲངས་འདིར་ཞུགས་ཚོགས་པའི་ཆེད་ལས་མཁས་པའི་གྲས་སུ་འཇར་པན་གྱི་ཧུང་ཅིན་ཏ་ཀྲོན་སློབ་གྲྭ་ཆེན་མོའི་མཁས་པ་པའང་ཚུད་ཡོད་ལ་ཁོང་ཚོས་སྤྱི་ལོ1991ལོ་ནས་བཟུང་པེ་ཅིན་མི་རིགས་རིག་གནས་ཕོ་བྲང་དང་ལྷ་ས་པོ་ཏ་ལར་ཉར་ཚགས་བྱས་པའི་རིགས་མི་འདྲ་བའི་རྒྱ་དཔེར་གཞིབ་བསྡུར་ཞིབ་འཇུག་བྱས་ཡོད། མཐའ་མར་གོང་དུ་སྨོས་ཟིན་པའི་ཆེད་ལས་མཁས་དབང་རྣམས་ཕུད་ད་དུང་སྤྱི་ལོ2008ལོར་པེ་ཅིན་དུ་ཚོགས་པའི་བོད་རིག་པའི་གྲོས་ཚོགས་ཀྱི་རྒྱ་དཔེའི་ཆེད་ལས་མཁས་པའི་གྲོས་བསྡུར་ཚོགས་ཆུང་ཐོག་ཞུགས་མཁན་གྱི་རྒྱལ་སྤྱིའི་ཆེད་ལས་ཞིབ་འཇུག་པ་དང་མཁས་དབང་རྣམས་ཀྱིས་ཀྱང་རྣམ་གྲངས་དེར་དགེ་མཚན་ལྡན་པའི་ནུས་པ་འདོན་སྤེལ་བྱ་ཐུབ་པ་བཅས་སོ།

⑥ཉམས་གསོའི་འགྲོ་གྲོན་ནི་ཕལ་ཆེར་ཆེན་པོ་ཡིན་སྲིད། རོགས་དངུལ་སློང་ཐབས་ཐད་དཔྱད་རྩོམ་འདིའི་དོན་ཚན་ང་པར་གཟིགས་རོགས། ནོར་འོད་རྒྱལ་ཁབ་ཀྱི་ཨོ་སི་ལོ་གཙུག་ལག་སློབ་གྲྭ་ཆེན་མོའི་སློབ་དཔོན་པོ་ར་ཕེག་ཡན་སེ་ནས་དེ་སྔོན་ནོར་འོད་རྒྱལ་ཁབ་ཀྱི་ཚན་པ་འགའ་རེས་དཔེ་རྙིང་ཉམས་གསོའི་ལས་ཀར་འགྲོ་གྲོན་གྱི་རོགས་རམ་བྱ་ཐུབ་ཅེས་གསུངས་མྱོང་ཡོད། ཤོག་ཐོག་ཏུ་བྲིས་ཤིང་ཆག་སྐྱོན་ཤོར་བའི་དཔེ་རྙིང་དག་ཉམས་གསོ་བྱ་རྒྱུའི་ཐད་ང་ཚོས་ཤེས་པ་ལྟར་ན་པོ་ལན་རྒྱལ་ཁབ་ནས་ཡིན་པའི་ཆེད་ལས་མཁས་པ་ཞིག་དང་པེ་ཅིན་དུ་ཡོད་པའི་ཀྲུང་གོའི་རྒྱལ་ཁབ་དཔེ་མཛོད་ཁང་དབར་འབྲེལ་ལམ་ཞིག་བཙུགས་འདུག

དུས་རབས་གོང་མའི་ལོ་རབས་དགུ་བཅུའི་དཀྱིལ་མཚམས་ནས་བཟུང་དབྱི་ཏ་ལིར་སྐྱོན་ཆག

ཅན་གྱི་དཔེ་རྙིང་ལ་རྟག་དཔྱད་ཉམས་གསོ་བྱེད་པའི་ཞིབ་འཇུག་ལྟེ་གནས་ཤིག་བཙུགས་འདུག་པ་དེས་ཤོག་བུའི་ཐོག་བྲིས་པའི་སྐྱོན་ཆག་ཅན་གྱི་དེབ་ལ་ཉམས་གསོ་བྱེད་པ་ཡིན་ལ་ལྟེ་གནས་དེ་དང་པེ་ཅིན་དུ་ཡོད་པའི་ཀྲུང་གོའི་རིག་དངོས་ཞིབ་འཇུག་ཁང་དབར་མཉམ་ལས་བྱ་ཡི་འདུག་པ་དེའི་གནས་ཚུལ་སྐོར་ཤེས་འདོད་ན་དྲ་ཚིགས་(http://www. patologialibro – beniculturali. it/italiano/icpl/oltreconfine. html)ལ་གཟིགས་པར་འཚལ།

⑦ཕྱི་རྒྱལ་གྱི་དྲ་ཚིགས་ཐོག་ནས་རིས་མོའི་སྒྲུབ་ཀ་ལེགས་ཤིང་གྲངས་ཚད་མང་ཞིང་གལ་ཆེའི་ནང་དོན་མཆིས་པའི་ལེགས་སྦྱར་དཔེ་རྙིང་ལ་བལྟ་ཀློག་བྱ་ཐུབ་པ་ནི་དཔེར་ན། རྒྱ་གར་གྱི་ཡུལ་ནས་ཐོན་པའི་དྲ་ཚིགས་ (http://ifpindia. arg/cataloguing – and preservation – of manuscripts. html)དང་ཡང་ན་འཇར་པན་གྱི་ཏུང་ཅིན་སློབ་གྲྭ་ཆེན་མོའི་དཔེ་མཛོད་ཁང་གི་དྲ་ཚིགས་(http://utlsktms. ioc. u – tokyo. ac. jp)སོགས་ལྟ་བུའོ།

ཀྲུང་གོའི་རྒྱལ་ཁབ་ནང་ཁུལ་དུ་ཡོད་པའི་དྲ་ཚིགས་ཐོག་ནས་རྒྱ་དཔེ་དང་དེ་དང་འབྲེལ་བའི་གནས་ཚུལ་ཤེས་རྟོགས་བྱ་དགོས་ན་གཤམ་གསལ་ལྟར་ལགས་ཏེ།

གཅིག སྤྱི་ལོ2000ལོར་དབྱིན་ཇིའི་རྒྱལ་ཁབ་དཔེ་མཛོད་ཁང་དང་ཀྲུང་གོའི་རྒྱལ་ཁབ་དཔེ་མཛོད་ཁང་གཉིས་བར་བསམ་ཤེས་དྲན་ཐོའི་ཆིངས་ཡིག་ཅིག་བཞག་པ་དང་། སྤྱི་ལོ2008ལོའི་ཟླ9པའི་ནང་སླར་ཡང་དུས་ཡུན་ལོ་ལྔའི་བསམ་ཤེས་དྲན་ཐོའི་ཆིངས་ཡིག་ལ་མིང་རྟགས་བཀོད་ཡོད། ཆིངས་ཡིག་དེའི་ནང་དུ་ཏུན་ཧོང་གི་རྒྱུད་ནས་ཐོན་ཞིང་ཀྲུང་གོའི་རྒྱལ་ཁབ་དཔེ་མཛོད་ཁང་དུ་ཉར་ཚགས་བྱས་པའི་བོད་ཡིག་གི་ཡིག་ཆའི་པར་རིས་རྣམས་རྒྱལ་སྤྱིའི་ཐོག་ཏུན་ཧོང་གཏེར་ཡིག་ལ་ཞིབ་འཇུག་གནང་མཁན་ཚོར་དྲ་ཐོག་ནས་མཁོ་འདོན་བྱ་ཆོག་མིན་སྐོར་གཏན་འབེབས་བྱས་ཡོད། དཔེ་མཚོན་དེ་ལས་མ་གཞི་ཀྲུང་གོའི་ཕྱོགས་ནས་མཉམ་ལས་བྱ་ཡུལ་དེ་རྒྱལ་སྤྱིའི་རྣམ་གྲངས་ཤིག་ཡིན་ནའང་པེ་ཅིན་སློབ་གྲྭ་ཆེན་མོའི་དྲ་ཚིགས་ཐོག་འགྲེམས་སྤེལ་བྱས་པའི་དཔྱད་ཡིག་ནི་ལེགས་སྦྱར་གྱི་དཔེ་ཆ་བྲིས་མའི་དཔེ་གཞི་དག་ཡིན་པ་རེད། ཏུན་ཧོང་གི་བྲག་ཕུག་ནས་ཐོན་པའི་དཔྱད་ཡིག་ལ་སྲུང་སྐྱོབ་དང་བེད་སྤྱོད་བྱེད་རྒྱུའི་དབར་གྱི་འགལ་ཟླར་དམིགས་ནས་གནད་དོན་དེ་ཐག་གཅོད་བྱ་རྒྱུའི་འཆར་གཞི་ཞིག་བཏོན་འདུག་པ་དེ་ནི་ལེགས་སྦྱར་གྱི་དཔེ་རྙིང་དག་སྲུང་སྐྱོབ་དང་བེད་སྤྱོད་གཏོང་ཐབས་ཐད་ལ་ལུང་འདྲེན་བྱ་ཆོག་པ་ཡིན། ཉེ་བའི་དུས་སུ་ཏུན་ཧོང་གི་བྲག་ཕུག་གི་སྒོ་མོ་ཉིད་བལྟ་སྐོར་བ་ཚོར་ཕྱེ་བས་ན་བྲག་ཕུག་ནང་གི་ཁ་དབུགས་ཀྱི་བཙོག་ཚད་ཉིད་མཐོ་རུ་སོང་བ་ལས་རིག་དངོས་སྲུང་སྐྱོབ་བྱས

པའི་ལས་དོན་དང་འབྲས་བུར་གནོད་འཚེ་ཐོག་ཡོད། ད་ལྟ་བཟོ་བཞིན་ཡོད་པའི་ཇི་ལྟར་བྱས་ནས་སྲུང་སྐྱོབ་དང་བེད་སྤྱོད་བྱེད་པའི་འཆར་གཞི་དེ་ལ་གྲངས་འཛིན་ཅན་གྱི་ལག་རྩལ་གྱིས་ཕན་ནུས་ཆེན་པོ་བསྐྲུན་ཡོད་པས་གནས་སྐབས་བྲག་ཕུག་དེ་བཞིན་ཕྱི་ཕྱོགས་སུ་སྒོ་མོ་ཕྱེ་རྒྱུ་མེད་པར་ཆགས་སོང་ནའང་སྤྱི་ལོ2011ལོའི་སྔོན་དུ་ཧུན་ཏོང་ཞིབ་འཇུག་གླིང་ནས་བལྟ་སྐོར་ལྟེ་གནས་ཤིག་བསྐྲུན་ནས་བལྟ་སྐོར་བ་དང་ཞིབ་འཇུག་པས་གྲངས་འཛིན་ཅན་གྱི་བརྙན་ལམ་བརྒྱུད་ནས་བྲག་ཕུག་དང་རིག་དངོས་ལ་ཕྱོགས་ཡོངས་ནས་མཇལ་ཐུབ་པའི་འཆད་གཞི་ཞིག་བཟོ་ཐུབ།

བོད་དུ་ཉར་ཚགས་བྱས་པའི་ལག་བྲིས་དཔེ་རྙིང་ལའང་བྱ་ཐབས་འདི་ལྟར་སྤྱོད་དགོས་ཏེ། དཔྱད་ཡིག་རྣམས་དྲ་ལམ་བརྒྱུད་ནས་མི་རྣམས་ཀྱི་བལྟ་ཀློག་ཞིབ་འཇུག་བྱ་ཐུབ་པ་བཟོ་རྒྱུ་དེ་ལགས། དེ་ལྟར་བྱ་ཐུབ་ན་གཅིག་ནས་ཉར་ཚགས་བྱས་པའི་དཔེ་རྙིང་ལ་སླར་ཡང་གནོད་འཚེ་མི་ཐོག་ལ། གཉིས་ནས་གྲངས་འཛིན་ཅན་གྱི་ལག་རྩལ་གྱི་ཁྱད་འཕགས་ལས་ཚོད་འཛིན་བྱས་པའི་དཔྱད་གཞིའི་ཡིག་ཆ་དག་རགས་ཐབས་བྱེད་པའི་རེ་བ་མངོན་འགྱུར་བྱེད་ཐུབ་རྒྱུ་བཅས་ལགས།

གཉིས། འདིར་རང་བཞིན་ལྡན་སྐྱེས་ལྟ་བུའི་གནད་དོན་ཞིག་ཐོན་པ་ནི། ཞིབ་འཇུག་མི་སྣས་དཀར་ནག་གཉིས་ཀྱི་ཚོན་དུ་པར་སློག་བྱས་པའི་དཔྱད་གཞིར་གཞིབ་བསྡུར་ཞུས་དག་བྱས་ཟིན་རྗེས་ངེས་པར་དུ་མ་ཡིག་དངོས་ལ་མ་མཐར་ཡང་ཐེངས་གཅིག་བལྟ་ཞིབ་བྱེད་དགོས་པ་དེ་ལགས། གནད་དོན་དེར་ལན་འདེབས་རྒྱུ་ནི་སྟབས་བདེ་ཅན་ཞིག་རེད། དེ་ཡང་མ་ཡིག་ལ་མཆིས་པའི་ཁྱད་ཆོས་གསུམ་ཡོད་པ་དེ་དག་ནི་དཀར་ནག་ཚོན་གྱི་པར་སློག་ཐོག་ནས་མཚོན་ཐབས་བྲལ་ལ་ཁྱད་ཆོས་དེ་གསུམ་ལས་གཉིས་ནི་མ་ཡིག་རང་ངོས་ཀྱི་ཁྱད་ཆོས་ཏེ་སྣག་ཚའི་འཕྲུག་ལོས་དང་ཤོག་བུའི་གྲུབ་ཆ་དཔེར་ན་ཏ་ལའི་ལོ་མའམ། ཤོག་བུ། ཡང་ན་སྣག་ཤུན་གང་ཡིན་སྐོར་ཡིན་པ་དང་། ཁྱད་ཆོས་གསུམ་པ་དེ་ནི་ཕྱི་རོལ་ཡུལ་གྱིས་བཟོས་པའི་ཁྱད་ཆོས་ཏེ་ནག་གྲིབ་འགོས་པ་དང་དངོས་རྫས་གཞན་དཔེ་རྙིང་དང་འགྲིགས་ནས་ཡོད་པ་དེ་ལགས།

ཉམས་མྱོང་གི་ངོས་ནས་བརྗོད་ན། ཚང་མས་མཁྱེན་གསལ་ལྟར་གནས་ཚུལ་ངེས་གཏན་ཞིག་གི་ཆ་རྐྱེན་འོག་སྣག་རིས་ཟད་པ་དང་འབུ་སྲིན་གྱིས་ཟས་རྗེས། ཡང་ན་ཤིན་ཏུ་མངོན་གསལ་མི་དོད་པའི་ཕྱིས་རྗེས་སམ་ནང་འཇུག་བྱས་པའི་རྟགས། དེ་བཞིན་དཔེ་རྙིང་གི་ཡི་གེ་འཁོད་སྟོམས་པོ་མེད་པ་བཅས་ལས་པར་རིས་ལའང་ཤུགས་རྐྱེན་ཐོག་པར་བརྟེན་པར་སློག་བྱས་པའི་དཔྱད་ཡིག་ལ་བལྟ་ཞིབ་བྱས་པ་དང་མ་ཡིག་དངོས་ལ་བལྟ་ཞིབ་བྱས་པའི་མཇུག་འབྲས་གཉིས་གཅིག་མཚུངས་མ་ཡིན་པ་དེ་རེད།

དོན་དངོས་ཐོག་ནས་དེ་ལྟའི་ཤུལ་དུ་ལུས་པའི་གནད་དོན་ཐག་གཅོད་བྱ་ཆེད་ཡོད་མེད་ལ་མ་བལྟོས་པར་ཤིན་ཏུ་ནས་གསལ་བའི་པར་སློག（དཔེར་ན2400dpiའམ་ཡང་ན600dpiབྱས་པའི་པར་རིས）མགོ་འདོན་བྱ་ཐུབ་ན་ངེས་པར་དུ་མ་ཡིག་ལ་བལྟ་ཀློག་བྱ་མི་དགོས་པར་སེམས། དེའི་ཐད་སྤྱི་ལོ1994ལོ་ནས་བཟུང་འཇར་པན་རྒྱལ་ཁབ་ཀྱི་ཏ་ཀྲིན་སློབ་ཆེན་དཔེ་སྐྲུན་ཁང་གིས་པར་སྐྲུན་བྱས་པའི་ཚོན་ཁྲ་ཅན་གྱི་དཔེ་རྙིང་གི་པར་རིས་ལས་ར་འཕྲོད་བྱ་ཐུབ་པ་ཡིན།

གོང་གསལ་ནང་དོན་ལས་ང་ཚོས་མ་ཡིག་ཡོད་ཚད་ལ་པར་སློག་བཟོས་ནས་དཔྱད་གཞིར་མགོ་འདོན་བྱ་དགོས་ཞེས་པའི་དོན་མ་ཡིན། མ་ཡིག་གི་པར་རིས་པར་སྐྲུན་བྱེད་རྒྱུའི་ལས་ཀ་དང་ཁ་གྲངས་ཤིན་ཏུ་མང་བའི་ལག་བྲིས་དཔེ་རྙིང་ལ་པར་སློག་བཟོ་རྒྱུ་དེ་དུས་གཅིག་ཏུ་སྒྲིལ་མི་ཉུང་ལ། འདྲ་བཤུས་དཔེ་རྙིང་བཟོ་རྒྱུའི་འགྲོ་གྲོན་ནི་ཤིན་ཏུ་ཆེ་བས་ཧ་ལམ་ཞིབ་འཇུག་པ་སུ་ཡིས་ཀྱང་སྤྲོད་ཐབས་བྲལ་བ་ཞིག་རེད། འཇར་པན་རྒྱལ་ཁབ་ཀྱི་ནང་བསྟན་གྱི་དགོན་སྡེ་འགའ་ཞིག་སུད། འཛམ་གླིང་ཐོག་པར་སྐྲུན་བྱས་པའི་འདྲ་བཤུས་པར་རིས་དེ་རིགས་ཀྱོ་ཐུབ་མཁན་ཞིབ་འཇུག་ཚན་པ་རེ་གཉིས་ལས་མེད། འདྲ་བསྐུས་པར་རིས་བཟོ་སྐྲུན་དང་པར་སྐྲུན（ད་ལྟའི་དུས་སུ་ཐབས་ཤེས་འདི་ལྟར་སྤྱོད་པ་མི་མཚམས་པར་སེམས）བྱས་པའི་དཔེ་དེབ་ནི་དེ་ལྟའི་རིན་གོང་མཐོ་བས་ན་ཆོས་ལུགས་དང་ཕྱི་འབྲེལ་གྱི་དགོས་མཁོར་གཞིགས་པའམ་ཡང་ན་དམིགས་བསལ་གྱི་དོ་གལ་ཆེ་བའི་དཔེ་རྒྱུང་གཅིག་ལས་མེད་པ་དག་ལ་འདྲ་བཤུས་དཔེ་གཞི་བཟོ་དགོས་ན་མ་གཏོགས་ངེས་པར་དཔེ་རྙིང་ཚང་མར་དེ་ལྟར་བྱ་མ་དགོས་པར་སེམས།

⑧འདི་ནི་སྒྲིག་གཞི་རང་བཞིན་གྱི་བསམ་འཆར་གྱི་རྨང་གཞིའི་སྒྲོམ་གཞི་ཞིག་ཡིན། གལ་ཏེ་རྣམ་གྲངས་ཡོངས་ལ་ཚོག་མཆན་ཐོབ་པའི་དབང་དུ་བཏང་ནའང་དེ་ལ་ད་དུང་ཆེད་ལས་མཁས་པའི་ཞིབ་ཚགས་ཀྱིས་གོ་བསྒྱུར་བྱ་དགོས་པ་ཡིན་ལ། ཤེས་ཡོན་པ་ཞིག་ཡིན་པའི་ཆ་ནས་ང་ཚོས་མཐའ་མའི་འབྲས་བུ་བཟང་པོ་ཐོབ་རྒྱུར་དོ་ཁུར་ཆེན་པོ་བྱ་བཞིན་ཡོད། དོ་དམ་གྱི་གཏན་འབེབས་སྒྲིག་གཞི་གསལ་པོ་ཞིག་བཟོས་ནས་ཞིབ་འཇུག་གི་ལས་དོན་གཉེར་སྐབས་ཕྱི་རོལ་ཡུལ་གྱི་འགོག་རྐྱེན་མི་ཡོང་བ་དང་དགོས་མེད་ཀྱི་དཔོན་དབང་གི་ཀ་ཀོར་འགྲོ་ལུགས་འོག་མ་ཚུད་པ་བྱ་དགོས།

⑨ཚང་མས་མཁྱེན་གསལ་ལྟར། ཞིབ་འཇུག་མི་སྣ་རྣམས་ནི་མི་ཕྱུག་པོའི་གྲས་སུ་མི་ཚུད་པས་ན་ང་ཚོའི་བསམ་འཆར་ནི་དཔེ་རྙིང་དེ་རིགས་ལ་ཞིབ་འཇུག་གནང་མཁན་གྱི་མི་སྣར་དཔྱད་གཞིའི་རིན་བབ་སྤྲོད་རྒྱུ་ཆག་ཡང་གཏོང་རེ་ཞུ་རྒྱུ་དེ་ལགས། དེ་ཡང་རང་རང་སོ་སོའི་ལས་དོན་སྒྲིལ་སྐབས་དང་དཔྱད་གཞི་དེ་

རིགས་ཁྱབ་སྤེལ་གཏོང་རྒྱུའི་ཁྲིད་དུ་བོང་ཆོས་དུས་ཚོད་དང་ནུས་ཤུགས་གང་ཡོད་བཏོན་པ་མ་ཟད་མཐའ་ན་རང་ངོས་ཀྱི་གྲོན་དངུལ་བཏང་ནས་ཞིབ་འཇུག་གི་བྱ་གཞག་ལ་སྐུལ་འདེད་གཏོང་ཐུབ་པ་བྱེད་བཞིན་ཡོད། ང་ཚོའི་བསམ་པར་ཡང་བོང་ཚོའི་ལས་ཀའི་བྱས་རྗེས་དང་ནུས་ཤུགས་བཏོན་པ་ལ་གཞིགས་ནས་བོང་རྣམས་ཀྱིས་དཔྱད་གཞིའི་ཡིག་ཆར་བལྟ་ཀློག་བྱ་རྒྱུར་སྟབས་བདེ་བསྐྲུན་དགོས་པ་འདུག

གལ་སྲིད་ཞིབ་འཇུག་པ་རྣམས་ཀྱིས་རིན་སྤྲོད་མི་དགོས་པར་དཔྱད་ཡིག་ལ་བལྟ་ཀློག་བྱ་ཐུབ་པའི་དབང་དུ་བཏང་ན་རིག་དངོས་དོ་དམ་བྱེད་མཁན་གྱི་ཚན་པ་དཔེར་ན་བོད་ལྗོངས་རིག་དངོས་དོ་དམ་ཏུད་ལྷ་བུར་དཔལ་འཁོར་གྱི་ཁེ་འབབ་གང་ནས་ཡོང་ངམ་ཞེས་དྲི་བ་ཞིག་འདོན་སྲིད་པ་ཡིན། དེའི་སྐོར་ལ་ཡོ་རོབ་རྒྱལ་ཁབ་ཁག་ལ་ཆ་གཞག་ནས་བཤད་ན། དབྱིན་ཇིའི་ལོན་ཏུན་གྲོང་ཁྱེར་དུ་ཡོད་པའི་དབྱིན་ཆེན་དངོས་མང་བཤམས་སྟོན་ཁང་དང་ཧྥ་རན་སིའི་པེ་རི་སི་རྒྱལ་ཁབ་དཔེ་མཛོད་ཁང་སོགས་དཔེ་རྙིང་ལ་བལྟ་ཀློག་བྱ་རྒྱུར་རིན་དངུལ་སྤྲོད་དགོས། འོན་ཀྱང་ཀྱང་གོས་བོང་ཚོའི་བྱེད་སྟངས་ལ་ལད་ཟློས་བྱས་ན་དེའི་རྗེས་འབྲས་ནི་ཆག་སྒོའི་རང་བཞིན་ཅན་ཞིག་ཡིན་པ་ཐེ་ཚོམ་ཅི། གོང་སློས་དཔེ་མཛོད་ཁང་དེ་གཉིས་ཀྱི་དཔེ་རྙིང་དག་ལག་ཐོག་ཏུ་རགས་རྒྱུ་ནི་སྟབས་བདེ་དང་མགྱོགས་མྱུར་ཅན་ཞིག་ལགས་ནའང་དེ་དག་བལྟ་ཀློག་བྱེད་རྒྱུའི་རིན་གོང་ནི་མཐོ་ནས་མཐོ་རུ་འགྲོ་བཞིན་ཡོད་པས་ཞིབ་འཇུག་པ་རྣམས་ལ་ཆ་གཞག་ནས་བརྗོད་ན་ཉིན་རེ་བཞིན་དཀའ་ངལ་ཆེ་རུ་འགྲོ་བཞིན་ཡོད། ཟུར་ཟ་ལྟ་བུའི་དོན་ཞིག་གི་དཔེ་རྙིང་དེ་དག་ལ་བལྟ་ཞིབ་བྱེད་མཁན་ནི་ཞིབ་འཇུག་པ་དེ་དག་ལས་གཞན་མེད་པ་དེའོ།

ཕན་ཚུན་བལྟ་བསྡུར་བྱས་ནས་བཤད་ན། འཇར་པན་རྒྱལ་ཁབ་ཏུང་ཅིན་སློབ་གྲྭ་ཆེན་མོའི་དཔེ་མཛོད་ཁང་དུ་ཉར་ཚགས་བྱས་པའི་དཔེ་རྙིང་ལ་བལྟ་ཀློག་བྱེད་པའི་ཐབས་དེ་ནི་དགེ་མཚན་ཆེ་ཅམ་ལྡན་པའི་བྱེད་ཐབས་ཤིག་ཡིན་འདུག་པ་དེ་ནི་བོང་ཆོས་དཔེ་རྙིང་ཡོངས་རྫོགས་ལ་འདྲ་བཤུས་པར་རིས་བཟོས་ནས་དྲ་ཚིགས་བརྒྱུད་རིན་མེད་མཁོ་འདོན་བྱེད་པ་དེ་ལགས།

⑩རོགས་དངུལ་སྤྲོད་པ་དང་གཞན་དཔལ་འཁོར་ཐོག་གི་རྒྱབ་སྐྱོར་ལས་དཔེ་རྙིང་སྲུང་སྐྱོབ་བྱེད་མཁན་གྱི་ཚན་པའི་ཡོང་འབབ་མཐོར་འདེགས་བྱ་རྒྱུར་དགེ་མཚན་བསྐྲུན་ཐུབ། དཔལ་འཁོར་ཐོག་གི་རོགས་སྐྱོར་དེ་རིགས་ནི་མི་སྣེར་པས་དཔེ་ཆ་བལྟ་ཀློག་བྱ་ཕྱིར་སྤྲོད་པའི་ཁ་གྲངས་ཉུང་བའི་དངུལ་ལས་གཏན་པ་དང་ཕན་ནུས་ཆེ་བ་ཡོད། རོགས་དངུལ་དེ་ལྟར་རགས་ཐུབ་ན་ཞིབ་འཇུག་པ་རྣམས་ཀྱིས་དཔེ་རྙིང་བལྟ་ཀློག་བྱ་རྒྱུར་རིན་པ་སྤྲོད་མི་དགོས་པ་མ་ཟད་ཚན་པ་དེའི་རྨང་གཞིའི་འགྲོ་གྲོན་ལ་ཡང་ཁ་གསབ་

བྱེད་ཐུབ་པོ།

⑪དེ་ལྟར་ཡིན་ཙ་ན་འདིར་ངེས་པར་དུ་ཁ་གསལ་པོར་ཞུ་དགོས་པ་ཞིག་ནི། ཀྲུང་གོའི་རྒྱལ་ནང་དུ་མིག་སྔར་ལས་འགན་འདི་ཉིད་སྒྲུབ་ནུས་པའི་ལེགས་སྦྱར་ཡིག་རིགས་ཀྱི་ཆེད་ལས་ཞིབ་འཇུག་པ་མེད་པ་དེ་ལགས། ལས་དོན་དེ་དག་གཉེར་ཐུབ་པའི་མི་སྣ་གསོ་སྐྱོང་དང་ད་ཡོད་ཀྱི་རིགས་གཅིག་མཁས་པར་སྦྱོང་བརྡར་སྦྱོད་དགོས་ན། ཁོང་ཚོར་སྒྲ་རིག་པ་དང་ཐབས་ཤེས་རིག་པའི་སྦྱོང་བརྡར་སྦྱོད་དགོས་པ་མ་ཟད་ད་དུང་ཁོང་ཚོའི་ཤེས་རྒྱ་ཆེ་རུ་གཏོང་རྒྱུ་དང་དཔེ་དེབ་བལྟ་ཀློག་བྱེད་ཚད་མང་དུ་གཏོང་དགོས་པ་དང་སྔགས་ནང་དོན་མི་འདྲ་བ་ལས་གྲུབ་པའི་དཔེ་རྙིང་ཁག་གི་ནང་དོན་ལ་རྒྱུས་མངའ་ལོན་ཐབས་སོགས་ལ་སྦྱོང་བརྡར་སྦྱོད་དགོས།

ལེགས་སྦྱར་དཔེ་རྙིང་གི་ནང་དོན་སྐོར་ནས་བརྗོད་ན། ཆོས་ལུགས་ཀྱི་ནང་དོན་གྱི་ཕྱུད་པའི་གྲིས་མ་མང་དག་ཅིག་ཡོད་པ་དེ་དག་ལའང་རིགས་དབྱེ་ན་ཐེག་པ་ཆེན་པོའི་ལུགས་ཏེ་མདོ་སྔགས་ཟུང་གི་བཀའ་བསྟན་གྱི་དཔེ་ཆ་ཡོད་པ་མ་ཟད། ད་དུང་ཆོས་ལུགས་ཚོ་ག་དང་། སྔོན་ངག སུམ་རྟགས། འཇུགས་སྒྲུབ། གནམ་རིག་སྐར་རྩིས། ཚད་མ་རིག་པ་སོགས་ནང་དོན་སྣ་ཚོགས་ཡོད། ཀུན་གྱི་མཁྱེན་ཆོས་ལྟར། ནང་དོན་དེ་དག་རྟོགས་པར་བྱེད་པ་ལ་ཆེད་ལས་ཀྱི་ཤེས་བྱ་མང་པོ་ཞིག་ཚང་དགོས། ང་ཚོའི་ཉམས་མྱོང་ནི་དཔེར་ན་དཔེ་རྙིང་ག་གེ་མོ་ཞིག་ལ་ཡང་དག་གིས་བལྟ་ཀློག་ཞིག་བྱ་འདོད་ན་ཐོག་མར་དཔེ་རྙིང་དེའི་རྒྱབ་ལྗོངས་ཀྱི་གནས་ཚུལ་རྣམས་ཤེས་རྟོགས་བྱ་དགོས་པ་དང་དེ་ལྟར་བྱས་ཟིན་རྗེས་གཞི་ནས་སྒྲ་སྤབ་བྱེད་རྒྱུ་དང་ཞིབ་ཚགས་ཀྱིས་ཞིབ་འཇུག་བྱེད་རྒྱུའི་ལས་དོན་དེ་འགོ་རྩོམ་དགོས་པ་ཡིན། གལ་ཏེ་དཔེ་རྙིང་དེའི་ནང་དོན་དང་འབྲེལ་བའི་ཤེས་བྱའི་གནས་ལ་ནང་བྱན་ཆུད་པ་ཞིག་མེད་ན་གཞན་ལྟ་ཞོག་ཐ་ན་སྒྲ་སྤབ་ཀྱི་ལས་ཀ་དེ་ཡང་ལེགས་པོ་ཞིག་སྒྲུབ་མི་ཐུབ་པ་ཡིན་ནོ།

⑫བོད་ལྗོངས་སློབ་གྲྭ་ཆེ་མོར་ལེགས་སྦྱར་སྐད་ཀྱི་ཆེད་གཉེར་འཛིན་གྲྭ་ཞིག་འཛུགས་ཐུབ་ན་བོད་རིགས་སློབ་མས་ཆེད་ལས་དེའི་སྐོར་གྱི་རྨང་གཞིའི་ཤེས་བྱ་སྦྱོང་ཐུབ་པ་དང་། དེར་པེ་ཅིན་སློབ་གྲྭ་ཆེ་མོ་དང་ཕྱི་རྒྱལ་གྱི་སློབ་གྲྭ་ཆེ་མོ་འགའ་ཞིག་ནས་སློབ་ཚན་འཁྲིད་རྒྱུར་རོགས་རམ་བྱེད་ཐུབ། (བོད་ལྗོངས་སློབ་ཆེན་དང་ནོར་འོད་རྒྱལ་ཁབ་ཨོ་སི་ལོ་སློབ་ཆེན་དབར་གྱི་མཉམ་ལས་ དྲ་བ་དེ་འདྲ་ཞིག་ཨོ་སི་ཁྲུའི་ཡས་ཀྱང་འཛུགས་ཐུབ།)

⑬མ་འོངས་པའི་འཕེལ་ཕྱོགས་ལ་ཁ་ཕྱོགས་ནས་བོད་ལྗོངས་སྤྱི་ཚོགས་ཚན་རིག་ཁང་དུ་ཆེད་མངགས་ལེགས་སྦྱར་དཔེ་རྙིང་ཞིབ་འཇུག་ཁང་ཞིག་གམ་ཡང་ན་བོད་ལྗོངས་སྤྱི་ཚོགས་ཚན་རིག་ཁང་དང་།

བོད་ལྗོངས་རིག་དངོས་དོ་དམ་ཅུད་གཉིས་ཟུང་འབྲེལ་གྱིས་ཞིབ་འཇུག་ཁང་ཞིག་བཙུགས་ཐུབ་ན་ཞིབ་འཇུག་གི་ལས་དོན་དེ་བདེ་བླག་ངང་སྒྲུབ་ཐུབ། ད་ལྟ་དོ་སྣང་བྱེད་ཡུལ་དང་སྒྲུབ་དགོས་པའི་ལས་འགན་གཙོ་བོ་ནི་མ་འོངས་པར་དམིགས་ནས་གསར་དུ་ཐོན་བཞིན་པའི་ཞིབ་འཇུག་གི་ལས་འགན་བླངས་ཐོག་གཅིག་ནས་དཔེ་རྙིང་ལ་གཞིབ་བསྡུར་ཞུས་དག་དང་གཉིས་ནས་དཔེ་རྙིང་གྱི་རྗེས་འགྱུར་གྱི་ཁྱད་ཆོས་ལ་ཞིབ་འཇུག་བྱ་དགོས་པ་དེ་ལགས་ཤིང་། གོང་སྨོས་ཀྱི་ཞིབ་འཇུག་ཁང་དེ་ལྟ་བུ་ཞིག་བཙུགས་ཐུབ་ན་དེ་ནི་ལེགས་སྦྱར་དཔེ་རྙིང་ལ་ཞིབ་འཇུག་བྱ་སའི་རྒྱལ་སྤྱིའི་མཉམ་ལས་ལྟེ་གནས་ཤིག་ཏུ་འགྱུར་ཐུབ་པ་མ་ཟད་རིམ་པ་མི་འདྲ་བའི་བགྲོ་གླེང་ཚོགས་འདུ་འཚོགས་རྒྱུར་མཐུན་རྐྱེན་བཟང་པོ་སྐྲུན་ཐུབ་ངེས་བཅས་སོ།

(ཨེན་སི་ཐག་སེ་ཏན་ཁེ་ནེར། 《བོད་ཀྱི་ཏ་ལའི་ལོ་མའི་དཔེ་ཆ་ཞིབ་འཇུག》2015ལོའི་དུས་དེབ་ནང་འཁོད།)

试论西藏社会文化变迁的得与失

【关键词】 传统文化与现代化;佛教文化;西藏社会;松赞干布;得与失;藏族传统文化;文化变革;文化价值;文化观念

【摘要】 人类社会的任何一个种族和民族的文化发展史都是从产生、变化、发展、消亡到再发展变化这样一种过程。每一个民族的文化发展是其原有文化价值和观念不断变化和飞跃后所产生的必然结果。纵观藏民族的文化发展轨迹也不外乎是以上几个内容和规律。本文全方位分析、评价和总结藏族传统文化的利弊，提出进一步研究和探讨藏族社会制度文化变革问题是当前从事哲学社会科学研究者面临和急待解决的重大理论问题。

人类社会的任何一个种族和民族的文化发展史都是从产生、变化、发展、消亡到再发展变化这样一种过程。每一个民族的文化发展是其原有的文化价值和观念不断变化和飞跃之后所产生的必然结果。纵观我们藏民族的文化发展轨迹也不外乎是以上几个内容和规律。

进一步研究和探讨藏族社会制度文化变革问题是当前我们从事社会科学研究者面临和急待解决的重大理论问题。全方位分析、评价和总结藏族传统文化,对于让人们更清楚地认识藏族文化和加深对传统文化的理解很有好处。当前,全国上下都积极地进行改革开放,传统的文化观念和价值、生产方式和生活方式等正在发生着质的变化,各个领域里的变化日新月异。在这样一种文化变革的大气候之下,我们藏族的文化应如何面对现实以及如何解决传统文化与现代化之间的关系等问题显得越来越突出和紧迫。如何继承传统文化和发扬传统文化,如何去吸收现代文化的实质性问题已经摆到我们面前。这些文化变迁问题的出现是任何一种文化在它发展过程中必然经历的,因此,我们要以清醒的头脑对待这些来自客观世界的挑战。

不管何种文化,当它有变化和发展的时候才能前进,它恰似一条大河,聚集了诸多支流，因不断地改变方向而前进，才有旺盛的生命力。因有宽广的胸怀，才流向远方。因此，我认为藏族文化在本族固有的文化基淀上不断地引进和引收先进文化，优化组合，不失时机地调整文化内容和结构，更新文化观念，才有可能继续生存和发展，才能真正为西藏的现代化和西藏人民的利益服务，为祖国的繁荣、富强作贡献。否则，它将被世人甚至首先是被自己的人们所抛弃，被汹涌的时代浪潮所吞没，最终成为无人问津的美丽传说。

从理论角度认识和分析藏族传统文化，主要是为了寻找如何继承和发扬传统文化应有的实践价值和理论依据。只有对传统文化的渊源、内容和结构进行彻底的了解和剖析，我们才能准确地了解它并找出一些规律性的东西，才能掌握文化发展的脉络，为世人展示藏族文化的清晰的发展轮廓，为现实社会和人们提供思想咨询。

当我们研究和探讨文化时，在把握藏族文化的总的发展史的基础上，分析和总结各个不同时期所发生的具有代表性的文化变革，才能较完整和准确地评判不同时代的文化特点和内涵，得出比较客观的结论。因此，本文主要把藏族历史上所发生的一些重大文化历史变革作为文化变迁的主线和断面进行分析和总结，同时，对西藏历史上所发生的这些文化变革运动对今天的西藏和世人所带来的影响和作用进行深层次的探讨，以求教于同行专家们。

一

藏族文化具有悠久的历史，它是中华民族乃至世界文化宝库中的一颗璀璨明珠。因为悠久，才有丰富的内涵。因为是颗明珠，才有无法估量的价值。自地球有年轮之时，我们人类就有共同的历史。藏族，如同其他民族一样经历了4种社会发展阶段。在漫长的社会发展过程中，他们繁衍生息，与大自然进行顽强的斗争，不断地向开化和文明进军。在西藏的很多地方至今仍能够发现种种古代文明的标记和物品，充分说明了藏族文化的进步过程和久远的历史。到了4、5世纪,西藏社会和文化有了长足的进步和发展,其中苯教文化是代表性内容之一。苯教作为万物有灵论和祀祭天地神灵的独特文化,广泛传播于当时的吐蕃社会,苯教发展到晚期,甚至干预政治和军事等吐蕃王朝的内部事务。而且,它当时作为人们普遍信仰的宗教支配着人们的行为和统治他们的精神世界,关于苯教方面的具体问题非本文重点,在此不再详述。

到了7世纪,以吐蕃赞普松赞干布为主导而获大规模推广的佛教文化开辟了藏族文化变革的新纪元,此运动可称之为藏族历史上文化变革的创举和典范,对形成独特高原文化的意义是显而易见的。松赞干布作为一代英豪,有胆有识,具有宽广胸襟。松赞干布开始继承王位时的雪域高原是部落群争征战纷纷的乱世之秋,吐蕃南部的雅隆部落作为当时文化经济等各方面比较强盛的一方,欲向西北两方扩张,试图建立以雅隆部落为中心的部落联盟,因此,到松赞干布执政的时候,他开始用立盟和联姻等各种手段逐渐吞并了周边部落。然而,当时位于吐蕃南部的雅隆部落,从地理位置和交通条件等诸多因素看都不是最佳核心之地。因此,松赞干布放弃以雅隆为核心建立统一王朝的构想,进而率部亲征,征服周边部落,最后完成了统一青藏高原之伟业。松赞干部统一青藏高原之后的岁月里,实际上王朝(吐蕃)未曾有过比较稳固的中心,即首府。松赞干布在晚年才完成了统一大业。史载,当时松赞干布在统一过程中,没有在某个地方长期居住过,他有时在雅隆,有时在拉萨,甚至在尼泊尔,实际上松赞干布与统一蒙古草原的英雄成吉思汗一样,御驾亲征,没有确立严格意义上的中心,因此,我认为松赞干布迁都之说尚不能成为定论,要进一步研究和探讨。

二

松赞干布制定了一系列经济、文化、军事、政治和有宗教内容的法律,同时,还完成了藏族历史上一系列文化创举。他命吐弥·桑布扎等一批青年到印度等地留学,吐弥返蕃之后创制了沿用至今的藏文。松赞干布紧接着主持制定了藏族历史上的首部具有宗教和道德内容的法律条文，从此开始了法治的新型制度文化，对改变和发展吐蕃社会起到了积极的作用。松赞干布取得了如此辉煌的成绩，归根结底是更新文化观念所带来的硕果，是他胸襟开阔，高瞻远瞩，为了巩固和加强吐蕃王朝统治，排除各种干扰，实行开放政策，积极地迎接和吸收外来文化的结果。松赞干布首先从传统宗教文化观念上打开缺口，使人们从比较原始的文化观念中解脱出来，放开手脚，吸收新进的文化。众所周知，人们对文化价值的认识和评判，总是立足于一定的时代和阶级并体现该时代和阶级人的文化价值，如果说松赞干布是文化变革的英雄，那么，当时的吐蕃社会文化发展背景就是造就这一英雄的伟大母亲，这是一个社会的文化内容和水平发展到一定的程度以后所必然出现的结果。

作为藏族的古老文化的苯教，经历了从物质到心理文化层面的认识过程，当以松赞干布为代表的新文化人对这种文化价值的认识和评判上升到了一定的高度，从而进一步认识和理解到苯教文化的原始性和局限性，感觉到它远远落后于人们的认识水平，人们渴望一种新鲜文化的出现和追求更高文化层次，即佛教时，就为松赞干布比较成功地对藏族文化进行变更提供了所需要的特殊文化心理背景和社会条件。

吸收优秀外来文化是松赞干布变革传统文化、推广佛教文化中所采取的重要措施。佛教作为当时文明程度和认识水平等各方面高度发展的学问，被南亚各国所接受和推崇，它是从精神上统治人们的有力武器。因此，刚刚建立不久的吐蕃王朝因势利导，断然选择了佛教。但是，至今学术界有这样一种观点，认为佛教在西藏的传播是吐蕃王室强行推广的结果，我认为这种观点是不能成立的，违背了当时社会文化的内在逻辑。我认为佛教在西藏的传播和发展不但有王室推广的因素，更重要的是有其广阔的世界性文化气候和使其能够生存发展的社会文化土壤。唯物辩证法认为，内因是变化的根据，外因是变化的条件。佛教在西藏得以传播，正是内因和外因发生碰撞之后所出现的结果。

佛教文化在吐蕃周边的国家和地区传播和推广，而且达到一定的发展程度，尤其是在印度和中原。吐蕃王朝当时刚好处在两大文明古国之间，它必然受到两大古国的文化、经济和政治等各方面的影响和冲击，闭关自守的状态不可能是长久之计。因此，吐蕃在无条件地吸收和引进了佛教文化的同时，逐渐吸收了印度和中原的其他文化。从吐蕃社会内部角度讲，在佛教文化大规模地传入西藏之前，吐蕃人不可能是历史上所描绘那样“野蛮”“愚昧”的，实际上他们很聪明，机智勇敢。佛教作为当时文明程度比较高的一种学问，早在松赞干布之前，已进入吐蕃，但没有形成大气候。实际上，从“神秘神物”出现在吐蕃社会的那天起，便开辟了佛教传入西藏的先河。据历史记载“第七代吐蕃王拉托托日年赞时，有物从天而降，无人识者因之为玄秘神物”。从这段话中我们可以明确地觉察到，早在拉托托日年赞时，已有佛教经文和法器传入吐蕃，而且，人们把它作为象征吉祥的宝贝，成为拉托托日年赞自己乃至以后历代赞布们所敬重和祭祀的对象，待时机成熟时，终于得到广泛推行。

当松赞干布首次到拉萨时又出现了具有很明显佛教活动迹象的情景。据历史记载“当松赞干布及其随从人员到达拉萨时，松赞干布继想如果在布达拉山顶，建一王宫而住在那里，将能使四方所有王国不由自主地倾向自己……，在那里的横道上他亲眼看见自然显现的六字真言，他当即沐浴净身虔诚祈祷，感到从自然现起的六字真言放出五色灿烂的彩虹，辉映到对面岩上自然现起的观音菩萨、救度母、马头金刚等佛像上面”。以上两种例子在某种程度上说明了佛教当时不但在西藏南部有些活动，而且，在吐蕃中心地带也有影响。虽然这些佛教活动的迹象增加了一些神秘主义色彩，但我们不能否定松赞时期或更早时期的吐蕃社会里不但有佛教的传播，而且有佛教典籍和法器并有某些佛教实践的事实。另外，唐朝和印度等地培养出来的大学者汉名种琮、吐弥·桑布扎以及嘎尔东赞等曾帮助松赞干布统一雪域高原，传播和推广佛教文化的文臣武官们，不可能一夜之间成为佛教文化的接受者和传播者。其实这些军事和文化精英很可能出生在佛教世家，来自于佛教文化的社群中。因此，笔者认为到了松赞干布时，基本上具备了大规模地传播和推广佛教文化的社会内部条件和思想基础。在松赞干布为核心的吐蕃开明文化人士的努力下，吐蕃社会开始以文化和法律治理国家，以文化道德规范社会，从根本上改变人们的宇宙观和人生价值，这是佛教文化当时作为比较先进的文化而对藏族社会的发展与进步所产生的积极作用。因此，我们从吐蕃时期新文化变革运动中总结出一些经验和教训，那就是当一个民族去适应国际文化气候和跟随时代脚步，不断改革文化观念和吸收外来优秀文化的时候，便是这个民族走向进步和发展的时刻。相反，闭关自守、满足现状，没有任何勇气吸收外来文化的时候，这一民族便没有一丝生气，趋向落后甚至是倒退。

三

从松赞干布到朗达玛灭佛期间的200多年里，总地来讲吐蕃社会是不断发展和变迁的，而且某些领域发展水平很高。域高原大体上存在着统一的王朝，在此期间历代赞布都推崇和宣扬佛教，使佛教文化达到登峰造极的地步，它的规模超越了吐蕃社会的经济和人们思想的承受力。同时，赤松德赞的父亲模仿先祖松赞干布，迎娶金成公主为妻，借此机遇又一次引进吸收中原文化。赤松德赞为了进一步发展佛教文化，迎请以莲花生大师为代表的不少印度等地的佛学高僧来藏传教，他主持了历史上有名的“桑耶辩经会”，其目的在于“百花齐放，百家争鸣”，使佛教名种流派统一起来，保留和发展最具真道而又适合于吐蕃社会的佛教流派。此时出现了藏族历史上第一座寺庙和首批僧侣。后来这座庙宇和首批僧侣分别成为吐蕃宗教文化中心和发扬佛教的中坚力量，在西藏佛教发展史上具有相当的地位和影响。

朗达玛被杀和他灭佛是人们对文化变革的承受力失去平衡的结果，也是一种文化向极端发展所必然带来的后果。统治了长达200年之久的吐蕃王朝全面崩溃，导致了群雄割据，佛徒无庙的分裂局面和分散状态，佛教失去了它原有的光彩。相反，苯教从被动转为主动，积极地开始活动和发挥作用，并开始吸收佛教文化的内容，佛苯两派之间发生内在关系，逐渐形成以佛教为主要内容的藏族佛教文化，这也是形成和发展所谓藏传佛教文化的开端。

在雪域高原内部，无统一各豪族的强有力的英雄人物和精神力量的时候，蒙古部落进兵西藏，消灭和打击了西藏仅有的弱小武装力量，使西藏处于解除武装而无力抗争的状态，蒙古人看准了对他们构不成危险且可利用的佛教及其代言人在西藏的影响和无尚的地位，把西藏的统治权力赐予最容易对付和消灭的僧侣集团，并且给他们封号等很高礼遇。

后来元朝中央政府为了把西藏永远凝固在雪山峡谷之间，使其浓缩在世界屋脊上，同样牢牢控制和扶持西藏的得宠的僧侣集团，使其得到任意扩张。另一方面，从事农牧业和手工业的一般群众长期受制于豪族们的强大武力压制，生活极度贫困，精神很空虚。当僧侣集团得势之后，他们便向各阶层宣扬现实利益和来世幸福的宗教义理。通过这些政教制度的作用，现实和理想之间的复杂矛盾斗争被暂时消解，百姓们逐渐变成为僧侣集团的拥护者和支持者，成为僧侣集团任意摆布和利用的物质和精神奴隶。基本社会制度方面，在僧侣集团和佛教势力扩展的同时，当然新的阶级社会制度也由僧侣集团制定和确立，这就形成了所谓政教一体的社会制度。其中，活佛转世制的出现和完善一方面是佛教因果关系和轮回说的具体表象，而更重要的是得势的僧侣集团为进一步巩固他们的统治地位和既得利益而悟出和实施的绝好策略，进一步深化了僧侣至上的社会文化心理和上师最具权威的政教合一制度。

四

西藏归入元朝版图之后的漫长历史长河中，随着中央政府的更替与突变，西藏地方的政局和教派之间的力量平衡也直接或间接受到影响。在不同的王朝统治之下，有时西藏地方的统治集团有变更，但是，佛教文化作为主流和喇嘛统治一切的命运一直未能有所改变，反而愈演愈烈，使其影响和作用达到无法控制的程度，反复表现出佛教文化的消极作用，阻碍了社会经济的发展。

在元朝时期和元代以后的历史中，虽出现过佛教文化的改良和整顿的举措，但基本上未出现过促进人们改变文化价值观念、改变现实的具有革命性和超前性的文化变革运动。在此期间，从外部文化实体来讲，出现了以布达拉宫为代表的丰富灿烂的文化产品，藏医藏药学方面有长足的发展，天文历算等各个学科取得了辉煌的成绩。但是，人们的思想境界和人生价值未从生死轮回、因果报应、追求理想国——极乐世界、人分等级等各种宗教与迷信思想和观念中解放出来。就这样持着生死轮回的人生价值观，拿着因果报应的量尺进入了近代历史。总之，此前的西藏社会基本上是被外部世界和文明无情抛弃的封闭性的社会，是一个在其深层结构中常常盘结着古老制度、思想、观念、伦理道德、宗教与迷信、风俗习惯等形形色色的意识形态的社会。这种各个时代的文化基本上无选择地继承和重复的现象导致了西藏社会停滞不前，就地踏步，甚至倒退，这就是西藏在社会经济发展等方面至今落后于别的地区和民族的原因所在。

五

西藏地区进入近代以后，整体文化结构和人们的思想观念尚未有过比较大的变化，佛教和与佛教有内在联系的其他文化思想所产生的社会意识和制度趋于严密化和不可侵犯化。因此，不管西藏周边的民族和地区在经济、文化、教育等各个领域乃至社会制度发生何种变化，从大的方面来讲，西藏地方的政治社会制度和文化方面没有发生过值得特述的一些变迁和飞跃，但是，我们直观西藏近代史，可以看出一个比较突出的特点，那就是在一些开明文化人士的推动和努力下，出现过对藏民族传统文化多层次的反思，施行过一定的积极和进步意义的举措，大胆吸收外来文化，一定程度上促进了文化繁荣和经济发展。除此之外，另一个比较突出的特点是，继续顽固地坚持传统文化和观念，排斥和打击吸取外来文化的活动，还有分裂和反分裂的矛盾和斗争。当时，又同松赞干布革新传统文化时的大背景一样，西藏到了近代，仍然在两大文明地区之间，同时受两种截然不同文化的影响。但是，佛教已完全被西藏化，并取得统治地位，佛教文化观念根深蒂固，无法形成接受外来文化的新气候。因此，不管外部世界发生何等变化和发展，西藏社会总是处于视而不见、听而不闻的消极落后状态。但另一方面来讲，当时西藏社会和文化观念也不是风平浪静，处于真空的状态。实际上，当时西藏上层社会中的部分知识名人和僧侣对传统佛教文化的价值和内容进行了比较客观的评判和反思、艰苦的思索和大胆探究，促成了当今知识界所崇拜和作为楷模的格顿群培等一批文化人的成长，他们虽然未能实现自已所主张的理论和理想，但在封建农奴制度下，敢于对传统文化进行反思和用牺牲精神坚持真理的品质是难能可贵的，值得我们学习。当时的社会现象，也有一些值得我们分析和总结之处，例如留欧学生返藏之后，对等级森严、落后腐朽的西藏农奴制度有所不满，试图改变这种状况，对西藏社会发展和经济发展廾始关注，自觉或不自觉提出对现存的落后制度和生产方式进行改变的主张，以致先后出现了西藏近代史上波及面较广的“擦绒军事政变”和“龙夏事件”。这又是西藏文化和制度与外部的情况比较之后所产生的要求变革的结果，这对于封建农奴制社会而言具有进步意义，而且在民众中起到了启蒙作用。但是，最后他们都以失败而告终，给世人留下了几分遗憾。笔者认为这是必然的结局，因为当时他们对传统文化和西方文化在特定的社会背景中的价值和承受能力方面的认识存在着严重的局限性，对封建文化和政治势力的保守性估计不足，而且由于他们的阶级局限性，未能取得民众的支持，甚至在民众中没有形成任何思想准备。

六

一个民族的前进和发展主要取决于它有无面对现实世界的精神，有无对传统文化进行改变和更新，使之更加符合该社会的经济文化的发展与进步的勇气。谁都无法否认的是，随着佛教的传入，藏民族走向开放和吸取其他民族优秀文化，不失时机地充实自己的文化和繁荣佛教文化，建立了独特的高原文化，在认识宇宙和发展思维方面跃上一层新台阶。但也应看到它在发展的晚期,文化的继续发展受到阻碍,制约了人们在现实社会里实现人生价值的主动性,在某种程度上遏制了人的聪明才智,压制了人们发展社会经济和文化的积极性和热情,似乎捆住了西藏社会前进的步子。时至今日,这种影响和余波还没有完全隐去,应引起我们的注意。

当我们认识和讨论传统文化的得与失的时候,一定要把不同阶段和社会的文化思想放在特定的历史条件和时代背景下进行研究和评价,这样才有可能得出切合实际的结论。特别是对佛教文化更应如此,早期佛教代替了苯教文化,促进了社会的发展,起到了积极的作用。但现在佛教文化越来越鲜明地表现出它的消极一面,这是对人们更新观念和社会发展而言的,但这不奇怪,任何一种文化都有这种现象,不是藏传佛教的特有现象。

在当今改革开放、发展经济、全球性文化反思浪潮以及东西方文化融会并进的形势面前,我们如何对待传统文化和展望未来发展态势,是当前每一个关心藏族文化和热爱自已民族的人们所面临的紧迫问题。自从三中全会以来西藏在继承传统文化和弘扬优秀文化方面取得了很大成绩,文化建设和培养民族知识分子等方面取得了一定的成绩。但从总体上分析,在如何继承发扬传统文化方面尚未有比较准确的方法和理论去指导人们的思想,不少人在很大程度上也不理解和认识什么叫传统文化,该弘扬哪些文化,什么叫现代化,它的主要内容是什么等。对此,有必要进行深入研究和探讨。

分析现实,在认识传统文化的价值、研究传统文化与现代化之间的关系以及有无必要建设藏族文化体系等诸多问题方面,存在着以下几种倾向和看法。第一,“时机未成熟论”,他们对藏族传统文化继承变革问题上持半开半闭的态度,他们认为如果对传统文化进行大刀阔斧的改良,于心不忍,唯恐失去民族文化特点和丢掉民族自尊心,所持观点较为狭隘,他们基本上安于现状,总想等待某种时机的到来。第二,文化虚无主义论,有一些民族虚无主义论者对藏族传统文化持完全否定的态度,他们认为藏族传统文化已失去其在社会中的作用,但因怕这些观点和言论影响西藏当今的政治稳定和对执行民族宗教政策不利,从善意出发,不于言表,处于进退两难的境地。第三,“佛教复兴论”,他们认为藏族文化特别是佛教不但是今日之最高级学问乃至将来也是兴旺之学科。因此，要求对佛教——即藏族传统文化重新评估，特别给佛教以很高的评价，极力推崇佛教，强调佛教在现代化中的价值和作用，片面夸大传统文化的价值。相反，对传统文化的消极面则视而不见。总之，"时机未成熟论"、"文化虚无主义论"、"佛教复兴论"都没有把文化放到历史的天平上去评估，也没有考虑他们这种观念和理论是否符合西藏实际，能否对西藏的繁荣与安定有利，是否符合西藏广大人民的精神和物质两方面的要求。因此，这种不从实际出发，随意评判文化价值和作用的做法不仅在政治上是错误的，而且对维护祖国统一、加强民族团结及对西藏的改革开放事业将产生不利影响，应引起大家的注意。

对于人类历史上的一切文化，必须采取历史唯物主义的科学态度，实事求是地根据历史标准，功利标准、实践价值标准进行全面、公平和科学地评价，这样我们才能把文化的价值和作用置于一定的历史和现实条件下研究和把握，分清糟粕与精华，选择和吸收传统文化中的一切有价值的东西，才能构建新的藏族文化体系，以实现藏民族文化的现代化嬗变。

原载《西藏研究》1993 年第 1 期

山神、祖先的姓氏及神圣的武器

——评位于中尼边境上的宗教圣地及其社会特征

【关键词】 山神;祖先;姓氏;煨桑;祭祀;农耕;迁徙

【摘要】 作者深入喜马拉雅山区并利用文化人类学和宗教学之研究方法,对至今仍然在堪巴隆地区流行的古老宗教信仰、生产模式和生活方式等社会宗教文化现象进行了深入浅出的调查。

我在位于西藏自治区南部的卡达(khar ta)地区和尼泊尔王国东部的阿润(Arun)村之间的、号称是隐蔽村落(sbas yul)的社区里调查时,亲眼目睹了在那里举行的象征一年中的两次迁移期的宗教祭祀活动。这两个比较大的祭祀活动分别是,春季里在隐蔽村落的中心地带举行的、开放夏季草场的祭祀仪式和秋季里举行的祭祀仪式。煨桑是这两个祭祀活动的基本内容。该祭祀的主要对象是神山、氏族的神灵以及从古崇拜至今的西藏保护神,即战神及其神圣武器。

祭山的活动是从他们居住的村庄开始的。祭拜了所有贯穿在整个隐蔽村落里的祭祀点之后,他们就赶赴高山牧场。信徒们在各个祭祀点上树立经幡,祈求战神的保护。喇嘛(lama)们诵读含有煨桑内容的经文,拉本(Lha bon)即教士们朗诵颂词。颂词中的内容涉及统治和依附于整个领地的各路神仙。据说这些神灵,特别是主神确迥噶娃素热瓦(chos skyong go ba zur ra rwa can),即十三个隐蔽村落的主宰者能给社区、百姓和头人们带来荣誉(dbu phang)。

固定不变的祭祀活动不但左右和影响农耕时节和牧场的迁移时间,而且它帮助人们准时到达领地里的各祭祀点。这种祭祀活动似乎又与该社群内部的政治结构有着密切联系。

从堪巴隆地方往东走过几个村庄之后便是贡萨村，即冬季居点，该村位于另一隐蔽村落柏玉哲莫迥（Sbas yul'bras mo ljongs），即锡金的边缘地带。我在调查时发现，在贡萨地方举行的祭祀活动同样在其他隐蔽村进行，如堪巴隆地区也能见到。就像他们的远亲阿闰村的人们一样，贡萨人也居住在中国和尼泊尔王国之间的边境线上。过去，两地政府允许包括最偏远地区在内的所有边境社区保留其固有的、具有古老社会政治特征的政体基础上的高度自治权力。特殊的宗教宇宙观和祭祀仪式构筑了社区内部以及社区与国家间的秩序和传统。

众所周知，宗教祭祀活动是一种主要以土地神为对象的祭祀活动，在这些社区里，藏族古代保护神之一战神和神圣的宗教武器并不陌生。这种对神圣的膜拜习俗在这些地方更具有典型和普遍意义。特别是在那些曾享有过一定自治权的边境社区里，祭祀活动似乎是该领地的重要组成部分和社群的自我标志。与此同时，这种宗教祭祀活动中发现该地方人民的以佛教为框架的、具有各种信仰特征的宗教生活。这种信仰是在远古的祭祀仪式的基础上增加了佛教理念和一些新的要素之后形成的。莲花生大师和其他佛教高僧在这方面扮演了重要角色，从而，改变了原有的对山川景色的解释以及社区与国家之间的关系。

一、祖先的姓氏和山神

贡萨地区的居民中一部分是古代夏尔巴人，即来自西藏东部人的后代，而另一部分乃是来自西藏中部地区人的后裔。虽然迁居在边境地方的这两种来自不同地方的人均有各自的父系姓氏及其称谓，但是夏尔巴人能够说出其先民的具体姓氏称谓（rus ming），相反，据说是来自于西藏中部地区的人群对其姓氏及其关系是模糊不清的。这一点与这两种群体来自于不同的社会结构有着紧密的联系。夏尔巴人是由西藏东部地区的人迁移到喜马拉雅地区而发展的。夏尔巴的故土，即西藏东部地区，父系姓氏仍然是重要的社会特征。而另一群人是来自被达赖喇嘛用佛教统治的，而且姓氏称谓习俗几乎成为仅仅是历史回忆的卫藏地区。

先民的姓氏指的是父系姓氏。父系姓氏，即骨(rus)是与其联姻对象母系，即血(khrag 或肉 sha)结合之后渗入到整个社区的。然而，贡萨地方对姓氏和氏族神的重视程度不及阿闰和索陆库木布地方。在那里，整个社区在精神上所推崇的是山神五宝库(mdzod lnga)，她是社区的拥有者。人们认为整个社区的灵魂就寄托在那里并且相信所有财宝最终将被发掘。

根据当地老百姓讲，当他们的祖辈们从西藏来到这里时，山神宗噶(Dzonga)被认为战神的化身。据说，他们的祖先是在战神的帮助下打败了当地的土著藏缅部落之后才定居下来的。这一原先据说是被鬼怪统治的领地，今天被山神宗噶所拥有。据传说，伏藏师(tetonpa)杰布拉尊钦布(rgyal po lha btsun then po)打开西藏和锡金之间的通道时，塑造了战神的像。据传说当鬼怪们看见战神的塑像时心觉好奇，就从其隐藏处出来，于是，人们便用神圣的弓箭射死了他们，从此以后人们才安稳地定居下来了。

以上所介绍的所有要素均能在每年的农牧业生产过渡期间举行的祭山活动中有具体的体现。

二、领地和祭祀历法

领地指的是一个有界门(sgo)，即象征其边界的圣洁之地域。这些地域的最高处称之为普(phu)，藏语里指山谷的最上部。上部地区被认为是最圣洁的地方。人们相信在岩石和雪山中隐藏着莲花生大师和空行母的圣地，并认为在适当的日子里，此地将被开放。

宗教祭祀是人们当初开发目前所居住的地方时发生的各种情景的再现，同时，通过它净化神与人类间的关系。这种祭祀仪式与社区的实际运作是相连的。

贡萨是个具有半农半牧之经济结构的村落。从藏族的生产模式上可以看出他们是依靠农业和牧业生产来维持生计的，因此，他们的生活内容和形式都要遵循农牧业生产模式。这种生产方式在整个西藏地区以及喜马拉雅谷地普遍存在。他们每年按季节的变化从一个居点过渡到另一个居点。

坡咯地方是海拔最低的居点，此地是人们在冬季最冷的时段里居住的地方。人们在那里住到农业新年(so nam pa to gsar)即后藏地方新年来临为止，此时土豆已被培植。当藏历新年，即国王新年(rgyal po to gsar)来临之际，他们移居到主要聚居地贡萨，即冬季居点。此时整个村庄周围住满了人并把牲畜集中存栏于近处。大型的祭祀仪式耐索(gnas gsol)，即祭拜圣地的仪式的结束标志着人们将要离开谷地，向夏季居住地凯木巴琴进发。据说那里是古代藏人最初移居的地方。此时，也是边民们从事物资交易日的开始。结束了边境物资交流活动之后，牧民们逐渐把牲畜赶到高海拔的山地草场。大约在盛夏里他们才到达洛乃，即南部的圣地。在那里由一位高僧的主持下举行盛大的煨桑为主的祭祀活动来庆祝牧民们已到达最大的草场。在宗教仪式未完成之前任何人不得在草地上放牧。从秋季开始，人们又逐渐从高山牧场下居到坡咯地方，此时后藏的农业新年来临。

关于一年的迁移的规律方面，耐索，即祭拜圣地的仪式与春夏两季之间的农牧业生产活动有着密切的关系。这种结合式关系我在尼泊尔境内的堪巴社群和西藏的宗教仪式中也看到过。这种现象可追溯到吐蕃王室从冬季居住区过渡到夏季居住区时所举行的宗教祭祀活动的历史。所有这些祭祀仪式是以神山为中心而举行的，这是因为山是灵魂的载体人和神的交点。祭拜圣地的习俗实际上是远古时期随季节变化而居的草原牧民生活的反映。

三、贡萨地方的祭祀仪式

当盛夏的满月挂空之际，贡萨地区举行颇具规模的祭拜花王(me tog rgyal po)和五宝库神的祭祀活动。这是一年中最大的祭祀活动，它预示着人们将挺进夏季居住区并且开放夏季牧场时刻的来临。此时也是邻国居民到西藏做生意季节的开始。

在举行正式祭祀仪式前的一周时间里，所有家庭开始缝制新的经播并以此换下挂在冷杉枝上的旧经幡，并且把这些旗杆叉在屋顶上。然后，在一个满月挂空的夜晚，人们聚集在村落头人的家，此户的主人也是举行该仪式的赞助人之一。在那里社区的人们配合喇嘛们诵读煨桑经文。祭坛上摆放着用面团捏成的各种小塑像，以此来象征山神、氏族的神灵以及佛教的保护神。祷告中提及当地的山神、地貌的形成过程并召唤整个领地的圣灵。祭祀活动结束之后，人们排着队到附近的寺庙里，从那里人们身背所有储藏于寺中的经文，绕村庄转悠。人们认为经书赐福于土地并保护该村落的多产景象。年轻的妇女们在头顶上捧着经书，而男人们则佩带腰刀。喇嘛们吹着神圣的宗教乐曲，朗读经文。祭祀队伍每到一个十字路口时便停下来面向四方，伸出腰刀，赞美战神和召唤神灵。所有的经幡叉在用石头垒成的玛尼堆上。祭祀队伍到达终点之后，转拜杰布拉尊钦布的灵塔。

到了傍晚，人们开始欢歌跳舞，僧侣们围着一个腰带利刃、肩上挂着弓和弦的塑像跳舞。这种舞蹈表现战神，以此来纪念战神是如何帮助拉尊钦布王战胜当时统治这一地方的魔怪的。在那天下午提出新的村落头人的候选人名单。

仪式的第二天，男人们带着弓箭集中在同一个地方。每户必须选派自家的代表，即派一名年龄在18至60岁之间的男人。在箭术比赛中使用的武器是参赛人自己准备的。他们饮酒、祈祷战神和高歌赞美战神之后，移到另一个地方，即竞技场。所有射中木制公牛眼的人获得一条哈达并获得殊荣，而未射中者深感羞愧。

这一天，妇女们穿着节日的盛装，一边观赏竞赛活动，一边饮酒。妇女是不允许触摸战神的武器的。仪式的最后一天，按照传统习惯，人们谈论各自的日常劳动和生活情况。但是，现今人们主要还是以饮酒、唱歌和跳舞来祝兴。

四、神圣的武器、古代战争及领地

对贡萨地方的人来讲，弓箭是战神的神圣武器并且把它供奉在祭龛的旁边。它们不仅是宗教装饰品或者是用来比试箭术的工具，而且通过弓箭来怀念在古代战争中用这些武器来征服和维护该地方的历史。这些武器可能曾不仅用于早期的藏人与藏缅人之间发生的战争，而且18世纪藏人大规模移居喜马拉雅地区时发生的战斗中以及18、19世纪西藏与尼泊尔、锡金与尼泊尔之间发生的战争中也用过。而那些与武器有关的祭祀活动又可谓是历史上曾经发生的战争之再现。

在祭祀活动中举行的射箭竞赛是一种在古代部落联盟内部举行射箭比赛并对射箭高手给予奖赏之习俗的继承。今天它是用来表示领地和性别特征的。性别特征与提出村落头人的候选人绝不仅仅是一种偶然的巧合。今天的仪式中这一地位和作用已腐化了，它只是含有如何组织祭祀仪式和当社区面临问题时谁来负责的内容。在过去，这一作用与甘波(rgan po)，即村落头人有着密切的关联。甘波是由统治整个地区的瓦垄噶娃头人任命的。

五、祭祀仪式和社会特征

在藏语里祭祀称之为耐索(gnas gsol)，是拜祭圣地的意思。煨桑(lha bsang)一词表示基本的礼拜式及其强调净化人与神之间的关系。它的主要目的实际上是修复(gso ba)人与神灵，特别是人与战神间的关系。神灵给所有举行庆祝仪式的社区以恩赐福照(bsod nams)、运气(rlung rta)、荣誉(dbu phang)和权力(dbang thang)。对神灵的祭酒和开展群众性的规模很大的祭祀仪式，意味着将在人与神之间建立一种崭新的关系。gsol一词作为nesol、Jha bsol的一部分，因此，这一术语在这里正如学者杰西卡所提出的那样，具有纳供和祈求内容兼备的朝拜仪式之含义。通过这种祭祀仪式，人与神之间不但建立一种联盟关系，而且把这种关系反复进行净化，其中，也包括烙有神性特征的领地本身。

宗教祭祀仪式及其传承过程反映出一种宗教仪式与目前的社区之间的历史关系和地理空间。对历史事件的回忆和古老的西藏神话传说的基础上加入来自佛教的因素,形成了现今社会的相互作用的关系模式和意义空间。通过祭祀仪式明显地反映出以下四个非常重要的关系。

1. 男人和女人。在性别中特别提到战神和神圣武器的崇拜。

2. 社区和地方资源。规定的时间内才可以进入领地内的不同地区。

3. 社群和地方的政治领导。通过祭祀仪式推荐村落的首领。

4. 社区和佛教颂经传统。喇嘛在社区里有着崇高的威望,在祭祀仪式中使用佛教经文等。

在这里藏语的敬语地位或荣誉一词 dbu phang 似乎是贯穿于以上四个关系之中。dbu phang mtho 一词的字意是高层中的首领。从词源学角度看,这一称号是从由社会地位高低而排列出的大会的席位之术语中派生出来的。从这一词的含义上讲,dbu phang 是指一种崇高的力量,它给社会中的每一个位置上的人赋予力量和荣誉。根据民间歌曲,经文是喇嘛的 dbu phang,这如同首领有法律、主人有仆人、田地和孩子有家长、少男有武器和技能、女人有宝石饰品。它满足人们的社会期望,这些期望是具体的,是不能相互比拟和融入于世袭政体秩序当中的。从更高的层次上讲,dbu phang 这一概念可解释为景物和神仙。景物的荣誉是来自他的完整,而神仙的荣誉是来自于对他的朝拜。实际上,这是一种把社会化的世界嵌入到完整的宇宙观中的反映。

神圣的宗教武器不仅与男人的荣誉有关,其与社区和宗教的威望之间同样有重要联系。相反,女人是完全被从政治、军事和宗教权利中排斥的。女人的荣誉是与她们的婚姻和生育相联系的,即嫁妆、饰品和多生子女。在古代父系制政治体制里,关于女性的地位方面有具体的法律规定。女性来月经就意味着其可生儿育女。在祭祀经文里月经被描述为玷污宗教仪式的象征物。月经被认为是抗神奇之力量的载体,它使神圣的宗教武器失去其威力。因此,为了整个社区的利益,女人的多产是唯一被社会制度控制和宗教赐福的对象。

Drib,即污点一词被解释为一种社会组织以外的、可传染的并被社会排斥的东西。据说生、死、内患,食用被禁止的东西,与流浪者有来往和沦丧道德等行为可演化为污点。若不通过宗教祭祀仪式清洗这些令人羞耻的污点,那将面临来自神灵的灾难性惩罚。据说,社会生活中发生的不轨行为都起源于 drib,即污点。Drib 一词是由 grib(影子)一词而衍生的,它是光的反义词,并且从其含义上来说,它与已知的社区的根基、语言和社会组成是区别开来的。它不但是一个社区内部,而且是与其相邻的社区之间的具有象征意义的界限,它是防止在相同姓氏的人群中发生合法的性关系的分界线,从而避免由父系血统衍生的亲戚之间出现乱伦的现象。

制度和传统驱使这一村落阐明自己是个具有自治性政治实体的领地。他们建立一种规则并以此给有关的概念和边界下定义。用这种规则来管制和利用自然资源以及社会关系。这些规则表达男女之间、男人之间、俗人和佛教政权之间的政治地位和阶级成分。被称之为圣地之门的一块巨石立在边界上,它不仅是地理意义上的界碑,而且也是以当地神灵为中心而形成的社会和具有象征意义的界限。

六、山神、法师、神圣的国王以及他们与国家的关系

伏藏师(gter ston)在这里传播佛法以及建立以佛教经文为基点的祭祀仪式,表明西藏和位于边境线上的村落之间的主要联系。喇嘛作为社区里的重要人物,来实现这种关系。这种关系在某种程度上像吉尔尼(吉尔尼,1968、1981)的区分理论中所讨论的那样,使人回味起中东地区的各国宗教人员所行使的作用。

这些地方的喇嘛们在政治上经常起着调节人的作用,这种作用不仅在社群内部,在各个社区乃至社区与中央行政部门之间的关系上也有所体现。它的合法性和权利是建立在佛教的圣经传统上的。

这些偏远山区里的喇嘛们属藏传佛教的宁玛派,他们一般都可以娶妻,使用含有神秘威力的大乘经书。与此同时,这些喇嘛修炼佛教的显密两个宗法。然而,他们所持有的俗人身份和佛教的超越世俗的教义是相矛盾的。尽管他们在大众化的当地祭拜神灵的宗教祭祀仪式中扮演主要角色,但是

他们不许使用宗教武器和崇拜战神。因此,对这些喇嘛而言,这些宗教武器是次要的。他们引以自豪的是因为他们拥有经文,而不是宗教武器。这种观念表明基本的宗教思想,即严禁杀生和追求超越人类经验的思想境界。作为一群已被净化的、从事修炼佛法的人来讲,他们在社区里得到人们的尊重,反过来他们又满足社区中的人们对宗教信仰方面的要求。这些喇嘛是宗教世袭传承和西藏寺院价值的附属品。他们既代表一种完整的体系,又代表一种西藏正规寺院的附属,即俗家宗教。

在该地方举行的宗教祭祀仪式,实际上是杰布和拉尊仁钦两人开发此方圣地时举行过的祭祀仪式的再现,同时也烙有后来重新打开通往西藏的山路的历史。也就是说这一祭祀与当地的起源、政治和宗教传入该地的过程有着密切关系。在祭祀仪式中表现出更加广泛的政治内容,以及社区和佛教统治之间的联系等。

自从在瓦龙噶瓦的同意下,此地成为尼泊尔王国的领土以后,虽然正式成为尼泊尔的领土,但是在宗教祭祀活动方面如同尼泊尔王国北部的白玉堪巴隆地区一样,很难受廓尔喀王室的直接影响。只是从60年代起尼泊尔实行盘且亚特(Panchayat system)制度以及西藏地区的急剧变化,祭祀仪式中的政治色彩逐渐被减弱了。

贡萨地方的政教体制虽然是具体的和相对自治的,但是,同时又存在着超越该社区的几种模式:一方面它反映出该地区与国家间的具体关系,另一方面,表现出比社区本身更古老的早期西藏政治体制的特点。在西藏,不仅有很多含有土地神与神圣的宗教武器和政治权力之间有关联内容的文献记载,同时,在西藏史诗里也有这方面的讲述。这种现象实际上产生出了几个相互关联的概念,这些概念以不同的形式贯穿于对山神的崇拜、社区的自我解释、依靠神圣的宗教武器的地域防卫和选择政治领导等。佛教为了立足于像贡萨和堪巴隆等这样的偏远地区,接受了那里的古老社会特征和宗教信仰所构成的原有框架,虽然这种框架与其理念之间存在着一些矛盾。

在历史上,堪巴隆地区的人们在战斗中通过煨桑仪式来祈求战神和山神的保护。在贡萨地方不远的已被遗弃的废墟上至今还能看到一个当年举行祭祀仪式的坛位。当时,人们在那里烧香磕头、树立象征交好运的挂着经幡的旗杆。同时,他们在打仗前准备护身符,使自己获得神赐的力量,在残酷的战斗中获取胜利。

注释:

①此文是在1991年至1992年在尼泊尔东部地区进行实地调查时收集的资料和我原先在阿润谷地和西藏的卡达地方收集的资料之基础上著成的。研究课题得到了意大利Ev K2 CNR课题组和奥地利联邦科学和研究院的赞助。我在此一并感谢玛利亚安脱尼亚丝若尼博士、基恩卡罗博士、克里斯坦稀客别尔博士、阿那德里棵来克博士、诺布上师和格单诺布提供贡萨地方的有关资料和信息。我特别要感谢W多撕泰勒教授和朵紫A金利其教授、E斯坦克耐尔教授、格扎吴瑞教授、阿尔迪托德塞欧教授、飞利夫塞甘和卡尔敏桑旦教授以及所有提供宝贵建议和帮助的同仁们。

②文中的藏文词汇标有拉丁文转写并加有括号。

③在古代尼泊尔,土地权是纳入凯佩特(Kipat)政体中的。因此,地方的头领只是负责分配和管理这些土地的行政人员。在中国方面,地方政府以委托地方首领的方式牢固地统治这些地方。其结果是,这些地方不驻有军警或派遣法官。当在两个村落之间发生争斗并任何一方提出调节或审断的要求时,政府才委派官员,对事件进行干预。这些地方的头人有相当的自治权。在土地分配方面使用世袭制。在交通运输方面制定劳役政策,使避免产生复杂而臃肿的行政管理机构。在这些偏僻的地区里,因没有比较健全的行政机构,在一定程度上有利于保持这一地方的鲜明的民族特征。

④这地方的一部分人是来自西藏中部地区,他们是通过西藏南部的岗巴宗迁移到这里的。移民们把称之为康巴尖的地方选作为他们的首次居点。今天,该地虽然还是冬季的栖息地,但是,贡萨,即冬天的居所,才是他们的主要居住点。

⑤堪巴隆和贡萨都有崇尚英雄的传统。堪巴隆和贡萨的群众中有"战神姓氏的英雄"(dba rus dba bo)之说法,而且认为这个姓氏是古代的dbra姓氏的衍生。这一点在夏尔巴的神化传说里没有提及。在谢尔楚(Shes phrug)家族的系谱里dbra被认为是他们的祖氏而特别提及。这个家族从13~14世纪统治过拉达克南部(Latho lho)地方。这一资料是我在1993年冬春在西藏南部调查时根据文字和口头传说整理的。

⑥这种以血和骨之概念来表达姓氏关系的传统在中亚地区普遍存在。不同人相结合的

基础上形成的亲戚关系及其相联的概念方面可以在阿闰村进行具体的比较研究。

⑦这种思想主题在救世论的概念及关于发现隐蔽村落的故事中很普遍。隐蔽村落的出现标志着喜马拉雅地区的民族迁移之开始。

⑧该伏藏师(tertonpa)生活在17世纪,他与锡金王室之间建有密切的联系。锡金如同康巴隆一样,属于被仁增果单(rig dzin rgod ldem can)分别于1337年和1409年打开的七个隐蔽村落之一。由该伏藏师著的《圣地游记》(gnas yig)一书在贡萨地方可以见到。然而,在当地的宗教祭祀仪式和人们的口头传说中强调的是杰布拉尊的形象,而并非是仁增果单。

⑨这一山区的海拔高度为4660米,其字面意思是指南部的森林。在这里它所反映出的是藏族人对地理景物所持有的观点。类似的个案在库木地方也能看到。例如那布铅(Nagpochen)是古代的那木其巴扎(Namche Bazar)的名称,其意思是指大森林。

⑩有关这方面的内容请参考由乃百撕基撰写的文章。

⑪自60年代以来实行了议会选举制度,因而村落头人在宗教祭祀仪式中的作用逐渐被削弱了。

⑫贡萨村落由瓦龙戈瓦统治,他曾在西藏、尼泊尔和锡金等之间分享他的权利。但是当地百姓自认为他们是藏族并受西藏岗巴宗影响。最古老的居住地康巴尖地方和古代城堡(Dzong)的废墟表明这里曾经是雷慕布(Limbu)和西藏的古老的传统边界。它直到今日仍然是人们行为准则的界限,如严禁或不忌讳食用猪肉等。

⑬佛教教义中的严禁杀生的教诲与人们崇拜战神的武器并且用武力来防卫领地的做法似乎是互相矛盾的。

⑭进入贡萨村后,在举行祭祀仪式的坛位附近一定会发现战神的塑像、刀和长矛等武器。根据神话传说,这些武器曾在开马龙人民抗击廓尔喀的战斗中使用过。据说,当时有人用宗教武器错杀了神鸟,从而吓跑了廓尔喀人。从那时起人们让这种鸟栖息在自家的房檐屋顶,并且严禁捕杀这种鸟类。目前,在那里流传着若有人捕杀了此鸟,将把其肉奉献给廓尔喀王,即尼泊尔国王的习俗。

参考书目:

1. 布热·温多尔玛:《藏传佛教的富豪主义》。

2. 阿子紫和凯布斯坦合编:《西藏文明的周边》,印度新德里出版,第245、256。

3. 达可牙伊:《多神佛教的兴起》,1977年德里出版。

4. 德牟·卑尔格:《阿尔特密斯亚的隐蔽村落》(博士论文),1992 年出版。

5.《1972 年的锡金国地名辞典》,新德里出版。

6. 吉耐尔 E:《地图集中的圣人》,1969 年伦敦出版。

7. 吉耐尔 E:《穆斯林社会》,1981 年剑桥大学出版。

8. 格德斯坦 M:《现代西藏史》(1913 ~ 1951),1980 年加利福尼亚大学出版。

9. 杰西卡 H. A:《藏英词典》,1980 年新德里出版。

10. 乃百撕基·卧樑威姿 R:《西藏的神灵与鬼怪》,1975 年出版。

11. 来微斯昭丝 C. L:《姓氏关系的基本结构》,1969 年波斯顿出版。

12. 欧皮滋 M:Geschichte and Sozialordnung der Sherpa,1968 年发表。

13. 皮特其 L:《Glosse agli annali di Tun hung》,载《古代亚洲历史文献集成》,1988 年罗马出版,第 261 ~ 299 页。

14. 热格米 M C:《土地及其使用纳税在尼泊尔》,1978 年加德满都出版。

15. 塞甘特 P:Les Tambours de Nyi shang in Nepal Rituel et centralization politique、Tibet ivilisation et Societe。

16. 克里斯坦·稀客别尔:《Grib 一词在社会宗教中的意义》(1992 年发表),载《第五届国际藏学会论文集》,第 723 ~ 734 页。

17. 斯坦因 R. A:Recherches sur lepopee et le barde au Tibet,1959 年发表。

18. 斯坦因曼:《Les marches tibetaines du Nepal》,1988 年巴黎出版。

19. 格扎·吴瑞教授:《七、八世纪西藏个人姓氏资料和藏史研究》(1960 年在匈牙利举行的会议上宣读),1970 年布达佩斯出版。

原载《西藏研究》2003 年第 1 期

桑顶·多杰帕姆活佛本生传记历代转世及桑顶寺简史

【关键词】 桑顶·多杰帕姆;布东巴;桑顶寺

【摘要】 文章对藏传佛教最大女活佛桑顶·多杰帕姆的本生故事、历代女活佛的生平和主要业绩、桑顶寺的建造过程、历史上收藏于该寺的所依能依、目前寺内仅存历史文物,以及寺院周边的自然环境和人文景观等作了较详细的介绍。文中所涉及的内容不但突显桑顶·多杰帕姆这一西藏唯一具备女活佛传承体系的宗教地位,同时展现桑顶寺在西藏历史上曾扮演过的重要角色。

胜乐智慧的本尊,
天下佛陀之慈母,
静界金刚瓦热哈,
空行母尊我顶礼!

在此把以上诗句作为开场供赞,下面介绍桑顶·多杰帕姆的本生传记、历代活佛的生平、桑顶寺周围的自然风景以及寺内所收藏的所依和能依。

一、多杰帕姆本生传略

在无法记述的某个年代,她已达到涅槃的境界,获得了生产所有佛之母亲的崇高声誉;为了普渡迷茫于黑愚中度日的众生灵,她释放慈悲与关怀,广转法轮,终于成就了百名空行仙女的王者;在世间,她首次降生于天竺,名为满达热瓦,其父母分别为孟加拉国王卒拉攒和比丘女白牡;在雪域西藏,她被认为是生活在8世纪的卡卓益西措杰和藏传佛教后弘期以山南为中心而广传佛法的玛寂拉珍之转生。据说，她后来又转生于西藏的一个叫阿雪的地方，是该家三姐妹中最小的，名叫索朗真玛。索朗真玛后来成为帕竹·多杰加布的弟子并成就了业绩，功德圆满。

二、历代桑顶女活佛传略

第一世曲吉卓美　出生于号称是吐蕃王族的后裔、后来移居在西藏阿里并在那里建立王朝的积德尼玛贡王的后代之家庭里，父名为赤拉旺坚参，母名为多德杰姆。家中有三个兄妹，曲吉卓美从小景仰佛法、厌倦世间尘事，自幼喜好读书、聪明伶俐。她在布东巴·巧莱朗杰膝下削发为尼，跟随其后，布东给她起法名为贡却杰姆。她随从布东游历卫藏地区。其间，她有幸拜见了唐东杰布并从他那里获得了新旧密宗之修炼法宝。唐东杰布说："你是索朗真玛的第三世转世，出生于藏王世家，你的名字应为吉尊·曲吉卓美，如果你住在上部地区，虽生命延长，但无法知晓将会有多少信徒；若你住在下部，会有众多信徒，然无法预言你的生命之长短。"曲吉卓美回答道："若能给生灵带来福音，住在何处无关紧要！"然后，唐东杰布说道："在工布地区有我新建的杂工寺，你应该到那里去传法，在此地传法的喇嘛仁松贡布将会迎接你！"

曲吉卓美按照唐东杰的旨意与其随从德勒曲珍一道来到西藏中部地区时，有一个长发并在鼻子上带有海螺环的黑面人也来到了喇嘛仁松贡布的身边，喇嘛问他从何处来，有何事？他说他来自类乌齐，是遵照唐东杰布的旨意来邀请喇嘛仁松贡布的。喇嘛问他请我做何事？他说那里将要来一位光明神仙之后裔，要喇嘛与他一道去中部地区迎接该仙人之后裔。当喇嘛贡布到达中部时，与他一道来的那位使者变得无影无踪，此时他才知道那是一位神幻人。喇嘛贡布与曲吉卓美见面时，喇嘛把此事告诉了吉尊并把她迎请到自己的寺院里。在寺院里她静修佛法、广收徒弟、消除病魔、普渡众生，留下了千古美名。然后，她又去西藏中部地区，在那里她受到国王扎巴坚参的迎接并给予她很高的礼遇。此国王把收藏于其宝库中的卡卓益西措杰的头发、玉石耳环及其他装饰物品都拿出来给她，并说道："现在我要物归其主，为了众生，我愿您拥有它们，使它们变成福田的吉兆"。离开中部地区后，曲吉卓美来到了亚卓，即现在的浪卡子县。在那里她受到了卓赤本·南卡坚参的欢迎并在此广传佛法。按照原先她从杂日朝圣结束后返回中部时在幻影中所出现的两位使者的启示，在此立脚驻锡。当她为驻锡地开光的时候，亲眼目睹了众空行女行云般地聚居于此，并与那位神幻人一道渗入于磐石之中。

在卓赤本的帮助下，曲吉卓美于1660年建立了一座小型寺院。当时此庙有两个名称，分别为桑珠曲吉顶和曲廓朗杰林，后来前者逐渐成为该寺院的正名。当时该寺有1个住持喇嘛和6个僧人。主要所依有由赤本出资修建的杰巧·莱朗杰的塑像和由唐东杰布赠予的攒点追纪宁波瑜伽修女像等。在此期间，她著有不少著作。不久她被任命为杰巧·莱朗杰的继任者。她以慈悲为怀，勤修密宗，达到了在岩石上留足迹等很高的密宗之修炼功底和境界。为了给那些错误地认为一切物象为永恒不变的人们以启示，当她34岁时，暂时结束了骨肉躯体。据说，后来在她在颅骨上发现了密迹金刚的自然显象。

第二世吉尊·贡噶桑姆　出生在工布地区森摸捻赤的地方。父名为竹托·巧旦多杰，母名为觉姆卓玛。竹托·唐东杰布把她认定为曲吉卓美的转世。在唐东杰布的教诲下，她掌握了新旧密宗的修炼传承。唐东杰布给她起名为贡噶桑姆之后说："你的信徒在阿里三围"。在白旦其美多吉的帮助下，贡噶桑姆来到聂、罗如和洛扎等地讲经传法。之后她根据唐东杰布的旨意，去拜见其前世的母亲多德杰姆。当她与仍然生活在阿里贡唐的前世之母见面时，她想起前世的情景：前世曲吉卓美前往工布时，母亲为其送行，当时，她答应母亲一定在母亲临终前回到她的枕边；母亲嘱咐她说一定不要忘记自己的承诺。从此之后，她更加坚定自己的信仰，为无数生灵付出了心血。

此时，收到了由大修行者发来的为了平息上部的霍尔侵扰而进行法事活动的命令。大吉尊、其美主巴等师徒20多人前往芒域，说服了分别统治上下芒域的2个国王。同时，驻扎于此地的60多位霍尔被授予六字真言的启迪和弃恶扬善的教诲。从此雪域藏区远离霍尔的侵扰。然后,她又去了卫藏地区的聂和罗如等地。在加巴囊苏·扎西达结的资助下修建了加确德共寺。在亚尔角本、扎噶庄园、仁蚌巴、亚尔堆桑得巴、亚桑、亚尔卓赤本杰布·伦珠扎西和皇后次本杰姆等施生的资助下建立了祖拉康、集会厅、密宗经堂,还扩建了白宫等。她英年圆寂于上类乌齐,享年44岁。

第三世吉尊·年扎桑姆　出生于一个叫念忠的地方。父名为巴沃伦珠,母名为扎西边巴。在神通其美白桑的敦促下她遁入空门,起名为年扎桑姆。在其美白桑、第四世布东·南卡白桑、堆巴·坚参扎巴和凯珠格来白桑布等恩师的指点下,苦学显法、因明学、法象和中观论等佛教经典著作,在桑顶寺首次建立因明学教学体系。她的信徒分布于整个工布与阿里之间的各个地方。40岁时圆寂于桑顶寺,弟子们为她修建了银制灵塔。

第四世乌坚珠姆　出生在康区的苏瓦西地方。父名为白瓦居典,母名为卡卓玛塔果。她从小就从师加央旦增等大师。但是仅仅生活了10年。

第五世卡举白姆　出生于工布噶玛新村。在卓滚·赤来朗杰等大师处受沙弥戒并从师诸多佛教大师。她从小聪明伶俐,精通显密佛经,掌握所有祭祀等例行宗教礼仪和灌顶等要理。同时,她著有不少经书,这些经书一直保存到1959年。她新建了高两层楼的吉尊·米旁贡布铜像,有由金汁写成的经卷,有圆形佛塔、高约人身的菩提塔;顶楼上建了6座无量寿佛的泥塑像;屋顶上有屋脊宝瓶和幢。54岁时暂且收回骨肉躯体而圆寂。弟子们为她修建了银制灵塔。

第六世赤来措姆　出生在亚卓万围之一达龙温森的地方。在觉热·赤来加措身边受沙弥戒,起法名为典增赤来措姆。后来从师卓滚·多吉宁布等众多大师,学习显密佛教教理,特别是获得了布东的教诲之甘露。她广传密宗修炼法。66岁时圆寂,修有银制灵塔。

第七世曲珍旺姆　出生在据说是吞米·桑布札之后裔的位于尼木的一个人家里。她从师赤来加措和白玛赤来等诸多佛教大师。此时,准噶尔部落头人次旺热丹率兵到西藏,用野蛮的手段迫害西藏的高僧大德,劫财毁寺。当蒙古军队快要到达桑顶寺时,大吉尊让其他僧人离开寺院,藏匿在附近，而她自己独自一人在白宫里静坐。当蒙军进入寺院时，他们所见到的是一头凶恶的大猪站立在熊熊燃烧的火焰中，顿时，他们拜倒在其旁并答应做她的信徒。当有些蒙古人进入护法神殿时看见从拉亲措大神的口中喷出鲜血。当经堂变成血海时，所有在此的军人当场弃下刀矛、枪支和盔甲等300多件兵器，发誓从此不做有害于佛法之事。同时，这些军人把从别处盗来的法器和所依也捐献给桑顶寺。曲珍旺姆44岁时圆寂于桑顶寺。

第八世格桑巧典·德庆旺姆　出生在南木林地方的一个据说是班禅·贝丹益西之亲戚的家庭里。班禅·贝丹益西在扎什伦布寺接见了她并给予灌顶及其他礼品。在扎西宗管家的主持下为她进行了坐床典礼。她在持有布东巴真传的米久·仁钦桑布和格来白桑的膝下开始学习佛经。当时，第七世达赖喇嘛格桑嘉措认为桑顶活佛是多杰帕姆的化身，而桑顶寺所传扬的教派乃是雪域诸教派中的权威教派。第七世达赖给她起名为格桑巧典·德庆旺姆。德庆旺姆在扎什伦布的几个月期间，班禅·贝丹益西授予她十三大威德神之威咒等佛教密宗要理。江孜地方的内宁寺及其下属寺院都被划拨给桑顶寺。德庆旺姆曾被乾隆皇帝迎请到内地。但是这方面的资料已丢失，在此无法详述。虽然很难找到德庆旺姆赴内地的情况，但是，我们至今在一些壁画和唐卡画上可以看到她在接见汉族官员及其随从人员并互赠礼品的场面。寺院的建筑风格有来自汉地的石和黄铜制造的屋顶装饰；寺院内曾收藏有高脚瓷瓶、短脚花瓶、珊瑚树、雕有野生动物及奇化异鸟的石刻艺术品、花色繁多的绸缎等珍品。可惜的是这些文物都在10年“文革”期间丢失。德庆桑姆在晚年用信徒们献给她的金银珠宝来新建佛像，维修寺院设施并发放布施给僧侣。她在44岁时圆寂。

第九世曲英德庆措姆　出生在拉萨的拉鲁家族。据说，拉鲁家与八世达赖和班禅·丹必尼玛是亲戚。她9岁时，当时任西藏摄政王的策墨林活佛阿旺贝·催成加措为她举行了剃发仪式并起名为吉尊·阿旺罗桑·曲英德庆措姆。举行完坐床典礼之后，曲英德庆措姆在赤来伦珠和仁增朗杰等诸多高僧们的教导下，学习佛经并熟练掌握了佛经知识。加央钦子活佛来到桑顶寺之前，她似乎知道他的到来并嘱咐下人说：“最近一位非凡之人要到我寺来,做好迎接的准备。”然后,她自己以转经之名去远处迎接该客人。在以噶伦夏扎瓦·顿珠多杰为主的诸施主的资助下,修建了祖拉康、维修佛像、广收僧人并给他们传授佛法。她用由蒙藏各地施主们捐赠的钱物修铸了3座佛像。在班禅·丹必尼玛的捐助下,在慈悲佛殿里修建了1座两层楼高的菩提塔并把其作为平定准噶尔侵扰的纪念之物。班禅·丹必尼玛曾两次来过桑顶寺,对新建的殿堂进行开光并赐福于当地百姓。吉尊桑顶和班禅·丹必尼玛之间建有深厚的友谊。扎什伦布寺与桑顶寺之间的关系犹如母子般密切。有一次班禅·丹必尼玛在前往拉萨的路上身染疾病,在江孜耽搁了7天时间。据说,当他喝了由多杰帕姆献给的一杯鲜奶后疾病似乎烟消云散,顿觉完全康复,成为当时的一段佳话。吉尊·曲英德庆措姆在临终前曾说过她是措杰追巴·廷围巴美的化身。为了给有缘的信徒们做出榜样,她要圆寂于桑耶寺。吉尊·曲英德庆措姆在桑耶寺圆寂后她的尸骨之舍利运送到其母寺桑顶寺。

第十世阿旺公桑旺姆　其生平和业绩等方面尚未找到比较可靠的资料。然而根据前世活佛的介绍,该转世活佛功德圆满,并被后人誉为“女伏藏师”。她圆寂于自己的母寺内宁寺。

第十一世土登曲尼白姆　1889年出生在堆龙德庆亚达地方的门吉康萨家。父母分别为朗杰多杰和降久卓玛。她从小在持有布东巴教派传承的格来多杰和松典巴瓦门下习读经文。在十三世达赖喇嘛身边削发为尼,并起名为吉尊·阿旺贡桑·土登曲英白姆。按照历史定制,给予她呼图克图称号及礼遇。她苦修佛法,功德圆满。1912年因清军进藏,十三世达赖被迫离开拉萨逃亡印度,途经桑顶寺时吉尊盛迎达赖喇嘛并远送达赖西行。当十三世达赖喇嘛从印度返回拉萨时,他又来到了桑顶寺并给广大僧俗群众摸顶赐福。因桑顶寺在接待达赖喇嘛方面没有半点疏忽和怠慢,地方政府重新肯定了五世达赖喇嘛授予桑顶寺在政教两方面掌管其下属寺院之特权。早在七世达赖喇嘛时,桑顶寺第八世活佛被授予呼图克图之封号。十三世达赖喇嘛把桑顶·多杰帕姆由原来的一般呼图克图升格到比较重要的呼图克图之列。土登曲尼白姆在1937年圆寂于桑顶寺。桑顶寺为她铸造了一座银制大菩提塔。

第十二世德庆曲吉珍美　出生于拉萨市尼木县的西如地方。父母分别为日丹杰布和索朗卓玛。她在幼年时就能回忆起前世的情景,因而入位于拉萨市内的阿尼仓库寺为尼。6 岁时经过金瓶掣签把她认定为十一世桑顶·多杰帕姆的转世灵童,并告别了当时的摄政王达扎活佛。在地方政府官员门堆巴的护驾下离开拉萨前往她的驻锡地桑顶寺。次年,来自安多地方的甘珠尔仁波且授权多杰帕姆朗读《甘珠尔》经文。12 岁时正式受比丘戒。达扎活佛在给她起法名为吉尊·阿旺谢珠·德庆曲吉卓美的同时封给其呼图克图之头衔和席位。她从拉萨返回桑顶寺之后举行了隆重的坐床典礼。她把持有布东派真传的觉热·美追仁波且·阿旺晋美堆丹朗杰接受为自己的修行伴侣,努力钻研诸佛法。她相继在赤降仁波且身边获得仁迥甲载的真传和十四世达赖丹增嘉措的文殊菩萨之秘籍以及时轮大法和十三大威德神的灌顶。1959 年她经不丹去了印度,随后又到了阿富汗,然后绕道前苏联,终于回到了北京。中央政府对她的生活和政治待遇方面做了安排。她被任命为西藏自治区政协副主席、全国政协委员、西藏自治区佛协副会长和西藏自治区人大副主任。自从党的十一届三中全会以来,在党的政策的光辉照耀下,多杰帕姆活佛开始了修复桑顶寺的工作。在党中央、自治区人民政府和十世班禅大师的亲切关怀和帮助下,目前寺院修复一新,香烟缭绕。桑顶·多杰帕姆活佛至今仍为众生传法。

三、桑顶寺周围的自然风景

根据藏族古老传说,世界上共有 24 个地域,在《金刚秘经》中记载的杂日扎地方乃是其中之一。据说在《莲花生大师预言》一书中所说的那个恐怖的天葬台就位于桑顶寺的祖拉康底下。传说该天葬台的一部分曾露在外面,但是后来随着祖拉康的扩建使该天葬台完全被埋没在地下,不见其踪迹。目前,桑顶寺所坐落的地方位于卫藏两地的交接之处。寺院前面蔚蓝的湖面就像供奉给神灵的圣水,而湖中的祖拉康犹如一头大象戏游在大海之中。从桑顶寺可以眺望旺伯巧山、亚拉香波、古拉卡日和怒金刚萨山等神山。从怒金刚萨雪峰流出的雪水哺育着此方的花草、树木和野生动物,使该地变得树木茂盛、鸟语花香,使人留恋忘返。

四、寺内所收藏的所依和能依

在桑顶寺内收藏的所依和能依有:由十三世达赖喇嘛命名的共有 12 根柱子的集会厅——莱谢噶采。在护法神殿里有两层楼高的释迦牟尼佛铜像,珍藏着由十三世达赖喇嘛赠予的上面写有贺辞的五色哈达、布东·巧莱朗杰及其八大弟子的塑像,另有两座一层楼高的猛相护法神、一幅精制的卷轴画、高约人身的布东铜像、半米高的金刚护法神青铜像、各种护法神的唐卡、装有各种祭祀品的箱子、银制圣水杯子,以及十二、十三世达赖喇嘛的法台、多杰帕姆的法台、各种壁画、六饰两贤画像,还有前世喇嘛、护法神、无量寿佛等的画像和绘有历代多杰帕姆转世活佛的帛画等。在密宗护法神殿中藏有大威德神塑像、静猛众天神塑像和各种密宗唐卡。

桑顶寺里有一座在第九世桑顶·多杰帕姆时候由第四世班禅·丹必尼玛资助下建立的神殿——堆队格桑江秋拉康,其面积约 2 根柱子,里面有一座镶有奇宝异石的菩提塔和在管家多杰单增时期刻印的纳唐版《甘珠尔》等。在面积大约有 12 根柱子的密宗殿里藏有由噶伦夏扎资助下建造的菩提塔,该塔被各种宝石点缀着,其中有噶伦夏扎自己戴过的玉耳环。在左边立有尊胜佛塔,右边立有第九世多杰帕姆的灵塔。寺院内还收藏着布东·巧莱朗杰所著经文 50 部、由牧民们捐赠的一个银制大碗及其他各种供水杯(包括两个金制供水杯)等圣品。

在第五世桑顶·多杰帕姆时期建立的弥勒佛殿里收藏着吉尊·米旁公布的铜像。此殿里还立有银制果芒佛塔和天降佛塔。另外,寺里还有噶当派佛塔约 300 多件、第十世多杰帕姆·阿旺公桑旺姆的塑像及其银制灵塔。在面积大约有 4 根柱子的密宗殿里有以大威德神为主的由金银珠宝点缀的 13 个护法神、原先从杂日返回卫藏时碰到的天使所用过的小鼓、释迦牟尼佛的青铜像、戴各种面具的护法神、五颜六色的唐卡、盔甲等各种兵器。在12根柱子宽的结康,即土地神殿里供奉着戴有盛装宝石的护法神扎西围巴,在他的旁边供奉着献有各种颜色的哈达和兵器的马头金刚神。在马头神王的前面供奉着40个高脚瓷碗、银制碗、雕有狮子和各种鸟类的工艺品、谷物和香料等各种供品、6套用来跳神的服装、6个马鞍、各种造型的金刚,以及由准噶尔军人献给的盔甲、枪支和刀箭等兵器共300件,另有象牙、野牛角、多杰坚参的塑像、战神塑像、木刻版经文、宁玛派全套密教经典、释迦牟尼佛铜像、观音菩萨铜像、大威德神铜像、度母和菩提神女铜像、多杰坚参的唐卡和无量寿佛的唐卡等。

位于护法神殿上面的喇嘛神殿里有以大圣母为主的邦·洛追丹巴、江秋自墨、扎巴坚参等三大译师的塑像,有多杰帕姆的本生传记、第一至八世多杰帕姆的铜像和历代多杰帕姆的泥塑像,以及银制供水杯、一对银制唢呐和筋骨号筒、一对海螺、各种面具和银制香炉等。

面积约9根柱子的朗杰殿里立有2米多高的第四世多杰帕姆活佛的灵塔,其造型分别为尊胜、天降、果芒和菩提塔,还有用金银汁写成的布东巴的著作50部、各教派的经文以及大德高僧们的传记、各种学科的著作。这里也是历代多杰帕姆活佛讲经布道的场所。

德庆宫由6根柱子构成,据说在此宫里曾供奉头戴10块钻石等各种宝石的莲花生铜像,但现已失传。另外,还收藏有精致的金刚母铜像、檀香树、由金银铜等铸造的大德们的塑像、大慈悲佛铜像、胜乐金刚神塑像、金制供水杯一个、银制小供水杯、各种宗教乐器、第七世多杰帕姆·曲珍旺姆在准噶尔军到达桑顶寺时把自己变换成一头凶恶的野猪时坐过的台床、21位度母的泥塑像、刻印经文及各种祭品纸片的木刻版等。

其美宫殿里藏有由红檀香树雕成的金刚持象、三长寿神和多杰寻努等神灵像。该神殿也是多杰帕姆活佛闭门修行的地方。在噶吉殿里有日常宗教仪式中用的供品、开光的器具、灌顶仪式中使用的服饰、描绘莲花生大师本生传记的唐卡、多杰帕姆圆寂后被绘制的唐卡、绘有布东·巧莱朗杰传记的唐卡等共20多幅。

多杰帕姆活佛的私人金库里藏有供品宝箱、双地工艺品及瓷碗等各种瓷器多达30余件。

藏语里称之“米篷”,即火球起居室里有各种藏毯、蒙古地毯和数不胜数的雕刻精美的茶桌等用品。内屋由4根柱子构成,此地既是多杰帕姆修行的场所,也是十三、十四世达赖喇嘛住过的圣迹名殿,里面供有逼真的布东·巧莱朗杰的塑像、吉尊曲珍的本尊神、由唐东杰布赠送的金刚母之微型铜像、曲英多杰措姆的本尊神观音菩萨、金刚持神、秘籍时轮、大威德、胜乐金刚、八大药师佛、莲花生八号、高级喇嘛、八大威度母、三大寿命神、无数个小型佛像、护法神扎西围巴的银制塑像、多杰坚参的泥塑像、银圆铸造的用来供奉圣水的各种器具、大小不同的金勺、各种金银寿宝瓶、寿箭,以及珍珠、玉石、玛瑙、多杰帕姆举行祭祀仪式时穿戴的骨制装饰品和帽子等。

多杰帕姆经常居住于名叫其美围丹的殿里。该殿里藏有半米多高的观音菩萨像、莲花生大师的猛面像、释迦牟尼像、度母像、八大药师佛像和多仁班智达的本尊神积寨·巧莱朗杰等像。这里有法坐、各种日用法器、唐卡和供品。主要的圣品有由果度陆堆献给曲英措姆的微型莲花生像、乃东王扎巴坚参献给第一世多杰帕姆的由益西措杰的发辫等编制的五佛冠、巧莱朗杰像、度母像、钻石和各种玉石、龙王玉耳环、名贵金瓶、玉石念珠、由空行母之头盖骨制成的仙人萨哈热的碗、一块鹅卵石上自然显现的十一面观音的龙魔魂石以及巧莱朗杰举行灌顶仪式时穿戴的服饰、绳套、鞋、碗,历代多杰帕姆的头盖骨、舍利,班禅大师和达赖喇嘛使用过的服装、佛牙舍利,历代多杰帕姆制造灵丹妙药时用过的各种器械及供品等。除此之外,还有很多圣物胜迹,在此无法一一介绍了。

在桑顶·多杰帕姆的拉让,即行宫里藏有由各种药材混和而制的朗色,即财宝神的塑像,其头上戴有金冠,身上着玛瑙和玉石等装饰品。收藏于行宫深处的木箱里有金条、绸缎、象牙、犀牛角、大鹏鸟之爪子、马角、野牛角、石刻、珊瑚、玉石、名贵药材、圣经文献、各种藏币。这些金银珠宝和文物由孜下僧院来保管。在行宫的仓库里还藏有红檀香树、半米高的八大药师佛像、朗色财宝神的精美泥塑像、佛龛、行宫里用的各种家具、生产用具。另外，还有出自追古门塘巴之手的塘那、金刚和以大威德为主的9幅唐卡画等。在僧院的屋机康、财务室、厨房等处保存着发放给大众的债务登记册、收支记录、购买器具设备的注册本以及蒙古人献给九世多杰帕姆活佛的精致的毯制帐蓬等。

五、教派及其日常宗教活动

噶当派格西木扎巴修建了布东艾寺。大译师聂达马扎从印度迎请了印度的班禅丰扎松并把他尊封为布东艾寺的法王。经过20次转世之后，邦洛追单巴成为该寺法王并开始讲授《俱舍论》。在此之后，罗沁江孜、班禅扎巴坚参和智者布东巴相继成为该寺的法王。据说布东·巧莱朗杰根据阿底峡所著的《菩提灯》撰写过一部经文，但至今尚未发现。布东教派是一门集萨迦派、噶举派、希冀派和香巴噶举之精髓的教派，俗称布东噶举派。有些学者认为布东噶举派的传承源自香巴噶举。报纸上曾登文说，由穷布耐久的弟子之一桑顶巴迅珠在江孜地区建立过一座叫娘美桑顶的寺院，但该寺早已成为废墟。另外，在萨迦派历代法王传记中记载着该寺院的一些情况，有兴趣者可参考此书。根据历史文献和历代桑顶活佛的说法，桑顶寺是布东·巧莱朗杰的密库管家吉尊曲珍所建。从第九世特别是第十世多杰帕姆开始因需要而修习过宁玛派经典。总之，桑顶寺传授和修炼萨迦派、宁玛派和噶举派等不同教派的教义。

桑顶寺里举行各种盛大的宗教活动，其中包括在藏历初一那天举行的祭拜神女的仪式，主要内容为朗读由一名僧人写的新年贺词、给寺院挂满节日的盛装来庆祝新年的来临等。在藏历初三举行煨桑、赞美和求助战神的宗教仪式。从初五到初七举行祭拜白度母仪式和延年益寿的宗教仪轨。在藏历元月15日举行九神祭拜仪式。从2月5日到7日举行各种有益于众生灵的宗教仪式。3月10日举行阿旺公桑旺姆的圆寂纪念会。从3月18日起开始画坛城图、预备驱鬼用品和准备各种供品，从22日开始，利用9天的时间举行祭拜大威德神的仪式，供奉护法贝丹拉姆神女。3月30日举行比较隆重的布东·巧莱朗杰的圆寂纪念仪式。从4月8日至17日阅读《甘珠尔》。4月28日举行曲英德庆措姆的圆寂纪念仪式。6月4日举行祈祷诸佛和供奉各静猛神灵的仪轨。6月15日静修佛法和斋减膳食。6月18日起，利用3天时间举行11世多杰帕姆的圆寂纪念活动。从藏历8月1日整个寺院放假8天。从9月20日到29日之间举行有益于众生灵的宗教仪轨。10月25日举行噶丹阿曲。11月8日到17日阅读《甘珠尔》,11月19日到22日准备供品的同时绘画多彩的坛城图,11月22日至30日举行供奉和呼唤大威德等所有护法神的火供仪轨和跳神等宗教活动。在每个月的8、9日诵读《十万般若经》,10、25日举行煨桑仪式,30日诵读《度母经》等。自从第三世多杰帕姆·年扎桑姆建立辩经教学体制之后,在熟练地掌握各种日常祭祀和通过基本的教义考核之后可以学习逻辑学等较高层次的佛教理论知识。曾有桑顶寺的出类拔萃者远赴江孜白居寺等各寺院去深造的先例。每年的2月15日进行步入辩经场的考试。9月15日开始学习如何修炼密宗、掌握线条和姿势、吹奏法乐和制作供品等技法。寺院严格规定僧人不得饮酒、僧舍里不许留女人。1959年时,全寺共有77名僧人,给每僧人分配的口粮为200多斤。每月的宗教节日期间所有僧人可获得由所属扎仓、寺院和寺院财务室等部门分配的布施。当年(1959年)在寺院里从事伺候活佛、管理设施、挑水和做饭烧茶的共有30余人,他们每人同样获得200多斤口粮,免费供应糌粑和其他日用食品。在西藏自治区境内隶属桑顶寺的庄园有12座。粗略估计,当年(1959年)的桑顶寺所拥有的牛羊数目多达12100多头。祖拉康、内外神殿和活佛的行宫里共有277件房间、533根柱子、9件庙顶铜制装饰物、16经帆和8支大小旗杆。1959年僧人们返回各自的家乡之后,该寺院一直被保护到建立乡人民政府为止。1960年多杰帕姆活佛被授予爱国进步人士的荣誉称号之后,桑顶寺也随即成为国家重点文物保护单位。

在1966年的文革中,桑顶寺内所收藏的大部分文物和无价之宝被浪卡子县没收,剩下的一般文物相继也被各个乡政府拿走而最终消声匿迹,无从寻找。

六、重修后的桑顶寺简况

第十二世多杰帕姆活佛从1983年起就为了修复桑顶寺给党中央和班禅大师去信表达重修桑顶寺的愿望。不久不但获得了修建的批准,并且有关部门相继为该寺的修复拨给了经费。紧接着自治区佛教协会捐赠了各种佛像、供品器具和藏垫等用品。浪卡子县也把仅剩的原属桑顶寺的家具还给了寺院。在当地老百姓的帮助下,修建了面积共约115根柱子的祖拉康和护法神殿等建筑群。寺院内收藏的主要圣品有:由十世班禅大师遗骨圣灰拌成而造的释迦牟尼像、无量光佛舍利、著名藏医学家钦绕诺布先生配制的藏药热纳桑培、地下出土的金刚持像、观音菩萨像、度母像和没有被破坏的舍利、显密两种经文、来自祖国内地和印度的水草谷木的标本。在寺院的聚会厅里立有八大随佛子像、两位猛神像、高约人身的布东·巧莱朗杰像、莲花生大师像、多杰帕姆塑像等。在密宗殿里有贝丹拉姆像、护法神扎西围巴像、各种供品和宗教用品。在裁久拉康神殿里有莲花生八号像金刚瑜伽修行女像以及自治区佛教协会捐赠的其他佛像、佛塔和一整套《甘珠尔》经卷。在寺院里还有4间专门为多杰帕姆活佛在接见和给信徒摸顶赐福时用的房间。多杰帕姆活佛为寺院捐献了一套《十万般若经》,并在寺院修建石板台阶,在购买供品和配置宗教用品等方面提供了慷慨资助。

目前,寺院里有老少僧侣共32个。这些僧人严守戒律,勤学经文,苦修教理。同时,他们还学习各种宗教仪轨仪式的内容、程序以及吹奏和打击法器等基本技能。寺院利用信徒们捐赠的布施以及经商所得的收入来维持平时和重大宗教节日里举行的各种宗教仪式活动。寺院采取走出去和请进来的办法,让众僧在高僧大德们身边学习和继承教理教规。

原载《西藏研究》2003年第4期

苯教高僧琼追·晋美南卡多杰及其在印度朝圣

【关键词】 琼追·晋美南卡多杰;苯教;印度;朝圣;复印经文

【摘要】 琼追·晋美南杰多卡是西藏近代史上出现的为数不多的开明派僧人之一。他不仅精通藏族传统文化,而且对中国西藏周边的国家和地理有相当了解。他与生活在20世纪初叶的其他几位僧人一样,游历过印度并且给后世留下比较详细的旅行记录。琼追是个苯教徒,朝拜过印度所有佛教圣地,收集整理过大量苯教经典,并在印度和尼泊尔北部地区进行传教活动。文章对琼追的首次印度之行(1920~1925年)、第二次印度之行(1930~1935年)、第三次印度之行(1948年)作了比较详细的介绍和评述。

琼追·晋美南卡多杰是西藏近代史上出现的为数不多的开明派僧人之一。他不仅精通藏族传统文化,而且对西藏周边的世界有相当的了解。他与生活在20世纪初叶的其他几位僧人一样,游历过印度并且给后世留下比较详细的旅行记录。虽然在藏族历史上,特别是在中世纪游历印度的不乏其人,但是在西藏近代历史上如同琼追那样虽是个苯教徒,然而对所有印度佛教圣地进行朝拜,在印度复印大量的苯教经典,并且在印度和尼泊尔王国北部地区进行传教活动的僧人是不多见的。

因其善于演唱道歌,人们称他为米拉日巴的转世。同时,因其拥有深厚的苯教学养及其对弘扬苯教的突出贡献而被苯教徒们誉为8世纪苯教高僧占巴南卡的再生。[①]在思想开放程度方面,他虽然不能与根敦群培先生相提并论,但他与当时的一般佛苯两派的僧人相比较,却有诸多不同之处。比如他乐于接受新鲜事物,用平常心对待外部世界和外来文化等。

位于西藏阿里地区的古如嘉木寺始建于1935年。该寺是阿里境内的唯一一座苯教寺院。虽然在历史上阿里曾作为古代象雄王国的中心和苯教的发祥地而红极一时，然而，随着7世纪佛教在西藏的传入，苯教逐渐失去了其原有的特权和地位。在此之后的近千年时间里苯教从阿里高原销声匿迹，一直到19世纪末，以阿里为主的西藏西部地区基本上无任何苯教活动的迹象。20世纪初，西藏近代史上著名的开明派僧人之一琼追·晋美南卡多杰首次到达阿里时，这里没有任何苯教的踪迹，此时人们所信仰的是以噶举派为主的藏传佛教各教派。琼追为了复兴苯教，首先与当时在此任职的所有官员和部落头人建立了深厚的个人关系。同时，他以佛苯一家的开明思想，影响和感化周围的僧俗官员和当地的信教群众。由于他见多识广，远见卓识，使当地的不少宗本和头人拜他为经师乃至政教顾问。他以高深的宗教学识和崇高的人格魅力征服了当地信教群众，帮助他们消除“佛苯水火不相容”的历史偏见。琼追也是一位医生，并著有几部医学著作，高超的医术对他的传教效果以及提高其知名度带来了积极的帮助。

在西藏地方政府派往阿里的大小僧俗官员的支持和当地老百姓的拥戴下，他终于在冈底斯山附近建立了历经千年之后的第一座苯教寺院，试图重现苯教的辉煌。然而，让人感到惋惜的是，这样一位不仅在复兴苯教方面作出过重大贡献，而且继承和弘扬藏族文化方面作出了突出贡献的高僧至今仍然鲜为人知。鉴此，笔者在此将引述琼追游历印度以及他在印度从事印经的历史片段作此文的主要内容，从一个侧面给读者介绍这位苯教宗师，使大家对他有一个初步的认识，并促使更多的学者对他的生平、哲学思想和文学作品进行深入细致的研究。

关于琼追在阿里境内的传教活动、古如嘉木寺院的建筑过程、所设立的教学体系、寺院的经济状况、琼追与当时官员间的关系及其当地政教事务的各种信件等方面，笔者进行过比较细致的研究。希望在不久的将来把这方面的情况介绍对此感兴趣的同仁们。

一、生平简介

琼追·晋美南卡多杰于1897出生在藏北琼布地方的一家富裕家庭。他的家氏属噶甲氏族，根据《琼追传记》，此氏族源自安多地区。琼追的祖父噶甲次旦扎巴曾担任过霍尔王的大臣。琼追的父亲噶甲索朗典达是三个兄弟中的老大，是一位勇敢、富有和充满活力的人，他先后担任过霍尔王的财务长和大臣。琼追是索朗典达和索朗错的7个子女中的长子，有一个弟弟叫贡确坚参，他也曾担任过霍尔王的大臣。众所周知，解放前，在藏北草原上盛行一种部落和部落之间相互盗抢牲畜的古老习俗。琼追的弟弟贡确坚参经常以平定部落争端为名，抢劫其他家族的牧畜乃至杀害其主人，因而结下了不少仇人。根据知情人讲，噶甲家族和策西家族的历史恩怨至今尚未了结。

在旧西藏，贡确坚参是个广为人知的反面人物，号称藏北大盗噶甲扎纳，即黑腮的强盗。此人曾使西藏地方政府大伤脑筋，因为他当时既反抗噶厦政府命令，又扰乱当地的社会秩序，最后被噶厦政府特派的官员帕拉以设宴请客为名，杀死在酒席上。据说琼追听到他的弟弟被除掉的消息之后，心态泰然。

琼追很小的时候就有入寺为僧的念头，不过他的父亲还是希望他继承父业，守住家业。但是，琼追决意皈依教门，他的父亲终于同意他剃发为僧。他于1911年如愿以偿地在附近的路布寺剃发为僧，拜果顿尼马坚参大师为经师，开始了漫长而清贫的僧侣生涯。不久之后，遇到了他后来称之为根本经师的巴顿尼玛布塞大师。

琼追在路布寺修完基本的苯教教义的课程之后，决定去朝拜位于西藏西部的苯教圣地。根据他的自传，当时巴顿尼玛布塞在琼追的朝拜圣地提供了几种选择。其中，第一选择有位于西藏工布地方的六顶山、云南的梅里雪山、工布的苯波日山和山南境内的杂日山。第二选择有苯教的主要寺院门日寺及其附近的苯波教圣地，有位于尼泊尔境内的宝塔，有冈底斯山、玛旁湖和穷龙银塞。第三种选择是去往德格拜见苯教经师夏杂扎西坚参（1858～1935年）和阿德桑阿林巴（1864年生），去朝拜多缇共噶山、马琴波热、青海湖和峨眉山等东部圣地。

虽然巴顿建议琼追在以上的三个选择中可任选一个，但是他同时强调琼追去朝拜古时称之为象雄的阿里三围的重要性。巴顿讲，阿里地方虽然是苯教的发祥地，但是今天在那里不但没有苯教的活动，连所有的苯教古迹也几乎都销声匿迹了。因此，我们从中看得出琼追的旅行不仅仅是要朝拜苯教圣地，还带有传播和复兴苯教、修复苯教圣迹的任务。这一点被他后来在阿里地方所从事的宗教活动所证实。

1919年，他初次离开家乡，朝拜了沿途几乎所有的佛苯圣地，来到了位于西藏中部的著名苯教寺院门日寺。他入门日寺的拉益学院并在该寺院的堪布平错罗追膝下潜修宗教哲学。在该寺院里他被正式授予比丘戒，法名为“雍仲坚赞白桑布”。

琼追·晋美南卡多杰是古如嘉木寺院的创建者，也是该寺院的第一任堪布。当时，他同时管理一座僧院和一座小型尼姑庵。一位曾陪伴琼追到过印度的尼姑至今仍然生活在古如嘉木寺院里。如今她虽然已是80多高龄的老人，但还是拥有硬朗的身体。平时她除了例行的念颂经文和坐禅之外，还负责料理烧茶拣柴等日常事务。琼追相对短暂的一生中拥有过众多的弟子。其中最著名的有已故的苯教大学者白崔和目前尚健在的阿里地区政协主席单增旺扎上师[②]。

在西藏近代历史上，游历和考察过印度的僧侣当中，最著名者非根敦群培莫属。根敦群培先生居住在印度的时间应该是在1935年至1946年之间。琼追和根敦群培的不同之处是，琼追并不渴望接纳外面世界的思维和知识，并且也不主张对藏族文化进行洋为中用、扬长避短式的革新。琼追虽然见识和了解西藏之外的文化，但他仍然没有超越其固有的传统的精神世界的门槛。然而，他深知印度地方所拥有的现代化设施的优越性和它的使用价值。

他早在1922年时已到过噶伦堡，并在此住了几年，于1925年返藏。在此之后的日子里，他几次去过印度，主要从事印经事务。1931年到1935年他又在印属凯那尔方进行传教活动，使当地的众多异教徒皈依苯教。他最后访问印度是在1948年。

1928年他从尼泊尔返回印度之后的大多数时光是在凯那尔地区度过的。他在凯那尔拥有众多的弟子。当地的人们至今还没有忘记这位西藏苯教高僧。在传教的同时，他在印度发现比西藏传统的印刷术更迅速、更加便宜的复印设施,因而他积极地参与了复印经书的工作。他在德里复印了大量苯教经书,并且把它们寄到西藏的寺院里。这种在印度复印苯教经典的工作后来被他的徒弟们继承,并一直延续到了50年代初期。因此,他应该是西藏历史上大量复印经书的开创者。

他在印度北部的凯那尔地方传教的过程完全可以作为一两部专著的素材。该地区的信仰习俗与远古的苯教之间有很多相似的地方,但是这里无法详述这方面的情况。

1935年,琼追返回西藏,不久在西藏阿里境内的冈底斯山附近的古如嘉木地方建立了自己的寺院,开始了广收徒弟、著书立说的宏业。在短短十年的时间里,建立了一座集讲授因明学、修习苯教显密教义、跳演宗教舞蹈、藏经量多达万余部、能够举行大小宗教仪式为一体的学院式的宗庙。当时其经济势力和寺里所收藏的圣品完全不亚于任何一个拥有悠久历史的中等寺院。建立寺院之后,虽然琼追忙于寺院内部事务,给两位噶尔本和各个宗的宗本及其家眷讲授经文,治疗疑难病症,举行消灾和长寿等各种祈愿仪式,但是他仍然坚持博览群书,勤动笔墨。他一生著作颇丰,涉及的内容有苯教教义、因明学、历史、天文历算、藏医、藏文语法和诗学等。

他除了1948年再度访问过一次印度之外,余下的20年里从未离开过阿里。他自从青年时期离开父母起,坚持实践皈依教门、舍弃尘世的宗教理念,因而他的后半生里既没有见过生身父母,也没有返回过自己的故土藏北草原,而把全部的精力和生命献给了他所热爱的宗教事业。

二、首次印度之行(1920~1925年)

他首先在西藏中部地区朝拜宗教圣地,拜见佛苯两教高僧,修行于山间峡谷。大概在游历卫藏地区一年之后,他和一位师兄开始了通往印度的旅程。这方面在琼追的自传里有这样一段很有意思的故事:有一天,在帕里附近他们俩遇见了一支由20多人组成的马帮,他们在此停歇并准备烧茶做饭。琼追和他的同伴向这些马帮讨要了糌粑。马帮中的一个年纪大一点的人问他们俩来自何方，去往何处。他们俩回答他们来自琼布地方，去无目标，哪里有圣胜地就往哪里行。但是他们当时所面对的方向是通往不丹的，马帮中的一个人便说："在不丹，像你们俩一样的僧人可以拥有很好的待遇，你们可以有女人！"其他的人也哈哈大笑起来。此时，一个人说道："不要这么说，所有的喇嘛不一定是一样的，虽然所有去往不丹的僧人一般都是为了女人，但是这两个僧人似乎与众不同，因此请不要取笑他们俩！"接着琼追唱出了不需女人的道歌，马帮们听了之后对他顶礼膜拜，献出了茶叶和酥油[5]。

到了不丹之后，琼追去了位于巴卓谷地的达仓修行洞。这个地方虽然被说成是与莲花生大师有千丝万缕联系的佛教圣地，但是苯教经典里该地方被认定为苯教大师拉钦占巴南卡、琼布杰钦达美和库擦达威巴发现伏藏的"苯教圣地"。当时，琼追和他的同伴也在此进行了短暂的修行。其间他们俩获得了不丹王送给的食物和其他礼品。在琼追的自传里虽然没有提到该国王的名字，但是估计那位国王是吴坚旺久国王。该国王在位的时间是从 1907 年至 1926 年之间。琼追和他的同伴在达仓洞住了 2 个星期，并在曲木洞修行了 2 个月。根据苯教传说，这是苯教空行母图其贡追的领地，因而，若在此处进行禅修，定能获得神速的效果[6]。

当不丹国王听说琼追及其同伴准备离开不丹的消息时，他把他们俩邀请到王宫里。他讲，如果两位僧人愿意留在不丹国的话，可以给他们俩在达仓洞附近修建一座修行场所。国王提出的条件是他们要给自己提供宗教咨询和精神安抚。因此，两人在不丹多住了 3 个月时间，为该国王念颂《甘珠尔》经。

有一天，他们食用了一位住在附近的老妇女送来的食物之后感到不舒服，最后发现送来的食品中有毒。当时，他们虽然正在为国王写一部以龙树的《寄给友人的信》为蓝本的诗篇，但一天傍晚，他们悄悄地离开了不丹，消失在喜马拉雅山谷之中。

离开不丹之后，琼追来到了西藏的边境重镇亚东。他在白马寺住了 40 天。在此期间，很多僧人和百姓来拜见他。同时，当地的老百姓请求琼追调解那时出现的苯教和佛教间的争端。在此之后，他经过位于西藏和印度边界的杂日拉山，终于来到了印度的噶伦堡。

从印度的西里古里坐火车去了纳兰达、拉杰格日和秃鹫山等地朝拜，然后去了佛的涅槃地布达噶亚，并朝拜了附近的各个圣地。琼追朝拜完库斯那噶拉等著名的佛教圣地之后去了尼泊尔。经过 7 天的旅程，他和他的伙伴终于到达了尼泊尔首都加德满都，他朝拜了宝塔等加城的名胜古迹。

琼追在位于尼泊尔和西藏边界上的阿苏拉修行洞里住了 2 年之后，于 1924 年又回到了印度。

琼追在印度腹地期间主要停留在德里。在他的传记里他何时到达印度和何时离开印度都有准确的记载。他曾到过据说是莲花生出生地的白马湖，并围着该湖转了好几圈。他在那里住了 5 天之后，去了印度北部地区凯那尔的首府拉姆伏城。

从琼追的传记里所记载的内容来分析，虽然他认为凯那尔地方与古象雄有联系，但是他并没有说清楚他去凯那尔的实际目的是什么。然而，他去凯那尔的目的是显而易见的，那就是为了传播苯教。从实际结果来看，琼追在凯那尔地区的传教活动是成功的，这点是从他使凯那尔的一半的人皈依苯教和那里的人们至今仍然怀念他的事实得到证实。

在凯那尔地方，琼追认识了后来成为他的主要施主的索朗达瓦。从凯那尔的首府拉姆伏步行了一星期之后，琼追来到了一个名叫来得的村落。在那里他遇见了索朗珠杰喇嘛。这位喇嘛是来得村人，他精通藏族历算并每年出一部历书。直到今日他的后代仍继承这一传统，出版当年的历书。琼追与这位喇嘛一起住了 2 个月，并跟他学习了天文历算。从 1928 年起，琼追也和这位喇嘛一样开始出自己的历书[7]。

琼追虽然有去拉达克、阿富汗和克什米尔等地进行朝拜的计划，但是因为他的同伴不幸死在旅途中，使他最终没有实现这一宏伟的朝圣计划。

三、第二次印度之行(1930 ~ 1935 年)

琼追第二次印度之行开始于 1930 年。此年是每 12 年举行一次的冈底斯山马年朝圣节。琼追当然也不例外，在去印度前转拜了冈底斯山。当时，他初次遇见了后来成为他的得意门生的白崔先生。白崔也是来自羌唐草原的苯教僧人。

此时古如嘉木地方已经成为琼追长期居住的地方，并且他在以穹隆为中心的周围地方拥有诸多信徒和施主。结束冈底斯山的朝拜之后，琼追又开始了赴印之旅。他首先到了他在自传中所称的“象雄凯那尔”地方。[8]此时他明确地认为凯那尔是古代象雄的一部分。他在凯那尔境内的布、噶朗和雷唐等地方举行了长寿经等宗教仪式。琼追在凯那尔的首府拉姆伏拜见了凯那尔王。这位国王应该是白当桑国王（1914～1947年），他是该地方的末代国王。

在凯那尔，琼追把他的大多数随行人员派到白马湖之后，自己带着两个徒弟去了西姆拉。从西姆拉坐火车到了开卡、阿巴拉、撒哈兰伏和哈里瓦等地，重游了他在1922年去过的所有佛教圣地。琼追在德里的2个月里，把一部经文复印成500份。这可能是西藏历史上首次接触现代复印技术的一件事情。

然后琼追去了名叫阿姆拉地撒的地方，那里他与原先派往白马湖的众弟子相会合。他们朝拜了阿姆拉地撒的金塔。琼追在他的自传里把该塔称之为“古如南卡的宫殿”。同样，在琼追之后游历过此地的苯教僧人江尊西绕朗杰也说“他们的主神辛是‘鸟角辛’，而古如南卡是他的密称”，并且讲，世俗谛和胜义谛是他（指辛绕米沃）的教义，他（辛）手持智慧宝剑，这个地方乃是本尊神和诸位佛云集的地方[9]。因此，我们看出琼追等苯教僧人把以上所提到的地方与苯教相联系，从而似乎把苯教徒朝圣印度的事合理化。

琼追他们从阿姆拉地撒去了满第和白马湖。此年是1931年。之后琼追又回到了凯那尔的首府拉姆伏。他在那里为王妃举行了特殊的宗教仪式，使她能够怀胎生育王脉。后来该王妃果然生了一个男孩。这孩子后来成为印度海麻恰邦的著名政治人物，担任过邦政府主席[10]。

从拉姆伏，琼追沿着象泉河又来到了凯那尔的上部雷唐。他在这里生活了近4年的时间。期间，他除了传教和举行宗教仪式之外，主要使命是改革当地盛行的血祭习俗。根据他的传记，当时琼追迫使该地的所有16位山神成为苯教的保护神。来自荷兰的地质学家范德斯林于1922年在此考察时候拍摄了当时举行的血祭场面。[11]

在此有必要提一下当地的人们是如何举行血祭的这一宗教仪轨的。据说他们每年至少宰杀900头山羊和绵羊作为祭拜两个山神的供品。当时,当地有一座专门举行血祭活动的神庙,据说此神庙很恐怖,到处都撒满血迹和肉片。当地的老百姓讲,当时只有西藏的喇嘛才敢在此神庙里过夜。根据琼追的自传,他当时在夜里进入该神庙并在此举行过断悟之宗教仪式。人们在第二天的早晨看到琼追安然无恙之后,逐渐放弃了他们以宰杀动物来祭拜神灵的古老传统。

大概与琼追相同的年代里,著名的意大利藏学家杜奇和查里斯少校也访问过凯那尔地方。虽然在他们的著作里没有提到琼追在此活动的任何情况,但是提到了因为西藏喇嘛在此传教,使凯那尔人开始放弃印度教而接纳藏传佛教的历史情况[12]。

琼追第二次印度之行整整利用了5年的时间。在印度的最后一年,他收到了来自穹隆地方的信徒寄来的邀请函[13]。因此,于1935年琼追离开了印度来到了古如嘉木,并开始建立属于自己的寺院。

在此之后的几年里,在包括他自己家庭在内的众多施主和募捐者的帮助下,终于建成了寺院。根据琼追自传的内容,可以断定此时他的父亲仍健在。当时,琼追收到了由噶甲家族派人送来的一套《甘珠尔》经、一套《丹珠尔》经和用35头牦牛托运的其他各种经文。在1936年,著名的苯教寺院门日寺的堪布丹巴罗追来到该寺。当时,琼追请求他把古如嘉木寺接纳为门日寺的分寺。堪布丹巴罗追同意接受古如嘉木寺为门日寺的分寺的同时,把琼追认定为8世纪苯教圣人占巴南卡的转世。在1938年和1948年,琼追分别邀请和拜见了当时在阿里巡查的噶厦政府官员孜仲噶张瓦、楚格瓦会计和当时正朝拜冈底斯山的十六世噶玛巴(1924年生)[14]。

四、第三次印度之行(1948年)

琼追的第三次或最后的印度之行是在1948年。当时去印度的目的除了故地重游之外,还要购买纸张等物品。此次他去印度的路线与原先的线路有所不同,即经尼帝谷地来到了觉西玛帝,从那里去了噶瓦、查目力、卡那帕热亚噶、夏历那噶和泡日,然后到达了恒河沿岸的哈里德瓦城。从那里坐火车之后,经撒哈然负、阿木巴拉和路德哈那来到了阿目力德撒。在阿木里德撒,琼追又朝拜了金塔。琼追在去德里之前,先去了派德斑克德、满第和白马湖。到达德里之后,琼追又复印了更多的经书。

琼追结束了在德里的复印经书的工作之后,又一次去了瓦热纳斯等著名的佛教圣地进行朝拜。结束了在印度的复印和朝圣之后,去了尼泊尔王国。朝拜完佛之出生地拉木布内等圣地之后,经原路踏上了返乡的路程。此次他并没有去凯那尔地方,其中原因不得而知。

从 1948 年之后,琼追虽然没有去过印度,但是他在 1949 年派白崔去印度首都新德里复印经文。白崔在印度复印了 30 箱经文,并用马和骡子把这批经文托运到了西藏。1953 年,琼追又派人到印度复印经文,其中包括夏杂扎西坚参的著作 13 部。

琼追在西藏的寺院里设立了复印经文的基金。这个所谓的基金指的是属于该寺院的 4000 头绵羊和 100 头牛。这些牲畜当作复印经文之费用的储备。

琼追·晋美南卡多杰于 1956 年圆寂。在他的最后的时光里,白崔一直陪伴在他的身边。虽然他的弟子们一再要求琼追写他的传记,但是他一直忙于教务,没有时间写传记。因此,他临终前嘱托白崔去完成他的传记。白崔和凯确两徒弟在琼追圆寂后的 2 年时间里完成了琼追的传记。此后,寺院派一名僧人到印度去复印琼追的传记。当时花费了 4000 卢比,复印了 300 册。在此之后,白崔等徒弟在寺院里塑立了用金银点缀而成的琼追灵塔。

虽然琼追游历印度和传教于印度的北部地区,但是他对苯教的执著是毋庸质疑的。目前从我们所见到的琼追的照片来看,他头戴苯教的莲花帽,完全是一副标准的苯教僧人的模样。与此同时,在很多场合他公开宣扬他的苯教身份。他一生著有很多道歌式诗篇,其中一篇有这样一段内容:他把自己比喻成一个虎崽,在佛苯两派之间,他不倾向于任何一方,这正如一只虎咆哮在无依恋和偏见的山谷中，出没于印度、象雄和阿富汗的广大森林之中。从中足以看出琼追对自己所追求之宗教的真正定义和卓见。

注解：

①根据苯教说法，古如嘉木是占巴南卡的出生地。这里曾是象雄王国的中心，穹隆银塞宫的废墟和占巴南卡的石刻像至今可见。

②笔者在1998年专程去实地调查时采访了老尼姑和单增旺扎上师。尼姑桑结琴增与琼追一起去过印度，现在她已是80岁的老人。德青多杰也是琼追的弟子，他8岁入寺为僧，22岁时让他从事运输盐和羊毛等寺属经贸差事，未获得学经的机会。解放后还俗，目前担任该寺院的民管会主任一职。该寺目前拥有6位长住僧人，除一名来自附近的村落之外，其余的均来自穷布等藏北地区。

③根据单增旺扎上师讲，琼追对他弟弟的所作所为有了一定的了解。琼追派单增旺扎去羌唐募捐时，并不指望琼追家庭提供什么，嘱托单增旺扎不要去琼追的家寻求布施。

④⑤⑥见《琼追传记》上册，第65～87页。

⑦琼追从1935年起每年坚持出版藏历。他精通历算，著有苯教历史年鉴。

⑧凯那尔地与古代象雄至少在语言方面有很多相似之处。具体情况请参阅由乔治、万哲姆著，索朗曲杰翻译的《象雄语与喜马拉雅山周边民族语言之比较》载《西藏研究》（藏文版）2000年2期。

⑨见《琼追传记》上册，第64页。

⑩参阅据说是琼追的转世、目前旅居美国的单增旺杰活佛著《梦睡中的藏传禅定》一书的前言。

⑪⑫参见挪威藏学家派尔克瓦纳所著《二十世纪西藏人在印度的朝圣》。

⑬⑭见《琼追传记》上册，第69～86页。

原载《西藏研究》2002年第3期

根敦群培与梵文贝叶经研究

【关键词】 根敦群培;罗睺罗;萨迦寺;印度;梵文;贝叶经写本

【摘要】 文章主要介绍了近代藏族著名学者根敦群培的生平,以及他与印度著名学者罗睺罗在西藏萨迦寺和夏鲁寺等考察和发现梵文贝叶经的情况。根敦群培曾在印度学习梵文,周游印度和斯里兰卡等南亚国家,与外国学者合作翻译藏文著作,他还翻译过梵文写本等。

引言

近代著名藏族学者根敦群培(1903～1951 年)出生于安多热贡双丰西村宁玛派僧人家庭,14 岁入格鲁派底察寺为僧,伊始研习佛经,3 年后又入拉卜楞寺,接触更多佛学知识。由于他先天的聪慧和后天的专研,很快就成为精通佛教教义教理和当地无与伦比的辩经手。最后根敦群培与其经师在解读佛教哲理上相异而逐渐疏远关系,同时经常与同寺僧人进行激烈争论,甚至发生斗殴现象。1929 年,根敦群培无奈离开拉卜楞寺,前往西藏拉萨哲蚌寺深造。

哲蚌寺期间,根敦群培师从当时著名佛学大师喜饶嘉措,全面系统地学习因明学等深奥的佛学知识。他刻苦钻研,进步非凡,提出的许多独到见解连喜饶嘉措也应接不暇,难以回答。哲蚌寺的 7 年里,他对佛教有了更深入的理解,并能融会贯通,成为引人注目的年轻学者。1934 年,他被推举为哲蚌寺参加拉然巴格西学位考试的候选僧人。作为一名僧人考取格西学位是至高无上的荣誉,但根敦群培淡泊名利,放弃了参考机会。他在哲蚌寺的命运与拉卜楞寺相差无几,最后再次离寺出走。1935 年,他接受当时在拉萨的印度学者罗睺罗的邀请,前往印度学习梵文,直到 1945 年返回拉萨。

贝叶经写本使根敦群培与罗睺罗结缘,他在印度跟随罗睺罗旅行、考察和学习,对佛教教义、梵藏翻译、贝叶经写本的价值等有了更深的认识和理解。罗睺罗作为当时印度反抗英国殖民主义和从事民族解放运动的积极分子,曾多次被英印当局监禁。而根敦群培作为罗睺罗的学生和助手,必然受到罗睺罗政治主张的影响，这一点在根敦群培的作品和言论中所显现的反帝反封建思想，以及他后来参与西藏人邦达热噶等在印度组织成立“西藏革命党”的活动等中可以得到佐证。

1937 年，根敦群培赴斯里兰卡考察，学习巴利文，取得优异成绩，将巴利文经典《法句经》等译成藏文。他游览参观众多佛教圣地，记述斯里兰卡的历史、宗教、风俗等。1938 年，他陪同罗睺罗返回西藏，对萨迦、夏鲁等寺院考察。同年再去印度，直至 1945 年才返回拉萨。这期间，他不断学习新知识，吸收新观念，不懈学习英语等语言文字，与俄国学者罗列赫合作，将藏文版《释量论疏》和《青史》译为英文。他还曾在孟加拉皇家亚细亚学会工作，主要从事翻译和整理藏文资料工作，同时当班智达桑克拉提亚的研究助理。印度生活是他生命和事业的重大转折点，也是他人生历程中十分重要的一个阶段。正是在这一特殊时期，他一方面博览群书、开阔视野、更新观念、掌握新知识新方法，另一方面，积极进行创作和研究工作。他在印度学会了 12 种语言，尤其精通梵文、巴利文、英文、僧伽罗文和印地文，先后翻译了十几部梵文和巴利文著作，为世人了解梵文、巴利文和古印度文化，丰富中华民族文化宝库，促进中印文化交流作出了重要贡献。

目前，国内外藏学界对根敦群培先生在研究藏族历史、宗教、民俗、文学创作等方面所作的重大贡献屡有介绍和评述，发表的文章和出版的书籍也颇多。然而，人们对根敦群培先生为什么突然中断哲蚌寺的学经，离开拉萨前往印度，他又如何遇到印度学者罗睺罗，并在其身边学习梵文，以及后来收集、编目、翻译和研究梵文贝叶经写本等方面所作出的巨大贡献知之甚少。这对全面了解和认识像根敦群培大师那样对藏文化发展和中印文化交流作出过重要贡献的人来讲，是个极大的不公和一大缺憾。

笔者根据现存的关于根敦群培在拉萨哲蚌寺学习佛经过程、他与印度学者罗睺罗在拉萨的见面，以及后来他跟随罗睺罗赴印度留学等的零散信息为主线，探寻根敦群培学习梵文的初衷，介绍他在西藏和印度学习梵文和研究贝叶经写本的过程，以及后来翻译出版十几部重要梵文著作等情况，使大家对根敦群培先生与梵文贝叶经写本之缘源和他在梵藏翻译和贝叶经写本的收集、编目和研究等方面所作出的杰出贡献有更多的认识和了解。

一、在拉萨首次遇见罗睺罗

印度作为佛教的发祥地和佛祖释迦牟尼的出生地,向来是藏传佛教徒和信众们向往和朝拜的圣地。除了佛教本身,藏族的诗学、语言学、辞藻学等很多学科深受印度文化影响。身为僧人的根敦群培深知一切来自印度的被认为是正统和高雅的西藏传统观念,这一不完全属实的观点在藏族文学作品中反映得凸显,例如,有句诗是这样写的,“您的法体如同比基山那么威武,您的教法如同恒河水那么洁净。”而根敦群培说藏族人认为这种运用印度山水做比喻的诗句显得优美而动听,而有人用“您的法体如同玛卿岗日山那么威武,您的教法如同玛曲水那么洁净”的诗句来描述西藏的山河显得俗气,会成为人人取笑的对象。他在学经中产生的种种疑难与喜欢刨根问底的性格,使他不禁地产生去印度学习和考察的心愿,即渴望在释迦牟尼的原话中找寻西藏高僧无法解答的疑难问题的答案。正当他想学习梵文和阅读原著的时候,恰巧来自印度的著名梵文专家罗睺罗就出现在拉萨。

1934 年,也就是根敦群培来拉萨后的第 7 年,他与罗睺罗在拉萨首次见面。印度人罗睺罗时年仅 40 岁,已是印度有名的梵学专家和印度独立运动的积极参与者,曾因参加印度共产党,参与反抗英殖民主义统治活动而被捕入狱,出狱后继续翻译和修补梵文贝叶经写本。为了寻求印度早已绝迹而流入西藏各地的梵文贝叶经写本,他排除各种艰难险阻,来到当时外国人难以进入的圣地拉萨。为了更好地考察和编目贝叶经写本,他邀请根敦群培参加其考察队伍。据说,当时罗睺罗对根敦群培讲,“如今西藏与印度的翻译等文化交流传统几乎绝迹,如果根敦群培想学习梵文,成为一名译师,应该跟他一起去印度。”听了罗睺罗的此番话,根敦群培欣然答应,去实现他多年的梦想。

因为“当时罗睺罗携有不少钱”,西藏地方政府准许他考察旁多和热振等地。按罗睺罗的计划,去印度之前,和根敦群培一道赴林周、热振等地考察寺院,搜集其收藏的贝叶经写本。在那次旅途中根敦群培开始接触梵文。在根敦群培的帮助下,罗睺罗的日常藏语对话也有了长足进步。

根敦群培在林周考察了朗唐、波多、扎嘉等噶当派寺院和修建在那里的独具风格的佛塔。他后来讲,林周看到的佛塔与印度已成为废墟的佛塔造型如出一辙,并断定林周的那些佛塔是仿照当时印度佛塔而建。嘉拉康是林周县境内最古老寺院之一,由向纳囊多杰旺久大师所建,是藏传佛教后弘期第一座寺庙,距今1310年历史。根据根敦群培考察笔记,该寺收藏的经书浩如烟海,由印度工匠修造的弥勒佛像是镇庙之宝。他曾推断屹立在嘉拉康院内的石碑是由朗达玛的孙子扎西孜或扎西孜的儿子阿达威德所建,有上千年历史。

热振寺期间,根敦群培一行人虽听说该寺收藏有贝叶经写本,但该寺管家了解到罗睺罗是外国人后,拒绝让其查阅梵文贝叶经写本。根敦群培曾说,热振寺藏有万卷佛经,但不会藏有很多贝叶经写本。他们在林周没有发现多少贝叶经写本,不久就返回拉萨。

拉萨休整一段时间后,他们开始前往印度,途中对江孜白居寺、夏鲁寺和扎什伦布寺进行考察。位于江孜北部的博康措巴寺是一座古老寺院,收藏有克什米尔班智达的袈裟,罗睺罗记录了该寺收藏贝叶经写本和佛像等各种圣物情形。1938年,罗睺罗的两个印度助手和根敦群培对该寺贝叶经写本进行第二次登记,并把它编入他的贝叶经总目录。在夏鲁寺,根敦群培和罗睺罗朝拜了布顿大法师的隐居地日普修习洞。这座山庙仅有约20平米的面积,屋里没有窗口,很难想象可以住人。这里把比较重要的经书放置在大概有半尺高、一尺宽的灰色木箱里,箱子里装满经卷。当根敦群培等人打开由九层黄缎子包裹的经书时,竟发现里面的经书是布顿所著《光明注释·莹澈六万》的原稿,上面写有"此乃爱徒译师的笔记,不得外传"字样。在萨迦派寺院俄尔,罗睺罗在根敦群培的帮助下,记录了该寺收藏的《甘珠尔》和《丹珠尔》等所有经书之名单。

萨迦寺期间,他们首先考察了果荣拉康,该寺收藏有千余卷佛教经书,罗睺罗无意中抽出其中的一部写本时,惊奇地发现这是一部完整的《释量论》梵文贝叶经版本,有九个贝叶张。随后,他在该寺僧人的帮助下,力求寻找其他梵文贝叶经,但是一本都没有找到。根敦群培等人了解到,该寺曾清理经书上的尘埃时,不小心把五部贝叶经写本散落一地,乱了页码。当时,有些佛教徒认为,乱了经书页码则是不吉之预,所以,把所有五部贝叶经写本均丢入垃圾堆里了。根敦群培感慨道:贝叶经写本在印度是稀有之宝,而在西藏被人忽视,有些佛教徒甚至从每部贝叶经写本中偷去一张做护身符,或扣掉指甲大小页片,吞入腹中,或藏在佛像和佛塔里,以示被佛光所加持。

根敦群培批评以此为荣而炫耀的行为是愚昧之人在迫害佛法。

当时萨迦寺的多数贝叶经写本收藏在萨迦拉康的经书殿里，根敦群培等发现了40多部贝叶经写本，并编有详细目录，他们还发现了完整的汉文版大藏经一部。在西藏西部达纳图登朗杰寺和山南地区达拉甘波寺，分别发现完好的《西琅》和《释量论》，他们抄写其中的《释量论》带到印度。根敦群培和罗睺罗结束了考察西藏西部收藏的贝叶经写本后经尼泊尔抵达印度。

二、考察斯里兰卡

根敦群培30岁时与罗睺罗一道去了印度。为了在印度期间减少语言沟通方面的困难，早在去印度之前，根敦群培在八廓街开药铺的印度人巴布善达比日身边学习英语。他的学习英语之神速，震惊了巴布善达比日。另据说，早在甘南拉卜楞寺时，根敦群培在当地外国传教士身边学习过简单的英语。

到了印度，他先入瓦拉纳西佛学院，开始学习正式的梵文课程，同时遇见了库努僧人旦增坚赞，在他那里补习梵文等。不久之后，根敦群培去了斯里兰卡，入其梵文大学。在为期一年半的学习期间，就像他自己所言，为了回报雪域藏地，他废寝忘食，有时身无分文，但仍然不放弃学业，继续坚持学习和钻研。根敦群培虽取得优异的学习成绩，但最终他还是放弃了领取任何学位证书，毅然离开斯里兰卡，返回印度。斯里兰卡期间，根敦群培有更多的时间考察和校勘梵文原文和藏文译文。他感慨万千，道出“一位在800年之内，未曾来过印度的藏地译师，如今出现在马嘎达地方，并熟读贝叶经书”的佳话。他不赞成西藏学者不去印度而留在西藏学习梵文转写音，曾讥笑这种行为时讲：“安多与卫藏之间的距离遥远，西藏与马嘎达之间的距离甚远，而梵文原文与西藏梵文转写音的距离那就更远。”他提倡后来者在研究梵文时应坚持严肃认真的态度，劝告研究者不要简单轻易地下结论。为了方便更多梵文研修者，也为了阐述他自己对各种疑难梵文词汇和短句的解读，他在印度期间，编写了由出自各种梵文经典的四句诗组成的《梵文宝库》一书，该书后来成为从事梵文贝叶经研究和学习者们的必备工具书。他还开始翻译《沙恭达罗》，此书后来在当时的锡金国印刷出版。

正如上文所言，根敦群培曾在1938年与罗睺罗等人一起到了西藏萨迦寺，翻阅了珍贵的古代梵文贝叶经，对许多重要写本进行抄录，从将近40部的写本中对《释量论》和《现观庄严论》等多种写经作了详细登录。是年还去了热振寺、桑耶等，翻阅很多贝叶经写本。此次考察期间所见到的贝叶经写本及其相关研究情况均记述在他在印度期间撰写的《智游列国漫记》一书当中。

此后的旅印期间，为了详细地解读佛教文化，他还找机会去弘传小乘佛教的斯里兰卡，把过去从未译成藏文的佛经集要《教法诗》译成了藏文。

回到印度之后，大吉岭地方住了一段时间，期间他借宿于一位英国老太太家里，在她身边学习英语。据说，经老太太引荐，认识了一位正在翻译因明学著作《释量论》的西方学者，凭借根敦群培的大力帮助，此人完成了《释量论》一书的翻译，但至今尚不知道此人究竟是何许人也。

结束了西藏的考察，返回印度后不久，不知何故根敦群培与罗睺罗关系开始疏远，以至后来他们之间几乎没有任何来往。据说，此时根敦群培的生活遇到诸多困难，几乎到了去流浪的地步。然而，就像“柳暗花明又一村”一样，当他生活潦倒的时候，遇见了当时来印度做访问学者的俄籍历史学家罗列赫。因根敦群培不但精通梵文，还能熟读英文名著和翻译英文著作，罗列赫邀请根敦群培协助他翻译西藏著名史书《青史》。通过帮助罗赫列的翻译工作，根敦群培的生活暂有着落。后来，根敦群培成了通古今中外文明的现代学者，他的声誉漂洋过海，传到欧美两洲，邀请书和向他请教的东西方学者络绎不绝。但是，因为第二次世界大战的爆发，根敦群培将赴欧美的计划未能实现。根敦群培在印度的末期，为了维持生活，给当时成立于印度的“西藏革命党”设计会标，帮助其赴门达旺等地绘制地图。1946年，根敦群培先生回到拉萨，不久被捕入狱。后来在他身上发生的一切悲剧，大家熟知，在此不必赘述。

三、翻译梵文作品

根敦群培到了印度后不久，开始翻译古代印度婆罗门教和佛教的经典著作，先后翻译了不少梵文经典著作，其中《沙恭达罗》《薄伽梵歌》《罗摩衍那》和《梵文宝库》是最重要的几部译著。需要说明的是，他绝非盲目翻译古印度典籍，而是与其所追寻的真理和服务于远在雪域高原之上的同仁紧密相连。

（一）《沙恭达罗》

戏剧这一文学品种在古印度很发达，但多数藏族译师只注重翻译佛经，印度戏剧作品被译成藏文的寥寥无几。纵览古代藏族文学，戏剧作品几乎是一片空地。根敦群培为了将古印度的著名戏剧作品传入西藏，开始翻译古印度的戏剧作品。由迦梨陀娑所著的《沙恭达罗》是他首次从梵文翻译成藏文的古印度著名戏剧作品。

至于根敦群培为什么翻译《沙恭达罗》，这与他一贯赞扬自由、真挚、浪漫的爱情有关。如果审视根敦群培的浪漫生活、他对女性的美与爱的追求以及他的作品《欲经》，我们就能知道他把印度爱情戏剧作品译成藏文的缘由。然而，因时代的变迁和后来一段时期藏文文艺创作的中断，根敦群培欲借鉴《沙恭达罗》的创作手段和表现方法，丰富藏族戏剧艺术形式和表现方法的愿望没有得到实现，对现行藏族文学创作也未起到应有作用。

（二）《薄伽梵歌》

该诗为印度教圣经之一，也是古今印度社会家喻户晓的梵文宗教诗，原为古印度史诗《摩诃婆罗多》第六篇的一部分。其作者及成书年代均不详。学术界对此书的成书年代有不同说法。多数所推定的成书时间大约在公元前 1000 年到 4 世纪之间。

这篇诗歌原是薄伽梵派的圣经，没有藏译版。根敦群培先生很早前就有将佛教和印度教进行比较研究的想法，到了印度，特别是接触到记载有婆罗门教的梵文写本时，更加深切地感觉到婆罗门教对佛教的影响。根敦群培翻译这部印度教圣经的目的是让西藏读者对印度历史、宗教、文化、社会、哲学有一个比较全面的了解，进而对自身所信仰和实践的佛教文化有个深刻认识。但是经书未能在西藏出版前广泛流传，根敦群培的愿望未能实现。

薄伽梵派的教主被视为圣经《吠陀经》中的毗湿奴神，它被吸收到正统婆罗门圈内。该书一共有 18 章，通过战争、转世、罪恶和祭祀等世间事务或事件，解释了“真理”的五大概念，即自在、存在、元素、职责、痛苦、时间、真理宣扬无我的行为准则等基本宗教内容。此书是根敦群培在印度瓦拉纳西等地学习和研究梵文和佛教期间所翻译的，在 1941 年以梵藏对照形式，在印度大吉岭公开出版。据说根敦群培完整翻译了此书的 18 个章节，但是，目前我们所见到的只有4个章节。

(三)《罗摩衍那》

史诗《罗摩衍那》是古印度文化的基础,对印度文学、宗教的发展起到过相当大作用。它不仅在印度文学史上占据崇高地位,而且对整个南亚地区文化和宗教都产生过广泛而深远的影响。如同藏族的史诗《格萨尔》,《罗摩衍那》最初也是口头流传的文学形式,后来渐渐成书面文学,全书共7篇,24000颂。

《罗摩衍那》作为印度文学名著,早在吐蕃时期就被译成藏文,但对西藏影响很小。根敦群培没有完成《罗摩衍那》的全部翻译,只有部分章节的译文。他翻译此部印度长篇史诗的初衷也是通过翻译这部在印度家喻户晓的史诗,让西藏人进一步了解古代印度人的宗教信仰、民风民俗,以及欣赏优美的文学作品。

(四)《梵语宝库》

为了方便和帮助更多梵文研修者学习和解读贝叶经写本,阐述自己对各种疑难梵文词汇和短句的理解,他编写了摘自梵文经典的由四句诗组成的《梵文宝库》一书。该书后来成为从事梵文贝叶经研究和学习者们的必备工具书。

此书中根敦群培强调在翻译过程中严格遵循语言学规则,充分考虑两种文字的不同、句法结构的不同以及文法习惯的不同。他客观赏析前辈译师的译著,用举例的方法批评和改正其中的误译和缺陷。《梵文宝库》中论述的关于翻译方法和实践方面的一系列观点符合当今所流行的信、达、雅的基本翻译标准。《梵文宝库》是根敦群培对历代藏族译师们翻译作品的准确度、特点和风格的一大梳理和总结,也是留给后世的教科书式的梵文工具书。

四、关于梵文贝叶经的几点论述

根敦群培精通梵文后,查阅大量贝叶经写本,勘校藏译版梵文经典。他从以往藏族译师们的译文中发现了诸多翻译方面的疏漏问题。为了纠正过去译师们的错误,并启迪和帮助后世译者在翻译印度经典方面更上一层楼,根敦群培编写了《梵文宝库》,该书既是他的研究梵文的代表作,也是对过去藏族译者梵藏翻译的大检阅,更是留给后世的一本宝贵的梵藏翻译教科书。

根敦群培不但学习梵文,研究和翻译贝叶经,还对贝叶经的加工制造流程也进行过观察了解。他说:“棕榈树叶加工完成后,切成一个个长条页,然后在每页中间穿两个小洞。贝叶经书还配夹经板,在夹经板上穿孔,用以包裹好经书,配好系带,行走时把经书带在腰间。当想念诵经文时,把绳子松开即可以读经文了。此种方法可以防止松乱页码,因此贝叶经写本上一般不注明页码。”

经过多年的梵文研究和了解贝叶经对西藏文化的影响,根敦群培就贝叶经有独到的见解,比如,当谈到梵文贝叶经写本的特点时候,他说道:“古代印度南部用铁笔在贝叶上刻写佛经,虽这种贝叶上的文字比较难念,但对保持文字的清晰有很大益处。另外,在斯里兰卡地方也有用铁笔刻写的贝叶经。然而,印度中部和尼泊尔用墨笔在贝叶上书写佛经等。”根敦群培认为,“印度和尼泊尔最初写长条经文是在贝叶上书写经文开始的,因此,印度至今把‘书’称之为‘叶子’。古代西藏除有法律条文写在卷纸上的方法之外,无任何其他有书的文字记载。据说,纸书首先出现在中国内地,然后逐渐传到中亚地区。藏语中把历史‘书’称之为‘德特尔’,此术语源自波斯语,首先传入蒙古语中,通过蒙古人与西藏人的交往,最后传到西藏,逐渐成为藏语中的一个借词。”

在贝叶经的特征方面,根敦群培还说过这样一段话:“梵文贝叶经是刻写在贝叶上的书,其宽度一般不会超过三指头宽,而长度比较长。在这方面有这样一个故事,米拉日巴在洛扎地方寻找玛尔巴译师时,路上遇到一群小孩,问他们玛尔巴大师的住处,一个孩童抢先说道:“你要找的是否那位从印度用牦牛托运长条书的人?通过贝叶经的信息,米拉日巴就找到了玛尔巴译师。”

西藏如何受以梵文为主的印度文化影响上根敦群培也有深入研究。藏族译者在藏传佛教前弘期和后弘期翻译的大量梵文贝叶经写本,不但为佛教在西藏的传播起到决定性作用,而且为丰富发展西藏文学、绘画和造像艺术等起到至关重要作用。14~15世纪出现的藏文长条经文书自然受到过梵文贝叶经写本制作之影响。这个问题上,根敦群培曾经讲过:“西藏出现了在佛经写本的页码中间画红色圆圈,后来又把红圈用彩图所替代的现象,这种做法均与贝叶经写本页码中间穿有孔洞的习俗有关。”另外,根敦群培还发现，吐蕃时期乃至佛教后弘期西藏没有在书籍等上注明梵藏三种文体的做法，在西藏，门前和墙壁上刻写梵藏三体合璧文字的习俗出现得比较晚，是由上层贵族中那些粗懂梵文的人所创。

结束语

贝叶经写本作为传播佛教和中印文化交流的载体，早在4～5世纪传入雪域高原。吐蕃强盛时期，大量贝叶经写本带入西藏，由梵藏大师们译成藏文，对佛教在西藏的传播和发展起到重要作用。同样，在藏传佛教后弘期，又有大批藏族高僧从印度引进贝叶经写本并把之翻译成藏文，进一步丰富了藏族佛教经典，逐渐形成今天我们所看到的藏文佛经典籍《甘珠尔》和《丹珠尔》。

贝叶经写本被译成藏文之后，原先从印度千辛万苦以耗费大量金钱引进的梵文贝叶经写本作为圣物收藏于寺庙和宫邸里。桑耶寺、萨迦寺、夏鲁寺和哲蚌寺等西藏著名寺院曾作为译经场所和众多梵藏班智达和译师们学习、讲经和翻译佛经的重要地方，自然收藏有大量珍贵的梵文和藏文贝叶经写本。

佛教在印度几近灭亡，而在西藏得以成功传播和立足。随着西藏建立政教合一制度，翻译贝叶经写本的活动宣告停滞。贝叶经不再是人们常见的、流行于学界及民间的文化和宗教传播载体，而是深藏于佛殿和官邸中的神物，只是用于佛塔的装藏和防病消灾的护身符，众多千年保留下来的珍贵贝叶经就这样逐渐损失消亡。

虽然在历史上收藏的贝叶经写本受到人为破坏，但是，直到20世纪初，藏区各寺庙里仍然收藏有数量可观的贝叶经写本。根据罗睺罗在西藏考察贝叶经写本的调查报告，仅在西藏日喀则一带诸寺院收藏的贝叶经写本数目多达千部以上，其中，有些是从未译成藏文的版本。

根敦群培先生作为罗睺罗的向导和助手，参与了对萨迦寺等几座寺院收藏贝叶经写本的考察，编写有亲眼看到的贝叶经写本目录，记载的贝叶经写本有近200部。

根敦群培先生作为西藏近代史上唯一一名梵文专家，不仅进行过梵藏翻译、贝叶经写本研究，而且就贝叶经写本对西藏木刻印刷的影响，以及梵文为代表的印度古代文化对藏族语言、民俗、建筑、书法和艺术等的影响做过探究，提出过诸如“西藏长条经书是模仿印度贝叶经写本而产生、西藏贵族阶层推广了在书本和装饰物上使用梵藏等三种文字的习俗”等众多颇有见地的观点，对认清西藏文化的内涵和特征，以及印度文化如何影响藏族文化提供了佐证。

自从西藏建立甘丹颇章地方政权之后，藏族文化逐渐走向封闭和停滞不前，对贝叶经写本古老文化遗产的保护和研究更无从谈起。20 世纪初的根敦群培无疑是公认的藏族文化巨人，就像他自己曾经说过的那样，他是西藏 500 年内出现的唯一一位梵藏译师。他既是颇有成就的译师，又是严肃而有很高造诣的梵学家。可悲的是，当时的西藏地方政府不但不重视他为国家和民族所做的有益工作，反而诬陷他传播歪门邪说、威胁西藏政教合一体制，最终把他打入黑牢，以致西藏历史上少有的著名学者英年早逝，给人们带来无尽的遗憾，给藏族文化造成巨大损失。

在党中央的关怀和各级政府的高度重视下，古老的贝叶经文化重见阳光，多年沉眠在深宫秘院里的贝叶经写本这一中华民族的文化遗产开始释放出巨大的文化资源和学术价值的光辉。

根敦群培作为西藏贝叶经研究的开拓者和先驱，研究他的翻译思想、方法和技巧，对于科学合理地抢救、整理、出版和研究贝叶经写本有重要的现实意义。重视和研究根敦群培在藏族历史、文学和民俗等领域思想和成就的同时，他的贝叶经研究方法及其成果也应成为根敦群培研究的重要组成部分。

原载《西藏贝叶经研究》2014 年版

论收藏于西藏布达拉宫的梵文贝叶经写本

【关键词】 布达拉宫;红宫;收藏;梵文;贝叶经;保护

【摘要】 布达拉宫是著名世界文化遗产,曾经藏有大量的梵文贝叶经。本文对目前珍藏在布达拉宫的梵文贝叶经的基本情况、大小规格、文种、墨迹、插图,以及藏文翻译过程作了详细介绍。

布达拉宫是著名世界文化遗产,它始建于吐蕃赞普松赞干布(617~650年)时期,距今已有1300年历史。17世纪中叶,五世达赖喇嘛阿旺嘉措建立甘丹颇章地方政权并由第司·桑杰嘉措掌控西藏地方政教大权后,布达拉宫又一次得到修复,同时扩建了红宫等新建筑群,使整体外貌相似于佛教坛城而著称的布达拉宫显得更加庄严。因其坐落于拉萨红山之顶,阳光照耀下,金碧辉煌,光彩夺目。

宫殿上下布置的装饰物有祥麒法轮、八大吉祥相、槲柳女墙、牛毛幢、宝幢、四望楼、屋脊宝瓶、日月图案及精雕细刻的柱梁等,这些华丽的装饰品格外吸引香客和游客的眼球,令人叹为观止。布达拉宫里有金、银、青铜等各种贵金属物建造并由钻石、九眼石、玛瑙、珍珠和红珊瑚等各种宝石点缀的包括五世达赖喇嘛阿旺嘉措在内的几代著名达赖喇嘛的灵塔、各种佛像及中外佛教大德高僧的塑像等。

布达拉宫收藏印度、尼泊尔和克什米尔工匠修造和绘制的各种精美绝伦的金、银、铜、泥等佛像、壁画、唐卡画和僧俗官吏使用的各类法器和器具,数目达万余种。另外,布达拉宫藏有金、银粉墨书写的以《甘珠尔》和《丹珠尔》为主的万卷佛经和少量的苯教经典。特别需要关注的,也是笔者在此重点介绍的是收藏在布达拉宫里的珍贵的梵文贝叶经写本,这些贝叶经写本历经千年,至今完好无损,有些甚至是孤本,因此尤为宝贵。贝叶经作为国家一级保护文物品种,历来受到党和国家领导人的重视,收藏于西藏各寺和文物部门的贝叶经写本得到很好保护。目前,收藏于布达拉宫的数目可观、内容丰富、价值连城的贝叶经写本,同样得到很好的保护、整理和编目。

一、布达拉宫收藏的贝叶经写本及其特征

梵文中写在被加工过的棕榈树叶上的经书称为Pattra，而Tāla一词指的是棕榈树叶，因此，藏语中称贝叶经为“达莱罗麦贝洽”，即写在棕榈树叶上的经文，汉语中写在棕榈树叶上的经书统称为贝叶经。目前，西藏萨迦寺、哲蚌寺、扎什伦布寺、白居寺、山南文物局、西藏博物馆和罗布林卡等处收藏的贝叶经写本总页片数多达30余万。仅在布达拉宫收藏的贝叶经写本页片有460，占西藏所藏贝叶经总页片数目的一半左右，是贝叶经写本数目最多、内容最丰富的馆藏。

（一）梵文贝叶经的大小规格

西藏收藏的贝叶经写本是公元前500年左右开始出现的印度班智达和译师们刻写的，因此其长短有别，宽窄各异。宽度方面既有4公分宽的，也有5、6公分宽的，长度上可分为特长条板、长条板、中长条板和短条板等四种不同条板。

1. 特长条板贝叶经写本的长度为62.04~54.83公分；

2. 长条板贝叶经写本的长度为59.03~6.065公分；

3. 中长条板贝叶经写本的长度为35.08~5.073公分；

4. 短条板贝叶经的长度为12.04~6.051公分。

贝叶经的长度与宽度的不同可能与当时所刻写的佛经内容及其册数多少有关。贝叶经写本长条板和中长条板的每一张页面左右两边都穿有小孔，而短条板贝叶经写木的小孔穿在中间。这些孔用于穿线，用线把一本贝叶经写本的所有页面捆绑在一起，防止经书页面分散或丢失。另外，多数贝叶经写本配有精美的木制彩色经书夹板，其主要作用是携带方便及保护经书。布达拉宫所藏的贝叶经写本均被卷在三种不同质地的绸缎里，并配有经书夹板；由棕红色、黄色和蓝色等三种不同颜色的缎子包裹，缎上挂有白色布料裁制的函头标签，其上写有梵文书名及藏文书写的内容提要，以便研习者和读者查阅。

（二）贝叶经的墨迹及其他

贝叶经写本每一片页码的前面和背后都有黑色墨水写的梵文和巴利文等15种文体书写的形体各异、整齐划一的诗行，此类墨水书写的经卷具有千年不褪色的功效，因此，收藏于布达拉宫的贝叶经写本至今仍字迹清晰、格外醒目。用铁笔刻印的贝叶经文献大多数为巴利文，据有关专家研究，巴利

语是佛陀首次讲经布道时使用的语言,因而巴利文贝叶经具有其他文种书写的贝叶经版本不可比拟的史料价值。

有些贝叶经写本在原先梵文文字涂有藏文中被称为“肫泰”(སྣན་ཐལ་)的东西,即由松烟制成的干墨粉,其主要目的是为写本的字迹更加清晰可辨。西藏有在贝叶经写本表面涂抹白色陶土的传统,使贝叶经写本得到更有效的保护。不少贝叶经写本的字里行间有用藏文写的红色注签。目前鲜为人知的是,布达拉宫还收藏有部分在贝叶上用藏文写的《甘珠尔》和《丹珠尔》经书,这种贝叶经被称为“藏文贝叶经写本”。在诸多书写“藏文贝叶经写本”的文体中,不少文体与原先萨迦王室书写其布告和法典时惯用的书写风格一致,这种书写体被称为“长脚体”。据此我们可以断定,这些用藏文书写的贝叶经是大约在 11 ~ 13 世纪西藏译师们从印度、尼泊尔和克什米尔等地收购棕榈树叶并运到青藏高原后用藏文写书的,即这些空白的棕榈树叶最后在萨迦寺或西藏其他地方被用来书写藏文佛经著作。

(三)贝叶经写本的插图

根据贝叶经写本的内容,大多数贝叶经写本的首页、中间页和尾页上绘制有精美的佛像等插图。《八千颂》和《般若经》等贝叶经写本中插有源自《如意藤》《十二宏化》《十二缘起支》的七佛、尊者、佛弟子等圣人形象图;贝叶经写本《莲花经》和《五部陀罗尼》中插有观音菩萨、马头金刚神、白度母、大威德、胜乐金刚、呼金刚等神灵图像。这些插图个个栩栩如生,活灵活现。另外,贝叶经木质经书夹板上也刻画有绚丽的佛陀像等彩图;贝叶经写本中间插有花卉、小鸟、野兽、孔雀、大象、鹦鹉和巨人等图像,周围还画有吉祥结、犬鼻、坛城图和天文历算中的各种象征物等图像。这些图像是研究 1000 多年前古印度、尼泊尔和克什米尔等地绘画艺术、佛教传播过程和民俗文化的重要资料。

(四)梵文贝叶经写本的文种

我们在整理和编目布达拉宫所藏梵文贝叶经写本时发现,印度梵文学者在不同时期刻写贝叶经写本时使用过多种不同的文体,有兰扎、乌尔都、天城体、僧伽罗、咕地罗等 10 多种文体,今天我们能见到的就有 15 种。据《亚瑟》一书记载,“梵文共有 64 种文体,但多数未传到西藏”。译师们把以上 64 种字体中的僧伽罗文、巴竹文、嘎乌拉文和银都文等 4 种文体展示在贝叶经写本的结尾页码之上。笔者在前面提到的巴利文的外形与现今缅甸国使用的文字相似,但是两种文字的语法差距甚大。

二、布达拉宫所藏贝叶经写本的内容与年代

布达拉宫收藏的贝叶经写本的内容均属由西藏译师翻译的《甘珠尔》和《丹珠尔》经书,有戒律、显宗、密宗、般若经、中观论、因明学、梵文语法、医学、诗词、传记、戏剧、辞藻、古印度经籍等内容,其中,写有《般若经》和《八千颂》内容的贝叶经写本就有 29 部。这些贝叶经写本是由西藏译师们倾家荡产,历经千辛万苦,从印度、尼泊尔和克什米尔等地运到西藏后被译成藏文的。西藏译师们在异国他乡励精图治,钻研佛法,最终学成回故里。当时,特别崇尚学习《般若经》内容,西藏留印学者学成回来时多数带来的是写有《般若经》内容的梵文贝叶经写本。因此,现今我们所见到的梵文贝叶经写本一般都是《般若经》内容。

布达拉宫收藏的贝叶经写本中比较珍贵的写本有:印度大师清辨论师撰写的《中观心要颂》、世亲的《物体论》和却拉写的《因明学注解》,每部书的结尾处都记载有作者的姓名等相关信息。因此,我们可以断定,这些贝叶经写本成书于 4 ~5 世纪之间。所有这些贝叶经写本对于了解和研究佛教教义及其逻辑学等具有重要的参考价值。布达拉宫里还收藏有藏纸上用梵文写的《大云经》一书,该书结尾部分记载着当时西藏保存阿底峡大师(982 ~1050)的袈裟和书夹子等内容,从之充分证明该贝叶经写本是 11 世纪印度佛教上师阿底峡用过的版本,通过以上零散信息,我们还可以窥见阿底峡大师在藏时曾阅读和参考过现存布达拉宫的贝叶经写本。我们在布达拉宫还发现了包括由印度大学者晋美君乃所撰的《中观花蕾》和未被译成藏文的有关古代印度教传说故事内容的梵文贝叶经写本,这些尚未有藏汉翻译版本的写本应尽快翻译成藏汉文,以便为从事佛教和印度历史文化研究的学者提供更多的参考资料。

三、贝叶上刻写佛经及其被译成藏文的过程

佛教创始人悉达多王子 39 岁时在清净塔前削发为僧。他来到尼连禅河畔,在此历经 6 年的艰苦修行,45 岁时终于在菩提树下修得正果。之后,释

迦牟尼根据梵天和帝释天的指令，开始了转法轮。然后去了鹿野苑，在此广收徒弟。最后给包括阿若濡陈如、垵脾、十力迦叶、摩男拘利和跋提在内的5比丘初转四谛法轮。58岁时，在印度灵鹫山上讲述《般若经》等佛教经典著作。之后在摩那耶山和恒河岸边的广严城等地讲授佛法。释迦牟尼80岁时，即铁龙年黑月15日在吉祥哲蚌大佛塔上下分别灌受坛城经和时轮大法，是年4月15日清晨圆寂于圣草城。

据西藏诸多佛教史书记载，释迦牟尼圆寂的第二年，在当地国王马姐扎的资助下，佛陀的弟子们开始收集和笔录释迦牟尼佛的讲经文言，王宫中修建的道场里召集了500名得道僧侣，对其一生言教举办了首次结集。再过110年后，在印度法王阿育王的资助下，广严城举行了第二次结集，召集的高僧达700多名。再过60年之后，又在叫做花城的地方进行分别由18种不同语言讲授的传法活动，使佛教的经文内容和术语趋于更加完善、统一和规范。第三次结集资助者是迦腻色迦王，召集的高僧有500多名。

佛经刻写在贝叶上的时间是佛陀圆寂后开始的。一直到首部佛经写本出现为止，佛陀的教义是由佛陀在世时得到不忘之记忆功能者口述相传的。学界认为佛陀在世时未出现过贝叶经写本。阿旺丹达大师撰写的《知识汇集》中说道，“佛经写本大多数是佛陀圆寂之后才逐渐由弟子们完成的，但不能否认之前也有一些佛经写本”。笔者认为阿旺丹达的观点比较符合历史事实。

1世纪左右，印度出现龙树、无著、世亲为主的二胜六庄严等众多佛学大师。这一时期问世不少佛教经典著作，大量佛经开始被刻写在贝叶上，佛教盛行一时。根据西藏佛教源流记载，4世纪贝叶经写本首次出现在西藏第一王宫雍布拉岗，标志着佛教开始传入西藏。7世纪，吐蕃第三十代赞普松赞干布下令创制通行全藏的藏文，同时迎请印度学者古摩罗罗、婆罗门希格拉、克什米尔达努、婆罗门阿南达、泥婆罗尸罗曼珠，和尚马哈德瓦等译师，这些译师翻译了《宝云经》《莲花经》《戒律经》等佛经。另外，当时秘藏于宫中多年的俗称为“年不桑瓦”即“玄秘神物”的贝叶经写本也拿出来翻译，并在后来修建桑耶寺佛塔时，把其中的贝叶经写本《诸佛菩萨名称经》原件作为装藏保存于塔内。8世纪时，吐蕃赞普赤松德赞的亲自督导下，翻译了不少佛经。据记载，“当时赞普下令将所有佛经译成藏文，还派人到门隅征收纸张。桑叶寺译经院里翻了所有梵文经卷，翻译了佛经经典著作等300

部”。当时西藏南部桑耶寺里，在贝若遮那、益西旺布、相杰尼年桑、伦赤西桑喜、德瓦果夏、杰克珠、婆罗门阿南达等12位著名译师的带领下，翻译了大量佛经，还邀请印度班智达和大译师寂藏、清净狮子和汉地和尚玛古斯和巴热娜参与翻译、勘校《般若经》，这些班智达后来被称为翻译《般若经》的先驱者。翻译佛经的工程受到王宫的极大关注，赞普亲自参与译经活动，例如，赞普亲临译经现场，指导印度班智达和西藏译师们的译经工作；赞普下令放弃那些既在藏语中找不到，又不能准确表达佛经含义和梵文语法的新词汇。当时翻译时，注重大小乘佛经中各词汇的用法，龙胜等早期印度学者们如何阐述以及在梵文语法中如何解析等问题，以专用术语进行意译的同时，有些不易意译的则进行音译。总之，当时克服各种困难，最终成功翻译了众多贝叶经写本佛经，编纂梵藏对照词典，编写西藏首部译经目录《丹噶尔目录》，形成了一支实力雄厚的佛经翻译队伍。

吐蕃赞普赤德（742～797年）在位时，邀请堪胜友、天王菩提、戒王菩提、达那尸罗、菩提牟扎等印度大师到噶穷多吉瑛宫殿中，与西藏译师堪布然达热其达、达玛达尸罗、杂那斯那、噶瓦拜则、焦如鲁坚赞等合作翻译大小乘佛经，他们除了翻译不少佛经外，还编写译经目录等。赞普还下令，此次印度班智达和西藏译师翻译审定的版本定为译文之范本，今后严禁擅自翻译各种佛经。还发布了翻译佛经的四项规定，即音译、意译、直译和反直译，编纂了一部梵藏对照词典《声明要领二卷》，以及《旁塘目录》《青浦目录》等佛经目录。赞普赤祖德赞时期，在西藏译师桂曲珠白和玛本曲巴的主持下，完成了前任赞普时期未完成的佛经翻译工程。以上三代赞普时期，大量贝叶经写本佛经被译成藏文，把所有被翻译的贝叶经写本原件收藏于桑耶寺宝库中。据说，当阿底峡到桑耶寺时，亲眼目睹大量贝叶经写本并称赞佛教在西藏的兴盛度超过印度。

10世纪左右是藏传佛教后弘期的开始，吐蕃赞普后裔阿里古格王拉喇嘛益西沃邀请三位印度大师，审定藏译版佛经。此王为了迎请阿底峡大师来西藏付出了自己生命的代价，却迎来了翻译佛经的新浪潮，先后出现了拉喇嘛益西沃、仲敦巴、仁青桑布、那措罗杂瓦、嘉尊珠僧格、巴增尼玛扎巴、额罗丹西热、卓米罗杂瓦、玛尔巴、格觉等众多译师。吐蕃赞普时期，虽然翻译了大量佛经，并进行过三次翻译佛经规范化运动，但是始终未能编纂汇总所有佛经译文本的总目录。后弘期被翻译的贝叶经写本原件分别收藏于阿里托林寺和西藏中部的热振寺。

1239 年起,西藏地方政教大权由萨迦派高僧掌控,逐渐扩大萨迦派的影响。萨迦派崇尚学法译经,诸多萨迦派僧人成为名噪一时的大学者。雄顿多吉坚赞、恰罗杂瓦、榜罗杂瓦罗追丹巴等萨迦派译师在萨迦寺译经院翻译了印度大师度噶僧格做注释的语言学著作《梵文文法》,并在萨迦寺收集了不少梵文贝叶经写本。

1349 年伊始,帕竹强久坚赞掌握西藏地方权力,布顿仁青珠、撒桑马蒂半沉、夏鲁罗钦曲炯桑布、郭・循奴白等译师翻译了不少以前未译成的贝叶经写本,在帕木竹巴王宫丹萨提、夏鲁山庙和俄尔寺等收藏贝叶经写本。

17 世纪初叶,甘丹颇章之主五世达赖喇嘛阿旺嘉措下令把收藏于几座西藏寺院的贝叶经写本移藏到哲蚌寺,并对其进行统计、编目,配上由红、黄、绿色绸缎缝制的卷经布和写有书名及其主要内容的函头书签。此次编写贝叶经写本目录是西藏历史上的第一次。修缮完布达拉宫之后,部分贝叶经写本被移藏布达拉宫。语言学大师和译师达尔巴阿旺平措根据五世达赖喇嘛的旨意,借印度大学者巴拉巴扎及其弟弟咕纳塔米逗留西藏之机,花费上百两黄金,系统学习了梵文,翻译原先未完整翻译的梵文语法书《巴妮巴》。1658 年,译师达尔巴阿旺平措在哲蚌寺编写完成梵文名著《〈巴妮巴〉藏文注释》,翻译印度大师阿努布提阿编写的《梵文语法妙音及其注释》等两本书。

20 世纪初期,俄罗斯、法国、英国等国的考察人员陆续来到敦煌地区的同时,开始对收藏在雪域藏地的贝叶经写本进行调查和了解。印度佛教专家罗睺罗为了调查了解西藏的贝叶经收藏情况,他途径尼泊尔,先后于 1928 年、1929 年、1934 年和 1938 年共四次来藏调查。在萨迦法王的帮助下,罗睺罗有幸抄录到收藏于萨迦寺的曲扎大师的因明学著作《释量论》。他在萨迦寺调查 3 个月之后,先后去了俄尔、扎什伦布、夏鲁、白居等藏传佛教寺院,对收藏在这些寺院的贝叶经写本做了调研,对部分贝叶经写本进行登记,编写一部贝叶经写本收藏目录。

20 世纪 40 年代,意大利考古学家杜齐在西藏西部的阿里、日喀则和山南琼结地方进行文物调查。据说,当时他在阿里地区发现的几部贝叶经写本目前收藏在一家法国博物馆里。

根敦群培先生乃像他自己所言,是西藏历史上出现的700余名翻译大师中的末代译师。他翻译了《喜金刚成就法》《现观庄严论注》《大黑天续》等9部前辈译师未翻译的梵文贝叶经著作。在根敦群培先生的推动和帮助下,西藏地方政府组织人员,对拉萨功德林、林周县夏拉康、热振寺、萨迦寺等所藏的贝叶经写本进行了调查和编目,最终向世人公布由284部组成的西藏所藏贝叶经写本总目录,该目录可称为西藏有史以来首次编写的贝叶经写本目录。

1964年前后,西藏自治区文物管理局和档案馆联合对日喀则扎什伦布、俄尔寺、萨迦寺、夏鲁寺和热振寺做了调查,对收藏于这些寺院的梵文贝叶经写本进行注册编目,并把部分贝叶经写本移入布达拉宫保存。这是西藏和平解放以来首次对西藏所藏贝叶经写本编写目录。

1983年,中国社会科学院的梵文专家罗钊对西藏各地收藏的贝叶经写本编写总目录。在西藏自治区文化厅的大力支持下,由文化厅派遣的助手丹达先生和笔者协同,罗钊于1984年4月开始对收藏在罗布林卡、布达拉宫、萨迦寺、哲蚌寺和山南文物局等寺院和文物单位的贝叶经写本进行调查和编目工作。

2006年,按照党中央对西藏所藏贝叶经进行全面调查注册、汇总编目、制成影像版本和整理保护的重要指示精神,西藏社会科学院专门设立西藏自治区梵文贝叶经保护办公室。在自治区党委政府的重视和西藏社会科学院的有力配合下,顺利开展了西藏收藏贝叶经写本的保护和编目工作。来自相关部门的贝叶经研究人员不辞辛劳,亲赴实地,进行了认真细致的调查。经过6年的艰辛努力,对1000多部贝叶经写本进行编目,63部贝叶经写本印制影印复件的同时,所有贝叶经写本配备护布,修缮收藏贝叶经写本的图书室、书架以及相关设施,使西藏收藏梵文贝叶经写本得到更好保护。此次做的调查和编目工作是西藏有史以来规模最大、最完整的一次。这不仅对保护贝叶经写本起到重要作用,而且为今后深入细致地研究梵文贝叶经写本打下了坚实基础,必将对西藏贝叶经研究事业产生积极而深远的影响。

参考资料

1.《古扎宗教源流》,青海民族出版社,1990。
2. 第司·桑杰嘉措:《白琉璃论除疑》,中国藏学出版社,2002。
3. 顿珠嘉和陈庆英:《略论藏王赤松德赞历史》,民族出版社。
4. 巴窝·祖拉成瓦:《贤者喜宴》,民族出版社。
5. 罗睺罗:《第二次赴藏考察贝叶经》《现代佛学》,天津古籍出版社。
6.《根敦群培文集》,西藏藏文古籍出版社,1990。

平措次旦著,索朗曲杰译,原载《西藏贝叶经研究》2014 年汉文版

罗睺罗与西藏梵文贝叶经写本

【关键词】 罗睺罗;西藏;贝叶经写本;考察;拍照;写本目录

【摘要】 文章详述了近代印度著名学者罗睺罗在西藏考察和发现梵文贝叶经写本的历史,其中,重点介绍了罗睺罗先后四次入藏考察的全过程。在藏族著名学者根敦群培的协助下,罗睺罗在西藏的彭波、桑耶、泽当、夏鲁和萨迦等地和寺院查阅、拍照和抄写过贝叶经写本,回到印度后编写了西藏珍藏贝叶经写本目录等。

印度著名学者罗睺罗·桑克日迭雅那(Rahula Sankrityayana)通晓多种古今语言,学识渊博,他于1929年、1934年、1936年、1938年四次赴藏,从各寺庙收集和抄录大量梵藏写本。其后的岁月,一些印度、欧美和日本学者对这些宝藏陆续进行校勘和出版,使之逐渐为世人所知。

罗睺罗在藏考察期间,通过官方渠道和个人关系,获得对萨迦寺等不少西藏寺院收藏的梵文贝叶经写本进行考察的许可后,步入寺院进行查阅、编目和抄录,收集到大量西藏所藏梵文和藏文贝叶经写本资料。

西藏著名学者根敦群培(1903~1951)是罗睺罗认识的西藏学者之一。1934年罗睺罗第二次入藏考察时在拉萨认识了根敦群培,并邀请他到萨迦寺等收藏梵文贝叶经写本的寺院进行考察。后来根敦群培在印度期间(1934~1946年),在罗睺罗等印度和西方学者身边学习梵文和英文等语言和其他学问。当时,根敦群培不但与罗睺罗之间建立深厚友谊,而且在罗睺罗的指导和帮助下,学术研究等方面取得了巨大进步。根敦群培在协助罗睺罗的入藏考察的同时,亲眼目睹在自己故乡收藏的古老梵文贝叶经写本,1938年5~9月他再次协助罗睺罗等人入藏考察。

罗睺罗的四次入藏考察中,第二、四次的调查报告刊登在印度出版的《比哈尔与奥里萨研究社》学术杂志上。下面笔者根据罗睺罗发表的关于他在西藏考察的英文学术报告,对其中两次重要考察情况做个简要介绍,并附上罗睺罗当时编写的梵文贝叶经写本目录,供从事研究梵文贝叶经写本的专家学者和藏学研究者参考。

一、第二次入藏考察

1936年2月16日，罗睺罗·桑克日迭雅那准备离开印度赴西藏时他的伤寒病还没有痊愈，他的朋友们极力反对他赴藏考察。上一次西藏考察时他未能抄写由法称撰写并附有颂经的《释量论》贝叶经写本的最后一章节。此时《释量论疏》正在印刷出版中，罗睺罗根据藏文版《释量论疏》对已经丢失的四个章节中的三个进行了修复，第四个章节因发现梵文版，没有进行修复。1936年2月底，罗睺罗到达尼泊尔并在那里逗留了足够时间以恢复身体，养精蓄锐，为4月底开山时进入西藏做充分准备。

Palm-leaf MSS. being examined by Rāhula Sāṅkṛityāyana at Sa-skya

Autograph of Vibhūti-chandra

罗睺罗·桑克日迭雅那和他在萨迦寺拍照的贝叶经写本《盛月》

4月15日，罗睺罗离开加德满都，当时他身上只有100卢比、24个胶卷、2部照相机和一些食物，但他决定尽力在西藏多呆些日子，抄写更多的贝叶经写本。这次他还是选择了和上次一样的进藏路线，并于4月23日抵达西藏边境宗(县)聂拉木。他在加德满都时与该宗的两位官员见过面，尽管西藏地方政府严格要求当地官员禁止印度人擅自进入西藏境内，但对于罗睺罗进入西藏问题上，因两位官员了解他进藏的目的和曾进入拉萨的事实，并且知晓他在拉萨认识不少高官和要人后,网开一面,给予罗睺罗特殊通行之便利。

4月27日,罗睺罗离开聂拉木,翻越聂拉木通拉山口,5月6日到达目的地萨迦寺。那天清晨,罗睺罗一行进入神圣的萨迦寺时,附近的小溪仍被冰雪覆盖。萨迦寺因涌现过众多知名学者、藏有浩瀚佛经,以及作为研习佛学之中心和翻译佛经地,把佛教传播到包括蒙古在内的广大地区而闻名于世。像西藏其他地方一样,这里植被稀少,难见树木。当时,除了在萨迦寺王宫花园里几棵杨树和柳树上有些新出的萌芽之外,见不到任何绿色的植物叶子。和原先一样,东道主仲尼切莫(大管家)先生带着微笑,热情地接待了罗睺罗。

当时摆在罗睺罗眼前的首要任务是抄写《释量论疏》写本的最后一个章节。他心想自己的抄写工作必须从清早持续到傍晚,即便这样,要抄写完梵文贝叶经写本,也需要3个月左右的时间。到达萨迦寺当天,他分别参拜了该寺两位达赤(法王)的宫殿,即平措殿和卓玛殿,然而令他感到伤心的是上次在萨迦寺慷慨帮助过他的卓玛殿主人已经离世,他的两个儿子和遗孀像已故的法王一样,倍加关心和帮助罗睺罗的抄写工作。当时性情孩子似的平措殿主人已拟定继承萨迦寺法王之位,罗睺罗与他见面的情形难以忘怀。上次罗睺罗在萨迦寺时,无论他在什么时候想去见法王或求助于法王,他都满足罗睺罗的要求。法王的脑子很灵,对什么事情都非常感兴趣,向罗睺罗询问了包括罗睺罗在日本国的经历,以及佛教哲学、轮船、铁路、飞机和收音机等很多非常感兴趣的问题。萨迦法王不仅是西藏四大教派之一萨迦派的领袖,也是因曾掌控过西藏地方政教事务而享有崇高声誉和地位的家族之一。

5月6日那天,贝叶经写本被送到罗睺罗住处,他开始了为期11天的抄写5000首诗句为一章的章节。罗睺罗利用5天时间专门对已经在JBORS上发表的第三章节和新抄写部分进行比较。在5月25日专程去两个宫殿,向两位主人告别。萨迦寺法王给罗睺罗说了很多话,其中,特别强调萨迦寺里肯定藏有更多的贝叶经写本等。当时的萨迦寺规模很大,它的各康参和集会厅可容纳4000名僧人,寺院里有上千部《甘珠尔》和《丹珠尔》经书及不少贝叶经写本,如此浩瀚的书海里,十几个人在几天之内寻找到任何一个具体的经书是何等的困难啊！法王最后建议："你们必须在藏经殿里寻找"。藏经殿里藏有从11世纪以来萨迦寺历代法王留下的众多宝贵藏品。当时新任萨迦法王的正式登基仪式将在新年元月份举行，寺庙的一切事务仍由卓玛殿的主人负责。罗睺罗去拜见卓玛殿女主人及其长子，逗留了两个多小时，她让罗睺罗品尝各种各样的西藏佳肴和来自甘肃和西藏东部的干果，以及英国驻印度代表威廉姆斯参观萨迦寺时带来的欧洲甜点等。罗睺罗不由想起了那位曾经在不丹国岗托见过的慷慨的英国绅士，当时他们见面的时间很短，是他让罗睺罗看其在西藏时拍下的许多照片，并激情地谈起很多有关西藏的故事。罗睺罗本想自己回到印度后，把此次在西藏收集到的资料让威廉姆斯看，但他的愿望不可能实现，因为威廉姆斯已在去年冬天卒于拉萨。

收藏于西藏萨迦寺的7世纪佛像和萨迦寺法王

到了萨迦寺后，罗睺罗给在场的卓玛殿母子2位谈起藏经殿里可能藏有贝叶经写本的时候，母子俩和老管家都说："噢，不可能，我们从来没有听说过藏经殿里有来自印度的梵文贝叶经写本。不过，如果你需要查找，我们可以给你打开藏经殿的门"。找到了钥匙后的第二天，也就是5月25日，罗睺罗进入了由元朝帝师八思巴（1251～1280年）修建的藏经殿。大门左侧的庭院里有个大约50步长的梯子,坚立在第二层上,因为梯子很陡峭,下梯时常常感到心惊胆颤。上到第二层之后,右侧有一间普通房间,前部分是木板构建的,从外貌看没有人会想到这里会收藏有来自印度和西藏本地的珍贵贝叶经书。撕掉红色封条、打开老旧的铁锁,用手轻轻一推,尘土飞扬中镶有护墙板的门被打开了,厚厚的尘土把罗睺罗等人的喉管给呛住了,一时间看不到房间里的任何东西。房间的每个角落都被厚达一公分高的尘土所覆盖。罗睺罗等人停顿了一会儿,让尘埃慢慢落定下来后,他们才看到房间的三个角落,环绕墙角周围的架子上堆放着很多贝叶经写本。大多数贝叶经写本被布料卷包。罗睺罗他们之所以很容易地分辨出这里是藏有贝叶经写本的经堂,是因为在很大程度上与贝叶经的与众不同之特点所致。罗睺罗了解当时保管这些经书的管理人员认为用花钱买来的布料卷包这些经书是多余的或者是奢侈之举。他发现房间的左排中间位置上摆放着一些贝叶经写本,经过反复搜索,终于发现25捆梵文贝叶经写本。罗睺罗还在俄尔寺和夏鲁寺看到二至三本梵文贝叶经写本,以上两座寺院收藏的贝叶经写本并非从印度带来的,而是默罕默德军队征服印度之后流亡于西藏的印度大师们在西藏撰写的,这意味着在西藏可能会发现很有价值的写在纸上的梵文经书。萨迦寺的藏经殿里收藏有几千部藏文贝叶经写本,并且大多数藏文贝叶经写本也被布料卷包着。罗睺罗只是粗略地看了一下这些藏文贝叶经写本,没有来得及对其进行详细查阅。如果当时罗睺罗在萨迦寺进行细致搜寻,有可能发现更多的梵文贝叶经写本。

罗睺罗查阅了上面提到的25本贝叶经写本,他无法表述当时的无比激动与愉悦之情。罗睺罗在25本贝叶经写本中发现了完整的《瑜伽师地论》,部分是由法成撰写《释量论注释》的第二章,由迦纳迦格弥撰写和注释,以及世亲的佛教哲学经典著作《瑜伽师地论》等。查阅完新发现的贝叶经后,准备离开萨迦寺。当时罗睺罗带走了两本贝叶经写本,这两本中记载有《释量论疏》的内容。因为罗睺罗没有足够的拍照胶卷,特别是没有带来冲片设备,所以只能用手抄写以上所有贝叶经写本。罗睺罗抵达萨迦寺的第二天就开始抄写贝叶经写本,他的助手阿哈雅先生也帮他抄写。但是,阿哈雅先生不适应萨迦地方的高海拔和寒冷气候,健康状况每况愈下,最后罗睺罗不得不把他送到日喀则休养。罗睺罗刚到萨迦的那几天也有口干头疼等不适反应,他特别害怕犯自己的老病扁桃体发炎,值得庆幸的是罗睺罗的老病始终没有犯。罗睺罗每天抄写500首四格律(16000字),终于在1936年7月9日完成了所有抄写贝叶经写本的工作。此后罗睺罗利用12天时间对萨迦寺藏经殿发现的贝叶经写本进行比对和审读,最后编写了一本描述性的梵文贝叶经写本目录。

罗睺罗拍照了《瑜伽师地论》,抄写了153首马鸣撰写的《一百五十颂 》。结束了萨迦寺的抄写工作后,他又踏上了考察俄尔寺的路程。他听说俄尔寺藏有大量贝梵文叶经写本,但是该寺的堪布是个不好说话和不愿合作的人,所以罗睺罗没有得到机会对大部分贝叶经写本进行查阅。实际上此人只是个佛学大师,并不是该寺的堪布。当时罗睺罗想象他在俄尔寺将会得到机会查阅其收藏的贝叶经写本。罗睺罗在萨迦寺时俄尔寺的管家也在萨迦寺,当时两位萨迦法王请他协助罗睺罗查阅和抄写俄尔寺的贝叶经,他也答应了,但当罗睺罗来到俄尔寺,发现该管家很不情愿帮助他,罗睺罗也没有把管家的话放在心上了。

那时候,一个人在没有同伴陪护和携带防身武器的情况下在西藏旅行是件很危险的事。卓玛殿主人的弟弟顾琼仁波切经常提醒罗睺罗说,“你不要一个人去旅行,西藏的很多山口有强盗,他们会杀你的”。罗睺罗在俄尔、夏鲁和扎什伦布等寺院考察时,萨迦寺的两个宫殿主人给他派人员,护送他们到以上寺院考察,并安排骡马,帮助他们托运东西,罗睺罗的旅行都由心地善良的平措殿女主人精心安排。

6月23日中午罗睺罗一行离开萨迦寺。当他们到达一个山口时,罗睺罗的同伴骑的骡子被什么东西给惊吓住了,骡子跳起来把罗睺罗的同伴两次摔在地上。罗睺罗的同伴不能再继续骑它上路了,只好用以驮运行李。罗睺罗同伴更换的坐骑是头驴骡(公马和母驴交配所产骡子),这种牲口的性情和马骡差不多。值得庆幸的是他们在途中碰到返回萨迦的萨迦寺商队,商队把罗睺罗的驴骡与他们的驴骡做了交换。经过第二个山口雪拉山之前,下起了倾盆大雨。第二天他们沿着一条河旅行时看到河水流得很凶猛,可能与前一天的大雨有关。当到达一条山间小路时,他们的骡子掉入河里,罗睺罗眼睁睁地看着装满贝叶经写本手抄复印件的箱子,也就是他历时3个月的劳动成果险些付之东流。当他们急忙把箱子从水里捞出来的时候,罗睺罗还没有从痛苦和失望中解脱出来。罗睺罗立即检查了箱子,发现抄写资料没有受到任何损坏。

7月26日罗睺罗一行到达俄尔寺,但俄尔寺的管家还没有返回寺院。罗睺罗在俄尔寺见到另外一位僧官。当俄尔寺康萨学院的两位堪布再次见到罗睺罗时,非常高兴,热情接待了他们。罗睺罗之前拜访过俄尔寺并认识这两位堪布,他们愿意继续帮助罗睺罗,但是,当时该寺主管堪布不在寺里,因此他们没有能给罗睺罗提供任何帮助。

当年收藏于西藏萨迦寺的印度铜像

第二天(7月27日),罗睺罗及其助手们去了夏鲁寺(建于1014年)。如果走近路,从俄尔寺到夏鲁需要6个小时的行程,但路途很险峻,需要翻越四座山。抵达夏鲁寺时老朋友日苏喇嘛迎接了他们。罗睺罗不准备在夏鲁寺呆很久,因为能使用的胶卷等拍照材料所剩无几。当他离开聂拉木地方时,和他一起旅行的有一位常驻日喀则的尼泊尔摄影师。罗睺罗问尼泊尔摄影师能否和他一起去萨迦寺等藏有贝叶经的寺院,帮他拍照梵文贝叶经写本,摄影师欣然答应了。罗睺罗一行到达萨迦寺时,罗睺罗写信给住在印度加尔各答的朋友,请他尽快邮寄照相材料等物品。此时罗睺罗身上带的钱连旅行费用都不够用,有幸的是,印度商人撒胡达尔满在西藏开有公司,这位虔诚的佛教徒和他的儿子一直愿意帮助罗睺罗,曾经资助过罗睺罗的第一次进藏考察项目。罗睺罗不喜欢从别人手里借钱,但是,在西藏遇到困难时不得不放弃一些个人的偏好。罗睺罗得知从印度寄来的邮包已经到日喀则的消息,他可以拍摄更多贝叶经写本。罗睺罗此次拜访夏鲁寺的主要目的是查阅之前他没有查阅到的夏鲁寺一部分梵文贝叶经写本,力求掌握该寺收藏梵文贝叶经写本的准确数目等。

夏鲁寺藏有众多文物,它那古朴的神堂里供奉着来自印度和尼泊尔的铜像。一间神堂的墙上画满了壁画,并把这些壁画者的姓名写在作品下面,但是,这座寺院里没有收藏梵文贝叶经写本。距主寺一英里外的山后有一座叫做夏鲁日普(山庙)的小型修行山庄,属夏鲁寺分寺。这座著名的山庙是由布顿大师(1290～1363 年)修建,即布顿大师曾从萨迦寺退居后就移居在日普修行处,成为布顿大师长期居住的地方。这个山庙的主殿和其他的一些楼房是布顿大师修建的。夏天多雨季节,夏鲁寺僧人都到日普山庙闭关修行。日普山庙主殿的一间阴暗小房里收藏有梵文贝叶经写本。7 月 28 日,罗睺罗一行与 5 个管理日普山庙僧人一道去日普山庙查阅梵文贝叶经写本。在场的人撕开封条,进入房间,眼前出现的是几百部藏文贝叶经写本,有些藏文贝叶经写本的形状很像梵文贝叶经写本。他们查阅了支架上的经书,发现了一些梵文贝叶经写本,继续检查后发现几个木箱子,打开一看,里面全是梵文贝叶经写本,包括罗睺罗上次见到过的贝叶经写本在内共有 39 捆梵文贝叶经写本。主殿的另一间神堂被西藏地方政府封条,没有西藏地方政府的同意,任何人没有权力打开该经堂之门。据该寺僧人讲,这间房子里收藏有很多印度大师和西藏本地圣人的珍贵遗物。这间房子里也许藏有梵文贝叶经写本,但是这种可能性很小,原因是梵文贝叶经写本一般不和圣人的语法著作、化缘钵或其他私人用品保存在一起。

罗睺罗仔细看这些梵文贝叶经时,感到非常愉悦和兴奋的是,其中有《释量论注释》一书。注释以梵文写在纸上,是盛月亲笔书写的。盛月是来自印度著名佛教寺院那烂陀的年轻学者,默罕默德的军队毁坏那烂陀寺后,他跟着自己的师傅、末代那烂陀寺堪布一起云游印度各地。他们师徒二人先去了孟加拉国的家噶他啦寺,他们可能是该寺被毁掉后去的,之后,又去尼泊尔国,在那里被萨迦寺僧人邀请来西藏。1203 年,释迦室利一行到了西藏。陪同释迦室利除了盛月之外,还有施戒和其他几位印度佛学家。萨迦寺发现的完整《释量论述》梵文贝叶经写本是施戒用过的写本。罗睺罗认定写有同一本书之内容的贝叶经写本之残片属盛月的手迹,因为他非常熟悉盛月的手迹。

二、第四次入藏考察

1938年,罗睺罗进行第四次入藏考察,即1938年5月4日从噶伦堡出发的。刚开始时成员只有罗睺罗在内的3个人,其中有西藏的格西(博士)根敦群培和摄影师范尼默克吉先生。不久,邦迪阿北海和他的助手坎瓦尔克里希那也加入了。成员数增加到5个人。当时很幸运的是,承蒙当时西藏地方政府摄政王热振活佛的关心,他们得到了西藏地方政府的帮助和支持,年轻的摄政王热振活佛对佛教及其艺术非常感兴趣。当地政府不仅给罗睺罗一行提供骡子和马匹等交通运输工具,还授权当地官员和那些藏有贝叶经写本的寺院之僧官协助罗睺罗等的考察工作,同时,西藏地方政府同意罗睺罗在拉萨周围的寺院和桑耶寺等其他有可能藏有梵文贝叶经的寺院进行考察。不幸的是,当他们考察完萨迦、夏鲁、博康、俄尔等寺时已接近冬季。因此,他们失去了这一难得的在西藏核心地带考察梵文贝叶经收藏情况的机会。

当时帮助过罗睺罗考察工作的还有锡金地方官员古德先生和英国商务代表黎吉生,这两位官员对罗睺罗等人的此次考察给予很大帮助。

5月27日,罗睺罗等人到达夏鲁寺,当时老朋友日苏喇嘛在寺里,考察得以顺利地进行。虽然罗睺罗2次考察过这座寺院,但未能做细致考察,这次他打算做深入考察,争取发现一些新的梵文贝叶经写本。他们的辛苦终于有了回报,罗睺罗在这里发现了12部由印度逻辑学家智祥写的著作和《瑜伽师地论》的两个章节,即《声闻地》和《独觉地》,还发现了在目录中收录的6部贝叶经写本。他们花了两个星期时间完成了对夏鲁寺的考察。罗睺罗上次在夏鲁寺拍照的贝叶经写本影像效果很差,这次特别注意影像质量,因为一旦失败一章贝叶经写本的拍照效果,会影响整个贝叶经写本内容的解读和理解。

罗睺罗第二次入藏考察期间,考察了一座叫博康的寺院,并在这座寺院里见到了3捆梵文贝叶经写本,其中有印度著名诗人阿霞的重要作品,而当时罗睺罗在该寺的时间特别短暂，没有足够时间详细查阅。罗睺罗第三次入藏考察时，虽然得到在博康寺查阅梵文贝叶经写本的机会，但结果又失败而告终。这次罗睺罗于6月27日到达博康寺，并见到3捆贝叶经写本时，发现在马鸣的《三杖曼》中有一部书名为《遍论》的单独作品、以及一名晚期作者撰写的作品，虽然它不是诗歌作品，但包含修辞法和雄辩术内容，其重要性是不言而喻的。博康寺修建于13世纪下半叶，此时西藏称之为"加噶加纳"的印度学者金刚持入藏传教。博康寺藏有包括释迦室利的袈裟、化缘钵、一双鞋在内的很多珍贵文物。释迦室利是印度佛教寺院那烂陀的末代堪布，这座名寺被穆斯林军队捣毁后，他于1204年流亡于西藏。博康寺藏有105张唐卡画，据称，这些唐卡画是15世纪时在贡桑热丹王的赞助下，由号称"达孜名人"的热丹贡桑画师绘制的。另有班钦释迦室利的泥塑象，据称，这个泥塑像是由扎西魏巴根据这位印度大学者在藏时由墨竹工卡地方陶器师烧制的释迦室利塑像复制的。

罗睺罗等人在日喀则休整几个星期后，于6月31日前往俄尔寺考察。俄尔寺是西藏收藏梵文贝叶经写本的三大寺院之一，从其收藏的贝叶经写本内容看更具重要性。为了避免出现和上次一样的前任堪布有意躲开他们的情况，这次罗睺罗没有预先告知他的到来。虽然西藏的6、7、8月份的气候比较好，不是很寒冷，但是，因为干燥无雨和天空经常被云雾所遮蔽，给考察人员的摄影工作带来不少麻烦。经过16天的忙碌，他们完成了对俄尔寺的考察。

纳塘寺离俄尔寺不远，该寺因其木刻版印经技术而誉满全藏。在这座寺庙里发现梵文贝叶经写本的可能性很小，但收藏有印度和尼泊尔佛教大师从印度和尼泊尔等地带来的很多佛像等珍贵文物，大约是13世纪的。

离开了纳塘寺，罗睺罗一行去萨迦寺，并于9月1日到达萨迦寺。曾经慷慨帮助过罗睺罗的老朋友、萨迦寺平措殿法王迎接了他们。萨迦寺期间，为了发现新的梵文贝叶经写本，罗睺罗在萨迦寺藏经殿里进行全面细致的查阅，但仍没有发现新的梵文贝叶经写本。考察一直延续到9月15日。随着考察工作接近尾声和气温的逐渐下降，他们觉得没有必要继续留在萨迦寺。罗睺罗还渴望到拉萨附近各寺和山南桑耶寺等搜寻梵文贝叶经写本。他们虽然获得在西藏考察贝叶经写本的难能机会，加上西藏地方政府大力支持他们的考察编目工作，但是罗睺罗等人离开萨迦寺时尚未完全决定前往西藏中心地带考察梵文贝叶经写本。

离开萨迦寺翻越第一个山口时，迎面来了一群盗贼，幸亏他们没有感觉到罗睺罗的考察队是一支重要的旅行队伍。他们继续行走，当天晚上就驻扎在一个村庄里。罗睺罗难以预知下一段行程还会遇到什么风险。第二天他们碰到了从相反方向过往的几个骑驴的人，他们告诉罗睺罗，在前面几英里外有十几个盗贼安营扎寨。因为罗睺罗考察队的托畜在几个小时前已经上路了，罗睺罗在想这些骡马很有可能已经落到盗贼的手里了，所以，他们加快了旅行的步伐。实际上，这群盗贼似乎并不太了解罗睺罗考察队的背景和来历，他们除了问罗睺罗一些简单的问题之外，没有心思伤害和洗劫他的队伍。事后有人告诉罗睺罗，这群盗贼不但了解罗睺罗等人的背景，而且他们被告知，罗睺罗考察队驮运的东西是在后面赶路的萨迦寺法王的。因此，罗睺罗及其助手们的生命和东西都没有受到任何伤害。后来听说当罗睺罗一行到达下一个村庄并把原先驮运骡马放回去时，帮考察队驮运东西的人看到那盗贼在考察队停留的村庄边河对岸行走。罗睺罗想虽然这些盗贼不一定抢村里的牲畜，但有可能迂回到他们驻扎的村庄里。他们清楚地知道罗睺罗等人的来历和所配备的武器等情况，因此，强盗们是比较明智的，没有轻举妄动。当时，不仅仅是罗睺罗等人，整个村庄都处在将被土匪攻击的恐怖气氛中，最终什么事都没有发生，罗睺罗等人安然度过了那天晚上。当天晚上罗睺罗决定，因为第二天他们将穿过一片辽阔的、人烟稀少的地方，要以最快速度穿越那片荒漠，尽快到达印度边境线上。此次考察，罗睺罗等人于 5 月 9 日入藏，9 月 25 日离藏，考察时间为 4 个半月，在藏期间，罗睺罗一共拍摄了 1500 余张梵文贝叶经写本和其他文物的图片。

三、1929～1930 年罗睺罗于西藏发现的贝叶经写本目录

（一）功德林（拉萨）

1. Aṣṭāsahasarikāprajñāpāramitā　T

　八千颂般若经（藏）

2. saddharma－puṇḍarīkasūtra

　妙法莲华经（藏）

3. vādanyāyaṭīkā（vipañcitārthā）T　śāntarakśita

论议正理论疏(藏)　　寂护

(二)波康寺(江孜附近)

4. Aṣṭ asāhasrikā - prajñ āpāramitā

八千颂般若经及其他

5. A commentary on some sarvāstivādasūtra Aśvaghoṣa

一种说一切有部的流释　　马鸣

6. ……parikathā ··

7. Madhyāntavibhaṅgakārikā T maitreya

辨中边论颂(藏)　　米勒

8. Madhyāntavibhaṅgasūtra

辨中遍论(藏)

9. Abhisamayālaṅkāra

现观庄严论(藏)

(三)夏鲁寺

10. Samādhirājasūtra

三摩地王经(藏)

11. Kāśikāpañjikā jinandrabuddhi

迦尸迦　　胜帝觉

12. Bhikśuprakīrṇakavinaya

(说出世部)比丘杂毘奈耶

13. Miscellaneous leaves

零散部分

14. Mahāpratisarā vidyārājñīkalpa etc(pañcarakśā)

大随求母大咒王仪轨等

15. Prajñāpramitā(?)

般若经(?)

16. Mañjuśrīnāmasamgīti T

曼殊师利名号集论经(藏)

17. Vyākaraṇa (liṅga)

记论(性)

18. raktayamāritantra　T

红阎魔坦特罗(藏)

19. Aṣṭ asāhasarikāprajñ āpāramitā　T

八千颂般若波罗蜜多经(藏)

20. Abhisamayālamkāravivṛ ti　T(?)

现观庄严论注(藏?)

21. Sarvajñāsiddhi　Raatnakirti

成一切智论　　法称

22. Apohasiddhiprakaraṇa

成遮诠论

23. Kṣaṇabhaṅgasiddhi

成刹那灭论

24. Pramāṇāntarbhāvaprakaraṇa

释量论

25. Vyāptinirṇaya

不相离性决断论

26. Sthirasiddhidūṣaṇa

破成坚住论

27. Cittādvaitaprakaraṇavāda

心无二品类论疏

28. Avayavinirākaraṇa

破有分论

29. Sāmānyanirākaraṇ a

破总相论

30. Pañ cavimśatisāhasrikāprajñ āpāramitopadeśa　buddhadāsa

一万五千颂般若波罗蜜多优波提舍　　佛僮

31. Bhadārakavajrasanasādhanopadeśa　ete

金刚座成就法优波提舍等

32. Vajrāmṛtatantra　T

金刚甘露坦特罗(藏)

33. ……pañjikā　bhīmadeva

……详注　　怖畏天

34. Acintyādvayakramopadeśa　T　āryakuddāliyād

不可思议二次第优波提舍(藏)

35. Samayamudrāpuruṣakāra　nāgārjuna

三昧耶印士用论　　龙树

36. Mahāgopyatattvopadeśa　T　dārikapāda

大隐秘真实优波提舍(藏)　　童女足

37. Jñānasārasamuccaya　T　āryadeva

智精要集论(藏)　　圣天

38. Śrīsaṃvarastotraṭīkā　vajrapāṇi

吉祥律仪赞疏　　金刚手

39. …mahāyānasūtra

大乘经

40. Mahāyānaviṃśikā　T　nāgārjuna

大乘二十颂论(藏)　　龙树

41. ……praśāntamitra

42. Ratnaguṇasaccayagāthāvyākhyā　T　haribhadra

宝德集精迦陀释(藏)　　狮子贤

43. Mahāyānottaratantra　T　maitreyanātha

究竟一乘宝性论(藏)　　慈氏护

44. Sūtrālaṃkāra(vi)bhaṅga

经庄严分论

45. Abhisamayālaṃkāraprājnopadeśaśāstra

现观庄严般若经优波提舍论

46. Abhisamayālaṃkāraloka　T　haribhadra

现观庄严论光明释(藏)　　狮子贤

(四)俄尔寺(距日喀则一日程)

47. Arthaviniścayasūtra　T

义决定经(藏)

48. Arthaviniścayasūtranibaṇdhana　vīryaśrīdatta

义决定经聚注　　　　精进吉祥施

49. Bhūtraḍāmaratantra　T

调伏部多坦特罗(藏)

50. Būtaḍāmarabhadṭṭ ārakasādhana

调伏部多尊成就法

51. Būtaḍāmaramaṇḍalopayika　subhūtipālita

调伏部多曼陀罗方　　　　须菩提护

52. Kurukullākalpa

拘留拘拉仪轨

53. Ādikarmāvatāra　manjukīrti

入初学论　　　　妙称

54. Buddha···(pūjāvidhi)　··

佛······(供养仪轨)

55. Ādikarmāvatārapratibaddha　··

入初学论别释

56. Aṣṭasāhasrikāprajñ āpāramitā　T

八千颂般若波罗蜜多(藏)

57. Aṣṭasāhasrikāprajñ āpāramitā　T

八千颂般若波罗蜜多(藏)

58. Aṣṭasāhasrikāprajñ āpāramitā

八千颂般若波罗蜜多(藏)

59. Aṣṭasāhasrikāprajñ āpāramitā　T

八千颂般若波罗蜜多(藏)

60. Aṣṭasāhasrikāprajñ āpāramitā　T

八千颂般若波罗蜜多(藏)

61. Aṣṭasāhasrikāprajñ āpāramitā　T

八千颂般若波罗蜜多 (藏)

62. vyākaraṇa

记论?

63. Aṣṭasāhasrikāprajñāpāramitā　T

八千颂般若波罗蜜多(藏)

64. Aṣṭasāhasrikāprajñāpāramitā　T

八千颂般若波罗蜜多(藏)

65. …(kāvya－)ṭīkā

……(诗)疏

66. Darśanagrantha

诸见觉集

67. Ekavṛtkśādiṭīkā

一树等论疏

68. Mahāyānottaratantra　T　maitreyanātha

究竟一乘宝性论(藏)　　　慈氏护

69. Darśanagrantha

诸见觉集

70. Prakaraṇayogapīṭha

瑜伽禅床论

71. Cakrasaṃvaravivṛti

轮律仪注

72. Guhayasamāja　T

集密(藏)

73. Śatasāhasrikāprajñāpāramitā　T

十万颂般若经(藏)

74. Nyāyavinduanuṭīkā(dharmottarapradīpa)　durvvakamiśra

正理滴论注疏(法胜注灯论)

75. Hetuvinduanuṭīkā　durvvakamiśra

因一滴论注疏

76. Mahāmantrānusāriṇī　mahāvidyārājñī　T

密秘真言大随顺母大明主(陀罗尼)经

77. Mahāsahasrapramardinī T

大千摧破大明主(陀罗尼)经 (藏)

78. Mahāmāyarīvidyārājñī T

大孔雀母大明主(陀罗尼)经 (藏)

79. Sītavatīmahāvidyārājñī T

大塞林母大明主(陀罗尼)经 (藏)

80. Mahāpratisarāmahāvidyārājñī T

大随求母大明主(陀罗尼)经 (藏)

81. Mahākālatantra T

大黑天坦特罗 (藏)

82. Cāndravyākaraṇaṭīkā subanta

月居士记论疏,苏般多

83. Kalāpavṛtti T durgasiṃha

迦罗波经注(藏) 突迦狮子

84. Kriyāsamuccaya manjuga

作业集

85. Kālacakratantra T

时轮坦特罗

86. Sāṃkathyaviniścaya from abhidharmasamuccayabhāṣya T (yaśomitra)

论议决择(阿毘打磨集论释中一品)(藏) 称友

87. (artha) viniścayasūtra T

(意)决定经(藏)

88. (artha) viniścayasūtranibandhana T vīryaśrīdatta

(意)决定经注(藏) 精进吉祥施

89. Chandoratnākara T ratnākaraśāntipāda

韵律宝源(藏) 宝源寂足

90. Bhāṣāvṛtti puruottamadeva

俗语注 上士天

91. Hevajraṭippaṇa saroruhavajra

喜金刚略注 莲目金刚

92. Hevajraṭīkā

喜金刚疏

93. Hevajrasādhana(tattvāvatāra)

喜金刚成就法

94. Pañcakrama T nāgārjuna

五次第(藏) 龙树

95. Vajrasattvasādhana T candrakīrti

金刚萨锤成就法(藏) 月称

96. Anuttarasaṃvara śākyamitra

无上律仪 释迦友

97. Utpattikramasādhana candrakīrti

生起次第成就法 月称

98. Piṇḍīkrama T Aṅguripāda

次第要集 (藏) 指足

99. Balitattvādhikāra ··

供物真实品

100. Karmāntavibhāgamelāvaṇa ete ··

业分别能总义论等

101. Vyākaraṇa(?) ··

记论(?)

102. Śrāmaṇerakārikāṭīkā jayarakśita

沙弥颂疏

103. Upasampadājñapti ··

乞请具足戒仪

104. Tyādyantaprakriyā(kalāpa) T sarvadhara

底等语尾用法(迦罗波经)(藏) 持一切

105. Abhidharmakośakārikā T vasubandhu

阿毘打磨俱舍论颂 (藏) 世亲

106. Caṇḍamahāroṣaṇatantra T ··

狰狞大愤怒坦特罗 (藏)

107.（vyākaraṇaṭīkā） prajñāvarma

记论疏

108.（vajrayāna grantha） ··

金刚乘典籍

109. kāśikāvivaraṇapañjikā jinendrabuddhi

迦尸迦注解

110. bodhicaryāvatāra T śāntideva

入菩提行径 （藏） 寂天

111.（vajrayāna work） ··

金刚乘典籍

112.（guhyasamāja－）pradīpodyotana candrakīrti

（集密）灯明疏 （藏） 月称

113. Kālacakraṭīkāvimalaprabhā T （avalokiteśvara）

时轮经疏 污垢光 （藏） 观自在

114. Kāvyādarśa T da ī

诗镜（藏） 持杖者

115. Viṃśikāvivṛti ··

二十颂论注

116. Sūtrālaṃkāra T maitreya

庄严经论 （藏） 米勒

117. Abhisamayasamuccayaṭīkā

现观集论疏

118. Hevajraḍākinījālamahātantraṭīkā （vajraratnāvalī） āryadeva

喜金刚荼吉尼大坦特罗疏（金刚宝列） 圣天

119. Hevajrasādhanopayika saroruhapāda

喜金刚成就方便法 莲目足

120. Hevajrākhyayuguṇaddha T advayavajra

喜金刚蔓修法 （藏） 不二金刚

121. Hevajrasatvavikāśa divākaracandra

喜刚萨锤光明论 日明月

122. Hevajrasādhanajñānapradīpa

喜金刚成就法智灯

123. Cittaviśuddhi

心清净论

124. Hevajrabalividhi

喜金刚供物仪轨

125. Hevajraviśuddhisādhana T avadhūtipāda

喜金刚清净成就法（藏） 脱俗足

126. Hevajrābhisamayatilaka T śākyarakṣita

喜金刚现观明顶（藏） 释迦漫

127. Hevajrasādhana T anaṅgavajra

喜金刚成就法(藏) 无分金刚

128. ·· ··

129. Bhavaśuddhi karuṇābalavajra

有清净论 悲力金刚

130. Paramagaṃbhīrottānakrama divākaracandra

最盛甚深开明次第 日明月

131. Herukasādhana T garbhapāda

噜迦成就法（藏） 胎藏足

132. ·· alalavajra

·· 阿罗罗金刚

133. Herukabhaṭṭārakasādhana ānandagarbhapāda

呬噜迦吉祥尊成就法 欢喜藏足

134. Hevajrasādhana mahādapāda

喜金刚成就法 大足

135. ·· sahajavajra

·· 俱生金刚

136. (hevajra)pūjāvidhi śāśvatavajra

(喜金刚)供养仪轨 常住金刚

137. Abhisamayakrama

现观次第

138. Hevajrasādhana

喜金刚成就法

139. ·· jñānavajra

智金刚

140. Hevajrastuti samādhivajra

喜金刚赞 三昧金刚

141. ·· ··

142. Hevajracakraviṃśikā saroruhavajra

喜金刚轮二十颂论 莲目金刚

143. Herukastuti kaṇhapā

呬噜迦赞

144. Hevajrayoginīstuti

喜金刚瑜祇母赞

145. Nairātamyastuti

善哉赞

146. Nairātamyasādhana

善哉成就法

147. ·· ratnākaraśānti

宝作寂

148. ·· divākaracandra

日明月

149. Balicakravidhi

供物轮仪轨

150. Amarakośaṭīkā(kavikāmadhenu) Subhūticandra

甘露藏疏 须婆提月

151. Herukasādhanapañjikā

呬噜迦成就法详注

152. Kalāpavyākaraṇaṭīkā utsavakīrti

迦罗波记论经疏

153. Trilingaprakaraṇa mañju

三性论　　曼殊

154. ……(mahāyāna) sūtra

(大乘)经

155. Herukābhidhānamantroddhāraete

呬噜迦现诵曼陀罗等

156. Loose leaves On Vyākaraṇa, lakśaṇa

157. Rasaprakāśamārtaṇḍa govindanātha

味日轮论

158. Nairātamyasiddhi jetāripāda

成无我论　　制胜足

159. Dharmapada

法句经

160. Madhyāntavibhaṅgakārikābhāṣya T vasubandhu

中观边论颂释　　世亲

161. Vanaratnasthavirastotra

林宝尊者赞

162. Acalakramadvaya T vanaratna

不动(明王)二次第 (藏)　　林宝

163. Ekajaṭāstotra

独髻母赞

164. Gaṇapatihṛdayadhāraṇī

欢喜天心要陀罗尼

165. Pañcarakśābali

五护供物

166. Vajrasūcī

金刚针论

167. Loose leaves

散叶

168. Sarvajñasiddhisamkṣepa śaṅkaranandana

一切智成就略说　　商羯罗难陀

169. A Commentary on some Nyāya text

一种正理论的注释

170. Tarkarahasya

思择密秘

171. Vādanyāyaṭīkā(?)

论义正理疏

172. Ratirahasya kokapaṇḍita

欢喜密秘

173. Prajñālaṃkārakārikā

般若庄严论颂

174. Sarvajñāsiddhikārikā

成一切智论颂

175. Āgamaprāmāṇyakārikā

阿含量性论颂

176. Vādanyāya T dharmakīrti

论义正理论疏（藏）　　法称

177. Prātimokśasūtra

别解脱经

178. Subhāṣiratnakośa bhīmārjunasoma

善说宝藏　　萨迦寺孤仁佛殿藏经处

179. Vārtikālaṃkāra prajñākaragupta

量释论庄严疏　　智作护

180. Amarakoṣaṭīkā (kāmadhenu) Subhūticantra

甘露藏疏

181. (vyākaraṇaṭīkā)

记论疏

182. (vinayaṭīkā)

毘奈耶疏

183.（pañcarakśā） Mahāmāyāvidyārājñī ete

大幻化母大明王等（五护）

184. Aṣṭasāhasrikāprajñ āpāramitā

八千颂般若经

原载《西藏贝叶经研究》2014 年汉文版

挪威藏学家派尔克瓦那苯教研究的三篇新作

【关键词】 象雄;苯教;佛教;教义;经文;纸牌;宗教仪轨

【摘要】历史上雪域高原曾被佛教徒占主导地位,但仍有不少人信奉苯教并建有不少寺院。就苯教教义、寺院生活、宗教仪式和修行方法而言,初看与佛教难以区别,但两者仍有形式及本质上的不少差异。本文对苯教的历史和教义,特别对至今仍然在苯教寺院使用的经文和流行于民间的丧葬仪式等作了介绍和分析。

苯教拯救了佛教

在西藏,虽然佛教徒占主导地位,但仍有不少人信奉苯教。就苯教教义、寺院生活、宗教仪式和修行方法而言,初看上去几乎与佛教难以区别。然而,佛教徒和苯教徒都认为佛、苯二教是两种完全不同的信仰体系。有关这两种宗教最基本的区别,涉及到宗教的权威性和合法性问题。尽管苯教的传播仅限于西藏,但苯教徒认为,就苯教教义对所有人都具有真实而有效的意义而言,苯教是一种世界性宗教。苯教徒还认为,正像苯教传统的宇宙观所表达的那样,苯教曾经在世界的许多地方被传播。因此,苯教被称为"永仲苯",意即"永恒的宗教"。根据苯教自身的历史观,它传入西藏要比佛教早许多世纪,而且曾得到吐蕃王室的宠爱,直到后来被"错误的宗教"(即佛教)所排挤和取代。苯教声称,它在传入吐蕃之前,曾广泛流传于象雄王国,这个王国在7世纪被扩张中的吐蕃王朝所征服,并最终被吐蕃所吞并,融入吐蕃文化之中。而在此之前,象雄王国被作为苯教的中心。尽管象雄王国的确切地域及其种族、文化特征远未澄清,但它的历史真实性是毫无疑问的。大略地说,它位于今天的西藏西部,以冈底斯山为中心。不过苯教徒认为,苯教的祖庭位于象雄境外更西边的一个叫大食的国度,尽管这暗示着塔吉克斯坦,但其确切所指仍未能得以说明。对苯教徒而言,如同印度对佛教徒一样,大食被认作是神圣的苯教发祥地，因为那儿是苯教创始人辛绕出生和生活的国度。

苯教也拥有大量歌颂其教义辉煌功勋的传记文献，而这些文献与释迦牟尼的生平传说没有多少联系。在辛绕米沃且一生的大部分时间里，他是大食王国的统治者和平信徒，他的几位妻子儿女和门徒在这种传播救世神学的活动中扮演了重要角色，由此有别于释迦牟尼的生平故事。他们的活动还包括创制宗教信典，其中一部分至今仍为苯教徒所实施，借对辛绕举止的模仿来获得信徒传承的正当性和正统性。辛绕米沃且被视为生来就具有超自然力量的大彻大悟的觉人。他在苯教信仰中的重要性具有决定性的意义，正是他赋予苯教文献乃至全部苯教传统以权威性，并在苯教教义的形成及传承中起到了举足轻重的作用。

四方学者刚刚开始研究浩如烟海的苯教文献，而这些文献早先在西方就像佛教徒所宣称的那样被当做佛经的抄袭品而无人问津。但最近的 30 年内，学者对苯教的看法有了根本的改变。大卫·斯乃格如瓦（David Snellgrove）于 1967 年在英国伦敦出版了其著作《九乘苯教》（The Nine Ways of Bon）一书。他在对苯教文献进行系统考察并与佛教文献进行比较之后指出，苯教文献的大部分内容看上去是在传习和复述过程中被佛教同化了，但绝非是抄袭而成；还有一些学者在对苯教和佛教的文献进行比较，甚至逐字逐句地加以对比之后发现，两者间存在略同现象，但这并不足以证实苯教文献是佛教文献之复制的说法；也许恰恰是苯教文献被佛教教徒抄袭了。然而这里没有否认在某种程度上苯教受佛教影响的意思，何况当苯教和佛教形成相互竞争之势时，两者之间难免呈现出复杂而又相互影响的关系。

苯教认为早先在吐蕃王室是支持苯教的，当时不仅王宫贵族支持苯教，而且举国上下均信奉苯教。后来在第八代吐蕃赞普赤松德赞时期结束了这一美好时光。止贡赞普强迫苯教徒流落异乡，大批苯教经文为了留给后代人而被迫隐埋起来。对苯教来讲，此时正是后来在西藏出现“藏经论”传承派的开始。后来，苯教经文被重新发现，并把这些文献的发现者称为“掘藏经者”（Treasure revealers）。虽然苯教后来在止贡赞普的继承者以及后来几位赞普的支持下再次盛行，但它在 740 年至 797 年间又被赤松德赞废除；赤松德赞在西藏主流传统里被描绘成一位支持佛教的国王，在他的大力支持下西藏首次出现了僧人。根据苯教资料分析，赤松德赞支持佛教的动机无论从思想上还是从政治角度考虑,均有可疑之处。其一,他支持佛教是自私自利的表现,因为他认为信佛能够使他延年益寿。其二,他听信奸臣所进的苯教上师的地位与国王相同并将夺取王位的谗言。不管这一苯教资料的真实程度如何,它表明了赤松德赞时期苯教或被消灭或被融入于佛教中的基本事实。

大量的苯教文献造就了神圣的苯教教义体系。其中从地下挖掘的经文所占的比重很大。这些经文是在苯教遭到一系列迫害时期被藏在地下,而在后来的几个世纪里陆续被挖掘的苯教文献。苯教学者称,当苯教受迫害时,不少的苯教经文被融入于佛教经文之中。这就把抄袭其他宗教经文的罪名加在佛教身上。根据苯教文献记载,从地下挖掘经文的年代是10世纪,而首批地下经文是在偶然情况下被发现的:据说曾有一位到处流浪的乞丐潜入桑耶寺,盗走了一个箱子,以为其中装有黄金,让其失望的是箱里并没有黄金,只有一些经书。最后,这位乞丐用经文换取了所需的食物。由此,苯教经文重现于世。

苯教所谓的"地下藏经"被认为是在某种超自然的力量或是在神仙的点化下发现的。这些地下藏经的发现经常要伴随着漫长的祈愿仪式,这种仪式有时长达几年的时间。据说在地下发现的经文常常是一些不太完整的经书,真正完整而具权威性的经文则出现在所谓地下藏经发现者的脑海中,把他出现在其脑海中的经文内容写成文字,并把它们传播于人间。

所有从地下发现的苯教经文据说是直接从苯教创始人辛绕米沃且那儿传承而来的,这些大量的经文形成了苯教《甘珠尔》(目前有190部)。与佛教一样,苯教也有其《丹珠尔》,即苯教学者对苯教创始人的教义进行注释的著作集。虽然苯教的《甘珠尔》形成于何时尚无可稽考,但至少不晚于1386年,而《丹珠尔》形成的年代是1450年。《丹珠尔》虽然说是苯教文献的一小部分,其内容却涉及到所有西藏宗教传统。

目前只有少量的苯教文献被人们研究,其中苯教的重要的文献之一《斯尔米》(Gzer Mig)的部分章节被译成外语。总之,苯教的《甘珠尔》以及《丹珠尔》十有八九可能是西方学者尚未研究的最后一部分比较重要的亚洲古老文献集。

苯教文献的另一重要特点是它的文献中包含大量有关西藏古老历史的资料。这些资料所显现的内容与佛教的见解明显不同。据佛教文献记载,佛教是在吐蕃王室的支持下,于7~8世纪传入西藏的,并声称藏族皈依佛教之后才有了书写艺术、思辨哲学的精妙以及心灵觉悟的可能，换言之，藏族因为佛教才得以变成文明的民族。然而苯教文献显示出与佛教文献迥然不同的历史图景。尚未公开出版的苯教文献《Grags pa rin chen gling grags》（这一标题至今很难以令人信服的方式翻译出来，只好保留它的原文）记载着苯教从创始起一直到赤松德赞灭苯时期的所有历史过程，该书说当时的苯教是扶持王室、造福社会的，特别是在此书中记载着吐蕃赞普是如何派兵到印度拯救佛教的过程。当时佛教在印度视为邪教而受到异教邪说的打击和迫害。然而，恰恰是当时被吐蕃赞普拯救的在印度被视为邪教的佛教后来通过莲花生传人了西藏，它不但给苯教带来灭顶之灾，而且把强大的吐蕃帝国瓦解了。

我把这一段很有意思的关于苯教拯救佛教的资料展现于大家面前，但这并不意味着我肯定该资料所显示的内容具有真实性，不过这些苯教文本至少表明700年前人人都信仰苯教的藏族的自尊以及他们在世界历史上起过的重要作用。

附文：

吐蕃人是如何拯救佛教的

（译自一部收藏于奥斯陆大学的未出版的苯教经典）

首先出现了创世主桑波布姆赤及其配偶，他们的儿子斯吉长卡尔及其配偶拉扎岗扎生育了36个儿女，让男儿中最小者斯布洛巴青和18个女儿中的最小者斯强布日玛穿上苦行僧的装束流落于他乡。

印度瓦热纳斯有个名叫鬼洞的地方，它位于瓦热纳斯的西南方向。被流放的兄妹俩在那个地方修练一种使人堕落的邪教。他们写字于地上，撒水祀拜天地，食用蘑菇和碎屑蔬菜，穿无袖子的披风和粗制的黄色披肩，而且爱好留光头。为表征他们弃绝人间烟火，他们都持有无尖的金刚法器和响铃。

兄妹俩犯了乱伦罪而生出的两个儿女分别是马拉丽和马塔力。他们又同其父母一样成为配偶，而后生一男孩，名叫纳米斯拉丹。此时的印度广大土地上流传着肇始于苏达哈达纳国王时期并一直延续到太子果丹（释迦牟尼）才正式创宗的佛教。当时作为邪教的纳米斯拉丹教由360种错误的观点组成。然而，当时的印度尚没有大家都可遵循的法律，因此各行其事，很难形成统一的观点，邪恶的纳米斯拉丹又发明了以其邪恶的咒语和佛教内容相结合而成的教义，这一教义的出现，在印度的各教派学者中造成混乱，最后因此分离成两大派别，进行法力和哲学方面的较量，支持佛教的达摩热加（即教王）和身披墨色披肩的邪教王之间随即发生了一场战争。邪教王用力把他的铁轮猛扔到支持佛教的国王脖子上，使其一命归天。

由于当时佛教几乎濒临灭绝，因此，所有信奉佛教的人聚在一起商议："这位邪教王不能用哲学辩论和军事力量打败，我们必须请求吐蕃王的救援"。最后，他们请求吐蕃派兵到印度，吐蕃指派骑有神马木堪空玛的将领带兵到印度。虽然邪教王请求神灵的帮助，但是最终他和所有邪教徒都被神勇的吐蕃兵击败。

最后，佛教的旗开得胜并幸存于印度不仅仅是吐蕃派兵援救的结果，也是当时的苯教及其教士关爱佛教的结果。

祈颂苯教神灵的两篇经文

祈颂经文在苯教经文中占有十分重要的地位，我将在下面介绍两部祈颂经文。最早的苯教祈颂经文是著名的苯教学者西绕嘉措（1356～1415年）在自己修建的门日寺（1450年）里写的。该祈颂经文颂扬和祈祷苯教保护神尼旁色神。据说尼旁色保护神栖身于象雄地方，它与冈底斯山密不可分。冈底斯山被认为是象雄境内的神山。苯教徒也和佛教徒一样爬山涉水，来到冈底斯山前顶礼膜拜。

尼旁色神是最古老的苯教保护神之一，它是苯教教义的守护者，这意味着它曾发过誓，要作为苯教的守护神随时履行其承诺，以护守苯教。据说尼旁色等保护神是一种易怒而捉摸不透的神灵，因而需要人们用祈颂等方式提醒它们践履自己的承诺。

据说尼旁色保护神是在与一位苯教大师发生的二场战争中被降伏的神灵。最终它答应成为Rdzogs chen即《大圆满法》修行的守护神。大圆满修行法产生于象雄，是一种高级的苯教修行法。如其他佛教和苯教的保护神一样，尼旁色保护神也有其不同的称号，Bstan即厉鬼，Gyal即王，Drap la即战神。尼旁色这一名称是象雄语。我们除了知道象雄语属藏缅族之外,其他所知甚少。"赛"(Sad)一词在象雄语中指"神仙","尼"(Ni)意为"太阳"。在象雄语中太阳叫尼日,而藏语叫尼玛,很接近。将这种世间物象名称附上神名的还有很多,如达旁色神的"达"字意为"月亮",夏旁色神的"夏"字意为"彩虹"等。

尼旁色保护神时常装扮成君王的形象,穿着白色宽松长袍,戴着头巾,胯骑白马,手举白色经幡。它随时随地以不同的形象、名称和特征出现于世间。

这些"教义的守护神"被认为是仍然漫游于世间轮回道上的生灵,然而另一种苯教保护神称之为 Yidam,即"本尊神"。该神被认为是已完全脱离世间六道轮回的保护神。在众多重要的苯教密宗修行神(即"本尊神")中,最为重要而耀眼的属 Khro bo gtso mchog mkal gying。它是个外相十分凶恶的保护神。它也和其他同类神一样,时常在密宗修行过程中出现。该保护神长有三头六臂,与它一起出现的雌性修行伴侣神是 Srid pa'gyal mo 神,或者叫 Mkha'la gtug mo 神,她不仅是最古老的苯教女神,而且也是享有盛誉的苯教密宗大圆满法的保护神之一。

另一部苯教祈颂经文来自据说是从地下发现的苯教文献之中。这部苯教文献是苯教掘藏师辛青鲁嘎(996~1035 年)于 1017 年发掘的。

丧葬仪式中的祀品——纸牌

不论是佛教徒还是苯教徒,死者都得施行有浓厚宗教色彩的丧葬仪式,这些仪式均具备十分复杂的程序。虽然佛苯对死者进行的仪式在形式和内容上有所不同,但为死者的灵魂服务的基本点是一样的,即通过举行一系列宗教祀仪,使死者的灵魂早日摆脱因果轮回,获得最终的解脱。

据苯教文献记载,苯教在人死后举行的超度灵魂的祀祭仪式由祖师辛绕米沃且亲自所创。与佛教一样,苯教也认为人死后其灵魂在投胎或解脱六道轮回过程中要经过几个阶段,在每一个阶段中存在获得解脱的可能性,若在第一阶段未能获得完全解脱,其很有可能在下一个阶段中解脱。正是在这样一种认识前提下,对死者的灵魂进行隆重的超度仪式。苯教认为对每个人来讲,死亡本身是人的一生中仅有的最大危机或者说是契机。若在死亡出现之后稍不注意,亡灵极易失去解脱的良机。

苯教对死者的灵魂所举行的超度仪式分为三个阶段:在人死后的不久,由一名苯教高僧对死者灵魂进行“po wa”仪式,即灵魂升天仪式。通过这一仪式,使死者之灵魂尽早离开尸骨,最终摆脱因果轮回之桎梏,获得永久解脱。在举行完“po wa”仪式之后的三天三夜里,僧人在死者家里诵读“死亡超度经”。诵读的目的是让死者的灵魂在转世或解脱过程中能够分辨出各种善恶神灵,引其步人正道。

人死后的第三天举行第二阶段的仪式,在此阶段到来时,死者的灵魂被认为是正式引上了解脱路。这种仪式一般长达两个小时,其中包括在死者肖像面前展示纸牌的宗教仪式。这一带有祀祭内容的仪式由一位高僧和两位助手在死者家中完成。在旁人的参与下,先把尸体安放在用白布隔离开的帘子后面,主持仪式的僧人用面团塑造死者的肖像,并且把其作为“glud”,即赎物(品),供奉给将可能在该仪式过程出现的各路凶神。当把用面团塑起的死者肖像弃置于野外之后,开始举行召唤灵魂的仪式。僧人以诵经祈祷等方式召唤死者的灵魂,并要求其附于为他准备的照片中。当把照片洗净之后,那位高僧在照片上写上两句咒语。头一句咒语分别代表天、非天、傍生、饿鬼和地狱,由五个字形成的第二句亡灵咒语被认为是帮助死者的灵魂解脱因果轮回的解药。

在此之后举行的有关赐给死者灵魂的各种礼品仪式也由这位僧人来主持完成。在他的主持下,首先把一系列绘有各种礼品图案的纸牌展示在死者的肖像前,即把所有纸牌按顺序一一竖立之后顺势放置在死者肖像前,死者的肖像放在隔离尸体的帘子前,而每一个纸牌的竖立和放置是伴随着念祷经文来完成,其中一段是这样念诵的:“愿通过此供奉和恩赐之力,能根除两个障碍,积善业得佛心,终达涅槃之境”。据苯教教义,该仪式的主要目的是满足死者灵魂在视、听、觉方面的渴求。苯教认为,人死后灵魂同样能被人间万象所吸引,如,与眼睛相对应的美丽形象,与耳朵相对应的动听乐曲,与鼻相对应的芬芳之气,因此,在死者肖像前展示绘有各种吉祥图案的祀祭仪式是通过这种途径来让死者的灵魂重温他在生前曾享有的荣华富贵和权势。

第三个阶段仪式是对死者的灵魂进行六种知、慧和观等方面的加勉,以便灵魂获得各方面的启迪。这六种心能分别由几种不同的动物来象征,并且把每一个动物的图案绘制在纸牌上。这六种象征性动物中前三个属我们常见的动物,如牦牛、马和羊。但其中的后三种动物是神话传说中的动物,如大鹏、龙和狮子。前三种动物在佛教传入前的苯教祀祭仪式中扮演过十分重要的角色,因而显得格外引人瞩目。这些曾被当做祀祭的动物很有可能与主人的尸体一道葬入坟墓。以上所提到的每一个动物在宗教仪式中有其独特的功能和象征意义。如羊被认为是灵魂在转世或解脱之路上的指引者,帮助亡灵攀山越岭,横渡江河。马(后来成为佛教和苯教共同拥有的象征性动物)被认为是亡灵的坐骑,而牦牛则被认为是亡魂在转世或解脱进程中与凶鬼征战时的卫士。另外其他神话传说中的动物分别象征天、空间和地。如果说第一组动物与佛教传入前的西藏古老祀祭仪式有密不可分的联系,那么,后一组动物则与佛教范畴之间有着联系,它们分别象征着观、修、行这三种佛教核心术语。

通过举行各种祀祭仪式以满足亡灵并将之正式引上解脱之路后,便举行亡灵已达到了涅槃境界的象征性仪式。这一阶段仪式的开始把所有绘有四组神灵的纸牌展现在死者之肖像前。第一组神仙是"六幸(gshen)神",据说他们时常以祥和的面容出现在因果轮回道上。第二组神是"十三位古老幸(gshen)神",据称他们将帮助死者的灵魂脱离苦海,引上"十三层"慈悲之界。第三组神是苯教四大核心神,其中包括辛绕米沃且。最后一组神像是所有佛之精华,"永善"(藏语 Kun tu bsang po)佛,这组佛教神像被绘制在纸牌上,供奉于死者肖像前。

在死者肖像前展示以祀祭纸牌为主的仪式结束之后,已故的她或他的灵魂被认为是变成"永仲桑巴"(gyong drung sems pa)即永不变的佛心,相当于佛教的菩提心。苯教认为此时的死者之灵魂栖于"十三层"之天界,因而这十三层的每一层用十三个苯教的象征符号来代替,绘制于十三个纸牌上。主持仪式的僧人念诵与十三个阶段中的每一个阶段相对应的祷文时,让死者的肖像在绘有符号形的纸牌前通过,其中,最尾端的纸牌上绘制的图案是"Kuntu bsang po",即永善佛之像,这一点表明死者灵魂与永善佛化成一体的圆满结果。为了表示死者的灵魂已永远脱离苦海,获得解脱,主持仪式的高僧点燃一根香,烧掉写满苯教六字真言咒语的死者肖像,同时,为了表明死者与永善佛合为一体的结果,一位高僧把自己的袈裟缠在头顶上,呈打坐形态，象征着他与死者之灵魂合为一体的意境，继而凸显亡魂与永善佛化为一体的终极目标。当高僧从打坐中回原之后，已成灰土的死者肖像用来塑造很多小泥像，供奉于塔中或岩洞里。

最后的仪式是葬礼。因为，此时死者的灵魂被认为是已完全从因果轮回中脱离，所以，葬礼仪式和以后举行的仪式均与死者无关，此后的一切活动仅被认为是死者的家人和左邻右舍们积善之举而已。

原载《西藏研究》2000 年第 2 期

围棋在世界屋脊

【关键词】 西藏;围棋;藏棋;渊源;文物

【摘要】 西藏围棋的棋盘、规则与朝鲜围棋有很多相同之处,如果它们真是千年流传的文物,那么,它的产生年代可以推到遥远的2600年前。汉文文献记载了某位皇帝的丞相身上长出鸟翼并飞到苏南山(音译)顶上下围棋的传说。作者认为,西藏围棋的研究问题仍是学术层需要进一步深入探讨的课题,它的起源及发展与我国内地盛行的围棋之间似乎存在一种联系,值得研究者去探讨。本文着重介绍近年来国际围棋界对西藏围棋进行初步研究的一些见解和相关信息。

1958年11月,日本围棋杂志报道了在喜马拉雅山国锡金发现了与众不同的围棋盘。不久以后的1959年3月,锡金王子应邀到日本参加世界佛教大会。当时日本围棋协会借此机会邀请王子到该协会总部并恳请王子与日本围棋手对擂。锡金王子同意在使用自带的17×17式棋盘的条件下与日本围棋手交手。当时,日方派六段职业棋手莫敏赤同王子对抗,其结果并不清楚,也许对擂只是象征性的。

此次象征性的围棋赛中,锡金王子自带的17×17棋盘及其布阵、规则都与西藏围棋相同。经过深入了解,王子的棋术是从王妃那儿学来的。有关在锡金发现围棋及其种种传说是很有意思的,这为我们更进一步了解围棋本身的发展与演变过程找到了一个新的途径。

我们从汉文文献中了解到古代中国围棋有两种规则,即新旧规,因此,可以断定在中国某些比较偏远的地方仍有用旧规则下围棋的人。这种上千年来基本上无任何演变的活资料,给我们提供与当今的围棋所不同的很多有价值的信息,但是,上千年甚至更早时期有关围棋的状况我们仍无法知晓。

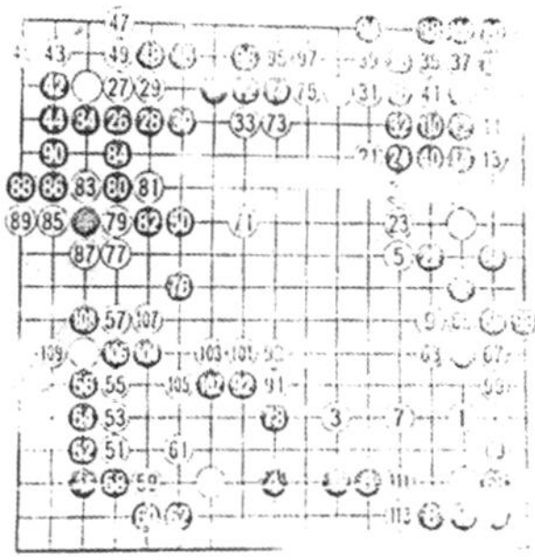

图一

西藏围棋的棋盘和规则与朝鲜的围棋有很多相同之处,如果它们真是千年来所流传的文物,那么,它所产生的年代可以推到遥远的2600年前。据汉文记载,当时皇帝的丞相上长出鸟翼并飞到苏南山(音译)顶上下围棋。

有关西藏围棋的研究问题仍是我们要进一步深入探讨的课题。本人在此给大家介绍一些近些年来在国际围棋界对西藏围棋进行初步研究的一些见解和有关信息。

锡金王子[①]与日本职业棋手之间进行的比赛时间是1959年4月2日,当时因为礼节所限仅下了几步棋就告终了。双方的布阵图如图一所示。

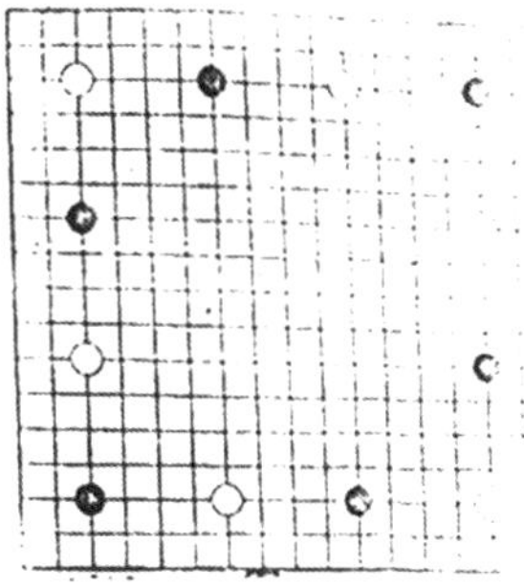

图二

西藏围棋的下法是白棋子先行,但是双方开始下棋之前,棋盘中间已固定好各自的6粒棋子,以示开盘(参见图二)。

这种预先固定各自6粒棋子后正式进行比赛的规则与朝鲜围棋的下法相同。但是,17×17式下法和19×19式棋盘[②]预先固定的格局是不同的(如图三)。

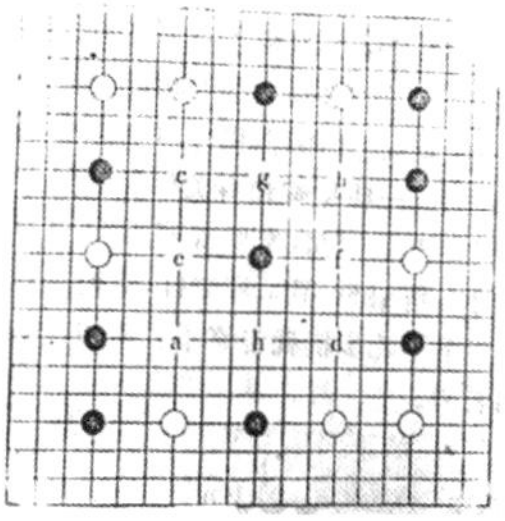

图三

中国古代围棋的下法是首先由黑白棋子分别占两个角,其有四角。因此,17×17式19×19式两种围棋盘之结构的演变和发展问题很重要,但是,目前因缺乏这方面的资料而无从着手[③]。

在锡金王国发现的棋盘是用布料制成的,而其棋子的大小形状与中国产的棋子大同小异。但是,在锡金王国发现的布质棋盘在中国已经很难找到[④],中国仅能找到刻在岩石上的17×17式围棋盘。有关在17×17式棋盘上曾下过棋并载有其布阵图的资料尚未发现,我们仅能看到17×17式围棋开局式图样。显然我们没有发现具有解图的 17 ×17 式围棋的格局,但是,据说判断其胜败的形式和方法与中国现代围棋相同,即主要依据各自所占据的地域加所拥的棋子。当然两者之间也有区别或不同点,那就是在 17 ×17 式棋赛中,任何一方不允许走回棋,除非一方舍弃走一轮棋子的机会。另如,图解一或图解二上的①号白棋子下完后黑棋子不允许马上占据任何三解点。除此之外,还可能有某些不同点,这是我将进一步探讨的问题。

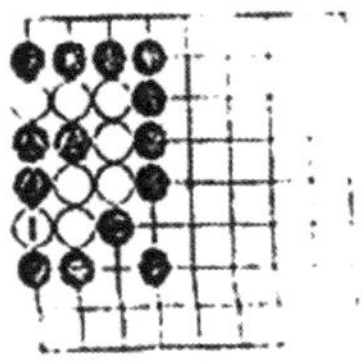

图解一

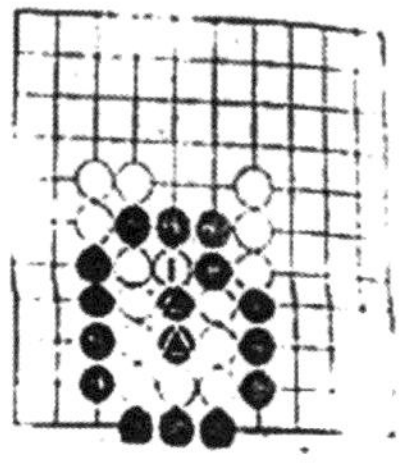

图解二

关于西藏围棋的发展及其演变方面的部分资料在中国教育出版社主办的期刊上登载过,文章名为《古代藏族围棋》。然而,首次在国内围棋界藏族围棋引起广泛注意的时间是 1983 年之后,也就是说是日本学者海杰米(音译)在日本围棋杂志《围棋》上发表有关西藏围棋的文章之后的事了。但是我们并不否认中国围棋研究者程小刘(音译)是首次研究围棋并发表学术文章的开拓者的事实。

程小刘在他的文章中所描述的地域是指现在的所有藏人居住区、尼泊尔、锡金和缅甸。这些地区和国家首次出现围棋的年代推到 700 年左右,也就是吐蕃和唐朝开始有文化交流的时间。

在西藏语中,围棋被称之为"米玛",其间接意思是"多眼"。单从这一名称上分析并不能说明围棋本身的历史背景和其他任何情况,它仅仅是对围棋棋子的形象描绘而已。

西藏有几种黑白石子游戏,类似围棋玩法。程小刘在文章《国王与仆人》《天堂与地狱》和《结盟》[5]中有提到。这种黑白石子游戏不但在西藏地区,而且整个亚洲也是普遍存在的,这一点我们有足够的资料可以证明。通过以上对西藏围棋之渊源的认识和了解,我们可以说程小刘所提出的关于围棋是到了 13 世纪[6]才发明并逐步趋于完善的观点是完全错误的。

程小刘还提到,近一个世纪以来,西藏的围棋基本上未发生任何演变,在西藏发现的早期棋盘是古人雕刻在岩石上的 17 ×17 式围棋盘,如今,在今天的四川和青海广大藏区仍可见到。当地的民间也有有关围棋的传说。牧羊人讲:位于这些地方的围棋是距今1000年左右出现的藏族英雄格萨尔王用过的棋盘,而且,当地老百姓认为若谁转动此石雕棋盘,就会使他更加聪慧。当然,这种具有迷信色彩和神学范畴的东西与围棋相提并论的现象在整个中国都普遍存在。

在西藏任何时候都没有把围棋与其他竞赛项目同等对待,甚至把围棋视为不正规的竞赛项目。因此,西藏历史上就不可能有围棋联赛、决赛等比赛制,围棋的正式比赛形式是两个人之间进行,但是,也有4个或6个以上分别组成的两个队进行的比赛,其规则是双方的队员按顺序每人下一步棋,在举棋不定的情况下可以与其队友商量。

在西藏,围棋并非是随处可见的游戏,这一点本文在下半部将进行阐述。在这方面德国人简·耐昌(音译)在他的德文文章中写道:西藏围棋类似"大围棋","在西藏对初学围棋者提出的要求和条件很高,因此,下围棋的人不是很多。西藏围棋中的双方各有151粒黑白棋子,包括比较大的已固定在棋盘中央的6个黑白棋子。除了各自所拥有3粒黑白棋子不能任意挪动之外,其余的棋子双方均能随意走动,整个战术和规则基本上与中国大围棋相同。据说仅在拉萨市内下此种棋。"⑦

以上引文在后来由汉米尔和布鲁瓦斯特⑧(音译)合著的文章中引用过,但是他俩的文章中增加了一些有关的图片,图片的内容是拉萨市郊的某个帐蓬里两个藏人下棋的情景(时间可能是1961年)。经过仔细观察,我们看到中央固定不变的棋子确实比其他棋子大,而且棋盘也比我们用的大得多。从照片上很难看清楚双方的布阵情况(如图四)。

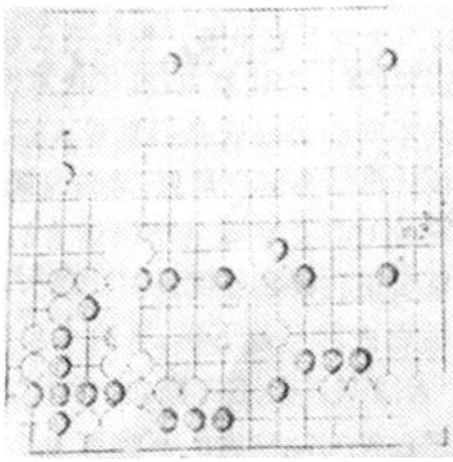

图四

我费力尝试描绘出了照片上的解图,如果说照片上的布阵法是标准的比赛,那么,双方的战术水平是很一般的。

程小刘在他的文章中写到:西藏围棋的另一个特点是两人下棋的同时进行"舌战",如当一方棋手下棋子时,他必须用语方描述其所下的棋子是如何如何的奇妙并表现出众的才智。例如，甲方棋手首先下棋子时嘴里说“这是一只兔子”，乙方紧接着下棋子并说“我下的这一棋子是只狐狸”，甲方继续下棋子说“这是一只豹子”乙绝不相让而说“我这卜棋子是老虎”等等。如，甲说“我的棋子是麻雀”，乙说“我的棋子是鹞鹰”等等。把自己的棋子比喻为众多鸟兽，以其习性来相互攻击。在此值得注意的是“舌战”的技巧高低与下围棋者本身的棋术之间没有内在的联系。

德国人简·耐昌在文章中也提到与围棋不相关的风俗，在此不一一列举了。他在文章中讲到在“舌战”中如果一方回答不出对方的谜底，他只好口念“六字真言”[⑨]以示“舌战”告输。

历史上西藏围棋在贵族阶层比较盛行，西藏历代王臣都爱好围棋。在西藏民间故事中至今尚能了解到国王与围棋有关的美妙传说。据民间故事记载，有一位古代国王不但真有高超的棋艺，还特别善于“舌战”，因此，他经常与其将臣下围棋，而且通过“舌战”之途径商讨军事和其他事务。程小刘还在他的文章中谈到：有个古代君王（其年代不详），他有个与众不同的癖好就是训鸟学人话，国王把这些鸟放出屋去监听消息，等鸟飞回来之后，国王通过对鸟儿喊喊喳喳的语言的分析，知道了皇后正在策划谋反国王。因此，有一天国王请皇后进宫与他下棋，当国王和皇后之间进行“舌战”时，国王有意在“舌战”词句中暗示自己已经知晓皇后的不忠行为并劝告其要改邪归正，皇后因心中有鬼而面红耳赤，因此，借口感觉不舒服并中途退棋认输。国王利用这些驯鸟去打听其周围的情况，在证据确凿的条件下，最后铲除皇后的帮凶，把皇后废为平民。

在西藏，与围棋有关系的民间传说还有很多。例如，在17世纪藏巴汗首次统治西藏地区并支持弘扬佛教。不久，据说，五世达赖和蒙古部落首领固始汗签署了秘密协议，协议的主要内容是共同推翻藏巴汗统治。藏巴汗政权被推翻之后，蒙古军队继续留在西藏并独揽西藏地方政权，五世达赖圆寂后，他的宠臣桑杰嘉措寻找了他的转世灵童，并且自封为摄政王，因此，桑杰嘉措与拉藏汗之间的关系逐渐紧张，但是，当时双方的军事势力相当，任何一方不敢轻举妄动。最后双方经过协商，一致同意用围棋比赛的胜败决定谁将独揽西藏地方政教事务。经过三个回合的激战,最后桑杰嘉措败在拉藏汗的手下。1705年拉藏汗杀害了桑杰嘉措。从此之后,西藏人认为围棋是不吉祥的东西,下围棋逐渐变成仅仅是一种民族风俗。在西藏有过林卡的风俗,在藏历[11]4月15日到来之际,西藏人邀请亲朋好友到自家的花园里,其间,人们载歌载舞,享用丰盛的午餐,但是人们最感兴趣而重要的活动内容就是下围棋。

当我们要了解围棋是如何流传到蒙古地区时,参照《亚洲游戏》一文中有关描绘蒙古围棋方面的内容是再好不过了。作者在文中谈到西藏围棋和流传在蒙古地区的围棋[12]是大同小异的。围棋在蒙文中也称"米玛",可见蒙古围棋是从西藏传去的。蒙古人所使用的棋盘也同西藏棋盘一样,是用灰白色和黄色布料制成的17×17式方格棋盘。在棋盘中央固定的12个黑白棋子中,黑棋子占C^3,K^3,C^{11},G^{15},O^{15},O^7点。白棋子占G^3,O^3,O^{11},K^{15},C^{15},C^7点。围棋棋子有二种,即玻璃和瓷器。黑白双方各有号称"公牛"的6粒棋子,其余的比号称"公牛"棋子小一点的双方的144粒棋子称之为"狗"。作者还在文中提到,蒙古围棋的下法分有两个阶段。第一阶段的下法与穆斯林棋的下法相似,首先黑白双方把各自的棋中称之为"公牛"的棋子固定在中央12点之上,然后双方按顺序在自己所预先固定好的6粒棋子和其他棋子一同走动,而且把整个棋盘划分为12个区域,使人们清楚地观察到双方的棋局及其变化。文章中特别提到分别胜败的判断规则,如双方的"狗"棋子可以占据任何空间而逐渐形成眼点,如果棋子已经放在棋盘中,再不能随便挪动,最后计算谁的棋子所占据的空间大谁就赢得这盘棋。以上是蒙古地区所流传的围棋的下法。

我敢断定,文章中所引用的"任何一方可以在挪动固定棋子的情况下走棋"这句话是出自对围棋无任何了解的人,与西藏围棋的规则一样,蒙古棋中在中央已固定的12粒棋子是不允许随意挪动的。

关于西藏围棋棋子在来源方面,我同意程小刘的说法。在中国,云南宝山产的棋子应为上等佳品。西藏的贵族也非常喜爱云南棋子,因此,他们用金子从云南买棋子。在西藏,穷人们往往用黑白卵石下棋,也有人用有色玻璃。

云南产的棋子也称之为“云子”。云南这一名称也就是因其位于云山南部而起的。云山在西藏的东南部。云南棋子在清代(1644～1911)年间首次出现,制造棋子的原料是上等大理石。制造的过程是,先把它烘烧,然后加工而制,当时只有云南谢氏(音译)家族才掌握这一制作秘方,传说一年只能生产20粒棋子。

可惜的是谢氏制造围棋子的工艺及其有关的种种美妙传说早已在世界屋脊消失。

(本文译自日本《围棋世界》杂志英文版,1989年至90年冬季号,总第58期。在翻译过程中略有删节。)

注释:

①锡金王子(1923～1982)在1963年登基,全名为米旺曲杰庆布·班丹顿珠朗杰。1975年锡金国为印度所吞并时王位被废黜,国王死于美国。

②有关朝鲜围棋之规则方面详见日本人海亚西(音译)著的《围棋百科全书和词典》的第402页(1965年版)。另外见瓦特南保和新居沙(音译)著的《中国古代围棋资料浏览》(1983东京版)。

③围棋和朝鲜围棋联合会出的书中有17×17式和19×19式围棋的规划的细节,书中认为在朝鲜棋中任何一方不能在棋盘周围的自然角区下棋子。最早描绘围棋盘及棋子的画出现于唐朝,画中的女子下的棋盘是17×17式围棋,此画作为1982年《世界围棋》杂志封面发行于全世界。台湾的朱民原在1980年发表了《中国围棋名话》一文。谈到中国古代围棋没有格外的角,但棋子可以在任何角点上行走。在朝鲜发现很多古代围棋盘子,其中包括15×15式的15世纪的围棋盘,它是沉在海底的旧船里发现的。

④它首次于1952年在河北境内发现。

⑤有关西藏围棋的文章有:1973年出版的《古代围棋盘的发现》;麦克·加斯皮尔的《游戏》(1988年伦敦版);藏人仁庆拉姆的《我们藏人》,(1926年伦敦版)。

⑥结盟这种游戏有其悠久的历史,如中国的五子棋和流传到日本的“国王与仆人”、“十六兵”等各种棋类。

⑦简·耐昌于1946年在北京《民俗研究》第5期上发表的文章《发现》。

⑧斯克贝和保罗于1963年在《交流》杂志上发表的《西藏的游戏》1～13页。

⑨这个“六字真言”是从梵文中借来的外来名词，藏人玩骰子时也用这句话。这句话也可用于佛、人类、动物、圣山圣湖等，表示崇敬和爱抚。

⑩这些资料未曾在英文上看到，我仅读到的文章是“早期中国和西藏”，是 1972 年由来丹(音译)撰写的。

⑪藏语里称“萨嘎达娃”，我参照了 1929 年在伦敦出版的《喇嘛国》一文。

⑫参照了于 1974 年出版的第 5 期《蒙古研究》。此文中有关围棋的内容在 38～39 和 45 页里。

原载《西藏研究》1994 年第 3 期

蓝色布谷鸟的吟诵

——介绍九部苯教神话传说和祭祀仪轨文献

【关键词】 苯教文献；手抄；收藏；神话传说；仪轨；祭祀

【摘要】 同藏传佛教一样，西藏的苯教除了所谓的《甘珠尔》和《丹珠尔》之外，还保存着不少记载宗教等各种内容的古老手抄文献。此篇介绍了《净化四个矮人氏族神的仪式》等目前苯教学者认为西藏最古老的9部手抄本文献的来历、收藏情况以及所记载的具体内容。这些文献的发现与公布将大大推动苯教研究，而且为研究西藏古代历史文化提供新的文献资料和信息。

苯教是佛教传入雪域高原之前的西藏原始宗教。在历史上，对苯教的形成、发展及教义等相关问题未形成统一的认识。不管人们怎样解析苯教，可以肯定的是，我们今天所面对的苯教是在长期的发展和变化中逐渐形成的传统信仰，是整个藏族文化的重要组成部分。

在苯教信仰者所居住的地方，除了收藏《甘珠尔》和《丹珠尔》之外，还保存着不少记载各种内容的古老手抄文。其中，有些古老珍贵的文献至今还处于尘封状态，有些只在寺院和特殊宗教仪式中使用。

关于搜寻和出版这套古老苯教文献的经过是这样的：2000年，我在位于印度海马恰邦境内的苯教寺院门日寺进行访问。该寺僧人赤烈尼玛大师慷慨地让我参阅了他多年收藏的几部手抄版文献，这些手抄文献保存完好，还从未公开出版发行。在这些文献中我选择了两部书(第一部和第二部)并作了拷贝。

我在以上两部文献的基础上增加了几个含有祭祀和神话故事内容的珍贵文献，以便能够编一部珍贵的文献。当这个计划浮出水面时，我要求日本民族博物馆的长野太彦教授把它列入《苯教研究项目文献丛书》中，他愉快地接受了我的计划。

除了赤烈尼玛大师提供的两个文献之外,其他几部文献都是我长期对西藏文化的有关祭祀和神话传说的研究中逐渐认知的。随着时间的推移,现在已经形成了以 9 部文献为内容的一部文献集。虽然这些文献的内容完整,但遗憾的是大多数版本没有署名,而且存在相当多的错别字,很多地方用词和语法也不统一,因此对所有版本无法进行有效的校编。我至今还没有发现这些文献的第二个版本, 因此,无法进行传统意义上的评估与比较。我在选编这个集子时所采取的方法是:对每一个版本进行全面的编辑同时把原件打成印刷体文字,以便读者能够顺利阅读这些古老文献。

这个集子中的文献,无论从它的学术术语,还是从它的语言和地方特色等方面看均相当丰富。在半个世纪之前,马瑟罗拉罗(1953 年 2 月)对一系列苯教文献进行分析后提出了以下论点:“记载着苯教神话传说的文献中,在形式和内容两个方面都释放出大量抒情诗歌体的特色。”拉罗的这段话虽然是针对出自敦煌文献中的神话传说而言的,但是它也适用于我们这部集子。

我们从这些文献中发现,在信仰苯波教的社会文化氛围中,俗人在信仰中所发挥的重要作用。同时该文献的内容证明:在 11 世纪以前,所谓早期苯教与后来的苯教之间发生断裂之说纯属谬论。

文献 1 《净化四个矮人氏族神的仪式》

mi'u rigs bzhi lha sel

这个文献是关于净化神灵祭祀仪轨的,我曾经对这个文献进行过初步的探讨。虽然该文献的内容是形成早期宗教信仰的重要组成部分,但是目前涉及到该文献的文章甚少。该文献是诗歌体,没有版本记录。

此文献所涉及的内容就像书名所提到的,是关于净化四个矮人氏族神的宗教祭祀仪式。在苯教《光荣经》中,提到了有个“*gzhung*”,即把它归纳到苯教的教义之一《黑水》(*chab nag*)之中。“世间四个原始人的学问”是早期苯教所说的四个学问之一。因此,我们的第一个文献内容涉及的似乎是这个学问,与该宗教仪式有关的文献也可以在其他地方见到,如收藏在西藏的布达拉宫的苯教文献。

我于1991年在西藏拉萨进行学术访问时，参观了在布达拉宫举行的文物展。当时我在展览的物品中见到了3部手抄版文献。这些文献是用金粉书写而成，每页都有时轮大法咒语组成的花图和金粉写成的梵文。该经文不但文字清晰，而且经文所描述的内容是与苯教的古老仪轨净化（*sel*）、卦（*phya*）和财（*gyang*）有关联的神话传说，从内容上看，这是我未曾见过的版本。我猜想这些苯教文献是根据五世达赖喇嘛（1617年～1682年）的旨令收藏于布达拉宫的。众所周知，五世达赖喇嘛被苯教所深深吸引。上述文献的图片曾刊登在由中国旅行出版社出版的《雪域圣宫布达拉》一书中。

在该文献中提到的矮人（*mi'u*）指的是藏族的先民。*mi'u* 一词的前面附有“黑头”（*dbu nag*），指明这里所说的人是黑头人种。在第一个文献中讲到有关藏族起源的神话时，提到4个氏族：一是玛尔象雄；二是东松巴；三是董米酿；四是撕阿夏。但是在另一个神话传说里，称有六个氏族，无论怎么讲，苯教的净化祭祀仪轨是针对上面所提到的四个氏族的神灵而举行的。举行祭祀时，主祭者戴着头巾，饮用青稞酒，手持由五彩布装饰的神箭，祭拜的主要神灵与文献2和3一样，是可以在父母那里继承下来的“头上九神”（*mgo ba'i lha dgu*）。

在举行净化（*sel*）的祭祀仪式时，一般与两种玷污（*drib*）进行联系，即 *mnol* 和 *sme*。*mnol* 是指得罪附在周围环境中的神灵的行为，*sme* 是指父辈的兄弟相互惨杀的行为。如发生此类事件，当事者将被祖宗的神灵所抛弃。

人们为了摆脱这些罪孽的阴影，在祭祀中使用一种 *tshan* 的液体祭祀品来洗清 *mnol* 之罪孽，焚烧松树叶的桑烟 *bsang* 来净化天地。

这个文献是由5个或7个音节组成的自由诗歌体，其中，以5个音节组成的诗句最为流行。

文献 2 《召唤精华财运之经》

mu ye pra phud phya'i mthar thug

g-yang 一词在藏族文化中是一个抽象的概念。因此，找出相应的、比较满意的译文是很困难的。*g-yang* 实际上是指某个东西的精华，但它不是我们平日所能够看到和触到的。有一种东西被认为是可以"依靠"的，藏文称之为 *rten*，这一词从字面上理解应是"支持"的意思，象征它能起到兴家避邪的重要作用。苯教经典《光荣经》有如下记载："*mchod cha phya rten g-yang rten mtshans*"，意思是说：为祭祀准备占卜、器具和护身符。在此 *g-yang* 一词所指的是某个事物的"精华"，例如，*rten g-yang*，"马的精华"。这里所说的"马的精华"不是马本身，而是马的"超级"。

文献 2 显得非常重要，因为在该文献中记载着 *g-yang* 起源的神话传说以及这一传说中的主要角色——鹿，叙述了一只鹿能够讲人类的语言，并与人合作把自己身上的每个部分制作成祭祀用的器具。*g-yang* 的文化现象可以追溯到藏族的早期文明。这一点在敦煌文献中得到了充分的证实（*Spanien*1979：*Pelliot Tibetain*：1047）。

文献 3 《产生黑头人之故事》

dbu nag mi'u 'dra chags

这个文献曾被撕坦因教授参阅过。撕坦因手中的拷贝是从霍夫曼先生那里得来。我手中这一文献的拷贝又是从撕坦因那里获得，这是 9 个文献中唯一两个有版本记录的文献。虽然这个文献据说是在赤松德赞时期出现的，但是从它的内容看，可能是元朝忽必烈时期的文献，因此，它不早于 13 世纪之前。该文献有 43 页，但是第 11 页已丢失，而且大部分由于受到不同程度的损坏而重新用手写体来补充。这个文献完全是由 7 个音节组成的诗歌体，目前还没有发现该文献的其他版本。

文献 3 把苯教和佛教放在同一个位置进行评述，没有任何偏袒。

该文献的名称是《黑头人的产生》。在文献中首先按照佛、苯两种宗教传统，讲解世界及其形成的有关神话传说，紧接着讲述藏族的起源、氏族的形成以及他们后来所定居下来的地方等。该文献主要探讨的内容与在藏族文献中经常谈到的《宗族名库》的内容相同。

它给人的总印象似乎是根据口述记载下来的，而不是专门撰写而成的。虽然该文献所描述的内容基本上统一、有序，但是没有明显的段落和章节。文献所用的语言是康巴方言。当文献中讲到藏族的宗族时，把蒙古人和汉族称为“兄弟”，这表明该文献可能写于蒙古人统治西藏时期。在文献中另一个非同寻常的内容是，把4种动物如大鹏、龙、狮子和虎的起源与藏族的山神崇拜习俗联系起来，到目前为止，我还没有见过任何讲述类似于这种神话传说的古老文献（*Karmay*1998：*no.* 22）。

文献4 《神之下凡记》

yo ga lha gyes can

这个文献摘自佛教史书《第吴宗教源流》（227～38页）。该书的作者是出生在13世纪的佛教学者凯巴第吴。在我的文章（*Karmay*1998：*no.* 16）里探讨过五部史书的重要性并提出了究竟有无所谓的五部史书的问题。

我的论点主要基于两部现存的史书。它们分别是《巴协》和《娘热宗教源流》。在《巴协》和《娘热宗教源流》中，不仅提到了五部古史书，而且《娘热宗教源流》的作者曾参阅过五部史书。但是到目前我们还无法找到五部史书，因而我对此持悲观态度。然而，在《娘热宗教源流》中载有如下信息：“根据《巴协》的记载，其中的一部史书名为《神之下凡记》。这一史书的名字就很难理解，加上 *yo ga* 一词，使它的意思更加扑朔迷离”。很多学者对 *yo ga* 一词迷惑不解，但是《娘热宗教源流》的作者把 *yo ga* 写成 *yi ge*，即 *bon gyi yi ge lha can*，也就是苯教的《神之下凡记》。《巴协》中的 *yi ge* 一词的错误写法表明这是延续了很长时间的错误，这种错误甚至延续到包括《第吴宗教源流》在内的诸多藏族史书中。

然而,1987 年《第吴宗教源流》在拉萨出版,书中比较完整地记载着苯教《神之下凡记》一文。从此关于究竟是否存在过这样一部古老史书的问题便迎刃而解了。

这部文献主要涉及第一代藏王聂赤赞普的来源问题。我认为除了敦煌文献 *PT*1286 之外,该文献是唯一有关聂赤赞普来源方面的文献资料。在这些文献中,神话传说的内容以及它所描述的特点延续了苯教的传统。通过阅读和研究该文献,我们发现起初比较粗略的神话传说是如何在敦煌文献中被延伸和细解的。

文献 5 《世间赎祭招魂仪式》

srid pa spyi skong snang srid spyi mdos

1983 年,我在印度海马恰邦境内的苯教寺院门日作了调查。当时堪布隆多丹白尼玛让我参阅了一部有关赎回 *mdos* 之祭祀仪式的文献,我当时被这部仅存的文献所震撼。

该文献共有 15 页,整个文献被分为 4 个章节并附有版本说明。在版本说明里记载着该文献的作者是桑布陈贵。我们从该文献诗歌体形式等各方面来看,它确实是一部古老的文献。它的说明部分是散文体,其余的内容分别是由 4 个、5 个或 6 个音节组成的诗歌体。这种由韵律诗组成的写作风格在吐蕃王朝时期极其盛行。我们在敦煌发现的所有吐蕃时期的文献都是由 6 个音节组成的诗歌体文献(*egspanien*, *imaeda*1979:*PT*1287, *IV*, 221 – 29)。就像下面所介绍的诗句那样,中间由藏文连词'*ni*'来断开。例如:

spyan 'dren ni su 'dren

spyan 'dren ni gshen rab 'dren(3*b*)

邀请,是的,谁将被邀请?

邀请,是的,辛热将被邀请!

然而,诗中节律的停顿是根据文中不同的主题而发生变化的。例如:

ya gzhi la gangs ri shags

stan dkar ni lings se lings

上部,是的,那是座雪山,

白垫子,是的,缓缓铺开。

上面的第二段是由拟声词 *ling se ling* 来结束。这个藏语短语表述了某种情感形式。在所有我们讨论的文献中,使用拟声词的现象很普遍,例如在敦煌编年史的诗篇中(1.221):

mon ka'i ni stag chig pa

stag gum ni zu tses bkum

在门卡,噢是的,孤独的虎。

那是苏孜,是他,他杀死了那只虎。

dgung la ni gnyi shan ba

dro dro ni sa la dro(*The chronicle*,1.98)

在神界,是的,升起太阳。

温暖的,是的,它温暖了大地。

文献 6 《蜂形虎态的驷氏神仙的传说》

sri gsas bung ba stag chung

该文献是由 8 页组成并且未加署名的古老文献之一。这部文献出现在苯教经典 *khro bo dbang chen gyi ashed;dur dang gsang phur nag po'i 'phrin las 'gug sgral gnas 'dren skor*(*Fsulktrim Tashi*,*Delhi* 1983,*No.* 35,*pp.* 691 - 704)中。它主要记载了形体像蜜蜂而身上裹着虎皮的神仙驷(*gsa*)的传说。*Gsas* 一词在苯教文献中是指神仙,而 *sri gsas* 指的是与 *sri* 神灵相敌对的神仙。*D. L* 撕内格陆夫(1967:44,29) 把 *sri* 一词翻译成"吸血鬼"。根据苯教经典《光荣经》的记载,有 10 种 *sri* 之妖精。据说有一种 *chung sri* 的妖精,这种妖精专门掠杀婴幼儿。玛利亚·布隆朵女士曾对藏传佛教镇压 *chung sri* 之妖精而举行的宗教仪式进行过比较深入的研究。

在文献 6 中关于驷神的传说分为 4 个阶段:第一,有一对夫妻生有两个孩子,他们一家人过着幸福的生活。第二,趁父母不在,驷妖精夺走了两个孩子的生命。第三,邀请牧师召唤驷氏神仙,并且征服了驷妖精,从此这对夫妇又得到了一个孩子。

这个故事情节也出现在敦煌手抄版文献,苯和辛召唤神灵的宗教仪式及后来的《十万龙经》等苯教文献当中。关于这一问题,法国藏学家 *R*·*A* 斯坦因曾做过大致的分析(1966—1970,1971)。

文献 7 《赎回祭之叙述》

blud rabs

这是一个摘自苯教祭祀文献《朵阐》(*Dolanji* 1973, *no.* 14, *pp.* 312 - 315)的古老文献。这个文献也是由 5 个或 7 个音节组成的诗歌体,而且,该文献似乎是被用来吟诵的。文献的主要内容是关于赎回祭祀及其传说的叙述,它包含的主要内容与拉鲁曾研究过的敦煌文献(*Lalou*1959:*PT*1285, 11. 116 - 145)中的传说内容吻合。

据说这个故事发生在汉地的当桑(*gtang bzang*)地区,一个女人被很多不同的幽灵骚扰。但是 *PT*1285 中有一个部落头人中毒的情节。两种传说记载的关于邀请苯教圣人莱党茫伯来治疗疾病的情节是相同的。

下面把摘自文献 7 和敦煌文献中的两个例子介绍给大家:

a na na'l nam long

a chu chu'l mum ma rub

rgya bon leg tang rmang po spyan drang nas

gto dang dpyad bgyis pas

strn gyi nos yang rig (*p.* 313)

(深夜里他们被病魔所折磨,他们哭泣)"哦,痛苦呦,何时见到天明?"

(白日里的天气如此冰冷,他们哭泣)"啊,寒冷呦,何时夜幕降临?"

因此邀请牧师莱党茫伯,

他举行了仪式和诊断病情,

他确认了所得疾病。

他发现了何种妖精（牵连其中）。

摘自敦煌文献 *PT*1285 中的段落：

nun u nam mi nags

cu cu nyin myinub。

bon po la mchu shig

leg tang rmang ba la mchu shig

mo btab pya klags na

snyun gyi zo yang mtshal

skar gyi lde yang rig

（深夜里他们被病魔所折磨，他们哭泣）"哦，痛苦呦！何时见到天明？"

（白日里的天气如此冰冷，他们哭泣）"啊，寒冷呦！何时夜幕降临？"

邀请苯教牧师，

邀请莱党茫伯，

卜卦和召唤恰神后，

确认了所得疾病，

发现了何种因缘。

在以上所引用的段落中出现的人物莱党茫伯是后期苯教传说中的重要人物，他是六大苯教智者之一，被认为是来自汉地的学者（《朵寨米》中国藏学中心出版社 1991，*P*. 811）。

文献 8 《红嘴山鸭叼箭之密部》

skyung mo md'a khyer gyi rgyud

这个文献属《红嘴山鸭叼箭密部》*khyung mo mda' khyer gyi rgyud* 一书的开头章节。此密经文献来自堆布地区收录在 1974 年重版的 *spyi spubgs rin po che a dkar gsang sngags kyi bka' srung drwa ba nag po'i skor*（*Dolanji*1974，*No*. 25）之中。我们目前还无法认定这部书的真正作

者。文献的开头部分是散文体，随着情节的发展，逐渐由散文体变化为 7 个和 5 个音节的诗歌体。

它是与苯教保护神扎瓦那伯起源有关的神话传说。这个神话传说是从世界的起源开始的，接着叙述的是几个国王的故事。当讲到有关国王的故事时说：有个国王欲觅王妃，经过很多磨难之后，在一次偶然中遇到一个女子，但是，该女子被描述为风的女儿(隐含着他们俩的结合是不稳定的)，他们终于把一个男孩带到了人间。在一次残忍的家庭争权斗争中，男孩不幸夭折，但是通过举行苯教祭祀，*phyawa* 神用神力恢复了男孩的生命。在 *phyawa* 神离开之前，他被认定为苯教的保护神，起名为央尼伟(*yang ni wer*)。

这个神话传说能够帮助我们进一步认识和理解藏族俗家文化中的几个问题，特别是箭和捻线轮所蕴涵的文化内涵，这一点为其他文献所不及。

此文献中的另外一个很有意思的现象是和田王 *khotan* 的儿子也叫央尼伟(*yamg ni wer*). *RA* 斯坦因认为这个名字源自外国人的姓氏。实际上他的想法并不无道理，但是我认为神话传说的叙述形式是藏族文化的叙述形式。

文献 9《兄妹分财与新郎新娘被寄托给神灵的仪式》

ming sring dpal bgos dang Lha ‘dog

就像这部文献的名字所表明的那样，它所涉及的内容是在婚礼中举行的两种宗教仪式。第一个仪式叙述了与婚礼祭祀起源有关的神话传说。第二个仪式涉及到祭祀的内容本身。这部文献中的神话传说的起源和文献 7 一样，可追溯到吐蕃赞普时期。故事的情节是这样的：在天堂，有一对夫妻有一儿一女，他们相依为命。有一天，一位男子请求那对夫妇把他们的像仙女般的女儿许配给他。然后，故事的内容逐渐转到父母如何把财产分配给儿女。在这里，婚姻的问题也被含蓄地提及。

第二个仪式的主要内容是写新娘和新郎所生活的社会之康乐。在这个祭祀仪式中，箭和捻线轮是必不可少的祭祀工具。同时，金子、珊瑚、牟绳和央绳也尤为重要。

这个文献除了开头部分是散文体之外，其余均为7个音节的诗歌体。它没有受过任何佛教文化的影响。

我曾经在一篇论文中附上了这个文献的译文，以展示西藏确实存在本土文化和世俗文化的实际情况（Karmay 1998：No. 8，147－53）。

在此，我把由9部古老文献组成的苯教文献集介绍给广大读者，它们包含了丰富的神话传说和祭祀习俗内容，是第一次把尘封已久的古老文献公诸于众。

我希望通过这部苯教文献集的公开出版，使更多的人对研究原始藏族神话传说和祭祀文化感兴趣。同时，希望这些文献能够帮助研究人员深入研究藏族原始宗教信仰、神秘的祭祀仪式和民风民俗。

原载《西藏大学学报》2005年第6期

མཇུག་བྱང་།

ད་ལམ་ཁོ་བོས་བགྲང་བྱ་སུམ་ཅུར་ཉེ་བའི་དུས་ཡུན་ནང་བརྩམས་པ་དང་བསྒྱུར་བའི་དཔྱད་རྩོམ་ཁག་གཅིག་ཕྱོགས་བསྒྲིགས་ཞུ་ཐུབ་པ་བྱུང་བ་ནི། གཅིག་ནས་གོང་རིམ་སྲིད་གཞུང་གི་ཐུགས་བརྩེའི་དྲིན་ལས་ཡིན་པ་དང་། གཉིས་ནས་རང་རེའི་ལས་ཁུངས་ཀྱི་དབུ་ཁྲིད་དང་འབྲེལ་ཡོད་ཚན་པའི་དབུ་ཁྲིད་དང་ལས་བྱེད་མི་སྣའི་སྐུ་ངལ་དང་རྒྱབ་སྐྱོར་དང་ཁ་འབྲལ་ཐབས་མེད་པ་ཞིག་ཡིན་པས་ན། ཁོང་རྣམས་ལ་ཐུགས་རྗེ་ཆེ་ཞེས་ཞུ་རྒྱུ་དང་། དེ་བཞིན་ཁོ་བོའི་ཕྱོགས་བསྒྲིགས་འདིའི་རྩོམ་ཡིག་ཁག་འདེམས་སྒྲུག་དང་། ཞུ་དག་སོགས་བྱེད་པའི་ལས་རིམ་ཁྲོད་དུ་ཁོ་བོའི་གྲོགས་མཆོག་དགྲ་ལྷ་ཟླ་བ་བཟང་པོ་དང་། ལྷ་ཞོལ་མུན་པ་ཐར། ལས་རོགས་དངོས་གྲུབ་ཚེ་རིང་། གློག་ཀླད་ཡི་གེ་བ་ངག་དབང་ཚོས་སྐྱིད་བཅས་ནས་རྒྱབ་སྐྱོར་གང་ཡོད་གནང་བ་བཅས་ལ་སྐབས་འདི་དང་བསྟུན་ནས་ཐུགས་རྗེ་ཆེ་ཞེས་ཞུ་རྒྱུ་མ་ཟད། ལྷག་པར་དུ་ཁོ་བོའི་གཅེས་པའི་བུ་མོ་བསོད་ནམས་མཚོ་དང་དེ་བཞིན་བརྩེ་དུང་མཚོ་ལྷར་ཟབ་པའི་གཅེན་གཅུང་རྣམས་ནས་ནམ་ནམ་ཞར་ཞར་དུ་འཚོ་བ་སོགས་ཕྱོགས་གང་ཅིའི་ཐད་ལྷག་བསམ་དཀར་པོས་བསམ་ཤེས་དང་མཐུན་རྐྱེན་གང་ལེགས་སྦྱར་བར་ཐུགས་རྗེ་ཆེ་ཞེས་ཞུ་རྒྱུ་ཡིན་ཞིང་། དཔྱད་རྩོམ་ཕྱོགས་བསྒྲིགས་འདི་བཞིན་པར་སྐྲུན་འགྲེམས་སྤེལ་བྱས་པ་བརྒྱུད། མཐའ་མར་བོད་རིག་པའི་ཞིབ་འཇུག་གི་བྱ་གཞག་ལ་དགེ་མཚན་ཐོན་ཞིང་། བོད་ཀྱི་སྐད་ཡིག་རྒྱུན་འཛིན་དར་རྒྱས་གཏོང་རྒྱུར་སྐུལ་འདེད་ཀྱི་ནུས་པ་ཐོན་པ་དང་། ཕྱོགས་བསྒྲིགས་ནང་འཁོད་པའི་འགྱུར་རྩོམ་ལས་རང་རེའི་བོད་རིག་པ་ཞིབ་འཇུག་པ་རྣམས་ལ་བློ་བསྐྱེད་གསར་པ་དང་། དཔྱད་གཞི་གསར་པ། ཐབས་ཤེས་གསར་པ་མཁོ་འདོན་བྱེད་ཐུབ་པར་མ་ཟད། རྒྱལ་ཁབ་ཕྱི་ནང་གི་བོད་རིག་པར་ཞིབ་འཇུག་གནང་མཁན་དབར་རིག་ལམ་དཔྱད་ཐབས་དང་། ཞིབ་འཇུག་གི་འབྲས་བུར་ཕན་ཚུན་རྒྱུས་མངའ་ཡོན་པ་དང་ཉམས་མྱོང་ཐབས་ཤེས་སོགས་སྤེལ་རེས་བྱས་རྗེས་ཐུན་མོང་ཐོག་བོད་ཀྱི་རིག་གནས་སྲི་ལ་འཕེལ་རྒྱས་དང་བྱེ་བྲག་བོད་རིག་པའི་ཞིབ་འཇུག་གི་ཆུ་ཚད་གོང་མཐོར་འཁོང་ཕྱིར་ཕན་ནུས་ཆེ་ཙམ་ཐོན་ངེས་ཀྱི་ཡིད་ཆེས་བརྟན་པོ་ཡོད་པ་བཅས། བདེ་ཁང་བསོད་ནམས་ཆོས་རྒྱལ་ནས་བོད་རབ་བྱུང་བཅུ་བདུན་པའི་ཤིང་ལུག་སྟོན་ཟླ་ར་བའི་ཚེས་བཟང་པོར་ལྷ་ལྡན་གྲོང་དུ་བྲིས་པ་དགེའོ། །

2016.5.11

后记

光阴似箭，岁月如梭，自己在西藏社会科学院《西藏研究》编辑部从事编辑工作，先后在挪威、英国和加拿大等国留学深造以及目前在贝叶经研究所工作已有30年了，不敢说有什么多大贡献，但事业上追求不懈。回首往事，没有虚度年华，无愧于父母的养育、国家的培养和自己的努力。

我的论文选集作为西藏社会科学院向西藏自治区成立50周年的献礼丛书之一，一开始就受到院领导、科研处领导和西藏藏文古籍出版社领导以及同仁们的关怀和帮助，在此表示诚挚的谢意。

对论文选集的书稿的汇编及校对方面得到了《西藏研究》藏文编辑部副主编拉巴次仁同志和贝叶经研究所欧珠次仁副研究员的帮助，在此一并致谢。《西藏研究》编辑部阿旺曲吉和西藏新华印刷厂的旦增白拉同志完成了打字输入和排版等工作，向她们两位表示感谢！本论文集收录的论文和译文之所以曾在广大读者中引起较大反响，与当初审阅、编辑和出版这些文章的《西藏研究》等刊物编辑们的辛勤劳动和无私奉献是离不开的，在此我向他们表示感谢。

最后，我的女儿是我进取的动力之一，我的兄弟姐妹们是我人生的坚强后盾，我今天在事业上获得一点成绩和收获，与他们的一向关心、理解和支持是分不开的，在此也感谢他们。

西藏自治区社会科学院贝叶经研究所

德康·索朗曲杰

2016.5.11

༄༅། །བདེ་ཁང་བསོད་ནམས་ཆོས་རྒྱལ་གྱི་དཔྱད་རྩོམ་དང་བསྒྱུར་རྩོམ་ཕྱོགས་བསྒྲིགས།

རྩོམ་པ་པོ།	བསོད་ནམས་ཆོས་རྒྱལ།
རྩོམ་སྒྲིག་འགན་འཁུར་བ།	བསོད་ནམས་ཚེ་བརྟན། སྟོང་ཞའོ་ལིན།
དཔེ་སྐྲུན་ཚན་པ།	བོད་ལྗོངས་བོད་ཡིག་དཔེ་རྙིང་དཔེ་སྐྲུན་ཁང་།
འགྲེམས་སྤེལ།	བོད་ལྗོངས་ཞིན་ཧྭ་དཔེ་ཚོང་ཁང་།
དཔར་འདེབས་ཚན་པ།	བོད་ལྗོངས་ཞིན་ཧྭ་དཔར་འདེབས་བཟོ་གྲྭ།
དེབ་ཚད།	787 × 960 1/16
དཔར་ཤོག	40. 125
ཡིག་གྲངས།	ཁྲི་59
དཔར་གཞི།	2017ལོའི་ཟླ་10པོར་དཔར་གཞི1བསྒྲིགས།
དཔར་ཐེངས།	2017ལོའི་ཟླ་10པོར་དཔར་ཐེངས1བཏབ།
དཔར་གྲངས།	01 – 1,000
དཔེ་དེབ་ཨང་རྟགས།	ISBN 978 – 7 – 80589 – 739 – 4
རིན་གོང་།	སྒོར72. 00